Auditoria

Dados Internacionais de Catalogação na Publicação (CIP)
(Câmara Brasileira do Livro, SP, Brasil)

Gramling, Audrey A.
  Auditoria/Audrey A. Gramling, Larry E. Rittenberg, Karla M. Johnstone; [tradução técnica Antonio Zoratto Sanvicente]. -- São Paulo: Cengage Learning, 2012.

  Título original: Auditing.
  7 ed. norte-americana.
  Bibliografia.
  ISBN 978-85-221-0903-6

  1. Auditoria 2. Auditoria - Problemas, exercícios etc. I. Rittenberg, Larry E. II. Johnstone, Karla M. III. Título.

11-01409   CDD-657.458

Índices para catálogo sistemático:

1. Auditoria: Contabilidade 657.458

Auditoria

Audrey A. Gramling
Kennesaw State University

Larry E. Rittenberg
University of Wisconsin – Madison

Karla M. Johnstone
University of Wisconsin – Madison

Tradução técnica
Antonio Zoratto Sanvicente
Ph.D. pela Stanford University
Professor titular do Insper Instituto de Ensino e Pesquisa

CENGAGE Learning

Austrália • Brasil • Japão • Coreia • México • Cingapura • Espanha • Reino Unido • Estados Unidos

CENGAGE Learning

Auditoria

Tradução da 7ª edição norte-americana

Audrey A. Gramling, Larry E. Rittenberg
e Karla M. Johnstone

Gerente Editorial: Patricia La Rosa

Editora de Desenvolvimento: Monalisa Neves

Supervisora de Produção Editorial: Fabiana Alencar Albuquerque

Título original: *Auditing*, 7th Edition

ISBN-13: 978-0-324-78428-2

ISBN-10: 0-324-78428-7

Tradução Técnica: Antonio Zoratto Sanvicente

Copidesque: Cristine Gleria Vechi

Revisão: Viviam Silva Moreira e Ana Paula Santos

Diagramação: Alfredo Carracedo Castillo

Capa: Souto Crescimento de Marca

© 2010, 2008 Cengage Learning Edições Ltda.

Todos os direitos reservados. Nenhuma parte deste livro poderá ser reproduzida, sejam quais forem os meios empregados, sem a permissão, por escrito, da Editora. Aos infratores aplicam-se as sanções previstas nos artigos 102, 104, 106 e 107 da Lei nº 9.610, de 19 de fevereiro de 1998.

Para informações sobre nossos produtos, entre em contato pelo telefone
0800 11 19 39
Para permissão de uso de material desta obra, envie seu pedido para
direitosautorais@cengage.com

© 2012 Cengage Learning.
Todos os direitos reservados.
ISBN-13: 978-85-221-0903-6
ISBN-10: 85-221-0903-6

Cengage Learning
Condomínio E-Business Park
Rua Werner Siemens, 111 – Prédio 20
Espaço 04 – Lapa de Baixo
CEP 05069-900 – São Paulo – SP
Tel.: (11) 3665-9900 – Fax: (11) 3665-9901
SAC: 0800 11 19 39

Para suas soluções de curso e aprendizado, visite **www.cengage.com.br**

Impresso no Brasil.
Printed in Brazil.
1 2 3 4 5 6 7   13 12 11

Dedicamos este livro aos nossos familiares, que nos encorajaram e nos apoiaram por muitas horas de desenvolvimento; aos nossos estudantes, que nos inspiram e sempre nos desafiam ao aprimoramento; aos nossos mentores, que nos orientam; aos nossos amigos práticos, que nos educam, e aos nossos colegas, que nos desafiam.

Audrey A. Gramling
Larry E. Rittenberg
Karla M. Johnstone

Prefácio

O ambiente de auditoria segue em processo de mudança cada vez mais forte desde que foi lançada a sexta edição de *Auditing*, há apenas dois anos. Os auditores continuam enfrentando um padrão elevado de responsabilidade perante o público. O Conselho de Supervisão Contábil de Companhias Abertas (PCAOB) e a Comissão de Valores Mobiliários (SEC) dos Estados Unidos vêm se tornando atores importantes na regulamentação da profissão, e o papel de organismos produtores de padrões internacionais de contabilidade e auditoria continua ganhando em importância. As empresas de auditoria estão sendo desafiadas a encontrar maneiras eficientes de integrar a análise de risco e controle na montagem de auditorias de demonstrações financeiras e sistemas de controle. Em seus vários papéis profissionais, os autores deste livro têm estado no centro desse processo de mudança e inseriram, nesta sétima edição, o seu conhecimento especial de risco, auditoria e controle no que diz respeito à realização de auditorias integradas.

Duas perguntas básicas devem ser feitas a respeito de todos os livros-texto:

- O livro cobre os elementos fundamentais que todos os estudantes devem conhecer?
- O livro facilita a aprendizagem?

Na feitura deste livro, demos ênfase cada vez maior a duas perguntas adicionais:

- O livro estimula os estudantes a desenvolverem um processo de raciocínio que facilita seu crescimento em um ambiente de auditoria e de negócios que continuará mudando?
- O livro destaca a importância da tomada de decisões com ética e facilita o desenvolvimento dos estudantes nessa área?

Incentivamos todo e qualquer professor que venha a adotar este livro a avaliá-lo, bem como outros livros nessas dimensões. Acreditamos que descobrirão que a sétima edição deste livro responde com qualidade a essas perguntas. Desde a primeira edição, temos acreditado que os estudantes precisam entender e desenvolver arcabouços para a tomada de decisões – e depois aplicar o seu julgamento dentro desses arcabouços. Consequentemente, temos nos esforçado muito para concentrar a atenção nesses arcabouços conceituais importantes, ao mesmo tempo em que desenvolvemos material para o final de cada capítulo visando a desafiar os estudantes a pensar e aplicar tais arcabouços.

Adição de uma nova coautora

Temos a satisfação de anunciar que a Dra. Audrey A. Gramling, professora associada de Contabilidade na *Kennesaw State University*, juntou-se ao projeto deste livro como coautora. Audrey é uma pesquisadora muito respeitada, cujo trabalho investiga tanto questões de auditoria interna quanto de auditoria externa, com ênfase no comportamento de decisão de auditores, na independência de auditores externos, nas atividades de relatório de controle interno, e outros fatores que afetam o mercado de serviços de auditoria e garantia. Ela tem o privilégio de contar com a visão especial decorrente de ter trabalhado como pesquisadora acadêmica associada no Departamento do Contador-Chefe da Comissão de Valores Mobiliários dos Estados Unidos, onde lidou com questões relacionadas à qualidade da auditoria, relatórios de controle interno e execução de auditorias integradas, bem como independência de auditores. Ela também traz ao livro uma forte ênfase em controle interno, ampliada com a sua experiência como membro da Força Tarefa de Controles de Monitoramento da Coso.

Neste livro, Audrey utilizou o seu conhecimento da prática de auditoria e questões de regulamentação para sugerir maneiras de ilustrar e explicar melhor os conceitos fundamentais da área.

Karla Johnstone desempenhou um papel mais amplo nesta edição. Em conjunto, os coautores:

- incorporaram conceitos relevantes de auditoria integrada em vários ciclos de transação e auditorias de áreas de alto risco;
- desenvolveram um novo elemento pedagógico – o processo de elaboração do parecer de auditoria – para uso como linha mestra organizadora do livro;
- incluíram referências selecionadas a orientação profissional relevante ao longo de todo o livro, com o objetivo de ajudar os estudantes a conhecer as várias fontes alternativas de orientação;
- incorporaram um estudo rico e integrado de auditorias por meio da análise e comparação de demonstrações financeiras auditadas da *Ford Motor Company* e *Toyota Motor Corporation* (disponível em www.cengage.com.br, em inglês).

Essas contribuições ajudam a preparar os estudantes para aprender a pensar como auditores, entender as mudanças, desenvolver uma noção de desafios especiais de contabilidade e auditoria associados a ciclos de transação ou saldos de contas, e a valorizar as complexidades inerentes ao processo de elaboração do parecer de auditoria.

Um velho amigo se despede

Nosso bom amigo e um dos autores originais, Bradley Schwieger, decidiu afastar-se da autoria de livros-texto para gastar mais tempo com os netos, o golfe e a liderança da comunidade religiosa, e continuar ajudando jovens das muitas maneiras que sempre foram inerentes aos seus enfoques de ensino e produção de livros. Bradley sempre foi a pessoa que perguntava: os estudantes entenderiam isto? Podemos deixar isto mais claro? Os estudantes podem responder a essa pergunta com material que cobrimos no livro? Ele possui um talento que, embora não seja exclusivo, é comumente pouco valorizado, e sua falta certamente será sentida por seus coautores. Esteve sempre genuinamente mais preocupado com a necessidade de que o livro ajudasse os estudantes a entenderem essa profissão maravilhosa, e menos com coisas tais como *royalties* por direitos autorais.

Felizmente, Bradley concordou em nos ajudar a manter algumas das excelentes inovações nesta edição. Ele fez um incansável trabalho na integração da nova edição do *software* ACL de auditoria a essa edição e continua a rever os arquivos do caso *Biltrite* (disponível em www.cengage.com.br, em inglês) para garantir tanto o seu realismo prático quanto o aprendizado do estudante.

Tanto como um bom amigo quanto como colaborador desde a primeira edição, sentiremos a falta do comprometimento de Bradley com o aprendizado do estudante, seu senso incrível de detalhe e seu bom humor. Felizmente, para vocês que estão adotando este livro, Karla e Audrey possuem os mesmos atributos, além de trazerem um enfoque renovado para a publicação.

Principais temas na sétima edição

A sétima edição mantém os temas desenvolvidos anteriormente, com um compromisso de atualização do texto visando a refletir a evolução da profissão de auditoria e do ambiente em que ela atua.

1. **A sétima edição inclui uma ênfase significativamente ampliada em processos de julgamento profissional e tomada de decisões.** Reconhecemos que os estudantes estão ingressando em um mundo profissional em que se espera, desde o início de suas carreiras, que façam julgamentos complexos e tomem decisões difíceis para as quais há consequências reais significativas. Por causa disso, introduzimos um arcabouço de tomada de decisões profissionais, juntamente com materiais no final dos capítulos que reforçam esse arcabouço ao longo de todo o livro. Além disso, agora cada capítulo abre com um quadro de Julgamento profissional em contexto, realçando julgamentos profissionais relevantes para o capítulo, juntamente com perguntas que desafiam os estudantes a aplicar esses julgamentos à medida que vão lendo o capítulo.

    Adicionamos um novo capítulo (18), que lida com julgamentos complexos de auditoria, incluindo: (1) materialidade, (2) correção de erros, (3) avaliação de deficiências de controle interno, (4) avaliação da qualidade de áreas de auditoria interna, e (5) auditorias de valor justo. A seção que trata de valores justos de auditoria, juntamente com novas questões no final do capítulo, é particularmente relevante para a última crise financeira. O capítulo integra boa parte dos conceitos desenvolvidos ao longo do livro e apresenta a ideia (extraída do balanço da *Ford Motor Co.* – disponível em www.cengage.com.br, em inglês) de que praticamente todos os saldos de contas estão sujeitos a considerações de possibilidades de realização, estimação ou valor justo. As questões no final do capítulo acrescentam uma nova dimensão para que o raciocínio dos estudantes seja levado ao ambiente constantemente em mutação no qual devem atuar.

2. **A sétima edição inclui um novo caso, disponível on-line no site da Cengage (www.cengage.com.br, em inglês), ilustrando conceitos relevantes do capítulo no contexto de duas empresas reais.** *Ford Motor Company* e *Toyota Motor Corporation*. A sétima edição inclui 10-Ks, 20-Fs, demonstrações para votação em assembleias e 8-Ks dessas empresas para que os estudantes possam ter uma noção da aplicação prática dos conceitos enfatizados ao longo do livro. Além disso, incluímos, ao final dos capítulos e também no site, problemas relacionados a essas empresas, que os estudantes podem resolver individualmente ou em grupo.

3. **A sétima edição reflete mudanças ocorridas no ambiente regulatório.** O ambiente regulatório continua evoluindo, e revimos o texto para acompanhar as mudanças ocorridas. O texto cobre novos padrões relativos ao controle interno da divulgação financeira, o papel do PCAOB na fixação de padrões e na realização de inspeções de empresas de auditoria, bem como o ressurgimento do Conselho de Padrões de Auditoria do AICPA, que tem papel determinante na fixação de padrões para companhias fechadas. A sétima edição agora inclui referências selecionadas à orientação profissional relevante e destaca fontes alternativas de orientação em tópicos relevantes ao capítulo.

    Duas mudanças adicionais enfatizam mudanças no ambiente regulatório. Em primeiro lugar, revimos cuidadosamente os relatórios de inspeção do PCAOB e AAERs da SEC em áreas que comprovam a necessidade de análise e reflexão cuidadosa e integramos suas observações e recomendações no texto. Em segundo lugar, ampliamos nossa cobertura, introduzindo padrões internacionais de auditoria quando isso é relevante.

4. **A sétima edição reflete a implantação mais recente da lei Sarbanes-Oxley (SOX).** Os auditores e as empresas agora já têm experiência com a SOX, especialmente a seção 404. O texto baseia-se em análise do Centro de Qualidade de Auditoria e ressalta lições correspondentes a serem aprendidas com os primeiros anos de auditoria sob a SOX.
5. **A sétima edição fornece arcabouço e demonstração de uma auditoria integrada.** Partindo de mudanças efetuadas na sexta edição, ampliamos nossa ênfase na auditoria integrada ao longo de capítulos que descrevem ciclos de transação específicos, incluindo material novo sobre afirmações relevantes e controles críticos para ciclos específicos, e evidência para ciclos específicos baseada em resultados de avaliações de risco intrínseco e de controle. Nossa discussão de conceitos de auditoria integrada ressalta que as decisões do auditor a respeito de evidências baseiam-se nos riscos empresarial e intrínseco identificados, na eficácia dos controles criados para mitigar esses riscos, e na avaliação de quais afirmações são materiais para o saldo de uma conta.
6. **A sétima edição reflete mudanças amplas no ambiente tecnológico em que os auditores trabalham.** Os estudantes que souberem usar *software* de análise de dados – ACL ou algum outro programa genérico de auditoria – e que forem capazes de avaliar a eficácia e a efetividade de controles informatizados terão uma vantagem competitiva em suas carreiras. Integrando o uso do *software* ACL nos trabalhos e casos, e fornecendo o ACL sem custo adicional em cada exemplar do livro, a sétima edição ajuda os estudantes a conquistar essa vantagem competitiva. O texto ainda desafia os leitores a colocar seus trabalhos com o uso do ACL em um contexto mais amplo – avaliar evidência de auditoria de uma forma integrada para explorar as maneiras pelas quais as auditorias podem ser, ao mesmo tempo, mais eficazes e eficientes.
7. **A sétima edição explora integralmente o papel fundamental desempenhado pela auditoria na governança corporativa e no atendimento de interesses dos investidores.** A auditoria é um elemento crucial do funcionamento do sistema de mercado de capitais. A sétima edição explora a governança corporativa como base para melhor compreensão do papel especial da auditoria de demonstrações financeiras e controles internos como componente importante da governança corporativa. Como exemplo de atendimento de interesses dos investidores, incluímos trechos de cartas de investidores ao Fasb, que ilustram necessidades de usuários e destinam-se a convencer os jovens auditores da necessidade de entender a materialidade do ponto de vista dos investidores ou de algum outro grupo de interesses.

Principais mudanças na sétima edição

Os estudantes que ingressam na profissão devem encontrar maneiras de demonstrar sua excelência em termos de julgamento profissional e processos de tomada de decisões, na aplicação apropriada de padrões éticos e de conduta, e no conhecimento de controles e auditoria para adicionar valor aos seus trabalhos na área. Embora tenhamos mantido a estrutura básica das edições anteriores, houve mudanças importantes, incluindo as seguintes:

1. **Um novo capítulo sobre julgamentos complexos de auditoria.** O novo capítulo 18 apresenta uma explicação da tomada de decisões e da coleta de evidência pelo auditor relacionadas a (1) materialidade, (2) correção de erros, (3) decisões sobre deficiências de controle interno, (4) julgamentos sobre a qualidade de áreas de auditoria interna, e (5) auditorias de estimativas de valor justo.
2. **Articulação de um arcabouço de tomada de decisões que complementa a discussão existente sobre tomada de decisões com ética.** Complementamos os materiais exis-

tentes no final dos capítulos com novos casos que exigem que os estudantes apliquem o arcabouço de tomada de decisões. Além disso, ampliamos o número de casos existentes que enfatizam a tomada de decisões com a ética apresentada no texto. Por fim, cada capítulo agora começa com um novo quadro de Julgamento profissional em contexto, que exige que os estudantes reflitam sobre uma decisão profissional real associada a esse capítulo.

3. **Incorporação dos 10-Ks, 20-Fs, demonstrações para votação em assembleias e 8-Ks da Ford Motor Company e da Toyota Motor Corporation (material em www.cengage.com.br, em inglês).** Desenvolvemos exercícios individuais e em grupo no final dos capítulos, usando essas novas informações reais para que os estudantes sejam expostos às aplicações práticas dos conceitos teóricos de cada capítulo.

4. **O controle interno é apresentado como um processo e é explicado como um prolongamento natural do enfoque do ciclo de transação à realização de auditorias.** A nova orientação sobre monitoramento do controle interno dada pelo Coso facilita o uso de um enfoque de processo à análise do controle interno. O enfoque de processo se encaixa melhor com fatores de risco e ajuda o auditor e a administração do cliente a mitigar mais eficazmente o risco de relatórios financeiros distorcidos. Além disso, integramos melhor os controles de tecnologia da informação (informatizados) ao capítulo sobre controle interno. Reconhecemos que a maior parte do processamento é informatizada e os controles informatizados não devem ser artificialmente segregados de outros controles.

5. **A versão mais recente do ACL.** Incluímos um CD contendo a versão 9 da edição educacional do ACL, sem custo adicional, em cada exemplar do texto, e continuamos integrando o ACL em nossos trabalhos e casos. O ACL é o *software* genérico de auditoria mais popular no mercado. O programa melhora a análise de casos ligados a saldos de contas importantes, tais como estoques e contas a receber.

6. **O caso prático Biltrite computadorizado** (disponível em www.cengage.com.br, em inglês) foi atualizado em comparação com a sexta edição e disponibilizado integralmente na página do livro no site da editora. Atualizações específicas ao caso prático *Biltrite* incluem melhorias da descrição de controles internos, com foco ampliado em todos os cinco componentes de controle interno da divulgação financeira do Coso, e uma descrição da área de auditoria interna da *Biltrite*.

7. **Um novo capítulo 8 integrado sobre ferramentas de coleta de evidência de auditoria.** Integramos o antigo capítulo sobre amostragem estatística à cobertura do *software* genérico de auditoria (SGA) e de procedimentos analíticos auxiliares à coleta e análise de dados. Os problemas de ACL destinam-se a facilitar a aplicação da amostragem estatística com a utilização de *software* de auditoria. Ao mesmo tempo, o capítulo reconhece que há outras formas de coleta e análise de dados que podem ser investigadas de maneira ampla usando SGA. Nossa mudança de enfoque e integração desses tópicos visa a ajudar os estudantes a entenderem a perspectiva mais ampla quanto à maneira de coletar evidência de auditoria e às escolhas que os auditores podem fazer coletando e analisando essa evidência, em lugar de simplesmente aprender a aplicar amostragem estatística.

Novo enfoque pedagógico importante

A sétima edição contém um novo elemento de abertura de capítulos, o chamado Processo de elaboração do parecer de auditoria, que ajuda o estudante a identificar as etapas básicas do processo de auditoria, como elas estão relacionadas a capítulos específicos, bem como as relações entre capítulos nesse processo. O novo processo é representado graficamente no início de cada capítulo, da seguinte maneira:

I. Aferir as decisões de aceitação e retenção do cliente (capítulo 4).	II. Entender o cliente (capítulos 2, 4-6 e 9).	III. Obter evidência a respeito de controles e determinar o impacto de demonstrações financeiras sobre a auditoria (capítulos 5-14 e 18).	IV. Apurar evidências consubstanciadas sobre afirmações de contas (capítulos 7-14 e 18).	V. Fechamento da auditoria e tomada de decisões de divulgação (capítulos 15 e 16).
A profissão de auditoria, regulamentação e governança corporativa (capítulos 1 e 2).		Tomada de decisões, conduta profissional e ética (capítulo 3).		Responsabilidade profissional (capítulo 17).

Por meio do diagrama desse processo, ilustramos três características ambientais fundamentais que afetam a condução do processo de auditoria:

1. Princípios e regras que governam a auditoria profissional, o ambiente regulatório e o papel da governança corporativa.
2. A importância da tomada de decisões, da conduta profissional e da ética.
3. Responsabilidade profissional.

Nesse contexto geral, apresentamos um processo de auditoria em cinco etapas, incluindo:

Primeira etapa. Avaliação de decisões de aceitação e retenção de clientes.
Segunda etapa. Conhecimento do cliente.
Terceira etapa. Obtenção de evidências a respeito de controles.
Quarta etapa. Obtenção de evidência substantiva.
Quinta etapa. Conclusão da auditoria.

Visualizando esse processo, os estudantes podem perceber como cada capítulo se encaixa no contexto geral dos materiais cobertos em todo o livro.

Como aperfeiçoamento pedagógico adicional, ampliamos o uso de objetivos de aprendizagem enumerando-os no início de cada capítulo, destacando na margem os pontos que são discutidos no capítulo, e ligando os problemas de final de capítulo aos objetivos relevantes.

Estrutura da sétima edição

A sétima edição está estruturada da seguinte maneira:

Capítulos 1-3: entendimento das responsabilidades do auditor. Os capítulos 1 e 2 discutem a importância dos serviços de auditoria e garantia no contexto da governança corporativa e da economia como um todo. O capítulo 3 introduz um arcabouço de tomada de decisões e contém uma discussão de princípios éticos que vai além de definições de ética baseadas em regras, explorando, em lugar disso, teorias de tomada de decisões com ética.

Capítulos 4-6: entendimento do enfoque de risco à auditoria e do papel amplo dos controles internos. O capítulo 4 introduz conceitos de risco e os liga ao controle interno. O entendimento do risco pelo auditor facilita a avaliação de controles internos, que são discutidos no capítulo 5. O capítulo 6 estende esses conceitos à articulação de conceitos e ferramentas necessários para a realização de uma auditoria integrada.

Capítulos 7-9: entendimento de conceitos e ferramentas de auditoria. O capítulo 7 desenvolve os conceitos associados à evidência de auditoria, e inclui o padrão do PCAOB sobre documentação da área. O capítulo 8 foi revisto com a finalidade de incluir conceitos envolvendo diversas ferramentas usadas para a coleta de evidência de auditoria, incluindo amostragem e técnicas informatizadas de auditoria, além de procedimentos analíticos substantivos. O capítulo 9 faz uma apresentação de fatores que aumentam a probabilidade de ocorrência de fraude, indo além de uma enumeração da literatura de "sinais de alerta", chegando a apresentação do modelo de risco de fraude. Diversos exemplos de fraude em empresas são usados para ilustrar riscos de fraude e enfoques de auditoria necessários em resposta a tais riscos.

Capítulos 10-14: realização de auditorias usando o enfoque do ciclo de transação. Esses capítulos concentram a sua atenção na aplicação dos conceitos desenvolvidos anteriormente para a avaliação de riscos, a identificação e o teste de controles montados para lidar com esses riscos, e o uso de enfoques substantivos ao teste de saldos de contas. Áreas tradicionais de auditoria são cobertas, tais como contas a receber e estoques. Cada capítulo inclui um enfoque passo a passo à condução de uma auditoria integrada dentro de cada ciclo específico de transação. Além disso, é solicitado aos estudantes que montem programas de auditoria que identifiquem controles necessários nesses ambientes, dados os seus riscos típicos. A cobertura é ampliada, envolvendo áreas de alto risco que têm sido negligenciadas em alguns trabalhos de auditoria, incluindo a necessidade de examinar lançamentos materiais de diário. Também ampliamos a cobertura de estimativas subjetivas com uma discussão a fundo da auditoria do *impairment* de *goodwill* e ativos imobilizados.

Capítulos 15-16: conclusão da auditoria e relatórios de auditoria. O capítulo 15 examina as várias tarefas que os auditores precisam completar antes de emitir o relatório de auditoria, incluindo tópicos tais como julgamentos de entidade em funcionamento, declarações de responsabilidade da administração, contingências de prejuízo, estimativas contábeis, exames por sócios endossantes, e eventos subsequentes (entre outros). O capítulo 16 discute relatórios de auditoria e garantia e apresenta uma visão ampla de preceitos fundamentais a todos os tipos de relatório. Fornecemos exemplos de vários tipos de relatórios de auditoria, incluindo aqueles sobre demonstrações financeiras e a eficácia do controle interno da divulgação financeira.

Capítulo 17: gestão de risco da empresa de auditoria e minimização de responsabilidades. A responsabilidade legal continua sendo importante. Entretanto, o capítulo 17 também considera a importância adicional do ambiente regulatório e a necessidade de que os auditores atuem em um ambiente em que os princípios não são uniformemente aplicáveis em todas as jurisdições nas quais o auditor presta serviços. Além disso, discutimos diversos enfoques para a minimização da exposição à responsabilidade legal.

Novo capítulo 18: julgamentos complexos de auditoria. Esse novo capítulo 18 contém a discussão de diversos tópicos de importância perene e de elevado interesse contemporâneo, incluindo (1) julgamentos de materialidade, (2) correção de erros, (3) avaliação de deficiências significativas *versus* deficiências materiais de controle interno, (4) avaliação da qualidade de atividades de auditoria interna, incluindo uma avaliação de fatores a serem considerados pelo auditor externo ao se apoiar ou utilizar o trabalho realizado por auditores internos, e (5) auditoria de estimativas contábeis, bem como a avaliação da aplicação apropriada de cálculos de valor justo nas demonstrações financeiras.

Caso das bicicletas Biltrite. Esse caso prático foi disponibilizado na página do livro no site da editora. As planilhas de Excel necessárias para completar o caso também estão disponíveis (www.cengage.com.br).

Apêndice de casos ACL. O apêndice ACL contém uma visão geral das funções básicas do ACL, e é acompanhado por tutorial sucinto e ilustrado para ajudar os estudantes a aprender a usar os elementos básicos da versão 9 da edição educacional do programa. Essas duas seções são seguidas por quatro casos de ACL:

1. **Bolsas Pell**, um caso de investigação de fraude relacionada a esse programa de bolsas de estudo.
2. **Novo caso da Lei de Benford**, um caso de fraude ligada a reembolsos de despesas de funcionários e a aplicação da lei de números de *Benford*.
3. **Contas a receber da NSG**, incluindo um programa de procedimentos de auditoria no qual os estudantes podem usar o ACL e analisar os resultados.
4. **Estoques da NSG**, que exige que os estudantes preparem um programa de auditoria e depois executem os procedimentos e analisem os resultados.

Os arquivos de dados para esses casos estão disponíveis na página do livro, em www.cengage.com.br.

Adequação a formatos alternativos de apresentação

A sétima edição foi montada para servir a praticamente qualquer curso de serviços de auditoria ou garantia, com duração de um semestre, em nível de graduação. Os novos casos da *Ford* e da *Toyota*, juntamente com o novo capítulo 18 sobre julgamentos complexos de auditoria, seriam úteis como materiais adicionais para complementar um curso de auditoria em nível de pós-graduação, ou um curso de fechamento em que tópicos especiais de auditoria são integrados com outras discussões – como auditoria de valor justo integrada a exposições de contabilidade pelo valor justo.

Suplementos

A sétima edição contém um conjunto de suplementos que ajudam os professores e estudantes a tirar o máximo proveito do curso, disponível em www.cengage.com.br.

- **Manual de soluções.** Este manual, escrito pelos autores do livro, oferece precisão mais elevada porque fornece soluções para todo o material de final de capítulo, soluções para os casos ACL e para o caso prático *Biltrite*. O manual de soluções está disponível aos professores que comprovadamente adotam a obra e pode ser acessado após um cadastro e mediante a utilização de uma senha.
- **Slides de apresentações em PowerPoint®.** As aulas expositivas ficam mais dinâmicas com esses slides de PowerPoint®, que são interessantes, visualmente estimulantes e montados com o ritmo apropriado para o seu entendimento pelos estudantes. Os slides são ideais como ferramentas para aulas expositivas e fornecem orientação clara para estudo e anotação pelos estudantes. Os slides, em inglês, em PowerPoint® podem ser baixados pelos professores que comprovadamente adotam a obra na página do livro em nosso site (www.cengage.com.br).
- **Manual do instrutor.** Esse manual contém todos os recursos de que os instrutores necessitam para minimizar o tempo de preparação de aulas, ao mesmo tempo em que maximizam a eficácia do ensino. Visões gerais dos capítulos, objetivos de aprendizagem, resumos de aulas com sugestões de ensino, e guias para equipá-los com as ferramentas para a obtenção de resultados positivos em seus cursos. O manual do instrutor, em inglês, pode ser baixado por professores que comprovadamente adotam a obra na página do livro no site da editora (www.cengage.com.br).

- **Banco de testes em Word.** Um banco de testes validado destaca as perguntas com as quais os instrutores podem aferir eficientemente a compreensão de conteúdos pelos estudantes. O banco de testes em Word pode ser baixado, em inglês, por professores que comprovadamente adotam a obra na página do livro no site da editora (www.cengage.com.br).
- **Software de teste informatizado ExamView™.** Esse programa de criação de testes de fácil utilização contém todas as questões do banco de testes, simplificando a produção de testes sob medida às necessidades específicas de sua turma, por meio da edição ou criação de questões e do armazenamento de exames customizados. É uma ferramenta ideal para testes online e está disponível, em inglês, na página do livro no site da editora (www.cengage.com.br).
- **Questões de revisão.** Todos os capítulos possuem questões de revisão para auxílio do professor e do aluno. As questões pares estão no livro ao final dos capítulos, e as ímpares estão disponíveis na internet.

Agradecimentos

Somos gratos aos membros da equipe da *Cengage Learning* por sua ajuda no desenvolvimento da sétima edição: Matt Filimonov, editor de aquisições; Kristen Hurd, gerente de marketing; e Stacy Shirley, diretora artística. Também gostaríamos de destacar especialmente as contribuições de Craig Avery, editor de desenvolvimento, que tem estado conosco desde a primeira edição com a *Cengage* e sempre foi muito construtivo e apoiador de nosso trabalho de desenvolvimento; e de Holly Henjum, gerente sênior de projeto de conteúdo, que é nova nessa edição, mas, como Craig, tem sido extremamente útil ao garantir que o tempo gasto no desenvolvimento de nosso conteúdo não é perdido no *layout* do texto. Acreditamos e esperamos que os leitores também pensem assim, que o texto tenha sido extremamente bem disposto e projetado com vistas a apoiar o entendimento, o aprendizado e a aplicação pelo estudante.

Mais uma vez, somos gratos aos nossos alunos e aos professores que utilizaram as edições anteriores e nos têm dado o seu *feedback* consciencioso. Também agradecemos a Bradley Schweiger, por seus comentários perspicazes na verificação do manual de soluções.

Agradecemos especialmente àqueles que enviaram revisões e comentários durante o desenvolvimento da sétima edição:

William Felix, *University of Arizona*
James Hansen, *University of Illinois*, Chicago
Susan H. Ivancevich, *University of North Carolina*, Wilmington
Janet Jamieson, *University of Dubuque*
Keith Jones, *George Mason University*
Steven Kachelmeier, *University of Texas*, Austin
Ralph D. Licastro, *The Pennsylvania State University*
Roger D. Martin, *University of Virginia*
Brian W. Mayhew, *University of Wisconsin*, Madison
Natalia Mintchik, *University of Missouri*, St. Louis
Frank S. Venezia, *University at Albany*

Somos gratos à *ACL Services, Ltd.* pela permissão de distribuir seu *software* e tutoriais e pela permissão de reimprimir as imagens correspondentes.

Audrey A. Gramling
Larry E. Rittenberg
Karla M. Johnstone

Sobre os autores

Audrey A. Gramling

Audrey A. Gramling, Ph.D, CIA, CPA é professora associada na Escola de Contabilidade da *Kennesaw State University*, onde leciona cursos de auditoria e problemas de divulgação à SEC. Atuou como pesquisadora acadêmica em Contabilidade no Departamento do Contador-Chefe da Comissão de Valores Mobiliários dos Estados Unidos. Atualmente, Audrey está envolvida em uma série de atividades profissionais, incluindo a participação no Conselho Consultivo Acadêmico da Grant Thornton, como pesquisadora da Iniciativa de Gestão de Risco Empresarial da *North Carolina State University*, e como membro da Força Tarefa para Controles de Monitoramento da CSO. Audrey faz e já fez parte de vários conselhos editoriais. Tem sido um membro ativo da Associação Americana de Contabilidade (AAA), incluindo participação como secretária, vice-presidente para Assuntos Acadêmicos, e presidente da Seção de Auditoria da AAA. Audrey trabalhou como auditora externa em uma empresa antecessora da *Deloitte* e como auditora interna no *Georgia Institute of Technology*. Ela é coautora de numerosos livros, monografias e artigos em diversos tópicos relacionados à auditoria.

Larry E. Rittenberg

Larry E. Rittenberg, Ph.D, CPA, CIA é o titular da Cátedra *Ernst & Young* de Contabilidade e Sistemas de Informação na *University of Wisconsin-Madison*, onde leciona cursos de auditoria e auditoria computacional e operacional. Atua como presidente do Coso (Comitê de Organizações Patrocinadoras da Comissão *Treadway*) e tem sido fundamental para o desenvolvimento de novas diretrizes de controle interno e, mais recentemente, para o monitoramento da eficácia do controle interno sobre a divulgação financeira. Tem trabalhado tanto com o PCAOB quanto com a SEC na produção de orientação que ajude empresas e auditores a avaliar e implantar controles internos eficazes e eficientes. É vice-presidente para Práticas Profissionais no Instituto de Auditores Internos (IIA) e presidente da Fundação de Pesquisa do IIA. É membro do Comitê de Padrões de Auditoria da Seção de Auditoria da AAA, do Sub-Comitê de Auditoria de Computação, do Comitê de Tecnologia de Informação, e da Comissão Especial de Comitês de Auditoria do AICPA. O professor Rittenberg, auditor interno certificado, atuou como técnico de auditoria para a *Ernst & Young* e é coautor de cinco livros, além de monografias e numerosos artigos. Em janeiro de 2007, recebeu o título de "Educador de Destaque" da seção de auditoria da Associação Americana de Contabilidade.

Karla M. Johnstone

Karla M. Johnstone, Ph.D, CPA é professora associada de Contabilidade e Sistemas de Informação na *University of Wisconsin-Madison*. Ela ministra cursos de auditoria, e sua pesquisa investiga a tomada de decisões por auditores, incluindo decisões de aceitação e retenção de clientes, a forma pela qual o risco de fraude afeta o planejamento e os honorários de auditoria, a negociação entre cliente e auditor, e processos de elaboração de orçamentos de auditoria. Ela também publicou vários artigos sobre eficácia de currículos de contabilidade. A professora Johnstone é editora associada de *Accounting Horizons* e faz parte dos conselhos editoriais de vários outros periódicos acadêmicos. Trabalhou profissionalmente como contadora de empresas e como técnica de auditoria para uma empresa de contabilidade externa, e foi doutoranda-residente na *Coopers & Lybrand*.

Sumário

CAPÍTULO 1
AUDITORIA: ESSENCIAL PARA A ECONOMIA 1

A importância do julgamento de auditoria 1
Globalização crescente da contabilidade
   e da auditoria 4
INTRODUÇÃO 5
   Definição de auditoria 6
   Auditoria: uma função especial 8
   Falhas na profissão 9
   Necessidade de divulgação imparcial 11
   Necessidade de garantia 11
MUDANÇAS NA PROFISSÃO: AUMENTO DA EXIGÊNCIA DE RESPONSABILIDADE 13
   Exigência de melhor governança corporativa 14
   Exigência de relatórios sobre controles internos 14
   Fixação de padrões de auditoria e independência
      de auditores 15
   Expectativas do público em relação ao trabalho
      dos auditores 16
ESCOPO DOS SERVIÇOS: OUTROS SERVIÇOS DE GARANTIA 16
   O que é garantia? 16
EXIGÊNCIAS PARA O INGRESSO NA PROFISSÃO DE CONTADOR EXTERNO 19
   Competência em contabilidade e auditoria 19
   Conhecimento de controles internos 19
   Conhecimento do negócio e de seus riscos 20
   Compreensão da complexidade do sistema contábil 20
PRESTADORES DE SERVIÇOS DE GARANTIA 20
   A profissão de contabilidade externa 20
   A profissão de auditoria interna 22
   A profissão de auditoria governamental 23
ORGANIZAÇÕES PROFISSIONAIS E REGULADORAS 23
   O Conselho de Supervisão Contábil de
      Companhias Abertas 24
   Comissão de Valores e Bolsas 24
   O Instituto Americano de Contadores
      Externos Credenciados 25
   Conselho de Padrões Internacionais de
      Auditoria e Garantia 25
   Comitê de Organizações Patrocinadoras 25
   Fixadores de padrões de contabilidade 26
   Conselhos estaduais de contabilidade 26
   O Instituto de Auditores Internos 26
   Departamento de Prestação de Contas do
      Governo dos Estados Unidos 26
   Sistema Judiciário 27

Todos os capítulos contêm os seguintes materiais no seu final:
Resumo
Termos importantes
Questões de revisão
Questões de múltipla escolha
Questões de discussão e pesquisa
Casos

CAPÍTULO 2
GOVERNANÇA CORPORATIVA E AUDITORIAS 33

GOVERNANÇA CORPORATIVA E AUDITORIA 34
   Responsabilidades e falhas de
      governança corporativa 37
   A Lei *Sarbanes-Oxley* 40
   Comunicação exigida entre a empresa e o
      comitê de auditoria 44
   Importância de uma boa governança
      para a auditoria 45
FIXAÇÃO DE PADRÕES DE AUDITORIA 46
   Princípios contábeis aceitos em geral e
      princípios do IAASB 49
   Princípios fundamentais dos padrões
      IAASB de auditoria 53
   Padrões de outros trabalhos de auditoria 54
   O futuro da fixação dos padrões de auditoria 55
VISÃO GERAL DO PROCESSO DE AUDITORIA: UM ENFOQUE BASEADO EM PADRÕES 57
   Fase II: Conhecimento do cliente 57
   Fases III e IV: Obtenção de evidências 59
   Fase V: Fechamento da auditoria e tomada
      de decisões de relato 61
Ford Motor Company e Toyota Motor Corporation:
Introdução e governança corporativa 67

CAPÍTULO 3
ARCABOUÇOS PARA TOMADA DE DECISÃO DE JULGAMENTO E ÉTICA E PADRÕES PROFISSIONAIS RELEVANTES — 71

INTRODUÇÃO — 72
- Tomada de decisões, ética e desempenho organizacional — 72

UM ARCABOUÇO PARA TOMADA DE DECISÕES PROFISSIONAIS — 73
- Um arcabouço para a tomada de decisões em geral — 73

UM ARCABOUÇO DE TOMADA DE DECISÕES COM ÉTICA — 76
- Aceitação da confiança do público — 76
- Teorias de ética — 76
- Um arcabouço ético — 77

A LEI *SARBANES-OXLEY* COMO REAÇÃO A FALHAS ÉTICAS — 80

ENFOQUES DOS CÓDIGOS DE ÉTICA PROFISSIONAL — 83
- Conselho internacional de ética para contadores — 84
- Código de conduta profissional do AICPA — 84
- Regras de independência da SEC e do PCAOB — 91

CONSIDERAÇÕES ADICIONAIS A RESPEITO DA INDEPENDÊNCIA DO AUDITOR — 93
- Principais ameaças à independência — 93
- Gestão das ameaças à independência — 96
- Papel importante dos comitês de auditoria — 98

Ford Motor Company e Toyota Motor Corporation – Ford motor company: Julgamentos éticos — 104

CAPÍTULO 4
RISCO DE AUDITORIA, RISCO EMPRESARIAL E PLANEJAMENTO DA AUDITORIA — 107

NATUREZA DO RISCO — 109

GESTÃO DO RISCO DE ENVOLVIMENTO POR MEIO DE DECISÕES DE ACEITAÇÃO E RETENÇÃO DE CLIENTES — 111
- Integridade da administração — 112
- Independência e competência do comitê de auditoria e do conselho de administração — 113
- Qualidade dos controles e processos de gestão de risco da administração — 114
- Exigências regulatórias e de divulgação — 114
- Participação de grupos de interesses importantes — 114
- Existência de transações com partes relacionadas — 114
- Saúde financeira da organização — 115
- Resumo: clientes de auditoria de alto risco — 115
- Finalidade de uma carta de envolvimento — 116

GESTÃO DO RISCO DE AUDITORIA — 117
- Materialidade — 117
- Entendimento do modelo de risco de auditoria — 118

PLANEJAMENTO DA AUDITORIA USANDO O MODELO DE RISCO DE AUDITORIA — 123
- Lições aprendidas: o caso *Lincoln Savings and Loan* — 123
- Obtenção de entendimento do negócio e de seus riscos — 126
- Conhecimento dos processos de gestão e controle de risco da administração — 130
- Análise de risco e condução da auditoria — 132

EXAME DE DEMONSTRAÇÕES FINANCEIRAS PRELIMINARES: USO DE TÉCNICAS DE ANÁLISE PARA IDENTIFICAR ÁREAS DE RISCO ELEVADO — 132
- Premissas subjacentes às técnicas de análise — 133
- Um processo de execução de procedimentos de análise — 134
- Tipos de procedimentos analíticos — 135

Ford Motor Company e Toyota Motor Corporation: Risco — 148

CAPÍTULO 5
CONTROLE INTERNO DA DIVULGAÇÃO FINANCEIRA — 153

IMPORTÂNCIA DO CONTROLE INTERNO PARA AS AUDITORIAS DE DEMONSTRAÇÕES FINANCEIRAS — 155

COSO: UM ARCABOUÇO DE CONTROLE INTERNO — 155
- Componentes do controle interno — 156
- Avaliação de risco — 159
- Ambiente de controle — 160
- Atividades de controle — 165
- Informação e comunicação — 168
- Monitoramento — 168
- Exemplos de atividades comuns de controle interno — 169
- Atividades comuns de controle — 169
- Controles de TI integrados em avaliações de controle interno — 172

AVALIAÇÃO DOS CONTROLES INTERNOS PELA ADMINISTRAÇÃO — 178

AVALIAÇÃO DE CONTROLES INTERNOS PELO AUDITOR — 179
- Conhecimento dos controles internos do cliente — 179
- Identificar controles a serem testados — 185

Elaborar um plano para testar os controles e executar o plano ... 185
Considerar os resultados do teste de controles ... 188
DOCUMENTAÇÃO DO CONHECIMENTO E DA AVALIAÇÃO DOS CONTROLES INTERNOS DE UMA ORGANIZAÇÃO PELO AUDITOR ... 188
RELATÓRIOS GERENCIAIS SOBRE O CONTROLE INTERNO DA DIVULGAÇÃO FINANCEIRA ... 189
Ford Motor Company e Toyota Motor Corporation: Controle interno da divulgação financeira ... 201

CAPÍTULO 6
REALIZAÇÃO DE UMA AUDITORIA INTEGRADA ... 203

EVOLUÇÃO DOS PADRÕES DE CONDUÇÃO DE AUDITORIAS INTEGRADAS ... 204
RELATÓRIOS DE AUDITORIA DO CONTROLE INTERNO DA DIVULGAÇÃO FINANCEIRA ... 206
Parecer sem ressalvas sobre o controle interno da divulgação financeira ... 207
Parecer desfavorável de auditoria sobre o controle interno da divulgação financeira ... 208
ETAPAS DE UMA AUDITORIA INTEGRADA ... 208
Arcabouço de evidência de auditoria para uma auditoria integrada ... 210
Implantação da auditoria integrada no processo de elaboração do parecer de auditoria ... 210
EXEMPLO DE AUDITORIA INTEGRADA: JULGAMENTO DA GRAVIDADE DE DEFICIÊNCIAS DE CONTROLE E IMPLICAÇÕES PARA A AUDITORIA DE DEMONSTRAÇÕES FINANCEIRAS ... 224
Avaliação dos controles pela administração ... 226
Avaliação dos controles pelo auditor ... 227
Ford Motor Company e Toyota Motor Corporation: Realização de uma auditoria integrada ... 235

CAPÍTULO 7
EVIDÊNCIA DE AUDITORIA: UM ARCABOUÇO ... 237

VISÃO GERAL DO MODELO DE AUDITORIA ... 238
MODELO DE AFIRMAÇÃO PARA AUDITORIAS DE DEMONSTRAÇÕES FINANCEIRAS ... 240
COLETA DE EVIDÊNCIA SUFICIENTE E APROPRIADA ... 242
Suficiência ... 244
Confiabilidade da evidência de auditoria ... 244
Natureza do teste de auditoria ... 247
Procedimentos de auditoria ... 249
PROGRAMAS DE AUDITORIA E DOCUMENTAÇÃO DE EVIDÊNCIA DE AUDITORIA ... 256
Desenvolvimento do programa de auditoria ... 256
Documentação de evidência de auditoria ... 257
AUDITORIA DE SALDOS DE CONTAS AFETADAS POR ESTIMATIVAS DA ADMINISTRAÇÃO ... 263
Evidência utilizada na auditoria de estimativas da administração ... 264
Ford Motor Company e Toyota Motor Corporation – Ford Motor Company: Um arcabouço para evidência de auditoria ... 271

CAPÍTULO 8
FERRAMENTAS DE COLETA DE EVIDÊNCIA DE AUDITORIA ... 273

VISÃO GERAL DE ENFOQUES À COLETA E AVALIAÇÃO DE EVIDÊNCIA DE AUDITORIA ... 274
Amostragem: um dos enfoques ... 274
Outros enfoques ... 276
Visão geral da amostragem de auditoria ... 277
TESTE DE EFICÁCIA DE CONTROLES E OBEDIÊNCIA A POLÍTICAS ... 282
Amostragem para a estimação de atributos ... 282
Amostragem não estatística ... 293
AMOSTRAGEM PARA TESTAR INFORMAÇÕES INCORRETAS EM SALDOS DE CONTAS ... 293
Considerações substantivas de amostragem ... 293
Amostragem não estatística ... 297
Amostragem de unidades monetárias (AUM) ... 298
USO DE SOFTWARE GENÉRICO DE AUDITORIA PARA REALIZAR TESTES SUBSTANTIVOS ... 308
Software genérico de auditoria ... 309
PROCEDIMENTOS ANALÍTICOS COMO TESTE SUBSTANTIVO ... 313
Premissas subjacentes a técnicas analíticas ... 313
A eficácia de procedimentos analíticos substantivos ... 314
Aplicação de procedimentos analíticos a testes substantivos ... 315
Procedimentos analíticos não são estimativas feitas pelo cliente ... 315
Ford Motor Company e Toyota Motor Corporation: Procedimentos analíticos ... 324

CAPÍTULO 9
AUDITORIA PARA A CONSTATAÇÃO DE FRAUDES — 325

FRAUDE E RESPONSABILIDADES DO AUDITOR: UMA EVOLUÇÃO HISTÓRICA — 327
- Magnitude de fraude — 327
- Definição de fraude — 327
- Evolução da fraude e da responsabilidade do auditor — 332
- Fraudes de divulgação financeira – o segundo relatório do COSO — 335
- Características gerais de fraudes de divulgação financeira — 335

PADRÕES DE AUDITORIA – MAIS RESPONSABILIDADE — 337
- Um enfoque pró-ativo à detecção de fraude — 337
- Condução da auditoria de demonstrações financeiras – atenção à fraude — 338

CONTABILIDADE FORENSE — 362

Ford Motor Company e Toyota Motor Corporation – Ford Motor Company: Análise de fatores de risco de fraude — 371

CAPÍTULO 10
AUDITORIA DE RECEITA E CONTAS RELACIONADAS — 373

INTRODUÇÃO — 375
- O enfoque de ciclo — 375
- Visão geral do ciclo de receita — 376

AUDITORIA DE CONTROLES INTERNOS E SALDOS DE CONTAS – AUDITORIA INTEGRADA DA RECEITA — 381
- Etapas de uma auditoria integrada — 381

EXEMPLO: UMA AUDITORIA INTEGRADA DE VENDAS E CONTAS A RECEBER — 382
- Considerar o risco de informação incorreta no ciclo de receita (etapas 1 e 2) — 382
- Execução de procedimentos analíticos preliminares (etapa 3) — 385
- Aquisição de entendimento dos controles internos (etapa 4) — 385
- Identificação de controles importantes (etapa 5) — 386
- Montagem e realização de testes de controles internos e análise dos resultados dos testes de controles (etapas 6 e 7) — 386
- Realização de testes substantivos (etapa 8) — 386

EXECUÇÃO DA AUDITORIA INTEGRADA DO CICLO DE RECEITA — 388
- Consideração dos riscos relacionados ao reconhecimento de receita (etapas 1 e 2) — 388
- Execução de procedimentos analíticos preliminares (etapa 3) — 393
- Vinculação de controles internos a afirmações em demonstrações financeiras para a conta de receita (etapas 4 e 5) — 395
- Montagem e realização de testes de controles internos e análise dos resultados dos testes de controles (etapas 6 e 7) — 399
- Realização de testes substantivos no ciclo de receita (etapa 8) — 403

Ford Motor Company e Toyota Motor Corporation: Questões relacionadas ao ciclo de receita — 431

CAPÍTULO 11
AUDITORIA DO CICLO DE COMPRA, PAGAMENTO E ESTOQUES — 433

INTRODUÇÃO — 435
- Contas importantes e afirmações relevantes no ciclo de compra e pagamento — 435

REALIZAÇÃO DA AUDITORIA INTEGRADA DO CICLO DE COMPRA E PAGAMENTO — 436
- Considerem os riscos associados ao ciclo de compra e pagamento (etapas 1 e 2) — 438
- Executar procedimentos analíticos preliminares em busca de possíveis incorreções (etapa 3) — 439
- Vinculação de controles internos e afirmações de demonstrações financeiras quanto a contas do ciclo de compra e pagamento (etapas 4 e 5) — 440
- Projetar e realizar testes de controles e analisar os resultados de testes de controles (etapas 6 e 7) — 446
- Realização de testes substantivos das contas do ciclo de compra e pagamento (etapa 8) — 447

COMPLEXIDADES RELACIONADAS A ESTOQUES E CUSTO DOS PRODUTOS VENDIDOS — 451
- Riscos e controles relacionados a estoques e custo dos produtos vendidos — 452
- Testes substantivos de estoques e custo dos produtos vendidos — 456

Ford Motor Company e Toyota Motor Corporation: Aspectos do ciclo de compra e estoques — 474

CAPÍTULO 12
AUDITORIA DE CAIXA E OUTROS ATIVOS LÍQUIDOS — 475

INTRODUÇÃO — 477
- Visão geral das contas de caixa — 477
- Visão geral de instrumentos financeiros e contas de títulos negociáveis — 477
- Afirmações relevantes de demonstrações financeiras — 479

AUDITORIA INTEGRADA DE CAIXA — 479
- Considerar os riscos relacionados a caixa (etapas 1 e 2) — 481
- Executar procedimentos analíticos preliminares para identificar possíveis incorreções nas contas de caixa (etapa 3) — 483
- Identificar controles internos típicos sobre o caixa (etapas 4 e 5) — 484
- Projetar e realizar testes de controles e analisar os resultados de testes de controles (etapas 6 e 7) — 491
- Realização de testes substantivos de saldos de caixa (etapa 8) — 491

COMPLEXIDADES ASSOCIADAS À AUDITORIA DE TÍTULOS NEGOCIÁVEIS E INSTRUMENTOS FINANCEIROS — 499
- Introdução — 499
- Auditorias de notas promissórias mercantis — 500
- Auditorias de aplicações em títulos de renda variável e renda fixa — 500
- Auditorias de derivativos — 503
- Auditorias de *hedges* financeiros — 505

Ford Motor Company e Toyota Motor Corporation: Caixa e outros ativos líquidos — 516

CAPÍTULO 13
AUDITORIA DE ATIVOS DE LONGO PRAZO E CONTAS RELACIONADAS DE DESPESA — 517

INTRODUÇÃO — 519
- Contas significativas e afirmações relevantes no ciclo de ativos de longo prazo — 519

EXECUÇÃO DA AUDITORIA INTEGRADA DE ATIVOS DE LONGO PRAZO E DESPESAS RELACIONADAS — 520
- Considerar os riscos relacionados a ativos de longo prazo (etapas 1 e 2) — 521
- Executar procedimentos analíticos preliminares em busca de possíveis incorreções (etapa 3) — 522
- Ligar controles internos e afirmações de demonstrações financeiras para ativos imobilizados e despesas relacionadas (etapas 4 e 5) — 523
- Montar e realizar testes de controles e analisar os resultados de testes de controles (etapas 6 e 7) — 525
- Fazer testes substantivos dos ativos de longo prazo e das despesas relacionadas (etapa 8) — 526

TÓPICOS ESPECIAIS — 536
- Ativos intangíveis e recursos naturais — 536
- Arrendamentos — 538

Ford Motor Company e Toyota Motor Corporation: Ativos de longo prazo e despesas relacionadas — 546

CAPÍTULO 14
AUDITORIA DE PASSIVOS DE LONGO PRAZO, PATRIMÔNIO LÍQUIDO E TRANSAÇÕES COM ENTIDADES RELACIONADAS — 547

INTRODUÇÃO: RISCO EMPRESARIAL E JULGAMENTOS SUBJETIVOS — 548

PASSIVOS DE LONGO PRAZO E PATRIMÔNIO LÍQUIDO — 550
- Passivos de longo prazo com julgamentos subjetivos significativos — 550
- Títulos de dívida e patrimônio líquido — 552

FUSÕES E AQUISIÇÕES — 558
- Aquisição – questões de avaliação de ativos — 558
- Procedimentos de auditoria para despesas de reestruturação e *impairment* de *goodwill* — 561

TRANSAÇÕES COM ENTIDADES RELACIONADAS — 567
- Contabilização de transações com entidades relacionadas — 568
- Transações com entidades relacionadas e empresas pequenas — 568
- Enfoque de auditoria para transações com entidades relacionadas — 568
- Entidades de participação variável — 570
- Divulgação de outras relações importantes — 572

Ford Motor Company e Toyota Motor Corporation: Passivos com pagamento de pensões, impairment de goodwill, passivos com garantias e dívidas de longo prazo — 580

CAPÍTULO 15
CONCLUSÃO DA AUDITORIA — 581

QUALIDADE E CONCLUSÃO DA AUDITORIA — 583
- Avaliação da premissa de entidade em funcionamento — 583
- Avaliação das declarações da administração — 588
- Síntese e esclarecimento de possíveis ajustes — 589
- Exame de contingências — 592
- Exame de estimativas significativas — 594
- Avaliação da adequação de divulgações — 596
- Realização de exame analítico da auditoria e das demonstrações financeiras — 598
- Exame da qualidade de um trabalho de auditoria — 599
- Comunicação com a administração por meio da carta à administração — 600
- Comunicação com o comitê de auditoria — 600
- Avaliação de eventos subsequentes — 602

Ford Motor Company e Toyota Motor Corporation – Ford Motor Company: Conclusão da auditoria (avaliação da condição de entidade em funcionamento) — 612

CAPÍTULO 16
RELATÓRIOS DE AUDITORIA — 613

NÍVEIS DE GARANTIA FORNECIDOS POR AUDITORES — 615
RELATÓRIOS DE AUDITORIA SOBRE DEMONSTRAÇÕES FINANCEIRAS E CONTROLE INTERNO SOBRE A DIVULGAÇÃO FINANCEIRA — 615
- Relatório sobre o controle interno da divulgação financeira — 616

EMISSÃO DE UM PARECER SOBRE AS DEMONSTRAÇÕES FINANCEIRAS — 618
- Parecer padrão de auditoria sem ressalvas — 618
- Modificações do relatório padrão sem ressalvas que não afetam o parecer — 619
- Modificações do relatório padrão sem ressalvas que afetam o parecer — 623
- Relatórios de auditoria sobre demonstrações comparativas — 628
- Resumo de modificações de relatórios de auditoria — 629

OUTROS RELATÓRIOS RELACIONADOS A INFORMAÇÕES EM DEMONSTRAÇÕES FINANCEIRAS — 629
- Exames e compilações para companhias fechadas — 629
- Exames de informações financeiras parciais de companhias abertas — 636
- Relatórios especiais — 638

CERTIFICAÇÃO DE OUTRAS INFORMAÇÕES FORNECIDAS PELA ADMINISTRAÇÃO — 643
- Exemplo de certificação: certificação de relatórios financeiros usando XBRL — 643
- Procedimentos definidos de comum acordo — 644
- Demonstrações financeiras não históricas — 645
- Informações financeiras com a inclusão de itens extraordinários — 645
- Certificação de cumprimento — 645

Ford Motor Company e Toyota Motor Corporation: Relatórios de auditoria — 655

CAPÍTULO 17
RESPONSABILIDADE PROFISSIONAL — 657

O AMBIENTE LEGAL — 658
- Doutrinas de responsabilidade — 660
- Pressões de prazo e honorários — 660
- Auditorias encaradas como uma apólice de seguro — 661
- Remuneração condicionada a resultados para advogados — 661
- Ações coletivas — 661

CONCEITOS LEGAIS BÁSICOS — 662
- Causas de ação legal — 662
- Partes que podem mover ações contra auditores — 663

PRECEDENTES LEGAIS: RESPONSABILIDADE PERANTE CLIENTES E OUTROS USUÁRIOS SOB O DIREITO COMUM E O DIREITO ESTATUTÁRIO — 664
- Responsabilidade com clientes de acordo com o direito comum – quebra de contrato — 664
- Responsabilidade com terceiros segundo o direito comum — 666
- Responsabilidade estatutária com terceiros — 668
- Questões de responsabilidade de firmas multinacionais de CPAs — 673
- Impacto em termos de responsabilidade da disseminação de informações financeiras auditadas na internet — 673
- Responsabilidade: uma área em mudança constante — 674
- Síntese da responsabilidade do auditor com terceiros — 674

MINIMIZAÇÃO DA EXPOSIÇÃO A RESPONSABILIDADES	**675**
Políticas para ajudar a garantir a independência do auditor	675
Programas de controle de qualidade	676
Programas de revisão	677
Exigência de educação continuada	678
Auditoria defensiva	678

CAPÍTULO 18
TÓPICOS AVANÇADOS ENVOLVENDO JULGAMENTOS COMPLEXOS DE AUDITORIA — 689

JULGAMENTOS COMPLEXOS DE AUDITORIA	**691**
JULGAMENTOS DE MATERIALIDADE	**693**
Finalidade dos julgamentos de materialidade e de padrões de referência e limiares comuns	693
Dificuldades usuais na realização de julgamentos de materialidade	696
AVALIAÇÃO DA MATERIALIDADE DE INCORREÇÕES	**699**
Agregação de incorreções e cálculo de incorreções líquidas	699
Avaliação de incorreções não corrigidas	699
Diferenças subjetivas entre o auditor e o cliente	700
Mudanças regulatórias recentes a respeito de julgamentos de materialidade	700
Incorreções intencionais	701
Incorreções na demonstração de fluxos de caixa	
Incorreções conhecidas *versus* incorreções projetadas	701
CONCLUSÕES A RESPEITO DE DEFICIÊNCIAS DE CONTROLE INTERNO	**702**
Natureza de deficiências materiais de controle interno	702
Critérios críticos na avaliação da materialidade de deficiências de controle interno	703
AVALIAÇÃO DA ÁREA DE AUDITORIA INTERNA DE UM CLIENTE	**706**
Contraste entre auditoria interna e auditoria externa	706
Montagem de uma área de auditoria interna	707
Avaliação da qualidade da área de auditoria interna do cliente	708
Efeito do trabalho da auditoria interna sobre a auditoria externa	709
AUDITORIA DE ESTIMATIVAS DE VALOR JUSTO	**710**
O MODELO CONTÁBIL DE ESTIMATIVAS DE VALOR JUSTO	**711**
PROBLEMAS NA AUDITORIA DE AJUSTES A VALOR JUSTO DE MERCADO E *IMPAIRMENTS*	**713**
Estimativas de valor justo	713
Impairments	715
Julgamentos complexos de auditoria para a Ford Motor Company e a Toyota Motor Corporation: Julgamentos de materialidade	724
Índice remissivo	725
Índice de casos	743

Auditoria: essencial para a economia

Objetivos de aprendizagem

O objetivo principal deste livro-texto é a construção de uma base para a análise de questões profissionais correntes e a adaptação de enfoques de auditoria às complexidades das empresas e da economia. Por meio do estudo deste capítulo, você será capaz de:

1. Definir o conceito de auditoria.
2. Descrever o papel da auditoria no atendimento das necessidades de divulgação financeira para a sociedade.
3. Identificar como a profissão de contador externo tem se alterado, os fatores que causaram as alterações e como essas mudanças afetam a natureza do processo de auditoria.
4. Descrever e avaliar a exigência de relatórios sobre o controle interno da divulgação financeira externa, bem como as exigências especiais de divulgação de companhias abertas.
5. Identificar as diferenças entre serviços de garantia, de comprovação e serviços de auditoria.
6. Descrever os requisitos para os indivíduos ingressantes na profissão de contabilidade externa.
7. Identificar os papéis dos auditores internos, externos e governamentais no aumento da confiabilidade da informação e na melhoria dos processos em relação ao registro e à apresentação de informações (financeiras e operacionais).
8. Verificar os principais organismos reguladores que influenciam a natureza e a qualidade dos trabalhos de auditoria e garantia, bem como a amplitude dos serviços prestados.

Visão geral do capítulo

A importância do julgamento de auditoria

Os mercados de capitais dependem de dados precisos, confiáveis e objetivos (neutros) que representem a natureza econômica de uma empresa e, por sua vez, proporcionem uma base para a avaliação do progresso na direção de atingir objetivos em longo prazo. Se o mercado não receber dados confiáveis, os investidores sentir-se-ão inseguros em relação ao sistema, tomarão decisões incorretas e poderão perder muito dinheiro; em última instância, o sistema poderá falhar. Trata-se de um processo complexo. Entretanto, a dificuldade é ainda maior. As transações contábeis estão se tornando cada vez mais complicadas, na medida em que as empresas envolvem-se em estruturas mais complexas, bem como em transações de difícil mensuração. Além do mais, a complexidade só tende a crescer, como é reconhecido pela maioria das empresas e dos reguladores, pois estamo-nos transformando em uma economia global e a contabilidade está se deslocando na direção da harmonização global.

Como profissão, encontramo-nos em um período de mudanças em que os auditores e contadores são chamados a fazer julgamentos profissionais que reflitam, da melhor maneira possível, a economia das transações ou os níveis correntes do patrimônio. Além disso, as empresas de auditoria demandam equipes de profissionais que sejam capazes de fazer avaliações consistentes para uma ampla variedade de empresas, países e tipos de transações. Portanto, o julgamento profissional e os processos utilizados para a realização de tais pareceres são cruciais para o sucesso de qualquer empresa de auditoria. Este livro-texto visa a facilitar o entendimento do estudante sobre as recentes transformações desta profissão e da importância do desenvolvimento de um processo de realização de julgamentos profissionais.

Ao longo deste livro, mencionaremos um arcabouço conceitual para a realização de julgamentos profissionais – chamamos essa técnica de processo de elaboração de pareceres de auditoria. Uma visão geral desse processo está na **Ilustração 1.1**.

Ilustração 1.1: Processo de elaboração de pareceres de auditoria

I. Aferir as decisões de aceitação e retenção do cliente (capítulo 4).

II. Entender o cliente (capítulos 2, 4-6 e 9).

III. Obter evidência a respeito de controles e determinar o impacto de demonstrações financeiras sobre a auditoria (capítulos 5-14 e 18).

IV. Apurar evidências consubstanciadas sobre afirmações de contas (capítulos 7-14 e 18).

V. Fechamento da auditoria e tomada de decisões de divulgação (capítulos 15 e 16).

A profissão de auditoria, regulamentação e governança corporativa (capítulos 1 e 2).

Tomada de decisões, conduta profissional e ética (capítulo 3).

Responsabilidade profissional (capítulo 17).

O foco deste livro está na auditoria de demonstrações financeiras, muito embora possamos reconhecer a importância da auditoria interna e externa, que se concentram em aspectos mais amplos de riscos, operações e governança. Ao se considerar o processo de realização de uma auditoria, o objetivo é chegar ao **Quadro V** da **Ilustração 1.1**, em que uma decisão deve ser expressamente tomada a respeito da autenticidade das demonstrações financeiras de uma organização. Entretanto, a tomada dessa decisão não basta para que uma empresa de auditoria seja bem-sucedida. O auditor deve tomar uma decisão com risco muito baixo de estar errado. Por exemplo, um parecer de auditoria em que o auditor diz que as demonstrações financeiras estão adequadamente apresentadas quando, de fato, não o estão, geralmente levará a ações judiciais ou procedimentos regulatórios. Para minimizar esse risco, o auditor é influenciado por três fatores que servem de base para o processo de elaboração de um parecer de auditoria: (1) as normas e os padrões da profissão, (2) a conduta ética, e (3) as implicações legais.

Para minimizar riscos, o auditor deve prestar muita atenção à seleção de clientes. Os auditores não são obrigados a fazer auditorias em todas as instituições; em outras palavras, é a empresa de auditoria quem decide se prestará ou não o serviço. Portanto, a maioria delas tem procedimentos detalhados (**Quadro I**) para ajudá-las a tomar decisões, para que não fiquem associadas a clientes com administradores cuja integridade seja questionável, ou a uma instituição que poderia expor a empresa de auditoria a um risco desnecessariamente elevado (por exemplo, falência financeira ou ações regulatórias contra o cliente). Uma vez aceito um cliente (ou quando a empresa de auditoria decide manter um já existente), o auditor deve passar a entender plenamente o negócio dele (ou atualizar seu conhecimento prévio, em caso de cliente já existente), bem como seu ramo de atividade, concorrentes e processos de gestão e governança para determinar a probabilidade de que as contas estejam incorretas ou estimativas contábeis críticas precisem ser feitas (**Quadro II**). O auditor também deverá adquirir conhecimento a respeito dos processos de controle interno do cliente e obter informações sobre atividades que possam afetar saldos de contas e estimativas (**Quadro III**).

JULGAMENTO PROFISSIONAL EM CONTEXTO

A crise do *Subprime* e os controles

O *The Wall Street Journal* publicou um artigo, em 30 de janeiro de 2008, intitulado *"Banks High-Tech security can't keep up with rogue traders"*. Veja, a seguir, trechos extraídos do texto, que descrevem um caso importante de fraude na *Société Générale* (empresa francesa).

Como pode um operador de nível hierárquico inferior criar um buraco de € 4,9 bilhões (US$ 7,2 bilhões) em um banco francês sofisticado?

Os especialistas em segurança da informação estão tentando descobrir a resposta após o prejuízo sofrido pela *Société Générale*, nas mãos do operador Jérôme Kerviel, de 31 anos de idade. Mas a resposta talvez perturbe ainda mais a comunidade financeira.

Os especialistas dizem que a rápida evolução das operações de negociação e a tecnologia avançada que as monitora têm criado novos riscos de segurança que os bancos estão apenas começando a descobrir. "A tecnologia de vigilância não tem conseguido acompanhar esse processo", diz Simon Asplen-Taylor, chefe dos serviços de mercado e regulamentação da Detica, empresa de consultoria de negócios e tecnologia com sede em Londres. "Esse tipo de coisa poderia de fato acontecer em qualquer lugar."

Oficialmente, a função do Sr. Kerviel era investir assumindo posições opostas e simultâneas na direção dos mercados de ações europeus. As apostas, supostamente, eram feitas para compensar uma à outra, gerando pequeno lucro, de forma pouco arriscada.

Mas os investigadores dizem que o Sr. Kerviel fez apostas em uma única direção na tentativa de conseguir lucros elevados. Para ocultar o risco que efetivamente estava assumindo, fez operações fictícias na direção oposta.

Para evitar que fosse detectado, foi obrigado a enganar dois sistemas de segurança que supostamente eram muito sólidos. Isso lhe permitiu determinar exatamente quando ocorreriam exames de suas operações. Para impedir que as operações fictícias fossem detectadas, ele as apagaria assim que um exame estivesse para ser feito, e depois as reabriria uma vez concluído o exame.

A exclusão das operações fictícias deveria ter acionado outro alarme de segurança. Mas, como as operações eram apagadas por poucos instantes, a sirene não tocava.

Outro problema: embora as instituições financeiras tenham se transformado em consumidores vorazes de tecnologia, uma parcela relativamente pequena desses gastos é relacionada à gestão de risco, item que ficou em nono lugar em uma lista de prioridades de gastos com tecnologia de informação nos bancos, de acordo com uma análise feita em dezembro pela Celent, uma empresa de consultoria.

E os sistemas avançados de controle são tão bons quanto as pessoas que os operam. "Há um velho ditado: se você tivesse que escolher entre um ótimo sistema de risco e um ótimo gerente de risco, você sempre deveria optar pelo profissional e não pelo sistema", opina Mark Rodrigues, gestor global de tecnologia de informação estratégica e prática operacional na *Oliver Wyman*.

O artigo evidencia o desafio com que se defrontam os investidores em empresas e as expectativas crescentes em relação aos auditores para que garantam a disponibilidade de informações em que possam confiar. Os auditores da *Société Générale* precisam conhecer o sistema de controle interno do cliente, garantir que todas as transações são adequadamente contabilizadas e, finalmente, assegurar que todos os títulos são avaliados de forma correta. No mercado atual, em que muitos desses títulos estão vinculados a hipotecas *subprime*, tal avaliação é difícil. No entanto, o artigo ilustra pontos importantes a serem discutidos neste livro:

- A demanda por informação continua a se ampliar além dos dados de demonstrações financeiras. Os usuários querem saber, em particular, se os sistemas de controle interno estão projetados para impedir a ocorrência de fraudes e, caso falhem, possam detectá-las rapidamente.
- Os auditores trabalham com sistemas complexos de computação, interligados por todo o planeta, nos quais as decisões são geralmente tomadas em questão de segundos.
- Os auditores precisam conhecer os controles internos e oferecer garantias aos proprietários e a outros usuários de que eles estão funcionando.
- As decisões a respeito da avaliação de muitos ativos e passivos estão se tornando cada vez mais difíceis, na medida em que os padrões de contabilidade têm passado a adotar o valor justo como base.

O artigo esclarece a importância da profissão de auditoria para o bom desempenho da economia. Ao mesmo tempo, ilustra a difícil tarefa dos auditores. Mostra quanto a profissão evoluiu na última década, desde quando a norma era composta por auditorias de demonstrações financeiras baseadas em dados históricos, frequentemente complementadas por uma grande variedade de documentos impressos.

Muito do que a maioria das pessoas imagina ser auditoria (ou seja, testar os saldos de contas) ocorre no **Quadro IV**, que inclui testes identificados dos saldos de contas. É importante reconhecer que, embora a verificação direta de saldos de contas seja fundamental, trata-se de apenas uma parte de uma auditoria completa. Os fatores identificados nos **Quadros I** a **III** influenciarão fortemente o volume de testes a serem conduzidos no **Quadro IV**. Por fim, o auditor tomará alguma decisão sobre (a) se foram reunidas evidências suficientes para sustentar um parecer de auditoria e (b) que tipo de parecer deverá ser emitido (**Quadro V**).

Seguiremos o esboço da elaboração de pareceres de auditoria ao longo de todo o livro. Os capítulos serão focados na compreensão da profissão e nas exigências feitas aos profissionais individuais de auditoria. Grande número de auditorias malsucedidas tem ocorrido, porque o auditor não entendeu o negócio e os processos internos do cliente ou as mudanças ocorridas no setor. Assim sendo, este livro examina essas questões antes de passar às fases subsequentes do processo de elaboração de pareceres de auditoria, nos capítulos posteriores.

AUDITORIA NA PRÁTICA

Como exemplo de conhecimento do setor de atividade, a economia americana tem sofrido bastante em razão de uma profunda crise no setor de habitação, consequência de empréstimos muito arriscados. Uma auditoria de um banco (ou de uma instituição financeira semelhante) não poderia ser feita hoje sem um entendimento profundo da estrutura financeira da instituição, da qualidade de sua carteira de empréstimos, das medidas legislativas relevantes, da economia em que o banco atua (nacional ou regional) e da concorrência que ele enfrenta. Apenas o teste direto dos saldos de suas contas não seria suficiente para um parecer de auditoria.

Globalização crescente da contabilidade e da auditoria

Os padrões de contabilidade nos Estados Unidos têm sido tradicionalmente fixados pelo Conselho de Padrões de Contabilidade Financeira (*Financial Accounting Standards Board – Fasb*) e pelo Conselho de Padrões de Contabilidade Pública (*Governmental Accounting Standards Board – Gasb*), com a aprovação ou ajustes pela Comissão de Valores e Bolsas (*Securities and Exchange Commission – SEC*). A natureza dos padrões de contabilidade e a demanda de informações contábeis têm se alterado de cinco maneiras significativas:

1. Harmonização global: há uma tendência à harmonização global entre os padrões de contabilidade americanos e os internacionais. Dentro de um futuro próximo, todos os padrões de contabilidade de companhias abertas (*International Financial Reporting Standards – IFRS*, ou Padrões Internacionais de Divulgação Financeira) serão fixados pelo Conselho de Padrões Internacionais de Contabilidade (*International Accounting Standards Board – IASB*).
2. Responsabilidade ampliada: a demanda de responsabilidade tem ido além das demonstrações financeiras, passando a incluir relatórios públicos sobre os controles internos da divulgação financeira de uma organização.
3. Fixação de padrões de auditoria: embora os padrões americanos de auditoria de companhias abertas sejam estabelecidos por órgãos reguladores norte-americanos (*Public Company Accounting Oversight Board* – PCAOB, ou Conselho de Supervisão Contábil de

Companhias Abertas), ou pelo *American Institute of Certified Public – AICPA* para as companhias fechadas, a tendência também é de harmonização global de padrões de auditoria.
4. Divulgação mais detalhada: há demandas por mais informações atualizadas do que as reveladas nas atuais demonstrações financeiras anuais. A SEC endossou a divulgação via internet usando XBRL (uma linguagem de hipertexto) para que a difusão seja mais corrente.
5. Ampliação da divulgação de riscos: há uma demanda crescente de informação sobre os riscos de empresas.

> **QUESTÃO PRÁTICA**
> Como exemplo da tendência de divulgação crescente de riscos, a *Standard & Poor's*, uma das principais agências de classificação de risco de crédito, anunciou que publicará relatórios sobre o risco das empresas que ela acompanha.

Os auditores devem estar preparados para realizar seu trabalho neste ambiente mais amplo. Este livro discute os padrões internacionais de auditoria nos casos em que diferem significativamente dos modelos norte-americanos. Também explora a importância da análise de risco em toda e qualquer auditoria.

A tarefa do auditor é ao mesmo tempo difícil e de grande importância. O profissional deve coletar evidências independentes para garantir que os processos de controle interno da divulgação financeira realizados pela administração sejam confiáveis. Nos Estados Unidos, a qualidade dos processos de controle gerencial interno é avaliada com base no Sistema Integrado de Controle Interno do Comitê de Organizações Patrocinadoras (*Committee of Sponsoring Organizations – Coso*). Ao mesmo tempo, o auditor deve determinar se a administração da empresa aplicou adequadamente os princípios contábeis aceitos em geral (*Gaap, ou Generally Accepted Accounting Principles*) – em outras palavras, se o cliente usou adequadamente os padrões do Fasb ou do Gasb e, quando aplicáveis, os padrões internacionais de contabilidade. Os padrões para os auditores profissionais são tão elevados quanto a expectativa do público em relação aos auditores.

Introdução

Os auditores externos desempenham uma tarefa especial. Não criam as demonstrações financeiras ou outros dados básicos; eles estão proibidos de montar os sistemas de controle interno para uma companhia aberta que seja sua cliente; e devem emitir pareceres sobre demonstrações financeiras a partir de análises de amostragem e auditoria. Esta é uma atividade profissional cheia de riscos e conflitos. Seu valor é realçado quando o público confia em sua objetividade e na precisão de seus relatórios. Quando isso falha, boa parte do sistema financeiro também falha. Este capítulo define a natureza ampla dos serviços de auditoria e garantia, discute a demanda e identifica os fornecedores desses serviços, bem como focaliza sua atenção na auditoria das demonstrações financeiras e dos controles internos de uma empresa sobre a sua divulgação financeira.

Uma economia de livre mercado só pode existir quando há o compartilhamento de informações precisas e confiáveis entre as partes com interesses sobre o desempenho financeiro e as perspectivas futuras de uma organização. O mercado fica ainda mais fortalecido quando os dados são transparentes e neutros – ou seja, não favorecem uma das partes em detrimento de outra. Os dados divulgados devem refletir a natureza econômica das transações e as condições econômicas correntes dos ativos controlados e das obrigações devidas. Cada vez mais, o mercado também quer saber se os recursos confiados à organização têm sido utilizados adequadamente, ou seja, que os administradores não estão retirando dinheiro indevidamente dos acionistas, por meio da manipulação de opções de compra de ações, usando ativos da empresa para benefício pessoal, ou fraude pura e simples, cometida por meio da

> **CONSIDERE O RISCO**
>
> **Divulgação financeira internacional**
>
> Em certos países, as companhias abertas também são obrigadas a fornecer informações a respeito da qualidade de seus processos de gestão de risco. Em alguns casos, são sujeitadas apenas a determinar que os executivos e os membros do conselho de administração compreendam e gerem os riscos adequadamente. Em outros casos, podem ser exigidos relatórios formais de risco.

apresentação de resultados financeiros enganosos e inexatos. Os investidores estão cansados de problemas como os das empresas *Enron* e *WorldCom*, e querem garantias de que as mesmas conjunturas não estão acontecendo nas companhias em que investem. Portanto, o auditor precisa entender como as organizações são dirigidas e as informações fundamentais que os conselhos de administração usam para garantir que as empresas sejam adequadamente geridas.

A função de auditoria é:

- realizar testes com os registros de uma organização para determinar se são precisos;
- interpretar os pronunciamentos do Fasb, Iasb e do Gasb, para garantir que as demonstrações financeiras sejam apresentadas com propriedade;
- emitir pareceres sobre a propriedade de processos contábeis complexos, tais como a avaliação de estoques, a reavaliação de outros ativos, a análise apropriada de títulos a mercado e dos passivos associados a planos de aposentadoria; e, no caso de companhias abertas, avaliar e posteriormente testar o sistema de controles internos da divulgação financeira; e
- fazer tudo isto de maneira inteiramente objetiva, imparcial e profissionalmente cética.

Este livro trata dos desafios especiais que os Contadores Públicos Credenciados (*Certified Public Accountants*, CPAs), nos Estados Unidos, ou os Contadores Credenciados (*Chartered Accounts*, CAs), em outras partes do mundo, enfrentam todos os dias. Os auditores são como um bom juiz em um evento esportivo, que mal é notado quando faz seu trabalho corretamente. Entretanto, quando o processo de auditoria falha, investidores, credores e funcionários são prejudicados, e todos notam. Este livro visa a ajudá-lo a desenvolver as habilidades necessárias para realizar bem esta função social tão importante.

Definição de auditoria

OA 1
Definir o conceito de auditoria.

A **auditoria** é frequentemente vista como o exame das demonstrações financeiras de uma empresa. Entretanto, a auditoria também é um processo que pode ser aplicado em muitas situações distintas, incluindo a avaliação da eficiência e eficácia de um processo ou de um departamento, os relatórios financeiros de um órgão público, ou a obediência a normas operacionais de uma empresa ou à regulamentação governamental.

A auditoria de demonstrações financeiras tem sido definida como: processo sistemático de obtenção e avaliação objetiva de evidências relacionadas a afirmações a respeito de ações e eventos econômicos, para aferir a correspondência entre essas afirmações e critérios estabelecidos e a comunicação dos resultados a usuários interessados.[1]

A auditoria de demonstrações financeiras, em seu contexto mais amplo, é o processo de comprovação de afirmações a respeito de ações e eventos econômicos. Portanto, é associada, frequentemente, a um serviço de comprovação. A comprovação é um processo realizado em três partes: coleta de evidências sobre afirmações, avaliação dessas evidências em confronto com critérios objetivos e a comunicação da conclusão obtida a partes interessadas. Adotamos este enfoque amplo para descrever uma auditoria financeira.

Há várias partes envolvidas na produção e utilização das demonstrações financeiras auditadas. O conselho de administração de uma empresa possui responsabilidades de supervisão sobre os executivos e utiliza o auditor para auditar as demonstrações financeiras e emitir um parecer independente sobre a fidedignidade das informações. Os administradores são

---

[1] Auditing Concepts Committee, Report of the Committee on Basic Auditing Concepts. *The Accounting Review*, 47, Supp, 1972. p. 18.

responsáveis por (a) gerir a organização, (b) proteger os ativos confiados a eles e (c) preparar demonstrações financeiras que representem a situação econômica da empresa e os resultados de suas atividades em um dado período. As demonstrações financeiras são fornecidas a pessoas físicas ou jurídicas que (a) tenham investido ou poderiam investir na empresa, (b) emprestaram recursos à empresa, ou (c) poderiam ter algum interesse na empresa. Os auditores reúnem evidências para determinar se as demonstrações financeiras são apresentadas adequadamente em conformidade com os princípios contábeis aceitos e emitem um parecer independente que é compartilhado com esses usuários externos, com os administradores e com o conselho de administração. A auditoria adiciona valor somente quando o auditor:

- é competente na obtenção e avaliação de evidências sobre a fidedignidade das demonstrações financeiras;
- é independente da administração e dos usuários externos;
- está familiarizado com os riscos e os padrões de divulgação financeira da empresa.

Em termos gerais, a auditoria é um processo de: (1) coleta de evidências para comprovar afirmações (geralmente feitas pelos administradores, mas também por outras partes), (2) avaliação dessas afirmações em confronto com critérios objetivos (por exemplo, padrões de controle interno, princípios contábeis aceitos, ou padrões internacionais de divulgação financeira), e (3) comunicação das conclusões da auditoria a partes interessadas (geralmente usuários externos, mas também à administração e a agentes reguladores).

Coleta de evidência

Os auditores coletam evidências acerca do correto funcionamento dos processos do cliente, do adequado registro dos dados financeiros, ajustados a valores de mercado, quando necessário, e da exata apresentação das demonstrações financeiras. Portanto, o auditor é em parte investigador, avaliador da qualidade das evidências da auditoria e, em parte, analista da amplitude e suficiência das evidências reunidas. Diferentemente dos advogados, os auditores devem coletar e avaliar evidências de maneira imparcial. Portanto, o auditor deve ser sistemático e objetivo na obtenção e avaliação de evidências.

Avaliação de afirmações

Uma afirmação é uma declaração positiva a respeito de uma ação, um evento, uma condição ou um desempenho dentro de um período determinado. Para fins de comunicação imparcial e clara, devem existir critérios pelos quais observadores independentes sejam capazes de julgar se tais afirmações são apropriadas. Os princípios contábeis aceitos em geral (Gaap) ou os padrões internacionais de contabilidade financeira (IFRS) fornecem critérios para auditorias de demonstrações financeiras. O Coso fornece critérios para a avaliação da montagem e operação de controles internos. Os auditores internos podem recorrer às políticas e aos procedimentos gerenciais para determinar se um departamento está obedecendo às políticas da empresa. Um agente da receita federal apelará para o código tributário para determinar se o lucro tributável está sendo calculado corretamente.

AUDITORIA NA PRÁTICA

O Fasb tem avançado na direção de estabelecer um modelo conceitual que enfatize o uso de valores de mercado para representar a atividade econômica de uma empresa. Portanto, os auditores terão um desafio para aferir valores correntes de mercado para ativos e passivos, e não apenas verificar os custos históricos de ativos e passivos.

Quando os administradores elaboram demonstrações financeiras, eles declaram que elas estão apresentadas em conformidade com o Gaap ou o IFRS.[2] Os princípios contábeis aceitos em geral ficam sendo, então, os critérios segundo os quais se julga se uma demonstração financeira é "fidedigna". Entretanto, os estudantes de contabilidade sabem que a interpretação de pronunciamentos contábeis é complexa. A tarefa do auditor é considerar se a aplicação de um princípio contábil aceito em geral representa melhor a atividade econômica de uma empresa ou não.

As afirmações incorporadas nas demonstrações financeiras apontam caminhos para a montagem do trabalho de auditoria. Por exemplo, ao indicarem estoques de $25 milhões nas demonstrações financeiras, os administradores estão declarando que os estoques existem, estão completos, pertencem à empresa e são adequadamente avaliados ao custo ou ao valor de mercado, qualquer que seja o menor dos dois. O auditor, portanto, precisa reunir evidências objetivas para testar cada uma dessas declarações. De maneira semelhante, os administradores podem declarar que implantaram controles internos de modo que a probabilidade de afirmações significativamente incorretas nas demonstrações financeiras seja baixa, ou não haja possibilidade razoável de ocorrer. O auditor examinará a qualidade dos controles internos usando o sistema do Coso para determinar se as conclusões dos administradores têm fundamento sólido.[3]

Comunicação de resultados aos usuários

A comunicação dos resultados de auditorias aos administradores e usuários externos completa o processo de auditoria. Para minimizar mal entendidos, esta comunicação geralmente obedece a um formato preestabelecido, com a descrição clara da natureza do trabalho realizado e das conclusões obtidas. A auditoria de demonstrações financeiras resulta em um relatório encaminhado ao comitê de auditoria, aos acionistas, e/ou ao conselho de administração do cliente. O relatório delineia as responsabilidades dos administradores e dos auditores, resume o processo de auditoria e expressa o parecer do auditor a respeito das demonstrações financeiras.

A maioria das auditorias de companhias abertas inclui um relatório integrado sobre as demonstrações financeiras e os controles internos. Quando o auditor não tem objeção alguma às demonstrações apresentadas pelos administradores, dizemos que há um parecer de auditoria sem ressalvas. Uma avaliação como essa é apresentada na **Ilustração 1.2**. Se o auditor tiver alguma restrição quanto à adequação das demonstrações financeiras apresentadas, o parecer de auditoria será ampliado com uma explicação da natureza das ressalvas do auditor (este assunto será tratado no **Capítulo 16**).

Auditoria: uma função especial

A auditoria é uma "função especial", como descrito pelo presidente Warren Burger, em uma decisão da Suprema Corte, em 1984:

> Ao comprovar os relatórios externos que representam coletivamente a situação financeira de uma empresa, o auditor independente assume uma responsabilidade pública que transcende

> **Questão prática**
> A auditoria é uma função especial autorizada pelo governo para promover o funcionamento eficaz dos mercados de capitais. Mas essa autorização especial tem um preço – a responsabilidade com o público.

> **OA 2**
> Descrever o papel especial da auditoria no atendimento das necessidades de divulgação financeira justa para a sociedade.

---

[2] Usaremos a sigla Gaap como referência no restante do livro para indicar princípios de contabilidade aceitos em geral para fins de divulgação financeira, quer os critérios sejam desenvolvidos pelo Fasb quer pelo Iasb. O auditor determinará qual dos arcabouços é relevante para a auditoria, e o aplicará para verificar se os princípios subjacentes estão sendo usados corretamente.

[3] Há certa convergência global em termos de padrões de controle interno, na medida em que muitas agências reguladoras de vários países têm adotado exigências semelhantes às da Lei *Sarbanes-Oxley*, de 2002, e usam os princípios básicos formulados pelo Coso para essas exigências.

> **Ilustração 1.2:** Relatório integrado de auditoria
>
> **Relatório da empresa de auditoria externa independente**
>
> Ao Conselho de Administração e acionistas da *NSG Company*:
>
> Auditamos os balanços anexos da *NSG Company* (a Empresa) de 31 de dezembro de 2009 e 2008, bem como as demonstrações consolidadas de resultado, patrimônio dos acionistas e fluxos de caixa correspondentes para cada um dos três anos do período encerrado em 31 de dezembro de 2009. Estas demonstrações financeiras foram produzidas sob a responsabilidade dos administradores da Empresa. Nossa responsabilidade é exprimir uma opinião a respeito destas informações, com base em nossa auditoria.
>
> Conduzimos nossa auditoria de acordo com os padrões do Conselho de Supervisão Contábil de Companhias Abertas (PCAOB) dos Estados Unidos, que exige o planejamento e realização da auditoria com a finalidade de obter garantia razoável de que as demonstrações financeiras estão livres de incorreções materiais. Uma auditoria inclui o exame, em bases amostrais, de evidências que sustentem os valores e afirmações contidos nas demonstrações financeiras. Inclui também a avaliação dos princípios de contabilidade utilizados e das estimativas feitas pelos administradores, bem como a aferição da apresentação geral das demonstrações financeiras. Acreditamos que nossa auditoria forneça bases razoáveis para nossa opinião.
>
> Em nossa opinião, tais demonstrações financeiras consolidadas apresentam com fidedignidade, em todos os aspectos relevantes, a posição financeira da Empresa em 31 de dezembro de 2009 e 2008, e os resultados de suas operações e seus fluxos de caixa para cada um dos três anos do período encerrado em 25 de dezembro de 2009, em conformidade com princípios de contabilidade aceitos em geral nos Estados Unidos.
>
> Também auditamos, de acordo com os padrões do Conselho de Supervisão Contábil de Companhias Abertas (Estados Unidos), o controle interno da NSG sobre a divulgação financeira em 31 de dezembro de 2009, com base em critérios estabelecidos pelo pronunciamento *Internal Control – Integrated Framework*, publicado pelo Comitê de Organizações Patrocinadoras da Comissão Treadway. Além disso, nosso relatório, com data de 14 de março de 2010, contém um parecer sem ressalvas quanto à eficácia do controle interno da Empresa sobre a divulgação financeira.
>
> **Rittenberg, Johnstone & Gramling**
> Madison, Wisconsin
> 15 de março de 2010

qualquer relação de emprego com o cliente. O contador externo independente que desempenha esta função especial tem compromissos, em última instância, com os credores e acionistas da empresa, bem como com o público investidor. Esta função de "fiscal externo" exige... fidelidade completa à confiança do público.[4]

A afirmação do presidente Warren Burger capta bem a essência da contabilidade externa. Os contadores externos credenciados prestam serviços para diferentes segmentos locais, mas o mais importante é o público, representado por investidores, credores, funcionários, entre outros, que tomam decisões com base em informações financeiras e operacionais sobre uma empresa ou alguma outra entidade. Esta função demanda o mais alto nível de competência técnica, ausência de parcialidade na aferição da fidedignidade de demonstrações financeiras e preocupação com a integridade do processo de divulgação financeira. Essencialmente, os contadores externos credenciados devem ver a si mesmos como guardiões dos mercados de capitais. Infelizmente, este papel nem sempre tem sido assumido pelos profissionais da maneira esperada pelo público. Quando as responsabilidades não são cumpridas de acordo com as expectativas do público, as repercussões incluem (a) ações judiciais, ou (b) aumento de regulamentação.

Falhas na profissão

Não há divergência a respeito da existência de sérios problemas na profissão contábil durante o final da década de 1990 e no início da década de 2000. Não precisamos repetir todos eles aqui, pois a maioria das pessoas lembra dos casos *Enron*, *WorldCom*, *Lucent*, *Adelphia*,

---

[4] *United States v. Arthur Young & Co. et al*, U. S. Supreme Court, n. 82-687 [52 U.S.L.W.4355 (U.S., 21 de março de 1984)].

> **QUESTÃO PRÁTICA**
> Vários fatores têm influenciado as mudanças ocorridas na profissão de auditoria. As falhas não são isoladas; ao contrário, são vistas como sistêmicas, exigindo mais supervisão regulamentar da profissão.

entre outras fraudes financeiras importantes. Mais recentemente, tem havido problemas representados pela não identificação tempestiva de deficiências em instituições financeiras, ou pior, a incapacidade de identificar um gigantesco esquema *Ponzi*, como no caso Madoff. Essas falhas têm exercido efeito profundo sobre a profissão de auditoria e vão muito além do caso Arthur Andersen – a maior empresa de contabilidade externa a falir até hoje.

O que ocorreu? Não há uma única resposta, mas alguns dos problemas foram os seguintes:

1. A profissão perdeu de vista o conselho do juiz Burger, para que agisse responsavelmente com o público.
2. Os princípios contábeis aceitos em geral passaram a ser vistos como um conjunto de regras que poderiam ser interpretadas (com poucos limites) de acordo com os objetivos de divulgação dos administradores.
3. Uma proporção significativa da remuneração dos administradores passou a ser feita sob a forma de ações ou opções de compra de ações, pois a receita federal americana limitou a dedutibilidade dos salários a US$ 1 milhão. Portanto, os administradores passaram a ser motivados a elevar o preço da ação – mesmo que as operações não justificassem esse aumento de preço.
4. Os auditores, essencialmente, eram contratados e dispensados pelos administradores, embora as empresas fossem obrigadas a ter membros no conselho de administração que fossem independentes dos administradores (pelo menos no papel).
5. Os auditores passaram a ter forte motivação para agradar os administradores. A identificação de uma maneira de alcançar um objetivo de divulgação da administração – por exemplo, retirar prejuízos do balanço, como no caso *Enron* – geralmente resultava em contratos lucrativos de consultoria para as empresas de auditoria.
6. A profissão não estava preparada para os critérios exigidos para a implantação da contabilidade baseada em princípios. Esta é uma questão que afetará todos os auditores no futuro, assim como a demanda por critérios baseados em princípios continuará a crescer em razão da dificuldade de elaboração de regras claras e inequívocas em toda e qualquer circunstância ou transação.
7. Muitos contadores acreditaram que era perfeitamente aceitável aplicar os princípios da contabilidade de modo que atingisse os objetivos dos administradores. Em outras palavras, a mentalidade estava errada: "Se o Fasb não proíbe, então deve ser permitido."
8. A profissão de auditoria precisava ser mais rentável para reter sócios e gerentes. Para isso, muitas empresas de auditoria reduziram o volume de testes aplicando inadequadamente à auditoria um enfoque baseado em conceitos de risco.
9. Os reguladores tinham recursos limitados e sua carga de trabalho era excessiva. Desse modo, o ambiente regulatório gerou menos supervisão e, combinado com uma atitude pró-empresarial, permitiu maior flexibilidade na divulgação de informações.

A área da contabilidade externa fora uma das profissões mais respeitadas no país. Mas, como no caso do jogador de beisebol, o auditor é bom até sua próxima rebatida – e ela precisa ser boa e estar dentro das regras da profissão. O novo profissional de auditoria deve ser mais do que uma "pessoa de regras". Ele deve ser capaz de lidar com os desafios do julgamento profissional e obedecer aos padrões de excelência profissional e ética.

Como entender os desafios especiais da profissão

À medida que avançar na leitura deste livro, lembre-se sempre dos desafios enfrentados pela profissão:

- Os procedimentos de auditoria devem ser projetados para detectar fraudes significativas e assegurar aos usuários que as demonstrações financeiras estão livres de erros.
- A contabilidade é muito complexa – geralmente, em parte, porque as empresas estão realizando transações e usam estruturas organizacionais cada vez mais complexas.
- Os sistemas de computação são complexos. Quando utilizados corretamente, fornecem oportunidades de controle eficaz, mas, quando aproveitados de forma incorreta, criam riscos adicionais.
- Muitas instituições são de âmbito global. A empresa de auditoria deve operar em diversos países garantindo qualidade onde quer que ela ocorra.
- Os auditores devem avaliar a qualidade do controle interno da divulgação financeira em companhias abertas e reportar esta avaliação aos usuários.
- Há mais pressão de tempo do que antes para a conclusão da auditoria e para relatar os resultados.
- Por fim, há a necessidade de gerar receitas de auditoria suficientes para (a) atrair novas pessoas a esta profissão e (b) reter administradores e sócios, que geralmente atuarão sob forte pressão para cumprir esta importante obrigação. Mas os clientes irão se opor a aumentos de preços que não considerem justificáveis.

Necessidade de divulgação imparcial

Os mercados de capitais apoiam-se na divulgação financeira transparente. As demonstrações refletem, dentro dos limites do modelo contábil, uma visão real e justa dos resultados financeiros da empresa. As demonstrações não favorecem um usuário em detrimento de outro. Todos são considerados importantes. Em muitos casos, os interesses dos vários usuários podem ser conflitantes. Os acionistas atuais poderiam requerer que os administradores usassem princípios contábeis que produzissem níveis mais altos de lucro, mas as instituições credoras geralmente preferem um enfoque conservador de avaliação e reconhecimento de lucro. A **Ilustração 1.3** apresenta uma visão geral dos possíveis usuários de demonstrações financeiras.

O auditor também deve considerar se uma informação incorreta será relevante para determinado usuário. A necessidade de divulgação imparcial pode ser facilmente reconhecida em uma situação na qual um banco está avaliando o pedido de empréstimo de uma empresa. Ao elaborar seu relatório, a administração deseja obter o empréstimo e prefere que seu auditor concorde com sua própria avaliação de realizações financeiras. O banco se apoia nas demonstrações financeiras da empresa, além de outras informações, para aferir o risco do empréstimo (ou seja, determinar a probabilidade de que a empresa não seja capaz de devolver o empréstimo e pagar os juros dentro dos prazos estabelecidos). Se o empréstimo for feito a uma taxa satisfatória, o banco prosperará e será capaz de oferecer taxas mais altas para atrair depositantes. A empresa que receber o empréstimo será capaz de se expandir, contratar mais mão de obra e ampliar o emprego para a comunidade. Todas as partes se beneficiam com informações precisas e imparciais relativas a resultados econômicos. Quanto mais precisas forem as informações financeiras fornecidas ao banco, mais positivos serão os resultados gerais de sua decisão, não somente para a empresa e o banco, mas também para a sociedade como um todo.

Necessidade de garantia

Por que os usuários de demonstrações financeiras precisam de garantia? Essa necessidade decorre de vários fatores:

Ilustração 1.3: Usuários de demonstrações financeiras auditadas

Usuários	Usos principais da demonstração
Administradores	Examinar desempenho, tomar decisões, divulgar resultados aos mercados de capitais.
Acionistas	Avaliar desempenho, votar em assembleias, incluindo eleição do conselho de administração, tomar decisões de compra ou venda de ações, ou comprar mais ações quando há emissão de novas.
Instituições financeiras	Decisões de crédito – taxas de juros, prazos e risco.
Autoridades tributárias	Determinar lucro tributável e imposto devido.
Investidores em potencial	Comprar ações ou títulos de dívida.
Agências reguladoras	Cumprimento da regulamentação, necessidade de ação regulatória.
Trabalhadores e sindicatos	Decisões de negociação coletiva.
Investidores em títulos de dívida	Comprar ou vender títulos.
Sistema judiciário	Avaliar a posição financeira de uma empresa em julgamentos que envolvam cálculos de valor.
Fornecedores	Avaliar risco de crédito.
Funcionários aposentados	Proteger funcionários de surpresas relacionadas a pensões e outros benefícios de aposentadoria, em virtude de reavaliações contábeis.

- Possível viés no fornecimento de informações, ou seja, a parte que fornece informações pode estar interessada em dar uma impressão melhor do que as circunstâncias justificam.
- A distância entre um usuário e a organização com a qual se transaciona.
- A complexidade das transações, informações ou sistemas de processamento, fazendo que seja difícil determinar qual deve ser a forma adequada de apresentação sem que se recorra a um especialista independente.
- O risco dos investimentos. Os investidores precisam gerir seus riscos e, portanto, minimizar surpresas financeiras.

Todas essas questões estiveram envolvidas na crise das hipotecas *subprime* nos Estados Unidos. Os mutuários geralmente forneciam informações parciais, havia distanciamento entre os concessores dos empréstimos e os compradores finais das hipotecas, e o entendimento dos títulos derivativos era muito difícil por causa de sua complexidade. Consequentemente, diversos usuários de demonstrações financeiras, entre outros, sofreram prejuízos significativos.

Viés potencial no fornecimento de informações

Os administradores possuem informação privilegiada que podem querer ou não compartilhar com os usuários. Por exemplo, a remuneração dos administradores pode estar vinculada à rentabilidade da empresa ou ao preço da ação, e os administradores podem sentir-se tentados a "distorcer" os princípios contábeis para fazer que seu desempenho pareça melhor. Será necessário um árbitro imparcial para garantir a adequação das informações para os usuários. Isto é função da auditoria.

Distanciamento dos usuários

A internet, combinada à comunicação e ao transporte globais, nos tem permitido ser uma sociedade global. As vantagens são enormes, mas uma desvantagem importante é a de que não conhecemos ou interagimos diretamente com muitas partes. A maioria dos usuários não consegue entrevistar os administradores, visitar a fábrica de uma empresa ou examinar seus registros financeiros diretamente; ao contrário, são obrigados a confiar nas demonstrações financeiras como instrumento de comunicação dos resultados e do desempenho da administração.

Complexidade

Muitas transações são mais complexas do que há uma década. Os usuários externos dependem dos administradores e dos auditores para lidar com as complexidades de instrumentos financeiros, derivativos, contratos de longo prazo e outras transações, para garantir que eles sejam apresentados adequadamente e divulgados integralmente nas demonstrações financeiras.

Gestão de risco

Na última década, muitos usuários de demonstrações financeiras – fundos de pensão, investidores, fornecedores de capital de risco e bancos – perderam bilhões de dólares, pois as informações financeiras – e, em alguns casos, a própria função de auditoria – haviam se tornado pouco confiáveis. Quando as auditorias não são confiáveis, os investidores e outros usuários perdem uma fonte importante de informação necessária para gerir riscos. No mesmo período, numerosas demonstrações financeiras precisaram ser revistas por causa de (a) aplicação indevida de princípios contábeis aceitos em geral; (b) fraude pura e simples; (c) contabilidade agressiva – por exemplo, na realização de estimativas; e (d) contabilização de transações de venda no período incorreto. Geralmente, as revisões foram seguidas de quedas substanciais nos preços das ações – e, em alguns casos, a falência das empresas e ações judiciais envolvendo as empresas de auditoria participantes.

Mudanças na profissão: aumento da exigência de responsabilidade

A profissão contábil atravessou uma década de crise sem precedentes e em uma escala observada apenas uma vez.[5] Os fatores que levaram às mudanças incluem: (a) a falência de uma das maiores instituições de contabilidade no mundo (*Arthur Andersen & Co.*); (b) quatro das maiores falências da história – cada uma delas ocorreu em empresas que estavam envolvidas em falsificação de demonstrações financeiras; (c) perdas de bilhões de dólares em investimentos e fundos de pensão; (d) sensação de que os auditores não eram capazes de se manter independentes quando eram contratados e dispensados pelos administradores de uma empresa; (e) complexidade crescente da contabilidade, provocada por um movimento na direção da contabilidade pelo valor justo; e (f) dúvidas quanto à capacidade de autogoverno da profissão de contabilidade externa para garantir que os contadores sempre agiriam a favor do interesse público. A culminação desses problemas levou à Lei *Sarbanes-Oxley*, de 2002,[6] que talvez seja a legislação mais importante para a profissão de contabilidade externa de nossos tempos. A lei se concentrou em cinco melhorias críticas relacionadas à auditoria e às demonstrações financeiras:

1. Melhoria da governança corporativa.
2. Exigência de divulgação de controles internos.
3. Transferência da fixação de padrões de auditoria para uma nova organização paraestatal.
4. Aumento da independência da função de auditoria externa.
5. Reconhecimento do aumento das expectativas do público em relação aos auditores.

OA 3
Descrever como a área de contabilidade externa tem se alterado, os fatores que causaram essas modificações e como elas afetam a natureza do processo de auditoria.

---

[5] Outra mudança com a magnitude descrita ocorreu em 1933, quando foi criada a *Securities and Exchange Commission* (SEC), em resposta aos abusos na divulgação financeira na década de 1920, que haviam alimentado a especulação em *Wall Street*.
[6] *Sarbanes-Oxley Act of 2002*, H. R. Bill 3762.

Exigência de melhor governança corporativa

A governança corporativa é uma estrutura de supervisão que garante a atuação dos administradores de acordo com os interesses dos acionistas e a prestação apropriada de contas aos grupos de interesse ligados à organização (proprietários, funcionários, reguladores, credores). Esta estrutura geralmente começa com o conselho de administração. Havia duas críticas básicas aos conselhos de administração na década passada:

- Geralmente, o conselho não era independente dos administradores; os conselhos eram compostos, na maioria, por membros da administração ou escolhidos pelos administradores e, de fato, eram condescendentes à administração.
- Os membros independentes do conselho não assumiam o controle da função de auditoria; não assumiam um papel ativo na supervisão da auditoria ou nas decisões de retenção ou substituição da empresa de auditoria.

A Lei *Sarbanes-Oxley*, bem como a maioria das bolsas de valores, exige que as empresas criem um comitê de auditoria independente, na forma de um subcomitê do conselho de administração, com a incumbência de supervisionar todas as funções de auditoria – interna e externa. O comitê assume o papel de "cliente da auditoria" e deve ter o poder de contratar ou dispensar a empresa de auditoria.

A governança corporativa não termina no conselho de administração. A Lei *Sarbanes-Oxley* exige que seja criada uma função de fiscalização para possibilitar a comunicação de comportamentos indevidos a um corpo apropriado e independente dentro da organização. Além disso, o conselho ou o comitê de auditoria é responsável pelo exame de alegações de funcionários ou interessados externos.

As profissões de auditoria interna e externa desempenham papéis ampliados na melhoria da governança corporativa. Os auditores externos são responsáveis por discutir com o comitê de auditoria a adequação das escolhas contábeis feitas pelos administradores. Os auditores externos também têm uma responsabilidade ampliada na identificação de fraudes, incluindo a detecção de fatores causadores de risco de fraude. Uma função da auditoria interna é exigida por todas as principais bolsas de valores. A maioria dos regimentos de auditoria interna exige que haja uma relação direta com o presidente do comitê de auditoria e a responsabilidade por trazer aspectos questionáveis ao conhecimento do presidente do comitê. Portanto, em termos da profissão, fica claro que as responsabilidades se expandiram muito além da simples auditoria das demonstrações financeiras de uma empresa. A auditoria é um componente importante da governança corporativa.

Exigência de relatórios sobre controles internos

O Congresso e os usuários de demonstrações financeiras têm ficado chocados com as fraudes multibilionárias em empresas como *WorldCom*, *Adelphia* e *Enron*, bem como com os processos inadequados de gestão de risco de instituições financeiras como *Bear Stearns* e *Merrill Lynch*. Em muitas das fraudes mais espetaculares, a alta administração havia ignorado o sistema contábil e, em praticamente todos os casos, as empresas tinham controles internos inadequados sobre a divulgação financeira. A Seção 404 da Lei *Sarbanes-Oxley* de 2002 exige que a administração avalie de forma independente e anuncie publicamente a qualidade de seus controles internos sobre a divulgação financeira. O auditor externo é obrigado a testar independentemente os controles internos de companhias abertas e divul-

> **Questão prática**
> O aumento da confiabilidade da divulgação financeira deve levar à redução da variabilidade dos mercados de capitais, uma vez que haverá menos "surpresas" indesejáveis ou fraudes. Os mercados de capitais serão, portanto, mais eficientes.

> **OA 4**
> Descrever e avaliar a exigência de relatórios sobre o controle interno de divulgação financeira externa, bem como as exigências especiais de divulgação no caso de companhias abertas.

gar sua avaliação sobre esses controles, bem como dar um parecer sobre o controle interno da divulgação financeira.

A administração da empresa é responsável por criar e manter um sistema de controles internos eficazes que produzam, ao longo do ano, informações confiáveis. Se houver deficiências significativas no sistema de controle interno, os administradores e auditores deverão relatá-las em relatórios públicos, para que os usuários possam aferir o impacto de tais deficiências sobre o desempenho da administração e o futuro da organização. Por exemplo, uma empresa com controles inadequados geralmente não conta com informações confiáveis para a tomada de boas decisões gerenciais.

Há evidências cada vez maiores que confirmam a necessidade de possuir um controle interno eficaz para o bom andamento dos negócios. A necessidade de divulgação pública dos controles internos foi defendida pelo relatório da Comissão *Treadway* sobre Divulgação Financeira Fraudulenta em 1987, no qual se identificou uma forte correlação entre divulgação fraudulenta e controles internos ruins. Don Nicolaisen, ex-contador chefe da SEC, reforçou essa ideia numa palestra em 2004:

> Acredito que, de todas as reformas recentes, as exigências de controle interno tenham o maior potencial de melhoramento da confiabilidade da divulgação financeira. Nossos mercados de capitais operam com base na fé e confiança de que a grande maioria das empresas apresenta dados financeiros confiáveis e completos para fins de decisões de investimento e política pública... é absolutamente essencial que as exigências de controle interno sejam apropriadas.[7]

Recorde-se que a Lei *Sarbanes-Oxley* vale apenas para as auditorias de companhias abertas. Portanto, as diretrizes aqui expostas não se aplicam necessariamente às auditorias de companhias fechadas, mas podem ser consideradas como boas práticas para todas as empresas.

Fixação de padrões de auditoria e independência de auditores

O Congresso criou o Conselho de Supervisão Contábil de Companhias Abertas – PCAOB) em 2002, com autoridade para fixar padrões para as auditorias das companhias abertas. Além disso, para garantir a independência da empresa de auditoria, a Lei *Sarbanes-Oxley* fortaleceu a independência dos auditores ao exigir que:

- O comitê de auditoria do conselho de administração tenha o poder de contratar e dispensar os auditores externos.
- Haja rodízio obrigatório a cada cinco anos do sócio responsável pelo contrato de auditoria.
- Não seja permitido realizar trabalho de consultoria para clientes de auditoria.
- Haja maior observância de possíveis conflitos de independência, incluindo aqueles que poderiam afetar o desempenho da empresa de auditoria independente.

Embora muitas empresas fechadas e instituições de auditoria de menor porte possam querer adotar essas mesmas diretrizes, elas não são obrigadas a fazê-lo. Como serão discutidos mais adiante neste livro, os padrões de auditoria de companhias fechadas são elaborados pelo Instituto Americano de Contadores Externos Credenciados (AICPA).

> **QUESTÃO PRÁTICA**
>
> A Lei *Sarbanes-Oxley* estipulou que o PCAOB produzisse padrões de auditoria para companhias abertas. O AICPA fixa padrões para as auditorias de companhias fechadas. Há cooperação entre o AICPA e o PCAOB, o que tem levado a uma convergência maior entre os dois conjuntos de padrões. O AICPA está trabalhando com o Iasb na convergência internacional de padrões.

---

[7] NICOLAISEN, Don., Securities and Exchange Commission, 7 out. 2004. Palestra de abertura no 11th Annual Midwestern Financial Reporting Symposium. Disponível em: http://www.sec.gov.

Expectativas do público em relação ao trabalho dos auditores

O público, particularmente tal como expresso pelo Congresso, espera que os auditores (a) identifiquem fraudes, (b) façam cumprir os princípios contábeis que melhor representem o espírito dos conceitos adotados pelo Fasb ou pelo Iasb, e (c) sejam neutros em relação aos usuários. Ao mesmo tempo, os administradores e o comitê de auditoria esperam que as auditorias sejam eficientes em termos de custos. Portanto, a profissão enfrenta uma pressão dupla – manter os honorários em nível baixo e lidar com responsabilidades crescentes perante um conjunto cada vez maior de clientes de auditoria.

Escopo dos serviços: outros serviços de garantia

Embora o foco recente da profissão de auditoria tenha residido na auditoria de demonstrações financeiras, o conceito de serviços de garantia é muito mais amplo. Nesta seção, discutimos a natureza dos serviços de garantia que poderiam ser prestados pelos auditores.

O que é garantia?

OA 5
Identificar as diferenças entre serviços de garantia, de comprovação e de auditoria.

O Comitê Especial do AICPA para Serviços de Garantia define garantia como "um serviço profissional independente que aumenta a qualidade da informação, ou seu contexto, para os tomadores de decisões". Garantia é um conceito amplo. Inclui, além da informação contida em demonstrações financeiras, aquelas sobre o contexto de um processo, como a remessa de mercadorias por uma empresa de vendas pela internet ou como a instituição processa a devolução de mercadorias. Os serviços de garantia visam à melhoria da qualidade da tomada de decisões, aumentando a confiança nas informações em que se baseiam, o processo pelo qual essas informações são geradas e o contexto em que elas são apresentadas aos usuários. O Comitê Especial do AICPA sobre Serviços de Garantia identificou as seis principais áreas de serviços em potencial, como é indicado na **Ilustração 1.4**.

O campo de serviços de garantia é muito mais amplo do que as auditorias tradicionais de demonstrações financeiras. Esses serviços envolvem:

- uma gama mais ampla de serviços.
- um grupo mais diversificado de usuários.
- usuários em potencial com necessidades, além de demonstrações financeiras auditadas.

Em razão da ênfase recente na implantação da Lei *Sarbanes-Oxley* e na recuperação da confiança do público nas auditorias, o desenvolvimento desses serviços ampliados tem sido vagaroso. As duas maiores áreas de crescimento no campo de garantia têm sido a avaliação de riscos e a análise de desempenho empresarial. Muitas das empresas de contabilidade externa de grande porte têm desenvolvido tais serviços e os prestam por meio de um grupo que também fornece serviços terceirizados de auditoria interna. As 4 Grandes têm comercializado essa atividade sob o rótulo amplo de Serviços de Gestão de Risco Empresarial, e, em alguns casos, esses serviços incluem uma auditoria interna terceirizada.

Ilustração 1.4: Natureza dos serviços de asseguramento

Área ampla de serviços de garantia	Natureza das garantias fornecidas
Mensuração de riscos	Qualidade dos processos adotados por uma organização para identificar, medir e gerir riscos.
Mensuração de desempenho empresarial	Processos de identificação, mensuração e comunicação de medidas alternativas de desempenho; garantias da precisão das medidas de desempenho utilizadas por uma organização.
Confiabilidade de sistemas de informação	Qualidade dos controles incorporados a processos de sistemas de informação para garantir a segurança, confiabilidade, rapidez e precisão de sistemas. Garantias da precisão de informações financeiras e de outras naturezas fornecidas eletronicamente aos usuários de forma contínua.
Desempenho de assistência médica	Garantia de medidas de desempenho de assistência médica que assegurem aos pacientes, funcionários, sindicatos e outros clientes de serviços de assistência médica, que a qualidade desses serviços atingiu critérios predeterminados.
Comércio eletrônico	Fornecer garantias a vários participantes (por exemplo, consumidores, varejistas, companhias de cartão de crédito, usuários de serviços de transmissão eletrônica de dados, prestadores de serviços de rede, fornecedores de *software*) do comércio eletrônico de que os sistemas e mecanismos usados são concebidos e funcionam de acordo com critérios predeterminados de integridade e segurança.
Assistência a idosos	Dar garantias a idosos e suas famílias de que as metas estipuladas em relação à assistência aos idosos estão sendo cumpridas pelos vários prestadores dos serviços de assistência. Este serviço focaliza sua atenção nos idosos que desejam viver independentemente em suas residências e nos indivíduos que cuidam dos idosos (por exemplo, filhos e filhas), mas gostariam de viver a alguma distância deles.

Garantia × certificação × auditoria

Às vezes, os termos garantia, certificação e auditoria são usados como sinônimos. Entretanto, no contexto de serviços de garantia, embora sejam relacionados, eles diferem em duas dimensões fundamentais:

- Existência de uma parte externa que se apoia no parecer do auditor.
- Natureza dos serviços prestados.

O conceito mais amplo é o de garantia. Esses serviços podem ser prestados à administração da empresa ou a usuários externos. Incluem tanto os de comprovação quanto os de auditoria e podem ser prestados em relação a diferentes informações, como financeiras, qualidade dos processos da empresa, confiabilidade de sistemas de computação ou precisão dos dados de desempenho. Os serviços de certificação consistem em um subconjunto dos serviços de garantia e sempre envolvem um relatório encaminhado a uma terceira parte. Por exemplo, o auditor poderia emitir um relatório a outras partes a respeito da qualidade dos processos de controle interno de uma empresa. O serviço mais limitado é a auditoria das demonstrações financeiras de uma empresa. Uma auditoria é um subconjunto dos outros serviços que podem ser prestados por um auditor. Uma visão geral desses três níveis é mostrada na **Ilustração 1.5**.

O enfoque utilizado na realização de auditorias de demonstrações financeiras aplica-se da mesma forma a outros tipos de garantia. A diferença está na área de conhecimento exigida e nas evidências específicas que deverão ser coletadas para dar garantia. Portanto, os conceitos cobertos no livro podem ser facilmente generalizados a outros tipos de serviços de garantia, além das auditorias de demonstrações financeiras.

Ilustração 1.5: Inter-relacionamento de serviços de garantia, certificação e auditoria		
Tipos de serviço	Relatórios a terceiros	Escopo de aspectos relatados
Serviço de garantia	Opcionais, não obrigatórios. Podem incluir relatórios somente à parte que pede garantia.	Amplo, podendo incluir: processos empresariais, de controle, análise de risco, dados de desempenho não financeiro e informações financeiras.
Serviço de certificação	O relatório do auditor independente é usado por um terceiro como parte de seu processo de tomada de decisões.	Idêntico ao do serviço de garantia. Pode ser amplo, desde que existam critérios objetivos com os quais se possa avaliar a correção do relatório da administração ou das informações ali fornecidas.
Serviço de auditoria	Os principais usuários do relatório de auditoria são terceiros.	Auditoria de demonstrações financeiras e informações financeiras correlatas.

Nem todos os serviços de garantia são prestados pelo auditor externo. Os auditores internos, por exemplo, frequentemente prestam diversos serviços de garantia à sua organização, como os identificados pelo Instituto de Auditores Internos (*Institute of Internal Auditors – IIA*), que incluem:

- a eficácia do processo de identificação e gestão de risco de uma empresa.
- a qualidade dos processos de governança de uma organização.
- a eficácia e eficiência dos processos de controle de uma organização.
- a eficácia e eficiência das operações, com sugestões de melhorias operacionais.
- a submissão das operações da empresa às suas políticas ou a de órgãos reguladores.

Características dos serviços de garantia

Todos os tipos de serviços de garantia envolvem três componentes essenciais:

- Informações ou um processo a respeito dos quais é prestado o serviço de garantia.
- Um usuário ou grupo de usuários que extrai valor dos serviços de garantia prestados.
- Um prestador de serviços de garantia.

Tipos de serviços de garantia prestados

Os tipos de serviços de garantia prestados podem variar de demonstrações financeiras e a integridade de sistemas de computação à qualidade de produtos e serviços vendidos via internet e ao cumprimento de exigências regulatórias. O serviço de garantia pode estar relacionado a informações ou processos. A adequação de um processo é tão importante para a maioria dos usuários quanto as informações associadas a ele. Exemplos de serviços de garantia que têm sido prestados por empresas de auditoria incluem:

- a adequação do processo de construção de oleoduto no Alaska.
- a qualidade dos controles em um sistema de computação, na medida em que afeta os usuários externos desse sistema.
- a adequação e viabilidade dos planos econômicos de construção de um novo centro de convenções em uma grande cidade norte-americana.

Atributos necessários para a prestação de serviços de garantia

O serviço de garantia gera confiança graças à redução do risco de que a informação não seja confiável. Os investidores e outros usuários tomam decisões melhores quando dispõem de informação confiável. Os atributos dos indivíduos que prestam serviços de garantia são os mesmos – quer em relação a demonstrações financeiras quer a outras áreas identificadas anteriormente, como a segurança de sistemas de informação. Esses atributos são:

- Conhecimento da área, como o de sistemas de informações.
- Independência.
- Critérios reconhecidos de avaliação de qualidade de apresentação, como padrões para controles internos ou aqueles reconhecidos pelo auditor e pelo usuário do serviço.
- Conhecimento do processo de coleta e avaliação de evidências relacionadas à área de trabalho.

Exigências para o ingresso na profissão de contador externo

É necessário conhecimento considerável para corresponder às expectativas de diversos grupos. Em virtude da complexidade crescente do ambiente de negócios, as exigências feitas ao auditor profissional têm certamente aumentado. A maioria dos estados, atualmente, exige 150 horas-semestre para a concessão de licenças de CPA. Além das competências exigidas de auditoria e contabilidade, o profissional precisa entender o negócio do cliente e o seu setor de atividade, identificar problemas e propor soluções, entender as condições econômicas, políticas, utilizar tecnologia de computação, saber comunicar-se eficazmente com administradores, usuários e colegas e reconhecer elementos de risco empresarial.

OA 6
Descrever os requisitos para os indivíduos ingressantes na área de contabilidade externa.

Competência em contabilidade e auditoria

A complexidade do ambiente moderno de negócios exige que o auditor esteja integralmente familiarizado com os pronunciamentos técnicos de contabilidade e auditoria. Além disso, o profissional precisa ter uma compreensão conceitual sólida dos elementos básicos de divulgação financeira. Esse entendimento é necessário para lidar com a infusão cada vez maior de novos tipos de transações e contratos para os quais podem não existir pronunciamentos contábeis, ou para quando os padrões internacionais diferirem dos princípios contábeis aceitos nos Estados Unidos. Como exemplo dos percalços associados a esta noção, a profissão de auditoria foi criticada recentemente, pois muitos instrumentos financeiros registrados em ligação com os mercados de hipotecas *subprime* não eram divulgados a valor de mercado. Por fim, o auditor precisa compreender completamente os conceitos fundamentais de auditoria. O desenvolvimento do entendimento desses conceitos habilita o profissional a se adaptar a novas condições econômicas ou planejar enfoques distintos de auditoria para clientes de diversos setores ou que enfrentam riscos diferentes.

Conhecimento de controles internos

Um auditor de uma companhia aberta deve realizar uma "auditoria integrada", ou seja, uma auditoria tanto dos controles internos quanto das demonstrações financeiras da companhia.

O profissional precisa entender como as deficiências do controle interno afetariam o registro e a divulgação de transações, e ajustar os procedimentos de auditoria para buscar erros em saldos de contas. O auditor deve ser capaz de analisar os controles internos da organização para determinar se há deficiências que devem ser relatadas ao público em geral, ao comitê de auditoria e aos administradores.

Conhecimento do negócio e de seus riscos

A maioria das empresas de auditoria utiliza um enfoque de "risco" na realização de auditorias. Melhor ainda, elas usam um enfoque de "risco empresarial". A premissa básica é a de que o auditor deve entender a estrutura básica do negócio do cliente para poder identificar riscos significativos que o afetam. Por exemplo, o auditor de um banco deve possuir conhecimento substancial a respeito da economia do setor na região atendida pelo banco, sua estrutura de capital, os tipos de empréstimos concedidos, e assim por diante, para determinar a probabilidade de que os empréstimos sejam restituídos e o banco sobreviva. De maneira semelhante, uma compreensão das estratégias usadas pela administração ajudará o auditor a avaliar resultados financeiros preliminares e identificar áreas que necessitam de maior atenção.

Compreensão da complexidade do sistema contábil

As empresas atuais estão envolvidas ativamente no comércio eletrônico e no intercâmbio eletrônico de dados (*Electronic Data Interchange – EDI*). Como exemplo, a maioria dos cheques de pagamento de salários é depositada diretamente em contas bancárias e cartões de débito ou crédito são utilizados em muitas transações. A maioria dos ativos financeiros existe sob a forma de imagens digitais em sistemas de computador. Os documentos tradicionais em papel estão desaparecendo. Os sistemas são cada vez mais integrados entre empresas. Os auditores devem estar preparados para enfrentar os desafios de auditoria gerados por sistemas eletrônicos nos quais os documentos originais tradicionais inexistem.

Prestadores de serviços de garantia

OA 7
Descrever os papéis especiais dos auditores internos, externos e governamentais em relação ao aumento da confiabilidade da informação e do melhoramento dos processos conducentes ao registro e à apresentação de informações (tanto financeiras quanto operacionais).

Há três prestadores básicos de serviços de garantia:

- Os profissionais de contabilidade externa (ou seja, os auditores externos).
- Os profissionais de auditoria interna.
- Os profissionais de auditoria governamental.

Dentro de cada setor há uma grande diversidade de prestadores de serviços. Por exemplo, os serviços de auditoria interna são realizados tanto por departamentos de auditoria interna abrigados em uma organização como por profissionais externos que realizam trabalho de auditoria interna para um cliente.

A profissão de contabilidade externa

A profissão de contabilidade externa inclui desde as empresas com um único profissional até grandes multinacionais como as 4 Grandes. Muitas das empresas regionais e locais de CPAs prestam uma variedade de serviços tanto a clientes de auditoria como a outros clientes. As grandes empresas de contabilidade externa podem prestar vários dos serviços de consultoria – mas não têm permissão para prestar tais serviços às companhias abertas auditadas. Por exemplo, todas as 4 Grandes prestam serviços substanciais de auditoria interna a empresas que não são clientes de auditoria. Um exemplo disso é o caso de uma das empresas em que um dos coautores deste livro é membro do conselho de administração. O auditor externo é a *Deloitte* e grande parte de seu trabalho de auditoria interna é contratada junto à KPMG. O valor monetário do trabalho de auditoria interna pode muitas vezes rivalizar com o do trabalho de auditoria externa para uma empresa.

As empresas de contabilidade de menor porte que não possuem companhias abertas como clientes seguem padrões desenvolvidos pelo AICPA em relação aos serviços que podem proporcionar a um cliente de auditoria. Muitas instituições de contabilidade externa de pequeno porte fornecem consultoria de sistemas de informação, planejamento financeiro, planejamento fiscal e serviços de auditoria interna, tanto a clientes de auditoria quanto a outros clientes.

> **QUESTÃO PRÁTICA**
>
> As empresas de CPAs de menor porte não estão sujeitas à mesma regulamentação das que auditam clientes registrados na SEC. O fornecimento de serviços a clientes de menor porte é limitado (1) pela disposição do cliente de adquirir os serviços e (2) pelo Código de Ética do AICPA, que exige da empresa a manutenção da independência em termos de atitude e aparência ao fazer uma auditoria.

Organização e porte das empresas de contabilidade externa

A estrutura organizacional das empresas de contabilidade varia substancialmente. Por exemplo, a maioria das 4 Grandes opera com a mesma razão social em todos os países, geralmente adotando práticas globais de contabilidade e auditoria. Na maioria dos casos, porém, as instituições se estruturam como sociedades limitadas ou por ações, em grande parte dos países. As sociedades individuais, nesse caso, pertencem a uma sociedade global com a razão social da firma, por exemplo, *Deloitte*.[8]

Algumas empresas operam em âmbito internacional por meio de uma afiliação com uma rede de instituições – diversas empresas regionais ou locais pertencem a um grupo sob o nome *Moore Stephens*. Em certos casos, não está claro para o usuário qual é a relação com uma matriz. Por exemplo, quando eclodiu o escândalo Parmalat na Itália, em 2003, houve um processo judicial contra a *Grant Thornton Italia*, uma empresa ligada à *Grant Thornton International*. A instituição italiana foi imediatamente "expelida" da internacional, porque ela não queria assumir qualquer responsabilidade pelo trabalho realizado por seu membro italiano.[9]

A hierarquia organizacional das empresas de CPA normalmente tem assumido uma forma piramidal. Os sócios (ou proprietários) estão no topo da pirâmide e são responsáveis pela condução geral de cada auditoria e de outros serviços. A seguir, na hierarquia, estão os gerentes, que reveem o trabalho detalhado de auditoria realizado pelo pessoal técnico (a base da pirâmide). Os auditores seniores são responsáveis pela supervisão das atividades diárias de uma auditoria específica. O pessoal técnico passa de dois a quatro anos nesse nível, assumindo, após esse período, responsabilidades crescentes de supervisão como seniores, gerentes e, finalmente, sócios. Os sócios e gerentes são responsáveis pelos vários contratos de auditoria que são realizados simultaneamente, ao passo que os seniores e os técnicos são geralmente alocados a apenas uma auditoria de cada vez.

Embora a estrutura hierárquica deva prosseguir por algum tempo, as expectativas dos indivíduos que ingressam na profissão têm se alterado significativamente. As mudanças mais marcantes são as seguintes:

> **QUESTÃO PRÁTICA**
>
> As empresas de contabilidade podem prestar serviços de consultoria, planejamento fiscal e serviços de auditoria interna a clientes para os quais não fazem auditoria externa. A maioria das instituições de CPAs ainda presta tais serviços e tem visado a clientes para os quais não faz auditoria externa como mercado potencial. As receitas podem, às vezes, ser substanciais e exceder as de auditoria dessas empresas.

---

[8] À época em que este livro estava sendo revisto, a KPMG havia decidido colocar todas as suas operações europeias dentro de uma sociedade e havia se comprometido publicamente a colocar todas as operações com o nome KPMG dentro de uma entidade comum.

[9] Deve ser observado que, desde então, a *Grant Thornton* alterou sua estrutura legal, de modo que todas as sociedades dentro da *Grant Thornton* operam sob a cobertura da *Grant Thornton International*.

> **Questão prática**
> Os estudantes que desejam ser "assessores empresariais", bem como realizar serviços de certificação para clientes, podem querer trabalhar para uma empresa menor de CPAs que realize um volume significativo de trabalho com empresas não registradas na SEC.

- As auditorias são realizadas em equipes, nas quais se espera que cada membro contribua para a análise e o entendimento do negócio.
- Todos os auditores se envolvem desde o início na análise de possibilidades de risco de fraude associadas aos clientes.
- Os auditores, em todos os níveis, devem entender de processamento de dados e ser capazes de acessar e auditar dados eletrônicos.

Muitas empresas de contabilidade externa também têm organizado a sua prática de acordo com critérios setoriais para melhor atender aos clientes desses setores. Geralmente incluem categorias tais como serviços financeiros, comércio varejista, instituições sem fins lucrativos, indústria de transformação e distribuição. O raciocínio é o de que um auditor precisa entender o setor tão bem quanto os administradores para poder identificar (1) riscos enfrentados pela organização e controles que a empresa usa para atenuá-los, (2) contratempos de incorreção de demonstrações financeiras e (3) oportunidades para melhorar as operações da empresa.

A profissão de auditoria interna

A auditoria interna é definida da seguinte maneira:

> uma atividade independente e objetiva de garantia e consultoria, voltada para a adição de valor e a melhoria das operações de uma organização. Ajuda uma organização a alcançar seus objetivos com o uso de um enfoque sistemático e disciplinado à avaliação e ao aumento da eficácia dos processos de gestão de risco, controle e governança.[10]

> **Questão prática**
> A auditoria interna é muito mais diversificada do que a externa e oferece oportunidades de aprender mais a respeito de todos os aspectos da empresa.

A auditoria interna tem se transformado numa disciplina excitante e em um campo excelente de treinamento para posições de gestão futura. A ênfase na adição de valor e na melhoria das operações alinha completamente a auditoria interna aos acionistas, ao conselho de administração e aos administradores. O escopo da auditoria interna é amplo e inclui a avaliação de processos para identificar e gerir riscos; o desenvolvimento e a implantação de controles eficazes, incluindo aqueles concebidos para garantir a realização de operações eficientes e assegurar que o processo de governança esteja funcionando de forma eficaz.

A auditoria interna, seja ela feita por auditores que são funcionários de uma empresa, seja por aqueles que realizam funções externas em uma empresa de contabilidade, está se transformando em alternativa cada vez mais importante de ingresso na profissão de auditoria. O papel da auditoria interna é ampliado pelas exigências, tanto da Bolsa de Valores de Nova York quanto pelo Nasdaq, de que as empresas registradas possuam uma função de auditoria interna. A existência de uma função efetiva de auditoria interna é vista como parte importante dos controles internos de uma organização.

Os auditores internos podem prestar tanto serviços de garantia quanto de consultoria. O serviço de garantia consiste em assegurar aos executivos e ao conselho de administração que estão sendo cumpridas pela empresa as políticas ou exigências regulatórias, ou que os processos e as operações são eficazes. As atividades de auditoria interna geralmente identificam áreas na qual a instituição pode conseguir melhorias operacionais significativas, ou aquela que não está gerindo riscos eficazmente. Os departamentos de auditoria interna devem manter sua autonomia e reconhecer que dispõem de competências especiais de análise de dados e uma independência, em relação às operações, que pode acrescentar valor, ajudando

---
[10] *Institute of Internal Auditors, Standards for the Practice of Internal Auditing.*

a administração a resolver problemas importantes. A função de auditoria interna pode analisar e identificar possíveis soluções. Entretanto, cabe à administração escolher a solução a ser implantada e se responsabilizar pela sua implantação.

A auditoria interna tem liderado o processo de assessoramento das organizações na documentação e avaliação da qualidade de controles internos, como parte da obediência da organização à Seção 404 da Lei *Sarbanes-Oxley*. Um tipo interessante de auditoria interna envolve a análise das operações da empresa, o que frequentemente é chamado de auditoria operacional, área que tem a finalidade de avaliar a eficácia, economia e eficiência com a qual os recursos são empregados e pode ser aplicada a praticamente qualquer faceta das operações de uma organização. As auditorias operacionais são ao mesmo tempo desafiadoras e interessantes, pois o auditor precisa desenvolver critérios objetivos para avaliar a eficácia de uma operação. O profissional é obrigado a se familiarizar com as melhores práticas nas empresas, bem como com as práticas da organização para desenvolver esses critérios. Em seguida, o auditor deve desenvolver metodologias, incluindo a análise de dados de mercado e de informações internas, para avaliar a eficácia das operações. O auditor precisará entender completamente os processos da empresa e como eles se encaixam na organização. A ênfase de uma auditoria operacional reside na melhoria das operações e na rentabilidade da organização. A realização de auditorias operacionais coloca os profissionais em uma posição que lhes permite saber mais a respeito da organização e, com isso, fornecer uma base sólida para o desenvolvimento futuro de suas carreiras.

> **MAIS INFORMAÇÕES**
> O *site* http://www.theiia.org fornece informações sobre padrões de auditoria interna, atividades recentes relacionadas à profissão e resultados de pesquisas.

A profissão de auditoria governamental

Os auditores governamentais são empregados por diversas agências federais, estaduais e municipais. O trabalho realizado por esses profissionais vai desde auditorias internas de uma agência específica até auditorias de relatórios entregues ao governo por organizações externas. A exigência de prestação de contas tem gerado uma demanda por mais informação sobre programas e serviços do governo. As autoridades executivas, os legisladores e os cidadãos privados desejam e precisam saber se o uso dos fundos públicos é adequado e está de acordo com as leis e os regulamentos, e também se as organizações, os programas e serviços do governo estão cumprindo as finalidades para as quais foram autorizados e financiados, de maneira econômica e eficiente.

Os auditores governamentais fazem todos os tipos de auditoria que realizam os auditores internos: a principal diferença é a orientação governamental. O Departamento de Prestação de Contas do Governo dos Estados Unidos (*Government Accountability Office – GAO*), chefiado pelo Controlador Geral, coloca ênfase elevada nas auditorias de desempenho. Essas auditorias determinam (1) se a entidade está adquirindo, protegendo e usando seus recursos de maneira econômica e eficiente; (2) as causas de ineficiências ou práticas antieconômicas; (3) se a entidade está cumprindo as leis e os regulamentos; (4) em que nível os resultados ou benefícios desejados de acordo com o legislativo ou outro órgão que lhe concedeu autorização estão sendo alcançados; e (5) a eficácia de organizações, programas, atividades ou funções.

> **QUESTÃO PRÁTICA**
> O presidente nomeou um inspetor-geral especial para trabalhar com várias agências do governo com o objetivo de garantir a transparência no uso dos fundos federais de recuperação da economia.

Organizações profissionais e reguladoras

A auditoria é uma profissão especial. Funciona como uma iniciativa privada que atende ao interesse público, mas também visa à melhoria das operações de empresas privadas. Além disso, ela pode se desenvolver de diversas formas, desde grandes empresas multinacionais

> **OA 8**
> Identificar os principais organismos reguladores que influenciam a natureza e a qualidade dos serviços de auditoria e garantia, bem como a amplitude dos serviços prestados.

de CPAs a instituições de contabilidade pequenas e de um único contador especializado em impostos. Inclui tanto a contabilidade externa quanto a auditoria interna. Portanto, não é surpreendente perceber que várias organizações reguladoras e profissionais ajudam a definir e regulamentar a natureza dos serviços prestados pela profissão de auditoria. Como este livro se preocupa principalmente com a contabilidade externa e as auditorias de demonstrações financeiras, começamos pelos órgãos reguladores que exercem influência sobre a prática da auditoria de demonstrações financeiras de companhias abertas.

O Conselho de Supervisão Contábil de Companhias Abertas

O Conselho de Supervisão Contábil de Companhias Abertas foi criado pelo Congresso como parte da Lei *Sarbanes-Oxley* de 2002. O PCAOB possui autoridade plena para:

- fixar padrões para as auditorias de companhias abertas.
- exigir que todas as empresas que auditem companhias abertas sejam registradas no Conselho.
- realizar exames de qualidade em todas as empresas registradas no Conselho.

O Conselho possui uma equipe técnica que auxilia na fixação de padrões para a realização das auditorias de companhias abertas, incluindo as auditorias de demonstrações financeiras e de controles internos, e, para isso, recebeu autoridade ampla. Embora seus membros sejam nomeados pela SEC, suas verbas provêm de pagamentos exigidos de todas as empresas registradas na SEC.

Além de fixar padrões de auditoria, o PCAOB é responsável pelo registro de todas as empresas de CPAs e tem autoridade regulatória ampla em relação a elas. Por exemplo, ele pode exigir que haja um rodízio obrigatório das empresas de auditoria a cada sete anos. O PCAOB é responsável pela realização de exames de qualidade em todas as empresas de CPAs registradas e, caso tenha dúvidas sobre as práticas de qualidade adotadas, pode impor medidas corretivas ou, em caso extremo, proibir que a empresa faça auditorias de companhias abertas ou que aceite um novo cliente por determinado período.

Comissão de Valores e Bolsas

A Comissão de Valores e Bolsas – SEC foi criada pelo Congresso, em 1934, para regulamentar o sistema dos mercados de capitais. A SEC tem como responsabilidade a supervisão do PCAOB e de todas as companhias abertas que são obrigadas a registrar-se na SEC para adquirir acesso aos mercados de capitais dos Estados Unidos. A SEC tem, ainda, autoridade para impor princípios de contabilidade aceitos em geral às empresas cujas ações são negociadas em bolsa, embora essa tarefa seja normalmente delegada ao Fasb. Entretanto, a SEC não tem relutado em agir quando acredita que os padrões de contabilidade estão sendo mal utilizados pelas empresas registradas.

A SEC estabeleceu regras de independência em 2003 que, essencialmente, proibiram as empresas de contabilidade externa de prestar serviços de consultoria a instituições registradas. Além disso, tem emitido boletins contábeis esclarecendo conceitos de reconhecimento de receitas e materialidade, e realiza um papel ativo na manutenção de condições equânimes para as empresas e os investidores que participam do sistema de mercados de capitais dos Estados Unidos. A SEC também é responsável por processar empresas e executivos que tenham violado suas normas, incluindo o uso de contabilidade inadequada que poderia ser

---

MAIS INFORMAÇÕES

O *site* http://www.pcaobus.org fornece informações atualizadas sobre o Conselho, novos padrões e atividades recentes.

QUESTÃO PRÁTICA

O foco inicial do PCAOB tem residido nas auditorias de companhias abertas que devem submeter relatórios à SEC. Infelizmente, a legislação não exigiu que certos *hedge funds* que recebem dinheiro do público investidor sejam auditados por empresas registradas no PCAOB. Os *hedge funds* geridos por Bernie Madoff, em seu famoso esquema *Ponzi*, eram alegadamente auditados por uma empresa composta por três indivíduos, os quais disseram à Sociedade de CPAs de Nova York que eles não faziam auditorias. O PCAOB decidiu exigir que companhias como as dos *hedge funds* de Madoff sejam auditadas por empresas registradas e que sejam submetidas a exames periódicos de qualidade pelo PCAOB.

MAIS INFORMAÇÕES

No *site* http://www.sec.gov é possível encontrar mais informações a respeito da SEC, incluindo boletins técnicos correntes de contabilidade e ações judiciais contra empresas por fraude contábil ou violações na emissão de títulos.

considerada fraudulenta. Nos últimos anos, a SEC moveu ações contra empresas tais como a *United Health*, pela outorga retroativa de opções de compra de ações, a *Xerox*, pela contabilidade incorreta de arrendamentos, e a *Lucent*, por reconhecimento indevido de receitas.

O Instituto Americano de Contadores Externos Credenciados

O Instituto Americano de Contadores Externos Credenciados – AICPA é a principal organização regente da profissão de contabilidade externa. Esse papel tem sido reduzido após a criação do PCAOB como órgão responsável pela fixação de padrões para auditorias de companhias abertas. Entretanto, o AICPA continua a fixar padrões para as auditorias de companhias fechadas, bem como a prestar outros serviços importantes. Oferece programas de educação continuada e, por meio de seu Conselho de Examinadores, prepara e aplica o Exame Uniforme de CPAs. Está, ainda, montando um programa ativo para alertar seus membros a respeito das fraudes que têm ocorrido e o que seus membros podem fazer para realizar um trabalho melhor de identificação de adulterações.

> **MAIS INFORMAÇÕES**
> Acesse o *site* http://www.aicpa.org para obter informações sobre a profissão de contabilidade externa, padrões de conduta profissional, serviços de garantia, além de uma seção especial sobre fraude.

Conselho de Padrões Internacionais de Auditoria e Garantia

O Conselho de Padrões Internacionais de Auditoria e Garantia (*International Auditing and Assurance Standards Board – IAASB*) faz parte da Federação Internacional de Contadores (*International Federation of Accountants – Ifac*), uma organização global da profissão de contabilidade, com mais de 157 membros, em 123 países. O IAASB define o seu objetivo da seguinte maneira:

> atender o interesse do público mediante a fixação de padrões elevados de auditoria e garantia e promover a convergência de padrões internacionais e nacionais aumentando, com isso, a qualidade e uniformidade da prática por todo o mundo, elevando a confiança pública na profissão global de auditoria e garantia.

O IAASB tem trabalhado em conjunto com o AICPA e o PCAOB para harmonizar os padrões de auditoria em todo o mundo. Porém, há algumas restrições. Em primeiro lugar, o PCAOB é visto pelo Congresso como o órgão que tem autoridade para a fixação de padrões de auditoria de companhias abertas norte-americanas. Em segundo lugar, alguns de seus padrões representam compromissos amplos em termos políticos. Apesar disso, o IAASB tem feito progressos significativos em muitas frentes e seus modelos são geralmente compatíveis com os padrões norte-americanos.

> **MAIS INFORMAÇÕES**
> Acesse o *site* http://www.ifac.org/iaasb/ para obter informações sobre o IAASB.

Comitê de Organizações Patrocinadoras

O Coso é o Comitê de Organizações Patrocinadoras (*Committee of Sponsoring Organizations*) da Comissão *Treadway*. O Coso realizou um estudo sobre divulgação financeira fraudulenta e fez uma série de recomendações semelhantes àquelas introduzidas na Lei *Sarbanes-Oxley* de 2002. Em 1992, publicou o *Internal Control, Integrated Framework*, usado como critério básico de avaliação da qualidade do sistema de controle interno de uma empresa. Em 2006, forneceu, ainda, orientação adicional à implantação de controles internos, articulando os princípios básicos de controle interno. O Coso continua a publicar orientações visando a

> **MAIS INFORMAÇÕES**
> Para mais informações sobre os estudos de fraude e as orientações do Coso para a melhoria do controle interno nas organizações, acesse o *site* http://www.coso.org.

auxiliar as empresas e aos seus auditores na implantação e avaliação de controles internos e processos de gestão de risco eficazes.

Fixadores de padrões de contabilidade

Cada vez mais os auditores devem estar cientes dos padrões globais de contabilidade, bem como aqueles que podem ser aplicáveis a auditorias de organizações específicas, como, por exemplo, padrões de contabilidade governamental fixados pelo Conselho de Padrões de Contabilidade Governamental. Os auditores também devem estar a par de padrões de contabilidade fixados pelo Conselho de Padrões de Contabilidade Financeira (Fasb), que é o principal organismo responsável pela fixação de padrões da área nos Estados Unidos, e pelo Iasb, responsável pelos moldes para a prática global de contabilidade.

Conselhos estaduais de contabilidade

Os CPAs são licenciados pelos conselhos estaduais de contabilidade, encarregados de regulamentar a profissão em nível estadual. Todos os conselhos estaduais exigem aprovação no Exame Uniforme de CPAs como um dos critérios de recebimento da licença para a prática profissional. Entretanto, as exigências de instrução e experiência variam de estado para estado. Alguns exigem que os candidatos tenham experiência em auditoria de contabilidade externa antes de conceder essa licença; outros estados conferem créditos por experiência de auditoria nas áreas de contabilidade pública ou governamental. A exigência de experiência de trabalho também pode variar com o nível de instrução. Um candidato com um diploma de pós-graduação ou 150 horas-semestre de créditos em cursos de graduação, por exemplo, pode precisar de apenas um ano de experiência em auditoria, mas um candidato com um bacharelado pode ser obrigado a acumular dois anos de experiência na área. A maioria dos estados tem acordos de reciprocidade para reconhecer profissionais de contabilidade externa de outras regiões; em alguns casos, porém, um estado pode exigir experiência adicional ou a realização de alguns cursos antes de conceder uma licença.

O Instituto de Auditores Internos

> **MAIS INFORMAÇÕES**
> Veja o *site* do Instituto de Auditores Internos – http://www.theiia.org.

O Instituto de Auditores Internos (*Institute of Internal Auditors – IIA*) é uma organização voluntária dedicada à elevação do grau de profissionalismo e do *status* da profissão de auditoria interna. Com mais de 115 mil membros localizados em 102 países, o IIA é responsável pela publicação de padrões, pela sua interpretação e pela administração do programa de Auditor Interno Credenciado, que criou um processo de revisão por pares para garantir que a prática de auditoria interna em todo o mundo seja condizente com os padrões profissionais.

Departamento de Prestação de Contas do Governo dos Estados Unidos

O Departamento de Prestação de Contas do Governo dos Estados Unidos (*Government Accountability Office – GAO*) é a agência apartidária de auditoria do Congresso, com a responsabilidade de desenvolver padrões de auditoria nas verificações de contas de órgãos do governo. O GAO atualiza periodicamente os padrões de contabilidade governamental, produzindo modelos para a condução de auditorias em órgãos, programas, atividades e funções do governo, e de fundos públicos recebidos por empreiteiros, organizações sem fins lucrativos e outras entidades não governamentais. Os modelos abrangem as qualificações profissionais do auditor, a qualidade do esforço de auditoria e a adequação dos relatórios. Os padrões se assemelham aos fixados pelo AICPA e pelo IIA, mas dizem respeito à natureza do trabalho realizado pelos auditores governamentais.

Sistema judiciário

O sistema judiciário atua como mecanismo eficaz de controle de qualidade da prática de auditoria. Terceiros podem processar CPAs com base na legislação federal, estadual e no direito consuetudinário por trabalho de auditoria de qualidade inferior. Embora a profissão geralmente fique alarmada quando indenizações vultosas são determinadas em processos contra firmas de CPAs, os tribunais ajudam a garantir que a profissão não deixe de cumprir sua responsabilidade com terceiros. Nas últimas décadas, alguns casos judiciais têm levado à codificação de padrões adicionais de auditoria, em áreas como transações com terceiros, "eventos subsequentes" afetando demonstrações financeiras, e esclarecimento do parecer de auditoria.

> **MAIS INFORMAÇÕES**
> O GAO é um ator importante na fixação de padrões para as auditorias de todas as entidades governamentais – mesmo aquelas auditadas por empresas de CPAs. Veja http://www.gao.gov.

Resumo

O funcionamento eficiente dos mercados de capitais exige informações financeiras confiáveis. A importância crucial do produto básico da profissão de auditoria – a auditoria de demonstrações financeiras – foi reforçada por eventos ocorridos no século passado. Os usuários de demonstrações financeiras requerem um exame independente, objetivo e competente de dados de demonstrações financeiras. Falhas recentes da profissão de auditoria levaram o Congresso a aprovar a Lei *Sarbanes-Oxley* em 2002, que alterou a supervisão regulatória da profissão de auditoria. Entretanto, apesar de todas essas mudanças, a profissão ainda atua no setor privado. O profissional de contabilidade externa é único no sentido de que atua no setor privado, mas presta um serviço público. Pode competir por contratos de auditoria e com outras empresas na contratação de pessoal qualificado, e pode diferenciar o serviço com base na qualidade de suas auditorias. Mais do que qualquer outra coisa, as falhas ocorridas na última década ressaltaram a importância de uma função sólida de auditoria.

A supervisão da profissão de contabilidade externa se transferiu do AICPA para o PCAOB, no caso das auditorias de companhias abertas. Assim sendo, as empresas de contabilidade externa continuarão a ficar sob exame minucioso público. O AICPA posicionou-se como responsável pela fixação de padrões para empresas de auditoria que não auditam companhias abertas, bem como de promover um conjunto mais amplo de serviços de garantia, além das auditorias de demonstrações financeiras.

A auditoria é uma atividade mais ampla do que a contabilidade externa. A auditoria interna e governamental presta serviços valiosos às organizações, é mais ampla do que a contabilidade externa e expõe os profissionais a mais aspectos de uma empresa, incluindo gestão de risco e eficiência operacional.

O CPA ocupa uma posição em que a confiança pública é fundamental. A profissão tem adquirido uma reputação de qualidade em função de sua atuação, incluindo a fixação de padrões em confronto com os quais o profissional é avaliado como CPA e sobre os quais o profissional pode construir sua carreira. Se a profissão um dia vier a deixar de atender as necessidades dos usuários, o sistema judiciário e o Congresso intervirão para proteger o interesse público.

Termos importantes

Afirmação – declaração positiva sobre uma ação, evento, condição ou o desempenho de uma entidade ou produto em um período específico; o objeto de serviços de atestação.

Auditoria – processo sistemático de obtenção de evidências a respeito de afirmações sobre ações e eventos econômicos, visando a determinar a correspondência entre essas afirmações e critérios estabelecidos, comunicando-se os resultados a usuários interessados.

Auditoria financeira – processo sistemático de determinação da fidedignidade das demonstrações financeiras ou outros resultados financeiros de uma entidade, em termos dos princípios de contabilidade aceitos em geral, caso sejam aplicáveis, ou alguma outra base abrangente de contabilidade.

Auditoria interna – atividade independente e objetiva de garantia e consultoria visando a acrescentar valor e melhorar os processos de governança, gestão de riscos e controle de uma organização.

Auditoria operacional – avaliação sistemática das operações de uma entidade com a finalidade de determinar se estão sendo realizadas com eficiência e se podem ser feitas recomendações construtivas para fins de melhoria operacional.

Comissão de Valores e Bolsas (*Securities and Exchange Commission – SEC*) – órgão governamental com a responsabilidade de assegurar o funcionamento adequado e eficiente dos mercados de capitais nos Estados Unidos.

Conselho de Supervisão Contábil de Companhias Abertas (*Public Company Accounting Oversight Board – PCAOB*) – conselho semigovernamental, nomeado pela SEC para supervisionar as empresas que auditam companhias abertas registradas junto à SEC. Tem o poder de fixar padrões para as auditorias de companhias abertas.

Departamento de Prestação de Contas do Governo (*Government Accountability Office – GAO*) – organismo governamental, diretamente subordinado ao Congresso dos Estados Unidos, que realiza investigações especiais para o Congresso e fixa padrões amplos para a condução de auditorias de órgãos do governo.

Governança corporativa – o processo de prestação de contas a grupos de interesse a respeito do uso dos recursos confiados à organização. A governança corporativa descreve os procedimentos básicos relacionados à supervisão apropriada da organização.

IAASB – Conselho de Padrões Internacionais de Auditoria e Garantia, componente da Federação Internacional de Contadores. Seu objetivo é harmonizar padrões de auditoria em âmbito global.

IASB – Conselho de Padrões Internacionais de Contabilidade. Emite os Padrões Internacionais de Divulgação Financeira (IFRS) e está trabalhando para ser o único produtor de padrões de contabilidade para todo o mundo.

Instituto Americano de Contadores Externos Credenciados (*American Institute of Certified Public Accountants – AICPA*) – a principal organização profissional de CPAs, com diversos comitês responsáveis pela produção de padrões profissionais para a condução de auditorias de companhias fechadas e outros serviços realizados por seus membros e pela autorregulamentação da profissão.

Parecer de auditoria sem ressalvas – parecer padronizado de auditoria com três parágrafos que descreve o trabalho do auditor e transmite sua opinião sobre a correta apresentação das demonstrações financeiras, de acordo os princípios contábeis aceitos em geral.

Princípios de contabilidade aceitos em geral (*Generally accepted accounting principles – Gaap*) – princípios de contabilidade formulados pelo Fasb e seus autores, que possuem aceitação geral e fornecem critérios com os quais se possam avaliar a fidedignidade da apresentação das demonstrações financeiras.

Serviços de certificação – opinião de um auditor a respeito da correção de afirmações contidas em demonstrações financeiras ou outros relatórios para os quais critérios objetivos podem ser identificados e medidos.

Serviços de garantia – serviços profissionais independentes que melhoram o contexto ou a qualidade de informações para fins de tomada de decisões.

Questões de revisão

1–2 (OA 1) Descreva o processo de elaboração de pareceres de auditoria. Quais são as principais etapas e o resultado de cada uma das etapas?

1–4 (OA 5) Qual é a diferença entre uma auditoria e um serviço de garantia no fornecimento de relatórios a terceiros? Explique sua resposta em termos do escopo da atividade e de seus possíveis usuários.

1–6 (OA 2) Que fatores geram a necessidade de serviços de garantia? Explique como esses fatores são importantes para a profissão de contabilidade externa.

1–8 (OA 2) De que maneira a complexidade afeta (1) a demanda por serviços de auditoria e (2) a realização desses serviços?

1–10 (OA 1) Quem são os usuários mais importantes de um parecer de auditoria sobre as demonstrações financeiras de uma empresa: a administração, os acionistas ou os credores da empresa? Explique sucintamente o seu raciocínio e indique como os auditores deveriam resolver possíveis conflitos entre as necessidades das três partes.

1–12 (OA 3) O que é governança corporativa e por que é importante? Explique como um comitê de auditoria independente e competente melhora a governança corporativa.

1–14 (OA 2, 5) Qual é a diferença entre os serviços de garantia e os de auditoria? Quais os principais fatores que determinam a necessidade de serviços de garantia? Há um mercado de serviços de garantia ou os auditores precisam desenvolvê-lo?

1–16 (OA 6) Quais são os quatro atributos necessários para a prestação de serviços de garantia? Descreva sucintamente cada um e a sua importância. Todos esses atributos também são exigidos para a realização de auditorias em uma companhia fechada?

1–18 (OA 7) De que maneira a prática de contabilidade externa de uma empresa de auditoria, que não tenha companhias abertas como clientes de auditoria, poderia diferir da prática daquela que desse ênfase a companhias abertas?

1–20 (OA 8) Qual é o papel da SEC na fixação de padrões de contabilidade e auditoria?

1–22 (OA 8) O que é o Coso e por que ele é importante para a profissão de auditoria, na qualidade de entidade não reguladora?

1–24 (OA 7) Muitas instituições de contabilidade externa são legalmente constituídas como redes de empresas de contabilidade. Explique o significado do termo "rede de empresas de contabilidade" e enuncie os serviços prestados por elas aos seus membros.

Questões de múltipla escolha

1–26 (OA 2) Ao determinar a responsabilidade básica do auditor externo na auditoria das demonstrações financeiras de uma empresa, o profissional deve fidelidade principalmente:
a. À administração da empresa que está sendo auditada, pois o auditor é contratado e pago pela administração.
b. Ao comitê de auditoria da empresa que está sendo auditada, uma vez que esse comitê é responsável pela coordenação e revisão de todas as atividades de auditoria dentro da empresa.
c. Aos acionistas, credores e ao público investidor.
d. À SEC, pois ela é quem determina os princípios de contabilidade e as responsabilidades do auditor.

1–28 (OA 4) Qual das seguintes alternativas não é um dos motivos utilizados pelo Congresso para estipular a exigência de que as empresas informem a respeito da qualidade de seus processos de controle interno de divulgação financeira?
a. O melhor controle interno permite à Receita Federal dos Estados Unidos auditar e penalizar mais facilmente as empresas que estão tentando evadir-se do pagamento de impostos.
b. Muitas das quebras de empresas ocorreram em instituições cujos controles internos eram inadequados.
c. Em algumas das fraudes mais importantes (por exemplo, WorldCom), a administração tinha o poder de ignorar o sistema de controle interno.
d. Os investidores dependem de um fluxo de informações financeiras ao longo do ano. Essas informações serão mais confiáveis se o controle interno também for mais fidedigno.

1–30 (OA 2) Quais melhorias fundamentais, em termos de auditoria e demonstrações financeiras, que a Lei *Sarbanes-Oxley* pretendia proporcionar?
a. Melhor governança corporativa.
b. Divulgação obrigatória de controles internos.
c. Reconhecimento de responsabilidade mais ampla da auditoria.
d. Todas as anteriores.

1–32 (OA 8) Quais das seguintes afirmações são corretas em relação à fixação de padrões de auditoria nos Estados Unidos?
a. O AICPA é responsável pela fixação de padrões de auditoria de entidades fechadas.
b. O GAO é responsável pela fixação de padrões de auditoria de entidades governamentais.
c. O PCAOB é responsável pela fixação de padrões de auditoria de companhias abertas.
d. Todas as anteriores.

1–34 (OA 8) O GAO é responsável por todas as funções a seguir, com exceção:
a. Da formulação de padrões de auditoria de órgãos do governo federal.
b. Da formulação de padrões de auditoria de órgãos de governos estaduais.
c. Da realização de investigações especiais a pedido do Congresso.
d. Da formulação de padrões de auditoria externa em companhias abertas.

1–36 (OA 8) Todas as afirmações a seguir a respeito do PCAOB são corretas, com exceção:
a. Não mais do que dois de seus membros podem ser CPAs.
b. Fixa padrões de auditoria para todos os CPAs que se dedicam à prática de auditoria nos Estados Unidos.
c. Fixa padrões de auditoria do controle interno de companhias abertas.
d. É responsável pelas verificações de qualidade de todas as empresas de CPAs que auditam companhias abertas.

Questões de discussão e pesquisa

1–38 (Finalidades de uma Auditoria Externa, OA 1, 2, 4) A *Rasmus Company* produz pequenos motores a gasolina para uso em cortadores de grama e outros equipamentos motorizados. A maior parte de sua produção tem ocorrido, historicamente, no Meio Oeste, mas recentemente abriu novas fábricas na Ásia, que são responsáveis por cerca de 30% de sua produção. A ação da empresa é negociada na Bolsa de Valores de Nova York.
Pede-se:
a. Explique a motivação e o valor de uma auditoria de uma companhia aberta para investidores, credores e para a comunidade em geral.
b. Explique por que uma auditoria de controles internos gera valor para o público investidor.
c. Justifique a importância de um comitê de auditoria para a confiabilidade de demonstrações financeiras e da função de auditoria.

1–40 (Natureza da auditoria e a profissão de contabilidade externa, OA 1, 2, 4, 8) Você concorda ou discorda com as afirmações a seguir? Exponha seu raciocínio:
a. Uma das principais finalidades da auditoria é garantir que todas as fraudes que poderiam ser relevantes para um usuário sejam detectadas e informadas.
b. Não há problemas de independência em uma companhia fechada quando o auditor precisa ser contratado pelo administrador, pois o administrador também é o proprietário da empresa.
c. A Lei *Sarbanes-Oxley* obriga a divulgação de relatórios sobre o controle interno das companhias abertas. Essa exigência deveria ser estendida às principais instituições de caridade, como a Cruz Vermelha.
d. As expectativas dos auditores de companhias abertas são demasiadamente elevadas; as expectativas simplesmente não podem ser atendidas; o público deve ser mais bem orientado a respeito do que um auditor faz e é capaz de fazer.
e. A prestação de serviços de consultoria por firmas de contabilidade externa para companhias fechadas acrescenta valor e não reduz a independência da auditoria; ao contrário, aumenta a eficácia da auditoria graças ao melhor conhecimento da empresa.
f. O PCAOB eleva substancialmente a reputação da profissão de contabilidade externa porque ele não apenas fixa padrões, mas também determina se as firmas fazem suas auditorias de acordo com esses padrões.
g. Apresentação adequada em conformidade com os princípios contábeis aceitos em geral (Gaap) não é um critério tão preciso quanto se pensa, pois os princípios permitem uma variedade de escolhas, por exemplo, PEPS *versus* UEPS, depreciação acelerada *versus* depreciação uniforme.
h. O auditor deve ser forçado a declarar (a) se as demonstrações financeiras são elaboradas de acordo com os princípios de contabilidade aceitos em geral e (b) se ele acredita que as escolhas feitas pelo cliente representam da melhor maneira possível a substância econômica das transações, considerados os princípios da contabilidade.
i. A consultoria fiscal, incluindo a preparação de declarações de rendimentos para os administradores, não cria conflitos de interesse com a realização da auditoria.

1–42 (Entendimento do negócio, OA 2) Afirma-se no capítulo que entender o negócio de um cliente é importante para a realização de uma auditoria.
Pede-se:
a. Explique como o entendimento do negócio e do ambiente de uma empresa é importante para o auditor na avaliação de contas tais como:
(1) Estoques.
(2) Provisão para devedores duvidosos.
(3) Passivos decorrentes de garantias e despesas com garantias.
b. Explique como o entendimento do negócio de uma empresa pode fornecer serviços criadores de valor que o auditor poderia ser capaz de utilizar para ajudar uma companhia fechada.

1–44 (Profissão de auditoria interna, OA 7) A profissão de auditoria interna cresceu rapidamente na última década e criou seu próprio programa de certificação. Muitas empresas estão desenvolvendo políticas para recrutar diretamente nas universidades novos profissionais para departamentos de auditoria interna.
Pede-se:
a. Descreva sucintamente a natureza da auditoria interna. O que se quer dizer quando ela é descrita como uma atividade de garantia e consultoria? Como diferem a consultoria e o serviço de garantia?
b. Explique sucintamente qual é o papel do auditor interno em relação à gestão e aos controles de risco.
c. Quais são as razões para ingressar em uma carreira de auditoria interna?
d. Pode parte da auditoria interna (ou sua totalidade) ser terceirizada a uma empresa de contabilidade externa? Explique sua resposta.

1–46 (Auditoria interna, OA 6, 7) Você sabe que a maior parte dos cursos iniciais de auditoria se concentra em contabilidade externa, e não na auditoria interna. No entanto, seu professor afirma que a maioria dos conceitos relacionados a um enfoque de auditoria e à coleta de evidências é aplicável tanto à auditoria interna quanto à auditoria externa.
Pergunta-se:
a. Caso você decida iniciar uma carreira de auditoria interna, como diferirão seus dois primeiros anos de trabalho de seus dois primeiros anos em contabilidade externa?
b. Suponha que você esteja interessado em desenvolver eventualmente competências para administrar uma organização de grande porte. Explique por que começar uma carreira de auditor interno seria compatível com esse objetivo.

1–48 (Auditoria interna, OA 7) A *Ramsay Mfg. Co.* possui um departamento de auditoria interna cujo principal objetivo é assegurar o cumprimento das políticas da empresa e identificar maneiras pelas quais a organização pode aumentar a sua eficácia operacional.
Pede-se:
a. Descreva como uma auditoria operacional poderia ser conduzida nas áreas apontadas a seguir. Ao descrever a natureza da auditoria operacional, especifique:
- O objetivo de tal auditoria,
- Os critérios que poderiam ser adotados para determinar se a área funcional está operando eficazmente, e
- Os tipos de procedimento de auditoria que devem ser usados na realização da auditoria.

Áreas de auditoria
1. A função de tesouraria.
2. Gestão e controle de estoques.
3. Registro e remessa de encomendas.

b. Explique sucintamente como a natureza da auditoria operacional difere de uma auditoria externa tradicional das demonstrações financeiras de uma empresa que pudesse atacar algumas das mesmas áreas.

1–50 (PCAOB, OA 8) Acesse a página do PCAOB, http://www.pcaob.org:
a. Identifique os cinco membros do Conselho e examine os seus currículos. Qual é a experiência deles em contabilidade ou na utilização de demonstrações financeiras? Observe o padrão de auditoria recentemente emitido ou que esteja em discussão. Identifique a natureza do padrão e discuta o motivo pelo qual o Conselho está emitindo esse padrão.

1–52 (SEC, OA 8) Entre na página da SEC, http://www.sec.gov.
a. Identifique o Boletim Técnico de Contabilidade (*Staff Accounting Bulletin*) mais recente contendo orientação aos profissionais da área.
b. Exponha a orientação fornecida.

Caso

1–54 (GAO e profissão de contabilidade externa, OA 1, 2, 3, 7, 8) Em relatório produzido para o Congresso intitulado "Superfund: A More Vigorous and Better Managed Enforcement Program Is Needed", o GAO fez as seguintes observações:

Como a recuperação de custos tem sido vista com prioridade baixa na EPA (*Environmental Protection Agency*, ou Agência de Proteção Ambiental) e por isso recebido recursos limitados de pessoal, ela tem fraquejado. Para criar um enfoque sistemático de implantação de suas iniciativas de cumprimento de normas do *Superfund*, a EPA deve fixar metas mensuráveis e de longo prazo para implantar a estratégia para o *Superfund* do Administrador e identificar as necessidades de recursos para alcançar essas metas de longo prazo. O GAO também faz outras recomendações para melhorar as atividades de cumprimento de normas da EPA.

Questões para discussão

a. Como faria o GAO para gerar evidências para chegar à conclusão de que a recuperação de custos tem recebido prioridade baixa na EPA?
b. Por que é importante para a EPA, o Congresso e o GAO que a EPA fixe metas mensuráveis de longo prazo? De que maneira a fixação dessas metas facilitaria auditorias futuras da EPA?
c. Com base nas conclusões identificadas anteriormente, você consideraria uma auditoria o trabalho realizado na EPA pelo GAO? Explique sua resposta.
d. De que maneira o trabalho de auditoria do GAO parece diferir do trabalho da profissão de contabilidade externa?

Governança corporativa e auditorias

Objetivos de aprendizagem

O principal objetivo deste livro-texto é a construção de uma base para a análise de questões profissionais correntes e a adaptação de enfoques de auditoria às complexidades das empresas e da economia. Por meio do estudo deste capítulo, você será capaz de:

1. Definir governança corporativa e identificar as partes envolvidas nesse processo.
2. Descrever as responsabilidades e falhas de governança corporativa que conduziram à aprovação da Lei *Sarbanes-Oxley*, em 2002.
3. Identificar componentes fundamentais da Lei *Sarbanes-Oxley* relevantes para a administração de empresas e para a profissão de auditoria.
4. Descrever o papel da administração na preparação e divulgação de informações financeiras e de controle interno.
5. Articular as responsabilidades dos comitês de auditoria.
6. Descrever as comunicações exigidas entre a empresa de auditoria e o comitê da área.
7. Analisar as relações entre governança corporativa e risco de auditoria.
8. Identificar os vários tipos de padrão que afetam a profissão de auditoria.
9. Descrever as semelhanças e diferenças entre padrões de auditoria e garantia do IAASB, PCAOB e do AICPA.
10. Enumerar os dez padrões de auditoria aceitos em geral, produzidos pelo AICPA.
11. Especificar os princípios fundamentais dos Padrões Internacionais de Auditoria (*International Standards on Auditing – ISA*), desenvolvidos pelo IAASB.
12. Descrever os 11 padrões de certificação desenvolvidos pelo AICPA.
13. Articular um enfoque, com base em padrões, ao processo de elaboração de pareceres de auditoria.

Visão geral do capítulo

A profissão de contabilidade externa tem sido criticada por não fazer o suficiente para proteger os interesses dos investidores. Embora a maior parte dos profissionais tenha sempre se comportado de maneira memorável, as falhas na década de 1990 foram monumentais: *Enron*, *WorldCom*, *Global Crossing*, *HealthSouth* e, agora, a crise financeira. O Congresso reagiu a esses erros promulgando a mais ampla legislação que afeta a profissão de auditoria desde a Lei de Negociação de Valores Mobiliários, de 1933. A Lei *Sarbanes-Oxley* alterou fundamentalmente a relação entre auditor e cliente e transferiu o processo de fixação de padrões de auditoria de companhias abertas do setor privado para o público.

Entretanto, as falhas da década de 1990 não foram atribuídas somente ao mau desempenho da profissão de auditoria. Também ocorreram erros fundamentais no próprio interior das organizações – falhas da estrutura de governança corporativa –, como, por exemplo, a ganância dos administradores, manifestada na outorga retroativa de opções de compra de ações e, quanto à suficiência do poder, dos recursos e do tempo de um conselho de administração para supervisionar adequadamente os executivos de uma empresa. Como reação, a paisagem da profissão de auditoria tem se alterado, passando a incluir responsabilidades e expectativas crescentes e maior supervisão regulatória. Este capítulo descreve essas mudanças e também faz uma apresentação dos padrões de auditoria aceitos em geral e do processo de auditoria. Em termos do processo de elaboração do parecer de auditoria, este capítulo concentra a atenção nas noções básicas da profissão, regulamentação e governança corporativa em geral e na fase II do processo, ou seja, entender o cliente em termos dessa governança.

O processo de elaboração do parecer de auditoria

I. Aferir as decisões de aceitação e retenção do cliente (capítulo 4).	II. Entender o cliente (capítulos 2, 4-6 e 9).	III. Obter evidência a respeito de controles e determinar o impacto sobre a auditoria de demonstrações financeiras (capítulos 5-14 e 18).	IV. Apurar evidências consubstanciadas sobre afirmações de contas (capítulos 7-14 e 18).	V. Fechamento da auditoria e tomada de decisões de divulgação (capítulos 15 e 16).
A profissão de auditoria, regulamentação e governança corporativa (capítulos 1 e 2).		Tomada de decisões, conduta profissional e ética (capítulo 3).		Responsabilidade profissional (capítulo 17).

Governança corporativa e auditoria

OA 1
Definir governança corporativa e identificar as partes envolvidas no processo.

Governança corporativa é um processo pelo qual os proprietários e credores de uma organização exercem controle e exigem prestação de contas do uso dos recursos confiados à organização. Os proprietários (acionistas) elegem um conselho de administração para supervisionar as atividades da organização e a prestação de contas. Muitas partes têm interesses na qualidade da governança corporativa de uma organização, incluindo:

- acionistas.
- conselho de administração.
- comitê de auditoria, como subcomitê do conselho de administração.
- administração (financeira e operacional).
- auditores internos.
- organizações de autorregulação contábil, como o AICPA.
- outras organizações autorreguladoras, como a Bolsa de Valores de Nova York.
- agências reguladoras, como a SEC, a *Environmental Protection Agency*, a *Federal Deposit Insurance Corporation* (FDIC) etc.
- auditores externos.

A **Ilustração 2.1** fornece uma visão ampla do processo geral de governança, que começa com os acionistas/proprietários delegando responsabilidades aos executivos, sob a interveniência de um conselho de administração e, a seguir, a unidades operacionais com a supervisão e a assistência de auditores internos. Em troca dessas responsabilidades (e desse poder!), a governança exige prestação de contas de todo o sistema aos acionistas. Entretanto, a prestação de contas não termina nos acionistas. Os executivos e o conselho de administração

Julgamento profissional em contexto

Governança corporativa, desempenho e implicações para a auditoria

A *Governance Metrics International* (GMI) é uma organização que classifica empresas em 50 quesitos de governança corporativa, com a finalidade de produzir uma métrica de boa governança. Em 2007, a GMI publicou um relatório que mostrou a relação entre boa governança e desempenho empresarial, considerando as empresas 10% melhor classificadas em termos de governança corporativa, as que ficaram na média, ou aquelas 10% inferiores (veja tabela a seguir).

Retorno sobre patrimônio líquido	1 ano	Média de 3 anos	Média de 5 anos
10% superiores	17,95%	16,63%	14,35%
Média	14,60%	12,79%	10,44%
10% inferiores	13,71%	12,23%	9,20%

A pesquisa apresenta indicadores semelhantes em relação ao desempenho representado pelo retorno sobre o ativo total e outras medidas de sucesso operacional. Claramente, as organizações comprometidas tiveram melhor desempenho – como pode ser comprovado por meio da pontuação elevada – não apenas a curto prazo. De certa maneira, a boa governança está fortemente relacionada com o sucesso das organizações a longo prazo e ajuda a superar a ênfase dos executivos que se preocupam em atingir as "expectativas dos analistas" a curto prazo. Contrastem-se as constatações da GMI com o seguinte relatório de CFO.com, intitulado "Common Auditing Screw-ups: a new survey collects Big Four auditors' honest appraisals of their clients' shortcomings", de 8 de março de 2008. As áreas observadas pelos auditores que possuem problemas comuns em relação aos seus clientes são enumeradas a seguir; muitas dizem respeito a deficiências de governança corporativa:

- Estruturas societárias excessivamente complexas.
- Falta de aderência da estrutura legal à administrativa.
- Falta de envolvimento do conselho de administração na comunicação com os auditores.
- Ausência de apoio da alta administração à importância da auditoria – inexistência de orientação do topo.
- Delegação da relação de auditoria a um nível muito baixo da estrutura da empresa.
- Ninguém é realmente responsável por uma auditoria anual eficiente.
- Não conseguir o apoio da função financeira em todo o grupo para que a parte da empresa seja cumprida.
- Os clientes se preocupam apenas com os honorários e não com os resultados.
- Crença de que uma auditoria é um produto não diferenciado.
- Insuficiência de pesquisa realizada ou documentada acerca dos julgamentos feitos sobre as demonstrações financeiras do grupo.
- Documentação inadequada do "processo de raciocínio" para se chegar a certas estimativas e julgamentos inerentes à elaboração das demonstrações financeiras.

Ao ler este capítulo, considere os resultados obtidos pela GMI juntamente com as críticas dos auditores sobre seus clientes e reflita sobre as seguintes questões:

- Por que a governança corporativa de uma organização é importante, tanto para investidores quanto para auditores?
- Por que a qualidade da governança corporativa afetaria o desempenho financeiro de uma organização?
- Quais são os riscos, para um auditor, de uma empresa não possuir uma boa governança corporativa?
- Que relação o comitê de auditoria e o conselho de administração têm com a função de auditoria?
- Por que é importante que as organizações possuam conselheiros e comitês de auditoria que sejam integralmente independentes da administração?
- Um auditor deve aceitar um contrato de auditoria com uma empresa que não tenha boa governança corporativa?
- Como são concebidos os padrões de auditoria para proteger o profissional contra a governança deficiente de seus clientes?

são responsáveis por agir de acordo com as leis da sociedade, além de atender a diversas exigências de credores e funcionários. Em algumas partes do mundo, como na Europa, as organizações têm sido cada vez mais chamadas a fazer uma "tripla divulgação de resultados", a qual delineia as contribuições da organização às metas mais amplas da sociedade e dos funcionários da organização.

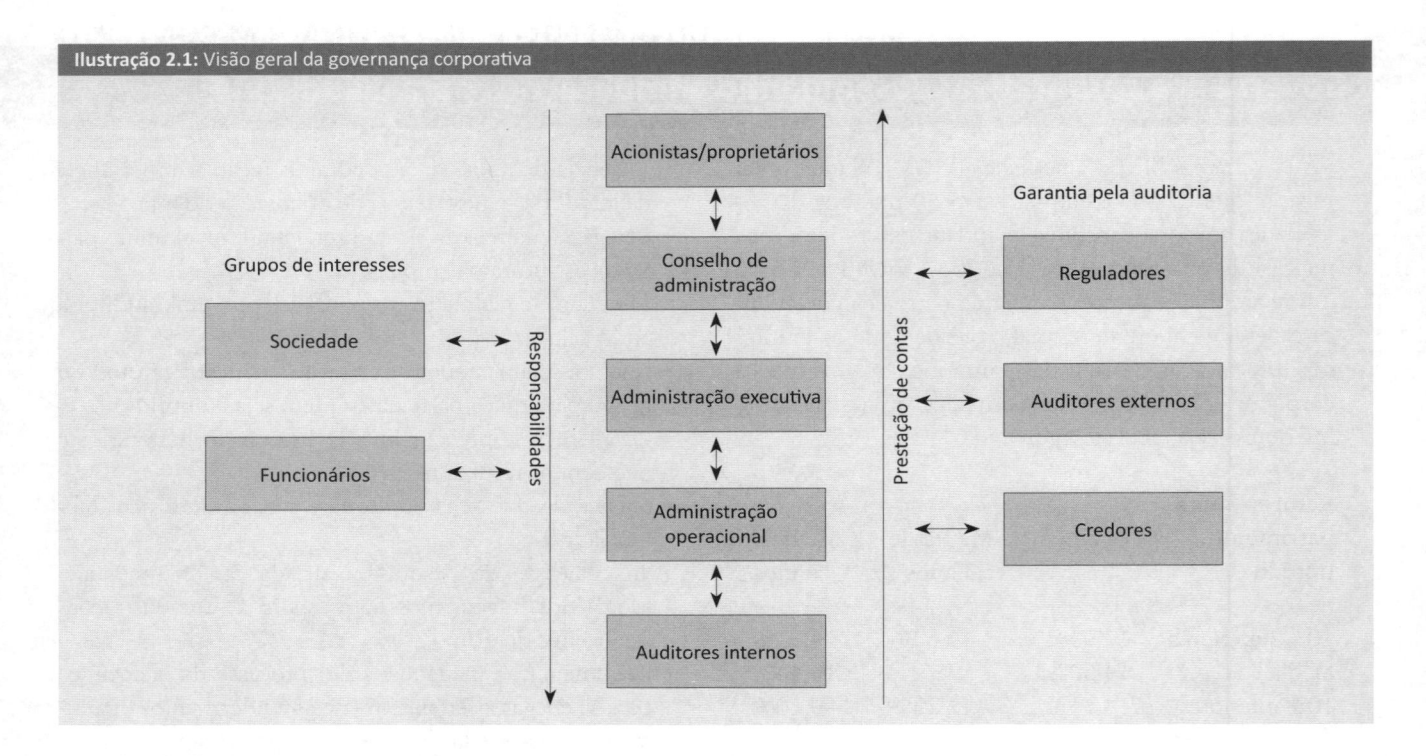

Ilustração 2.1: Visão geral da governança corporativa

```
Grupos de interesses                                    Garantia pela auditoria

    Sociedade    ←→  Responsabilidades                  Reguladores
                      Acionistas/proprietários     ↕
                            ↕                           Auditores externos
                      Conselho de administração    ↕    
    Funcionários ←→             ↕             Prestação de contas
                      Administração executiva    ↕      Credores
                            ↕
                      Administração operacional
                            ↕
                      Auditores internos
```

QUESTÃO PRÁTICA

A *Wikipédia* define a tripla divulgação de resultados como um conceito que requer de uma empresa a responsabilidade em relação aos seus "grupos de interesses" (todos aqueles influenciados, direta ou indiretamente, pelas ações da empresa) e não aos seus acionistas. De acordo com a teoria dos grupos de interesses, a instituição deve ser usada como veículo para coordenar tais grupos, e não apenas para maximizar o lucro do acionista (proprietário).

MAIS INFORMAÇÕES

A *Dow Jones* criou um índice de sustentabilidade que pode ser acessado em http://www.sustainability-indexes.com. É possível encontrar relatórios de sustentabilidade no endereço eletrônico http://www.reportalert.info.

Variantes importantes da tripla divulgação de resultados são a divulgação da sustentabilidade e responsabilidade corporativa, as quais têm sido adotadas por diversas organizações globais. A divulgação alternativa complementa os demonstrativos financeiros de uma empresa, dando ênfase às atividades que a instituição tem realizado para cumprir suas obrigações sociais e proteger o meio ambiente. Como exemplo, é possível observar o relatório da *Pepsico UK and Ireland,* de 2008, que diz o seguinte:

O Relatório realça o progresso da *Pepsico UK and Ireland* (PIUK) na redução de suas pegadas de carbono, minimizando o uso de água e reduzindo o processo de esgotamento dos recursos naturais. Também relata os desafios ambientais enfrentados pela PIUK, anuncia uma série de compromissos e promessas para o futuro, destaca dilemas e inclui um conjunto de reações recebidas de grupos de interesses.

Em sua maioria, esses relatórios não são auditados, mas contêm uma riqueza de informações a respeito da filosofia e da governança corporativa da empresa que certamente serão de interesse para o auditor.

É importante entender que vários grupos de interesses se preocupam com a qualidade da governança corporativa e sua relação com o desempenho econômico. Os funcionários, por exemplo, podem ter fundos significativos aplicados em planos de pensão, investimento com a característica de proteção para a aposentadoria. Dessa maneira, tornam-se parte interessada sobre as atividades da organização e no modo pelo qual ela é governada. Os reguladores existem como resposta aos desejos da sociedade no sentido de garantir que as organizações, em sua busca de resultados para os seus proprietários, ajam responsavelmente e atuem de acordo com as leis e as regulamentações relevantes. Usamos "sociedade" na **Ilustração 2.1** para indicar esses interesses mais amplos.

Os acionistas/proprietários exigem prestação de contas sobre como os recursos que foram confiados aos executivos e ao conselho de administração têm sido utilizados. Por exemplo, os proprietários querem prestação de contas em aspectos tais como:

- desempenho financeiro.
- transparência financeira – demonstrações claras e com divulgação plena, refletindo as características econômicas da empresa.
- proteção, incluindo como a empresa preserva e gere os recursos a ela confiados.
- qualidade de controles internos.
- composição do conselho de administração e natureza de suas atividades, incluindo informações sobre como os sistemas de incentivo aos executivos estão alinhados com os interesses dos acionistas.

> **QUESTÃO PRÁTICA**
> A boa governança exige que as organizações atinjam objetivos relacionados ao desempenho e divulgação financeira e obediência às suas próprias políticas, bem como às leis e regulamentações.

Além disso, os proprietários desejam receber garantias de que as apresentações feitas pelos executivos e pelo conselho de administração sejam precisas e verificáveis objetivamente. O conselho, por exemplo, tem a responsabilidade de relatar suas atividades, incluindo a de supervisão dos sistemas de incentivo de executivos.

Responsabilidades e falhas de governança corporativa

Os desastres financeiros da década de 1990 não foram provocados apenas pelos contadores externos. Pelo contrário, as falhas demonstraram quebras fundamentais na estrutura de governança corporativa e não ficaram limitadas aos Estados Unidos. Problemas semelhantes aconteceram em empresas importantes na Itália, França, Índia, Japão, Reino Unido e em outras partes do mundo. A ganância se apoderou de muitas partes do sistema, e os mecanismos de autorregulamentação (organizações de contadores profissionais, como o AICPA) não foram capazes de fazer com que seus membros levassem em conta a responsabilidade corporativa.

Em resposta, regulamentações foram introduzidas, como a lei *Sarbanes-Oxley*, em parte para atacar problemas básicos de governança corporativa. Para entender a natureza das mudanças determinadas pela Lei *Sarbanes-Oxley*, é necessário compreender as relações entre as principais partes envolvidas e como elas falharam. Um breve resumo é apresentado na **Ilustração 2.2**. Ao examiná-la, lembre-se de que as falhas de governança corporativa foram gerais.

Os analistas de investimentos concentraram sua atenção em "expectativas de lucro" e contribuíram para agravar o problema de governança apoiando-se na orientação dos executivos em vez de realizarem sua própria análise fundamental. Os problemas foram acentuados pelo uso generalizado de opções de compra de ações como parte importante da remuneração de executivos. Por último, houve uma perda de confiança nos números contábeis, na medida em que os analistas reconheceram que a administração da empresa podia fazer julgamentos contábeis para manipular os lucros divulgados por meio de estimativas ou outras escolhas contábeis.

No final da década de 1990, a SEC, liderada por Arthur Levitt, fez uma campanha pela reforma da profissão de auditoria. Levitt resumiu o problema da seguinte maneira:

> Os auditores são os fiscais públicos do processo de divulgação financeira. Confiamos nos profissionais para que seja dado um selo de qualidade e aprovação nas informações que os investidores recebem. A integridade dessa informação deve receber prioridade.[1]

> **OA 2**
> Descrever as responsabilidades e falhas de governança corporativa conducentes à aprovação da Lei *Sarbanes-Oxley*, em 2002.

> **QUESTÃO PRÁTICA**
> Normas regulatórias semelhantes à Lei *Sarbanes-Oxley* têm sido implantadas no resto do mundo, incluindo a J-SOX no Japão, regulamentações do Ministério das Finanças na China e as de controle interno na Espanha. O Reino Unido possui exigências semelhantes que enfatizam a gestão de riscos.

---

[1] LEVITT, Arthur. "The Numbers Game". Declarações feitas no *NYU Center for Law and Business Reporting*, 28 set. 1998.

Ilustração 2.2: Responsabilidades e falhas de governança corporativa

Parte	Visão geral das responsabilidades	Visão geral das falhas de governança corporativa
Acionistas	**Papel geral:** proporcionar supervisão eficaz por meio da eleição de membros do conselho de administração, da aprovação de iniciativas importantes como compra ou venda de ações, e de relatórios anuais do conselho de administração sobre a remuneração de executivos.	Atenção concentrada em preços a curto prazo; deixaram de fazer análise de crescimento a longo prazo; abdicaram da maioria das responsabilidades em relação a administradores e analistas, desde que o preço da ação continuasse subindo.
Conselho de administração	**Papel geral:** atuar como principal representante dos acionistas para garantir que a organização seja gerida de acordo com o estatuto e que haja prestação adequada de contas. **Atividades específicas** incluem: • Seleção de executivos. • Exame do desempenho dos executivos e determinação de sua remuneração. • Declaração de dividendos. • Aprovação de mudanças importantes, como por exemplo, fusões. • Aprovação da estratégia empresarial. • Supervisão das atividades de prestação de contas.	• Supervisão inadequada dos executivos. • Aprovação de planos de remuneração dos executivos, particularmente opções de compra de ações que geravam incentivos impróprios, inclusive para manipular os lucros. • Conselheiros eram frequentemente dominados pelos executivos. • Não gastou tempo suficiente ou possuía competência suficiente para desincumbir-se de suas responsabilidades. • Modificava continuamente os preços das opções de compra de ações quando o preço de mercado caía.
Executivos	**Papel geral:** operações e prestação de contas. Gestão eficaz da organização; dar prestação de contas precisa e oportuna aos acionistas e outros grupos de interesse. **Atividades específicas** incluem: • Formulação de estratégias e gestão de riscos. • Implantação de controles internos eficazes. • Preparação de relatórios financeiros, entre outros, para atender as exigências de grupos de interesse e agências reguladoras. • Gerir e avaliar as operações. • Implantar um ambiente ético efetivo.	• Administração dos lucros para atender as expectativas dos analistas. • Divulgação financeira fraudulenta. • Utilização de conceitos contábeis para atingir objetivos de divulgação. • Criação de um ambiente de ganância, em lugar de conduta com ética elevada.
Comitê de auditoria do conselho de administração	**Papel geral:** supervisionar a função de auditoria interna e externa e o processo de elaboração das demonstrações financeiras anuais e dos relatórios externos sobre controles internos. **Atividades específicas** incluem: • Escolha da empresa de auditoria externa. • Aprovação de qualquer trabalho realizado fora dessa área pela empresa de auditoria. • Seleção e/ou aprovação da nomeação do auditor-chefe (auditor interno). • Exame e aprovação do escopo e do orçamento da função de auditoria interna. • Discussão dos resultados com os auditores interno e externo e recomendação ao conselho de administração (e aos executivos) quanto a ações específicas a serem realizadas.	• Semelhante ao conselho de administração – não tinha a competência ou o tempo para fazer a supervisão eficaz das funções de auditoria. • Não era visto pelos auditores como "clientes da auditoria"; ao contrário, o poder de contratar e dispensar os auditores geralmente ficava nas mãos dos executivos.
Organismos autorreguladores: AICPA, Fasb	**Papel geral:** estabelecer padrões de contabilidade e auditoria para fins de divulgação financeira e conceitos de auditoria; fixar as expectativas quanto à qualidade da auditoria e da contabilidade. **Atividades específicas** incluem: • Formular princípios de contabilidade. • Expedir padrões de auditoria. • Interpretar padrões previamente emitidos. • Implantar processos de controle para assegurar a qualidade da auditoria. • Educar membros a respeito das exigências de auditoria e contabilidade.	• **AICPA:** as revisões por pares não se preocupavam com a visão externa; ao contrário, as revisões consideravam padrões desenvolvidos e reforçados internamente. • Cumprimento inadequado de padrões existentes de auditoria. • **AICPA:** não envolveu terceiros ativamente na fixação de padrões. • **Fasb:** tornou-se mais orientado para regras em resposta a (a) transações econômicas complexas e (b) uma profissão de auditoria que estava mais preocupada com o abuso das regras do que com a aplicação de conceitos. • **Fasb:** pressão do Congresso para o desenvolvimento de regras que aumentassem o crescimento econômico; por exemplo, permitir às organizações que não lançassem as opções de compra de ações como despesa.

Ilustração 2.2: Continuação

Outros organismos autorreguladores: Bolsa de Valores de Nova York, Nasdaq	**Papel geral**: garantir a eficiência dos mercados financeiros, incluindo a supervisão dos negócios e das empresas cujos títulos são negociados no mercado. **Atividades específicas** incluem: • Fixação de exigências de registro para negociação – incluindo as contábeis e de governança. • Supervisão das atividades de negociação.	• Lutaram por melhores procedimentos de governança corporativa, mas não foram capazes de executá-los em seus corpos diretivos, executivos e junto aos especialistas em negociação.
Agência reguladora: SEC	**Papel geral**: garantir a precisão, tempestividade e adequação da divulgação pública de informações financeiras para companhias abertas. **Atividades específicas** incluem: • Exame dos documentos submetidos à SEC. • Interação com o Fasb na fixação de padrões de contabilidade. • Estipulação de padrões de independência exigidos dos auditores que dão pareceres sobre demonstrações financeiras. • Identificação de fraudes societárias, investigação de suas causas e sugestão de medidas corretivas.	• Identificou problemas, mas não recebeu recursos suficientes do Congresso ou do Executivo para lidar com eles.
Auditores externos	**Papel geral**: realização de auditorias de demonstrações financeiras para assegurar que estejam livres de declarações materiais incorretas, incluindo as que sejam decorrentes de fraude. **Atividades específicas** incluem: • Auditorias de demonstrações financeiras de companhias abertas. • Auditorias de demonstrações financeiras de companhias fechadas. • Outros serviços, tais como planejamento fiscal e consultoria.	• Ajudaram as empresas a usar os conceitos contábeis para atingir objetivos de lucro. • Promoveram pessoas com base em sua capacidade de vender outros produtos que não auditoria. • Substituíram testes diretos de saldos contábeis por levantamentos, análise de risco e instrumentos analíticos. • Deixaram de descobrir fraudes básicas em casos tais como WorldCom e HealthSouth, pois os procedimentos fundamentais de auditoria não foram usados.
Auditores internos	**Papel geral**: realizar auditorias para fins de cumprimento de políticas e normas das empresas e para avaliar a eficiência das operações, além de avaliação e testes periódicos de controles. **Atividades específicas** incluem: • Elaboração de relatórios e análises para a administração (incluindo a operacional) e comitês de auditoria. • Avaliação de controles internos.	• Concentraram seus esforços em "auditorias operacionais" e deduziram que a auditoria financeira estava sendo feita por auditores externos. • Relatavam predominantemente aos executivos, e quase nada ao comitê de auditoria. • Em alguns casos (HealthSouth, WorldCom) não tinham acesso aos registros de contabilidade financeira.

As preocupações de Levitt levaram a Bolsa de Valores de Nova York e o Nasdaq a formar uma comissão especial para aumentar a eficácia dos comitês de auditoria. Ele também levou a SEC a desenvolver os conceitos de independência da auditoria, pois as receitas de consultoria (principalmente de clientes de auditoria) nas empresas de contabilidade externa passaram a ser maiores do que as aquelas com honorários de auditoria. O problema já era reconhecido há mais de uma década. Já em 1988, Arthur Wyatt, um veterano profissional na fixação de padrões de contabilidade, havia dito:

> Os profissionais devem colocar o interesse do público acima dos interesses dos clientes, particularmente quando participam de um processo voltado ao desenvolvimento de padrões destinados a produzir uma apresentação fidedigna... Infelizmente, o auditor hoje em dia é frequentemente um participante da busca de brechas.[2]

---

[2] WYATT, Arthur. Professionalism in Standard Setting. *CPA Journal*, p. 20-26, jul. 1988.

A SEC estava ficando cada vez mais preocupada com o que achava ser uma queda de profissionalismo e citou várias situações em que a contabilidade certificada pelas empresas de contabilidade externa não refletia a realidade econômica, embora pudesse estar de acordo com os princípios de contabilidade aceitos em geral. O presidente Levitt indicou vários problemas com a profissão, incluindo o uso dos seguintes expedientes:

- Reservas especiais para administrar o lucro.
- Reconhecimento impróprio de receitas.
- Contabilidade criativa de fusões e aquisições que não refletia a realidade econômica.
- Uso crescente de remuneração baseada em opções de compra de ações, criando pressão cada vez maior para que fossem alcançadas as metas de lucro.

> **QUESTÃO PRÁTICA**
> Retratar a consistência econômica das transações é uma meta louvável, mas exige do auditor o entendimento completo de todas as facetas de uma negociação, incluindo os contratos aplicáveis à transação.

O presidente Levitt estava preocupado com a possibilidade de as empresas de contabilidade não serem capazes de dizer não (ou não quisessem) para a contabilidade do cliente que superasse todos os limites razoáveis da divulgação financeira. Propôs uma mudança que exigiria que os auditores fizessem um julgamento da substância econômica das transações e certificassem relatórios de atividades empresariais que fossem totalmente transparentes.

Em estudo da profissão de auditoria, o Conselho de Supervisão de Companhias Abertas (*Public Oversight Board – POB*) – um colegiado independente que antecedeu o PCAOB no exame de questões profissionais – publicou relatório citando as seguintes preocupações com o processo de auditoria e com os métodos de remuneração de sócios de empresas de auditoria:

- Alguns procedimentos analíticos estavam sendo utilizados incorretamente em lugar de testes diretos de saldos de contas.
- As empresas de auditoria não estavam avaliando plenamente o controle interno ou aplicando procedimentos substantivos para lidar com deficiências de controle.
- A documentação de auditoria, especialmente em relação ao planejamento, não atingia os padrões profissionais aceitáveis.
- Os auditores estavam ignorando sinais de fraude, entre outros problemas.
- Os auditores não estavam dando alertas suficientes aos investidores sobre empresas que poderiam não ser capazes de continuar operando normalmente.

Os sinais de alerta estavam lá, mas os executivos das empresas os ignoraram, e os profissionais de auditoria não os perceberam.

Com este pano de fundo, o Congresso resolveu elaborar a Lei *Sarbanes-Oxley* e autorizou a SEC a tomar medidas mais eficazes para policiar a governança, a divulgação financeira e a auditoria.

A Lei *Sarbanes-Oxley*

OA 3
Identificar componentes fundamentais da Lei *Sarbanes-Oxley* relevantes para a administração de empresas e para a profissão de auditoria.

Após as crises decorrentes das fraudes nas empresas *Enron* e *WorldCom*, o Congresso sentiu que era necessário agir para proteger o público investidor. Nessas instituições, e infelizmente em muitas outras, falhas operacionais significativas foram acobertadas por fraudes contábeis sofisticadas que não foram detectadas pelas empresas de contabilidade externa. A imprensa, o Congresso e o público em geral continuaram a perguntar por que tais erros poderiam ter ocorrido quando a profissão de contabilidade externa havia recebido autorização exclusiva para proteger o público de fraudes e demonstrações financeiras enganosas.

A Lei *Sarbanes-Oxley* é abrangente e estará sujeita a ajustes regulatórios por muitos anos pela SEC ou pelo PCAOB. Alguns dos dispositivos mais significativos da lei, com efeitos para os executivos e auditores, incluem:

- o estabelecimento do Conselho de Supervisão Contábil de Companhias Abertas (PCAOB) com amplos poderes, inclusive o de fixar padrões para as auditorias de companhias abertas.
- exigir que os diretores executivo e financeiro endossem as demonstrações financeiras e as divulgações feitas nessas demonstrações.
- ordenar que os administradores de companhias abertas forneçam um relatório amplo dos controles internos sobre a divulgação financeira.
- exigir que os administradores garantam a correção das demonstrações financeiras, o que elas divulgam e os processos para produzir divulgação adequada, bem como a qualidade de seus controles internos.
- autorizar os comitês de auditoria a atuar como "cliente de auditoria" formal, com responsabilidades para contratar e dispensar seus auditores externos e pré-aprovar qualquer serviço, fora da área de auditoria, prestado por seus auditores externos; o comitê também deve informar publicamente o seu regimento e fazer um relatório anual de suas atividades.
- exigir que os comitês de auditoria tenham pelo menos um profissional especialista em finanças e divulguem o nome e as características desse indivíduo; os outros membros devem ter conhecimento de contabilidade financeira, bem como de controle interno.
- determinar que os sócios encarregados de contratos de auditoria, bem como todos os outros sócios ou gerentes com papel significativo na auditoria, passem por um revezamento nas companhias abertas a cada cinco anos.
- aumentar a divulgação de transações ou acordos "fora de balanço" que podem ter um efeito significativo, corrente ou futuro, sobre a condição financeira da empresa.
- exigir o estabelecimento de um "programa de denúncia" efetivo, pelo qual as violações importantes do código de ética da empresa (incluindo aquelas relacionadas à transparência contábil) sejam informadas aos níveis apropriados da organização e ao comitê de auditoria.
- exigir um período de quarentena, antes que um sócio ou gerente possa assumir um cargo elevado em um cliente de auditoria; sem a quarentena, presume-se que a independência da empresa de contabilidade externa será prejudicada.
- limitar os serviços que possam ser prestados pelas empresas de auditoria, fora da área de atuação, aos seus clientes de auditoria.
- obrigar análises da concorrência entre empresas de auditoria e da possível necessidade de revezamento dessas instituições.

> **QUESTÃO PRÁTICA**
> É importante notar que a Lei *Sarbanes-Oxley* se aplica somente a companhias abertas; as instituições fechadas não são governadas por essa lei. No entanto, as companhias fechadas frequentemente consideram a lei como uma indicação de "melhores práticas".

> **QUESTÃO PRÁTICA**
> O GAO fez um estudo do nível de competição na profissão de contabilidade externa, bem como da necessidade de revezamento obrigatório. Concluiu que o revezamento obrigatório de empresas não era necessário e que a competição era suficiente, mas deveria ser monitorada com a finalidade de determinar a necessidade de mudanças.

O PCAOB

Com a criação do PCAOB, o Congresso revogou os privilégios de autorregulamentação dos auditores basicamente dizendo que a profissão não era capaz de fixar seus próprios padrões para as auditorias de companhias abertas. O PCAOB – que possui cinco membros, podendo somente dois ser CPAs – foi autorizado a fixar padrões para as auditorias de companhias abertas. O Conselho possui amplos poderes sobre a profissão, incluindo:

- Fixar padrões de auditoria.
- Determinar modelos para os relatórios de auditoria do controle interno sobre a divulgação financeira.

> **QUESTÃO PRÁTICA**
> Todas as empresas de contabilidade externa que auditam entidades registradas nos Estados Unidos devem se inscrever no PCAOB e estão sujeitas ao seu processo de inspeção de relatórios.

- Realizar inspeções em empresas de contabilidade externa para avaliar seu desempenho e exigir melhorias, quando necessárias, para que mantenham seu *status* como instituições de contabilidade registradas.
- Exigir que todas as empresas de contabilidade externa que auditam companhias abertas se registrem no PCAOB, como critério para recebimento de licenças para realização de tais auditorias.

O PCAOB também estabeleceu modelos de controle interno e documentação e está reescrevendo os padrões existentes de mensuração de risco e fraude. Além disso, criou um processo de inspeção não apenas da eficácia das auditorias de companhias abertas, mas também para verificar se os trabalhos foram realizados eficientemente.

Dispositivos quanto à independência dos auditores

A Seção 201 da Lei *Sarbanes-Oxley* proíbe qualquer empresa de contabilidade externa registrada de prestar outros serviços simultaneamente aos de auditoria. Essencialmente, essas empresas estão proibidas de realizar trabalhos de consultoria para as companhias abertas que são seus clientes de auditoria. A lei também encoraja a independência dos auditores fortalecendo o papel do comitê de auditoria das seguintes maneiras:

> **QUESTÃO PRÁTICA**
> No conhecido esquema *Ponzi*, de Bernard Madoff – estima-se ter causado perdas de US$ 75 bilhões para os investidores –, os auditores da companhia de investimento não estavam registrados no PCAOB, pois a instituição não tinha ações negociadas em bolsa. Portanto, a qualidade de suas auditorias nunca era avaliada por seus pares. A SEC e o PCAOB reagiram com novas normas para exigir que as empresas que operem com fundos do público investidor tenham auditores registrados no PCAOB.

- Fazendo com que o comitê de auditoria seja o cliente do auditor.
- Exigindo que o comitê pré-aprove todos os outros serviços prestados pela empresa de auditoria.
- Determinando que o comitê de auditoria pré-aprove quaisquer serviços, além de auditoria, que são prestados pela empresa de contabilidade externa. Por exemplo, o auditor não pode preparar a declaração de rendimentos do cliente a menos que o comitê de auditoria explicitamente considere o impacto potencial sobre a independência do trabalho e opte por aprovar os serviços.

O PCAOB proíbe explicitamente que a empresa de auditoria prepare as declarações de rendimentos dos membros da alta administração. Além disso, a Seção 203, da Lei *Sarbanes-Oxley* exige o revezamento do sócio da empresa de auditoria, a cada cinco anos (mas não o da instituição), nos trabalhos de todas as companhias abertas.

Responsabilidade corporativa pela divulgação financeira

OA 4
Descrever o papel da administração na preparação e divulgação de informações financeiras e de controle interno.

A administração da empresa tem sido a responsável pela precisão e abrangência das demonstrações financeiras de uma organização, e tem como incumbência:

- escolher os princípios de contabilidade que melhor representem a essência econômica das transações da empresa.
- implantar um sistema de controle interno que assegure a abrangência e a precisão da divulgação financeira.
- assegurar que as demonstrações financeiras incluam divulgação precisa e completa.

Além dessas responsabilidades, a Lei *Sarbanes-Oxley* exige que a administração da empresa (tanto o diretor executivo quanto o financeiro) certifique a precisão das demonstrações financeiras, e prevê penalidades criminais para a apresentação de informações que não sejam fidedignas. Além disso, a administração precisa dizer se implantou um código de conduta, incluindo medidas para que sejam feitas denúncias e processos para garantir que o comportamento da instituição seja compatível com o dispositivo de conduta.

Penalidades maiores para os executivos: a Seção 304 da Lei *Sarbanes-Oxley* exige que os executivos abram mão de qualquer bonificação ou remuneração baseada em incentivos ou lucros (incluindo opções de compra de ações) com a venda de ações recebidas nos 12 meses anteriores a uma revisão da demonstração de resultados.

Relatório sobre controle interno: muitos problemas societários ocorreram em um ambiente em que os controles internos sobre a divulgação financeira não estavam funcionando. A Lei *Sarbanes-Oxley* exige que os executivos da empresa elaborem um relatório para o público a respeito da eficácia do controle interno da divulgação financeira, obrigando-os a atestarem a qualidade dessas informações.

Papel ampliado dos comitês de auditoria

Os comitês de auditoria de companhias abertas tiveram sua importância ampliada sob a Lei *Sarbanes-Oxley*. São claramente designados como "cliente de auditoria", ao qual o auditor interno deve se reportar. Além disso, o comitê tem responsabilidades amplas sobre os processos de auditoria interna e divulgação financeira. Na **Ilustração 2.3** é possível observar uma visão geral das responsabilidades do comitê de auditoria.

O comitê de auditoria deve ser composto por "conselheiros externos", isto é, profissionais que não fazem parte da administração da empresa e não têm outras relações com ela (por exemplo, fornecedor ou consultor). O comitê de auditoria tem papéis importantes de supervisão, mas não substitui o diretor financeiro ou os controladores de divisões – a responsabilidade por todas essas funções pertence à administração da empresa. O comitê de auditoria deve:

- ser alertado sobre qualquer escolha contábil importante feita pela administração da empresa.
- ser comunicado sobre mudanças significativas de sistemas contábeis e controles inseridos nesses sistemas.
- ter a autoridade para contratar e dispensar o auditor externo e examinar o plano de auditoria e os resultados com os auditores.
- possuir autoridade para contratar e dispensar o chefe da área de auditoria interna, fixar o orçamento, examinar o plano de auditoria e discutir todos os resultados significativos da área.
- receber todos os relatórios de auditoria exigidos pela regulamentação e reunir-se periodicamente com os auditores que produzem esses documentos para discutir suas constatações e preocupações.

> **QUESTÃO PRÁTICA**
>
> A Seção 304 da Lei *Sarbanes-Oxley* exige que os executivos abram mão de qualquer bonificação ou remuneração baseada em incentivos ou lucros (incluindo opções de compra de ações) resultantes da venda de ações recebidas nos 12 meses anteriores a uma revisão da demonstração de resultados. Isto é o que normalmente se chama de cláusula de devolução, agora contida em muitos contratos de executivos.

OA 5
Articular as responsabilidades dos comitês de auditoria.

Ilustração 2.3: Responsabilidades de supervisão do comitê de auditoria

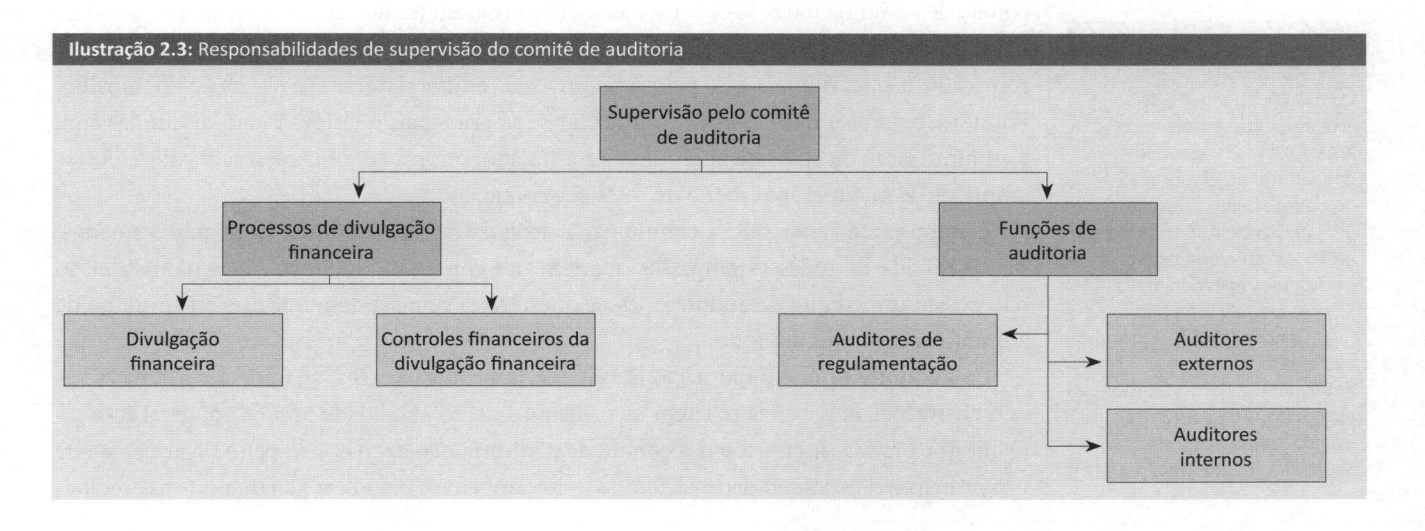

> **QUESTÃO PRÁTICA**
>
> O comitê de auditoria atua como um fiscal independente da administração da empresa e se apoia nos auditores interno e externo para desenvolver e comunicar informações objetivas necessárias com a execução eficaz de suas funções de supervisão.

Os comitês de auditoria estão ampliando cada vez mais as suas funções, incluindo a supervisão dos processos de gestão de risco utilizados pela organização. Na maioria das instituições, o comitê de auditoria também examina o relatório anual submetido à SEC, incluindo a análise do debate sobre a gestão e do relatório para determinar se a discussão é coerente com a visão do comitê sobre o desempenho operacional.

A finalidade do comitê de auditoria não é substituir os processos importantes executados pelos profissionais, mas fazer escolhas fundamentadas a respeito da qualidade do trabalho que recebe dos auditores. O comitê deve, por exemplo, monitorar e aferir a independência e competência de todas as funções de auditoria. Deve, ainda, examinar os relatórios de controle de qualidade tanto da empresa de auditoria externa quanto da área de auditoria interna, e avaliar a qualidade dos relatórios que recebe e as discussões de divulgação financeira e controle. O comitê de auditoria receberá *feedback* dos auditores internos e externos sobre a qualidade dos controles internos da divulgação financeira. Por fim, o comitê deverá examinar todas as constatações da auditoria em aspectos relacionados à regulamentação, quando aplicável, para determinar se fornecem retorno importante sobre a qualidade dos controles, problemas operacionais ou questões financeiras.

> **QUESTÃO PRÁTICA**
>
> Muitas empresas de contabilidade externa discutem seus relatórios de exame anual pelo PCAOB com os comitês de auditoria. A maioria delas também debate ações judiciais que podem afetá-las desfavoravelmente.

Antes da promulgação da Lei *Sarbanes-Oxley*, os comitês de auditoria se reuniam três ou quatro vezes por ano – geralmente uma hora antes da reunião anual do conselho de administração, hábito claramente modificado. Agora, o comitê é um componente essencial da governança corporativa efetiva; seus membros devem ter tempo e competência suficientes para desempenhar suas funções; e o chefe do comitê deve ser um indivíduo que esteja disposto a ter contatos frequentes com os auditores e a administração da empresa.

Comunicação exigida entre a empresa e o comitê de auditoria

OA 6
Descrever as comunicações exigidas entre a empresa e o comitê de auditoria.

É importante que os auditores e os membros do comitê de auditoria tenham expectativas claras da profissão. O AICPA elaborou o SAS número 61, mais de dez anos atrás, com a intenção de melhorar a comunicação entre os auditores e os comitês de auditoria, estipulando alguns itens que devem ser comunicados em cada interação. A comunicação exigida, apresentada na **Ilustração 2.4**, serve de base para toda a relação com o comitê de auditoria. O auditor deve discutir todas as questões contábeis e de auditoria significativas, incluindo qualquer restrição indicada pela administração da empresa à condução do trabalho ou, ainda, discordâncias com a administração sobre como algo deve ser contabilizado. Além disso, o auditor é obrigado a comunicar ao comitê de auditoria todas as deficiências significativas em termos de controle interno.

O comitê de auditoria precisa receber a garantia de que o auditor está livre de qualquer restrição e não foi influenciado pelos executivos da empresa durante a execução do trabalho. Portanto, o auditor deve também comunicar se as principais questões foram discutidas com a administração da empresa antes de ser contratado, ou se a administração consultou outras empresas de auditoria a respeito de questões contábeis.

> **QUESTÃO PRÁTICA**
>
> "The Auditor's Communication with Those Charged with Governance" (SAS 114) é um exemplo importante da elaboração de padrões pelo Conselho de Padrões de Auditoria do AICPA em convergência com os modelos internacionais. Se uma organização não tiver um comitê de auditoria, o profissional deverá determinar os destinatários apropriados da comunicação exigida, como pode ser observado na **Ilustração 2.4**.

É importante notar que a comunicação exigida não se limita às companhias abertas, mas é exigida de todas as empresas que têm um comitê de auditoria. Se uma instituição não possui um comitê de auditoria, essas questões devem ser comunicadas ao conselho de administração como um todo.

Os auditores também são responsáveis por fazer julgamentos, além de determinar se as demonstrações financeiras refletem os princípios de contabilidade aceitos em geral (Gaap). O auditor precisa discutir com o comitê de auditoria não apenas a respeito da aceitação de um princípio de contabilidade escolhido, mas também se o auditor acredita que as escolhas contábeis feitas pela organização representam da melhor maneira possível a substância econômica das transações e a situação financeira corrente com precisão

A comunicação exigida entre auditores e comitê de auditoria confere ao comitê um papel central na governança corporativa, uma função ampliada pela exigência da Lei *Sarbanes--Oxley* de que as empresas de CPAs não prestem outros serviços sem a aprovação explícita do comitê de auditoria. Além disso, os comitês são incentivados a garantir que os auditores façam o seu trabalho, uma vez que o mau desempenho refletirá diretamente nos membros do próprio comitê de auditoria.

Ilustração 2.4: Comunicação exigida aos comitês de auditoria

COMUNICAÇÃO EXIGIDA AO COMITÊ DE AUDITORIA: PADRÕES ATUAIS DE AUDITORIAS DO AICPA

Responsabilidade do auditor em função dos padrões de auditoria aceitos em geral
O auditor deve comunicar claramente a responsabilidade da empresa de auditoria em realizar o trabalho de acordo com os padrões Gaas ou do PCAOB, e avaliar com independência a fidedignidade das demonstrações financeiras; avaliar a qualidade dos controles internos da entidade sobre a divulgação financeira; atestar a fidedignidade do relatório da administração do controle interno sobre a divulgação financeira; e projetar a auditoria de modo que seja detectada a ocorrência de declarações materiais incorretas.

Políticas contábeis importantes
O auditor deve garantir que o comitê seja informado da escolha inicial e das alterações das políticas contábeis importantes ou de sua aplicação, e discutir a qualidade dos princípios de contabilidade adotados.

Julgamentos pela administração e estimativas contábeis
Muitas quebras de empresas têm envolvido a manipulação de estimativas contábeis, como provisões para perdas com empréstimos. O auditor deve garantir que o comitê de auditoria seja informado dos processos usados pela administração na realização de estimativas contábeis importantes, bem como da avaliação que o profissional faz desses processos e das estimativas resultantes.

Ajustes significativos realizados pela auditoria
Ajustes significativos realizados pela auditoria podem refletir na responsabilidade de direção e prestação de contas da administração, devendo ser informados ao comitê, mesmo quando os administradores concordam prontamente em fazê-los. Os ajustes significativos indicam, por definição, que houve falhas de controle interno que precisam ser comunicadas à administração e ao comitê de auditoria.

Outras informações em relatórios anuais
O auditor deve descrever sucintamente a sua responsabilidade de exame de outras informações contidas em um relatório anual, e se elas são compatíveis com as demonstrações financeiras auditadas.

Divergências com a administração
Todas as divergências contábeis importantes com a administração, mesmo que sejam eventualmente dirimidas, devem ser discutidas com o comitê de auditoria. Esta exigência visa a isolar os auditores da pressão pelos executivos para mudar ou distorcer tratamentos contábeis de modo que beneficie os executivos, e deve eliminar qualquer sinal sutil de que a empresa de auditoria deva ser substituída, pois discorda dos tratamentos contábeis propostos pelos executivos.

Visão geral e escopo planejado da auditoria
O auditor precisa comunicar o escopo planejado do seu trabalho ao comitê de auditoria e discutir sua adequação, bem como o nível de materialidade escolhido para a auditoria.

Declarações solicitadas dos executivos
O auditor normalmente solicita declarações dos executivos a respeito de uma série de assuntos importantes, tais como a responsabilidade pelas demonstrações financeiras, as provisões apropriadas em contas que precisam ser ajustadas a valor de mercado e a qualidade dos controles. A natureza dessas solicitações e as respostas dos executivos devem ser compartilhadas com o comitê de auditoria.

Importância de uma boa governança para a auditoria

Uma boa governança é importante para a condução de uma auditoria por um motivo simples: as empresas com boa governança corporativa proporcionam riscos menores em sua auditoria. Essas instituições geralmente possuem as seguintes características:

OA 7
Analisar as relações entre governança corporativa e risco de auditoria.

- Tendem a se envolver menos em "engenharia financeira".
- Possuem um código de conduta reforçado pelas ações da alta direção.
- Possuem membros independentes no conselho de administração, que levam suas tarefas a sério e despendem tempo e recursos suficientes para realizar seu trabalho.
- Levam a sério as exigências de bom controle interno sobre a divulgação financeira.
- Comprometem-se a ter as competências financeiras necessárias.

AUDITORIA NA PRÁTICA

Uma organização sem o comprometimento com uma boa governança acarreta riscos mais altos para o auditor. Nesse caso, o profissional pode (a) recusar o cliente, ou (b) fazer o trabalho de auditoria, gerindo o risco financeiro assumido.

Além disso, como pode ser observado no início do capítulo, estudos empíricos recentes demonstram que as empresas com boa governança corporativa têm retornos sobre o patrimônio líquido mais altos do que outras instituições. Também possuem custos mais baixos de capital e retornos de ações mais altos, em comparação com organizações cuja governança corporativa é mais fraca.

Muitas empresas de auditoria não se dispõem a aceitar clientes a menos que demonstrem um comprometimento forte com a boa governança corporativa. Em termos bastante simples, uma companhia aberta que não se compromete representa um risco muito alto para uma empresa de auditoria.

Mesmo quando as empresas de contabilidade externa expandem seus serviços fora da área de auditoria, as questões de governança permanecem importantes para a aceitação dos clientes. Por exemplo, suponha que uma das "4 Grandes" empresas de contabilidade externa realizasse somente o trabalho de auditoria interna para uma instituição que possuísse uma estrutura de governança corporativa com reputação baixa, e que descobrisse que a administração fixou datas retroativas para o exercício de opções de compra de ações. Os usuários externos perguntariam por que a auditoria interna não percebeu o risco associado à remuneração dos executivos e trouxe o assunto à atenção do conselho de administração. Além disso, teriam exigido que o conselho tomasse as medidas apropriadas.

Fixação de padrões de auditoria

OA 8
Identificar os tipos de padrão que afetam a profissão e a auditoria.

Os padrões de auditoria são fixados por diversas autoridades com um objetivo comum – dar garantias ao público de que os trabalhos são realizados de maneira profissional, que são evitadas declarações incorretas e os resultados financeiros são comunicados com clareza. Mas os auditores não auditam apenas informações financeiras. Eles podem ser chamados para verificar diversos dados econômicos, ou mesmo informações não financeiras, tais como a qualidade dos controles internos de uma organização. Portanto, é necessário fazer uma distinção entre quatro tipos de padrão que podem afetar a auditoria:

- Modelos que se aplicam à tarefa do auditor para elaboração e comunicação de um parecer sobre as demonstrações financeiras e, quando aplicáveis, pareceres independentes sobre a qualidade do controle interno de uma organização sobre a divulgação financeira.
- Padrões de garantia que se aplicam à tarefa do auditor para elaboração e comunicação de um parecer sobre informações financeiras não contidas nas demonstrações usuais.

- Modelos de certificação que são termos utilizados pelo AICPA para descrever serviços de garantia que envolvem a coleta de evidências a respeito de afirmações específicas e a comunicação, a um terceiro, de um parecer em relação à fidedignidade de uma apresentação.
- Padrões de cálculo e revisão, ou seja, modelos de divulgação financeira do AICPA que se aplicam somente a empresas fechadas nas quais o conselho de administração ou um usuário tenha exigido um nível inferior de garantia do que o fornecido por uma auditoria. Ao prestar tais serviços, o profissional não coleta evidências suficientes para fundamentar uma declaração quanto à fidedignidade das demonstrações financeiras.

Além disso, os auditores poderiam realizar auditorias que diferem de acordo com a natureza da organização, como entidades abertas ou fechadas; ou os trabalhos poderiam ser realizados em jurisdições econômicas diversas em todo o mundo e, portanto, sujeitos a padrões distintos de contabilidade e de auditoria.

A amplitude do universo da auditoria e, portanto, da autoridade de padrões alternativos é demonstrada na **Ilustração 2.5**. A primeira seta representa o escopo da informação a respeito da qual se dá garantia, desde demonstrações financeiras até outras informações que possam ter relação com as demonstrações financeiras (por exemplo, controles internos) ou não (por exemplo, cumprimento de leis, regulamentações ou políticas). Padrões distintos podem ser aplicáveis a esses tipos alternativos de dados. Por exemplo, os padrões de auditoria são aplicáveis a auditorias de demonstrações financeiras, ao passo que padrões de garantia são utilizáveis nas auditorias de informações não financeiras.

A segunda seta na ilustração representa a natureza das organizações que estão sendo auditadas. Por exemplo, as companhias abertas norte-americanas estão sujeitas à regulamentação da SEC e devem ser auditadas em conformidade com os padrões estabelecidos pelo PCAOB. Por outro lado, uma companhia fechada pode ser auditada de acordo com os princípios aceitos em geral, determinados, ao longo do tempo, pelo AICPA.

A terceira seta representa o domicílio da empresa ou organização que está sendo auditada e, o que é mais importante ainda, o local onde suas ações são negociadas (caso isso aconteça). A posição da empresa nesta dimensão determina se o profissional deve seguir os padrões do PCAOB ou do AICPA, ou aqueles estabelecidos pelo Conselho de Padrões Internacionais de Auditoria e Garantia (IAASB).

> **QUESTÃO PRÁTICA**
> A limitação da compilação e revisão de padrões para empresas fechadas restringe, em certa medida, a exposição legal do auditor, pois os usuários geralmente têm relações específicas com o cliente e, em muitos casos, outras formas de acesso aos dados.

> **QUESTÃO PRÁTICA**
> A profissão de auditoria não está convergindo tão rapidamente para os padrões internacionais de auditoria quanto se refere a modelos internacionais de divulgação financeira. Assim sendo, o auditor precisa entender o contexto no qual um serviço está sendo prestado.

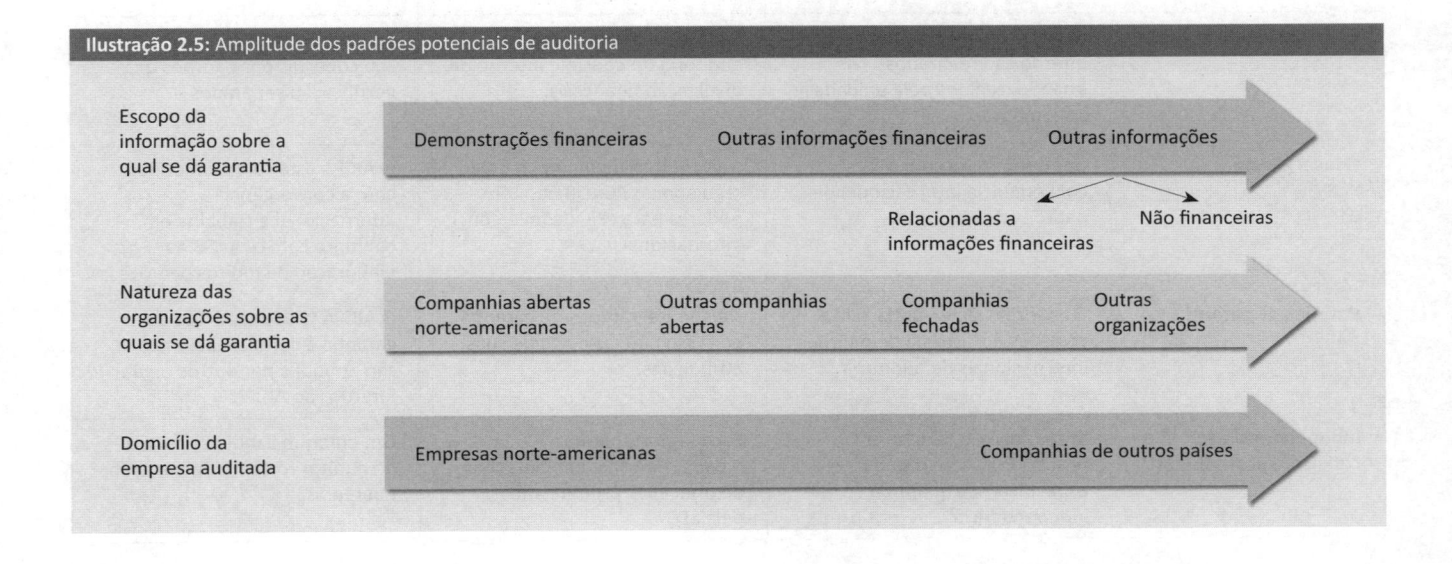

Ilustração 2.5: Amplitude dos padrões potenciais de auditoria

Escopo da informação sobre a qual se dá garantia	Demonstrações financeiras	Outras informações financeiras	Outras informações (Relacionadas a informações financeiras / Não financeiras)	
Natureza das organizações sobre as quais se dá garantia	Companhias abertas norte-americanas	Outras companhias abertas	Companhias fechadas	Outras organizações
Domicílio da empresa auditada	Empresas norte-americanas			Companhias de outros países

OA 9
Descrever as semelhanças e diferenças entre os padrões de auditoria e garantia do IAASB, PCAOB e AICPA.

Felizmente, há muitos aspectos comuns entre os padrões de auditoria. Todos os modelos partem de princípios fundamentais sobre como um trabalho deve ser planejado e conduzido e os resultados, comunicados. Uma visão geral da natureza dos padrões de auditoria é apresentada na **Ilustração 2.6**.

Ilustração 2.6: Padrões de auditoria e garantia – aspectos comuns e diferenças

Fixadores de padrões	IAASB	PCAOB	AICPA
Escopo da aplicabilidade dos padrões	Auditorias em países nos quais são exigidos os padrões internacionais.	Auditorias de todas as companhias abertas norte-americanas – ou empresas de contabilidade registradas.	Auditorias de entidades fechadas norte-americanas, com exceção de órgãos do governo, para os quais os padrões são fixados pelo GAO.
Objetivo dos padrões de auditoria	Dar um parecer sobre a preparação de demonstrações financeiras, relatando se estão em conformidade com o arcabouço de divulgação aplicável, em todos os aspectos relevantes.	Fornecer informações sobre as demonstrações financeiras, de acordo com os princípios contábeis aceitos em geral nos Estados Unidos (Gaap) ou IFRS, bem como um parecer sobre a qualidade do controle interno de uma organização sobre a divulgação financeira.	Dar um parecer informando se as demonstrações financeiras estão de acordo com os princípios contábeis aceitos em geral nos Estados Unidos (Gaap).
Aspectos comuns dos padrões	Todos são baseados em princípios, complementados por orientação mais detalhada. Os padrões são semelhantes em áreas tais como: • Planejamento da auditoria para minimizar riscos. • Documentação pelo auditor. • Evidências de auditoria. • Cuidados profissionais ou razoáveis. • Natureza do relatório de auditoria. • Independência (Estados Unidos) *versus* ceticismo profissional (IAASB). • Os padrões do PCAOB assemelham-se à maioria dos padrões do AICPA.		
PRINCIPAIS DIFERENÇAS:			
Parecer e comunicação	Exige um parecer sobre a adequação do arcabouço contábil utilizado pela empresa. São apresentados critérios para determiná-lo.	Determina a produção de um parecer que informe se foi utilizado o tratamento contábil mais apropriado e que se transmita esse documento aos executivos e ao conselho de administração quando outro tratamento contábil aceitável tenha sido usado.	Os princípios contábeis aceitos em geral (Gaap) são aceitáveis. A comunicação além do SAS número 61, discutido anteriormente, é opcional.
Controle interno	Relatórios sobre o controle interno são realizados quando exigidos pela unidade governante.	Padrões específicos para a auditoria do controle interno da divulgação financeira.	As auditorias de controle interno são cobertas por padrões de certificação separados.
Convergência	Comprometido com a convergência internacional de padrões de auditoria.	Na condição de um novo órgão regulador, o PCAOB não tem poderes para exigir convergência internacional.	O AICPA está comprometido com a convergência internacional e trabalha em conjunto com o IAASB na elaboração de muitos padrões.
Padrões de garantia	Os padrões de garantia estão contidos no sistema de padrões internacionais de auditoria.	Não emite padrões de garantia, pois isso não faz parte de suas atribuições.	O AICPA produz padrões de garantia e certificação, mas são emitidos por outros órgãos internos ao AICPA.
Independência e ceticismo profissional	Maior foco no ceticismo profissional, com menos especificações quanto à independência.	Foco importante na independência e implantação de princípios promulgados pela SEC.	Um enfoque à independência do auditor fortemente baseado em regras.

Ilustração 2.6: Continuação			
Composição do conselho de fixação de padrões	Dezoito membros, sendo dez nomeados pelo IFAC (dois devem ser norte-americanos), três membros públicos e cinco das maiores empresas, incluindo as "4 Grandes" e a Grant Thornton.	Cinco membros, dos quais somente dois podem ser CPAs (não precisam necessariamente ter experiência em auditoria). Todos são nomeados pela SEC, pois o PCAOB é uma organização quase regulatória.	Dezenove membros, incluindo um acadêmico, um representante de cada uma das "4 Grandes", além da representação ampla de outras empresas de auditoria. Todos são CPAs. Os membros são nomeados pelo AICPA e pelas instituições.

O PCAOB tem o poder de fixar padrões, nos Estados Unidos, para as auditorias de companhias abertas. Ele tem mostrado que reconhecerá outros modelos, retroativamente ou à medida que forem surgindo. Atualmente, adota os padrões existentes do AICPA como ponto de partida. O principal padrão emitido até agora foi o de controle interno, mas, recentemente, emitiu modelos sobre o exame da qualidade e da documentação do trabalho de auditoria e está elaborando outros relacionados a risco e detecção de fraudes.

Princípios contábeis aceitos em geral e princípios do IAASB

O Conselho de padrões de auditoria do AICPA criou dez modelos aceitos em geral para a auditoria de demonstrações financeiras, e que servem de base para todos os demais padrões, incluindo aqueles que têm sido adotados pelo PCAOB. O IAASB tem produzido modelos semelhantes, mas a estrutura é diferente e se preocupa mais com princípios amplos. Começaremos por uma revisão dos dez princípios de auditoria aceitos em geral (Gaap) e depois passaremos a um exame dos princípios do IAASB.

Como os dez princípios de auditoria aceitos em geral são de natureza conceitual, sua compreensão fornece uma base para o melhor entendimento de outros padrões. Eles são desenvolvidos dentro de três categorias:

- Padrões gerais – aqueles aplicáveis ao auditor e à empresa de auditoria.
- Padrões de trabalho de campo – aqueles aplicáveis à realização da auditoria.
- Padrões de relato – aqueles aplicáveis à comunicação do parecer de auditoria.

Os padrões são apresentados na **Ilustração 2.7**.

Padrões gerais

Os padrões gerais orientam a área na seleção e no treinamento dos profissionais para que se tenha a confiança do público. Estes modelos representam os conceitos amplos subjacentes ao treinamento técnico e à proficiência, à independência em relação ao cliente e ao exercício do devido cuidado profissional.

1. *Treinamento técnico e proficiência* – A auditoria deve ser executada por indivíduos que possuam treinamento técnico adequado e proficiência como auditores. O padrão não define com precisão o que é treinamento, uma vez que as competências necessárias para a proficiência em auditoria se alteram à medida que o ambiente se modifica. Os auditores devem entender o negócio e o setor do cliente e ser versátil no uso de tecnologias para realizar uma auditoria eficiente. Devem ter conhecimento técnico tanto em auditoria quanto em contabilidade e ser capazes de detectar processos contábeis

> **QUESTÃO PRÁTICA**
> O AICPA continua a ser o responsável pela fixação de padrões para as auditorias de clientes fechados. O AICPA recuperou uma boa parte da credibilidade que havia perdido no final da década de 1990, e está procurando melhorar o desempenho das auditorias. Também tem executado um plano de harmonização dos padrões norte-americanos com os internacionais.

OA 10
Enumerar os dez padrões de auditoria aceitos em geral, produzidos pelo AICPA.

complexos, bem como fazer julgamentos quanto à propriedade de tratamentos contábeis. De maneira semelhante, os auditores devem ser capazes de selecionar e aplicar procedimentos de auditoria eficientes e que ofereçam probabilidades elevadas de identificação de declarações incorretas significativas. É necessário mais do que um conhecimento detalhado de regras; os auditores são cada vez mais chamados a usar de julgamento qualificado nas áreas de contabilidade, auditoria e controles internos.

Ilustração 2.7: Padrões de auditoria aceitos em geral para as auditorias de demonstrações financeiras

Padrões gerais
1. A auditoria deve ser realizada por pessoas que possuam treinamento técnico adequado e proficiência como auditores.
2. O profissional deve preservar a independência em todos os assuntos relacionados ao seu trabalho.
3. O auditor deve ter cuidado profissional na realização do exame e da elaboração do relatório.

Padrões de trabalho de campo
1. O auditor deve planejar adequadamente o trabalho e supervisionar qualquer assistente que o auxilie.
2. O profissional deve adquirir entendimento suficiente da entidade e de seu ambiente, incluindo seu controle interno, para aferir o risco de afirmações materiais incorretas nas demonstrações financeiras, por causa de erro ou fraude, e projetar a natureza, a programação e a profundidade de qualquer procedimento adicional de auditoria.
3. O auditor deve obter evidências suficientes e adequadas, por meio do uso de procedimentos de auditoria, para ter uma base razoável a fim de emitir um parecer a respeito das demonstrações financeiras.

Padrões de relato
1. O auditor deve declarar, em seu parecer de auditoria, se as demonstrações financeiras estão sendo apresentadas de acordo com os princípios de contabilidade aceitos em geral (Gaap).
2. O profissional deve identificar, em seu parecer, as circunstâncias em que tais princípios não foram respeitados de maneira consistente no período atual, em relação ao anterior.
3. Quando o auditor conclui que as divulgações não estão adequadas, deve informar esse fato no parecer.
4. O auditor deve emitir um parecer sobre as demonstrações financeiras, consideradas como um todo, ou dizer, no relatório, que sua opinião não pode ser expressa. Quando o último caso acontece, o profissional deve apresentar as razões em seu relatório. Em todos os casos em que o nome de um auditor é associado a demonstrações financeiras, ele deve indicar claramente a natureza de seu trabalho, se tiver havido algum, e o grau de responsabilidade que o auditor está assumindo.

(Ênfase acrescentada)

QUESTÃO PRÁTICA
Como o conhecimento exigido para trabalhar na área de auditoria está em constante mutação, a maioria dos estados exige dos auditores comprovação de educação profissional continuada.

2. *Independência* – Comumente se faz referência à independência como a pedra angular da auditoria: sem ela, o valor da função de certificação seria nulo. Os auditores não devem ser independentes somente em sua atitude mental na condução da auditoria (independência *de fato*), como também ser vistos pelos usuários como independentes do cliente (independência *em aparência*). Essa atitude requer objetividade e ausência de viés; o auditor não deve favorecer o cliente ou terceiros na coleta de evidências e na avaliação da fidedignidade das demonstrações financeiras.

3. *Cuidado profissional devido* – O público espera que uma auditoria seja conduzida com a habilidade e o cuidado profissional, obedecendo aos padrões (Gaap). No entanto, a subordinação a essas regras nem sempre é suficiente. Se uma "pessoa razoavelmente prudente" faz algo a mais, como investigar uma possível fraude, muitas vezes afirma-se que essa é a atitude que o profissional deveria ter tomado. O cuidado profissional também é determinado ao se avaliar se alguém com habilidades semelhantes em uma situação parecida teria agido do mesmo modo que o auditor. Por exemplo, um profissional competente teria usado os mesmos procedimentos de auditoria? As empresas de contabilidade externa usam a supervisão e a revisão do trabalho de auditoria como forma de garantir que o trabalho seja conduzido de maneira correta.

Padrões de trabalho de campo

1. *Planejamento e supervisão* – O planejamento de uma auditoria envolve mais do que a montagem de um cronograma e a determinação de quando o trabalho deve ser reali-

zado. O produto mais visível do processo de planejamento é o programa de auditoria, que enumera os objetivos e os procedimentos a serem seguidos na coleta de evidências visando a testar a precisão dos saldos das contas. A **Ilustração 2.8** é um exemplo de um programa parcial de auditoria de contas a receber. Ela contém colunas que visam a indicar o tempo estimado de conclusão do procedimento, uma referência à documentação do trabalho a ser realizado e as iniciais do auditor que realiza cada procedimento de auditoria. O programa ajuda as pessoas encarregadas da auditoria a monitorar o progresso e supervisionar o trabalho.

> **QUESTÃO PRÁTICA**
>
> Um auditor pode adicionar valor ao cliente com os seus conselhos, mas ao fazê-lo deve continuar sendo objetivo, caso contrário pode se tornar irrelevante para os acionistas, por falta de independência.

Ilustração 2.8: Programa parcial de auditoria – contas a receber

Cliente de contas a receber _____   Data de encerramento _____

Os objetivos deste programa consistem em determinar que: (a) existem contas a receber, são obrigações autênticas devidas ao cliente, não contêm valores significativos a serem excluídos e a provisão para devedores duvidosos é adequada e não excessiva; (b) é feita divulgação apropriada de qualquer conta a receber dada em garantia, descontada ou transferida; e (c) a apresentação e divulgação de contas a receber está de acordo com princípios de contabilidade aceitos em geral.

Procedimento	Prazo estimado	Realizado por	Iniciais
1. Levantar registros auxiliares de contas a receber e selecionar saldos para confirmação.	_____	_____	_____
2. Enviar pedidos de confirmação a todos os principais clientes.	_____	_____	_____
3. Conciliar e avaliar todas as respostas de confirmação e resolver quaisquer exceções. As ausências de resposta devem ser verificadas por meio de procedimentos alternativos.	_____	_____	_____
4. Sintetizar os resultados dos procedimentos de confirmação. Procedimentos alternativos de confirmação utilizados:	_____	_____	_____

2. *Entendimento da entidade e seus controles internos* – Espera-se que as organizações tenham um controle interno eficaz sobre a divulgação financeira. Quando uma empresa tiver deficiências em seu controle interno, será mais provável a ocorrência de declarações incorretas que não serão detectadas pela organização. Uma análise do sistema contábil e do controle interno é necessária para determinar (a) riscos que não são percebidos pelos controles, (b) o impacto potencial deles sobre a posição financeira da empresa, (c) os tipos de declaração incorreta que poderiam ocorrer e (d) a probabilidade de existir afirmações financeiras incorretas. A análise por um auditor é importante no desenvolvimento de procedimentos de auditoria visando a determinar sua existência.

> **QUESTÃO PRÁTICA**
>
> Os auditores devem desenvolver um entendimento do negócio do cliente e dos riscos enfrentados pela entidade como pré-requisito importante para a realização de testes específicos de auditoria.

3. *Obtenção de evidências de auditoria* – Devem ser levantadas evidências suficientes e apropriadas (confiáveis e relevantes) para avaliar as afirmações contidas nas demonstrações financeiras, incluindo as informações correlatas. Os tipos e a profundidade dos procedimentos adotados dependerão da avaliação do auditor quanto à probabilidade de declarações incorretas e do peso das evidências que possam vir a ser coletadas. No final da auditoria, o profissional não deverá estar apenas apto a supor algo a respeito das demonstrações financeiras; deverá haver evidências convincentes de que elas são fidedignas, ou, se não o forem, conhecer a natureza exata e o valor monetário das afirmações incorretas para que esses fatos possam ser comunicados aos usuários.

Padrões de relato

Você já não teve a experiência de comunicar algo explicitamente a algumas pessoas para descobrir logo em seguida que elas não entenderam o que você disse ou queria

> **QUESTÃO PRÁTICA**
>
> A existência de controles internos deficientes aumenta a probabilidade de afirmações incorretas ou outras formas de divulgações financeiras inadequadas ou fraude.

dizer? Comunicar-se clara e concisamente é uma tarefa difícil, ainda mais quando a comunicação envolve informações sobre um assunto complexo como demonstrações financeiras e auditorias. Os padrões de relato fornecem diretrizes para:

- Padronizar a natureza da atividade de relato.
- Facilitar a comunicação com os usuários, por meio da especificação clara da responsabilidade do auditor quanto aos relatórios.
- Identificar e comunicar todas as situações importantes em que os princípios de contabilidade não foram aplicados de maneira consistente.
- Exigir que o auditor dê um parecer sobre as demonstrações financeiras examinadas ou indique todos os motivos relevantes para que a opinião profissional não seja dada.

1. *Apresentação de acordo com os princípios contábeis aceitos em geral* – O auditor é obrigado a dizer explicitamente se as demonstrações financeiras estão apresentadas adequadamente em conformidade com os princípios contábeis aceitos em geral. Se o auditor determinar que o declarado é divergente substancialmente dos princípios de contabilidade, ele deve descrever quais são as diferenças em relação aos princípios, incluindo os seus efeitos em valor monetário (sempre que possam ser determinados). O modelo também se aplica aos Padrões Internacionais de Divulgação Financeira (IFRS), pois são aceitos de maneira geral para algumas empresas que devem apresentar relatórios à SEC.

Auditoria na prática

Nos Estados Unidos, os relatórios de auditoria mostram, na assinatura, o nome da empresa e não o nome do sócio individual de auditoria. Tem-se discutido sobre a possibilidade de mudança desta prática, para que também seja fornecido o nome do sócio responsável pela auditoria (e talvez do segundo sócio ou do que apoia o parecer). Esta prática é adotada em algumas jurisdições fora dos Estados Unidos. A identificação dos indivíduos no relatório de auditoria poderia reforçar, a esses auditores, a importância de realizar o trabalho com diligência.

2. *Consistência* – O padrão de consistência exige que os mesmos princípios de contabilidade sejam aplicados uniformemente de um ano para o outro. A consistência aumenta a comparabilidade e a facilidade de compreensão de resultados ao longo de um período. Se houver uma mudança de princípios de contabilidade que tenha efeito significativo sobre as demonstrações financeiras, o auditor deverá salientá-la e informar, na nota explicativa, a consequência da mudança.
3. *Divulgação* – Os leitores de demonstrações financeiras geralmente não têm condições de saber se o que é divulgado está adequado, atendendo aos padrões exigidos pelo Fasb ou outros órgãos que fazem pronunciamentos contábeis. Se nada for mencionado no relatório do auditor, o leitor poderá supor que a divulgação atende às exigências oficiais.
4. *Parecer* – O quarto padrão de divulgação exige que o auditor dê um parecer de auditoria, ou, caso existam razões para que não possa ser dado, elas devem ser informadas ao leitor. O tipo de parecer depende dos resultados do exame realizado pelo auditor. O relatório deve indicar o tipo de exame e o grau de responsabilidade assumida por ele.

Questão prática

A auditoria sempre envolve a avaliação de afirmações frente a critérios. Em se tratando de uma demonstração baseada em princípios contábeis aceitos em geral (Gaap), então esses princípios serão os critérios. Se for uma demonstração baseada em IFRS, então os critérios de adequação serão os princípios de contabilidade promulgados de acordo com o IFRS.

Princípios fundamentais dos padrões IAASB de auditoria

O IAASB adota um enfoque amplo à fixação de padrões, que leva em conta a demanda de serviços tanto de garantia quanto de auditoria. Seu processo de fixação de modelos também reconhece as diferenças fundamentais na forma pela qual a contabilidade é feita em todo o mundo, e que o mundo ainda não convergiu para o IFRS como o conjunto apropriado de padrões de contabilidade financeira. Portanto, os pronunciamentos do IAASB, conhecidos como Padrões Internacionais de Auditoria (*International Standards for Auditing – ISA*), exigem que o auditor determine se o arcabouço utilizado por um cliente para fins de divulgação financeira é apropriado. Uma visão geral dos princípios de condução de uma auditoria é apresentada na **Ilustração 2.9**.

Embora a maioria dos padrões internacionais tenha modelos como base, os princípios gerais dos ISA referem-se a padrões mais detalhados, que se preocupam em orientar o auditor na realização de julgamentos, no planejamento, na realização da auditoria e na comunicação dos seus resultados. Esses modelos diferem-se dos dez padrões Gaap das seguintes maneiras:

- Há referências a padrões de ética e não apenas à independência do auditor.
- O ceticismo profissional é importante e poderia ser interpretado como sendo, mais ou menos, independência por parte do auditor.

> **OA 11**
> Enumerar os princípios fundamentais dos Padrões Internacionais de Auditoria ISA, desenvolvidos pelo IAASB.

Ilustração 2.9: Princípios fundamentais de auditoria contidos nos ISAs

Objetivo
O objetivo da auditoria de uma demonstração financeira é permitir que o auditor expresse sua opinião em todos os aspectos relevantes, de acordo com um arcabouço aplicável de divulgação financeira.

Exigências éticas
O auditor deve cumprir as exigências éticas relevantes relacionadas ao seu trabalho. Esses preceitos incluem princípios fundamentais quanto a: (a) integridade, (b) objetividade, (c) competência profissional e cuidado devido, (d) confidencialidade e (e) comportamento profissional.

Condução de uma auditoria de demonstrações financeiras
O auditor deve realizar uma auditoria segundo os Padrões Internacionais de Auditoria.

Escopo de uma auditoria de demonstrações financeiras
Ao determinar os procedimentos que serão utilizados na condução de uma auditoria segundo padrões internacionais, o profissional deve obedecer a cada um dos modelos relevantes ao trabalho de auditoria.

Ceticismo profissional
O auditor deve planejar e realizar a auditoria com uma atitude de ceticismo profissional, reconhecendo que podem existir circunstâncias que façam que as demonstrações financeiras contenham informações materiais incorretas.

Garantia razoável
Garantia razoável é um conceito relacionado à acumulação das evidências de auditoria necessárias para que o profissional conclua que não houve declarações materiais incorretas nas demonstrações financeiras. A garantia razoável diz respeito ao processo de auditoria como um todo.

Risco de auditoria e materialidade
O profissional deve planejar e realizar a auditoria visando a reduzir o risco a um nível aceitável, que seja compatível com o objetivo de uma auditoria. O auditor se preocupa com a existência de declarações materiais incorretas, não sendo responsável pela detecção daquelas que não sejam significativas nas demonstrações financeiras.

Aceitabilidade do arcabouço de divulgação financeira
O auditor deve determinar se é aceitável o arcabouço de divulgação financeira adotado pela administração da empresa na preparação das demonstrações financeiras.

Fonte: Auditing, Review, Other Assurance, and Related Services. New York: International Federation of Accountants, 2008.

> **Questão prática**
> Os ISAs são muito semelhantes aos padrões de auditoria norte-americanos. Embora haja a alegação de que eles se baseiam mais em princípios, estão contidos em um manual de 945 páginas (na edição de 2008).

- A garantia razoável reconhece que há dificuldades inerentes à realização de uma auditoria, como, por exemplo, a impossibilidade de o profissional não testar toda e qualquer transação, ou a possibilidade de os executivos terem encoberto fraudes cuja localização é virtualmente impossível.
- O risco de auditoria deve ser reduzido a um nível aceitável – embora esse nível não seja definido no padrão.
- Materialidade é um conceito importante que afeta a concepção da auditoria.
- O auditor deve determinar até que ponto é aceitável o arcabouço contábil usado pelo cliente de auditoria.

Como veremos nos capítulos restantes deste livro, estes mesmos conceitos são incluídos nos Gaap norte-americanos – tenham eles sido elaborados pelo AICPA ou pelo PCAOB.

Padrões de outros trabalhos de auditoria

As auditorias de demonstrações financeiras correspondem a apenas uma parte da demanda de serviços de garantia. À medida que a demanda de outros serviços tem se ampliado, novos padrões de garantia e certificação têm sido desenvolvidos para assegurar a qualidade de um conjunto mais amplo de trabalhos além das auditorias de demonstrações financeiras. Foram desenvolvidos outros modelos para a prática de auditoria interna, governamental, de sistemas de informação, de clientes internacionais, entre outros.

Padrões de garantia

O IAASB adotou um enfoque em duas frentes para a formulação de padrões de garantia que, em última análise, assemelha-se à dos modelos desenvolvidos nos Estados Unidos. O IAASB identifica dois tipos principais de padrões de garantia:

1. Trabalhos de garantia razoável.
2. Trabalhos de garantia limitada.

Os trabalhos de garantia razoável são aqueles "em que um praticante exprime uma conclusão destinada a aumentar a confiança dos usuários além da parte responsável sobre o resultado da avaliação ou mensuração de uma área perante alguns critérios". Há alguns elementos fundamentais importantes nesta definição:

> **Questão prática**
> Os auditores podem realizar trabalhos de garantia em uma grande variedade de informações ou processos, tais como aqueles pleiteados por terceiros que desejam ter maior confiança na área sujeita a serviços de garantia.

- Sempre há um terceiro envolvido, e a garantia é dada a ele.
- Há mensuração ou avaliação em relação a critérios específicos, que podem fazer parte de um arcabouço mais amplo ou estar associados a critérios fixados em comum acordo antes da realização do trabalho de garantia.
- Espera-se que o auditor apresente um relatório definitivo, com segurança razoável, sobre as informações apresentadas.

O IAASB identifica os seguintes elementos em um trabalho de garantia:

- Uma relação com um terceiro envolve um praticante, uma parte responsável e usuários visados.
- Uma área apropriada de exame.
- Critérios adequados.
- Evidências apropriadas suficientes.

- Um relatório de garantia por escrito, no formato apropriado a um trabalho de garantia razoável ou um trabalho de garantia limitada.[3]

Um trabalho de "garantia limitada" é aquele em que o objetivo é empregar esforço menor (levando, portanto, a um nível mais alto de risco de erro) que possa ser compreendido adequadamente por todas as três partes. Os trabalhos de garantia limitada normalmente resultam em "garantia negativa"; ou seja, os auditores utilizam procedimentos limitados (geralmente, a análise de uma área, mas sem testes significativos) e verificam se algo chama a sua atenção, indicando a existência de um problema. Nos Estados Unidos, um trabalho de garantia limitada relacionado a demonstrações financeiras é chamado de revisão.

Padrões de certificação

Nos Estados Unidos, os conceitos subjacentes às normas de certificação são os mesmos utilizados para os serviços de garantia. Sempre que um auditor está realizando um trabalho de "garantia razoável", os padrões vigentes do AICPA referem-se a um "serviço de certificação". Todos os serviços de certificação, incluindo a auditoria de demonstrações financeiras, envolvem a coleta de evidências a respeito de afirmações específicas e a comunicação do parecer do certificador (auditor) sobre a fidedignidade da apresentação a um terceiro. As auditorias de demonstrações financeiras são especiais, pois são disseminadas amplamente e contam com padrões muito específicos, desenvolvidos exclusivamente para esse serviço. O AICPA previu a expansão do trabalho dos auditores profissionais em outras áreas e desenvolveu modelos mais amplos de certificação para cobrir esse tipo de atividade. Até o momento, o AICPA produziu normas específicas para a certificação de previsões e projeções financeiras, informações financeiras preliminares, controles internos, cumprimento de contratos ou normas regulatórias e procedimentos estabelecidos de comum acordo. Como é difícil prever todas as áreas nas quais poderá haver demanda de serviços de certificação, o arcabouço de padrões de certificação inclui um conjunto de normas gerais visando a cobrir qualquer serviço novo que venha a surgir. Os modelos desenvolvidos para os serviços de certificação são mostrados na **Ilustração 2.10**.

O futuro da fixação dos padrões de auditoria

A fixação de padrões será dividida em várias partes no futuro, embora exista um movimento visando à harmonização dos modelos domésticos e internacionais existentes. Nesse contexto, o organismo mais importante nos Estados Unidos é o PCAOB, que possui a função regulatória na fixação de padrões para auditorias de companhias abertas. O AICPA se consolidou como um cuidadoso produtor de normas para entidades fechadas. Já o IAASB está, atualmente, estabelecido como produtor de padrões amplos para o mundo inteiro, e continuará a haver convergência entre os modelos norte-americanos e os do IAASB. O GAO fixa os padrões para as auditorias de órgãos do governo dentro dos Estados Unidos e tem trabalhado na vanguarda do tratamento de questões de independência de profissionais e no incentivo para que examinem tanto a eficiência quanto a eficácia das operações. Por fim, o Conselho de Padrões de Auditoria Interna do IIA tem conquistado reconhecimento como o principal formulador de normas para a prática profissional da auditoria interna em termos mundiais. Uma visão geral dos padrões relevantes e de suas fontes e semelhanças é fornecida na **Ilustração 2.11**.

---

[3] *International Framework for Assurance Engagements*. New York: IFAC, 2008.

> **QUESTÃO PRÁTICA**
> O auditor pode estar associado a informações de várias maneiras distintas e a garantia que ele fornece pode ser classificada como nenhuma, limitada ou razoável.

> **OA 12**
> Enumerar os 11 padrões de certificação desenvolvidos pelo AICPA.

> **QUESTÃO PRÁTICA**
> De todas as normas enumeradas, somente as do IIA são de cumprimento voluntário. Os departamentos de auditoria interna na empresas *Enron*, *HealthSouth* e *WorldCom*, por exemplo, não obedeceram aos padrões profissionais de condução de auditorias internas. Caso tivessem feito isso, teriam informado a respeito das restrições ao escopo de suas atividades ao comitê de auditoria e ao conselho de administração.

Ilustração 2.10: Padrões de certificação

Padrões gerais
1. O trabalho deve ser realizado por profissionais com treinamento técnico adequado e proficiência na função de certificação.
2. O profissional deve possuir conhecimento adequado na área de certificação.
3. O auditor deverá realizar um trabalho somente se tiver motivos para acreditar que as duas condições a seguir são satisfeitas:
    - A afirmação pode ser avaliada em face de critérios razoáveis que foram estipulados por um órgão reconhecido ou são enunciados, na apresentação da afirmação, de uma maneira suficientemente clara e abrangente para serem entendidos por um leitor com conhecimento razoável.
    - A afirmação é suscetível de mensuração razoavelmente consistente a partir do uso de tais critérios.
4. Em todas as questões relacionadas ao trabalho, deverá ser mantida independência em termos de atitude mental pelos profissionais.
5. Deverá ser usado cuidado profissional na realização do trabalho.

Padrões de trabalho de campo
1. O trabalho deverá ser adequadamente planejado e os assistentes, se houver, deverão ser supervisionados.
2. Devem ser obtidas evidências para que se construa uma base razoável para a conclusão a ser expressa no relatório.

Padrões de relato
1. O relatório deve identificar a afirmação do que está sendo relatado e indicar a natureza do trabalho.
2. O relatório deve mostrar o resultado da conclusão do praticante ou indicar se a afirmação é apresentada em conformidade com os critérios estabelecidos ou fixados.
3. O documento deve enunciar todas as ressalvas significativas quanto ao trabalho e à apresentação da afirmação.
4. O relatório do trabalho de avaliação de uma afirmação que tenha sido bem estruturada em conformidade com critérios previamente acordados deve conter uma declaração limitando seu uso às partes que concordaram a respeito do uso de tais critérios ou procedimentos.

Ilustração 2.11: Síntese da fixação de padrões de auditoria e da autoridade para a fixação de padrões

Responsável pela fixação de padrões de auditoria	Escopo e base da autoridade para a fixação de padrões
Conselho de Padrões de Contabilidade para Companhias Abertas (PCAOB)	**Base da autoridade:** Congresso dos Estados Unidos. Expressa na Lei *Sarbanes-Oxley*, de 2002. **Escopo:** fixa padrões para as auditorias de demonstrações financeiras e controles internos da divulgação de companhias abertas registradas na SEC.
Instituto Americano de CPAs (AICPA)	**Base da autoridade:** histórica, como organização autorregulada que havia conquistado a confiança do público. **Escopo:** • Padrões para as auditorias de companhias fechadas. • Normas de certificação para outras áreas além dos relatórios sobre controles internos de companhias abertas. • Serviços de garantia cujo escopo seja menor que o de uma auditoria, como revisões e compilações.
Departamento de Prestação de Contas do Governo (GAO)	**Base da autoridade:** legislação federal criando o GAO como braço de auditoria do Congresso, com o poder de fixar padrões para as auditorias de entidades governamentais. **Escopo:** fixa padrões para as auditorias de todas as entidades governamentais nos Estados Unidos e qualquer organização que gaste pelo menos US$ 500 mil de assistência financeira federal durante o ano. As normas são publicadas em um documento frequentemente chamado de "livro amarelo" e são de ampla aplicabilidade.
Conselho de Padrões Internacionais de Auditoria e Garantia (IAASB)	**Base da autoridade:** Federação Internacional de Contadores, tal como acertado entre os países que concordaram em obedecer aos seus padrões. **Escopo:** modelos para auditorias de demonstrações financeiras na maior parte da Europa e em muitos países em desenvolvimento. A harmonização entre países, incluindo os Estados Unidos, continuará sendo um de seus objetivos.
Conselho de Padrões de Auditoria Interna (IASB)	**Base da autoridade:** desenvolvido pelo Instituto de Auditores Internos como organismo autorregulado. **Escopo:** padrões para a prática profissional de auditoria interna em todo o mundo. Os padrões de auditoria interna ajudam a proteger os departamentos de executivos que desejem limitar o escopo da atividade de auditoria interna. Tais limitações devem ser comunicadas ao comitê de auditoria e ao conselho de administração.

Visão geral do processo de auditoria: um enfoque baseado em padrões

As auditorias de demonstrações financeiras e do controle interno da divulgação financeira representam uma parte importante do processo de governança das organizações e ajudam a cumprir a função de prestação de contas. Os padrões de trabalho de campo servem de base para o processo de elaboração do parecer de auditoria. Ao decidir aceitar um novo trabalho ou manter um já existente (Fase I), o auditor se esforça para adquirir um conhecimento completo do cliente (Fase II).

> **OA 13**
> Articular um enfoque, com base em padrões, ao processo de elaboração de pareceres de auditoria.

Fase II: conhecimento do cliente

Reunião de planejamento

O planejamento da auditoria começa com uma reunião com o cliente – o comitê de auditoria e a administração da empresa a ser auditada. Estas são as pessoas-chave envolvidas no processo de governança. A finalidade da reunião de planejamento é permitir que se obtenha um entendimento sobre:

- o escopo dos serviços de auditoria a serem prestados.
- a prontidão dos administradores.
- questões e premissas contábeis fundamentais que afetam a elaboração das demonstrações financeiras.
- materialidade.
- a avaliação, pelo comitê de auditoria e pela administração, dos riscos associados ao controle interno e à divulgação financeira confiável.
- mudanças no ambiente de concorrência e econômico que afetam o cliente e seu possível efeito sobre as demonstrações financeiras.
- coordenação possível do trabalho com o auditor interno.
- honorários de auditoria e expectativas de cada uma das partes.

> **QUESTÃO PRÁTICA**
> Muitas empresas de menor porte não terão comitês de auditoria. A decisão do profissional a respeito de materialidade se concentrará em cláusulas importantes da escritura de emissão de títulos de dívida, diretrizes da empresa e interação com o proprietário-administrador.

A reunião assegura que as partes mais importantes da estrutura de governança estejam cientes do enfoque de auditoria e de suas responsabilidades. Embora o enfoque geral de auditoria seja compartilhado com a administração da empresa, os detalhes do plano, incluindo a determinação de materialidade, não o são. O comitê de auditoria fica com a responsabilidade última pela supervisão da auditoria.

Desenvolvimento da noção de materialidade

A auditoria deve ser planejada para que seja fornecida garantia razoável de que afirmações incorretas significativas serão detectadas. O conceito de materialidade está presente em todas as áreas e orienta a natureza e a amplitude da auditoria tanto das demonstrações financeiras quanto do controle interno da divulgação financeira. O Fasb define materialidade como sendo:

> a magnitude de uma omissão ou declaração incorreta de informações contábeis que, em vista das circunstâncias próximas, faz que se torne provável que o julgamento de uma pessoa que confiasse nessa informação fosse alterado ou influenciado pela omissão ou declaração incorreta.

A materialidade não é simplesmente função de valores monetários específicos nas demonstrações financeiras da organização. O profissional deve ter uma discussão significativa com o comitê de auditoria sobre as dimensões qualitativas e quantitativas da materialidade, como base para a montagem do trabalho com vistas a lidar com afirmações incorretas relevantes. Embora muitas empresas de auditoria tenham desenvolvido diretrizes para a tomada de decisões sobre materialidade, é importante observar que qualquer diretriz é apenas um ponto de partida que é ajustado por outras informações relevantes. Por exemplo, se o cliente tiver um empréstimo com uma cláusula restritiva que exige um índice de liquidez corrente igual a 2, qualquer valor monetário que fizesse que esse índice caísse abaixo desse valor considerado material.

As diretrizes de materialidade normalmente envolvem a aplicação de porcentagens a alguma base, como ativo total, receita total, ou lucro antes do imposto de renda. Uma diretriz simples para auditorias de pequenas empresas poderia ser, por exemplo, fixar o nível geral de materialidade em 1% do ativo ou receita total (o que for maior). A porcentagem poderá ser menor para clientes de maior porte. Outras empresas de CPAs têm normas mais complicadas que podem depender da natureza do setor ou de uma combinação de decisões de materialidade tomadas por especialistas da instituição.

A SEC tem adotado uma postura muito crítica em relação aos profissionais de contabilidade por não examinarem suficientemente os fatores qualitativos na tomada de decisões de materialidade. Em particular, a SEC tem criticado os profissionais por:

- compensarem (calcular o valor líquido) informações materiais incorretas e não fazerem ajustes, uma vez que o efeito líquido pode não ser material para o lucro líquido.
- deixarem de aplicar o conceito de materialidade a variações de estimativas contábeis; por exemplo, uma estimativa contábil poderia ser estimada incorretamente por um valor pouco abaixo do material em uma direção em dado ano, e por um valor pouco abaixo do material na direção oposta no período seguinte.
- ignorarem, sistematicamente, ajustes individuais que podem não ser tidos como materiais, mas que seriam indícios de problemas mais sérios.

> **Questão prática**
> A materialidade não é apenas uma magnitude quantitativa. O auditor deve considerar fatores qualitativos que podem estar afetando a entidade, ao determinar um nível para fins de planejamento de materialidade.

Montagem de um programa preliminar de auditoria

O planejamento leva à elaboração de um programa detalhado de auditoria visando à descoberta de afirmações materiais incorretas. O planejamento é a base do programa de auditoria e inclui:
- entendimento do negócio do cliente e do setor em que atua.
- conhecimento dos riscos enfrentados pela empresa e a determinação de como eles poderiam afetar a apresentação de seus resultados financeiros.
- interpretação dos planos de remuneração de executivos e como podem motivar as ações dos executivos.
- entendimento preliminar da qualidade dos controles internos do cliente sobre a divulgação financeira.
- montagem de um programa detalhado de auditoria com base em risco de auditoria, qualidade do controle interno, afirmações contábeis e materialidade.
- determinação do enfoque da administração à avaliação do controle interno sobre a divulgação financeira e se a administração conta com documentação suficiente do projeto e do funcionamento de controles internos.
- entendimento das políticas e dos procedimentos contábeis do cliente.
- previsões dos itens da demonstração financeira que provavelmente exigirão ajustes, bem como daqueles que são de natureza subjetiva.

- identificação de fatores que poderão exigir a ampliação ou modificação de testes de auditoria, tais como possíveis transações com partes relacionadas ou a possibilidade de afirmações materiais incorretas.
- determinação dos tipos de relatório a serem produzidos, tais como demonstrações consolidadas ou de empresas isoladas, relatórios especiais, de controle interno ou outros a serem submetidos à SEC ou agências reguladoras.

Os capítulos posteriores lidarão detalhadamente com cada um destes tópicos.

Fases III e IV: obtenção de evidências

Testes de afirmações

A terceira e a quarta fases do processo de elaboração do parecer de auditoria envolvem a obtenção de evidências sobre controles, a determinação de seu impacto sobre a auditoria de demonstrações financeiras e a obtenção de evidências consubstanciadas sobre dados de contas específicas. O terceiro padrão do trabalho de campo exige que o auditor colete "evidências apropriadas suficientes de auditoria" para chegar a uma conclusão quanto à fidedignidade das apresentações financeiras da organização. Como observado no Capítulo 1, o processo de auditoria é montado em torno de afirmações inerentes à comunicação contábil. Por exemplo, se uma empresa afirmar que tem imóveis, instalações e equipamentos, menos depreciação acumulada, no valor de $ 42 milhões, a empresa estará dizendo que:

- Possui os equipamentos e tem título de propriedade sobre eles.
- Os equipamentos são ativamente utilizados na condução dos negócios da organização.
- Os equipamentos são adequadamente avaliados ao custo, e o custo totaliza o valor do saldo apresentado nas demonstrações financeiras.
- A depreciação reflete com precisão a utilização econômica dos equipamentos.
- Todas as liquidações de ativos são registradas plenamente.
- Todos os ativos não produtivos, os destinados à venda, ou aqueles que sofreram perdas permanentes de valor são contabilizados por seu valor realizável líquido (valor corrente de mercado).
- Os bens refletidos nas demonstrações financeiras representam precisamente os valores na razão geral.

De maneira análoga, no caso das empresas que devem apresentar informações públicas sobre o controle interno da divulgação financeira, a administração está declarando que seus controles internos são estruturados eficazmente e estão funcionando de maneira que proporcione uma garantia de divulgação financeira confiável.

Exemplo: teste de adições a imóveis, instalações e equipamentos

Ao longo de todo este livro, desenvolveremos programas de auditoria para várias áreas. A seguir, demonstraremos a estrutura geral de um programa de auditoria de afirmações contidas em demonstrações financeiras. Os procedimentos, que são os elementos individuais de um programa de auditoria, lidam com afirmações fundamentais no saldo de cada conta. Consideremos uma auditoria da conta de imóveis, instalações e equipamentos e a declaração de valor implícita na demonstração financeira de uma empresa:

> Os equipamentos apresentados nas demonstrações financeiras são corretamente avaliados ao custo (desde que não seja superior ao valor de mercado) com provisões aplicáveis de depreciação.

Essa afirmação pode ser decomposta em quatro elementos básicos:

- A avaliação dos ativos adquiridos em anos anteriores.
- A avaliação dos ativos adquiridos no ano em curso.
- O registro contábil adequado da depreciação.
- A possível perda de valor dos ativos existentes por força de novas condições econômicas ou de planos da administração a respeito da fabricação de alguns de seus produtos.

A título de ilustração, faremos a suposição de que as demonstrações financeiras do ano anterior tenham sido auditadas e que o profissional tenha verificado o custo e a depreciação acumulada nos anos anteriores. Portanto, o auditor está preocupado em verificar se as adições à conta de equipamentos no ano em curso foram corretamente avaliadas. Um procedimento de auditoria que verificaria a declaração de valores seria:

- Auditar adições a imóveis, instalações e equipamentos – Pegar uma amostra estatística de todas as adições a imóveis, instalações e equipamentos e verificar o custo, consultando as faturas de fornecedores para determinar que tenham sido registradas com precisão e que a propriedade dos equipamentos tenha sido transferida à empresa.
- Procedimento adicional de auditoria no caso de uma empresa que seja considerada de "alto risco" – No caso dos itens selecionados, verificar que o ativo tenha sido colocado no processo de produção, sendo feita a determinação física de sua existência e de seu funcionamento.

> **QUESTÃO PRÁTICA**
> As auditorias de alto risco pressupõem a probabilidade maior de afirmações incorretas ou fraude nas demonstrações financeiras. Portanto, a natureza e o alcance dos procedimentos de auditoria se ampliam para reduzir o risco a um nível razoável.

Observem-se os principais elementos dos procedimentos de auditoria que são prolongamentos dos testes prévios de auditoria:

- Selecionar estatisticamente uma amostra de itens a serem testados – O auditor deve colher uma amostra representativa, pois geralmente é muito caro examinar todas as adições a imóveis, instalações e equipamentos.
- Rever a evidência documental de custo e propriedade – O auditor deve examinar evidências objetivas externas do valor pago, da natureza do equipamento adquirido e da transferência da propriedade à empresa.
- Verificar a existência do ativo – Em situações nas quais há dúvidas sobre a integridade da administração da empresa, ou há outros fatores que indicam a possibilidade de fraude, o auditor deve inspecionar visualmente o ativo para determinar sua presença e funcionamento.
- Avaliar a possível perda de valor dos ativos – Rever a operação continuada das instalações produtivas com a administração e orçamentos futuros para determinar se os ativos devem ser baixados a um valor reduzido. Coletar informações econômicas correntes e evidências independentes sobre o preço corrente de mercado dos ativos.

> **QUESTÃO PRÁTICA**
> Dada a redução de atividade econômica iniciada em 2008, os auditores precisarão verificar os planos da administração da empresa quanto a suspensões de operações, fechamentos de instalações e quaisquer baixas de equipamentos correlatos.

Outros procedimentos de auditoria, como, por exemplo, a estimativa da vida útil do ativo e a aplicação apropriada da depreciação, também seriam realizados na auditoria de imóveis, instalações e equipamentos. O ponto importante a ser compreendido aqui é o de que os programas de auditoria se apoiam nos seguintes fundamentos:

- Os procedimentos de auditoria refletem um entendimento completo das afirmações subjacentes.

- Os procedimentos de auditoria são ajustados pelo risco de possíveis informações incorretas no saldo de uma conta.
- Há diversos fatores que influenciam o risco de informação incorreta. O auditor precisa entendê-los.

Fase V: fechamento da auditoria e tomada de decisões de relato

Síntese das evidências de auditoria e formação de uma conclusão de auditoria

A quinta fase do processo de formulação do parecer envolve a síntese das evidências de auditoria relacionadas às afirmações testadas e à formação de uma conclusão quanto à fidedignidade da apresentação financeira pelo cliente. Se as evidências apontarem para a adequada apresentação do saldo de uma conta, o profissional continuará com a auditoria dos saldos de outras contas. Se as evidências não apoiarem a conclusão de que a apresentação é correta, o profissional reunirá evidências adicionais por meio de testes detalhados. As informações adicionais reunidas levarão o auditor a uma de três conclusões:

- O saldo da conta é incorreto e o cliente concorda em ajustar as demonstrações financeiras para eliminar a incorreção.
- O saldo da conta é incorreto, mas o cliente discorda. O auditor produzirá um relatório de auditoria indicando que as demonstrações financeiras, em sua opinião, não estão adequadamente apresentadas.
- Não foram coletadas evidências suficientes para se chegar a uma conclusão a respeito da existência ou não de informações incorretas nas contas. Por exemplo, os controles do cliente podem ser tão deficientes que não há evidência documental. O auditor faria um relatório dizendo que não é possível fornecer um parecer quanto à fidedignidade das demonstrações financeiras.

AUDITORIA NA PRÁTICA

Teste de procedimentos na WorldCom
Os procedimentos descritos daqui em diante, embora simples, teriam descoberto, se adequadamente cumpridos, a adulteração ocorrida na empresa WorldCom. A fraude ocorreu quando a empresa inflacionou seu lucro capitalizando as despesas de aluguel como se fossem novos ativos (imóveis, instalações e equipamentos). Testes de adições de ativos, como descritos no texto, teriam detectado o erro.

Na maioria dos trabalhos de auditoria, o profissional chegará à conclusão de que as demonstrações financeiras estão adequadamente apresentadas e, para as companhias abertas, que seus relatórios de controle interno também estão corretos. Nessas situações, o auditor fará um "relatório de auditoria sem ressalvas", semelhante ao mostrado no Capítulo 1.

Resumo

As quebras de empresas na década de 1990 estiveram associadas de perto a falhas de governança corporativa, que envolveram várias partes: executivos, conselhos de administração, auditores, comitês de auditoria e alguns grupos de investidores. A Lei *Sarbanes-Oxley* é mais do que uma nova exigência de trabalho: ela lida com muitas das causas das falhas de governança corporativa. Entre outros dispositivos, a lei também criou um novo conselho, independente e semiestatal para fixar padrões de auditoria e restringir severamente os tipos de serviço, fora da área, que podem ser prestados a uma companhia aberta que seja cliente de auditoria.

A fixação de padrões tem evoluído com projetos de convergência entre o AICPA e o IAASB. Os profissionais serão obrigados a entender o contexto de um trabalho específico de auditoria para poderem recorrer aos modelos apropriados. Felizmente, há um elevado grau de coerência entre todos os padrões.

Os dez padrões de auditoria aceitos em geral (Gaap) proporcionam a base conceitual para a condução de trabalhos de auditoria. Como há sobreposição considerável entre os modelos GAAS e os Padrões Internacionais, continuaremos a utilizar os primeiros como referência básica.

Termos importantes

Comitê de auditoria – subcomitê do conselho de administração responsável pelo monitoramento das atividades de auditoria e por atuar como representante dos interesses de acionistas; deve ser composto por membros externos do conselho de administração, ou seja, pessoas que não possuam posições na administração executiva da empresa.

Conselho de Padrões de Auditoria Interna (IASB) – parte do Instituto de Auditores Internos que fixa padrões internacionais para a prática profissional da auditoria interna.

Conselho de Padrões Internacionais de Auditoria e Garantia (IAASB) – parte da Federação Internacional de Contadores responsável pela promulgação de padrões de auditoria e garantia.

Conselho de Supervisão Contábil de Companhias Abertas (PCAOB) – colegiado público criado sob a jurisdição da SEC para fixar padrões visando às auditorias de companhias abertas, para promover exames de empresas de contabilidade externa por seus pares e supervisionar o processo de auditoria de companhias abertas.

Cuidado profissional devido – padrão de atenção que se espera ser respeitado por um profissional competente em sua área de especialização, estipulado nos padrões de auditoria aceitos em geral, mas complementado em casos específicos de implantação pelo padrão de cuidado esperado por um auditor razoavelmente prudente.

Governança corporativa – processo mediante o qual os proprietários e credores de uma organização exercem controle e exigem prestação de contas pelo uso dos recursos confiados à organização. Os proprietários (acionistas) elegem um conselho de administração para supervisionar as atividades e a prestação de contas pela organização aos vários grupos de interesse.

Independência – objetividade e imparcialidade na prestação de serviços profissionais; independência tanto de fato quanto da forma.

Lei *Sarbanes-Oxley*, de 2002 – legislação ampla que determina novos processos de fixação de padrões para as auditorias de companhias abertas e de governança corporativa.

Materialidade – magnitude de uma omissão ou incorreção em informações contábeis que, à luz das circunstâncias, faz com que seja provável que o julgamento por uma pessoa razoável, e que confiasse nessas informações, seja modificado ou influenciado pela omissão ou informação incorreta.

Padrões de relato – quatro padrões de auditoria aceitos em geral que tratam da natureza do relatório do auditor e das comunicações correlatas.

Padrões de trabalho de campo – três princípios de auditoria aceitos em geral que tratam da condução efetiva de uma auditoria.

Padrões gerais – três padrões de auditoria aceitos em geral que tratam da qualificação de indivíduos que realizam uma auditoria, e o cuidado esperado por aqueles que realizam um trabalho na área.

Padrões Internacionais de Auditoria (ISAs) – padrões emitidos pelo IAASB para todos os auditores que estão cumprindo normas internacionais de auditoria.

Programa de auditoria: documento preparado pelo auditor, enumerando os procedimentos e os testes de auditoria específicos a serem executados na coleta de evidências para testar afirmações.

Revisão – tipo de serviço que proporciona um nível mais baixo de garantia do que a "garantia razoável", uma vez que os procedimentos assemelhados a uma auditoria são limitados. Resulta em um parecer de "garantia negativa", em que o auditor não declara que os valores são apresentados corretamente; ao contrário, o profissional informa nada ter sido constatado, que faria que ele acreditasse na existência de informações incorretas.

Serviços de garantia – trabalhos nos quais um praticante enuncia uma conclusão destinada a elevar o grau de confiança por parte dos usuários visados, que não a parte responsável, sobre o resultado da avaliação ou mensuração de alguma área de análise contra certos critérios.

REFERÊNCIAS SELECIONADAS PARA ORIENTAÇÃO PROFISSIONAL RELEVANTE		
Referência de orientação	Fonte de orientação	Descrição da orientação
Pronunciamento sobre padrões de auditoria (SAS) número 61.	AICPA ASB	Comunicação com comitês de auditoria.
Pronunciamento sobre padrões de auditoria (SAS) número 90.	AICPA ASB	Comunicação com comitês de auditoria.
Pronunciamento sobre padrões de auditoria (SAS) número 95.	AICPA ASB	Padrões de auditoria aceitos em geral.
Pronunciamento sobre padrões de auditoria (SAS) número 114.	AICPA ASB	Comunicação do auditor com os responsáveis pela governança.
Regra de ética e independência 3526.	PCAOB	Comunicação com o comitê de auditoria a respeito de independência.
Padrão Internacional de Auditoria (ISA) 260.	IFAC IAASB	Comunicação do auditor com os responsáveis pela governança.

Nota: detalhamento das iniciais das orientações profissionais relevantes: ASB – Conselho de Padrões de Auditoria (*Auditing Standards Board*); AICPA – Instituto Americano de Contadores Externos Certificados (*American Institute of Certified Public Accountants*); Coso – Comitê de Organizações Patrocinadoras (*Committee of Sponsoring Organizations*); Fasb – Conselho de Padrões de Contabilidade Financeira (*Financial Accounting Standards Board*); IAASB – Conselho de Padrões Internacionais de Auditoria e Garantia (*International Auditing and Assurance Standards Board*); IASB – Conselho de Padrões de Auditoria Interna (*Internal Auditing Standards Board*); IASC – Comitê de Padrões de Auditoria Interna (*Internal Auditing Standards Committee*); Ifac – Federação Internacional de Contadores (*International Federation of Accountants*); ISB – Conselho de Padrões de Independência (*Independence Standards Board*); PCAOB – Conselho de Supervisão Contábil de Companhias Abertas (*Public Company Accounting Oversight Board*); SEC – Comissão de Valores Mobiliários e Bolsas de Valores (*Securities and Exchange Commission*).

Questões de revisão

2–2 (OA 1) Defina "governança corporativa" e identifique as principais partes envolvidas na governança corporativa eficaz.

2–4 (OA 2) De que maneiras os conselhos de administradores podem ser responsabilizados pelas falhas de governança corporativa ocorridas na década de 1990?

2–6 (OA 2) Identifique as partes que, pelo menos até certo ponto, deixaram de cumprir seus objetivos de governança corporativa na década de 1990.

2–8 (OA 3) A Lei *Sarbanes-Oxley* incluiu um dispositivo de denúncia. Como ele funciona e por que é um elemento importante de governança corporativa?

2–10 (OA 3) Que exigências da Lei *Sarbanes-Oxley* destinam-se a fortalecer a independência do auditor externo?

2–12 (OA 4) A quem pertencem as demonstrações financeiras de uma empresa: aos executivos, ao comitê de auditoria ou ao auditor? Explique e discuta a importância da questão de propriedade.

2–14 (OA 5) Explique a diferença entre as responsabilidades do comitê de auditoria em relação ao auditor externo e a relação do comitê de auditoria com as funções de auditoria interna e regulatória.

2–16 (OA 5) As companhias fechadas, como uma empresa de pequeno porte, são obrigadas a ter comitês de auditoria que representem grupos de interesses externos, como bancos ou outras instituições credoras?

2–18 (OA 6) Que responsabilidade tem o comitê de auditoria em relação à prestação de serviços fora da área de auditoria a uma empresa e aos seus administradores? Explique a sua resposta.

2–20 (OA 7) O que auditor deve fazer para avaliar a qualidade da governança corporativa de uma organização? Ao formular sua resposta, considere a possibilidade de que a instituição possa ter uma boa estrutura de governança no papel, mas sua implantação possa ser significativamente inferior ao que se declara.

2–22 (OA 7) Por que a governança corporativa de uma organização é importante para o auditor externo? Quais são as implicações, para o profissional, quando uma empresa se compromete com boas práticas de governança?

2–24 (OA 8) Quais são os quatro tipos de padrões que afetam a profissão de auditoria? Defina-os.

2–26 (OA 9) Qual é a diferença entre o trabalho de garantia razoável e de garantia limitada?

2–28 (OA 9) Qual é a diferença, se há alguma, entre o trabalho de garantia, tal como definido pelo IAASB, e o de auditoria?

2–30 (OA 10) Quais são as três principais categorias dos dez padrões de auditoria aceitos em geral? Quais são as finalidades de cada uma delas?

2–32 (OA 9, 11) Identifique os papéis de cada uma das partes a seguir na fixação de padrões de auditoria:

- PCAOB.
- AICPA.
- IAASB.
- GAO.
- Conselho de Padrões de Auditoria Interna (Iasb).

2–34 (OA 13) Defina o termo materialidade e descreva como um auditor pode determinar qual será a materialidade usada no planejamento de uma auditoria das demonstrações financeiras de uma empresa.

2–36 (OA 13) Que procedimentos devem ser utilizados por um auditor para determinar que todos os itens debitados a uma conta de ativo imobilizado no exercício corrente representam compras de imóveis atualmente pertencentes à empresa e são corretamente avaliados?

Questões de múltipla escolha

2–38 (OA 1) Todos os itens a seguir fazem parte da governança corporativa, exceto:
a. Supervisão dos executivos pelo conselho de administração.
b. Processos montados para prestar contas aos acionistas.
c. Processos de denúncia.
d. Revisão independente das demonstrações financeiras pela SEC.

2–40 (OA 3) Qual dos seguintes itens não é uma exigência para os comitês de auditoria de companhias abertas?
a. O comitê de auditoria deve ser presidido pelo presidente do conselho de administração.
b. Os membros do comitê de auditoria devem ter conhecimento de finanças.
c. Os membros do comitê de auditoria devem ser conselheiros independentes.
d. O comitê de auditoria deve se ver como "cliente" do auditor externo.

2–42 (OA 4) Qual das seguintes é uma descrição incorreta do papel da administração da empresa na preparação de demonstrações financeiras e de relatórios de controle interno da divulgação financeira? A administração da empresa é responsável por:
a. Determinar o escopo das atividades de auditoria interna e auditoria externa.
b. Preparar demonstrações financeiras que sejam apresentadas em conformidade com princípios de contabilidade aceitos em geral.
c. Selecionar princípios de contabilidade que melhor representem a realidade econômica das transações e a situação corrente da organização.
d. Elaborar, implantar e avaliar os processos de controle interno da divulgação financeira.

2–44 (OA 9) O texto a seguir descreve uma situação na qual um auditor precisa determinar os padrões mais apropriados a serem seguidos. A empresa auditada tem sede em Paris, mas possui operações importantes nos Estados Unidos (60% das operações) e seus títulos estão registrados na SEC e são negociados na Bolsa de Valores de Nova York. A empresa utiliza IFRS em sua contabilidade. Qual seria o conjunto mais apropriado de padrões de auditoria?
a. PCAOB ou IAASB.
b. PCAOB ou AICPA.
c. IAASB ou Iasb.
d. GAO ou PCAOB.

2–46 (OA 10) O segundo padrão de trabalho de campo exige que o auditor faça tudo o que é indicado a seguir, exceto:
a. Entender o negócio da empresa e os riscos que afetam a elaboração de demonstrações financeiras.
b. Reunir evidências suficientes e apropriadas de auditoria como base para um parecer sobre as demonstrações financeiras.
c. Usar procedimentos de análise que comparem a entidade a outras do mesmo setor para identificar possíveis informações incorretas nas demonstrações financeiras.
d. Conhecer o controle interno da divulgação financeira e aferir a possibilidade de informações incorretas.

Questões para discussão e pesquisa

2–48 (Governança corporativa, OA 1) Uma das críticas às empresas norte-americanas na década de 1990 foi a de que houve falha de governança corporativa. Pede-se:

a. Defina o termo governança corporativa e identifique as principais partes envolvidas, bem como os seus papéis.
b. Identifique as falhas de governança corporativa ocorridas na década de 1990 e os erros de cada uma das partes no processo.
c. Explique sucintamente porque há uma relação entre governança corporativa e risco para o auditor.

2–50 (Governança corporativa, OA 1) Um dos ingredientes de uma boa governança corporativa é um código de ética. Por exemplo, a empresa *Enron* tinha um dos mais completos códigos de ética entre as empresas norte-americanas. Pergunta-se:

a. Que evidências um auditor coletaria para determinar se o código de ética de uma empresa está sendo realmente obedecido?
b. Um auditor pode tomar decisões significativas sobre áreas tais como governança corporativa, em que um volume considerável de julgamento precisa ser aplicado na tomada de uma decisão? Os auditores estão equipados para fazer julgamentos subjetivos?
c. O que faria um auditor para aferir a competência financeira de um comitê de auditoria? Quais são as implicações para a aceitação de um trabalho se o profissional não acredita que os membros do comitê de auditoria tenham conhecimento suficiente?
d. De que maneira um departamento eficaz de auditoria interna faz parte de uma boa governança corporativa? Explique sua resposta.

2–52 (Contabilidade externa e governança corporativa, OA 2) A contabilidade externa desempenha um papel importante na governança corporativa. Pede-se:

a. Descreva o papel desempenhado pela auditoria externa na promoção de uma boa governança corporativa.
b. De que maneira a profissão de contabilidade externa poderia ter falhado nesse papel importante antes da promulgação da Lei *Sarbanes-Oxley*, de 2002?
c. Um ex-presidente da SEC descreveu os auditores como "vigilantes públicos". O que indica o termo para a responsabilidade do auditor externo perante o público?

2–54 (*Sarbanes-Oxley*: Implicações para a Administração, OA 4) A Lei *Sarbanes-Oxley*, de 2002, alterou as responsabilidades dos altos administradores de empresas. Pede-se:

a. Indique, sucintamente, como a lei alterou as responsabilidades dos altos administradores.
b. Como foi alterada a relação entre administradores e o auditor externo com a Lei *Sarbanes-Oxley*?
c. Quem é o principal responsável pela fidedignidade e cobertura das apresentações de demonstrações financeiras? Discuta os papéis relativos dos diretores executivo, financeiro, de auditoria interna, do presidente do comitê de auditoria e do auditor externo.

2–56 (Comitês de auditoria, OA 5, 6) Os comitês de auditoria têm assumido responsabilidades adicionais, em função da Lei *Sarbanes-Oxley*. Pede-se:

a. Descreva as modificações da composição e das responsabilidades dos comitês de auditoria que foram determinadas pela Lei *Sarbanes-Oxley*.
b. O comitê de auditoria tem atualmente a "propriedade da relação com a empresa de contabilidade externa". Quais são as implicações (a) para o comitê de auditoria e (b) para a empresa de contabilidade externa, da nova relação auditor-cliente com o comitê de auditoria?
c. Suponha que a administração da empresa e o auditor discordem a respeito da contabilização apropriada de uma transação complexa. O profissional transmitiu sua opinião ao comitê de auditoria juntamente com uma avaliação de que a sua discordância tem a ver com os aspectos econômicos da transação, e que nada tem a ver com a administração de lucros. Qual seria a responsabilidade do comitê de auditoria? Que competências devem existir no comitê para que se desincumba de suas responsabilidades?
d. Suponha que o auditor e os administradores da empresa discordem em relação a um dado tratamento contábil. Entretanto, o profissional conclui que a escolha feita pelos administradores é uma aplicação aceitável dos princípios contábeis aceitos em geral. Qual seria a responsabilidade do auditor quanto a comunicar o tratamento contábil escolhido (1) à administração da empresa, (2) ao comitê de auditoria, (3) a usuários das demonstrações financeiras auditadas?

2–58 (Lei *Sarbanes-Oxley*, OA 3) A Lei *Sarbanes-Oxley*, de 2002, tem sido descrita como a mais abrangente legislação que afetou as empresas desde a promulgação da lei de Valores Mobiliários, em 1933. Pede-se:

a. Identifique as partes da legislação que afetam especificamente a profissão de auditoria externa e discuta como atingem a profissão.

b. De que maneira a lei afeta a profissão de auditoria interna? Identifique atividades implícitas na lei, bem como aquelas que provavelmente surgirão à medida que as empresas puserem em prática os vários dispositivos previstos na lei.
c. Você acredita que essa lei aumenta ou reduz o poder e o prestígio da profissão de auditoria?

2–60 (Discussão em grupo: governança, desempenho e risco de auditoria, OA 1, 5, 7, 10) O cenário inicial deste capítulo contém um relatório que contrasta a boa governança e o desempenho geral de empresas aos problemas que os auditores têm encontrado em seus clientes, e propõe várias perguntas. Pede-se:
Discuta as seguintes perguntas propostas no início do capítulo.
a. Por que a governança corporativa de uma organização é importante tanto para os investidores quanto para os auditores?
b. Por que a qualidade da governança corporativa afeta o desempenho financeiro de uma organização?
c. Quais são os riscos para um auditor, quando uma empresa não tem boa governança corporativa?
d. Que relação têm o conselho de administração e o comitê de auditoria com a função de auditoria?
e. Por que é importante que as organizações tenham conselheiros e comitês de auditoria completamente independentes dos executivos?
f. Deve um auditor aceitar um trabalho de auditoria com uma empresa sem boa governança corporativa?
g. Como são formulados os padrões de auditoria para ajudar a proteger o auditor contra a má governança de seus clientes?

2–62 (Padrões de auditoria, OA 10) Os dez princípios de auditoria aceitos em geral (Gaap) servem de base para a condução de uma auditoria. Pede-se:
a. Defina o padrão de "cuidado profissional devido" e indique como um tribunal poderia decidir se uma empresa de auditoria satisfez esse padrão.
b. Explique por que a independência é frequentemente vista como a pedra fundamental da profissão de auditoria. Explique por que questões de independência eram uma das preocupações básicas do Congresso ao elaborar a Lei *Sarbanes-Oxley*.
c. Suponha que você trabalhe para um cliente há algum tempo. Além disso, imagine que nunca tenha havido qualquer problema de auditoria com o cliente, que os executivos sejam muito honestos e francos, e que a empresa seja bem administrada. Explique como você preservaria seu ceticismo profissional.
d. Se um profissional for contratado para realizar uma auditoria e encontrar vários erros, é possível renunciar e não emitir um parecer de auditoria? Explique a sua resposta.

Atividades em grupo

2–64 (Gaap, OA 10) Ray, o proprietário de uma empresa pequena, pediu a Holmes, um CPA, para realizar auditoria dos registros contábeis da instituição. Ray disse a Holmes que o trabalho precisaria ser completado a tempo de submeter demonstrações financeiras auditadas a um banco como parte de um pedido de empréstimo. Holmes aceitou imediatamente a tarefa e concordou entregar um relatório de auditoria no prazo de três semanas. Ray concordou em pagar a Holmes uma taxa fixa mais um bônus caso o empréstimo fosse concedido.

Holmes contratou dois estudantes de contabilidade para fazer a auditoria e gastou várias horas dizendo-lhes exatamente o que fazer. Holmes disse aos alunos que não perdessem tempo examinando os controles, mas se concentrassem em comprovar a exatidão matemática das contas e sintetizar os registros contábeis que apoiassem as demonstrações financeiras de Ray. Os estudantes seguiram as instruções, e depois de duas semanas deram a Holmes as demonstrações financeiras, que não tinham notas explicativas por que a empresa não tinha nenhuma transação fora do comum. Holmes examinou as demonstrações e elaborou um relatório de auditoria sem ressalvas. O relatório, porém, não fez qualquer referência a princípios contábeis aceitos em geral (Gaap) ou à aplicação desses princípios ano a ano. Pede-se:

Descreva sucintamente cada um dos princípios de auditoria aceitos em geral e indique as medidas tomadas por Holmes que resultaram no descumprimento de cada um dos padrões.

2–66 (Padrões de certificação, OA 12) O AICPA tem produzido padrões de certificação em reconhecimento do fato de que os serviços podem ser muito mais amplos do que as auditorias das demonstrações financeiras de uma entidade. Um tipo de certificação é uma "declaração de justiça" a respeito de uma fusão ou aquisição proposta. Os bancos de investimentos têm comumente produzidos tais declarações para tranquilizar os conselhos de administração e outros envolvidos na tomada de decisões de fusão ou aquisição. Essencialmente, o conselho de administração pede ao banco de investimento para elaborar um relatório ao conselho avaliando a justiça de uma aquisição proposta (ou de uma oferta de aquisição por outra empresa). Pergunta-se:

a. Poderia um profissional de contabilidade externa ter feito tal tipo de certificação? Por quê? Identifique fatores que poderiam ter permitido ou proibido a prestação de tais serviços por profissionais de contabilidade externa.

b. De que maneira é possível dizer que a profissão de contabilidade externa tem uma vantagem/desvantagem competitiva em comparação com os bancos de investimento na prestação de tal serviço?

2–68 (Pesquisa prática: comitês de auditoria, OA 1, 5) Os comitês de auditoria têm assumido responsabilidades maiores nos últimos anos. Entretanto, também é necessário lembrar que a participação em um comitê de auditoria não é uma função de tempo integral. Pede-se:

a. Faça uma busca de relatórios anuais no sistema Edgar ou entrando nas páginas de algumas empresas via internet. Escolha cinco instituições (de preferência em setores distintos) e prepare um relatório descrevendo o seguinte:

- Uma análise dos regimentos dos comitês de auditoria, identificando as características comuns e quaisquer diferenças entre os regimentos.
- As características dos membros dos comitês de auditoria, por exemplo, se é CPA, que outra experiência o membro possui etc.
- Os indivíduos identificados como "especialistas em finanças".
- Número de reuniões do comitê de auditoria por ano.

  Atividade em grupo

b. Discuta em seu grupo e apresente para a classe as respostas às seguintes perguntas:

- Como diferem as empresas em termos de características dos seus comitês de auditoria? Em sua opinião, quais são as causas dessas diferenças?
- Quais são os antecedentes profissionais dos indivíduos designados como especialistas em finanças? Como diferem entre as diversas organizações?
- Quais são as implicações das variações entre os volumes de tempo gastos em reuniões dos comitês de auditoria durante o ano?

Casos

2–70 (Comitês de auditoria) Uma companhia fechada, produtora de bens de consumo e com faturamento de $6 bilhões, o procurou para ajudá-la a implantar o regimento de um comitê de auditoria e identificar os elementos necessários para montar um comitê eficaz de auditoria. Pede-se:

a. Identifique os principais grupos de interesse, além dos acionistas (geralmente, uma família), que seriam candidatos prováveis para fazer parte do comitê de auditoria da empresa.

b. Identifique os atributos fundamentais que devem ser usados na escolha de membros do comitê de auditoria.

c. Examine o relatório anual de uma companhia aberta e localize o regimento de seu comitê de auditoria. Quais são as principais características do regimento? Quais são seus pontos fortes e fracos?

Ford Motor Company e *Toyota Motor Corporation*: Introdução e governança corporativa

(www.cengage.com.br, em inglês)

Dentro de cada capítulo subsequente deste livro, destacaremos material relevante usando a *Ford Motor Company* (Ford) e a *Toyota Motor Corporation* (Toyota) como exemplos práticos. Propomos perguntas que exigirão ao leitor a aplicação dos conceitos apresentados neste capítulo aos dados da Ford e da Toyota. Selecionamos estas empresas porque (1) são grandes e conhecidos fabricantes de produtos com os quais você está familiarizado, (2) atuam em setores dinâmicos que oferecem riscos e desafios importantes, (3) ambas têm ações negociadas na Bolsa de Valores de Nova York e (4) diferem em termos de seu *status* como emitentes de títulos junto à *Securities and Exchange Commission* (a Ford é uma empresa com sede nos

Estados Unidos e entrega o formulário 10-K anualmente e o Def 14A, ao passo que a Toyota não tem sede nos Estados Unidos e, portanto, entrega o Formulário 20-F anual).

No endereço eletrônico do livro (www.cengage.com.br), colocamos materiais (em inglês) a respeito das duas empresas, que incluem os formulários 10-K e Def 14A (ou seja, uma declaração de procuração) e um formulário 8-K. Os materiais da Toyota incluem o seu Formulário 20-F. Os materiais sobre as duas empresas nos finais de capítulos contêm perguntas que fazem referência a páginas específicas dessas fontes. Tais materiais ajudarão a conhecer as empresas, fornecerão informações sobre a indústria automotiva, detalharão resultados financeiros e descreverão aspectos relevantes de governança corporativa. Nos capítulos subsequentes, apresentamos materiais adicionais provenientes dessas fontes, compatíveis com os tópicos desses capítulos.

Para o Capítulo 2, você deve responder às perguntas a seguir:

Fonte e referência	Pergunta
Questões gerais de base	
Ford 10-K, p. 1-10 sujeitos a divulgação. *Toyota 20-F, p. 6-28*	1a. Descreva a história da Ford, suas atividades atuais, setores em que opera e segmentos. 1b. Descreva os fatores que afetam a rentabilidade da Ford e os fatores que afetam a indústria automotiva em geral. 1c. Compare a natureza da história, atividades atuais e dos segmentos sujeitos à divulgação da Ford e da Toyota.
Ford Def 14A, Table of Contents até p. 20, 29-49	2a. Qual é a finalidade do formulário Def 14A? 2b. O que quer dizer "Def"? 2c. Que tipos de informação estão contidos em uma procuração?
	3a. Que membros do conselho de administração da Ford estão sujeitos a eleição no ano corrente? 3b. Quais desses conselheiros são definidos como "independentes" da Ford? 3c. De que maneira a Ford determina a independência de um conselheiro? 3d. Por que a independência é importante para os acionistas? 3e. Quais características a Ford está buscando para compor seu conselho de administração? 3f. Como são remunerados os membros do conselho de administração? Poderia a natureza dessa remuneração afetar a independência de um conselheiro? Explique a sua resposta.
	4a. Descreva o comitê de auditoria da Ford e suas responsabilidades. 4b. Quem é o especialista em finanças que faz parte do comitê de auditoria? A designação de apenas um indivíduo como especialista em finanças é adequada para a complexidade da Ford e as exigências da Lei *Sarbanes-Oxley*?
	5a. Examine o relatório do comitê de auditoria e descreva seu conteúdo mais importante. 5b. Os honorários de auditoria nem sempre eram divulgados publicamente. Na verdade, essa divulgação tornou-se obrigatória, nos Estados Unidos, somente a partir do ano 2000. Por que é importante a exibição pública de honorários de auditoria e outros honorários pagos à empresa de auditoria? Que honorários, além dos de auditoria, foram cobrados da empresa pela *PricewaterhouseCoopers*? 5c. Qual foi a natureza dos honorários de auditoria em 2006 e 2007? Por que é importante que essa remuneração seja divulgada? 5d. Quais são os honorários da auditoria em relação (em porcentagem) (a) à receita total e (b) aos ativos totais? 5e. A *PricewaterhouseCoopers* faz volume significativo de trabalho na área fiscal para a Ford. Qual é a natureza do trabalho realizado? Em que circunstâncias a realização de serviço na área fiscal para o cliente de auditoria poderia afetar negativamente a independência da empresa?

	5f. Qual foi o valor total dos honorários de auditoria na Toyota? Que porcentagem os honorários representaram da receita total e dos ativos totais?
Ford 10-K, Ilustrações 31.1, 31.2 e 32.1	6a. A Seção 302, da Lei *Sarbanes-Oxley*, modificou a exigência da lei de Negociação de Valores Mobiliários dizendo que, a partir de 2002, os principais dirigentes executivos de companhias abertas devem validar as demonstrações financeiras e os processos de controle interno de suas empresas. Leia as declarações dos executivos da Ford nos Ilustrações 31.1, 31.2 e 32.1. 6b. Obtenha uma cópia da Lei *Sarbanes-Oxley*, de 2002. Quais são as validações específicas exigidas na Seção 302? 6c. Por que você acha que o Congresso julgou que era necessário exigir que os executivos fizessem declarações afirmativas como a de Allan Mulally, de que "as informações contidas no relatório representam com fidelidade ... a condição financeira e os resultados das operações da empresa"? 6d. Como você acha que o fato de assinar essas declarações afeta os processos de julgamento desses executivos, se é que os afeta de alguma forma? 6e. Você se sentiria tranquilo em fazer tais validações se fizesse parte da administração executiva da Ford? Que providências você tomaria para chegar a esse nível de tranquilidade? Lembre-se de que os executivos não podem se apoiar no trabalho do auditor externo para criar uma base para essa validação. 6f. Explique como os executivos (a) usariam a função de auditoria interna e (b) criariam exigências para os gestores de nível médio no processo de geração de base para essa validação?
Toyota 20-F, p. 70-77	7. Leia os documentos de divulgação de governança corporativa da Toyota. Quais são as diferenças significativas em termos de governança corporativa entre a Toyota e a Ford?
Questões relacionadas à ética	
Ford Def 14A, p. 79-85	8. A divulgação feita nessas páginas fornece detalhes de propostas que acionistas individuais pretendem apresentar na assembleia geral anual. Leia as Propostas 6 e 7 de autoria de John Chevedden. O que ele propõe e que preocupações apresenta a respeito da estrutura de governança da Ford? Qual é o argumento usado na recomendação do conselho de administração quanto às propostas do Sr. Chevedden? Avalie os pontos positivos para chegar a uma conclusão quanto às propostas.
Site da Ford, www.ford.com. Procure "code of ethics"	9. Examine o código de ética dos altos administradores e do conselho de administração. Quais são os principais itens desses códigos? Faça uma crítica dos componentes e da mensagem geral contida nos códigos. 10. Que diretrizes são propostas pela administração da empresa quanto ao tratamento de violações do código de ética da empresa?

Arcabouços para tomada de decisão de julgamento e ética e padrões profissionais relevantes

3

Objetivos de aprendizagem

O principal objetivo deste livro-texto é a construção de uma base para a análise de questões profissionais correntes e a adaptação de enfoques de auditoria às complexidades das empresas e da economia. Por meio do estudo deste capítulo, você será capaz de:

1. Articular um arcabouço geral para a tomada de decisões profissionais de qualidade e aplicá-lo em situações específicas de auditoria.
2. Descrever a necessidade do comportamento ético dos auditores para justificar a confiança neles depositada pelo público.
3. Descrever teorias que podem ser utilizadas para analisar problemas éticos.
4. Articular um arcabouço para a tomada de decisões de elevada qualidade ética e aplicá-lo em situações específicas de auditoria.
5. Explicar como as várias exigências da Lei *Sarbanes-Oxley*, de 2002, refletem nos julgamentos profissionais dos participantes dos mercados financeiros e dão o tom para a tomada de melhores decisões do ponto de vista ético.
6. Descrever e aplicar o Código de Conduta Profissional do AICPA.
7. Explicar os princípios utilizados pela SEC em julgamentos de autonomia e discutir regras específicas de independência da SEC e do PCAOB.
8. Discutir a importância da autonomia para a profissão de contabilidade externa.
9. Debater as principais ameaças à independência e enfoques, visando a mitigar tais ameaças.
10. Discutir as responsabilidades do comitê de auditoria atinentes à autonomia do auditor externo.

Visão geral do capítulo

Uma profissão que existe para atender aos interesses do público precisa garantir que seus serviços sejam prestados no nível mais alto possível de qualidade, integridade e independência. Este capítulo apresenta um arcabouço geral que descreve como tomar decisões profissionais de qualidade elevada. Além disso, o capítulo apresenta informações específicas para realizar os trabalhos de forma ética, ilustrando considerações que os profissionais devem ponderar ao fazer julgamentos eticamente desafiadores. Apresentamos a Lei *Sarbanes-Oxley*, ilustrando como muitas de suas exigências procuram sanar as falhas éticas nos julgamentos profissionais dos auditores, executivos e outras partes envolvidas no processo de governança corporativa. Também descrevemos os princípios e o Código de Conduta Profissional do AICPA. Por fim, delineamos a importância fundamental da independência do auditor e detalhamos as regras da SEC e do PCAOB para os auditores de companhias abertas. Em termos do processo de elaboração de pareceres de auditoria, este capítulo concentra a atenção nas pedras fundamentais relacionadas à tomada de decisões, conduta profissional e ética.

O processo de elaboração do parecer de auditoria

I. Aferir as decisões de aceitação e retenção do cliente (capítulo 4).

II. Entender o cliente (capítulos 2, 4-6 e 9).

III. Obter evidência a respeito de controles e determinar o impacto sobre a auditoria de demonstrações financeiras (capítulos 5-14 e 18).

IV. Apurar evidências consubstanciadas sobre afirmações de contas (capítulos 7-14 e 18).

V. Fechamento da auditoria e tomada de decisões de divulgação (capítulos 15 e 16).

A profissão de auditoria, regulamentação e governança corporativa (capítulos 1 e 2).

Tomada de decisões, conduta profissional e ética (capítulo 3).

Responsabilidade profissional (capítulo 17).

JULGAMENTO PROFISSIONAL EM CONTEXTO

Um caso de decisões éticas relativas à independência de auditores e denúncia

Susan Birkert, 27 anos de idade, era uma auditora sênior nas auditorias da *Comtech* pela KPMG nos exercícios fiscais de 2004-2006. Em 2005, um conhecido de Birkert concordou em comprar ações da *Comtech* para ela, no valor de US$ 5 mil, violando as regras profissionais de independência do auditor. Em maio de 2006, Birkert fez uma declaração falsa à KPMG ao dizer que estava agindo de acordo com as regras da empresa de auditoria e da profissão no que diz respeito à independência. Após uma denúncia anônima e a subsequente investigação pela KPMG, Birkert reconheceu a falsidade e a KPMG a dispensou. Em seguida, o PCAOB a impediu de atuar profissionalmente por um período de um ano.

Ao ler o capítulo que segue, considere este caso e as seguintes perguntas:
- Por que possuir ações de um cliente é considerado inapropriado?
- Por que é importante que os auditores sejam independentes de seus clientes?
- Por que a KPMG e o PCAOB levaram tão a sério a atitude de Birkert?
- Suponha que a denúncia anônima à KPMG tenha vindo de um dos amigos de Birkert no trabalho com a *Comtech*. Qual foi a decisão ética desse indivíduo em termos de denunciar a situação à KPMG?

Nota: este caso baseia-se em fatos divulgados pelo PCAOB, no *release* nº 1 05-2007-003, de 14 de novembro de 2007.

Introdução

Tomada de decisões, ética e desempenho organizacional

Pesquisas mostram que as empresas com governança corporativa forte, processo decisório de alta qualidade e padrões éticos elevados, geralmente, têm melhor desempenho e informações financeiras de qualidade superior em comparação com empresas que são fracas nessas dimensões. As investigações feitas até hoje nas maiores falências mundiais (*WorldCom* e *Enron*) mostram que o mau processo decisório, culturas corporativas e padrões éticos inadequados foram fatores importantes para o colapso. A alta administração estava excessivamente preocupada em atingir as expectativas de lucro de *Wall Street* e gerar fortunas pessoais, e acabou realizando medidas extremas para gerar a ilusão de empresas que pareciam ótimas no papel, mas estavam, na verdade, caindo vertiginosamente em um precipício. A cultura corporativa era tal que os funcionários sabiam que havia fraude, ou estavam preocupados com ela, mas tinham medo de denunciá-la; os conselhos de administração eram passivos e ineficazes; os auditores externos estavam preocupados em manter os contratos de consultoria com os clientes; e os bancos eram tão liberais que foram incapazes de perceber sinais de alerta rotineiros. A filosofia da administração era: "faça-se o que for necessário para elevar o valor de mercado de nossa ação".

Alguns dos sócios da *Arthur Andersen*, à época a maior empresa de CPAs do mundo, acabaram sendo atraídos pela ilusão de compartilhar dessas fortunas e fecharam os olhos às fraudes de divulgação financeira que estavam sendo perpetradas pelos executivos. Barbara Ley Toffler era a sócia responsável pelos serviços de consultoria em ética e práticas empresariais responsáveis da *Andersen*. Em seu livro *Final Accounting – Ambition, Greed, and the Fall of Arthur Andersen*, ela relata como uma cultura de arrogância e ganância infectou a sua empresa e levou a erros enormes de julgamento entre seus colegas.[1] A empresa, antes vista por muitos como a melhor instituição de CPAs do mundo, trocou sua filosofia de "fazemos o que é certo" para "fazemos que o cliente fique feliz". A *Andersen* foi forçada a declarar falência após ter operado durante 88 anos.

Neste capítulo, apresentamos inicialmente um arcabouço geral para a tomada de decisões profissionais, e depois passamos a regras mais específicas em relação a questões éticas. Ao longo de todo o livro, pediremos ao leitor que recorra a estes arcabouços, aplicando-os nos vários contextos de auditoria que são tratados nos capítulos subsequentes. A seguir, discutimos os princípios e as normas de conduta profissional do AICPA que servem de orientação para a tomada de decisões profissionais, tanto gerais quanto eticamente difíceis. Por último, argumentamos detalhadamente o conceito de independência do auditor, incluindo um exame do porquê a independência é fundamental para a profissão de auditoria. Sintetizamos os pronunciamentos profissionais relevantes no final do capítulo.

Um arcabouço para tomada de decisões profissionais

Um arcabouço de tomada de decisões em geral

OA 1
Articular um arcabouço geral para tomada de decisões profissionais de qualidade elevada e aplicá-lo em situações específicas de auditoria.

Os auditores adicionam valor aos mercados financeiros tomando decisões de qualidade elevada associadas à sua avaliação das demonstrações financeiras de clientes. Essas decisões são imparciais, atendem as expectativas de usuários, obedecem a padrões profissionais e baseiam-se em informação factual suficiente para justificar a resolução que está sendo tomada. Por exemplo, os auditores devem tomar decisões sobre os tipos de evidências a serem coletadas, como avaliá-las, quando coletar informações adicionais e que conclusões são apropriadas, dado o conhecimento obtido graças às evidências. Em última instância, os auditores devem decidir se as demonstrações financeiras do cliente contêm qualquer desvio em

---

[1] TOFFLER, Barbara Ley. *Final Accounting – Ambition, Greed, and the Fall of Arthur Andersen*. Nova York: Broadway Books, 2003.

relação aos princípios de contabilidade aceitos em geral e que afetariam significativamente o julgamento por parte de usuários das demonstrações financeiras.

A tomada de decisões é comum entre profissionais. Por exemplo, considere um médico tentando diagnosticar a doença de um paciente. O profissional deverá decidir que exames precisarão ser pedidos, como interpretar os resultados obtidos, quando pedir testes adicionais (quantos, e de que tipos) e deverá finalmente diagnosticar qualquer possível doença. Para tomar decisões complexas, difíceis e importantes como estas, os profissionais podem tirar proveito de um enfoque estruturado às suas decisões, como representado na **Ilustração 3.1**.

Na etapa 1, o auditor estrutura o problema, considerando as partes relevantes a serem envolvidas no processo decisório, identificando várias alternativas factíveis, incertezas ou riscos, considerando como avaliar as alternativas e determinando como estruturar o problema. Para ilustrar essas tarefas, consideremos uma decisão típica enfrentada por auditores – determinar se os valores dos estoques do cliente são adequadamente medidos de acordo com os princípios de contabilidade aceitos em geral. Os auditores trabalham dentro de uma hierarquia organizacional com papéis claramente definidos em relação a tipos apropriados de profissionais que devem participar de testes de estoques (por exemplo, aqueles menos experientes podem fazer testes de contagem de estoques, mas os especialistas setoriais podem considerar a avaliação de itens estocados mais complexos). Além disso, os auditores consideram que indivíduos na organização do cliente são mais qualificados para medir os valores dos estoques. Os auditores também identificam alternativas factíveis a respeito do saldo dos estoques. Por exemplo, o saldo foi corretamente avaliado? Também será levada em conta a evidência necessária para fazer uma avaliação adequada do estoque (consultando preços externos de bens estocados e avaliando sua possível obsolescência). Os profissionais também precisam aferir o risco de que as evidências coletadas não sejam necessariamente indicativas do verdadeiro valor subjacente do estoque. Em outras palavras, há um risco de que, a despeito do trabalho que realizem, suas conclusões possam ser incorretas. O último estágio da etapa 1 inclui a estruturação do problema, e há orientação profissional útil neste processo (veja o capítulo posterior sobre padrões de auditoria concernentes às possíveis alternativas).

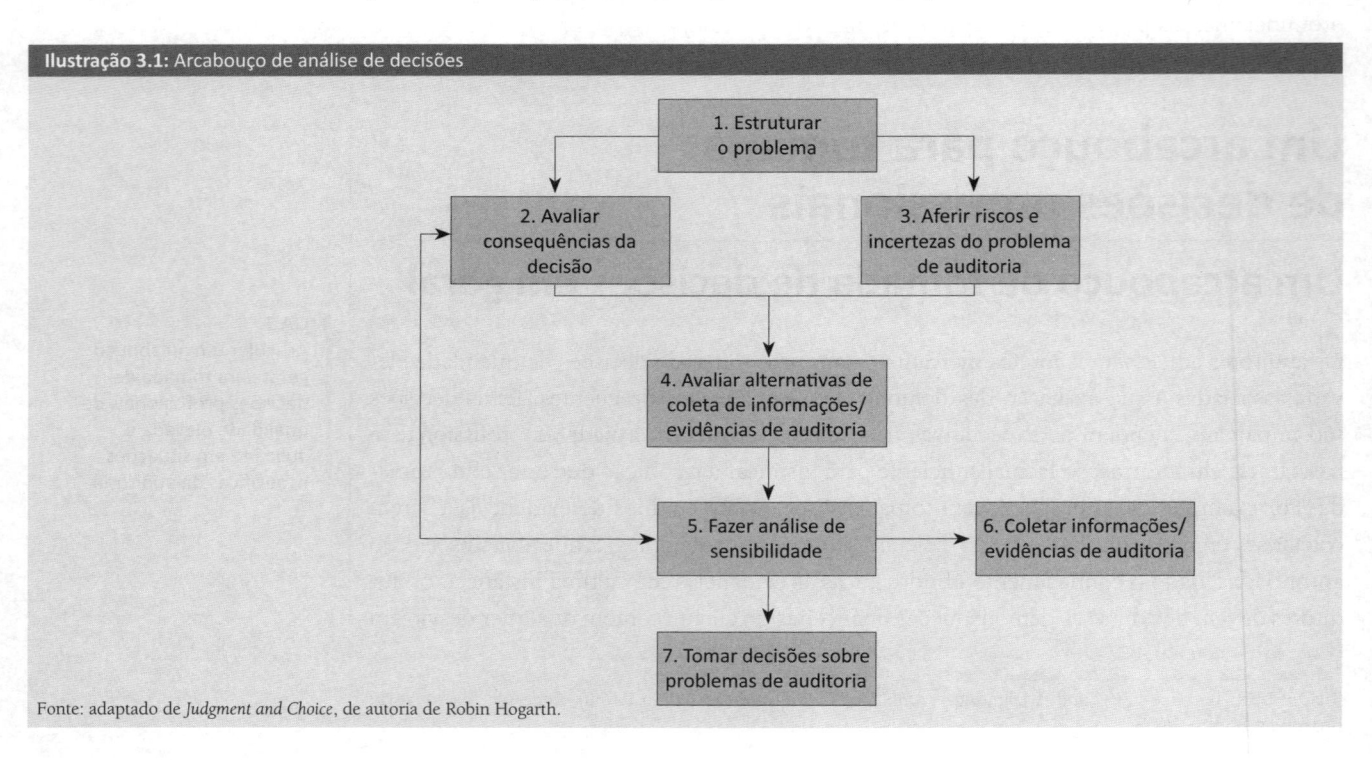

Ilustração 3.1: Arcabouço de análise de decisões

1. Estruturar o problema
2. Avaliar consequências da decisão
3. Aferir riscos e incertezas do problema de auditoria
4. Avaliar alternativas de coleta de informações/ evidências de auditoria
5. Fazer análise de sensibilidade
6. Coletar informações/ evidências de auditoria
7. Tomar decisões sobre problemas de auditoria

Fonte: adaptado de *Judgment and Choice*, de autoria de Robin Hogarth.

Na etapa 2, o auditor avalia as consequências das possíveis opções. As considerações neste estágio incluem a determinação das dimensões nas quais as alternativas serão avaliadas e como ponderar tais dimensões. Continuando com o exemplo anterior, o auditor precisará considerar as consequências de diversas alternativas de avaliação de estoques e se uma, em particular, é mais ou menos apropriada do que as demais disponíveis. Se o profissional decidir que o estoque está sendo corretamente avaliado e que a metodologia de avaliação é apropriada, a decisão não terá consequências negativas. Entretanto, se o profissional chegar a uma conclusão incorreta, então algum grupo de interesses poderá ser enganado, expondo os auditores a ações judiciais e perda de reputação.

Na etapa 3, o auditor afere os riscos e incertezas da situação, itens relacionados (a) aos riscos que o cliente de auditoria enfrenta, (b) à qualidade das evidências reunidas pelo auditor e (c) à suficiência das evidências de auditoria reunidas. Em outras palavras, há riscos associados a um cliente específico e na coleta de evidências de auditoria suficientes. Todos esses riscos precisam ser aferidos na determinação das informações apropriadas a serem coletadas.

Na etapa 4, o auditor avalia as alternativas de coleta de evidências de auditoria e informações com base em uma regra de decisão apropriada. Para os auditores, essas normas são articuladas em termos de padrões de contabilidade ou de auditoria aceitos em geral. Em nosso exemplo, regras de avaliação de estoques de acordo com princípios de contabilidade aceitos em geral podem fornecer orientação necessária para o processo decisório. Além disso, os padrões de auditoria aceitos em geral geram regras relativas a estratégias apropriadas de coleta de evidências que devem ser seguidas quando são auditados os valores de estoques.

Na etapa 5, o profissional considera a sensibilidade das conclusões obtidas nas etapas 2, 3 e 4 a premissas incorretas. Pode ocorrer, dados os resultados das etapas anteriores, que o auditor seja capaz de determinar que foram coletadas evidências suficientes para apoiar (ou não), em um nível convincente de certeza, a crença de que o problema de auditoria que esteja sendo avaliado pode ser solucionado adequadamente. Prosseguindo no exemplo anterior, é possível que a coleta inicial de evidências e a análise inicial de risco levem a uma conclusão definitiva. Nesse caso, o profissional pode passar à etapa 7. No entanto, ainda podem existir incertezas significativas a serem eliminadas. Por exemplo, no caso de estoques, pode haver dispersão nos valores de mercado disponíveis, contra os quais os custos históricos dos estoques nas demonstrações financeiras do cliente seriam comparados. Desse modo, o valor real dos estoques pode cair dentro de uma faixa, e tanto o cliente quanto o auditor precisarão usar de julgamento profissional para determinar um valor que reflita melhor a realidade econômica. Em tal situação, o auditor precisará completar a etapa 6.

Na etapa 6, o auditor reúne informações e evidências em um processo iterativo que afeta as considerações sobre as consequências das possíveis alternativas e as incertezas associadas a tais julgamentos. É importante salientar que nesta etapa o profissional considera os custos e benefícios de aquisição de informações, sabendo que a coleta de evidências adicionais demanda tempo, esforço e dinheiro. Dado que uma auditoria é feita para uma empresa com fins lucrativos, considerações de custo e benefício na coleta de evidências são particularmente relevantes. Um bom auditor sabe o momento apropriado para parar de coletar evidências. Em contraste, alguns profissionais suspendem a coleta cedo demais, o que resulta em evidência inadequada para a tomada de uma decisão. Outros ainda continuam, muito embora as disponíveis sejam adequadas, contribuindo assim para ineficiência e redução de rentabilidade na auditoria.

O auditor usa um processo iterativo entre as etapas 1 e 6, até que conclua que é possível tomar uma decisão com prudência. Na fase 7, o profissional precisa tomar a difícil decisão de que o problema foi suficientemente analisado e que o risco de uma conclusão incorreta foi reduzido a um nível aceitável mediante a coleta de evidências adequadas. Em última instância, é necessário que o auditor documente a decisão à qual chegou. Ao longo de todo o texto e dos problemas do capítulo, ilustraremos outras aplicações deste enfoque de análise de decisões. Passemos, a seguir, a um contexto mais específico de decisão, o que envolve a solução de problemas com fortes conotações éticas.

Um arcabouço de tomada de decisões com ética

Aceitação da confiança do público

OA 2
Descrever por que o comportamento ético por parte dos auditores é necessário para justificar a confiança neles depositada pelo público.

A profissão de contabilidade externa tem se esforçado muito para conquistar a confiança do público e se beneficia monetariamente desse crédito na condição de fornecedor exclusivo e legalmente aceitável de serviços de auditoria de empresas e outras organizações. Para que essa confiança e a vantagem econômica sejam preservadas, é essencial que haja integridade profissional baseada em padrões morais pessoais e ela seja reforçada por códigos de conduta. Sempre que surge um escândalo, a profissão se vê diminuída e alguns auditores são pessoalmente arruinados. Não é difícil para os profissionais encontrar-se em posições eticamente comprometedoras sem o perceber. Durante a realização de uma auditoria, por exemplo, um profissional pode ficar sabendo de planos de um cliente que provavelmente dobrarão o valor de mercado de suas ações. Suponhamos que o auditor tenha um colega de faculdade que gostaria de ficar sabendo dessa oportunidade de investimento. O colega não tem uma carteira de aplicações muito grande, de modo que compartilhar essa informação não afetaria o mercado. Deveria o auditor compartilhar essa informação? Ou então consideremos o caso Susan Birkert, apresentado no quadro "Julgamento profissional em contexto" no início do capítulo. Conjectura-se que o denunciante anônimo no caso foi um amigo e colega de Birkert no trabalho realizado para a *Comtech*. Imagine a escolha ética com a qual se defrontou o colega ao ficar sabendo da falsidade de Birkert – denunciar e inevitavelmente prejudicar a carreira de Birkert, ou ignorar o assunto e talvez racionalizar as ações como inconsequentes. Os profissionais de contabilidade frequentemente se defrontam com esses tipos de escolhas éticas difíceis. Em tais situações, uma metodologia definida é útil como instrumento de solução da situação de uma maneira refletida e de qualidade elevada. Há um problema ético quando um indivíduo é obrigado, moral ou eticamente, a agir de uma forma que pode conflitar com seus próprios interesses imediatos. Existe um dilema quando há deveres ou obrigações morais conflitantes, tal como pagar uma dívida a uma pessoa quando há uma idêntica com outra pessoa, e não há fundos suficientes para pagar ambas. Os dilemas éticos complexos não se prestam a decisões simples quanto ao que é "certo" ou "errado".

Teorias de ética

OA 3
Descrever teorias que podem ser utilizadas para analisar problemas éticos.

Algumas teorias podem auxiliar os indivíduos a lidar com problemas e dilemas éticos. Duas delas – a utilitarista e a teoria dos direitos – fornecem referências que têm influenciado a elaboração de códigos de conduta e podem ser usadas por profissionais ao enfrentar situações eticamente desafiadoras.

Teoria utilitarista

A teoria utilitarista define ética como a ação que promove o máximo bem-estar para o maior número possível de pessoas. Atividades que implicam resultados que não atendam a definição de ética ou aquelas que correspondam a meios ineficientes de alcançar tais fins são menos desejáveis. O utilitarismo requer o seguinte:

- A identificação do problema e das possíveis linhas de ação.
- A identificação do impacto direto ou indireto de ações sobre cada uma das partes afetadas (comumente chamadas de grupos de interesses) que podem obter vantagens a partir do resultado de ações empreendidas.
- A avaliação da conveniência (qualidade) de cada ação.
- A avaliação geral do máximo bem-estar para o maior número possível de pessoas.

O utilitarismo exige que os indivíduos não advoguem ou escolham alternativas que favoreçam interesses limitados ou produzam o máximo bem-estar de maneira ineficiente. Podem existir discordâncias quanto ao impacto provável ou à eficiência relativa de ações distintas visando à consecução dos fins desejados. Também pode haver problemas na mensuração do que é o "máximo bem-estar" em uma circunstância específica. Um problema com a teoria utilitarista é a hipótese implícita de que os fins justificam os meios. Infelizmente, tal enfoque pode levar a linhas desastrosas de ação, em que os responsáveis pela tomada de decisões deixam de medir ou avaliar adequadamente os possíveis custos e benefícios. Assim sendo, os especialistas em ética dizem, em geral, que os argumentos utilitaristas devem ser moderados por algum enfoque baseado em valores, que podem ser obtidos na teoria dos direitos.

Teoria dos direitos

Essa teoria concentra-se na avaliação de ações com base nos direitos fundamentais das partes envolvidas. Na hierarquia de direitos, os de ordem superior assumem precedência em relação aos de ordem inferior. Aqueles de ordem superior incluem o direito à vida, à autonomia e à dignidade humana. Direitos de segunda ordem incluem aqueles concedidos pelo governo, como direitos civis, legais, de propriedade e privilégios de licenciamento. Direitos de terceira ordem são os sociais, como o de acesso ao ensino superior, a uma boa assistência médica e à possibilidade de emprego remunerado. Os direitos de nível mais baixo, ou de quarta ordem, estão relacionados aos interesses não essenciais, ou gostos de uma pessoa, como o de enriquecer, de jogar golfe ou de se vestir de maneira atraente.

Essa teoria exige que os direitos das partes afetadas sejam considerados como restrições à tomada de decisões éticas. Este enfoque é mais eficaz na identificação de resultados que devem ser automaticamente eliminados, como o "enfoque Robin Hood", ou seja, tirar dos ricos para dar aos pobres, ou na reconhecimento de situações em que a resposta utilitarista conflitaria com a maioria dos valores da sociedade.

Um arcabouço ético

O arcabouço apresentado a seguir decorre das teorias utilitarista e dos direitos e define um enfoque para lidar com questões complexas não consideradas pelo código da profissão, ou quando elementos das normas parecem ser conflitantes:

- Identificar as questões éticas.
- Determinar quais são as partes afetadas e identificar seus direitos.

OA 4
Articular um arcabouço para a tomada de decisões de elevada qualidade ética e aplicá-lo em situações específicas de auditoria.

- Estipular quais são os direitos mais importantes.
- Gerar linhas alternativas de ação.
- Determinar as consequências prováveis de cada linha de ação proposta.
- Avaliar as consequências exequíveis, incluindo uma estimação do máximo bem-estar para o maior número possível de beneficiados. Determinar se o enfoque de direitos faria que alguma linha de ação fosse eliminada.
- Decidir qual é a linha de ação mais apropriada.

O caso apresentado a seguir, semelhante a uma situação real, é utilizado para mostrar como este arcabouço seria aplicado em situações de auditoria.

Aplicação do arcabouço ético

Identificação das questões éticas: Os CPAs que estão prestando serviços de auditoria a um cliente, *Payroll Processors Inc.*, acreditam que a empresa corre o risco de falir. Vários clientes da empresa de CPAs utilizam os serviços de processamento de folhas de pagamento da *Payroll Processors*. Os demais usuários deveriam receber informação confidencial a este respeito, antes de torná-la pública por meio do relatório de auditoria?

Determinar quais são as partes afetadas e identificar seus direitos: As partes relevantes nesta questão incluem:

- A *Payroll Processors* e seus executivos.
- Os clientes, credores e investidores atuais e futuros da *Payroll Processors*.
- A empresa de CPAs e seus outros clientes.
- A profissão de contabilidade externa.

A enumeração dos potencialmente afetados pela decisão é mais fácil do que a identificação de seus direitos. São alguns dos direitos envolvidos:

- Os executivos da empresa têm o direito de supor que as informações confidenciais obtidas pelos auditores assim continuarão, a menos que a divulgação seja permitida pela empresa ou exigida pelos padrões de contabilidade ou auditoria.
- Os clientes, credores e investidores atuais e futuros da *Payroll Processors* têm o direito de receber informações confiáveis e de não serem negadas informações que outros recebem.
- A empresa de CPAs tem o direito de esperar que seus profissionais obedeçam aos padrões da profissão. Entretanto, alguns indivíduos podem sentir-se pressionados a proteger o bem-estar de seus atuais clientes.
- A profissão de contabilidade externa tem o direito de esperar que todos os seus membros obedeçam ao código de conduta profissional e tomem medidas que elevem a reputação geral e a percepção de integridade da profissão. A norma ética quanto à confidencialidade foi concebida para assegurar um fluxo livre de informações entre o cliente e o auditor. Tal fluxo é considerado necessário à condução eficiente e eficaz de um trabalho de auditoria.

Determinar os direitos mais importantes: Muitos auditores considerariam que os direitos mais importantes são (1) os da *Payroll Processors*, de que não haja a divulgação imprópria de informações confidenciais; (2) os dos usuários, de receber informações confiáveis; (3) os do cliente, que espera que a confidencialidade de informações privadas seja mantida; (4) os da profissão, quanto à preservação de sua reputação de confiança e garantia de que auditorias eficazes serão realizadas.

Gerar linhas alternativas de ação: As linhas possíveis de ação são: (1) compartilhar as informações confidenciais com os outros clientes da empresa de contabilidade externa antes de emitir um parecer de auditoria sobre as demonstrações financeiras do cliente, ou (2) não compartilhar essas informações antes de emitir um parecer sobre as demonstrações financeiras. A empresa de CPAs estava realizando trabalho de auditoria, e os padrões profissionais exigem que os auditores divulguem as suas reservas quanto à possibilidade de que a *Payroll Processors* continue a operar normalmente em seu relatório de auditoria, e não em comunicações privadas com algumas entidades selecionadas. Portanto, as reservas quanto à sobrevivência da empresa serviriam de alerta para qualquer pessoa que lesse o relatório anual.

Determinar as consequências prováveis:

1. Compartilhar as informações antes do parecer de auditoria – O compartilhamento desta informação com os outros clientes antes da divulgação de um relatório de auditoria com reservas a respeito das possibilidades de sobrevivência da empresa poderia fazer que os clientes deixassem de operar com a *Payroll Processors*, o que aumentaria a probabilidade de falência da empresa. Também poderia aumentar a possibilidade de que a empresa de CPAs seja vista como violadora das normas de conduta e processada pela *Payroll Processors* por fornecer informação confidencial de maneira imprópria a algumas partes, o que está fora do papel público desempenhado pelas empresas de CPAs. Um auditor também poderia ter a sua licença suspensa ou revogada. Outros clientes da *Payroll Processors* que não recebem a informação porque não são clientes da empresa de CPAs seriam colocados em posição de desvantagem, e poderiam processar o auditor por causa de divulgação discriminatória.
2. Não compartilhar as informações antes do parecer de auditoria – Se a informação não fosse compartilhada com os outros clientes, eles poderiam levar suas encomendas de serviços de auditoria a outras empresas, caso descobrissem que os auditores sabiam deste problema e não o compartilharam com eles. Outros clientes da *Payroll Processors* poderiam sofrer perdas por causa dos problemas financeiros da empresa.

Avaliar as possíveis consequências e estimar o máximo bem-estar para o maior número possível de beneficiários: O compartilhamento da informação pode ajudar outros clientes a transferir suas atividades de processamento de folha de pagamento a outros prestadores do serviço de maneira mais organizada e rápida do que se precisassem aguardar até a publicação do parecer de auditoria. Entretanto, outros clientes da *Payroll Processors* poderão ser postos em situação de desvantagem caso a empresa não quebre e seu processamento de folha de pagamento seja perturbado. Os funcionários da *Payroll Processors* perderão seus empregos mais rapidamente, e os investidores, em suas ações, tenderão a perder mais dinheiro de forma mais rápida. Seu direito a que uma informação confidencial continue dessa forma será violado. Poderá haver menos confiança na profissão por causa de divulgação discriminatória ou não autorizada de informação. Os administradores de outras empresas poderão relutar em compartilhar outras informações não financeiras com empresas de auditoria. Após avaliar os benefícios de divulgar ou não a informação antes de emitir seu parecer de auditoria, torna-se aparente que o máximo bem-estar será gerado pela sua não divulgação seletiva com os clientes atuais de auditoria, e sim por completar o trabalho e emitir o parecer no momento apropriado.

AUDITORIA NA PRÁTICA

Abusos de poder

Um dos muitos problemas encontrados no trabalho de auditoria da Enron foi o de que o principal sócio da empresa de auditoria envolvido era responsável por desempenhar uma função de "gestão de relacionamento", ou seja, manter os clientes satisfeitos. A Enron usou o seu poder sobre o sócio de auditoria e o amplificou pagando à *Arthur Andersen* honorários de consultoria superiores aos de auditoria. Em consequência, o trabalho de auditoria da Enron na *Andersen* tornou-se, em termos gerais, mais importante do que teria sido normalmente para a empresa de auditoria. A perda do contrato com a Enron, ou a sua insatisfação como cliente, poderia resultar no prejuízo de receitas de consultoria muito importante; o que por sua vez representaria um grande choque para o lucro da empresa.

Decidir qual deve ser a linha de ação apropriada: O CPA não deve compartilhar a informação antes de emitir o parecer de auditoria. Ele pode encorajar a *Payroll Processors* a compartilhar sua situação com seus clientes, mas não pode obrigá-la a fazer isso. A necessidade de tratamento equitativo e a confidencialidade da informação determinam que a principal linha de comunicação do CPA seja o relatório formal de auditoria relativo às demonstrações financeiras.

A Lei *Sarbanes-Oxley* como reação a falhas éticas

OA 5
Explicar como as várias exigências da Lei *Sarbanes-Oxley* refletem falhas éticas anteriores nos julgamentos profissionais por participantes do mercado financeiro e fixam o tom para a tomada de melhores decisões do ponto de vista ético.

Os escândalos financeiros e a crise do mercado entre o final da década de 1990 e o início de 2000 foram um exemplo dramático dos custos de decisões eticamente impróprias por várias partes, governança corporativa deficiente, más decisões de auditores e independência insuficiente das auditorias. As falências da *Enron* e da *WorldCom* e o colapso subsequente da *Arthur Andersen* foram eventos tão dramáticos e significativos que o Congresso se viu forçado a reagir, e o fez sob a forma da Lei *Sarbanes-Oxley*. A **Ilustração 3.2** sintetiza os principais dispositivos da lei.

Ilustração 3.2: Dispositivos importantes da Lei *Sarbanes-Oxley*, de 2002

Seção	Exigências
CAPÍTULO I: CONSELHO DE SUPERVISÃO CONTÁBIL DE COMPANHIAS ABERTAS	
101	Criação e disposições administrativas. O Conselho: • É uma entidade sem fins lucrativos e não uma agência do governo dos Estados Unidos. • Possuirá cinco membros com conhecimentos em finanças e que forem indivíduos de destaque, integridade e reputação, comprometidos com os interesses dos investidores e do público. • Terá o poder de fixar padrões relacionados a relatórios de auditoria e realizar inspeções em empresas de contabilidade externa registradas.
102	Registro perante o Conselho: • As empresas de contabilidade que auditem companhias abertas deverão se registrar junto ao PCAOB.
103	Padrões e normas de auditoria, controle de qualidade e independência. O Conselho: • Estabelecerá ou adotará regras relativas à condução de auditorias e a padrões de controle de qualidade de empresas de auditoria. • Exigirá que as empresas de auditoria descrevam o escopo dos testes da estrutura de controle interno de instituições emitentes de valores mobiliários.
104	Inspeções de empresas de contabilidade externa registradas. O Conselho: • Inspecionará anualmente as empresas de contabilidade registradas que auditem mais de 100 empresas emitentes de valores mobiliários.

Ilustração 3.2: Continuação

Seção	Exigências
	• Vistoriará pelo menos uma vez a cada três anos as empresas de contabilidade registradas que auditem menos de 100 empresas emitentes de valores mobiliários. • Divulgará publicamente os resultados de suas inspeções.
105	Investigações e procedimentos disciplinares. O Conselho: • Adotará procedimentos para disciplinar as empresas de contabilidade registradas. • Exigirá que as empresas de contabilidade registradas apresentem documentação e façam depoimentos que o Conselho julgue necessários para conduzir suas investigações. • Será capaz de punir empresas de contabilidade registradas que não cooperem com investigações.
106	As instituições de contabilidade pública estrangeiras deverão obedecer às mesmas regras do PCAOB que são impostas às de contabilidade domésticas.
107	A SEC tem poderes de supervisão e disciplinamento sobre o Conselho, incluindo processos envolvendo a fixação de padrões e atos disciplinares.
108	A SEC reconhecerá como "aceitos em geral" os princípios contábeis que sejam estabelecidos por um organismo fixador de padrões que satisfaça os critérios da lei.
109	As empresas de contabilidade registradas e as emitentes de valores mobiliários custearão as atividades do Conselho.

CAPÍTULO II: INDEPENDÊNCIA DO AUDITOR

201	Serviços fora do âmbito da prática dos auditores. Há uma variedade de trabalhos que as empresas de contabilidade registradas não podem realizar para os emitentes de valores mobiliários, como, por exemplo, escrituração contábil, projetos de sistemas, serviços de avaliação e auditoria interna, entre outros. Podem prestar serviços fiscais, mas somente com a aprovação do comitê de auditoria.
202	Exigências de aprovação prévia. Todos os serviços de auditoria e serviços fora dessa área (com algumas exceções baseadas em tamanho e considerações de ordem prática) precisam ser aprovados pelo comitê de auditoria de uma empresa emitente de valores mobiliários.
203	Rodízio de sócio de auditoria. O sócio principal e o encarregado da revisão devem deixar de atender o emitente de valores mobiliários a cada cinco anos.
204	Relatórios do auditor a comitês de auditoria. As empresas de contabilidade registradas devem relatar ao comitê de auditoria assuntos que digam respeito a: • Políticas e práticas de contabilidade de importância crítica. • Tratamentos alternativos de informações financeiras dentro de princípios de contabilidade aceitos em geral que tenham sido considerados pelos administradores da empresa, e o tratamento adotado pela empresa de contabilidade. • Comunicações por escrito significativas entre a empresa de contabilidade e os administradores da instituição.
205	Emendas de adequação. Esta seção detalha mudanças de redação secundárias entre a Lei *Sarbanes-Oxley* e a Lei de Valores Mobiliários, de 1934.
206	Conflitos de interesse. As empresas de contabilidade registradas não podem realizar auditorias para um emitente de valores mobiliários cujo diretor executivo, financeiro, controlador, diretor de contabilidade ou outra posição equivalente era empregado pela empresa de contabilidade um ano antes da auditoria, ou seja, um "período de quarentena".
207	Estudo do revezamento obrigatório de empresas de contabilidade externa registradas. O Controlador Geral dos Estados Unidos realizará um estudo a respeito do assunto.

CAPÍTULO III: RESPONSABILIDADE CORPORATIVA

301	Comitês de auditoria de companhias abertas. • Os comitês de auditoria serão diretamente responsáveis pela nomeação, remuneração e supervisão do trabalho de empresas de contabilidade registradas. • Todos os membros de comitês de auditoria deverão ser independentes. • Os comitês de auditoria deverão criar mecanismos de denúncia dentro dos emitentes de valores mobiliários. • Os comitês de auditoria têm o poder de contratar sua própria assessoria jurídica independente. • Os emitentes de valores mobiliários devem fornecer financiamento adequado para a operação dos comitês de auditoria.
302	Responsabilidade corporativa por relatórios financeiros. Os diretores endossantes (isto é, executivo e financeiro): • Certificarão, em relatórios trimestrais e anuais submetidos à SEC, que os documentos não contêm declarações falsas de fatos importantes, e que as demonstrações e divulgações financeiras apresentam fielmente (em todos os aspectos materiais) a condição financeira e os resultados das operações do emitente de valores mobiliários. • Deverão implantar e manter controles internos eficazes para assegurar que as demonstrações e divulgações financeiras sejam confiáveis. • Serão responsáveis por projetar controles internos, avaliando sua eficácia e divulgando deficiências significativas dos controles ao comitê de auditoria e à empresa de contabilidade registrada.
303	Influência indevida sobre a condução de auditorias. Os dirigentes de emitentes de valores mobiliários não poderão tomar qualquer medida para influenciar, coagir, manipular ou enganar fraudulentamente a empresa de contabilidade registrada ou seus funcionários.

Ilustração 3.2: Continuação

Seção	Exigências

CAPÍTULO IV: DIVULGAÇÃO FINANCEIRA AMPLIADA

401 Divulgação em relatórios periódicos.
- Os relatórios financeiros devem ser elaborados de acordo com os princípios de contabilidade aceitos em geral e devem refletir ajustes corretivos materiais propostos pela empresa de contabilidade registrada.
- Devem ser divulgadas transações significativas fora de balanço e outras relações com pessoas ou entidades não consolidadas.
- A SEC deverá publicar novas normas sobre dados preliminares, e deverá estudar as questões de transações fora de balanço e uso de entidades com fins específicos.

402 Dispositivos ampliados sobre conflitos de interesse. Os emitentes de valores mobiliários não poderão conceder crédito a diretores ou executivos.

404 Avaliação de controles internos pela administração da empresa.
- Deverão ser feitos relatórios anuais especificando a responsabilidade dos administradores pelo estabelecimento e pela manutenção de estrutura e procedimentos adequados de controle interno da divulgação financeira.
- Os relatórios anuais deverão conter uma avaliação da eficácia da estrutura e dos procedimentos de controle interno da divulgação financeira pelo emitente de valores mobiliários.
- Cada empresa de contabilidade registrada deverá certificar e relatar a respeito da avaliação efetuada pelos administradores do emitente de valores mobiliários, e tal certificação não deverá fazer parte de um contrato separado (ou seja, exige-se uma auditoria integrada).

406 Código de ética para altos executivos financeiros. A SEC baixará normas exigindo que os emitentes de valores mobiliários divulguem se adotaram ou não um código de ética para os seus altos executivos financeiros (e, se não o tiverem feito, deverão apresentar o motivo).

407 Divulgação da identidade do especialista em finanças no comitê de auditoria. A SEC deverá publicar normas que obriguem os emitentes de valores mobiliários a divulgar se o comitê de auditoria possui ou não pelo menos um membro que seja especialista em finanças (se não, deverão apresentar o motivo).

CAPÍTULO V: CONFLITOS DE INTERESSE DE ANALISTAS

501 Tratamento de analistas de valores mobiliários. As associações de negociação de valores e as bolsas nacionais de valores registradas deverão adotar regras para lidar com preocupações relacionadas a conflitos de interesse de analistas que fazem recomendações de ações.

CAPÍTULO VI: RECURSOS E PODER DA COMISSÃO

601 Ampliação do financiamento da SEC. O orçamento da SEC é aumentado para permitir fiscalização e regulamentação mais fortes das partes envolvidas nos mercados de valores mobiliários.

602 A SEC poderá censurar qualquer pessoa, ou negar, temporária ou permanentemente, o privilégio de se apresentar à SEC ou praticar perante a SEC, se for constatado que essa pessoa:
- Não possui as qualificações adequadas para representar outras pessoas.
- Não tiver caráter ou integridade, ou tiver se envolvido em conduta profissional antiética ou imprópria.
- Tiver deliberadamente violado ou ajudado a desobedecer qualquer dispositivo da legislação de valores mobiliários.

CAPÍTULO VII: ESTUDOS E RELATÓRIOS

701 O GAO estudará e relatará os resultados de estudo sobre a consolidação de empresas de contabilidade externa. O Controlador Geral dos Estados Unidos deverá realizar um estudo tratando dos fatores que têm levado à consolidação das empresas de contabilidade externa desde 1989 e à redução do número de instituições capazes de prestar serviços de auditoria a empresas nacionais e multinacionais de grande porte sujeitas à legislação de valores mobiliários.

702 A Comissão estudará e relatará os resultados sobre as agências de classificação de risco de crédito. A SEC deverá conduzir um estudo sobre o papel e a função das agências de classificação de risco de crédito no funcionamento do mercado de valores mobiliários.

703 Estudo e relatório sobre infratores e infrações. A SEC fará um estudo para determinar o número de profissionais de mercado de valores mobiliários (contadores externos, empresas de contabilidade externa, bancos de investimento, corretores, distribuidores de valores, advogados etc.) que têm ajudado a violar as leis federais de valores mobiliários, mas não têm sido punidos, disciplinados ou penalizados de alguma forma.

704 Estudo de ações de cumprimento da legislação. O Controlador Geral dos Estados Unidos reverá e analisará todas as ações de cumprimento da legislação pela SEC envolvendo violações das exigências de divulgação impostas pela legislação de valores mobiliários e as reapresentações de informações no período de cinco anos anteriores à Lei *Sarbanes-Oxley*.

705 Estudo de bancos de investimento. O Controlador Geral dos Estados Unidos conduzirá um estudo para determinar se os bancos de investimento e os assessores financeiros ajudaram companhias abertas a manipular seus lucros e a ocultar suas verdadeiras condições financeiras.

CAPÍTULO VIII: RESPONSABILIDADE CRIMINAL POR FRAUDES CORPORATIVAS

802 Penalidades criminais para a alteração de documentos. Punições mais pesadas são agora impostas para crimes envolvendo a destruição, alteração, falsificação ou destruição de registros financeiros ou relatórios de auditoria de empresas.

805 Revisão de normas federais para sentenças por obstrução de justiça e fraude criminal ampla. As normas para sentenças são ampliadas nos casos de fraude e obstrução de sentenças judiciais.

Ilustração 3.2: Continuação	
Seção	Exigências
806	Proteção de funcionários de companhias abertas que fornecem evidências de fraude. Esta seção fornece amparo aos denunciantes contra retaliação em casos de fraude.
807	Penalidades criminais por defraudar acionistas de companhias abertas. Penalidades mais pesadas são agora impostas para crimes envolvendo fraudes com valores mobiliários.
Capítulo IX: Ampliação de penalidades por crimes do colarinho branco	
903	Penalidades criminais pela violação realizada por correio e telefone. Esta seção aumenta as penalidades para essas infrações.
904	Penalidades criminais por violações da Lei de Segurança dos Rendimentos de Aposentadoria de Funcionários, de 1974. Esta seção aumenta as penalidades para infrações dessa lei.
905	Emenda relativa a normas para sentenças em casos de crime do colarinho branco. A Comissão de Sentenças dos Estados Unidos reverá e emendará as diretrizes federais para sentenças relacionadas aos dispositivos da Lei *Sarbanes-Oxley*.
906	Responsabilidade corporativa por relatórios financeiros. Esta seção prevê penalidades para os diretores de empresas que, deliberadamente, forneçam certificações incorretas de demonstrações financeiras e relatórios.
Capítulo X: Declarações de rendimentos de pessoas jurídicas	
1001	O diretor executivo deverá assinar a declaração de rendimentos da empresa.
Capítulo XI: Fraude corporativa e prestação de contas	
1102	Manipulação de um registro ou criação de dificuldades para a execução de um procedimento oficial. Esta seção prevê penalidades para qualquer pessoa que altere, destrua, mutile ou oculte de maneira corrupta um registro, documento ou outro objeto, ou procure fazê-lo com a intenção de reduzir a integridade do objeto e a sua disponibilidade para uso em um procedimento oficial. Prevê ainda pena para aqueles que obstruam, influenciem ou impeçam, de alguma outra forma, qualquer procedimento oficial, ou tente fazê-lo.
1105	Poder da comissão de proibir pessoas de atuarem como diretores ou conselheiros. A SEC pode proibir de atuar perante a Comissão, como diretor ou conselheiro, qualquer pessoa que tenha violado a seção 10(b) da Lei de Valores Mobiliários de 1934 ou a seção 8A da Lei de Valores Mobiliários, de 1933.
1106	Penalidades criminais mais pesadas para violações da Lei de Valores Mobiliários, de 1934.

Como fica claro na leitura da **Ilustração 3.2**, diversas seções da Lei *Sarbanes-Oxley* foram escritas em reação a abusos do processo de divulgação financeira no final da década de 1990 e no início da década de 2000, e muitos de seus dispositivos afetam, diretamente, auditores e a profissão de auditoria. Por exemplo, o Capítulo I, e as suas seções relevantes, removem efetivamente a autorregulamentação da profissão de auditoria e a substituem pela supervisão independente pelo PCAOB. A Seção 201 elimina a capacidade das empresas de contabilidade de prestar muitos serviços de consultoria aos clientes de auditoria, citada como uma das principais causas das malsucedidas auditorias da *Enron*. As Seções 204, 301 e 407 aumentam significativamente o poder, as responsabilidades e as divulgações por comitês de auditoria de empresas, lidando assim com preocupações de deficiências de governança corporativa no final da década de 1990 e no início da década de 2000. Os comitês de auditoria são diretamente responsáveis pela supervisão dos auditores externos das empresas e têm o poder de contratar e dispensar os auditores. A Seção 404 exige a garantia pela administração e a certificação pela empresa de auditoria da eficácia dos controles internos da divulgação financeira, um problema estrutural importante em muitas organizações nas quais houve fraude. Por fim, muitas seções da Lei *Sarbanes-Oxley* ampliam as penalidades por crimes que afetam os mercados de valores mobiliários, os acionistas individuais e o público em geral.

Enfoques dos códigos de ética profissional

Os auditores devem obedecer ao mais alto padrão de princípios de ética para poderem agir adequadamente. Por exemplo, se o público não tiver confiança na independência e integridade dos profissionais, ele não dará valor algum ao trabalho dos auditores. Mas nem todos os CPAs atendem ao mesmo público. Alguns auditores fazem trabalhos para companhias abertas e são guiados por padrões emitidos pelo PCAOB. A maioria dos auditores está ligada ao AICPA e sujeita aos padrões de ética do AICPA. Por fim, há necessidade de comportamento ético em entidades globais. Portanto, os profissionais também devem conhecer os padrões de ética editados pela Federação Internacional de Contadores por intermédio do Conselho Internacional de Ética para Contadores. Felizmente, há elevado grau de compatibilidade entre esses códigos.

Conselho Internacional de Ética para Contadores

O Conselho Internacional de Ética para Contadores (*International Ethics Standard Board for Accountants* – Iesba) adota um enfoque amplo à conduta ética. Apresentamos este organismo em primeiro lugar porque enuncia princípios que permeiam todos os outros padrões. O Código de Ética exige que os contadores obedeçam a cinco princípios fundamentais:

- Integridade – O contador profissional deve ser franco e honesto na prestação de serviços profissionais.
- Objetividade – O contador profissional não deve permitir que viés, conflito de interesses ou a influência indevida de outras pessoas domine julgamentos profissionais ou comerciais.
- Competência profissional e cuidado devido – O contador tem o dever permanente de manter conhecimento e competência profissionais no nível exigido para garantir que um cliente ou empregador receba serviços competentes, com base em desenvolvimentos atuais. Um profissional deve agir de maneira diligente e em conformidade com padrões técnicos e profissionais aplicáveis ao prestar serviços.
- Confidencialidade – O contador deve respeitar a confidencialidade da informação adquirida em consequência de relações profissionais e comerciais, e não deve divulgar tal informação a terceiros sem autoridade apropriada e específica, a menos que haja um direito ou dever profissional legal de divulgação. A informação confidencial adquirida em consequência de relações profissionais ou comerciais não deve ser usada em benefício pessoal do contador profissional ou terceiros.
- Comportamento profissional – O contador deve obedecer às leis e aos regulamentos da área e evitar qualquer ação que desacredite a profissão.

Fonte: © 2008. *The International Federation of Accountants* – IFAC. Todos os direitos reservados. Usado com a permissão da IFAC. Este texto é um trecho extraído de *Handbook of International Standards on Auditing, Assurance, and Ethics Pronouncements of the International Auditing and Assurance Standards Board – IAASB*, publicado pela Federação Internacional de Contadores (IFAC), em abril de 2009, e é usado com a permissão da IFAC.

O Iesba se concentra em princípios fundamentais que devem orientar a tomada de decisões pelo auditor em toda e qualquer situação. Por exemplo, há um foco importante na objetividade e na integridade. Encontramos um enfoque semelhante no código de ética do AICPA, mas a terminologia se concentra mais na independência do auditor do que em sua objetividade.

Código de Conduta Profissional do AICPA

OA 6
Descrever e aplicar o Código de Conduta Profissional do AICPA.

Embora a Lei *Sarbanes-Oxley* e os arcabouços gerais ou específicos para tomada de decisões com ética sejam claramente úteis no estabelecimento de limites ao mau comportamento por parte de executivos e auditores e na solução de situações profissionais complexas, a profissão de contabilidade utiliza mecanismos formais de autorregulamentação para que haja coerência de julgamento e seu comportamento seja defensável perante o público e os órgãos reguladores. Por exemplo, o AICPA, o Instituto de Auditores Internos e o Instituto de Contadores Gerenciais desenvolveram, cada um deles, um código de conduta profissional como instrumento de autorregulamentação de seus membros. Quando os problemas éticos não são especificamente cobertos por esses códigos, o auditor deve usar o bom-senso, valores morais e os arcabouços descritos anteriormente para dirimir as situações mais difíceis.

O Código de Conduta Profissional foi adotado pelos membros do AICPA para proporcionar orientação e regras a todos eles – àqueles na prática pública, seja na indústria, no governo, seja no ensino – no desempenho de suas responsabilidades profissionais. Ele é composto por um conjunto de princípios que servem de base para as regras de conduta. Além disso, há interpretações das normas, bem como julgamentos sobre questões de ética. Os princípios, expostos na **Ilustração 3.3**, fornecem um padrão amplo de conduta profissional e representam a orientação mais alta para a ação profissional. Os auditores devem sempre considerar esses princípios em busca de orientação profissional. A maioria dos dilemas éticos significativos encontrados pelos auditores pode ser resolvida focalizando-se na aplicação desses princípios fundamentais. Com frequência os auditores têm ficado tão envolvidos recorrendo e interpretando regras específicas que acabam ignorando os princípios orientadores. Assim sendo, embora as regras sejam importantes, os auditores devem ter a certeza de que, quando interpretam e aplicam regras específicas, eles o fazem de uma maneira coerente com os princípios básicos subjacentes a essas regras.

As normas de conduta são diretrizes específicas que refletem os princípios gerais da profissão. Elas fornecem orientação mais detalhada para ajudar os CPAs a se desincumbirem de suas responsabilidades públicas, são especificamente aplicáveis sob o estatuto do AICPA e a sua maioria se aplica a todos os CPAs, mesmo que esses indivíduos não estejam atuando em prática pública. Espera-se que as regras de conduta sejam suficientemente específicas para orientar os auditores na maioria das situações que podem encontrar, e abrangem as áreas amplas de independência, integridade, aderência a pronunciamentos profissionais, além das responsabilidades com o público e os colegas.

A profissão amplia as regras com interpretações específicas com a finalidade de oferecer orientação adicional. As regras de conduta são apresentadas na **Ilustração 3.4**. Destacamos várias delas na discussão subsequente.

Ilustração 3.3: Princípios de conduta profissional do AICPA

Responsabilidades – No exercício das suas responsabilidades como profissionais, os membros devem exercer julgamentos profissionais e morais em todas as suas atividades.

Interesse público – Os membros devem aceitar a obrigação de agir de modo que atendam e honrem ao interesse público e demonstrar comprometimento com o profissionalismo.

Integridade – Para manter e ampliar a confiança do público, os membros devem se desincumbir de todas as responsabilidades profissionais com o mais alto senso de integridade.

Objetividade e independência – Um membro deve manter sua objetividade e estar livre de conflitos ao desincumbir-se de suas responsabilidades profissionais. Deve, também, ser independente tanto de fato quanto em aparência ao prestar serviços de auditoria e de certificação.

Cuidado devido – Um membro deve observar os padrões técnicos e éticos da profissão, lutar continuamente para melhorar a competência e a qualidade dos serviços e desincumbir-se de suas responsabilidades profissionais no limite de sua capacidade.

Escopo e natureza dos serviços – Um membro no exercício da prática pública deve observar os princípios do código de conduta profissional ao determinar o escopo e a natureza dos serviços a serem prestados.

Fonte: *Copyright American Institute of Certified Public Accountants, Inc.* Todos os direitos reservados. Usado com permissão.

Ilustração 3.4: Regras de conduta do AICPA

Regra 101 *independência*	Um membro, no exercício da prática pública, deve ser independente ao realizar serviços profissionais, tal como exigido pelos padrões promulgados pelos colegiados designados pelo Conselho.
Regra 102 *integridade e objetividade*	Na prestação de qualquer serviço profissional, um membro deve manter objetividade e integridade, estar livre de conflitos de interesse e não deverá, deliberadamente, falsear fatos ou subordinar seu julgamento ao de outras pessoas.
Regra 201 *padrões gerais*	Um membro deve obedecer aos seguintes padrões e a qualquer interpretação deles por colegiados designados pelo Conselho: A. Competência profissional. Prestar somente aqueles serviços que o membro pode esperar completar razoavelmente com o uso de competência profissional. B. Cuidado profissional devido. Usar de cuidado profissional apropriado na prestação de serviços profissionais. C. Planejamento e supervisão. Planejar e supervisionar adequadamente a prestação de serviços profissionais. D. Obter dados relevantes suficientes para permitir que se crie uma base razoável para conclusões ou recomendações em relação a qualquer serviço profissional prestado.
Regra 202 *obediência aos padrões*	Um membro que preste serviço de auditoria, revisão, compilação, consultoria, fiscais ou outros trabalhos profissionais deverá obedecer aos padrões promulgados por colegiados designados pelo Conselho.
Regra 301 *informações confidenciais do cliente*	Um membro no exercício da prática pública não deverá divulgar qualquer informação confidencial de um cliente sem seu consentimento expresso.
Regra 302 *honorários condicionais*	Um membro no exercício da prática pública não poderá: (1) Realizar, em troca de remuneração condicional, qualquer serviço profissional para um cliente, ou receber tal pagamento de um cliente para o qual o membro ou a empresa do membro também faça: (a) Auditoria ou revisão de demonstração financeira, ou (b) Compilação de uma demonstração financeira quando o membro espera que um terceiro a utilizará, e o relatório de compilação pelo membro não descreve a falta de independência, ou (c) Um exame de informações financeiras prospectivas, ou (2) Preparar uma declaração original ou retificadora de rendimentos ou pedido de restituição de imposto em troca de remuneração condicional para um cliente. Esta proibição é válida durante o período no qual o membro ou a empresa do membro está prestando qualquer um dos serviços enumerados e durante o período coberto por quaisquer demonstrações financeiras históricas incluídas nos serviços especificados.
Regra 501 *atos causadores de descrédito*	Um membro não deve cometer um ato que seja prejudicial à imagem da profissão.
Regra 502 *propaganda ou outras formas de oferecimento*	Um membro, no exercício da prática pública, não deve procurar obter clientes por meio de propaganda ou outras formas de oferecimento, de maneira falsa, enganadora ou ilusória. São proibidos oferecimentos por meio de condutas de coerção, extrapolação de funções ou pressão.
Regra 503 *comissões e taxas de indicação*	A. Comissões proibidas. Um membro no exercício da prática pública não deve, em troca de comissão, recomendar ou indicar um produto ou serviço a um cliente ou recomendar e indicar qualquer produto ou serviço a ser fornecido por um cliente, receber uma comissão, quando o membro ou a empresa do membro também presta, para o cliente, serviços de certificação considerados na regra 302. Esta proibição vale durante o período coberto pelo serviço de certificação e pelas demonstrações financeiras históricas correspondentes. B. Divulgação de comissões permitidas. Um membro, no exercício da prática pública, que não está proibido por esta regra de prestar serviços em troca de uma comissão, deve divulgar esse fato a qualquer pessoa ou entidade a quem o membro recomende ou indique um produto ou serviço ao qual a comissão está relacionada. C. Taxas de indicação. Qualquer membro que aceite uma taxa de indicação por recomendar ou indicar qualquer serviço de um CPA a qualquer pessoa ou entidade, ou que paga uma taxa de indicação para obter um cliente, deve divulgar tal conduta.
Regra 505 *forma de organização e nome*	Um membro poderá praticar a contabilidade externa somente com uma forma de organização permitida pela legislação ou regulamentação estadual cujas características sejam compatíveis com as resoluções do Conselho. Um membro pode praticar contabilidade pública apenas em uma forma de organização permitida pela legislação estadual ou regulamento, cujas características estão em conformidade com as resoluções do Conselho. Os nomes de um ou mais dos antigos proprietários podem ser incluídos na denominação da empresa ou da organização sucessora. Uma empresa não poderá se apresentar como "Membro do Instituto Americano de Contadores Externos Certificados", a menos que todos os seus proprietários que sejam CPAs também sejam membros do Instituto.

Fonte: *Copyright American Institute of Certified Public Accountants, Inc.* Todos os direitos reservados. Usado com permissão.

As regras do AICPA refletem, em parte, a natureza do papel corrente da profissão como autorreguladora de auditorias de empresas no setor privado ou organizações que incluem entidades sem fins lucrativos e governamentais. A tendência do AICPA tem sido reagir a questões específicas com normas detalhadas para oferecer orientação clara quando os auditores ou as empresas de auditoria enfrentam problemas que podem ser vistos por alguns como situados na "área cinzenta" entre comportamentos aceitáveis e inaceitáveis.

Independência – regra 101

O auditor é obrigado a ser independente quando ele presta serviços de certificação, incluindo aqueles de auditoria, a entidades privadas ou públicas. A autonomia é vista como a pedra fundamental da profissão de auditoria. Entretanto, o AICPA também oferece regras para outros serviços que as empresas podem prestar ao público, tais como consultoria, serviços fiscais ou de escrituração, que não exigem o mesmo grau de independência de uma auditoria. Há várias interpretações da regra 101 e muitas decisões específicas que oferecem orientação detalhada a respeito de questões tais como interesses financeiros do cliente, relações familiares, empréstimos com um cliente e prestação de serviços fora da área de auditoria.

Interesses financeiros: Um ponto importante a respeito da regra 101 refere-se a sua aplicação somente aos membros cobertos, que pode ser definido, entre outras coisas, como:

- Um indivíduo que faz parte da equipe do trabalho de certificação.
- Um indivíduo em posição de influência sobre o trabalho de certificação.
- Um sócio do escritório envolvido no trabalho de certificação, que faz a maior parte de sua prática associada a esse tipo do serviço.

A família de um membro coberto também é considerada na regra 101 com algumas exceções. Se você é um novo técnico, gerente ou sócio que trabalha em uma auditoria, você e sua família não devem ter qualquer interesse material direto ou indireto nesse cliente. Um interesse financeiro direto é um interesse financeiro pertencente diretamente ou controlado por um indivíduo ou entidade, ou contido em um veículo de investimento ou fundo quando o beneficiário controla o intermediário ou possui o poder de supervisionar e participar das decisões de investimento do intermediário. Já o indireto ocorre quando o beneficiário não controla o intermediário, ou não tem o poder de supervisionar ou participar das decisões de investimento.

Por exemplo, um auditor tem uma aplicação em um fundo de investimento cuja carteira contém ações de um cliente de auditoria, mas o membro não toma as decisões de comprar ou vender os títulos. A propriedade de cotas do fundo de investimento é um interesse financeiro direto. As aplicações subjacentes de um fundo de investimento são consideradas interesses financeiros indiretos. Se a carteira do fundo for diversificada, a propriedade de no máximo 5% das cotas do fundo por um membro coberto não seria considerada um interesse financeiro indireto material nas aplicações subjacentes. Para fins de determinação de materialidade, os interesses financeiros do membro coberto e de seus familiares imediatos devem ser agregados. Nenhum sócio ou profissional técnico da empresa de CPAs, seja ele um membro coberto ou não, pode ser empregado por um cliente de certificação ou possuir mais de 5% das ações ou outros títulos de propriedade de um cliente de certificação.

Relações de parentesco: Se consideraria prejudicada a independência de um membro coberto se um integrante de sua família imediata fosse empregado por um cliente de auditoria em uma posição-chave, na qual pudesse exercer influência sobre o conteúdo das demonstrações finan-

---

QUESTÃO PRÁTICA

Muitos prestadores de serviços, como os de *software* para redes de sistemas de informação, pagam comissões aos consultores que recomendam seu produto. Algumas empresas de CPAs aceitam essas comissões de clientes aos quais não prestam serviços de certificação. Entretanto, devem (a) aceitar somente se formaram uma opinião objetiva de que esses são os melhores produtos para o cliente e (b) divulgam ao cliente o fato de que estão aceitando a comissão.

ceiras, tal como o diretor executivo, financeiro, contador-chefe, membro do conselho de administração, executivo-chefe de auditoria interna ou o tesoureiro. A independência é prejudicada quando um membro coberto possui um parente próximo ocupando uma posição-chave no cliente ou com um interesse financeiro material e do qual o CPA tem conhecimento.

Empréstimos: Há limites quanto aos tipos e volumes de empréstimos que os membros cobertos podem receber de uma instituição financeira que também é cliente de auditoria. Essencialmente, o auditor não pode obter empréstimos vultosos ou para fins de investimento de um cliente. Entretanto, os auditores podem receber empréstimos normais – caso sejam concedidos em termos comuns, para compra ou arrendamento.

Realização de serviços fora da área de auditoria: O código do AICPA não proíbe os auditores de prestar outros serviços, como escrituração contábil a seus clientes privados, mas os profissionais devem ter o cuidado de garantir que ao trabalharem muito de perto com o cliente não venham a por em xeque a independência. Se, por exemplo, o auditor realizar serviços de escrituração, de consultoria gerencial, preparar declarações de rendimentos, em aparência, e não de fato, a independência terá desaparecido. Uma premissa fundamental desses padrões é a de que a administração da empresa não deve ceder poder de decisão ao CPA. É aceitável, por exemplo, que o auditor de uma companhia fechada projete, instale ou integre o sistema de informações do cliente, desde que o cliente tome todas as decisões gerenciais. Não é aceitável supervisionar pessoal do cliente na operação diária do sistema de informações.

Integridade e objetividade – regra 102

A regra 102 exige que o membro do AICPA aja com integridade e objetividade em todos os serviços que possam ser fornecidos a um cliente. Note-se que isso vale também para os CPAs que não estejam no exercício da prática pública. Se o diretor financeiro de uma empresa, por exemplo, deliberadamente forçar ou permitir que outras pessoas façam lançamentos falsos nas demonstrações ou nos registros financeiros, deixar de corrigir as demonstrações ou os registros financeiros de uma entidade, ou assinar – ou obrigar outros a assinarem – um documento contendo informações falsas e enganadoras significativas, essa pessoa terá violado o código de ética do AICPA. Um CPA é um certificado especial que exige de seu portador um padrão elevado de conduta ética, independentemente de onde o indivíduo esteja em sua carreira.

AUDITORIA NA PRÁTICA

Cynthia Cooper e a fraude na WorldCom
Como auditora interna da *WorldCom*, Cynthia Cooper era CPA e CIA (certified internal auditor, ou auditora interna certificada). Como tal, sua ética profissional lhe dizia que não podia aprovar lançamentos de diário que não contassem com apoio suficiente e eram destinados a enganar o público.

Pode haver um conflito de interesse, por exemplo, quando um membro atende a um cliente tanto como auditor quanto como consultor jurídico. Os profissionais devem ser objetivos. O consultor jurídico é um defensor do cliente. Uma pessoa não pode fazer ambas as coisas ligando e desligando o botão de objetividade, conforme a necessidade.

Confidencialidade – regra 301

No transcorrer de uma auditoria, o auditor desenvolve um entendimento completo do cliente e recebe informações confidenciais, como as que dizem respeito a pontos operacionais fortes e fracos, além de planos de financiamento ou expansão em novos mercados. Para assegurar que haja um fluxo livre de informação entre o cliente e o auditor, o cliente deve ter a certeza de que o profissional não transmitirá informações confidenciais a agentes externos. As únicas exceções a esta regra geral, que justificariam a divulgação, são:

- Para assegurar a adequação das divulgações contábeis exigidas pelos princípios de contabilidade aceitos em geral.
- Para cumprir uma notificação judicial emitida e executável com validade ou uma ordem de cumprimento de leis e regulamentações governamentais aplicáveis.
- Para fornecer informação relevante visando a um exame externo de qualidade da prática da empresa perante o PCAOB, o AICPA, ou a comissão estadual de autorização do exercício da contabilidade.
- Para dar início a uma reclamação ou responder a uma investigação da divisão de ética profissional do AICPA ou da comissão de julgamento, investigativa ou disciplinar de uma associação estadual de CPAs ou a comissão estadual de regulamentação do exercício da contabilidade.

Comunicação privilegiada: Significa que informações confidenciais obtidas a respeito de um cliente não podem ser requeridas por um tribunal para uso contra esse cliente. A maioria dos estados permite comunicação privilegiada para advogados, mas não para auditores.

Uma área potencialmente incômoda para os contadores é a da informação confidencial obtida em um contrato de auditoria e que pode ser aplicável em outro. Isto é semelhante ao caso usado na discussão do arcabouço ético no início do capítulo. No caso *Fund of Funds v. Arthur Andersen & Co.* (AA&Co.), o júri em um tribunal federal decidiu contra os auditores porque esperava que usassem informações de um cliente de auditoria para proteger os interesses de outro. O *The Wall Street Journal* publicou o seguinte:

> De acordo com os registros do tribunal neste processo, John M. King, um promotor de fundos de investimento em petróleo e gás sediado em Denver, convenceu a *Fund of Funds* a comprar ativos de recursos naturais de duas empresas que ele controlava. A *Fund of Funds* pagou aproximadamente US$ 120 milhões por mais de 400 ativos de recursos naturais.
> A *Fund of Funds* alegou que muitos dos ativos foram vendidos a "preços irreais e fraudulentos", e que a AA&Co. "conhecia ou ignorou desleixadamente" as atividades fraudulentas, já que a AA&Co. também era o auditor da empresa de King.[2]

A AA&Co. auditava tanto a *Fund of Funds* quanto a *King Resources*, a entidade que vendeu os ativos à *Fund of Funds*. De acordo com o que foi discutido no tribunal, os reclamantes alegaram que o mesmo pessoal-chave de auditoria estava envolvido em ambas as auditorias e sabia, ou deveria ter conhecimento, que os ativos em questão tinham sido vendidos a um preço que gerou lucros muito maiores do que os de vendas semelhantes a outros clientes da *King Resources*. A AA&Co. admitiu o conhecimento desses preços excessivos, mas declarou que tinha uma responsabilidade, de acordo com o Código de Conduta Profissional, de manter a confidencialidade dessa informação. O júri foi convencido de que a informação obtida durante a auditoria da *King Resources* deveria ter sido usada na auditoria da *Fund of Funds*.[3]

---

[2] *The Wall Street Journal*, p. 24, 6 nov. 1981.
[3] *Fund of Funds, Ltd. v. Arthur Andersen & Co.*, 545 F Supp. 1314 (S.D.N.Y. 1982).

Entretanto, os tribunais nem sempre emitem sinais claros. Em outro caso, *Consolidata Services v. Alexander Grant*, o tribunal decidiu que a empresa de CPAs era culpada por fornecer informação confidencial a outros clientes. A *Alexander Grant* (atualmente *Grant Thornton*) prestava serviços fiscais à *Consolidata Services*, uma instituição que fornecia serviços computadorizados de folha de pagamento a outras empresas. Ao saber que a *Consolidata* estava enfrentando dificuldades financeiras, a *Grant* alertou alguns de seus outros clientes que também eram clientes da *Consolidata*. A *Consolidata* processou a *Grant*, alegando que as divulgações feitas pela empresa de contabilidade causaram a sua quebra efetiva. O júri decidiu em favor da *Consolidata*. A *Grant* também foi considerada culpada por fornecer a informação somente a algumas partes selecionadas, ou seja, somente a seus clientes.

Estes tipos de situação criam dilemas éticos reais para os auditores. Os profissionais devem usar conhecimento adquirido durante a prestação de serviços para um cliente ao opinar sobre as demonstrações de outro, como parece indicar a decisão no caso *Fund of Funds*, ou devem aderir a uma interpretação mais estrita das regras no sentido de manter a confidencialidade da informação? Infelizmente, as regras não respondem diretamente à pergunta. Há dois princípios, porém, que parecem decorrer desses casos. Em primeiro lugar, a empresa de auditoria era comum aos dois trabalhos de auditoria no caso *Fund of Funds* e, portanto, o auditor poderia obter e utilizar a informação. Em segundo lugar, no caso *Consolidata* o júri acreditou que o profissional havia usado informação confidencial seletivamente, violando assim a confiança do público. Além disso, embora os tribunais geralmente façam valer o padrão de confidencialidade, eles não têm relutado em apelar para um modelo mais alto de confiança pública quando sentem que há um conflito entre confidencialidade e confiança pública. Esperamos que esta área continue a evoluir. Os auditores que enfrentam um possível conflito em relação à confidencialidade são aconselhados a buscar assessoramento jurídico.

Comissões condicionais – regra 302

Uma comissão condicional é definida como sendo aquela fixada para a prestação de um serviço em que não haveria remuneração a menos que um resultado predeterminado fosse obtido, ou quando a magnitude da comissão depende do resultado de tais serviços. Um exemplo de uma comissão condicional ocorre quando uma empresa de consultoria concorda em executar um projeto de sistemas de informação em troca de uma comissão correspondendo a 50% das reduções definidas de custo atribuíveis ao sistema, em um período de três anos. As comissões condicionais são atraentes para os clientes porque eles não as pagam, a menos que o consultor entregue algo de valor efetivo. As empresas de consultoria comumente recorrem a comissões condicionais para competir umas com as outras.

O pagamento de comissões condicionais é proibido no caso de qualquer cliente para o qual o auditor presta serviços de certificação. Entretanto, os honorários de um profissional podem variar, em função da complexidade dos serviços prestados ou do tempo consumido para sua execução. A proibição não tem ocorrido no caso de serviços prestados a empresas que não são clientes de auditoria. Entretanto, o profissional ainda precisa garantir que o uso de tais comissões não diminui a sua objetividade ou necessidade de respeitar a confiança do público. Por exemplo, alguns auditores ultrapassaram esse limite ao criarem proteções fiscais agressivas para clientes, e foram processados civilmente pelo governo (e, em alguns casos, até criminalmente).

Cumprimento do código

A obediência ao código depende basicamente da cooperação voluntária dos membros do AICPA, e secundariamente da opinião pública, do reforço pelos pares e, em última instância, dos procedimentos disciplinares do Programa Conjunto de Obediência à Ética, patrocinado pelo AICPA e pelas associações estaduais de CPAs. Os procedimentos disciplinares são iniciados por reclamações recebidas pela Divisão de Ética Profissional do AICPA.

Os relatórios de auditoria e demais documentos de certificação que envolvem demonstrações financeiras podem ser assinados somente por aqueles que são licenciados como CPAs por sua comissão estadual para o exercício da prática de contabilidade. Qualquer pessoa pode prestar serviços fiscais, de consultoria e escrituração. Para tornar-se um CPA autorizado, um indivíduo deve ser aprovado no exame de CPA, atender a exigências específicas de escolaridade e experiência e concordar em elevar a profissão e fazer cumprir o seu código de conduta profissional. O certificado de CPA de um membro pode ser suspenso ou revogado pela Comissão Estadual para o Exercício da Prática de Contabilidade. Sem esse certificado ou licença, uma pessoa está legalmente impedida de emitir um parecer de auditoria ou relatório de exame de demonstrações financeiras. A comissão estadual também pode exigir educação continuada adicional para que alguém mantenha ou recupere o certificado de CPA.

Regras de independência da SEC e do PCAOB

Agora que você já conhece os princípios e códigos de ética da Federação Internacional de Contadores e do AICPA, passaremos à discussão das normas de ética destinadas, especificamente, aos auditores de companhias abertas e articuladas por meio das regras da SEC e do PCAOB.

Além da regra 101 do AICPA, discutida anteriormente, a SEC e o PCAOB têm fixado normas e orientação de independência que se aplicam a auditores de companhias abertas. O compromisso da SEC com a independência é sintetizado nos dois parágrafos a seguir:

OA 7
Explicar os princípios utilizados pela SEC em julgamentos de independência e discutir regras específicas da SEC e do PCAOB.

> A exigência de independência atende a dois objetivos correlatos de política pública, porém distintos. Um dos objetivos é promover a realização de auditorias de qualidade elevada com a minimização da possibilidade de que qualquer fator externo influencie os julgamentos de um auditor. O profissional deve encarar cada auditoria com ceticismo profissional e deve ter a capacidade e a disposição para decidir, de maneira imparcial e objetiva, mesmo que as deliberações do profissional possam contrariar os interesses da administração do cliente ou da empresa de contabilidade do próprio auditor.
>
> O outro objetivo correlato é o de aumentar a segurança do investidor nas demonstrações financeiras de companhias abertas. A confiança do investidor na integridade de informações financeiras publicamente disponíveis é a pedra fundamental de nosso mercado de títulos... Os investidores estarão mais dispostos a investir, e a formação de preços tenderá a ser mais eficiente, quando houver garantia maior de que as informações financeiras divulgadas pelos emitentes de títulos são confiáveis... [que] haverá confiança resultante do conhecimento de que as informações financeiras foram submetidas a exame rigoroso por auditores competentes e objetivos.[4]

A SEC tem adotado um enfoque baseado em princípios ao lidar com questões de independência. Todos os pronunciamentos da SEC a esse respeito decorrem de quatro princípios básicos que definem quando um auditor se encontra em uma posição em que a autonomia é prejudicada. Estes princípios ditam que a independência do profissional é prejudicada quando o auditor tem uma relação que:

---

[4] U.S. Securities and Exchange Commission, Final Rule: Revision of the Commission's Auditor Independence Requirements, 5 fev. 2001.

- Cria um interesse mútuo ou conflitante entre o contador e o cliente de auditoria.
- Coloca o contador na posição de auditar seu próprio trabalho.
- Resulta em fazer que o contador atue como administrador ou funcionário do cliente de auditoria.
- Coloca o contador em uma posição de defensor do cliente de auditoria.[5]

Além desses princípios gerais de independência, as regras da SEC e do AICPA proíbem certas relações específicas, incluindo financeiras, de emprego e comerciais, bem como contratos de remuneração condicional. As regras de independência da SEC podem ser encontradas na Norma S-X, regra 2-01. Essas regras são aplicáveis a auditores de companhias abertas e seus parentes próximos, às empresas de auditoria de companhias abertas e entidades a elas associadas e às companhias abertas e suas coligadas. A regra 2-01 visa a garantir que os auditores sejam independentes das companhias abertas que são seus clientes de auditoria, tanto de fato quanto em aparência. A Lei *Sarbanes-Oxley* obrigou a SEC a reforçar as regras de independência do auditor, o que resultou na fixação de normas proibindo os auditores de prestar vários serviços fora da área de auditoria às companhias abertas que são clientes de auditoria. Os serviços proibidos incluem:

- Escrituração ou outros serviços relacionados aos registros contábeis ou às demonstrações financeiras do cliente de auditoria.
- Projeto e implantação de sistemas de informações financeiras.
- Serviços de avaliação, pareceres de adequação, ou relatórios de avaliação de aumentos de capital por meio de contribuições em bens.
- Trabalhos atuariais.
- Serviços terceirizados de auditoria interna.
- Funções gerenciais.
- Recursos humanos.
- Serviços de corretagem, distribuição de valores, consultoria de investimentos ou intermediação de investimentos.
- Trabalhos jurídicos.
- Serviços especializados não relacionados à auditoria.

AUDITORIA NA PRÁTICA

Serviços fora da área de auditoria

Uma informação fornecida à SEC pela *DreamWorks Animation SKG, Inc.* indicou que as entidades internacionais filiadas à auditoria da empresa haviam prestado serviços fora da área de auditoria à *DreamWorks Studios*, não estando de acordo com as regras de independência de auditores. Os serviços em questão incluíam o processamento de folhas de pagamento e a realização de pagamentos vinculados a impostos em nome da *DreamWorks*. Os honorários da *E&Y* pela prestação de serviços de processamento de folha de pagamento em uma localização internacional totalizaram US$ 495 por mês, ao passo que os honorários totais pela prestação de serviços semelhantes em outras localizações internacionais haviam alcançado US$ 2.600. A informação divulgada pela *DreamWorks* indicou que tanto o seu comitê de auditoria quanto os auditores haviam concluído que a independência dos profissionais não havia sido comprometida pela prestação de tais serviços e, ao chegarem às suas conclusões, tinham considerado, entre outras coisas, a pequena magnitude dos honorários envolvidos e que os serviços prestados eram exigidos por lei.

Fonte: declaração à SEC.

---

[5] Op. cit.

A Seção 103 da Lei *Sarbanes-Oxley* dá ao PCAOB o poder de elaboração de regras na área de independência do auditor. Os profissionais de companhias abertas, portanto, devem obedecer às regras de autonomia tanto da SEC quanto do PCAOB. O PCAOB adotou regras em 2005 e 2008, em relação a trabalhos na área fiscal, que proíbem as empresas de contabilidade externa registradas de prestar os seguintes serviços fiscais a clientes de auditoria:

- Trabalhos fiscais a certos membros da administração que atuam nas áreas de divulgação financeira ou a seus parentes próximos.
- Serviços relacionados a marketing, planejamento ou pareceres a favor do tratamento fiscal de certas transações confidenciais ou baseadas em uma interpretação agressiva de leis e regulamentos fiscais relevantes.

O PCAOB também adotou uma regra de independência relacionada a comissões condicionais que é coerente, de maneira geral, com a regra correspondente da SEC.

> **QUESTÃO PRÁTICA**
>
> As regras de independência da SEC e do PCAOB valem apenas para os auditores de companhias abertas. Entretanto, muitas empresas de CPAs que não têm companhias abertas como clientes prestam alguns desses outros serviços — escrituração contábil, projeto de sistemas de informações, avaliação e, em alguns casos, auditoria interna — aos seus clientes de auditoria. O cliente, bem como importantes grupos externos de interesses, deve fazer uma avaliação da possibilidade de redução da independência do auditor em seu trabalho.

Considerações adicionais a respeito da independência do auditor

Embora tenhamos discutido na seção anterior diversos princípios e regras atinentes à independência do auditor, voltamos a analisar detalhadamente este tópico pois a autonomia é a pedra fundamental da profissão de auditoria. Sem ela, a profissão não teria a credibilidade necessária para acrescentar valor à governança corporativa. Os auditores precisam ser independentes de fato e em aparência. Para serem independentes de fato, devem ser objetivos e imparciais em suas ações e avaliações e não ser influenciados pelos executivos da empresa. Os auditores devem ser profissionalmente céticos no processo de coleta de evidências. Não devem, ainda, aceitar as explicações dos administradores sem evidências confirmatórias.

Para atingir o objetivo de independência em aparência, os auditores devem ser vistos por usuários qualificados de demonstrações financeiras como independentes. Um auditor pode ser independente de fato, mas não parecer ser independente. Por exemplo, um profissional pode possuir um investimento pouco importante em um cliente de auditoria e permanecer independente de fato. Entretanto, um usuário de demonstrações financeiras que está a par desse investimento pode achar que o julgamento do auditor está sendo prejudicado por um desejo de aumentar o valor de mercado dessa ação.

OA 8
Discutir a importância da independência para a profissão de contabilidade externa.

Principais ameaças à independência

Independência é um estado mental que pode ser prejudicado por várias ameaças em potencial. Começa com a objetividade básica. O auditor e a empresa de auditoria devem lidar com essas ameaças à objetividade. Descrevemos essas ameaças e os enfoques à mitigação a seguir.

OA 9
Discutir as principais ameaças à independência e enfoques visando a mitigar tais ameaças.

Esquemas de remuneração

A remuneração de sócios em muitas empresas de CPAs tem sido historicamente baseada, em grande parte, na atração e retenção de clientes. Isto cria a tentação de atender aos desejos de clientes para que eles fiquem felizes, podendo prejudicar a independência. A profissão tem reagido de duas maneiras: (a) dando ao comitê mais poderes e responsabilidades sobre a auditoria, incluindo a contratação e dispensa da empresa de auditoria; e (b) a estruturação de esquemas de remuneração de sócios com maior foco na qualidade dos serviços prestados e no treinamento de pessoal técnico. A retenção de um mau cliente não é um bom negócio. E um cliente que deseja que o auditor potencialmente sacrifique a sua independência não é um bom cliente.

Quem é o cliente?: O auditor de uma companhia aberta deve ver os acionistas como os clientes finais. Os acionistas são representados pelo comitê de auditoria, que tem o poder de contratar e dispensar o auditor. Embora o cliente de auditoria seja o acionista, o auditor está sendo pago pela empresa e interage com os seus executivos diariamente, de modo que há uma ameaça potencial à independência do profissional, por causa de incentivos monetários e familiaridade pessoal. Embora os honorários sejam pagos pela empresa, todas as decisões importantes a respeito da auditoria devem ser tomadas pelo comitê, que é responsável por agir de acordo com os interesses dos acionistas.

No caso de companhias fechadas, o cliente é quem tem o poder de contratar e dispensar o auditor. Poderá ser o proprietário, a administração da empresa, o conselho de administração, ou, se houver, o comitê de auditoria. O ponto principal é que, não importando quem seja o cliente, cabe ao auditor fazer um julgamento objetivo e imparcial a respeito da fidedignidade das demonstrações financeiras, não devendo favorecer os interesses de uma parte em detrimento de outra. Uma empresa de auditoria, portanto, deve sempre encontrar maneiras de reforçar a ideia, entre seus auditores, de que a manutenção da confiança do público é mais importante do que reter um cliente e correr o risco de ter sua independência comprometida.

> **QUESTÃO PRÁTICA**
>
> Embora muitas companhias fechadas não tenham comitês de auditoria, as companhias abertas são obrigadas a tê-los. O auditor deve sempre ver o cliente real como uma terceira parte, mesmo quando o contato principal é com a administração de uma companhia fechada. É somente com tal atitude que o auditor pode manter independência completa e servir ao interesse público.

Familiaridade com o cliente

Os auditores que atendem a um cliente por vários anos podem desenvolver relacionamentos e amizades que façam que se tornem menos céticos. A Lei *Sarbanes-Oxley* exige que os vários sócios envolvidos em auditorias de companhias abertas, incluindo o sócio-chefe da auditoria e o auxiliar, façam revezamento para outras empresas pelo menos a cada cinco anos. O quadro **Auditoria na prática: regras de revezamento de sócios** salienta a dificuldade que as empresas menores podem ter para cumprir as regras de revezamento de sócios. Não há tal tipo de exigência para auditores em companhias fechadas.

Algumas pessoas argumentam que as companhias fechadas devem trocar periodicamente de empresa de CPAs para ajudar a garantir um enfoque objetivo e novo à auditoria. Recentemente, o GAO publicou um estudo sobre os custos do revezamento obrigatório e concluiu que eles eram elevados e que outras salvaguardas poderiam ser incorporadas ao processo.

Pressões de tempo

As empresas de CPAs frequentemente competem por clientes por meio de licitações. O autor da oferta mais baixa geralmente acaba obtendo o serviço. Mas para conseguir uma taxa de retorno suficiente na auditoria haverá pressões de tempo para concluir o trabalho rapidamente. As pessoas encarregadas pelo serviço são avaliadas não apenas em termos da qualidade do seu trabalho, como também com base na eficiência com a qual a auditoria é conduzida. Isto pode criar um ambiente em que os profissionais não encaram um possível problema com a profundidade necessária.

Além disso, os auditores que se sentem pressionados em termos de prazos podem optar por "comer" tempo e não registrar todo o tempo que gastaram no trabalho de auditoria. Esse procedimento permite ao auditor dar a impressão de que as tarefas foram concluídas dentro do período previsto. Entretanto, tal enfoque faz que seja difícil para a equipe preparar adequadamente uma projeção para anos futuros, o que estende as possíveis consequências

AUDITORIA NA PRÁTICA

Regras de revezamento de sócios

Um exemplo da dificuldade no cumprimento das regras de revezamento de sócios, especialmente para as empresas menores, pode ser encontrado em uma petição enviada à SEC pela *Signature Leisure, Inc*. O documento observa que a empresa de auditoria *Cordovano and Honeck*, LLP, citou dificuldades com o cumprimento das regras de revezamento de sócios como motivo para interromper sua relação com o seu cliente de auditoria. Para as empresas de auditoria de pequeno porte, simplesmente podem não existir sócios em quantidade suficiente para fazer revezamento em trabalhos com companhias abertas. Entretanto, como a independência é fundamental, e o público, por meio dos legisladores, considera esse ponto importante, as empresas de auditoria que não conseguem fazer o revezamento de sócios adequadamente não podem fazer auditorias de companhias abertas.

Fonte: formulário 8K submetido pela *Signature Leisure*, Inc., disponível em: <http://www.sec.gov/Archives/edgar/data/1135194/000110313207000030/sl8kaud.htm>.

negativas da pressão do tempo. Um comportamento como esse é proibido de maneira formal pelas empresas de auditoria, mas há relatos de auditores praticantes indicando que esse comportamento algumas vezes ocorre.

Racionalização de comportamento

Quando são detectadas afirmações potencialmente incorretas, exige-se tempo para investigar e determinar se elas são materiais. Para poupar tempo, o auditor pode racionalizar que a afirmação incorreta talvez não seja material, quando de fato poderia sê-lo. Pesquisas têm demonstrado que os auditores comumente ignoram afirmações potencialmente incorretas com a racionalização de que essas afirmações, em uma pequena amostra de transações, são ocorrências isoladas e, portanto, não exigem investigação adicional. Os profissionais precisam estar cientes da tendência do ser humano de racionalizar questões desagradáveis e indesejadas, e manter-se em guarda contra deixar que essa tendência afete seu julgamento.

AUDITORIA NA PRÁTICA

Honorários de auditoria e de serviços fora da área de auditoria

Em 11 de abril de 2002, o *European Wall Street Journal* informou que, em um estudo envolvendo 307 empresas americanas com ações negociadas em bolsa, os honorários por esses outros serviços eram, em média, quase três vezes maiores do que os de auditoria.

Algumas dessas relações entre os dois tipos de honorários eram:

- A *Sprint Corp.* havia pago à *Ernst & Young*, LLP, US$ 2,5 milhões por serviços de auditoria e US$ 63,8 milhões por outros serviços.
- A *General Electric Co.* havia pago à *KPMG* US$ 23,9 milhões por trabalho de auditoria e US$ 79,7 milhões por outros serviços.
- O *J. P. Morgan Chase & Co.* havia pago à *PricewaterhouseCoopers* US$ 21,3 milhões em honorários de auditoria e US$ 84,2 milhões por trabalhos adicionais.
- A *Motorola, Inc.*, havia pago à *KPMG* US$ 3,9 milhões por serviços de auditoria e US$ 62,3 milhões por outros serviços.
- A *Delphi Automotive Services Corp.* havia pago à *Deloitte & Touche* US$ 6,6 milhões em honorários de auditoria e mais US$ 50,8 milhões por outros serviços.

A SEC expressou sua preocupação com o fato de que os honorários recebidos por serviços fora da área de auditoria eram muito mais altos do que o esperado. Em resposta a essa preocupação e em decorrência da Lei *Sarbanes-Oxley*, a SEC modificou suas regras de independência, passando a proibir um auditor de companhias abertas de prestar muitos tipos de serviço fora da área aos seus clientes de auditoria.

Fornecimento de serviços fora da área de auditoria

Os CPAs podem ajudar as organizações a melhorar seus sistemas de informação, sugerir e auxiliar o cliente a adotar melhores práticas, fazer a escrituração contábil do cliente, identificar candidatos para posições gerenciais e realizar outras tarefas fora da área de auditoria. Entretanto, quando os CPAs prestam esses tipos de serviço a clientes de auditoria, eles podem acabar se encontrando na posição de precisar auditar seu próprio trabalho ou algumas de suas próprias decisões, comprometendo a independência do profissional.

A prestação de serviços fora da área de auditoria a clientes de auditoria também pode resultar em uma dependência econômica crescente do CPA em relação ao cliente. Como observado no quadro **Auditoria na prática: honorários de auditoria e de serviços fora da área de auditoria**, os honorários recebidos em troca de outros trabalhos podem ser muito maiores do que aqueles recebidos pelos serviços de auditoria. Nessas situações, a independência da auditoria pode ser comprometida, na medida em que os profissionais optam por "pegar leve" com o cliente na auditoria para que a empresa retenha o cliente e os honorários pelos serviços de auditoria e demais serviços. Este exemplo também mostra que preocupações deste tipo levaram a SEC a impor regras que proíbem o auditor de uma companhia aberta de prestar muitos desses serviços aos seus clientes de auditoria.

Gestão das ameaças à independência

Reconhecer que há ameaças à independência do auditor é o primeiro passo para gerir a independência. Felizmente, as empresas de auditoria têm desenvolvido enfoques eficazes de gestão das ameaças à independência, incluindo:

- Estabelecimento e monitoramento de códigos de conduta para a empresa.
- Desenvolvimento de esquemas de remuneração apropriados.
- Implantação de revisões de decisões de aceitação ou retenção de clientes em alto nível.
- Separação de atividades de consultoria e de auditoria.
- Realização de revisões internas do trabalho e da documentação de auditoria.
- Realização de revisões e inspeções no âmbito da profissão.

Códigos de conduta de empresas de CPAs

O estabelecimento de um código sólido de conduta é o primeiro passo. Entretanto, ele deve ser acompanhado de um entendimento de que a empresa de auditoria respeita o código, e que qualquer desvio em relação ao estabelecido não será tolerado. O tom é fixado no nível hierárquico mais alto e se reflete em esquemas de remuneração que reiteram a importância das normas. É reforçado por meio de treinamento e avaliação constante.

Esquemas apropriados de remuneração

A maioria das empresas tem modificado seus esquemas de remuneração com a finalidade de reconhecer que o afastamento de um cliente "mau" é bom para a instituição, que adotar posições firmes quanto à aceitabilidade da contabilidade é bom para os negócios e que a qualidade da documentação de auditoria é fundamental para a comprovação de decisões de auditoria de qualidade elevada.

Revisões de decisões de aceitação ou retenção de clientes

Muitas empresas de auditoria contam com um comitê de alto nível que avalia decisões de aceitação e retenção de clientes. Muitas dessas resoluções baseiam-se em modelos de risco, ou seja, a natureza das operações ou a qualidade da administração gera algum risco para a empresa de auditoria? A revisão de tais decisões reconhece que simplesmente majorar os honorários não é o único objetivo. A empresa deve minimizar o risco decorrente da associação com um cliente sem escrúpulos.

Separação de atividades de consultoria

As empresas de contabilidade externa têm adotado dois enfoques à consultoria:

1. As funções de auditoria são separadas das funções de consultoria.
2. As funções assemelhadas às de consultoria são realizadas apenas para clientes aos quais não são prestados serviços de auditoria.

> **QUESTÃO PRÁTICA**
>
> As empresas de CPAs que fazem auditorias de companhias abertas ainda realizam trabalhos fora da área que não são oferecidos a clientes de auditoria. As empresas continuam oferecendo serviços completos de auditoria e consultoria a companhias fechadas, dentro das restrições impostas pelo Código de Conduta do AICPA.

Muitas empresas de CPAs continuam a realizar auditorias. As instituições de auditoria que focalizam em companhias fechadas como clientes têm geralmente optado por manter os serviços de consultoria que prestam tanto a clientes de auditoria como para aqueles fora da área. Com frequência, a função de consultoria é realizada por grupos distintos da função de auditoria. Por exemplo, os consultores na área de sistemas de informação geralmente não fazem parte da equipe de auditoria.

A maioria das "4 Grandes" vendeu suas unidades de consultoria em torno de 2002, devido aos conflitos de independência percebidos e pressões políticas. Entretanto, desde essa época, todas as grandes instituições internacionais têm proporcionado serviços a clientes fora da área de auditoria. Os honorários obtidos com esses trabalhos continuam crescendo e provavelmente atingirão novamente a magnitude dos honorários de auditoria no futuro. Tais serviços incluem consultoria em risco empresarial, avaliações de segurança de computadores, terceirização de auditoria interna, planejamento fiscal, entre outros. Estas empresas prestam serviços fora da área de auditoria a companhias abertas que não são seus clientes de auditoria.

Revisões internas do trabalho de auditoria

O conhecimento de que seu trabalho será revisto antes e depois de sua conclusão reforça a necessidade da tomada de decisões de qualidade elevada. Todas as empresas de CPAs possuem sócios e gerentes de auditoria que reveem o trabalho dos técnicos. Além disso, muitos serviços são revistos por um sócio não ligado ao cliente de auditoria para que se tenha uma inspeção relativamente independente do trabalho antes da emissão de um parecer (esse indivíduo é chamado de sócio endossante ou segundo sócio). Portanto, a maioria das empresas de grande porte tem programas internos de revisão de qualidade, com os quais grupos independentes

AUDITORIA NA PRÁTICA

> **Padrão do PCAOB a respeito de revisões por um sócio endossante ou segundo sócio**
>
> A Seção 103 da Lei *Sarbanes-Oxley* indica que o PCAOB deve exigir que os auditores de companhias abertas "proporcionem uma revisão por um segundo sócio e a aprovação de (cada) relatório de auditoria (e outras informações correlatas) e o endosso na aprovação de sua divulgação". Em fevereiro de 2008, o PCAOB publicou uma proposta de padrão relacionada a revisões por sócios endossantes. Esse modelo proposto diz que a revisão pelo sócio endossante deve ser baseada em considerações de risco e se destina a aumentar a probabilidade de que as deficiências do trabalho realizado sejam identificadas e corrigidas antes da emissão do relatório do auditor. O sócio endossante deve avaliar objetivamente os julgamentos significativos feitos pelas equipes envolvidas no trabalho e as conclusões tiradas no fechamento geral do trabalho e na preparação de seu relatório.

fazem uma revisão do trabalho de auditoria, com a finalidade de determinar que (a) o trabalho é feito de acordo com padrões profissionais e (b) o serviço foi feito com objetividade.

Revisões e inspeções no âmbito da profissão

A Seção 104 da Lei *Sarbanes-Oxley* exige que o PCAOB realize revisões (inspeções) regulares de empresas de contabilidade nele registradas. As instituições de grande porte (isto é, aquelas com mais de 100 emitentes de valores mobiliários como clientes) são inspecionadas anualmente, e as menores (com no máximo 100 emitentes de valores mobiliários como clientes) são inspecionadas uma vez a cada três anos.

As empresas atualmente obrigadas a serem registradas no PCAOB e por ele inspecionadas também devem se inscrever no Programa de Revisão por Pares do Centro de Firmas de Auditoria de Companhias Abertas do AICPA (CPCAF PRP, *Center for Public Company Audit Firms Peer Review Program*) e examinadas de acordo com os padrões do PRP. O CPCAF PRP foi criado como sucessor do Programa de Revisão por Pares da Seção de Prática da SEC (SECPS, *SEC Practice Section*). O CPCAF PRP destina-se a rever e avaliar aquelas partes da prática de contabilidade e auditoria de uma empresa que não são inspecionadas pelo PCAOB; portanto, o foco das revisões por pares se concentra na prática da empresa de auditoria não associada com emitentes de valores mobiliários registrados na SEC.

Papel importante dos comitês de auditoria

OA 10
Discutir as responsabilidades do comitê de auditoria atinentes à independência do auditor externo.

A Lei *Sarbanes-Oxley* determina que o comitê de auditoria se responsabilize pela supervisão do trabalho do auditor externo da empresa, incluindo a contratação e dispensa do profissional. Estas responsabilidades também incluem a supervisão da independência do profissional pelo comitê de auditoria. Em maio de 2007, o PCAOB adotou regras exigindo a aprovação prévia pelo comitê de auditoria de serviços fora da área, relacionados ao controle interno da divulgação financeira. As regras de independência da SEC também exigem que o comitê aprove, previamente, os serviços permitidos e que são prestados pelo auditor. Em abril de 2008, o PCAOB adotou regras exigindo que as empresas de contabilidade externa comuniquem certas informações relacionadas à independência da instituição ao comitê de auditoria do cliente. Estes dados incluem relações da empresa de contabilidade com o cliente e que se considera que podem afetar a sua independência.

Estas regras põem em destaque o papel importante que o comitê de auditoria desempenha em apoio à garantia de independência do auditor. Os comitês devem considerar todos os fatores que poderiam afetar a independência do profissional e não devem aprovar serviços fora da área que julgam poderem ser desfavoráveis à independência do auditor.

Resumo

Os contadores externos certificados só podem servir ao público se protegerem sua reputação na tomada de decisões com qualidade elevada, ética e independência. Durante a maior parte do século passado, o AICPA era o principal responsável pelo fornecimento de orientação aos profissionais quanto a conceitos gerais de ética e independência. Espera-se que todos os CPAs obedeçam aos princípios básicos do Código de Conduta Profissional do AICPA. Entretanto, tal como no caso da contabilidade, a profissão tornou-se mais orientada por regras. Por sua vez, o AICPA produziu mais de 100 interpretações e pronunciamentos a respeito de independência.

Com o crescimento explosivo da profissão de contabilidade em termos da natureza dos serviços durante as décadas de 1980 e 1990, a SEC e outros reguladores, incluindo o Congresso, passaram a criticar a profissão com base na crença de que ela estava perdendo a independência como um de seus valores básicos. A SEC publicou um boletim abrangente que chamou a profissão a voltar aos seus conceitos fundamentais, e deu um passo adiante proibindo algumas atividades específicas fora da área de auditoria em companhias abertas que eram clientes de auditoria. Além disso, a SEC estabeleceu procedimentos para garantir que um grupo externo – o comitê de auditoria – avaliasse todas as possíveis influências negativas sobre a independência do auditor antes de contratar uma empresa para auditar as demonstrações financeiras ou avaliar a qualidade dos controles da instituição. Ao PCAOB também foram atribuídas certas responsabilidades relacionadas à supervisão da independência dos auditores. Os profissionais de companhias abertas agora também devem obedecer às normas de independência da SEC e do PCAOB.

O arcabouço de tomada de decisões que apresentamos neste capítulo pode ser utilizado pelos auditores para analisar muitos julgamentos profissionais. Quando tais avaliações envolvem questões com carga ética substancial, um arcabouço ético, como o descrito neste capítulo, pode ajudar a resolver um dilema de maneira bem refletida. Esse arcabouço é útil em situações para as quais não tenham sido desenvolvidas regras específicas de ética e independência.

Termos importantes

Comissão condicionada – Uma comissão fixada em troca da prestação de qualquer serviço no qual não haverá nenhuma remuneração a não ser que um determinado resultado seja obtido, ou no qual o valor da remuneração depende do resultado de tal trabalho.

Comunicação privilegiada – Informação sobre um cliente que não pode ser exigida pelo judiciário para ser usada contra um cliente; não permite exceções à confidencialidade.

Dilema ético – Uma situação na qual há conflito de deveres ou obrigações morais; uma determinada ação não é necessariamente a correta.

Grupos de interesses – As partes que têm interesses ou são afetadas pela decisão resultante de um problema ou dilema ético.

Independência – Objetividade e imparcialidade no desempenho de serviços profissionais. Exige que alguém seja independente tanto de fato quanto em aparência.

Integridade – Obediência a um código moral ou ético que resulta em ações não prejudicadas.

Interesse financeiro direto – Interesse financeiro possuído diretamente ou controlado por um indivíduo ou entidade, ou por intermédio de um veículo de investimento, patrimônio ou fundo em que o beneficiário controla o intermediário ou tem o poder de supervisionar ou participar das decisões de investimento pelo intermediário.

Interesse financeiro indireto – Interesse financeiro no qual o beneficiário não controla o intermediário e não tem o poder de supervisionar ou participar das decisões de investimento pelo intermediário.

Membro coberto – Indivíduo que participa da equipe de trabalho de certificação, um indivíduo em posição de influência sobre o trabalho de certificação, ou um sócio da empresa em que pratica o sócio que chefia o trabalho de certificação.

Objetividade – Atitude mental que os auditores devem ter ao realizar trabalhos de auditoria. O profissional deve ter uma atitude imparcial e não enviesada, e evitar situações de conflito de interesse que poderiam prejudicar a sua capacidade de executar objetivamente tarefas de auditoria.

Problema ético – Situação na qual um indivíduo é ética ou moralmente obrigado a fazer algo que conflita com seu interesse próprio imediato.

Regras de conduta – Orientação detalhada para ajudar o CPA a aplicar os princípios gerais contidos no Código de Conduta Profissional do AICPA; as regras têm evoluído com o tempo, à medida que os membros da profissão têm enfrentado dilemas éticos específicos ao obedecerem aos princípios do Código.

Sócio endossante – Sócio de auditoria que não está envolvido de outra forma com o cliente de auditoria ou a realização do trabalho, e que faz uma revisão independente antes da emissão de um parecer.

Teoria de direitos – Enfoque (arcabouço) para lidar com problemas éticos mediante a identificação de uma hierarquia de direitos que deve ser considerada na solução de problemas ou dilemas éticos.

Teoria utilitarista – Teoria (ou arcabouço) de ética que considera todos os possíveis grupos de interesses que podem ser afetados por uma decisão ética, e busca medir os efeitos da decisão sobre cada grupo; procura ajudar os indivíduos na tomada de decisões que resultem no maior bem-estar possível para o maior número de pessoas.

REFERÊNCIAS SELECIONADAS PARA ORIENTAÇÃO PROFISSIONAL RELEVANTE		
Referência de orientação	Fonte de orientação	Descrição da orientação
Auditor Code of Conduct	AICPA	Código de conduta profissional.
Statement of Auditing Standards 1	AICPA, ASB	Independência.
Regulation S-X Rule 2-01	SEC	Qualificações de contadores.
Release nº 2008-002	PCAOB	Padrão proposto de auditoria – revisão da qualidade do trabalho e emenda de harmonização aos padrões temporários de controle de qualidade pelo conselho.
Rule 3523	PCAOB	Serviços fiscais para pessoas envolvidas em papéis de supervisão da divulgação financeira.
Rule 3524	PCAOB	Aprovação prévia de certos serviços fiscais pelo comitê de auditoria.
Rule 3525	PCAOB	Aprovação prévia pelo comitê de auditoria de serviços fora da área de auditoria relacionados ao controle interno da divulgação financeira.
Rule 3526	PCAOB	Comunicação com comitês de auditoria a respeito de independência.
ISB nº 1	ISB	Discussões de independência com comitês de auditoria.
ISB nº 3	ISB	Relações de emprego com clientes de auditoria.
IFAC Code of Ethics	IFAC International Ethics Standard Board for Accountants	Código de ética de contadores profissionais.
International Standard on Accounting (ISA) 200	IFAC, IAASB	Objetivo e princípios gerais de auditoria de demonstrações financeiras.

Nota: siglas relevantes da orientação profissional: ASB – *Auditing Standards Board* (Conselho de Padrões de Auditoria); AICPA – *American Institute of Certified Public Accountants* (Instituto Americano de Contadores Externos Certificados); Coso – *Committee of Sponsoring Organizations* (Comitê de Organizações Patrocinadoras); Fasb – *Financial Accounting Standards Board* (Conselho de Padrões de Contabilidade Financeira); IAASB – *International Auditing and Assurance Standards Board* (Conselho de Padrões Internacionais de Auditoria e Garantia); IASB – *Internacional Accounting Standards Board* (Conselho de Padrões Internacionais de Contabilidade); IASC – *International Accounting Standards Committee* (Comitê de Padrões Internacionais de Contabilidade); Ifac – *International Federation of Accountants* (Federação Internacional de Contadores); ISB – *Independence Standards Board* (Conselho de Padrões de Independência); PCAOB – *Public Company Accounting Oversight Board* (Conselho de Supervisão Contábil de Companhias Abertas); SEC – *Securities and Exchange Commission* (Comissão de Valores Mobiliários e Bolsas de Valores).

Questões de revisão

3–2 (OA 2) Qual é a relação entre comportamento ético e sucesso organizacional?

3–4 (OA 2,5) A Lei *Sarbanes-Oxley* contém várias exigências que refletem reações a falhas éticas em julgamentos profissionais por vários participantes do mercado financeiro. Veja a **Ilustração 3.2** para uma visão geral da Seção 201 da lei e identifique as falhas éticas que podem ter ocorrido para levar a essas novas exigências. Discuta como essas novas determinações ajudam a justificar a confiança do público no auditor.

3–6 (OA 6) Em que circunstâncias é apropriado para um CPA divulgar informação confidencial a respeito de um cliente?

3–8 (OA 6) Considerando o Código do AICPA, em que circunstâncias é apropriado para um CPA:
a. Prestar serviços mediante o pagamento de comissões condicionadas?
b. Aceitar uma comissão por indicar um produto ou serviço ao cliente?
c. Pagar uma taxa de indicação a outro CPA?

3–10 (OA 6, 7) Quais são as principais diferenças em termos de orientação a respeito da independência do auditor entre os IEBAs, o AICPA e a SEC? Por que poderia o AICPA justificar diferenças que pareceriam criar um conflito de interesse, do ponto de vista da SEC?

3–12 (OA 6) A independência seria prejudicada, de acordo com o AICPA, se um CPA:
a. Obtivesse um empréstimo hipotecário em um banco que viesse mais tarde a ser um cliente de auditoria enquanto o empréstimo ainda não tivesse vencido?
b. Tivesse trabalhado como controlador do cliente nos seis primeiros meses do período coberto pelas demonstrações financeiras auditadas?
c. Tivesse recebido um empréstimo hipotecário quando a instituição de crédito era um cliente de auditoria?

3–14 (OA 6, 7) Há serviços fora da área de auditoria que podem ser executados para companhias fechadas que não podem ser realizados para companhias abertas? Explique sua resposta.

3–16 (OA 6, 7) Como diferem as regras de independência do AICPA e da SEC em relação à prestação de serviços de processamento de dados e consultoria a um cliente de auditoria?

3–18 (OA 7) Quais são os serviços que um CPA ou uma empresa de CPAs não podem prestar a uma companhia aberta?

3–20 (OA 8) Por que a independência é vista como a característica mais importante de um auditor?

3–22 (OA 9) Quais são as principais ameaças à independência do auditor?

Questões de múltipla escolha

*Todas as questões marcadas com asterisco foram extraídas e adaptadas do exame uniforme de CPAs.

3–24 (OA 3) A aplicação da teoria utilitarista como conceito para lidar com situações éticas exige que o auditor faça tudo o que é indicado a seguir, exceto:
a. Identificar os possíveis grupos de interesses que serão afetados pelos resultados alternativos.
b. Determinar o efeito das linhas alternativas possíveis de ação sobre as partes afetadas.
c. Escolher a alternativa que produz bem-estar ou custo mais baixo (do ponto de vista da sociedade) para o maior número possível de pessoas.
d. Examinar os possíveis resultados para verificar se são incompatíveis com as teorias de direitos ou justiça.

***3–26 (OA 6)** Um CPA pode divulgar informações confidenciais de um cliente sem o seu consentimento a:
I. Outro CPA que adquiriu o escritório de prática fiscal do primeiro CPA.
II. Outra empresa de CPAs se a informação diz respeito a irregularidades suspeitas em declarações de rendimentos.
III. Comissão de avaliação voluntária de controle de qualidade de uma associação estadual de CPAs.
a. I e III.
b. II e III.
c. II.
d. III.

3–28 (OA 6) De acordo com os padrões de ética do AICPA, um auditor seria considerado independente em qual das seguintes situações?
a. O auditor recebeu um empréstimo para compra de automóvel de um banco que é seu cliente.
b. O auditor também é um advogado que assessora o cliente como consultor jurídico.
c. Um funcionário do auditor doa serviços como tesoureiro a uma organização de caridade que é cliente do auditor.
d. O cliente deve ao auditor os honorários relativos a duas auditorias anuais consecutivas.

***3–30 (OA 6, 7)** Uma violação dos padrões de ética da profissão teria mais provavelmente ocorrido quando um CPA:
a. Comprasse a prática de reavaliações mensais de um escritório de escrituração por uma porcentagem dos honorários recebidos em um período de três anos.
b. Fizesse um acordo com um banco para cobrar notas promissórias emitidas por um cliente em pagamento de honorários devidos.
c. Tivesse o nome de Smith e formasse uma sociedade com dois outros CPAs e usasse Smith & Co. como nome da empresa.
d. Emitisse um parecer sem ressalvas sobre demonstrações financeiras de 2010 quando os honorários de auditoria de 2009 ainda não tivessem sido pagos.

Questões de discussão e pesquisa

3–32 (Arcabouço de tomada de decisões profissionais, OA 1) Este capítulo descreve um arcabouço de tomada de decisões que tem sido aplicado em várias profissões diferentes, incluindo a de medicina. O arcabouço foi adaptado neste livro para levar em conta a terminologia de auditoria. Pergunta-se:

a. O que se quer dizer com a expressão tomada de decisões de elevada qualidade? Como ela é operacionalizada em uma situação de auditoria?
b. Como são considerados no modelo de tomada de decisões: (i) o risco de se tomar uma decisão errada e (ii) o risco de que haja erros nos registros contábeis?

c. O que infere o modelo de tomada de decisões a respeito da suficiência e abrangência das informações necessárias para a tomada de decisões de qualidade elevada? O que se quer dizer com o termo análise de sensibilidade?

d. Qual é a principal decisão que os auditores devem tomar a respeito da auditoria das demonstrações financeiras de uma empresa? Por exemplo, suponha que as demonstrações estejam apenas "um pouquinho erradas". Quais são as consequências disso para o auditor? E se as demonstrações financeiras estivessem significativamente erradas? Quais seriam as consequências para o profissional?

3–34 (Aplicação do arcabouço ético, OA 4)

1. Encontre um artigo recente na imprensa escrita ou eletrônica que forneça um exemplo de um dilema ético.
2. Analise-o seguindo o arcabouço ético apresentado neste capítulo. Sua análise deve ser concisa e incluir todos os componentes do arcabouço apresentados.

3–36 (Aplicação do arcabouço ético, OA 4) Como auditor da *XYZ Company*, você descobre que uma venda importante (no valor de $ 500 mil, com custo de produtos vendidos de $ 300 mil) foi feita a um cliente no ano corrente. Devido a controles contábeis internos deficientes, a venda nunca foi registrada. Seu cliente toma a decisão de não faturar o comprador, porque se passou muito tempo desde a entrega dos produtos. Você determina, na medida do possível, que a venda não foi fraudulenta. Pergunta-se:

a. Os princípios de contabilidade aceitos em geral exigem a divulgação desta situação? Cite os padrões específicos aplicáveis.

b. Independentemente de sua resposta ao item (a), utilize o arcabouço ético desenvolvido no capítulo para determinar se o auditor deve exigir a contabilização ou a divulgação da transação. Se você concluir que a transação deve ser divulgada ou contabilizada, indique a natureza da divulgação e o seu raciocínio para isso.

3–38 (Código de Conduta do AICPA e dilemas éticos, OA 4, 6) A regra 301, a respeito de confidencialidade, reconhece a existência de uma relação de confiança pública fundamental entre o cliente e o auditor, e reflete a maneira pela qual todos os profissionais conduzem seus trabalhos. Entretanto, em certos casos o auditor pode ser obrigado a comunicar uma informação confidencial. Pergunta-se:

a. Explique sucintamente a finalidade da regra de confidencialidade. Por que é importante garantir ao cliente a confidencialidade da informação?

b. Em que circunstâncias é permitido ao CPA comunicar informação confidencial, e quais são as partes às quais a informação pode ser comunicada?

c. Suponha que um auditor seja o sócio responsável por dois trabalhos separados, mas que durante a auditoria do cliente A o auditor obtenha informação que afetará materialmente a auditoria do cliente B. O cliente B não está ciente da informação (a incapacidade do cliente A de pagar suas dívidas). Que linhas alternativas de ação estão disponíveis ao auditor? A comunicação da informação ao cliente B seria considerada uma violação da regra de confidencialidade? Que orientação poderia o auditor buscar, além da regra 301, ao preparar uma resposta para este dilema ético?

d. O relatório do auditor é considerado uma comunicação confidencial? Explique a sua resposta.

3–40 (Código de Conduta do AICPA, OA 6) Muitas profissões têm elaborado códigos de conduta. A profissão de contabilidade externa, por meio do AICPA, incluiu orientação detalhada em seu código. Pergunta-se:

a. Qual é a principal finalidade dos códigos de conduta promulgados pelo AICPA, pelas comissões estaduais de contabilidade e associações estaduais de CPAs?

b. Quais são as sanções possíveis caso se descubra que um CPA violou o código de conduta profissional?

3–42 (Código de Conduta do AICPA, OA 6) Em cada uma das situações a seguir, indique se há violação da regra 101 de Conduta do AICPA, que trata de independência, e explique a sua resposta.

a. Barnes é sócio de uma empresa de CPAs que realiza uma auditoria da *Ovats Co.*

(1) Barnes trabalha no mesmo escritório do sócio responsável pela auditoria da *Ovats Co.*, mas não nessa auditoria. Barnes possui algumas ações da *Ovats Co.*

(2) Barnes trabalha no mesmo escritório do sócio responsável pela auditoria da *Ovats Co.*, mas não nessa auditoria. A esposa de Barnes possui algumas ações da *Ovats Co.*

b. Putts é um técnico novo, trabalha na auditoria da *Tate Corp.* e possui algumas ações da *Tate Corp.*

c. Nels é um auditor sênior e participa da auditoria da *Varsity, Co.* Sua mãe, que não é sua dependente, possui ações da *Varsity*, em quantidade significativa para o seu patrimônio, e Nels tem conhecimento disso.

d. Kard é um auditor sênior no mesmo escritório que faz a auditoria da *Looney Corp.*, mas não participa dessa auditoria. Kard possui 6% das ações da *Looney*.

3–44 (Princípios de independência da SEC, OA 7). Pergunta-se:

a. Quais são os quatro princípios básicos elaborados pela SEC quanto à independência do auditor?

b. Os princípios são aplicáveis somente a auditores de empresas registradas junto à SEC, ou valem também para auditores de companhias fechadas e de menor porte?

c. Apresentamos a seguir cinco situações em que os auditores podem se encontrar. Em cada uma delas, indique se há violação dos princípios de independência da SEC. Explique sua resposta.

(1) Spencer é o sócio encarregado da auditoria da *Flip Company*. Possui metade de uma sociedade com o diretor financeiro da *Flip*, mas esse negócio é auditado por outra empresa de CPAs independente.

(2) Victoria é a auditora sênior responsável pela auditoria da *Holder Company*. No último ano, ela substituiu o contador-chefe, que precisou fazer uma cirurgia de emergência e se afastou por seis semanas.

(3) Um cliente de auditoria pediu a Brandon que o representasse em negociações com a administração de outra empresa que o cliente pretende adquirir.

(4) Sanders é o sócio responsável pela auditoria da *Marshall Co*. O diretor executivo e o diretor financeiro pediram a Sanders para preparar suas declarações de imposto federal e estadual de renda de pessoa física, bem como as declarações de rendimentos da empresa.

(5) Marianne Keuhn é sócia em uma empresa de auditoria e do *Blackhawk Contry Club*. Ela é uma golfista com *handicap* baixo e participa de um grupo de quatro jogadoras todos os sábados de manhã, incluindo Shelley Paris, a diretora financeira de um cliente de auditoria, e Nancy Sprague, a diretora executiva de outro cliente de auditoria.

3–46 (Aplicação de princípios e regras de independência de auditoria, OA 7) Quais das seguintes atividades não seriam consideradas violações dos quatro princípios básicos de independência definidos pela SEC? Suponha que haja uma companhia aberta envolvida como cliente.

a. *Virchow John* (VJ), uma empresa de CPAs, possui uma divisão separada que presta serviços de planejamento financeiro pessoal (gestão de patrimônio) para indivíduos de renda elevada. Trata-se de um centro de lucro separado, que é avaliado com base em seus resultados. A instituição presta este serviço para um número limitado de altos executivos, em troca dos honorários normais e, a pedido do cliente, para alguns clientes de auditoria.

b. *Virchow John* (VJ), uma empresa de CPAs, é contratada e só pode ser dispensada pelo comitê de auditoria do cliente, mas seus honorários são pagos pelo cliente.

c. *Virchow John* (VJ), uma empresa de CPAs, possui uma unidade separada que realiza serviços temporários de contabilidade. Um de seus clientes perdeu o controlador de uma divisão que representa 7% de sua receita. A VJ utiliza seus serviços temporários de contabilidade para fazer a função de controladoria durante 45 dias, enquanto o cliente procura um novo controlador.

d. *Virchow John* (VJ), uma empresa de CPAs, recomenda que a empresa melhore seus controles e aceita um projeto de 90 dias para treiná-la na implantação de controles melhores.

3–48 (Ameaças à independência, OA 9)

Cena 1 – Você é o auditor sênior responsável pela auditoria da *NOB Company*. O diretor financeiro está pressionando você para completar a auditoria dentro de duas semanas. Alguns membros da equipe são técnicos novos e exigiram um volume significativo de treinamento para que estivessem em condições de participar da auditoria. Em consequência, sua auditoria está atrasada. Entretanto, você sabe que, mesmo com muitas horas extras, sua equipe não será capaz de completar todo o trabalho planejado dentro de duas semanas. Pergunta-se:

a. O que você faria em uma situação como essa?
b. O que poderia ter sido feito para evitar esta situação?

Cena 2 – Os sócios da empresa de contabilidade externa, Noble, Wishman & Kant, recebem pontos para fins de remuneração por (1) obter novos clientes, (2) reter clientes, e (3) vender serviços adicionais a clientes existentes. Dependendo do número de pontos, a remuneração de cada sócio pode ser aumentada em até 150% de seu salário-base. Pede-se:

a. Explique por que este esquema pode ser uma ameaça à independência.
b. O que poderia ser feito para eliminar esta ameaça, mas ainda assim incentivar a empresa de auditoria a buscar rentabilidade suficiente para atrair e reter auditores qualificados?

Casos

3–50 (Aplicação do arcabouço ético e do Código de Conduta do AICPA, OA 4, 6) No caso *Fund of Funds, Ltd. v. Arthur Andersen & Co.*, os auditores da *Arthur Andersen* completaram a auditoria da *Fund of Funds* sem terem encontrado problemas e emitiram um parecer sem ressalvas. Pouco tempo depois, basicamente a mesma equipe de auditoria iniciou o exame da *King Resources*. Quando realizavam esse trabalho, os profissionais perceberam que havia um contrato importante entre a *King Resources* e a *Fund of Funds*. Os auditores deram prosseguimento à auditoria e foram surpreendidos pela constatação de que a *King Resources* não havia agido honestamente com a *Fund of Funds*, pois lhe vendera bens a preços excessivamente altos. Os auditores se viram frente a um dilema: poderiam alertar a *Fund of Funds*; alternativamente, poderiam deixar de alertá-la e esperar que ela nunca descobrisse. Pede-se:

a. Discuta que linha de ação você recomendaria aos auditores, bem como os possíveis resultados dessa atitude.

b. De que maneira esta situação poderia ter sido evitada?

c. Discuta como este caso difere do caso *Consolidata*, descrito no capítulo, em termos de divulgação de informação confidencial.

Ford Motor Company e Toyota Motor Corporation

Ford Motor Company: Julgamentos éticos

(www.cengage.com.br, em inglês)

Leia os seguintes trechos extraídos da declaração para votação da *Ford Motor Company*, em 2008, e depois complete a questão para discussão.

Relatório do comitê de auditoria

O comitê de auditoria é composto por cinco conselheiros, todos os quais satisfazem os padrões de independência contidos nas regras de Companhias Abertas da Bolsa de Valores de Nova York, nas regras da SEC e nos Princípios de Governança Corporativa da *Ford Motor Company*, e opera de acordo com um regimento escrito adotado pelo Conselho de Administração. Uma cópia do Regimento do Comitê de Auditoria pode ser encontrada no endereço eletrônico da Empresa: www.ford.com. O comitê seleciona a empresa de contabilidade externa independente registrada da Empresa, sujeita à ratificação pelos acionistas.

A administração da Ford é responsável pelos controles internos da empresa e pelo processo de divulgação financeira. A instituição de contabilidade externa independente registrada, *PricewaterhouseCoopers LLP* ("*PricewaterhouseCoopers*"), é responsável pela realização de uma auditoria independente das demonstrações financeiras consolidadas da empresa e pela emissão de um parecer sobre a conformidade dessas demonstrações com os princípios de contabilidade aceitos em geral nos Estados Unidos e sobre a eficácia do controle interno da empresa sobre a divulgação financeira, e sobre a avaliação do controle interno da divulgação financeira pela administração. O Comitê de Auditoria monitora o processo de divulgação financeira e relata suas constatações ao Conselho de Administração.

Honorários de auditoria

A *PricewaterhouseCoopers* atuou como empresa de contabilidade externa independente registrada em 2007 e 2006. A empresa pagou à *PricewaterhouseCoopers* US$ 39 milhões e US$ 41,6 milhões por serviços de auditoria referentes aos exercícios encerrados em 31 de dezembro de 2007 e 2006, respectivamente. Os trabalhos de auditoria consistiram na auditoria das demonstrações financeiras incluídas no relatório anual da empresa no formulário 10-K, de revisões das demonstrações financeiras incluídas nos relatórios trimestrais no formulário 10-Q, da certificação da eficácia dos controles internos sobre a divulgação financeira, da preparação de relatórios estatutários de auditoria e do fornecimento de cartas de segurança em ligação com transações de financiamento da *Ford* e da *Ford Motor Credit Company*.

Honorários de serviços relacionados à auditoria

A empresa pagou à *PricewaterhouseCoopers* US$ 13,3 milhões e US$ 4,2 milhões por serviços relacionados à auditoria nos exercícios encerrados em 31 de dezembro de 2007 e 2006, respectivamente. Os trabalhos relacionados à auditoria incluíram investigações para fins de fusões, aquisições e desinvestimentos, auditorias de planos de benefícios de funcionários, serviços de certificação, revisões de controles internos e assistência na interpretação de padrões de contabilidade.

Honorários por serviços fiscais

A empresa pagou à *PricewaterhouseCoopers* US$ 5,5 milhões e US$ 6,6 milhões por serviços fiscais nos exercícios encerrados em 31 de dezembro de 2007 e 2006, respectivamente. Os tipos de serviço incluíram assistência no cumprimento da legislação tributária e a preparação de declarações de rendimentos, consultas em relação a questões tributárias, serviços de planejamento e implantação, assistência em auditorias fiscais e assessoramento fiscal relacionado a fusões, aquisições e desinvestimentos, bem como serviços de preparação de declarações de rendimentos de funcionários internacionais de serviços ("ISEs") visando a minimizar o custo dessas alocações para a empresa. Em 2005, iniciou a transição a um novo prestador de serviços de preparação de declarações de rendimentos para ISEs. Dos honorários pagos por serviços fiscais, a empresa pagou 60% e 64% por cumprimento da legislação tributária e preparação de declarações de rendimentos em 2007 e 2006, respectivamente.

Demais honorários

A empresa não utilizou a *PricewaterhouseCoopers* para quaisquer outros serviços nos anos encerrados em 31 de dezembro de 2007 e 2006.

Honorários totais

A empresa pagou à *PricewaterhouseCoopers* um total de US$ 57,8 e US$ 52,8 milhões em honorários em relação aos anos encerrados em 31 de dezembro de 2007 e 2006, respectivamente.

Independência do auditor

No último ano, o comitê de auditoria realizou reuniões e discussões com a administração e a *PricewaterhouseCoopers*. O comitê examinou e discutiu com a administração da Ford e a *PricewaterhouseCoopers* as demonstrações financeiras auditadas e a avaliação da adequação e eficácia dos controles internos sobre a divulgação financeira, contidas no relatório anual da empresa no formulário 10-K, para o ano encerrado em 31 de dezembro de 2007. O comitê também discutiu com a *PricewaterhouseCoopers* os assuntos cuja discussão é exigida pelo Pronunciamento sobre os Padrões de Auditoria números 61 e 90 (Comunicação com Comitês de Auditoria), bem como pelas normas da SEC. A *PricewaterhouseCoopers* submeteu ao comitê de auditoria as divulgações por escrito e a carta exigida pelo Padrão número 1 do Conselho de Padrões de Independência (Discussões sobre Independência com Comitês de Auditoria). O comitê discutiu com a *PricewaterhouseCoopers* a independência dessa empresa.

Com base nas análises e discussões mencionadas, o comitê de auditoria recomendou ao conselho de administração que as demonstrações financeiras auditadas fossem incluídas no relatório anual da empresa no formulário 10-K, para o ano encerrado em 31 de dezembro de 2007, entregue à SEC. O comitê também considerou se a prestação à empresa de outros serviços fora da área de auditoria pela *PricewaterhouseCoopers* é compatível com a manutenção da independência e concluiu que a independência da *PricewaterhouseCoopers* não é comprometida pela prestação de tais serviços. Anualmente, o comitê de auditoria aprova previamente categorias de serviços a serem prestados (em lugar de trabalhos individuais) pela *PricewaterhouseCoopers*. Como parte desta aprovação, fixa-se um valor para cada categoria (auditoria, relacionados à auditoria e serviços fiscais). Caso os valores aprovados previamente sejam insuficientes, é feito um pedido de recursos adicionais ao comitê para aprovação na reunião programada seguinte. Além disso, todos os novos trabalhos envolvendo valores superiores a US$ 250 mil devem ser submetidos previamente ao comitê para fins de aprovação. Um relatório regular será elaborado para cada reunião, indicando os honorários efetivos e as despesas pagas ou comprometidas contra honorários aprovados.

Fonte: Extraído da declaração para votação, *Ford Motor Company*, 2008.

Pede-se:
O comitê de auditoria "considerou se a prestação de outros serviços fora da área de auditoria pela *PricewaterhouseCoopers* à empresa é compatível com a manutenção da independência da *PricewaterhouseCoopers* e concluiu que a independência não é comprometida pela prestação de tais serviços". Use as informações reveladas a respeito de honorários de auditoria, de serviços relacionados à auditoria e honorários por serviços fiscais, juntamente com o arcabouço de análise de decisões apresentado na **Ilustração 3.1**, para tomar sua própria decisão se a prestação de outros serviços fora da área poderia comprometer a independência, ou a percepção de autonomia da *PricewaterhouseCoopers* em relação à administração da *Ford*.

Risco de auditoria, risco empresarial e planejamento da auditoria

4

Objetivos de aprendizagem

O principal objetivo deste livro-texto é a construção de uma base para a análise de questões profissionais correntes e a adaptação de enfoques de auditoria às complexidades das empresas e da economia. Por meio do estudo deste capítulo, você será capaz de:

1. Identificar os vários tipos de risco relevantes para a condução de uma auditoria.
2. Descrever como as empresas de auditoria gerem os riscos de seu trabalho, tomando decisões de qualidade elevada na aceitação e retenção de clientes.
3. Discutir a relevância da materialidade em um contexto de auditoria, articulando a relação entre materialidade e risco de auditoria.
4. Descrever o modelo de risco de auditoria e seus componentes.
5. Expor algumas limitações do modelo de risco de auditoria.
6. Usar o modelo de risco de auditoria para planejar a natureza de procedimentos a serem adotados em um trabalho da área.
7. Usar técnicas preliminares de análise para identificar áreas de risco elevado de afirmações incorretas.
8. Aplicar os arcabouços de análise e tomada de decisões com ética a situações envolvendo risco de auditoria, risco empresarial e planejamento da auditoria.

Visão geral do capítulo

O risco é um ingrediente natural da atividade empresarial. Entretanto, como descobrimos recentemente com a crise financeira, aqueles que não são controlados e enfrentados podem prejudicar o funcionamento de empresas – tanto grandes quanto pequenas. O risco também se manifesta diariamente: sempre há o risco de que um produto novo falhe, que ocorram eventos econômicos inesperados, ou haja um resultado pouco provável. A maneira pela qual uma organização gere esses inconvenientes afeta tanto a viabilidade financeira da própria organização quanto o enfoque do auditor para auditá-la. Algumas empresas possuem mecanismos de controle para identificar, gerir, atenuar ou controlar riscos. O auditor precisa entender (a) as ameaças que afetam as operações do cliente e (b) quão bem a administração identifica e lida com elas. Neste capítulo, descrevemos os procedimentos utilizados pelo auditor para identificar riscos, bem como as metodologias empregadas pelas organizações para gerir, atenuar ou controlá-los.

Em termos do processo de elaboração do parecer de auditoria, este capítulo envolve a fase I, isto é, as decisões de aceitação e retenção de clientes, e a fase II, ou seja, entender os riscos do cliente. A análise das ameaças afeta diretamente a natureza e a quantidade do trabalho de auditoria realizado. Apresentamos o conceito e o modelo para descrever o risco de que um auditor seja incapaz de detectar afirmações materiais incorretas e para articular o modo pelo qual os profissionais planejam o trabalho para controlar este risco importante.

I. Aferir as decisões de aceitação e retenção do cliente (capítulo 4).	II. Entender o cliente (capítulos 2, 4-6 e 9).	III. Obter evidência a respeito de controles e determinar o impacto sobre a auditoria de demonstrações financeiras (capítulos 5-14 e 18).	IV. Apurar evidências consubstanciadas sobre afirmações de contas (capítulos 7-14 e 18).	V. Fechamento da auditoria e tomada de decisões de divulgação (capítulos 15 e 16).
A profissão de auditoria, regulamentação e governança corporativa (capítulos 1 e 2).		Tomada de decisões, conduta profissional e ética (capítulo 3).		Responsabilidade profissional (capítulo 17).

JULGAMENTO PROFISSIONAL EM CONTEXTO

Reação à crise financeira e o pacote de ajuda do governo

Em outubro de 2008, a economia norte-americana sofreu a maior queda de seu mercado de ações na história. Muitos bancos importantes faliram porque não geriam riscos adequadamente. Em sua maior parte, os bancos pegavam grandes volumes de fundos emprestados para investir em títulos lastreados por hipotecas – frequentemente sem uma análise suficiente dos riscos associados a esses títulos. O mercado de empréstimos hipotecários de qualidade inferior ("subprime") quebrou, e os bancos não conheciam o valor real dos ativos que possuíam, o que acabou custando US$ 700 bilhões ao contribuinte norte-americano e acrescentando 10% à dívida nacional. Muitos questionaram por que as empresas e os auditores não haviam identificado o problema antes. Por exemplo, por que não conhecíamos o risco associado a essas empresas? Por que a Lei Sarbanes-Oxley não protegeu os investidores e os consumidores deste tipo de calamidade? Infelizmente, os riscos no sistema financeiro deviam ter sido previstos com uma gestão e regulamentação apropriada.

Dada esta turbulência econômica, pedimos que o leitor se coloque na posição do sócio de uma empresa de auditoria, ao perceber que o ambiente econômico corrente fará que cada uma de suas auditorias seja mais arriscada. À medida que o sócio planejar cada trabalho, precisará articular riscos específicos ao cliente, ligar essas ameaças a saldos de contas específicas nas demonstrações financeiras e identificar os tipos de procedimento de auditoria que deverão ser realizados para lidar adequadamente com os riscos. Além disso, consideremos os seguintes fatos relevantes em nosso atual ambiente:

- Em muitas empresas industriais, o *goodwill* é atualmente o maior ou segundo maior ativo em suas contas.
- Muitas empresas reduzirão suas escalas, e não estarão apenas dispensando pessoas, como também fechando unidades produtivas.
- Espera-se que as vendas caiam.
- Os clientes pagarão mais lentamente, e alguns não serão capazes de quitar suas dívidas.

Ao planejar cada auditoria, o sócio precisará considerar os padrões de contabilidade relacionados à redução de valor de ativos, à impossibilidade de cobrar contas a receber ao valor realizável líquido dos estoques e a ajustes de pensões, entre outras questões. Além disso, deverá considerar a subjetividade da natureza de algumas das evidências que poderiam ser coletadas e avaliadas pela equipe de auditoria. Neste contexto, o julgamento profissional é de importância fundamental. Mais basicamente ainda, sem uma boa compreensão de risco e mercados, o pessoal da empresa de auditoria não será capaz de se desincumbir de suas responsabilidades.

À medida que for lendo este capítulo, reflita sobre os riscos que são intrínsecos ao funcionamento de uma empresa. A seguir, considere se há ameaças para as empresas de auditoria envolvidas com clientes que possuem risco elevado de falência ou de afirmações incorretas nas demonstrações financeiras. Por fim, pense sobre os riscos que podem ser enfrentados pelo auditor ao determinar se há afirmações incorretas nas demonstrações financeiras de um cliente, no ambiente atualmente vivido pelas organizações.

Natureza do risco

Risco é um conceito universal. Corremos riscos a cada vez que atravessamos a rua. As organizações os enfrentam a cada dia que operam. Há muitas definições de risco e diversos enfoques adotados para geri-lo. Neste capítulo, identificamos quatro componentes críticos que são relevantes à condução de uma auditoria:

- Risco empresarial – afeta as operações e os possíveis resultados de atividades de uma organização.
- Risco de divulgação financeira – relacionado ao registro de transações e à apresentação de dados financeiros nas demonstrações financeiras de uma organização.
- Risco de envolvimento – situação que os auditores enfrentam ao se envolverem com um cliente específico, incluindo perda de reputação, incapacidade do cliente de pagar o auditor, ou perda financeira porque a administração da empresa não é honesta e dificulta o processo de auditoria.
- Risco de auditoria – risco de que o auditor possa dar um parecer sem ressalvas para demonstrações financeiras que contêm afirmações materiais incorretas.

OA 1
Identificar os tipos de risco relevantes para a condução de uma auditoria.

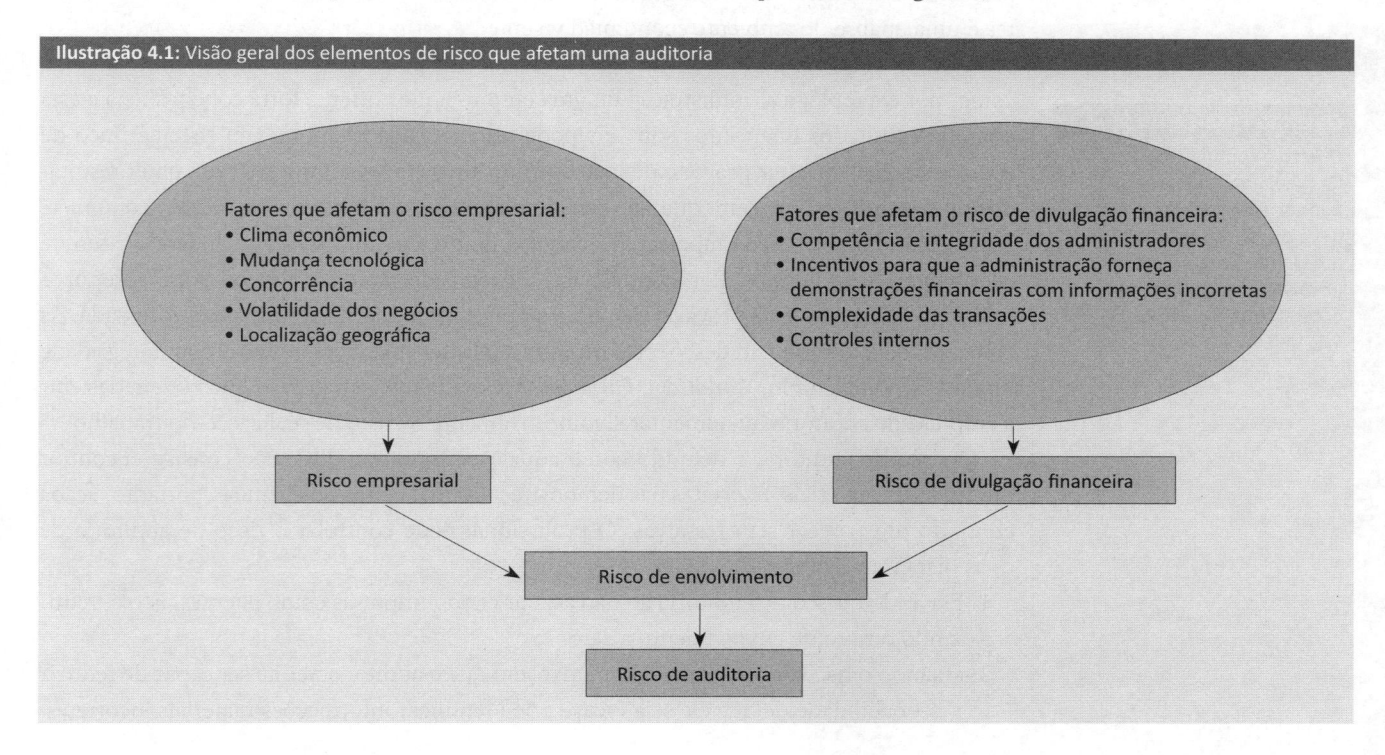

A **Ilustração 4.1** representa graficamente as relações entre esses riscos. No nível mais amplo, o risco empresarial e o de divulgação financeira se originam do cliente de auditoria e de seu ambiente, e afetam o risco de envolvimento do auditor e o de auditoria. A eficácia dos processos de gestão de riscos determinará se uma empresa ou uma empresa de auditoria continuarão a existir. Este capítulo esquematiza um arcabouço para identificar e gerir ameaças com a finalidade de minimizar o risco do auditor associado à entrega de um parecer de auditoria sobre as demonstrações financeiras de uma empresa ou sobre a eficácia de seus controles contábeis internos.

Diversos fatores influenciam o risco empresarial de um cliente. O clima econômico geral – favorável ou desfavorável – pode ter um efeito substancial sobre a capacidade da organização

Ilustração 4.1: Visão geral dos elementos de risco que afetam uma auditoria

Fatores que afetam o risco empresarial:
- Clima econômico
- Mudança tecnológica
- Concorrência
- Volatilidade dos negócios
- Localização geográfica

Fatores que afetam o risco de divulgação financeira:
- Competência e integridade dos administradores
- Incentivos para que a administração forneça demonstrações financeiras com informações incorretas
- Complexidade das transações
- Controles internos

→ Risco empresarial
→ Risco de divulgação financeira
→ Risco de envolvimento
→ Risco de auditoria

de operar efetivamente e com lucro. As quedas do nível de atividade econômica geralmente estão associadas com a quebra de organizações que eram bem-sucedidas. A mudança tecnológica também gera riscos para muitas empresas. Por exemplo, os novos produtos de comunicação da Google e da Apple afetaram os negócios de telefonia da Motorola e da Nokia. As ações de concorrentes, como reduções de preços ou adições de novas linhas de produtos, também afetam o risco empresarial. Como aprendemos com a crise financeira, a complexidade de instrumentos financeiros e das transações pode aumentar o risco empresarial, especialmente quando a administração de uma organização não entende as ameaças associadas às transações, e isto pode afetar o risco de divulgação financeira. Por fim, a localização geográfica de fornecedores também pode influenciar o risco empresarial. Por exemplo, a obtenção de suprimentos na China poderia ser uma vantagem competitiva, mas também poderia expor a empresa, caso venha a ser descoberto que os seus produtos contêm chumbo e não podem ser vendidos nos Estados Unidos ou na Europa. Cabe à administração da empresa gerir adequadamente o seu risco empresarial. Todas as organizações estão expostas a essa situação; as reações de seus administradores podem exacerbá-la (torná-la mais provável) ou, ao contrário, reduzi-la.

Quando pensar a respeito do risco de divulgação financeira, considere todos os itens do balanço de uma empresa que são de natureza subjetiva e baseiam-se em julgamentos. Não existem muitas instituições cujo balanço seja simplesmente o conjunto de débitos e créditos resultantes do registro de transações. Ao contrário, há muitos julgamentos associados a questões tais como redução de valor de ativos, contabilidade por marcação a mercado, garantias, devoluções, pensões e estimativas a respeito das vidas úteis de ativos, entre outras. Devido a esta subjetividade, o risco de divulgação financeira é afetado pela competência e integridade da administração e por seus incentivos para incluir informações incorretas nas demonstrações financeiras (por exemplo, aquelas devidas a acordos envolvendo opções de compra de ações e pagamentos de bônus). Além disso, a própria complexidade de certas transações e os controles internos da entidade podem afetar o risco de divulgação financeira ao impedirem ou detectarem erros ou informações intencionalmente distorcidas. Para entender tal ameaça, o auditor coletará informações por meio de revisões de auditorias anteriores, exames dos processos de controle interno e gestão de risco do cliente, discussões com os administradores e uma análise do ambiente econômico vigente.

O risco empresarial e o de divulgação financeira podem se influenciar mutuamente, como, por exemplo, a administração de uma empresa que enfrenta forte concorrência e está obtendo resultados financeiros sofríveis pode ser motivada a ignorar um sistema fraco de controle interno ou tirar proveito de instrumentos financeiros complexos para obter resultados de divulgação financeira que não necessariamente representam a realidade econômica. Além disso, tanto o risco empresarial quanto o de divulgação financeira afetam o risco de envolvimento do auditor. Por exemplo, se o cliente declarar falência ou sofrer prejuízos muito grandes, será mais provável que uma empresa de auditoria venha a ser processada. As empresas de auditoria têm descoberto que estarem associadas a instituições com integridade limitada – por exemplo, *WorldCom*, *Parmalat*, *AIG* ou *Enron* – cria riscos que podem destruir a empresa de auditoria ou aumentar significativamente o custo de realização do trabalho.

O risco de auditoria é definido como aquele em que o auditor não consiga encontrar informações materiais incorretas nas demonstrações financeiras do cliente e, portanto, acaba emitindo um parecer sem ressalvas. O profissional pode controlar o risco de auditoria de duas maneiras distintas:

1. Evitando o risco de auditoria ao não aceitar certas empresas como clientes, isto é, reduzindo o risco de envolvimento a zero.
2. Fixando o risco de auditoria em um nível em que o auditor acredite ser capaz de reduzir a probabilidade de que ele seja incapaz de identificar informações materiais incorretas.

> **QUESTÃO PRÁTICA**
> O risco é cumulativo. Caso seja muito elevado, o auditor precisará decidir se deve ou não se associar a um cliente, pois o risco de envolvimento poderá ser excessivamente alto.

> **AUDITORIA NA PRÁTICA**
>
> **Gestão do risco de envolvimento**
> A *PricewaterhouseCoopers* (PwC) tem sido, há muito tempo, a responsável pela auditoria da AIG (uma seguradora de grande porte). A AIG foi uma das empresas que fez parte do plano de "salvação" implantado pelo governo, em 2008. A PwC foi processada e pagou algumas das indenizações mais altas da história porque não foi capaz de encontrar informação explicitamente ocultada pelo cliente. Em outras palavras, a ausência de integridade da administração no cliente custou milhões de dólares à empresa de CPAs.

> **QUESTÃO PRÁTICA**
> Muitas empresas de contabilidade externa menores estão optando por (a) não realizar quaisquer auditorias ou (b) realizar trabalhos somente de companhias fechadas uma vez que os custos do seguro por responsabilidade civil e as despesas correspondentes de litígios são excessivamente elevados. Elas gerem o risco de auditoria evitando terem companhias abertas como clientes e gerindo o risco associado a companhias fechadas.

No processo de controle do risco de auditoria, o profissional deve reconhecer que nunca é possível eliminar completamente essa ameaça, mas é possível reduzi-la com trabalho adicional. Entretanto, essa ação eleva os honorários, o que pode gerar tensão com o cliente e os seus executivos. Por exemplo, se outra empresa de auditoria fosse capaz de fazer o trabalho a custo mais baixo, a empresa atual teria que escolher entre (a) convencer o cliente de que é mutuamente benéfico que o risco de auditoria não seja elevado, (b) aceitar um risco de auditoria mais alto, (c) reduzir o volume de receita pelo mesmo volume de trabalho realizado, ou (d) enfrentar a possibilidade de perder o cliente.

Toda e qualquer instituição tem o "direito" a uma auditoria de demonstrações financeiras? As quebras de empresas de contabilidade externa, nas últimas décadas, levaram a um repensar dessa pergunta. A maioria delas tem introduzido procedimentos específicos para serem associadas a clientes que consideram ser muito arriscados. Uma lição importante da **Ilustração 4.1** é a de que cada cliente traz certos riscos empresariais e de divulgação financeira específicos a qualquer trabalho individual de auditoria. Estes, por sua vez, afetam o risco de envolvimento e o de auditoria que cabe à empresa de auditoria administrar. Nas duas próximas seções, focalizaremos nossa atenção na exposição de como os auditores gerem riscos de envolvimento e auditoria.

Gestão do risco de envolvimento por meio de decisões de aceitação e retenção de clientes

Talvez a decisão mais importante tomada pelo auditor em todo e qualquer trabalho de auditoria seja a de determinar se um cliente será aceito ou retido. A maioria das empresas de auditoria tem montado listas de verificação e procedimentos de revisão detalhados para ajudá-las a decidir se devem aceitar um novo cliente à sua carteira e se devem continuar seu relacionamento com clientes existentes (a decisão de retenção de clientes, às vezes chamada de decisão de continuação de clientes). Existem vários fatores que influenciam essa decisão:

- Integridade da administração.
- Independência e competência dos executivos e do conselho de administração.
- Qualidade do processo de gestão de risco e dos controles da administração.
- Exigências de divulgação, incluindo as regulatórias.
- Participação de grupos importantes de interesses.
- Existência de transações com partes relacionadas.
- Saúde financeira da organização.

> **OA 2**
> Descrever como as empresas de auditoria gerem os riscos de seu trabalho tomando decisões de qualidade elevada na aceitação e retenção de clientes.

Integridade da administração

Talvez o fator mais importante para avaliação e entendimento pelo auditor em cada trabalho seja a integridade da administração. O profissional precisa entender e avaliar (a) a integridade da administração e (b) os incentivos econômicos que afetam a administração. Este último aspecto foi claramente um fator determinante da divulgação financeira fraudulenta ocorrida nas últimas décadas.

Há várias fontes potenciais que podem ser consultadas pelo auditor na coleta de informações sobre a integridade da administração. Elas incluem auditores anteriores, experiência de auditoria em anos anteriores e fontes independentes de informação.

Auditores anteriores

A decisão de aceitação ou retenção de um cliente deve incluir entrevistas com sócios e técnicos envolvidos em auditorias anteriores, para obter informações a partir de suas experiências com o cliente. Se estiver havendo uma mudança de auditores, o novo profissional deve se reunir com o auditor anterior para descobrir qual é a sua visão a respeito dos motivos para a mudança, incluindo informações relativas a quaisquer disputas com a administração e a qualidade dos controles da empresa. É exigida autorização do cliente antes que o auditor possa se reunir com o profissional anterior, devido à confidencialidade da informação. A recusa em proporcionar tal acesso deve representar um sinal claro de alerta para o auditor.

Todas as empresas registradas na SEC são obrigadas a informar, no formulário 8-K, a ocorrência de mudança da empresa de auditoria, bem como os motivos dessa transição, no prazo de quatro dias úteis a contar da ocorrência. A empresa registrada deve comentar especificamente se ela teve qualquer divergência significativa com os seus auditores quanto a princípios de contabilidade, procedimentos de auditoria ou outras questões de divulgação financeira, e precisa indicar o nome da nova instituição contratada. A empresa de auditoria dispensada deve se comunicar com a SEC, informando se concorda com o que foi dito pelo cliente.

Além disso, o novo auditor de uma companhia aberta é obrigado a se comunicar com o anterior e com a administração da empresa para determinar o motivo da mudança. O profissional estará particularmente interessado em saber se houve divergência com o cliente a respeito de procedimentos de auditoria ou contabilidade que teriam levado à dispensa ou renúncia do auditor. Os padrões de auditoria recomendam que as consultas se concentrem no seguinte:

- Integridade da administração.
- Divergências com a administração a respeito de princípios de contabilidade, procedimentos de auditoria, ou outras matérias significativas semelhantes.
- O entendimento do auditor anterior dos motivos para a troca de profissionais.
- Qualquer comunicação do auditor anterior à administração ou ao comitê de auditoria do cliente a respeito de fraude, atos ilegais e questões atinentes ao controle interno.

Experiência de auditoria em anos anteriores

O auditor conta com uma ampla gama de informações que devem estar contidas nos documentos da auditoria do ano em curso ou de trabalhos anteriores. O profissional deve avaliar a administração da empresa dos seguintes pontos de vista:

- Cooperação na solução de problemas de divulgação financeira.
- Atitude em relação à identificação e comunicação de questões contábeis complexas.
- Comprometimento com a implantação de processos eficazes de gestão de riscos e controle interno.

QUESTÃO PRÁTICA

Todas as empresas de CPAs de âmbito nacional possuem procedimentos formais de aceitação de clientes nos quais são considerados fatores tanto para (a) a aceitação de novos clientes quanto para (b) reter aqueles já existentes quando o risco de auditoria é crescente ou a realização de honorários é decrescente. Geralmente, tais decisões são examinadas em nível gerencial regional ou nacional, especialmente quando envolvem clientes de alto risco.

FOCO EM FRAUDE

Nas últimas décadas, várias empresas informaram que os seus executivos haviam manipulado a sua própria remuneração fixando datas retroativas para a outorga de opções de compra. Não deve ser surpreendente que, uma vez que os executivos manipulem uma coisa, eles também fariam afirmações incorretas em demonstrações financeiras. Por este motivo, os auditores geralmente examinam aspectos que podem indicar desonestidade por parte dos executivos, como, por exemplo, a declaração de valores indevidos em prestações de contas para fins de reembolso.

QUESTÃO PRÁTICA

Não há submissão formal de relatórios descrevendo mudanças de auditores de uma companhia fechada.

- Conhecimento dos fatores direcionadores do setor e da empresa.
- Enfoque ao enfrentamento de problemas de um ponto de vista estratégico *versus* um enfoque alternativo preocupado com a administração dos lucros.
- Gestão de disputas a respeito de tratamentos contábeis.
- Atitude em relação a reuniões privadas com o comitê de auditoria.
- Cooperação na preparação de cronogramas para a análise de auditoria.

Fontes independentes de informação

Os auditores devem examinar o seguinte:

- Investigações independentes privadas, por exemplo, aquelas realizadas por uma empresa de investigação privada – ao se considerar a aceitação de um cliente desconhecido, com administradores desconhecidos.
- Referências de líderes empresariais de destaque, tais como banqueiros e advogados.
- Relatórios anteriores submetidos a agências reguladoras, como a SEC.

Um resumo de fontes de informação sobre integridade da administração é apresentado na **Ilustração 4.2**.

Independência e competência do comitê de auditoria e do conselho de administração

Em companhias abertas, o comitê de auditoria é o cliente do auditor. Cabe ao profissional coletar informações suficientes para determinar se o comitê é competente e age de maneira independente. O auditor também deve conhecer o comprometimento do comitê com a

> **QUESTÃO PRÁTICA**
> Muitas empresas pequenas não possuirão comitês de auditoria, mas poderão ter um conselho de administração que atue como tal. O conselho pode incluir representantes externos de grupos de interesses.

Ilustração 4.2: Fontes de informação a respeito de integridade da administração

1. **Auditor anterior** – Informações obtidas diretamente por meio de consultas são exigidas pelos padrões profissionais. O antecessor é obrigado a responder ao auditor, a menos que tais dados estejam bloqueados por ordens judiciais, ou caso o cliente não aprove a comunicação de informação confidencial.
2. **Outros profissionais na comunidade empresarial** – Exemplos incluem advogados e banqueiros, com os quais o auditor normalmente terá boas relações de trabalho, e a quem o auditor pode fazer consultas como parte do processo de aquisição de conhecimento sobre o cliente.
3. **Outros auditores da empresa de auditoria** – Outros auditores podem ter trabalhado com a administração corrente do cliente em conexão com outros projetos ou outros clientes.
4. **Buscas na imprensa e na internet** – Informações sobre a empresa e a sua administração podem estar disponíveis em jornais e revistas especializadas em finanças, publicações setoriais ou, principalmente, na internet.
5. **Bases públicas de dados** – Bases de dados computadorizadas podem ser examinadas em busca de documentos públicos relacionados à administração da empresa. De maneira análoga, bases públicas de dados, como Lexis, podem ser vasculhadas em busca de ações judiciais contra a empresa ou os principais membros de sua equipe dirigente.
6. **Entrevistas preliminares com a administração** – Tais entrevistas podem ser úteis em termos de entendimento do nível, do alcance e dos motivos de rotatividade em posições-chave. Entrevistas pessoais também podem ser úteis para que se analise a "franqueza" ou "reticência" da administração em lidar com questões importantes que afetem a sua auditoria.
7. **Membros do comitê de auditoria** – Os membros do comitê de auditoria podem ter se envolvido em disputas entre os auditores anteriores e os administradores, e talvez possam fornecer alguma informação adicional.
8. **Consultas a agências reguladoras federais** – Embora esta não seja uma fonte principal de informação, o auditor pode ter motivos para fazer consultas a agências reguladoras específicas a respeito de ações pendentes contra a empresa ou do histórico de medidas regulatórias tomadas em relação à empresa e à sua administração.
9. **Empresas de investigação privadas** – O uso de tais instituições é raro, mas está sendo cada vez mais comum em casos nos quais o auditor toma conhecimento de problemas que merecem estudo adicional em termos da integridade da administração ou do envolvimento com atividades possivelmente ilícitas.

> **CONSIDERE O RISCO**
> Controles e processos inadequados de gestão de risco constituem razão suficiente para não aceitar um cliente de auditoria em potencial.

divulgação financeira transparente e seu enfoque no apoio à auditoria interna como função independente de revisão. O profissional também deve avaliar se o conselho de administração, como um todo, está suficientemente preparado e envolvido para realizar seu papel de supervisão.

Qualidade dos controles e processos de gestão de risco da administração

O auditor deve avaliar o comprometimento da administração com a implantação de um sistema eficaz de gestão de risco, o que pode representar um sinal muito claro da direção da instituição e de seu foco nas operações de longo prazo. Uma empresa sem tal comprometimento deve ser vista como uma organização que aumenta a ameaça de envolvimento. Às vezes, o risco pode ser compensado com a realização de procedimentos adicionais de auditoria. Entretanto, a pesquisa tem demonstrado que os auditores nem sempre podem usar procedimentos suficientes para compensar adequadamente as deficiências de controles internos.

> **CONSIDERE O RISCO**
> Antes da crise financeira, o *Bear Stearns* envolveu-se em transações de alto risco que resultaram num nível perigoso de títulos lastreados em empréstimos hipotecários. Esta prática arriscada provavelmente resultou da falta de atenção pelo *Bear Stearns* às suas políticas de gestão de risco.

Exigências regulatórias e de divulgação

O auditor deve examinar relatórios passados às agências reguladoras, como aqueles entregues à SEC. Além disso, alguns setores – bancos, seguros, produtos farmacêuticos e transportes – estão sujeitos à supervisão regulatória. Essas agências frequentemente realizam auditorias regulatórias que os profissionais devem estudar para determinar se os auditores das agências regulatórias identificaram problemas com a empresa ou a sua administração.

Participação de grupos de interesses importantes

Os grupos externos, incluindo acionistas importantes, têm interesses significativos na auditoria. Geralmente, seus pontos de vista estão representados no conselho de administração. No entanto, em algumas circunstâncias, pode haver a necessidade de o auditor entrar em contato com membros desses grupos para (a) conhecer suas preocupações e (b) entender questões básicas de cumprimento de normas, como, por exemplo, acordos de empréstimo que afetarão a condução da auditoria.

> **QUESTÃO PRÁTICA**
> O auditor sempre deve examinar relatórios regulatórios e de auditoria interna para determinar como a administração tem reagido a problemas que tenham sido identificados.

Existência de transações com partes relacionadas

O auditor deve reunir informações, em termos preliminares, para determinar se um cliente em potencial está envolvido em transações com partes relacionadas. As empresas de menor porte, em particular, utilizam transações com partes relacionadas para facilitar o seu financiamento ou obter benefícios fiscais. Entretanto, tais transações são frequentemente usadas para administrar os lucros ou deixar a real condição financeira da empresa menos transparente. Por exemplo, a *Tyco* fez numerosos empréstimos a altos executivos, que depois foram perdoados pela administração da empresa e foram usados para levar os executivos a realizarem mais acobertamentos fraudulentos de transações. A *WorldCom* fez empréstimos aos seus mais altos dirigentes sem qualquer programação definida de restituição, e envolveu-se em transações financeiras com empresas pertencentes aos seus altos administradores. Todas essas transações representam (a) conflitos de interesses e (b) oportunidades para distorcer as demonstrações financeiras publicadas da entidade.

> **QUESTÃO PRÁTICA**
> Embora os auditores geralmente estejam ansiosos para conseguir novos clientes, o profissional precisa examinar todos os motivos pelos quais a empresa decidiu trocar de auditores, para poder avaliar o risco de se associar a um novo cliente.

Saúde financeira da organização

Nenhuma empresa opera independentemente da economia básica do país em que está situada, e cada vez mais da economia global. A crise financeira de 2008 ressalta a interdependência da gestão financeira global por parte de todas as organizações. Os auditores devem considerar a situação corrente da economia e o seu possível efeito sobre o cliente. A crise financeira limitou a capacidade de crescimento das empresas ou as obrigou a reduzir a escala de suas operações e, em alguns casos, forçou algumas instituições a decretarem falência e deixarem de operar. Uma retração da economia significa que:

- Mais empresas quebrarão.
- As empresas reduzirão a escala de suas operações.
- As empresas terão mais problemas para receber pagamentos de clientes ou realizar o valor de seus estoques.
- Muitos instrumentos financeiros não serão realizados por seu custo.

O modelo contábil exige que mais informação de mercado seja incluída nas demonstrações financeiras. Em uma economia em retração, mais empresas estarão avaliando:

- Os ativos fixos para fins de reavaliação, particularmente quando unidades de operação estão sendo fechadas e a escala das operações está sendo reduzida.
- *Goodwill* para fins de cálculo de redução de valor.
- Contas a receber em termos de possibilidades de cobrança.
- Estoques em busca de seu valor realizável líquido.
- O valor de mercado de instrumentos financeiros significativos.
- O impacto financeiro sobre os planos de pensão da empresa e outros ativos de planos de pensão.
- Estimativas importantes e os passivos a elas relacionados, por causa da possibilidade de subavaliação.

Os auditores precisarão testar as avaliações da administração em relação a essas contas, e nós desenvolveremos integralmente o enfoque de teste dessas contas ao longo deste livro. O auditor deve enfocar estas contas com a noção de que, embora haja alguma subjetividade na avaliação de ativos e passivos, a empresa precisa usar o enfoque sistemático de avaliação e, em última instância, a avaliação deve basear-se em dados que possam ser sustentados.

Além de realizar uma análise financeira tradicional, o auditor deve tentar entender todos os contratos de base financeira importantes, tais como cláusulas de empréstimos bancários, remuneração de funcionários, exigências regulatórias, pendências judiciais existentes contra a empresa e exigências de registro de ações em bolsa. Estes contratos podem gerar motivação para que a administração falseie os resultados financeiros.

Resumo: clientes de auditoria de alto risco

O auditor avalia as perspectivas econômicas da empresa para ajudar a garantir que (a) todas as áreas importantes serão investigadas e (b) a instituição tenda a continuar funcionando. As empresas de alto risco geralmente possuem as seguintes características:

- Capital inadequado.
- Ausência de planos estratégicos de longo prazo e planos operacionais.

> **QUESTÃO PRÁTICA**
> As transações com partes relacionadas não devem ser encaradas como elemento dos negócios normais. Elas são sempre de alto risco e precisam ser examinadas completamente pelo auditor.

> **QUESTÃO PRÁTICA**
> O auditor precisa levar em conta o estado corrente da economia e o efeito sobre cada cliente individual e as suas operações.

> **QUESTÃO PRÁTICA**
> Das 500 empresas incluídas na lista da revista *Fortune* em 1970, somente 100 continuavam nela em 31 de dezembro de 2004. Muitas das empresas que desapareceram da lista durante esse período não foram capazes de gerir riscos e inovar por meio do desenvolvimento de novos produtos.

- Custo baixo de entrada no mercado.
- Dependência de uma linha de produtos limitada.
- Dependência de tecnologia que pode tornar-se obsoleta rapidamente.
- Instabilidade de fluxos de caixa futuros.
- Histórico de práticas contábeis questionáveis.
- Investigações anteriores pela SEC ou outras agências reguladoras.

Finalidade de uma carta de envolvimento

O auditor e o cliente (o comitê de auditoria) devem ter entendimento da natureza dos serviços a serem prestados, da programação desses serviços, dos honorários esperados e das bases nas quais serão cobrados, das responsabilidades do auditor na busca de ocorrências de fraude, das responsabilidades do cliente pela preparação de informações para a auditoria e da necessidade de outros serviços a serem prestados. A empresa de auditoria deve confeccionar uma carta de envolvimento resumindo e documentando este entendimento entre o auditor e o cliente. Este documento tem como objetivo deixarem claras as responsabilidades e expectativas de cada uma das partes, sendo, portanto, um elemento importante da gestão do envolvimento – especialmente quanto ao risco de litígio. O cliente também deve registrar sua ciência destas expectativas (ver **Ilustração 4.3**).

Ilustração 4.3: Carta de envolvimento em auditoria

Rittenberg, Johnstone e Grambling
5023 Monticello Court
Madison, WI 53711

1º de junho de 2009

Sr. Dan Finneran, presidente
Sr. Paul Donovan, presidente, comitê de auditoria
Rhinelander Equipment, Co. Inc.
700 East Main Street
Rhinelander, WI 56002

Prezados senhores Finneran e Donovan:

Somos muito agradecidos por se reunirem conosco para discutir os requisitos de nosso futuro envolvimento. Auditaremos os balanços consolidados de 31 de dezembro de 2009 da Rhinelander Equipment Co. e suas subsidiárias, Black Warehouse Co. Inc. e Green Machinery Corporation, bem como as demonstrações consolidadas correspondentes de resultados, lucros retidos e fluxos de caixa do ano encerrado nessa data. Também faremos uma auditoria de seus controles contábeis internos. Nosso trabalho será realizado de acordo com os padrões de auditoria dos Estados Unidos, estabelecidos pelo Conselho de Supervisão Contábil de Companhias Abertas, e incluirá um exame, por meio da realização de testes, de evidências que apoiem os valores e as informações nas demonstrações financeiras, testando o funcionamento dos controles mais importantes, avaliando os princípios de contabilidade utilizados e as estimativas feitas pela administração, bem como a apresentação financeira geral.

O objetivo de nosso envolvimento é a conclusão da auditoria acima mencionada e, quando de sua conclusão, dependendo de suas constatações, a entrega de nosso relatório. Como V. Sas. sabem, as demonstrações financeiras são de responsabilidade dos executivos e do conselho de administração de vossa empresa, que são os responsáveis últimos pelos dados e informações ali apresentados, bem como pela manutenção de uma estrutura apropriada de controle interno (incluindo registros contábeis e procedimentos de proteção dos ativos da empresa adequados). Assim sendo, tal como exigido pelos padrões do Conselho de Supervisão Contábil de Companhias Abertas, nossos procedimentos incluirão a obtenção de confirmação por escrito, da administração, em relação a declarações importantes nas quais nos apoiaremos.

Como também é exigido pelos padrões de auditoria, planejamos e conduzimos nossa auditoria com o fito de obter garantias razoáveis, mas não absolutas, de que as demonstrações financeiras estão livres de afirmações materiais incorretas. Desse modo, uma auditoria não é uma garantia da exatidão das demonstrações financeiras, estando sujeita ao risco intrínseco de que erros ou fraudes (ou atos ilícitos), caso existam, possam não ser detectados. Se tomarmos conhecimento de quaisquer aspectos incomuns durante a realização de nossa auditoria, nós os levaremos à vossa atenção. Caso V. Sas. queiram que ampliemos nossos procedimentos normais, teremos o máximo prazer de trabalhar para elaborar um contrato separado para essa finalidade.

Nosso envolvimento também incluirá a preparação de declarações de rendimentos para fins de imposto de renda federal das três sociedades, cobrindo o ano encerrado em 31 de dezembro de 2009, bem como uma revisão das declarações de rendimento para fins de imposto

> **Ilustração 4.3:** Continuação

de renda federal e estadual preparadas por vossa equipe de contabilidade. Entretanto, para que seja mantido o necessário distanciamento em relação aos executivos, nossa empresa não preparará as declarações de rendimentos dos executivos.

O faturamento dos serviços delineados nesta carta será baseado em nossas diárias para este tipo de trabalho, mais despesas; as faturas serão emitidas no início de cada mês, com base em valores estimados, e deverão ser pagas ao serem recebidas. Este envolvimento inclui apenas os serviços descritos explicitamente nesta carta; comparecimentos em sessões do judiciário ou perante organismos governamentais, tais como a Receita Federal, a SEC ou outros organismos reguladores, decorrentes deste trabalho, serão cobrados separadamente.

Anexamos uma explicação de alguns dos conceitos de serviços ao cliente de nossa instituição. Temos constatado que uma explicação como essa ajuda a transmitir nosso comprometimento com o mais alto nível de serviço ao cliente.

Estamos ansiosos para prestar os serviços descritos nesta carta, bem como outros que sejam mutuamente aceitáveis. No evento improvável de que quaisquer divergências a respeito de nossos serviços ou honorários venham a surgir, e não possam ser resolvidas por comum acordo, ambas as partes reconhecem que a questão provavelmente envolverá problemas empresariais ou contábeis complexos que seriam resolvidos mais equitativamente para ambas as partes por um juiz que examinasse as evidências sem um júri. Assim sendo, nós e V. Sas. abrimos mão de qualquer direito a um julgamento por um júri em qualquer ação ou reivindicação relacionada aos nossos serviços e honorários. Se V. Sas. estiverem de acordo com os termos desta carta, pedimos que assinem uma cópia e a devolvam para que nós a arquivemos. Agradecemos pela oportunidade de trabalhar com V. Sas.

Cordialmente,
Larry E. Rittenberg
Rittenberg, Johnston e Gramling

Larry E. Rittenberg
Sócio de Envolvimento

LER:lk
Anexos

A carta descreve integralmente nosso entendimento e nós a aceitamos.
Rhinelander Equipment Co., Inc.

5 de junho de 2009

Dan Finneran, Presidente
Paul Donovan, Presidente do Comitê de Auditoria

Gestão do risco de auditoria

Materialidade

Espera-se que o profissional projete e conduza uma auditoria que forneça garantia razoável de que afirmações materiais incorretas sejam detectadas. O risco de auditoria e a materialidade estão relacionados, uma vez que o risco de auditoria é definido em termos de materialidade; isto é, a ameaça de que existam afirmações desconhecidas, mas materiais, nas demonstrações financeiras após a realização da auditoria.

Materialidade é um conceito que transmite um significado ou importância acerca de um item. Mas devemos perguntar: significante para quem? E quão importante? O auditor e a administração da empresa podem, muitas vezes, discordar se uma transação ou afirmação incorreta é material. Além do mais, um valor monetário que pode ser significativo para uma pessoa pode não ser para outra. O conceito de materialidade é abrangente e orienta a natureza e a profundidade da auditoria.

O Fasb define **materialidade** como

> a magnitude de uma omissão ou declaração incorreta de informações contábeis que, em vista das circunstâncias, torna provável que o julgamento de pessoa razoável com base nestas informações teria sido alterado ou influenciado pela omissão ou declaração incorreta.

A materialidade inclui tanto a natureza da declaração incorreta quanto o seu valor monetário, e deve ter sua importância avaliada pelos usuários das demonstrações financeiras.

OA 3
Discutir a relevância da materialidade no contexto de auditoria e articular a relação entre materialidade e risco de auditoria.

> **QUESTÃO PRÁTICA**
> Embora os auditores precisem tomar a decisão de planejamento de materialidade, isso sempre deve ser feito em referência à importância dos itens, tanto qualitativa quanto quantitativa, para os usuários das demonstrações financeiras.

Portanto, os auditores precisam compreender seu uso para que isso os ajude a fazer julgamentos de materialidade.

Orientação sobre materialidade

A maioria das empresas de contabilidade externa orienta os seus técnicos no sentido de promoverem julgamentos consistentes de materialidade. As diretrizes geralmente envolvem a aplicação de porcentagens a alguma base, tal como ativo ou receita total, ou lucro antes do imposto de renda. Ao escolher uma base, o auditor leva em conta a estabilidade da base de ano a ano, de forma que a materialidade não flutue significativamente entre auditorias anuais. O lucro é quase sempre mais volátil do que o ativo ou a receita total.

Uma diretriz simples para auditorias de pequenas empresas poderia ser, por exemplo, fixar a materialidade geral em 1% dos ativos totais ou da receita total, o que seja mais alto. Um ponto de partida tradicional para muitas empresas é 5% do lucro líquido. A porcentagem pode ser mais elevada para clientes de grande porte. Algumas empresas de CPAs possuem diretrizes mais complicadas, que podem se basear na natureza do setor ou um composto de decisões de materialidade por especialistas da instituição. Mas nenhuma diretriz passa disso. O auditor pode usá-la como um ponto de partida que deve ser ajustado pelas condições qualitativas da auditoria específica. Por exemplo, uma empresa pode ter cláusulas restritivas em sua escritura de emissão de títulos de dívida determinando a manutenção de um índice de liquidez corrente de pelo menos dois por um. Se esse índice, de acordo com a contabilidade, estiver perto do nível exigido, uma materialidade geral menor poderá ser exigida para a auditoria de ativos e passivos circulantes.

Orientação da SEC sobre materialidade

A SEC tem criticado a profissão contábil por examinar insuficientemente os fatores qualitativos na tomada de decisões de materialidade. Em particular, a SEC tem criticado a profissão por:

- Compensação (*netting*) de declarações incorretas e não realização de ajustes porque o efeito líquido pode não ser material em relação ao lucro líquido. Entretanto, cada conta pode ter sido afetada por um valor significativo.
- A não aplicação do conceito de materialidade a flutuações de estimativas contábeis. Por exemplo, uma estimativa contábil poderia ser feita incorretamente por um valor quase significativo em uma direção um ano, e por um valor quase significativo na direção oposta no seguinte. A SEC diz que o valor do que é material deve ser considerado ao se examinar a variação total das estimativas no período de dois anos, em lugar de se usar a "melhor estimativa" em cada um dos anos.
- Ignorar sistematicamente ajustes individuais que podem não ser considerados materiais. A SEC acredita que o auditor deve examinar a natureza qualitativa de cada afirmação incorreta e seu efeito agregado. Ela não compreende porque um cliente não estaria disposto a fazer um ajuste em consequência de um erro conhecido – mesmo que acredite que não seja material, e comumente se pergunta: se não é material, por que a administração objetaria a uma alteração do saldo da conta?

> **OA 4**
> Descrever o modelo de risco de auditoria e seus componentes.

Entendimento do modelo de risco de auditoria

Definição de risco de auditoria

O risco de que o auditor possa dar um parecer sem ressalvas em demonstrações financeiras com afirmações materiais incorretas é denominado risco de auditoria, que é determinado e gerido pelo auditor. Está interligado à materialidade e é afetado pelo risco de envolvimento. A inter-relação do risco de auditoria e do risco de envolvimento é representada na **Ilustração 4.4**, que mostra como o auditor mede o risco de envolvimento e, a seguir, fixa o risco de auditoria.

Indissolubilidade do risco de auditoria e da materialidade

O risco de auditoria e o risco de envolvimento estão associados a fatores que tenderiam a estimular alguém a desafiar o trabalho do auditor. Se uma empresa está à beira da falência, transações que poderiam não ser materiais para uma companhia "saudável" de tamanho semelhante podem ser materiais para os usuários das demonstrações financeiras da empresa com grandes chances de falir.

Os seguintes fatores são importantes na integração dos conceitos de risco e materialidade na condução de uma auditoria:

1. Todas as auditorias envolvem testes e não podem, desse modo, oferecer 100% de garantia de que as demonstrações financeiras da empresa são corretas, sem elevar desmedidamente o custo de auditorias. Portanto, sempre há risco de que algum item significativo não tenha sido descoberto.
2. Alguns clientes não valem a pena ser aceitos. Como as auditorias se apoiam em testes, e em certa medida na integridade da administração, há alguns clientes que uma empresa de auditoria não deve aceitar (o risco de envolvimento é excessivamente alto).
3. As empresas de auditoria devem competir ativamente no mercado por clientes que escolhem auditores com base em fatores tais como honorários, serviço, relacionamento pessoal, conhecimento do setor e capacidade de auxiliar o cliente.
4. Os auditores precisam entender as expectativas da sociedade quanto à divulgação financeira para minimizar o risco de auditoria e formular julgamentos razoáveis de materialidade. Essas expectativas são comumente articuladas em ações judiciais que o auditor deseja evitar.
5. Os auditores precisam identificar as áreas de risco da empresa para determinar quais saldos de contas são mais suscetíveis de afirmações materiais incorretas, como os erros poderiam acontecer e como um cliente seria capaz de encobri-los.
6. Os auditores devem desenvolver metodologias para alocar avaliações globais de materialidade a saldos de contas individuais, porque alguns podem ser mais importantes para os usuários.

Modelo de risco de auditoria

O auditor fixa o risco de auditoria desejado com base na avaliação da ameaça de envolvimento. Embora o risco de auditoria seja um conceito, ele é geralmente ilustrado com o uso de exemplos numéricos, e muitas empresas de auditoria utilizam as medidas de amostragem

> **QUESTÃO PRÁTICA**
> O risco de envolvimento considera se o auditor deseja ou não se associar a um cliente. O risco de auditoria aparece quando o profissional aceita uma associação com um cliente e está relacionado ao planejamento desta auditoria.

> **QUESTÃO PRÁTICA**
> Os auditores devem sempre equilibrar o risco de auditoria e os honorários de trabalho. Quando o risco é fixado em nível baixo, mais trabalho será exigido, potencialmente elevando os honorários e abrindo espaço para concorrência de outras empresas pelo trabalho de auditoria.

> **QUESTÃO PRÁTICA**
> O risco de auditoria está relacionado ao processo de gestão efetiva de um trabalho. Não é o risco que o cliente enfrenta em seu negócio, anteriormente definido como risco empresarial.

Ilustração 4.4: Relação entre risco de envolvimento e risco de auditoria

	RISCO DE ENVOLVIMENTO		
	Alto	Moderado	Baixo
RISCO DE AUDITORIA	Não aceitar cliente	Fixar em nível baixo	Fixar de acordo com os padrões profissionais, mas pode ser superior ao de empresas com risco de envolvimento mais alto
EXEMPLO NUMÉRICO DE RISCO DE AUDITORIA	Nenhum – cliente não é aceito (0,0)	0,01	0,05

> **QUESTÃO PRÁTICA**
>
> A fixação do risco de auditoria em 1% é equivalente a fazer um teste estatístico usando um nível de confiança de 99%. A fixação desse índice em 1% significa que o auditor está disposto a enfrentar uma chance de 1% de dar um parecer sem ressalvas a demonstrações financeiras com informações materiais incorretas. Já a fixação em 5% significa que o auditor está disposto a enfrentar uma chance de 5% de dar um parecer de auditoria sem ressalvas a demonstrações financeiras com informações materiais incorretas. Níveis mais altos são apropriados para clientes com níveis mais baixos de risco de envolvimento.

> **CONSIDERE O RISCO**
>
> O risco de auditoria é o de deixar de detectar informações materiais incorretas e, portanto, de emitir um parecer inadequado de auditoria. Portanto, o auditor sempre deseja minimizá-lo, levando sempre em consideração os custos associados à coleta das evidências.

> **QUESTÃO PRÁTICA**
>
> Mark Olson, Presidente do PCAOB, observou que "uma aferição apropriada de risco é a base de uma auditoria de alta qualidade".

estatística para fixá-lo, como, por exemplo, estabelecendo o risco de auditoria no nível de 0,01 para clientes de alto risco e 0,05 para aqueles de risco mais baixo. Outras empresas de auditoria usam uma descrição mais ampla, tratando-o como alto, moderado ou baixo, e ajustam a isso a natureza de seus procedimentos de auditoria.

As seguintes observações gerais influenciam a implantação do modelo de risco de auditoria:

- Transações complexas ou incomuns tendem mais a ser registradas com erro do que transações comuns ou rotineiras.
- Quanto melhores os controles internos da organização, menor a probabilidade de informações materiais incorretas.
- O volume e o alcance das evidências de auditorias coletadas devem variar inversamente com o risco de auditoria, isto é, um risco mais baixo exige a coleta de mais evidências convincentes.

Estas premissas gerais têm sido incorporadas a um modelo de risco de auditoria (RA), com três componentes: risco intrínseco (RI); risco de controle (RC); risco de detecção (RD), da seguinte maneira:

$$RA = f(RI, RC, RD)$$

Em que:

Risco intrínseco (RI) é a suscetibilidade inicial de uma transação ou de um ajuste contábil ser realizado com erro, ou da transação não ser contabilizada na ausência de controles internos.
Risco de controle (RC) é aquele em que o sistema de controle interno do cliente deixe de impedir ou detectar informações incorretas.
Risco de detecção (RD) é o risco de que os procedimentos de auditoria deixem de constatar uma informação material incorreta.

O modelo de risco de auditoria é escrito, às vezes, em forma multiplicativa para ilustrar as relações lógicas dentro do modelo:

$$RA = RI \times RC \times RD$$

Dito de uma maneira diferente, o risco de auditoria é aquele em que o auditor possa dar um parecer sem ressalvas a demonstrações financeiras materialmente incorretas. Ele é influenciado por: (RI) a probabilidade de que uma transação, uma estimativa ou um ajuste possa ser registrado incorretamente; (RC) a possibilidade de que os processos de controle interno do cliente sejam incapazes de impedir ou detectar a informação incorreta; e (RD) a probabilidade de que, tendo ocorrido uma informação incorreta, os procedimentos do auditor não consigam detectá-la.

O risco de auditoria é um julgamento de planejamento fixado pelo auditor. O auditor mede o risco intrínseco e de controle (de haver informações incorretas nos registros contábeis) para cada componente importante das demonstrações financeiras. A partir dessas aferições, o auditor determina o nível de risco de detecção necessário para controlar a possibilidade de informação incorreta em cada componente importante das demonstrações financeiras.

O risco intrínseco reconhece que um erro tende mais a ocorrer em algumas áreas do que em outras. Por exemplo, uma omissão tende mais a acontecer no cálculo de valores de traduções de moedas estrangeiras ou na feitura de projeções de imposto de renda diferido do que no registro de uma venda normal. À medida que o auditor identifica contas mais suscetíveis de informação incorreta, o plano de auditoria deve ser ajustado para refletir o risco intrínseco mais alto.

O risco de controle é a probabilidade de que possa haver informação incorreta em uma transação, estimativa ou ajuste, e que não seja detectada pelos controles internos da entidade. Em outras palavras, reflete a possibilidade de que o sistema de controles do cliente permita que itens errôneos sejam registrados e não detectados durante o trabalho normal de processamento.

O controle interno pode variar em função de classes de transações: os controles do registro de contas a receber, por exemplo, podem ser fortes, mas os do registro de transações com moedas estrangeiras podem ser muito mais fracos. Por causa das limitações inerentes a todos os controles internos, os padrões profissionais reconhecem que algum risco de controle está presente em todo e qualquer trabalho de auditoria.

Há uma relação entre controle interno e risco de divulgação financeira que precisa ser compreendida: a única finalidade dos controles é diminuir riscos. Em outras palavras, os controles internos não existem em um vácuo; ao contrário, eles são desenvolvidos para lidar com preocupações sobre ameaças específicas. Por exemplo, ao tratar do risco de divulgação financeira, o auditor sabe que há ameaças específicas associadas ao processamento de uma transação; a transação pode ser perdida, duplicada, contabilizada incorretamente, ou contabilizada no período errado. Os controles – e o risco de controle – devem ser avaliados em relação à sua capacidade de mitigar os riscos que afetam o saldo de uma conta.

O risco de detecção é aquele em que os testes diretos ou a análise do saldo de uma conta pelo auditor não detectam a existência de uma informação material incorreta no saldo dessa conta. O risco de detecção é controlado pelo auditor e é parte importante do planejamento da auditoria. A determinação do risco de detecção pelo auditor influencia a natureza, o volume e a programação de procedimentos de auditoria visando a assegurar que a auditoria não tenha mais do que o risco desejado de auditoria.

Ilustração do modelo de risco de auditoria: Consideremos o sistema contábil típico como um modelo de entrada-processo-saída (**Ilustração 4.5**). A saída é o saldo da conta de uma demonstração financeira. A entrada e o processo representam os controles internos do cliente e a dificuldade de registro da transação ou lançamento contábil. Se a entrada e o processo forem confiáveis, será baixa a probabilidade de que o saldo da conta seja incorreto. O auditor precisaria, nesse caso, fazer um volume mínimo de trabalho para assegurar que o saldo da conta é correto. No entanto, para garantir que a entrada e o processo sejam confiáveis, o auditor precisaria testar se os controles de entrada e processo estão funcionando eficazmente.

Entretanto, se os controles internos do cliente forem inadequados, a administração estiver motivada a distorcer o saldo da conta ou as transações forem inerentemente complexas, então será bastante elevado o risco de que ocorram informações materiais incorretas que não sejam detectadas e corrigidas. Consequentemente, o auditor fará trabalho adicional para

> **QUESTÃO PRÁTICA**
>
> A fixação do risco de auditoria é um julgamento do auditor que é afetado pelo risco do cliente. Trata-se de um ponto de partida para o planejamento do trabalho de auditoria a ser realizado, bem como do volume de trabalho necessário.

> **QUESTÃO PRÁTICA**
>
> Os auditores só podem avaliar o risco de informações materiais incorretas (intrínseco combinado a risco de controle). A empresa pode gerir as duas ameaças, mas o profissional só pode avaliar quão bem a empresa o faz. Ao medir o risco de controle, o auditor fará uma avaliação preliminar com base no conhecimento dos controles internos do cliente. Em alguns casos, esta será atualizada pelas evidências que auditor obtiver a respeito da qualidade do funcionamento dos controles.

> **CONSIDERE O RISCO**
>
> Riscos e controles sempre são interligados. Os controles existem apenas para lidar com riscos, e a qualidade dos controles internos deve ser avaliada considerando-se se eles atenuam ou não um risco.

Ilustração 4.5: Componentes de risco

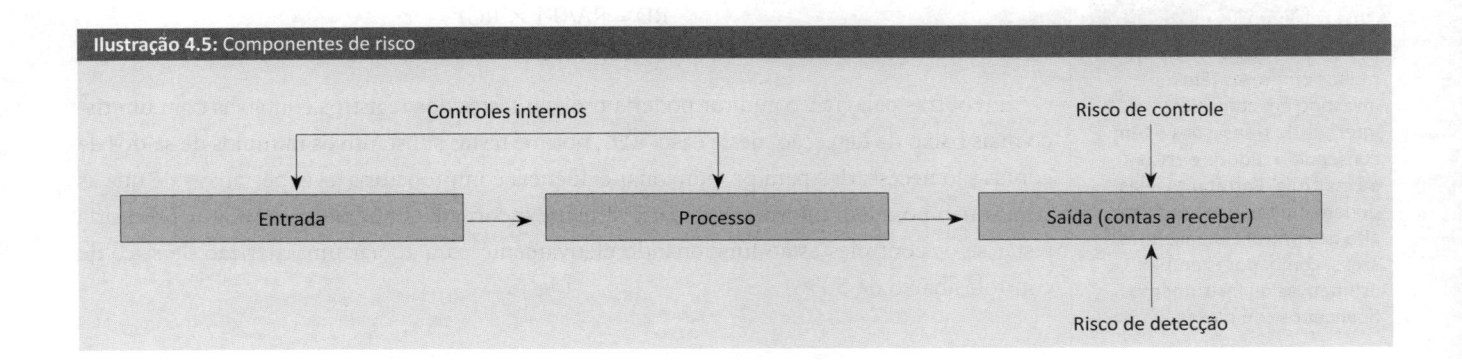

Controles internos → Entrada → Processo → Saída (contas a receber) ← Risco de controle / Risco de detecção

> **CONSIDERE O RISCO**
>
> Testes diretos de saldos de contas representam um tipo de exame, conhecido como "teste substantivo". A decisão do auditor quanto a testes diretos inclui tanto o tipo de procedimento a ser adotado como a quantidade de evidência de auditoria que deve ser coletada.

testar o saldo da conta. O risco de auditoria permanece constante, mas os altos níveis do risco intrínseco e de controle exigem que a ameaça de detecção do auditor seja pequena para manter a ameaça de auditoria em seu nível predeterminado.

O modelo do risco de auditoria também pode ser ilustrado com o uso de um enfoque quantitativo, aplicando-se probabilidades a cada um dos componentes do modelo. Embora seja útil, um enfoque estritamente quantitativo tende a dar a aparência de que todos os componentes podem ser precisamente medidos – o que não é verdade. Portanto, muitas empresas de contabilidade externa aplicam avaliações subjetivas e qualitativas a cada componente do modelo: o risco de controle, por exemplo, é identificado como alto, moderado ou baixo.

Exemplo quantitativo de risco de auditoria: risco alto de informação material incorreta: Suponha a auditoria de uma organização com muitas transações complexas e controles internos fracos. O auditor avalia que tanto o risco intrínseco quanto o de controle são máximos, o que significa que o cliente não possui controle interno eficaz, e que há risco elevado de registro incorreto de uma transação. Suponha ainda que o risco de envolvimento seja alto e que o auditor tenha o fixado em 0,01, ou seja, o profissional não quer assumir um risco muito grande de que uma informação correta passe despercebida nas demonstrações financeiras.

O efeito sobre o risco de detecção e, portanto, o alcance dos procedimentos de auditoria são os seguintes:

$$AR = RI \times RC \times RD$$
$$\text{Portanto, } RD = RA/(RI \times RC)$$
$$RD = 0{,}01/(1{,}0 \times 1{,}0) = 0{,}01, \text{ ou } 1\%$$

Neste caso, o risco de detecção e o de auditoria são iguais, porque o auditor não pode confiar nos controles internos para impedir ou detectar informações incorretas. O exemplo fornece o resultado intuitivo. Controles fracos e alta probabilidade de informação incorreta levam a um trabalho maior para que o risco de auditoria seja mantido em um nível aceitável.

> **QUESTÃO PRÁTICA**
>
> Ao avaliar o risco de controle durante o planejamento da auditoria, a análise do auditor baseia-se em um conhecimento do formato dos controles do cliente. Se o profissional fixar o risco de controle em outro nível que não seja "alto", ele precisará testar se esses controles estão funcionando eficazmente.

Exemplo quantitativo: risco baixo de informação material incorreta: Suponha que o cliente tenha transações simples, pessoal de contabilidade bem treinado, nenhum incentivo para distorcer as demonstrações financeiras e controle interno efetivo. A experiência anterior do auditor com o cliente, o conhecimento dos controles internos e os resultados de testes preliminares no ano corrente indicam um risco baixo de existência de informações incorretas nos registros contábeis. O auditor avalia o risco intrínseco e o risco de controle em níveis baixos, 50% e 20%, respectivamente. O risco de auditoria é fixado em 0,05, o que é compatível com um baixo risco de envolvimento.

A determinação do risco de detecção neste trabalho de auditoria seria

$$RD = RA/(RI \times RC)$$
$$RD = 0{,}05/(0{,}50 \times 0{,}20) = 0{,}50 \text{ ou } 50\%$$

Em outras palavras, o auditor poderia projetar testes dos registros contábeis com um risco mais baixo de detecção, neste caso 50%, porque testes substantivos mínimos de saldos de contas são necessários para proporcionar evidência comprobatória às expectativas de que as contas não possuem informações materialmente incorretas. Entretanto, o auditor precisaria testar se os controles estão funcionando efetivamente para apoiar uma aferição de risco de controle abaixo de 50%.

> **QUESTÃO PRÁTICA**
>
> Devido à Lei *Sarbanes-Oxley*, muitas empresas têm investido em controles internos de transações e têm conseguido reduzir o risco de controle. Entretanto, elas podem muitas vezes ter risco alto de controle em algumas áreas, como, por exemplo, estimativas ou instrumentos financeiros complexos.

Limitações do modelo de risco de auditoria

O modelo de risco de auditoria possui algumas limitações que dificultam a sua implantação prática. Além do perigo de que o auditor utilize o modelo de maneira excessivamente mecânica, as empresas de CPAs, na determinação de seu enfoque de implantação do modelo, têm considerado as seguintes limitações:

1. É difícil avaliar formalmente o risco intrínseco. Algumas transações são mais suscetíveis a erro, mas é difícil medir esse nível de risco independentemente do sistema contábil do cliente.
2. O risco de auditoria é determinado subjetivamente. Muitos auditores fixam o risco de auditoria em um nível nominal, como 5%. Entretanto, nenhuma empresa seria capaz de sobreviver se 5% de suas auditorias estivessem erradas. O risco de auditoria, na maioria dos trabalhos, é muito inferior a 5% devido a hipóteses conservadoras que são feitas quando se avalia o risco intrínseco em seu máximo. A fixação do risco intrínseco em 100% significa que todas as transações são inicialmente contabilizadas com erro. É muito raro que todas as transações estejam erradas. Como tal avaliação conservadora leva a mais trabalho de auditoria, o nível real de risco de auditoria acabará sendo significativamente inferior a 5%.
3. O modelo trata cada componente de risco como sendo separado e independente, quando na verdade os componentes não são independentes. É difícil separar os controles internos de uma organização do risco intrínseco.
4. O desenvolvimento da tecnologia de auditoria não é tão preciso a ponto de que cada componente do modelo possa ser medido com precisão. A auditoria é baseada em testes; estimativas precisas dos componentes do modelo não são possíveis. Os auditores podem, no entanto, fazer avaliações subjetivas e usar o modelo de risco de auditoria como orientação.

> **OA 5**
> Expor algumas limitações do modelo de risco de auditoria.

> **QUESTÃO PRÁTICA**
> O risco de auditoria é um conceito que direciona o pensamento do profissional no planejamento da auditoria e depois na sua realização. Os exemplos visam a dar orientação, mas não devem ser aplicados mecanicamente a qualquer cliente de auditoria.

Planejamento da auditoria usando o modelo de risco de auditoria

Lições aprendidas: o caso *Lincoln Savings and Loan*

Erickson, Mayhew e Felix argumentam em favor da necessidade de um conhecimento mais profundo do risco empresarial em um artigo intitulado "Why Do Audits Fail? Evidence from Lincoln Savings and Loan".[1] Examinando uma das maiores quebras de associações de poupança e empréstimo da década de 1980, esses autores observaram que os auditores tinham aparentemente seguido os procedimentos de auditoria convencionais, e assim mesmo foram incapazes de descobrir importantes distorções nas demonstrações financeiras. Concluíram que os auditores teriam feito um trabalho muito melhor se soubessem mais a respeito do negócio, das tendências econômicas e dos riscos inerentes às transações do cliente. Os autores citaram duas principais razões para as suas conclusões:

> Em primeiro lugar, em casos de fraude pela administração, os auditores tendem a não receber evidência confiável de um cliente. [...] Em segundo lugar, um enfoque de entendimento do

> **OA 6**
> Usar o modelo de risco de auditoria para planejar a natureza de procedimentos a serem adotados num trabalho de auditoria.

---

[1] ERICKSON, Merle; MAYHEW, Brian; FELIX, William J. Why Do Audits Fail? Evidence from Lincoln Savings and Loan. *Journal of Accounting Research*. Primavera, 2000.

negócio pode gerar evidências confiáveis de auditoria, mesmo quando há fraude pela administração. Especificamente, dados econômicos e informações disponíveis na imprensa financeira fornecem uma base razoável a partir da qual os auditores da *Lincoln Savings and Loan* (LSL) poderiam ter formulado expectativas a respeito das operações da empresa.[2]

Examinemos as conclusões um pouco mais a fundo. Se há problemas sérios em uma empresa, é provável que a confiabilidade das evidências coletadas seja reduzida. Devido a menor confiabilidade das evidências geradas internamente, o auditor precisará (a) entender a empresa, suas estratégias e operações com profundidade; (b) entender o mercado em que a empresa atua, incluindo tendências econômicas, produtos e ações de concorrentes; (c) compreender a economia das transações do cliente; e (d) montar um conjunto de expectativas a respeito dos resultados financeiros ou das transações.

A *Lincoln Savings and Loan* (LSL), embora fosse uma associação de poupança e empréstimo, tinha feito uma série de negócios imobiliários na região de Phoenix. Se os auditores tivessem seguido um enfoque baseado em risco para determinar onde e a quantidade de evidência necessária, eles teriam descoberto o seguinte:

- A empresa havia se envolvido de maneira crescente em transações imobiliárias de alto risco, ou seja, se afastara da área de crédito para operar nas áreas de desenvolvimento e especulação imobiliária.
- O mercado imobiliário em Phoenix, bem como no resto da região Sudoeste, estava passando por um forte declínio, com uma redução do número de novas construções.
- A maior parte dos fundos usados para financiar as vendas que eram responsáveis pelo grosso do lucro líquido da LSL vinha de uma única subsidiária, ou seja, todos os riscos de uma venda ficavam com a LSL.
- Muitas das transações de venda de imóveis em que eventualmente houve inadimplências afetariam a matriz e não podiam ser isoladas em uma subsidiária que estava parcialmente fora da contabilidade.

A descrição da quebra da LSL por *Erickson et al.* nos leva a um melhor entendimento de como se deve conduzir uma auditoria baseada no conceito de risco. O conceito fundamental é simples. Entendendo a natureza do negócio, a motivação da administração, o sistema de controle do cliente e a complexidade das transações, o auditor pode determinar melhor os riscos de que o saldo de uma determinada conta seja incorreto. O profissional deve concentrar maior ceticismo e mais testes de auditoria nos saldos de contas e divulgações que contenham o risco mais alto de informação incorreta.

Consideremos os riscos e as possíveis causas de informação correta que poderiam estar associados às afirmações da administração a respeito de contas a receber. Há um risco de que as contas a receber estejam superestimadas porque foram registradas vendas no período errado para melhorar o desempenho financeiro divulgado. Pode haver um risco de que as contas não sejam recebíveis por causa de condições econômicas desfavoráveis ou más decisões de crédito. O auditor afere os riscos associados à possibilidade de informação incorreta e ajusta os procedimentos de auditoria conforme o necessário.

Todo trabalho de auditoria deve começar com uma análise completa do negócio da empresa, de sua estratégia, da natureza de suas transações, de seus processos para identificar e gerir riscos e da economia de suas transações. O enfoque pode ser assim resumido:

> **QUESTÃO PRÁTICA**
> Há muitas lições que os auditores devem aprender – e a maioria delas não é nova. A crise financeira de 2008 é semelhante à história da LSL, mas um pouco mais complexa.

[2] Ibid.

- Obter um entendimento independente do negócio, bem como dos riscos enfrentados pela organização.
- Utilizar os riscos identificados para formular expectativas a respeito de saldos de contas e resultados financeiros.
- Avaliar a qualidade do sistema de controle para gerir riscos.
- Determinar os riscos residuais e atualizar as expectativas sobre os saldos de contas.
- Administrar o risco restante de distorção de saldos de contas com a determinação dos testes substantivos de saldos de contas (risco de detecção) que são necessários.

> **QUESTÃO PRÁTICA**
> A administração deve contar com um processo de gestão de risco para lidar com riscos importantes. O auditor deve adquirir conhecimento deste processo para que ele o ajude a formular expectativas da possibilidade de informações incorretas.

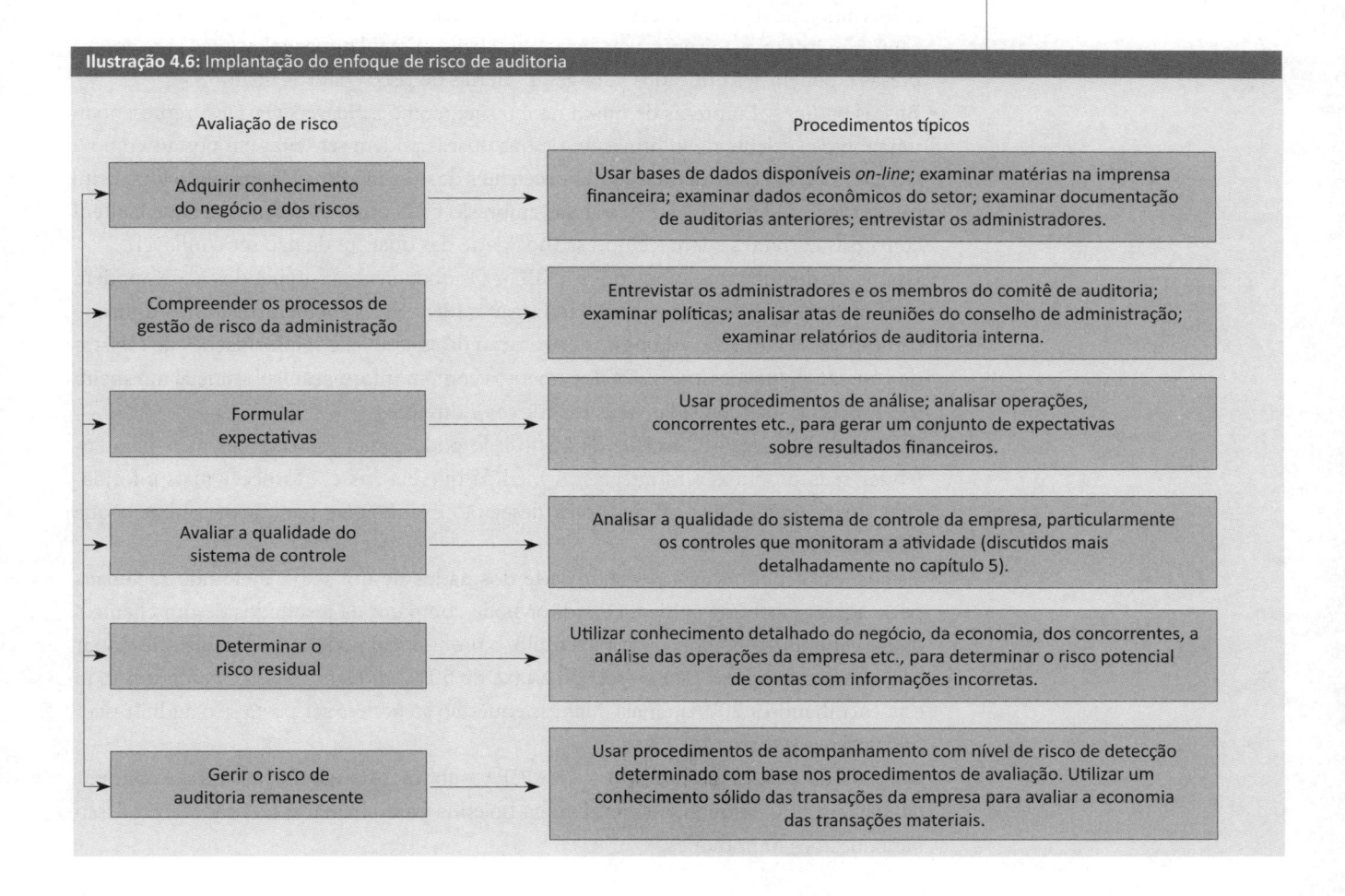

Uma visão geral deste processo e das atividades envolvidas em cada etapa é apresentada na **Ilustração 4.6**, que também identifica os procedimentos adotados em cada etapa do processo de auditoria e o modo pelo qual o profissional analisa o risco de demonstrações financeiras incorretas de cima para baixo. Grande parte do risco de informação incorreta pode ser analisada sem que se teste diretamente o saldo da conta.

Aplicando o processo ao exemplo da LSL, o auditor poderia ter visto que havia riscos significativos nos empréstimos imobiliários e que a auditoria precisaria ir além das confirmações tradicionais de saldos de contas para obter uma visão melhor das transações importantes, das garantias subjacentes aos empréstimos e da relação dos empréstimos a outras entidades incluídas nas demonstrações financeiras consolidadas. Os resultados financeiros que destoavam do que seria normal no setor deveriam ter alertado o auditor para concentrar a sua atenção em contas que estavam fora de condições normais e eram suscetíveis de manipulação financeira. Este aspecto é suficientemente importante para merecer repetição: o

Ilustração 4.6: Implantação do enfoque de risco de auditoria

Avaliação de risco	Procedimentos típicos
Adquirir conhecimento do negócio e dos riscos	Usar bases de dados disponíveis *on-line*; examinar matérias na imprensa financeira; examinar dados econômicos do setor; examinar documentação de auditorias anteriores; entrevistar os administradores.
Compreender os processos de gestão de risco da administração	Entrevistar os administradores e os membros do comitê de auditoria; examinar políticas; analisar atas de reuniões do conselho de administração; examinar relatórios de auditoria interna.
Formular expectativas	Usar procedimentos de análise; analisar operações, concorrentes etc., para gerar um conjunto de expectativas sobre resultados financeiros.
Avaliar a qualidade do sistema de controle	Analisar a qualidade do sistema de controle da empresa, particularmente os controles que monitoram a atividade (discutidos mais detalhadamente no capítulo 5).
Determinar o risco residual	Utilizar conhecimento detalhado do negócio, da economia, dos concorrentes, a análise das operações da empresa etc., para determinar o risco potencial de contas com informações incorretas.
Gerir o risco de auditoria remanescente	Usar procedimentos de acompanhamento com nível de risco de detecção determinado com base nos procedimentos de avaliação. Utilizar um conhecimento sólido das transações da empresa para avaliar a economia das transações materiais.

enfoque com base no risco à auditoria depende da capacidade do profissional de entender o negócio para identificar saldos de contas com maior propensão a informação material incorreta, com o devido ajuste dos procedimentos de auditoria para aumentar a probabilidade de detectar tal tipo de informação – caso tenha ocorrido.

Obtenção de entendimento do negócio e de seus riscos

O auditor usará uma variedade de ferramentas para entender o negócio do cliente e o seu risco empresarial. Boa parte do trabalho será realizada por meio do monitoramento da imprensa financeira, de documentos submetidos à SEC e análises feitas por corretoras, desenvolvendo-se um sistema de gestão de conhecimentos sobre a empresa e o setor, além de utilizar-se de outras fontes de informação *on-line* sobre a empresa. Alguns enfoques tradicionais continuarão a ser empregados, incluindo consultas à administração, a pessoas envolvidas no meio empresarial, exames de documentação interna de gestão de risco e análise de ações judiciais ou regulatórias contra a empresa.

Fontes eletrônicas de informação

Seguem alguns dos principais recursos *on-line* que podem ser utilizados por um auditor para saber mais a respeito de uma empresa:

- Sistemas de gestão de conhecimentos – As empresas de contabilidade externa têm construído tais sistemas a respeito de setores, clientes e melhores práticas. Eles também capturam informação sobre exigências contábeis ou regulatórias relevantes para as empresas e podem ser utilizados para gerar "alertas de risco" para as instituições.
- Buscas *on-line* – Empresas de busca na internet, como a *Hoovers On-Line*, representam uma fonte excelente de informação. Outras buscas podem ser feitas em portais como o Google. O Yahoo possui duas fontes excelentes de informação: (1) uma seção financeira que fornece dados sobre a maioria das empresas e (2) uma linha de "chat" que contém conversas correntes sobre a empresa (boa parte das quais pode não ser confiável).
- Exame de documentos submetidos à SEC – Os documentos submetidos à SEC podem ser buscados por meio dos sistemas Edgar e Idea. Esses incluem relatórios anuais e trimestrais da empresa, editais de convocação de assembleias e informações de registro de emissão de novos títulos. Os documentos contêm informação substancial a respeito da empresa e suas coligadas, seus executivos e diretores.
- *Website* da empresa – O *website* da instituição pode conter informações úteis para entender seus produtos e estratégias. À medida que ela passe a fornecer mais informações financeiras *on-line*, os auditores desejarão examiná-las para acompanhar o que está acontecendo.
- Estatísticas econômicas – A maior parte dos dados de um setor, incluindo regionais, pode agora ser obtida *on-line*. O auditor pode comparar os resultados de um cliente a dados econômicos regionais. Por exemplo, o profissional poderia facilmente questionar por que uma empresa está crescendo à taxa de 50%, enquanto o setor como um todo está encolhendo a 20% ou mais. Mas essa questão só poderá ser posta se o auditor tiver informações setoriais.
- Boletins de prática profissional – O AICPA publica "Alertas de Risco de Auditoria" *on-line*, e a SEC frequentemente divulga boletins para chamar a atenção da profissão para questões importantes.

- Relatórios de analistas de ações – As corretoras de ações investem milhões de dólares na realização de pesquisas sobre empresas, estratégias, seus concorrentes, a qualidade de sua administração e a probabilidade de êxito. Muitos dos principais analistas de investimento têm acesso à alta administração e se beneficiam de reuniões frequentes das empresas com eles. Esses relatórios contêm uma pletora de informação útil a respeito de um cliente.

Entendimento dos principais processos da empresa

Cada organização possui alguns poucos processos-chave que lhe dão uma vantagem (ou desvantagem) competitiva. O auditor pode obter informações suficientes para entender tais processos: os fatores setoriais que os afetam, como a administração monitora os procedimentos, o desempenho e os possíveis efeitos operacionais e financeiros associados aos processos-chave. Por exemplo, um grande fabricante de computadores pode ter processos importantes que se preocupam com a gestão da distribuição e da cadeia de suprimento. O auditor deseja se assegurar de que a administração identifica os riscos associados à cadeia de suprimento e como esses poderiam afetar:

- Os níveis de estoques.
- A obsolescência potencial dos estoques.
- A probabilidade de que haja devolução de produtos devido a peças com defeito.
- A capacidade de recuperar perdas com devoluções junto a fornecedores.

Se a cadeia de suprimento for bem controlada, os níveis de estoques deverão ser baixos e será reduzida a probabilidade de existência de estoques obsoletos no final do ano. Entretanto, se o processo não for bem controlado, essa probabilidade aumentará, e o auditor reagirá com mais testes diretos para determinar a proporção de estoques obsoletos.

Fontes de informação sobre processos-chave

Estas são outras fontes de informação a respeito da empresa:

- Consultas à administração – O auditor deve entrevistar os administradores para identificar planos estratégicos, análise das tendências do setor, possível impacto de ações tomadas ou a serem tomadas, bem como o estilo de gestão.
- Análise do orçamento do cliente – O orçamento representa o plano fiscal da administração para o ano seguinte. Ele fornece uma visão do enfoque da administração às operações e aos riscos enfrentados pela organização. O auditor buscará mudanças significativas de planos e diferenças em relação aos orçamentos, tais como a liquidação planejada de uma linha de negócios, custos significativos de pesquisa ou promoção associados ao lançamento de um novo produto, novas necessidades de financiamento ou capital, mudanças de remuneração ou custos de produção devidos a acordos com sindicatos e aumentos significativos de imóveis, instalações e equipamentos.
- Visita às instalações e operações do cliente – Uma visita às instalações de produção e distribuição do cliente proporciona uma visão muito útil de possíveis problemas de auditoria. O profissional pode visualizar centros de custo e procedimentos de envio e recebimento, controles de estoques, estoques potencialmente obsoletos e possíveis ineficiências. A visita amplia o conhecimento do auditor a respeito de procedimentos e operações da empresa, o que lhe dá experiência direta de locais e situações que, caso contrário, só seriam identificados em documentos da empresa ou observações de pessoal do cliente.

> **QUESTÃO PRÁTICA**
> Algumas empresas globais têm começado a publicar relatórios de sustentabilidade anuais que podem ser encontrados em seus endereços eletrônicos. Embora tenham sido originalmente criados para mostrar o comprometimento da empresa com problemas sociais e ambientais, eles também podem ser uma boa fonte de informação sobre risco e governança.

> **QUESTÃO PRÁTICA**
> No caso de um cliente de auditoria que é mantido, as informações sobre processos importantes normalmente serão incluídas em um arquivo permanente, contendo um resumo de itens de importância continuada para a auditoria. Esse arquivo será anualmente atualizado, refletindo qualquer mudança significativa.

> **QUESTÃO PRÁTICA**
> Os auditores devem usar ferramentas semelhantes às dos analistas financeiros para formular expectativas sobre o setor e o cliente de auditoria. As ferramentas permitem ao auditor implantar um enfoque à condução de uma auditoria baseado em riscos.

- Análise de dados do centro de processamento de dados – O auditor deve percorrer o centro de processamento de dados e reunir-se com o diretor para entender a estrutura e os controles de computação.
- Exame de cláusulas importantes de dívidas e atas de reuniões do conselho de administração – A maioria das emissões de títulos de dívida e de outros acordos de endividamento contém cláusulas, muitas vezes conhecidas como restritivas, a que a organização deve obedecer ou correr o risco de inadimplência. As formas comuns dessas cláusulas envolvem restrições ao pagamento de dividendos, exigências de manutenção de índices mínimos de liquidez corrente ou a exigência de auditorias anuais.
- Análise da regulamentação governamental relevante e das obrigações legais do cliente – Poucos setores estão livres da regulamentação governamental, e boa parte dessa legislação afeta a auditoria. Um exemplo disso é a necessidade de determinar compromissos possíveis associados a custos de limpeza definidos pela Agência de Proteção Ambiental. O auditor normalmente investiga riscos de litígio judicial por meio de consultas à administração, mas as aprofunda com uma análise de litígios preparada pela assessoria jurídica do cliente.

A **Ilustração 4.7** destaca os tipos de pergunta que o auditor talvez queira fazer em consultas aos administradores e na análise de informações provenientes de outras fontes.

Ilustração 4.7: Coleta de informações – perguntas ilustrativas para a administração

QUESTÕES ILUSTRATIVAS E ÁREAS DE INTERESSE

RISCOS – SETOR
- Quais são as mudanças do setor?
- Quais são os principais concorrentes e suas vantagens competitivas? Quais são as vantagens competitivas da empresa?
- Com que velocidade se espera que o setor cresça nos próximos cinco anos?
- Com que velocidade se espera que a empresa cresça? O que explica a diferença entre suas expectativas de crescimento e as do setor?

RISCOS – FINANCEIROS E OUTROS
- Que processos existem para identificar riscos empresariais importantes para a organização?
- Quais são os principais riscos empresariais da empresa e que procedimentos são empregados para monitorar esses riscos?
- Quais são os principais riscos em demonstrações financeiras e de controle interno da empresa, e que procedimentos são empregados para monitorar e gerir esses riscos?
- Qual é a situação geral de sofisticação dos sistemas financeiros existentes? O nível de complexidade cria riscos empresariais ou financeiros incomuns? De que maneira a administração lida com essas ameaças?
- Quais são as subsidiárias, divisões operacionais ou atividades da empresa, não sujeitas à auditoria, que geram riscos empresariais ou financeiros incomuns, mas são vistas como "não materiais" na definição do escopo da auditoria externa? Como a administração encara essa "exposição"?

CONTROLES
- Qual é a sua avaliação do ambiente geral de controle, incluindo os principais sistemas de informação? Quais são os principais critérios para a sua avaliação dos controles?
- Há deficiências significativas nos sistemas contábeis ou no pessoal de contabilidade que devem ser consideradas? Que melhorias devem ser feitas? Que processo a administração tem implantado para incentivar tais melhorias?
- Que processo é utilizado para avaliar e garantir a integridade de sistemas operacionais ou financeiros novos ou revistos?
- Os auditores internos identificaram deficiências de controle interno? Em caso afirmativo, qual é a opinião da administração a respeito da seriedade das deficiências de controle? Quais são o plano e o cronograma de ações corretivas?

QUESTÕES LEGAIS E REGULATÓRIAS
- Há alguma pessoa em nível gerencial designada como responsável por conhecer e entender exigências legais e regulatórias relevantes? Quais são os principais riscos e como são identificados e geridos?

CÓDIGO DE ÉTICA E CONDUTA
- Há alguma informação de conflito de interesse, ou irregularidade ou outras violações do código de ética e conduta, identificadas durante o ano? Quais são os procedimentos de resolução? Como são resolvidos os conflitos, irregularidades ou outras violações?
- Foram identificados problemas significativos de desobediência de regulamentação? Em caso afirmativo, qual é a situação e o risco em potencial?
- A empresa possui alguma "política de denúncia" abrangente e processos para implantar a função de denúncia? As reclamações são regularmente examinadas pelo comitê de auditoria e pela alta administração?

Formulação de expectativas

O auditor deve e pode formular expectativas fundamentadas a respeito dos resultados da empresa sem jamais pôr os pés nela. As expectativas devem ser documentadas, juntamente com um raciocínio por trás delas. A análise da empresa deve ser transmitida a todos os membros da equipe de auditoria, enfatizando um entendimento das áreas que lhes foram designadas. O planejamento da auditoria não está completo quando as expectativas são formuladas. Entretanto, a pesquisa tem demonstrado que as auditorias são mais eficazes quando os auditores as elaboram. Essas expectativas representam o ponto de partida para o emprego de técnicas de análise preliminares, que são discutidas mais adiante neste capítulo.

Avaliação da qualidade da estrutura dos controles internos

Os controles internos existem para permitir a gestão de riscos. Eles variam de políticas amplas a uma supervisão efetiva, começando com o conselho de administração, permeando pela administração em todos os níveis da organização. O auditor pode adquirir um elevado nível de confiança sobre a correção dos saldos de contas graças a um entendimento do sistema do cliente e da coerência de suas operações com expectativas formuladas objetivamente. Durante o planejamento da auditoria, o auditor avaliará a estrutura dos controles do cliente. Se acreditar que os controles são bem montados, o auditor poderá testá-los para determinar se, de fato, estão funcionando efetivamente.

A administração também deve utilizar controles para monitorar operações, e o auditor está interessado nesses controles, pois a eficiência operacional afetará a avaliação dos saldos de muitas contas. O profissional comumente investigará se uma empresa possui indicadores básicos de desempenho nas seguintes áreas:

- Acumulação de produção em andamento.
- Valor monetário de itens devolvidos (em geral e por linha de produto).
- Aumento de disputas sobre contas a receber ou contas a pagar.
- Pesquisas de satisfação de clientes.
- Aferição de riscos associados a instrumentos financeiros.
- Nível corrente de recebimentos (empréstimos ou contas a receber) em comparação com anos anteriores.
- Ausência permanente de funcionários.
- Redução de produtividade por linha de produto, processo ou departamento.
- Erros de processamento de informação.
- Aumento de atrasos em processos importantes.

AUDITORIA NA PRÁTICA

No caso de clientes que são companhias abertas, o auditor testará controles como parte de uma auditoria integrada. No caso de companhias fechadas, o auditor testará os controles somente quando quiser fundamentar uma avaliação de risco de controle abaixo de um nível elevado.

QUESTÃO PRÁTICA

Na ausência de um enfoque de auditoria baseado em risco, o auditor aplicará um programa padronizado para examinar saldos de contas significativos. Um enfoque como esse pode ser ao mesmo tempo ineficaz e ineficiente.

Os indicadores básicos de desempenho podem sinalizar se algumas áreas são bem gerenciadas, enquanto outras não o são e podem criar preocupações de risco alto. A não adoção de indicadores básicos de desempenho pode sinalizar a existência de um risco global elevado.

Avaliar o risco de informação incorreta no saldo de uma conta

Com base no que foi discutido, o auditor formula suas expectativas e faz uma avaliação do risco de que o saldo de uma conta específica possa ser incorreto. Se o auditor tiver motivos sólidos para crer que o risco de incorreção é baixo, ele poderá ser capaz de ficar satisfeito quanto ao saldo da conta sem testá-lo diretamente. Outras técnicas, como o uso de procedimentos analíticos substantivos, ou a análise da qualidade do sistema de controle, podem gerar evidências convincentes sobre a correção do saldo de uma conta. Isto não quer dizer que um profissional pode fazer uma auditoria completa sem jamais testar diretamente os saldos de algumas contas; significa que o volume de testes pode ser minimizado caso os riscos sejam considerados adequadamente. Entretanto, se houver um risco elevado de que o saldo de uma conta seja incorreto, o auditor deverá direcionar mais atenção a essa conta.

Gerenciamento do risco de detecção e do risco de auditoria

O auditor gerencia o risco de auditoria por meio (1) do ajuste da equipe de auditoria em função do risco associado ao cliente; (2) do desenvolvimento de testes substantivos de saldos de contas compatíveis com o risco de detecção, da previsão de incorreções em potencial ou problemas contábeis tendentes a estar associados a saldos de contas; e (4) do ajuste da programação de testes de auditorias para minimizar o risco geral de auditoria. Por exemplo, uma empresa com risco elevado de envolvimento e, portanto, baixo risco de auditoria exige uma equipe de auditoria mais experiente e testes diretos de saldos de contas realizados no fim do exercício. Em contrapartida, uma empresa com risco de envolvimento baixo e, portanto, níveis aceitáveis mais elevados de risco de auditoria exigirá menos testes diretos de saldos de conta no fim do exercício, apoiando-se mais em procedimentos analíticos substantivos.

Conhecimento dos processos de gestão e controle de risco da administração

Para compreender os processos existentes de gestão e controle de risco, o auditor normalmente usará algumas ou todas as seguintes técnicas:

- Adquirir conhecimento dos processos utilizados pelo conselho de administração e pelos executivos para avaliar e gerir riscos.
- Examinar o enfoque ao risco utilizado pela auditoria interna com o diretor de auditoria interna e o comitê de auditoria.
- Entrevistar a administração a respeito de seu enfoque ao risco, suas preferências em relação a esse assunto, seu apetite por risco e a relação entre a análise de riscos e o planejamento estratégico.
- Observar relatórios regulatórios externos, quando aplicáveis, que tratam das políticas e dos procedimentos da empresa no tocante a riscos.
- Examinar as políticas e os procedimentos da empresa para lidar com riscos.
- Adquirir conhecimento dos esquemas de remuneração da empresa para determinar se são coerentes com as políticas adotadas pela empresa em relação a riscos.
- Examinar o trabalho de anos anteriores para determinar se as ações correntes são coerentes com os enfoques ao risco discutidos com a administração.
- Examinar documentos de gestão de risco.
- Determinar como os executivos e o conselho de administração monitoram riscos, identificam mudanças e reagem com a finalidade de atenuar, gerir ou controlá-los.

Se o auditor verifica, por meio de consultas e testes, que a empresa possui processos sólidos de gestão e controle de riscos, o auditor pode ser capaz de focalizar o programa de auditoria no teste de controles internos e na geração de evidências comprobatórias baseadas em testes diretos mais limitados de saldos de contas (uma auditoria integrada – discutida em capítulos posteriores). Por outro lado, se a empresa não tiver um processo eficaz de gestão de risco, o auditor identificará áreas nas quais é mais provável que os saldos de contas sejam incorretos e concentrará os testes diretos de saldos de contas nessas áreas.

Uma das maneiras de encarar a gestão de risco é pensar em informações materiais incorretas como análogas à água da chuva. Os riscos podem resultar em informações materiais incorretas (chuva); a administração é responsável por fazer que as demonstrações financeiras fiquem livres de informações materiais incorretas (secas). O propósito do auditor é obter informação suficiente para aferir objetivamente o quão bem a administração está mantendo as demonstrações financeiras livres de informações materiais incorretas (secas). A **Ilustração 4.8** mostra que o cliente A possui um sistema adequado de gestão e controle de riscos (o guarda-chuva sem furos) que impede que informações materiais incorretas (chuva) atinjam os registros contábeis. Mas sabemos que guarda-chuvas nem sempre são perfeitos – podem ter vazamentos quando menos se espera, ou um dos braços de apoio pode falhar e toda a chuva vir de um dos lados. O auditor precisa testar o guarda-chuva (os controles) para verificar se está funcionando, mas deve fazer testes substantivos suficientes do saldo da conta para determinar se os vazamentos (informações incorretas) não ocorreram em um volume que seria perceptível (informações materiais incorretas). O guarda-chuva do cliente B apresenta furos (sistema fraco de controle de risco), resultando em registros contábeis úmidos (provavelmente contêm informações materiais incorretas). Por causa dos controles fracos, é pouco provável que o auditor faça qualquer teste dos controles. Portanto, o profissional será obrigado a realizar testes diretos dos saldos de contas para identificar as informações incorretas e depois fazer que sejam corrigidas.

> **QUESTÃO PRÁTICA**
> Uma das novas exigências do programa federal de recuperação (Programa de Recuperação de Ativos Problemáticos – TARP, ou *Troubled Assets Relief Program*) é a de que o conselho de administração avalie o plano de remuneração de executivos da empresa para determinar os riscos que o plano poderia criar e se esses são adequadamente atenuados por outros mecanismos.

> **QUESTÃO PRÁTICA**
> Um enfoque à auditoria com base em risco é coerente com o modelo de risco de auditoria. A expressão "com base em risco" significa que o auditor está aplicando mais testes diretos aos saldos de contas que têm probabilidade mais elevada de estarem incorretos.

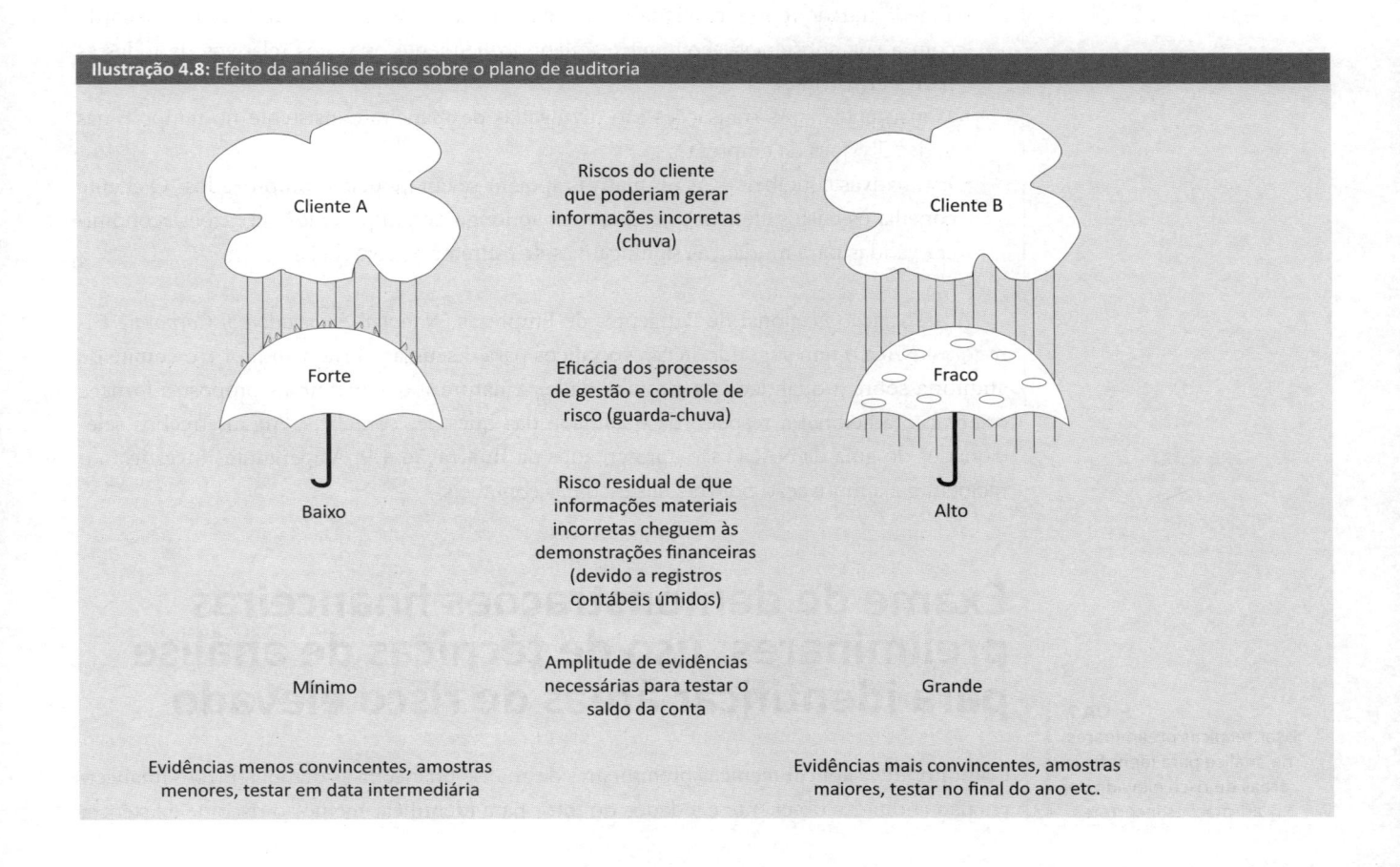

Ilustração 4.8: Efeito da análise de risco sobre o plano de auditoria

Cliente A		Cliente B
	Riscos do cliente que poderiam gerar informações incorretas (chuva)	
Forte	Eficácia dos processos de gestão e controle de risco (guarda-chuva)	Fraco
Baixo	Risco residual de que informações materiais incorretas cheguem às demonstrações financeiras (devido a registros contábeis úmidos)	Alto
Mínimo	Amplitude de evidências necessárias para testar o saldo da conta	Grande
Evidências menos convincentes, amostras menores, testar em data intermediária		Evidências mais convincentes, amostras maiores, testar no final do ano etc.

> **QUESTÃO PRÁTICA**
> À medida que as empresas globais adotarem os padrões IFRS, o auditor será cada vez mais desafiado a documentar o raciocínio utilizado nas escolhas contábeis feitas com um enfoque baseado em princípios de contabilidade.

Análise de risco e condução da auditoria

Os auditores devem ser conhecedores de negócios e estarem atentos às condições econômicas. O auditor deve conhecer a empresa e os seus riscos como base da determinação de quais são os saldos de contas que precisam ser testados diretamente e quais podem ser comprovados por procedimentos analíticos.

Ligação com testes de saldos de contas

O auditor afere a probabilidade de que o saldo de uma conta contenha um erro material. Por exemplo, suponhamos que o profissional conclua que há um risco elevado de que a administração está utilizando reservas ou estimativas de saldos de contas para administrar os lucros. Em um caso como esse, o auditor deve fixar a materialidade em um nível apropriado e adotar procedimentos para determinar se há manipulação evidente das reservas para influenciar o lucro líquido divulgado.

Qualidade dos princípios de contabilidade utilizados

Existe um risco significativo de que um cliente possa registrar uma transação, mas não fazer julgamentos contábeis corretos. Além disso, o auditor é obrigado a discutir com o comitê de auditoria não somente se as demonstrações financeiras são apresentadas fielmente de acordo com princípios de contabilidade aceitos em geral, mas também se os princípios escolhidos pela administração são os mais apropriados. Embora a expressão "mais apropriados" possa ser um tanto vaga, o Fasb possui diretrizes que os auditores podem usar para ajudá-los a avaliar o tratamento contábil mais apropriado. Essas diretrizes incluem:

- Fidedignidade representacional – Ou seja, as transações são contabilizadas de acordo com a sua substância econômica, refletindo fielmente os riscos relativos de todas as partes envolvidas?
- Consistência – As transações são divulgadas de maneira consistente no tempo e nas várias divisões da empresa?
- Estimativas contábeis – As estimativas apoiam-se em modelos comprovados? O cliente concilia os custos efetivos às estimativas ao longo de um período? Há razões econômicas válidas para mudanças significativas de estimativas contábeis?

A Associação Nacional de Dirigentes de Empresas (*National Association of Corporate Directors* – NACD) tem sugerido itens específicos para discussão entre o auditor e o comitê de auditoria sobre a qualidade da contabilidade. A natureza das perguntas propostas fornece orientação adicional a respeito da qualidade das questões contábeis. Alguns trechos selecionados do guia da NACD são apresentados na **Ilustração 4.9**. As perguntas investigam o raciocínio e a motivação por trás das escolhas contábeis.

Exame de demonstrações financeiras preliminares: uso de técnicas de análise para identificar áreas de risco elevado

> **OA 7**
> Usar técnicas preliminares de análise para identificar áreas de risco elevado de afirmações incorretas.

O auditor deve aplicar técnicas preliminares de análise financeira às demonstrações financeiras não auditadas do cliente e a dados do setor para identificar melhor o risco de existência

> **Ilustração 4.9:** Orientação para a determinação da qualidade da contabilidade – trechos selecionados da Comissão Especial da NACD sobre comitês de auditoria
>
> **DEMONSTRAÇÕES FINANCEIRAS – ESCOLHAS CONTÁBEIS**
> - Quais são as áreas importantes de julgamento (reservas, contingências, valores de ativos, divulgação em notas explicativas) que afetam as demonstrações financeiras do exercício corrente? Que considerações estavam envolvidas na definição dessas questões de julgamento? Qual é a amplitude do possível impacto sobre os resultados financeiros futuros divulgados?
> - Que questões ou preocupações poderiam afetar desfavoravelmente as operações e/ou a condição financeira da empresa no futuro? Qual é o plano para lidar com esses riscos?
> - Qual é a "qualidade" geral da divulgação financeira da empresa, incluindo a adequação dos princípios contábeis importantes seguidos pela empresa?
> - Qual é a amplitude das escolhas contábeis aceitáveis disponíveis à empresa?
> - Houve qualquer mudança significativa de políticas contábeis ou na aplicação de princípios de contabilidade durante o ano? Em caso afirmativo, por que foram feitas essas mudanças e que impacto elas têm sobre o lucro por ação (LPA) ou outras medidas financeiras importantes?
> - Houve qualquer mudança significativa de estimativas contábeis ou em modelos usados para fazer estimativas contábeis durante o ano? Em caso afirmativo, por que foram feitas essas mudanças, e que impacto tiveram sobre o lucro por ação (LPA) ou outras medidas financeiras importantes?
> - Quais são as nossas políticas de reconhecimento de receitas? Há algum caso em que se pode dizer que a empresa estava indo além dos limites do reconhecimento de receitas? Em caso afirmativo, qual é o raciocínio por trás do tratamento escolhido?
> - Transações e eventos semelhantes têm sido tratados de maneira consistente nas várias divisões da empresa e nos diversos países em que ela opera? Em caso contrário, quais são as exceções e os motivos de sua existência?
> - As escolhas contábeis feitas refletem a substância econômica das transações e a gestão estratégica da empresa? Em caso contrário, quais são as exceções e por que ocorrem?
> - Em que medida as escolhas em termos de divulgação financeira são compatíveis com a maneira pela qual a empresa mede internamente o seu progresso na direção da consecução de sua missão? Em caso contrário, quais são as diferenças? As demonstrações financeiras refletem o progresso ou não da realização de suas estratégias gerais?
> - De que modo os princípios de contabilidade importantes usados pela empresa se comparam aos das principais instituições do setor, ou de outras que são vistas como líderes em termos de divulgação financeira? Qual é a explicação de eventuais diferenças?
> - Houve algum caso em que se permitiu que objetivos de divulgação de curto prazo (por exemplo, alcançar uma meta de lucro ou exigências de pagamento de bônus ou outorga de opções de compra de ações) influenciassem as escolhas contábeis? Em caso afirmativo, que escolhas foram feitas, e por quê?

de informações incorretas nos saldos de contas específicas. Essa análise aumenta o entendimento do auditor a respeito dos negócios do cliente e direciona a atenção do profissional para áreas de risco elevado. Com isso, o auditor estará mais bem informado ao planejar a natureza, a programação e a amplitude dos procedimentos para testar os saldos de contas do cliente.

Premissas subjacentes às técnicas de análise

Uma premissa básica da aplicação de procedimentos analíticos é a de que se deve esperar que existam relações plausíveis entre os dados, e que elas permaneçam na ausência de condições conhecidas em sentido contrário. Exemplos típicos de relações e fontes de dados comumente empregadas em um processo de auditoria incluem:

- Informações financeiras referentes a períodos equivalentes passados, tal como a comparação da tendência das vendas do quarto trimestre nos últimos três anos e a aplicação de variações percentuais em relação ao anterior.
- Resultados esperados ou planejados, refletidos em orçamentos ou outras previsões, como na comparação do desempenho efetivo de divisões ao desempenho projetado.
- Comparação de relações de contas inter-relacionadas, como despesas financeiras e dívidas financeiras.
- Quocientes entre dados financeiros, como o exame da relação entre receitas de vendas e custo dos produtos vendidos, ou a construção e análise de demonstrações financeiras padronizadas pelo tamanho da empresa.

- Tendências da empresa e do setor, como a comparação de margens brutas percentuais de linhas de produtos ou giro de estoques às médias setoriais.
- Levantamento de informações não financeiras relevantes, como a análise da relação entre número de itens entregues e despesas com *royalties*, ou entre o número de funcionários e as despesas com pessoal.

Um processo de execução de procedimentos de análise

O processo utilizado pelo auditor na execução de procedimentos de análise envolve uma série de etapas. A primeira consiste em formular uma expectativa, que é, basicamente, uma predição com base em alguma informação, sobre um saldo de conta ou um índice. A predição pode ser muito clara, assumindo a forma de um número ou índice específico, ou pode ser menos precisa, como a direção de uma variação (aumento ou diminuição) sem indicação de sua magnitude. A expectativa do auditor se baseará em relações plausíveis a partir do conhecimento que tem da empresa, do setor, de tendências e outras contas e relações presentes nas demonstrações financeiras.

A produção de expectativas com base em alguma informação, bem como a avaliação crítica do desempenho do cliente em relação a essas expectativas são fundamentais para um enfoque à auditoria orientado por uma análise de risco. O auditor precisa entender os acontecimentos no setor do cliente, fatores econômicos gerais e os planos de desenvolvimento estratégico para fazer expectativas bem informadas sobre os resultados do cliente. Uma análise crítica com base em tais expectativas poderia levar o auditor a detectar muitas informações materiais incorretas. Os resultados da análise são importantes na implantação do enfoque de análise de risco à auditoria. É somente quando essas expectativas são adequadamente produzidas que o profissional consegue determinar o volume de risco residual nos saldos das principais contas.

Após a produção de uma expectativa, o auditor determina quão grande poderá ser uma diferença entre sua expectativa e o que foi registrado pelo cliente, antes de partir para o trabalho adicional de auditoria. Seria muito raro que a expectativa do auditor batesse exatamente com os registros contábeis do cliente. A diferença máxima aceitável é às vezes chamada de limiar, que pode ser um valor numérico ou uma porcentagem. Diferenças acima do limiar precisarão ser investigadas pelo auditor.

Uma vez definido o limiar pelo auditor, ele comparará a expectativa ao que o cliente tenha contabilizado. Esta comparação permitirá ao auditor determinar quais diferenças precisarão ser investigadas mais detalhadamente. As diferenças representam áreas em que há risco acentuado de informação incorreta. Perguntas básicas decorrentes da comparação entre expectativas e registros do cliente poderiam ser tão simples quanto as seguintes:

- Por que esta empresa está tendo um crescimento rápido de vendas de seguros, quando seu produto depende de um mercado de ações em alta constante e o mercado de ações tem caído nos últimos três anos?
- Por que esta empresa está tendo um crescimento rápido de vendas quando o resto do setor está passando por uma recessão?
- Por que os pagamentos de empréstimos pelos clientes de um banco estão mais em dia do que os observados em bancos semelhantes, operando na mesma região e com o mesmo tipo de cliente?

> **QUESTÃO PRÁTICA**
> Os passos do auditor neste processo, incluindo a formulação de suas expectativas, a identificação do limiar e o acompanhamento apropriado, devem ser adequadamente documentados.

O processo de utilização de procedimentos analíticos culmina com a investigação de diferenças significativas e conclusões pelo auditor. No caso de procedimentos analíticos preliminares, quando há alguma diferença em relação ao limiar, o auditor concluirá que há risco elevado de informação incorreta e planejará a natureza, a programação e a profundidade dos procedimentos de auditoria da maneira que mais eficazmente lide com esse risco.

Tipos de procedimentos analíticos

Dois dos procedimentos analíticos mais frequentemente utilizados ao se planejar a auditoria são a análise de tendências e de índices. Mais comumente, o auditor carregará os dados não auditados do cliente em uma planilha ou em um aplicativo para calcular tendências e índices e ajudará a apontar áreas de investigação futura. Estas informações serão comparadas às expectativas formuladas pelo auditor com base em conhecimentos obtidos em anos anteriores, tendências do setor e eventos econômicos correntes na região atendida pelo cliente.

Análise de tendências

A análise de tendências inclui comparações anuais simples de saldos de contas, apresentações gráficas e análise de dados financeiros, histogramas de índices e projeções de saldos de contas com base na evolução histórica de variações das contas. É imperativo que o auditor formule expectativas e estabeleça regras de decisão ou limiares com antecedência para identificar resultados imprevistos para fins de investigação adicional. Uma possível regra de decisão, por exemplo, é a de que variações em valor monetário superiores a um terço ou um quarto da materialidade planejada sejam investigadas. Uma regra como essa se baseia na teoria estatística de modelos de regressão, muito embora não seja usada uma análise de regressão. Outra regra de decisão, ou limiar, é investigar qualquer variação superior a uma dada porcentagem. Este limiar percentual é comumente fixado em nível mais alto para contas de balanço do que para contas de resultado, porque as contas de balanço tendem a apresentar variações maiores de um ano para outro.

Os auditores comumente usam uma análise de tendência cobrindo vários anos para as principais contas, como é mostrado no seguinte exemplo para o planejamento da auditoria de 2009 (os dados de 2009 não são auditados).

	2009	2008	2007	2006	2005
Receita bruta operacional ($ milhares)	$ 29.500	$ 24.900	$ 24.369	$ 21.700	$ 17.600
Devoluções ($ milhares)	600	400	300	250	200
Lucro bruto ($ milhares)	8.093	6.700	6.869	6.450	5.000
Porcentagem em relação ao ano anterior: receita bruta operacional	118,5%	102,2%	112,3%	123,3%	105,2%
Devoluções	150%	133,3%	120%	125%	104,6%
Lucro bruto	132,8%	97,5%	106,5%	129%	100%
Receita operacional bruta como porcentagem da receita bruta operacional de 2005	167,6%	141,5%	138,5%	123,3%	100%

Neste exemplo, a expectativa do auditor poderia ser a de que as porcentagens de lucro bruto e receita operacional bruta cresceriam com a mesma velocidade. Além disso, o profissional poderia esperar que as devoluções de vendas permaneceriam relativamente estáveis

> **QUESTÃO PRÁTICA**
> Se o limiar fixado em procedimentos analíticos for muito baixo, o auditor estará se aprofundando em diferenças que não são materiais e acabará fazendo uma auditoria ineficiente. Se o limiar fixado for muito alto, o profissional acabará não investigando diferenças importantes, reduzindo assim a eficácia da auditoria.

> **QUESTÃO PRÁTICA**
> O auditor deve formular hipóteses plausíveis, em lugar de simplesmente perguntar à administração quais são os motivos de variações. A pesquisa comportamental indica que, assim que um indivíduo recebe um esclarecimento possível, torna-se mais difícil identificar explicações alternativas.

em comparação com o ano anterior. Após a fixação de um limiar e a comparação da expectativa aos dados do cliente, o auditor poderia concluir, neste exemplo, que as variações de lucro bruto e devoluções merecem investigação adicional. O profissional desejaria entender por que o lucro bruto está crescendo mais rapidamente do que a receita e por que as devoluções estão aumentando. Mais importante ainda, deverá formular algumas hipóteses plausíveis sobre a ocorrência de aumentos de lucro bruto, juntamente com a explicação para o aumento substancial da receita. A seguir, uma vez formuladas as hipóteses, o auditor deverá determinar qual é o conjunto mais provável de hipóteses e usá-las para fixar prioridades no trabalho de auditoria. Algumas hipóteses possíveis para o aumento do lucro bruto seriam:

1. A empresa lançou um produto novo que tem tido enorme sucesso no mercado. Por exemplo, o lançamento inicial do iPod pela Apple.
2. A empresa alterou o composto de produtos.
3. A empresa aumentou a sua eficiência operacional.
4. A empresa tem vendas fictícias (e consequentemente não há custo de produtos vendidos associado a essas vendas).

Realizada a análise, duas das hipóteses explicariam melhor as variações não auditadas de receita e lucro bruto em 2009: (a) lançamentos importantes de novos produtos, permitindo margens de lucro maiores, ou (b) vendas fictícias. A partir desta análise, o auditor pode dar prioridade à hipótese que deve ser investigada em primeiro lugar e com isso fazer que a auditoria seja eficiente. Por exemplo, se a empresa não tiver lançado novos produtos e o crescimento da receita e do lucro bruto da empresa é significativamente superior ao dos concorrentes, então é provável que a hipótese 4 (vendas fictícias) seja a mais plausível. Por meio deste processo de análise preliminar, o auditor consegue identificar áreas nas quais o risco de informação material incorreta é alto, o que lhe permite planejar procedimentos apropriados para lidar com tal tipo de risco.

Análise de índices

A análise de índices é mais eficaz do que o exame simples de tendências porque tira proveito de relações econômicas entre duas ou mais contas. É largamente utilizada devido a seu poder de identificar variações incomuns ou inesperadas em relações. A análise de índices é útil na identificação de diferenças significativas entre os resultados do cliente e alguma norma (como os índices do setor) ou entre as expectativas do auditor e os resultados efetivos. Também é útil na identificação de problemas potenciais de auditoria que podem ser observados em variações de índices de um ano para outro (como no giro de estoques, por exemplo).

A comparação de índices do cliente e do seu setor no tempo pode gerar informações úteis. O auditor pode apoiar-se em dados setoriais para formular expectativas a serem usadas em análises preliminares. Por exemplo, se um dado índice setorial se elevou com o passar do tempo, a expectativa do auditor poderia ser a de que o índice do cliente também teria se elevado com o tempo. No exemplo a seguir, a proporção entre devoluções e receita líquida operacional do cliente não difere significativamente da média do setor no período corrente, mas a observação da tendência comparativa no tempo gera um resultado inesperado.

	Devoluções como % da receita líquida operacional				
	2009	2008	2007	2006	2005
Cliente	2,1%	2,6%	2,5%	2,7%	2,5%
Setor	2,3%	2,1%	2,2%	2,1%	2,0%

Esta comparação revela que, muito embora a proporção de devoluções em 2009 não difira muito da média do setor, a porcentagem do cliente caiu significativamente em relação a 2008, ao passo que a porcentagem do setor subiu. Além disso, com exceção do ano corrente, as porcentagens do cliente sempre foram superiores às do setor. O resultado diverge da expectativa do auditor de que a porcentagem cresceria em relação ao período anterior, muito provavelmente supera o limiar fixado e, portanto, cabe ao auditor investigar a possível causa. Eis algumas explicações possíveis para as diferenças:

- O cliente melhorou seu controle de qualidade.
- Vendas fictícias foram registradas em 2009.
- O cliente não está contabilizando as devoluções em 2009.

O auditor deve conceber procedimentos de auditoria para identificar a causa desta diferença, visando a determinar se há alguma informação material incorreta.

Índices financeiros comumente empregados

A **Ilustração 4.10** apresenta diversos índices financeiros comumente empregados. Os três primeiros fornecem informação sobre possíveis problemas de liquidez. Os índices de giro e margem bruta são muitas vezes úteis para identificar a ocorrência de atividade fraudulenta ou itens registrados mais de uma vez, como vendas ou estoques fictícios. Os índices de endividamento e giro de capital são úteis para a avaliação de problemas de desempenho ou cumprimento de cláusulas de contratos de financiamento. Embora o auditor escolha aqueles que considera mais úteis para um cliente, muitos rotineiramente calculam e analisam os índices enumerados na **Ilustração 4.10** sob a forma de tendências no tempo. Outros índices são construídos especificamente para empresas de um setor. No setor bancário, por exemplo, os auditores calculam índices ou porcentagens de empréstimos que não estão em dia, margem operacional e taxas médias de juros por categoria de empréstimo.

> **QUESTÃO PRÁTICA**
> Em praticamente todas as ações judiciais que questionam uma auditoria, o advogado do reclamante inevitavelmente perguntará: "Por que não notou que os resultados do cliente estavam em desacordo com os do resto do setor? Não perguntou ou investigou por que eram diferentes?"

> **QUESTÃO PRÁTICA**
> Técnicas de análise contêm uma combinação de julgamentos quantitativos e qualitativos. As análises são necessárias como uma parte do planejamento e durante o fechamento da auditoria. Análises substantivas, que são opcionais podem ser realizadas, como um procedimento substantivo para gerar evidências a respeito de saldos de contas.

Ilustração 4.10: Índices comumente empregados

ÍNDICE	FÓRMULA
Índices de liquidez de curto prazo:	
Índice de liquidez corrente	Ativo circulante/Passivo circulante
Índice de liquidez seca	(Disponível + Equivalentes de caixa + Contas a receber, líquidas)/Passivo circulante
Quociente entre dívidas de curto prazo e ativos	Passivo circulante/Ativo total
Índices de contas a receber:	
Giro de contas a receber	Vendas a prazo/Contas a receber
Dias de vendas em contas a receber	365/Giro
Índices de estoques:	
Giro de estoques	Custo dos produtos vendidos/Estoque final
Dias de vendas em estoques	365/Giro
Medidas de rentabilidade:	
Margem líquida de lucro	Lucro líquido/Receita líquida operacional
Retorno sobre patrimônio líquido	Lucro líquido/Patrimônio líquido
Índices de endividamento:	
Quociente entre capital de terceiros e capital próprio	Passivo exigível total/Patrimônio líquido
Passivos sobre ativos	Passivo exigível total/Ativo total
Índices de giro de capital:	
Liquidez de ativos	Ativo circulante/Ativo total
Vendas sobre ativos	Receita líquida operacional/Ativo total
Patrimônio líquido sobre vendas	Patrimônio líquido/Receita líquida operacional

> **QUESTÃO PRÁTICA**
>
> Em outubro de 2008, o Conselho de Supervisão Contábil de Companhias Abertas propôs sete novos padrões de auditoria relacionados à avaliação de riscos pelo auditor e à sua reação a eles, baseados no arcabouço existente de avaliação de riscos. Os padrões propostos consideram melhorias em metodologias de avaliação de riscos, aumentam a integração dos padrões de avaliação de riscos com o modelo do Conselho em relação à auditoria de controles internos da divulgação financeira, enfatizam as responsabilidades do auditor pela consideração do risco de fraude como ingrediente fundamental do processo de auditoria e reduzem diferenças desnecessárias em relação aos padrões de avaliação de riscos de outros organismos responsáveis pelo estabelecimento de padrões de auditoria.

A análise de índices e tendências é geralmente efetuada em três níveis:

- Comparação entre dados do cliente e do setor.
- Comparação dos dados correntes do cliente a de períodos anteriores semelhantes.
- Comparação entre dados preliminares do cliente e expectativas baseadas em tendências do setor, orçamentos do cliente, saldos de outras contas ou expectativas com outras bases.

Comparação com dados do setor: Uma comparação entre dados do cliente e do setor pode identificar possíveis problemas. Por exemplo, se o prazo médio de recebimento de contas a receber em um setor for de 43 dias, mas o prazo médio do cliente é de 65, isto poderia indicar problemas com a qualidade dos produtos ou com risco de crédito. Ou a concentração de empréstimos de um banco em um setor específico pode indicar a ocorrência de problemas maiores caso esse passe por dificuldades econômicas.

Uma das possíveis limitações do uso de dados setoriais é a de que tais dados podem não ser diretamente comparáveis aos do cliente. As empresas podem diferir muito, mas ainda são classificadas dentro de um setor amplo. Além disso, outras empresas do setor podem usar princípios de contabilidade diferentes daqueles empregados pelo cliente (por exemplo, UEPS *versus* PEPS).

Comparação com dados de anos anteriores: A análise simples de índices comparando dados correntes e passados, que é preparada como componente rotineiro do planejamento de uma auditoria, pode apontar riscos elevados de informação incorreta. O auditor comumente calcula índices de giro de ativos, liquidez e rentabilidade de linhas de produtos em busca de indícios de risco. Por exemplo, um índice de giro de estoques poderia apontar que uma dada linha de produtos teve um giro de quatro vezes nos últimos três anos, mas de apenas três no ano corrente. Esta variação pode indicar a possibilidade de obsolescência, problemas de realização ou erros nos registros contábeis. Mesmo quando se faz uma análise simples de índices, é importante que o auditor examine cada etapa do processo, começando pela formulação de expectativas.

Resumo

Os clientes de auditoria têm seus próprios riscos empresariais e financeiros, e esses, por sua vez, afetam os riscos de envolvimento e de auditoria assumidos pelo profissional. Para gerir eficazmente tais ameaças, o auditor deve tomar decisões bem fundamentadas de aceitação e retenção de clientes e deve empregar o modelo de risco de auditoria para planejar e executar o trabalho. Para fazer uma gestão eficaz de risco, o auditor precisa conhecer bem o cliente, o seu setor, seus produtos e controles, seu financiamento e seus planos de gestão de riscos. Na verdade, os auditores são cada vez mais instados pela SEC e pelo PCAOB a utilizarem um enfoque à auditoria baseado no risco. Os auditores fazem exames de demonstrações financeiras e usam procedimentos analíticos para identificar áreas com risco elevado de informação incorreta. Essa identificação ajuda os profissionais a determinar como deve ser planejada e realizada a auditoria para que se dê garantia razoável de que não existem erros materiais nas demonstrações financeiras do cliente.

Termos importantes

Carta de envolvimento – Explicita o entendimento entre o cliente e o auditor quanto à natureza dos serviços a serem prestados e, na ausência de algum outro documento formal, é visto pelo judiciário como um contrato entre o auditor e o cliente; geralmente cobre itens tais como responsabilidades do cliente, do auditor, procedimentos de faturamento e a programação e data de conclusão projetada da auditoria.

Cláusula restritiva de endividamento – Acordo entre uma entidade e o seu credor que impõe restrições à organização; geralmente associada a debêntures ou linhas de crédito vultosas.

Enfoque com base em risco – Enfoque de auditoria que parte de uma aferição dos tipos e da probabilidade de incorreções em saldos de contas, e a seguir ajusta o volume e a natureza do trabalho de auditoria à probabilidade de ocorrência de informações materiais incorretas em saldos de contas.

Integridade da administração – A honestidade e confiabilidade da administração, exemplificada por ações passadas e correntes; a avaliação da integridade da administração pelos auditores reflete o grau, segundo o qual, os auditores acreditam que podem confiar na administração e em suas expressões de honestidade e franqueza.

Materialidade – A magnitude de uma omissão ou informação contábil incorreta que, em vista das circunstâncias adjacentes, faz que seja provável que o julgamento de uma pessoa razoável, confiando na informação, seria alterado ou influenciado pela omissão ou incorreção.

Risco – Conceito utilizado para exprimir incerteza a respeito de eventos e/ou seus resultados que poderiam exercer um efeito significativo sobre uma organização.

Risco de auditoria – Risco de que um auditor dê um parecer sem ressalvas em demonstrações financeiras que contêm informações materiais incorretas.

Risco de controle – Risco de que uma informação material incorreta poderia existir e não ser evitada ou rapidamente detectada pelos controles de uma organização.

Risco de detecção – Risco de que o auditor não será capaz de detectar uma informação material incorreta existente no saldo de uma conta. O auditor controla o risco de detecção ao fixar o risco de auditoria e aferir o risco intrínseco e o risco de controle.

Risco de divulgação financeira – Risco relacionado diretamente ao registro de transações e à apresentação de dados financeiros nas demonstrações financeiras de uma organização.

Risco de envolvimento – Risco econômico a que está exposta uma empresa de CPAs simplesmente porque está associada a um cliente. O risco de envolvimento é controlado por meio da cuidadosa seleção e retenção de clientes.

Risco empresarial – Risco que afeta as operações e os possíveis resultados das atividades de uma organização.

Risco intrínseco – Suscetibilidade das transações a serem registradas com erro ou influenciadas por atividades fraudulentas da administração.

Referências selecionadas à orientação profissional relevante

Referência à orientação	Fonte de orientação	Descrição da orientação
Arcabouço Integrado de Gestão de Risco Empresarial, 2004	Coso	Arcabouço abrangente de gestão de risco empresarial.
Pronunciamento de Padrões de Auditoria nº 47	AICPA, ASB	Risco de auditoria e materialidade na realização de uma auditoria.
Pronunciamento de Padrões de Auditoria nº 56	AICPA, ASB	Procedimentos analíticos.
Pronunciamento de Padrões de Auditoria nº 84	AICPA, ASB	Comunicação entre auditor precedente e novo auditor.
Pronunciamento de Padrões de Auditoria nº 107	AICPA, ASB	Risco de auditoria e materialidade na realização de uma auditoria.
Pronunciamento de Padrões de Auditoria nº 108	AICPA, ASB	Planejamento e supervisão.
Pronunciamento de Padrões de Auditoria nº 109	AICPA, ASB	Entendimento da entidade e de seu ambiente e aferição dos riscos de informação material incorreta.
Pronunciamento de Padrões de Auditoria nº 110	AICPA	Execução de procedimentos de auditoria em resposta aos riscos medidos e avaliação da evidência de auditoria obtida.
Alerta de Risco de Auditoria	IFAC, IAASB	Entendimento dos novos padrões de auditoria relacionados à aferição de riscos – 2005/2006.

REFERÊNCIAS SELECIONADAS À ORIENTAÇÃO PROFISSIONAL RELEVANTE

REFERÊNCIA À ORIENTAÇÃO	FONTE DE ORIENTAÇÃO	DESCRIÇÃO DA ORIENTAÇÃO
Padrão Internacional de Auditoria (ISA) 200	IFAC, IAASB	Objetivos gerais do auditor independente e a realização de uma auditoria segundo padrões internacionais de auditoria.
Padrão Internacional de Auditoria (ISA) 210	IFAC, IAASB	Termos de envolvimentos de auditoria.
Padrão Internacional de Auditoria (ISA) 220	IFAC, IAASB	Controle de qualidade para auditorias de informações financeiras históricas.
Padrão Internacional de Auditoria (ISA) 300	IFAC, IAASB	Planejamento de uma auditoria das demonstrações financeiras.
Padrão Internacional de Auditoria (ISA) 315	IFAC, IAASB	Entendimento da entidade e de seu ambiente e aferição dos riscos de informação material incorreta.
Padrão Internacional de Auditoria (ISA) 320	IFAC, IAASB	Materialidade no planejamento e na realização de uma auditoria.
Padrão Internacional de Auditoria (ISA) 330	IFAC, IAASB	Procedimentos do auditor em resposta aos riscos medidos.
Padrão Internacional de Auditoria (ISA) 520	IFAC, IAASB	Procedimentos analíticos.
Divulgação do PCAOB nº 2008-006	PCAOB	Padrões de auditoria propostos em relação à avaliação de riscos e às reações aos riscos pelo auditor.

Nota – siglas da orientação profissional relevante: ASB – *Auditing Standards Board* (Conselho de Padrões de Auditoria); AICPA – *American Institute of Certified Public Accountants* (Instituto Americano de Contadores Externos Certificados); Coso – *Committee of Sponsoring Organizations* (Comitê de Organizações Patrocinadoras); Fasb – *Financial Accounting Standards Board* (Conselho de Padrões de Contabilidade Financeira); IAASB – *International Auditing and Assurance Standards Board* (Conselho de Padrões Internacionais de Auditoria e Garantia); IASB – *International Accounting Standards Board* (Conselho de Padrões Internacionais de Contabilidade); IASC – *International Accounting Standards Committee* (Comitê de Padrões Internacionais de Contabilidade); Ifac – *International Federation of Accountants* (Federação Internacional de Contadores); ISB – *Independence Standards Board* (Conselho de Padrões de Independência); PCAOB – *Public Company Accounting Oversight Board* (Conselho de Supervisão Contábil de Companhias Abertas); SEC – *Securities and Exchange Commission* (Comissão de Valores Mobiliários e Bolsas de Valores).

Questões de revisão

4–2 (OA 1) Como se relacionam riscos e controles? Por que é importante aferir riscos antes de avaliar a qualidade dos controles de uma organização?

4–4 (OA 1) Que tipos de risco uma empresa encontra quando decide desenvolver um novo produto?

4–6 (OA 2) O que faria um auditor para aferir a integridade da administração? Por que a integridade da administração é considerada o fator mais importante na decisão de aceitação ou retenção de um cliente?

4–8 (OA 2) Quais são os principais procedimentos que um auditor utilizará para identificar os riscos associados com um cliente existente ou um cliente novo em potencial?

4–10 (OA 1) Qual é a relação entre o risco de divulgação financeira, o risco de auditoria e o planejamento do trabalho de auditoria? Quais são os fatores mais importantes do risco de divulgação financeira?

4–12 (OA 2) O que é uma carta de envolvimento? Qual é a sua finalidade?

4–14 (OA 2) De que maneira um profissional descobrirá se houve alguma divergência entre o cliente e o auditor anterior a respeito de princípios de contabilidade?

4–16 (OA 3) Algumas empresas de auditoria desenvolvem diretrizes quantitativas bastante específicas, por meio de medidas quantitativas ou em tabelas, relacionando o planejamento de materialidade ao volume de receitas ou ativos de um cliente. Outras deixam os julgamentos de materialidade para o sócio ou gerente encarregado da auditoria. Quais são as principais vantagens e desvantagens de cada um dos dois enfoques? Que enfoque você preferiria? Explique sua resposta.

4–18 (OA 3, 4) Explique como os conceitos de risco de auditoria e materialidade estão relacionados. O auditor deve tomar uma decisão a respeito de materialidade para poder pôr em prática o modelo de risco de auditoria?

4–20 (OA 3, 4) O que é risco de auditoria? O profissional determina ou mede o risco de auditoria? Que fatores influenciam esse risco?

4–22 (OA 4) Um formando recente de um curso de contabilidade foi trabalhar em uma grande empresa internacional de contabilidade e observou que a instituição fixa o risco de auditoria em 5% em todos os trabalhos importantes. O que indica uma interpretação literal da fixação do risco de auditoria nesse percentual? Como poderia uma empresa de auditoria fixar o risco de auditoria em 5% (isto é, que hipóteses deve fazer o auditor no modelo de risco de auditoria para fixar esse risco em 5%)?

4–24 (OA 6, 7) Por que é importante que o auditor use a análise de risco para gerar expectativas a respeito do desempenho do cliente?

4–26 (OA 6) Considere uma empresa industrial em um ambiente em que as condições econômicas gerais estão se deteriorando. Quais são os principais riscos associados ao saldo da conta de estoques? Explique como esses riscos afetariam o enfoque do auditor à auditoria de estoques.

4–28 (OA 6) Quais são as principais lições aprendidas na análise das auditorias da *Lincoln Savings and Loan*? Onde o auditor obteria informações sobre o mercado imobiliário de Phoenix ou do sudoeste dos Estados Unidos? Por que é importante que o auditor tenha tal informação durante uma auditoria de uma associação de poupança e empréstimo?

4–30 (OA 7) Explique como a análise de índices e comparações setoriais pode ser útil para o auditor na identificação de risco em potencial em um trabalho de auditoria. Como essa análise pode ajudar o auditor a planejar o trabalho a ser executado?

Questões de múltipla escolha

4–32 (OA 1) Um auditor externo se interessa em saber se uma empresa implantou ou não um processo efetivo de gestão de risco porque:
a. Ele reduz a probabilidade de falência da empresa.
b. Ele proporciona à empresa uma base para o desenvolvimento de controles visando à gestão ou redução desses riscos.
c. Ele oferece à empresa um arcabouço para a redução de informações incorretas em demonstrações financeiras.
d. Todas as alternativas anteriores.

4–34 (OA 2) Uma carta de envolvimento deve ser escrita antes do início de uma auditoria porque:
a. Pode limitar as obrigações legais do auditor, ao especificar as suas responsabilidades.
b. Especifica as obrigações do cliente em termos de preparação de tabelas e disponibilização de registros ao auditor.
c. Especifica o custo esperado da auditoria no ano seguinte.
d. Todas as alternativas anteriores.

4–36 (OA 2) Qual das seguintes alternativas não seria uma fonte de informação sobre o risco de um novo cliente em potencial de auditoria?
a. O auditor anterior.
b. A administração da empresa.
c. Documentos e relatórios entregues à SEC.
d. Os relatórios de controle de qualidade do PCAOB.

4–38 (OA 4) Qual dos modelos a seguir expressa a relação geral de riscos associados à avaliação pelo auditor de risco de controle (RC), risco intrínseco (RI) e risco de auditoria (RA), que levariam o auditor a concluir que são necessários testes substantivos adicionais de detalhes do saldo de uma conta?

	RI	RC	RA
a.	20%	40%	10%
b.	20%	60%	5%
c.	10%	70%	5%
d.	30%	0%	5%

4–40 (OA 7) Comparando dados do cliente aos do setor e com seus próprios resultados no ano anterior, o auditor descobre que o número de dias de vendas representado pelo saldo de contas a receber para este ano é igual a 66 para o cliente, a 42 para a média do setor e 38 no ano anterior. Os níveis de estoques têm permanecido estáveis. A explicação que tenderia a ser menos válida para este aumento seria:
a. Vendas fictícias durante o ano em curso.
b. Uma política de promoção de vendas por meio de políticas de crédito menos rigorosas.
c. Problemas com qualidade de produtos e a incapacidade do cliente de cobrir garantias.
d. Aumento da produção por causa de elevações esperadas de demanda.

4–42 (OA 7) Qual das seguintes alternativas indicaria que o estoque será uma conta de alto risco na auditoria a ser feita?
a. O estoque diminuiu, embora as vendas tenham crescido.
b. O crescimento das vendas é menor do que o crescimento do estoque.
c. A idade média dos itens em estoque é superior à observada no setor em geral.
d. Todas as alternativas anteriores.
e. (b) e (c).

Questões de discussão e pesquisa

4–44 (Relação entre riscos e controles, OA 1) Considere o pagamento de indivíduos que trabalham em uma fábrica e recebem por hora trabalhada. Segundo o acordo com o sindicato, eles gozam de benefícios amplos. Pergunta-se:

a. Que riscos afetam o processamento e o pagamento dos funcionários?

b. Que controles você recomenda para lidar com esses riscos? Seja específico ao relacionar os controles aos riscos que estão sendo enfrentados.

4–46 (Avaliação de mudanças de níveis de risco e planejamento de auditoria, OA 1, 4, 6) O material introdutório deste capítulo descreveu um cenário baseado na crise financeira que se iniciou no segundo semestre de 2008. Naquele cenário, foi dito que:

- No caso de muitas empresas industriais, o item *goodwill* é agora o ativo de maior valor ou de segundo maior valor em suas contas.
- Muitas empresas reduzirão suas escalas e não estarão apenas dispensando funcionários, como também fechando instalações produtivas.
- Espera-se que as vendas caiam.
- Os clientes pagarão suas contas mais lentamente e alguns serão incapazes de pagá-las.
- A taxa de retorno sobre os ativos de fundos de pensão das empresas poderá ser significativamente mais baixa.

Pede-se:

Imagine que você esteja auditando uma empresa industrial com sede nos Estados Unidos. Oitenta por cento das vendas ocorrem nos Estados Unidos e 60% de suas atividades de produção também se situam no mesmo país. Os dois ativos mais importantes são imóveis, instalações e equipamentos (31% dos ativos) e *goodwill* (24% dos ativos). É provável que a empresa venha a reduzir sua escala de operação. Os outros ativos importantes são contas a receber e estoques.

a. Identifique as decisões contábeis que devem ser tomadas pela empresa quanto às cinco tendências importantes mencionadas anteriormente.

b. Para as quatro contas apontadas acima (imóveis, instalações e equipamentos, *goodwill*, contas a receber e estoques), indique como a auditoria mudaria este ano por causa da crise econômica. Seja específico quanto a como o auditor deve coletar informações relativas a cada um dessas contas para fazer a sua avaliação apropriada.

c. Quão importantes são as tendências da economia como um todo e do setor para a avaliação dos ativos mencionados? A administração declara que as tendências são apenas temporárias, não havendo necessidade de reduzir o valor de qualquer ativo. Entretanto, suponha que os dados econômicos correntes não justifiquem esse otimismo; isto é, o setor está em queda, os clientes estão pagando lentamente, e os estoques estão crescendo. O que deveria fazer o auditor para lidar com o otimismo da administração – que poderia ter razão – e com as exigências contábeis?

4–48 (Aceitação de um novo cliente, OA 2) Bob Jones, um sócio relativamente novo da *Kinde & McNally*, uma empresa de CPAs, recebeu recentemente um pedido para fazer uma proposta de auditoria e outros serviços à *Wolf River Outfitting*, uma organização varejista regional de grande porte, com mais de 50 lojas nos cinco estados mais próximos. A *Wolf River* é uma empresa em crescimento rápido, que se especializa em vestimentas e materiais esportivos para atividades ao ar livre. Suas ações não são negociadas em bolsa. Bob percebe que a atração de novos clientes é importante para o seu sucesso na instituição. A *Wolf River* parece ser um bom cliente de auditoria e que poderia gerar a oportunidade de venda de outros serviços. Consequentemente, Bob está pensando em fazer uma oferta com honorários de auditoria baixos, para ganhar acesso e depois prestar outros serviços ao cliente.

Pergunta-se:

a. Que outras informações Bob deveria obter sobre a *Wolf River* antes de propor a realização da auditoria? Para cada item, indique a maneira mais eficiente de obter a informação correspondente.

b. Frequentemente, as empresas de auditoria são incentivadas a fazer propostas de honorários baixos pelo trabalho de auditoria para conseguir trabalho de consultoria mais lucrativo. Explique os efeitos positivos e negativos de tal comportamento sobre a profissão de contabilidade externa. Em particular, discuta o possível efeito sobre a função de auditoria em uma firma de contabilidade externa.

c. Explique como o auditor poderia usar documentos submetidos à SEC e dados do setor, bem como informações pessoais que poderiam estar disponíveis na internet ou junto a outros serviços de dados para obter elementos sobre o cliente em potencial.

d. Explique por que Bob desejaria assinar uma carta de envolvimento antes de iniciar a auditoria.

4–50 (Riscos associados a um cliente, OA 2) James Johnson acaba de concluir uma análise detalhada de um novo cliente de auditoria em potencial, a *Rural Railroad and Pipeline, Inc.* (RRP). James informa que o nome é um tanto enganoso. A empresa não opera mais no ramo de transporte ferroviário, mas possui um volume significativo de direitos sobre terras ao longo das antigas linhas férreas. Alguns desses direitos foram arrendados a empresas de gasoduto para transporte de gás natural. Também arrendou alguns direitos ao uso de terras a empresas de comunicações para a colocação de cabos de fibra ótica. As ações da empresa são negociadas no mercado de balcão. James entrevistou os atuais auditores e alguns membros da administração antes de preparar o seguinte relatório preliminar:

> A empresa é controlada por Keelyn Kravits. A Sra. Kravits adquiriu recentemente a empresa em uma operação de aquisição alavancada (LBO, ou *leveraged buyout*). O LBO foi realizado graças a um empréstimo substancial atualmente contabilizado nos livros da RRP. A dívida custa 3% acima da taxa básica de juros e exige a manutenção de níveis mínimos de índices de rentabilidade e liquidez corrente. Se esses índices não forem mantidos, a dívida vencerá imediatamente – ou, se o credor preferir, a taxa será elevada entre 2 e 4%.
>
> A reputação da Sra. Kravits é entrar em uma empresa, cortar despesas e torná-la rentável. No final de um prazo de três a cinco anos, ela geralmente abre o capital da empresa. Embora grande parte disso seja louvável, também deve ser observado que a Sra. Kravits tem sido muito agressiva no uso de flexibilidade com os princípios de contabilidade para atingir seus objetivos de lucro.
>
> O LBO gerou um volume elevado de *goodwill*. Na verdade, o *goodwill* contabilizado representa 43% do ativo total. A empresa adquiriu recentemente uma pequena companhia de comunicações que está prestando serviços de telefonia local numa parte da região coberta pela RRP. A companhia usava uma tecnologia antiga e parecia ter ficado para trás em relação ao setor quanto ao desenvolvimento de procedimentos eletrônicos de cobrança. Sua cobrança agora é integralmente computadorizada, mas parece estar mais sujeita a erros do que alguns de seus concorrentes, julgando pelo número de ligações ao departamento de assistência ao cliente.
>
> A empresa tem sido investigada pelo governo e tem constantemente ultrapassado os limites na aquisição e comercialização de direitos adicionais de passagem. As reclamações do governo têm se concentrado muito em questões ambientais e no descumprimento de aprovações do uso de terras em novos empreendimentos.
>
> O último auditor não havia tido problemas importantes com a empresa sob a administração anterior. A Sra. Kravits acredita que a empresa de auditoria anterior não era suficientemente grande para prestar os serviços necessários; ela quer trabalhar com um auditor que atue como "sócio da empresa" e não relute em oferecer sugestões construtivas.
>
> A Sra. Kravits diz que buscará uma nova empresa de auditoria que preste um volume substancial de trabalho de consultoria.
>
> Uma aquisição recente é um pequeno cassino que funcionará em terreno da empresa em Las Vegas. Embora a empresa não tenha experiência nesta área, ela planeja manter a administração do cassino. A Sra. Kravits acredita que esta aquisição se ajusta muito bem às operações atuais, porque ela gostaria de usar tecnologia de comunicação para trazer a excitação de Las Vegas à internet.

Pede-se:

a. O sócio de auditoria deseja receber um relatório resumindo os possíveis benefícios e desvantagens de passar a fazer a auditoria da RRP. Em seu memorando, identifique todos os riscos pertinentes a serem considerados na decisão de se fazer ou não uma proposta para realizar a auditoria da RRP.
b. Que fatores o sócio de auditoria deveria considerar ao determinar quanto propor para se tornar auditor da RRP? Para cada fator identificado, indique seu efeito sobre o custo e a condução da possível auditoria.
c. Que outras informações você desejaria coletar antes de preparar uma proposta para a auditoria da RRP?

4–52 (Avaliação de materialidade na auditoria, OA 3) O relatório de auditoria fornece segurança razoável de que as demonstrações financeiras estão livres de informações materiais incorretas. O auditor é colocado em uma situação difícil, porque a materialidade é definida do ponto de vista de um usuário, mas o auditor é obrigado a avaliar a materialidade ao planejar a auditoria, com a finalidade de garantir que seja realizado um trabalho suficiente para detectar informações materiais incorretas.

Pede-se:

a. Defina materialidade, tal como usada em contabilidade e auditoria.
b. Discuta sucintamente a diferença entre uma avaliação "quantitativa" e uma avaliação "qualitativa" de materialidade. Dê um exemplo de cada. Uma das dimensões é mais importante do que a outra? Explique a sua resposta.
c. Uma vez feita a avaliação de materialidade pelo auditor, ela pode mudar durante a execução da auditoria? Explique a sua resposta. Se mudar, qual é a implicação para o trabalho de auditoria que já tenha sido finalizado? Explique a sua resposta.

4–54 (Considerações éticas na obtenção de um novo cliente de auditoria, OA 2, 6, 8) *Keune and Keune*, CPAs, uma empresa regional de auditoria com a maior parte de suas atividades situadas em um único estado, acaba de aceitar como cliente uma nova companhia fechada. A empresa é considerada um ótimo negócio em termos de auditoria, porque é uma das maiores empresas nessa região do estado. É bem conhecida no ramo de construção de residências, e seu proprietário, Paul Maynard, patrocina carros de corrida tanto na *Indy League* quanto na Nascar com a logomarca e o nome da empresa nos carros. Como a empresa é bem conhecida, os sócios de auditoria se concentraram em analisar e precificar o contrato. Os profissionais estão cientes de quem eram os auditores anteriores, mas, dada a reputação da empresa, não julgaram necessário entrar em contato com eles, já que se tratava de uma situação simples de "lance de auditoria" e, além disso, eles estavam envolvidos em outro trabalho. Como a situação era rotineira, os auditores não se preocuparam em escrever uma carta de envolvimento.

Após o início da auditoria, os auditores descobriram o seguinte:

- O comitê de auditoria não se envolveu na decisão de trocar de auditores, e apenas dois dos três membros do comitê de auditoria são conselheiros externos.
- A empresa está envolvida em volume significativo de transações com partes relacionadas com a finalidade de minimizar o pagamento de impostos. Embora não sejam ilegais, as transações não atendem os critérios de substância exigidos pela Receita Federal. A administração da empresa não pretende, de forma alguma, mudar a situação, a não ser que seja obrigada a isso pela Receita Federal.
- Há um volume significativo de transações com partes relacionadas envolvendo o proprietário e não há uma razão empresarial válida ou benefício econômico para a empresa nessas transações.
- A decisão de investir $ 15 milhões no patrocínio de carros de corrida não foi aprovada pelo conselho de administração, tendo sido tomada pelo presidente da empresa, Paul Maynard, que é apaixonado por corridas de automóveis.
- O conselho é formado principalmente por membros da família e apenas dois conselheiros poderiam ser considerados externos.
- A empresa deseja abrir o capital para emitir títulos de dívida, mas não o fez ainda. Entretanto, não acredita que a seção 404 da Lei *Sarbanes-Oxley* se aplique a esse caso, e disse aos auditores que eles devem se apoiar nos testes existentes de saldos de contas e controles para emitir o relatório exigido sobre os controles internos da divulgação financeira.
- A atitude em relação à contabilidade é muito relaxada. O diretor financeiro diz: "A maioria das contas é estimada, e minha estimativa é tão boa quanto a de qualquer outra pessoa." Portanto, não há necessidade de gastar muito tempo nessas contas.

Pergunta-se:

a. Quais são as deficiências importantes do processo de aceitação do cliente pelo auditor? O que deveria ter sido feito antes de aceitar o cliente?
b. Muitas das questões apontadas têm reflexos negativos para a integridade da administração.
1. Que opções o auditor tem quanto a continuar a auditoria ou desistir dela? Que escolha você recomendaria, e por quê? Se o auditor desistir do trabalho, a quem as razões da desistência deverão ser comunicadas?
2. Quão útil teria sido uma carta de envolvimento para a empresa de auditoria nesta situação? Esse documento normalmente cobriria os tipos de problema identificados pelo auditor? De que maneira uma carta de envolvimento ajudaria o auditor, caso ele resolvesse desistir deste contrato?
3. Como seria ampliada a auditoria, dadas as constatações mencionadas? Seja específico em sua resposta.
4. Se o auditor for obrigado a ampliar significativamente a auditoria por causa dos problemas identificados e o auditor tivesse feito uma proposta de honorários fixos nos três primeiros anos, será permissível (a) aumentar os honorários de auditoria, ou (b) desistir do contrato? Explique a sua resposta.
c. É eticamente apropriado para a empresa de auditoria desistir do cliente a esta altura? Ela é obrigada a continuar prestando serviços? Ao organizar sua resposta, considere o arcabouço de tomada de decisões com ética exposto no capítulo 3, e lembre-se de que ele contém as seguintes etapas: (1) identificar o(s) problema(s) ético(s); (2) determinar quais são as partes afetadas e identificar os seus direitos; (3) determinar quais são os direitos mais importantes; (4) gerar linhas alternativas de ação; (5) determinar as consequências prováveis de cada linha proposta de ação; (6) avaliar as consequências possíveis, incluindo a estimação do máximo bem-estar para o maior número possível de partes afetadas; (7) determinar se o enfoque baseado na teoria de direitos faria que qualquer linha de ação fosse eliminada; (8) escolher a linha apropriada de ação.

*4–56 (Fontes de informação para planejamento de auditoria, OA 6) No início do verão, uma auditora é informada de uma nova tarefa como auditora sênior da *Lancer Company*, um importante cliente nos últimos cinco anos. Ela recebe a carta de envolvimento para a auditoria cobrindo o ano civil

---

* Todos os problemas marcados com asterisco foram adaptados do Exame Uniforme de CPA.

corrente, bem como uma lista do pessoal alocado para este trabalho. É sua a responsabilidade de planejar e supervisionar o trabalho de campo neste contrato.

Pede-se:

Discuta a preparação e o planejamento necessários para a auditoria anual da *Lancer Company* antes de iniciar o trabalho de campo nos escritórios do cliente. Em sua discussão, inclua as fontes que devem ser consultadas, o tipo de informação que deve ser buscado, os planos preliminares e os preparativos que devem ser feitos para o trabalho de campo, e qualquer ação que deve ser tomada em relação ao pessoal técnico alocado ao contrato.

4–58 (Revisão analítica e planejamento da auditoria, OA 7) A tabela fornecida a seguir contém cálculos de vários índices importantes para a *Indianola Pharmaceutical Company*, produtora de medicamentos patenteados e para venda com prescrição médica. As ações da empresa são negociadas em bolsa e ela é classificada como um fabricante de produtos farmacêuticos de pequeno a médio porte. Aproximadamente 80% de suas vendas têm sido de produtos para venda sob prescrição médica, e os 20% restantes são de produtos de saúde normalmente vendidos em drogarias. A principal tarefa dos cálculos do auditor é identificar áreas de potencial de risco para a próxima auditoria. O profissional reconhece que alguns dos dados podem indicar a necessidade de coletar outras informações específicas da empresa ou gerais do seu setor.

Vários dos medicamentos da empresa são patenteados. Seu produto mais vendido, Anecillin, cuja patente vencerá daqui a dois anos, tem sido responsável por aproximadamente 20% das vendas da empresa nos últimos cinco anos.

Pergunta-se:

a. Quais são as principais conclusões que podem ser tiradas em relação ao risco de divulgação financeira a partir das informações apresentadas na tabela? Seja explícito na identificação de saldos de contas específicas com alto risco de informação incorreta. Diga como a análise de risco será usada no planejamento da auditoria. Você deve identificar pelo menos quatro riscos de divulgação financeira que devem ser considerados durante a auditoria e dizer como eles devem ser considerados.

b. Que outras informações críticas básicas você gostaria de obter como parte do planejamento da auditoria, ou gostaria de coletar durante a condução da auditoria? Indique sucintamente as fontes prováveis dessas informações.

c. Considerando as informações fornecidas, que ações a empresa tomou no ano imediatamente precedente? Explique a sua resposta.

ANÁLISE DE ÍNDICES DA INDIANOLA PHARMACEUTICAL COMPANY

ÍNDICE	ANO CORRENTE	UM ANO ATRÁS	DOIS ANOS ATRÁS	TRÊS ANOS ATRÁS	ÍNDICE CORRENTE DO SETOR
Índice de liquidez corrente	1,85	1,89	2,28	2,51	2,13
Índice de liquidez seca	0,85	0,93	1,32	1,76	1,40
Cobertura de juros:					
Resultado operacional/ despesas financeiras	1,30	1,45	5,89	6,3	4,50
Número de dias de venda no saldo de contas a receber	109	96	100	72	69
Giro de estoque	2,40	2,21	3,96	5,31	4,33
Número de dias de venda em estoque	152	165	92	69	84
Despesas de pesquisa e desenvolvimento como porcentagem da receita de venda	1,3	1,4	1,94	2,03	4,26
Custo dos produtos vendidos como porcentagem da receita de venda	38,5	40,2	41,2	43,8	44,5
Passivo exigível/ patrimônio líquido	4,85	4,88	1,25	1,13	1,25
Lucro por ação	$ 1,12	$ 2,50	$ 4,32	$ 4,26	n/a
Receita de venda/ativos tangíveis	0,68	0,64	0,89	0,87	0,99
Receita de venda/ativo total	0,33	0,35	0,89	0,87	0,78
Crescimento das vendas em relação ao ano anterior	3%	15%	2%	4%	6%

Casos

4–60 (Uso de informações eletrônicas na realização de análise de risco, OA 1, 4, 6) O auditor recorre cada vez mais a fontes eletrônicas de informações para se manter atualizado em relação a acontecimentos que envolvem um setor, novas tendências da economia, novas exigências regulatórias e outras áreas cobertas do cliente na imprensa financeira.

Pede-se:

Selecione uma companhia aberta que seja de seu interesse. Entre na internet para levantar informações sobre ela, o seu setor e os riscos associados à empresa. Em sua busca *on-line*, inclua as seguintes fontes:

- O relatório anual da empresa disponível em sua página na internet ou na SEC, usando os sistemas Edgar ou Idea, ou endereço eletrônico http://www.sec.gov (examine os comentários da administração e a seção de análise, além de outras informações).
- Uma companhia que oferece linhas de *chat*, como Yahoo: Finance.
- Outra fonte de dados do setor, como Yahoo Finance ou Hoover's Online.
- Uma análise feita por uma corretora ou por um analista de investimentos.

a. Prepare uma análise do setor e do risco empresarial para a empresa (pergunte ao seu professor que extensão o relatório deve ter).
b. Considere as fontes de busca *on-line* e discuta as seguintes questões para cada fonte:
1. Utilidade da página na internet em termos de fornecimento de informações básicas relevantes sobre a empresa, incluindo suas estratégias e concorrentes.
2. Facilidade de uso na obtenção das informações.
3. Confiabilidade da informação. Contraste as informações recebidas (a) da linha de *chat*, (b) do analista da corretora ou do analista de investimentos, (c) na discussão da administração e na seção de análise do relatório anual e (d) as outras fontes financeiras de dados do setor.
4. A abrangência das informações obtidas.
5. A utilidade dos dados para a identificação de riscos.

4–62 (Lincoln Federal Savings and Loan, OA 1, 4, 6) O trecho apresentado a seguir é uma descrição de vários fatores que influenciaram as operações da *Lincoln Federal Savings and Loan*, uma associação de poupança e empréstimo da Califórnia, subsidiária da *American Continental Company*, uma empresa de desenvolvimento imobiliário dirigida por Charles Keating.

Pede-se:
a. Após ler a discussão a respeito da *Lincoln Federal Savings and Loan*, reconheça as áreas de risco que devem ser identificadas no planejamento da auditoria.
b. Discuta sucintamente os riscos identificados e suas implicações para a condução da auditoria.
c. O auditor examinou algumas avaliações independentes que indicaram o valor de mercado dos imóveis em documentos de solicitação de empréstimos. Quão convincentes seriam essas avaliações? Em outras palavras, que atributos são necessários para que as avaliações continuem sendo evidências convincentes?

Lincoln Federal Savings & Loan

Dados básicos do setor de poupança e empréstimo – O setor de poupança e empréstimo desenvolveu-se no início do século XX em resposta ao reconhecimento da necessidade de financiamento de baixo custo para estimular a aquisição de casa própria. Em consequência, o Congresso aprovou legislação que transformou o setor de poupança e empréstimo no principal grupo financeiro com autorização para fazer empréstimos imobiliários (hipotecários) para compra de casa própria de baixo custo.

Por muitos anos, o setor funcionou aceitando depósitos com prazos relativamente longos de clientes e fazendo empréstimos hipotecários com prazos de 25 a 30 anos com taxas fixas de juros. O setor era considerado, de maneira geral, seguro. Muitas das associações de poupança e empréstimo (que também podiam ser vistas como caixas econômicas) eram instituições de pequeno porte, com autorização federal de funcionamento e seus depósitos eram segurados pela FSLIC (*Federal Savings & Loan Insurance Corporation*). "Colete seus depósitos, faça empréstimos, sente-se e acumule seus resultados. Vá trabalhar às 9h e saia para o campo de golfe ao meio-dia" parecia ser o lema de muitos gestores de associações de poupança e empréstimo.

Mudanças no ambiente econômico – Durante a década de 1970, dois eventos econômicos significativos atingiram o setor de poupança e empréstimo. Em primeiro lugar, a taxa de inflação havia atingido um pico sem precedentes. As taxas básicas de juros haviam subido até 19,5%. Em segundo lugar, depósitos estavam sendo retirados das associações de poupança e empréstimo por novos concorrentes que ofereciam taxas variáveis no curto prazo que eram substancialmente superiores às correntes das cadernetas de poupança.

As associações de poupança e empréstimo reagiram elevando as taxas de certificados de depósito a níveis extraordinariamente altos (15 ou 16%), ao mesmo tempo em que recebiam o serviço dos empréstimos hipotecários anteriormente concedidos às taxas antigas entre 7 e 8%. As associações de poupança e empréstimo tentaram atenuar o problema oferecendo empréstimos hipotecários com taxas variáveis ou vendendo algumas de suas hipotecas (com perdas substanciais) a outras empresas.

Entretanto, em cumprimento dos princípios de contabilidade regulatórios, as associações de poupança e empréstimo não eram obrigadas a reconhecer os valores de mercado de empréstimos que não eram vendidos. Portanto, mesmo que fossem substancialmente inferiores aos seus valores contábeis, eles continuavam a ser mantidos nos balanços aos seus valores contábeis, desde que os mutuários não estivessem inadimplentes.

Mudanças no ambiente regulatório – O Congresso tomou medidas para desregulamentar o setor de poupança e empréstimo. Durante a primeira metade de 1982, o setor perdeu um recorde de US$ 3,3 bilhões (mesmo sem reavaliar para baixo os empréstimos). Em agosto de 1982, o Presidente Reagan assinou a Lei *Garn-St. Germain* de Instituições Depositárias, louvando-a como sendo "a legislação mais importante para instituições financeiras em 50 anos". O dispositivo possuía vários elementos importantes:

- As associações de poupança e empréstimo teriam autorização para oferecer cotas em fundos de curto prazo sem penalidades por retiradas ou regulamentação dos níveis de taxas de juros.
- As associações de poupança e empréstimo poderiam investir até 40% de seus ativos em créditos imobiliários não residenciais. O crédito imobiliário para empreendimentos comerciais era muito mais arriscado que a área de empréstimo para a compra de casa própria, mas os retornos em potencial eram muito mais elevados. Além disso, os reguladores contribuíram para a febre de desregulamentação removendo uma norma que exigia que uma instituição de poupança e empréstimo tivesse pelo menos 400 acionistas, com nenhum deles possuindo mais de 25% das ações, passando a permitir que um único acionista controlasse uma instituição de poupança e empréstimo.
- A lei tornou mais fácil para um investidor comprar uma associação de poupança e empréstimo. Os reguladores permitiram que os compradores fundassem (capitalizassem) sua empresa com terrenos ou outros ativos não monetários, em lugar de usar dinheiro para isso.
- A lei permitiu que as instituições de poupança e empréstimo parassem de exigir o pagamento tradicional de entradas e financiassem até 100% da compra de um imóvel, sendo o mutuário desobrigado de investir recursos próprios na operação.
- A lei permitiu às instituições de poupança e empréstimo que fizessem empréstimos imobiliários em qualquer região. Antes disso, elas eram obrigadas a envolver apenas imóveis situados em sua própria região.

Contabilidade – Além dessas mudanças revolucionárias, os proprietários de associações em dificuldades começaram a esticar as regras de contabilidade que já eram liberais – com a benção dos reguladores – para adequar seus balanços às exigências regulatórias. Por exemplo, o *goodwill*, definido como lealdade do consumidor, participação de mercado e outros intangíveis "etéreos", representava mais de 40% do patrimônio líquido do setor de poupança e empréstimo em 1986.

Lincoln Federal S&L – A *American Continental Corporation*, uma empresa de desenvolvimento imobiliário dirigida por Charles Keating e sediada em Phoenix, adquiriu a *Lincoln Federal S&L*. Imediatamente, Keating expandiu a atividade de crédito da *Lincoln* para auxiliar os projetos da *American Continental*, incluindo o *Phoenician Resort em Scottsdale*.[3] Além disso, Keating tentou obter retornos mais altos comprando títulos de dívida de alto risco distribuídos pela *Drexel Burnham* e por Michael Milken. Nove parentes de Keating estavam na folha de pagamento da *Lincoln*, recebendo salários que variavam entre US$ 500 mil e US$ 1 milhão anuais.

Keating também teve ideias novas para levantar recursos. Em lugar de captar fundos por meio de depósitos, ele pagou comissões a agentes que vendiam títulos de dívida especiais da *American Continental Corporation* nos escritórios da *Lincoln*. Os investidores recebiam a promessa de que suas aplicações eram seguras. Infelizmente, muitos idosos aplicaram as economias de todas as suas vidas nesses títulos, achando que eles eram garantidos pela FSLIC, já que eram vendidos em uma associação de poupança e empréstimo, mas isso não era verdade.

Keating continuou investindo em empreendimentos imobiliários, como uma megacomunidade no deserto fora de Phoenix. Ele se apoiava em avaliações, algumas evidentemente questionáveis, como base para a avaliação de empréstimos.

---

[3] O *Phoenician* foi construído com tanto luxo que um funcionário de uma agência reguladora estimou que, apenas para não ter prejuízo, seria preciso cobrar uma diária de US$ 500 a uma taxa de ocupação de 70%. Acomodações semelhantes na região eram oferecidas a US$ 125 por noite.

Ford Motor Company e Toyota Motor Corporation: Risco

(www.cengage.com.br, em inglês)

Parte A: análise de risco

Fonte e referência	Pergunta
Ford 10-K, pp. 21-27	1a. Descreva os riscos básicos com que se defronta a Ford.
Toyota 20-F, pp. 4-6	1b. Descreva os riscos básicos com que se defronta a Toyota. 1c. Compare os riscos da Ford e da Toyota.
Ford Def. 14-A, pp. 27-28 *Toyota 20-F, p. 55*	2a. O que é uma transação com parte relacionada? 2b. Por que as transações com partes relacionadas representam riscos para as empresas de auditoria? 2c. Leia sobre partes relacionadas na Ford e na Toyota. Uma empresa tem mais transações com partes relacionadas do que a outra? Em caso afirmativo, qual poderia ser o motivo? Há alguma situação que lhe causa preocupação especial? Explique a sua preocupação.

Parte B: análise financeira

A seguir, são apresentadas tabelas contendo índices financeiros comumente empregados na indústria automobilística, tanto para a Ford quanto para a Toyota, referentes a cada um dos três últimos exercícios fiscais. Examine essas informações, juntamente com a demonstração financeira subjacente, e a seguir responda as perguntas abaixo.

Fonte e referência	Pergunta
1. Compare as tendências da Ford e da Toyota em cada uma das seguintes categorias:	
Ford 10-K, pp. FS-1 até FS-8	1a. Valor da ação. 1b. Dividendos. 1c. Crescimento. 1d. Saúde financeira. 1e. Rentabilidade. 1f. Eficácia da gestão. 1g. Eficiência.
2. Embora os índices que você analisou exprimam os resultados contidos nas demonstrações financeiras auditadas, imagine por ora que eles representem resultados contidos em demonstrações não auditadas, e que você esteja usando os resultados para completar procedimentos analíticos indicativos durante a fase de planejamento da auditoria.	
Toyota 20-F, pp. F4 até F10	2a. Que saldos de contas merecem maior preocupação/atenção em termos do planejamento da auditoria da Ford? Que perguntas você faria à administração da Ford em relação às suas preocupações? 2b. Que saldos de contas merecem maior preocupação/atenção em termos do planejamento da auditoria da Toyota? Que perguntas você faria à administração da Toyota em relação às suas preocupações? 2c. Suponha que você estivesse fazendo o planejamento preliminar da auditoria e pudesse especificar qualquer estatística que desejasse examinar para estoques e contas a receber, como, por exemplo, número de dias de venda em estoques. Considerando somente essas duas contas, identifique de três a cinco indicadores financeiros básicos que você desejaria analisar ao preparar um programa de auditoria para a Ford e/ou a Toyota. Esteja preparado para explicar aos seus colegas por que você identificou cada uma das estatísticas específicas. Você pode supor que está auditando um período em que o crescimento da economia é nulo, ou muito lento.

Ford		Comparação de índices em um período de três anos[4]		
		2007	2006	2005
Valor da ação				
Preço/lucro máximo	Preço máximo da ação no ano/lucro por ação no final do ano	(7,03)	(1,41)	13,41
Preço/lucro mínimo	Preço mínimo da ação no ano/ lucro por ação no final do ano	(4,82)	(0,90)	6,88
Preço/ faturamento	Preço médio da ação/ faturamento por ação	0,09	0,09	0,12
Preço/valor patrimonial	Preço médio/(ativo total – ativos intangíveis e passivos) por ação	3,25	(1,58)	2,53
Preço/valor patrimonial tangível	Preço médio da ação/ valor patrimonial tangível por ação	0,06	0,05	0,08
Preço/fluxo de caixa por ação	Preço médio da ação/fluxo de caixa operacional por ação	0,95	1,52	0,95
Dividendos				
Taxa de dividendo	Dividendos anuais por ação/preço da ação	0,00%	3,22%	3,58%
Índice de distribuição de lucro	Dividendos/lucro líquido	0,00%	-3,71%	36,46%
Crescimento				
Crescimento de receita	(Receitas de venda de produtos no ano corrente – receitas de venda de produtos no ano anterior)/receitas de venda de produtos no ano anterior	7,73%	-6,64%	4,33%
Crescimento do lucro líquido	(Lucro líquido do ano corrente – lucro líquido do ano anterior)/lucro líquido do ano anterior	78,41%	-723,17%	-41,96%
Crescimento do lucro por ação	(Lucro por ação do ano corrente – lucro por ação do ano anterior)/lucro por ação do ano anterior	79,46%	-710,91%	-42,41%
Taxa de crescimento do investimento de capital	Gastos de capital (ano corrente – ano anterior)/gastos de capital no ano anterior	-12,06%	-8,90%	11,45%
Saúde financeira				
Índice de liquidez seca	(Ativos circulantes – estoques)/ passivos circulantes	2,63	2,51	2,19
Índice de liquidez corrente	Ativos circulantes/passivos circulantes	2,76	2,65	2,31
Capital de terceiros a longo prazo/ capital próprio	Exigível a longo prazo/ patrimônio líquido	34,73	(57,90)	12,75
Capital de terceiros total/capital próprio total	Exigível total/patrimônio líquido total	48,37	(81,06)	19,71
Cobertura de juros	Lucro antes de juros e imposto/despesas financeiras	0,63	(0,74)	1,20
Valor patrimonial da ação	Patrimônio de acionistas ordinários/número médio de ações	2,74	(1,82)	6,79
Rentabilidade				
Margem bruta	(Faturamento – custo dos produtos vendidos)/faturamento	16,93%	6,88%	17,88%
Margem LAJID	Lucro antes de juros, imposto e depreciação/faturamento	11,58%	6,23%	13,07%
Margem operacional	Resultado operacional/faturamento	3,27%	-5,10%	3,96%
Margem antes	Lucro líquido antes do imposto/faturamento antes do imposto	-2,17%	-9,40%	1,13%

[4] Os dados de 2006 e 2005 foram extraídos do relatório 10-K original para esses dois anos.

Ford		Comparação de índices em um período de três anos		
		2007	2006	2005
Margem líquida	Lucro líquido depois do imposto/faturamento	-1,58%	-7,88%	1,14%
Eficácia de gestão				
Retorno sobre ativo	Lucro líquido/ativo total	-0,98	-4,53%	0,75%
Retorno sobre capital próprio	Lucro líquido/patrimônio líquido	-48,38%	0,00%	15,62%
Retorno sobre capital	(Lucro líquido – dividendos)/capital total	-1,40%	-6,46%	0,76%
Eficiência				
Faturamento por funcionário	Faturamento/número de funcionários	$ 701.036,59	$ 565.805,65	$ 590.296,67
Lucro líquido por funcionário	Lucro líquido/número de funcionários	(11.069,11)	(44.726,95)	6.746,67
Giro de contas a receber	Faturamento/saldo médio de contas a receber	1,49	1,40	1,53
Número de dias de venda no saldo de contas a receber	365/giro de contas a receber	245,42	261,16	238,28
Giro de estoques	Custo de produtos vendidos/estoque médio	13,14	13,63	13,78
Número de dias de venda em estoques	365/giro de estoques	27,77	26,78	26,49
Giro do ativo	Faturamento/ativo total médio	0,62	0,58	0,63
Giro do imobilizado líquido	Faturamento/valor líquido médio de imóveis, instalações e equipamentos	6,49	5,66	5,89
Giro do imobilizado bruto	Faturamento/valor bruto médio de imóveis, instalações e equipamentos	2,69	2,51	2,86
% de depreciação do imobilizado bruto	Depreciação acumulada/custo de ativos depreciáveis	61,24%	61,50%	55,74%

Toyota		Comparação de índices em um período de três anos		
		2007	2006[5]	2005
Valor da ação				
Preço/lucro máximo	Preço máximo da ação no ano/lucro por ação no final do ano	31,80	30,72	25,06
Preço/lucro mínimo	Preço mínimo da ação no ano/lucro por ação no final do ano	21,78	19,71	19,83
Preço/faturamento	Preço médio da ação/faturamento por ação	1,83	1,64	1,41
Preço/valor patrimonial	Preço médio/(ativo total – ativos intangíveis e passivos) por ação	3,52	3,09	2,73
Preço/valor patrimonial tangível	Preço médio da ação/valor patrimonial tangível por ação	1,35	1,20	1,07
Preço/fluxo de caixa por ação	Preço médio da ação/fluxo de caixa operacional por ação	13,55	13,70	11,00

---

[5] Os dados de 2006 e 2005 foram extraídos do relatório 10-K original para esses dois anos.

Toyota		Comparação de índices em um período de três anos		
		2007	2006	2005
Dividendos				
Taxa de dividendo	Dividendos anuais por ação/preço da ação	0,88%	0,85%	0,82%
Índice de distribuição de lucro	Dividendos/lucro líquido	20,63%	17,82%	14,11%
Crescimento				
Crescimento de receita	(Receitas de venda de produtos no ano corrente – receitas de venda de produtos no ano anterior)/receitas de venda de produtos no ano anterior	12,46%	3,08%	5,62%
Crescimento do lucro líquido	(Lucro líquido do ano corrente – lucro líquido do ano anterior)/lucro líquido do ano anterior	19,23%	7,10%	-0,80%
Crescimento do lucro por ação	(Lucro por ação do ano corrente – lucro por ação do ano anterior)/lucro por ação do ano anterior	20,89%	8,46%	2,16%
Taxa de crescimento do investimento de capital	Gastos de capital (ano corrente – ano anterior)/gastos de capital no ano anterior	1,83%	31,73%	27,16%
Saúde Financeira				
Índice de liquidez seca	(Ativos circulantes – estoques)/passivos circulantes	0,85	0,91	0,99
Índice de liquidez corrente	Ativos circulantes/passivos circulantes	1,00	1,07	1,15
Capital de terceiros a longo prazo/capital próprio	Exigível a longo prazo/patrimônio líquido	0,70	0,72	0,73
Capital de terceiros total/capital próprio total	Exigível total/patrimônio líquido total	1,70	1,66	1,63
Cobertura de juros	Lucro antes de juros e imposto/despesas financeiras	52,52	93,22	97,23
Valor patrimonial da ação	Patrimônio de acionistas ordinários/número médio de ações	31,35	27,73	25,77
Rentabilidade				
Margem bruta	(Faturamento – custo dos produtos vendidos)/faturamento	19,71%	19,45%	19,84%
Margem LAJID	Lucro antes de juros, imposto e depreciação/faturamento	16,60%	16,16%	15,34%
Margem operacional	Resultado operacional/faturamento	9,22%	8,93%	9,01%
Margem antes	Lucro líquido antes do imposto/faturamento antes do imposto	9,95%	9,92%	9,46%
Margem líquida	Lucro líquido depois do imposto/faturamento	6,87%	6,52%	6,31%
Eficácia de gestão				
Retorno sobre ativo	Lucro líquido/ativo total	5,05%	4,78%	4,81%
Retorno sobre capital próprio	Lucro líquido/patrimônio líquido	13,89%	12,99%	12,95%
Retorno sobre capital	(Lucro líquido – dividendos)/capital total	18,23%	17,26%	17,03%

Toyota			Comparação de índices em um período de três anos		
			2007	2006	2005
Eficiência					
Faturamento por funcionário	Faturamento/número de funcionários	$ 677.582,05	$ 626.214,70	$ 650.035,94	
Lucro líquido por funcionário	Lucro líquido/número de funcionários	$ 46.517,30	$ 40.845,94	$ 41.041,87	
Giro de contas a receber	Faturamento/saldo médio de contas a receber		9,74	90,6	9,24
Número de dias de venda no saldo de contas a receber	365/giro de contas a receber		37,48	40,30	39,49
Giro de estoques	Custo de produtos vendidos/estoque médio		10,69	10,71	12,05
Número de dias de venda em estoques	365/giro de estoques		34,13	34,08	30,30
Giro do ativo	Faturamento/ativo total médio		0,78	0,76	0,79
Giro do imobilizado líquido	Faturamento/valor líquido médio de imóveis, instalações e equipamentos		3,16	3,14	3,30
Giro do imobilizado bruto	Faturamento/valor bruto médio de imóveis, instalações e equipamentos		1,43	1,35	1,34
% de depreciação do imobilizado bruto	Depreciação acumulada/custo de ativos depreciáveis		59,36%	61,71%	65,26%

Controle interno da divulgação financeira

5

Objetivos de aprendizagem

O principal objetivo deste livro-texto é a construção de uma base para a análise de questões profissionais correntes e a adaptação de enfoques de auditoria às complexidades das empresas e da economia. Por meio do estudo deste capítulo, você será capaz de:

1. Discutir o controle interno como componente fundamental dos processos de governança corporativa e gestão de risco de uma organização e seu efeito sobre a auditoria de demonstrações financeiras.
2. Identificar e descrever os componentes do arcabouço integrado de controle interno do Coso.
3. Articular os princípios básicos de um ambiente de controle eficaz.
4. Identificar atividades comuns de controle interno encontradas em muitas organizações.
5. Integrar o conhecimento de controles computadorizados, incluindo comandos gerais de computadores e aplicativos, à avaliação do controle interno da divulgação financeira.
6. Descrever o processo utilizado pelos auditores externos para avaliar controles internos.
7. Descrever a natureza da documentação que o auditor desenvolve para apoiar o conhecimento e a avaliação do controle interno.
8. Descrever problemas relacionados a relatórios gerenciais sobre o controle interno da divulgação financeira.
9. Aplicar os enfoques de análise de decisões e tomada de decisões com ética a situações envolvendo o conhecimento e a avaliação do controle interno.

Visão geral do capítulo

O capítulo se concentra nas fases II e III do processo de auditoria, com ênfase na fase III – a obtenção de evidências a respeito de controles internos. Todas as empresas têm necessidade de controle interno eficaz para operarem bem a longo prazo. O conceito fundamental de um bom controle interno está associado a auxiliar as organizações a atingirem seus objetivos. As empresas precisam de controles internos fortes para garantir que todas as vendas sejam registradas, os recebimentos sejam coletados e adequadamente depositados nas contas bancárias da organização, e que a administração conte com dados precisos para a tomada de decisões. A Lei *Sarbanes-Oxley*, de 2002 (SOX), agora exige que os administradores de companhias abertas avaliem independentemente a eficácia do controle interno da divulgação financeira. Além disso, o auditor externo fornece um parecer separado da eficácia do controle interno. As companhias fechadas não estão sujeitas a essa exigência de divulgação; no entanto, o auditor ainda precisa conhecer a qualidade dos controles internos para planejar o trabalho de auditoria.

Este capítulo também apresenta o arcabouço integrado de controle interno do Coso, que é utilizado pelas empresas e auditores como critérios diante dos quais a qualidade dos controles internos deve ser avaliada. Identificamos os principais componentes de um sistema eficaz e descrevemos o processo que a administração utiliza para documentar e medir a qualidade de seus controles internos.

I. Aferir as decisões de aceitação e retenção do cliente (capítulo 4).	II. Entender o cliente (capítulos 2, 4-6 e 9).	III. Obter evidência a respeito de controles e determinar o impacto sobre a auditoria de demonstrações financeiras (capítulos 5-14 e 18).	IV. Apurar evidências consubstanciadas sobre afirmações de contas (capítulos 7-14 e 18).	V. Fechamento da auditoria e tomada de decisões de divulgação (capítulos 15 e 16).
A profissão de auditoria, regulamentação e governança corporativa (capítulos 1 e 2).		Tomada de decisões, conduta profissional e ética (capítulo 3).		Responsabilidade profissional (capítulo 17).

JULGAMENTO PROFISSIONAL EM CONTEXTO

Relatório sobre controle interno

Em um estudo importante após a promulgação da Lei *Sarbanes-Oxley* de 2002, Lord and Benoit (uma empresa de consultoria e pesquisa) analisou o desempenho no mercado de ações de instituições que recebiam relatórios sobre controle interno. Eles constataram que no período de dois anos encerrado em 2005, as empresas que possuíam bons relatórios de controle interno tiveram os preços de suas ações aumentados em 27,4%, em média. Por outro lado, aquelas com maus controles internos viram uma queda de 5,7% dos preços de suas ações. Claramente, o mercado de ações não demonstra muita confiança em empresas que não se comprometem com um bom controle interno sobre a divulgação financeira. Outros estudos têm mostrado que uma empresa com controle interno deficiente apresenta custo de capital pelo menos um ponto percentual acima do custo em relação àquelas com um bom controle interno. Um bom controle interno não apenas permite a uma empresa gerir melhor suas operações, como também dá à instituição mais credibilidade no mercado.

Como exemplo de deficiências e seus efeitos, consideremos a Milacron, uma grande empresa industrial, que declarou ter os seguintes problemas de controle interno:

- O departamento de contabilidade carece de conhecimento técnico para lidar com muitas das questões contábeis complexas enfrentadas pela empresa.
- Havia segregação inadequada de tarefas em relação à contabilidade e ao controle dos estoques.
- Havia controles inadequados para a datação e o registro de vendas nas proximidades do final do ano, que poderiam afetar a tempestividade do registro de transações.
- Havia deficiências nos controles de acesso ao sistema de computação.

Não surpreendentemente, a Milacron sofreu quedas significativas no preço de sua ação, enquanto o resto do mercado estava indo razoavelmente bem. Por exemplo, o preço da ação da empresa em 31 de janeiro de 2002 era de US$ 145,50, mas havia caído a US$ 31,70 na mesma data, em 2005.

Ao considerar o material contido neste capítulo, o leitor deve estar preparado para responder às seguintes perguntas:

- Como você avaliaria se uma empresa tem qualificação contábil suficiente?
- Quando uma deficiência de controle interno se torna suficientemente importante para que você conclua ser necessário alertar aos acionistas?
- Que efeito as deficiências ou inadequações materiais de controle interno devem ter sobre o planejamento da auditoria de demonstrações financeiras?
- Como se encaixa um controle interno forte no planejamento e na execução de uma auditoria integrada dos controles internos e das demonstrações financeiras de uma empresa?
- Por fim, podem as deficiências de controle interno de uma empresa ser tão sérias a ponto de fazer que a instituição não possa ser auditada?

Importância do controle interno para as auditorias de demonstrações financeiras

A qualidade do controle interno da divulgação financeira é um componente importante do comprometimento de uma organização com uma boa governança. O controle interno visa a permitir a prestação de contas pelos indivíduos encarregados de gerir a empresa pelos acionistas, que forneceram recursos à organização. Os controles internos representam uma resposta aos riscos que se postam entre uma organização e a consecução de seus objetivos. Em outras palavras, eles existem como mecanismo de atenuação e gestão de riscos.

Os controles internos são necessários uma vez que toda e qualquer organização se defronta com riscos significativos, variando da (a) falência da empresa, à (b) má utilização dos ativos da empresa, à (c) preparação incorreta ou incompleta de informações financeiras. Os controles internos são projetados para mitigar esses riscos. Por exemplo, uma empresa que não prepara informações financeiras precisas não só se apresenta incorretamente ao público, mas, com a mesma importância, também não é capaz de tomar boas decisões na gestão de suas atividades.

Tal como demonstrado no capítulo 4, a qualidade do controle interno é um ingrediente importante do modelo de risco de auditoria. Quanto mais alta a qualidade do controle interno, menor o risco de controle e, portanto, mais o auditor pode confiar na qualidade dos controles internos ao formular um parecer sobre as demonstrações financeiras de uma organização. Mas há mais do que isso. O auditor precisa conhecer os controles internos de uma empresa para prever os tipos de procedimento de auditoria que devem ser realizados ao fazer testes diretos de saldos de contas. Por exemplo, no quadro "Julgamento profissional em contexto", o auditor observou que o cliente não tinha controles adequados para garantir que as vendas estivessem sendo registradas no momento correto. Dada essa deficiência, o profissional provavelmente reduzirá procedimentos analíticos substantivos e expandirá o teste ao final do ano de detalhes visando a incluir, entre outros, testes ampliados de corte para determinar se a empresa informou incorretamente as contas de receita de vendas, contas a receber, estoques e custo dos produtos vendidos.

> **OA 1**
> Discutir o controle interno como componente fundamental dos processos de governança corporativa e gestão de risco de uma organização e seu efeito sobre a auditoria de demonstrações financeiras.

> **QUESTÃO PRÁTICA**
> Os controles internos existem para atenuar ameaças à consecução de objetivos. A única maneira de avaliar a qualidade de um controle é considerar o grau pelo qual ele reduz as ameaças à consecução dos objetivos da organização em um nível aceitável.

Coso: um arcabouço de controle interno

Assim como uma empresa baseia-se nos princípios de contabilidade aceitos em geral para determinar se as suas demonstrações financeiras são apresentadas com fidedignidade, ela precisa referir-se a um arcabouço abrangente de controle interno ao avaliar a qualidade da divulgação financeira. O arcabouço mais usado é conhecido como Coso (Comitê de Organizações Patrocinadoras da Comissão Treadway, ou *Committee of Sponsoring Organizations of the Treadway Commission*). As organizações patrocinadoras incluem a Associação Americana de Contabilidade (*American Accounting Association*), o Instituto Americano de Contadores Externos Credenciados (*American Institute of CPAs*), a Associação Internacional de Executivos Financeiros (*Financial Executives International*), o Instituto de Auditores Internos (*Institute of Internal Auditors*) e o Instituto de Contadores Gerenciais (*Institute of Management Accountants*). As organizações patrocinadoras se reuniram em meados da década de 1980 para lidar com o aumento de ocorrências de fraude financeira. Uma recomendação do primeiro estudo do Coso foi o desenvolvimento de um arcabouço abrangente de controle interno.[1] O Coso define controle interno da seguinte maneira:

> **OA 2**
> Identificar e descrever os componentes do arcabouço integrado de controle interno do Coso.

---

[1] Report of the National Commission on Fraudulent Financial Reporting, Washington DC., p. 28, Coso, 1987.

Um processo, implantado pelo conselho de administração, pelos executivos e outras pessoas em uma entidade, destinado a dar segurança razoável a respeito do alcance de objetivos nas seguintes categorias: (1) confiabilidade da divulgação financeira, (2) cumprimento das leis e normas aplicáveis e (3) eficácia e eficiência das operações.

Esses objetivos procuram auxiliar a organização a atingir seus propósitos mais importantes, ou seja, implantar com sucesso as estratégias corporativas para obter retornos para os acionistas. Os objetivos de controle visam a auxiliar a organização a garantir que possui operações eficazes e eficientes relacionadas à sua estratégia geral, que suas atividades estão de acordo com as leis e normas regulatórias aplicáveis, que protege seus ativos contra roubo e fraude e que prepara informações financeiras precisas para fins de tomada interna de decisões e divulgação externa à comunidade de investidores.

Há outros elementos importantes na definição. O controle interno:

- É um processo que visa a permitir a consecução dos objetivos da organização.
- Parte do topo da organização, com o conselho de administração e os altos executivos, que criam e reforçam uma estrutura e um clima para o uso de controles na organização.
- Direta ou indiretamente inclui todas as pessoas na organização, desde o funcionário de entrega de produtos ao auditor interno e ao diretor financeiro.
- É mais amplo do que o controle interno da divulgação financeira.

AUDITORIA NA PRÁTICA

Controles deficientes levam a más decisões gerenciais e à falência da empresa

A *Reliable Insurance Co.*, de Madison, Wisconsin, lançou uma nova apólice de seguro para proporcionar cobertura complementar aos benefícios que os idosos recebem do programa Medicare. O seguro foi bem recebido por segurados idosos, muitos dos quais estavam residindo em casas de repouso. O preço da apólice foi fixado em nível competitivo e ela vendeu bem. Para estimar reservas (passivos) contra indenizações futuras, o cliente usou dados de indenizações iniciais para calcular custos e montar um modelo de estimação das reservas. Por exemplo, os dados de indenizações no primeiro ano poderiam ser comparados com prêmios no mesmo período para se estimar a reserva necessária. Infelizmente, o sistema contábil do cliente apresentava deficiências de controle que atrasavam o processamento de indenizações. Em consequência, o modelo interno de estimação estava comparando dados de indenizações para um mês com prêmios recebidos em três meses, o que resultou em uma subestimação significativa das reservas necessárias para indenizações futuras.

Como o sistema de controle interno foi incapaz de registrar indenizações nos períodos apropriados, a empresa (a) cobrou um preço insuficiente pelas apólices e (b) divulgou inadequadamente a sua saúde financeira aos acionistas e credores. O preço baixo das apólices permitiu à empresa ampliar substancialmente as suas vendas. Infelizmente, a empresa foi forçada a falir quando se tornou incapaz de cobrir os pedidos de indenização de seus segurados. Se os processos de controle interno tivessem sido adequadamente projetados, testados e monitorados, a administração poderia ter tomado decisões melhores. A deficiência de controle interno não levou apenas a demonstrações financeiras enganadoras mas, mais importante do que isso, à falência da empresa.

Componentes do controle interno

O controle interno é formado por cinco componentes inter-relacionados, que devem trabalhar em conjunto em um processo que visa a atingir os objetivos da organização. Eles resultam da forma pela qual a administração conduz uma empresa e estão integrados no processo de gestão. Os cinco componentes do arcabouço integrado de controle interno do Coso são apresentados na **Ilustração 5.1**.

Tudo começa com a articulação dos objetivos de divulgação financeira da empresa, ou seja, produzir demonstrações financeiras livres de informação material incorreta. A seguir, temos cinco componentes importantes nesse arcabouço:

1. A administração deve avaliar os riscos que afetam a consecução desses objetivos, por exemplo, o de cometer erros de julgamento sobre as escolhas contábeis apropriadas.
2. O ambiente de controle, comumente chamado de "Clima no Topo", é fundamental na atenuação dos riscos. O comprometimento de contratação de pessoal contábil competente, por exemplo, reduz parcialmente o risco associado a erros de julgamento em questões contábeis.
3. Como pode haver erros de processamento, a organização deve implantar atividades de controle projetadas de modo a impedir ou detectar problemas.
4. A administração deve comunicar suas políticas eficazmente, bem como receber informação dos níveis hierárquicos inferiores, com o uso dos processos de informação e comunicação da organização.
5. Por fim, ao ser implantado o controle interno, a administração deve *monitorar* o funcionamento dos controles para assegurar que todos os cinco componentes do controle interno continuem a funcionar eficazmente.

> **QUESTÃO PRÁTICA**
>
> O controle interno é um processo que obedece a uma estrutura lógica ligada à consecução dos objetivos da organização. As instituições identificam os riscos associados à consecução desses objetivos e implantam diversos processos para controlar e/ou mitigar essas ameaças.

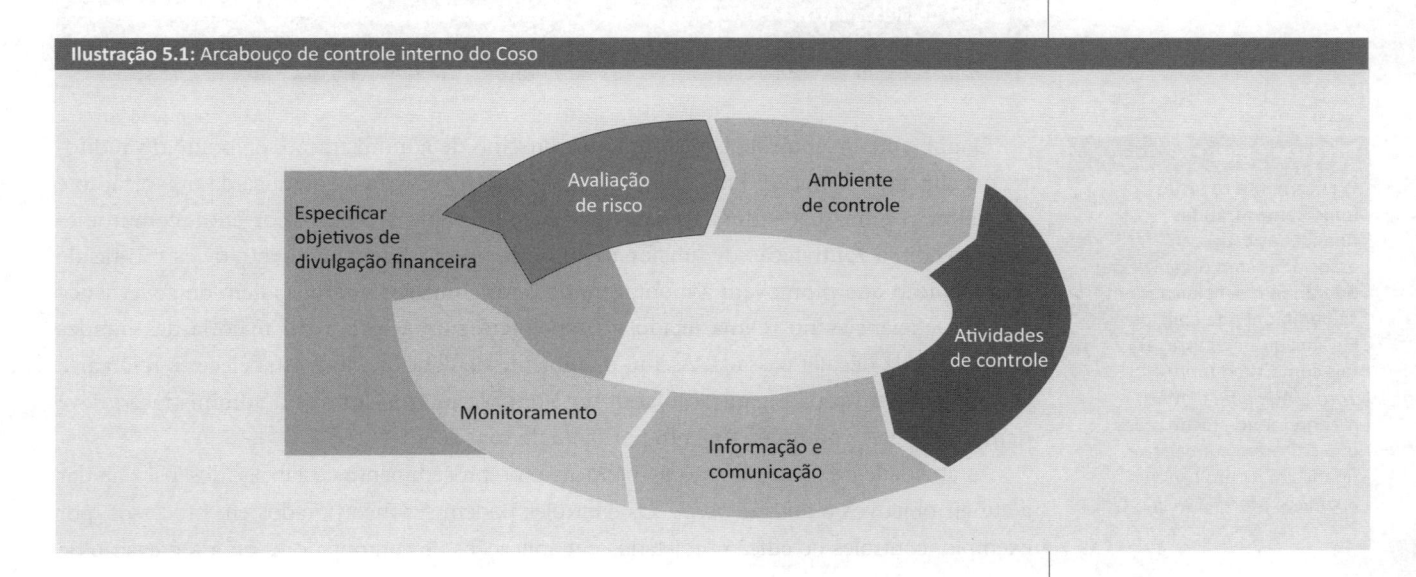

Ilustração 5.1: Arcabouço de controle interno do Coso

O controle interno é aplicado a todas as atividades da organização, desde as áreas funcionais, como marketing, unidades operacionais, como uma divisão de uma empresa, até inter-relações com outras instituições, como descrito no quadro Auditoria na Prática.

A gestão de risco, incluindo a avaliação de riscos, é um processo que visa a identificar possíveis eventos que afetem a capacidade da entidade de alcançar seus objetivos e depois gerir essas ameaças de acordo com o apetite de risco da entidade. Riscos existem em muitos níveis diferentes, dentro e fora de uma organização. Os riscos incluem a incapacidade de cumprir leis e regulamentos e a incapacidade de registrar e relatar informações financeiras com precisão. Assim como há muitos riscos, há muitas reações a eles. A administração pode enfrentar problemas específicos, como adquirir seguro contra o risco; ou, no pior caso, ignorar os riscos ou decidir aceitá-los devido a considerações de custo.

O Congresso, o poder judiciário e o mercado têm comunicado claramente que o risco de demonstrações financeiras incorretas deve ser muito baixo, e que tanto os executivos quanto os auditores serão responsáveis por assegurar esse nível. Ignorar as ameaças sujeitará tanto a empresa quanto os seus auditores à possibilidade de falência. Portanto, uma instituição deve montar controles específicos para mitigar os riscos à divulgação financeira. Por exemplo, a administração desenvolverá controles para garantir que todas as transações sejam contabilizadas ao preço correto e no período apropriado.

Auditoria na prática

Relações com fornecedores, riscos e controle interno

À medida que as empresas se tornam mais integradas por meio de processos de cadeia de suprimento mútuo, a qualidade do sistema de controle do parceiro comercial se torna cada vez mais importante. Considere-se, por exemplo, uma empresa industrial que faz contratos com fornecedores importantes para realizar produção de alta qualidade e em um processo *just in time*. A empresa industrial precisa saber se o fornecedor possui controles que garantam o seguinte:

- Produção de componentes de qualidade elevada.
- Remessa de bens que podem ser colocados no processo de produção sem interrupção desse procedimento.
- Aceitação de pedidos *on-line* com níveis suficientes de privacidade e segurança para evitar a divisão de segredos com concorrentes.
- Contabilização apropriada de recebimentos, transferências e pagamentos em dinheiro.

Muitas organizações estão utilizando auditores internos ou externos para rever os controles de parceiros comerciais antes de fazer tais acordos.

Foco em fraude

Praticamente todas as importantes fraudes financeiras estiveram associadas com organizações que tinham deficiências em seu ambiente de controle. Elas incluíram empresas tais como *WorldCom*, *Enron*, *Adelphia* e, mais recentemente, instituições que sofreram com a crise financeira, como *Lehman Brothers*, *Merrill Lynch* e *Citi*.

O ambiente de controle começa com o conselho de administração, o comitê de auditoria e a alta administração. Em conjunto, este grupo representa a liderança da organização e estabelece o clima de conduta aceitável por meio de políticas, códigos de ética, comprometimento com a contratação de funcionários competentes, desenvolvimento de estruturas de remuneração que promovem a montagem de bons controles internos, além de governança eficaz. Deficiências no "clima fixado no topo" têm sido associadas à maioria das fraudes financeiras da década passada. Assim, o ambiente de controle deve estabelecer e reforçar o comprometimento da organização com um controle interno forte, e a administração deve demonstrar esse comprometimento por meio de suas ações.

As atividades de controle são as políticas e os procedimentos estabelecidos para ajudar a atingir objetivos e mitigar riscos. Os controles podem ser incorporados em processos, por exemplo, controles de edição projetados em aplicações de computadores ou a segregação de tarefas exigida no processamento de transações. Os controles também podem existir em nível de política, como, por exemplo, a exigência de aprovação de todas as despesas acima de US$ 6 mil. Embora existam alguns controles genéricos que são vistos na maioria dos processos de controle interno – por exemplo, segregação de tarefas, conciliações independentes e revisão pela administração –, é importante lembrar que não há nenhum conjunto universal que seja aplicável a todas as situações. Ao contrário, há uma ampla variedade de atividades que ajudam a reduzir riscos, e uma organização escolhe aquelas que são mais eficazes ao custo mais baixo.

Informação e comunicação dizem respeito ao processo de identificação, captura e troca de informação de maneira oportuna para permitir a consecução dos objetivos da organização. Inclui o sistema e os métodos contábeis da organização para registro e relato de transações. Esses itens geralmente envolvem um fluxo em duas mãos: (a) da alta administração ao resto da organização, comunicando suas políticas básicas, seu código de conduta e suas estratégias; e (b) dos níveis inferiores para cima, comunicando informação econômica e desvios em relação às políticas da organização.

O monitoramento é definido como sendo um processo que dá *feedback* aos outros quatro componentes do controle interno. O monitoramento pode ser feito por meio de atividades contínuas ou avaliações isoladas. Os procedimentos de monitoramento contínuo são incorporados às atividades regulares normais de uma entidade. Auditores internos, clientes e agentes reguladores contribuem para o monitoramento de controles internos. Para um exemplo, veja o próximo quadro Auditoria na Prática.

Relações entre componentes do controle interno

O processo de controle é contínuo; a administração identifica e avalia riscos à consecução de seus objetivos, entende o ambiente de controle e identifica atividades para reduzir os riscos a um nível aceitável, gera processos eficazes de informação e comunicação e monitora a eficácia do sistema geral de controle interno. Descrevemos esses cinco componentes mais detalhadamente a seguir, e discutimos como a administração avaliaria a eficácia de cada um deles.

Avaliação de risco

Essa avaliação envolve a identificação e análise dos riscos de informação material incorreta em relatórios financeiros. A maneira pela qual a organização poderia produzir informação incorreta varia com a natureza do processamento. Por exemplo, uma organização poderia

AUDITORIA NA PRÁTICA

Monitoramento de controles em uma rede de lanchonetes

Uma empresa como Wendy's ou McDonald's, que serve comida rápida em milhares de locais, deve ser capaz de monitorar o funcionamento de seus controles em todos eles. A empresa possui políticas e procedimentos escritos lidando com questões de controle, incluindo a aceitação de produtos (devem vir de um fornecedor autorizado), o despejo de lixo, o registro de vendas (deve produzir um recibo de caixa ou a refeição é gratuita) e supervisão de funcionários. As empresas dispõem de procedimentos padronizados para contar numerário e conciliá-lo com a caixa registradora, depositar o numerário diariamente e transferi-lo ao escritório central. Com base em estatísticas passadas e a média do setor, a instituição sabe que os alimentos custam aproximadamente 36,7% da receita.

A empresa desenvolve um processo de monitoramento de desempenho que resulta em relatórios diários e semanais a respeito de:
- Receita de cada loja, em comparação com a esperada e aquela obtida na mesma semana do ano anterior.
- Promoções especiais em vigor.
- Margem bruta.

A seguir, a empresa utiliza os relatórios de monitoramento para verificação com as lojas individuais e a determinação de quais precisam de investigação adicional. Por exemplo, a empresa identifica um grupo de lojas – todas geridas pela mesma pessoa – nas quais a receita é inferior à esperada; mas, pior ainda, a margem bruta está significativamente abaixo da esperada (esperava-se margem de 63%, mas atingiu-se 60%). O relatório de monitoramento indica que uma das seguintes explicações possíveis pode representar os problemas: (a) nem toda a receita está sendo registrada; (b) há desperdício desnecessário de produtos; (c) produtos estão sendo transferidos para outros locais; ou (d) alguma combinação dessas explicações. Embora a atenção original seja depositada em dados operacionais, a implicação é a de que há falhas de controles internos nesses locais específicos. O monitoramento de desempenho acabou levando ao monitoramento de controles.

O relatório leva a administração a determinar a causa do problema e tomar ações corretivas.

QUESTÃO PRÁTICA

Os controles são desenvolvidos para reduzir riscos. Eles devem ser específicos aos riscos da organização e ao seu método de processamento de transações. Não há um conjunto único de controles recomendados que deva ser utilizados por todas as empresas. Alguns, tal como a segregação de tarefas, podem ser comuns nas organizações, mas implantados de maneiras distintas. A administração deve identificar e implantar os controles mais eficazes, em termos de custos, para lidar com riscos importantes.

QUESTÃO PRÁTICA

O monitoramento é um componente importante do controle interno. A identificação de falhas deve ser acompanhada por ações gerenciais para que seja determinada a causa fundamental do problema, para garantir que ações corretivas sejam tomadas.

QUESTÃO PRÁTICA

O controle interno é um processo contínuo que lida com objetivos de eficácia e eficiência operacional, obediência a políticas e procedimentos, e confiabilidade de divulgação financeira.

ser incapaz de capturar todas as transações porque alguém deixa de escanear entregas em um arquivo de computador, ou, alternativamente, um funcionário deixa de preencher uma ordem de entrega. A incapacidade de identificar adequadamente os riscos tende a resultar em deficiências nos processos de controle destinados a atenuar os riscos. A administração geralmente utiliza um questionário (ver **Ilustração 5.2**) como base da identificação dos principais riscos associados à divulgação financeira e da documentação de que possui um enfoque efetivo de avaliação de risco.

Ilustração 5.2: Exemplo de questionário de avaliação de risco relacionado à divulgação financeira

Questão de risco de divulgação financeira	Resposta (Sim/Não)
1. Qual é o histórico de divergências passadas entre o cliente e o auditor em termos de divulgação financeira? Existe algum padrão de problemas indicado por tendências neste sentido?	
2. Qual é o histórico a respeito da precisão e variabilidade das estimativas contábeis? Algum dos ciclos de transação tem sido historicamente prejudicado por estimativas imprecisas?	
3. Há políticas contábeis inadequadas identificadas por nosso auditor externo que não foram reconsideradas desde o ano passado?	
4. Qual é a natureza das transações com partes relacionadas?	
5. Há transações de alto risco envolvendo:	
• Julgamentos significativos de avaliação?	
• Reconhecimento de receita ou despesa antecipada?	
• Derivativos?	
• Estimativas contábeis agressivas?	
• Transações de faturamento e retenção?	
• Transações especialmente complexas?	
• Transações de grande porte no final do ano?	
• Questões sendo atualmente examinadas pela SEC ou pelo PCAOB?	

Ambiente de controle

Muitas empresas que faliram tinham bons controles de processamento de transações. A *WorldCom*, por exemplo, registrava corretamente a maior parte de suas receitas de serviços de telefonia; a *Enron* relacionava a maioria de suas transações corretamente; e a *Tyco* registrava corretamente as suas transações geradoras de receitas. Entretanto, problemas mais amplos no ambiente de controle levaram à sua queda. Mais recentemente, falências de importantes instituições financeiras, como *Lehman Brothers* e *Bear Stearns*, também foram ligadas a problemas com o ambiente de controle, incluindo supervisão fraca pelo conselho de administração e virtual inexistência de controle sobre os riscos relacionados a empréstimos hipotecários *subprime* e obrigações de dívida securitizadas (CDO's ou *collateralized debt obligations*). Cada uma das organizações aqui identificadas tinha conselhos de administração ineficazes que eram dominados pelos altos executivos. A motivação dos executivos era aumentar o preço da ação, seja como base da expansão da empresa, seja para enriquecer pessoalmente, devido aos esquemas de remuneração com ações. Todas essas organizações haviam desenvolvido estruturas complexas de divulgação que obscureciam as transações. Como exemplo, veja o quadro Perspectiva Histórica, que descreve um problema de ambiente de controle na *HealthSouth*.

Uma condenação clara do problema com o ambiente de controle na *WorldCom* foi feita por Richard Breeden em um relatório especial sobre o colapso dessa empresa:

Entre outras coisas, o conselho de administração da empresa cedia continuamente o poder a Ebbers [Bernard Ebbers, diretor-presidente da *WorldCom*]. Como diretor-presidente, ele havia adquirido poderes praticamente imperiais, sem que o conselho de administração exercesse qualquer restrição sobre suas ações, muito embora ele não tivesse a experiência ou o treinamento para ser remotamente qualificado para esta posição. Não se pode dizer que os controles contra o uso de poder excessivo na velha *WorldCom* não funcionassem adequadamente. *Na verdade, é triste observar que não havia controles* [ênfase acrescentada].[2]

PERSPECTIVA HISTÓRICA
Ambiente de controle na HealthSouth

Em depoimento à Subcomissão da Câmara de Deputados, em outubro de 2003, a diretora de Auditoria Interna da *HealthSouth* declarou que havia inquirido a respeito da possibilidade de ampliar o trabalho de seu departamento, tendo dito que precisava ter acesso aos registros da empresa. Ela se subordinava diretamente a Richard Scrushy, diretor-presidente da *HealthSouth*. Ela declarou a uma comissão do Congresso que Scrushy a lembrara que ela não tinha um emprego antes de juntar-se à *HealthSouth*, e que devia fazer o que tinha sido contratada para fazer. Quando perguntada por um deputado se ela havia considerado informar a *Ernst & Young* a respeito de boatos de fraude, indicou que havia comentado suas preocupações na cadeia de comando da empresa e havia feito tudo o que podia. Infelizmente, a cadeia de comando era dirigida pelo diretor-presidente.

A auditora interna não comentou o problema com a *Ernst & Young*. Outros testemunharam no mesmo sentido – se quisessem manter seus empregos, que continuassem a fazer o trabalho para o qual tinham sido contratados e deixassem a administração tomar conta dos outros problemas. O "clima vindo do topo" enviava uma mensagem clara: "não questionem a administração da empresa!".

No caso da *HealthSouth*, não importava que a organização tinha um código de ética para os seus funcionários. A empresa e o seu conselho de administração eram dominados pelos executivos. A mensagem não escrita era mais forte do que qualquer escrita: "faça o que queremos que faça, ou perderá seu emprego".

Entendimento do ambiente de controle

O ambiente de controle de uma organização é complexo, e sua avaliação geralmente envolve alguma subjetividade. Um auditor habilidoso precisa ser capaz de fazer as perguntas certas, examinar as atas de reuniões do conselho de administração, aferir a adequação das políticas da empresa, julgar a competência da alta administração, do conselho de administração e do comitê de auditoria, e determinar se as políticas e os procedimentos têm sido efetivamente postos em prática. O auditor também precisa entender os planos de remuneração de executivos devido a sua influência sobre os indivíduos em todos os níveis da organização.

O Coso produziu orientação adicional para as empresas na implantação de controles internos visando ao cumprimento de exigências da seção 404 da Lei *Sarbanes-Oxley*.[3] O Coso identificou sete princípios básicos de um ambiente eficaz de controle:

1. Integridade e valores éticos – Integridade e valores éticos sólidos, particularmente na alta administração, são desenvolvidos e geram um padrão de conduta na divulgação financeira.
2. Importância do conselho de administração – O conselho de administração compreende e exerce responsabilidade de supervisão da divulgação financeira e do controle interno a ela associado.

> **QUESTÃO PRÁTICA**
>
> Os planos de remuneração são montados com a finalidade de influenciar as ações dos altos executivos. Entretanto, como observado no exemplo da *HealthSouth*, o programa de remuneração ou a ameaça de suspensão de remuneração podem influenciar significativamente outros membros da organização, encarregados de executar as políticas da empresa de acordo com os interesses dos acionistas.

---
[2] BREEDEN, Richard. *Restoring Trust: Corporate Governance for the Future of Enron*, p. 1-2, ago. 2003.
[3] Coso, *Internal Control, Integrated Framework: Guidance for Small Public Companies*, 2006, disponível em http://www.coso.org.

3. Filosofia e estilo de atuação da administração – A filosofia e o estilo de atuação da administração apoiam a execução de controle interno eficaz sobre a divulgação financeira.
4. Estrutura organizacional – A estrutura organizacional sustenta o controle interno eficaz da divulgação financeira.
5. Comprometimento com competências de divulgação financeira – A empresa retém indivíduos competentes em divulgação financeira e em posições de supervisão a ela relacionada.
6. Autoridade e responsabilidade – Os administradores e os funcionários recebem níveis apropriados de autoridade e responsabilidade para facilitar o controle interno eficaz da divulgação financeira.
7. Recursos humanos – As políticas e práticas de recursos humanos são projetadas e implantadas de modo que facilite o controle interno eficaz da divulgação financeira.

OA 3
Articular os princípios básicos de um ambiente de controle eficaz.

Em conjunto, esses princípios dão orientação geral à organização na implantação de controles específicos, e agora passaremos a discuti-los mais a fundo.

Integridade e valores éticos

A eficácia das políticas e dos procedimentos de controle interno é função da integridade e dos valores éticos das pessoas que os criam, gerem e monitoram. Integridade e comportamento ético são produtos dos padrões éticos e comportamentais da entidade, incluindo como são transmitidos e reforçados na prática. Incluem as ações da administração para remover ou reduzir incentivos e tentações que poderiam fazer que o pessoal se envolvesse em atos antiéticos. Também abrangem a comunicação de valores éticos e padrões de comportamento ao pessoal por meio de declarações de política, códigos de conduta e por meio do exemplo.

QUESTÃO PRÁTICA
Os auditores podem e devem avaliar o clima ético de uma organização e seu possível efeito sobre a preparação das demonstrações financeiras.

Conselho de administração e comitê de auditoria

Os membros do conselho de administração são representantes eleitos dos acionistas, sendo responsáveis por supervisionar a administração da empresa, incluindo a avaliação e a aprovação dos seus planos estratégicos. Um conselho eficaz estará ativamente envolvido e atuará como controle eficaz contra um diretor-presidente egoísta e potencialmente desonesto. Uma boa governança corporativa exige que a maioria dos conselheiros seja formada por "membros externos", ou seja, que não fazem parte da equipe administrativa e não tenham relações de negócios ou pessoais com a administração. Tem sido recomendado que o presidente do conselho seja independente do diretor-presidente ou que, quando o diretor-presidente é presidente do conselho, os membros independentes nomeiem um "líder" com autoridade para agir em nome dos conselheiros independentes.

A maioria dos conselhos possui três subcomitês: (1) o comitê de auditoria, (2) o de remuneração e (3) um comitê de nomeação e governança. O comitê de auditoria é responsável por supervisionar a divulgação financeira externa e todas as funções de auditoria. O segundo tem como finalidade recomendar a indicação de altos executivos e pacotes de remuneração dos altos executivos. Já ao comitê de nomeação e governança cabe identificar conselheiros independentes e competentes que atuem em favor dos interesses dos acionistas e redijam estatutos que especifiquem as responsabilidades do conselho e de seus subcomitês.

FOCO EM FRAUDE
A *Enron* possuía um dos melhores códigos de ética "escritos". Entretanto, o conselho costumeiramente anulava exigências envolvendo "conflitos de interesse", que permitiram a Andy Fastow, tesoureiro da empresa, montar entidades com fins específicos cuja única finalidade era inflacionar lucros ou esconder prejuízos da empresa.

Filosofia e estilo de atuação da administração

A administração realiza três processos cruciais que são importantes na avaliação do controle interno:

1. Estabelece o clima – A filosofia e o estilo de atuação da administração enfatizam divulgação financeira de alta qualidade e transparência.
2. Articula objetivos – A administração estipula e articula claramente os objetivos de divulgação financeira, incluindo aqueles relacionados ao controle interno da divulgação financeira.
3. Seleciona princípios de contabilidade e supervisiona estimativas – A administração adota um processo disciplinado e objetivo de seleção de princípios de contabilidade e elaboração de estimativas contábeis.

A administração deve demonstrar que cria o clima apropriado para as atividades de indivíduos e da empresa, articula claramente os objetivos a respeito de divulgação financeira e assegura que esses sejam compreendidos e atingidos, e faz o necessário para garantir que a empresa adote um enfoque disciplinado à seleção de princípios de contabilidade que melhor representem a natureza econômica das transações.

Estrutura organizacional

As organizações bem controladas possuem linhas claramente definidas de responsabilidade, autoridade e prestação de contas. A auditoria interna é comumente vista como parte importante de uma boa estrutura organizacional, pois fornece à administração avaliações independentes de outros controles, bem como da eficácia dos processos de gestão de risco, governança e cumprimento de normas da organização.

É interessante observar que três empresas com fraudes significativas – *Enron*, *WorldCom* e *HealthSouth* – tinham todas as funções de auditoria interna ineficazes:

- A *Enron* havia terceirizado sua função de auditoria interna aos seus auditores externos, Arthur Andersen, e o escopo da função era limitado.
- A função de auditoria interna da *WorldCom* estava subordinada ao diretor financeiro e foi instruída a se preocupar com a melhoria da eficiência operacional. Além disso, o tamanho do departamento de auditoria interna era apenas um terço do tamanho de departamentos em instituições semelhantes. Entretanto, Cynthia Cooper, vice-presidente e chefe de auditoria interna, juntamente com parte de seu pessoal, agiu profissionalmente, ignorando a diretriz do diretor financeiro e trazendo a fraude à atenção do conselho de administração.
- A função de auditoria interna da *HealthSouth* se preocupava apenas com a precisão dos dados recebidos das clínicas e não tinha acesso aos registros da empresa.

Comprometimento com competências de divulgação financeira

Ser competente é ter o conhecimento e a habilidade necessários para realizar tarefas que definem a sua função. O comprometimento com a competência inclui a consideração, por parte da administração, dos níveis de capacidade para funções específicas e de como esses níveis se traduzem em habilidades e conhecimentos exigidos. Em termos simples, a organização deve fazer o seguinte:

- Identificar competências – reconhecer competências que apoiam a divulgação financeira precisa e confiável.
- Reter indivíduos possuidores dessas competências – empregar ou utilizar pessoas que possuem as habilidades exigidas em divulgação financeira.
- Avaliar competências periodicamente – avaliar e manter regularmente as competências necessárias.

> **QUESTÃO PRÁTICA**
> Os auditores internos devem se reunir periodicamente em sessões executivas com o comitê de auditoria. O departamento de auditoria interna é comumente descrito como sendo a "última linha de defesa" dentro de uma organização. Por esse motivo, todos os orçamentos da função de auditoria interna, bem como a nomeação do principal executivo de auditoria, devem ser aprovados pelo comitê de auditoria.

> **QUESTÃO PRÁTICA**
>
> Os auditores refletem muito cuidadosamente sobre a competência da administração e tomam medidas quando acham que isso é um problema. Por exemplo, durante a fase de avaliação do controle interno de uma companhia aberta, os auditores externos se reuniram a portas fechadas com o comitê de auditoria e expressaram suas preocupações com a competência do diretor financeiro. Após análise adicional, o comitê de auditoria recomendou ao conselho de administração e à direção da empresa que eles contratassem um novo diretor financeiro.

Autoridade e responsabilidade

A autoridade e a responsabilidade estão interligadas à estrutura da organização. Um ponto importante é que todos na organização possuem alguma responsabilidade pelo funcionamento eficaz do controle interno. O Coso identificou as seguintes considerações:

- O conselho de administração supervisiona a responsabilidade pela divulgação financeira – O conselho de administração inspeciona o processo de gestão pelo qual são definidas as responsabilidades pelos principais papéis de divulgação financeira.
- Responsabilidades definidas – A atribuição de responsabilidades e a delegação de autoridade são claramente definidas para todos os funcionários envolvidos no processo de divulgação financeira.
- Limite de autoridade – A atribuição de autoridade e responsabilidade inclui limitações apropriadas.

Como exemplo de autoridade limitada, o gestor de uma unidade pode ter limites em termos do valor monetário de compras individuais que podem ser processadas sem aprovação adicional.

Recursos humanos

As organizações precisam estabelecer políticas e procedimentos de contratação, treinamento, supervisão, avaliação, aconselhamento, promoção, remuneração e tomada de medidas corretivas em relação a seus funcionários. Essa conduta costuma ser encontrada mais frequentemente em políticas de pessoal destinadas a garantir que a organização contrate as pessoas certas, as decisões de contratação e retenção obedeçam às leis e normas federais e estaduais aplicáveis, os funcionários sejam adequadamente treinados e supervisionados, a organização respeite os direitos de funcionários e delineie as suas responsabilidades e, por fim, os planos de remuneração da organização e os procedimentos de avaliação individual contribuam para a integridade da divulgação financeira.

Avaliação do ambiente de controle

A avaliação do ambiente de controle deve obedecer aos sete princípios de um bom ambiente de controle definidos anteriormente. A administração e o auditor devem avaliar, independentemente, a força do conselho de administração e do reconhecimento dos princípios éticos da empresa, bem como a sua adesão a eles. Um exemplo de enfoque adotado pela administração pode ser visto na **Ilustração 5.3**, que exibe uma folha de trabalho sintetizando os componentes do ambiente de controle. A administração avalia cada um deles. A avaliação das áreas individuais é combinada a seguir para que se chegue a uma opinião geral quanto à existência ou não de deficiências no ambiente de controle.

Um ambiente forte de controle é a primeira e mais importante linha de defesa contra os riscos relacionados à precisão e abrangência das demonstrações financeiras. Por exemplo, um comprometimento com a competência financeira e um comitê de auditoria independente e ativo reduzirá significativamente os riscos associados à divulgação financeira. Entretanto, um ambiente forte de controle não será capaz de reduzir todos os riscos de divulgação financeira a zero. Portanto, cabe à administração implantar outros componentes do arcabouço proposto pelo Coso para que haja uma segunda linha de defesa visando a minimizar informações incorretas nos registros financeiros.

Atividades de controle

As atividades de controle são políticas e procedimentos implantados em toda a organização para reduzir o risco de divulgação financeira incorreta. Em um nível elevado, as atividades de controle incluem o exame e a análise das operações pela administração. No nível de transação, os controles são incorporados em sistemas de computação que limitam o acesso a programas ou dados (incluindo a entrada de dados) ou comparam as transações a parâmetros aceitáveis. As atividades de controle estão ligadas aos riscos identificados e visam a mitigá-los.

As atividades de controle envolvem dois elementos: (1) o projeto dos controles, que poderia incluir políticas estipulando o que deve ser feito, ou uma descrição das atividades e (2) o funcionamento dos controles, ou seja, os procedimentos implantados em conformidade com o projeto dos controles. Os executivos (e o auditor) devem, antes de qualquer outra coisa, determinar se o projeto dos controles é adequado. Mas isso não é suficiente: deve haver evidência de que eles estão funcionando eficazmente. Há três processos importantes que afetam a qualidade dos dados registrados no razão geral, como é mostrado na **Ilustração 5.4**. Eles incluem lançamentos provenientes de:

- Processamento de transações.
- Estimativas contábeis.
- Lançamentos de ajuste e encerramento de diário.

> **QUESTÃO PRÁTICA**
>
> As atividades de controle também se destinam a reduzir riscos associados a operações ineficazes ou ao descumprimento de políticas regulatórias ou da empresa. Os riscos e controles associados a operações e cumprimento de políticas comumente precisam ser considerados, porque podem afetar a divulgação financeira.

Ilustração 5.3: Elementos do ambiente de controle

Princípio subjacente	Evidência examinada
INTEGRIDADE E VALORES ÉTICOS	
1. A empresa possui um código de conduta que é ativamente disseminado em toda a organização.	Examinou o Código de Conduta. Observou uma referência proeminente ao código de ética no página da empresa na internet. Entrevistou 30 funcionários selecionados ao acaso, pertencentes a diversas áreas, e determinou que apenas um deles desconhecia o código.
2. O código de conduta é assinado por todos os diretores e conselheiros da empresa.	O secretário da empresa mantém um arquivo de todos os documentos assinados por conselheiros e diretores certificando que eles leram o código e se comprometem a cumprir seus princípios.
3. Há treinamento continuado no comprometimento com a ética.	Examinou programação de cursos oferecidos pelo departamento de treinamento. Cobre todos os funcionários a cada três anos.
4. Testes independentes indicam que os funcionários estão cientes do código de conduta e estão comprometidos com o seu cumprimento.	Entrevistou 30 funcionários escolhidos ao acaso, pertencentes a diversas áreas, e determinou que apenas um deles desconhecia o código.
5. Violações do código de conduta são identificadas e processadas de uma maneira que fortalece a integridade da empresa.	O secretário da empresa mantém um arquivo de todas as infrações conhecidas e das soluções adotadas para o problema que levou ao relato de cada infração. Examinou os arquivos de medidas tomadas e observou que estavam de acordo com as políticas da empresa.
6. Os funcionários e membros de grupos de interesses consideram a empresa como uma organização que possui padrões elevados de ética.	Além do levantamento aleatório com funcionários, uma segunda pesquisa foi enviada a fornecedores e clientes importantes da empresa, solicitando suas opiniões a respeito do comprometimento da empresa com valores éticos.

Ilustração 5.3: Continuação

Princípio subjacente	Evidência examinada
IMPORTÂNCIA DO CONSELHO DE ADMINISTRAÇÃO	
1. O conselho se reúne o número suficiente de vezes e utiliza o tempo apropriado para tratar de problemas da empresa.	Leu as atas das reuniões do conselho de administração e considerou a suficiência do número de reuniões tratando de problemas importantes.
2. O conselho contém a maioria de membros independentes.	Considerou as relações dos conselheiros e calculou a porcentagem de conselheiros independentes.
3. O conselho possui um conselheiro líder independente e o conselho faz "reuniões executivas" sem a presença de membros da administração da empresa.	Reuniu-se com o conselheiro líder para entender a autoridade dos conselheiros independentes e suas visões do comprometimento dos executivos com a importância deste controle.
4. O conselho possui comitês de governança e nomeação, remuneração e auditoria, compostos somente por conselheiros independentes.	Examinou a composição dos comitês.
5. O comitê de auditoria é composto por conselheiros independentes, possuidores de conhecimentos financeiros.	Examinou as relações dos membros do comitê de auditoria e avaliou os currículos de membros do comitê para verificar seu nível de conhecimento.
6. O comitê de auditoria se reúne em sessões executivas com o auditor externo e com o diretor de Auditoria Interna.	Registrou as reuniões durante o ano em que isto ocorreu.
7. O comitê de auditoria possui um regimento robusto, bem como os recursos necessários para cumprir sua missão.	Examinou o regimento do comitê de auditoria e comparou o seu orçamento ao de organizações de porte semelhante.
FILOSOFIA E ESTILO DE ATUAÇÃO DA ADMINISTRAÇÃO	
1. A administração enfatiza a todos os funcionários a importância da integridade na divulgação financeira.	Discutiu esta questão com o pessoal envolvido no processo de divulgação financeira.
2. A administração dispõe de processos para examinar informações antes de divulgá-las, e recebe contribuições, quando aplicáveis, das áreas de auditoria.	Examinou planos e consultou pessoal de divulgação financeira a respeito de situações em que isto deixou de ocorrer.
3. Procedimentos adicionais semelhantes a serem usados na medida do apropriado à empresa.	
ESTRUTURA ORGANIZACIONAL	
1. A organização possui uma estrutura que facilita a comunicação a respeito de objetivos de divulgação financeira e controle interno.	Perguntou ao pessoal de divulgação financeira e auditoria interna a respeito de quais eles acham que são os objetivos de divulgação financeira.
2. As avaliações de desempenho são compatíveis com a promoção do controle interno da divulgação financeira.	Examinou avaliações de desempenho de três funcionários da auditoria interna e dois funcionários envolvidos em divulgação financeira para entender a relação entre desempenho e atividades associadas à tarefa de controle interno. Discutiu esta questão com esses funcionários.
3. Procedimentos adicionais são adotados na medida em que são apropriados à organização.	
COMPROMETIMENTO COM COMPETÊNCIAS DE DIVULGAÇÃO FINANCEIRA	
1. A organização revela estar comprometida com a contratação de indivíduos com a competência financeira exigida. Essa competência é evidenciada pelo desempenho do: • Controlador da empresa. • Diretor de Auditoria Interna. • Controladores de Divisões. • Gerente da área fiscal. • Outros gerentes de contabilidade.	Avaliou os currículos do diretor financeiro, do controlador da empresa e do diretor de auditoria interna para confirmar a existência de certificações profissionais. Considerou as reações desses indivíduos em relação a questões complexas de divulgação financeira no ano anterior, com atenção na avaliação de sua competência.

Ilustração 5.3: Continuação

Princípio subjacente	Evidência examinada
2. Objetivos e procedimentos semelhantes são adotados na medida do apropriado à organização.	
AUTORIDADE E RESPONSABILIDADE	
1. Há linhas nítidas de autoridade e responsabilidade para todos os indivíduos que podem aplicar recursos financeiros em nome da empresa, ou cujas ações afetem a divulgação financeira.	Montou um organograma formal que reflete a maneira pela qual a organização funciona.
2. Exames independentes são feitos para assegurar que os indivíduos extrapolam seus limites de autoridade.	Pediu ao diretor de Auditoria Interna que não discutisse casos em que algum indivíduo excedeu seus limites de autoridade.
3. Objetivos e procedimentos semelhantes são adotados na medida do apropriado à organização.	
RECURSOS HUMANOS	
1. As políticas de RH visam a promover um controle interno efetivo, especificando as competências e os valores éticos necessários.	Pediu à auditoria interna para julgar os valores éticos da entidade e como eles são transmitidos e reforçados.
2. As políticas de RH visam a garantir o cumprimento de todas as normas federais e estaduais.	Pediu ao pessoal de gerência fiscal e auditoria interna para discutir casos em que houve violações de normas federais e estaduais.
3. Objetivos e procedimentos semelhantes são adotados na medida do apropriado à organização.	

Ilustração 5.4: Fontes de informação incorreta no razão geral

Processamento de transações → Saldos de contas e divulgações → Lançamentos de ajuste, lançamentos de encerramento, transações incomuns / Estimativas contábeis

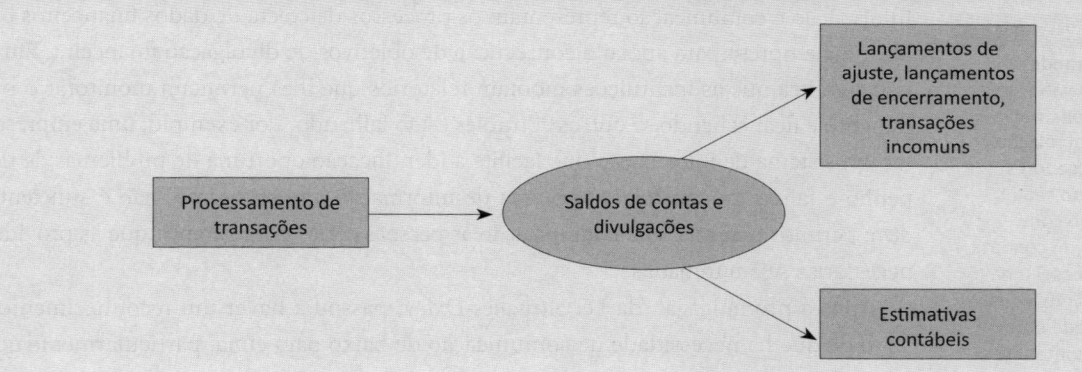

Há um risco elevado, além de um histórico de que a fraude é gerada por meio de lançamentos de ajuste, encerramento e outros lançamentos incomuns de diário. Os controles sobre essas áreas devem incluir:

- Sustentação documentada para todos os lançamentos.
- Referência a dados de apoio subjacentes, com uma bem desenvolvida documentação de auditoria.
- Revisão pelo diretor financeiro ou pelo controlador.
- Exames independentes, na medida do necessário, pela auditoria interna para determinar que todos os itens de apoio estão presentes e os lançamentos são apropriados.

Estimativas contábeis, tais como aquelas utilizadas na montagem da provisão para devedores duvidosos, de passivos com fundo de pensão, obrigações ambientais e reservas para

> **QUESTÃO PRÁTICA**
> Os lançamentos de diário e as estimativas no final do exercício são quase sempre de risco elevado. O risco varia inversamente com a qualidade do ambiente de controle.

garantias de produtos, devem se basear nos processos e dados subjacentes para os quais haja comprovação de que gerem estimativas precisas. Os controles devem ser construídos em torno dos processos para garantir que os dados sejam precisos, as estimativas sejam fiéis aos dados e o modelo de dados subjacentes reflita as condições econômicas correntes e tenha proporcionado estimativas razoáveis no passado.

Controles preventivos e de detecção

Os controles preventivos se destinam a impedir a ocorrência de uma informação incorreta e devem ser enfatizados no projeto de processos. Para exemplificar, os controles de acesso impedem o lançamento não autorizado de transações no razão geral. Os controles de edição podem impedir que algumas transações impróprias sejam registradas. Os preventivos são geralmente os controles mais eficientes, em termos de custo, quando do projeto de processos. Entretanto, eles podem não gerar evidência documental de que os controles estão funcionando eficazmente. Por exemplo, um controle que impede o processamento de uma transação fictícia poderia não deixar evidência documental de que ele funcionou.

Muitas organizações complementam os controles preventivos montando controles de detecção, que fornecem evidência de que o processamento tem sido capaz de impedir erros ou não. As operações de conciliação, por exemplo, fornecem evidência indireta do funcionamento de outros controles, como técnicas de monitoramento contínuo que mostram se transações que foram processadas não o deveriam ter sido.

Informação e comunicação

Informação e comunicação representam os processos de coleta de dados financeiros básicos por uma empresa para apoiar a consecução de objetivos de divulgação financeira. Em geral, isso significa que as instituições montam relatórios que lhes permitam monitorar o processamento e ficar sabendo se outros controles estão falhando. Por exemplo, uma empresa deve ter um sistema de informação que facilite a identificação oportuna de problemas de desempenho e falhas de controle. O sistema de informação, em si mesmo, não é suficiente. Ele deve permitir que seja feita comunicação às pessoas certas para garantir que as providências necessárias sejam tomadas.

Após a promulgação da Lei *Sarbanes-Oxley*, passou a haver um reconhecimento mais claro de que há necessidade de comunicação de baixo para cima, particularmente quando um funcionário está preocupado com algo que considera impróprio nas operações da empresa. Isto é o que se chama de "função de denúncia", e que comumente inclui processos que permitem que a comunicação seja anônima e não leve a represálias. É necessário garantir que questões substantivas sejam informadas ao comitê de auditoria para que ele as investigue.

Monitoramento

O monitoramento corresponde aos processos que uma empresa usa para determinar se o controle interno da divulgação financeira está funcionando eficazmente. Os processos de monitoramento contínuo são projetados para identificar falhas de controle, geralmente mediante a constatação de atividades e resultados fora do normal, inesperados ou incompatíveis com os objetivos da administração. As avaliações separadas, outra forma de monitoramento, são geralmente feitas por auditores internos ou funcionários da empresa, e geram *feedback* a respeito da eficácia de outros processos de controle interno.

> **QUESTÃO PRÁTICA**
>
> As conciliações constituem-se em controle importante, porque atenuam o risco relacionado ao processamento incorreto, bem como a ameaça de transações fictícias.

> **QUESTÃO PRÁTICA**
>
> A *Lowe's* é uma grande empresa do ramo varejista de materiais de construção e madeira e possui relações com muitos fornecedores. Ela tem transmitido seu comprometimento com padrões elevados de conduta ética. Para isso, possui uma linha direta mediante a qual um fornecedor pode entrar diretamente em contato com o departamento de auditoria interna, caso tenha havido alguma atitude imprópria por um agente de compras da empresa, como por exemplo, uma sugestão de pagamento em caso de ser feita uma encomenda grande.

O monitoramento é muito importante no contexto da SOX 404 porque, se a administração tiver montado controles de monitoramento, então esses poderão ser utilizados para reduzir o volume de testes independentes ou avaliações separadas de controles internos, tanto pela empresa quanto por seus auditores. Em outras palavras, uma vez que uma empresa tenha determinado que os controles são eficazes, a atenção pode ser direcionada à qualidade do monitoramento do funcionamento continuado desses controles. Avaliações futuras dos controles internos podem se apoiar fortemente no monitoramento, caso a administração seja capaz de demonstrar que esse monitoramento é robusto e efetivo.

A auditoria interna é geralmente vista como um controle de monitoramento bastante eficaz. Algumas atividades são montadas e realizadas por terceiros que afetam as operações e práticas da entidade. Um exemplo disso é o trabalho pelo qual os clientes corroboram implicitamente os dados de faturamento pagando suas faturas ou reclamando a respeito do que está sendo cobrado. Os agentes reguladores também podem se comunicar com a entidade em relação a aspectos que afetam o funcionamento de controles internos.

Exemplos de atividades comuns de controle interno

A avaliação do controle interno baseia-se na presença e no funcionamento adequado dos cinco componentes pertencentes ao arcabouço de controle interno. Entretanto, o processamento de transações está eivado de riscos. Por exemplo, as transações podem ser perdidas, alteradas, registradas incorretamente ou, uma vez registradas, podem ser modificadas por alguém que utilize o sistema de computação para alterar registros existentes. Examinaremos agora tipos específicos de controles computadorizados e manuais comumente encontrados para controlar os riscos associados ao processamento de transações.

OA 4
Identificar atividades comuns de controle interno encontradas em muitas organizações.

Os objetivos do processamento de transações dizem respeito a declarações financeiras. Os controles devem ser montados para atenuar o risco associado às seguintes afirmações:

- As transações registradas são válidas, existem e foram registradas.
- Todas as transações são registradas.
- As transações são avaliadas adequadamente.
- As transações são apresentadas e divulgadas adequadamente.
- As transações dizem respeito a direitos ou obrigações da entidade.

Ao julgar a necessidade de qualquer controle específico, a organização deve avaliar o risco de não atingir um dado objetivo. Por exemplo, a empresa possui objetivos que envolvem a garantia de que todas as transações válidas sejam registradas ao preço correto e no período apropriado. A seguir, a empresa implanta controles para atingir tais objetivos. Cada controle pode ser avaliado para se verificar se ele reduz o risco gerado contra a consecução desses objetivos. A maior parte dos controles identificados a seguir envolve aqueles que já podem ser conhecidos pela maioria dos estudantes de contabilidade, mas pedimos que se preocupem com os riscos que se destinam ao controle.

Atividades comuns de controle

Algumas atividades de controle são implantadas em praticamente todos os sistemas de contabilidade. Essas atividades incluem:

> **QUESTÃO PRÁTICA**
>
> A segregação de tarefas tem a finalidade de dar proteção contra o risco que um indivíduo poderia perpetrar e encobrir uma fraude. Embora a segregação seja muito eficaz do ponto de vista de atenuar o risco, ela pode ser anulada por meio de conluio. As organizações de pequeno porte devem considerar outras maneiras de atenuar o risco, porque geralmente não contam com pessoal suficiente para segregar plenamente todas as funções.

- Segregação de tarefas.
- Procedimentos de autorização.
- Registro adequadamente documentado de transações.
- Controles físicos para a guarda de ativos.
- Conciliação de contas de controle com razões auxiliares, de transações registradas com transações submetidas a processamento, e de contagens físicas de ativos com ativos registrados.
- Funcionários competentes e dignos de confiança.

Segregação de tarefas

O conceito subjacente à segregação de tarefas é o de que os indivíduos não devem ser postos em situações nas quais poderiam ao mesmo tempo cometer e encobrir atividades fraudulentas manipulando os registros contábeis. A segregação apropriada de tarefas exige o envolvimento de pelo menos dois funcionários, de modo que um não possua ao mesmo tempo a autoridade de processamento e custódia.

As funções de autorização de uma transação, registro e custódia física de ativos devem ser separadas. A separação dessas três funções impede que alguém autorize uma transação fictícia ou ilícita e depois a encubra com o uso do processo contábil. A separação das atividades de registro e custódia física de ativos visa a impedir que alguém com responsabilidades de custódia se apodere de ativos e oculte isso fazendo lançamentos contábeis fictícios.

Procedimentos de autorização

Devem ser criados controles para garantir que somente sejam realizadas as transações adequadamente permitidas, e que pessoas não autorizadas não tenham acesso a transações já registradas, ou não tenham o poder de alterá-las. Por exemplo, as organizações não querem que as pessoas tenham acesso a registros computadorizados que não são necessários à realização de suas tarefas. A implantação específica de políticas de autorização varia com o tamanho de uma organização e com o grau de utilização de computadores. As seguintes diretrizes de autorização são pertinentes a todas as organizações:

> **QUESTÃO PRÁTICA**
>
> Limites e exigências de autorização são comumente incorporados aos sistemas de computação. Portanto, torna-se muito importante determinar (a) quem tem o poder de aprovar e registrar as autorizações e (b) quem tem acesso e poder de alterá-las.

- A autorização para realizar transações deve ser coerente com a responsabilidade associada à tarefa ou função gerencial.
- O poder de envolver a organização em qualquer plano de longo prazo com impacto financeiro substancial deve ser reservado ao nível funcional mais elevado da organização, incluindo o conselho de administração.
- As políticas de autorização devem ser claramente definidas, documentadas e transmitidas a todas as partes envolvidas dentro da organização.
- Autorizações amplas, como, por exemplo, ordens de compra geradas em computador, devem ser periodicamente revistas por pessoal de supervisão para determinar se está havendo obediência aos procedimentos de autorização.
- A autorização deve ser limitada a departamentos aos quais são atribuídas responsabilidades por uma dada função. Por exemplo, é o departamento de crédito, e não a equipe de vendas, que deve ter a autoridade de conceder crédito a clientes.

Documentação adequada

> **QUESTÃO PRÁTICA**
>
> Em geral, quando se pensa em documentação, imagina-se alguma coisa impressa. Entretanto, ela pode ser em papel ou eletrônica. Os auditores e os executivos devem se adaptar à natureza dos sistemas de clientes e à utilização de computadores nessa área.

Deve existir documentação que gere evidência da autorização de transações, da existência de transações, da fundamentação de lançamentos de diário e das obrigações financeiras da organização. As diretrizes a seguir visam a gerar documentação confiável e garantir que haja controle adequado:

- Documentos prenumerados em papel ou gerados em computador ajudam a controlar e monitorar transações e são fundamentais para a afirmação de completude.
- A preparação tempestiva de documentos, incluindo eletrônicos, como parte de um registro eletrônico de auditoria aumenta a credibilidade e validade dos documentos, reduzindo a proporção de erros.
- A autorização de uma transação deve ser claramente evidente.
- Deve haver um registro de transações para fornecer informações em resposta a consultas de clientes, bem como para identificar e corrigir erros.

Essas diretrizes valem tanto para documentos em papel quanto para eletrônicos. Por exemplo, um aplicativo pode ser programado para se fazer o pagamento de mercadorias quando há uma cópia eletrônica do recebimento dos artigos. O programa compara os recibos a uma ordem de compra e pode ou não exigir uma fatura do fornecedor antes do pagamento.

Controles físicos de proteção de ativos

Controles físicos são necessários para proteger ativos contra destruição acidental, deliberada ou furto. Exemplos de controles físicos incluem os seguintes:

- Cadeados para limitar acesso a instalações de computação.
- Depósitos de itens estocados com cercas, distribuição cuidadosa de chaves e controle ambiental (climático).
- Cofres e itens semelhantes para limitar acesso a caixa e outros ativos de liquidez elevada.
- Segregação física e guarda para limitar acesso a registros e documentos às pessoas autorizadas.
- Controles de segurança sobre o acesso a sistemas de computação.

Conciliações

Os controles de conciliação fazem a conferência da concordância entre:

- Acordos submetidos e transações processadas.
- Contas auxiliares detalhadas e a conta de controle correspondente.
- Contagens físicas de ativos e registros de ativos.

É importante que as conciliações sejam realizadas por alguém que não seja a pessoa que originalmente registrou a operação, o indivíduo responsável pela custódia da transação, aquele com o poder de autorizá-la.

Funcionários competentes e confiáveis

Informações incorretas são produzidas por seres humanos no processamento de transações ou no projeto e implantação de aplicativos contábeis computadorizados. O auditor adquire uma noção da competência dos funcionários ao longo da auditoria e pode observar quão conscencioso é o pessoal do cliente no desempenho de suas funções, ou tentar determinar de outras formas se os colaboradores estão insatisfeitos e não estão realizando o seu trabalho conscienciosamente.

> **QUESTÃO PRÁTICA**
>
> Muitas das atividades importantes de controle baseiam-se em políticas, procedimentos e no comprometimento de competência resultante do ambiente de controle.

Controles de TI integrados em avaliações de controle interno

OA 5
Integrar o conhecimento de controles computadorizados, incluindo comandos gerais de computadores e aplicativos à avaliação do controle interno da divulgação financeira.

Praticamente todos os sistemas de divulgação financeira são computadorizados, e o auditor precisa avaliar os principais quando faz a avaliação dos controles internos. Alguns são gerais e afetam qualquer sistema computadorizado. Chamaremos esses de controles gerais de computadores. Outros são incorporados a processos específicos, como um controle que afeta a integridade do registro de uma venda e de uma conta a receber. Esses são controles de aplicação e incluem entrada, processamento e saída.

Controles gerais de computadores

Os controles gerais de computadores são aqueles que afetam todas as aplicações computadorizadas. Estes controles se preocupam com o seguinte:

- Planejamento e controle da função de processamento de dados.
- Controle do desenvolvimento de aplicativos e alterações de programas e/ou arquivos e registros de dados.
- Controle de acesso a equipamentos, dados e programas.
- Garantia da continuidade das operações, para que falhas de controle não afetem dados ou programas.
- Controle da transmissão de dados.

> **QUESTÃO PRÁTICA**
>
> Aplicativos de computação são programas e incluem todos os procedimentos manuais necessários para cumprir uma determinada tarefa de processamento, como elaboração de folha de pagamento, compras ou vendas.

Como os controles gerais afetam todo e qualquer processo de computação, o auditor normalmente começa com os controles gerais em sua avaliação das possíveis deficiências envolvendo processos computadorizados.

Planejamento e controle da função de processamento de dados – Não há uma maneira ideal de organizar a função de processamento de dados. Algumas empresas desenvolvem seus próprios programas de computação, enquanto outras compram a maior parte de fornecedores externos que os adaptam às necessidades do cliente.

O auditor deve concentrar sua atenção em sete conceitos fundamentais de controle ao avaliar a organização do processamento de dados:

1. A autorização de todas as transações deve partir de fora do departamento de processamento de dados – Esta autorização inclui a revisão e aprovação de alterações de programas e reforça um aspecto fundamental, o de que o pessoal de TI não deve ter o poder de fazer modificações não autorizadas de programas ou dados.
2. Os usuários, e não o processamento de dados, são responsáveis por autorizar, rever e testar o desenvolvimento de todos os aplicativos e alterações de programas de computação.
3. O acesso a dados é permitido somente a usuários autorizados, tal como determinado pelo proprietário dos dados, e em conformidade com as políticas e normas da organização a respeito de privacidade de informação.
4. O departamento de processamento de dados é responsável por todas as funções de guarda associadas a dados, arquivos de dados, *software* e documentação relacionada – Esta responsabilidade inclui a limitação de acesso a usuários autorizados, a inserção de verificações de integridade em programas e sistemas e a manutenção de recursos adequados de reserva e da segurança de todos os aplicativos, arquivos de dados e documentos.

> **QUESTÃO PRÁTICA**
>
> Um cliente deve ter um plano de gestão de risco para a área de tecnologia da informação. O auditor deve iniciar uma auditoria do processamento computadorizado pela revisão do plano de gestão de risco de TI.

5. Os usuários, conjuntamente com o processamento de dados, são responsáveis pela adequação de controles de aplicação incorporados em aplicativos ou sistemas de bases de dados – As organizações devem fixar normas de controle que especifiquem objetivos mínimos de controle para toda e qualquer aplicação, controles alternativos que poderiam ser implantados e responsabilidade pelos controles.
6. A administração deve avaliar periodicamente a função de sistema de informação em termos de eficiência operacional, integridade, segurança e compatibilidade com objetivos organizacionais para a tecnologia de informação – O departamento de auditoria interna pode fazer esta avaliação.
7. A equipe de auditoria interna deve ser adequadamente treinada na auditoria de sistemas de computação e deve auditar periodicamente as aplicações e operações.

Controle de desenvolvimento de aplicativos e alterações de programas – As organizações correm o risco de que os programas de computador não sejam eficientes, eficazes, ou não contenham controles adequados. Portanto, toda instituição deve ter um processo para determinar que sejam desenvolvidos ou comprados os aplicativos apropriados, que eles sejam obtidos e instalados dentro dos valores orçados e atinjam os objetivos para os quais foram projetados ou adquiridos.

Controle do acesso a equipamentos, dados e programas – A restrição de acesso a usuários autorizados é um conceito básico de controle interno. Pode ser argumentado que os controles de acesso em um sistema computadorizado são os mais importantes e amplos que precisam ser considerados pela administração. A informação é bastante concentrada nos sistemas computadorizados. Além disso, um violador que obtém acesso não autorizado a um sistema computadorizado consegue entrada a ativos físicos, tais como caixa ou estoques, porque esses programas controlam o acesso a ativos físicos reais. O auditor deve determinar até que ponto o cliente criou um programa que esteja baseado nos seguintes princípios:

- O acesso a qualquer item de informação é limitado a quem precisa saber.
- O poder de alterar, modificar ou apagar um item é limitado às pessoas autorizadas para fazer tais alterações.
- O sistema de controle de acesso é capaz de identificar e confirmar qualquer usuário em potencial como autorizado ou não para o item e a função solicitados.
- Um departamento de segurança deve monitorar ativamente as tentativas de pôr em xeque o sistema e elaborar relatórios periódicos aos responsáveis pela integridade dos dados e o acesso a eles.

Esses quatro princípios exigem um programa amplo de controle de acesso que identifique todos os itens, usuários, funções de usuários e funções autorizadas que os usuários podem executar com cada item. Um sistema de controle de acesso deve restringir o acesso aos dados aos usuários autorizados e para finalidades autorizadas. O acesso é controlado com a montagem de uma matriz detalhada, na qual os usuários são alocados a grupos. A matriz tridimensional associa grupos de usuários a dados e funções autorizadas, como o poder de ler, alterar ou lançar um novo item.

Um exemplo de tabela de autorização é apresentado na **Ilustração 5.5**. Para implantar controles de acesso, a organização deve inicialmente identificar cada ativo de dado ou programa e, a seguir, mapear usuários e acessos permissíveis. Uma vez implantado um sistema de segurança, a organização deve instituir um processo de autenticação para garantir que um

> **QUESTÃO PRÁTICA**
> O controle de alterações de programas é geralmente algo que a auditoria interna examina frequentemente. O auditor externo normalmente utilizará "especialistas em sistemas de informação" para auxiliar a equipe de auditoria na avaliação do controle da entidade sobre alterações de programas.

> **QUESTÃO PRÁTICA**
> Para implantar controles de acesso eficazes, a organização precisa identificar todos os usuários que devem ter acesso aos programas ou dados da organização e, a seguir, reconhecer ações específicas que cada indivíduo pode realizar em relação a um programa ou a dados. Deve ser tomado cuidado para atualizar a tabela de autorizações com frequência.

Ilustração 5.5: Tabela de autorização de dados

AÇÕES: Entrada, Alteração, Leitura, Sem acesso

USUÁRIOS: Administrador da base de dados; Supervisor de recursos humanos; Supervisor de folha de pagamento; Funcionário de elaboração de folha de pagamento

ITENS SUJEITOS A ALTERAÇÃO: Salário; Informação sobre Pagamento por Hora; Dados de Contribuição a Fundo de Pensão; Outros

---

FOCO EM FRAUDE

A *Société Génerale*, em uma das maiores fraudes bancárias, perdeu mais de US$ 7 bilhões por causa de operações não autorizadas por um operador com títulos de renda fixa que era capaz de encobrir os negócios não autorizados por meio de vários lançamentos de diário. O fraudador tinha acesso a registros que os operadores com títulos de renda fixa normalmente não teriam, já que havia trabalhado anteriormente no departamento de contabilidade. O departamento de segurança de TI deixou de cancelar as suas autorizações para a contabilidade quando ele trocou de funções, o que criou um problema de tarefas incompatíveis.

---

indivíduo seja quem ele diz ser. Um bom sistema de controle de acesso também monitora ameaças ao sistema e prepara relatórios para lidar com possíveis ameaças e vulnerabilidades. Felizmente, há alguns programas excelentes que permitem restringir acessos de acordo com os princípios que acabamos de especificar.

Uma vez que o sistema tenha sido implantado e os indivíduos recebido a autorização para ter acesso a dados ou fazer alterações, deve ser posto em ação um sistema que vise a verificar que os usuários estão realmente autorizados para fazer alterações ou ter acesso aos dados. Esse sistema é chamado de autenticação, ou seja, uma verificação pelo sistema de que a pessoa é quem diz ser. Três métodos básicos são usados para autenticar usuários:

- Algo que eles conhecem, como uma senha ou algo que só eles podem saber.
- Algo que eles possuem, como um cartão com uma faixa magnética.
- Uma característica pessoal, como impressão digital, vocal ou algum outro tipo de identificação física.

O método utilizado deve depender da essencialidade do programa ou dado que está sendo protegido. Em muitos casos, uma senha ou um código de acesso a um computador pessoal é suficiente. Em outras situações, deve ser usado um enfoque mais sofisticado ou alguma combinação de enfoques. Um sistema de senha é mais comumente utilizado, mas está sujeito a problemas decorrentes de senhas perdidas, roubadas ou facilmente adivinháveis. Para serem eficazes, elas devem ser alteradas com frequência e sua adivinhação deve ser difícil. Uma alternativa é o uso de um cartão plástico com faixa magnética para identificar o usuário perante o sistema. O cartão geralmente é combinado a senhas para gerar um nível mais alto de segurança do que aquele que seria obtido se somente um dos dois métodos fosse utilizado. Por exemplo, os indivíduos que desejam utilizar um caixa automático (ATM) precisam identificar-se ao terminal de computador com algo que possuem (o cartão do banco) e com uma senha. O usuário consegue acesso à rede de ATMs somente se os dois estão de acordo com uma lista de usuários autorizados.

A identificação de usuários, com base em características físicas, continua sendo o método menos utilizado, devido a questões de custo e confiabilidade. Entretanto, a relação custo-eficácia está se alterando e se espera que o uso deste método cresça. O principal risco associado à identificação física é o de que a verificação deve bater com a armazenada no sistema. Se alguém fosse capaz de invadir um sistema e obter os registros físicos dos usuários autorizados, esses poderiam se disfarçar de pessoal autorizado submetendo seus perfis ao acessarem o sistema. Se um administrador do sistema tomasse conhecimento dessa violação, o administrador deveria revogar os privilégios do usuário autorizado. Nesse caso, o indivíduo que tentasse acessar corretamente o sistema com a verificação de sua retina ou sua impressão digital teria acesso negado.

Continuidade das operações – Cada sistema de informação deve ter um plano de segurança e reserva para proteger tanto ativos físicos (*hardware* e documentação) quanto programas e arquivos de dados. Se um cliente de auditoria não possuir procedimentos adequados de reserva e recuperação, o auditor deverá discutir os riscos com a administração e o comitê de auditoria para determinar se alguma divulgação dos riscos é necessária.

Controle da transmissão de dados – Os controles de comunicação são aqueles que visam a garantir a plenitude e a correção dos dados transmitidos entre um aplicativo e algum outro dispositivo, como um terminal ou um sistema computadorizado. O principal controle envolvendo a transmissão de dados via internet é a codificação. As mensagens podem ser codificadas de maneira a ser impossível decifrá-las sem a posse do código apropriado para isso.

Controles de aplicações – São procedimentos específicos de controle (manuais e computadorizados) projetados no programa de computação ou em torno dele para garantir que os objetivos de processamento sejam atingidos. Os procedimentos de controle de aplicações devem corresponder à complexidade das aplicações. Os procedimentos de controle são comumente chamados de procedimentos de controle de entrada, processamento e saída.

Controles de entrada

Os procedimentos de controle concebidos para garantir que a organização capture plenamente todas as transações entre ela e outra entidade, e que essas sejam adequadamente registradas, são conhecidos como controles de entrada. Eles são utilizados para garantir a captura de transações que incluem o uso (e o registro) de documentos prenumerados (em papel ou eletrônicos), além do seguinte:

- Um identificador único de transação definido pelo computador, juntamente com todo o histórico eletrônico de auditoria.
- Procedimentos para limitar o acesso a transações de acordo com as políticas específicas da administração.
- Formação de um histórico de auditoria.

Uma visão geral de um histórico eletrônico de auditoria é apresentada na **Ilustração 5.6**. Um histórico de auditoria inclui os documentos e registros que permitem a um usuário ou auditor acompanhar uma transação desde a sua origem até o seu encerramento final, ou vice-versa. Se houver deficiências significativas de controles que se destinam a garantir que todas as transações sejam capturadas, o auditor poderá ser obrigado a concluir que uma

> **QUESTÃO PRÁTICA**
> Toda organização deve ser capaz de responder a perguntas de clientes ou fornecedores regularmente. Portanto, um histórico de auditoria é de fato uma ferramenta de eficiência gerencial.

> **Questão prática**
>
> Algumas empresas têm desenvolvido enfoques de auditoria contínua que consideram o que pode ir errado no processamento de uma transação e, a seguir, fazem testes para verificar se tal tipo de erro aconteceu. Um exemplo de uma empresa que oferece este tipo de auditoria contínua pode ser encontrado em www.oversightsystems.com.

entidade não pode ser auditada. Em outras palavras, sem um histórico de auditoria, uma entidade não pode ser auditada.

Os controles de entrada se destinam a assegurar que as transações autorizadas são corretas, completas e registradas tempestivamente, e que existem apenas as transações autorizadas. Eles incluem os seguintes:

- Testes computadorizados de validação de entradas.
- Dígitos de autoverificação.
- Uso de itens de referência a dados armazenados para eliminar a entrada de dados frequentemente exigidos.
- Técnicas de verificação de entradas na tela.

Os testes de validação de entradas são comumente denominados testes de edição, pois se tratam de verificações de controle incorporados à aplicação para verificar os dados de entrada visando a identificar erros evidentes. Os testes de edição destinam-se a rever transações de uma forma muito semelhante à utilizada por pessoal experiente em sistemas manuais, nos quais um funcionário saberia, por exemplo, que ninguém trabalhou mais de 55 horas na semana passada. Os seguintes tipos de testes de edição são encontrados na maioria dos aplicativos:

- Campo alfanumérico.
- Razoabilidade dos dados (estão dentro de faixas predeterminadas ou em relação a outros dados).
- Limites (os dados devem estar dentro de limites determinados).
- Validade (os dados devem assumir valores válidos).
- Dados ausentes.
- Sequência (os itens estão em sequência e não são repetidos).
- Combinações inválidas de itens.
- Outras relações que se espera que existam nos dados.

Ilustração 5.6: Histórico eletrônico de auditoria

Identificação única de transações. Alguns exemplos incluem a atribuição de um número único para o computador. O identificador único poderia ser atribuído sequencialmente, ser um identificador de localização ou um número único em uma localização. As faturas de vendas, por exemplo, são numeradas sequencialmente pelo aplicativo.

Data e hora da transação. Podem ser atribuídas automaticamente pelo aplicativo.

Responsável individual pela transação. A abertura de sessão no terminal de computador gera evidência da pessoa que autoriza ou inicia a transação.

Localização em que a transação se iniciou. A abertura de sessão no computador pode identificar a fonte da transação.

Detalhes da transação. Estes devem ser registrados em um histórico do computador. Essencialmente, todos os detalhes normalmente encontrados em um documento em papel, tais como quantidades encomendadas, providências relativas a pedidos ainda não atendidos, e assim por diante, também devem ser capturados e armazenados para fins do histórico eletrônico de auditoria.

Referência cruzada com outras transações. Quando aplicável, referências cruzadas com outras transações devem ser capturadas. Por exemplo, se um pagamento fizer referência cruzada a uma fatura específica, a informação necessária para completá-la deverá ser capturada.

Autorização ou aprovação da transação. Caso a transação exija autorização por outra pessoa que não aquela que iniciou a transação, a liberação eletrônica apropriada deverá ser capturada.

Outras informações. Na medida do exigido, outras informações também devem ser registradas como parte do histórico eletrônico de auditoria.

A organização deve tomar providências para reter o histórico eletrônico de auditoria por um período, tal como seria exigido no caso de um histórico impresso de auditoria.

A **Ilustração 5.7** contém uma descrição detalhada de cada um desses testes de validação de entradas. Se um item lançado *on-line* não atende aos critérios exigidos, o usuário é notificado e faz-se uma correção, ou toma-se uma decisão a respeito do processamento ou revisão da transação antes de ela ser processada.

Algoritmos com dígitos de autoverificação têm sido produzidos para testar erros de transposição associados a números de identificação. Esses dígitos funcionam por meio do cálculo de um dígito ou de vários dígitos adicionais, que são adicionados (ou inseridos) em um identificador numérico. Os algoritmos destinam-se a detectar os tipos comuns de erro. Sempre que o identificador é lançado no sistema, o aplicativo recalcula o dígito de autoverificação para determinar se o identificador é correto.

Controles de processamento – Os controles de processamento visam a garantir que o programa correto seja usado para fins de processamento, todas as negociações sejam processadas e as transações corretas atualizem arquivos múltiplos. Os controles de processamento mais importantes vêm antes da entrada do programa em funcionamento. Os usuários devem empregar testes abrangentes de dados para garantir que o programa faça todos os cálculos corretamente antes de ser autorizada a produção do programa.

Controles de saída – Os controles de saída se destinam a garantir que todos os dados sejam completamente processados e que a saída seja distribuída somente aos destinatários autorizados. Controles típicos incluem a conciliação de totais de controle, cronogramas e procedimentos de distribuição e revisões de saídas. No caso de dados de importância crítica,

Ilustração 5.7: Exemplos de testes de validação de entradas

Alfanumérico	Cada campo de dados é comparado a um tipo pré-especificado para determinar se o campo contém caracteres alfabéticos ou numéricos apropriados.
Razoabilidade	Faixas razoáveis para um item são predeterminadas com base no histórico e em expectativas correntes. Por exemplo, uma empresa que negocia contratos de mercadorias na Chicago Mercantile Exchange pode montar uma faixa de razoabilidade para um preço de mercado porque a bolsa proíbe a realização de negócios que difiram por mais do que uma dada porcentagem do preço de fechamento no dia anterior.
Limites	Testes de limites são estipulados para itens que exigem revisão por supervisores antes de serem processados. Um teste de limite, por exemplo, poderia ser imposto ao número de horas de trabalho de operários da fábrica no período de uma semana. Se for muito improvável que qualquer pessoa trabalhe mais de 55 horas por semana, um teste de limite de 55 horas poderia ser incorporado ao teste de edição.
Validade	Um conjunto específico de valores poderia ser programado no aplicativo e testados, os campos identificados, para se determinar se contêm um dos valores válidos. Por exemplo, uma empresa poderia ter apenas cinco ordens em execução em um dado período. O teste de validade poderia determinar se o lançamento de contabilidade contém uma das classificações de ordens atualmente em execução.
Dados ausentes	Os campos poderiam ser revistos para determinar se algum dado está faltando. Caso campos essenciais para o processamento estivessem incompletos, os testes de edição rejeitariam a transação.
Sequência	Caso algumas transações devam ser processadas em uma sequência específica, ela poderia ser programada como teste de validação. Além disso, o sistema pode ser programado para determinar se está faltando algum item de uma sequência especificada, como documentos pré-numerados, ou tentar localizar possíveis duplicações. Um exemplo deste último caso seria um programa de contas a pagar de uma empresa varejista que busque determinar se um fornecedor já havia recebido pagamento de uma fatura que esteja sendo submetida para fins de processamento.
Combinações inválidas de itens	Caso deva haver coerência lógica entre dados, o aplicativo deve testar essa coerência. Por exemplo, se não é possível que um indivíduo tenha um código de função como funcionário de limpeza e como operador de máquinas durante o mesmo período, então o programa deve fazer testes para identificar a combinação que não é válida.
Outros	O autor do aplicativo deve incorporar qualquer outro teste que fosse feito manualmente antes da automatização do aplicativo, e que possa ser computadorizado.

> **QUESTÃO PRÁTICA**
> O processo gerencial de determinação da eficácia continuada de controles internos deve sempre fazer parte dos controles. Não deve ser algo que se adiciona uma vez por ano para satisfazer exigências regulatórias de divulgação.

> **QUESTÃO PRÁTICA**
> Quando o processamento por computadores é parte importante dos controles internos, muitas empresas podem obter maior eficiência por meio de um enfoque de auditoria contínua que proporcione garantias ao funcionamento continuado dos controles, em lugar de fazer testes individuais dos controles uma vez por ano.

o usuário pode fazer uma revisão detalhada do conteúdo de saída em comparação com a entrada para determinar se um processo fundamental está completo. A organização também deve formular políticas de proteção de privacidade e manutenção de registros.

Avaliação dos controles internos pela administração

As empresas montam bons controles internos por um motivo básico: controles internos melhores geram dados melhores para a tomada de decisões e aumentam a probabilidade de sucesso e sustentabilidade da organização. A avaliação de controles internos deve ser um subproduto de bons processos de controle interno. Por exemplo, o monitoramento é um componente-chave do arcabouço de controle interno proposto pelo Coso. A administração deve implantar um monitoramento efetivo para ter a garantia de que os controles continuam funcionando adequadamente.

Infelizmente, muitas empresas têm encarado a avaliação de controles internos pela administração como uma atividade isolada cuja finalidade é atender exigências regulatórias de divulgação e costumam reclamar do custo do trabalho de cumprimento dessas exigências. Muitas empresas enfocam a avaliação de controles internos como o fazem os auditores externos, o que é descrito a seguir.

AUDITORIA NA PRÁTICA

O impacto da Lei *Sarbanes-Oxley* sobre os controles internos da administração

A divulgação obrigatória determinada pela Lei *Sarbanes-Oxley* alterou dramaticamente a forma pela qual muitas organizações encaram e avaliam os controles. O processo de identificação, documentação e teste de controles internos gerou uma atenção a deficiências que nunca eram enfrentadas anteriormente. Havia uma tendência de não considerar os controles se as operações eram geridas de maneira rentável. A exigência de divulgação teve os seguintes efeitos sobre a gestão de organizações no dia a dia:

- Os gestores de níveis médios e baixos agora compreendem que eles são os donos dos processos de controle, e não os auditores.
- As empresas têm identificado riscos e deficiências de controle normalmente ignorados quando as subunidades são rentáveis.
- Controles melhores têm levado a aumentos de eficiência nas operações.
- As empresas têm implantado processos de monitoramento mais contínuo em seus sistemas de computação e têm identificado problemas mais cedo.
- Os administradores têm se tornado mais preocupados com riscos e isso tem levado a melhores controles de monitoramento.

O efeito final é o de que todos os administradores percebem que são responsáveis pela eficácia dos controles internos, incluindo processos que lhes permitem monitorar os controles e identificar distanciamentos em relação a melhores práticas. A recém-descoberta atenção aos controles internos tem produzido melhorias de práticas empresariais. Uma das intenções da Lei *Sarbanes-Oxley* é a de que os conselhos de administração devem entender que são responsáveis por melhorar a governança da organização, incluindo a responsabilidade em relação ao desenvolvimento de sistemas de controle eficazes que permitam proteger os ativos e aumentar a confiabilidade da divulgação financeira. Parece que a lei está produzindo o efeito desejado.

Avaliação de controles internos pelo auditor

O objetivo da administração na avaliação de controles internos é obter dados de qualidade elevada para tomar boas decisões empresariais; o objetivo do auditor na avaliação de controles internos é duplo: (a) determinar o risco de controle, que por sua vez afeta o enfoque de auditoria e (b) dar um parecer sobre a eficácia do controle interno. O risco de controle pode ser aferido em uma escala de elevado (isto é, controles fracos) a baixo (isto é, controles fortes). Se o risco de controle é classificado como alto, isso significa que o auditor não acredita que os controles internos sejam capazes de impedir ou constatar informações materiais incorretas; avaliar o risco de controle como baixo tem o significado oposto.

Caso existam deficiências significativas nos controles internos da divulgação financeira da organização, o auditor deve (1) avaliar o risco de controle como alto, (2) determinar o tipo de informação incorreta que tende mais a ocorrer e (3) projetar testes substantivos de auditoria que sejam mais capazes de descobrir as informações incorretas se elas tiverem ocorrido. Se, por outro lado, a análise dos controles internos pelo auditor concluir que eles são eficazes, o auditor (1) considera ser baixo o risco de controle, (2) determina, por meio de testes dos controles, se eles estão funcionando como projetado, e (3) determina a maneira mais eficaz e eficiente de integrar a auditoria de controles e a auditoria dos saldos de contas de demonstrações financeiras.

O processo de avaliação de controles, representado na **Ilustração 5.8**, envolve etapas importantes da auditoria integrada. As etapas do processo de auditoria integrada são apresentadas a seguir e discutidas mais detalhadamente no capítulo 6. As etapas 4 a 7 do processo de realização de uma auditoria integrada dizem respeito a atividades de avaliação de controles:

1. Atualizar informações sobre os vários riscos.
2. Considerar a possibilidade de contas com informações incorretas.
3. Completar procedimentos analíticos preliminares.
4. Conhecer os controles internos do cliente.
5. Identificar controles a serem testados.
6. Elaborar um plano para testar os controles e executar esse plano.
7. Considerar os resultados dos testes de controles.
8. Realizar testes substantivos de auditoria.

As etapas 4-7 são descritas nas seções a seguir, com ênfase nas etapas 4 e 5. O capítulo 6 discute detalhadamente as demais etapas do processo de auditoria integrada em conjunto com uma descrição da auditoria integrada de controles internos e da auditoria de demonstrações financeiras.

Conhecimento dos controles internos do cliente

Para começar a avaliação de controles internos, o auditor precisa entender a natureza dos cinco componentes do controle interno: avaliação de risco, ambiente de controle, atividades de controle, sistema de informação e comunicação e atividades de monitoramento. No caso de clientes já existentes, grande parte da informação provém da auditoria do ano anterior e precisará ser atualizada em função de qualquer alteração. No caso de novos clientes, este processo é necessariamente mais demorado. O auditor concentrará a sua atenção em áreas nas quais o risco de informação material incorreta é mais alto, procurando conhecer os controles relacionados às contas e demonstrações importantes e suas afirmações relevantes.

OA 6
Descrever o processo utilizado pelos auditores externos para avaliar controles internos.

CONSIDERE O RISCO
Caso o auditor determine que os controles internos sejam eficazes, será menor o risco do saldo de uma conta individual incorreto. O auditor precisará então preparar evidência corroborante de que o saldo da conta não é incorreto. Em última instância, controles melhores deverão levar a menos testes substantivos de saldos de contas.

QUESTÃO PRÁTICA
A avaliação de controles internos pela administração para fins de divulgação externa de acordo com a Lei *Sarbanes-Oxley* é semelhante ao processo utilizado pelo auditor externo, no sentido de que o processo usado pela administração inclui conhecer os controles, identificar aqueles a serem testados e, efetivamente, testá-los.

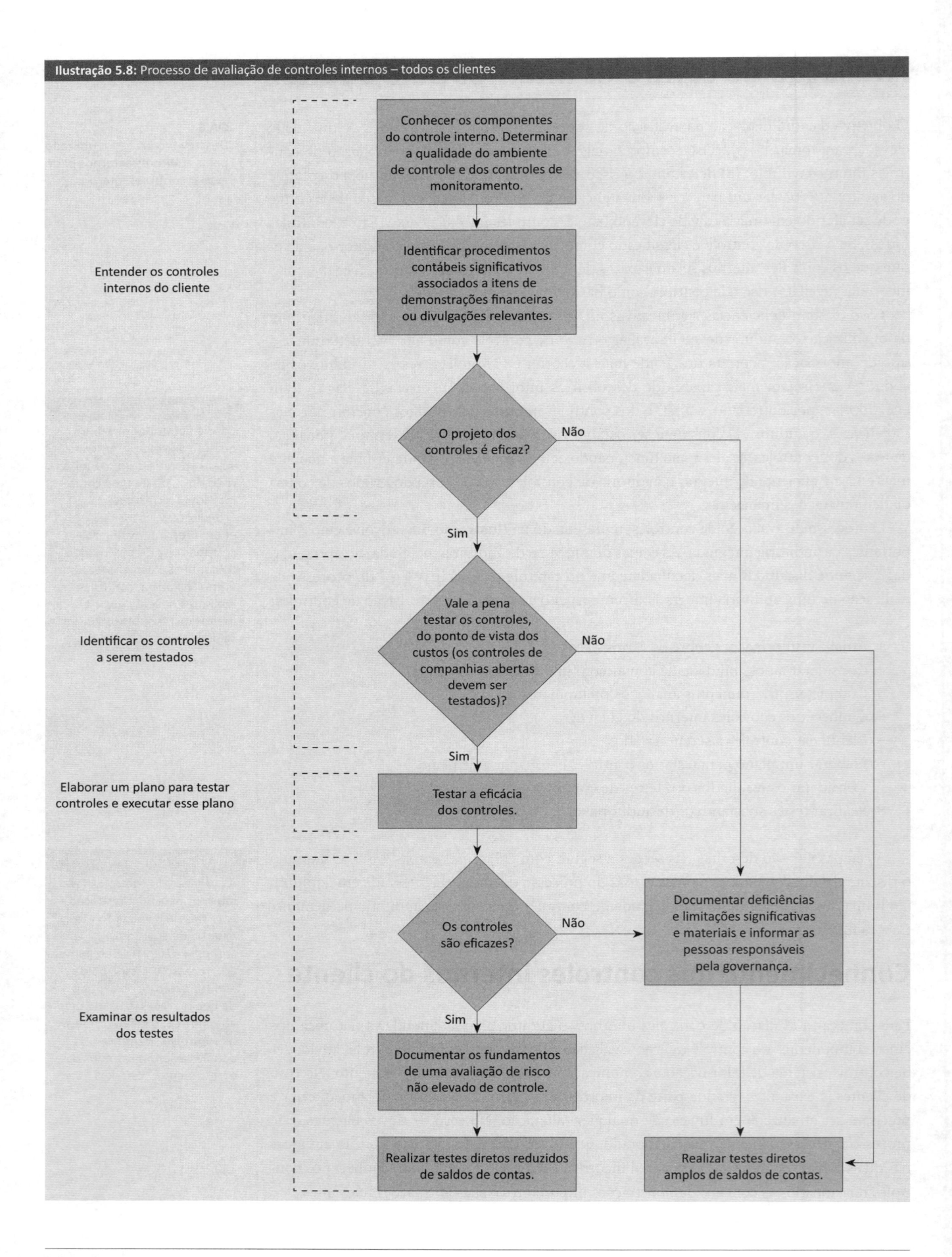

Ilustração 5.8: Processo de avaliação de controles internos – todos os clientes

Entender os controles internos do cliente
- Conhecer os componentes do controle interno. Determinar a qualidade do ambiente de controle e dos controles de monitoramento.
- Identificar procedimentos contábeis significativos associados a itens de demonstrações financeiras ou divulgações relevantes.
- O projeto dos controles é eficaz?
  - Não → Documentar deficiências e limitações significativas e materiais e informar as pessoas responsáveis pela governança.
  - Sim ↓

Identificar os controles a serem testados
- Vale a pena testar os controles, do ponto de vista dos custos (os controles de companhias abertas devem ser testados)?
  - Não → Realizar testes diretos amplos de saldos de contas.
  - Sim ↓

Elaborar um plano para testar controles e executar esse plano
- Testar a eficácia dos controles.

Examinar os resultados dos testes
- Os controles são eficazes?
  - Não → Documentar deficiências e limitações significativas e materiais e informar as pessoas responsáveis pela governança.
  - Sim ↓
- Documentar os fundamentos de uma avaliação de risco não elevado de controle.
- Realizar testes diretos reduzidos de saldos de contas.

180 | Auditoria

Compreender o processo de avaliação de risco pela administração e o ambiente de controle

A compreensão do processo de avaliação de risco é importante porque revela as preferências, preparação e tolerância a risco da administração. O ambiente de controle exerce um efeito generalizado sobre a cultura de uma organização e afeta a probabilidade de erros ou fraudes. Tal como ocorre com a avaliação pela administração, os componentes do ambiente de controle e da avaliação de riscos devem estar baseados na qualidade das componentes do processo, e não em um simples exame de transações contábeis.

Uma amostra parcial de um questionário de avaliação de riscos e ambiente de controle é mostrada na **Ilustração 5.9**. Um questionário como esse serve de base para avaliar o ambiente de controle. Considerando-se a ilustração, é importante compreender que o auditor não deve apenas coletar informações para responder às perguntas, mas também observar quão bem cada elemento é implantado pelos executivos ou pelo conselho de administração.

Entender as contas e divulgações significativas e suas afirmações relevantes dentro do sistema de informação e comunicação

O auditor concentrará a sua atenção nas contas e divulgações que são relevantes para as demonstrações financeiras da empresa, como, por exemplo, receitas de venda e custo dos produtos vendidos. Cada uma das contas significativas é composta por uma classe ou um tipo específico de transação e faz parte de um processo particular. Por exemplo, considere-se o caso de uma empresa que faz vendas tanto via internet quanto em lojas. A receita é uma conta significativa para a qual há dois tipos de transação (vendas em lojas e pela internet) dentro do processo de venda.

Os auditores, tanto de companhias abertas quanto de companhias fechadas, são obrigados a avaliar o risco de controle para cada afirmação relevante em cada categoria importante

---

Ilustração 5.9: Questionário parcial de avaliação de risco e do ambiente de controle

Natureza das operações e estratégia da empresa

1. A empresa possui uma estratégia sólida de crescimento futuro e atendimento de necessidades de clientes?
2. A empresa é bastante informatizada? Em caso afirmativo, descreva o grau de informatização e os riscos que devem ser considerados durante a realização da auditoria.
3. Que fatores básicos relacionados à concorrência estão atualmente afetando a empresa? De que maneira a empresa identifica e lida com os riscos associados a esses fatores? Quais são as implicações potenciais desses fatores para saldos de contas importantes tais como estoques ou contas a receber?
4. Há eventos legais ou regulatórios importantes afetando atualmente a empresa? Em caso afirmativo, descreva-os.

Natureza do processo de avaliação de risco pela administração

1. Que riscos a administração considera mais importantes para o seu sucesso?
2. Que novos riscos foram identificados pela administração no ano passado?
3. Há quanto tempo a empresa atualizou pela última vez o seu processo de avaliação de risco?
4. A entidade possui alguma reação planejada a uma falta de recursos? Qual é a natureza desse plano?
5. Os riscos são regularmente revistos pelo conselho de administração e discutidos em conjunto com os planos estratégicos da empresa?
6. A administração tem levado em conta os riscos associados a planos de remuneração de vários níveis gerenciais e o impacto potencial desses planos de remuneração sobre comportamentos?
7. Há "proprietários" de risco identificados dentro da organização e, em caso afirmativo, de que maneira a administração garante que esses riscos sejam geridos eficazmente?
8. Os riscos para a divulgação financeira são incorporados em algum plano de produção de controles sobre transações de processos, lançamentos de ajuste e estimativas contábeis?

> **QUESTÃO PRÁTICA**
> As afirmações servem de base tanto para a avaliação da adequação de controles internos quanto para a direção que o auditor deve tomar ao testar tanto os controles quanto a validade do processamento.

de transações e cada saldo de conta significativa, como base do planejamento de sua auditoria. As afirmações geram um arcabouço tanto para (a) analisar se os controles são adequados a um objetivo específico, como, por exemplo, garantir que todas as transações válidas sejam registradas, quanto para (b) determinar como testar os controles e a exatidão do processamento. As afirmações que foram apresentadas no texto incluem:

- As transações registradas são válidas, existem e ocorreram.
- Todas as transações válidas são registradas.
- As transações são adequadamente avaliadas.
- As transações são apresentadas e divulgadas adequadamente.
- As transações se relacionam a direitos ou obrigações da entidade.

Conhecer as atividades de controle de processos contábeis

Dispondo do conhecimento das contas significativas e das afirmações relevantes, o auditor partirá para a aquisição de conhecimento das atividades de controle relacionadas a essas contas e afirmações. Um exemplo ligando duas das afirmações de demonstrações financeiras a atividades de controle do processamento de folha de pagamento é apresentado na **Ilustração 5.10**. As contas afetadas são a despesa com folha de pagamento, salários a pagar, caixa, benefícios indiretos e impostos sobre folha de pagamento.

Talvez a maneira mais fácil de conhecer os controles de processamento seja fazer um "exame passo a passo", ou seja, acompanhar o processamento de uma transação desde seu início ao seu lançamento no razão geral, identificando-se os controles importantes ao longo do processo. Esse exame passo a passo dá ao auditor uma imagem visual do processamento e dos controles. Juntamente com boas técnicas de entrevista, os exames se constituem no enfoque mais comumente empregado para obter conhecimento da forma pela qual o sistema efetivamente funciona.

Além de exames passo a passo, outros métodos de obtenção de informações sobre controles internos incluem:

> **QUESTÃO PRÁTICA**
> O conhecimento das afirmações ajuda o auditor a identificar a população subjacente a partir da qual deve ser feita uma amostragem de transações. Se o auditor estiver testando a afirmação de que todas as transações são válidas, ele sempre partirá da população de itens contabilizados.

Ilustração 5.10: Afirmações de demonstrações financeiras e atividades de controle – folha de pagamento

Afirmação de demonstração financeira	Atividades de controle
Ocorrência: transações registradas ocorreram e dizem respeito à entidade.	Um funcionário só é pago se ele já está incluído na folha geral de pagamento e é incluído nessa folha de pagamento por alguém que seja independente do processamento da folha de pagamento.
	Um supervisor verifica que o funcionário trabalhou, ou o departamento de folha de pagamento o verifica pela existência de cartões de ponto para esse indivíduo.
	Os funcionários são obrigados a marcar as horas trabalhadas em cartões de ponto eletronicamente na entrada e na saída, o que cria um registro eletrônico de horas trabalhadas.
Completude: todas as transações foram registradas.	O funcionário espera receber um cheque dentro de um prazo específico e atua como verificador independente de desempenho.
	Todos os casos de informações incorretas possíveis são enviados a indivíduos que não os responsáveis pela preparação da folha de pagamento (verificação independente de desempenho).
	O departamento de folha de pagamento concilia o número total de horas pagas dentro do período com o número total de horas trabalhadas segundo o supervisor ou os cartões de ponto.

- Fazer perguntas ao pessoal de contabilidade e operações.
- Visitar a fábrica e as operações.
- Examinar documentação preparada pelo cliente.
- Examinar documentação da auditoria realizada no ano anterior.

Perguntas – O auditor entrevista funcionários para tomar conhecimento da segregação de tarefas, da intensidade de utilização de computadores, documentos sobre controles e a natureza do processamento de transações. As perguntas representam uma parte cada vez mais importante da avaliação de controles e geralmente são utilizadas em conjunto com exames passo a passo.

Visitas à fábrica e às operações – Muitos procedimentos de controle dependem da integridade de informações produzidas em áreas não contábeis. Por exemplo, informações importantes necessárias para contabilizar estoques começam com alguém na fábrica ou no depósito registrando o recebimento de mercadorias. O pessoal de estoques ou produção gera informação a respeito da transferência de bens de matéria-prima até a produção em andamento a produtos acabados. O auditor deve avaliar quão conscienciosamente os funcionários operacionais executam esses procedimentos. Parte desta avaliação é feita com o exame de evidência documental, mas parte pode ser conseguida com uma visita à fábrica e conversas com o pessoal.

Exame de documentação preparada pelo cliente – As companhias abertas são obrigadas a preparar documentação que descreva como os sistemas e controles contábeis da organização devem funcionar. Tal informação pode dar uma visão inicial dos procedimentos. Essa documentação, juntamente com os testes de controles realizados pela administração, servirá de base para os testes que a administração faça sobre a eficácia dos controles internos pelo auditor da afirmação. Tal documentação e tais testes também são desejáveis para companhias fechadas.

Exame de documentação da auditoria de anos anteriores – Os controles internos se alteram lentamente com o passar do tempo. A avaliação da eficácia de controles é um processo contínuo – que deve ser realizado regularmente pela administração e pelos auditores internos. A documentação de anos anteriores deve descrever processos contábeis e procedimentos de controle importantes. O auditor pode usar o trabalho anterior como base para fins de exame e atualização quando necessário.

Conhecer as atividades de monitoramento pela administração

O monitoramento é importante porque a sua implantação (ou falta dela) reflete decisões da administração quanto à importância do controle interno e se a administração está comprometida com a identificação de falhas de controle que eventualmente ocorram. As atividades de monitoramento podem incluir tanto as que administração realiza por si mesma, bem como aquelas que ela delega à área de auditoria interna. O monitoramento baseia-se em uns poucos princípios:

1. Baseia-se em um alicerce de controle eficaz criado na empresa.
2. Deve ser montado para lidar com riscos importantes à realização de divulgação financeira confiável.
3. Deve ser suficientemente robusto para identificar falhas de controle de maneira tempestiva, para que ações corretivas possam ser tomadas antes que as demonstrações financeiras se tornem materialmente incorretas.

AUDITORIA INTEGRADA

Um exame passo a passo visando a gerar um conhecimento dos controles não é o mesmo que testá-los. Os exames passo a passo são geralmente suficientes para avaliar a eficácia da estrutura de controle. Entretanto, se o auditor quiser reduzir o risco de controles em um nível baixo, ele também deverá obter evidências sobre o funcionamento efetivo desses controles.

FOCO EM FRAUDE

O auditor deve descobrir se os controles do cliente lidam adequadamente com o risco de informação incorreta causada por fraude.

Um questionário parcial com a finalidade de ajudar os auditores a conhecer as atividades de monitoramento da administração é mostrado na **Ilustração 5.11**.

Ilustração 5.11: Avaliação das atividades de monitoramento pela administração - perguntas ilustrativas

Controles de monitoramento operacional

1. De que maneira a administração gere e avalia o desempenho dos principais processos?
2. Como a administração tem determinado que os seus controles internos estão funcionando adequadamente? Os dados operacionais identificam problemas de controle?
3. Que tipos de atividade de monitoramento ocorrem na organização? Por exemplo:
   - Que tipos de tecnologia de informação a administração está utilizando para monitorar desempenho?
   - O que sinaliza a existência de problemas em unidades ou sistemas operacionais?
   - O sistema de monitoramento funciona em tempo real ou é periódico?

Auditoria interna

1. É apropriado o respeito dado à área de auditoria interna dentro da entidade? A área de auditoria interna considera adequado o seu orçamento?
2. A área de auditoria interna tem adotado e obedecido padrões profissionais?
3. Há uma declaração inequívoca de missão emitida pelo comitê de auditoria? Qual é a relação entre a área de auditoria interna e o comitê de auditoria?
4. Há restrições ao acesso pela auditoria interna a registros ou sobre o escopo de suas atividades?
5. Há alguma evidência de que o departamento de auditoria interna é inadequado?

Avaliação preliminar com base no conhecimento dos controles

Após adquirir o conhecimento dos controles da empresa, o auditor faz uma avaliação preliminar da eficácia dos controles internos como base da avaliação do risco de controle. Esta avaliação preliminar, que se baseia no conhecimento adquirido pelo auditor a respeito da estrutura dos controles, é importante porque determina o planejamento do restante da auditoria. Se o risco de controle for considerado elevado, o auditor não poderá fazer o seu planejamento confiando nos controles para reduzir o volume de testes substantivos de saldos de contas. Portanto, o auditor não fará testes de controles; ao contrário, deverá planejar a

---

AUDITORIA NA PRÁTICA

Relação entre controles e testes de contas

Cenário. O auditor descobre que o cliente não utiliza recibos prenumerados para registrar a devolução de mercadorias vendidas e não possui procedimentos para garantir o registro imediato de mercadorias vendidas. As devoluções de vendas têm sido elevadas, e o auditor está preocupado com a fraqueza do ambiente de controle e com a aparente obsessão da administração em aumentar os lucros.

Relação com testes de auditoria. O auditor não é capaz de confiar nos controles ao testar o saldo de devoluções de vendas. Portanto, o auditor amplia os testes substantivos de devoluções de vendas (1) programando-se para estar presente no final do ano para observar o levantamento físico de estoques, atentando-se aos itens recebidos durante o processo de contagem de estoques, bem como aos procedimentos do cliente para documentar os recebimentos; (2) relacionando recibos de bens devolvidos por clientes a memorandos de crédito para determinar se foram emitidos no período correto; (3) examinando todos os memorandos de crédito emitidos logo após o final do ano para determinar se foram registrados no período correto; e (4) aumentando o número de confirmações de contas a receber enviadas aos clientes da empresa. Todos esses quatro procedimentos representam uma ampliação de testes além do que seria exigido se a empresa tivesse bons controles internos do recebimento de produtos devolvidos.

realização de testes substantivos de saldos de contas para que não se confie nos controles internos do cliente. O quadro Auditoria na Prática demonstra a relação entre deficiências de controle e testes de auditoria.

Se o risco de controle for considerado baixo, o auditor planejará testar a eficácia operacional desses controles para reduzir a realização de testes substantivos de saldos de contas.

Avaliação do risco de controle como sendo moderado – Em alguns casos, o auditor pode crer que o risco de controle não é alto, mas que o custo de coleta de evidências sobre a eficácia dos controles será mais elevado do que a economia obtida com a redução dos testes substantivos de auditoria. Isso é aplicável somente quando o auditor não está fazendo relatórios sobre o controle interno (por exemplo, no caso de companhias fechadas). Se o auditor acreditar que a estrutura dos controles é eficaz, mas não testa os controles, o melhor que o auditor pode fazer é considerar o risco de controle como sendo moderado. Os auditores devem considerar o risco moderado sem testar os controles somente se (1) a empresa for um cliente existente, (2) os resultados da auditoria do ano passado não tiverem revelado quaisquer informações materiais incorretas nas demonstrações financeiras, (3) a análise preliminar do sistema não indicar mudanças significativas em relação ao ano anterior, (4) a administração contar com controles de monitoramento eficazes e (5) a empresa não estiver emitindo um relatório de controle interno. Em caso contrário, o risco de controle deve ser considerado elevado.

Identificar controles a serem testados

Uma vez que o auditor tenha concluído que os controles são bem montados, ele deve testar a seguir a eficácia operacional de alguns deles – aqueles que ajudarão a (1) emitir um parecer sobre os controles internos da entidade e (2) reduzir os testes substantivos para a auditoria de demonstrações financeiras. Não há necessidade de testar todos os controles relacionados a uma afirmação relevante, e sim apenas aqueles que são mais importantes para a redução do risco, mas o auditor precisará testar todos os cinco componentes do controle interno: avaliação de risco, ambiente de controle, atividades de controle, informação e comunicação e monitoramento.

Com frequência, o auditor testará simultaneamente tanto o registro apropriado de transações quanto a eficácia das atividades de controle. Por exemplo, uma transação de venda e o seu registro apropriado poderiam ser testados selecionando-se encomendas e acompanhando as remessas até o registro nas contas. Ao acompanhar a transação, o auditor também testará controles-chave, como a determinação da existência de autorização apropriada de crédito, documentos prenumerados usados para identificar individualmente cada transação, venda faturada a um preço aprovado e conciliações adequadamente utilizadas para determinar que a transação foi contabilizada no período correto.

Elaborar um plano para testar os controles e executar o plano

A avaliação preliminar de risco de controle pelo auditor baseia-se em um conhecimento do sistema de controle tal como ele operou no passado e em como foi montado para operar. Se o auditor considerar baixo o risco de controle, então deverá coletar provas de que os controles estão funcionando eficazmente ao longo do exercício fiscal. Para esse fim, examinará a documentação do cliente a respeito de como os controles funcionam e montará um enfoque para testar os controles.

> **CONSIDERE O RISCO**
>
> Um enfoque baseado em risco faz muito sentido – desde que o auditor seja honesto em termos de avaliação do risco associado a transações ou saldos de contas e tenha uma base justificável de redução de risco. Um dos motivos pelo qual a *Arthur Andersen & Co.* quebrou foi o fato de que muitos de seus sócios de auditoria encaravam a análise de risco como uma forma de reduzir o volume de trabalho e aumentar a rentabilidade das auditorias. Com frequência, a análise de risco não tinha relação alguma com a ameaça efetivamente existente.

> **QUESTÃO PRÁTICA**
>
> Fazer testes com dupla finalidade, isto é, testes do registro apropriado de transações e testes de controles internos ao mesmo tempo, é uma maneira eficiente de implantar uma auditoria integrada.

> **CONSIDERE O RISCO**
>
> A avaliação de risco pelo auditor pode e deve ser feita em cada classe de transação. Assim sendo, um auditor poderia considerar elevado o risco de controle de vendas e contas a receber, mas poderia considerar baixo o de estoques e compras. Os controles internos são avaliados do ponto de vista da entidade como um todo (ambiente de controle), bem como no nível do ciclo de transações.

> **QUESTÃO PRÁTICA**
> O auditor deve testar a eficácia de todos os controles significativos, caso esteja preparando um relatório sobre os controles internos.

> **QUESTÃO PRÁTICA**
> O uso apenas de perguntas aos funcionários não é suficiente para apoiar uma conclusão sobre a eficácia operacional de um controle.

> **CONSIDERE O RISCO**
> Se houver saldos de contas que não sejam significativos (individualmente ou agregados em uma linha do balanço ou da demonstração de resultado) e risco baixo de informação incorreta, o auditor não precisará focalizar os testes de auditoria nos controles em torno do registro dessas contas ou em testes diretos dos saldos de contas.

O PCAOB, no Padrão de auditoria número 5, indica que os auditores devem usar um enfoque "de cima para baixo", que começa no nível da demonstração financeira. Deve-se preocupar inicialmente com os controles no nível da entidade como um todo e depois descer às contas e divulgações importantes e suas afirmações relevantes. Este enfoque baseado em risco elimina a atenção às contas que têm apenas uma probabilidade reduzida de conter uma informação material incorreta.

O auditor utiliza uma variedade de procedimentos para testar se os controles, tanto no nível da entidade como um todo e no nível de transação, estão funcionando eficazmente. Esses procedimentos incluem perguntas a funcionários do cliente, observação de operações de controle, exame de documentação relevante e redesempenho do controle.

Um exemplo de um programa de auditoria para testar a eficácia de controles internos da entrega de produtos e o registro de transações de venda é mostrado na **Ilustração 5.12**. Os controles significativos identificados pelo auditor incluem (1) o uso de documentos prenumerados de entrega, (2) o exame de formulários de encomenda pelo pessoal de supervisão para verificar a sua completude, (3) a exigência de que todas as entregas tenham autorização específica de supervisores, (4) a exigência de que as vendas tenham aprovação de crédito antes da entrega e (5) conciliação do número total de produtos faturados com o número de itens entregues. Ao examinar a **Ilustração 5.12**, note que o auditor montou procedimentos específicos que serão eficazes para determinar se cada controle importante está funcionando eficazmente. Entretanto, o profissional pode fazer mais do que isso. Por exemplo, o auditor também acompanhará o fluxo de transações selecionadas no sistema e para o razão geral, gerando assim informação sobre a correção do saldo registrado. Esse procedimento duplo de teste é um exemplo de enfoque que poderia ser utilizado em uma auditoria integrada.

Orientação quanto ao tamanho da amostra para testes de controles

O auditor poderá optar por testar uma ampla variedade de controles. Como base de orientação para testes de transações, classificamos os procedimentos de controle em cinco tipos:

Ilustração 5.12: Programa de auditoria para testar a eficácia de procedimentos de controle (sistema manual)

Procedimento	Realizado por

1. Examinar ocorrências de entrega e determinar os procedimentos do departamento para arquivar documentos. Selecionar estatisticamente uma amostra de documentos de entrega e fazer um exame para determinar que todos os itens foram registrados com uma fatura de venda ou foram anulados. Investigar o encaminhamento de quaisquer números de documentos ausentes. [Completude]

2. Selecionar uma mostra de encomendas e fazer o seguinte para cada uma delas:
    a. Examinar as encomendas para verificar a sua completude e a aprovação por um agente autorizado da empresa. [Autorização]
    b. Determinar se a encomenda exige aprovação adicional de crédito. Em caso afirmativo, determinar se tal aprovação foi concedida e documentada. [Autorização]
    c. Associar a encomenda à geração de um documento de entrega e determinar que os itens apropriados foram entregues. [Ocorrência]
    d. Associar o documento de entrega à fatura de venda, observando que todos os itens foram completa e corretamente faturados. [Completude e Avaliação]

3. Examinar o relatório diário de erros gerado pelo computador para processar transações de venda e anotar o tipo de movimentação identificada para correção. Fazer uma amostra e associá-la às transações ressubmetidas, observando:
    a. Aprovação das transações ressubmetidas. [Autorização]
    b. Correção das transações ressubmetidas. [Avaliação]
    c. Atualização apropriada das transações ressubmetidas na conta de vendas. [Completude]

1. Controles manuais orientados a transações, montados para serem aplicados a toda e qualquer negociação durante o ano.
2. Controles de transações incorporados em aplicativos de computação, montados para operar independentemente de intervenção manual durante o ano.
3. Procedimentos mensais de controle, tais como conciliações bancárias mensais ou de razões auxiliares com razões de controle.
4. Controles de fim de ano, que são mais relevantes para a estimação de saldos de contas ao final do ano, como, por exemplo, a provisão para devedores duvidosos.
5. Controles de lançamentos de ajuste, que afetam o encerramento das contas no final do ano, bem como ajustes efetuados a estimativas importantes durante o ano.

O volume de trabalho que o auditor precisará realizar para testar os controles dependerá se a administração ou os auditores internos tiverem testado os controles como base de sua afirmação a respeito da eficácia do controle interno. As diretrizes a seguir supõem que a empresa possui um ambiente de controle forte e que a administração ou os auditores internos testaram os controles. Se nenhuma dessas premissas for correta, o grau de realização de testes deverá ser aumentado.

Controles manuais orientados por transações – Os controles orientados por transações devem ser testados com o uso de diretrizes elaboradas para verificar atributos com a aplicação de técnicas estatísticas de amostragem. O tamanho da amostra será baseado (a) na possibilidade de que a falha do procedimento de controle leve a uma informação incorreta significativa no saldo da conta, (b) na possibilidade de que a frequência de falhas leve a informação material incorreta e (c) em um nível estatístico de confiança que daria ao auditor a garantia de que não haja mais do que uma probabilidade remota da falha do controle e isso não seja detectado pelo auditor. Os critérios para a escolha dessas amostras são discutidos mais adiante neste livro, mas, em grande parte, os tamanhos de amostras variarão entre 30 e 100 transações, e poderiam ser maiores em alguns casos.

Controles de transações incorporados a aplicativos de computação – O tamanho da amostra deve ser suficiente para convencer o auditor de que o controle funciona eficazmente em uma variedade de transações durante o ano.

Procedimentos mensais de controles – Supondo que a concepção desses procedimentos seja adequada, o auditor escolherá um mês e fará uma verificação dos testes efetuados pelos clientes nessas contas. Por exemplo, o auditor poderia refazer a conciliação bancária de um determinado mês.

Controles de fim do ano – O auditor está mais preocupado com o funcionamento dos controles de final do ano quando é provável que os valores estariam nos saldos de conta de encerramento do ano. O profissional tomaria uma amostra de transações na parte final do ano, por exemplo, o último trimestre ou após o final do ano para os controles relacionados ao processo de fechamento do período.

Controles de lançamentos de ajuste – Os lançamentos de ajuste envolvem um risco elevado de informação material incorreta. O teste dos controles desses processos estará inversamente relacionado ao ambiente de controle, ou seja, quanto melhor for o ambiente de controle, menor poderá ser o tamanho da amostra, e vice-versa. O processo de teste também

> **QUESTÃO PRÁTICA**
> As empresas de auditoria podem ter diretrizes específicas para determinar tamanhos de amostras. Estas podem considerar quão frequentemente um controle funciona. Por exemplo, os tamanhos de amostras seriam maiores no caso de controles que funcionem diariamente, em contraste com aqueles que operam apenas semanal ou mensalmente.

> **QUESTÃO PRÁTICA**
> A *PricewaterhouseCoopers* emitiu um parecer desfavorável sobre a AIG, em 2007, devido a deficiências de controle sobre instrumentos financeiros.

varia diretamente com a magnitude da conta e com a avaliação, do auditor, do risco de incorreção. O profissional deseja examinar um dado número de transações para determinar que (a) outros controles não estão invalidados pela administração; (b) existe fundamentação para os lançamentos de ajuste, por exemplo, análises de dados subjacentes; e (c) os lançamentos recebem a aprovação necessária pelo nível apropriado da administração. Se o número de transações for elevado, o auditor poderá usar amostragem estatística. Se for baixo, poderá optar por concentrar sua atenção nas transações mais vultosas.

Considerar os resultados do teste de controles

O trabalho do auditor em termos da montagem e funcionamento dos controles internos de um cliente não é um fim em si mesmo. Para uma auditoria integrada, se houver deficiências materiais, o profissional precisará emitir um parecer desfavorável sobre os controles internos. Além disso, os resultados dos testes influenciarão a auditoria de demonstrações financeiras. O teste de controles é uma parte do processo montado para que se realize a auditoria da forma mais eficiente possível, ao mesmo tempo em que se minimize o risco geral de auditoria. Se o risco de controle for considerado elevado, a amplitude de testes substantivos de saldos de contas deverá ser maior.

Documentação do conhecimento e da avaliação dos controles internos de uma organização pelo auditor

> **OA 7**
> Descrever a natureza da documentação que o auditor desenvolve para apoiar o conhecimento e a avaliação do controle interno.

A documentação deve identificar claramente cada componente do arcabouço de controle interno. A documentação da avaliação do risco de controle pelo auditor deve delinear claramente as implicações para os testes substantivos de contas. Mais importante ainda, deve identificar claramente quem fez o trabalho de auditoria e apresentar as bases para sustentar as conclusões.

A documentação do conhecimento dos controles é, na maioria dos casos, montada com o uso de narrativas e fluxogramas que descrevem os processos de controle. Algumas empresas também empregam questionários para ajudá-las a identificar áreas importantes nas quais são esperados controles. Não existe um único enfoque correto; cada empresa de auditoria deve escolher um que se ajuste à natureza de sua tecnologia, seus clientes, à natureza dos riscos que devem ser enfrentados por cada cliente. Uma vez documentado o processo geral de controle, muitas empresas de auditoria concentrarão a sua atenção, em anos subsequentes, apenas em mudanças do sistema e na eficácia do monitoramento de controles em busca de indícios de possíveis falhas da estrutura geral de controle. Um exemplo de questionário abrangente – uma forma de documentação – é apresentado na **Ilustração 5.13**.

A **Ilustração 5.13** indica que esses questionários são abrangentes e de utilização bastante simples, mas às vezes não tão úteis quanto um fluxograma para a documentação do caminho seguido pelo processamento de transações.

> **QUESTÃO PRÁTICA**
> O PCAOB exige que a documentação possa ser interpretada por um auditor não ligado ao contrato e, portanto, seja capaz de "falar por si mesmo" em apoio às conclusões da auditoria.

A documentação de controles internos não fica completa até que o auditor teste os controles que tratam dos principais riscos de informação financeira incorreta. Essa documentação deve indicar:

- O modo pelo qual cada controle importante é testado.
- O enfoque de amostragem utilizado e o tamanho da amostra usada no teste.

Ilustração 5.13: Questionário sobre procedimentos de controle – contas a pagar (sistema manual)

Compras autorizadas	Sim	Não	N/D
1. Os pedidos de compra são assinados pelo supervisor do departamento.			
2. A aprovação de um pedido de compra é rubricada ou assinada pelo gerente de compras.			
3. Uma lista de fornecedores aprovados está prontamente disponível a todos os supervisores de departamentos que encomendem bens ou serviços.			
Compras/contas a pagar registradas válidas			
1. Os relatórios de recebimento são assinados e datados independentemente.			
2. Os relatórios de recebimento são pré-numerados, controlados e verificados.			
3. O pedido de compra, o relatório de recebimento e a fatura do fornecedor são conciliados antes de se registrar a conta a pagar.			
4. As faturas de fornecedores e os documentos auxiliares são carimbados ao ser feito o pagamento para impedir dupla contabilização.			
Distribuição apropriada de contas			
1. A distribuição de contas é autorizada pelo supervisor do departamento que encomenda os bens ou serviços.			
2. Relatórios de distribuição de contas gerados em computador são aprovados por uma pessoa apropriada, que assina ou rubrica o relatório.			
Todos os passivos por compra de bens ou serviços contabilizados			
1. Os pedidos pré-numerados de compra são controlados.			
2. Tíquetes computadorizados de controle de lotes são conciliados com os relatórios de edição.			
3. Os relatórios de edição identificam números inválidos de fornecedores e peças.			
4. O lançamento *on-line* inclui informação dos totais de controle da fatura do fornecedor.			
Todos os pagamentos têm embasamento adequado			
1. Os documentos auxiliares são revistos antes de ser assinado o cheque.			
2. A aprovação da fatura do fornecedor para fins de pagamento é feita com a rubrica do supervisor de departamento que autoriza a distribuição da conta.			
Pagamentos de compras não rotineiras			
1. Formulários aprovados de pedidos de cheque e/ou demonstrações de cobrança acompanham o cheque e são revistos antes de ele ser assinado.			
Todas as devoluções são adequadamente comprovadas			
1. Os memorandos de débito são pré-numerados, controlados e comprovados.			
2. Os memorandos de débito são aprovados pelos gerentes de compras apropriados.			

- O nome do indivíduo que realizou o teste.
- As conclusões dos testes.
- A conclusão do auditor quanto à eficácia do controle.
- As implicações para a auditoria de saldos de contas relacionados.

A forma da documentação, se informatizada ou não, é menos importante do que a necessidade de assegurar que todos os elementos descritos na lista precedente estejam presentes.

> **QUESTÃO PRÁTICA**
> A maioria das empresas de contabilidade externa de maior porte usa microcomputadores ligados em rede para facilitar o compartilhamento e a revisão do trabalho de auditoria.

Relatórios gerenciais sobre o controle interno da divulgação financeira

> **OA 8**
> Descrever problemas relacionados a relatórios gerenciais sobre o controle interno da divulgação financeira.

A Lei *Sarbanes-Oxley* exige que a administração de uma empresa implante controles internos eficazes sobre a divulgação financeira e certifique que eles foram instituídos adequadamente e estão funcionando eficazmente.[4] A SEC é responsável pelo estabelecimento de diretrizes visando a ajudar a administração em sua avaliação da eficácia dos controles internos da divulgação financeira. As diretrizes da SEC exigem que critérios apropriados, por exemplo, os do Coso, sejam usados na avaliação dos controles internos da divulgação financeira.

Os relatórios devem descrever deficiências materiais nos controles internos sobre a divulgação financeira. Para orientar tanto a administração quanto o auditor, a SEC e o PCAOB ofereceram as seguintes definições:

- *Deficiências materiais de controle interno* – Uma deficiência material é uma deficiência, ou combinação de deficiências, no controle interno da divulgação financeira, tal que haja uma possibilidade razoável de que não seja impedida ou detectada tempestivamente uma informação material incorreta nas demonstrações financeiras anuais ou trimestrais da empresa.
- *Deficiências significativas de controle interno* – Uma deficiência significativa é uma deficiência, ou combinação de deficiências, no controle interno da divulgação financeira que é menos severa do que uma material, mas ainda suficientemente importante para merecer a atenção dos responsáveis pela supervisão da divulgação financeira da empresa.

Uma deficiência material é aquela em que há uma possibilidade razoável de que a ausência de controles efetivos permita a ocorrência de informações materiais incorretas nas demonstrações financeiras, e ela não seja detectada ou corrigida a tempo. Uma ausência de informação incorreta não significa que o controle interno não contenha uma deficiência material; significa apenas que não houve uma informação incorreta. Por outro lado, a descoberta de uma informação material incorreta no saldo de uma conta normalmente quer dizer que houve uma falha dos controles internos e que há uma deficiência material. Por exemplo, se a administração não empregou indivíduos com suficiente competência para fazer julgamentos sobre a adequação de tratamentos contábeis alternativos de uma transação, então há uma deficiência material nos controles internos. Um problema significativo é suficientemente importante para que o auditor a leve à atenção da administração e do comitê de auditoria, mas a deficiência não chega a ser material. Portanto, é relatada à administração e ao conselho, mas não fora da empresa.

Exemplos de deficiências de controle interno que têm sido identificadas nos últimos anos incluem aquelas mostradas na **Ilustração 5.14**. Note-se que as deficiências de controle não se limitam ao processamento. Ao contrário, elas geralmente incluem problemas no ambiente de controle de uma organização. Recorde-se que uma deficiência material não significa que a falha de controle leve a informações incorretas materiais ou significativas nas demonstrações financeiras. Em lugar disso, há uma possibilidade razoável de que esse tipo de problema poderia levar uma informação material incorreta.

Um exemplo de relatório gerencial é apresentado na **Ilustração 5.15**, proveniente da *Ford Motor Company*. Note-se que a administração, incluindo o diretor-presidente e o diretor financeiro, participou da avaliação dos controles internos e concluiu que seu controle interno da divulgação financeira era eficaz em 31 de dezembro de 2007. Um exemplo de relatório de auditoria dos controles internos é fornecido no capítulo 6.

---

[4] Embora a exigência valha apenas para companhias abertas, a "melhor prática" de divulgação externa do controle interno também se transferiu a companhias fechadas de grande porte. Essas empresas precisam dar garantias aos seus grupos de interesses, incluindo investidores, fornecedores e outros credores, de que possuem processos de controle suficientes para que sejam atingidos os objetivos amplos de controle interno.

Considere o risco

O auditor considera vários fatores, incluindo a probabilidade de que uma falha de controle resulte em uma informação material incorreta nas contas, a importância da informação para um usuário externo e a amplitude de uma falha de controle, ao julgar se uma deficiência de controle é uma deficiência material ou significativa.

Questão prática

A classificação de uma deficiência de controle como material não depende da ocorrência efetiva de uma informação incorreta nas demonstrações financeiras.

Ilustração 5.14: Exemplos de deficiências de controle recentemente ocorridas na prática

Deficiências no projeto de controles de processamento

- Ausência de segregação apropriada de tarefas em processos importantes.
- Ausência de revisões e aprovações apropriadas de transações, lançamentos contábeis ou saídas de sistemas.
- Controles inadequados de proteção de ativos.
- Ausência de controles para garantir que todos os itens de uma população sejam registrados.
- Processos inadequados de elaboração de estimativas importantes que afetem as demonstrações financeiras, como, por exemplo, estimativas relacionadas a pensões, garantias e outras reservas.
- Complexidade excessiva no projeto do sistema de processamento, dificultando o entendimento do sistema por pessoal-chave.
- Controles inadequados de acesso a sistemas, dados e arquivos.
- Controles inadequados do processamento por computador.
- Controles inadequados inseridos no processamento por computador.

Deficiências no ambiente de controle

- Nível baixo de noção de controle na organização.
- O comitê de auditoria não conta com membros externos.
- Não há política em relação à ética ou reforço de comportamento ético dentro da empresa.
- A empresa não tem procedimentos para monitorar a eficácia do controle interno.
- O comitê de auditoria não é visto como cliente do auditor externo.
- Incapacidade de acompanhar e corrigir deficiências previamente identificadas de controle interno.
- Evidência de transações significativas e não identificadas com partes relacionadas.
- Auditoria interna ineficaz, incluindo restrições ao escopo das atividades de auditoria interna.
- A administração anula transações contábeis.
- O pessoal não possui as competências necessárias para realizar as tarefas designadas.

Deficiências no funcionamento de controles

- Testes independentes de controles no nível de divisão indicam que as atividades de controle não estão funcionando adequadamente; por exemplo, compras foram efetuadas fora da função de compra aprovada.
- Os controles não são capazes de impedir ou detectar informação contábil significativa incorreta.
- Aplicação incorreta de princípios contábeis.
- Processos de autorização de crédito são invalidados pelo gerente de vendas com o propósito de atingir metas de vendas.
- As conciliações (a) não são realizadas tempestivamente ou (b) são feitas por alguém que é independente do processo.
- Os testes produzem evidência de que os registros contábeis têm sido manipulados ou alterados.
- São encontradas evidências de declarações falsas pelo pessoal da contabilidade.
- Os controles informatizados que levam a itens identificados como não devendo ser processados são sistematicamente ignorados por funcionários com a finalidade de processar as transações.
- A completude de uma população, por exemplo, documentos pré-numerados ou itens de conciliação lançados no computador juntamente com os itens processados, não é verificada regularmente.

Ilustração 5.15: Relatório da administração da *Ford Motor Company* sobre o controle interno da divulgação financeira (2007)

Nossa administração é responsável pela implantação e manutenção de controle interno adequado sobre a divulgação financeira, tal como definido na regra 13a-15(f) da Lei de Negociação de Valores Mobiliários. O controle interno da empresa é um processo que visa a proporcionar segurança razoável a respeito da confiabilidade da divulgação financeira e da elaboração de demonstrações financeiras para fins externos em conformidade com princípios de contabilidade aceitos em geral.

Devido a suas limitações intrínsecas, o controle interno da divulgação financeira pode não impedir ou detectar informações incorretas. Além disso, projeções de qualquer avaliação de eficácia para períodos futuros estão sujeitas ao risco de que os controles podem se tornar inadequados, em vista de mudanças de condições ou porque o grau de obediência a políticas ou procedimentos pode se deteriorar.

Sob a supervisão de nossa administração, e com a sua participação, incluindo nosso diretor-presidente e nosso diretor financeiro, fizemos uma avaliação da eficácia de nosso controle interno da divulgação financeira para o período encerrado em 31 de dezembro de 2007. A avaliação baseou-se em critérios estabelecidos em Internal Control – Integrated Framework, publicado pelo Comitê de Organizações Patrocinadoras da Comissão Treadway. Com base nesta avaliação, a administração concluiu que nosso controle interno da divulgação financeira era eficaz no período encerrado em 31 de dezembro de 2007.

A eficácia do controle interno da divulgação financeira da instituição no período encerrado em 31 de dezembro de 2007 foi auditada pela *PricewaterhouseCoopers LLP*, uma empresa de contabilidade externa de companhias abertas, registrada e independente.

Resumo

A responsabilidade da administração consiste em projetar, operar e manter um sistema eficaz de controle interno. A responsabilidade dos auditores em relação ao controle interno decorre do mandato conferido às companhias abertas de atestar a eficácia dos controles internos, da necessidade de conhecê-los e o risco de controle correspondente, como base do planejamento e dos testes subsequentes na auditoria de demonstrações financeiras. O arcabouço integrado publicado pelo Coso (*Internal Control, Integrated Framework*) fornece critérios com os quais os administradores e os auditores avaliam a eficácia do controle interno. Os componentes do arcabouço do Coso incluem avaliação de risco, ambiente de controle, atividades de controle, sistemas de informação e comunicação e monitoramento. Estes componentes são utilizados pelos administradores e pelos auditores, e são úteis para os usuários de demonstrações financeiras para o entendimento de fontes específicas de possíveis pontos fortes e pontos fracos nos controles internos. Este capítulo fornece a base para a compreensão da "auditoria integrada" de demonstrações financeiras e controles internos, discutida no capítulo 6.

Termos importantes

Afirmação relevante – Uma afirmação em demonstração financeira que, para uma dada conta, está relacionada à determinação da possibilidade razoável de uma informação incorreta, que faria que as demonstrações financeiras fossem materialmente incorretas. Esta determinação baseia-se no risco intrínseco, não levando em conta o efeito dos controles.

Ambiente de controle – A noção geral de controle de uma organização, implantada pela administração por meio de exemplos, políticas, procedimentos, padrões éticos e processos de monitoramento.

Atividades de controle – As políticas e os procedimentos implantados pela administração para garantir a consecução de objetivos da organização e a atenuação de riscos.

Auditoria integrada – Uma auditoria na qual o mesmo auditor deve verificar tanto as demonstrações financeiras quanto as afirmações da administração sobre a eficácia dos controles internos da divulgação financeira.

Autenticação – O processo mediante o qual as pessoas identificam-se ao sistema de computação. Destinado a provar que as pessoas que acessam os aplicativos são quem dizem ser.

Autorização – Um controle importante que delega autoridade, bem como seus limites, a indivíduos ou detentores de processos específicos na organização.

Avaliação de risco – Processo utilizado para identificar e avaliar os riscos que podem afetar a capacidade de uma organização de atingir seus objetivos.

Contas e divulgações significativas – As contas e divulgações que têm uma possibilidade razoável de conter um erro que, individualmente ou em conjunto com outros, exerce um efeito material sobre as demonstrações financeiras. Esta definição baseia-se no risco intrínseco, não levando em conta o efeito dos controles.

Controle interno – Processo implantado pelo conselho de administração, pelos executivos e outros funcionários de uma entidade, que visa a proporcionar garantia razoável quanto à consecução de objetivos nas seguintes categorias: (1) confiabilidade da divulgação financeira, (2) obediência a leis e normas aplicáveis e (3) eficácia e eficiência das operações.

Controles de aplicação – Controles inseridos em aplicativos (programas) para minimizar o risco de erros de processamento. Frequentemente chamados de controles de entrada, processamento e saída.

Controles de entrada – Procedimentos de controle destinados a garantir que a organização capture integralmente as transações entre ela e outra entidade e registre adequadamente essas transações.

Controles gerais de computadores – Os controles que tratam do funcionamento e da segurança de sistemas de computação, cobrindo áreas tais como desenvolvimento de novos sistemas, segurança e controles de acesso.

Deficiência material no controle interno – Deficiência, ou combinação de deficiências, no controle interno da divulgação financeira, tal que faça com que haja uma possibilidade razoável de que uma informação material incorreta nas demonstrações financeiras anuais ou trimestrais da empresa não seja impedida ou detectada tempestivamente.

Deficiência significativa no controle interno – Deficiência, ou combinação de deficiências, no controle interno da divulgação financeira, menos severa do que uma deficiência material, mas suficientemente importante para merecer a atenção dos indivíduos responsáveis pela supervisão da divulgação financeira da empresa.

Dígitos de autoverificação – Controle de edição de entrada destinado a detectar erros comuns de transposição em dados submetidos para processamento. Mais frequentemente utilizados com dados de importância crítica, como números de contas e identificadores de produtos.

Exame passo a passo – Enfoque de auditoria mediante o qual o auditor examina cada uma das etapas do processamento de uma transação para obter e documentar o entendimento de como funcionam os controles.

Histórico de auditoria – Termo utilizado para descrever os documentos e registros que permitem a um auditor acompanhar uma transação desde sua origem até o encerramento, ou vice-versa.

Informação e comunicação – Um dos cinco componentes do controle interno. Inclui o processo de identificação, captura e troca de informações de maneira tempestiva como contribuição à consecução dos objetivos de uma organização.

Internal Control, Integrated Framework (**Coso**) – Arcabouço abrangente de controle interno usado na avaliação da qualidade do controle interno da divulgação financeira, bem como de controles sobre objetivos operacionais e de cumprimento de normas.

Monitoramento – Um dos cinco componentes do controle interno, preocupado com a avaliação da qualidade dos outros componentes internos, e se eles continuam a funcionar eficazmente. O monitoramento inclui a avaliação tanto do projeto quanto do funcionamento oportuno dos controles.

REFERÊNCIAS SELECIONADAS A ORIENTAÇÃO PROFISSIONAL RELEVANTE

REFERÊNCIA A ORIENTAÇÃO	FONTE DE ORIENTAÇÃO	DESCRIÇÃO DA ORIENTAÇÃO
Parecer de Auditoria Nº 3	PCAOB	Documentação de auditoria.
Parecer de Auditoria Nº 5	PCAOB	Uma auditoria do controle interno de divulgação financeira integrada a uma auditoria de demonstrações financeiras.
Pronunciamento de padrões de auditoria (SAS), Nº 109	AICPA, ASB	Entendimento da entidade e de seu ambiente e avaliação dos riscos de informações materiais incorretas.
Pronunciamento de padrões de auditoria (SAS), Nº 112	AICPA, ASB	Comunicação de questões relacionadas a controles internos identificadas em uma auditoria.
Pronunciamento de padrões de auditoria (SAS), Nº 115	AICPA, ASB	Comunicação de questões relacionadas a controles internos identificadas em uma auditoria.
Seção AT 501	AICPA, ASB	Exame do controle interno da divulgação financeira de uma entidade, integrado a uma auditoria de suas demonstrações financeiras.
Controle interno, arcabouço integrado, 1992	Coso	
Controle interno da divulgação financeira: orientação para pequenas empresas, 2006	Coso	
Padrão internacional de auditoria (ISA) 315	Ifac, IAASB	Entendimento da entidade e seu ambiente e avaliação de riscos de informações materiais incorretas.
Padrão internacional de auditoria (ISA) 330	Ifac, IAASB	Procedimentos do auditor em resposta a riscos avaliados.

Nota: siglas da Orientação profissional relevante – ASB – *Auditing Standards Board* (Conselho de Padrões de Auditoria); AICPA – *American Institute of Certified Public Accountants* (Instituto Americano de Contadores Externos Certificados); Coso – *Committee of Sponsoring Organizations* (Comitê de Organizações Patrocinadoras); Fasb – *Financial Accounting Standards Board* (Conselho de Padrões de Contabilidade Financeira); IAASB – *International Auditing and Assurance Standards Board* (Conselho de Padrões Internacionais de Auditoria e Garantia); IASB – *Internacional Accounting Standards Board* (Conselho de Padrões Internacionais de Contabilidade); IASC – *International Accounting Standards Committee* (Comitê de Padrões Internacionais de Contabilidade); Ifac – *International Federation of Accountants* (Federação Internacional de Contadores); ISB – *Independence Standards Board* (Conselho de Padrões de Independência); PCAOB – *Public Company Accounting Oversight Board* (Conselho de Supervisão Contábil de Companhias Abertas); SEC – *Securities and Exchange Commission* (Comissão de Valores Mobiliários e Bolsas de Valores).

Questões de revisão

5-2 (OA 1) Qual é a relação entre controle interno e governança corporativa? De que maneira o controle interno melhora a governança corporativa e o desempenho econômico?

5-4 (OA 2) O que é monitoramento? Apresente dois exemplos de controles de monitoramento e explique como eles seriam usados pela administração.

5-6 (OA 2) O que é o clima no topo? Por que ele é tão importante? Como um auditor avaliaria o clima no topo e seu possível efeito sobre a qualidade dos controles de uma organização?

5-8 (OA 3) O que é o ambiente de controle de uma organização? Quais são seus principais elementos?

5-10 (OA 3, 4) Que tipos de controle uma organização de grande porte poderia usar para garantir que seus gestores no nível de divisão estejam atuando de maneira a atingir os objetivos da empresa? Que riscos de controle poderiam estar associados a um sistema de remuneração que dê forte ênfase ao pagamento de bônus no final do ano, com base no desempenho das divisões em termos de lucro?

5-12 (OA 2, 3) De que maneira os esquemas de remuneração afetam o desempenho de um indivíduo? Qual é a responsabilidade do auditor em termos de avaliação do efeito de esquemas de remuneração sobre o risco de demonstrações financeiras com informações incorretas? Quais são os componentes essenciais das práticas de remuneração que deveriam ser examinados por um auditor ao avaliar o ambiente de controle?

5-14 (OA 4, 6) O auditor é obrigado a testar o funcionamento de controles em cada trabalho de auditoria? Explique sua resposta.

5-16 (OA 4, 6) Suponha que o auditor deseje testar controles de entrega e registro de transações de venda. Identifique os controles que o auditor esperaria encontrar para atingir o objetivo de que "todas as transações são registradas corretamente e no período correto". Para cada controle identificado, indique sucintamente como o auditor testaria se o controle funciona eficazmente.

5-18 (OA 5) Em um ambiente computadorizado, o que são controles gerais? Qual é a relação entre controles gerais e de aplicação?

5-20 (OA 5) Identifique os três principais métodos de autenticação de usuário utilizados para obter acesso a um programa ou arquivo restrito. Descreva, sucintamente, as principais vantagens e desvantagens de cada método.

5-22 (OA 6) A administração é obrigada a examinar os seguintes aspectos ao fazer sua avaliação do controle interno? Em caso afirmativo, como poderiam os administradores e auditores externos avaliar cada um dos aspectos?
- A independência e competência do conselho de administração.
- A eficácia do comitê de auditoria.
- A competência do pessoal da área de contabilidade.
- Se os funcionários da empresa estão obedecendo ao código de conduta da empresa.

5-24 (OA 6) Que fatores o auditor deve considerar ao determinar o tamanho da amostra para realizar testes de controle como parte da certificação da eficácia do controle interno da divulgação financeira? Considere os seguintes tipos de controle:
- Controles realizados sobre cada uma das transações.
- Controles computadorizados como parte de cada transação.
- Procedimentos de controle mensal.
- Controle de estimativas.
- Lançamentos de ajuste no final do ano.

5-26 (OA 6, 8) O que significa haver uma "deficiência material de controle interno"? De que maneira o auditor distingue entre deficiência significativa e material de controle interno? Como o profissional usa o conhecimento de que há uma deficiência de controle interno como base da montagem de testes substantivos de saldos de contas?

5-28 (OA 8) Qual é o papel da auditoria interna ao auxiliar a administração a elaborar seu relatório sobre a eficácia do controle interno da divulgação financeira? A auditoria interna é considerada independente da administração, ou é uma extensão dela? Explique sua resposta.

Questões de múltipla escolha

5-30 (OA 4) A implantação apropriada de controles de conciliação seria eficaz para a detecção de todos os erros a seguir, com exceção de:

a. As transações foram corretamente registradas nas contas auxiliares individuais mas, por causa de falha do computador, algumas não foram registradas na conta principal.

b. O cliente sofreu uma redução de estoques, o que fez que os registros de estoque perpétuo fossem calculados acima do apropriado.

c. Três vendas nunca foram faturadas porque os funcionários da área de entrega entraram em conluio com uma transportadora para que os produtos fossem entregues em sua própria empresa para revenda, e nunca registraram as vendas em qualquer documento.

d. Um caixa de banco registrou corretamente todas as transações envolvendo cheques, mas embolsou todo o caixa recebido, muito embora fossem entregues recibos aos clientes como prova dos depósitos em suas contas.

*5–32 (OA 4) O departamento de contas a pagar recebe a ordem de compra a ser usada para a realização de pedidos de produtos para atingir todos os seguintes resultados, exceto:

a. Comparar o preço na fatura ao preço na ordem de compra.

b. Assegurar que a compra tenha sido autorizada adequadamente.

c. Assegurar que a parte que pediu os produtos de fato os recebeu.

d. Comparar a quantidade encomendada à quantidade adquirida.

5–34 (OA 4, 6) Suponha que o auditor tenha testado os controles e concluído que a empresa possui controles fracos nas áreas de precificação e datação das vendas. Parte desta deficiência está associada a uma segregação inadequada de tarefas. Com base nessa informação, qual das seguintes ações o auditor deve realizar?

a. Desistir da auditoria porque a entidade não pode ser auditada.

b. Suspender o teste de controles de precificação e datação de transações de vendas.

c. Suspender o teste de transações como teste direto do saldo da conta.

d. (b) e (c).

As seguintes informações são referentes às questões 5-36 e 5-37.

Um auditor deseja testar controles da suficiência do processo de crédito. Os vários controles identificados durante a entrevista com o gerente de crédito e o diretor de TI são:

- Limites de crédito são fixados para todas as empresas pelo gerente de crédito e não podem superar esses valores sem a aprovação explícita do gerente de crédito.
- Vendas não podem ser feitas a prazo a novos clientes sem a fixação de um limite de crédito pelo gerente de crédito.
- O gerente de crédito examina regularmente os limites fixados por cliente e atualiza a classificação de risco e o limite em vista de nova informação obtida.
- O acesso ao arquivo de limites de crédito é restrito ao gerente de crédito ou ao seu assistente autorizado.

5–36 (OA 5) Os controles descritos podem ser caracterizados como:

- Monitoramento.
- Controles gerais de computadores.
- Controles de aplicação.
- Ambiente de controle.
- Alguns controles de aplicação e alguns controles gerais.

5–38 (OA 8) Qual dos seguintes itens seria considerado uma deficiência significativa no ambiente de controle de uma organização?

a. A função de auditoria interna é terceirizada junto a uma empresa de contabilidade externa que não está fazendo a auditoria de demonstrações financeiras.

b. Aproximadamente 60% das remunerações dos administradores correspondem a opções de compra de ações, mas elas não podem ser exercidas por cinco anos.

c. A administração se apoia na auditoria externa como sua fonte principal de controles de monitoramento.

d. O comitê de auditoria se reúne com o auditor externo e o auditor interno, mas não permite que o diretor financeiro participe dessas reuniões.

Questões de discussão e pesquisa

Atividade em grupo
5–40 (Papel fundamental do controle interno na governança corporativa, OA 1, 2, 8, 9)

O controle interno tem sido identificado como um componente fundamental da governança corporativa.
Pergunta-se:

a. Qual é a relação entre controle interno e boas práticas de governança corporativa?

b. Considere o exemplo da *Milicron* no quadro Julgamento profissional em contexto, apresentado no início deste capítulo. É antiético para a administração da *Milicron* permitir que o sistema de controle da empresa se deteriore até chegar no nível em que se encontra?

---

* Todos os problemas marcados com asterisco foram adaptados do Exame Uniforme de CPA.

c. A apresentação obrigatória de relatórios sobre o controle interno da divulgação financeira elevou a qualidade da governança nas organizações? Discuta as questões de benefício e custo associadas à apresentação obrigatória de relatórios sobre o controle interno da divulgação financeira.

d. Como poderiam os relatórios sobre o controle interno afetar o valor da ação de uma empresa? Explique e justifique a sua resposta.

Atividade em grupo

5–42 (Relatório sobre controle interno, OA 1, 2, 8) Diversos grupos estão adquirindo interesse cada vez maior na qualidade dos controles internos de uma entidade.

Pede-se:

a. Explique sucintamente a diferença entre controle interno e de divulgação financeira. Quais são as principais distinções?

b. A Lei *Sarbanes-Oxley* exige relatório público da qualidade dos controles internos sobre a divulgação financeira. Quais são seus principais beneficiários e quais os benefícios principais de tais relatórios?

c. Por que um parceiro comercial de uma empresa poderia estar interessado na qualidade dos controles internos da empresa, especialmente a qualidade de sua gestão de risco e de seu processamento informatizado?

d. Como um parecer negativo sobre os controles internos da divulgação financeira tenderia a afetar o preço da ação da empresa? A natureza da deficiência material faria alguma diferença para o efeito provável sobre o preço da ação? Explique sua resposta identificando, em seu ponto de vista, os tipos de deficiência que mais provavelmente exerceriam efeito negativo sobre o preço de mercado da ação.

e. Um relatório sobre o controle interno precisa avaliar todos os componentes do arcabouço do Coso, ou poderia se basear nos controles do processamento das transações? Explique a sua resposta.

5–44 (Clima no topo, OA 1, 2, 3) Um exame dos problemas corporativos descritos na imprensa financeira, como no *The Wall Street Journal*, geralmente cita o clima no topo da organização como um dos principais fatores do problema ocorrido. Muitas vezes, o clima no topo dessas organizações reflete um desdém por controles e uma ênfase na consecução de objetivos financeiros específicos, como um aumento de rentabilidade. Pede-se:

a. Identifique os principais componentes que um auditor considerará ao avaliar o ambiente de controle de uma organização. De que modo a avaliação do ambiente de controle pelo auditor afetará o planejamento e a realização de uma auditoria? Considere tanto uma avaliação positiva quanto negativa.

b. Para cada um dos componentes do ambiente de controle identificados no item (a), indique a informação (e as fontes da informação) que o auditor coletaria ao avaliar o fator.

c. O que precisa ser documentado pelo auditor em relação à coleta, mensuração e avaliação de evidências quanto ao ambiente de controle do cliente?

Atividade em grupo

5–46 (Atividades de monitoramento, OA 2) As empresas podem conseguir aumentos de eficiência implantando um monitoramento eficaz de seus processos de controle interno.

Pede-se:

a. Explique a importância do monitoramento e forneça exemplos.

b. Identifique os procedimentos importantes de monitoramento que uma empresa poderia utilizar ao avaliar os seus controles sobre o reconhecimento de receitas e custos em cada uma das seguintes situações:

- Uma loja de conveniência como um *7-Eleven*.
- Uma cadeia de restaurantes como *Olive Garden*.
- Uma divisão industrial produzindo recipientes de borracha para artigos de consumo final.

c. O auditor pode concentrar a avaliação do controle interno em testes da eficácia do monitoramento pela empresa? Discuta e fundamente a sua conclusão. Discuta, por exemplo, o nível de conforto que pode ser conseguido pelo auditor quanto à eficácia de outros controles ao testar a eficácia de controles de monitoramento.

5–48 (Testes de controles, OA 3, 6, 7) Os padrões de auditoria indicam que, se o risco de controle é considerado baixo, o auditor deve se assegurar de que os controles estão funcionando eficazmente.

Pergunta-se:

a. O que se quer dizer com testar a eficácia de procedimentos de controle? Como um auditor decide que controles devem ser testados?

b. O PCAOB obrigou os auditores a adotar um enfoque de cima para baixo, com base em risco, para determinar que controles devem ser testados. Como o profissional deve fazer isso?

c. De que maneira a avaliação de risco de controle pelo auditor é afetada caso um procedimento documentado não esteja funcionando eficazmente? Que efeito isso teria sobre os testes diretos de saldos de contas?

d. Suponha que um auditor precise examinar um documento para determinar se um controle está funcionando eficazmente e o cliente não consegue encontrar o documento. Deve o auditor escolher outro item para exame? Qual deve ser a conclusão do profissioal quanto ao funcionamento do controle se (1) o documento não pode ser encontrado e (2) o auditor seleciona outra transação e a documentação dessa outra transação pode ser localizada?

5–50 (Teste de controles internos, OA 4, 5, 8) Se o risco de controle de uma empresa é considerado baixo, o auditor precisa coletar evidência sobre a eficácia operacional dos controles.

Pede-se:

a. Para cada uma das atividades de controle a seguir, indique o procedimento que o auditor usaria para determinar sua eficácia operacional.

b. Descreva sucintamente como os testes substantivos de saldos de contas devem ser modificados caso o auditor constate que o procedimento de controle não está funcionando conforme o planejado. Ao fazê-lo indique (a) o que aconteceria devido a deficiência de controle e (b) como os testes do auditor devem ser ampliados para checar possíveis informações incorretas.

Controles

1. É exigida aprovação de crédito pelo departamento responsável antes que os vendedores aceitem encomendas superiores a $ 15 mil e de qualquer cliente que tenha um saldo vencido superior a $ 22 mil.
2. Todos os recebimentos de mercadorias são registrados em bilhetes de recebimento prenumerados. O departamento de controladoria verifica, periodicamente, a sequência numérica dos bilhetes de recebimento.
3. Os pagamentos por mercadorias recebidas são efetuados somente pelo departamento de contas a pagar contra o recebimento de uma fatura do fornecedor que é, a seguir, verificada em termos de preços e quantidades, em confronto com as encomendas de compra aprovadas e os bilhetes de recebimento.
4. O responsável pelo lançamento de contas a receber não tem permissão para emitir memorandos de crédito ou aprovar a baixa de contas.
5. Os recebimentos em dinheiro são abertos por um funcionário responsável pela correspondência, o qual prepara remessas a serem enviadas a contas a receber para fins de registro. O funcionário prepara uma ficha diária de depósito, a qual é enviada ao controlador. Os depósitos são feitos diariamente pelo controlador.
6. Os funcionários são acrescentados à folha geral de pagamento pelo departamento responsável somente após o recebimento de uma autorização por escrito do departamento pessoal.
7. Os únicos indivíduos que têm acesso à folha geral de pagamento são o chefe do departamento de folha de pagamento e o funcionário responsável pela manutenção do arquivo de folha de pagamento. O acesso ao arquivo é controlado por meio de senhas computadorizadas.
8. Testes de edição embutidos no programa computadorizado de folha de pagamento proíbem o processamento de horas de trabalho acima de 53 por semana, bem como o pagamento de um funcionário em mais de três classificações de função durante o período de uma semana.
9. Memorandos de crédito são enviados a clientes somente após o recebimento da mercadoria ou a aprovação de ajustes pelo departamento de vendas.
10. Um vendedor não pode aprovar uma devolução ou ajuste de preço que supere 6% das vendas acumuladas no ano a qualquer cliente. O gerente de vendas de uma divisão deve aprovar qualquer ajuste para um cliente como esse.

*5–52 (Elementos de controles internos, OA 4) A *Brown Company* presta os seguintes serviços auxiliares de escritório para mais de 100 clientes de pequeno porte:

1. Fornecimento de pessoal temporário.
2. Fornecimento de serviços mensais de escrituração contábil.
3. Projeto e impressão de pequenos folhetos.
4. Serviços de cópia e reprodução.
5. Preparação de declarações de rendimentos.

Alguns clientes pagam esses serviços à vista, outros usam contas com prazo de 30 dias, e outros, ainda, operam segundo contratos que preveem pagamentos trimestrais. O novo gerente de escritório da *Brown* estava preocupado com a eficácia dos procedimentos de controle sobre vendas e fluxo de caixa. A pedido do gerente, o processo foi examinado e foram constatados os seguintes fatos:

a. Os contratos eram redigidos por executivos de contas e depois transferidos ao departamento de contas a receber, onde eram arquivados. Os contratos tinham um limite (teto) para os tipos de serviço e volume de trabalho cobertos. Os contratos previam pagamento trimestral antecipado.

b. Os pagamentos periódicos pelos clientes eram identificados no contrato e um recibo de pagamento era colocado no arquivo do contrato. Os registros contábeis eram: crédito receita; débito caixa.

---

* Todos os problemas marcados com asterisco foram adaptados do Exame Uniforme de CPA.

c. Periodicamente, um funcionário revia os arquivos de contratos para determinar seu *status*.
d. As ordens de serviço relacionadas a trabalhos contratados eram colocadas no arquivo do contrato. Os registros contábeis eram: débito custo de serviços prestados; crédito caixa ou contas a pagar ou salários a pagar.
e. Os serviços mensais de escrituração contábil eram geralmente pagos quando o serviço era concluído. Se não fossem pagos à vista, uma cópia do demonstrativo financeiro (assinalado "Não pago $ _____") era colocada em um arquivo de pagamento pendente. Era removida quando se recebia o pagamento, e os registros contábeis eram: débito caixa; crédito receita.
f. O trabalho de projeto e impressão era tratado como os serviços de escrituração contábil. Entretanto, um formulário de ordem de serviço de projeto e impressão era utilizado para acumular custos e calcular o valor a ser cobrado do cliente. Uma cópia do formulário da ordem de serviço funcionava como fatura de cobrança do cliente e, quando se recebia o pagamento, como aviso de remessa.
g. O trabalho de reprodução (cópia) era geralmente uma transação à vista que era registrada em uma caixa registradora e encerrada no final do dia. Certo volume de trabalho de reprodução era lançado contra contas-correntes. Um formulário de cobrança era entregue ao cliente junto com o trabalho concluído, e uma cópia era colocada em um arquivo aberto. Era retirado ao ocorrer o pagamento. Em ambos os casos, quando se recebia o pagamento, o lançamento contábil era: débito caixa; crédito receita.
h. O trabalho fiscal era processado como os serviços de escrituração contábil.
i. O dinheiro recebido de vendas à vista era depositado diariamente. O dinheiro recebido de pagamentos de contas-correntes ou trimestrais era depositado após ser verificado contra evidências da existência de contas a receber.
j. Conciliações de contas bancárias eram feitas usando os bilhetes de depósito como dado original para os depósitos nos extratos bancários.
k. Um registro de caixa de todo o dinheiro recebido pelo correio era mantido e utilizado como referência quando havia dúvidas sobre algum pagamento.
l. Comparações mensais eram feitas dos custos e das receitas dos serviços de impressão, projeto, escrituração e fiscais. Diferenças anormais entre receitas e custos eram investigadas. Entretanto, o processamento de pagamentos diferidos dificultava esta análise.

Pede-se:
a. Enumere pelo menos oito elementos evidentes de controle interno deficiente.
b. Enumere pelo menos seis elementos evidentes de bom controle interno.

5–54 (Avaliação de deficiências de controle, OA 4, 8) Suponha que o auditor esteja testando a afirmação dos administradores de que o controle interno é eficaz. Trata-se de uma empresa industrial produtora de máquinas especializadas, de alto valor monetário, usadas em medicina. O auditor está testando controles sobre o processo de reconhecimento de receitas, incluindo o registro de contas a receber, custo dos produtos vendidos e estoques.

Pede-se:

A tabela apresentada a seguir identifica controles importantes do ciclo de receita que estão sendo testados pelo auditor. A primeira coluna descreve o controle e a segunda, os resultados dos testes realizados. Determine se os resultados obtidos pelo auditor apoiam uma conclusão de que há deficiência significativa ou material. A avaliação pode ser aplicada a cada controle ou ao processo como um todo. Descreva sucintamente o raciocínio usado em sua resposta.

Atividade em grupo

5–56 (Atividade em grupo, monitoramento contínuo, OA 2, 5) Cada vez mais empresas estão usando o poder da computação para desenvolver enfoques de monitoramento contínuo visando a identificar problemas de controle e tomar medidas corretivas tempestivamente. Pede-se:
a. Explique como o conceito de monitoramento contínuo poderia ser utilizado em uma aplicação informatizada que processe pedidos de venda e registre vendas realizadas.
b. Com a autorização de seu instrutor, selecione uma das páginas eletrônicas na internet:
- http://www.oversightsystems.com
- http://www.approva.com
- http://www.acl.com

Explique os tipos de produto que cada empresa fornece ao mercado e como poderiam ajudar uma organização a implantar um monitoramento eficaz de operações computadorizadas. Em que medida os *softwares* são (1) outro controle a ser implantado *versus* (2) um enfoque ao monitoramento de controles? Explique a sua resposta.

5–58 (Políticas de controle de acesso, OA 5) Um programa abrangente de controle de acesso ao equipamento de computação, a programas de computador e a dados é um controle importante. Ao avaliar a abrangência de uma política de acesso, o auditor considera tanto o acesso físico quanto o acesso a dados; isto é, por meio de acesso a arquivos pelo computador.

Teste de controles de receitas

Controle testado	Resultados do teste	Deficiência significativa?	Deficiência material?
(1) Todas as vendas acima de $ 10 mil exigem verificação computadorizada dos saldos a pagar para checar se o saldo aprovado foi superado.	Testadas durante o ano com uma amostra de 30 observações. Houve apenas três falhas, todas no último trimestre, e todas aprovadas pelo gerente de vendas.		
(2) O computador é programado para registrar uma venda somente quando um item é enviado. do registro.	Foram testados dez itens durante o último mês. Um indicou ter sido registrado antes do envio. A administração estava ciente.		
(3) Todos os preços são obtidos em uma lista padronizada de preços mantida dentro do computador, e acessível somente pelo gerente de marketing.	O auditor escolheu 40 faturas e encontrou cinco casos em que o preço era inferior ao valor de lista. Todas as alterações de preço foram feitas por vendedores.		
(4) As vendas são entregues somente após o recebimento de uma ordem de compra autorizada do cliente.	O auditor selecionou 15 transações no final de cada trimestre. Em média, 3-4 são entregues a cada trimestre com base em aprovação do vendedor e sem a ordem de compra do cliente.		
(5) Cada entrega recebe um número do computador quando uma ordem é recebida. Prepara-se, a cada mês, um relatório mostrando o *status* de todos os itens para os quais se receberam ordens de compra, itens atualmente em processamento e enviados.	O auditor examinou três dos relatórios semanais e observou que os itens indicados como enviados não batem com o número de itens faturados. A administração diz que este é um problema regular de casamento de datas e não afeta a correção dos saldos de contas.		

Pede-se:
a. Identifique os controles físicos que um auditor esperaria encontrar em relação ao acesso a equipamentos e documentação de informática.
b. Identifique as três principais maneiras pelas quais um programa de controle de acesso pode autenticar um usuário. Quais são as vantagens e desvantagens de cada enfoque?
c. Quais são os riscos de utilização de um identificador físico, tal como um escaneamento de retina ou uma impressão digital como enfoque principal de autenticação de usuários? Quais são as implicações para o usuário, caso a autenticação seja comprometida?
d. Suponha que um cliente possua um *software* que faz o trabalho satisfatório de autenticação de usuários. Explique como funciona uma matriz de acesso e a importância em termos de segurança. Ilustre como deve ser feito o cruzamento de usuários e do acesso em uma matriz.

Casos

5-60 (Identificação de deficiências de controle, OA 2, 4, 6) A *Waste Management* é uma empresa com faturamento de US$ 18 bilhões, que coleta resíduos sólidos e gere aterros sanitários, centros de reciclagem e instalações de energia elétrica. Produz eletricidade com subprodutos de aterros sanitários, abastecendo 1 milhão de residências por ano. Opera apenas na América do Norte e está assim estruturada:

A sede da empresa fica em Houston, Texas, e está organizada para atender cinco grandes regiões nos Estados Unidos e no Canadá, ou seja, Leste, Norte, Sul, Oeste e Canadá. As regiões são, por sua vez, subdivididas em áreas de mercado, como Nova York, Filadélfia, Leste de Ohio etc. Dentro de cada área de mercado estão as unidades de negócios, por exemplo, um aterro sanitário, uma estação de transferência de resíduos, uma divisão de coleta de resíduos e um centro de reciclagem. Boa parte da contabilidade ocorre no nível da unidade de negócios. A empresa opera cerca de 300 aterros sanitários, 160 centros de reciclagem, 400 pontos de resíduos sólidos, e cerca de 1.000 unidades de coleta de resíduos. Portanto, a empresa possui, aproximadamente, 2.000 unidades de negócios.

Algumas das aplicações da empresa operam no nível corporativo, por exemplo, compras e contas a pagar. Algumas operam no nível de área de mercado, como consolidação financeira de unidades, preparação de relatórios de monitoramento e processamento de folha de pagamento. O restante das atividades, particularmente processos de receita, ocorre no nível de unidade de negócios. As principais atividades de registro de receitas incluem:

- Faturamento de entidades governamentais com base nos preços de contratos de coleta de resíduos sólidos. O faturamento é feito com base no número-meta de residências, mas aumenta quando o número efetivo de residências supera o limite fixado, e vice-versa.
- Faturamento de indivíduos por coletas especiais, por exemplo, despejo de aparelhos eletrodomésticos.
- Venda de produtos reciclados no mercado secundário.
- Coleta de caixa de transportadores não pertencentes à *Waste Management* que se apresentam em um aterro sanitário. Isto é feito pesando-se os caminhões cheios e cobrando à vista do transportador pelo volume pesado.

No presente momento, a *Waste Management* mal começou a instalar balanças integradas de pesagem e faturamento nos aterros sanitários. Na maioria dos aterros, um operador de balança pesa o caminhão, calcula o volume de resíduos sólidos recebidos e cobra do transportador (ou consumidor) um valor determinado por políticas para aterros autorizados. O operador recebe o pagamento e, mais tarde, quando tem tempo, lança todos os dados no sistema computadorizado de reconhecimento de receita e contabilidade de caixa.

Todas as decisões de contratação de novos funcionários ocorrem no nível de unidade de negócios, muito embora o processamento de folha de pagamento aconteça no nível de área de mercado. Pede-se:

a. Identifique os procedimentos de controle que a *Waste Management* deve utilizar para processamento e reconhecimento de receita. Utilize o arcabouço de objetivos de controle interno para processamento de transações como apoio na identificação de controles necessários. Considere também os riscos associados ao processamento, ou seja, que coisas poderiam sair errado com alguém que opere as balanças, receba pagamentos e lance os dados no computador para fins de reconhecimento de receita.

b. Identifique dois ou três controles de monitoramento ou relatórios de exceção que a administração deveria usar para garantir que seja registrado todo resíduo sólido aceito em uma estação de transferência (para ser posteriormente levado de caminhão a um aterro) ou aterro sanitário.

c. Identifique os procedimentos de controle que a empresa deveria usar para garantir que os objetivos de controle interno de processamento de folha de pagamento sejam atingidos.

d. A administração documentou os controles e precisa montar testes para determinar se os controles estão funcionando bem. Para todos os controles identificados no item (a), indique um teste que determinaria a eficácia dos controles usados.

e. Considere as três classes amplas de transações identificadas: (a) contas a pagar, (b) folha de pagamento e (c) reconhecimento de receita. Monte um enfoque abrangente que orientaria o auditor externo na determinação de quantos controles precisam ser testados, e em que nível, para cada um dos três processos. Considere o volume de testes que precisa ocorrer no nível corporativo, de área de mercado e no nível de unidade de negócios.

5-62 (Análise de decisões e avaliação da competência da administração, OA 2, 3, 6, 9) O relatório anual revisado, de 2004, da *Milacron, Inc.* continha a seguinte descrição de uma deficiência material nos controles internos da empresa:

Revisão de questões contábeis complexas e de julgamento – Há níveis inadequados de revisão de questões contábeis complexas e de julgamento. Vários ajustes de auditoria foram necessários para corrigir erros resultantes desta deficiência de controle interno, que se manifestou na determinação de provisões de avaliação de imposto diferido, bem como em reservas para litígios e valores recuperáveis de seguradoras. Estes ajustes estão refletidos nas demonstrações financeiras auditadas da empresa para o exercício encerrado em 31 de dezembro de 2004. Além disso, durante o quarto trimestre de 2005, a empresa tomou conhecimento da necessidade de reapresentar suas demonstrações financeiras consolidadas em vista de não ter sido considerado o efeito de uma cláusula de conversão benéfica no cálculo do prejuízo básico e diluído das operações regulares por ação ordinária e do prejuízo por ação ordinária. Este erro também representa um efeito da deficiência material sobre a revisão de questões contábeis complexas e de julgamento.

Para lidar com esta deficiência material, a empresa continua implantando planos de solução, incluindo:

- A empresa implantou níveis mais elevados de revisão de questões contábeis complexas e de julgamento.
- A empresa introduziu um plano de adicionar pessoal com conhecimentos contábeis técnicos e iniciou uma busca de candidatos qualificados.
- A empresa implantou uma nova política e diretrizes para maior desenvolvimento profissional individualizado de pessoal nas áreas de finanças e contabilidade.

O relatório anual da *Milacron* para o ano de 2005 continha a seguinte declaração no parecer do auditor sobre controles internos: "… em nossa opinião, a Milacron, Inc. e suas subsidiárias mantiveram, em todos os aspectos relevantes, controle interno eficaz sobre a divulgação financeira no período encerrado em 31 de dezembro de 2005, de acordo com os critérios do Coso." Portanto, a empresa conseguiu remediar com sucesso a deficiência material em seus controles internos a respeito de questões contábeis complexas e de julgamento, que havia resultado de revisão inadequada e da existência de qualificação técnica e treinamento inadequados de seu pessoal de contabilidade.

Pede-se:

a. Utilize o arcabouço de análise de decisões apresentado no capítulo 3 para discutir como você analisaria se os planos de solução haviam sido de fato eficazes. Lembre-se de que o arcabouço contém as seguintes etapas: (1) estruturar o problema de auditoria, (2) avaliar as consequências da decisão, (3) medir os riscos e as incertezas do problema de auditoria, (4) avaliar as alternativas de coleta de evidência e informação de auditoria, (5) realizar análises de sensibilidade, (6) coletar evidência e informação de auditoria, (7) tomar a decisão a respeito do problema.

b. Suponha que, em lugar de resolver a deficiência material, os controles da *Milacron* sobre as questões contábeis complexas e de julgamento continuassem a ser um problema porque a administração não tinha os recursos financeiros necessários para contratar pessoal mais competente ou melhorar o treinamento e o desenvolvimento profissional de seu pessoal. Quais são as implicações éticas de tal situação?

Ford Motor Company e Toyota Motor Corporation: Controle interno da divulgação financeira

(www.cengage.com.br, em inglês)

Fonte e referência	Pergunta
Ford 10-K, p. 81 *Toyota 20-F, pp. 98-993*	1a. Tanto a administração da Ford quanto a da Toyota comentam a respeito de "controles de divulgação". Quais são os controles de divulgação? Por que são importantes? 1b. Tanto a administração da Ford quanto a da Toyota comentam a respeito do fato de que o controle interno da divulgação financeira tem "limitações intrínsecas". Quais são essas limitações? 1c. A Ford observa uma variedade de alterações materiais em termos de controle interno. Quais são essas alterações? Alguma delas lhe preocupa especificamente? 1d. De que maneira a administração pode se tranquilizar de que o controle interno não possui qualquer deficiência material? 1e. De um ponto de vista conceitual, suponha que duas empresas tenham o mesmo tamanho, estejam no mesmo setor e tenham o mesmo lucro líquido divulgado. Entretanto, uma delas tem uma deficiência material no controle da divulgação financeira, e a outra não apresenta deficiência alguma. Devem ser diferentes os preços das ações das duas empresas? Em caso afirmativo, qual é o motivo para haver diferença entre os preços das ações?

Realização de uma auditoria integrada

6

Objetivos de aprendizagem

O objetivo principal deste livro-texto é a construção de uma base para a análise de questões profissionais correntes e a adaptação de enfoques de auditoria às complexidades das empresas e da economia. Por meio do estudo deste capítulo, você será capaz de:

1. Articular a evolução dos padrões quanto a auditorias integradas do controle interno da divulgação financeira e auditorias de demonstrações financeiras.
2. Descrever relatórios de auditoria externa sobre o controle interno da divulgação financeira.
3. Apresentar as etapas da realização de uma auditoria integrada.
4. Identificar as possíveis consequências dos resultados do teste de controles e suas implicações para testes substantivos subsequentes de saldos de contas.
5. Discutir fatores que os executivos e os auditores devem considerar ao avaliarem deficiências de controle, incluindo distinguir entre uma deficiência significativa e material.
6. Aplicar os arcabouços de análise e tomada de decisões com ética a situações envolvendo uma auditoria integrada.

Visão geral do capítulo

Uma auditoria integrada consiste em auditar as demonstrações financeiras de uma companhia aberta, bem como o seu controle interno. As companhias abertas são obrigadas a ter suas demonstrações financeiras auditadas, acompanhadas de (a) um relatório da administração sobre o controle interno da divulgação financeira, (b) um parecer de auditoria externa sobre (1) as demonstrações financeiras e (2) a eficácia do controle interno da divulgação financeira. A empresa de auditoria externa deve planejar e executar a auditoria de maneira a identificar deficiências materiais no controle interno, caso existam.

Os auditores sempre foram responsáveis por conhecer os controles internos para a determinação da profundidade e tempestividade de testes substantivos de saldos de contas. Mas não eram obrigados a testar os controles, a menos que planejassem apoiar-se neles para reduzir o volume de testes substantivos de saldos de contas. Em muitos casos, os auditores descobriram que era eficiente testar diretamente os saldos de contas e não os controles individuais. Em termos do processo de elaboração do parecer de auditoria, este capítulo envolve as fases II e III, ou seja, a descrição de como os auditores entendem e testam os controles internos das companhias abertas que são seus clientes abertos na implantação de planos de realização de uma auditoria integrada.

O processo de elaboração do parecer de auditoria

| I. Aferir as decisões de aceitação e retenção do cliente (capítulo 4). | II. Entender o cliente (capítulos 2, 4-6 e 9). | III. Obter evidência a respeito de controles e determinar o impacto sobre a auditoria de demonstrações financeiras (capítulos 5-14 e 18). | IV. Apurar evidências consubstanciadas sobre afirmações de contas (capítulos 7-14 e 18). | V. Fechamento da auditoria e tomada de decisões de divulgação (capítulos 15 e 16). |

| A profissão de auditoria, regulamentação e governança corporativa (capítulos 1 e 2). | Tomada de decisões, conduta profissional e ética (capítulo 3). | Responsabilidade profissional (capítulo 17). |

As exigências de auditoria de companhias abertas se alteraram com a promulgação da lei *Sarbanes-Oxley*, de 2002, e com o padrão do PCAOB sobre a realização de uma auditoria integrada (padrão de auditoria nº 2). Esse modelo exige que os auditores de companhias abertas façam a avaliação dos controles internos ao mesmo tempo que realizam a auditoria das demonstrações financeiras. Com a introdução do padrão revisto de auditoria integrada (padrão de auditoria nº 5), os auditores profissionais têm se concentrado mais no aumento de eficiência da realização de testes associados a auditorias integradas. Este capítulo descreve enfoques que podem ser adotados por um profissional à coleta eficiente de evidências para apoiar dois pareceres distintos: (1) um sobre as demonstrações financeiras e (2) outro sobre a eficácia do controle interno da divulgação financeira.

Evolução dos padrões de condução de auditorias integradas

OA 1
Articular a evolução dos padrões de auditoria quanto a auditorias integradas do controle interno da divulgação financeira e de demonstrações financeiras.

O padrão de auditoria nº 2 (AS 2), "uma auditoria do controle interno da divulgação financeira realizada em conjugação com uma auditoria de demonstrações financeiras", foi aprovado pela SEC em 17 de junho de 2004 e passou a valer para as auditorias de controle interno de divulgação financeira exigidas pela seção 404(b) da lei *Sarbanes-Oxley*. Muitos investidores consideravam benéfica a informação adicional sobre a qualidade dos controles internos de uma empresa, decorrente do AS 2, mas se queixavam do custo adicional, tanto da avaliação pela administração quanto da auditoria externa.

O padrão de auditoria nº 5, "uma auditoria do controle interno da divulgação financeira que é integrada a uma auditoria de demonstrações financeiras", foi aprovado pela SEC em 25 de julho de 2007 e vale para as auditorias de exercícios fiscais encerrados a partir de 15 de novembro de 2007. A nova norma, combinada à orientação semelhante para os administradores de empresas, emitida pela SEC, tem incentivado as organizações e os auditores a adotar um enfoque de cima para baixo e baseado em risco à implantação de uma auditoria integrada de controles internos e demonstrações financeiras. O Coso também tem divulgado orientação visando a auxiliar as organizações a melhorar a implantação de processos de monitoramento. Essa orientação tem produzido uma redução significativa dos custos associados à realização de auditorias integradas. As principais mudanças de orientação, desde a publicação original do AS 2, incluem:

1. Estímulo tanto aos administradores quanto aos auditores para implantar um enfoque de cima para baixo e baseado em risco.

Julgamento profissional em contexto
Entendimento dos custos de realização de uma auditoria integrada

Quando a SEC originalmente produziu orientação para os administradores de empresas em relação à elaboração do relatório do controle interno da divulgação financeira, ela estimou que isso gerasse custos adicionais de US$ 90 mil por ano para a empresa média registrada. O que acabou acontecendo foi o custo significativamente mais alto – muitas vezes superando o quíntuplo da estimativa original. Este gasto extraordinário levou muitas empresas e organizações, como o *Financial Executives Institute*, a clamar pela eliminação ou redução das exigências da lei *Sarbanes-Oxley*. Em resposta, os auditores profissionais conclamaram o PCAOB e a SEC a baixar diretrizes a respeito da auditoria integrada de controles e demonstrações financeiras com a finalidade de aumentar a eficiência e, com isso, reduzir os custos de implantação. Portanto, por que as estimativas de custo da SEC haviam sido tão imprecisas?

1. Manutenção adiada. Muitas empresas haviam ignorado a qualidade de seus controles internos enquanto cresciam. Isto havia acontecido particularmente nas empresas que tinham crescido por meio de aquisições, nas quais os sistemas nunca haviam sido completamente integrados. Assim sendo, a avaliação inicial de controles internos acabou representando um processo de recuperação para muitas empresas.
2. Avaliação pela primeira vez. Infelizmente, muitas empresas não estavam preparadas para fazer uma primeira avaliação de seus controles internos. Não tinham pessoal suficiente e, frequentemente, se apoiavam em serviços terceirizados para ajudá-las a fazer seu trabalho de controle.
3. As empresas de auditoria não estavam preparadas para reduzir os testes diretos de saldos de contas. Muitas utilizavam um enfoque de auditoria que se concentrava em testes diretos de saldos de contas. Não estavam preparadas para reduzir o volume de testes diretos – frequentemente resultando em aumentos de honorários de auditoria em 70 a 80%.
4. O padrão de auditoria nº 2 não estava baseado em considerações de risco. Ao contrário, se preocupava com a montagem de amostras de tamanhos suficientemente grandes para testar atividades de controle independentemente do volume de risco com o qual o controle lidava.
5. Muitos auditores estavam, pela primeira vez, avaliando o controle interno com base no arcabouço do Coso. Anteriormente, as empresas de auditoria concentravam seus esforços em atividades de controle juntamente com uma avaliação subjetiva do ambiente para determinar o risco de desconsideração de controles pela administração. Entretanto, os padrões de auditoria nºs 2 e 5 exigem uma avaliação completa do controle interno – o que envolve uma avaliação do funcionamento integrado dos cinco componentes do arcabouço.
6. As empresas tinham gasto pouco tempo monitorando a eficácia do controle interno. O Coso não havia produzido a sua orientação sobre o monitoramento da eficácia do controle interno, e as empresas tinham gasto pouco tempo considerando os benefícios de tal monitoramento.
7. Muitas funções de auditoria interna haviam se deslocado quase exclusivamente a auditorias operacionais, em lugar de auditorias de controles. Os administradores encorajavam os departamentos de auditoria interna a se preocuparem mais com questões de auditoria operacional, com base na hipótese de que a empresa contava com uma cobertura significativa dos controles internos pelo auditor externo e não desejavam duplicar custos.
8. A orientação sobre o uso do trabalho da auditoria interna ou outras avaliações do controle interno pela própria empresa era muito limitada. O auditor externo não tinha muita liberdade para utilizar o trabalho da auditoria interna ou outras avaliações objetivas de controles sob o padrão nº 2.
9. A complexidade, especialmente de sistemas informatizados (TI), gerou um grande volume de trabalho detalhado de auditoria, que não era realizado no passado. Os profissionais frequentemente avaliavam os controles de TI em níveis de detalhe não exigidos em uma avaliação da exigência mais ampla de controle interno da divulgação financeira.

O produto de tudo isso foi que os profissionais não estavam preparados para fazer auditorias integradas de controle interno e divulgação financeira. Ao ler este capítulo, pedimos que você considere as seguintes perguntas:

- Que julgamentos precisam ser feitos ao se preparar e implantar uma auditoria integrada?
- Em que medida e sob que condições um auditor pode se concentrar principalmente no teste de controles, e com isso reduzir o volume de testes diretos de saldos de contas?
- Que eficiências devem ser obtidas ao se fazer uma auditoria integrada? Por exemplo, em que medida os custos de auditoria devem diminuir nas empresas que possuem controles internos excelentes?
- Como devem ser alterados os testes diretos de saldos de contas quando os controles internos contêm deficiências significativas ou materiais?

2. Clareza na definição de deficiência material, de que deve haver uma possibilidade razoável de ocorrência de informação material incorreta no saldo de uma conta devido à deficiência de controle.
3. Reconhecimento de que o auditor externo pode recorrer ao trabalho da administração na avaliação de controles internos, particularmente aquele realizado por uma área competente e independente de auditoria interna.
4. Ênfase adicional na necessidade de documentar o processo de raciocínio do auditor, ligando deficiências de controle a testes específicos de saldos de contas.
5. Aumento do foco no aumento da eficiência da auditoria com o incentivo a uma maior dependência de controles internos eficazes na redução do volume de testes substantivos de saldos de contas.

AUDITORIA NA PRÁTICA

Evolução continuada de padrões de avaliação de riscos

Em 21 de outubro de 2008, o PCAOB publicou a nota 2008-006, que descreve sete novos padrões de auditoria propostos com a finalidade de atualizar as exigências vigentes de avaliação e reação a riscos durante uma auditoria. Um desses padrões ("identificação e avaliação de riscos de informação material incorreta") se aplica diretamente à auditoria integrada. Você deve estar ciente de que as normas evoluem constantemente e que é sua responsabilidade, como profissional, acompanhar essa evolução. Visite o endereço eletrônico do PCAOB para obter atualizações adicionais nessa área, bem como tomar conhecimento de outras mudanças no contexto de padrões de auditoria.

Relatórios de auditoria do controle interno da divulgação financeira

OA 2
Descrever relatórios de auditoria externa sobre o controle interno da divulgação financeira.

O relatório do auditor sobre o controle interno serve de guia para o planejamento da auditoria integrada ao descrever as responsabilidades do profissional, bem como as evidências a serem coletadas.

As exigências para a auditoria de controle interno estipuladas no padrão de auditoria nº 5 (AS 5), parágrafo 3, são as seguintes:

> O objetivo do auditor em uma auditoria do controle interno da divulgação financeira é dar um parecer a respeito da eficácia do controle interno da empresa sobre a divulgação financeira. Como o controle interno de uma empresa não pode ser considerado eficaz quando há uma ou mais deficiências materiais, para ter uma base para dar um parecer, o auditor deve planejar e realizar a auditoria com a finalidade de obter evidência suficiente para ter uma garantia razoável da existência ou não de deficiências materiais, para a data especificada na avaliação pela administração. Uma deficiência material no controle interno da divulgação financeira pode existir mesmo quando as demonstrações financeiras não contêm informações materiais incorretas.

Além disso, o AS 5 exige que o auditor planeje e realize a auditoria do controle interno e das demonstrações financeiras ao mesmo tempo:

> O auditor deve projetar seu teste de controles para atingir, simultaneamente, os objetivos de ambas as auditorias... A obtenção de evidência suficiente para sustentar as avaliações de risco baixo de controle, para fins de auditoria de demonstrações financeiras, normalmente permite ao auditor reduzir o volume de trabalho que teria sido necessário para dar um parecer sobre as demonstrações financeiras (AS 5, parágrafos 7, 8).

QUESTÃO PRÁTICA

O cliente deve relatar, trimestralmente, se há alterações materiais nos controles internos. Portanto, o cliente deve monitorar a eficácia dos controles ao longo do ano, muito embora seu relatório externo descreva a eficácia dos controles internos em um determinado momento, geralmente na data do balanço.

O trabalho é integrado visando a promover a eficiência da auditoria. Também é integrado porque tanto os testes de controles quanto os de saldos de contas fornecem evidências em relação uns aos outros. Por exemplo, os testes de controles possibilitam verificar a probabilidade de que as demonstrações financeiras estejam livres de informações incorretas. Além disso, se o auditor encontrar dados materiais incorretos em saldos de contas ou demonstrativos, essas informações geralmente significarão que há deficiências materiais nos controles internos.

Parecer sem ressalvas sobre o controle interno da divulgação financeira

O parecer do auditor sobre o controle interno é integrado ao parecer sobre as demonstrações financeiras da empresa. Um exemplo de um parecer "limpo" sobre o controle interno da *Ford Motor Company* é mostrado na **Ilustração 6.1**.

Ilustração 6.1: Relatório do auditor sobre o controle interno da divulgação financeira

Ford Motor Company – Relatório anual de 2007

Ao conselho de administração e acionistas da Ford Motor Company

Em nossa opinião, os balanços consolidados em anexo e as correspondentes demonstrações consolidadas de resultado, do patrimônio líquido e dos fluxos de caixa apresentam fidedignamente, em todos os aspectos relevantes, a posição financeira da Ford Motor Company e suas subsidiárias em 31 de dezembro de 2007 e 31 de dezembro de 2006, e os resultados de suas operações e fluxos de caixa em cada um dos três anos do período encerrado em 31 de dezembro de 2007, em conformidade com princípios contábeis aceitos em geral nos Estados Unidos da América. Também, em nossa opinião, a Empresa manteve, em todos os aspectos relevantes, controle interno eficaz sobre a divulgação financeira no exercício encerrado em 31 de dezembro de 2007, com base em critérios fixados em *Internal Control – Integrated Framework*, publicado pelo Comitê de Organizações Patrocinadoras da Comissão Treadway (Coso).

A administração da Empresa é responsável por essas demonstrações financeiras, por manter controle interno eficaz sobre a divulgação financeira e por sua avaliação da eficácia do controle interno da divulgação financeira, incluída no Relatório da Administração sobre Controle Interno neste relatório anual. Nossa responsabilidade é exprimir opiniões sobre essas demonstrações financeiras e sobre o controle interno da divulgação financeira com base em nossas auditorias integradas. Realizamos nossas auditorias de acordo com os padrões do Conselho de Supervisão Contábil de Companhias Abertas (PCAOB) dos Estados Unidos. Esses padrões exigem que planejemos e realizemos as auditorias para obter garantia razoável de que as demonstrações financeiras estão livres de informações materiais incorretas, e um controle interno eficaz sobre a divulgação financeira foi mantido em todos os aspectos relevantes. Nossas auditorias das demonstrações financeiras incluíram um exame, com base em testes, de evidências apoiando os valores e as declarações feitas nas demonstrações financeiras, uma avaliação dos princípios contábeis utilizados e das estimativas significativas feitas pela administração, bem como uma avaliação da apresentação geral das demonstrações financeiras. Nossa auditoria do controle interno da divulgação financeira incluiu a aquisição de conhecimento do controle interno da divulgação financeira, avaliando o risco de existência de uma deficiência material, e testando e avaliando a estrutura e a eficácia operacional do controle interno com base no risco medido. Nossas auditorias também incluíram a adoção de outros procedimentos que consideramos necessários nas circunstâncias. Acreditamos que nossas auditorias fornecem sustentação razoável às nossas opiniões.

[Dois parágrafos omitidos para tornar a apresentação mais sucinta]

O controle interno da divulgação financeira de uma empresa é um processo concebido para dar garantia razoável a respeito da confiabilidade e da preparação de demonstrações financeiras para fins externos de acordo com princípios contábeis aceitos em geral. O controle interno da divulgação financeira de uma empresa inclui as políticas e os procedimentos que (i) dizem respeito à manutenção de registros que, com detalhamento razoável, refletem com precisão e fidedignidade as transações e a destinação dos ativos da empresa; (ii) fornecem garantia razoável de que as transações são registradas conforme o necessário para permitir a elaboração de demonstrações financeiras de acordo com princípios contábeis aceitos em geral, e que os recebimentos e pagamentos da empresa estão sendo feitos somente com a autorização da administração e dos conselheiros da empresa; e (iii) fornecem garantia razoável quanto à prevenção ou detecção tempestiva de aquisições, usos ou vendas dos ativos da empresa que poderiam exercer efeito significativo sobre as demonstrações financeiras.

Por causa de suas limitações intrínsecas, o controle interno da divulgação financeira pode não impedir ou detectar a ocorrência de informações incorretas. Além disso, projeções de qualquer avaliação de eficácia para períodos futuros estão sujeitas ao risco de que os controles se tornem inadequados, devido à mudança de condições ou de deterioração do grau de obediência às políticas ou aos procedimentos.

PricewaterhouseCoopers LLP
Detroit, MI
27 de fevereiro de 2008

Note que o parecer sem ressalvas do auditor contém os seguintes elementos:

- O relatório de controle interno está contido no mesmo documento em que se encontra o parecer sobre as demonstrações financeiras. Uma alternativa aceitável é emitir dois relatórios: um sobre as demonstrações financeiras e outro sobre os controles internos. Entretanto, se forem feitos relatórios separados, um deverá se referir ao outro.
- O auditor dá um parecer sobre a eficácia do controle interno no contexto de critérios reconhecidos, ou seja, o arcabouço integrado de controle interno do Coso.
- O auditor reconhece e transmite aos usuários que há limitações de controle interno que podem afetar sua eficácia no futuro.

Parecer desfavorável de auditoria sobre o controle interno da divulgação financeira

No primeiro ano de emissão de relatórios (2004), aproximadamente 15% das empresas registradas na SEC receberam pareceres desfavoráveis sobre a qualidade de seus controles internos. Um parecer desfavorável é dado quando o auditor encontra uma ou mais deficiências materiais no controle interno da divulgação financeira do cliente. Um exemplo de parecer desfavorável é apresentado na **Ilustração 6.2**. O auditor descreve as deficiências identificadas no relatório da administração, mas não discute as providências tomadas pela equipe administrativa para solucioná-las. O parecer também não discute se a deficiência de controle foi originalmente constatada pela administração ou pelo auditor. O auditor não dá um parecer sobre os planos da administração para remediar as deficiências de controle. O plano de auditoria para o ano seguinte se preocupará em verificar se a administração conseguiu lidar eficazmente com as deficiências.

Etapas de uma auditoria integrada

OA 3
Descrever as etapas da realização de uma auditoria integrada.

Com a promulgação da lei *Sarbanes-Oxley*, de 2002, tanto a administração de companhias abertas quanto os seus auditores externos devem fazer relatórios do controle interno da divulgação financeira. Esses documentos devem basear-se em evidências tanto a respeito da estrutura quanto do funcionamento dos controles internos. Os auditores devem avaliar os cinco componentes do arcabouço de controle interno do Coso, e essa avaliação deve incluir testes de controles importantes para determinar se estão funcionando eficazmente. Além disso, os exames do auditor devem ser independentes daqueles que a administração possa ter realizado ao montar sua própria avaliação do controle interno, embora o profissional possa considerar a utilização de parte do trabalho realizado por outros dentro da organização.[1]

Mesmo que seja exigida uma auditoria integrada no caso de companhias abertas, ela também pode servir para a montagem de execução de auditorias de companhias fechadas. As auditorias devem concentrar a sua atenção em contas significativas, em que a probabilidade de informações materiais incorretas seja a mais elevada – uma auditoria integrada ajuda a identificar tais contas.

---

[1] Por questões de brevidade, utilizaremos o termo controle interno neste capítulo como abreviação de controle interno da divulgação financeira. Como descrito no capítulo anterior, "controle interno" envolve bem mais do que os objetivos de divulgação financeira.

> **Ilustração 6.2:** Parecer desfavorável sobre controle interno
>
> ## Relatório de empresa independente e registrada de auditoria externa sobre controle interno da divulgação financeira
>
> ### Milacron Inc.
>
> Auditamos a avaliação feita pela administração, incluída no "relatório da administração sobre controle interno da divulgação financeira", anexo, que aparece no item 9A deste relatório anual revisto no formulário 10-K, de que a Milacron Inc. não manteve controle interno eficaz sobre a divulgação financeira no exercício encerrado em 31 de dezembro de 2004, devido ao efeito das três deficiências materiais identificadas nessa avaliação pela administração, com base nos critérios estabelecidos em Internal Control – Integrated Framework, publicado pelo Comitê de Organizações Patrocinadoras da Comissão Treadway (os critérios do Coso). A administração da *Milacron Inc.* é responsável pela manutenção e avaliação da eficácia de controle interno da divulgação financeira. Nossa responsabilidade é dar um parecer sobre a avaliação da administração e sobre a eficácia do controle interno da divulgação financeira da empresa, com base em nossa auditoria.
>
> *[Parágrafo sobre escopo eliminado somente neste livro]*
>
> *[Descrição de parágrafo de controle interno eliminado somente neste livro]*
>
> *[Eliminado o parágrafo sobre limitações do controle interno]*
>
> Uma deficiência material é uma falha de controle, ou uma combinação de deficiências de controle, que resulta em uma probabilidade acima de remota de que uma informação material incorreta nas demonstrações financeiras anuais ou trimestrais não seja impedida ou detectada. As seguintes falhas materiais foram identificadas e incluídas na avaliação feita pela administração:
>
> **Exame de questões contábeis complexas e de julgamento** – A Empresa não possui níveis adequados de exame de questões contábeis complexas e de julgamento. Vários ajustes de auditoria às demonstrações financeiras para o exercício encerrado em 31 de dezembro de 2004 foram necessários para corrigir erros resultantes desta deficiência de controle interno, que se manifestou na determinação de provisões de avaliação de impostos diferidos, reservas para causas judiciais e valores a serem recebidos de seguradoras.
>
> Além disso, no quarto trimestre de 2005, a empresa tomou ciência da necessidade de reapresentar suas demonstrações financeiras consolidadas para o exercício encerrado em 31 de dezembro de 2004, por não ter considerado o efeito de uma cláusula de conversão benéfica no cálculo do prejuízo básico e diluído de operações regulares por ação ordinária e do prejuízo líquido por ação ordinária. Este erro também é um efeito da deficiência material no exame de questões contábeis complexas e de julgamento.
>
> **Segregação de tarefas** – Há segregação inadequada de tarefas incompatíveis dentro dos processos operacionais manuais e informatizados da Empresa, nos níveis corporativo e operacional. Essa segregação reduziu ou eliminou significativamente a eficácia de muitos dos controles internos da Empresa sobre as contas que compõem as demonstrações financeiras consolidadas.
>
> **Contabilização de estoques** – São insuficientes os controles sobre a contabilização de estoques, principalmente em uma importante unidade produtiva na América do Norte. Especificamente, a empresa não possuía controles eficazes para assegurar que os estoques eram corretamente avaliados e garantir que eles eram adequadamente reduzidos no momento de realização de vendas.
>
> Estas deficiências materiais foram consideradas na determinação da natureza, programação e extensão dos testes de auditoria aplicados em nossa auditoria das demonstrações financeiras de 2004, e este documento não afeta o nosso relatório com data de 25 de março de 2005, excetuando-se a nota de rodapé intitulada "reapresentação de demonstrações financeiras", para a qual a data é 10 de outubro de 2005.
>
> Em nossa opinião, a avaliação da administração de que a Milacron Inc. não manteve controle interno eficaz da divulgação financeira no exercício encerrado em 31 de dezembro de 2004 é justa, em todos os aspectos relevantes, com base nos critérios de controle do Coso. Também em nossa opinião, devido às deficiências materiais descritas sobre a consecução dos objetivos dos critérios de controle, a Milacron Inc. não manteve controle interno eficaz da divulgação financeira no exercício encerrado em 31 de dezembro de 2004, com base nos critérios de controle do Coso.
>
> Não expressamos uma opinião ou damos qualquer outra forma de garantia sobre as declarações da administração no tocante a medidas corretivas planejadas e solução das deficiências materiais identificadas na avaliação feita pela administração.
>
> Ernst & Young, LLP
> Cincinnati, Ohio
> 28 de junho de 2005 (exceto no segundo parágrafo da seção "exame de questões contábeis complexas e de julgamento", para o qual a data é 10 de outubro de 2005)

Os componentes do controle interno foram apresentados no capítulo 5, juntamente com enfoques que o auditor e a administração poderiam adotar para testar a eficácia do controle interno. Este capítulo discute mais aprofundadamente a responsabilidade do auditor, analisando como o profissional deve integrar evidências de auditoria para usar os procedimentos mais eficientes necessários para chegar aos seus dois pareceres separados.

Arcabouço de evidência de auditoria para uma auditoria integrada

A **Ilustração 6.3** mostra o modelo geral que leva à preparação de demonstrações financeiras.

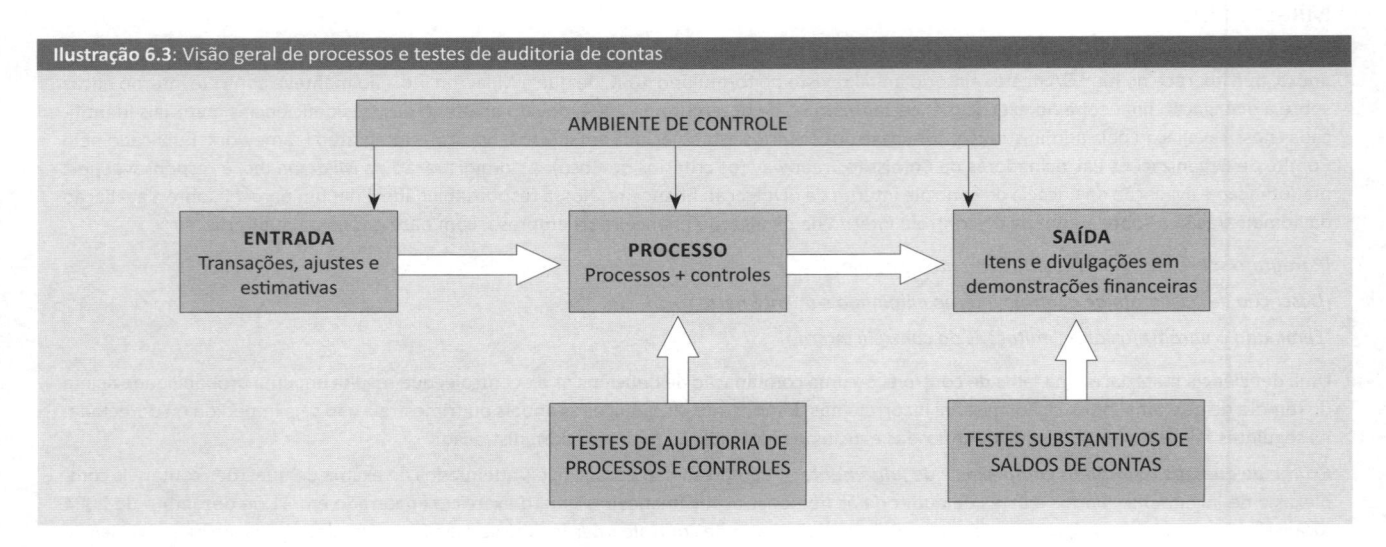

Ilustração 6.3: Visão geral de processos e testes de auditoria de contas

```
                    AMBIENTE DE CONTROLE
                    ↓         ↓         ↓
    ┌──────────┐   ┌──────────┐   ┌──────────┐
    │ ENTRADA  │→  │ PROCESSO │→  │  SAÍDA   │
    │Transações│   │Processos │   │ Itens e  │
    │ajustes e │   │+controles│   │divulgações em
    │estimativas│  │          │   │demonstrações
    │          │   │          │   │financeiras│
    └──────────┘   └──────────┘   └──────────┘
                        ↑              ↑
              ┌──────────────────┐  ┌──────────────────┐
              │TESTES DE AUDITORIA│  │TESTES SUBSTANTIVOS│
              │ DE PROCESSOS E   │  │ DE SALDOS DE     │
              │   CONTROLES      │  │    CONTAS        │
              └──────────────────┘  └──────────────────┘
```

Vários elementos importantes na **Ilustração 6.3** possuem implicações para a auditoria integrada:

- A qualidade do controle interno influencia a confiabilidade de dados de demonstrações financeiras.
- O ambiente de controle exerce influência ampla e afeta o processo de registro de transações, formulação de estimativas e realização de lançamentos de ajuste.
- Se o ambiente de controle for forte e os controles sobre o processamento de transações, os ajustes e as estimações forem bons, então tanto a administração quanto o auditor terão uma confiança elevada na adequação das contas e divulgações financeiras.
- Há potencial de informação incorreta na entrada, no processamento, na estimação ou no ajuste de saldos de contas.
- Sempre é necessário fazer alguns testes substantivos de saldos de contas importantes, mas a natureza, a programação e a profundidade dependerão da qualidade dos controles internos.
- A evidência obtida pelo auditor baseia-se no teste de controles internos, de transações e em exames substantivos de saldos de contas, incluindo procedimentos analíticos substantivos e diretos de saldos de contas.

> **QUESTÃO PRÁTICA**
> Auditores de companhias abertas devem emitir um parecer sobre o controle interno com base em testes independentes de controles internos. Os auditores de companhias fechadas não são obrigados a dar tais pareceres. Entretanto, se uma companhia fechada possuir controles internos eficazes, o enfoque de auditoria integrada também poderá ser eficiente e eficaz na realização de sua auditoria.

Implantação da auditoria integrada no processo de elaboração do parecer de auditoria

O desafio, em uma auditoria integrada, é encontrar a maneira mais eficiente, em termos de custos, de gerar evidência suficiente para permitir a elaboração de um parecer sobre as demonstrações financeiras e a eficácia do controle interno de uma empresa. As seguintes etapas delineiam o enfoque de implantação de uma auditoria integrada (sendo os detalhes de cada uma fornecidos a seguir):

1. Atualizar informações sobre os vários riscos.
2. Considerar a possibilidade de informações incorretas em contas.
3. Completar procedimentos analíticos preliminares.
4. Compreender os controles internos do cliente.
5. Identificar os controles a serem testados.
6. Elaborar um plano de teste dos controles e executá-lo.
7. Considerar os resultados dos testes de controles.
8. Realizar testes substantivos de auditoria.

Fases I e II do processo de elaboração do parecer de auditoria

Etapa 1: atualizar informações sobre os vários riscos. O auditor deve atualizar continuamente as informações sobre o risco empresarial, incluindo a identificação de qualquer fator de risco de fraude observado durante o planejamento preliminar da auditoria. Além disso, o profissional deve atualizar o projeto da auditoria em função de novas informações sobre riscos. Um enfoque de cima para baixo e com base em risco a uma auditoria integrada exige que os auditores levem em conta a materialidade dos saldos de contas e dos processos, juntamente com os riscos de que o saldo de uma conta seja incorreto. O enfoque requer dos auditores a identificação de:

- Saldos de contas ou divulgações correlatas que tenham probabilidade maior de serem incorretos.
- Causas possíveis da informação incorreta.
- Processos importantes que podem afetar um ou mais saldos de contas.

A tendência natural é iniciar o enfoque baseado em risco por um exame das demonstrações financeiras, retrocedendo-se à identificação de saldos de contas individuais. Este é o enfoque sugerido pelo PCAOB no AS 5. Mas, ao adotar tal enfoque baseado em risco, o auditor também deve considerar a ameaça de que saldos de contas importantes sejam significativamente incorretos. Em última instância, o ponto de partida da auditoria integrada deve ser entender (a) os riscos enfrentados pela empresa ao tentar atingir seus objetivos, incluindo o objetivo de divulgação financeira precisa; (b) os incentivos que podem motivar os administradores ou outros funcionários a distorcer as demonstrações financeiras; e (c) os riscos inerentes a processos empresariais importantes.

AUDITORIA NA PRÁTICA

Evolução contínua de padrões de avaliação de risco

O PCAOB identificou os seguintes tipos específicos de controles que o auditor deve considerar ao avaliar se uma empresa lidou adequadamente ou não com riscos de fraude:

- Controles sobre transações substanciais e incomuns, particularmente aquelas que resultam de lançamentos de diário atrasados ou incomuns.
- Controles sobre lançamentos de diário e ajustes feitos no processo de divulgação financeira no final do exercício.
- Controles sobre transações com partes relacionadas.
- Controles relacionados a estimativas importantes pela administração.
- Controles que atenuam incentivos e pressões sobre os administradores no sentido de falsear ou gerir inadequadamente os resultados financeiros.

> **QUESTÃO PRÁTICA**
>
> Um risco importante em muitos clientes de auditoria é a subavaliação tanto de passivos quanto das despesas correlatas. O plano de auditoria deve reconhecer tais riscos e projetar a auditoria para determinar se tal subavaliação poderia ocorrer ou de fato ocorreu.

Etapa 2: considerar a possibilidade de informações incorretas em contas. O auditor deve analisar as possíveis motivações dos administradores para adulterar saldos de contas, bem como a existência de outros indicadores de fraude, e determinar o método mais provável de modificação de saldos de contas. Veja o quadro Auditoria na prática para conhecer alguns exemplos de controles específicos que o auditor deve considerar.

A **Ilustração 6.4** contém uma visão geral das características de risco que o profissional deve considerar e mostra como elas se relacionam à possibilidade de que os saldos de contas específicas contenham informações incorretas.

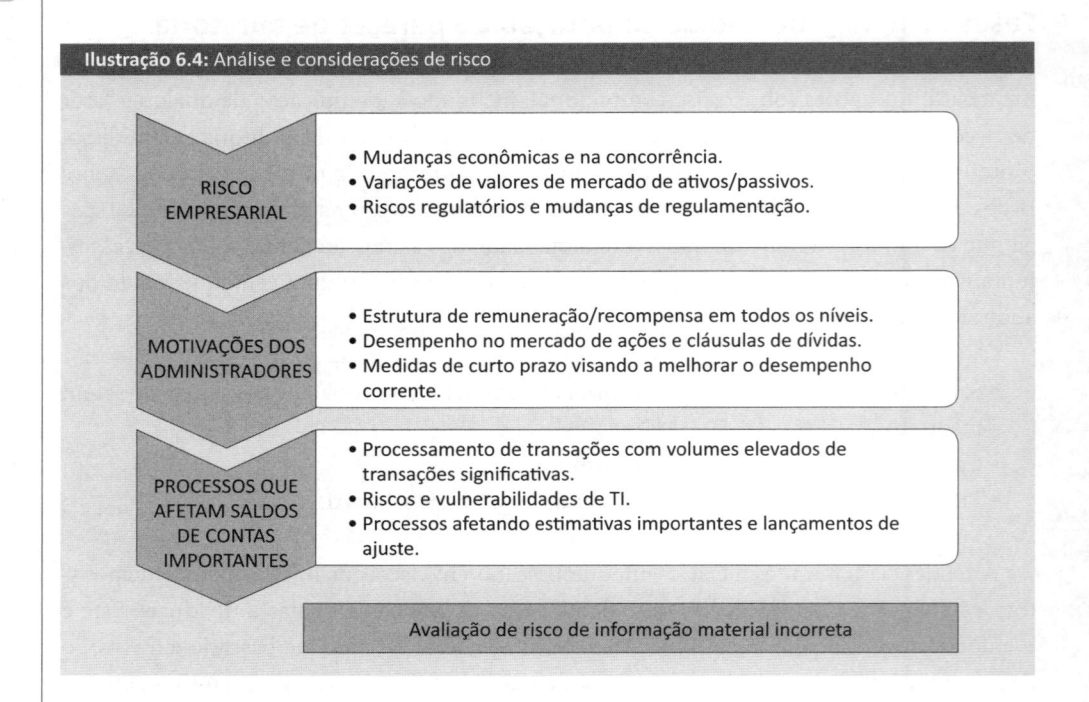

Ilustração 6.4: Análise e considerações de risco

RISCO EMPRESARIAL
- Mudanças econômicas e na concorrência.
- Variações de valores de mercado de ativos/passivos.
- Riscos regulatórios e mudanças de regulamentação.

MOTIVAÇÕES DOS ADMINISTRADORES
- Estrutura de remuneração/recompensa em todos os níveis.
- Desempenho no mercado de ações e cláusulas de dívidas.
- Medidas de curto prazo visando a melhorar o desempenho corrente.

PROCESSOS QUE AFETAM SALDOS DE CONTAS IMPORTANTES
- Processamento de transações com volumes elevados de transações significativas.
- Riscos e vulnerabilidades de TI.
- Processos afetando estimativas importantes e lançamentos de ajuste.

Avaliação de risco de informação material incorreta

A área de julgamentos e estimativas contábeis é quase sempre considerada como sendo de alto risco. Com frequência, as informações incorretas ocorrem porque a empresa não possui as competências exigidas em contabilidade. O auditor deve determinar se a organização está comprometida com o desenvolvimento ou a aquisição das competências necessárias para lidar com a complexidade do negócio e de seus processos. Os profissionais devem constatar que a organização (a) identifica as características de indivíduos que podem lidar com essas complexidades, (b) contrata e mantém esses indivíduos e (c) reavalia periodicamente as competências necessárias.

> **QUESTÃO PRÁTICA**
>
> As competências financeiras necessárias a uma organização são diretamente relacionadas com a complexidade das transações realizadas por ela e com o seu tamanho. A administração e o auditor devem fazer uma avaliação subjetiva das competências financeiras das pessoas envolvidas na tomada de decisões contábeis.

Etapa 3: completar procedimentos analíticos preliminares. Executar procedimentos analíticos preliminares para determinar se há relações inesperadas nas contas e documentar como os testes de auditoria devem ser modificados devido às relações incomuns.

Etapa 4: compreender os controles internos do cliente. Adquirir um conhecimento dos controles internos do cliente para poder tratar dos riscos identificados nas três etapas anteriores, incluindo a aplicabilidade de controles no nível da entidade como um todo. Este tópico é coberto detalhadamente no capítulo 5, de modo que fazemos aqui apenas uma discussão sucinta. Entretanto, este conhecimento incluirá um exame da documentação do cliente a respeito de controles internos e também a aquisição de conhecimento sobre o enfoque adotado pela administração para avaliar o controle interno, abrangendo o seguinte:

- A documentação de contas importantes (incluindo as afirmações relevantes), os processos relacionados a essas contas e os controles dentro desses processos. As contas e os processos considerados significativos irão variar de uma organização para outra e de um setor para outro. Por exemplo, uma empresa com operações que enfatizam o uso da internet e obtém suas receitas vendendo publicidade *on-line* (como Google) terá um processo significativamente diferente de geração de receita em comparação com uma empresa que vende produtos físicos por meio de canais de distribuição fora da web. Por que considerar tanto os processos e os saldos de contas ao definir a natureza da auditoria integrada? A resposta é bastante simples: os processos determinam o saldo correto da conta. Se um processo não for executado corretamente, poderá resultar em informação significativamente incorreta no saldo de uma conta, e isso não seria sinalizado por um exame puro e simples da magnitude do saldo da conta. Por exemplo, se o processo subestimasse significativamente ou não registrasse um passivo condicional, a ausência do passivo não seria divulgada pela magnitude do saldo da conta.
- A documentação de outros componentes do controle segundo o Coso, especialmente o ambiente de controle, a avaliação de riscos e o monitoramento.
- A consideração de como a administração testa a eficácia de controles importantes, incluindo quem faz os testes, a objetividade do processo e a natureza de amostras escolhidas para fins de teste (tanto a sua representatividade quanto o tamanho da amostra).
- A identificação de como a administração corrigiu deficiências de controle constatadas, quando apropriado.
- O entendimento do monitoramento de controles eficazes previamente identificados pela administração.
- A avaliação de como a administração assimila dados e o enfoque que adota para tirar suas conclusões sobre a eficácia do controle interno da divulgação financeira, incluindo o entendimento de como chegou às suas conclusões no relatório sobre o controle interno.

> **QUESTÃO PRÁTICA**
>
> Uma das críticas feitas aos auditores profissionais no final da década de 1990 era a de que eles se concentravam na comparação de saldos de contas com os saldos de anos anteriores (chamado de análise de flutuações). Os auditores ignoravam os processos que levavam ao registro dos saldos, bem como os fatores econômicos causadores de possíveis mudanças das contas. Essa visão limitada levou a conclusões errôneas quanto à correção dos saldos de contas.

Fases III e IV do processo de elaboração do parecer de auditoria

Etapa 5: identificar os controles a serem testados. Determinar os controles importantes que precisam ser testados para os fins de (a) elaboração de um parecer sobre os controles internos da entidade e (b) redução dos testes substantivos para fins de auditoria das demonstrações financeiras. O processo utilizado pelo auditor para avaliar o controle interno da divulgação financeira é coerente com aquele utilizado na elaboração do relatório da administração no capítulo 5. Ampliamos a discussão de testes de controles específicos neste capítulo. Além disso, ao determinar a eficácia de seus controles, a administração pode apoiar-se mais no processo de monitoramento como base de sua avaliação; o auditor deve estar preparado para tirar proveito de um controle eficaz da administração.

Avaliação do ambiente de controle, avaliação de riscos, informação e comunicação e monitoramento. O processo de avaliação destes componentes importantes do arcabouço integrado de controle interno do Coso foi desenvolvido no capítulo 5. Adicionamos as observações a seguir, a serem consideradas pelo auditor quando da realização de uma avaliação semelhante.

Ambiente de controle – O auditor deve examinar o processo de avaliação pela administração, incluindo até que ponto ela fez avaliações independentes do ambiente de controle, por exemplo, analisando a obediência aos padrões de ética da empresa. O auditor se encontra em uma posição boa para fazer uma avaliação independente do ambiente de controle. Por exemplo, como o profissional reúne-se regularmente com o comitê de auditoria, ele tem conhecimento, em primeira mão, da competência financeira e da independência do comitê. O auditor saberá como o comitê reage a áreas nas quais há divergências entre a administração e o auditor e como ele reage quando a administração ultrapassa os limites em relação a julgamentos contábeis.

O auditor deve fazer alguma análise independente do ambiente de controle. A determinação da adequação de alguns componentes de controle frequentemente exige julgamentos difíceis. Por exemplo, o auditor pode concluir que a empresa não possui competências financeiras adequadas, mas pode relutar em comunicar essa avaliação à administração e ao conselho. Por mais difícil que isso seja, não há muita escolha: competências financeiras inadequadas, se não compensadas por outros controles, representam uma deficiência significativa ou uma deficiência material que deve ser comunicada ao conselho de administração e aos executivos da empresa.

Avaliação de riscos – O auditor deve observar em que medida a empresa utiliza a gestão de risco empresarial ao administrar sua organização. Por exemplo, o profissional pode determinar se a empresa possui um gestor geral de risco ou se, periodicamente, designa funcionários em um processo de avaliação de risco de fraude. A maior parte da informação pode ser coletada por meio de entrevistas e do exame de documentos. O auditor precisa entender se a empresa utiliza um arcabouço coerente na avaliação dos riscos associados ao processamento de transações, a ajustes, estimativas e divulgações.

Informação e comunicação – A empresa deve dispor de sistemas de informação robustos para garantir que a administração e o conselho recebam informações relevantes e oportunas sobre o desempenho da organização e o funcionamento dos controles internos. O auditor deve avaliar os sistemas de informação e comunicação da empresa por meio de entrevistas, observação e exame de documentação. Por exemplo, o profissional deve verificar (a) que existem processos para identificar áreas em que providências corretivas são necessárias e (b) que há processos de acompanhamento para determinar se houve falha de controles. Além disso, o auditor precisa saber que existe comunicação a respeito (a) dos valores éticos da empresa, (b) da existência de um programa de denúncia e (c) de outras áreas às quais os funcionários podem recorrer caso tenham preocupações quanto às operações da empresa.

A lei *Sarbanes-Oxley* exige o estabelecimento de um programa eficaz de denúncia. O auditor precisará determinar se o programa é eficaz, avaliando se os funcionários estão cientes de sua existência, o número de denúncias efetuadas, quem as recebe e o seu processamento final. O auditor também desejará saber que informação o conselho de administração e o comitê de auditoria recebem a respeito da natureza das denúncias.

Monitoramento – O monitoramento apoia-se em dois princípios fundamentais (Coso 2006):

- Avaliações contínuas e/ou separadas permitem à administração determinar se os outros componentes do controle interno continuam funcionando.
- Deficiências de controle interno são identificadas e comunicadas tempestivamente às partes responsáveis pela tomada de providências corretivas e aos executivos e ao conselho, conforme seja apropriado.

O monitoramento pode assumir várias formas, desde testes por um departamento de auditoria interna à revisão independente de atividades de controle (por exemplo, conciliações) por pessoal de supervisão e exames de dados operacionais pela alta administração, destina-

---

QUESTÃO PRÁTICA

A crise financeira de 2008-2009 levou muitas empresas e seus conselheiros a focalizar a atenção na necessidade de melhorar a gestão de riscos em todos os aspectos das atividades da empresa.

QUESTÃO PRÁTICA

Empresas tais como *Enron* e *WorldCom* não tinham programas de denúncias, e tampouco possuíam um ambiente no qual os funcionários podiam acreditar que elas seriam consideradas. Se há preocupações a respeito do comportamento de altos executivos, o conselho de administração deve demonstrar que está disposto a agir.

dos a identificar anomalias nos dados a serem investigados. Por exemplo, a administração deve monitorar possíveis alterações no ambiente de controle ou na eficácia de suas atividades de gestão de risco. Um enfoque de auditoria para avaliar a eficácia do monitoramento é apresentado na **Ilustração 6.5**.

Ilustração 6.5: Avaliação da eficácia do monitoramento

Objetivos da auditoria	Atividades de coleta de evidências
1. Determinar áreas em que a empresa faz avaliações separadas do controle interno por meio da auditoria interna ou outros funcionários.	• Examinar os relatórios de auditoria interna para determinar até que ponto os testes de controles são cobertos. • Examinar os planos da administração para testar controles individuais.
2. Determinar até que ponto a administração utiliza o monitoramento para avaliar continuamente os componentes do arcabouço do Coso.	• Entrevistar administradores a respeito de métodos de monitoramento. • Avaliar as informações coletadas para julgar se o monitoramento é feito em um nível de precisão que identificaria uma falha de controles. • Avaliar a abrangência da estrutura do processo de monitoramento e se, caso feito corretamente, o monitoramento serve de base para a avaliação dos controles internos pela administração. • Determinar como testar independentemente a eficácia do monitoramento pela administração.
3. Determinar a eficácia dos procedimentos de monitoramento existentes.	*Para entender a eficácia da auditoria interna:* • Examinar os programas de auditoria interna e teste durante o ano. • Avaliar a independência e a competência da área de auditoria interna. Se for considerada independente e competente, maior confiança poderá ser depositada em seu trabalho. • Testar, na medida do necessário, algumas conclusões selecionadas do grupo de auditoria interna. • Chegar a uma conclusão a respeito da eficácia dos testes de controles pelo auditor interno. • Avaliar os testes independentes de controles pelo auditor interno. *Para compreender a eficácia de outros procedimentos de monitoramento:* • Tomar uma amostra de monitoramento documentado pela administração. Examinar essa documentação para determinar: a. Que há uma conclusão documentada pela administração a respeito das informações de monitoramento. b. Que as anomalias são investigadas para determinar se há alguma falha em um componente ou atividade de controle. c. Que os problemas são enfrentados e medidas corretivas são tomadas tempestivamente.
4. Considerar o efeito dos controles sobre as prováveis incorreções de saldos de contas e testes substantivos a serem realizados.	• Analisar a eficácia dos controles e considerar os efeitos sobre riscos residuais em saldos de contas. • Chegar a uma conclusão sobre a eficácia de controles internos baseada, em parte, na qualidade do monitoramento. • Determinar se testes adicionais de controles são necessários em áreas nas quais o monitoramento não é eficaz. • Determinar os riscos de que saldos de contas específicas poderiam ser incorretos e como essas contas poderiam ser testadas.

Processo de avaliação do controle interno pela administração. O volume de trabalho realizado pelo auditor interno depende da amplitude e da independência do processo de avaliação pela administração. O AS 5 estimula o auditor externo a considerar até que ponto ele pode confiar no trabalho da administração, particularmente na área de auditoria interna. Essa decisão será tomada com base na competência e independência dos indivíduos que

> **QUESTÃO PRÁTICA**
> Uma vez que uma empresa determine que ela tem um controle interno eficaz sobre seus processos, o monitoramento pode ser eficaz, garantindo que qualquer mudança realizada nos processos seja plenamente documentada e testada (incluindo as interações com outros sistemas) e que os controles não tenham se deteriorado.

realizam a avaliação do controle interno. Entretanto, o profissional precisa corroborar independentemente as constatações da administração por meio de testes seletos de controles internos.

O auditor externo frequentemente levará em conta o trabalho realizado pelo auditor interno. Ao avaliar o nível de confiabilidade do trabalho, o auditor externo considerará:

- A independência da área de auditoria interna em relação à administração.
- A competência do departamento de auditoria interna.
- A estrutura e a abrangência do enfoque de teste da auditoria interna.
- A documentação dos testes de auditoria interna.
- A evidência confirmatória como, por exemplo, testes selecionados dos mesmos controles para validar os resultados obtidos pela auditoria interna.

> **QUESTÃO PRÁTICA**
> O teste do trabalho de auditoria interna pelo auditor externo poderá ser limitado, mas deve ser suficiente para formular uma opinião a respeito da confirmação das conclusões da auditoria interna do funcionamento dos controles.

O auditor externo ainda precisa testar controles importantes de forma independente. Quando a empresa possui um departamento de auditoria interna independente, o auditor externo pode testar algumas das mesmas transações realizadas pelo profissional interno para determinar a correção dos testes de auditoria interna. O auditor externo deve realizar um volume suficiente de trabalho para chegar a uma decisão independente quanto à qualidade dos controles internos do cliente.

Etapa 6: elaborar um plano de teste dos controles e executá-lo. O auditor precisa elaborar um plano para testar os controles internos e realizar os testes dos principais controles (no caso de companhias fechadas, ele pode optar por não testar controles, mas deve determinar se haveria informações materiais incorretas caso os controles não existissem). O PCAOB decretou que o auditor externo deve coletar evidência suficiente, o que poderia incluir alguns testes de controle interno concluídos pelo auditor interno, além dos testes pelo próprio auditor externo. Quanto mais importante for uma conta, mais evidência sobre controles internos deverá ser coletada independentemente pelo auditor externo.

> **QUESTÃO PRÁTICA**
> As companhias abertas de grande porte são obrigadas a divulgar seus relatórios anuais dentro de 60 dias após o encerramento do exercício fiscal. Essa exigência confirma a necessidade de coleta de mais evidência durante o ano como base dos pareceres do auditor.

Os auditores são obrigados a avaliar o risco de controle para cada afirmação relevante e para classes importantes de transações e saldos de contas, como base do planejamento da auditoria. Em uma companhia aberta, o auditor precisa conhecer e testar controles que são importantes na prevenção ou detecção de informações incorretas significativas. Nem todos os controles devem ser testados. Além disso, não é necessário testar controles para todas as afirmações, caso o auditor creia que uma informação incorreta relacionada a uma dada afirmação não seria material.

Cada aplicação contábil deve ser projetada de maneira a assegurar que todas as transações ocorreram e foram registradas com precisão no período correto, e que as contas corretas são atualizadas. Os objetivos básicos de controle decorrem das afirmações contidas nas demonstrações financeiras. Para garantir que as transações registradas ocorreram e são pertinentes à entidade, deve haver autorização apropriada da transação e evidência de que ela efetivamente ocorreu.

> **QUESTÃO PRÁTICA**
> Para obter evidência visando a verificar a eficácia ou ineficácia de um controle, o auditor deve testar esse controle diretamente. O profissional não pode inferir se o controle é eficaz ou não simplesmente com base na ausência de informações incorretas nas demonstrações financeiras.

Como os saldos de contas representam a culminação do registro de transações, as afirmações sobre saldos de contas (como a de existência) são diretamente ligadas aos objetivos de processamento de transações que, por sua vez, podem ser ligados a atividades de controle a serem avaliadas. Por exemplo, se as vendas registradas no período corrente de fato ocorreram no período seguinte, resultando em um erro de corte, a conta a receber correspondente não existe no período corrente. Veja, a seguir, os exemplos de afirmações ligadas a ocorrência/existência, completude e avaliação que a administração faz sobre transações e os controles usados para garantir que essas afirmações são válidas.

Afirmações em demonstrações financeiras	Exemplos de controles
Ocorrência – todos os itens registrados são válidos.	• As entregas registradas são conciliadas com os documentos de entrega diariamente. • Os itens não podem ser registrados sem que sejam estabelecidas a existência e a validade de documentos subjacentes das fontes de dados.
Completude – todos os itens válidos são registrados.	• São utilizados documentos prenumerados de entrega, e eles são conciliados diariamente com as entregas registradas. • Prepara-se uma lista de recebimento de pagamentos quando há entrada de caixa na empresa. Essa lista é conciliada diariamente com os depósitos e o débito à conta-caixa.
Avaliação – todos os itens são registrados por seu valor correto.	• Preços pré-autorizados de venda são lançados na tabela informatizada de preços por indivíduos autorizados. • Os preços de venda só podem ser desconsiderados com a autorização direta de um gestor responsável e há um registro específico da autorização que pode ser examinado pela auditoria interna, pela administração ou por outras pessoas.

Uma vez que tenham sido identificadas as contas importantes e suas afirmações relevantes, o mesmo ocorrendo com os processos relacionados a essas contas, o auditor determina quais são os controles importantes que precisam ser testados, como os apresentados na tabela anterior. A natureza do procedimento de teste variará com a natureza do processo, a materialidade do saldo da conta e o controle. Por exemplo, controles computadorizados de edição incorporados a uma aplicação informatizada poderiam ser testados com a submissão de transações simuladas para determinar se os controles estão funcionando adequadamente. No caso de controles manuais, como autorizações, o auditor poderia selecionar algumas transações para verificar se há evidência documentada de que houve a autorização apropriada. No caso da conciliação de entregas com as vendas registradas, o auditor poderia selecionar algumas vendas de um dia e verificar se as conciliações foram feitas adequadamente e quaisquer diferenças encontradas foram investigadas. Os princípios gerais de teste na auditoria são resumidos no diagrama a seguir:

Conceitos que afetam o teste de controles	
Controles computadorizados	**Conceito:** utilizar o conhecimento de processos computadorizados para testar controles uma vez por ano, caso haja evidência de que não houve mudanças no programa durante o ano. • Determinar se houve mudanças no programa de computador durante o ano. Em caso afirmativo, o programa deverá ser testado o quanto antes depois da mudança. • Fazer testes submetendo transações simuladas ao sistema para verificar se está funcionando adequadamente. • Tomar uma amostra de transações ao acaso e determinar se a organização possui evidências de que os controles principais estão funcionando adequadamente. • Examinar relatórios de exceções para determinar (a) que as exceções apropriadas estão sendo observadas e (b) que as

	exceções são encaminhadas ao pessoal autorizado, havendo um acompanhamento adequado para o seu processamento apropriado.
Controles manuais: • Autorizações • Conciliações • Segregação de tarefas • Exame de transações incomuns	**Conceito:** deve haver evidência documentada de que um controle está funcionando. O auditor deve tomar uma amostra de transações para determinar que há evidências do seu funcionamento. • Pegar uma amostra de transações e examinar evidências que apoiem a conclusão de que os controles estão funcionando; por exemplo, examinar um documento ou uma listagem de computador indicando aprovação apropriada. • Pegar uma amostra de conciliações para determinar que (a) elas foram feitas por uma pessoa autorizada e (b) elas foram realizadas adequadamente. • Observar o pessoal do cliente para determinar quem executa o procedimento, o que faz e quão bem o faz. • Examinar transações selecionadas para determinar quem as processou. • Tomar uma amostra de relatórios utilizados pela administração para identificar transações incomuns. Examinar os relatórios para determinar que (a) são utilizados regularmente e (b) os itens incomuns são identificados e investigados.
Lançamentos de ajuste	**Conceito:** deve existir evidência documentada de que há controles sobre lançamentos normais de diário, tais como depreciação, e que eles são aplicados regularmente. Todos os outros lançamentos de ajuste devem documentar (a) a razão e a base do ajuste e (b) a autorização para o ajuste. • Pegar uma amostra de lançamentos de ajuste e examiná-los visando a determinar que (a) há documentação de apoio para o lançamento, (b) o lançamento é apropriado, (c) é efetuado nas contas corretas e (d) há evidência de que têm a autorização apropriada. • Atenção especial deve ser dada a lançamentos significativos feitos nas proximidades do final do ano.

Estimativas contábeis	**Conceito:** deve haver evidência documentada de controles sobre a autorização de ajustes de registros e existir controles para garantir que (a) os dados sejam precisos, (b) o processo de elaboração da estimativa é coerente, seja ele automatizado ou não, e (c) o modelo de elaboração de estimativas é atualizado quando necessário. Por exemplo, estimativas de passivos de assistência médica devem ser atualizadas em função de mudanças de tendências de custos de assistência médica e dos valores dedutíveis e de coparticipação de funcionários.
	• Examinar o processo e a documentação de apoio observando que:
	  • Todos os lançamentos são autorizados por pessoal apropriado.
	  • Há evidência da existência de controles para assegurar que as estimativas sejam atualizadas em função de condições econômicas e de mercado correntes.
	  • Há evidências de que os dados utilizados para fazer as estimativas provêm de fontes confiáveis.

Etapa 7: considerar os resultados dos testes de controles. Analisar os resultados dos testes de controles. Há dois resultados possíveis, com as linhas alternativas de ação correspondentes na auditoria:

1. Se forem identificadas deficiências, avaliá-las para determinar se são significativas ou materiais. Definir se a avaliação preliminar de risco de controle deve ser alterada e documentar as implicações em termos de testes substantivos. Determinar o impacto dessas deficiências e qualquer revisão da avaliação do risco de controle, bem como os procedimentos substantivos de auditoria planejados, definindo os tipos mais prováveis de informações incorretas.
2. Se não forem identificadas deficiências de controle, determinar se a avaliação preliminar ainda é apropriada e determinar em que medida os controles são capazes de fornecer evidências da correção dos saldos de contas. O nível de teste substantivo nesta situação será inferior ao que seria exigido em circunstâncias nas quais fossem constatadas deficiências de controle interno.

OA 4
Identificar as possíveis consequências dos resultados do teste de controles e suas implicações para testes substantivos subsequentes de saldos de contas.

Com base no modelo de risco de auditoria, sabemos que empresas com controles internos fortes devem exigir menos teste substantivo de saldos de contas. Também sabemos que a maior informatização de processos aumenta a probabilidade de processamento consistente ao longo do ano. As perguntas fundamentais que o auditor deve considerar para determinar o volume apropriado do trabalho de auditoria são as seguintes:

1. Qual garantia pode ser obtida em relação ao risco de auditoria quando há controle interno e ele está funcionando?
2. Se as atividades de controle de processos importantes estão funcionando bem durante o ano, qual é o risco residual de que um saldo de conta ainda possa ser incorreto?
3. Qual é o risco de que a avaliação dos controles internos realizada pelo auditor possa ser incorreta?
4. Que saldos de contas contêm um nível acima do aceitável de risco de que ocorra uma informação material incorreta?
5. De que maneira é mais provável que ocorra uma informação incorreta no saldo de uma conta importante?
6. Quais são os testes substantivos mais eficazes de saldos de contas com a finalidade de determinar se há informação incorreta no saldo de uma conta?

O auditor deve responder a essas seis perguntas importantes para planejar uma auditoria integrada eficaz. Não há uma resposta certa – todas as perguntas são interdependentes. Por exemplo, o risco residual de informação material incorreta depende da resposta conjunta às três primeiras perguntas. As outras três tratam da identificação de contas que poderiam ser imperfeitas, como a incorreção poderia acontecer e como o auditor determinaria, com a maior eficácia possível, se uma informação incorreta de fato ocorreu.

Saldos de contas que tendem a conter informação incorreta. Quando o auditor constata que os controles internos são eficazes, há risco muito limitado de as contas serem incorretas. Apesar disso, podem existir algumas com um nível acima do aceitável de risco residual (a probabilidade de que um saldo de conta seja incorreto após o processamento e a aplicação de controles internos) e elas exigirão algum volume de testes substantivos. Na determinação da quantidade necessária de testes substantivos, o auditor considerará (a) a fonte da possível incorreção, (b) a intensidade e o tipo da possível incorreção. Isto pode ser ilustrado examinando-se os lançamentos típicos em contas a receber, incluindo a provisão correspondente, como pode ser visualizado a seguir:

Contas a receber	
Saldo anterior	Recebimentos de caixa
Receita (vendas)	Baixas
Ajustes	Ajustes

Provisão para contas incobráveis	
Baixas	Saldo anterior
	Provisão corrente

É possível notar que há vários processos afetando os saldos das contas. Alguns contêm subjetividade e são considerados de alto risco, por exemplo, a determinação de quanto de um saldo de contas a receber será incobrável. Os seguintes processos afetam o saldo de contas a receber:

- *Receita* – O processamento de transações regulares é comumente informatizado com controles consistentes sendo colocados no processo. Entretanto, a SEC tem apontado o reconhecimento de receitas como sendo de "alto risco", exigindo que o auditor faça alguns testes diretos de saldos de contas (incluindo contas a receber).
- *Recebimentos de caixa* – O processamento de recebimentos de caixa é geralmente informatizado e possui controles consistentes. Caso uma empresa tenha boa segregação de tarefas, a probabilidade de informação incorreta é relativamente baixa.
- *Provisão corrente de contas incobráveis* – A maioria das empresas se apoia na experiência anterior ao fazer essas estimativas. Casos recentes examinados pela SEC indicam que a provisão está sujeita a informação incorreta devido a (a) alimentação de dados imprecisos ou irrelevantes no modelo, (b) motivação da administração para atingir metas de lucro e, portanto, permitir que subjetividade e viés sejam incorporados à estimativa.
- *Baixas* – A determinação de quando determinar que uma conta a receber é perdida também é subjetiva.
- *Ajustes* – Os ajustes em contas a receber devem ser insignificantes. Caso haja adaptações significativas, o auditor precisará testar o processo ou os ajustes para determinar qual é o saldo correto.

As implicações desta análise de contas a receber para a auditoria integrada são as seguintes, e a maioria delas pode ser generalizada para contas semelhantes:

- O risco da conta dita a natureza, a programação e a amplitude dos testes substantivos a serem realizados.
- A subjetividade das estimativas, caso sejam materiais, determina que a conta afetada seja tratada com testes substantivos.
- Lançamentos incomuns e substanciais devem ser testados com procedimentos substantivos.
- A magnitude (materialidade) da conta influencia, mas não determina completamente, se devem ser realizados testes substantivos.
- O volume de testes de controles realizados pela administração, bem como pelo auditor, influenciará o procedimento de teste substantivo do saldo da conta.
- A confiança que o auditor tem em todas as fontes (conhecimento do negócio e do setor, resultados de testes de controles, conhecimento de alterações do sistema, informações incorretas anteriores) influencia o volume de testes substantivos a serem realizados.

> **QUESTÃO PRÁTICA**
>
> A SEC instaurou um inquérito contra a *Gateway Computer* porque ela alterou a sua política de crédito na venda de produtos a um número significativo de clientes que antes haviam tido o seu crédito rejeitado. A empresa não alterou seu processo de estimação de contas a receber incobráveis, resultando em uma grande superavaliação de suas contas a receber.

- A existência de outros testes confirmatórios do saldo da conta, como o conhecimento adquirido ao testar contas relacionadas, também influencia o procedimento de teste substantivo a ser realizado.

Os efeitos de outras informações sobre o procedimento de teste substantivo são resumidos a seguir:

FATORES QUE AFETAM A AMPLITUDE DO PROCEDIMENTO DE TESTE DIRETO

Fatores de evidência de auditoria	Avaliação pelo auditor	Efeito sobre testes diretos realizados
Risco de auditoria	Baixo	Mais testes diretos
Risco empresarial	Alto	Mais testes diretos
Subjetividade do processo contábil	Alto	Mais testes diretos
Materialidade do saldo da conta	Conta de elevada materialidade	Mais testes diretos
Eficácia do controle interno, tal como medida pela administração e pelo auditor	Controles internos são eficazes	Menos testes diretos
Evidência obtida em testes de outras contas	Testes direcionais indicam risco baixo de informação incorreta	Menos testes diretos

Natureza provável de informações incorretas e eficiência de testes de auditoria. Em última análise, o auditor precisa considerar quais saldos de contas poderiam ser incorretos e como. Essa análise influenciará diretamente o processo de teste substantivo utilizado pelo auditor. Demonstraremos o processo utilizando o exemplo das contas a receber.

Suponhamos o seguinte cenário para fins ilustrativos. De acordo com a orientação profissional, o auditor considerou a receita como sendo de "alto risco", muito embora a administração tenha concluído que os controles internos do processamento de transações são eficazes. Uma análise preliminar do último trimestre levou à identificação de um grande número de vendas com termos contratuais incomuns. Após uma leitura de uma amostra dos contratos de venda e o conhecimento e testes dos controles, o auditor conclui que há um nível inaceitável de risco residual na conta de receita. O auditor identificou uma série de maneiras pelas quais a conta poderia ser incorreta. Por exemplo, as vendas poderiam:

- Ter sido registradas no período errado.
- Conter cláusulas incomuns envolvendo direitos de devolução de produtos.
- Conter termos que são mais compatíveis com uma consignação do que com uma venda.
- Estar concentradas em poucos clientes, muitos dos quais são estrangeiros e podem ter riscos de crédito diferentes.

Em vista dos riscos identificados, o auditor decide ampliar os testes de auditoria das transações registradas com condições incomuns de venda. Para situar o risco residual em um nível aceitável, o auditor precisa coletar evidência substantiva a respeito da receita (e das contas a receber) associada aos contratos incomuns e deve identificar, para investigação na auditoria, as vendas que possuem essas condições especiais. Ao testar as contas a receber, o auditor decide concentrar os testes em uma combinação de contas de valor elevado, todas com condições de venda incomuns. Serão enviados pedidos de confirmação a ambos os grupos.

> **Questão prática**
>
> Os auditores devem estar preparados para considerar as implicações de auditoria para determinar a eficiência do trabalho realizado.
> A aplicação rotineira de procedimentos padronizados de auditoria é ineficiente e ineficaz, do ponto de vista de um processo integrado.

O processo de auditoria para lidar com o risco residual em contas a receber e receita é capturado na seguinte análise do raciocínio do auditor:

Raciocínio do auditor

Como devem ser identificadas todas as condições "incomuns" de venda?	• Pedir à administração uma lista de todas as vendas desse tipo (procedimento não muito eficaz). • Usar *software* de auditoria para fazer uma lista de todas as vendas de valor elevado no último trimestre, bem como aquelas realizadas ao exterior. • Usar *software* de auditoria para preparar uma lista de todas as devoluções após o final do ano e fazer uma análise da existência de algum padrão.
Qual incorreção haveria na receita e nas contas a receber se todas essas transações fossem incorretas?	• Uma vez identificadas as transações, o auditor pode resumir o valor monetário usando *software* de auditoria para determinar se o valor seria material. Se os valores não forem materiais, não haverá necessidade de fazer trabalho adicional de auditoria.

De que maneira o auditor determina se as vendas são apropriadas e as contas a receber são válidas?	• Examinar uma amostra dos contratos.
	• Fazer que os contratos sejam examinados pela assessoria jurídica, caso haja alguma dúvida a respeito das condições de venda e dos direitos do cliente.
	• Enviar pedido de confirmação aos clientes, investigando tanto o saldo da conta quanto os termos do contrato.
	• Examinar os pagamentos subsequentes para determinar:
	  • Se os pagamentos foram posteriormente efetuados.
	  • Os termos do pagamento, por exemplo, se há alguma referência no sentido de que foram feitos em resposta à venda de produtos pelo cliente a terceiros.

Caso seja determinado que a receita e as contas a receber são válidas, quão provável seria que o cliente receba o valor integral da conta a receber (quão realizável é a conta)?	• Analisar os pagamentos subsequentes e compará-los aos prazos contratuais. • Examinar as classificações de risco de crédito divulgadas por agências especializadas e a análise da saúde financeira do cliente. • Analisar o histórico de recebimentos do cliente. • Solicitar (possivelmente) demonstrações financeiras correntes do cliente para avaliar a sua condição financeira. • Analisar o setor do cliente para determinar se há indícios de dificuldades financeiras.

> **Questão prática**
>
> Uma consideração importante para o auditor é o espaço que existe entre o final do exercício fiscal e o término do prazo que o cliente tem para entregar suas demonstrações à SEC. Caso esse tempo seja limitado, então procedimentos que dependam da coleta de informações após o final do exercício fiscal — por exemplo, recebimentos posteriores — também são limitados.

O ponto básico a ser entendido é o de que se ganha eficiência na auditoria somente com um trabalho mais inteligente. O auditor deve considerar uma série de fatores importantes para reduzir os custos da auditoria, e ao mesmo tempo manter o risco em um nível aceitável.

Etapa 8: realizar testes substantivos de auditoria. Por fim, como discutido na etapa 7, o auditor deve usar procedimentos substantivos planejados (métodos analíticos substantivos e testes diretos de saldos de contas) com base no potencial de informação incorreta e na informação coletada a respeito da eficácia dos controles internos. É importante observar que os procedimentos substantivos incluirão métodos para lidar com riscos de fraude. Uma maneira de visualizar conceitualmente esta etapa consiste em considerar o esquema delineado na **Ilustração 6.6**.

Este processo deve começar com a identificação de saldos de contas materiais. A avaliação de materialidade é um julgamento que contém tanto uma dimensão quantitativa quanto qualitativa. O processo de determinação de materialidade foi discutido no capítulo 4 e inclui a consideração de fatores, tais como lucros divulgados, magnitude da informação incorreta, tendências de desempenho e expectativas de mercado. É preciso ter em mente que cada saldo de conta geralmente possui uma conta de resultado ou balanço a ele associada. Por exemplo, contas a receber e receitas de venda são relacionadas. O processo de determinação dos saldos de contas importantes deve incluir o seguinte:

- Dados provenientes da análise exploratória pela equipe de auditoria quanto ao potencial de fraude.
- Exame de "expectativas de mercado" quanto ao desempenho da empresa.
- Tendências de desempenho, incluindo tendências nos principais segmentos de atividade.
- Magnitude do saldo da conta.
- Subjetividade utilizada na realização da estimativa contábil.
- Comparação entre saldos de contas e tendências e médias do setor, e assim por diante.
- Outros fatores importantes que sejam específicos ao cliente.

> **QUESTÃO PRÁTICA**
> Independentemente do nível de risco de controle medido, o auditor deve realizar alguns procedimentos substantivos em relação a saldos de contas materiais. Mas, caso os controles sejam fortes, a natureza dos testes poderá se concentrar na confirmação (ou não) daquela avaliação dos controles com a identificação de informação incorreta.

Na maioria das empresas, os saldos de contas materiais serão óbvios e incluirão contas tais como receitas, custo dos produtos vendidos, estoques, contas a receber e a pagar.

A seguir, o auditor deve identificar os tipos de risco que poderiam causar informações incorretas nos saldos de contas materiais e os processos que permitiriam a ocorrência de tais informações. Os riscos mencionados na **Ilustração 6.6** são representados de maneira ampla em três categorias associadas a risco empresarial, motivação dos administradores e pressões, e processos e julgamentos contábeis. O processo de controle interno, representado pelos dois círculos externos, visa a lidar com os riscos. Os dois círculos externos correspondem aos cinco elementos do arcabouço do Coso, mas optamos por destacar o ambiente de controle devido ao papel fundamental que desempenha no processo global da gestão de risco.

Ilustração 6.6: Ligação entre teste de controles e testes substantivos em uma auditoria integrada

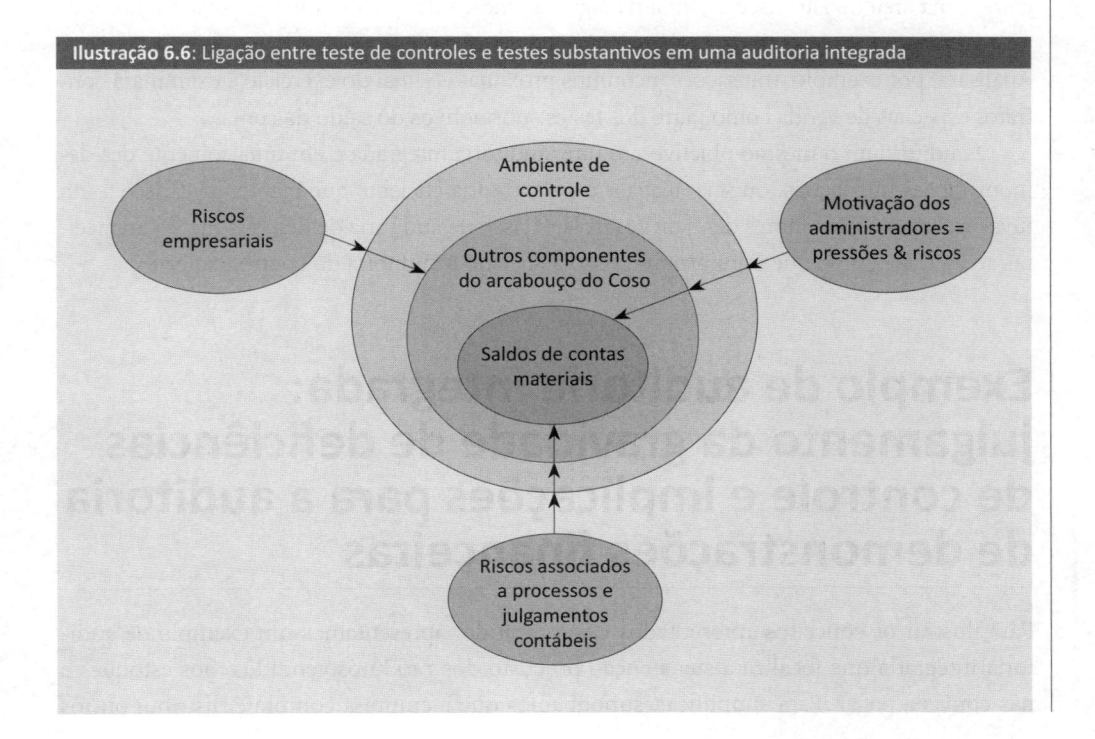

> **QUESTÃO PRÁTICA**
> A auditoria integrada se apoiará no julgamento profissional e em um entendimento completo de risco, controles e da maneira pela qual os saldos de contas podem ser incorretos.

A **Ilustração 6.6** mostra que a maioria dos riscos é impedida ou detectada pelos controles internos que tenham sido desenvolvidos pela organização (o que é indicado pelas setas). Entretanto, às vezes as ameaças ultrapassam o sistema de controle, ou a administração não implantou o sistema de controle adequadamente, o que faz que o risco afete o próprio saldo da conta. Mas esta é a parte crítica: a auditoria integrada deve ser montada para avaliar (a) quão bons são os controles em impedir que as setas atinjam o centro do alvo (ou seja, atenuam o risco) e (b) como o auditor deve determinar se alguns riscos passaram ou não.

A título de exemplo, suponhamos que o auditor constate que uma companhia aberta de porte médio possui uma deficiência potencial de controle, pois seu controlador não é competente para lidar com processos contábeis complexos. A empresa decidiu atenuar os riscos, como política, (a) não se envolvendo em transações complexas e (b) minimizando a porcentagem da remuneração dos administradores que é diretamente atribuída ao lucro divulgado. Portanto, embora haja um risco e uma possível deficiência, os processos de controle são montados para mitigar os riscos para as demonstrações financeiras. Imagine ainda que o processo mais exposto a informação incorreta em consequência de maus julgamentos contábeis seja o reconhecimento de receita. O auditor reage a isso fazendo mais testes detalhados de receitas e contas a receber.

O profissional examina o processo de contabilização de receitas e determina que os controles estão estruturados para (a) impedir transações não autorizadas, (b) garantir que a receita seja registrada somente quando obtida e (c) exigir que todos os contratos incomuns sejam examinados e aprovados pelo diretor-presidente. Como há um risco de que os controles sejam ignorados pela administração, o controlador prepara uma lista de contratos incomuns a serem examinados com o presidente do comitê de auditoria e o conselheiro-líder. O auditor conclui que a combinação entre ambiente de controle e atividades de controle, caso sejam devidamente implantadas, limitará os riscos para o reconhecimento de receitas em um nível apropriado. A seguir, testa os controles importantes do processo. O auditor terá ficado tranquilo, em termos de cada elemento do arcabouço de controle interno do Coso, ao formar uma opinião geral da eficácia dos controles internos. Entretanto, como a receita foi classificada como uma área de alto risco e ainda há alguma ameaça de que os controles sejam ignorados pela administração, o auditor também planejará a realização de procedimentos substantivos. Analisará, por exemplo, transações incomuns próximas ao final do exercício e examinará contratos especiais de venda como parte dos testes substantivos do saldo da conta.

> **QUESTÃO PRÁTICA**
> Quando o auditor conclui que o controle interno é eficaz, uma maior parte dos testes substantivos pode envolver o uso de procedimentos analíticos que o auditor tenha determinado que serão eficazes nas circunstâncias para identificar a possibilidade de informações incorretas.

O auditor tem o mesmo objetivo em uma auditoria integrada e em uma somente das demonstrações financeiras, ou seja, realizar uma auditoria eficiente que mantenha o risco a um nível aceitável. Os auditores desejam controlar o risco na auditoria de demonstrações financeiras ao mesmo tempo que minimizam o risco associado à auditoria do controle interno.

Exemplo de auditoria integrada: julgamento da gravidade de deficiências de controle e implicações para a auditoria de demonstrações financeiras

> **OA 5**
> Discutir fatores que os executivos e os auditores devem considerar ao avaliarem deficiências de controle, incluindo distinguir entre uma deficiência significativa e uma deficiência material.

Para ilustrar os conceitos apresentados neste capítulo, apresentamos um exemplo de auditoria integrada que focaliza a sua atenção no custo dos produtos vendidos, nos estoques e nas contas a pagar. Para simplificar, suponhamos que a empresa compra e distribui outros produtos; ou seja, que a empresa não é um fabricante, mas mantém um volume substancial de estoques. As contas significativas são:

- Estoques.
- Receita.
- Contas a receber.
- Custo dos produtos vendidos.
- Contas a pagar.

O auditor constata que há cinco processos principais que afetam os saldos de contas significativas:

- Compras.
- Receita e custo dos produtos vendidos.
- Gestão e ajustes de estoques.
- Pagamentos.
- Processos de ajuste e encerramento.

Ao planejar a auditoria mais eficiente, o auditor observa o seguinte:

RELAÇÃO ENTRE PROCESSOS E CONTAS

Processo	Contas relacionadas
1. Compras	Contas a pagar.
	Estoques.
	Despesas.
	Outros ativos.
2. Receita e custo dos produtos vendidos	Receita.
	Custo dos produtos vendidos.
	Estoques.
	Contas a receber.
3. Pagamentos	Contas a pagar.
	Caixa.
	Despesas.
	Outros ativos.
4. Gestão de ajustes de estoques (contagens periódicas etc.)	Estoques.
	Custo dos produtos vendidos.
	Perdas com estoques.
5. Processos de ajuste e encerramento	Estoques
	• Redução de estoques
	• Obsolescência
	• Ajustes a custo ou mercado, o que seja menor custo dos produtos vendidos
	• Provisão para contas incobráveis

A administração e o auditor determinam que os cinco processos são importantes para o controle interno eficaz da divulgação financeira e decidem que todos precisam ser avaliados em termos de estrutura e funcionamento.

Avaliação dos controles pela administração

Concentraremos a atenção, em nosso exemplo, no ciclo de compra. A administração avalia o processo de aquisição de mercadorias e registro das contas a pagar e dos estoques correspondentes. Nesse processo, identifica as seguintes deficiências de controle:

- Segregação de tarefas: em uma unidade operacional, não há segregação apropriada de tarefas. Entretanto, essa unidade é muito pequena, sendo responsável por menos de 1% das compras.
- Falta de aprovação: em uma segunda unidade que é responsável por 62% das compras da empresa, a administração descobriu que aproximadamente 17% dos pedidos de compra não tinham a aprovação adequada. O motivo da falta de aprovação era a pressa de obter o material para cumprir exigências de um contrato.

Recorde-se que as definições de deficiência significativa e material são as seguintes:
- Uma deficiência material é uma falha, ou uma combinação de deficiências de controle interno da divulgação financeira, tal que há a possibilidade razoável de que uma informação incorreta nas demonstrações financeiras anuais ou trimestrais da empresa não seja impedida ou detectada a tempo.
- Uma deficiência significativa é uma deficiência, ou uma combinação de falhas de controle interno da divulgação financeira que é menos grave do que a material, mas é suficientemente importante para merecer a atenção dos responsáveis pela supervisão da divulgação financeira da empresa.

Ao decidir como categorizar uma deficiência, os administradores e os auditores devem considerar os seguintes fatores:

- O risco que está sendo atenuado e se outros controles funcionam eficazmente no sentido de mitigar o risco de informação material incorreta.
- A materialidade dos saldos de contas relacionadas.
- A natureza da deficiência.
- O volume de transações afetado.
- A subjetividade do saldo da conta sujeita ao controle.
- A frequência com a qual o controle deixa de funcionar.

A administração concluiu que a primeira deficiência (relacionada à segregação de tarefas) não chegou a ser significativa ou material. Entretanto, decide utilizá-la como uma oportunidade para centralizar as compras no escritório central.

A segunda deficiência (relacionada à falta de aprovação) é um problema mais sério. Muito embora não houvesse aprovação adequada do pedido de compra, concluiu que todos os produtos haviam sido recebidos pela empresa; fez testes adicionais de compras e obteve o mesmo resultado: quando há pressa de receber produtos, a exigência de autorização das compras é ignorada. A administração decide que esta é uma deficiência significativa, com base no seguinte raciocínio:

- Trata-se de um desvio importante em relação a um processo aprovado.
- Ela poderia levar à compra de bens não autorizados.
- Os bens não autorizados poderiam levar a (a) produtos inferiores ou (b) possibilidade de obsolescência.

- Os indivíduos que executam as compras poderiam fazer que os bens fossem enviados a outros lugares (fraudulentamente) e isso poderia causar uma incorreção material nas demonstrações financeiras.

A administração conclui que há outros processos para testar a existência de produtos inferiores e obsolescência, e que a contagem periódica de estoques eventualmente descobriria bens que são enviados a uma localização diferente. Se os outros controles não existissem, então a administração teria considerado a deficiência de controle como sendo material. A administração toma medidas para remediar esta deficiência, reprogramando os controles computadorizados para que eles exijam autorizações específicas antes das compras. A administração introduz esta mudança três meses antes do final do exercício fiscal para que tenha tempo suficiente para determinar se o novo enfoque de controle implantado está funcionando.

> **QUESTÃO PRÁTICA**
> A avaliação de controles internos pela administração comumente gera oportunidades de melhoria tanto da qualidade dos controles quanto da eficiência do processamento.

Avaliação dos controles pelo auditor

O auditor faz um exame passo a passo dos processos e conclui que a estrutura dos controles lida com as afirmações relevantes e que, caso os controles estejam funcionando eficazmente, poderia concluir que o controle interno da divulgação financeira é eficaz. O exame incluiu uma análise dos tipos de documentação que eram usados pelo cliente para gerar evidência de que os controles estavam funcionando. O profissional concluiu que a documentação era suficiente para testar se os controles estavam funcionando adequadamente.

A seguir, definiu quais controles seriam testados. Ao fazê-lo, o auditor determinou que os seguintes são controles fundamentais no processo de compra (para fins de discussão, concentraremos novamente a nossa atenção no processo de compra e suporemos que não foram encontradas deficiências materiais nos outros processos):

- Somente bens autorizados são comprados de fornecedores autorizados.
- Os preços de compra são negociados por contrato ou por licitação.
- Todas as compras são entregues à empresa e recebidas por um departamento separado de recebimento.
- Todas as compras são registradas tempestivamente e são classificadas de maneira apropriada.
- São feitos pagamentos somente por bens recebidos.
- Os pagamentos são compatíveis com os pedidos de compra ou contratos.
- Os pagamentos são feitos em dia.

Como a maior parte do processo é informatizada, o auditor faz testes de segurança de computadores para assegurar que os controles de acesso estão funcionando adequadamente e que há controle apropriado de modificações de programas. O auditor conclui que os controles são eficazes. Uma vantagem adicional do teste é a de que os controles podem ser aplicáveis a muitos outros processos.

O profissional pega amostras de 50 pedidos de compra para verificar se são autorizadas e processadas adequadamente. O tamanho da amostra escolhida é influenciado por informação prévia a respeito do funcionamento do controle. Embora a administração também tenha tomado uma amostra de compras ao acaso e testado a eficácia operacional, o auditor precisa determinar independentemente se os controles estão funcionando ou não. A amostra é escolhida ao acaso e o auditor examina o percurso das transações dentro do sistema para verificar que os objetivos mencionados são visados pelos controles.

O teste de controles pelo auditor identificou as mesmas deficiências apontadas pela administração. A administração considerou a deficiência relacionada à falta de aprovação como sendo

> **QUESTÃO PRÁTICA**
>
> Podem existir diferenças razoáveis de opinião a respeito da classificação de uma deficiência como de controle ou material. O auditor deve ser capaz de avaliar o processo, juntamente com a administração, para determinar a categoria. Se uma deficiência específica for reduzida por outro controle, então o risco será adequadamente atenuado, não sendo necessário relatar a sua existência.

significativa porque (a) a empresa tinha um bom clima em termos de ética e (b) os testes feitos pela administração confirmaram que todos os bens foram entregues à empresa. A conclusão preliminar do auditor é a de que esta deficiência de controles internos é material, pois:

- A unidade envolvida era responsável pela encomenda de 62% de todos os produtos da empresa.
- Os testes feitos pela administração constataram uma taxa elevada de falha, superior a 17%.

O fato de que todos os produtos adquiridos foram entregues à empresa é importante e depõe a favor da cultura ética da instituição. Entretanto, nem todos os indivíduos são éticos e outra pessoa com menor comprometimento poderia exercer a função de compra. Em outras palavras, pode haver uma deficiência de controle interno mesmo que não haja erros de processamento ou informação incorreta no período corrente. O potencial de informação incorreta é elevado porque o auditor acredita que os controles existentes não reduzem o risco de informação material incorreta.

Mais especificamente, o auditor observa o seguinte em relação aos testes de controles efetuados por ele:

> **QUESTÃO PRÁTICA**
>
> A avaliação do controle interno está ocorrendo no final do exercício fiscal do cliente. Há geralmente uma oportunidade para corrigir uma deficiência antes do final do ano caso ela seja identificada com antecedência suficiente.

- Uma das 50 compras foi feita em um fornecedor não autorizado. Uma investigação revela que o fornecedor foi posteriormente autorizado e se tratava de um problema de sequência, ou seja, deveria ter sido autorizado antes.
- Sete das 50 compras não tinham autorização apropriada, corroborando a constatação anterior pela administração.
- Três das 50 compras foram pagas, muito embora não existisse comprovante de recebimento.
- Constatou-se que todos os demais controles estavam funcionando adequadamente.

O auditor está preocupado com o fato de que o sistema permitiu que uma compra fosse efetuada antes de o fornecedor ser autorizado. A administração concorda e introduz medidas para reprogramar o computador para impedir tais compras. O auditor verifica que a programação foi feita e testa transações para determinar se seria possível fazer um pedido a um fornecedor não autorizado. O teste independente do programa revela que o novo controle implantado está funcionando bem.

O teste de controles internos fornece informação adicional à avaliação anterior. A análise se concentra principalmente nos riscos que podem ser gerados por compras não autorizadas. O auditor crê que a realização de compras não autorizadas poderia levar a uma incorreção material do saldo de estoques; ou seja, produtos seriam encomendados e pagos (muito embora não houvesse prova de que tivessem de fato sido recebidos), mas poderiam ter sido entregues em outro lugar. Por causa dessa preocupação, o auditor decide que esta deficiência relacionada à falta de aprovação merece ser designada como uma deficiência material. Com base nisso, o auditor determina as seguintes implicações para testes substantivos na auditoria das demonstrações financeiras:

> **QUESTÃO PRÁTICA**
>
> A avaliação da gravidade da deficiência baseia-se no risco de que ela poderia levar a informações materiais incorretas no saldo de uma conta importante.

- O auditor fará testes limitados de quantidades estocadas no final do exercício, principalmente por meio de testes aleatórios do sistema de estoque perpétuo.
- O profissional examinará o estoque do final do ano em busca de situações de obsolescência, considerando as tendências do setor e os preços recentes da empresa, usando *software* de auditoria para analisar a idade dos estoques.
- O auditor continuará examinando todos os lançamentos de ajuste no final do exercício para determinar se houve lançamentos incomuns a estoques e contas correlatas.

> **QUESTÃO PRÁTICA**
>
> Os testes diretos de saldos de contas são determinados, em grande parte, pela natureza específica das deficiências de controle identificadas.

Resumo

Uma auditoria integrada segue os conceitos desenvolvidos anteriormente com a ajuda do modelo de risco de auditoria. A SEC e o PCAOB têm estimulado os auditores profissionais a implantar uma auditoria integrada para tirar proveito do volume significativo de teste de controles que é realizado em conjugação com a verificação da eficácia do controle interno da divulgação financeira.

A auditoria pode ser mais eficiente quando o auditor considera os riscos associados às demonstrações financeiras e até que ponto eles são eficazmente mitigados por controles. Quando isso ocorre, o auditor pode fazer testes substantivos limitados de saldos de contas. Este capítulo ilustra a utilização da auditoria integrada com a aplicação de conceitos de controle interno e evidência de auditoria.

Termos importantes

Auditoria integrada – Processo de auditoria que incorpora o conhecimento obtido em testes de controles internos para determinar o volume necessário de evidência para que se ateste a fidedignidade das demonstrações financeiras e a eficácia dos controles internos.

Parecer desfavorável sobre controles internos – Um parecer no qual o auditor comunica aos acionistas que a empresa não foi capaz de manter controle interno eficaz sobre a divulgação financeira.

Risco residual – A probabilidade de que o saldo de uma conta possa ser incorreto após o processamento e a aplicação de controles internos.

REFERÊNCIAS SELECIONADAS A ORIENTAÇÃO PROFISSIONAL RELEVANTE

Referência a orientação	Fonte de orientação	Descrição da orientação
Parecer de auditoria nº 2 (substituído)	PCAOB	Uma auditoria do controle interno de divulgação financeira realizada em conjunto com uma auditoria de demonstrações financeiras.
Parecer de auditoria nº 5	PCAOB	Uma auditoria do controle interno de divulgação financeira integrada a uma auditoria de demonstrações financeiras.
Pronunciamento de padrões de auditoria (SAS), nº 109	AICPA, ASB	Entendimento da entidade e de seu ambiente e avaliação dos riscos de informações materiais incorretas.
Pronunciamento de padrões de auditoria (SAS), nº 112	AICPA, ASB	Comunicação de questões relacionadas a controles internos identificadas em uma auditoria.
Pronunciamento de padrões de auditoria (SAS), nº 115	AICPA, ASB	Comunicação de questões relacionadas a controles internos identificadas em uma auditoria.
Seção AT 501	AICPA, ASB	Exame do controle interno da divulgação financeira de uma entidade, integrado a uma auditoria de suas demonstrações financeiras.
Controle interno, arcabouço integrado, 1992	Coso	
Controle interno da divulgação financeira: orientação para pequenas empresas, 2006	Coso	
Controle interno da divulgação financeira: orientação para o monitoramento de sistemas de controle interno, 2009	Coso	
Padrão Internacional de Auditoria (ISA) 315	Ifac, IAASB	Entendimento da entidade e seu ambiente, e avaliação de riscos de informações materiais incorretas.
Padrão Internacional de Auditoria (ISA) 330	Ifac, IAASB	Procedimentos do auditor em resposta a riscos avaliados.

Nota: siglas da orientação profissional relevante – ASB – *Auditing Standards Board* (Conselho de Padrões de Auditoria); AICPA – *American Institute of Certified Public Accountants* (Instituto Americano de Contadores Externos Certificados); Coso – *Committee of Sponsoring Organizations* (Comitê de Organizações Patrocinadoras); Fasb – *Financial Accounting Standards Board* (Conselho de Padrões de Contabilidade Financeira); IAASB – *International Auditing and Assurance Standards Board* (Conselho de Padrões Internacionais de Auditoria e Garantia); Iasb – *International Accounting Standards Board* (Conselho de Padrões Internacionais de Contabilidade); Iasc – *International Accounting Standards Committee* (Comitê de Padrões Internacionais de Contabilidade); Ifac – *International Federation of Accountants* (Federação Internacional de Contadores); ISB – *Independence Standards Board* (Conselho de Padrões de Independência); PCAOB – *Public Company Accounting Oversight Board* (Conselho de Supervisão Contábil de Companhias Abertas); SEC – *Securities and Exchange Commission* (Comissão de Valores Mobiliários e Bolsas de Valores).

Questões de revisão

6–2 (OA 1) Suponha que, na opinião do auditor, os controles internos sejam eficazes, parecer obtido por meio de uma análise da estrutura e do teste de sua eficácia operacional. Até que ponto o profissional ainda precisa fazer testes substantivos de saldos de contas? Explique sua resposta.

6–4 (OA 1) Descreva as principais mudanças de orientação sobre a auditoria de controles internos entre a publicação original do padrão de auditoria nº 2 e a publicação do nº 5.

6–6 (OA 3) Ao se analisar os resultados de testes de controles, há dois resultados possíveis: (1) são identificadas deficiências e (2) não são identificadas. Quais são as linhas alternativas de ação na auditoria associadas a esses resultados alternativos?

6–8 (OA 3, 4) De que maneira a subjetividade de um processo contábil – por exemplo, a formulação de uma estimativa contábil – afeta (a) a natureza dos controles do processo que o auditor espera encontrar e (b) o volume de testes substantivos do saldo da conta a serem realizados?

6–10 (OA 3) Quais são os controles importantes que o auditor deve esperar encontrar sobre o processo de formulação de estimativas contábeis pela administração? Considere, por exemplo, o processo de estimação da provisão apropriada para contas incobráveis.

6–12 (OA 3) Que riscos um auditor deve avaliar ao se preparar para um enfoque de cima para baixo e baseado em risco à realização de uma auditoria integrada?

6–14 (OA 3) Quais os controles importantes que um auditor deve considerar ao avaliar o nível de risco de fraude?

6–16 (OA 3) Explique a relação entre análise de risco, controle interno e saldos de contas materiais na montagem de um enfoque de auditoria integrada. Ao fazê-lo, explique as diferenças entre riscos empresariais e o risco de que o saldo de uma conta seja incorreto.

6–18 (OA 3) Que fatores influenciam mais a avaliação que o auditor faz da possível existência de informações incorretas no saldo de uma conta? Como são considerados esses fatores em uma auditoria integrada?

6–20 (OA 3) Qual é a implicação de uma informação material incorreta nos saldos de contas no encerramento do exercício em termos de fornecimento de *feedback* sobre a eficácia do controle interno da divulgação financeira? Explique sua resposta.

6–22 (OA 4) Defina o que é um "nível aceitável de risco residual" ao se avaliar a eficácia do controle interno da divulgação financeira.

Questões de múltipla escolha

6–24 (OA 1) Qual das seguintes é uma mudança importante de orientação quanto à realização de uma auditoria integrada desde a publicação original do AS 2?
a. Estímulo tanto aos administradores quanto aos auditores para adotar um enfoque de cima para baixo e baseado em risco.
b. Clareza na definição de deficiência material com o reconhecimento de que deve haver uma probabilidade razoável da existência de incorreção em saldos de contas importantes.
c. Reconhecimento de que o auditor externo pode recorrer ao trabalho de avaliação de controles internos pela administração, particularmente aquele realizado por uma área de auditoria interna competente e independente.
d. Ênfase adicional na necessidade de documentar o processo de raciocínio do auditor na ligação de deficiências de controle a testes específicos de saldos de contas.
e. Todas as anteriores.

6–26 (OA 3) O auditor deseja utilizar um enfoque de cima para baixo e baseado em risco para fazer uma auditoria integrada dos controles internos e das demonstrações financeiras de uma companhia aberta. Qual das seguintes afirmações é correta em relação à auditoria integrada?
a. O auditor deve partir dos erros detectados na auditoria do ano anterior.
b. O auditor deve começar com a identificação dos saldos de contas importantes e avaliar os riscos de que os saldos sejam incorretos.
c. Como as estimativas contábeis são subjetivas, o auditor deve fazer testes diretos somente de contas criadas por estimativas contábeis.
d. As divulgações contábeis são separadas e não precisam ser incluídas na avaliação de controles internos da divulgação financeira pelo auditor.

6–28 (OA 3) Todos os itens a seguir seriam incluídos nos testes de controles sobre estimativas contábeis pelo auditor, *exceto*:
a. Confirmação da estimativa com fontes externas.
b. Exame de documentação para concluir se a estimativa é adequadamente revista e autorizada.
c. Exame de processos utilizados para determinar se há mudanças dos parâmetros empregados nas estimativas, in-

cluindo o monitoramento do ambiente econômico pela administração.

d. Exame de processos de aprovação de mudanças no processo de estimação.

6–30 (OA 4) Se a administração encontrar uma deficiência material nos controles internos, mas corrigi-la antes do final do ano e determinar que não houve informações materiais incorretas devido à deficiência, qual das seguintes providências deverá ser tomada pelo auditor?

a. Testar o controle corrigido para verificar se está funcionando de maneira eficaz.
b. Emitir um parecer desfavorável, uma vez que o controle não estava funcionando eficazmente durante o ano.
c. Ampliar os testes dos saldos das contas afetadas para fazer uma avaliação independente da existência ou não de informações materiais incorretas.
d. Todas as anteriores.
e. (a) e (c).

6–31 (OA 5) O profissional está auditando vendas e contas a receber e observa o seguinte: (a) a empresa descumpre regularmente suas políticas de crédito, particularmente quando o gerente de divisão precisa atingir suas metas de desempenho; e (b) o gerente de vendas tem o poder de ignorar a política de crédito no caso de clientes importantes. Entretanto, os controles sobre o registro correto de transações de venda estão funcionando. Quais das seguintes afirmações seriam corretas em relação a uma auditoria integrada de vendas e contas a receber?

I. A afirmação mais importante sobre contas a receber a ser testada neste cliente é a afirmação de existência.
II. Se o volume de crédito envolvido ao se ignorar a política de crédito é tal que o provável valor incobrável seja material, o auditor deve concluir que o cliente possui uma deficiência material de controle interno.
III. O monitoramento de controles internos não está funcionando.

a. Somente I e II. b. Somente II.
c. Somente II e III. d. I, II e III.

6–32 (OA 5) Usando as informações descritas na questão 6-31, indique a ação mais apropriada para o auditor em relação à ampliação dos testes diretos de vendas e contas a receber:

a. Ampliar o uso de confirmações para verificar a existência dos clientes com crédito insatisfatório.
b. Ampliar a busca de memorandos de crédito escritos após o final do ano.
c. Usar *software* de auditoria para examinar o arquivo de contas a receber com a finalidade de verificar que todos os itens foram registrados.
d. Ampliar o uso de testes de capacidade de recebimento, incluindo a idade de contas a receber e o exame de escores de crédito para uma amostra grande de vendas feitas no final do ano, bem como atualizar o procedimento de estimação da provisão para clientes incobráveis.

Questões de discussão e pesquisa

6–34 (Parecer do auditor sobre controles internos, OA 2) O auditor prepara um parecer sobre o controle interno da divulgação financeira. Pergunta-se:

a. O profissional também é obrigado a auditar as demonstrações financeiras da empresa ao mesmo tempo? Explique sua resposta.
b. Um parecer sem ressalvas sobre os controles internos da divulgação financeira significa que a empresa não tem deficiências significativas em seus controles? Explique a sua resposta.
c. Se nenhuma informação material incorreta puder ser encontrada nas demonstrações financeiras, poderá o auditor concluir que não há deficiências materiais no controle interno? Explique sua resposta.

6–36 (Importância do ambiente de controle, OA 3) O auditor de uma companhia aberta que atua no setor de comércio varejista está planejando uma auditoria integrada. A empresa possui cerca de 260 lojas, principalmente na região sudeste dos Estados Unidos. Pede-se:

a. Explique por que uma análise do ambiente de controle da empresa é importante para o planejamento da auditoria integrada.
b. A empresa alega que possui um ambiente forte de controle, incluindo uma cultura de elevada integridade e ética, comprometimento com competências de divulgação financeira e um comitê de auditoria independente, ativo e qualificado. Para cada um desses itens, desenvolva um programa de auditoria visando a coletar evidências de que esses elementos são eficazes. Organize sua resposta em torno de cada um destes três elementos:

• Integridade e clima ético.
• Competências de divulgação financeira.
• Comitê de auditoria eficaz.

Ao preparar sua resposta, certifique-se de incluir os dois seguintes componentes: (1) evidências que convenceriam o auditor de que o ambiente de controle era eficaz; (2) procedimentos que o auditor usaria para coletar as evidências.

Atividade em grupo

6–38 (Fases de uma auditoria integrada, OA 3) O planejamento de uma auditoria integrada consiste em oito etapas que levam a um teste de controles e de saldos de contas de demonstrações financeiras.

Pede-se:

a. Descreva as oito etapas de uma auditoria integrada.
b. O auditor precisa avaliar cada um dos componentes do arcabouço integrado de controle interno do Coso para chegar a uma opinião da eficácia do controle interno?
c. Pode um dos elementos do arcabouço ser fraco e ainda assim ser compensado por outro elemento? Explique a sua resposta.

Atividade em grupo

6–40 (Exercício em grupo, tomada de decisões com ética, OA 3, 5, 6) O auditor está avaliando o controle interno de um novo cliente. A administração preparou sua avaliação e concluiu que há algumas deficiências, mas nenhuma significativa ou material. Entretanto, ao rever o trabalho feito pela administração, o auditor observa o seguinte:

- Os tamanhos das amostras usadas pelo auditor interno nunca contiveram mais de dez transações, e a maioria dos testes baseou-se em uma amostra de uma única transação, analisada como parte de um exame passo a passo.
- A administração demitiu o antigo diretor financeiro e um novo profissional ainda não foi contratado, mas a administração diz que possui profundidade na área contábil e está buscando um novo diretor financeiro.
- A empresa não possui função formal de denúncia, porque a administração adota uma política de "portas abertas", de modo que qualquer pessoa que tenha um problema pode comunicá-lo aos seus superiores.
- O enfoque da administração ao monitoramento do controle interno consiste em comparar os valores orçados com as despesas realizadas e investigar as diferenças.

Em resposta a perguntas feitas pelo auditor, a administração responde que seus procedimentos são suficientes para apoiar o relatório sobre o controle interno.

O trabalho subsequente do auditor produz o seguinte:

- Muitos procedimentos de controle não funcionam da maneira descrita pela administração, e esses métodos não são eficazes.
- Não há atenção ou adesão ao código de conduta da empresa.
- O departamento de contabilidade não tem profundidade em termos de talento; além disso, embora o setor possa lidar com a maioria das transações, não é capaz de lidar com os contratos mais novos que a empresa tem feito. A resposta da administração é: "para isso que pagamos os 'tubos' aos auditores – ajude-nos a tomar essas decisões". O auditor chega a uma conclusão de que há deficiências materiais no controle interno, divergindo assim da avaliação feita pela administração. A administração declara que cada ponto no qual há uma divergência envolve uma questão subjetiva, e que não existe uma posição melhor do que outra. A posição da administração é a de que essas são as suas demonstrações financeiras, e que o auditor deve aceitar o ponto de vista da administração, já que não existem respostas corretas.

Pede-se:

a. Identifique o enfoque que o auditor poderia utilizar para coletar evidências em relação à eficácia do código de ética da organização.
b. O sócio encarregado deste contrato de auditoria parece estar convencido de que as divergências são apenas de natureza subjetiva e está propondo que seja dado um parecer sem ressalvas a respeito do controle interno. Reconheça que este é o primeiro ano com o cliente – e trata-se de um cliente importante para a empresa. Aplique o arcabouço ético discutido anteriormente para explorar as ações que devem ser tomadas pelo gestor da instituição quanto a (1) discordar ou não do sócio e (2) caso haja uma discordância, a que nível isso deverá ser levado.
c. Dadas as deficiências observadas, as informações apoiam a conclusão de que há uma deficiência material no controle interno? Em caso afirmativo, quais são os principais fatores que levam você a essa conclusão?
d. Suponha que a equipe da auditoria tome a decisão de que existe uma deficiência material nos controles internos. Escreva dois ou três parágrafos descrevendo essa falha.

6–42 (Área de alto risco de auditoria: reconhecimento de receitas, OA 3) A SEC tem dito que o reconhecimento de receitas deve sempre ser considerado de alto risco no planejamento de uma auditoria das demonstrações financeiras de uma empresa.

Pede-se:

a. Identifique os principais processos contábeis e operacionais que afetam as receitas.
b. Identifique outras contas normalmente associadas ao reconhecimento de receitas.
c. Suponha que a administração tenha identificado controles eficazes do registro de transações de receita e que o auditor concorde com essa avaliação:

(1) Que riscos ainda poderiam existir no saldo da conta se os controles do registro de entregas tenham sido considerados adequados?

(2) Identifique os testes substantivos da conta de receita que o auditor poderia querer aplicar porque a SEC determinou que o reconhecimento de receitas é de alto risco.

d. O auditor está preocupado com o fato de que o cliente possa ter se envolvido em contratos especiais de produtos que foram entregues no final do ano e podem conter direitos "não padronizados" de devolução pelo cliente:

(1) Que controles devem existir para mitigar este risco?

(2) Como o auditor ficaria sabendo sobre os contratos especiais; ou seja, que procedimentos de auditoria devem ser adotados pelo auditor para identificar a possibilidade de que os contratos especiais existam?

6–44 (Ligação de deficiências a testes diretos, OA 3, 4) O auditor concluiu que pode haver informações incorretas nas contas de estoques e custo dos produtos vendidos. Durante a realização da auditoria, o auditor encontrou uma deficiência material nos controles internos, pois (a) algumas entregas foram registradas antes de efetivamente terem sido feitas (isto ocorreu ao longo do ano, ao ritmo de 2 em cada 30), (b) alguns documentos de entrega não puderam ser encontrados, muito embora a entrega tivesse sido registrada (2 em cada 30) e (c) alguns produtos foram recebidos e ficaram parados na área de entrega por sete dias antes que o recebimento fosse registrado. Isso ocorreu na proporção de 5 em 30.

Pede-se:

a. Para cada uma dessas deficiências, indique a possível informação incorreta que afeta estoques e custo dos produtos vendidos.

b. Identifique se a possível avaliação incorreta dos estoques mencionada seria considerada significativa para exigir testes diretos dos estoques, em contraste em confiar nos controles para a obtenção de evidência de auditoria sobre os saldos de contas de demonstrações financeiras. Apresente o raciocínio com o qual chegou à sua resposta.

c. Para cada deficiência ou possível incorreção, indique como você poderia realizar testes para verificar se houve erro de avaliação dos estoques.

d. Suponha que nenhuma deficiência tenha sido encontrada nos testes de controles pelo auditor. Que alteração isso provocaria em termos de planejamento de testes substantivos de estoques na auditoria? Descreva tanto a natureza dos testes realizados quanto os tamanhos escolhidos de amostras.

Atividade em grupo

6–46 (Atividade em grupo, lançamentos de ajuste, OA 3, 4, 5, 6) Lançamentos de ajuste têm sido utilizados para administrar lucros indevidamente.

Pede-se:

a. Identifique dois tipos de lançamentos rotineiros e dois não rotineiros de ajuste que poderiam ser feitos mensalmente ou trimestralmente.

b. Explique os tipos de controles que se espera estarem associados a lançamentos rotineiros de ajuste. Ilustre a resposta com os tipos de lançamentos que você identificou no item (a).

c. Para os lançamentos de ajuste, identifique como o auditor coletaria evidência a respeito do controle mais importante ou dos dois controles mais importantes incorporados ao processo.

d. Suponha que os lançamentos não rotineiros de ajuste possam ser materiais para a empresa. Identifique dois ou três controles importantes que você recomendaria que fossem implantados para os lançamentos não rotineiros de ajuste.

Atividade em grupo

6–48 (Deficiências e controles compensatórios e ligações com testes diretos, OA 3, 4) Considerando a empresa identificada na questão 6-44, suponha que ela tenha um departamento de auditoria interna que faz contagens periódicas para testes de estoques e que a administração ajuste os registros às contagens efetuadas.

Pergunta-se:

a. Que fatores o profissional precisa considerar ao determinar se deve confiar ou não no trabalho realizado pelo auditor interno?

b. Caso o auditor interno estivesse fazendo um ótimo trabalho no teste de controles sobre a contabilização de estoques, o que o profissional esperaria encontrar no que diz respeito (1) ao padrão de falhas de controle encontradas na questão 6-44 e (2) às recomendações feitas pelo auditor interno à administração?

c. Suponha os dois cenários a seguir:

• O trabalho do auditor interno a respeito de estoques consiste basicamente em fazer as contagens e que os estoques sejam ajustados em função de diferenças observadas.

• O trabalho do auditor interno satisfaz todos os critérios que você identificou no item (b).

Explique como os dois cenários afetariam o volume de testes diretos de estoques que o auditor deveria planejar fazer.

Atividade em grupo

6–50 (Utilização do trabalho de outras pessoas, OA 5) O PCAOB permite ao auditor usar o trabalho de outras pessoas, tais como auditores internos ou demais funcionários da empresa, para alterar a natureza, a programação ou a amplitude de seus próprios testes de controles internos.

O cliente A possui um departamento de auditoria interna que se subordina ao diretor financeiro e ao comitê de auditoria. O setor é formado inteiramente por pessoal experiente, altamente qualificado e profissional. Uma revisão externa por pares é realizada a cada três anos, mostrando que satisfaz plenamente os padrões profissionais do Instituto de Auditores Internos. Possui um regimento que claramente permite acesso integral a todas as áreas da empresa, aos funcionários, registros e outras fontes de informação da empresa. Concentra boa parte de sua atenção no teste de controles das atividades de controle mais importantes da instituição, bem como em questões de governança corporativa e processos gerenciais de identificação e avaliação de riscos.

O cliente B tem um departamento de auditoria interna que se subordina ao controlador e ao comitê de auditoria. Seu quadro de pessoal é insuficiente e formado em sua maioria por indivíduos recém-saídos da universidade. O chefe da auditoria, porém, tem longa experiência na empresa e é considerado um "membro da turma". O escopo de sua auditoria é determinado pelo controlador. O departamento concentra a maior parte de sua atenção na auditoria financeira, mas faz alguns testes de controles em áreas selecionadas pelo controlador. Não possui orçamento suficiente para se submeter a uma revisão externa por pares sobre a qualidade de seu desempenho.

Pede-se:

a. Discuta os fatores que o auditor externo deve considerar ao determinar até que ponto pode confiar no trabalho dos auditores internos para chegar a uma opinião sobre os controles internos.
b. É possível confiar no trabalho realizado pelos auditores do cliente A? E do cliente B? Explique sua resposta.
c. Por que o auditor externo poderia decidir testar o ambiente de controle por sua própria conta, em lugar de se apoiar, de alguma forma, nos testes de governança corporativa pelos auditores internos do cliente B?

Casos

6–52 (General Motors, controles contábeis, OA 3, 4, 5, 6) A *General Motors* está reestruturando suas operações. Nos últimos anos, se desfez de seu principal fornecedor de autopeças e de sua subsidiária financeira, e está reestruturando a maior parte de suas operações. Em março de 2006, anunciou que precisava reapresentar suas demonstrações financeiras relativas ao exercício anterior. Trechos extraídos do *The Wall Street Journal* descrevendo os motivos da reapresentação incluem o seguinte:

A GM, que já está enfrentando uma investigação pela SEC em suas práticas contábeis, também divulgou que seu relatório 10-K, quando for submetido, descreverá uma série de erros contábeis que forçarão a montadora a reapresentar seus lucros de 2000 até o primeiro trimestre de 2005. A GM também disse que estava ampliando em US$ 2 bilhões o prejuízo divulgado para o exercício de 2005.

Muitos dos outros problemas da GM dizem respeito a descontos ou créditos de fornecedores. Tipicamente, os fornecedores oferecem um pagamento inicial em troca de uma promessa pelo cliente de comprar certas quantidades de produtos em um período. De acordo com as normas de contabilidade, tais descontos não podem ser registrados até que as compras prometidas sejam feitas.

A GM declarou que concluiu ter registrado prematuramente alguns desses pagamentos, o que é incorreto. O maior impacto ocorreu em 2001, quando a empresa disse ter declarado lucro antes de imposto de US$ 405 milhões a mais, em consequência do registro prematuro de créditos de fornecedores.

Como os créditos estão sendo transferidos para anos posteriores, o impacto nesses anos foi menor, e a GM disse que teria um crédito diferido de US$ 548 milhões que ajudará a reduzir custos em exercícios futuros. A questão de como contabilizar descontos e outros créditos de fornecedores é um ponto complicado que tem atrapalhado outras empresas, desde a rede de supermercados *Royal Ahold NV* à *Kmart Corp*.

A GM também disse que havia contabilizado incorretamente um ganho de US$ 27 milhões, antes do imposto, da venda de estoque de metais preciosos em 2000, que foi obrigada a recomprar no ano seguinte.

Na quinta-feira, a GM disse aos investidores que não confiassem nos resultados do primeiro trimestre de 2005, previamente divulgados, pois havia subestimado seu prejuízo em US$ 149 milhões. A GM declarou que havia elevado "prematuramente" o valor atribuído a automóveis que estava arrendando a companhias de locação de carros, supondo que eles valeriam mais após as companhias locadoras se desfazerem deles. A GM havia divulgado anteriormente um prejuízo de US$ 1,1 bilhões, ou US$ 1,95 por ação, no primeiro trimestre (18 de março de 2006).

Você pode supor que os valores são significativos.
Pede-se:

a. Sem supor que os erros de julgamento contábil tenham sido ou não intencionais, discuta como afetam o julgamento do ambiente de controle pelo auditor, e se o profissional deve concluir que há deficiências materiais no controle interno. Qual seria o seu julgamento se o tratamento contábil fosse considerado "aceitável, mas agressivo" pelo diretor financeiro e pelo diretor-presidente da empresa? Como esses julgamentos afetariam a avaliação do ambiente de controle pelo auditor?

b. Descreva a natureza do julgamento contábil feito pela empresa em relação ao valor residual dos automóveis arrendados. Que sistema de informação e comunicação deve haver em relação ao valor residual dos automóveis devolvidos após o seu arrendamento? Que controles deve haver? Quais evidências o auditor necessitaria para avaliar se a modificação feita pela empresa teria sido razoável?

c. Explique os descontos ou pagamentos iniciais dos fornecedores da empresa. Por que os fornecedores pagariam os créditos iniciais? Qual é a contabilização apropriada desses créditos? Quais controles deve haver para levar em conta os créditos iniciais? Como o auditor auditaria (1) os controles da contabilização dos créditos iniciais e (2) a conta de compensação de despesas, ou a conta de passivo?

Ford Motor Company e Toyota Motor Corporation: Realização de uma auditoria integrada

(www.cengage.com.br, em inglês)

Fonte e referência	Questão
Ford 10-K, pp. FS-66 e FS-67 *Toyota 20-F, pp. F-2 e F-3*	1a. Leia os relatórios das empresas de contabilidade externa independentes registradas da *Ford* e da *Toyota*. Observe que os relatórios articulam claramente responsabilidades diferenciadas para a administração e para a empresa de auditoria. Por que é importante que a empresa de auditoria articule essas responsabilidades dessa maneira? 1b. No relatório da empresa de contabilidade externa independente registrada da *Ford*, de que maneira a PwC descreve o modo pelo qual ela faz a auditoria de controles internos? 1c. A *Ford* recebeu um parecer sem ressalvas sobre seus controles internos, como aconteceu com a *Toyota*. Como você se sentiria a respeito das divulgações e dos resultados financeiros apresentados se isso não tivesse acontecido? 1d. Se você fosse um acionista da *Ford* ou da *Toyota* e a empresa recebesse um parecer com ressalvas sobre os controles internos, o que faria? Além disso: • De que maneira o parecer com ressalvas afeta a confiabilidade de relatórios futuros, por exemplo, as demonstrações financeiras trimestrais? • De que maneira o parecer afeta as demonstrações financeiras correntes? • O que implica o parecer para a função de custódia da administração e o seu comprometimento com a gestão de risco? • Deve a qualidade dos controles internos da divulgação financeira de uma empresa afetar o preço da ação da empresa? Explique a sua resposta.

Evidência de auditoria: um arcabouço

7

Objetivos de aprendizagem

O objetivo principal deste livro é a construção de uma base para a análise de questões profissionais correntes e a adaptação de enfoques de auditoria às complexidades das empresas e da economia. Por meio do estudo deste capítulo, você será capaz de:

1. Identificar as fontes básicas de evidência de auditoria.
2. Descrever as afirmações contidas em demonstrações financeiras.
3. Discutir o significado de suficiência e confiabilidade de evidências.
4. Explicar os testes direcionais e sua importância para a obtenção de eficiência na auditoria.
5. Identificar procedimentos básicos de auditoria e a(s) afirmação(ões) de cada teste.
6. Explicar a natureza e as finalidades de programas de auditoria.
7. Descrever as finalidades e o conteúdo de uma boa documentação de auditoria.
8. Entender as questões relacionadas à auditoria de estimativas da administração.
9. Aplicar os arcabouços de análise e tomada de decisões com ética a situações envolvendo evidências de auditoria.

Visão geral do capítulo

A auditoria é um processo de coleta e avaliação objetiva de evidência sobre afirmações de uma empresa. Em termos do processo de elaboração de pareceres de auditoria, este capítulo concentra a sua atenção nas fases III e IV, com um foco na obtenção de evidências sobre afirmações em contas e na determinação do impacto sobre a auditoria de demonstrações financeiras (a evidência de auditoria sobre controle interno foi discutida anteriormente). Quando o auditor planeja uma auditoria, três perguntas básicas sobre evidência precisam ser respondidas: que procedimentos deverão ser executados, qual o número de evidências de auditoria necessária e quando os procedimentos devem ser executados (ver **Ilustração 7.1**). Os programas de auditoria, independentemente de seu porte, se padronizados ou customizados, destinam-se a garantir as afirmações da administração sobre as demonstrações financeiras, a qualidade do controle interno de uma empresa, ou outras medidas de desempenho empresarial. Os procedimentos específicos de auditoria utilizados devem lidar com o risco de incorreção de demonstrações financeiras ou a probabilidade de que o controle interno da divulgação financeira contenha deficiências materiais. O processo usado pelo auditor para coletar e avaliar a evidência deve ser documentado, explicando a evidência coletada, os julgamentos e o processo de raciocínio utilizado pelo profissional, bem como as conclusões obtidas. Neste capítulo, concentramos nossa atenção na evidência de auditoria relacionada a demonstrações financeiras e às afirmações subjacentes contidas nas demonstrações financeiras de uma empresa, descrevendo as ferramentas de coleta de evidência tipicamente empregadas pelos auditores.

O processo de elaboração do parecer de auditoria

I. Aferir as decisões de aceitação e retenção do cliente (capítulo 4).

II. Entender o cliente (capítulos 2, 4-6 e 9).

III. Obter evidência a respeito de controles e determinar o impacto sobre a auditoria de demonstrações financeiras (capítulos 5-14 e 18).

IV. Apurar evidências consubstanciadas sobre afirmações de contas (capítulos 7-14 e 18).

V. Fechamento da auditoria e tomada de decisões de divulgação (capítulos 15 e 16).

A profissão de auditoria, regulamentação e governança corporativa (capítulos 1 e 2).

Tomada de decisões, conduta profissional e ética (capítulo 3).

Responsabilidade profissional (capítulo 17).

JULGAMENTO PROFISSIONAL EM CONTEXTO

Quando um auditor deixa de coletar evidência suficiente

James L. Fazio, 46 anos de idade, era CPA e sócio no escritório da *Deloitte LLP* em San Diego. Ele era o sócio encarregado da auditoria da *Ligand Pharmaceuticals*. À época da auditoria da *Ligand* em 2003, as políticas de auditoria da *Deloitte* exigiam que o risco de envolvimento de cada cliente fosse aferido anualmente como normal, acima do normal, ou muito acima do normal. No caso da *Ligand*, a equipe considerou o risco de envolvimento como "acima do normal", devido a preocupações com vendas de produtos e devoluções de vendas. Especificamente, a equipe de auditoria documentou preocupação, nos papéis da auditoria, com a possibilidade de que as estimativas de devoluções de vendas e reservas da *Ligand* não eram suficientes para cobrir as devoluções efetivas. Dado o risco elevado, o plano escrito de auditoria pedia à equipe que adotasse procedimentos para lidar com a questão e aumentasse seu ceticismo profissional quanto aos problemas de devoluções.

Entretanto, o PCAOB constatou que James Fazio deixou de: utilizar cuidado profissional devido, exercer ceticismo profissional, obter evidência competente e suficiente para ter uma base razoável para chegar a um parecer sobre as demonstrações financeiras, avaliar eventos subsequentes e supervisionar seus assistentes. Especificamente, ele deixou de: (1) avaliar adequadamente se a *Ligand* havia coletado evidência suficiente para estimar devoluções futuras, (2) considerar adequadamente se as estimativas de devoluções eram razoáveis e (3) identificar e lidar com questões relativas à exclusão de certas devoluções pela *Ligand* de suas estimativas de devoluções.

O PCAOB concluiu que a conduta de Fazio preenchia as condições que determinavam a aplicação de sanções, devido a uma "conduta intencional ou informada, incluindo conduta imprudente..." Em consequência desta conclusão, o PCAOB ordenou que Fazio fosse proibido de se associar a uma empresa de contabilidade externa registrada, mas apresentasse um pedido de autorização ao PCAOB para ter esse direito após dois anos.

Quando estiver lendo este capítulo, considere este caso, bem como as seguintes perguntas:

- Por que o PCAOB está tão preocupado com a incapacidade de Fazio de coletar evidência suficiente neste caso?
- Imagine que você fosse um membro da equipe de auditoria nessa empresa e que Fazio fosse o seu chefe. Como poderia ter lidado com a sua incapacidade de tratar adequadamente os riscos que haviam sido identificados e documentados por você e pelo resto da equipe?
- Como os auditores sabem quando coletaram evidência suficiente?

Fonte: Este caso baseia-se em fatos relatados em *PCAOB release* nº 105-2007-006, 10 de dezembro de 2007.

Visão geral do modelo de auditoria

Evidência de auditoria é toda informação utilizada pelos auditores para chegar às conclusões nas quais o parecer de auditoria se baseia. Os profissionais gastam a maior parte de seu tempo obtendo e avaliando evidências a respeito das afirmações que a administração faz em suas demonstrações financeiras e seus relatórios sobre o controle interno. O processo

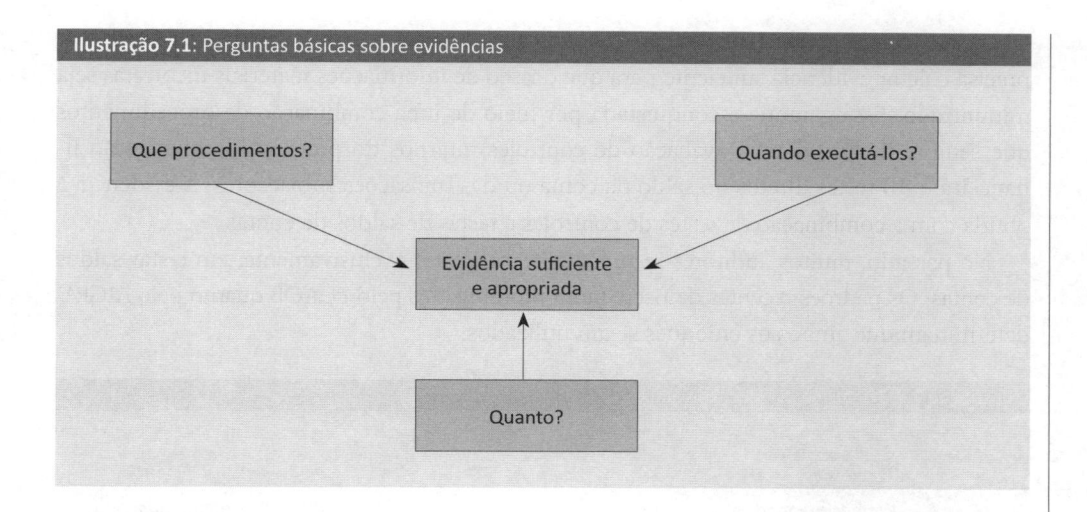

Ilustração 7.1: Perguntas básicas sobre evidências

```
   Que procedimentos?              Quando executá-los?
              \                    /
               \                  /
            Evidência suficiente
               e apropriada
                    ↑
                 Quanto?
```

de coleta e avaliação é o âmago de uma auditoria. Frequentemente, não há respostas certas ou erradas quanto à melhor evidência a ser coletada. Em lugar disso, o auditor considera o risco associado ao saldo de uma conta ou a importância de um controle e a confiabilidade da evidência disponível para montar um enfoque de auditoria. Este capítulo desenvolve um arcabouço para o processo de coleta de evidências visando a testar afirmações contidas em demonstrações financeiras.

A administração faz afirmações a respeito de várias coisas diferentes: lucros e condição financeira, controles internos e operações da organização, cumprimento de regulamentação governamental e outras medidas de desempenho empresarial, como a informação sobre chegadas de voos dentro do horário previsto no caso de uma companhia aérea. Os auditores podem ser chamados a fazer auditorias dessas afirmações. O escopo é limitado apenas pelas demandas de informação confiável e um sistema de informações passível de auditoria.

Não há duas auditorias idênticas. As organizações diferem em termos de tamanho, complexidade, grau de informatização de sistemas de informação e de envolvimento com o comércio eletrônico. As instituições são distintas – financeiras, concessionárias de serviços de utilidade pública, governos estaduais e municipais, outras entidades sem fins lucrativos, varejistas, indústrias de transformação e prestadoras de serviços. Todas têm necessidade de auditoria. Este capítulo desenvolve um arcabouço para enfocar o processo detalhado de coleta de evidência que é comum a todas as auditorias. Este arcabouço geral pode ser adaptado aos riscos, controles e atividades especiais de uma empresa individual.

Tal como desenvolvido no arcabouço de tomada de decisões no capítulo 3, a necessidade de evidência de auditoria é direcionada principalmente pela urgência de minimizar o risco de auditoria, ou seja, a ameaça de que o auditor não seja capaz de detectar uma informação material incorreta em uma demonstração financeira ou outro tipo de relatório. O profissional minimiza esse risco coletando evidência suficiente. Em seu planejamento de testes de saldos de conta e transações, o auditor é orientado pelo terceiro padrão de trabalho de campo, que diz:

> O auditor deve obter evidência apropriada e suficiente de auditoria por meio de procedimentos executados para produzir uma base razoável para um parecer sobre as demonstrações financeiras sendo auditadas.

Portanto, o auditor deve obter um volume apropriado de evidência confiável a respeito da fidedignidade das demonstrações financeiras e sua conformidade com os princípios con-

> **QUESTÃO PRÁTICA**
>
> Os serviços de garantia podem lidar com afirmações mais amplas do que as demonstrações financeiras. Podem ser coletadas evidências para avaliar uma vasta gama de afirmações. Por exemplo, os auditores podem ser contratados para garantir que uma casa de repouso está fornecendo assistência no nível exigido pelos padrões de assistência médica.

OA 1
Identificar as fontes básicas de evidência de auditoria.

tábeis aceitos em geral. A **Ilustração 7.2** indica as diversas fontes de evidência. O auditor precisa coletar evidência suficiente para que o risco de informações materiais incorretas seja minimizado. Essa garantia é conquistada por meio de uma combinação de procedimentos que sempre inclui (a) uma avaliação de controles internos do processo de divulgação financeira e (b) testes diretos do saldo da conta ou das transações subjacentes. A evidência é obtida com a combinação de testes de controles e testes de saldos de contas.

No passado, muitos auditores se preocupavam, quase exclusivamente, em testar saldos de contas. Os padrões recentes de risco, tanto promulgados pelo PCAOB quanto pelo AICPA, determinam que ambos os enfoques sejam utilizados.

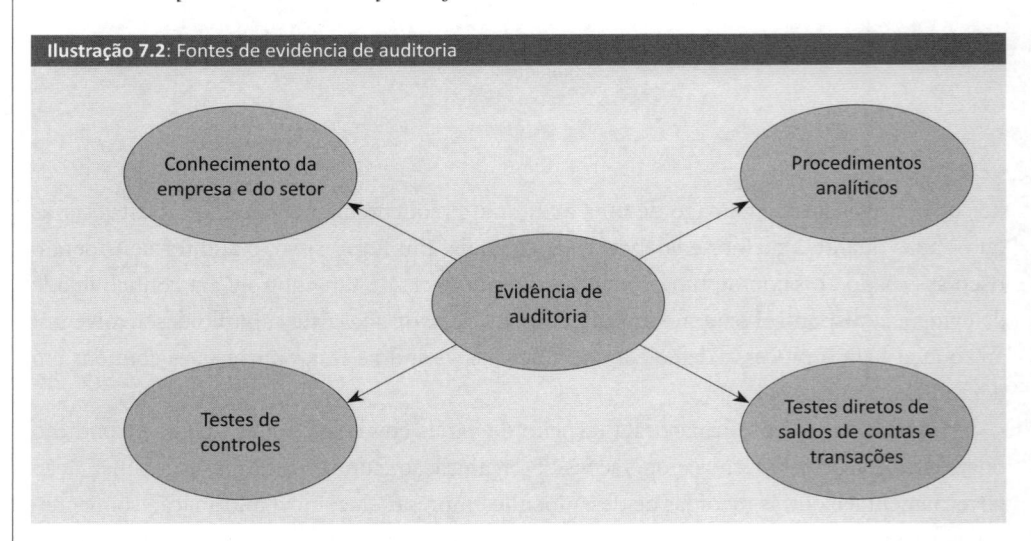

Ilustração 7.2: Fontes de evidência de auditoria

[Diagrama: Evidência de auditoria no centro, conectada a: Conhecimento da empresa e do setor; Procedimentos analíticos; Testes de controles; Testes diretos de saldos de contas e transações]

Modelo de afirmação para auditorias de demonstrações financeiras

OA 2
Descrever as afirmações contidas em demonstrações financeiras.

Ao fazer testes diretos de saldos de contas, o auditor é guiado pelo arcabouço geral de afirmações incorporadas em demonstrações financeiras e contas individuais. Os procedimentos de coleta de evidência de auditoria para testar as afirmações subjacentes são conhecidos pelo nome de programa de auditoria.

As seguintes afirmações básicas são incorporadas às demonstrações financeiras:

- Existência e ocorrência.
- Completude.
- Direitos e obrigações.
- Avaliação e alocação.
- Apresentação e divulgações.

A especificação das afirmações ajuda o auditor a planejar testes de auditoria. Apresentamos a seguir um enunciado mais explícito das afirmações. No caso de saldos de contas, a administração está afirmando que:

- Os ativos, passivos e participações no patrimônio existem (existência/ocorrência).
- Todos os ativos, passivos e participações no patrimônio que deveriam ter sido registrados foram anotados (completude).

- A entidade possui ou controla os direitos a ativos, e os passivos são as obrigações da entidade (direitos e obrigações).
- Os ativos, os passivos e as participações no patrimônio são incluídos nas demonstrações financeiras em valores apropriados, e qualquer ajuste resultante de avaliação ou alocação é apropriadamente registrado (avaliação e alocação).
- Os ativos, passivos e participações no patrimônio são corretamente classificados nas demonstrações financeiras, e são adequadamente descritos nas notas explicativas das demonstrações financeiras (apresentação e divulgação).

O objetivo da coleta de evidência de auditoria é determinar a validade dessas afirmações na medida em que se aplicam a contas materiais de demonstrações financeiras. Para melhor entender como o auditor aborda o processo de coleta de evidência e testa essas afirmações, consideremos o estoque da *Ford Motor Company*, tal como descrito na nota explicativa nº 8, em seu relatório anual de 2006.

Os estoques em 31 de dezembro de 2006 eram os seguintes (em milhões de dólares):

Matéria-prima, produção em andamento e materiais de consumo	$ 4.604
Produtos acabados	7.989
Estoque total sob o método primeiro a entrar, primeiro a sair (PEPS)	12.593
Menos: ajuste pelo método último a entrar, primeiro a sair (UEPS)	(1.015)
Estoque total	11.578

Os estoques são avaliados ao custo ou a mercado, o que for menor. Cerca de um quarto dos estoques foi determinado de acordo com o método UEPS.

O saldo da conta representa a culminação de transações envolvendo estoques durante o ano. Além de refletir os vários componentes dos estoques, ou seja, desde matéria-prima a produto acabado (isto é, automóveis e caminhões), a conta também reflete riscos relacionados à posse de estoques até a venda. Por exemplo, há algum risco de que o estoque elevado de picapes e utilitários precise ser reavaliado para baixo para vendê-los à medida que a economia se deteriorar ou o preço da gasolina continuar subindo? Portanto, é importante entender que a avaliação não se baseia apenas no custo histórico, mas também precisa refletir as condições de mercado.

Há outros riscos associados à conta de estoques. Por exemplo, a administração da *Ford* observa que possui diversos acordos de suprimento de longo prazo que a comprometem a comprar quantidades mínimas ou fixas de certas peças ou materiais ou a pagar um valor mínimo ao vendedor (contratos de "receber ou pagar"). Entretanto, a alteração da natureza do mercado de automóveis pode significar uma alteração na composição dos automóveis produzidos, e a *Ford* pode não precisar mais dos acordos relativos a seus veículos menos eficientes. Outros riscos dizem respeito ao estoque total em relação às vendas correntes de automóveis e às ações de empresas concorrentes, como *General Motors*, *Toyota* ou *Honda*. Com esses riscos em mente, o auditor deve montar um enfoque de auditoria para coletar evidência suficiente para determinar que o estoque existe, é corretamente avaliado, registrado durante o período correto e que as demonstrações financeiras e as notas explicativas contêm divulgação apropriada em relação à conta de estoques. Para uma empresa tão diversificada e geograficamente (internacionalmente) dispersa quanto a *Ford Motor Company*, é fácil imaginar a dificuldade que os auditores enfrentam na coleta de evidência necessária para comprovar com precisão as afirmações da administração.

> **QUESTÃO PRÁTICA**
>
> No início de 2009, todas as montadoras de automóveis possuíam um número sem precedentes de automóveis não vendidos nos pátios das revendedoras – todos pertencentes às revendedoras, mas com uma maior probabilidade de que até 25% dos revendedores poderiam falir. A Ford, por exemplo, tinha automóveis que estavam nos pátios há mais de 140 dias, em média. Embora não fossem estoques da Ford, eles podiam afetar a avaliação dos estoques na contabilidade da empresa.

Coleta de evidência suficiente e apropriada

OA 3
Discutir o significado de suficiência e confiabilidade de evidências.

Quando considera o melhor enfoque à coleta de evidência de auditoria, o profissional precisa levar em conta os fatores que afetam a confiabilidade dos dados financeiros, incluindo a integridade da administração, o risco econômico, a qualidade do sistema de informações e controles internos do cliente, bem como as condições de mercado e as ações atuais dos concorrentes. A integridade e a competência da administração afetam tanto a estruturação quanto o funcionamento do sistema de informações do cliente. O negócio do cliente, por sua natureza, gera riscos específicos que exigem julgamentos que podem afetar avaliações. Por fim, os concorrentes podem lançar novos produtos que afetarão as possibilidades de comercialização do estoque existente. O auditor não pode preparar um programa de auditoria para testar diretamente as demonstrações financeiras sem considerar os fatores de risco que poderiam fazer que os saldos de contas sejam incorretos. A **Ilustração 7.3** apresenta uma visão geral condensada do enfoque de auditoria refletindo o risco de auditoria, de controle e a amplitude das fontes alternativas de evidência. Ela descreve quatro etapas importantes no processo geral de coleta de evidência de auditoria:

1. Entender o cliente e o setor.
2. Avaliar o risco de informação incorreta por afirmação, incluindo a obtenção de evidência sobre controles internos como parte de uma auditoria integrada de companhias abertas.
3. Testar detalhes de saldos de contas e transações para obter evidência substantiva a respeito das afirmações feitas pela administração.
4. Avaliar a adequação das evidências e dar um parecer.

Ilustração 7.3: Enfoque geral de coleta de evidência de auditoria

Etapa	Preocupações	Providência
1. Entender o cliente e o setor.	• Características do setor. • Integridade da administração sobre cliente e setor e pressões que poderiam afetar a confiabilidade dos dados. • Natureza e qualidade do sistema de informações. • Influências econômicas.	• Examinar base de dados • Aferir integridade da administração. • Identificar sinais de alerta. • Realizar procedimentos analíticos preliminares.
2. Avaliar o risco de informação material incorreta por afirmação, para cada componente importante das informações financeiras ou outros elementos do cliente.	• Risco intrínseco. • Risco de controle. • Sistemas de computação.	• Identificar fatores que afetam a confiabilidade de dados do cliente. • Entender controles internos e, quando apropriado, testá-los.
3. Testar detalhes de saldos de contas e transações.	• Quanto. • Quais procedimentos. • Quando executar.	• Executar procedimentos analíticos e/ou testes diretos de saldos de contas e transações para corroborar dados financeiros ou outras informações a respeito do desempenho da organização.
4. Avaliar a adequação de evidências documentadas e fazer um relatório.	• Necessidade de ajustes. • Deficiências de sistema.	• Executar procedimentos analíticos finais e adicionais quando necessário. • Decidir quanto ao tipo de parecer que é apoiado pelas evidências.

Cada uma das três primeiras etapas gera evidência importante sobre a confiabilidade geral das demonstrações financeiras da empresa. Uma proporção significativa das evidências de auditoria virá dos testes de controles internos pelo auditor e do processamento das transações subjacentes. Além do entendimento das etapas, há dois aspectos importantes que precisam ser compreendidos:

1. Os pareceres podem ser dados periodicamente, como trimestral ou anualmente, no caso de demonstrações financeiras, ou podem ocorrer quase continuamente, na medida em que as empresas implantam sistemas XBRL para fins de divulgação externa.
2. O processo deve ser executado sequencialmente. O risco é avaliado. O auditor analisa o controle interno da divulgação financeira e determina se testes diretos adicionais precisam ser feitos e, em caso afirmativo, define a natureza da avaliação.

Os padrões atuais de auditoria das demonstrações financeiras exigem que todas as quatro etapas apresentadas na **Ilustração 7.3** sejam cumpridas, e que alguns testes diretos de saldos de contas e transações materiais sempre sejam realizados. Com o encorajamento do PCAOB, os auditores concentram sua atenção em saldos de contas que envolvem a probabilidade mais alta de informação material incorreta. Com isso em mente, é importante observar que há uma relação direta entre a força das evidências e o custo de auditoria, como mostrado na **Ilustração 7.4**. Por exemplo, quando o risco de informação incorreta é baixo e os controles internos são eficazes, então uma auditoria integrada exigiria apenas um número mínimo de testes diretos de transações e saldos de contas. Inversamente, se houver risco elevado de informação incorreta e os controles internos não forem eficazes, o auditor precisará realizar mais testes diretos de transações e saldos de contas.

Ilustração 7.4: Custo e força de evidências em cada etapa

Etapa	Custo relativo de evidências	Força das evidências	Situações em que as evidências produzidas nesta etapa são mais confiáveis
1. Entender o cliente e o setor.	Mínimo	Moderada	• Histórico de demonstrações financeiras livres de erros. • Integridade elevada da administração. • Sistema de informações confiável e estável. • Condições econômicas confiáveis e estáveis. • Bases de dados públicas confiáveis sobre a empresa. • Procedimentos analíticos eficazes no prognóstico de áreas de problemas. • A empresa tem adotado atitude conservadora em suas escolhas e estimativas contábeis. • A empresa possui comitê de auditoria e departamento de auditoria interna ativos.
2. Avaliar o risco de informação material incorreta por afirmação, para cada componente importante das informações financeiras ou outros elementos do cliente.	Médio a alto	Média a alta	• Sistema de informações confiável e estável. • Integridade elevada da administração, com histórico de controles de monitoramento fortes.
3. Testar detalhes de saldos de contas e transações.	Máximo	Máxima. Pode ser menor quando a empresa possui sistema de informação sem documentos.	• Existe evidência em papel. • Partes externas podem corroborar com informações financeiras. • Única opção quando não é possível obter evidência convincente nas outras etapas.

Suficiência

O volume de evidência deve ser convincente e em quantidade suficiente para persuadir a equipe de auditoria da correção ou incorreção do saldo de uma conta. De maneira análoga, a evidência deve sustentar-se por si própria, a ponto de permitir que outro profissional imparcial chegue à mesma conclusão. Entretanto, qual é a quantidade de evidência suficiente? Em certa medida, essa é uma questão de julgamento experimentado de auditoria. A amostragem estatística pode ajudar a determinar o número de evidência suficiente com base na quantificação de julgamentos de auditoria a respeito de materialidade, risco de auditoria e de amostragem.

No caso James Fazio, apresentado no cenário do "Julgamento profissional em contexto", no início deste capítulo, observamos as ramificações pessoais para o auditor de não coletar evidência adequada deliberada e descuidadamente. No caso Fazio, ele estava a par da existência de uma variedade de fatores que colocavam em dúvida a adequação das reservas da *Ligand* para devoluções de produtos (por exemplo, ausência de histórico efetivo de devoluções, visibilidade limitada dos canais de distribuição e aumentos significativos ou níveis excessivos de estoques), mas ele não analisou adequadamente se esses fatores prejudicavam a capacidade da *Ligand* de fazer estimativas razoáveis de devoluções. Consequentemente, o PCAOB concluiu que Fazio não possuía uma base suficiente para apoiar a conclusão de que o reconhecimento de receitas pela *Ligand* era apropriado.

A *Ligand* acabou reapresentando suas demonstrações financeiras de 2003 e outros exercícios, pois o seu reconhecimento de receitas não obedecia aos padrões de contabilidade aceitos em geral. Nessa reapresentação, reconheceu US$ 59 milhões a menos de receitas (uma redução de 52% em relação ao que havia sido originalmente divulgado), e revelou um prejuízo líquido de 2,5 vezes maior do que o originalmente publicado. Portanto, os investidores foram enganados pelas demonstrações financeiras incorretas da *Ligand* e pelo fato de que Fazio deixou de fazer testes de auditoria que teriam levado a demonstrações financeiras mais precisas. A punição recebida por Fazio destaca um dilema de suficiência de evidências para os auditores: não há exigências claras que digam aos profissionais que eles já coletaram evidências suficientes, mas, se for determinado posteriormente que eles não fizeram isso, então poderá haver ramificações muito graves para o que for considerado julgamento profissional impróprio.

> **QUESTÃO PRÁTICA**
> Auditoria não é uma profissão com listas simples de verificação de tarefas. Fazio e sua equipe fizeram um bom trabalho em termos de identificação dos riscos; entretanto, tanto os profissionais quanto o público esperam que o auditor ajuste a evidência de auditoria coletada para lidar com esses riscos de maneira suficiente.

Confiabilidade da evidência de auditoria

A confiabilidade da evidência de auditoria é julgada com base em sua capacidade de fornecer evidência convincente em termos do objetivo de auditoria que está sendo avaliado. O Conselho de Padrões de Auditoria (ASB) estipulou as seguintes pressuposições quanto à confiabilidade da evidência de auditoria:

Mais confiáveis	Menos confiáveis
Evidências diretamente observáveis.	Evidências indiretamente observáveis.
Evidências resultantes de um sistema de informações bem controlado.	Evidências resultantes de um sistema de informações mal controlado ou facilmente ignorado.
Evidências provenientes de fontes externas independentes.	Evidências provenientes de dentro da organização do cliente.
Há evidências em forma documental.	Evidências verbais não apoiadas em documentos.
Documentos originais.	Fotocópias ou fac-símiles.

A orientação oferecida pelo Conselho de Padrões de Auditoria reflete o senso comum. Evidências conseguidas diretamente pelo auditor são preferíveis às obtidas indiretamente. Evidências provenientes de sistemas de informações bem controlados são preferíveis às de sistemas mal controlados. Evidências de outras partes independentes obtidas junto a indivíduos conhecedores e possuidores de tempo e motivação adequados para responder a consultas são melhores do que informações geradas internamente pelo cliente. Evidências apoiadas em documentos originais são preferíveis a fotocopiados ou evidências verbais não apoiadas em documentos originais. Entretanto, alguns tipos de evidência tratam melhor de afirmações específicas; o auditor deve se guiar pela relevância para a afirmação, bem como sua confiabilidade. Por exemplo, se o profissional deseja testar passivos associados a garantias, é provável que a maior parte da informação seja interna – alguns dados estarão no sistema contábil e outros nos dados operacionais do cliente. Entretanto, esses dados devem estar apoiados em um sistema de controle interno forte e em documentos relacionados aos direitos a garantias de clientes.

> **QUESTÃO PRÁTICA**
> Na medida em que as empresas forem se tornando mais dependentes de computadores e haja maior integração de sistemas computadorizados, a evidência baseada em documentos em papel diminuirá. Portanto, os auditores precisam entender os atributos subjacentes à evidência em papel para determinar se há controles suficientes no sistema computadorizado para garantir que a informação eletrônica possui os mesmos atributos.

Documentação interna

A documentação interna varia de acordos legais (arrendamentos, contratos de venda e acordos de pagamento de *royalties*) a documentos de negócios (ordens de compra e relatórios de recebimento), contábeis (tabelas de depreciação e registros de sistemas de custos padrão) e de planejamento e controle (documentos originais de fontes básicas, como cartões de ponto, relatórios de liquidação de estoques e pesquisa de mercado). A **Ilustração 7.5** fornece exemplos de documentos internos. A confiabilidade dessa documentação varia com o seguinte:

- A eficácia de controles internos.
- A motivação da administração para distorcer contas individuais (potencial de fraude).
- A formalidade da documentação, tal como o reconhecimento de sua validade por partes externas à organização ou independentes da função contábil.
- A independência dos indivíduos que preparam a documentação daqueles que registram as transações.

A documentação pode ser em papel ou eletrônica. A qualidade da evidência eletrônica depende dos controles incorporados ao sistema de informações; em particular, depende se o acesso a dados e documentos é apropriadamente restrito. Um exemplo de documentação é um registro de pessoal contendo dados sobre as taxas de remuneração, os pacotes de benefícios e os salários pagos de um funcionário. O documento é elaborado pelo departamento de folha de pagamento, mas é revisto pelos funcionários de supervisão.

Documentação externa

A documentação externa é geralmente tida como muito confiável, mas a credibilidade depende (a) de a documentação ser preparada por uma parte externa detentora de conhecimento e (b) se é recebida diretamente pelo auditor. A maior parte da documentação externa, porém, é direcionada ao cliente. Por exemplo, um pedido de um comprador que especifica preços e quantidades é recebido pelo cliente e não pelo auditor. Portanto, em situações de alto risco o profissional deve confirmar a validade da documentação com a parte externa pertinente.

A documentação externa pode variar em termos de conteúdo, sendo desde documentos negociais normalmente encontrados em poder do cliente (faturas e extratos mensais de fornecedores), confirmações recebidas diretamente da assessoria jurídica, banco ou fregueses, a informações comerciais e de crédito. A documentação externa varia em termos de confiabilidade

> **QUESTÃO PRÁTICA**
> Em situações de alto risco, tal como a ocorrida no esquema *Ponzi* de Madoff envolvendo investimentos, o auditor deve examinar as evidências externas que poderiam ser usadas para verificar o numerário disponível e os títulos possuídos.

Ilustração 7.5: Exemplos de documentos internos

Documentos legais	Acordos de trabalho e pagamento de benefícios. Contratos de venda. Contratos de arrendamento. Acordos de pagamento de *royalties*. Contratos de manutenção.
Documentos de negócios	Faturas de venda. Ordens de compra. Cheques cancelados. *Vouchers* de pagamento. Acordos de transferência eletrônica de dados.
Documentos contábeis	Estimativas de passivos com garantias. Tabelas de depreciação e amortização. Tabelas e cálculos de custo padrão. Relatórios gerenciais de exceções.
Outros documentos de planejamento e controle	Cartões de ponto de funcionários. Relatórios de entrega e recebimento. Documentos de movimentação de estoques, tais como relatórios de liquidação e recibos de transferência. Estudos de pesquisas de mercado. Relatórios de ações judiciais pendentes. Relatórios de variações.

Nota: muitos dos documentos de planejamento e controle contêm análises a eles anexadas. Os dados de pesquisas de mercado normalmente acompanham pareceres do departamento de marketing sobre o potencial de novos produtos; os relatórios de variações são acompanhados por explicações das causas das variações e recomendações a seu respeito. Estas análises geralmente são consideradas evidências de natureza testemunhal, e não documental.

e é influenciada por seu grau de formalismo, sua fonte, e independência. A **Ilustração 7.6** apresenta exemplos de documentação externa.

Um documento padrão de negócios normalmente encontrado em poder do cliente é uma fatura do fornecedor (ver **Ilustração 7.7**). Uma fatura do fornecedor mostra o preço de compra (custo) de itens no estoque do cliente, as datas da fatura e da entrega, os prazos de pagamento e titularidade, o endereço de entrega (localização do estoque), o número de referência da ordem de compra, o agente de compra (evidência de autorização) e o valor devido (evidência de avaliação de passivo e de ativo). Como a fatura de um fornecedor é um documento formal, ela geralmente não é alterada pelos clientes, muito embora esteja em seu

Ilustração 7.6: Exemplos de documentos externos

Documentos de negócios	Faturas e extratos mensais de fornecedores. Ordens de clientes. Contratos de venda ou compra. Acordos de empréstimo. Outros contratos.
Documentos de terceiros	Cartas de confirmação da assessoria jurídica. Declarações de confirmação por bancos. Respostas de confirmação por clientes. Extratos de fornecedores solicitados por auditores.
Informações gerais de negócios	Estatísticas setoriais. Relatórios de classificação de risco de crédito. Dados de serviços de computação.

poder. Portanto, é tida como confiável, exceto em situações nas quais o auditor questione a integridade da administração e considere o cliente e o saldo da conta sendo testado como possuidores de alto nível de risco.

Documentação em papel vs. documentação eletrônica – É preciso reconhecer, porém, que, à medida que as empresas mudam, a fatura pode vir a existir somente em formato eletrônico. Portanto, o auditor precisa se assegurar de que os dados apresentados na **Ilustração 7.7** existem em formato eletrônico e, o que é mais importante, que a informação armazenada no sistema de informações do cliente não pode ser facilmente manipulada. O auditor deve conhecer as proteções contidas no sistema de informações para concluir que o documento eletrônico é uma representação confiável da compra pelo cliente, do preço de compra, dos itens e das quantidades compradas, bem como de outras informações pertinentes.

> **QUESTÃO PRÁTICA**
>
> As faturas podem, às vezes, ser enviadas somente em formato eletrônico. Em tais situações, a avaliação do auditor quanto à confiabilidade dessa evidência dependerá da qualidade dos controles informatizados.

Natureza do teste de auditoria

Testes diretos de saldos de contas e transações são projetados com a definição da maneira mais eficiente de consubstanciar as afirmações contidas nas contas ou transações. Há muitas alternativas disponíveis ao auditor no planejamento de testes de auditoria. A tabela a seguir sintetiza algumas delas e fornece um exemplo de cada tipo de teste.

ILUSTRAÇÃO 7.7: Fatura de fornecedor

Nature Sporting Goods Manufacturing Company
200 Pine Way
Kirkville, WI 53800
Tel.: (607) 255-3311 / Fax: (607) 256-1109

Vendido a:
Bain's Sporting Goods
123 Lock Avenue
Cedar Rapids, Iowa 52404

Enviar a:
Bain's Sporting Goods
123 Lock Avenue

Enviado por:
Roadway 30/08/09

Fatura nº 44779
Data da fatura: 30/08/09
OC nº 32348

Prazo: conta nº 127000
30 dias líquidos

Quantidade encomendada do item	Quantidade enviada	Previamente	Número e encomenda	Preço descrição	U/M unitário	Totalização
125	125	0	T-332B 2-person	34,99	cada	4.373,75
50	50	0	T-500Y Umbrella	55,75	cada	2.787,50
Frete	Receber		**Comentários:** Encargo financeiro de 1 ½% por mês em faturas vencidas		**Venda** **Imposto** **Total**	7.361,25 7.361,25

Tipos de teste de auditoria	Exemplo	Finalidade
Testes de eficácia do controle interno	a. Testar uma amostra de desembolsos para obter evidência de que as faturas de fornecedores coincidem com relatórios de recebimento e ordens de compra antes de autorizar o pagamento. b. Testar o processamento de transações pelo sistema computadorizado do cliente para avaliar o funcionamento dos controles computadorizados.	a. Determinar se os controles de pagamentos são eficazes. Utilizar as informações fazendo uma auditoria integrada de controles e saldos de contas. b. Determinar se os controles no programa de aplicação funcionam.
Testes de dupla finalidade de controles e saldos de contas	Iguais aos testes de controles; além disso, o auditor concilia a informação contida na fatura do fornecedor com o relatório de recebimento e a ordem de compra e verifica se foi feito o lançamento à conta apropriada em função da compra (por exemplo, estoque, despesa ou equipamentos).	Determinar se os controles são eficazes para o planejamento da natureza, programação e amplitude de outros testes de auditoria, e testar a precisão do registro de transações relacionadas.
Testes analíticos substantivos	a. Calcular o número de dias de vendas em contas a receber e comparar com exercícios anteriores e dados do setor. b. Estimar a despesa de depreciação usando a média entre os saldos iniciais e finais de uma classe de equipamentos.	a. Ajudar a determinar se as relações entre contas satisfazem as expectativas, incluindo a possibilidade de que algumas das contas a receber não sejam recebíveis. b. Determinar se a despesa de depreciação é razoável. Testes adicionais podem não ser necessários.
Testes diretos de saldos de contas	Confirmar saldos de clientes usando uma amostra de clientes.	Testar a existência e a precisão, em termos de valor monetário, de saldos de contas expressos com base em custo histórico.
Testes diretos de transações	Selecionar uma amostra de vendas registradas e reconstruir o processo para evidenciar que a venda de fato ocorreu (evidência de entrega e pedidos de clientes).	Testar a existência de transações de venda.

Ao se testar diretamente o saldo de uma conta ou transações relacionadas, o auditor considera dois tipos básicos de **evidência**:

1. Os registros contábeis subjacentes, incluindo evidências de controles internos de divulgação financeira, bem como cheques, faturas, contratos; o razão geral e razões

auxiliares; lançamentos de diário; e planilhas de apoio a alocações de custos, cálculos, conciliações e divulgações.
2. Informação confirmatória validando os registros contábeis subjacentes, tais como atas de reuniões, confirmações de partes independentes, dados setoriais, consultas, observações, inspeções físicas e exames de documentos.

Tradicionalmente, os profissionais têm concentrado a maioria dos procedimentos de auditoria em testes diretos de saldos de contas de ativos e passivos, em contraste com o exame de transações durante o ano, pois:

- Geralmente há menos itens no saldo final do que contidos nas transações realizadas durante o ano. A maioria das empresas, por exemplo, possui menos itens no estoque final do que no número de transações de compra e venda registradas durante o ano.
- Geralmente, há mais evidência confiável, que pode ser coletada eficientemente, para itens que compõem um saldo final do que para transações. O estoque final pode ser observado fisicamente, mas os produtos vendidos são entregues e não podem ser observados.
- É mais fácil concentrar a atenção em variações de ativos ou passivos, a testar todos os detalhes que afetaram as contas. No caso de muitos ativos e passivos de longo prazo, como ativos imobilizados ou debêntures a pagar, a atenção da auditoria frequentemente é voltada para as variações dos saldos das contas durante o ano, caso os saldos iniciais tenham sido auditados no ano anterior. O auditor pode então investigar as variações.

Procedimentos de auditoria

Visão geral de procedimentos da auditoria

Os procedimentos de auditoria variam em função dos riscos associados ao cliente e dos métodos utilizados para registrar transações. O arcabouço exposto a seguir identifica os procedimentos de auditoria de acordo com três fases importantes do trabalho:

1. **Entender o cliente e o setor: planejamento e análise preliminar de risco**
   a. Rever o trabalho de auditoria do ano anterior.
   b. Examinar dados publicamente disponíveis a respeito da organização.
   c. Executar procedimentos analíticos.
   d. Conversar com executivos e funcionários.
   e. Fazer exames de controles internos passo a passo.

2. **Avaliar o risco de informação material incorreta: entender e testar os controles internos e o processamento pelo sistema**
   a. Conversar com executivos e com o pessoal de supervisão.
   b. Examinar a documentação do sistema e fazer um exame de processos passo a passo.
   c. Observar o sistema em funcionamento. No caso de aplicações de computadores, considerar o acompanhamento do processamento de transações pelo sistema.
   d. Documentar o fluxo de processos e os pontos de controle.
   e. Determinar a eficácia de procedimentos desenvolvidos pelo cliente para monitorar a eficácia continuada de controles internos da divulgação financeira.
   f. Selecionar transações e examinar o seu processamento para determinar se os controles estão funcionando eficazmente.

3. Testar detalhes de saldos de contas e transações

a. Examinar documentos de autorização e registros de clientes:

(1) Faturas e extratos mensais de fornecedores.

(2) Registros de recebimento e entrega.

(3) Documentos legais e outros documentos.

b. Evidência testemunhal:

(1) Consultas a pessoal do cliente.

(2) Consultas a partes externas.

c. Evidência gerada pelo auditor:

(1) Observação direta.

(2) Refazer cálculos, incluindo testes matemáticos.

(3) Reprocessar transações desde sua origem até os registros finais.

(4) Reconstruir transações dos registros finais de volta à sua origem.

(5) Examinar ativos fisicamente.

(6) Executar procedimentos analíticos.

(7) Análise do auditor por meio de raciocínio e exame de elementos integrados de evidências.

Cada um desses procedimentos possui pontos fortes e pontos fracos a serem considerados na determinação de qual deve ser o enfoque ideal a ser adotado com um cliente. O auditor analisa o peso relativo das evidências obtidas nas três fases da auditoria, incluindo o teste de controles, e considera os custos de procedimentos e a força das evidências necessárias para o saldo de uma conta específica e a(s) afirmação(ões) correspondentes da administração.

OA 4
Explicar os testes direcionais e sua importância para a obtenção de eficiência na auditoria.

O **teste direcional** envolve testar saldos principalmente para fins de constatação de super/subavaliação e gera eficiência na auditoria ao tirar proveito do sistema de contabilidade por dupla entrada. Esse teste contribui para a eficiência da auditoria, pois:

- Informações incorretas em algumas contas tendem mais a ocorrer em uma direção do que na outra. Por exemplo, a administração pode ter maior motivação para supervalorizar vendas e ativos do que subavaliá-los. Alternativamente, uma empresa tende mais a subavaliar passivos.
- Fornece evidência sobre um conjunto complementar de contas. Por exemplo, testes de supervalorização de contas a receber fornecem evidência sobre a possível supervalorização de vendas.
- Algumas afirmações são direcionais por natureza. Afirmações de existência lidam com supervalorizações, enquanto afirmações de completude dizem respeito a subavaliações.

Os ativos são mais frequentemente testados para a possibilidade de supervalorização. Um exame de supervalorização de um ativo proporciona evidência adicional de possível supervalorização de receitas e passivos, ou da possível subavaliação de contas de outros ativos ou despesas. Por exemplo, se as contas a receber forem supervalorizadas, é provável que a receita seja supervalorizada, ou que o saldo de caixa seja subavaliado.

De maneira semelhante, o teste de subavaliação de passivos fornece evidência indireta sobre a possibilidade de subavaliação de despesas ou ativos, ou sobre a possibilidade de supervalorização de receitas ou outros passivos. Por exemplo, se há passivos não contabilizados, como quando não são acumuladas despesas com a folha de pagamento, as despesas correspondentes com a folha de pagamento e, possivelmente, os estoques são subavaliados, caso os custos de mão de obra não sejam apropriadamente alocados aos estoques.

QUESTÃO PRÁTICA
O teste direcional gera evidências relacionadas aos saldos de mais de uma conta ao mesmo tempo.

Procedimentos de auditoria comumente utilizados para testes diretos de saldos de contas e transações

Diversos procedimentos de auditoria são utilizados na realização de testes diretos de saldos de contas e transações. Os tipos principais de procedimentos adotados pelos auditores incluem:

- Observação do pessoal e dos procedimentos do cliente.
- Inspeção física dos ativos do cliente.
- Entrevistas com pessoal do cliente.
- Confirmações com terceiros.
- Exame de documentos, incluindo internos, externos e eletrônicos.
- Recálculo de dados.
- **Reprocessamento** de transações acompanhando a documentação desde a origem, por meio de registros contábeis no razão geral.
- **Reconstrução** de transações por meio da seleção de transações registradas e seu acompanhamento, voltando-se dos registros contábeis à documentação original.
- Procedimentos analíticos.

Observação – É o processo físico de observação de atividades. Ela é mais comumente utilizada para se entender o sistema de processamento de um cliente, incluindo um "exame passo a passo" dos processos. Também é prática comum observar o processo de inventário físico do cliente para estabelecer existência e avaliação.

Embora seja intuitivamente atraente, a observação possui algumas limitações importantes. A observação do processamento raramente é discreta. Os indivíduos que sabem que estão sendo observados tipicamente agem de maneira diferente de quando não estão. Há também um problema de generalização de resultados com base em um único conjunto de observações. A observação do processamento em um dia não indica necessariamente como as transações foram processadas em outro dia. Por fim, a observação é raramente suficiente para comprovar qualquer afirmação, exceto a de existência. Por exemplo, simplesmente observar um ativo imobilizado não significa necessariamente que o cliente de fato é seu proprietário. Ou observar um item de estoque não significa necessariamente que o auditor será capaz de determinar seu valor com precisão.

Inspeção física – A inspeção física é útil na verificação da existência de ativos tangíveis e na identificação de potencial de obsolescência ou sinais de desgaste. Entretanto, apenas ela não fornece evidências sobre completude, propriedade ou avaliação. Por exemplo, o estoque poderia estar sendo mantido em consignação por outras empresas e, portanto, não pertence à entidade que está sendo auditada. Além disso, apenas a inspeção física não fornece evidências quanto ao custo dos estoques e pode não identificar problemas de obsolescência ou controle de qualidade.

Entrevistas com pessoal do cliente – As entrevistas são usadas de maneira ampla para se obter conhecimento a respeito do seguinte:

- Sistema contábil.
- Planos da administração a respeito de aplicações financeiras, novos produtos, abandono de linhas de produtos e novos investimentos.
- Ações judiciais em potencial ou em andamento contra a organização.
- Alterações de procedimentos ou princípios contábeis.

OA 5
Identificar procedimentos básicos de auditoria e a(s) afirmação(ões) de cada teste.

QUESTÃO PRÁTICA

O PCAOB exige o uso de "exames passo a passo" como parte importante do processo mediante o qual o auditor avalia o controle interno. Os exames passo a passo consistem em uma combinação de entrevistas, observações e inspeções físicas. Em um exame desse tipo, o auditor determina o caminho de uma transação desde sua origem, passando pelos sistemas de informações, até que ela seja refletida nas demonstrações financeiras da empresa.

- Julgamento da administração quanto ao valor de contas importantes, como a possibilidade de cobrança de contas a receber ou de venda de produtos estocados.
- Avaliação de questões financeiras complexas pela administração ou pelo controlador.

As entrevistas são uma fonte poderosa de evidência que pode ser confirmada por outras formas de evidência de auditoria. Além disso, a importância das entrevistas como modalidade de evidência está fortemente relacionada à integridade da administração e ao risco empresarial do cliente. As entrevistas podem ser úteis na determinação de completude ou de direitos/obrigações (por exemplo, por meio de entrevistas com os advogados do cliente ou com o próprio cliente) e para a obtenção de garantias limitadas a respeito de avaliações (por exemplo, mediante a discussão de questões de obsolescência com a administração ou com fornecedores).

Confirmações com terceiros – As confirmações consistem no envio de consultas a partes externas com a finalidade de corroborar informação. Pede-se a essas partes que respondam diretamente ao auditor dizendo se concordam ou discordam da informação, ou forneçam dado adicional que ajude o profissional a testar o saldo de uma conta. As confirmações incluem frequentemente pedidos à assessoria jurídica de uma avaliação de ações judiciais correntes e da possível responsabilidade do cliente, cartas a clientes da empresa perguntando se concordam com os registros de contas a receber e cartas a bancos pedindo confirmação de saldos de contas e empréstimos. Em alguns casos, o auditor confirmará os termos de acordos de venda ou outros contratos.

Embora as confirmações possam ser uma fonte de evidência convincente, os auditores não devem confiar demasiadamente nelas. Se estiver utilizando confirmações com terceiros, deverá se assegurar de que o terceiro:

- Existe.
- É capaz de responder de maneira objetiva e independente.
- Tende a responder conscienciosa e adequadamente, bem como de maneira tempestiva.
- Responde de maneira imparcial.

Os padrões profissionais presumem, mas não exigem, que o auditor confirme separadamente as contas a receber. O profissional comumente complementa as confirmações com outras fontes de evidência, como o pagamento subsequente do saldo a ser pago pelo cliente, como evidência persuasiva do valor devido no final do exercício.

As confirmações tratam principalmente da afirmação de existência e só podem tratar da afirmação de avaliação apenas indiretamente. A confirmação de que o cliente deve algum valor à empresa não significa necessariamente que a empresa receberá o valor devido integralmente (avaliação), ou que a conta a receber não tenha sido vendida a um terceiro (direitos). Por fim, os pedidos de confirmação devem ser feitos independentemente do cliente (veja o quadro Foco em Fraude – Confirmação de fraude na Parmalat).

Exame de documentos – Boa parte do processo de auditoria depende do exame de documentos (em papel ou em formato eletrônico). Os documentos assumem diversas formas, tais como faturas, cartões de ponto e extratos bancários. Os auditores examinam faturas de fornecedores, por exemplo, para determinar o custo e a propriedade de estoques ou despesas diversas (isto é, avaliação). Também leem contratos para ajudar a determinar a possível existência de passivos. Os auditores não devem deixar de usar documentos originais em lugar de cópias, pois, para uma administração inescrupulosa, é muito fácil falsificar cópias.

FOCO EM FRAUDE

Confirmação de fraude na Parmalat

Na fraude ocorrida na Parmalat, o auditor confirmou a existência de um saldo de US$ 3,2 bilhões na conta da empresa no Bank of America, em Nova York. Infelizmente, o auditor colocou a carta de confirmação na sala de correspondência do cliente e ela foi interceptada pela administração. A administração conseguiu copiar a assinatura de um funcionário do Bank of America de outro documento e a colocou em uma cópia do formulário de confirmação. Um funcionário da Parmalat tomou um voo da Itália para Nova York apenas para enviar a carta de confirmação aos auditores pelo correio. Na verdade, o saldo não existia!

Recálculo de dados – Os auditores comumente consideram útil recalcular uma série de dados do cliente. Os recálculos incluem o seguinte:

- *Extensão* – Adicionar uma coluna de números para conferir a correção dos totais do cliente.
- *Extensão cruzada* – Verificar a concordância da soma cruzada de uma série de colunas de números que geram um total geral. Por exemplo, a soma de vendas líquidas com descontos em vendas deve ser igual às vendas totais.
- *Testes de extensões* – Recalcular itens envolvendo multiplicação (por exemplo, multiplicar custo unitário por quantidade existente para chegar ao custo total).
- *Recalcular contas estimadas ou provisões* (recalcular a provisão para devedores duvidosos com base em uma fórmula relacionada à idade dos saldos finais de contas a receber).

Embora possa parecer redundante fazer recálculos no ambiente informatizado atual, algumas fraudes importantes têm sido encobertas por meio de manipulação matemática. Há muitos casos judiciais envolvendo auditores em que os detalhes existentes nos registros não concordavam com os saldos nas demonstrações financeiras. Além disso, os clientes comumente empregavam planilhas para calcular estimativas contábeis. Os auditores podem testar a precisão das estimativas recalculando-as em uma planilha criada por eles mesmos, ou avaliando a lógica contida na planilha do cliente.

Reprocessamento de transações – O reprocessamento envolve a escolha de uma amostra a partir de uma população de documentos originais e o seu reprocessamento para assegurar que todos foram registrados adequadamente. Por exemplo, o reprocessamento incluiria tomar uma amostra dos registros de entrega do cliente e o acompanhamento dessa amostra nos processos internos até o diário de vendas e o razão geral (ver **Ilustração 7.8**). O reprocessamento produz evidência de que transações válidas têm sido registradas (completude). Os auditores frequentemente utilizam esse processo para testar a eficácia de controles internos ao mesmo tempo que examinam o registro apropriado das transações. Por exemplo, ao testar transações de venda, o auditor também poderia examinar se controles envolvendo aprovação de crédito, sequenciamento de documentos de entrega e preços de venda autorizados estão funcionando corretamente.

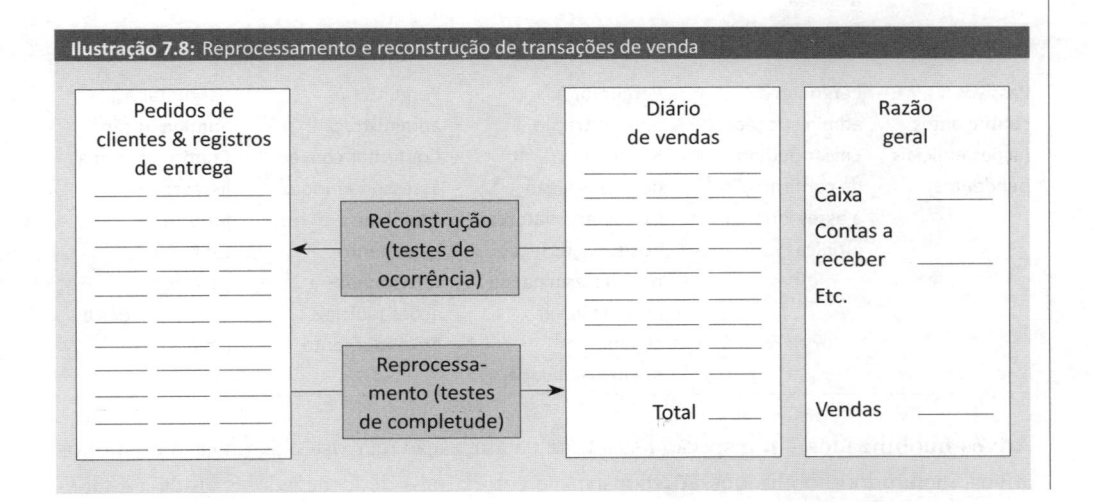

> **QUESTÃO PRÁTICA**
>
> Algumas coisas parecem que não mudam nunca. Por quase um século, algumas fraudes têm sido ocultadas pela extensão incorreta de dados, ou pelo cruzamento incorreto de extensões. Mais recentemente, esta mesma técnica tem sido utilizada para encobrir fraudes, fazendo que planilhas pareçam bater quando na verdade isso não ocorre. O recálculo continua sendo uma técnica importante de auditoria – mesmo em um ambiente eletrônico.

Ilustração 7.8: Reprocessamento e reconstrução de transações de venda

Reconstrução de transações – A reconstrução é complementar ao reprocessamento. Ela envolve tomar uma amostra de transações já registradas e acompanhá-las de volta à fonte original. Por exemplo, uma amostra de itens registrados no diário de vendas é reconstruída de volta a documentos de entrega e pedidos de clientes (ver **Ilustração 7.8**). A reconstrução gera evidência quanto à afirmação de que as transações registradas são válidas (existência).

Procedimentos analíticos – Os procedimentos analíticos envolvem comparações, baseadas em julgamento ou análise estatística, de dados ao longo do tempo, entre unidades operacionais ou componentes das demonstrações financeiras, para que se tenha uma noção a respeito de relações esperadas. Se não há diferenças inesperadas e a organização conta com controles internos fortes sobre a divulgação financeira, o auditor pode concluir que é necessário examinar pouca evidência adicional de auditoria. Entretanto, se houver diferenças inesperadas, precisará realizar testes adicionais amplos do saldo da conta subjacente.

Aplicação a afirmações – Um procedimento de auditoria pode gerar evidência para uma ou mais afirmações a respeito do saldo de uma conta. A próxima tabela apresenta exemplos de procedimentos que tratam de afirmações específicas sobre ativos imobilizados e passivos contingentes. Os procedimentos são organizados de acordo com a afirmação e alguns abrangem mais de uma afirmação. Um bom programa de auditoria consolidará os procedimentos para ganhar eficiência de auditoria.

	Existência	Completude	Direitos/obrigações	Avaliação/alocação
Ativos imobilizados	Inspecionar fisicamente os ativos. Reconstruir novas adições selecionadas com base na fatura do fornecedor para determinar se é um ativo e não uma despesa. Fazer entrevistas.	Reconstruir despesas de reparo/manutenção para determinar se um ativo imobilizado foi incorretamente contabilizado como despesa. Fazer entrevistas.	Reconstruir a fatura do fornecedor reconhecendo propriedade. Examinar contratos de compra.	Reconstruir a fatura do fornecedor para estabelecer preço de compra. Recalcular despesa de depreciação. Estimar depreciação total utilizando procedimentos analíticos.
Passivos contingentes (ações judiciais pendentes)	Perguntar à administração. Enviar pedido de confirmação à assessoria jurídica.	Perguntar à administração. Reconstruir despesas legais. Examinar a natureza dos serviços legais para determinar se poderia haver alguma responsabilidade.	Perguntar à administração. Confirmar com a assessoria jurídica. Examinar pagamentos relacionados a ações judiciais em andamento.	Perguntar à administração. Confirmar com a assessoria jurídica. Examinar petições encaminhadas à justiça.

Ativos imobilizados – A inspeção física trata da afirmação de existência no caso de muitos ativos, incluindo imobilizados. A reconstrução com faturas de fornecedores ajuda a estabelecer a existência, a propriedade (direitos) e a obrigação de pagar, bem como a definição de que o que foi comprado era um ativo, e não uma despesa. Entrevistas com a administração podem ajudar a identificar a aquisição de ativos que podem não ter sido registrados (completude), bem como vendas não registradas de ativos (existência). O exame da conta de despesas de reparos e manutenção pode identificar custos que deveriam ter sido capitalizados (completude). O recálculo ou a estimação de despesas de depreciação com o uso de procedimentos analíticos ajuda a determinar a propriedade do valor contábil dos ativos depreciáveis (avaliação). A leitura das notas explicativas correspondentes das demonstrações financeiras ajuda a assegurar que as divulgações apropriadas foram feitas pela administração.

Contingências (ações judiciais pendentes) – A administração é a fonte básica de informação sobre a existência de ações judiciais pendentes, da probabilidade de uma decisão desfavorável e do possível volume de indenização. A reconstrução das principais transações com despesas legais ajudará a determinar os motivos pelos quais um cliente está fazendo pagamentos a advogados. Isto poderá ajudar a identificar questões judiciais que precisem ser investigadas para fins de acumulação de despesas e divulgação. A corroboração de informações fornecidas pela administração deve ser obtida junto à assessoria jurídica do cliente. Será pedido aos advogados que comentem sobre a completude e a razoabilidade das informações fornecidas pela administração. As notas explicativas correspondentes de demonstrações financeiras deverão ser examinadas para garantir que a divulgação apropriada tenha sido feita pela administração.

Programação dos procedimentos

Além de determinar que procedimentos devem ser realizados, o auditor deve decidir quando executá-los – na data do balanço, após essa data ou em uma data anterior. A execução de procedimentos antes da data do balanço permitirá a conclusão da auditoria mais cedo e exigirá menor número de horas extras da equipe de auditoria. Também poderá atender ao desejo da administração de distribuir as demonstrações financeiras logo após o final do ano. Entretanto, a execução dos procedimentos em uma data anterior aumenta o risco de que haja informações materiais incorretas entre essa data e o balanço de encerramento do exercício. Esse período poderá exigir procedimentos adicionais de confirmação, caso transações incomuns sejam então registradas. A decisão de programação geralmente se baseia na avaliação do risco associado à conta, da eficácia dos controles internos, da natureza da conta e da disponibilidade da equipe de auditoria.

> **QUESTÃO PRÁTICA**
> É geralmente difícil estabelecer o possível passivo ou direito associado a uma ação judicial. O auditor precisará solicitar avaliações precisas da ação e de seu resultado provável, tanto da administração quanto de consultores jurídicos externos.

Quando uma organização possui controles eficazes da divulgação financeira, o risco de informações incorretas entre a data de uma auditoria antes do encerramento do exercício e o final do ano é diminuído. Por exemplo, se os controles relativos a transações envolvendo contas a receber são eficazes, o auditor poderá optar por confirmar saldos com clientes cerca de um mês antes da data do balanço e rever transações subsequentes em busca de lançamentos incomuns. Os saldos de clientes poderão ser comparados entre a data da confirmação e a do balanço para identificar qualquer conta que tenha aumentado significativamente e possa exigir confirmação adicional.

Há várias contas para as quais o auditor pode testar as transações mais eficaz e eficientemente durante o ano do que examinando o saldo final. Por exemplo, se os saldos iniciais de imóveis, instalações e equipamentos tiverem sido previamente auditados, o profissional poderá testar aumentos e reduções durante o ano. Uma boa parte destes testes poderá ser feita antes da data do balanço. Um enfoque similar pode frequentemente ser adotado para outras transações envolvendo ativos não circulantes, dívidas de longo prazo e patrimônio líquido.

> **QUESTÃO PRÁTICA**
> A evidência é convincente somente quando outros profissionais treinados no ramo chegariam a uma conclusão semelhante à da inferência de auditoria com base somente na evidência examinada.

Amplitude dos procedimentos

Qual é a quantidade de evidência necessária? Os padrões de auditoria requerem que a evidência coletada seja convincente. A qualidade da evidência em termos de convencimento depende da qualidade dos procedimentos e do volume de teste realizado. A amplitude dos testes é afetada (a) pelo risco de uma informação incorreta, (b) pela materialidade e (c) pela firmeza dos procedimentos utilizados. Quando o risco de informações materiais incorretas em uma conta é elevado, mais evidências persuasivas são necessárias, o mesmo ocorrendo com o julgamento do auditor. A avaliação consistente do auditor nessas questões é desenvolvida por meio de treinamento na determinação de tamanhos de amostras, revisão de evidências coletadas por sócios ou gerentes e exigências mínimas de testes diretos de saldos de contas materiais.

Programas de auditoria e documentação de evidência de auditoria

Desenvolvimento do programa de auditoria

> **OA 6**
> Explicar a natureza e as finalidades de programas de auditoria.

Um programa de auditoria especifica os objetivos de auditoria, os procedimentos que devem ser adotados na coleta, documentação e avaliação da evidência de auditoria, bem como no processo de raciocínio utilizado pelo profissional para chegar a uma conclusão. Os programas tratam de questões tais como a quantidade de transações que precisam ser examinadas ou qual população deve ser amostrada para determinar a validade do saldo de uma conta específica. O auditor toma decisões quanto à melhor combinação de procedimentos a serem adotados no teste de afirmações para cada cliente.

Considere-se o exemplo dos estoques da *Ford Motor Company* no início do capítulo. A inspeção física das matérias-primas fornece evidência sobre a existência e a condição do estoque, mas não sobre sua propriedade ou sua avaliação. O exame de documentos de compra fornece evidência de propriedade e avaliação, pois eles indicam o custo das compras, bem como a transferência de propriedade à empresa. Um exame das condições correntes de mercado fornece evidência da possibilidade de venda e indica se pode haver uma redução permanente do valor do estoque. O exame de documentos de entrega e recebimento no final do ano fornece evidência sobre o corte apropriado de transações, supondo-se que as revendas não possuam qualquer direito especial de devolução de automóveis adquiridos. Por fim, a leitura das notas explicativas das demonstrações financeiras ajudará o auditor a determinar se as divulgações apropriadas foram feitas.

> **QUESTÃO PRÁTICA**
> Ferramentas matemáticas, tais como amostragem estatística e análise de regressão, podem ser muito úteis na determinação de tamanhos de amostras e unidades a serem visitadas, e elas são comumente empregadas pelas empresas de contabilidade externa em suas auditorias de clientes de grande porte e com muitas unidades situadas em diversos locais.

Entretanto, os procedimentos identificados lidam apenas parcialmente com a pergunta "qual é o volume ótimo e o tipo de evidência a ser coletada?". A *Ford* pode ter seus automóveis situados em diversos locais por todo o mundo, e alguns veículos podem se encontrar em trânsito no final do ano, ou alguns estão em consignação com os revendedores até que sejam vendidos. Quantos locais o auditor deve visitar para observar os procedimentos de processamento de estoques pela *Ford*? Ao responder a essas perguntas como parte do planejamento da auditoria, o profissional pode utilizar procedimentos analíticos para determinar os locais dos estoques, as idades dos estoques e os valores monetários em cada local para precisar o risco de que os estoques possam ser superestimados em alguns locais específicos. Além disso, o auditor considerará o uso de testes da qualidade do controle interno da divulgação financeira para identificar áreas em que haja risco de informação incorreta. Em geral, se os controles forem bons, os riscos serão mais baixos e a necessidade de testes diretos ou observação será menor.

Documentação de evidência de auditoria

Os auditores gostam de supor que seu trabalho nunca será questionado, mas essa é uma suposição nada realista! A documentação do trabalho de auditoria precisa sustentar-se por si própria. Deve ser possível a um auditor experiente avaliar a evidência independentemente dos indivíduos que fizeram a auditoria e chegar à mesma conclusão quanto ao parecer do auditor.

A documentação de auditoria é o registro por escrito que serve de base para as conclusões do auditor. Ela fornece sustentação às considerações do profissional, estejam elas contidas no parecer do auditor ou em outros documentos. A documentação de auditoria, também conhecida como documentação de trabalho, facilita o planejamento, a execução e a supervisão da auditoria, e forma a base do exame da qualidade do trabalho, pois fornece ao examinador a evidência escrita com a qual o auditor chegou às suas conclusões. A documentação de auditoria inclui registros do planejamento e da execução do trabalho, dos procedimentos executados, das evidências obtidas e das conclusões do auditor. Em conjunto, esses itens funcionam como evidência primária em apoio às conclusões do profissional.

A documentação de auditoria, em papel e/ou eletrônica, deve tipicamente incluir o seguinte:

- Evidência de planejamento, incluindo o programa de auditoria.
- O balancete do cliente e qualquer ajuste nele realizado pelo auditor.
- Cópias de documentos internos e externos selecionados.
- Memorandos descrevendo o enfoque do auditor à coleta de evidência e o processo de raciocínio em apoio aos saldos de contas.
- Resultados de procedimentos analíticos e testes de registros do cliente.
- Análise de saldos de contas pelo auditor.
- Uma articulação clara do julgamento pelo auditor e o processo de raciocínio que o levou a esse julgamento.

A documentação de auditoria deve obedecer a um padrão muito elevado de qualidade. É importante que a informação demonstre definitivamente que o trabalho foi de fato realizado. Além disso, deve conter dados suficientes para permitir que um auditor experiente, sem qualquer ligação prévia com o trabalho, entenda a natureza, a programação, o alcance e os resultados dos procedimentos executados, as evidências coletadas, as conclusões obtidas, determinar quem fez o trabalho, a data em que ele foi concluído, bem como a pessoa que o examinou e a data do exame. Estas exigências de documentação permitem aos inspetores do PCAOB, que examinam a qualidade do trabalho de auditoria, entender a natureza da evidência de auditoria contida na documentação. Tanto os padrões do AICPA como os internacionais exigem que a documentação de auditoria contenha atributos semelhantes.

O PCAOB também tem produzido orientação específica sobre certas situações que sempre exigem documentação. A intenção dessa orientação é assegurar que todas as questões contábeis de alto risco, ou potencialmente significativas, sejam tratadas integralmente. Para atingirem esse objetivo, os auditores são obrigados a documentar questões ou constatações de auditoria significativas, bem como as providências tomadas para lidar com elas (incluindo as evidências adicionais obtidas). Além disso, devem documentar a base das conclusões conseguidas em relação a cada trabalho de auditoria, incluindo o seu processo de raciocínio.

OA 7
Descrever as finalidades e o conteúdo de uma boa documentação de auditoria.

QUESTÃO PRÁTICA
A maioria dos auditores utiliza computadores e arquivos de dados compartilhados com membros da equipe de auditoria. Portanto, a maior parte das evidências de auditoria se encontra em formato eletrônico e pode ser armazenada e reproduzida para análise posterior.

Constatações ou questões significativas são definidas como matérias substantivas que são importantes para os procedimentos executados, as evidências coletadas ou as conclusões obtidas, e elas incluem o seguinte:

a. Matérias significativas envolvendo seleção, aplicação e consistência de princípios contábeis, incluindo divulgações relacionadas. As matérias significativas incluem, mas não estão limitadas à contabilização de transações complexas ou especiais, a estimativas contábeis, bem como incertezas e suposições relacionadas à administração.
b. Os resultados de procedimentos de auditoria que indicam uma necessidade de modificação significativa de procedimentos planejados, a existência de informações materiais incorretas, omissões nas demonstrações financeiras, a existência de deficiências significativas ou materiais no controle interno da divulgação financeira.
c. Ajustes de auditoria. Para fins deste padrão, um ajuste de auditoria é a correção de uma informação incorreta nas demonstrações, que foi ou deve ter sido proposta pelo auditor, registrada ou não pela administração, que poderia, individualmente ou em conjunto com outras informações incorretas, exercer um efeito material sobre as demonstrações financeiras da empresa.
d. Discordâncias entre membros da equipe de auditoria ou com outras pessoas consultadas durante o trabalho a respeito de conclusões finais sobre questões significativas de contabilidade ou auditoria.
e. Circunstâncias que causam dificuldade séria à aplicação de procedimentos de auditoria.
f. Mudanças significativas no nível aferido de risco de auditoria em áreas específicas e a resposta do profissional a essas mudanças.
g. Qualquer questão que poderia resultar na modificação do parecer do auditor (padrão de auditoria nº 3 do PCAOB).

Como deixa claro esta lista, o PCAOB deseja que exista evidência documentada a respeito de dificuldades que os auditores sentem em trabalhos de auditoria, e quer que os profissionais documentem o que fizeram para lidar com tais dificuldades.

> **QUESTÃO PRÁTICA**
> Uma das coisas mais importantes que um auditor pode fazer é documentar seu processo de raciocínio, incluindo todos os fatos em que se apoiou para chegar a uma decisão. Isto o protege contra o "viés de retrospecção", quando alguém, examinando posteriormente uma questão significativa, poderia utilizar fatos que não eram conhecidos pelo auditor para chegar a uma conclusão diferente.

Revisões e retenção da documentação de auditoria

A documentação de auditoria deve ser completada e reunida dentro de 60 dias após a data de entrega do parecer. Após essa data, o profissional não deve apagar ou desfazer-se da documentação antes do final do período de retenção exigido. A empresa de contabilidade externa deve ter alguma política quanto ao prazo durante o qual a documentação deve ser retida. A lei *Sarbanes-Oxley* exige que a documentação das auditorias de companhias abertas seja mantida por pelo menos sete anos. Ocasionalmente, devido a um processo interno ou externo de revisão de qualidade, pode ser determinado que procedimentos considerados necessários foram omitidos, ou o auditor posteriormente tome conhecimento de informação relacionada a demonstrações financeiras já publicadas. O profissional deve, nesse caso, executar qualquer procedimento necessário e fazer as alterações na documentação de auditoria.

Documentação de planejamento de auditoria

O processo de planejamento cria as bases da auditoria e deve ser cuidadosamente documentado. Entrevistas com os principais executivos devem ser sintetizadas com a definição clara das implicações para a condução da auditoria. A análise de risco empresarial e os procedimentos analíticos devem ser documentados, com uma identificação clara das contas que merecem atenção especial. A avaliação de materialidade pelo auditor, o enfoque geral de auditoria e o pessoal necessário também devem ser registrados. A documentação desempenha uma função importante de planejamento para a auditoria; ela também serve de evidência de que os auditores levaram sua responsabilidade a sério na avaliação de possíveis problemas ou circunstâncias especiais envolvidas ou relacionadas à auditoria.

> **QUESTÃO PRÁTICA**
> Uma vez montados os programas de auditoria, há a possibilidade de eles precisarem ser modificados para lidar com questões ou problemas inesperados.

O programa de auditoria

Um programa de auditoria especifica os procedimentos efetivos a serem executados na coleta de evidência e é utilizado para registrar a conclusão bem-sucedida em cada etapa. O programa de auditoria é o documento individual mais importante de um trabalho de auditoria e representa um instrumento eficaz de:

- Organização e distribuição do trabalho de auditoria.
- Monitoramento do processo de auditoria e de seu andamento.
- Registro do trabalho de auditoria realizado.
- Exame de completude e solidez dos procedimentos executados.

A maioria das empresas de auditoria possui programas padronizados que podem ser modificados para se ajustar às características específicas de um cliente. Por exemplo, a auditoria de contas a receber poderia parecer a mesma para a maioria das empresas. Entretanto, pode haver diferenças significativas em relação a como processam contas a receber, prazos de crédito, ou as condições econômicas de seu setor, que fariam que uma equipe modificasse um programa padronizado de auditoria para se ajustar às circunstâncias particulares do cliente. Um programa parcial de auditoria de contas a receber é apresentado na **Ilustração 7.9**.

Cópias de documentos

Alguns documentos de clientes são tão importantes que uma cópia deve ser incluída na documentação de auditoria. Tais arquivos têm relevância legal, como acordos de arrendamento, escrituras de emissão de títulos de dívida, trechos significativos de atas de reuniões do conselho de administração, correspondência com órgãos do governo envolvendo investigações do cliente e acordos de empréstimo. As respostas a pedidos de confirmação de contas a receber pelo auditor, ações judiciais pendentes ou empréstimos bancários são exemplos de documentos fornecidos por partes externas que são retidos. Por fim, as declarações da administração são formalmente documentadas em uma carta de representação da administração, assinada pelos administradores com a finalidade de reconhecer a precisão de suas afirmações verbais ou escritas.

Memorandos produzidos pelo auditor

Os auditores reúnem evidências e chegam a uma opinião a respeito da fidedignidade do saldo de uma conta específica. O processo de raciocínio na coleta e análise de evidência é importante e deve ser documentado em memorandos produzidos pelo auditor.

Características de uma boa documentação de auditoria

A documentação é a evidência básica de uma auditoria. A documentação bem desenvolvida de auditoria contém o seguinte:

- Um cabeçalho, que inclui o nome do cliente de auditoria, um título explicativo e a data do balanço.

Ilustração 7.9: Programa parcial de auditoria de contas a receber

OBJETIVOS DE AUDITORIA

1. Determinar que as contas a receber são obrigações autênticas com a empresa (existência, direitos).
2. Verificar que as contas a receber incluem todos os valores devidos à empresa (completude).
3. Determinar que a provisão para devedores duvidosos é adequada, mas não excessiva. Determinar que todas as contas duvidosas significativas foram baixadas (avaliação).
4. Verificar que contas a receber dadas em garantia ou descontadas são adequadamente divulgadas. Contas a receber com partes relacionadas são adequadamente divulgadas (apresentação e divulgação).
5. Determinar que as contas a receber são classificadas apropriadamente no balanço (apresentação e divulgação).

Procedimentos de auditoria	Executado por	Ref.
1. Testar a precisão e a competência dos registros contábeis subjacentes com a adição de uma coluna ao arquivo de contas a receber, conciliando-a com o razão geral (avaliação).		
2. Pegar uma amostra de saldos de contas a receber registradas e confirmar os saldos com os clientes (existência, avaliação, direitos).		
3. Validar os detalhes da idade de contas com documentos de suporte, discutir a possibilidade de pagamento das contas com funcionários responsáveis, analisar correspondência com clientes (avaliação).		
4. Analisar provisões para devedores duvidosos; comparar ao histórico e às tendências do setor para determinar sua adequação (avaliação).		
5. Pegar uma amostra de contas a receber registradas e preparar uma lista de recebimentos de numerário para determinar se são pagas integralmente antes do final da auditoria (existência, avaliação, direitos).		
6. Verificar o corte para vendas, recebimentos de numerário e devoluções com o exame de transações próximas ao final do ano (completude, existência).		
7. Determinar a adequação da divulgação de contas a receber com partes relacionadas, dadas em garantia ou descontadas (apresentação).		

- As iniciais ou a assinatura eletrônica do auditor que faz o teste de auditoria e a data em que ele foi completado.
- As iniciais ou a assinatura eletrônica do gerente ou sócio que reviu a documentação e a data em que a revisão foi completada.
- Uma descrição dos testes realizados e os resultados obtidos.
- Cheques de verificação e legendas indicando a natureza do trabalho realizado pelo auditor.
- Uma avaliação dos testes para verificar se indicam a possibilidade de informação material incorreta em uma conta.
- Um sumário para identificar a localização de documentos.
- Referências cruzadas a documentos relacionados, quando aplicável.

Um exemplo de um documento de auditoria utilizado como base para evidenciar a realização de um teste de preços no estoque de um cliente é apresentado na **Ilustração 7.10**. A documentação indica os testes realizados, a fonte das evidências examinadas e a conclusão dos testes de auditoria. Também aponta os valores monetários testados e não testados. Se tivessem sido observadas exceções, o auditor as teria documentado e projetado a possível incorreção no saldo total da conta para determinar se o trabalho poderia apontar informações materiais incorretas no saldo da conta.

> **Ilustração 7.10:** Documento de trabalho do teste de preços de estoque

CMI Manufacturing Company
Teste de preços de estoque
Exercício encerrado em 31 de dezembro de 2009

Preparado por: ACM
Data: 21/01/10
Revisto por: BJS

Item nº	Nome do item	Quantidade	Custo por unidade	Custo total
4287	Máquina Advanced micro de estamparia	22*	$ 5.128†	112.816,00‡
5203	Motor elétrico HP ¼	10*	$ 39†	390,00‡
2208	Kit de montagem de cofre do motor	25*	$ 12†	300,00‡
1513	Máquina micro de estamparia, modelo 25	200*	$ 2.100†	420.000,00‡
0068	Componente com disco e dentes	300*	$ 42†	12.600,00‡
8890	Kit de reparos para máquinas de estamparia	1.000*	$ 48†	48.000,00‡
	Valor total dos itens testados			594.106,00
	Itens não testados			1.802.000,00
	Saldo de acordo com o razão geral			2.396.106,00§
				FT/B

Os itens amostrados foram selecionados com o uso de uma técnica de amostragem de unidades monetárias, com o nível de materialidade fixado em $ 50.000 e que o controle interno considerou apropriado.
* As quantidades concordam com o teste físico anterior de estoques do cliente.
† Baseado no sistema de custo padrão do cliente, que foi testado independentemente. O valor concorda com o custo padrão do cliente.
‡ Total testado, sem exceções.
§ Cálculo adicionado, sem exceções.
Conclusão: em minha opinião, a precisão dos preços e dos registros de estoques é satisfatória.

Exemplo de programa de auditoria para testar diretamente os saldos de contas

Um programa de auditoria começa com o planejamento e a análise de risco. O auditor mede o risco e determina a quantidade de testes de controles internos e de saldos de contas que precisa ser efetuada.

Ilustramos a montagem de um programa de auditoria examinando a conta de estoques da *Shirt Shak Stores Inc*. Para fins ilustrativos, concentramos nossa atenção somente nos testes diretos de estoques (em lugar de também considerar os testes de controles). A *Shirt Shak* é uma empresa varejista de roupas para natação, equipamento de esportes aquáticos e presentes, com várias unidades distribuídas ao longo da costa da Flórida. Sua sede está situada em Cocoa Beach, e funciona como centro de compra e distribuição. A conta de estoques representa as afirmações feitas pela administração quanto à existência, completude, propriedade e avaliação dos estoques.

Um exemplo de programa de auditoria para teste direto de estoques é apresentado na **Ilustração 7.11**. O programa de auditoria está baseado nas seguintes premissas: (1) a empresa possui controle interno eficaz, (2) o estoque é relativamente homogêneo, sendo avaliado de acordo com o método PEPS de custeio e (3) os registros do cliente são computadorizados. O auditor testou previamente as transações de compra e venda e concluiu que elas têm sido adequadamente registradas nas contas de estoques. O programa de auditoria não indica o tamanho da amostra para os itens selecionados (o tamanho apropriado é discutido no capítulo 8).

Ilustração 7.11: Programa de auditoria de estoques

Shirt Shak Stores Inc.
Auditoria de estoques, exercício encerrado em 31 de dezembro de 2009

Procedimentos de auditoria	Executado por	Ref.
1. Gerais		
a. Examinar as tendências do setor e determinar possíveis implicações para as perspectivas de venda do estoque da Shirt Shak.		
b. Perguntar à administração a respeito de quaisquer mudanças de linhas de negócio ou composto de produtos que possam afetar os estoques.		
c. Examinar a documentação do ano anterior para identificar áreas de problemas e medir o seu possível efeito sobre a auditoria do ano corrente.		
2. Planejamento		
a. Fazer uma revisão analítica do estoque por linha de produtos e unidade para determinar se há alguma alteração significativa em relação ao período anterior.		
b. Fazer uma análise em corte transversal do estoque por loja para identificar a ocorrência de algum valor extremo. Se houver valores extremos, incluí-los na etapa 3a.		
c. Perguntar à administração se alguma linha de produtos foi abandonada ou adicionada.		
d. Perguntar à administração se houve alguma alteração de preço ou outra alteração significativa que possa ter afetado a avaliação do estoque.		
e. Determinar a localização dos registros computadorizados e dos aplicativos e das estruturas de arquivos em que os dados de estoque estão situados.		
f. Determinar a necessidade de pessoal especializado para auditoria de computadores ou especialistas em estoques.		
3. Procedimentos de auditoria		
a. Selecionar unidades específicas, incluindo o centro de distribuição e quaisquer valores extremos identificados na etapa 2b. Escolher uma amostra de itens dessas unidades nos registros de estoque perpétuo do cliente e fazer o seguinte:		
(1) Identificar a localização dos itens, verificar a sua existência e contá-los. Analisar estatisticamente quaisquer exceções e determinar se as exceções poderiam levar a erro material no saldo da conta de estoques (existência).		
(2) Para os itens selecionados, observar sua condição e determinar se eles parecem estar em condições de serem vendidos (avaliação).		
b. Usando um programa computadorizado de auditoria (como ACL), fazer o seguinte:		
(1) Criar uma coluna de totais no arquivo de estoques e verificar se ela concorda com o razão geral (avaliação).		
(2) Selecionar uma amostra para realizar testes de preços examinando documentos de compra (avaliação).		
(3) Calcular o giro do estoque por produto e preparar uma listagem de qualquer produto cujo giro é inferior a 6. Perguntar à administração sobre as chances de que os bens não possam ser vendidos (avaliação).		
(4) Com base nos testes anteriores que mostram que o valor realizável líquido corresponde a 93% do preço de venda, calcular o valor realizável líquido multiplicando o preço de venda por 0,93 e preparar uma listagem de todos os itens para os quais o valor realizável líquido é inferior ao custo. Determinar o volume de baixas necessárias para refletir o que seja menor entre custo e valor de mercado (avaliação).		
(5) Verificar as colunas de extensão multiplicando quantidade por custo para todos os itens (avaliação).		
c. No caso dos itens selecionados em 3b (2), fazer testes de preço identificando o custo PEPS do produto de acordo com a listagem das compras mais recentes.		
(1) Anotar e analisar estatisticamente quaisquer exceções e projetar os resultados para a população como um todo.		
(2) Com base nas exceções, determinar se há algum padrão nos erros, para verificar se poderiam ser associados a algum período, produto ou unidade específica.		
(3) Com base nas exceções e em qualquer padrão observado nos erros, determinar se há um nível inaceitável de risco de erro material no saldo da conta. Se tal risco existir, consultar o sócio responsável pela auditoria quanto à possibilidade de ampliar os testes de auditoria.		
(4) Determinar a propriedade dos itens inspecionando documentos relevantes de compra, documentos de recebimento e outros documentos relacionados.		
d. Observar os procedimentos de corte para recebimento e vendas do cliente para determinar que todos os bens são recebidos no período apropriado. Obter o último número de documentos de recebimento no centro de distribuição. Rever o diário de compras em dezembro e janeiro para determinar se todas as compras foram contabilizadas no período apropriado (corte, completude, existência).		

Ilustração 7.11: Continuação		
Procedimentos de auditoria	**Executado por**	**Ref.**
e. Examinar a apresentação dos itens de estoque no balanço do cliente e nas notas explicativas correspondentes, para verificar completude e precisão de apresentação (divulgação).		
4. Conclusão		
a. Fazer uma revisão analítica do estoque comparando o estoque do ano corrente por linha de produto com níveis anteriores de estoque em relação a vendas. Determinar se há algum aumento grande ou incomum de estoques que não foi devidamente explicado. Determinar até que ponto nossa investigação deveria ser ampliada.		
b. Emitir um parecer quanto à fidedignidade da apresentação das demonstrações financeiras. Documentar essa conclusão e a adequação dos testes realizados com os estoques em um memorando a ser incluído no arquivo de estoques.		

Auditoria de saldos de contas afetadas por estimativas da administração

Os saldos de muitas contas baseiam-se em informação coletada a respeito da formulação de estimativas, avaliações ou outras suposições feitas pela administração. Estas contas incluem passivos estimados em decorrência de garantias, provisões para devedores duvidosos ou reservas para perdas com empréstimos, custos e passivos com fundos de pensão, avaliações de ativos imobilizados e análise de *goodwill* para fins de possível redução a valor de mercado. Embora elas se baseiem em julgamentos feitos pela administração, esses devem apoiar-se em dados objetivos e verificáveis que fundamentem as estimativas. Infelizmente, as estimativas contábeis muito frequentemente têm sido suscetíveis à manipulação de lucros (ver o quadro Auditoria na prática). Os auditores devem tomar cuidado especial ao avaliar se essas estimativas são razoáveis ou não.

OA 8
Entender as questões relacionadas à auditoria de estimativas da administração.

AUDITORIA NA PRÁTICA

"General Motors e Ford compensam prejuízos recorrendo a reservas"

The Wall Street Journal divulgou o seguinte:

A *General Motors Acceptance Corporation* (GMAC), subsidiária financeira da *General Motors*, e a *Ford Motor Credit*, subsidiária financeira da *Ford Motor Company*, devem criar reservas para cobrir empréstimos vencidos, como os que terminam em liquidações e recuperações de ativos. Têm certa flexibilidade com esses fundos para contingências e têm permitido que suas reservas para perdas com empréstimos diminuam em 2005. As montadoras perderam mais de US$ 1,3 bilhão cada uma em suas operações globais na indústria automobilística durante o terceiro trimestre de 2005. A GMAC reduziu suas reservas em US$ 525 milhões nos três primeiros trimestres de 2005, o que ajudou a elevar em quase 20% o lucro da GMAC no ano. As reservas da Ford Motor Credit se reduziram em US$ 1,85 bilhão entre 2002 e 2004 e mais US$ 813 milhões nos três primeiros trimestres de 2005.

The Wall Street Journal também informou que as reservas (provisões para devedores duvidosos) haviam diminuído, muito embora (a) o valor total dos empréstimos estava crescendo e (b) os sinais apontavam para uma queda de atividade econômica nos setores que tinham esses empréstimos. O *Journal* estava indagando se essas estimativas eram suposições realistas ou truques para alcançar objetivos de lucro. A General Motors e a Ford responderam que as suas estimativas anteriores haviam sido excessivamente altas, e que estas alterações colocavam as estimativas em um nível mais apropriado. O auditor precisa decidir que "história" era correta antes de concluir um parecer de auditoria; ou seja, as estimativas devem ser razoáveis em vista dos dados disponíveis à época em que o trabalho de auditoria foi realizado.

Fonte: *The Wall Street Journal Online*, 22 de novembro de 2005.

Evidência utilizada na auditoria de estimativas da administração

Normalmente, dados objetivos podem ser coletados para avaliar estimativas contábeis feitas pela administração de uma empresa. Os auditores devem levantar e avaliar os processos usados pela administração para fazer suas estimativas. Os resultados dos processos da administração podem ser testados. Por exemplo, os custos efetivos de garantias ou as baixas efetivas de contas não cobradas podem ser comparados às estimativas nos anos recentes para determinar se elas eram razoáveis. Ao se fazer tais comparações, alterações de qualidade dos produtos ou de condições econômicas precisam ser levadas em conta.

Estimativas que se baseiam em tendências gerais do setor ou da economia precisam ser avaliadas independentemente. Por exemplo, as premissas de lucro relacionadas aos retornos sobre fundos de pensão baseiam-se em quão bem o mercado de ações está indo e no desempenho previsto para o futuro. Outros dados relevantes para fundos de pensão incluem relatórios atuariais sobre expectativas de vida e benefícios. O auditor deve examinar relatórios econômicos, atuariais e outros dados para verificar a consistência das premissas com outros clientes e empresas pertencentes ao mesmo setor.

A redução do valor de ativos a mercado baseia-se em medidas do valor corrente de mercado ou em estimativas de fluxos de caixa futuros. Se as medidas forem feitas por avaliadores profissionais, o auditor deverá determinar as qualificações e a reputação desses profissionais. Estimativas de fluxos de caixa futuros fornecidas pela administração precisam ser analisadas para que se verifique a razoabilidade das premissas e a sua coerência com resultados correntes e previstos para o futuro.

Resumo

Cada auditoria é especial, mas o enfoque a cada uma é basicamente o mesmo. A administração faz afirmações em demonstrações financeiras sobre a existência, completude, os direitos ou obrigações, a avaliação e a apresentação de dados financeiros. Essas afirmações são examinadas durante uma auditoria. A solidez de uma auditoria depende da relevância e da confiabilidade das evidências reunidas. A relevância é determinada pelas afirmações testadas; ou seja, algumas evidências serão relevantes para uma afirmação de existência, mas apenas tangencialmente importantes para uma afirmação de avaliação. A confiabilidade está associada à qualidade das evidências coletadas e é afetada pela independência da evidência em relação à influência do cliente ou pela qualidade da estrutura geral de controle do cliente. O auditor utiliza as avaliações de risco discutidas em capítulos anteriores para determinar o quanto pode confiar em evidências de auditoria geradas internamente. Uma auditoria eficaz combina evidência relevante e convincente para gerar uma garantia razoável de que as demonstrações financeiras estão livres de informações materiais incorretas quando o auditor dá um parecer sobre essas demonstrações. Também é importante fazer cada auditoria tão eficientemente quanto possível sem prejudicar a qualidade. A determinação de suficiência de evidências é uma questão de julgamento profissional.

Termos importantes

Ajuste de auditoria – Uma correção de informação incorreta nas demonstrações financeiras, que fora proposta ou deveria ter sido pelo auditor, registrada ou não pela administração, e que poderia, individualmente ou em conjunto com outras informações incorretas, exercer um efeito material sobre as demonstrações financeiras da empresa.

Apresentação/divulgação – Ativos, passivos e patrimônio dos acionistas são corretamente classificados nas demonstrações financeiras e descritos nas notas explicativas das demonstrações financeiras.

Avaliação/alocação – Ativos, passivos e patrimônio dos acionistas são incluídos nas demonstrações financeiras em valores apropriados, e qualquer ajuste de avaliação ou alocação resultantes é registrado adequadamente.

Completude – Todos os ativos, passivos e contas de patrimônio dos acionistas que deveriam ter sido contabilizados o foram; ou seja, nada ficou fora das demonstrações financeiras.

Direitos/obrigações – A entidade possui ou controla a titularidade de ativos, e os passivos são aqueles legalmente devidos pela entidade.

Documentação de auditoria – O registro escrito que forma a base das conclusões do auditor.

Evidência – Os dados contábeis subjacentes e toda informação confirmatória utilizada pelo auditor para se assegurar quanto à fidedignidade das demonstrações financeiras de uma entidade.

Evidência de auditoria – Toda informação utilizada por auditores para chegar às conclusões nas quais se apoia o parecer de auditoria.

Existência/ocorrência – Os ativos, passivos e patrimônio dos acionistas podem ser contabilizados, seja fisicamente, seja por meio de verificação no sistema contábil.

Procedimentos analíticos – Comparações, baseadas em julgamento ou em análise estatística, de dados referentes a períodos distintos, entre unidades operacionais diferentes, ou entre componentes das demonstrações financeiras para se adquirir alguma noção sobre relações esperadas.

Programa de auditoria – Procedimentos adotados para coletar evidência de auditoria, incluindo aqueles específicos a serem usados na coleta de evidência de auditoria; é o componente mais importante da documentação em um trabalho.

Questões ou constatações significativas de auditoria – Matérias substantivas que são importantes para os procedimentos executados, as evidências obtidas ou as conclusões de uma auditoria.

Recálculo de dados – Realização de verificações matemáticas dos cálculos do cliente.

Reconstrução – Tomar uma amostra de transações já registradas e refazê-las até voltar à sua fonte original.

Reprocessamento – Tomar uma amostra de uma população de documentos básicos e processá-los novamente no sistema do cliente para verificar se todos foram registrados adequadamente.

Teste direcional – Enfoque ao teste de saldos de contas que considera o tipo de informação incorreta no saldo da conta e a evidência correspondente proporcionada por outras contas que tenham sido testadas. O auditor normalmente testa ativos e despesas, em busca de ocorrências de supervalorização, e passivos e receitas em busca de ocorrências de subavaliação, porque (1) os principais riscos de informação incorreta nessas contas são nessas direções ou (2) os testes de outras contas fornecem evidência de possíveis informações incorretas na outra direção.

REFERÊNCIAS SELECIONADAS A ORIENTAÇÃO PROFISSIONAL RELEVANTE		
Referência a orientação	Fonte de orientação	Descrição da orientação
Pronunciamento sobre padrões de auditoria nº 31	AICPA	*Material de evidência.*
Pronunciamento sobre padrões de auditoria nº 48	AICPA	*Os efeitos do processamento por computador sobre a auditoria de demonstrações financeiras.*
Pronunciamento sobre padrões de auditoria nº 80	AICPA	*Emenda ao pronunciamento sobre padrões de auditoria nº 31, material de evidência.*
Padrão de auditoria nº 3	PCAOB	*Documentação de auditoria.*

Nota: siglas da orientação profissional relevante – ASB – *Auditing Standards Board* (Conselho de Padrões de Auditoria); AICPA – *American Institute of Certified Public Accountants* (Instituto Americano de Contadores Externos Certificados); Coso – *Committee of Sponsoring Organizations* (Comitê de Organizações Patrocinadoras); Fasb – *Financial Accounting Standards Board* (Conselho de Padrões de Contabilidade Financeira); IAASB – *International Auditing and Assurance Standards Board* (Conselho de Padrões Internacionais de Auditoria e Garantia); Iasb – *International Accounting Standards Board* (Conselho de Padrões Internacionais de Contabilidade); Iasc – *International Accounting Standards Committee* (Comitê de Padrões Internacionais de Contabilidade); Ifac – *International Federation of Accountants* (Federação Internacional de Contadores); ISB – *Independence Standards Board* (Conselho de Padrões de Independência); PCAOB – *Public Company Accounting Oversight Board* (Conselho de Supervisão Contábil de Companhias Abertas); SEC – *Securities and Exchange Commission* (Comissão de Valores Mobiliários e Bolsas de Valores).

Questões de revisão

7–2 (OA 1, 3) Discuta a confiabilidade e a utilidade relativa da documentação interna e externa. Forneça dois exemplos de cada.

7–4 (OA 2) Explique a importância das afirmações de auditoria em auditorias de demonstrações financeiras. Defina cada um dos tipos de afirmação a seguir:
- Existência/ocorrência.
- Completude.
- Direitos/obrigações.
- Avaliação/alocação.
- Apresentação/divulgação.

7–6 (OA 1, 3) O terceiro padrão de trabalho de campo exige que o auditor colete evidência confiável suficiente para formar uma base razoável para dar um parecer a respeito das demonstrações financeiras. Quais são as características que distinguem evidência de auditoria mais confiável daquela menos confiável?

7–8 (OA 1, 3) Quais são as três decisões básicas que os auditores devem tomar em relação à evidência de auditoria durante o processo de planejamento?

7–10 (OA 3, 5) Às vezes, os pedidos de confirmação podem ser pouco confiáveis, mesmo que envolvam documentação externa. Que hipóteses o auditor deve considerar a respeito dos pedidos de confirmação antes de concluir que a sua utilização resultará em evidência confiável de auditoria?

7–12 (OA 3) Suponha que um auditor queira estimar o saldo de uma conta fazendo referência a dados externos ou outras informações geradas fora do sistema contábil. Em que condições um procedimento como esse geraria evidência confiável de auditoria?

7–14 (OA 4) O que é um teste direcional? Como o conceito de teste direcional ajuda o auditor a obter eficiência em uma auditoria?

7–16 (OA 5) Quais afirmações podem ser mais adequadamente testadas por meio de observação? Quais são os pontos fortes e pontos fracos da observação como procedimento de auditoria?

7–18 (OA 5) Qual é a diferença entre o reprocessamento e a reconstrução de uma transação? Que afirmação subjacente é considerada em cada um desses testes?

7–20 (OA 6) Quais são as considerações (julgamentos) importantes que determinam o que é incluído em um programa de auditoria?

7–22 (OA 7) O que significa a afirmação de que "a documentação de auditoria deve sustentar-se por si própria"? Qual é a importância desse conceito?

7–24 (OA 7) O que é documentação de auditoria? Que componentes principais cada documento de auditoria deve conter?

Questões de múltipla escolha

*7–26 (OA 2, 5) A confirmação tende a ser uma forma relevante de evidência em relação a afirmações sobre contas a receber quando o auditor está preocupado com qual dos aspectos das contas a receber:
a. Avaliação.
b. Classificação
c. Existência.
d. Completude.

*7–28 (OA 3, 5) Qual das seguintes é a documentação menos convincente como apoio ao parecer de um auditor?
a. Quadros de detalhamento de contagens físicas de estoques realizadas pelo cliente.
b. Anotação de inferências extraídas com base em índices e tendências.
c. Anotação de conclusões de avaliadores na documentação do auditor.
d. Listas de confirmações e da natureza das respostas recebidas dos clientes da empresa auditada.

7–30 (OA 5) Um auditor observa o estoque do cliente e nota que parte dele parece ser bastante antiga, mas ainda está em condições razoáveis para venda. Qual das seguintes conclusões é justificada pelo procedimento de auditoria?
I. O estoque mais antigo está obsoleto.
II. O estoque pertence à empresa.
III. O estoque talvez deva seja reduzido ao seu valor corrente de mercado.
a. Somente I.
b. Somente II.
c. Somente I e III.
d. Somente III.

---

* Todas as questões marcadas com asterisco são adaptadas do Exame Uniforme de CPA.

7–32 (OA 5) A observação é tida como um procedimento confiável de auditoria, mas de utilidade limitada. Qual das seguintes afirmações não é correta em termos de limitação do uso da observação como técnica de auditoria?
a. Os indivíduos podem agir diferentemente, quando são observados, do que quando não são observados.
b. Raramente é suficiente para validar qualquer afirmação além de existente.
c. Raramente é suficiente para validar qualquer afirmação além da avaliação.
d. É difícil fazer generalizações com base em uma observação quanto à correção do processamento durante o período objeto da auditoria.

7–34 (OA 7) Em relação ao seu processo de raciocínio a respeito do saldo de uma conta, o auditor deve:
a. Simplesmente enunciar uma conclusão, porque qualquer outra coisa levaria a questionamentos por outro auditor ou um advogado.
b. Identificar todos os elementos do processo de raciocínio e documentá-los em um memorando.
c. Garantir que a documentação de auditoria, por si só, seja suficiente para sustentar o parecer do auditor sem uma descrição explícita do processo de raciocínio, ou seja, ela deve sustentar-se por si própria.
d. Limitar-se à análise feita pelo sócio encarregado do trabalho de auditoria.

Questões de discussão e pesquisa

7–36 (Afirmações em demonstrações financeiras para uma conta de passivo, OA 2, 5) As contas a pagar geralmente representam uma das maiores e mais voláteis contas de passivo a serem auditadas. Entretanto, o profissional pode usar o enfoque de afirmações desenvolvido neste capítulo para montar um programa geral de auditoria de contas a pagar. Suponha que você esteja auditando as contas a pagar da *Appleton Electronics*, uma empresa atacadista de *hardware*. Você pode supor que a empresa possui bons controles internos e ela não é considerada um cliente de alto risco de auditoria. Você é o auditor que prossegue neste projeto. No trabalho anterior, foram feitos ajustes em relação a contas a pagar, mas nenhum deles foi considerado material.
Pede-se:
a. Identifique as afirmações em demonstrações financeiras que se aplicam a contas a pagar.
b. Para cada afirmação identificada, indique dois ou três tipos de evidência de auditoria que tratariam a afirmação e os procedimentos usados para coletar a evidência de auditoria. Organize sua resposta da seguinte maneira: afirmação em demonstração financeira e evidência e procedimento de auditoria.
c. Como os procedimentos de coleta de evidência seriam afetados se você tivesse avaliado o cliente como sendo de alto risco porque (1) há questionamentos a respeito da integridade da administração, (2) a empresa se encontra em situação financeira perigosa e (3) a empresa possui controles internos inadequados? Seja específico em sua resposta, explicando que evidência adicional ou alternativas você coletaria.

7–38 (Efeito complementar de testes de auditoria, OA 2, 4) Com o sistema de contabilidade por partidas dobradas, o teste do saldo de uma conta gera evidência de auditoria relativamente ao saldo de outra conta ou classe de transações. Por exemplo, um teste de supervalorização de aplicações financeiras de curto prazo pode levar à constatação de subavaliação de aplicações de longo prazo, devido a um erro de classificação (apresentação e divulgação).
Pede-se:
Para cada um dos testes de saldos de contas a seguir, indique pelo menos dois outros ou classes de transações para os quais também seria obtida evidência, bem como as afirmações correspondentes.
1. Teste de supervalorização de estoques (existência e avaliação).
2. Teste de subavaliação de receitas (completude).
3. Teste de supervalorização de contas a receber (existência).
4. Teste de subavaliação de salários a pagar (completude).
5. Teste de supervalorização de despesas de reparos e manutenção (existência).
6. Teste da adequação da provisão para devedores duvidosos (avaliação).

7–40 (Fontes alternativas de evidência, OA 2, 5) As seguintes situações proporcionam ao auditor fontes alternativas de evidência em relação a uma afirmação específica.
Pede-se:
a. Para cada uma das seguintes situações, identifique a(s) afirmação(ões) que o auditor estaria testando com o procedimento.
b. Para cada situação, identifique qual das duas fontes apresenta a evidência mais convincente e indique sucintamente o raciocínio por trás de sua resposta.

Fontes de evidência de auditoria

1. Confirmação de contas a receber com pessoas jurídicas *versus* confirmação de contas a receber com pessoas físicas.
2. Inspeção visual de um estoque de componentes eletrônicos *versus* a realização de uma análise de giro de estoques e vendas por produto e linha de produto.
3. Observação da contagem do estoque físico de final de ano de um cliente *versus* a confirmação do estoque mantido em um depósito independente mediante a solicitação de uma confirmação pelo proprietário do depósito.
4. Confirmação de um saldo bancário no final do ano com o banco do cliente *versus* a análise dos extratos bancários do cliente no final do ano *versus* um extrato bancário com corte em 20 de janeiro cobrindo toda a atividade de 31 de dezembro a 20 de janeiro, enviada ao auditor.
5. Observação do estoque do cliente composto basicamente por detectores de radar sofisticados e equipamento eletrônico semelhante *versus* observação do estoque do cliente composto basicamente por chapas de metal.
6. Confirmação do saldo bancário do cliente no final do ano com o banco *versus* confirmação da perda potencial em uma ação judicial com a assessoria jurídica externa do cliente.
7. Teste da estimativa de passivo de garantias do cliente com a obtenção de uma cópia da planilha do cliente utilizada para calcular o passivo e a determinação da precisão da lógica da planilha com a entrada de novos dados na planilha e o cálculo independente do resultado *versus* a produção de uma estimativa independente do passivo de garantias usando dados de vendas e devoluções sob garantias do cliente.
8. Analisar todos os pagamentos feitos a fornecedores após o final do ano para determinar se foram corretamente contabilizados como contas a pagar *versus* pedir extratos de todos os fornecedores significativos no final do ano, dos quais o cliente fez compras durante o ano.
9. Para uma instituição financeira, testar os controles da organização quanto ao registro de depósitos a prazo de clientes, incluindo a existência de um departamento independente para explorar qualquer consulta de clientes, *versus* confirmar os saldos dos depósitos no final do ano com os próprios clientes.
10. Para uma instituição financeira, testar os controles da organização para a concessão e o registro de empréstimos *versus* confirmar os empréstimos no final do ano diretamente com os clientes.

7–42 (Confiabilidade de evidência de auditoria, OA 3, 5, 7)
Neste capítulo, vários tipos distintos de evidência de auditoria foram identificados. As perguntas a seguir se preocupam com a confiabilidade de evidência de auditoria.

Pede-se:
a. Explique por que as confirmações normalmente são consideradas mais confiáveis do que as entrevistas com o cliente. Em que situações o contrário poderia ser verdadeiro?
b. Apresente três exemplos de evidência confiável e três de evidência menos confiável. Que características as distinguem?
c. Explique por que a inspeção física é considerada uma evidência forte, porém limitada. Em que circunstâncias a inspeção física do estoque pelo auditor seria considerada de uso limitado?
d. Identifique características de evidências internas que levariam o auditor a considerar elevada a sua confiabilidade.
e. Explique por que testes de detalhes podem ser mais confiáveis do que procedimentos analíticos.
f. Explique por que procedimentos analíticos poderiam levar a uma noção da correção do saldo de uma conta que não poderia ser conseguida com testes de detalhes.
g. Identifique três casos em que um auditor tenderá a usar o recálculo como evidência de auditoria. Por que é importante que o recálculo seja feito? Uma planilha preparada pelo auditor é um recálculo ou uma estimativa independente do saldo de uma conta? Explique a sua resposta.

7–44 (Avaliação de evidência testemunhal, OA 3, 5) Uma tarefa importante para um auditor é avaliar a confiabilidade de evidência testemunhal, que pode ser obtida sob a forma de declarações verbais pela administração ou por escrito de alguém externo à organização.

Pede-se:
a. Durante a realização de uma auditoria, o profissional faz muitas perguntas a executivos e funcionários do cliente. Descreva os fatores que o auditor deve levar em conta ao avaliar evidência verbal fornecida por funcionários e executivos do cliente.
b. Para cada um dos exemplos de evidência testemunhal a seguir, identifique (1) uma fonte alternativa de evidência, ou (2) evidência confirmatória que o auditor poderia tentar obter.

Exemplos de evidência testemunhal
1. É recebida confirmação de clientes quanto ao saldo de contas a receber apresentado pela empresa.
2. A administração está otimista quanto à possibilidade de que todos os itens de uma linha de produtos serão vendidos a preços normais, em que pese uma queda temporária de vendas.
3. A administração pretende manter suas aplicações financeiras com a intenção de convertê-las em dinheiro no próximo exercício operacional, na medida do que for determinado pelas necessidades de caixa.

4. A administração diz ao auditor que a Agência de Fiscalização de Alimentos e Medicamentos aprovou seu novo medicamento para venda comercial.
5. O auditor entrevista o gerente de produção, que identifica problemas de controle de qualidade abertamente e aponta itens substanciais de estoque que precisam ser retrabalhados antes de serem entregues.

7–46 (Documentação de auditoria, OA 7) O quadro de equipamentos a seguir foi elaborado pelo cliente e auditado por Sam Staff, assistente de auditoria, durante a auditoria da Roberta Enterprises, um cliente antigo, para o exercício de 2009. Como supervisor dessa auditoria, você está analisando o documento em questão.

Pede-se:

Identifique as deficiências na documentação de auditoria.

ROBERTA ENTERPRISES
31/12/2009

Descrição	Data da compra	Custo				Depreciação Acumulada			
		Saldo inicial	Adições	Vendas	Saldo final	Saldo inicial	Despesa de depreciação	Vendas	Saldo final
Prensa 1020	25/10/06	15.250		15.250*	0	10.500†	1.575‡	12.075§	0
Torno de 40 polegadas	30/10/04	9.852		9.852	0	7.444†	1.250	8.694§	0
Roteador 505	15/10/06	4.635			4.635	3.395†	875		4.270
Solda MP	10/09/05	1.222			1.222	850†	215		1.065
Prensa 1040	25/03/09	18.956§	18.956			0	3.566		3.566
Computador IBM 400AS	16/07/05	12.547			12.547	7.662†	3.065‡		10.727
Torno de 60 polegadas	29/05/09		13.903§		13.903	0	950‡		950
Empilhadeira	02/06/03	7.881			7.881	3.578†	810‡		4.388
Totais		51.387	32.859§	25.102	59.144	33.429†	12.306‡	20.769§	24.966
			II			II	II	II**	

† Identificado na documentação de auditoria de 31/12/2008
‡ Recalculado
§ Verificado
II Totalização/totalização cruzada
* Identificado em documento de venda e recebimento de pagamento
** Identificado em balancete

Casos

7–48 (Estimativas contábeis, OA 8) A SEC adotou procedimentos contra a *Gateway Corporation* em 2001 porque acreditava que ela havia subestimado sistematicamente a provisão para devedores duvidosos com o objetivo de cumprir metas de vendas e lucros. Esta é, em sua essência, como a fraude alegada teria ocorrido:

- A Gateway vendia a maior parte de seus computadores pela internet e tinha um departamento forte de crédito que aprovava as vendas.
- Quando as vendas caíram, a administração decidiu voltar aos clientes que haviam sido rejeitados por causa de más avaliações de crédito.
- Durante o primeiro trimestre, a empresa foi atrás dos melhores clientes "previamente rejeitados".
- Como a necessidade de mais receita e lucro continuava, a Gateway foi descendo na lista até incluir todos os clientes.
- Entretanto, não alterou qualquer de suas estimativas na provisão para devedores duvidosos.

No final do processo, os clientes com crédito ruim representavam cerca de 5% do lucro total, mas a SEC alegou que a provisão para devedores duvidosos estava subestimada em mais de US$ 35 milhões, o que correspondia a aproximadamente 7 centavos de dólar por ação. Essencialmente, a *Gateway* queria mostrar que estava indo bem enquanto o resto do setor estava mal.

Pede-se:

a. Qual é a exigência quanto à avaliação apropriada da provisão para devedores duvidosos? Essa exigência difere entre saldos de contas baseados no registro de transações e a provisão, que é uma estimativa? Em outras palavras, maior precisão é exigida em saldos de contas que não contêm estimativas?

b. Que informação deve a empresa utilizar em um sistema para fazer a estimativa da provisão para devedores duvidosos?

c. Que evidência o auditor deve coletar para determinar se a estimativa da provisão para devedores duvidosos do cliente é justa?

d. Como deveria a ampliação de vendas a clientes aos quais tinha sido negado crédito anteriormente afetar a estimativa da provisão para devedores duvidosos?

e. Quão importantes são as condições econômicas correntes para o processo de elaboração de uma estimativa da provisão para devedores duvidosos? Explique a sua resposta.

7–50 (MiniScribe – evidência de auditoria de vendas, contas a receber e estoques, OA 2, 5) Tal como publicado no *The Wall Street Journal* (11 de setembro de 1989), a *MiniScribe, Inc.* inflacionou os valores divulgados de lucro e estoques por meio de uma série de esquemas destinados a iludir os auditores. A essa época, a *MiniScribe* era um dos principais produtores de drives para discos usados em microcomputadores. O artigo do jornal informou que a *MiniScribe* usara as seguintes técnicas para atingir seus objetivos de lucro:

- Um lote extra de discos no valor de US$ 9 milhões foi enviado a um cliente perto do final do ano e foi contabilizado como venda. O cliente não havia encomendado os discos e acabou devolvendo-os, mas a venda não foi revertida no ano em que foi contabilizada.
- Foram feitas entregas por uma fábrica em Cingapura, geralmente por avião. Perto do final do ano, alguns produtos foram enviados por navio. As ordens de compra foram alteradas para mostrar que o cliente passou a ser titular dos produtos no momento do despacho no navio. Entretanto, a propriedade não passou ao cliente até que os produtos foram recebidos nos Estados Unidos.
- Produtos devolvidos foram registrados como estoque utilizável. Alguns foram entregues sem que tenha sido feito qualquer trabalho de conserto.
- A *MiniScribe* criou uma série de depósitos *just-in-time* e enviou produtos a esses depósitos, dos quais eles foram entregues a clientes. As entregas eram registradas como vendas assim que chegavam aos depósitos.

Pede-se:
Para cada um dos itens descritos, identifique a evidência de auditoria que deveria ter sido coletada e teria permitido ao auditor descobrir a fraude.

7–52 (Ligação de fatores de risco a saldos de contas e afirmações da administração, OA 2) No relatório anual de 2006 da *Ford Motor Company*, a administração divulgou os seguintes fatores de risco que poderiam afetar as demonstrações financeiras de anos subsequentes. Para cada fator de risco, identifique um saldo de conta correspondente. Além disso, identifique uma afirmação relevante da administração e diga por que é relevante.

a. Redução continuada de participação no mercado e um enfraquecimento do mercado (um aumento ou aceleração de enfraquecimento do mercado) da venda de caminhões ou utilitários, ou da venda de outros veículos mais rentáveis nos Estados Unidos.

b. Concorrência continuada ou crescente de preços, resultante de excesso de capacidade de produção no setor, flutuações cambiais ou outros fatores.

c. Aceitação pelo mercado inferior à esperada de produtos novos ou existentes.

d. Passivos substanciais de benefícios de aposentadoria, assistência médica após a aposentadoria e seguros de vida, prejudicando a liquidez ou condição financeira.

e. Experiência econômica ou demográfica pior do que a presumida em nossos planos de benefícios após a aposentadoria (por exemplo, taxas de desconto, retornos de investimentos, tendências de custo de assistência médica).

f. A descoberta de defeitos em veículos, resultando em demoras no lançamento de novos modelos, campanhas de *recall* ou maiores custos de garantias.

g. Ações judiciais ou investigações governamentais incomuns ou significativas, decorrentes de alegações de defeitos em nossos produtos ou outros fatos.

7–54 (Caso de análise de decisões em grupo: adequação de evidência de auditoria, OA 9) Em 6 de outubro de 2005, o PCAOB divulgou seu relatório de inspeção anual da *Deloitte & Touche LLP* (*PCAOB release* nº104-2005-089). Ao fazer suas inspeções, o PCAOB concentra a atenção em trabalhos de auditoria que considera serem particularmente arriscados ou suscetíveis a erro de parte da empresa de auditoria. Em seu relatório de inspeção da *Deloitte & Touche LLP*, o PCAOB observou os seguintes problemas na coleta de evidência para um cliente da *Deloitte*, ao qual o PCAOB se refere como "empresa emitente":

Devido a problemas com a oferta de energia em um país, a produção da fábrica da empresa emitente naquele país foi severamente limitada em 2003, entrando em discussões com o governo para vender a fábrica e determinando que, no limite inferior da faixa de possíveis preços de venda, o valor contábil da fábrica poderia ser reduzido por um montante de até 4% do prejuízo líquido da empresa emitente no exercício encerrado em 31 de dezembro de 2003. A empresa emitente determinou, porém, que não era necessário registrar uma perda por ajuste de valor no final de 2003, em parte porque a empresa emitente argumentou que, se não tivesse havido a escassez de energia, a fábrica poderia ter operado à sua capacidade plena.

Os documentos de trabalho da instituição incluíram apoio gerado pela empresa emitente à decisão de não registrar uma perda por ajuste de valor, mas esse apoio não incluiu cálculos detalhados dos fluxos de caixa futuros estimados ou ponderados por suas probabilidades e tampouco discutiu quando ou se a fábrica seria capaz de voltar a operar à sua capacidade plena. Tais análises, ou outras informações detalhadas tratando do valor da fábrica, seriam necessárias para que a empresa fizesse uma avaliação adequada da afirmação pela administração de que não era preciso registrar um ajuste por perda de valor no final de 2003.

Pede-se:

1. O relatório do PCAOB sintetizou um problema com a coleta, avaliação e documentação de evidência pela *Deloitte* em um cliente específico. Explique por que você acredita que o PCAOB estava insatisfeito com o desempenho da empresa.
2. Utilize o arcabouço de análise de decisão apresentado no capítulo 3 para determinar as providências apropriadas que a firma poderia ter tomado e que teriam sido aceitáveis para o PCAOB.

Ford Motor Company e Toyota Motor Corporation
Ford Motor Company: Um arcabouço para evidência de auditoria

(www.cengage.com.br, em inglês)

Fonte e referência	Questão
Ford 10-K, p. FS-3 e nota explicativa 8 (p. FS-20)	1a. Considere a conta de estoques da Ford no balanço, juntamente com a nota explicativa correspondente. Quais são as afirmações mais importantes que estão sendo feitas pela administração a respeito de seu estoque? 1b. A Ford, em particular, está procurando substituir SUVs por modelos menores e mais eficientes em termos de consumo de combustível. Como isso poderia afetar a avaliação de seus SUVs e picapes de maior porte? 1c. Que afirmações estão implícitas na conta de Imóveis, Instalações e Equipamentos? Como seria a avaliação afetada se a empresa resolvesse reduzir sua escala e eliminar uma linha de picapes? 1d. Examine os ativos no balanço da Ford Motor Company. Identifique aqueles sujeitos a (a) ajustes por valor justo, (b) testes de redução de valor, ou (c) estimativas de valor realizável líquido, ou custo ou valor de mercado, o que for menor. Quais são as implicações para a evidência de auditoria que será coletada para essas contas?
Ford 10-K, p. FS-3 e nota explicativa 16 (p. FS-32)	2. Considere a conta de dívidas da Ford em seu balanço, juntamente com a nota explicativa correspondente. Quais são as afirmações mais importantes que a administração está fazendo a respeito de sua dívida?

Ferramentas de coleta de evidência de auditoria

8

Objetivos de aprendizagem

O objetivo principal deste livro-texto é a construção de uma base para a análise de questões profissionais correntes e a adaptação de enfoques de auditoria às complexidades das empresas e da economia. Por meio do estudo deste capítulo, você será capaz de:

1. Descrever as ferramentas utilizadas pelos auditores para coletar e avaliar evidência de auditoria.
2. Explicar os riscos associados a procedimentos de amostragem e a natureza das inferências exigidas de todos os procedimentos de auditoria.
3. Discutir as diferenças entre amostragem não estatística e estatística como base da determinação da metodologia apropriada de amostragem.
4. Descrever como a amostragem de atributos pode ser utilizada para testar controles.
5. Descrever como utilizar a amostragem de unidades monetárias (AUM) para testar saldos de contas.
6. Analisar resultados de amostragem AUM e escolher procedimentos apropriados para acompanhamento.
7. Descrever como utilizar *software* genérico de auditoria para analisar dados, inclusive informações de amostragens.
8. Entender o uso de procedimentos analíticos como teste substantivo de saldos de contas, bem como descrever como os procedimentos analíticos complementam e afetam outros enfoques de coleta de evidência de auditoria.
9. Aplicar o enfoque de tomada de decisões com ética a uma situação de amostragem.

Visão geral do capítulo

Em capítulos anteriores, discutimos procedimentos que os auditores poderiam usar para testar afirmações em demonstrações financeiras e controles internos. Os testes de controles internos fornecem ao auditor evidências para dar um parecer sobre os controles internos, bem como sobre a confiabilidade do sistema de informações que produz as demonstrações financeiras. Ao testar afirmações em demonstrações financeiras, o auditor pode adotar um dos três seguintes enfoques: (1) avaliar se as afirmações são razoáveis usando procedimentos substantivos, (2) testar diretamente os saldos de contas por meio de testes de detalhes e (3) coletar evidência por meio de uma combinação de informações sobre controles e testes de saldos de contas. As perguntas ainda não enfrentadas podem ser enunciadas simplesmente: "qual é o método mais eficiente de coleta de evidência de auditoria e qual a quantidade que deve ser coletada?". Este capítulo descreve três ferramentas relacionadas à coleta de evidência de auditoria, incluindo (1) amostragem que pode ser utilizada para testes de controles e diretos de saldos de contas, (2) *software* genérico de auditoria que pode ser usado para analisar dados básicos, testes auxiliares de controles e diretos de saldos de contas e (3) procedimentos analíticos substantivos que geram evidência sobre a razoabilidade do saldo de uma conta, bem como inclui as fases III e IV do processo de formulação do parecer de auditoria: coletar evidência sobre controles e evidência substantiva sobre afirmações em contas. Este capítulo fornece uma visão geral dos diversos enfoques à coleta de evidência, com ênfase na amostragem de auditoria e os diversos métodos de amostragem apropriados para o teste de controles e o teste da precisão de saldos de contas.

O processo de elaboração do parecer de auditoria

I. Aferir as decisões de aceitação e retenção do cliente (capítulo 4).	II. Entender o cliente (capítulos 2, 4-6 e 9).	III. Obter evidência a respeito de controles e determinar o impacto sobre a auditoria de demonstrações financeiras (capítulos 5-14 e 18).	IV. Apurar evidências consubstanciadas sobre afirmações de contas (capítulos 7-14 e 18).	V. Fechamento da auditoria e tomada de decisões de divulgação (capítulos 15 e 16).
A profissão de auditoria, regulamentação e governança corporativa (capítulos 1 e 2).		Tomada de decisões, conduta profissional e ética (capítulo 3).		Responsabilidade profissional (capítulo 17).

Visão geral de enfoques à coleta e avaliação de evidência de auditoria

Amostragem: um dos enfoques

OA 1
Descrever as ferramentas utilizadas pelos auditores para coletar e avaliar evidência de auditoria.

Todas as auditorias envolvem amostragem, pois o profissional não pode examinar 100% das transações de um período e ainda assim chegar a conclusões a respeito da precisão das populações subjacentes ao saldo de uma conta. Qualquer auditoria conterá alguma forma de amostragem para testar o funcionamento de controles e/ou checar diretamente os saldos de contas. Por que usar a amostragem? Porque um auditor tem necessidade, de um modo eficiente e eficaz, de chegar a um julgamento sobre uma população que é grande demais para ser examinada por completo.

Eis um exemplo. Ao comprar uma cesta de maçãs, você quer ter a certeza de que o número de frutas podres não supera algum limite tolerável. Você pode saber que o gerente da seção de alimentos no supermercado verifica as maçãs antes de colocá-las no balcão de frutas (jogando fora as que estão podres), coloca as novas maçãs no fundo do balcão, para que as mais velhas sejam vendidas antes e examina o estoque antigo para verificar que qualquer maçã que tenha apodrecido enquanto estava no balcão seja descartada. Portanto, você se sente seguro ao comprar uma cesta de maçãs sem gastar muito tempo procurando frutas podres porque os controles são bons. Se você não estiver familiarizado com o supermercado ou souber que o gerente da seção de alimentos é descuidado e não se preocupa em identificar maçãs podres, você desejará obter maior segurança de que não há demasiadas frutas podres na cesta. Se for uma cesta pequena, você poderá examinar todas as maçãs. Se for grande, talvez não tenha tempo para inspecionar todas as maçãs, de modo que você poderá examinar apenas algumas para determinar se deve comprar a cesta ou não. Mas, quando você as examina, não deseja verificar somente as maçãs na parte superior da cesta, desejará ter uma

JULGAMENTO PROFISSIONAL EM CONTEXTO

Coleta de evidência de auditoria

Preparando-se em 2008 para a sua auditoria de empréstimos a receber, o *Associated Bank*, de *Green Bay*, *Wisconsin*, considerava três principais categorias de empréstimos a receber: (a) para desenvolvimento comercial e imobiliário, (b) hipotecas rurais e (c) empréstimos hipotecários a pessoas físicas. Esses empréstimos representavam o principal ativo nas demonstrações financeiras do banco. Durante a crise financeira de 2008, o banco predizia uma taxa de inadimplência acima do usual em seus empréstimos hipotecários. Além disso, caso ele retomasse os ativos subjacentes aos empréstimos hipotecários, ele predizia que a queda de valor de mercado ainda resultaria em perdas substanciais com esses ativos retomados. Embora a intenção do banco fosse manter os empréstimos hipotecários até o vencimento, ele poderia ser forçado a vender alguns deles para cumprir exigências correntes de capital. O auditor estava considerando as principais afirmações relacionadas a esses saldos de contas, bem como a evidência que poderia lidar com cada afirmação:

Existência – Os ativos são válidos, evidenciados por confirmações e contratos de empréstimo assinados.
Completude – Todos os empréstimos concedidos são prontamente contabilizados, o que é evidenciado por lançamentos nas contas da empresa e todos os empréstimos que são vendidos são contabilizados prontamente.
Direitos – O banco possui os ativos, o que é comprovado por contratos de empréstimo assinados, confirmações e garantias verbais da administração.
Avaliação – Os valores registrados são economicamente sólidos, o que é evidenciado por pagamento continuado, porcentagem de empréstimos vencidos, avaliação de garantias subjacentes e valor de empréstimos que poderiam ser securitizados e vendidos no mercado.
Apresentação e divulgação – A informação em notas explicativas e a apresentação de demonstrações financeiras estão de acordo com os princípios contábeis aceitos em geral, o que é evidenciado por informação representada por taxas de juros e de inadimplência correntes e a natureza do lastro dos empréstimos.

Na medida em que o planejamento de uma auditoria integrada do *Associated Bank* avançava, o auditor reconhecia que os controles também precisariam ser testados. O auditor sênior sabia que a equipe enviaria pedidos de confirmação, analisaria dados básicos, consideraria problemas econômicos correntes, examinaria as avaliações dos imóveis e analisaria o valor corrente de mercado de alguns ativos, bem como avaliaria evidências de que os controles subjacentes estavam funcionando. Ao lidar com esse conjunto complexo de evidências a serem reunidas, o profissional fez as seguintes perguntas:

- Quantos controles eu precisarei examinar? É relevante que eles sejam informatizados?
- Posso usar procedimentos analíticos substantivos para reunir evidência de auditoria sobre saldos de contas?
- Quantos pedidos de confirmação eu devo enviar?
- Como determino se os resultados da auditoria apoiam o saldo de uma conta, ou devo sugerir que mais trabalho seja realizado?
- Quando posso usar modelos de anos anteriores para estimar o saldo de uma conta, como, por exemplo, reservas para perdas em empréstimos, e como determino se eles ainda são válidos?
- Como posso usar o poder do computador para analisar a correção dos saldos de contas? Por exemplo, se houver valores de mercado em bases públicas de dados, eles poderiam ser incorporados à auditoria?
- Como junto todas as informações para preparar um parecer sobre a fidedignidade da apresentação do saldo de uma conta, dadas as várias afirmações diferentes e os muitos enfoques à coleta de evidência?

Este capítulo trata de perguntas como essas. Começamos com uma discussão da amostragem como base da determinação de quanta evidência deve ser coletada. A seguir, consideramos como aproveitar o poder do computador, particularmente com o uso de *software* genérico de auditoria. Concluímos com um resumo de enfoques analíticos substantivos que poderiam ser empregados pelo auditor.

---

amostra indicativa de todas as frutas contidas na cesta. A amostragem se destina a reduzir seu risco, ou seja, a probabilidade de que a maioria das maçãs é boa quando de fato muitas não o são.

A amostragem de auditoria obedece aos mesmos conceitos. O objetivo da amostragem, ao testar saldos de contas, é estimar o volume de informação incorreta em uma população subjacente como o saldo de uma conta. Se houver um grande número de erros, o auditor desejará ser informado a respeito deles para que o saldo da conta possa ser corrigido. O objetivo da amostragem, ao se testarem controles, é determinar se os controles estão funcionando eficazmente. Se não estiverem, o auditor precisará considerar isso ao se decidir por um parecer sobre o controle interno e quando estiver montando os procedimentos substantivos. Mas a amostragem sempre contém algum risco; ou seja, o auditor poderia não examinar itens em quantidade suficiente (por exemplo, somente três maçãs em uma cesta), ou a amostra poderia não ser representativa (como ao se examinar somente maçãs na parte superior da cesta). Portanto, devemos discutir como pegar amostras que minimizem a probabilidade de chegarmos a uma conclusão incorreta a respeito do que estamos testando. A amostragem estatística nos permite controlar o risco de chegar a uma conclusão incorreta sobre a população que está sendo testada.

Há muitos tipos diferentes de métodos de amostragem disponíveis para uso em auditorias, desde amostras de julgamento puro (o auditor escolhe, com base em seu julgamento, que itens devem ser examinados, bem como a sua quantidade) a vários tipos de técnicas que têm sido desenvolvidas explicitamente para atender objetivos de auditoria. Não existe um procedimento "melhor" de amostragem para todas as situações. Entretanto, geralmente há um procedimento "melhor" de amostragem para um dado objetivo específico de auditoria. Este capítulo identifica esses métodos alternativos e as situações em que cada um poderia ser mais apropriado.

A amostragem estatística tem se tornado mais importante em vista das falhas recentes de auditoria. Os auditores estão reconhecendo cada vez mais a necessidade de fazer testes detalhados de saldos de contas em lugar de confiar excessivamente em procedimentos analíticos substantivos. De maneira semelhante, o auditor deve testar o funcionamento de controles para validar a eficácia dos controles internos de uma empresa e planejar os procedimentos substantivos apropriados. É difícil montar uma amostra com base em julgamento que poderia ser considerada mais eficaz ou eficiente do que uma amostra estatística bem projetada. É importante que os auditores compreendam o poder e os julgamentos exigidos para usar procedimentos de amostragem estatística eficazmente.

Outros enfoques

A amostragem não é o único procedimento que os auditores utilizarão. Descrevemos enfoques alternativos à coleta de evidência sobre afirmações em demonstrações financeiras na **Ilustração 8.1** e incluímos exemplos de tipos específicos de evidência que poderiam ser coletados de acordo com cada alternativa. Ao examinar a ilustração, observe que fazemos a suposição de que o cliente possui um sistema computadorizado para processar a maior parte das transações.

A escolha do método de coleta de evidência depende da natureza das transações do cliente e das afirmações específicas que estão sendo testadas. Embora seja importante entender as técnicas de amostragem, é igualmente importante saber que há poucas contas para as quais as conclusões do auditor sobre os seus saldos serão baseadas exclusivamente em dados de amostragem. Por exemplo, o profissional que esteja testando os estoques provavelmente utilizará uma variedade de evidências para chegar a uma conclusão geral, tais como:

- Totalização computadorizada do saldo da conta.
- Amostragem para testar avaliações.
- Revisão analítica para determinar a possibilidade de obsolescência.
- Testes da revisão de um bloco de transações para fins de testes de corte.

Ilustração 8.1: Procedimentos de coleta de evidência e afirmações de auditoria

Afirmação em demonstrações	Enfoques à coleta de evidência quanto a afirmações financeiras em demonstrações financeiras
Existência	• Amostragem: tomar uma amostra e examinar a evidência subjacente ou enviar pedidos de confirmação. • Procedimentos analíticos: comparação com expectativas do auditor baseadas em dados do ano anterior ou outros indicadores econômicos. • Análise: revisão de 100% das transações ou de dados em um sistema computadorizado para determinar se a classificação é apropriada. • *Software* de auditoria: ordenar o arquivo para identificar os itens maiores, os menores, os mais frequentes; também é útil para identificar transações incomuns. • Rever blocos de transações para verificar se a classificação é apropriada, por exemplo, fazendo testes de corte no final do ano.
Completude	• Amostragem: pegar uma amostra para buscar passivos contabilizados incompletamente. • Procedimentos analíticos: comparação com expectativas do auditor baseadas em dados do ano anterior ou outros indicadores econômicos. • Rever blocos de transações para verificar se a classificação é apropriada, por exemplo, fazendo testes de corte no final do ano.
Direitos	• Amostragem: geralmente em conjunto com testes de existência, mediante o exame de documentos originais. • Procedimentos analíticos: buscar relações incomuns (saldo de caixa superior ou inferior ao esperado ou anomalias semelhantes nos dados básicos).
Avaliação ou alocação	• Amostragem: selecionar itens e associá-los a documentos originais, por exemplo, acordos de compra ou faturas. • Procedimentos analíticos: exame de modelos utilizados para predizer valores estimados, tais como provisões para devedores duvidosos e comparação de estimativas de modelos às expectativas do auditor. • *Software* de auditoria: totalizar o arquivo e testar cálculos. • Procedimentos analíticos: identificar anomalias nos dados básicos.
Apresentação e divulgação	• Amostragem: verificar estimativas ou outros itens para determinar se a divulgação é apropriada. • Revisão de 100%, tal como a leitura das notas explicativas de demonstrações financeiras.

Os resultados de todos os procedimentos são combinados em uma análise final para se chegar a uma decisão sobre a correção do saldo de uma conta. Para tanto, o auditor precisa conhecer o funcionamento de cada um dos enfoques de coleta de evidência. Começamos com a amostragem de auditoria.

Visão geral da amostragem de auditoria

O auditor se defronta constantemente com o desafio de coletar evidência suficiente da maneira mais eficiente possível. As amostras devem ser representativas da população, caso o auditor deseje minimizar o risco de tirar uma conclusão errada. Para aumentar a probabilidade de que a amostra seja representativa, ela deve ser de tamanho suficiente e ser selecionada na população subjacente apropriada. Há alguns conceitos fundamentais que, se forem compreendidos, lhe ajudarão a chegar às conclusões corretas a partir da amostragem.

A amostragem de auditoria é definida como sendo a aplicação de procedimentos de auditoria a menos de 100% de uma população para estimar alguma característica dessa população. Em outras palavras, consiste em aprender muito se fazendo pouco. Os auditores usam a amostragem para coletar evidências para:

• Testar controles para elaborar um parecer sobre os controles internos do cliente.

OA 2
Explicar os riscos associados a procedimentos de amostragem e a natureza das inferências exigidas de todos os procedimentos de auditoria.

- Testar controles para avaliar o risco de controle.
- Testar o cumprimento de políticas da empresa, regulamentações governamentais ou outros critérios.
- Testar itens individuais de saldos de contas como base da determinação da existência de informações materiais incorretas no saldo de uma conta.

Ao se avaliar a eficácia de procedimentos de controle, o desafio é coletar evidência confiável suficiente a respeito do grau de eficácia dos controles internos do cliente para impedir a ocorrência de informações incorretas. A terminologia de amostragem se refere aos itens individuais a serem testados como sendo unidades amostrais – elam compõem a população. Um exemplo de unidades amostrais seria representado pelas ordens de venda processadas durante o ano e que se relacionam ao reconhecimento de receitas. O auditor deve tomar quatro decisões importantes para aumentar a probabilidade de que a amostra seja representativa da população:

1. Que população deve ser testada e em relação a que características (população)?
2. Quantos itens devem ser selecionados para testes de auditoria (tamanho da amostra)?
3. Quais itens devem ser incluídos na amostra (seleção)?
4. Que inferências podem ser feitas sobre a população como um todo a partir da amostra (avaliação)?

Risco de não amostragem e risco de amostragem

O auditor poderia cometer um erro a respeito das características da população porque (a) não executou adequadamente os procedimentos de auditoria ou diagnosticou problemas incorretamente (erro humano ou risco de não amostragem), ou (b) fez uma inferência incorreta a partir de uma amostra que não era representativa da população (risco de amostragem). Felizmente, as empresas de auditoria são capazes de controlar ambos os tipos de risco.

Risco de não amostragem – Presume-se que os auditores examinam cuidadosamente todos os itens da amostra e escolhem os procedimentos corretos ao coletar evidência para avaliar se uma transação é correta ou não. Mas pode haver casos em que o profissional não é cuidadoso. Erros de julgamento quanto à correção de uma população devidos a descuidos na realização da auditoria são chamados riscos de não amostragem. Esses riscos podem ser atribuídos a uma falta de conhecimento por parte do auditor. A empresa de auditoria controla a possibilidade de existência de tais erros por meio de treinamento apropriado, supervisão adequada e programas de auditoria cuidadosamente montados.

Risco de amostragem – Sempre há um risco de que não seja correta qualquer inferência feita a partir de uma amostra, a menos que os auditores examinem 100% de uma população (ou seja, façam um recenseamento e não uma amostragem). Há incerteza quanto aos efeitos projetados porque os resultados da amostragem baseiam-se apenas em uma parte pequena da população: quanto menor a amostra, maior a incerteza; quanto maior a amostra, menor a incerteza. O risco de amostragem é definido como sendo a ameaça de que uma inferência tirada de uma amostra seja incorreta, pois a amostra é muito pequena ou não é, de alguma forma, representativa das características existentes na população subjacente. Com o uso da amostragem estatística, o auditor é capaz de controlar – e medir – quanto risco haverá de que a amostra não seja representativa da população. O risco de amostragem pode ser medido para amostras estatísticas, mas não para outros enfoques de amostragem.

O profissional deve fazer uma série de julgamentos para determinar o tamanho da amostra a ser colhida e, portanto, o volume do trabalho de auditoria a ser realizado. O tamanho da amostra é determinado por dois fatores principais: (1) a magnitude de uma incorreção que seria relevante para avaliação pelo auditor, com base em conceitos de materialidade (informação incorreta tolerável), e (2) o nível de confiança desejado ao serem feitas inferências sobre a correção da população testada.

Risco de amostragem relacionado a testes de procedimentos de controle – O auditor frequentemente utiliza a amostragem para coletar evidência com a finalidade de avaliar a eficácia de controles – mais comumente sobre transações – como parte de uma auditoria integrada. O profissional deseja fazer uma estimativa precisa da proporção do tempo em que um controle falha; por exemplo, se um controle não funciona 4% do tempo, o auditor utilizará essa informação para chegar a uma conclusão quanto à eficácia do controle e o volume de teste substantivo que deverá ser realizado. Mas, como a amostragem sempre contém alguma incerteza, o auditor profissional desejará levar em conta o pior cenário possível; por exemplo, poderá querer se sentir 95% confiante de que o controle não falhe mais do que 8% do tempo. O auditor está sempre sendo desafiado a gerir os riscos de fazer inferências incorretas com base em amostras pequenas. Esses riscos de amostragem são apresentados na **Ilustração 8.2**.

Risco de amostragem relacionado a testes substantivos – A amostragem também pode ser empregada para estimar o volume de incorreção no saldo de uma conta. O auditor pode, por exemplo, selecionar uma amostra de itens de estoque e fazer um teste de preço. Se a amostra contiver erros de precificação, o profissional projetará esses erros à população para determinar se ela poderia estar materialmente errada porque os estoques são incorretamente precificados. Quando se usa amostragem, sempre há um risco de que a amostra não reflita precisamente a população. O auditor deverá considerar dois riscos possíveis (**Ilustração 8.3**): (1) o de concluir que o valor contábil é correto quando, na verdade, é materialmente incorreto (risco de aceitação incorreta) e (2) o de concluir que o valor contábil é materialmente incorreto quando não o é (risco de rejeição incorreta).

Ilustração 8.2: Riscos de amostragem em testes de procedimentos de controle

Avaliação do risco de controle pelo auditor	Situação efetiva dos controles	
	Eficazes	**Não eficazes**
Baixo	Conclusão correta	**Aceitação incorreta da confiabilidade de controles internos** As falhas de controles na população são maiores do que o indicado pela amostra (ou seja, o cuidado de considerar o risco de controle como demasiadamente baixo). Aumenta a probabilidade de que haja informações incorretas e elas não sejam detectadas durante a auditoria.
Alto	**Rejeição incorreta da confiabilidade dos controles** As falhas de controles na população são menores do que o indicado pela amostra (ou seja, o cuidado de considerar o risco de controle como demasiadamente alto). Resulta na realização de mais testes de auditoria.	Conclusão correta.

Ilustração 8.3: Riscos de amostragem para testes diretos de saldos de contas

Conclusão do auditor com base em evidência amostral	Situação do valor contábil	
	Não contém informação material incorreta	Contém informação material incorreta
O valor contábil não contém informação material incorreta.	Conclusão correta.	Risco de aceitação incorreta (leva a uma auditoria ineficaz).
O valor contábil pode conter informação material incorreta.	Risco de rejeição incorreta (leva a uma auditoria ineficiente).	Conclusão correta.

A principal preocupação do auditor ao fazer testes substantivos é controlar o risco de aceitação incorreta. Com a aceitação incorreta, o saldo da conta pode conter uma informação material incorreta, mas os resultados amostrais levam o auditor a acreditar que a conta não contém informação material incorreta. Nenhum trabalho adicional de auditoria seria realizado e as demonstrações financeiras seriam publicadas contendo tal informação. Por outro lado, se o auditor rejeitasse incorretamente uma população que não contém uma informação material incorreta, o cliente normalmente desaprovaria e pediria ao auditor que fizesse trabalho adicional. O trabalho adicional de auditoria deveria levar a uma correção da inferência inadequada. O risco de rejeição incorreta, portanto, afeta a eficiência da auditoria, mas não deve influenciar a conclusão geral do auditor quanto à fidedignidade das demonstrações financeiras.

Escolha de um enfoque de amostragem

OA 3
Discutir as diferenças entre amostragem não estatística e estatística como base da determinação da metodologia apropriada de amostragem.

Os auditores utilizam tanto a amostragem estatística quanto a não estatística. Quando adequadamente utilizados, ambos os enfoques podem ser eficazes em termos de produção de evidência suficiente de auditoria. A amostragem não estatística, entretanto, não permite ao auditor controlar estatisticamente o risco de tomada de decisões incorretas. A amostragem estatística combina a teoria de probabilidade e a inferência estatística com o julgamento e a experiência de auditoria. Ambos os métodos requerem julgamento substancial de auditoria. O que vemos a seguir é uma comparação entre a amostragem não estatística e a estatística:

	Amostragem não estatística	Amostragem estatística
Tamanho da amostra	Determinado pelo julgamento do auditor.	O julgamento pelo auditor é quantificado e o tamanho da amostra é determinado com base na teoria de probabilidade.
Seleção da amostra	Qualquer método que o auditor acredite que seja representativo da população; pode ser usada seleção não planejada ou ao acaso. A amostragem com base em julgamento também pode ser direcionada a uma parte da população, como, por exemplo, todas as transações realizadas nos últimos cinco dias do ano.	A amostra deve ser selecionada ao acaso para dar a cada item da população a mesma chance de ser incluído na amostra. A população de interesse também pode ser direcionada, como, por exemplo, as transações nos últimos dez dias do ano podem ser selecionadas estatisticamente.
Avaliação	Baseada no julgamento do auditor.	É usada inferência estatística para auxiliar o julgamento do auditor.

A opção por usar a amostragem estatística ou a não estatística é uma decisão de custo e benefício baseada no seguinte:

	Custo	Benefício
Amostragem não estatística	• Exige julgamento de auditoria para determinar o tamanho apropriado da amostra e avaliar os resultados. • Não fornece uma maneira objetiva de controlar e medir o risco de amostragem.	• Não exige *software* adicional. • Pode basear-se nas expectativas prévias do auditor quanto a erros na conta. • Pode exigir menos tempo para planejamento, seleção e avaliação da amostra.
Amostragem estatística	• Exige conhecimento de métodos estatísticos de amostragem e/ou *software* especial de amostragem e geralmente envolve custos de treinamento. • Exige definições de risco aceitável e objetivos amostrais fixados com antecedência.	Ajuda o auditor a: • Montar uma amostra eficiente. • Medir a suficiência da evidência. • Avaliar os resultados ao proporcionar uma medida objetiva de risco de amostragem. • Ganhar eficiências por meio de seleção e avaliação estatística computadorizada. • Defender inferências amostrais, pois são baseadas em teoria estatística.

As técnicas de amostragem estatística são particularmente eficientes para testar populações grandes, pois a validade da amostra é influenciada principalmente pela diversidade da população examinada e pelo tamanho da amostra – em lugar da porcentagem da população que está sendo examinada. As amostras nacionais para a predição de resultados de eleições, por exemplo, são bastante precisas com o uso de amostras de 600 a 3.000, de um total de 80 milhões de eleitores. Este mesmo tipo de eficiência se aplica ao caso da auditoria. Como os tamanhos das amostras estatísticas e não estatísticas são baseados no julgamento de auditoria, a decisão de um profissional de não usar a amostragem estatística, porque o tamanho da amostra seria demasiadamente grande, não é justificável.

A amostragem estatística ajuda o auditor avaliar a amostra ao fornecer uma medida quantitativa:

- Da taxa mais provável e máxima de falha de um procedimento de controle cuja eficácia está sendo avaliada.
- Da incorreção mais provável e máxima no saldo registrado de uma conta ou em uma classe de transações.
- Do risco de que o auditor faça um julgamento incorreto sobre a situação de controles ou a correção de saldos de contas.

Além de avaliar quantitativamente os resultados de uma amostra, o auditor deve levar em conta os aspectos qualitativos de falhas de controle e informações incorretas. Os resultados

> **QUESTÃO PRÁTICA**
> Devem-se planejar as amostras para que sejam tão representativas da população quanto possível, pois os resultados serão projetados para se tirar uma conclusão a respeito da população.

> **QUESTÃO PRÁTICA**
> Um auditor que aplica a amostragem estatística utiliza tabelas ou fórmulas para calcular o tamanho da amostra, enquanto aquele que aplica a amostragem não estatística utiliza o julgamento profissional. Normalmente, o tamanho da amostra não estatística não deve ser menor do que o resultante de uma amostra estatística montada eficiente e eficazmente.

> **QUESTÃO PRÁTICA**
> Tanto a amostragem estatística quanto a não estatística, quando adequadamente utilizadas, podem fornecer evidência suficiente para as conclusões do auditor. A amostragem estatística permite controlar precisamente o risco de fazer uma inferência incorreta a respeito da população da qual a amostra é extraída, enquanto a não estatística não possibilita tal tipo de controle.

> **QUESTÃO PRÁTICA**
> O auditor deve considerar a natureza dos desvios ou incorreções que tenham sido detectados na amostra, projetar os desvios ou incorreções amostrais para a população e tirar uma conclusão para a população como um todo. Mesmo que a amostragem não estatística seja usada, o auditor é obrigado a considerar o risco de amostragem quando faz uma conclusão a respeito da população.

amostrais são causados por erros, ou indicam a possibilidade de fraude, e como as falhas de controle influenciam outras fases da auditoria? A combinação da amostragem estatística com o julgamento do auditor geralmente produz uma conclusão de qualidade mais elevada do que o uso apenas do julgamento do auditor.

Teste de eficácia de controles e obediência a políticas

OA 4
Descrever como a amostragem de atributos pode ser utilizada para testar controles.

O auditor coleta evidências sobre a eficácia do sistema de controle interno do cliente ao examinar os controles importantes do processo de divulgação financeira. O profissional testa os controles somente após determinar que sua estrutura é tal que eles seriam eficazes para minimizar a probabilidade de informações materiais incorretas. A avaliação da eficácia de controles pode basear-se em:

- Uma amostra para testar a eficácia do funcionamento dos controles.
- Uma observação de processos operacionais importantes pelo auditor.
- Testes de controles contidos no sistema de computadores do cliente.
- Entrevistas e uma análise de relatórios de monitoramento.

O AS 5 exige que os auditores externos testem a eficácia de controles internos. Esse processo pode incluir a inserção de dados no sistema de computação, o exame de documentação relacionada ao funcionamento de controles importantes, a realização de um "exame passo a passo" de processos para observar a eficácia dos controles e/ou a seleção de uma amostra de transações e o teste de evidências da eficácia de procedimentos de controle. Os conceitos de amostragem não se aplicam a todos os testes de controles. Aqueles automatizados são geralmente feitos apenas uma vez ou algumas vezes quando há controles gerais (de TI) eficazes. A amostragem geralmente não é aplicável para a determinação da segregação apropriada de tarefas e pode não servir para testes da eficácia operacional do ambiente de controle.

Quando a amostragem é apropriada, o auditor deseja utilizar uma amostra para inferir se o controle na população está funcionando ou não. O enfoque de amostragem comumente empregado na tomada de tais decisões é um enfoque estatístico conhecido pelo nome de estimação de atributos.

Amostragem para a estimação de atributos

> **QUESTÃO PRÁTICA**
> A fixação do risco de amostragem em 5% equivale a amostrar com um nível de confiança de 95%.

> **QUESTÃO PRÁTICA**
> Os controles importantes são aqueles cuja falha poderia levar a informação material incorreta no saldo de uma conta.

O método estatístico mais comumente utilizado para testar controles é a amostragem de atributos. Um atributo é uma característica da população de interesse para o auditor. Tipicamente, o atributo que o auditor deseja examinar é o funcionamento eficaz de um controle, como, por exemplo, evidência de que o cliente confere detalhes de faturas de fornecedores com ordens de compra e relatórios de recebimento antes da aprovação de pagamentos e observar que essa conferência é feita antes de autorizar o pagamento dos produtos recebidos.

Ao determinar o tamanho apropriado da amostra, o auditor precisa fazer julgamentos a respeito dos seguintes itens:

- *Risco de amostragem* – Risco de concluir que os controles são eficazes quando de fato não o são. O risco de amostragem fixado geralmente é igual ao de auditoria, porque

a avaliação de controles internos pelo auditor determina a natureza e a amplitude de outros testes. O auditor testa apenas controles importantes.
- *Taxa tolerável de falha* – Nível no qual a falha de funcionamento do controle alteraria a avaliação planejada do risco de controle pelo auditor ao fazer testes de saldos de contas, ou uma taxa com base na qual o auditor concluiria que o não funcionamento eficaz do controle seria considerado uma "deficiência significativa". A taxa tolerável de falha deve ser fixada com antecedência para permitir a determinação do tamanho da amostra.
- *Taxa esperada de falha* – É provável que às vezes um controle possa falhar ou ser burlado. As falhas ocorrem quando os funcionários estão com pressa ou são descuidados, não são competentes, ou não foram adequadamente treinados. O auditor talvez possua evidência sobre a taxa com a qual um controle específico falha, com base na experiência passada, ajustada por mudanças no sistema ou no quadro de pessoal. Esta é a taxa esperada de falha.

É importante compreender que uma falha de controle não significa automaticamente que tenha ocorrido uma informação incorreta. Por exemplo, a maioria das empresas exige um processo de aprovação de crédito antes de concedê-lo. Quando está apressado, um gerente de marketing pode aprovar uma venda sem obter a aprovação de crédito apropriada. O controle que exige a aprovação de crédito teria falhado, mas não sabemos (a) se o crédito teria sido concedido, caso o processo fosse completado, ou (b) se haverá menor probabilidade de pagamento pelo cliente. Por fim, a falha deste controle não afeta o registro apropriado da transação inicial. Ela pode, no entanto, afetar a avaliação de contas a receber no final do exercício.

Objetivo de auditoria

Procedimentos de controle devem existir para garantir que as transações registradas ocorreram, foram completas, precisas, classificadas corretamente e contabilizadas no período apropriado. Os procedimentos de controle podem assumir muitas formas distintas, e a maneira pela qual são implantados influencia o enfoque adotado pelo auditor para coletar evidência a respeito de sua eficácia. Considere-se o procedimento de aprovação de crédito. O auditor pode examinar documentação para determinar se houve aprovação apropriada de crédito antes do envio dos produtos (autorização), com base em uma amostra de pedidos de clientes que devem conter rubricas indicando uma aprovação autorizada de crédito. Mas, em muitos sistemas computadorizados, a autorização de crédito está embutida na lógica do programa de computação do cliente. Por exemplo, o departamento de crédito pode estabelecer um limite de crédito para cada cliente e o computador calcula se é superior ao saldo corrente do cliente, mais o valor do novo pedido. A organização também pode inserir a lógica no programa de computação para alterar os limites de crédito de maneira dinâmica, com base em fatores tais como volume de compras, histórico de pagamento e classificação corrente de risco de crédito. Em tais casos, o auditor não é capaz de examinar se houve aprovação de crédito em uma ordem de venda, mas deve considerar, ao contrário, como auditar o programa de computação.

A amostragem para a estimação de atributos é uma técnica particularmente útil em situações nas quais a pergunta de auditoria pode ser respondida com um sim ou um não. Por exemplo, pode ser utilizada para coletar evidências visando a responder perguntas tais como: "foi aprovado crédito adequadamente?" ou "o pedido do cliente foi enviado antes de ser cobrado?" ou "as despesas alegadas pelo diretor-presidente eram compatíveis com as políticas da empresa?".

> **QUESTÃO PRÁTICA**
>
> As falhas de controle não levam automaticamente a informações incorretas em saldos de contas. O auditor deve levar em conta o provável efeito da falha de controle sobre a incorreção de uma conta e a probabilidade de que falhas numerosas poderiam causar a ocorrência de informações materiais incorretas.

> **QUESTÃO PRÁTICA**
>
> Apenas porque uma falha de controles não levou a uma informação material ou transação incorreta não significa que a falha é pouco importante. Ao contrário, o auditor deve considerar o potencial de incorreção; por exemplo, o gerente de marketing que tenha ignorado a autoridade do gerente de crédito cria uma oportunidade para fraudes.

O auditor pode utilizar *software* de auditoria para analisar um arquivo e gerar uma listagem de todos os clientes que tenham saldos superiores aos seus limites de crédito.

QUESTÃO PRÁTICA

Considere uma situação na qual o auditor identifica o seguinte controle como sendo importante: uma política que impede o pagamento da fatura de um fornecedor até que seja conferida com o pedido de compra e o registro de recebimento. Para determinar se o controle está funcionando, o auditor seleciona uma amostra de transações de desembolso e examina evidência, para essa amostra, de que o pessoal de contas a pagar verificou a concordância entre os três documentos antes de submeter uma solicitação de pagamento.

Ao determinar o tamanho de uma amostra, o auditor considera (a) a taxa de falha de controle mais provável e (b) a possibilidade de que supere algum máximo que poderia consistir em uma deficiência significativa. As etapas da implantação de um plano de amostragem para a estimação de atributos são as seguintes:

1. Definir os atributos de interesse e o que é uma falha.
2. Definir a população em termos do período a ser coberto pelo teste, a unidade amostral e o processo usado para assegurar a completude da população.
3. Determinar o tamanho da amostra, considerando as taxas de falha tolerável e esperada, juntamente com um risco de amostragem aceitável.
4. Determinar um método eficaz e eficiente de seleção da amostra.
5. Selecionar e auditar os itens amostrais.
6. Avaliar os resultados amostrais e chegar a uma conclusão em termos dos objetivos de auditoria.
7. Documentar todas as fases do processo de planejamento.

Etapa 1 – Definir os atributos de interesse e as falhas: vários atributos poderiam ser examinados, mas o auditor testa somente os controles importantes. As falhas de procedimentos de controle devem ser definidas com precisão para garantir que a equipe de auditoria entenda claramente o que procurar, reduzindo assim o risco de não amostragem.

Etapa 2 – Definir a população: ao se definir a população e selecionar procedimentos de amostragem, os seguintes fatores precisam ser considerados:

- O período a ser coberto pelo teste: por exemplo, o ano, ao se avaliarem os controles.
- A unidade amostral: um item que indicaria o funcionamento de um controle, por exemplo.
- A completude da população.

Período coberto pelos testes – O período testado depende do objetivo de auditoria. Na maioria dos casos, o período é o exercício coberto pelas demonstrações financeiras auditadas. Em termos práticos, os testes de controles são geralmente feitos antes da data de fechamento do balanço e podem cobrir os dez ou onze primeiros meses do ano. Se se chegar à conclusão de que os procedimentos de controle são eficazes, o auditor deve tomar providências adicionais para garantir que assim continuem durante o restante do ano. As providências adicionais podem incluir a realização de entrevistas, mais testes de controles, ou a coleta de evidência de eficácia a partir de testes substantivos realizados na auditoria posteriormente.

Em algumas situações, o objetivo de auditoria e o período podem ser mais limitados. Se a finalidade de auditoria for determinar que o processo de aprovação de crédito é adequado, por exemplo, o auditor poderia concentrar a sua atenção em aprovações de crédito no período durante o qual as contas a receber não pagas foram faturadas. O auditor normalmente não se preocupa com a aprovação de crédito de vendas que já foram pagas até a data de encerramento do balanço.

Unidade amostral – A unidade amostral é o item identificado na população como base para fins de teste. Poderia ser um documento, uma assinatura autorizada, um registro no sistema computadorizado ou uma linha em um documento. Uma empresa pode exigir aprovação superior por meio de rubricas para autorizar o pagamento de várias faturas. A unidade amostral seria o documento autorizando as faturas. Outra empresa pode exigir autorização por escrito para cada fatura; a unidade amostral seria representada por faturas individuais processadas para fins de pagamento.

Completude da população – O auditor deve tomar providências para aumentar a probabilidade de que a população utilizada em amostragem é uma representação completa da população total de interesse. O profissional normalmente executa alguns procedimentos, como a totalização do arquivo e a conciliação do saldo com o razão geral ou examina se os documentos pré-numerados estão completos, visando a garantir que a população esteja completa e seja compatível com o objetivo de auditoria.

Etapa 3 – Determinar o tamanho da amostra: uma amostra de tamanho ótimo minimizará o risco de amostragem e contribuirá para uma auditoria eficiente. Os seguintes julgamentos afetam a determinação do tamanho da amostra: (1) risco de amostragem, (2) taxa tolerável (significativa) de falha e (3) taxa esperada de falha. Para a maioria das finalidades, o tamanho da população não é um fator importante. A tabela na **Ilustração 8.4** fornece tamanhos de amostras para diversas combinações desses fatores e para os níveis de 5% e 10% de risco de amostragem.

A auditoria integrada deve começar com uma avaliação da taxa de falha que levaria à conclusão de que a falha de controle seria uma deficiência significativa ou material. Por exemplo, digamos que um controle-chave seja uma política de que todas as ordens de compra precisem ser aprovadas pelo gerente de compras. O auditor deve considerar o risco para as demonstrações financeiras de que este controle não esteja funcionando corretamente. Por exemplo, se os pedidos de compra não são aprovados pelo gerente de compras, então eles podem ser emitidos por um funcionário de apoio ou alguém na fábrica, que encomenda os produtos, mas faz que eles sejam entregues em outro local. Se esse for o caso, o auditor deverá considerar (a) o risco de fraude, (b) o efeito sobre o custo dos produtos vendidos e o estoque para determinar que valor será considerado material. Se, digamos, 5% dos pedidos possuíam este atributo incorreto, o auditor poderia concluir que o valor é material, e poderá querer que a taxa tolerável de falha não seja superior a 5%.

A determinação do tamanho da amostra usando as tabelas é bastante simples. O auditor:

1. Seleciona o risco de amostragem permissível (5% ou 10%), com base em fatores tais como o risco de auditoria e se o auditor fará um relatório separado sobre o controle interno.
2. Determina a taxa tolerável de erro examinando a relação entre taxa de falha de controles e informação material incorreta.
3. Utiliza o conhecimento anterior para lançar a taxa esperada de falha de controles. Isto é importante porque permite a inclusão de um ajuste bloqueando a rejeição de controles quando apenas um erro é encontrado.
4. Determina o tamanho da amostra localizando a intersecção da taxa esperada de falha com a taxa tolerável de falha na tabela apropriada.

Trabalhando do tamanho da amostra para trás – Não é raro ver as empresas de contabilidade externa testando controles com amostras de 30 ou talvez 40 elementos como prática usual. Se fizer tais escolhas, o auditor poderá determinar as premissas utilizadas para adotar tal padrão, fazendo o percurso de volta das tabelas, como é ilustrado nos exemplos a seguir. Embora os profissionais não façam isso regularmente, incluímos estes exemplos para dar

Ilustração 8.4: Tabelas de tamanhos de amostras para atributos

TABELA 1: RISCO DE AMOSTRAGEM DE 5%
(CUIDADO DE CONSIDERAR O RISCO DE CONTROLE DEMASIADAMENTE BAIXO)

Taxa esperada de desvio em relação à população	Taxa tolerável										
	2%	3%	4%	5%	6%	7%	8%	9%	10%	15%	20%
0,00%	149(0)	99(0)	74(0)	59(0)	49(0)	42(0)	36(0)	32(0)	29(0)	19(0)	14(0)
0,25	236(1)	157(1)	117(1)	93(1)	78(1)	66(1)	58(1)	51(1)	46(1)	30(1)	22(1)
0,50	*	157(1)	117(1)	93(1)	78(1)	66(1)	58(1)	51(1)	46(1)	30(1)	22(1)
0,75	*	208(2)	117(1)	93(1)	78(1)	66(1)	58(1)	51(1)	46(1)	30(1)	22(1)
1,00	*	*	156(2)	93(1)	78(1)	66(1)	58(1)	51(1)	46(1)	30(1)	22(1)
1,25	*	*	156(2)	124(2)	78(1)	66(1)	58(1)	51(1)	46(1)	30(1)	22(1)
1,50	*	*	192(3)	124(2)	103(2)	66(1)	58(1)	51(1)	46(1)	30(1)	22(1)
1,75	*	*	227(4)	153(3)	103(2)	88(2)	77(2)	51(1)	46(1)	30(1)	22(1)
2,00	*	*	*	181(4)	127(3)	88(2)	77(2)	68(2)	46(1)	30(1)	22(1)
2,25	*	*	*	208(5)	127(3)	88(2)	77(2)	68(2)	61(2)	30(1)	22(1)
2,50	*	*	*	*	150(4)	109(3)	77(2)	68(2)	61(2)	30(1)	22(1)
2,75	*	*	*	*	173(5)	109(3)	95(3)	68(2)	61(2)	30(1)	22(1)
3,00	*	*	*	*	195(6)	129(4)	95(3)	84(3)	61(2)	30(1)	22(1)
3,25	*	*	*	*	*	148(5)	112(4)	84(3)	61(2)	30(1)	22(1)
3,50	*	*	*	*	*	167(7)	112(5)	84(4)	76(3)	40(2)	22(1)
3,75	*	*	*	*	*	185(7)	129(5)	100(4)	76(3)	40(2)	22(1)
4,00	*	*	*	*	*	*	146(6)	100(4)	89(4)	40(2)	22(1)
5,00	*	*	*	*	*	*	*	158(8)	116(6)	40(2)	30(2)
6,00	*	*	*	*	*	*	*	*	179(11)	50(3)	30(2)
7,00	*	*	*	*	*	*	*	*	*	68(5)	37(3)

TABELA 2: RISCO DE AMOSTRAGEM DE 10%
(CUIDADO DE CONSIDERAR O RISCO DE CONTROLE DEMASIADAMENTE BAIXO)

Taxa esperada de desvio em relação à população	2%	3%	4%	5%	6%	7%	8%	9%	10%	15%	20%
0,00%	114(0)	76(0)	57(0)	45(0)	38(0)	32(0)	28(0)	25(0)	22(0)	15(0)	11(0)
0,25	194(1)	129(1)	96(1)	77(1)	64(1)	55(1)	48(1)	42(1)	38(1)	25(1)	18(1)
0,50	194(1)	129(1)	96(1)	77(1)	64(1)	55(1)	48(1)	42(1)	38(1)	25(1)	18(1)
0,75	265(2)	129(1)	96(1)	77(1)	64(1)	55(1)	48(1)	42(1)	38(1)	25(1)	18(1)
1,00	*	176(2)	96(1)	77(1)	64(1)	55(1)	48(1)	42(1)	38(1)	25(1)	18(1)
1,25	*	221(3)	132(2)	77(1)	64(1)	55(1)	48(1)	42(1)	38(1)	25(1)	18(1)
1,50	*	*	132(2)	105(2)	64(1)	55(1)	48(1)	42(1)	38(1)	25(1)	18(1)
1,75	*	*	166(3)	105(2)	88(2)	55(1)	48(1)	42(1)	38(1)	25(1)	18(1)
2,00	*	*	198(4)	132(3)	88(2)	75(2)	48(2)	42(1)	38(1)	25(1)	18(1)
2,25	*	*	*	132(3)	88(2)	75(2)	65(2)	42(1)	38(1)	25(1)	18(1)
2,50	*	*	*	158(4)	110(3)	75(2)	65(2)	58(2)	38(1)	25(1)	18(1)
2,75	*	*	*	209(6)	132(4)	94(3)	65(2)	58(2)	52(2)	25(1)	18(1)
3,00	*	*	*	*	132(4)	94(3)	65(2)	58(2)	52(2)	25(1)	18(1)
3,25	*	*	*	*	153(5)	113(4)	82(3)	58(2)	52(2)	25(1)	18(1)
3,50	*	*	*	*	194(7)	113(4)	82(3)	73(3)	52(2)	25(1)	18(1)
3,75	*	*	*	*	*	131(5)	98(4)	73(3)	52(2)	25(1)	18(1)
4,00	*	*	*	*	*	149(6)	98(4)	73(3)	65(3)	25(1)	18(1)
5,00	*	*	*	*	*	*	160(8)	115(6)	78(4)	34(2)	18(1)
6,00	*	*	*	*	*	*	*	182(11)	116(70)	43(3)	25(2)
7,00	*	*	*	*	*	*	*	*	199(14)	52(4)	25(2)

Nota: o número esperado de incorreções é apresentado entre parênteses. Estas tabelas pressupõem uma população grande.

* = tamanho da amostra é demasiadamente grande para compensar os custos na maioria das aplicações de auditoria.

Fonte: *AuditSampling*, Nova York, AICPA, p. 96-97, 1999. Reproduzidas com permissão do AICPA; direitos de reprodução © 1994 e 1999 do *American Institute of Certified Public Accountants*.

AUDITORIA NA PRÁTICA

Ilustração da determinação do tamanho da amostra para a estimação de atributos

Exemplo 1 (controle importante, auditoria integrada): o auditor fixa o risco de amostragem em 5% (o que indica que o profissional está disposto a aceitar uma chance de 5% de que inferências baseadas na amostra serão incorretas), fixa a taxa tolerável de erro em 5% e prevê que a taxa esperada de erro será de 1%. O auditor examina a parte superior da **Ilustração 8.4** e verifica que o tamanho da amostra deve ser igual a 93.

Exemplo 2 (controle não essencial, auditoria não integrada, nenhum relatório separado de controle interno): o auditor fixa o risco de amostragem em 10% (o que significa que está disposto a aceitar mais risco do que no exemplo 1), fixa a taxa tolerável de erro em 10% e estima uma taxa esperada de erro de 1%. O profissional utiliza a metade inferior da tabela da **Ilustração 8.4** e verifica que o tamanho da amostra deve ser igual a 38.

Note-se ainda que, entre parênteses após cada tamanho de amostra, está o número de erros que o auditor pode encontrar sem concluir que o controle não está funcionando corretamente (1 em uma amostra de 93, para o controle crítico, e 1 em uma amostra de 38, no caso de controle menos crítico).

Uma vez que você tenha se familiarizado com a tabela, ela pode ser usada para analisar outras situações. O primeiro item a seguir permite ao auditor avaliar os riscos associados a uma amostra cujo tamanho tenha sido predeterminado.

---

uma ideia das suposições que devem ser feitas por uma empresa de auditoria para justificar uma amostra desse tamanho. A finalidade de ambos os exemplos é indicar que amostras de apenas 30 ou 40 elementos exigem que o auditor tolere uma taxa bastante alta de erro, uma opção que acaba levando a risco mais alto de auditoria para a empresa. Os seguintes exemplos ajudam a explicar as suposições necessárias para justificar uma amostra de tamanho igual a 30.

Trabalhando de volta de um tamanho predeterminado de amostra:

Exemplo 1: consideremos um exemplo da **tabela 1** na **Ilustração 8.4**, com risco de amostragem de 5%. O auditor só pode conseguir uma amostra de 29 supondo uma taxa tolerável de erro de 10% e uma taxa esperada de erro igual a zero. Qualquer erro encontrado na amostra levaria o auditor a (a) concluir que o controle não está funcionando adequadamente ou (b) ampliar a amostra para obter uma estimativa mais precisa. O profissional poderia conseguir resultados semelhantes usando uma taxa tolerável de erro de 15%, permitindo que a taxa esperada de erro aumentasse. Entretanto, é difícil justificar um erro tolerável de 15% em um controle crítico!

Exemplo 2: consideremos um exemplo da **tabela 2** na **Ilustração 8.4**, com risco de amostragem de 10%. O auditor pode conseguir uma amostra de 28 supondo uma taxa tolerável de 8% e uma taxa esperada de erro igual a zero. Outras combinações funcionam de maneira semelhante, elevando-se a taxa esperada de erro para 15%, permitindo que a taxa esperada de erro suba para 4%.

Um fator importante a considerar na tomada de decisões de amostragem diz respeito à realização de uma auditoria integrada. Com muita frequência, uma empresa usará um risco de amostragem de 5% em auditorias integradas (em decorrência de um risco de auditoria de 5%) e, depois, analisará a lógica da importância do controle. Além disso, o auditor pode ter alguma noção da eficácia operacional do controle, com base (a) em experiência passada e no conhecimento de que não houve mudanças nos controles, ou (b) em outros testes pela própria empresa, por exemplo, pelo departamento de auditoria interna. Em casos como

> **QUESTÃO PRÁTICA**
>
> Tendemos a tratar o teste de controles internos como se não possuíssemos conhecimento dos controles em anos anteriores ou agindo como se os sistemas tivessem mudado. Entretanto, em muitos casos, os auditores possuem tal conhecimento e os sistemas não se alteram radicalmente. Os profissionais geralmente consideram a acumulação de conhecimento ao fazer suposições sobre tamanhos de amostras.

esses, o teste de controles realizado pelo auditor pode ser complementar ao conhecimento já existente sobre os controles internos e destina-se a corroborar esse conhecimento. Nessa situação, o profissional pode, justificadamente, usar as suposições que acabamos de expor e que levam a amostras de 30 ou 40 elementos.

Atributos múltiplos – Os auditores frequentemente testam diversos procedimentos de controle ou atributos usando o mesmo conjunto de documentos básicos. Ao fazer isso, deve empregar o mesmo risco de amostragem em todos os testes. Entretanto, a taxa tolerável e a esperada de falha para esses atributos tendem a ser distintas, resultando em amostras de tamanhos diferentes. Por exemplo, o auditor pode querer testar se as transações de venda são corretamente classificadas, se foram contabilizadas precisamente e se houve análise e aprovação apropriada de crédito usando taxas toleráveis de falha de 5%, 3% e 3%, e taxas esperadas de falha de 2%, 1% e 0%, respectivamente. Se o profissional fixar o risco de amostragem em 10%, os tamanhos das amostras variarão de um máximo de 176, para classificação apropriada, a um mínimo de 76, para contabilização correta:

Atributo	Taxa tolerável de falha	Taxa esperada de falha	Tamanho da amostra
1. Evidência de análise independente da distribuição de contas (classificação)	5%	2%	132
2. Evidência de comparação de descrição, quantidade e preço entre o pedido do cliente e a fatura de venda (precisão)	3%	1%	176
3. Evidência de análise e aprovação apropriada de crédito (avaliação)	3%	0%	76

Há três enfoques razoáveis de seleção dos itens para esses testes:

1. O auditor poderia selecionar 176 transações de venda (o tamanho máximo da amostra) e auditar todas em termos do atributo 2, três de cada quatro para o atributo 1 e uma sim e outra não para o atributo 3. Este processo, contudo, é muito trabalhoso.
2. O auditoria poderia examinar os 76 primeiros documentos selecionados ao acaso para todos os três atributos e documentos, fazer uma amostragem com os itens de 77 a 132, em termos dos atributos 1 e 2, e com os restantes apenas em termos do atributo 2. Este processo também é muito trabalhoso.
3. Comumente, o enfoque mais eficiente é testar os 176 itens para todos os três atributos. Os atributos 1 e 3 serão, em certo sentido, "superauditados", mas essa superauditoria poderá consumir menos tempo que o controle de quais itens amostrais devem ser testados em que atributo. O teste dos atributos 1 e 3 não usa muito tempo, pois o auditor selecionou os documentos na amostra. A avaliação do controle pelo auditor baseia-se nos 176 itens analisados e aumenta a eficácia da mensuração do risco de controle.

Etapa 4 – Determinar o método de seleção da amostra: uma vez determinado o tamanho da amostra, o auditor deve decidir como escolher uma amostra representativa. Métodos de escolha de números ao acaso ajudam a garantir que cada item da população tenha a mesma chance de ser incluído na amostra. A amostragem estatística exige a seleção com base em números ao acaso, pois elimina a possibilidade de viés intencional no processo de seleção e maximiza

> **QUESTÃO PRÁTICA**
> Amostras maiores geralmente resultarão em estimativas melhores da população do que amostras menores, mas será mais demorado escolher e avaliar a evidência de auditoria, o que resultará em custo mais elevado de auditoria.

a possibilidade de que a amostra seja representativa. No caso da amostragem não estatística, o auditor pode utilizar o seu julgamento para selecionar uma amostra que seja representativa. Um fluxograma para a escolha entre diversos métodos de seleção é exposto na **Ilustração 8.5**.

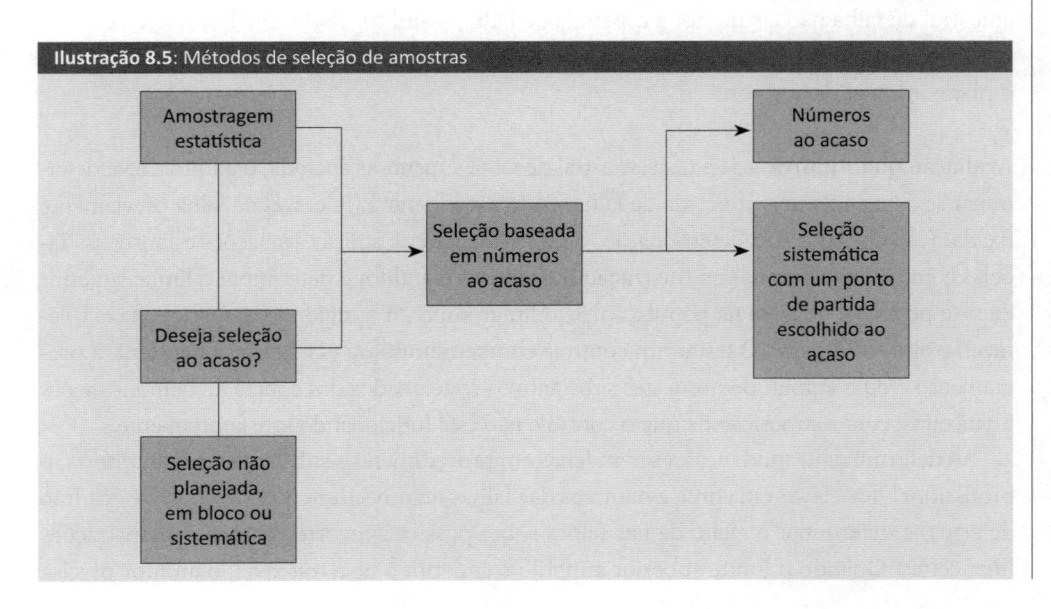

> **QUESTÃO PRÁTICA**
> Amostras selecionadas ao acaso tendem mais a serem representativas da população do que uma seleção não aleatória, que comumente é suscetível de viés não proposital.

Números ao acaso – A seleção com base em números ao acaso é um método eficiente de seleção de amostras quando há uma maneira fácil de relacionar os números escolhidos ao acaso à população. Por exemplo, uma seleção ao acaso de faturas de venda poderia basear-se nos números das faturas. A maioria das empresas de contabilidade externa e dos departamentos de auditoria interna possui programas de computação que geram e ordenam números ao acaso e fornecem a listagem necessária para documentar o processo de seleção com base em números ao acaso.

Seleção sistemática – Vários métodos de seleção sistemática preenchem os requisitos de aleatoriedade e aumentam a eficiência da auditoria quando os documentos não são numerados de acordo com algum padrão. Para usar a seleção sistemática, o auditor deve (a) determinar que a população é completa e (b) certificar-se de que não apresenta um padrão sistemático.

A seleção sistemática envolve a determinação de um intervalo (n) e da escolha de cada enésimo item a ser testado. O intervalo de amostragem é determinado dividindo-se o tamanho da população pelo dimensão desejada da amostra. Um número ao acaso de partida entre 1 e n é escolhido para identificar o primeiro item amostral. Em consequência, cada item da população tem a mesma chance de ser testado. As transações de folha de pagamento em um diário de folha de pagamento, por exemplo, podem ser numeradas de acordo com o número de ordem do funcionário. Estes números não estão em sequência por causa da rotação do pessoal. Há 1.300 transações de folha de pagamento, e o auditor determinou uma amostra de 26. Cada quinquagésima transação (1.300/26 = 50) deve ser selecionada para fins de teste. Para randomizar o processo de seleção, um número ao acaso entre 1 e 50 deve ser utilizado para identificar o primeiro item amostral. Isto poderia ser feito, por exemplo, com o uso dos dois últimos algarismos do número de série de uma nota de um dólar. Se esses algarismos fossem 8 e 7, subtrai-se 50, deixando 37 como o primeiro item amostral. Cada quinquagésima transação, a partir daí, seria incluída na amostra.

A validade de uma amostra sistemática apoia-se na hipótese de que os itens incluídos distribuem-se aleatoriamente na população. O auditor deve ter noção da natureza da popu-

Ilustração 8.5: Métodos de seleção de amostras

O auditor pode utilizar *software* de auditoria para selecionar uma amostra ao acaso ou sistemática.

> **QUESTÃO PRÁTICA**
>
> A amostragem em blocos, na qual se tem um bloco de todas as transações que ocorreram em um período, tanto antes quanto depois do encerramento do exercício, é muito útil na realização de testes de corte no final do ano.

> **QUESTÃO PRÁTICA**
>
> O auditor deve considerar se as razões para a ausência de itens têm implicações para a mensuração de riscos de informação material incorreta devido à fraude, para o nível medido de risco de controle, ou para o grau com o qual se pode confiar no que é apresentado pela administração.

> **QUESTÃO PRÁTICA**
>
> Amostras selecionadas estatisticamente devem ser avaliadas com tabelas de avaliação estatística ou *software* de auditoria. Amostras selecionadas com base em julgamento podem ser avaliadas com o julgamento do auditor.

lação para certificar-se de que não há padrão de repetição ou coincidência que faria que a amostra deixasse de ser representativa. Muitos auditores tentam aumentar as chances de que as amostras selecionadas sistematicamente sejam representativas da população empregando pontos múltiplos de partida escolhidos ao acaso.

Seleção não planejada – A seleção não planejada envolve a escolha casual de itens amostrais com viés indefinido, mas sem o uso de uma base aleatória. É frequentemente empregada em aplicações de amostragem não estatística. Como não se baseia na escolha de números ao acaso, uma amostra como essa não pode ser avaliada estatisticamente.

Amostragem em blocos – Os auditores podem querer selecionar transações por dia ou semana. Há muitas formas de eficiência que podem ser conseguidas com tal enfoque, mas há o perigo de que o modo pelo qual as transações foram processadas nesses dias ou semanas não seja indicativo de como foram processadas nos outros 364 dias ou nas outras 51 semanas. Esta decisão baseada em julgamento está sujeita à crítica de que uma amostra desse tipo não seja representativa.

Etapa 5 – Selecionar e auditar os itens amostrais: quando seleciona a amostra, o auditor deve decidir como tratar documentos não aplicáveis, anulados ou não utilizados. Um exemplo de um documento não aplicável seria uma conta telefônica quando estamos testando um erro definido como "transações de desembolsos de caixa não apoiados por um relatório de recebimento". Se o documento não aplicável não representar um procedimento determinado de controle, ele deverá ser substituído por outro item escolhido ao acaso.

Quando um item selecionado não pode ser localizado, o auditor deve imaginar o pior – que o procedimento de controle não foi obedecido – e avaliá-lo como sendo uma falha. Se muitos problemas deste tipo forem encontrados antes de completar a auditoria de uma amostra, o profissional deverá concluir que não se pode confiar no procedimento de controle testado. Em tal situação, o auditor deve encerrar o teste para evitar o gasto de mais tempo e discuti-lo com a administração e com o comitê de auditoria.

Etapa 6 – Avaliar os resultados amostrais: a avaliação dos resultados amostrais exige que o auditor os projete à população antes de chegar a uma conclusão de auditoria. Se a taxa amostral de falha não é superior à esperada de falha, o auditor pode concluir que o controle é pelo menos tão eficaz quanto se esperava e pode avaliar o risco de controle de acordo com o plano original de auditoria.

Avaliação quantitativa – Se a taxa amostral de falha superar a esperada, o auditor deve determinar se a taxa máxima projetada de falha tenderá a superar a tolerável de falha previamente fixada. Para chegar a essa determinação, o profissional deve utilizar avaliações estatísticas. Tabelas como as apresentadas na **Ilustração 8.6** ajudam o auditor a determinar o limite superior da taxa potencial de falha na população. Se o limite superior atingido for superior à taxa tolerável, o auditor deverá (1) testar um controle compensatório ou (2) ajustar a natureza, a programação e/ou a amplitude dos testes substantivos relacionados das contas de demonstrações financeiras, com a suposição de que o controle não está funcionando satisfatoriamente.

Ao determinar as mudanças a serem feitas em procedimentos substantivos de auditoria, o profissional deve levar em conta a natureza das falhas de procedimentos de controle (padrão de erros) e determinar o efeito de tais falhas sobre possíveis incorreções nas demonstrações financeiras. Quando o limite superior atingido é superior à taxa tolerável, o auditor precisa

Ilustração 8.6: Tabelas de avaliação amostral na estimação de atributos

TABELA 1: RISCO DE AMOSTRAGEM DE 5%

Tamanho da amostra	Número efetivo de desvios encontrados em relação ao procedimento de controle										
	0	1	2	3	4	5	6	7	8	9	10
25	11,3	17,6	*	*	*	*	*	*	*	*	*
30	9,5	14,9	19,6	*	*	*	*	*	*	*	*
35	8,3	12,9	17,0	*	*	*	*	*	*	*	*
40	7,3	11,4	15,0	18,3	*	*	*	*	*	*	*
45	6,5	10,2	13,4	16,4	19,2	*	*	*	*	*	*
50	5,9	9,2	12,1	14,8	17,4	19,9	*	*	*	*	*
55	5,4	8,4	11,1	13,5	15,9	18,2	*	*	*	*	*
60	4,9	7,7	10,2	12,5	14,7	16,8	18,8	*	*	*	*
65	4,6	7,1	9,4	11,5	13,6	15,5	17,4	19,3	*	*	*
70	4,2	6,6	8,8	10,8	12,6	14,5	16,3	18,0	19,7	*	*
75	4,0	6,2	8,2	10,1	11,8	13,6	15,2	16,9	18,5	20,0	*
80	3,7	5,8	7,7	9,5	11,1	12,7	14,3	15,9	17,4	18,9	*
90	3,3	5,2	6,9	8,4	9,9	11,4	12,8	14,2	15,5	16,8	18,2
100	3,0	4,7	6,2	7,6	9,0	10,3	11,5	12,8	14,0	15,2	16,4
120	2,5	3,9	5,2	6,4	7,5	8,6	9,7	10,7	11,7	12,8	13,8
140	2,2	3,4	4,5	5,5	6,5	7,4	8,3	9,2	10,1	11,0	11,9
160	1,9	3,0	3,9	4,8	5,7	6,5	7,3	8,1	8,9	9,7	10,4
200	1,5	2,4	3,2	3,9	4,6	5,2	5,9	6,5	7,1	7,8	8,4

TABELA 2: RISCO DE AMOSTRAGEM DE 10%

Tamanho da amostra	0	1	2	3	4	5	6	7	8	9	10
25	8,8	14,7	19,9	*	*	*	*	*	*	*	*
30	7,4	12,4	16,8	*	*	*	*	*	*	*	*
35	6,4	10,7	14,5	18,1	*	*	*	*	*	*	*
40	5,6	9,4	12,8	16,0	19,0	*	*	*	*	*	*
45	5,0	8,4	11,4	14,3	17,0	19,7	*	*	*	*	*
50	4,6	7,6	10,3	12,9	15,4	17,8	*	*	*	*	*
55	4,1	6,9	9,4	11,8	14,1	16,3	18,4	*	*	*	*
60	3,8	6,4	8,7	10,8	12,9	15,0	16,9	18,9	*	*	*
70	3,3	5,5	7,5	9,3	11,1	12,9	14,6	16,3	17,9	19,6	*
80	2,9	4,8	6,6	8,2	9,8	11,3	12,8	14,3	15,8	17,2	18,6
90	2,6	4,3	5,9	7,3	8,7	10,1	11,5	12,8	14,1	15,4	16,6
100	2,3	3,9	5,3	6,6	7,9	9,1	10,3	11,5	12,7	13,9	15,0
120	2,0	3,3	4,4	5,5	6,6	7,6	8,7	9,7	10,7	11,6	12,6
140	1,7	2,8	3,8	4,8	5,7	6,6	7,4	8,3	9,2	10,0	10,8
160	1,5	2,5	3,3	4,2	5,0	5,8	6,5	7,3	8,0	8,8	9,5
200	1,2	2,0	2,7	3,4	4,0	4,6	5,3	5,9	6,5	7,1	7,6

Nota: estas tabelas apresentam limites superiores como porcentagens, supondo uma população grande.
*Mais de 20%.

Fonte: *AuditSampling*, Nova York, AICPA, 98-99, 1999. Reproduzidas com autorização do AICPA; direitos de reprodução © 1994 e 1999 do *American Institute of Certified*

decidir se a falha de controle, em conjunto com outras, leva a uma conclusão de que há deficiências significativas ou materiais no controle interno da divulgação financeira.

Avaliações amostrais – um exemplo – Para ilustrar o uso das tabelas, suponhamos que o auditor tenha testado os controles destinados a fazer que as vendas não tenham sido faturadas antes de serem feitos os embarques de produtos, usando um risco de amostragem de 5%, uma taxa tolerável de falha de 6% e uma taxa esperada de falha de 1%. Recordemos que esses julgamentos significam que:

- Um risco de amostragem de 5% quer dizer que o auditor deseja limitar a 5% o risco de que a taxa efetiva de falha na população não supere a taxa tolerável de falha de 6%. Isto equivale a usar um nível de confiança de 95%.
- O nível máximo aceitável de falhas de controle é de 6%; se houver uma probabilidade superior a 5% de que a taxa efetiva de erro é superior a 6%, o auditor deverá concluir que o controle não está funcionando em nível aceitável.
- O auditor não espera muitos erros; o profissional espera que o controle não esteja funcionando eficazmente apenas 1% do tempo; esta expectativa é baseada em experiência passada com o controle e nas práticas cuidadosas de monitoramento pelo cliente.

Uma amostra de 80 elementos foi selecionada em uma população de 100.000 transações de venda. Com base na **Ilustração 8.5**, o auditor sabe que, se uma ou menos falhas de controle forem encontradas, então, o controle poderá ser considerado eficaz.

Suponhamos agora que três falhas de controle tenham sido encontradas (uma taxa de falha de controle de 3,75%). O auditor poderia concluir que 3,75% é menos que 6% e, portanto, que o controle está funcionando eficazmente. Recorde-se que a decisão do profissional envolve verificar se há um risco superior a 5% (nível de confiança de 95%) de que a taxa de falha de controle poderia estar acima de 6%. Para fazer esta avaliação, o auditor recorre à **Ilustração 8.6** (**tabela 1**), desce ao longo da primeira coluna até chegar a uma amostra de tamanho igual a 80, e desloca-se à direita até a coluna de 3 falhas, encontrando um valor de 9,5. O que significa este número? Significa que há uma chance de 5% de que a taxa efetiva de erro supere 9,5%. O auditor havia fixado um limite superior de 6%, e estes 9,5% claramente superam esse limite. O teste do controle não sustenta uma conclusão de que o controle esteja funcionando eficazmente. O auditor deve considerar o risco de controle como sendo mais alto do que o originalmente fixado e, além disso, deve fazer uma avaliação qualitativa dos desvios detectados.

Avaliação qualitativa – Quando são encontradas falhas de controle, elas devem ser analisadas qualitativamente, além de quantitativamente. O auditor deve procurar determinar se as falhas (1) foram intencionais ou não, (2) foram aleatórias ou sistemáticas, (3) exerceram um efeito monetário direto sobre o saldo da conta, ou (4) foram de tal magnitude que um valor monetário material de erros poderia ocorrer e não ser detectado.

O auditor ficará muito mais preocupado se as falhas de controle parecem ser intencionais, o que poderia ser um indício de fraude. Se as falhas forem sistemáticas, o auditor deverá usar de cautela para decidir isolar o problema e reduzir os testes substantivos. Por exemplo, se todas as falhas estão relacionadas a erros de precificação – e todas estão ligadas a um funcionário específico da área de vendas –, o profissional poderá expandir os testes de auditoria para rever todas as transações associadas a esse funcionário. Mas o auditor não deve reduzir os testes substantivos em outras áreas só porque os erros identificados parecem estar ligados àquele único funcionário isolado de vendas. A evidência amostral pode estar sinalizando que há outras falhas "isoladas" que não apareceram na amostra.

Com frequência, uma falha em um controle não leva diretamente a incorreções monetárias nos registros contábeis. A falta de aprovação apropriada de pagamento da fatura de um fornecedor, por exemplo, não significa necessariamente que a fatura foi paga. Embora possa parecer ser uma fatura apropriada, ela também poderia ter sido uma fatura fictícia.

Ligação com testes substantivos – Além de servirem de base para um relatório sobre controles internos, os testes são usados para determinar se a natureza, a programação ou a amplitude dos testes substantivos planejados precisam ser modificadas. Por exemplo, se os

---

QUESTÃO PRÁTICA

Se o limite superior de erros na tabela apropriada for maior à taxa tolerável de erro originalmente fixada pelo auditor, então o trabalho do profissional não sustenta a avaliação original dos controles e o risco deve ser aumentado. O restante da auditoria precisará ser ajustado em função disso.

testes de controles indicarem que o cliente não é cuidadoso ao assegurar que o envio de mercadorias tenha ocorrido antes de faturar e registrar uma venda, o auditor poderá ser obrigado a aumentar o teste de corte de vendas e/ou concentrar sua atenção nas vendas registradas pouco antes da data do balanço. Se as aprovações de crédito não estiverem funcionando corretamente, o profissional precisará tomar mais tempo para determinar se a provisão para devedores duvidosos é razoável. Testes adicionais de recebimentos subsequentes e seguimento de saldos antigos e não recebidos podem ser exigidos. Além disso, se os controles não estiverem funcionando eficazmente, o auditor tenderá a optar por confiar menos em procedimentos analíticos substantivos e mais em testes de detalhes das contas relacionadas às falhas de controle identificadas.

> **QUESTÃO PRÁTICA**
> As falhas de controle devem ser analisadas qualitativamente para determinar se são aleatórias, representam eventos acidentais ou são evidência de fraude em potencial.

Etapa 7 – Documentação: todas as etapas anteriores e as decisões correspondentes a respeito do processo de amostragem devem ser documentadas para permitir supervisão apropriada e dar apoio adequado às conclusões obtidas.

Amostragem não estatística

Se o auditor optar por usar procedimentos de amostragem não estatística para testar a eficácia de controles, os fatores de planejamento geralmente não serão quantificados. Ao contrário, o profissional lidará com taxas de falha significativas, toleráveis e esperadas com base nos conceitos globais de nenhuma, poucas e muitas. O risco de amostragem geralmente é fixado em nível baixo, moderado ou alto. Note-se, porém, que, se a amostragem é feita como parte de uma auditoria de controles internos, a presunção é a de que o risco de amostragem seja baixo. O efeito desses fatores sobre o tamanho da amostra é o seguinte, supondo que todos os fatores sejam considerados na determinação do tamanho global:

Fator	Condição levando a	
	Amostra menor	Amostra maior
Taxa tolerável de falha	Alta	Baixa
Taxa esperada de falha	Baixa	Alta
Risco de amostragem	Alto	Baixo
Tamanho da população	Pequena	Grande

> **QUESTÃO PRÁTICA**
> Muitas empresas de contabilidade utilizam um tamanho definido de amostra, como 30 ou 40, para selecionar itens amostrais ao acaso. Entretanto, se for encontrada uma falha de controle, o auditor concluirá que o controle não está funcionando eficazmente em um nível que lhe permitiria concluir que não há uma deficiência significativa.

Mesmo fazendo tais julgamentos subjetivos, o auditor não pode avaliar quantitativamente o risco de fazer uma inferência incorreta com base nos resultados amostrais. Por este motivo, muitos profissionais que empregam a amostragem não estatística devem rever os fatores e selecionar uma amostra de tamanho compatível com base em critérios estatísticos.

Amostragem para testar informações incorretas em saldos de contas

Considerações substantivas de amostragem

Um auditor opta por fazer testes diretos de muitos saldos de contas para coletar evidência suficiente com uma análise direta da composição dos saldos de contas. As etapas básicas na amostragem para testes substantivos de saldos de contas são as mesmas, quer se use amostragem não estatística, quer estatística:

1. Especificar o objetivo de auditoria do teste.
2. Definir o que é uma informação incorreta.
3. Definir a população da qual a amostra será extraída.
4. Escolher um método apropriado de amostragem.
5. Determinar o tamanho da amostra.
6. Selecionar a amostra.
7. Auditar os itens selecionados.
8. Avaliar os resultados amostrais, incluindo a projeção de informações incorretas à população.
9. Documentar o procedimento de amostragem e os resultados obtidos.

Etapa 1 – Especificar o objetivo de auditoria do teste

O auditor provavelmente utilizará uma combinação de amostragem e outros procedimentos de auditoria para testar saldos de contas. Por exemplo, ao testar a afirmação de avaliação a respeito de estoques, o profissional poderá tomar uma amostra de itens de estoque para testar o custo dos estoques, mas usará procedimentos analíticos, como a análise de giro e de idades, para examinar a possibilidade de existência de estoques obsoletos. Os resultados amostrais são combinados a outros resultados de auditoria antes de se fazer um julgamento sobre a correção do saldo da conta.

A especificação do objetivo de auditoria determina a população a ser testada. Por exemplo, se o objetivo é determinar a existência de saldos de clientes, a amostra deverá ser selecionada com base nos saldos contabilizados. Se o objetivo for determinar a completude de contas a pagar, a amostra deverá ser selecionada em uma população complementar, como a de pagamentos feitos após a data do balanço. O auditor busca pagamentos de compras de bens e serviços recebidos perto da data do balanço, que devem corresponder a contas a pagar no final do ano, mas não foram contabilizados antes desse período.

Etapa 2 – Definir o que é uma informação incorreta

As informações incorretas devem ser definidas antes de se iniciar a aplicação da amostragem para (1) impedir que o cliente ou o auditor tratem informações incorretas como eventos isolados e (2) proporcionar orientação à equipe de auditoria. Uma informação incorreta geralmente é definida como uma diferença que afeta a correção do saldo geral da conta. Por exemplo, se um pagamento fosse lançado à conta auxiliar do cliente errado, o saldo geral da conta ainda estaria correto e isso não seria considerada uma informação incorreta. Mesmo assim, o auditor deve investigar cuidadosamente esta constatação para certificar-se de que não é evidência de encobrimento da sonegação de fundos por um funcionário. Entretanto, se a empresa faturou incorretamente um cliente antes do final do período, o faturamento prematuro seria considerado uma informação incorreta, pois o saldo geral das contas a receber seria sobrevalorizado no final do exercício.

Etapa 3 – Definir a população

A população é aquele grupo de itens no saldo de uma conta que o auditor deseja testar. A população, tal como definida para fins de amostragem, não inclui qualquer item do qual o auditor tenha decidido testar 100%, ou itens que serão testados separadamente. Como os resultados amostrais podem ser projetados somente àquele grupo de itens do qual a amostra

---

> **QUESTÃO PRÁTICA**
>
> Os padrões de auditoria, por exemplo, o SAS 111, indicam que o tamanho da amostra no caso da amostragem não estatística deve ser compatível com o tamanho de uma amostra determinada estatisticamente.

> **QUESTÃO PRÁTICA**
>
> A amostragem é um procedimento muito importante na coleta de evidência visando à avaliação de saldos de contas, mas raramente é o único procedimento de auditoria utilizado.

> **QUESTÃO PRÁTICA**
>
> O objetivo do teste de auditoria sempre está relacionado a uma ou mais afirmações sobre o saldo de conta subjacente.

é selecionada, é importante definir a população adequadamente. Por exemplo, uma amostra selecionada no estoque de uma unidade só pode ser usada para estimar o volume de incorreções naquela unidade, e não em outras.

Definir a unidade amostral – As unidades amostrais são os elementos auditáveis individuais e frequentemente compostas de saldos de contas individuais. Entretanto, uma unidade amostral para a confirmação de contas a receber poderia ser o saldo de um cliente individual, faturas individuais não pagas, ou uma combinação dos dois. A escolha dependerá da eficácia e da eficiência do processo e do modo pelo qual o cliente tiver registrado os itens individuais. Alguns clientes tendem mais a responder um pedido de confirmação quando se pede que ratifiquem uma fatura não paga do que quando se pede que verifiquem a correção do saldo de toda a conta. Se um cliente não responder a um pedido de confirmação positiva, procedimentos alternativos deverão ser realizados, incluindo a identificação de pagamentos subsequentes e/ou a reconstrução das transações de venda aos documentos básicos. Se os clientes tipicamente pagarem por meio de faturas, será mais eficiente usar procedimentos alternativos com faturas individuais do que examinar o saldo total.

Completude da população – Uma amostra é selecionada com base em uma representação física da população, como uma lista de saldos de clientes ou um arquivo de computador. O auditor deve ter a certeza de que a lista representa a população precisamente. Um procedimento comum consiste em totalizar a lista e conciliá-la com o razão geral.

Identificar individualmente itens significativos – Muitos saldos de contas são compostos por alguns itens relativamente grandes e muitos itens menores. Uma proporção significativa do valor total de muitas populações contábeis se concentra em relativamente poucos itens de elevado valor monetário. Por esse motivo, o auditor normalmente examinará todos os itens de valor elevado, em outras palavras, fará um recenseamento. Esses itens formam o chamado estrato superior. Como o auditor conhece o volume de erros no estrato (pois todos os itens foram avaliados), não é necessária nenhuma estimativa de erros. Os itens restantes (estrato inferior) são, portanto, amostrados com o uso de um dos métodos de amostragem descritos neste capítulo. Os resultados de auditoria refletem a soma dos itens do estrato superior com a incorreção projetada proveniente dos itens do estrato inferior.

O auditor utiliza frequentemente o seu julgamento ao determinar o ponto de corte para os itens do estrato superior. A divisão da população em dois ou mais subgrupos é chamada de estratificação. A estratificação da população em várias populações parciais homogêneas geralmente cria eficiência na auditoria. O processo de estratificação pode ser amplificado com o uso de *software* de auditoria que possui o recurso que permite a criação de um perfil da população de valores contábeis.

Etapa 4 – Escolher um método de amostragem

Uma vez que o auditor tenha decidido usar a amostragem, a amostragem estatística ou não estatística será apropriada para a realização de testes substantivos de detalhes. Os enfoques estatísticos mais comuns para fins de testes substantivos são as amostragens clássicas de variáveis (fora do escopo deste livro) e de unidades monetárias (AUM). Os métodos clássicos incluem:

- Média por unidade.
- Estimativa de índices.
- Estimativa de diferenças.

QUESTÃO PRÁTICA

Populações envolvendo o teste da afirmação de existência geralmente são de fácil definição pois incluem todas as transações contabilizadas. Por outro lado, as populações envolvendo a afirmação de completude são de definição mais difícil, uma vez que algumas dessas transações podem não ser contabilizadas.

O ACL é eficaz na totalização de uma população e na realização de outras análises, como ajuda para que o auditor certifique-se da completude da população.

> **QUESTÃO PRÁTICA**
> As variantes da amostragem AUM são a amostragem em valores monetários por unidades, por valores monetários acumulados (VMA) e a amostragem combinada de atributos/variáveis.

A AUM, que é discutida a seguir, baseia-se na teoria de amostragem de atributos, mas é utilizada para expressar conclusões em termos monetários. Trata-se de um subconjunto de uma classe mais ampla de procedimentos, às vezes chamados de amostragem de probabilidade proporcional ao tamanho (PPT). O termo PPT descreve um método de seleção de amostras no qual a probabilidade de escolha de um item para a amostra é proporcional ao seu valor registrado, enquanto a AUM é usada para descrever métodos de determinação de tamanhos e avaliação de amostras (baseados em unidades monetárias). Como é comum nesta área, usaremos os termos AUM e PPT como sendo equivalentes.

Objetivo de auditoria e seleção do método de amostragem – O auditor normalmente se preocupa com a possibilidade de que os saldos de ativos estejam sobrevalorizados. Para que uma conta esteja sobrevalorizada, a lista de itens que compõem o saldo da conta, tal como a lista de saldos de clientes, deve conter itens inválidos, fraudulentos e/ou superestimados. Se a amostra for selecionada com base em valores monetários, aqueles itens com saldos maiores tenderão mais a serem incluídos na amostra do que os com saldos menores.

As subavaliações, por outro lado, representam um problema totalmente distinto. Para que uma conta esteja subavaliada, alguns saldos registrados estão subavaliados ou, o que é mais provável, alguns itens materiais não foram contabilizados. Se o auditor estiver preocupado com a subavaliação, deverá ser considerada uma metodologia de amostragem que dê ênfase ao exame de populações complementares. Nenhum método de amostragem que amostre itens já contabilizados será capaz de detectar subavaliações causadas por itens inexistentes. Por exemplo, o auditor poderia empregar um teste de corte para detectar vendas e contas a receber faltantes, ou examinar pagamentos realizados após o final do ano em busca de evidência de contas a pagar que deveriam ter sido contabilizadas até o final do ano.

Etapas 5, 6, 7 e 8 – Determinar o tamanho e selecionar a amostra, auditar os itens selecionados e avaliar os resultados

A determinação do tamanho, do método de seleção da amostra e do enfoque à avaliação dos resultados amostrais depende do método de amostragem empregado. Qualquer que seja o processo escolhido, o risco de informação incorreta na conta, o risco de amostragem e a avaliação de incorreções toleráveis e esperadas pelo auditor devem ser considerados. Se for empregado um método de amostragem estatística, a amostra deverá ser selecionada ao acaso para dar a cada item da população uma chance igual de inclusão na amostra. O auditor deverá realizar o trabalho apropriado de investigação adicional quando os resultados da auditoria indicarem probabilidade superior à esperada de informação material incorreta.

A incorreção tolerável representa o volume máximo de incorreção que o auditor pode aceitar na população sem que se exija um ajuste de auditoria ou um parecer de auditoria com ressalvas. Ao planejar uma amostra para um teste de detalhes, o auditor deve identificar a máxima incorreção em termos monetários no saldo da conta que, quando combinada a incorreções encontradas em outros testes, faria que as demonstrações financeiras fossem materialmente incorretas. A incorreção tolerável baseia-se no planejamento de materialidade do saldo da conta. Empresas diferentes adotam enfoques distintos à determinação da incorreção tolerável. Algumas fixam a incorreção tolerável arbitrariamente em 75% da materialidade de planejamento. Outras adotam um enfoque bastante quantificado.

> **QUESTÃO PRÁTICA**
> A incorreção tolerável está relacionada à materialidade – quanto de uma incorreção pode ocorrer antes de preocupar o auditor.

A incorreção esperada baseia-se em incorreções projetadas em auditorias de anos anteriores, em resultados de outros testes substantivos, no julgamento do auditor e no conhecimento de mudanças de pessoal e do sistema contábil. É desejável adotar uma postura conservadora e usar uma incorreção esperada ligeiramente superior à prevista. Este enfoque conservador pode aumentar levemente o tamanho da amostra, mas minimiza o risco de rejeição de um valor contábil quando ele não é materialmente incorreto. Se a incorreção esperada for superior à tolerável, a amostragem não será apropriada, a menos que seja usada para estimar a magnitude do ajuste necessário ao saldo da conta.

Etapa 9 – Documentação

Todas as etapas precedentes e as decisões relacionadas ao processo de amostragem devem ser documentadas para permitir que haja supervisão apropriada e se proporcione o apoio adequado às conclusões obtidas.

Amostragem não estatística

As amostras não estatísticas devem se basear nas mesmas considerações de auditoria usadas na amostragem estatística. Não há forma de controlar matematicamente o risco de amostragem em uma amostra não estatística; o auditor só pode projetar as incorreções detectadas e fazer um julgamento a respeito da possibilidade de que a conta seja materialmente incorreta, e depois decidir se é necessário realizar trabalho adicional de auditoria.

Determinar o tamanho da amostra

Todos os itens significativos devem ser testados. O auditor deve selecionar todos os itens acima de um valor monetário específico e, a seguir, dependendo dos objetivos de auditoria, selecionar itens com outras características, tais como aqueles faturados na semana anterior ou a clientes específicos. O tamanho da amostra para os demais itens a serem testados deve basear-se nos mesmos fatores utilizados na amostragem estatística.

Selecionar a amostra

O auditor deve tomar providências para aumentar a probabilidade de que a amostra seja representativa da população. Uma maneira de obter uma amostra representativa consiste em usar um método baseado na geração de números ao acaso, com valores monetários ou itens sendo selecionados ao acaso, tal como na seleção de amostras estatísticas. Outra maneira versa em escolher itens sem viés deliberado (seleção não planejada), além da escolha intencional dos itens de maior valor monetário.

Avaliar os resultados amostrais

As incorreções encontradas em uma amostra devem ser projetadas à população. Por exemplo, o auditor está usando a amostragem não estatística para confirmar contas a receber. Todos os 21 saldos de clientes iguais ou superiores a $ 50 mil foram confirmados. Uma amostra ao acaso de 19 saldos inferiores a $ 50 mil foi confirmada. Os detalhes são apresentados na tabela a seguir:

	População		Amostra		
	Número	Valor	Número	Valor	Incorreção
> = $ 50.000	21	$ 2.000.000	21	$ 2.000.000	$ 1.500
< = $ 50.000	190	$ 2.500.000	19	$ 310.000	$ 900
Total	211	$ 4.500.000	40	$ 2.310.000	$ 2.400

A incorreção de $ 1.500 no estrato superior não exige projeção à população, já que todos esses itens foram testados. Entretanto, incorreções no estrato inferior poderiam ser projetadas ao restante do estrato inferior, da seguinte maneira:

> **QUESTÃO PRÁTICA**
> A amostragem ao acaso pode ser usada para determinar o tamanho da amostra ou avaliar os resultados mesmo que o auditor não planeje usar a amostragem estatística.

> **QUESTÃO PRÁTICA**
> As equipes de inspeção do PCAOB têm identificado deficiências no desempenho das empresas de auditoria na realização de amostragens. As deficiências mais comuns incluem (a) usar amostras muito pequenas para a obtenção de evidência suficiente para se chegar a uma conclusão sobre os saldos de contas testados, (b) deixar de projetar adequadamente o efeito de erros à população como um todo, (c) deixar de selecionar a amostra de maneira que ela possa ser considerada representativa da população subjacente e (d) não testar apropriadamente todos os itens da amostra. Os auditores precisam ter o cuidado de executar e documentar apropriadamente o seu enfoque de amostragem.

$$\$\ 900/\$\ 310.000 \times \$\ 2.500.000 = \$\ 7.258$$

Portanto, a incorreção projetada total é de $ 8.758 ($ 1.500 + $ 7.258). O valor de $ 8.758 representa a melhor estimativa do auditor, mas há alguma probabilidade de que o valor efetivo seja mais alto. Por causa da possibilidade de que a população tenha mais incorreções do que a projetada, as pesquisas recomendam a determinação de um limite superior correspondente ao triplo do erro projetado (ver o quadro Auditoria na prática – Consideração do erro de amostragem em uma amostra não estatística). Esse limite superior deve ser comparado à incorreção tolerável. O auditor pode decidir que a incorreção potencial não é material, ou que precisa ser realizado trabalho adicional para se chegar a uma estimativa mais precisa. Usando o exemplo anterior e a regra de decisão sugerida, o limite superior seria $ 26.274 ($ 8.758 × 3). Se a incorreção tolerável fosse superior a $ 26.274, o auditor concluiria que não parece haver incorreção material na população. O auditor também investigaria a natureza e a causa das incorreções e se elas seriam indicativas de risco adicional de auditoria ou de uma deficiência significativa ou material nos controles.

AUDITORIA NA PRÁTICA

Consideração do erro de amostragem em uma amostra não estatística

Nossa pesquisa simulou várias características de uma população contábil, incluindo valor contábil total, monetário médio e número de itens de uma população, sua variabilidade e condições de incorreção. Uma regra de decisão que os pesquisadores consideraram foi a de que, se a incorreção projetada era inferior a um terço da incorreção tolerável, então a população contábil deveria ser aceita; caso contrário, deveria ser rejeitada por estar materialmente incorreta. Constataram que esta regra de decisão era eficaz para a minimização do risco de aceitação incorreta.

Fonte: PEEK, Lucia E. NETER, John Neter e WARREN, Carl. AICPA, Non-Statistical Audit Sampling Guidelines: A Simulation, *Auditing: A Journal of Practice & Theory* (Outono de 1991), 33-48. American Accounting Association.

Amostragem de unidades monetárias (AUM)

OA 5
Descrever como utilizar a amostragem de unidades monetárias (AUM) para testar saldos de contas.

A amostragem de unidades monetárias (AUM) é um método amplamente empregado de amostragem estatística pois resulta em um tamanho de amostra eficiente e concentra a atenção no valor monetário dos saldos de contas. Foi desenvolvida especialmente para uso em auditoria e tem recebido vários nomes com o passar do tempo, incluindo amostragem de valores monetários por unidade, probabilidade proporcional ao tamanho (PPT) e amostragem combinada de atributos e variáveis. A AUM foi desenvolvida com a finalidade de ser eficaz no teste de sobrevalorizações em situações nas quais são esperadas poucas incorreções ou nenhuma. Valores contábeis individuais devem estar disponíveis para fins de teste.

A população para a amostragem AUM é definida pelo número de unidades monetárias na população que está sendo testada. Cada unidade monetária da população tem a mesma chance de ser escolhida, mas cada uma é associada a uma característica tangível, tal como o saldo de um cliente ou um item de estoque. Assim, a chance que um item específico tem de ser escolhido é proporcional à sua magnitude, daí o termo amostragem de probabilidade proporcional ao tamanho para descrever o método de seleção.

Visão geral do projeto de amostra AUM

O projeto de uma amostra AUM exige que o auditor determine (1) o risco de detecção, (2) a incorreção tolerável (com base em critério de materialidade) e (3) a incorreção esperada no saldo da conta. O uso do risco de detecção como sendo o risco de amostragem em uma amostra AUM baseia-se na visão de que o risco de não amostragem é reduzido a um nível insignificante.

Risco de detecção – Resulta diretamente do modelo de risco de auditoria:

$$RA = RI \times RC \times RD$$

A amostragem AUM é projetada especificamente para controlar o risco de aceitação – inferir que o saldo de uma conta é correto quando não o é. O complemento do risco de detecção é o nível de confiança (confiabilidade). Por exemplo, um RD de 15% é equivalente a um nível de confiança de 85%.

Modelo de auditoria ilustrado por uma fórmula – Se RA = 5%, RI = 80%, RC = 50%, o risco de detecção (RD) resultante é determinado da seguinte maneira:

$$DR = \frac{0,05}{0,8 \times 0,5} = 12,5\%$$

Um RD mais baixo leva a uma amostra maior e significa que o auditor está confiando mais no procedimento de amostragem; um RD elevado significa que o auditor está confiando bastante em outras fontes de evidência de auditoria e usando a amostra como base para confirmar essa evidência.

> **QUESTÃO PRÁTICA**
> Se os auditores estiverem realizando outros procedimentos substantivos de auditoria, o risco de detecção para fins de amostragem poderá ser reduzido um pouco mais em função da evidência coletada em outros procedimentos.

Tamanho e seleção da amostra

A probabilidade de selecionar uma unidade monetária individual é a mesma para todas as unidades monetárias na população. Entretanto, ao se usar a PPT, cada unidade monetária é associada a uma amostral, por exemplo, um saldo de contas a receber composto de muitas unidades monetárias. Portanto, a probabilidade de que qualquer unidade amostral seja selecionada é proporcional ao seu tamanho. O enfoque de intervalo fixo à determinação do tamanho da amostra e à seleção de itens a serem examinados exige o cálculo de um intervalo de amostragem em unidades monetárias (I):

$$I = \frac{IT - (IE \times FEE)}{FC}$$

Em que
IT = incorreção tolerável.
IE = incorreção esperada.
FEE = fator de expansão de erro.
FC = fator de confiabilidade.

O fator de expansão de erro e o de confiabilidade estão relacionados ao RD (ver **Ilustração 8.7**). O fator de confiabilidade é um controle explícito do risco de aceitação incorreta do saldo de uma conta. Ele decorre do risco de detecção.

O fator de expansão de erro é construído especialmente para a amostragem PPT e ajuda a controlar o risco de rejeição incorreta fazendo um ajuste pelo erro de amostragem adicional introduzido pelas incorreções esperadas.

O tamanho máximo da amostra (n) pode ser obtido dividindo-se o valor contábil da população pelo intervalo de amostragem:

> **QUESTÃO PRÁTICA**
> Um risco de detecção elevado não é necessariamente ruim. Ele simplesmente significa que o auditor está se apoiando principalmente em outras evidências, tais como controles internos ou outros testes do saldo da conta em busca de evidência da fidedignidade do saldo da conta. Os procedimentos de amostragem destinam-se a confirmar as outras informações que o profissional já coletou a respeito da correção do saldo da conta.

$$n = \frac{\text{Valor contábil da população}}{\text{Intervalo de amostragem}}$$

Comumente, a amostra é selecionada com o uso do enfoque de intervalo fixo – cada enésima unidade monetária é selecionada após a escolha de um ponto de partida escolhido aleatoriamente, o que é exigido para dar a cada unidade monetária da população uma chance igual de ser incluída na amostra. Cada unidade monetária selecionada funciona como um "gancho" para a unidade física inteira em que ela ocorre, como o saldo da conta de um cliente ou o custo total de um item de estoque.

Exemplo – O auditor está planejando confirmar as contas a receber para testar as afirmações de existência e avaliação. Há 450 saldos de clientes, totalizando $ 807.906. O risco de auditoria foi fixado como baixo (5%), e o de detecção calculado é de 15%. A incorreção tolerável é fixada em $ 50 mil. Nenhuma incorreção foi encontrada no ano passado. Entretanto, para se sentir seguro, o auditor usa uma incorreção esperada de $ 5 mil. O intervalo de amostragem é calculado da seguinte maneira:

$$I = \frac{\$\,50.000 - (\$\,5.000 \times 1,4)}{1,9} = \$\,22.632$$

O fator de expansão de erro de 1,4 e o fator de confiabilidade de 1,9 são obtidos na **Ilustração 8.7** para um RD de 15%. O tamanho máximo da amostra será igual a:

$$n = \frac{\$\,807.906}{\$\,2.632} = 36$$

Ilustração 8.7: Projeto da amostra PPT e dos fatores de avaliação

Risco de Detecção	1%	5%	10%	15%	20%	25%	30%	50%
Fator de confiabilidade	4,61	3,00	2,31	1,90	1,61	1,39	1,21	0,70
Fator de expansão de erro	1,90	1,60	1,50	1,40	1,30	1,25	1,20	1,00
Ajuste incremental em função de erro de amostragem: Erros de sobrevalorização ordenados*								
1	1,03	0,75	0,58	0,48	0,39	0,31	0,23	0,00
2	0,77	0,55	0,44	0,34	0,28	0,23	0,18	0,00
3	0,64	0,46	0,36	0,30	0,24	0,18	0,15	0,00
4	0,56	0,40	0,31	0,25	0,21	0,17	0,13	0,00
5	0,50	0,36	0,28	0,23	0,18	0,15	0,11	0,00
6	0,46	0,33	0,26	0,21	0,17	0,13	0,11	0,00
7	0,43	0,30	0,24	0,19	0,16	0,13	0,10	0,00
8	0,41	0,29	0,22	0,18	0,14	0,12	0,09	0,00
9	0,38	0,27	0,21	0,17	0,14	0,11	0,08	0,00
10	0,38	0,26	0,20	0,17	0,14	0,10	0,08	0,00

*As incorreções devem ser ordenadas de acordo com suas porcentagens de distorção. A maior delas é multiplicada pelo maior fator de ajuste incremental, a segunda maior porcentagem de distorção é multiplicada pelo segundo maior fator de ajuste incremental, e assim por diante.

Fonte: Uma modificação das tabelas em *Audit Sampling, Auditing Practice Release*, publicado pelo AICPA. Reproduzido com autorização do AICPA; direitos de reprodução © 1994 e 1999 do *American Institute of Certified Public Accountants*.

Quando a amostra é selecionada manualmente, torna-se mais fácil se um intervalo arredondado for utilizado, como $ 22 mil. O arredondamento do intervalo para baixo garante que o tamanho da amostra será adequado. Se houver a possibilidade de usar a ajuda de um computador para selecionar a amostra, o arredondamento do intervalo para baixo não será necessário.

O ponto de partida escolhido aleatoriamente deverá estar entre 1 e o intervalo de amostragem (de 1 a 22.000 no exemplo). Este número pode ser obtido em uma variedade de fontes, incluindo o número de série de uma nota de papel-moeda, uma tabela de números ao acaso, ou um número aleatório gerado por um computador.

Uma calculadora ou um *software* de auditoria pode ser usado para selecionar a amostra. Se for usada uma calculadora, limpe a memória da máquina, lance um início aleatório, adicione cada valor contábil e totalize após cada lançamento, gerando um total acumulado para cada item. Este processo é exemplificado na **Ilustração 8.8**, usando um início aleatório de $ 20 mil.

O primeiro item da amostra é o que faz o total acumulado igualar ou superar inicialmente o intervalo de amostragem (cliente 2 na **Ilustração 8.8**). Os itens amostrais sucessivos são aqueles que fazem que o total acumulado iguale ou supere pela primeira vez os múltiplos dos intervalos ($ 44 mil, $ 66 mil, $ 88 mil, e assim por diante).

A probabilidade de selecionar qualquer item específico é proporcional ao número de unidades monetárias nele contidas, o que explica o nome probabilidade proporcional ao tamanho. Por exemplo, se o intervalo de amostragem é igual a $ 22 mil, um saldo de cliente no valor de $ 220 teria uma chance de 1% (220/22.000) de ser incluído na amostra. Um cliente com valor contábil de $ 2.200 teria uma chance de 10% de ser selecionado. Mas há uma chance de 100% de incluir o saldo de um cliente cujo valor contábil é igual ou superior a $ 22 mil.

Todos os itens com valor contábil igual ou superior ao intervalo serão selecionados pelo auditor para avaliação. Como observado, esses itens pertencem ao chamado estrato superior. O saldo para o cliente 7 possui dois pontos de seleção, mas será examinado apenas uma vez, resultando assim em um tamanho de amostra inferior ao calculado originalmente.

A população foi efetivamente dividida em dois grupos: os itens do estrato superior e os do inferior. O processo de seleção de amostras utiliza a estratificação com base em unidades

Ilustração 8.8: Seleção de amostra com intervalo fixo

Cliente	Valor contábil	Valor acumulado	Valor de seleção
	Ponto de partida escolhido ao acaso	20.000	
1	220	20.220	
2	2.200	22.420	22.000
3	22.000	44.420	44.000
4	880	45.300	
5	6.128	51.428	
6	2.800	54.228	
7	45.023	99.251	66.000 & 88.000
8	10	99.261	
9	8.231	107.492	
10	16.894	124.386	110.000
.	.	.	
.	.	.	
.	.	.	
450	1.900	827.906	

O ACL pode ajudar o auditor a projetar, selecionar e avaliar amostras.

monetárias e focaliza a atenção do auditor na cobertura de valores monetários elevados, com amostras relativamente pequenas.

Este método de seleção também testa a precisão matemática da população. Observe na **Ilustração 8.8** que o último valor acumulado é $ 827.906. Isso representa o total da população, de $ 807.906, mais o valor inicial de $ 20.000, gerado aleatoriamente.

Saldos nulos e negativos

Itens pertencentes à população que possuem saldos nulos não têm chance alguma de serem selecionados na amostragem PPT. Se a avaliação de unidades amostrais com saldos nulos for necessária para se atingir o objetivo de auditoria do teste, eles deverão ser segregados e auditados como se compusessem uma população distinta. Itens pertencentes à população com saldos negativos exigem atenção especial. Por exemplo, os saldos credores em contas de clientes representam passivos; a empresa deve dinheiro, mercadorias ou serviços. Um enfoque para lidar com itens negativos consiste em excluí-los do processo de seleção e testá-los como uma população separada; isto deve ser feito quando há um número significativo de itens desse tipo na população. Outro enfoque é mudar o sinal dos itens negativos e adicioná-los à população antes do processo de seleção. Este enfoque geralmente é usado quando há poucos itens negativos e não são esperadas muitas incorreções.

QUESTÃO PRÁTICA

Se houver um número significativo de itens negativos no saldo da conta, o auditor deverá investigar porque eles existem e tratá-los como uma população separada para fins de auditoria.

Avaliação da amostra

A amostragem PPT se destina a determinar a probabilidade de que o saldo da conta supere o limite de incorreção tolerável fixado pelo auditor. Em outras palavras, se o profissional projetar a amostra com um risco de detecção de 15% e uma incorreção tolerável de $ 50.000, o auditor estará testando a hipótese de que não é superior a 15% a probabilidade de que incorreções devidas à afirmação sendo testada façam que o saldo da conta seja sobrevalorizado em mais de $ 50.000.

Terminologia de avaliação de erros

O auditor que utiliza a AUM projeta as incorreções observadas na amostra à população e calcula um ajuste para o risco de amostragem. O limite superior de incorreção é calculado para que se estimem as incorreções possíveis em uma conta e se determine se é necessário algum trabalho adicional de auditoria. O limite superior de incorreção (LSI) é definido como sendo a sobrevalorização máxima que poderia haver na população, em termos monetários, dadas as incorreções detectadas na amostra, no nível prefixado de risco de detecção. Por exemplo, se o auditor calculasse um LSI de $ 41.800 usando um risco de detecção de 15%, isto apoiaria a conclusão de que há uma chance de apenas 15% de que a sobrevalorização efetiva na população seja superior a $ 41.800. O LSI resulta das hipóteses estatísticas subjacentes feitas a respeito da população que está sendo testada. Felizmente, seu cálculo é simples. O LSI é calculado pela soma de três componentes:

QUESTÃO PRÁTICA

Note que um risco de detecção de 15% não significa que o auditor esteja aceitando uma probabilidade de 15% de que todos os testes de auditoria do saldo da conta poderiam estar errados. Quando usa um risco de detecção de 15%, o profissional está planejando utilizar outras informações para emitir um parecer final sobre a correção do saldo da conta.

- **Precisão básica** – O volume da incerteza associada a testar apenas uma parte da população (erro de amostragem). É igual ao LSI caso nenhum erro seja encontrado na amostra.
- **Incorreção mais provável (IMP)** – A melhor estimativa do valor monetário efetivo das incorreções existentes no saldo da conta. Também é chamada de incorreção projetada.
- **Ajuste incremental por erro de amostragem** – Um aumento da estimativa superior de incorreção causado pelas propriedades estatísticas das incorreções encontradas.

A importância desses três fatores depende da identificação de incorreções na amostra:

	Nenhuma incorreção	Incorreções
Precisão básica	Intervalo × FC	Intervalo × FC
+ Incorreção mais provável	0	Calcular
+ Ajuste incremental por erro de amostragem	0	Calcular
= Limite superior de incorreção	= Precisão básica	Soma dos três

Inexistência de incorreções na amostra

Se nenhuma incorreção é encontrada na amostra, o auditor pode concluir que a população não é sobrevalorizada por mais que a incorreção tolerável no nível de detecção estipulado. Quando nenhuma incorreção é encontrada na amostra, o LSI é igual à precisão básica, que é calculada multiplicando-se o intervalo de amostragem pelo fator de confiabilidade ($ 22.000 × 1,9 = $ 41.800, no exemplo). A precisão básica é um ajuste incremental por erro de amostragem. Recorde que o erro de amostragem resulta de não se auditar toda a população. A melhor estimativa da incorreção total na população é igual a zero caso nenhuma incorreção seja descoberta na amostra; entretanto, pode haver incorreção nos itens não auditados. A precisão básica é uma medida da incorreção máxima possível na parte não auditada da população – no nível de risco especificado para a realização deste teste de auditoria. Como a precisão básica de $ 41.800 é inferior à incorreção tolerável ($ 50 mil), o auditor pode concluir que há uma probabilidade menor que 15% de que o valor contábil seja superestimado por um valor material. Consequentemente, nenhum trabalho adicional de auditoria seria justificado.

Existência de incorreções na amostra

Quando são detectadas incorreções, o processo de avaliação é mais complicado. A tarefa do auditor é determinar se há um risco inaceitável de que o saldo da conta tenha uma incorreção superior à tolerável. Portanto, não são apenas as incorreções encontradas na amostra que são importantes, e sim o que elas representam a respeito da população. A avaliação é separada em duas partes: (1) incorreções identificadas no estrato superior e (2) incorreções projetadas encontradas no estrato inferior:

Estrato	Proporção examinada	Projeção
Estrato superior	100%	Nenhuma projeção, porque a incorreção total no estrato superior é conhecida.
Estrato inferior	Todos os itens que foram escolhidos na amostra	As incorreções são projetadas à parte da população representada pelo estrato inferior.

Recorde que todos os itens do estrato superior foram examinados – houve uma auditoria completa dos itens que estavam acima do intervalo de seleção. Além disso, aqueles contidos no estrato inferior foram amostrados e todos os selecionados para a amostra foram analisados. O volume de incorreção no estrato superior é conhecido com certeza; não precisa ser projetado. Qualquer incorreção encontrada no estrato inferior deve ser projetada a todo o estrato inferior e combinadas às incorreções no estrato superior para estimar a incorreção mais provável e a incorreção máxima possível no saldo da conta.

A análise de incorreções no caso de itens do estrato inferior consiste na identificação da porcentagem pela qual o valor contábil de cada item amostral incorreto é sobrevalorizado ou subavaliado (a chamada porcentagem de distorção). Uma porcentagem de distorção é

> **OA 6**
> Analisar resultados de amostragem AUM e escolher procedimentos apropriados de acompanhamento.

> **QUESTÃO PRÁTICA**
> A ausência de incorreções monetárias detectadas em uma amostra não significa que os controles correspondentes são eficazes. Entretanto, a presença de incorreções monetárias deve ser considerada pelo auditor como possível indício de uma falha de controle ao avaliar a eficácia operacional de controles relacionados.

calculada para todos os itens amostrais para os quais há incorreção. O auditor multiplica a porcentagem de distorção pelo intervalo de amostragem para calcular uma incorreção projetada. Somando todas as incorreções projetadas às incorreções encontradas no estrato superior, o auditor calcula a incorreção mais provável na população.

Exemplo – Usando a amostra da **Ilustração 8.8** com um intervalo de amostragem de $ 22 mil, suponha que as seguintes incorreções tenham sido encontradas:

Valor contábil	Valor obtido na auditoria	Incorreção	Porcentagem de distorção
$ 45.023	$ 44.340	$ 683	Não aplicável
2.000	1.940	60	3%
8.300	8.217	83	1%

> **QUESTÃO PRÁTICA**
> A incorreção percentual é sempre calculada como porcentagem do valor contábil. Portanto, um saldo de $ 150 que é superestimado em $ 50 contém uma incorreção (distorção) percentual de 33%.

> *ACL*
> O ACL pode calcular todos os parâmetros de avaliação da amostra aqui exemplificada.

> **QUESTÃO PRÁTICA**
> Incorreções que ocorrem no estrato superior, no qual todos os itens da população são examinados, não preveem ajuste por risco de amostragem correspondente. O risco de amostragem só existe quando há amostragem.

Houve apenas uma incorreção no estrato superior. Um item com valor contábil de $ 45.023 teve um valor auditado de $ 44.340 – resultando em uma incorreção de $ 683 no estrato superior. Não há necessidade de projetar incorreções no estrato superior, uma vez que todos os itens pertencentes a este estrato foram auditados. Entretanto, o seu valor é utilizado na estimação das incorreções totais.

O estrato inferior conteve duas incorreções. A porcentagem de distorção é igual ao quociente entre a incorreção e o valor contábil. A primeira incorreção no estrato inferior ocorreu com um item cujo valor contábil era igual a $ 2 mil e teve um valor auditado de $ 1.940. Foi sobrevalorizado em $ 60, ou 3% (porcentagem de distorção). Como este item foi selecionado com um intervalo de $ 22 mil, supõe-se que a sobrevalorização é de 3%, ou seja, $ 660. De maneira semelhante, a segunda incorreção foi de $ 83 (valor contábil de $ 8.300; valor auditado de $ 8.217), resultando em uma distorção de 1%, ou $ 220 para o intervalo considerado. A soma das incorreções projetadas do estrato inferior, portanto, é igual a $ 880. Este mesmo resultado pode ser obtido multiplicando-se o intervalo de amostragem pela soma das porcentagens de distorção ($ 22.000 x 4% = $ 880). Os cálculos de avaliação da amostra são sintetizados na **Ilustração 8.9**.

A incorreção mais provável na população é igual a $ 1.563 ($ 683 + $ 880), a soma da incorreção no estrato superior com a incorreção mais provável no inferior. Um ajuste adicional por erro de amostragem é necessário porque foram constatadas incorreções no estrato inferior. Ele é calculado multiplicando-se as porcentagens de distorção pelos fatores de ajuste incremental por erros de amostragem na **Ilustração 8.7** e ordenando-se as porcentagens de distorção da maior para a menor. A maior porcentagem de distorção (3%) é multiplicada pelo fator da **Ilustração 8.7** relacionado à primeira incorreção ordenada para um risco de detecção de 15%:

$$3\% \times 0,48 = 1,44\%$$

A segunda maior porcentagem de distorção é multiplicada pelo fator relacionado à incorreção número 2:

$$1\% \times 0,34 = 0,34\%$$

Os produtos desses cálculos são somados, e a soma é multiplicada pelo intervalo de amostragem para se obter o ajuste incremental para o erro de amostragem:

$$(1,44\% + 0,34\%) \times \$ 22.000 = \$ 392$$

Ilustração 8.9: Cálculos de limite superior de incorreção

	Fator de LSI*		Porcentagem de distorção		Intervalo de amostragem		Conclusão em valor monetário
Precisão básica	1,9	×			22.000	=	41.800
Incorreção mais provável:							
Estrato superior							683
Estrato inferior							
Maior porcentagem de distorção			3%				
Segunda maior porcentagem de distorção			1%				
			4%	×	22.000	=	880
Incorreção mais provável total							1.563
Ajuste incremental por erro de amostragem							
Maior porcentagem	0,48	×	3%	=	1,44%		
Segunda maior porcentagem	0,34	×	1%	=	,34%		
			1,78%	×	22.000	=	392
Limite superior de incorreção (LSI)							43.755

*Os fatores de limite superior de incorreção (LSI) vêm da coluna de 15% na Ilustração 8.7.

O LSI é:

$$\$\,43.755 = \$\,41.800 + \$\,1.563 + \$\,392$$

A conclusão estatística é a que o auditor tem uma confiança de 85% de que esta população não está sobrevalorizada por mais de $ 43.755. Como o LSI é inferior à incorreção tolerável ($ 55 mil), o auditor pode concluir que, no nível desejado de risco, a população não contém um volume material de incorreção. Se o LSI tivesse superado a incorreção tolerável, uma análise adicional de auditoria seria necessária (ver "Resultados amostrais inaceitáveis", mais adiante). Além de avaliar os volumes de incorreção em termos monetários, o auditor deve considerar os aspectos qualitativos dessas incorreções.

Subavaliações – O exemplo anterior pressupõe que somente sobrevalorizações foram encontradas na amostra de auditoria. Entretanto, o auditor pode encontrar situações nas quais o saldo da conta pode estar subavaliado. Por exemplo, o profissional poderia descobrir que um saldo de contas a receber está subavaliado, pois o cliente não incluiu uma despesa de frete na fatura. A incorreção é sistemática. Suponha, por exemplo, que um saldo de conta de $ 500 tivesse omitido uma despesa de frete de $ 50. Isso corresponde a uma distorção de 10% de subavaliação.

Quando uma subavaliação é encontrada, o auditor tem duas linhas de ação. Em primeiro lugar, a subavaliação pode ser ignorada para fins de avaliação desta amostra e, se há outros testes de auditoria para subavaliações, esta poderá ser incluída nos outros testes. Em segundo lugar, o auditor pode fazer uma análise separada e específica para subavaliações, seguindo o mesmo formato adotado na **Ilustração 8.9**. O profissional calcularia uma incorreção mais provável em termos de subavaliação:

$$2.200 = 10\% \times \$\,22.000$$

> **QUESTÃO PRÁTICA**
> Os erros são sempre organizados em ordem decrescente ao se calcular o ajuste incremental por erro de amostragem.

> **QUESTÃO PRÁTICA**
> Há uma tendência de focalizar a atenção no erro mais provável, e não no limite superior de incorreção (LSI). Recorde, porém, que o importante é o LSI, pois o auditor quer controlar a probabilidade estatística de que erros superiores a esse valor ocorram. Quando o LSI é superior à incorreção tolerável, o auditor precisa fazer trabalho adicional.

> **QUESTÃO PRÁTICA**
> O auditor sempre pode optar por analisar as subavaliações como objetivo separado de auditoria.

O nível de precisão básica permaneceria o mesmo ($ 41.800); o ajuste incremental para erro de amostragem seria:

$$\$ 1.056 = 0{,}48 \times 0{,}10 \times 22.000$$

e o limite superior de incorreção para *subavaliações* seria:

$$\$ 45.056 = \$ 41.800 + \$ 2.200 + \$ 1.056$$

Quando são encontradas incorreções em ambas as direções, o auditor considera a natureza para chegar a uma conclusão quanto à incorreção mais provável (IMP) e às incorreções de sobrevalorização líquidas. A IMP para o saldo da conta é igual à diferença entre incorreções para cima e para baixo (ver a tabela a seguir). Neste caso, uma IMP de sobrevalorização é igual a $ 1.563 e a IMP de subavaliação é igual a $ 2.200, gerando uma IMP (líquida) de $ 637, neste caso uma subavaliação. O limite superior de incorreção em cada direção é calculado tomando-se o limite superior de incorreção em uma direção e subtraindo-se o limite superior de incorreção na outra. Neste exemplo, o LSI de sobrevalorizações seria de $ 43.755 – $ 2.200, ou $ 41.555. De maneira semelhante, o LSI para subavaliações seria de $ 45.056 – $ 1.563, ou $ 43.493. O auditor teria 85% de confiança de que o saldo da conta não está sobrevalorizado em mais de $ 41.555 ou subavaliado em mais de $ 43.493.

	Sobrevalorização	Subavaliação	Líquida
Precisão básica	$ 41.800	$ 41.800	
Incorreção mais provável	1.563	2.200	$ 637
Ajuste incremental por erro de amostragem	392	1.089	
Total	43.755	45.056	
Incorreção mais provável – Direção oposta	– 2.200	– 1.563	
Limite superior de incorreção (LSI)	$ 41.555	$ 43.493	

Embora o auditor possa usar este enfoque de avaliação quando há tanto sobrevalorizações quanto subavaliações, deve tomar cuidado para não tirar conclusões definitivas a respeito do volume de subavaliação na conta. A AUM não é montada para testar a subavaliação de uma população. Se o profissional estiver preocupado com a subavaliação de uma conta, um enfoque alternativo, como o clássico de variáveis, pode ser mais apropriado.

Resultados amostrais inaceitáveis

Quando o limite superior de incorreção supera a tolerável, o auditor conta com várias linhas de ações possíveis. Ele pode pedir ao cliente que corrija as incorreções conhecidas, analisar as detectadas para verificar se existem problemas comuns, montar uma estratégia alternativa de auditoria, ampliar a amostra ou alterar o objetivo de auditoria para estimar o valor correto.

Corrigir a incorreção conhecida – Deve-se pedir ao cliente que corrija a(s) incorreção(ões) conhecida(s). Se isto for feito, a incorreção mais provável, e, portanto, o LSI, poderá ser ajustada por essas correções, mas não pela projeção de incorreções associadas a esses itens. Em alguns casos, simplesmente retificar a incorreção conhecida pode colocar o LSI abaixo do nível de incorreção tolerável para o auditor.

Analisar o padrão das incorreções e montar uma estratégia alternativa de auditoria – Sempre que incorreções são constatadas, o auditor deve ir além dos aspectos quantitativos para entender sua natureza e causa – especialmente para determinar se elas apresentam alguma espécie de padrão. Se for encontrado um padrão sistemático, o profissional poderá pedir ao cliente que investigue e faça uma estimativa da correção necessária. O auditor poderá rever e testar esta estimativa. É mais importante ainda que ele recomende melhorias para impedir a ocorrência de tais erros no futuro. Por exemplo, suponha que várias respostas a pedidos de confirmação indiquem que as mercadorias foram devolvidas antes do final do ano, mas o crédito só foi registrado no ano seguinte. Um exame cuidadoso de relatórios de contas a receber relacionados a mercadorias devolvidas antes do fim do ano e de créditos registrados no ano seguinte gerará evidências a respeito da amplitude da correção necessária. O auditor deve considerar também a relação entre as incorreções e outras fases da auditoria – problemas com a contabilização de contas a receber também podem revelar problemas com a precisão das vendas contabilizadas.

A constatação de mais incorreções do que o esperado na fase de planejamento da auditoria indica que as premissas de planejamento podem ter sido incorretas e os controles internos não eram tão eficazes quanto se pensava originalmente. Em tais casos, o auditor deve reconsiderar essa avaliação e planejar o resto da auditoria apropriadamente. No caso de companhias abertas, problemas significativos com o controle interno farão que o profissional considere se é necessário emitir um parecer desfavorável da eficácia dos controles internos do cliente sobre a divulgação financeira.

Aumentar o tamanho da amostra – O auditor pode calcular o tamanho adicional necessário da amostra substituindo a incorreção mais provável da avaliação pela incorreção esperada original na fórmula do intervalo de amostragem, determinando assim um novo intervalo e um novo tamanho de amostra com base nas novas expectativas. O número de itens amostrais adicionais poderá ser então determinado subtraindo o tamanho da amostra original do novo tamanho. O novo intervalo de amostragem poderá ser usado para a seleção de itens que ainda não tenham sido incluídos na amostra.

Alterar o objetivo para a estimativa do valor correto – Em casos de incorreção significativa evidente pode ser necessário trocar um objetivo de teste de detalhes com a finalidade de ajudar o cliente a estimar o valor correto da população. Um risco mais baixo de detecção e uma incorreção tolerável menor devem ser usados, uma vez que o auditor não está mais testando o saldo, mas estimando o valor correto da população com base na amostra. O auditor esperará que o cliente ajuste o valor contábil ao valor estimado. Uma amostra maior normalmente será necessária. Por causa da frequência de incorreções subjacentes ao saldo incorreto, o auditor deve utilizar um dos métodos clássicos de amostragem estatística para avaliar os resultados.

Síntese dos pontos fortes e fracos da AUM

Ao considerar o uso da AUM como enfoque de amostragem para fazer testes substantivos de detalhes, vale a pena o auditor rever seus pontos fortes e fracos. Os pontos fortes da AUM incluem:

- A aplicação da AUM é geralmente mais fácil do que a de outros enfoques de amostragem estatística.
- A AUM seleciona automaticamente uma amostra proporcional ao valor monetário de um item; portanto, é desnecessária a estratificação exigida em outros enfoques estatísticos.

QUESTÃO PRÁTICA

Nunca deve haver contestação por parte do cliente a respeito de retificar as incorreções conhecidas – do estrato superior ou do inferior –, pois essas incorreções são conhecidas com certeza.

QUESTÃO PRÁTICA

Informações sobre a qualidade dos controles internos comumente são extraídas de testes substantivos de saldos de contas.

- Se o auditor não espera (e não encontra) incorreções, a AUM geralmente resulta numa amostra de tamanho bastante eficiente.

Exemplos de circunstâncias em que a AUM poderia ser empregada incluem:

- Confirmação de contas a receber (quando os saldos credores não são significativos).
- Confirmação de empréstimos a receber (por exemplo, empréstimos imobiliários, a comércio e indústria e crédito parcelado).
- Testes de preço de estoques em que o auditor espera relativamente poucas incorreções e não que a população contenha um número significativo de incorreções grandes.
- Testes de adições de ativos imobilizados, quando o principal risco está relacionado à existência.

O auditor também deve ficar a par das dificuldades com o uso da AUM:

- A AUM não se destina a testar a subavaliação de uma população.
- Se um auditor identificar subavaliações em uma amostra AUM, a avaliação exigirá considerações especiais.
- A seleção de saldos nulos ou negativos exige considerações especiais de projeto de amostragem.

Algumas das circunstâncias nas quais a AUM poderia não ser o enfoque mais apropriado incluem:

- Confirmações de contas a receber, quando há um número grande de saldos credores.
- Testes de contagem e preço de estoques, nos quais o auditor espera um número significativo de incorreções que podem ser para baixo ou para cima.

Uso de *software* genérico de auditoria para realizar testes substantivos

OA 7
Descrever como utilizar *software* genérico de auditoria para analisar dados, inclusive dados de amostragens.

Boa parte do trabalho de um auditor envolve a coleta de evidência sobre a correção do saldo de uma conta mediante o exame dos detalhes que compõem o saldo. Por exemplo, o profissional testa contas a receber coletando evidências de existência e precisão por meio de procedimentos como os mostrados na **Ilustração 8.10**. Felizmente, o auditor pode usar ferramentas computadorizadas de auditoria para aumentar a eficiência de muitos de seus procedimentos.

Visualize um auditor sentado em uma cadeira tendo à sua frente uma lista com mais de um metro de grossura contendo as contas a receber ao final do exercício. A seguir, considere a natureza geral dos procedimentos executados na **Ilustração 8.10**:

Todos os procedimentos descritos nesta seção podem ser executados pelo ACL, bem como por outros tipos de *software* disponíveis comercialmente.

- Totalizar as contas individuais componentes do total de contas a receber.
- Classificar as contas por idade.
- Selecionar itens individuais para testes de auditoria adicionais.
- Imprimir confirmações.
- Avaliar estatisticamente os resultados.
- Fazer um julgamento sobre a necessidade de um ajuste de auditoria.

Agora imagine quanto tempo seria necessário para executar esses procedimentos com precisão, trabalhando com o documento impresso (a listagem) e uma calculadora. Felizmente, as empresas produtoras de *software* desenvolveram programas genéricos de auditoria que auxiliam a realização de testes diretos de saldos de contas mantidos em arquivos de computador. A maioria desses programas, como o ACL, incluído neste livro-texto, pode ser usada em um microcomputador com dados baixados dos arquivos do cliente para fins de teste.

Software genérico de auditoria

Pacotes de *software* como o ACL são conhecidos como *softwares* genéricos de auditoria (SGA). São elaborados para executar tarefas comuns com uma variedade de arquivos de dados. Têm se tornado tão poderosos e versáteis que a maioria das empresas não depende mais de computadores de grande porte ou *softwares* especializados de auditoria, agora utilizados apenas com estruturas de dados muito complexas ou processamentos especiais, como seria a seleção de informações a partir de chamadas telefônicas contidas em arquivos automatizados em uma auditoria da AT&T.

Tarefas executadas pelo SGA

Um *software* genérico de auditoria – como o ACL – pode ser utilizado para ler arquivos existentes de computador e executar funções tais como:

- Totalizar um arquivo.
- Selecionar uma amostra – estatisticamente ou com base em julgamento.
- Extrair, ordenar e sumarizar dados.
- Obter estatísticas do arquivo (total e valores mínimo, máximo e médio).
- Avaliar resultados estatísticos amostrais.
- Executar técnicas de revisão analítica, tais como a identificação de estoques de movimentação lenta e a extração desses itens para exame adicional de auditoria.

Ilustração 8.10: Procedimentos selecionados de auditoria executados em registros detalhados de contas a receber

1. Receber da empresa um balancete de saldos de contas de clientes, classificados de acordo com as idades da contas.
2. Totalizar o balancete e verificar se ele concorda com o saldo do razão geral para o final do exercício.
3. Testar as idades de contas dos saldos de clientes para determinar se os saldos de contas individuais estão sendo classificados corretamente como estando em dia, vencidos entre 1 e 30 dias etc. Este teste pode ser realizado (1) selecionando-se saldos de contas individuais e associando os saldos ao razão auxiliar para determinar suas idades apropriadas, ou (2) recalculando-se o processo de atribuição de idades pelo cliente em algumas transações selecionadas.
4. Confirmar saldos de contas individuais diretamente com os clientes, selecionando:
   Todos os saldos de clientes superiores a $ 50 mil.
   Todos os saldos de clientes que estão vencidos e são superiores a $ 25 mil.
   Uma amostra estatística aleatória (AUM) dos saldos dos clientes restantes.
5. Imprimir os pedidos de confirmação e enviá-los aos clientes selecionados na etapa 4.
6. Investigar todos os casos em que os pedidos de confirmação não foram respondidos e aqueles que indicam discordância com o saldo do cliente, por meio de um exame dos documentos subjacentes, tais como contratos, avisos de envio de produtos, correspondências e fazer uma busca de evidências de pagamentos posteriores pelo cliente.
7. Avaliar estatisticamente a amostra e fazer uma projeção da incorreção potencial no saldo da conta. Combinar a projeção estatística com as incorreções conhecidas por meio de outros procedimentos de auditoria.
8. Avaliar os resultados amostrais e fazer um julgamento a respeito da necessidade ou não de ajustar o saldo da conta.

Nota: estas etapas representam apenas procedimentos selecionados que deveriam ser executados e não devem ser vistas como um programa completo de auditoria.

- Descobrir quantas transações ou itens da população satisfazem certos critérios.
- Verificar a existência de lacunas em sequências de processamento.
- Verificar a ocorrência de duplicidade (por exemplo, pagar o mesmo fornecedor duas vezes).
- Fazer cálculos aritméticos.
- Preparar relatórios especiais.
- Analisar dados para validar um arquivo (por exemplo, dados faltantes e campos com valores impróprios).
- Analisar arquivos de dados em busca de padrões incomuns de números.

> **FOCO EM FRAUDE**
> A capacidade do SGA de procurar transações incomuns, anomalias ou padrões nos dados faz que ele seja particularmente útil para a identificação de elementos fraudulentos.

O SGA é a mais largamente usada de todas as técnicas computadorizadas de auditoria. Incluímos neste livro o pacote de *software* de auditoria mais utilizado, o ACL. O ACL é amigável, rápido e projetado especialmente para a execução de trabalho de auditoria. O *software* de auditoria é fundamental não apenas quando realiza auditorias de encerramento de exercício, mas também quando faz buscas de ocorrências de fraude (como a de pagamentos duplicados a fornecedores). O *software* é de utilização simples e acompanha a interface gráfica esperada em um ambiente Windows.

Os autores de SGA previram as necessidades dos auditores em termos de seleção de itens em contas, de exame de contas em busca de lançamentos incomuns, de projeção de erros baseados em amostras, de realização de testes mecânicos, tais como testes de extensão e totalização, e de operação de funções matemáticas básicas e avançadas. O SGA pode ser utilizado para examinar arquivos, selecionar registros e criar relatórios especificados pelo auditor. A maioria dos auditores usará pelo menos os seguintes módulos na realização de auditorias. Os enfoques ao uso desses e de outros recursos do ACL são descritos no apêndice sobre o ACL ao final deste livro, com o título "Fundamentos do ACL".

Analisar um arquivo – Antes de fazer testes detalhados, o auditor almeja adquirir o conhecimento da composição dos itens de uma população. Por exemplo, o profissional poderia querer uma análise gráfica dos valores monetários de saldos de contas individuais, tais como aqueles acima ou abaixo de uma dada quantia. Alternativamente, ele poderia querer que o *software* de auditoria produzisse um gráfico do saldo da conta em decis. Em muitos casos, o auditor deseja conhecer alguma combinação, como o número de itens vencidos por valor monetário. O SGA é orientado ao usuário e pode gerar perfis dos dados para análise de auditoria.

Selecionar transações com base em identificadores lógicos – Os auditores comumente precisam analisar transações ou os detalhes que compõem os saldos de contas e podem estar interessados naqueles que satisfazem critérios específicos. Por exemplo, o profissional poderá querer confirmar todos os saldos de clientes acima de um dado limite monetário e todos aqueles que estão vencidos há pelo menos certo prazo. O *software* de auditoria permite ao auditor selecionar transações com base em operadores de lógica booleana: if, greater than, less than, equal to, note qual to, or e and.[1] Esta combinação de operadores proporciona ao auditor grande flexibilidade na escolha de transações. Por exemplo, ele poderia extrair faturas não pagas superiores a $ 50 mil ou vencidas há mais de 30 dias, com o uso da seguinte equação:

$$\text{Amount} > 50000 \text{ or invdate} < \text{'20101201'}^{2}$$

---
[1] N.T. – Se, maior que, menor que, igual a, não igual a, ou e E, respectivamente.
[2] N.T. – Valor > 50000 ou data da fatura < 1º de dezembro de 2010.

Isso resultaria na seleção de todas as transações (a) com valor superior a $ 50 mil e (b) que foram faturadas antes de 1º de dezembro de 2010. Por outro lado, a seguinte equação, usando o "and" lógico, resultaria na seleção somente dos itens que satisfazem ambas as condições:

$$\text{Amount} > 50000 \textbf{ and } \text{invdate} < \text{'20101201'}[3]$$

Ela extrairia somente os saldos de contas vencidas há mais de 30 dias e cujo valor fosse superior a $ 50 mil.

Selecionar amostras estatísticas – Em praticamente todas as auditorias, o auditor seleciona amostras para testes adicionais. O ACL pode ser empregado para testar amostras PPT, de atributos, aleatórias simples e aquelas baseadas em julgamento.

Avaliar amostras – O ACL guarda a amostra selecionada de valores contábeis para facilitar a avaliação estatística. O auditor precisa apenas inserir as exceções para avaliação estatística e projeção da amostra – incluindo a análise tanto do estrato superior quanto do inferior. Os dados auditados podem ser avaliados estatisticamente nos níveis de risco e com os limites de erros toleráveis especificados pelo auditor.

Imprimir confirmações – O ACL é usado para selecionar saldos de contas para confirmação independente por terceiros, tais como clientes, e pode imprimir e preparar os pedidos de confirmação para remessa.

Analisar a validade global de arquivos – A maioria dos aplicativos contém controles de edição para detectar e impedir que transações sejam registradas com erro. Embora o auditor possa testar o funcionamento correto desses controles por outros meios, o *software* de auditoria pode ajudar a avaliar a eficácia dos controles por meio da leitura do arquivo e da comparação de itens individuais a parâmetros de controle para determinar se os controles de edição foram ignorados. Por exemplo, suponhamos que o auditor tenha testado um procedimento de controle que limita o crédito a clientes individuais em conformidade com a classificação de risco do cliente pelo departamento de crédito. O departamento de crédito classifica cada cliente em uma escala de 1 a 5, sendo 5 representativo do risco mais baixo de crédito. Uma classificação igual a 1 indicaria que as entregas só podem ser feitas contra pagamento prévio, e uma classificação igual a 2 indicaria que o crédito total não pode ser superior a $ 50 mil. O auditor usa o *software* para comparar os saldos de contas de clientes ao máximo estipulado pela política de crédito e gera uma listagem de cada saldo de conta que supera o limite de crédito especificado.

Gerar totais de controle – O auditor precisa certificar-se de que está sendo usado o arquivo correto do cliente. Por exemplo, suponha que o profissional quer consultar o arquivo de contas a receber contendo 13 mil registros individuais e um saldo de $ 75.482.919. O ACL gera totais de controle automaticamente, tais como número de registros, de saldos devedores e credores, o saldo maior e o saldo menor, e um total geral do saldo para verificar a integridade da população.

Realizar análises numéricas – Uma das propriedades mais interessantes de *softwares* de auditoria é a capacidade de realizar análises numéricas. Um matemático chamado Benford

> **QUESTÃO PRÁTICA**
> O SGA é útil na identificação de situações em que os controles internos foram ignorados ou podem não estar funcionando corretamente. Os dados obtidos complementam o teste de controles pelo auditor e geram parte da evidência usada em julgamentos sobre a adequação dos controles internos da divulgação financeira pelo cliente.

---

[3] N.T. – Valor > 50000 e data da fatura < 1º de dezembro de 2010.

> **QUESTÃO PRÁTICA**
>
> Embora esteja além dos objetivos deste livro, praticamente todos os principais usuários de SGA utilizam a lei de Benford e os módulos auxiliares do SGA para analisar contas em que há maior probabilidade de fraude – especialmente nas áreas de contas a receber, folha de pagamento e contas a pagar.

estudou a natureza de padrões numéricos e observou que os padrões de números, em muitas aplicações distintas, são muito parecidos. Por exemplo, se as faturas de venda ou os cheques de pagamento de salários têm números com cinco algarismos, a lei de Benford prediz que o primeiro algarismo é o número 1 em aproximadamente 30% dos casos. Sua análise também prediz a frequência esperada de ocorrência de números específicos como segundo algarismo, e assim por diante, em um número com cinco algarismos. Seus resultados são notáveis e a capacidade preditiva da lei de Benford é bastante elevada.

É interessante observar que a maioria das pessoas fraudadoras se preocupa em tomar todo o cuidado ao cometer e encobrir uma fraude. Entretanto, geralmente elas precisam atribuir números a documentos e, não surpreendentemente, esses números não obedecem aos padrões que ocorrem naturalmente na prática. Isso não é surpreendente, porque a pessoa que está realizando a fraude inventa os números e é extremamente difícil prever a ocorrência de todos os algarismos num número com 5, 8 ou 10 algarismos.

Implantação de SGA

O auditor inicia o processo de implantação reunindo-se com o pessoal de processamento de dados do cliente para entender a organização e a estrutura dos arquivos, ter acesso ao sistema, obter cópias dos arquivos de dados na data de teste, ou programar o processamento. Uma vez tomadas as medidas que facilitem o uso do *software* de auditoria, o auditor executa as seguintes etapas:

1. Identifica os arquivos computadorizados do cliente a serem lidos pelo *software* de auditoria ou a serem baixados em um microcomputador para serem lidos pelo *software* de auditoria, e prepara uma descrição das características dos arquivos para facilitar o uso do programa, incluindo o seguinte:

AUDITORIA NA PRÁTICA

Uso do SGA para testar afirmações de contas – contas a receber (exemplos ilustrativos – uma lista não completa)

Afirmação	Uso do SGA
Existência	1. Selecionar amostras estatisticamente para fins de envio de pedidos de confirmação. 2. Comparar faturas de venda a documentos de entrega e/ou contratos de venda. 3. Selecionar dados para realizar testes de corte de vendas em torno do final do ano.
Completude	1. Selecionar dados para realizar testes de corte de vendas em torno do final do ano. 2. Selecionar uma amostra de documentos de entrega e comparar eletronicamente com faturas para determinar se as vendas foram cobradas no período apropriado.
Direitos	1. Selecionar amostras estatisticamente para fins de envio de pedidos de confirmação. 2. Selecionar contratos em busca de notas para revisões de auditoria.
Avaliação	1. Totalizar o arquivo. 2. Classificar as contas a receber por idade. 3. Avaliar estatisticamente os resultados amostrais e fazer projeções de incorreções. 4. Fazer uma estimativa de contas incobráveis com base em dados de recebimentos passados. 5. Criar um arquivo de baixas no ano em curso para comparação com anos anteriores.
Apresentação e divulgação	Não aplicável.

a. Tipo de arquivo (por exemplo, dBase, ASCII, EBCDIC, Access ou Excel).
b. Descrição do arquivo, incluindo a especificação de cada campo:
   (i) Tamanho dos registros e campos de dados individuais.
   (ii) Tipo de campo, como alfa, numérico ou data.
2. Determina a configuração do computador e do sistema operacional no qual o arquivo está contido. Organiza uma visão da estrutura da base de dados do cliente.
3. Determina se deve executar o *software* no sistema do cliente ou baixar os dados a um microcomputador; como observado anteriormente, a capacidade de processamento e armazenamento de dados de computadores é tal que todos os arquivos de dados de um cliente, exceto os maiores, podem ser baixados.
4. Extrai os dados do sistema de computação do cliente.
5. Executa o *software*.

SGA como parte de uma auditoria

O *software* genérico de auditoria pode ser usado como apoio no teste de praticamente todas as afirmações relacionadas a saldos de contas de demonstrações financeiras – bem como para apoiar testes de afirmações por outros meios, como a seleção de amostras para envio de pedidos de confirmação de saldos de contas a receber. Veja o quadro Auditoria na prática, que ilustra o alcance do uso de SGA para o teste de afirmações relacionadas a contas a receber.

Procedimentos analíticos como teste substantivo

O uso de procedimentos analíticos como base para a realização de uma análise preliminar de incorreções financeiras em potencial foi discutido no capítulo 4. Os mesmos princípios, incluindo as premissas básicas e o processo de execução dos procedimentos, ainda são apropriados ao serem utilizados procedimentos analíticos como teste substantivo de saldos de contas. Entretanto, quando são usados como teste substantivo, o auditor desejará adotar um enfoque mais rigoroso e fazer estimativas mais precisas.

OA 8
Entender o uso de procedimentos analíticos como teste substantivo de saldos de contas e descrever como eles complementam e afetam outros enfoques de coleta de evidência de auditoria.

Premissas subjacentes a técnicas analíticas

Uma premissa básica subjacente à aplicação de procedimentos analíticos é a de que relações plausíveis entre dados tendem a existir e a se manter, na ausência de condições conhecidas em contrário. Exemplos típicos de técnicas analíticas, incluindo relações e fontes de dados, incluem:

- Informações financeiras para períodos anteriores equivalentes, como a comparação da tendência de vendas no quarto trimestre dos últimos três anos e a análise de variações absolutas e percentuais em relação ao ano anterior.
- Resultados esperados ou planejados, decorrentes de orçamentos ou outras previsões, como a comparação de desempenho efetivo de divisões com o desempenho orçado.
- Comparação de relações entre contas associadas, como despesas de juros e passivos onerosos.
- Quocientes de dados financeiros, como no exame da relação entre vendas e custo dos produtos vendidos ou na elaboração e análise vertical de demonstrações financeiras.

• Tendências da empresa e do setor, como na comparação de margens brutas percentuais de linhas de produtos ou giro de estoques às médias do setor.

• Análise de informação não financeira relevante, como a da relação entre os números de produtos entregues e a despesa com *royalties* ou entre o número de funcionários e a despesa com a folha de pagamento.

A eficácia de procedimentos analíticos substantivos

A eficácia de um procedimento analítico substantivo depende de uma série de fatores: (a) a natureza da afirmação que está sendo testada, (b) a plausibilidade e previsibilidade das relações nos dados, (c) a disponibilidade e confiabilidade dos dados utilizados para gerar a expectativa, (d) a precisão da expectativa formulada pelo auditor e (e) o rigor do procedimento analítico. Na execução de procedimentos analíticos como teste substantivo de auditoria, o auditor já deverá ter concluído positivamente sobre:

1. A empresa possuir controles internos adequados sobre o saldo da conta.
2. O risco de detecção poder ser relativamente elevado, permitindo assim a realização de inferências adequadas a partir de informação indireta para tirar conclusões sobre a correção do saldo de uma conta.
3. Os dados subjacentes utilizados na avaliação da correção do saldo de uma conta serem relevantes e confiáveis – e, ao se usar dados internos, que eles já foram auditados.
4. As relações entre os dados subjacentes e o saldo de conta que está sendo avaliado serem lógicas e justificadas pelas condições econômicas correntes.

> **QUESTÃO PRÁTICA**
>
> Ao formular expectativas, o auditor deve considerar se houve mudanças nas condições econômicas básicas e como essas variações poderiam afetar saldos e quocientes do cliente.

Rigor do procedimento analítico

Um dos enfoques mais rigorosos à utilização de procedimentos analíticos é a análise de regressão. Ao se fazer a análise de regressão, o valor esperado ou previsto é determinado com o uso de uma técnica estatística segundo a qual um ou mais fatores são usados para predizer o saldo de uma conta. Por exemplo, o auditor pode especificar um modelo de regressão que prediz a receita de um cliente que possui centenas de lojas. Os fatores utilizados no modelo poderiam incluir a metragem quadrada das lojas, fatores econômicos tais como dados de emprego e localização geográfica. Por causa do volume de dados e do nível de conhecimento estatístico exigido por tal procedimento, muitas empresas não fazem análises de regressão.

Outro enfoque rigoroso comumente adotado em procedimentos analíticos é um teste de razoabilidade. Nesse tipo de teste, o auditor gerará um valor esperado para uma conta usando dados parcial ou integralmente independentes do sistema de informações do cliente. Por exemplo, o profissional poderá formular uma expectativa da receita financeira de um cliente, a qual é igual ao volume médio de aplicações financeiras do cliente durante o ano, multiplicado pela taxa média de juros de aplicações, determinada por uma fonte externa.

Enfoques menos rigorosos de procedimentos analíticos incluem a análise de tendências e de índices, bem como o de exame visual. Ao fazer exames visuais, o auditor verificará saldos de contas, listas de transações, diários e assim por diante, em um esforço para determinar saldos inesperados ou transações incomuns. A expectativa será baseada no conhecimento do cliente e de contabilidade pelo auditor, e no simples bom-senso. Por exemplo, o auditor não esperaria ver vários lançamentos de valores inteiros em milhões de dólares no diário de receita no final de cada trimestre; ele consideraria tais lançamentos incomuns e passaria a investigar esta constatação inesperada.

Precisão da expectativa

O auditor pode formular uma expectativa bastante geral, como a de que a receita financeira aumentará em relação ao ano anterior. Esta expectativa, embora pudesse ser suficiente para fins do planejamento de procedimentos analíticos, tenderia a não ser satisfatoriamente precisa para um procedimento analítico substantivo. Para formular uma expectativa mais precisa, o auditor poderá optar pelo uso de dados desagregados. No caso do exemplo da receita financeira, o auditor poderia fazer a desagregação com base no tipo de aplicação, pois é provável que as taxas de juros variem entre tipos de aplicação.

Aplicação de procedimentos analíticos a testes substantivos

Os procedimentos analíticos podem ser utilizados para gerar evidência que confirme a informação já possuída pelo auditor a respeito da correção do saldo de uma conta e devem ser utilizados quando os procedimentos são (a) confiáveis e (b) mais eficazes, em termos de custos, do que outros procedimentos substantivos. A título de exemplo, considere a auditoria de receita de venda de gás natural em uma concessionária de distribuição de gás. O auditor testou os controles do reconhecimento de receitas, incluindo os processos de leitura de consumo de gás e de precificação do produto vendido a consumidores residenciais. O auditor concluiu que os controles internos estavam bem estruturados e funcionavam eficazmente. Além disso, também concluiu que os consumidores tendiam a pagar suas contas e não tinham conhecimento independente do valor que deveria ser cobrado. A partir dos dados, montou um modelo de regressão com base no seguinte:

- Cobranças por consumo de gás no ano anterior.
- Variações do número de residências.
- Variações do preço de gás natural durante o ano.
- Variações da eficiência do consumo de energia (índice de eficiência considerando novos aquecedores, isolamento, e assim por diante).
- Crescimento econômico na região.

Com base nesses dados, o auditor monta um modelo de regressão que prediz a receita esperada dentro de uma faixa tolerável de erro com 95% de precisão. Se o profissional constatar que a receita contabilizada está dentro dessa faixa, então não será necessário fazer testes adicionais do saldo da conta. Note-se que esta conclusão foi baseada na avaliação de que o RC era baixo e o RD poderia ser mais alto. Em áreas nas quais há riscos de informação material incorreta, é pouco provável que a evidência de auditoria obtida somente a partir de procedimentos analíticos substantivos seja suficiente. Nessas situações, o auditor tenderá a fazer testes substantivos de detalhes. Entretanto, se os procedimentos analíticos proporcionarem evidência confiável, o profissional talvez seja capaz de alterar a natureza, a programação ou a amplitude dos testes de detalhes.

Procedimentos analíticos não são estimativas feitas pelo cliente

Algumas vezes há confusão a respeito do uso de procedimentos analíticos, pois eles frequentemente se parecem com estimativas feitas pelo cliente. Por exemplo, em empresas menores,

---

> **QUESTÃO PRÁTICA**
>
> As equipes de inspeção do PCAOB têm identificado deficiências na utilização, por empresas de contabilidade, de procedimentos analíticos que se destinavam a ser testes substantivos. As deficiências mais comuns incluem a incapacidade de (a) formular expectativas em um nível apropriado de precisão, (b) fixar um limite para diferenças que a empresa poderia aceitar sem investigação adicional, (c) testar os dados utilizados pela instituição nos procedimentos analíticos para garantir que os dados eram confiáveis, e (d) investigar diferenças inesperadas significativas, incluindo a confirmação das explicações da administração. É importante que o auditor realize e documente apropriadamente qualquer procedimento analítico substantivo usado para obter evidências a respeito de saldos de contas.

> **QUESTÃO PRÁTICA**
>
> Ao avaliar diferenças significativas inesperadas, o auditor pode levar em conta as respostas da administração às consultas do auditor; entretanto, o auditor deve obter outras evidências para corroborar a informação fornecida pela administração.

> **QUESTÃO PRÁTICA**
>
> Os procedimentos analíticos destinam-se a proporcionar evidência independente sobre saldos de contas – não para substituir o processo subjacente de estimação do cliente.

os documentos de trabalho do auditor contêm os melhores dados sobre baixas de dívidas incobráveis, porcentagem de dívidas incobráveis sobre vendas, mudanças de políticas de crédito e variações do volume de vendas. O auditor pode usar esses dados para testar uma estimativa da provisão para devedores duvidosos preparada pelo cliente. Entretanto – e isto é importante –, a administração é responsável pela estimação da provisão. O trabalho do auditor é coletar evidências a respeito da veracidade dessa estimativa. A tarefa de teste pode resultar da coleta de evidências para sustentar as premissas subjacentes do cliente e para recalcular a estimativa. Alternativamente, os testes pelo auditor podem provir de um procedimento analítico – usando dados acumulados nos documentos de trabalho do auditor, mais dados econômicos adicionais, com o objetivo de se chegar a uma estimativa independente do saldo apropriado da conta. Essa estimativa, no entanto, representa evidência de auditoria que o profissional deve usar para determinar se o saldo da conta do cliente é correto ou não.

Resumo

A evidência de auditoria para testes de saldos de contas pode ser coletada de várias maneiras distintas. Este capítulo descreve três ferramentas ligadas à coleta de evidência de auditoria: (1) a amostragem, que pode ser usada tanto para testes de controles quanto em testes diretos de saldos de contas; (2) o *software* genérico de auditoria, que pode ser empregado para analisar dados básicos e apoiar tanto os testes de controles quanto os diretos de saldos de contas; (3) procedimentos analíticos substantivos que geram evidência sobre a razoabilidade dos saldos de contas. Os três enfoques são complementares. Cada um deles também exige (a) julgamentos significativos pelo auditor e (b) uma compreensão detalhada dos processos e da análise de risco do cliente.

Os auditores utilizam tanto a amostragem não estatística quanto a estatística no teste de controles e na realização de testes de detalhes. Neste capítulo, demos ênfase a dois enfoques estatísticos: (1) a amostragem AUM para testes de saldos de contas e (2) a amostragem de atributos para teste de controles internos. Qualquer que seja o método utilizado é importante montar a seleção da amostra de modo que aumente a probabilidade de que a amostra seja representativa da população. Ao se avaliar uma amostra, deve ser tomado cuidado para identificar as incorreções e projetá-las apropriadamente à população como um todo antes de se chegar a uma conclusão sobre o valor contábil.

Os auditores também devem ir além dos números e considerar os aspectos qualitativos das incorreções constatadas e seu impacto sobre outros aspectos da auditoria. A avaliação do risco intrínseco ou do risco de controle pode ter sido muito otimista, e o auditor deve reavaliar o efeito disso sobre todos os aspectos da auditoria. O profissional deve analisar as causas das incorreções descobertas em uma amostra: erro ou fraude, ocorrências aleatórias ou sistemáticas, erro humano ou de programação de computador. Esta análise ajudará o auditor a decidir se será necessário trabalho adicional de auditoria e de que tipo.

O SGA continuará a ser usado largamente na análise de dados do cliente e todo auditor deve se familiarizar com *softwares* como o ACL, incluído neste livro-texto. Procedimentos analíticos substantivos podem aumentar tanto a eficiência quanto a eficácia da auditoria, quando adequadamente utilizados.

Termos importantes

Ajuste incremental por erro de amostragem – Ajuste para erro de amostragem adicional, quando são detectadas incorreções em uma amostra PPT. Os fatores são determinados a partir de tabelas resultantes da distribuição amostral subjacente.

Amostragem de atributos – Um método de amostragem estatística utilizado para estimar a taxa mais provável e máxima de falha de procedimentos de controle com base na seleção e na auditoria de uma amostra.

Amostragem de auditoria – A aplicação de um procedimento de auditoria a menos de 100% dos itens componentes do saldo de uma conta ou de uma classe de transações para a finalidade de avaliar alguma característica do saldo ou classe.

Amostragem de probabilidades proporcionais ao tamanho (PPT) – Um método de seleção de amostras em que cada item contido na população tem uma probabilidade de ser incluído na amostra que é proporcional ao valor monetário do item.

Amostragem de unidades monetárias (AUM) – Um método de amostragem baseado na amostragem de estimação de atributos, mas envolvendo incorreções em valor monetário, em lugar de taxas de falha. A eficácia da AUM é máxima quando se audita a sobrevalorização de uma população e são esperadas poucas incorreções ou nenhuma. A AUM é comumente chamada de amostragem de probabilidades proporcionais ao tamanho (PPT).

Amostragem estatística – A aplicação de teoria de probabilidade e inferência estatística a uma amostra para ajudar o auditor a determinar o tamanho apropriado de uma amostra e avaliar os resultados amostrais.

Atributo – Uma característica da população de interesse para o auditor. Com frequência é utilizado como um procedimento de controle, mas também poderia ser um aspecto operacional, como a resposta imediata a consultas de clientes.

Erro de amostragem – A possibilidade de que a incorreção difira da efetiva, mas desconhecida, na população.

Estratificação – Dividir a população em grupos relativamente homogêneos, chamados de estratos. A estratificação pode ser feita com base no julgamento do auditor, mas é mais comumente feita com a ajuda de *software* genérico de auditoria para que se atinja a eficiência máxima de amostragem.

Estrato superior – Itens populacionais cujos valores contábeis superam o intervalo de amostragem e, portanto, são incluídos integralmente no teste. O estrato superior contém todos os saldos de uma conta que superam um valor monetário específico.

Fator de expansão de erro – Um fator utilizado na determinação do intervalo de tamanho na amostragem AUM para levar em conta um erro de amostragem adicional quando se espera alguma incorreção.

Fatores de confiabilidade – Fatores relacionados ao risco de detecção utilizado para determinar o intervalo de tamanho da amostra para fins de amostragem AUM.

Incorreção – Para fins de amostragem substantiva, uma diferença entre valores contabilizados e auditados que afeta o total da conta.

Incorreção esperada – O volume de incorreção que o auditor estima haver na população.

Incorreção mais provável (IMP) – Na amostragem PPT, a soma das incorreções no estrato superior com a projeção das incorreções no estrato inferior. Corresponde à melhor estimativa do auditor em relação à incorreção total na população e deve ser inserida no resumo de ajustes possíveis.

Incorreção tolerável – O volume máximo de incorreção que o auditor pode aceitar na população.

Limite superior atingido – A taxa de falha máxima provável de procedimentos de controle na população, com base em uma amostra de estimação de atributos.

Limite superior de incorreção (LSI) – A sobrevalorização monetária máxima que pode haver numa população, dados os erros amostrais observados, no nível estipulado de risco de detecção.

População – O grupo de transações ou itens que compõem o saldo de uma conta, e para o qual o auditor deseja estimar alguma característica, como a eficácia de procedimentos de controle.

Porcentagem de distorção – Na amostragem AUM/PPT, o volume de incorreção como porcentagem do valor contábil do item amostral. A porcentagem de distorção é calculada individualmente para cada item amostrado.

Precisão básica – O limite superior de incorreção quando não é detectada nenhuma incorreção em uma amostra AUM; é calculado multiplicando-se o intervalo de amostragem pelo fator de confiabilidade.

Risco de aceitação incorreta – O risco de concluir, com base em uma amostra, que o valor contábil não é materialmente incorreto, quando na verdade o é.

Risco de amostragem – A probabilidade de que uma amostra não seja representativa da população, que pode levar o auditor à conclusão errada sobre a população.

Risco de não amostragem – O risco de auditar inadequadamente os itens amostrados ou julgar erradamente o risco intrínseco ou o de controle; inclui erros de julgamento na seleção de um método de amostragem ou procedimento de auditoria.

Risco de rejeição incorreta – O risco de concluir, com base em uma amostra, que o valor contábil é materialmente incorreto, quando na verdade não o é.

Seleção com o uso de números ao acaso – Métodos de seleção de amostras em que cada item da população tem a mesma chance de ser escolhido; somente amostras baseadas em números ao acaso podem ser avaliadas estatisticamente.

Seleção não planejada – Seleção de itens amostrais sem viés deliberado; não se baseia na escolha de números ao acaso e, portanto, não deve ser empregada em amostragem estatística.

Software **genérico de auditoria (SGA)** – Um programa de computador que contém módulos gerais de leitura de arquivos existentes e manipulação dos dados contidos nos arquivos com a finalidade de executar tarefas de auditoria; projetado de tal maneira que haja uma interface simples que traduza as instruções do usuário em código de programação para a realização de testes desejados de auditoria por meio da leitura de arquivos do cliente e a execução das etapas necessárias do programa.

Taxa esperada de falha – A melhor estimativa pelo auditor da porcentagem de transações processadas para as quais o procedimento de controle examinado não está funcionando eficazmente.

Taxa tolerável de falha – A avaliação pelo auditor da taxa máxima de falha de procedimentos de controle que pode ocorrer e ainda assim permitir ao auditor confiar no controle.

Unidades amostrais – Os elementos auditáveis individuais, definidos pelo auditor, que formam a população, tais como os saldos de clientes ou faturas não pagas individuais.

REFERÊNCIAS SELECIONADAS A ORIENTAÇÃO PROFISSIONAL RELEVANTE		
Referência a orientação	Fonte de orientação	Descrição da orientação
Pronunciamento sobre padrões de auditoria (SAS), nº 56	AICPA ASB	Procedimentos analíticos.
Pronunciamento sobre padrões de auditoria (SAS), nº 39	AICPA ASB	Amostragem de auditoria.
Pronunciamento sobre padrões de auditoria (SAS), nº 111	AICPA ASB	Emenda ao pronunciamento sobre padrões de auditoria nº 39, "amostragem de auditoria".
Pronunciamento sobre padrões de auditoria (SAS), nº 106	AICPA ASB	Evidência de auditoria.
Guias de auditoria e contabilidade	AICPA	Amostragem de auditoria (em maio de 2008).
Padrão internacional de auditoria (ISA) 520	Ifac IAASB	Procedimentos analíticos.
Padrão internacional de auditoria (ISA) 530	Ifac IAASB	Amostragem de auditoria e outras formas de teste.

Nota: siglas da orientação Profissional relevante – ASB – *Auditing Standards Board* (Conselho de Padrões de Auditoria); AICPA – *American Institute of Certified Public Accountants* (Instituto Americano de Contadores Externos Certificados); Coso – *Committee of Sponsoring Organizations* (Comitê de Organizações Patrocinadoras); Fasb – *Financial Accounting Standards Board* (Conselho de Padrões de Contabilidade Financeira); IAASB – *International Auditingand Assurance Standards Board* (Conselho de Padrões Internacionais de Auditoria e Garantia); Iasb – *International Accounting Standards Board* (Conselho de Padrões Internacionais de Contabilidade); Iasc – *International Accounting Standards Committee* (Comitê de Padrões Internacionais de Contabilidade); Ifac – *International Federation of Accountants* (Federação Internacional de Contadores); ISB – *Independence Standards Board* (Conselho de Padrões de Independência); PCAOB – *Public Company Accounting Oversight Board* (Conselho de Supervisão Contábil de Companhias Abertas); SEC – *Securitiesand Exchange Commission* (Comissão de Valores Mobiliários e Bolsas de Valores).

Questões de revisão

8–2 (OA 2) Por que é importante especificar o objetivo de auditoria ao se planejar uma amostra com a finalidade de testar o saldo de uma conta?

8–4 (OA 3) Quando utiliza a amostragem não estatística como teste do saldo de uma conta, de que maneira o auditor:
 a. Determina o tamanho da amostra?
 b. Seleciona a amostra?
 c. Avalia os resultados amostrais?

8–6 (OA 4) Ao utilizar a amostragem para testar procedimentos de controle, que fatores o auditor deve considerar ao fixar:
 a. A taxa tolerável de erro?
 b. A taxa esperada de falha?
 c. O risco permissível de que se avalie o risco de controle como sendo demasiadamente baixo?

8–8 (OA 4) Qual é o efeito do aumento de cada um dos seguintes itens sobre o tamanho da amostra de estimação de atributos?
 a. Risco de amostragem.
 b. Taxa tolerável de falha.
 c. Taxa esperada de falha.
 d. Tamanho da população

8–10 (OA 5) Quando se usa a amostragem AUM, explique como a probabilidade de escolha de um item é proporcional ao seu tamanho.

8–12 (OA 5) Que informação é necessária para projetar uma amostra AUM? Onde o auditor coleta tal informação?

8–14 (OA 5) Quando é mais apropriado usar a amostragem AUM?

8–16 (OA 5) Que linhas alternativas de ação deveria adotar um auditor quando o nível superior de incorreção supera a incorreção tolerável em uma amostra AUM? Essas providências diferem daquelas disponíveis ao se usar a amostragem não estatística e a avaliação da amostra indica uma possível incorreção material na população?

8–18 (OA 6) Um auditor recebe uma resposta a um pedido de confirmação e precisa determinar se a diferença informada é devida (a) a um erro de parte da empresa, (b) a um erro do cliente, ou (c) a uma diferença de datas. Explique como cada alternativa afetaria a avaliação estatística.

8–20 (OA 7) O que é um *software* genérico de auditoria (SGA)? Quais são as principais tarefas de auditoria nas quais um auditor o empregaria? Quais são as suas principais vantagens?

8–22 (OA 7) Qual é a relação entre o uso de um procedimento analítico pelo auditor e uma estimativa do cliente?

8–24 (OA 8) Suponha que o auditor conclua que o risco de detecção deve ser muito baixo. O profissional propõe que as vendas sejam examinadas mediante uma análise da relação entre vendas e custo das mercadorias vendidas nos dois anos anteriores, ajustada pelo crescimento do produto interno bruto. Explique por que este seria um bom teste do saldo da conta ou não.

Questões de múltipla escolha

8–26 (OA 2) Quais das seguintes afirmações são corretas em relação ao risco de amostragem e ao risco de não amostragem?

I. A melhor maneira de enfrentar o risco de não amostragem é com treinamento e supervisão de pessoal técnico.
II. O risco de amostragem é fixado com antecedência pelo auditor como base da determinação do tamanho da amostra.
III. O risco de não amostragem pode ser minimizado com a utilização de amostras maiores.

a. Somente I.
b. Somente I e II.
c. Somente II e III.
d. Somente III.

*8–28 (OA 3) Uma vantagem do uso de técnicas de amostragem estatística é a de que tais técnicas:

a. Medem o risco matematicamente.
b. Eliminam a necessidade de decisões baseadas em julgamento.
c. Definem os valores da precisão e da confiabilidade exigidas para gerar uma auditoria satisfatória.
d. Têm sido confirmadas na justiça como sendo superiores à amostragem baseada em julgamentos.

**8–30 (OA 5) Um auditor seleciona uma amostra estatística em um estoque grande de peças de reposição. Qual dos seguintes objetivos de auditoria seria o mais apropriado caso o método de amostragem empregado fosse AUM?

a. O auditor planeja estimar a idade dos itens individuais estocados.
b. O auditor planeja fazer um demonstrativo do valor monetário total de incorreções na população em relação ao valor contábil registrado.
c. O auditor deseja aceitar ou rejeitar a hipótese de que a proporção de peças defeituosas na população é inferior a 5%.
d. O auditor deseja estimar a proporção de peças defeituosas na população.

8–32 (OA 7) Qual dos seguintes não seria um uso apropriado de SGA?

a. A elaboração de um relatório de contas a receber por idade.
b. A leitura de um arquivo geral completo para um exame global de integridade.
c. A leitura de um arquivo para selecionar transações envolvendo contas a receber superiores a $ 5 mil e vencidas há mais de 30 dias para fins de análise de auditoria posterior.
d. Submeter transações a serem destacadas e investigadas no sistema.

8–34 (OA 8) O melhor emprego de procedimentos analíticos como procedimento de auditoria substantiva seria feito em qual dos seguintes cenários?

a. O objetivo primordial do auditor é reduzir os custos de auditoria ao mínimo.
b. O risco de controle interno é elevado e por isso não faz sentido testar controles.
c. Um exame analítico preliminar indica que os saldos de contas significativas tendem a possuir incorreções.
d. Nenhum dos anteriores.

---

* Todos os problemas marcados com um asterisco foram adaptados do Exame Uniforme de CPA.
** Todos os problemas marcados com dois asteriscos foram adaptados do Exame de Certificação de Auditores Internos.

Questões de discussão e pesquisa

8–36 (Amostragem não estatística, OA 3) As informações a seguir dizem respeito a uma amostra não estatística utilizada para fazer um teste de preços de estoques:

Pergunta-se:

a. Qual é a melhor estimativa da incorreção total?

b. Esses resultados são aceitáveis, supondo que a incorreção tolerável seja de $ 25 mil? Explique sua resposta.

c. Se os resultados não forem aceitáveis, que providências o auditor poderá adotar?

	População		Amostra		
	Número	Valor	Número	Valor	Incorreção
≥ $ 30.000	20	$ 1.600.000	20	$ 1.600.000	$ 1.000
< $ 30.000	200	$ 1.500.000	20	$ 185.000	$ 600
Total	220	$ 3.100.000	40	$ 2.785.000	$ 1.600

8–38 (Amostragem de atributos – companhia aberta, OA 4)

A Avation é uma companhia aberta e, portanto, o auditor é obrigado a testar controles e dar um parecer sobre a eficácia dos controles do cliente, bem como sobre a fidedignidade das demonstrações financeiras. A empresa produz relógios especiais entregues em promoções de vendas e premiações. O auditor está planejando utilizar a amostragem de estimação de atributos para testar os controles sobre o registro das compras de matéria-prima.

O manual de procedimentos descreve as seguintes etapas a serem cumpridas para encomendar e receber matéria-prima e processar faturas para fins de pagamento.

1. O departamento de compras prepara uma ordem pré-numerada de compra com base em uma requisição de compra autorizada do departamento de controle de estoques e envia uma cópia assinada da ordem de compra ao departamento de contas a pagar.
2. Um escriturário da área de recebimento prepara e rubrica um relatório pré-numerado de recebimento assinalando a quantidade recebida e encaminha uma cópia ao departamento de contas a pagar.
3. Quando a fatura do fornecedor é recebida pelo departamento de contas a pagar, um escriturário compara as quantidades e os preços aos dados da ordem de compra e do relatório de recebimento, assinalando que isso foi feito colocando uma marca de verificação ao lado de cada item.
4. Qualquer fatura que apresente uma discrepância em termos de quantidade e/ou preço é enviada ao departamento de compras para análise, e a sua conclusão é assinalada na fatura e devolvida ao departamento de contas a pagar. O escriturário também verifica a precisão dos dados da fatura, escreve o número de estoque de cada item e rubrica a fatura, assinalando que essas providências foram tomadas.
5. O supervisor do departamento de contas a pagar examina cada fatura e aprova o seu pagamento rubricando a fatura. A informação, incluindo a data de vencimento do pagamento, é a seguir lançada no sistema de computação.

Pede-se:

a. Identifique os controles a serem testados. Suas decisões devem basear-se nos controles que, se não estivessem funcionando, poderiam levar a uma possibilidade razoável de incorreção material nas demonstrações financeiras.

b. Forneça exemplos de testes de auditoria que lhe permitiriam testar os controles identificados no item (a).

c. Forneça estimativas aproximadas do risco de amostragem apropriado e da taxa tolerável de falha para cada um dos controles identificados no item (a) e o tamanho apropriado da(s) amostra(s). Explique o seu raciocínio.

8–40 (Determinação e implantação do tamanho de amostra de atributos, OA 4)

Pede-se:

a. O risco de amostragem é de 10%. Determine o tamanho da amostra para cada um dos controles a seguir:

Controle	Taxa tolerável (%)	Taxa esperada (%)	Tamanho da amostra	Número de falhas	Limite superior atingido
1	5	0		0	
2	5	1		3	
3	10	0		1	
4	5	0,5		1	
5	10	3		2	

b. Explique por que os tamanhos das amostras para os controles 2 e 3 diferem dos tamanhos para o controle 1.

c. Qual é o efeito geral do uso de um risco de amostragem de 10%, em lugar de um risco de amostragem de 5%, sobre o tamanho da amostra. Explique a sua resposta.

d. Em que condições seria melhor usar a amostra de maior tamanho para todos os controles, em lugar de tamanhos de amostras individuais determinados no item (a)?

e. Suponha que uma amostra de 80 observações seja usada para todos os cinco controles. Determine o limite superior atingido de falhas na população para cada controle e complete a tabela no item (a).

f. Com base nas respostas ao item (e), em quais dos controles o auditor pode depositar a confiança planejada? Por quê?

8–42 (Avaliação de resultados de amostra de atributos, OA 4)

a. Ao se avaliar uma amostra de atributos, por que o foco é colocado no limite superior de erro e não na taxa média de falha na amostra?

b. Se o limite superior atingido de falhas de controle superar a taxa tolerável na aplicação de uma amostragem de atributos, que linhas alternativas de ação estariam disponíveis ao auditor?

8–44 (Quantificação de julgamentos, OA 5) O auditor deve quantificar os seguintes parâmetros ao usar a amostragem AUM:

1. Incorreção tolerável.
2. Incorreção esperada.
3. Risco de aceitação incorreta.

Pede-se:
Descreva cada um desses parâmetros e como eles podem ser determinados pelo auditor.

8–46 (Efeito de análise de incorreções, OA 6) A sua avaliação de uma amostra estatística indica que pode haver uma incorreção material na população. Ao analisar as incorreções detectadas, foi descoberta uma causa comum: a maioria das incorreções foi provocada por se deixar de contabilizar tempestivamente as devoluções de mercadorias vendidas. Ou seja, as mercadorias foram devolvidas antes de 31 de dezembro, mas registradas como devoluções de janeiro, pois a pessoa que normalmente faz esse trabalho estava em férias no final do ano.

Pergunta-se:
Como deve agir o auditor para determinar se as contas a receber e as devoluções de vendas e provisões contêm uma incorreção material?

8–48 (Amostragem AUM, OA 6) O auditor está auditando as contas a receber de um cliente antigo e que possui bons controles internos. O auditor julga que o risco de controle é baixo e atribui um risco de controle de 20% e um risco desejado de auditoria de 5%. Outros fatores considerados pelo auditor são os seguintes:

1. O auditor não executará outros procedimentos substantivos de auditoria.

2. O risco intrínseco, de acordo com a política da empresa, é avaliado como sendo igual a 1,00.
3. O valor contábil do cliente é $ 9.325.000.
4. A incorreção tolerável é avaliada em $ 215 mil.
5. As auditorias anteriores têm revelado que um erro esperado de sobrevalorização de $ 45 mil é razoável.

Pede-se:

a. Calcule o risco de detecção.
b. Calcule o intervalo de amostragem e mostre os seus cálculos.
c. Suponha que o auditor arredonde o intervalo de amostragem para baixo, para os $ 5 mil mais próximos. Calcule o tamanho máximo aproximado da amostra que o auditor esperaria.
d. O auditor encontrou as seguintes discrepâncias ao realizar o trabalho de auditoria:

Valor contábil	Valor auditado	Diferença de auditoria
$ 32.500	$ 15 mil	$ 17.500 foram cobrados da empresa errada devido a um erro de transcrição. A investigação subsequente confirmou que devia ter sido cobrada de outra empresa, que reconheceu a dívida.
$ 55 mil	$ 20 mil	Mercadorias foram devolvidas antes do final do ano, mas o crédito só foi contabilizado no período seguinte.
$ 125 mil	$???	Houve uma divergência significativa a respeito da qualidade de produtos entregues. O cliente concordou em ficar com os produtos e pagar o valor integral de $ 125 mil, mas a empresa arcou com custos adicionais de $ 60 mil para contentar o cliente e receber o pagamento. A equipe de auditoria está debatendo se o valor auditado deve ser igual a $ 125 mil ou $ 65 mil. Você deve decidir e justificar a sua decisão.
$ 105 mil	$ 85 mil	Outra divergência diz respeito à qualidade de produtos. O cliente ficou satisfeito com a redação de um memorando de crédito logo após o final do ano, embora a questão estivesse sendo discutida há seis meses.
$ 500	$ 400	Devia ter sido concedido crédito, mas isso não aconteceu.

Pede-se:

a. Calcule o erro mais provável e o limite superior de erro para contas a receber.

b. Discuta as implicações de auditoria, ou seja, se o trabalho apoia o valor contábil ou se seria recomendado trabalho adicional de auditoria e, em caso afirmativo, qual seria a natureza desse serviço.

8–50 (Amostragem AUM com ACL, OA 6) Você está auditando o estoque da *Husky Manufacturing Company* para o exercício encerrado em 31 de dezembro de 2009. O valor contábil é igual a $ 8.124.998,66. A incorreção tolerável é de $ 400 mil e a esperada é de $ 10 mil. O risco de detecção é igual a 10% (nível de confiança de 90%). A amostragem AUM é utilizada para a realização de um teste de preços. Pede-se:

a. Calcule o intervalo de amostragem e o tamanho máximo da amostra.

b. Calcule a incorreção mais provável e o limite superior de incorreção supondo que as seguintes incorreções tenham sido encontradas na amostra:

Valor contábil	Valor auditado
$ 41.906,45	$ 36.906,45
335.643,28	333.643,28

c. Utilize o ACL para calcular o intervalo de amostragem e o tamanho da amostra e avalie as duas incorreções mostradas no item (b):
   (i) Importe o arquivo "*HuskyInventory* 2009".
   (ii) Escolha "*Sampling*" no menu. Em seguida, selecione "*Calculate Sample Size*", e "*Monetary*" e, a seguir, insira os dados fornecidos anteriormente.
   (iii) Compare os resultados com o item (a).
   (iv) Escolha "*Sampling*", "*Evaluate Error*" e insira as informações usando as incorreções do item (b).
   (v) Compare os resultados ao item (b).

8–52 (*Software* genérico de auditoria, OA 7) O auditor deseja utilizar o SGA para ajudá-lo na auditoria de contas a receber. Os principais objetivos do profissional são:

- Avaliar existência enviando pedidos de confirmação aos clientes.
- Analisar a adequação da provisão para devedores duvidosos por meio de:
  Exame do arquivo para determinar se os limites de crédito foram ignorados.
  Cálculo de idades de contas a receber.
  Análise da composição de créditos por classes de risco de crédito.
  Amostragem de contas a receber para determinar se a classificação de risco de crédito atribuída é apropriada.
  Construção de um modelo que considere fatores econômicos no ajuste da provisão.
- Testar avaliação por meio de vários testes mecânicos.
- Testar obrigações por meio de um exame de memorandos de crédito.

Pede-se:

a. Identifique como o SGA pode ajudar o auditor a realizar cada uma dessas tarefas.

b. Indique quais das tarefas exigem amostragem, em contraste com uma análise de validade de arquivos.

8–54 (Procedimentos analíticos, OA 8) O auditor deseja utilizar procedimentos analíticos como teste substantivo.

Pede-se:

Indique como os procedimentos analíticos poderiam ser usados para ajudar o auditor a testar as seguintes contas:

1. Despesas de juros com títulos de dívida a pagar.
2. Despesas com gás natural numa concessionária de serviços públicos.
3. Despesas com materiais de consumo numa fábrica.
4. Custo dos produtos vendidos de uma franqueadora de refeições rápidas (por exemplo, Wendy's ou McDonald's).
5. Despesas com salários de um escritório regional de uma empresa de contabilidade externa.

Casos

8–56 (Amostragem AUM, OA 2, 3, 5) Mead, CPA, estava encarregado de auditar as demonstrações financeiras da *JiffyCo.* para o exercício encerrado em 31 de agosto de 2009. Mead está aplicando os seguintes procedimentos de amostragem:

Para o ano em curso, Mead decidiu usar a amostragem AUM para confirmar as contas a receber, pois esse tipo de amostragem utiliza cada conta pertencente à população como uma unidade amostral separada. Mead esperava encontrar muitos casos de sobrevalorização, mas presumia que a amostra AUM ainda seria menor que as resultantes de outros tipos de amostragem.

Mead julgou que a amostra AUM resultaria automaticamente em uma amostra estratificada, porque cada conta teria uma chance igual de ser selecionada para confirmação. Além disso, a escolha de saldos negativos (credores) poderia ser facilitada sem considerações especiais.

Mead calculou o tamanho da amostra usando o risco de detecção, o valor contábil total registrado das contas a receber e o número de contas incorretas permitido. Mead dividiu o valor contábil total registrado das contas a receber pelo tamanho da amostra para calcular o intervalo de amostragem. A seguir, calculou o desvio padrão dos valores monetários das contas selecionadas para avaliação.

O tamanho da amostra calculado por Mead era igual a 60, e determinou-se um intervalo de amostragem de $ 10 mil. Entretanto, somente 58 contas diferentes foram selecionadas, porque duas eram tão grandes que o intervalo de amostragem fazia que cada uma delas fosse selecionada duas vezes. Mead enviou pedidos de confirmação a 55 dos 58 clientes. Três contas selecionadas tinham saldos registrados insignificantes, inferiores a $ 20. Mead ignorou essas três contas pequenas e colocou em seu lugar as três maiores que não haviam sido incluídas na amostra. Cada uma dessas contas tinha saldo superior a $ 7 mil e por isso Mead enviou pedidos de confirmação a esses clientes.

O processo de confirmação revelou duas diferenças. Uma conta com um valor auditado de $ 3 mil havia sido contabilizada por $ 4 mil. Mead projetou que isto era uma incorreção de $ 1 mil. Outra conta com um valor auditado de $ 2 mil havia sido contabilizada por $ 1.900. Mead não considerou essa diferença de $ 100 porque a finalidade do teste era detectar sobrevalorizações.

Avaliando os resultados amostrais, Mead concluiu que o saldo de contas a receber não estava sobrevalorizado, pois a incorreção projetada era inferior ao ajuste por risco de amostragem.

Pede-se:
Descreva cada hipótese e afirmação erradas, além das aplicações incorretas de amostragem nos procedimentos usados por Mead.

Ford Motor Company e Toyota Motor Corporation: Procedimentos analíticos

(www.cengage.com.br, em inglês)

As tabelas apresentadas nas páginas a seguir mostram os valores de índices financeiros comumente utilizados na indústria automobilística, para a *Ford* e a *Toyota*, em cada um dos três últimos exercícios fiscais. Examine as informações mostradas nas tabelas, juntamente com as demonstrações financeiras subjacentes, disponíveis online em www.cengage.com.br em inglês, e responda as questões a seguir.

Fonte e referência	Questão
Ford 10-K, pp. FS-1 a FS-8 *Toyota 20-F, pp. F4 a F10*	1. Contraste as tendências da *Ford* e da *Toyota* em cada uma das seguintes categorias: 1a. Valor da ação. 1b. Dividendos. 1c. Crescimento. 1d. Saúde financeira. 1e. Rentabilidade. 1f. Eficácia da gestão. 1g. Eficiência.
	2. Os índices que você analisou anteriormente representam os resultados de demonstrações financeiras auditadas, mas suponha por um momento que representem os resultados de demonstrações financeiras não auditadas, e que você está usando os resultados para completar procedimentos analíticos que visam a chamar a atenção durante a fase de planejamento da auditoria. 2a. Que saldos de contas merecem maior atenção/preocupação em termos do planejamento da auditoria da Ford? Que perguntas você faria à administração da Ford quanto às suas preocupações? 2b. Que saldos de contas merecem maior atenção/preocupação em termos do planejamento da auditoria da Toyota? Que perguntas você faria à administração da Toyota quanto às suas preocupações? 2c. Suponha que você esteja fazendo o planejamento preliminar de auditoria e possa especificar qualquer estatística que deseje para analisar estoques e contas a receber, por exemplo, o número de dias de vendas em estoque. Examinando apenas essas duas contas, identifique de três a cinco indicadores financeiros básicos que você desejaria analisar ao montar um programa de auditoria para a Ford e/ou a Toyota. Esteja preparado para explicar aos seus colegas porque você identificou essa estatística específica. Você pode supor que está fazendo a auditoria em um período de crescimento.

Auditoria para a constatação de fraudes

9

Objetivos de aprendizagem

O objetivo principal deste livro-texto é a construção de uma base para a análise de questões profissionais correntes e a adaptação de enfoques de auditoria às complexidades das empresas e da economia. Por meio do estudo deste capítulo, você será capaz de:

1. Descrever a dimensão das fraudes que têm ocorrido nas organizações e seus efeitos na economia.
2. Definir os vários tipos de fraude que afetam as organizações.
3. Descrever a responsabilidade do auditor na detecção de fraude, incluindo as expectativas do usuário em relação à responsabilidade do auditor.
4. Descrever algumas das principais fraudes em contabilidade e discutir as implicações para a montagem de procedimentos de auditoria.
5. Entender como integrar a avaliação do risco de fraude e os procedimentos de detecção na auditoria de demonstrações financeiras.
6. Identificar e analisar fatores importantes de risco de fraude.
7. Determinar ligações específicas entre fatores causadores de fraude e testes de auditoria.
8. Discutir como o *software* de auditoria e outras ferramentas computadorizadas podem ajudar o auditor a identificar a fraude.
9. Discutir a responsabilidade do auditor pela divulgação de fraudes, quando tenham sido descobertas.
10. Fazer a distinção entre a contabilidade forense e a auditoria.
11. Aplicar os arcabouços de análise e tomada de decisões com ética a situações envolvendo a detecção de fraude.

Visão geral do capítulo

A fraude é um problema importante. Estima-se que ela custe às empresas americanas até 6% de suas receitas. A divulgação financeira fraudulenta tem prejudicado muito a credibilidade da comunidade empresarial e dos contadores profissionais. Os usuários esperam mais; que os auditores detectem e reportem fraudes significativas. Se os auditores deixarem de detectar e comunicar sua ocorrência, continuará a haver um "hiato de expectativas" entre as perspectivas dos usuários e o desempenho dos auditores. A profissão de auditoria tem procurado reduzir esta lacuna e tem concebido novos enfoques para fazer que o auditor fique atento à possibilidade de fraude em um cliente de auditoria. Em termos do processo de elaboração do parecer de auditoria, este capítulo concentra a sua atenção na fase II, ou seja, no entendimento do cliente em termos da avaliação do risco de existência de fraude material e da decisão do que fazer a respeito. Entretanto, uma vez que o auditor tenha determinado que o risco de fraude não é insignificante, esse conhecimento afeta todas as outras fases da auditoria; ou seja, mudanças devem ser feitas tanto em termos da quantidade de evidência que será coletada quanto em termos de como ela será coletada.

Este capítulo apresenta uma visão geral da fraude, descreve algumas das principais já ocorridas, identifica fatores de risco e procedimentos de auditoria que são eficazes na descoberta da maioria das fraudes. Os procedimentos de auditoria, por si sós, não são a resposta. Ao contrário, os auditores devem encarar a sua relação com a administração do cliente de uma maneira profissionalmente cética, e enfocar cada auditoria com uma atitude de que poderia estar havendo fraude.

O processo de elaboração do parecer de auditoria

I. Aferir as decisões de aceitação e retenção do cliente (capítulo 4).	II. Entender o cliente (capítulos 2, 4-6 e 9).	III. Obter evidência a respeito de controles e determinar o impacto sobre a auditoria de demonstrações financeiras (capítulos 5-14 e 18).	IV. Apurar evidências consubstanciadas sobre afirmações de contas (capítulos 7-14 e 18).	V. Fechamento da auditoria e tomada de decisões de divulgação (capítulos 15 e 16).
A profissão de auditoria, regulamentação e governança corporativa (capítulos 1 e 2).		Tomada de decisões, conduta profissional e ética (capítulo 3).		Responsabilidade profissional (capítulo 17).

JULGAMENTO PROFISSIONAL EM CONTEXTO

Detecção de um esquema de omissão de receita

Uma omissão de receita ocorre quando um funcionário rouba dinheiro (produzido, por exemplo, por vendas originais ou pagamentos a prazo) de uma entidade antes de ser registrado contabilmente. A omissão de receita de vendas originais é feita pelo perpetrador ao se apossar do valor integral da venda ou de parte do valor original, registrando apenas uma parte da venda. Quando a importância é omitida de contas a receber, o autor geralmente se apossa do dinheiro e dá baixa das contas a receber como incobráveis ou registra uma devolução fictícia.

Como exemplo de um esquema de omissão de receita de vendas originais, a Associação de Inspetores Credenciados de Fraudes relatou o caso do Dr. Brian Lee, um cirurgião plástico de maior faturamento na sua clínica. À primeira vista, o Dr. Lee não tinha incentivo financeiro suficiente para praticar a omissão de receita, já que ele recebia um salário elevado, variando de US$ 300 mil a 800 mil por ano. Mas, como se descobriu, a motivação das omissões de receita pelo Dr. Lee era a sua ganância pessoal. Ele simplesmente desejava ganhar mais do que os outros membros de sua família, e usou a sua posição na clínica para conseguir isso.

As omissões de receita pelo Dr. Lee não foram descobertas pelo auditor externo ou pelos controles internos da clínica cirúrgica. Ao contrário, foram descobertas pelas ações de uma de suas pacientes. O Dr. Lee praticava a fraude orientando alguns pacientes a fazerem pagamentos diretamente a ele, e não à clínica. Uma de suas pacientes fez o pagamento ao Dr. Lee, mas depois decidiu solicitar um reembolso à sua seguradora, exigindo assim uma cópia de sua conta e um recibo de pagamento. A paciente contatou a área administrativa diretamente, em vez de "incomodar" o Dr. Lee. Evidentemente, não encontraram a conta ou o recibo. Esse fato gerou uma investigação.

No final, Lee confessou a fraude e concordou em devolver o dinheiro que devia a seus colegas. Surpreendentemente, seus colegas não votaram por dispensá-lo ou processá-lo. Simplesmente introduziram controles para impedir tal comportamento no futuro. O motivo pelo qual tomaram essa decisão era simples: Lee era o melhor cirurgião da clínica.

À medida que for lendo este capítulo, considere esse caso e as seguintes perguntas:

- Você acha que este é o único tipo de fraude que ocorre nas organizações, ou há outros tipos de ocorrências?
- É esperado que os auditores externos detectem fraude em seus clientes? Por exemplo, imagine que você é um médico da clínica. Como você se sentiria a respeito da descoberta da fraude, dado que você e seus colegas haviam acabado de pagar um auditor externo para confirmar a precisão de seus registros financeiros?
- Que procedimentos poderiam ter usado os auditores externos desta clínica cirúrgica para descobrir esta fraude?

Fonte: adaptado de WELLS, Joseph. *An Unholy Trinity: The Three Ways Employees Embezzle Cash*. Association of Certified Fraud Examiners.

Fraude e responsabilidades do auditor: uma evolução histórica

Historicamente, os padrões de auditoria do AICPA têm refletido a crença de que não é razoável que os auditores detectem todas as fraudes, pois elas podem ser manipuladas com esperteza pela administração. Entretanto, o Conselho de Supervisão Contábil de Companhias Abertas (PCAOB) acredita claramente que os auditores têm uma responsabilidade pela detecção de fraudes significativas.

> A missão do PCAOB é restaurar a confiança dos investidores e da sociedade em geral nos auditores independentes de empresas. Não há dúvida de que as repetidas revelações de escândalos contábeis e falhas de auditoria têm reduzido seriamente a confiança do público...
>
> A detecção de fraude material é uma expectativa razoável dos usuários de demonstrações financeiras auditadas. A sociedade requer e espera a garantia de que a informação financeira não tenha sido distorcida materialmente por fraudes. Se uma auditoria independente não puder dar essa garantia, ela não terá muito valor para a sociedade. [ênfase acrescentada][1]

A mensagem para os auditores é clara: eles precisam assumir uma responsabilidade maior pela detecção de fraude e garantir aos usuários que as demonstrações financeiras estão livres de fraude material. Além disso, se os auditores não puderem oferecer tal garantia, então haverá justificativa limitada para os custos dos usuários com a função de auditoria externa.

Entretanto, a fraude é ao mesmo tempo intencional e enganosa. É razoável responsabilizar os auditores pela detecção de todas as fraudes que poderiam ser materiais para as demonstrações financeiras? Além disso, o que seria materialidade para uma fraude; ou seja, algo é material por que é fraudulento, mesmo que o valor monetário seja substancialmente inferior ao que o auditor normalmente consideraria ser material para as demonstrações financeiras como um todo? Exploramos as técnicas e ferramentas de auditoria que auxiliarão os auditores em seu esforço para identificar fraudes materiais nas demonstrações financeiras de uma empresa.

Magnitude de fraude

Em um momento ou outro, todos nós temos visto manchetes semelhantes às seguintes:

> "A Société Générale culpa os administradores; Supervisores ligados à fraude pelo operador, conclui relatório interno".
> "Para intermediário de empréstimos *Subprime* [New Century], 'lucro' que realmente não existia".
> "Inquérito Parmalat encontra truques básicos no âmago do escândalo".
> "Como três detetives improváveis puseram às claras a fraude na *WorldCom*".
> "O auditor da *HealthSouth* deixou de perceber indícios básicos de risco de fraude?"
> "A queda da AIG e do Lehman Brothers foi fraude ou simples ganância?"

Essas manchetes representam apenas uma pequena amostra. A fraude não se restringe a empresas grandes, ou a altos executivos; ela pode ser perpetrada por qualquer funcionário de uma organização. Um estudo estimou que 85% das piores fraudes foram cometidas por

OA 1
Descrever a magnitude das fraudes que têm ocorrido nas organizações e seu efeito na economia.

---
[1] Douglas R. Carmichael, *The PCAOB and the Social Responsibility of the Independent Auditor*, Auditor-Chefe, Conselho de Supervisão Contábil de Companhias Abertas, palestra na reunião da Mid-Year Auditing Section da American Accounting Association, 16 de janeiro de 2004.

> **FOCO EM FRAUDE**
>
> Embora gostemos de pensar que a maioria das pessoas é honesta, o fato é que muitas, nas circunstâncias apropriadas, agirão de maneira incorreta. O *Josephine Institute* informa que 60% dos alunos de nível secundário têm colado em testes, e que 80% dos secundaristas mentiram a seus pais a respeito de algo importante no último ano.

pessoas envolvidas com a folha de pagamento.[2] Além disso, a fraude não se restringe a empresas americanas, nas quais a administração tem sido historicamente motivada a maximizar sua riqueza pessoal por meio de opções de compra de ações. As fraudes na *Ahold* (Países Baixos), na *Parmalat* (Itália), na *Sachtiyam* (Índia) e na *Adecco* (Suíça) revelam que é um fenômeno internacional.

Uma estimativa feita em um estudo de 2008 pela Associação de Inspetores Credenciados de Fraudes (*Association of Certified Fraud Examiners*, ACFE) sobre a natureza geral das fraudes nos Estados Unidos foi a de que as empresas têm historicamente perdido até 7% de suas receitas em consequência de fraudes, equivalendo a quase US$ 1 trilhão de perdas por ano. Essa cifra não inclui prejuízos em situações como a da quebra dos grandes bancos de investimento, Lehman Brothers e Bear Stearns, que haviam montado carteiras de títulos que, embora não fossem fraudulentas em si, careciam de documentação a tal ponto que se poderia facilmente inferir que eram fraudulentas. É difícil compreender quão ampla é a ocorrência de fraude, já que ela muitas vezes não é reportada. Uma estimativa é a de que 40% delas têm sido descobertas, mas não processadas, e outras 40% não têm sido descobertas.

> **FOCO EM FRAUDE**
>
> **A face da fraude nas pequenas empresas e a importância dos controles internos**
>
> Diann Cattani era uma funcionária de confiança em uma pequena empresa pertencente a um casal. Como funcionária de confiança pouco supervisionada pelos proprietários, a Srta. Cattani foi capaz de usar quase US$ 500 mil de dinheiro da empresa na compra de bens para uso pessoal ao longo de um período de quatro anos. Uma instituição pequena normalmente significa um quadro de pessoal pequeno, sem equipe suficiente para que haja segregação apropriada de tarefas e outros controles importantes. No caso da Srta. Cattani, ela tinha poderes para assinar cheques, supervisionar a confecção da folha de pagamento e se comunicar com os advogados e contadores da empresa.
>
> Diann crescera em um lar conservador, religioso e de fortes valores familiares. Ela frequentara a Brigham Young University, na qual havia recebido uma bolsa de estudos devido a atividades esportivas e tinha sido diplomada em administração de empresas e psicologia. Havia trabalhado como gerente e consultora para uma empresa de consultoria bem-sucedida, pertencente a uma família. A julgar por todas as aparências, Diann parecia ter tudo a seu favor; e aí um erro cometido por seu agente de viagens a colocou no caminho da tentação e da ganância. Seu agente de viagens registrou incorretamente uma viagem pessoal e familiar da Srta. Cattani no cartão de crédito da empresa. Quando a Srta. Cattani percebeu o erro, pensou em corrigir a situação, mas contas pessoais crescentes fizeram que ela deixasse o assunto passar.
>
> A Srta. Cattani admite que após esse erro ela se tornou gananciosa e passou a lançar refeições, móveis e outros itens no cartão da empresa. Ela racionalizou o erro inicial dizendo a si mesma que, embora ela estivesse em férias, ela foi obrigada a responder mensagens e telefonemas da empresa, e continuou racionalizando o comportamento posterior e mais extraordinário. Surpreendentemente, seus patrões nunca questionaram suas despesas ou exigiram que fornecesse recibos para comprovar que suas despesas tinham a ver com atividades da empresa – afinal de contas, ela era uma funcionária de confiança. Neste caso, a confiança foi tratada como um convite ao roubo. As empresas, grandes e pequenas, precisam de algo mais que confiança – de controles – como ajuda para atenuar a fraude.
>
> Após quatro anos desse comportamento, a Srta. Cattani confessou ao casal que a havia tratado como se fosse um membro da família. Diann Cattani deixou para trás um filho de 6 semanas de idade e duas filhas pequenas para cumprir uma pena de 18 meses em uma prisão federal.
>
> Fonte: adaptado de DALE, Arden. Running the Show: Inside Job. *The Wall Street Journal*, 30 de abr. 2007.

A ACFE informa que as empresas menores são as mais vulneráveis a fraudes envolvendo a apropriação indébita de ativos (por exemplo, roubo de numerário). O prejuízo médio devido a um esquema fraudulento para uma pequena empresa é de US$ 200 mil. Em contraste, o esquema médio de apropriação indébita em empresas de grande porte corresponde aproximadamente à metade desse valor. Esta diferença em termos de prejuízo pode ser explicada, em parte, pelos controles internos fracos nas empresas pequenas. Um levantamento feito pela KPMG LLP, uma das 4 Grandes, em 2007, constatou que o controle interno inadequado é o principal fator contribuinte para a fraude. Este aspecto é enfatizado também em dois estudos recentes de fraudes pelo Coso, baseados em casos que foram trazidos à atenção da SEC.

Definição de fraude

A fraude envolve apropriações ou roubos intencionais de fundos de uma empresa, ou a distorção intencional de saldos de contas para gerar a percepção de que uma instituição está indo melhor do que na realidade. Portanto, um denominador comum em toda fraude é a intenção de enganar. Na verdade, a intenção é o que distingue a fraude do erro. A maioria

---

[2] Ernst & Young, *Fraud: The Unmanaged Risk*, 8th Global Survey, 2002.

dos auditores rotineiramente encontra erros nos livros de seus clientes, mas esses não são intencionais. A **Ilustração 9.1** resume os vários tipos de fraude.

Desfalques

Um desfalque é um tipo de fraude em que um funcionário toma ativos de uma organização para ganho pessoal. Alguns exemplos incluem roubos (apropriação indébita) de ativos tais como caixa e estoques ou a manipulação de transferências de numerário. A ACFE divide os desfalques em (1) fraude devida à corrupção e (2) fraude devida à apropriação indébita de ativos.

A fraude devida à corrupção ocorre quando os fraudadores usam incorretamente a sua influência em uma transação da empresa para produzir algum benefício para si ou outra pessoa, contrariando seu dever para com o seu empregador ou os direitos de outras pessoas. Fraudes comuns incluem a aceitação de pagamentos e o envolvimento em conflitos de interesse. Por exemplo, a *Halliburton Corporation* informou que, no início de 2004, dois de seus funcionários haviam recebido pagamentos de US$ 6 milhões para fazerem encomendas a uma empresa petrolífera do Kuwait como parte dos esforços do país para reconstruir a infraestrutura do setor no Iraque.

A corrupção ocorre porque há:

- Conflitos de interesse em certas posições.
- Situações em que o suborno pode influenciar ações.
- Circunstâncias em que favores ilícitos influenciam a ação.
- Casos em que pode ser usada extorsão econômica.

A apropriação indébita de ativos ocorre quando um perpetrador rouba ou faz uso indevido dos ativos de uma organização. As apropriações indébitas de ativos têm sido o esquema predominante de fraude para o roubo de ativos em empresas pequenas. Uma apropriação indébita comum envolve receber cheques ou numerário de um cliente e desviá-los para uma conta pessoal, encobrindo o procedimento com a baixa de contas a receber. A apropriação indébita de ativos também ocorre quando os funcionários:

> **OA 2**
> Definir os vários tipos de fraude que afetam as organizações.

> **QUESTÃO PRÁTICA**
> Há uma variedade de "sinais vermelhos" que indicam suborno ou esquemas de pagamento de gorjetas. Os auditores devem estar atentos ao crescimento rápido de despesas com bens ou serviços, aumentos incomuns de compras de um fornecedor específico, falta de segregação de tarefas entre aprovação de fornecedores e autorização de compras, existência de contratos com uma fonte única, ou pagamento de preços acima do mercado por bens ou serviços de um fornecedor específico.

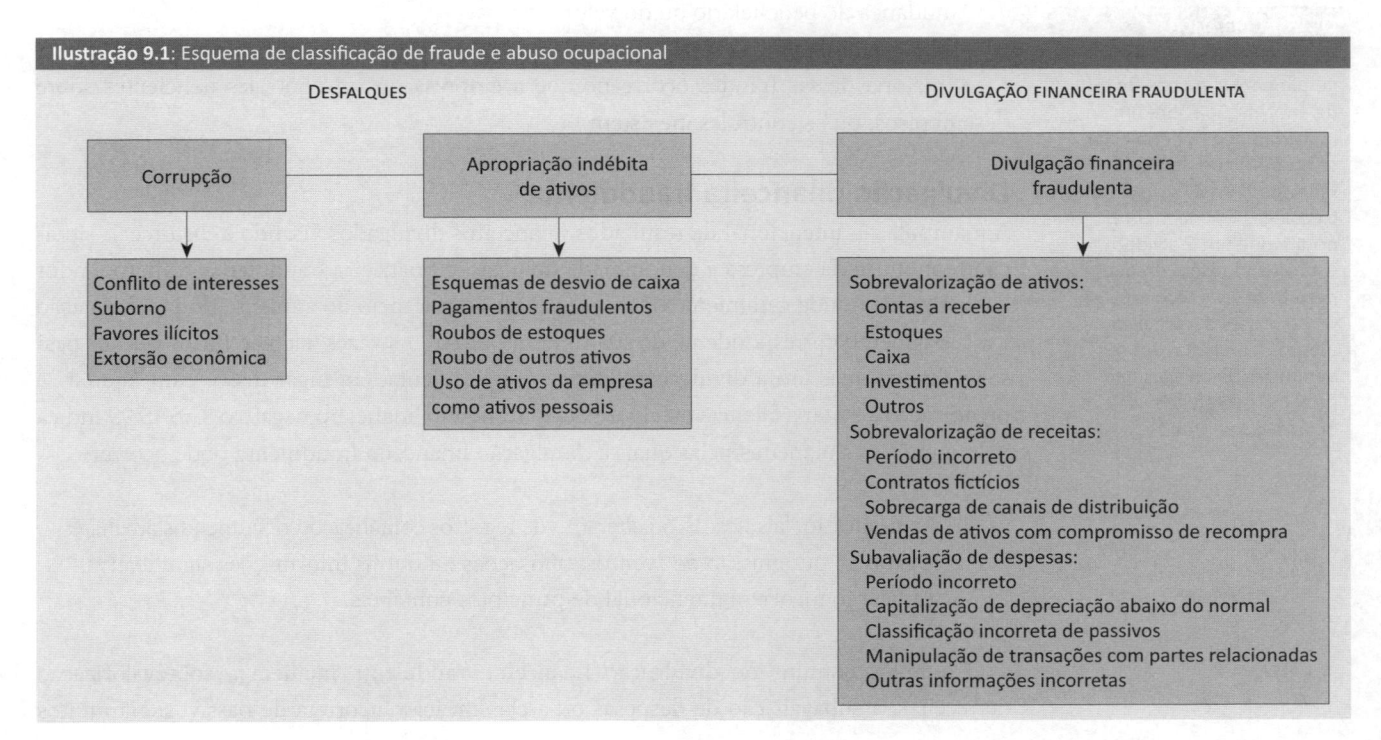

Ilustração 9.1: Esquema de classificação de fraude e abuso ocupacional

DESFALQUES

- **Corrupção**
  - Conflito de interesses
  - Suborno
  - Favores ilícitos
  - Extorsão econômica

- **Apropriação indébita de ativos**
  - Esquemas de desvio de caixa
  - Pagamentos fraudulentos
  - Roubos de estoques
  - Roubo de outros ativos
  - Uso de ativos da empresa como ativos pessoais

DIVULGAÇÃO FINANCEIRA FRAUDULENTA

- **Divulgação financeira fraudulenta**
  - Sobrevalorização de ativos:
    - Contas a receber
    - Estoques
    - Caixa
    - Investimentos
    - Outros
  - Sobrevalorização de receitas:
    - Período incorreto
    - Contratos fictícios
    - Sobrecarga de canais de distribuição
    - Vendas de ativos com compromisso de recompra
  - Subavaliação de despesas:
    - Período incorreto
    - Capitalização de depreciação abaixo do normal
    - Classificação incorreta de passivos
    - Manipulação de transações com partes relacionadas
    - Outras informações incorretas

- Adquirem acesso ao caixa e à manipulação de contas para encobrir roubos de caixa.
- Manipulam pagamentos de numerário por meio de companhias fictícias ou funcionários que têm acesso ao caixa.
- Roubam estoques ou outros ativos e manipulam os registros financeiros para encobrir a fraude.

Em seu Relatório à Nação em 2008, a ACFE informou que aproximadamente 85% dos desfalques envolviam o roubo de numerário. Os outros 15% envolviam desfalques de estoques e outros ativos diversos, como ferramentas. Os esquemas de apropriação indébita de numerário podem ser assim classificados:

- Furto de numerário: apossar-se de numerário após ter sido contabilizado.
- Omissão de transações: interceptar e se apossar de numerário antes de ter sido contabilizado.
- Pagamentos fraudulentos: fundos fraudulentamente transferidos a uma entidade controlada pelo autor da fraude.

Os pagamentos fraudulentos continuam sendo o principal esquema de desfalque em contabilidade, mas outros enfoques inovadores e apoiados no uso de computadores têm surgido com frequência crescente. Os esquemas de desfalque incluem os seguintes:

- Esquemas de faturamento: geralmente com a criação de fornecedores fictícios e o pagamento dos fornecedores por produtos fictícios.
- Esquemas de folha de pagamento: geralmente com a inclusão de funcionários fictícios na folha de pagamento.
- Esquemas de reembolso de despesas: sobrevalorização de pedidos de reembolso de despesas.
- Adulteração de cheques: um esquema de alteração de cheques, por exemplo, com a mudança do beneficiário ou do valor a ser pago.

A maioria dessas fraudes ocorre porque a empresa possui controles deficientes sobre desembolsos, ou os controles inexistem.

Divulgação financeira fraudulenta

A manipulação intencional de resultados financeiros divulgados visando a distorcer a situação econômica da empresa é denominada divulgação financeira fraudulenta. O perpetrador desse tipo de fraude geralmente busca algum ganho por meio do aumento do preço da ação e o crescimento correspondente de sua riqueza pessoal. Às vezes, ele não busca ganhos pessoais diretos, mas usa a divulgação financeira fraudulenta, em lugar disso, para "ajudar" a organização a evitar a falência ou algum outro resultado financeiro negativo. O SAS 99 indica pelo menos três maneiras pelas quais a divulgação financeira fraudulenta pode ocorrer:

1. Manipulação, falsificação ou alteração de registros contábeis ou documentos auxiliares.
2. Distorção ou omissão de eventos, transações ou outras informações significativas.
3. Aplicação incorreta intencional de princípios contábeis.

Exemplos comuns de divulgação financeira fraudulenta incluem a sobrevalorização de receitas, a subavaliação de despesas ou a classificação incorreta de passivos. Há muitos

---

QUESTÃO PRÁTICA

Os colegas de trabalho geralmente são boas fontes de informação sobre um indivíduo que poderia estar se apropriando de ativos indevidamente. Por exemplo, os colegas normalmente notam que um indivíduo está vivendo além do que permitem seus recursos. Os auditores devem estar atentos a reclamações ou denúncias de colegas de trabalho que alegam a ocorrência de fraude.

exemplos, mas talvez o mais simples seja o da *WorldCom*, em que a empresa aumentou o lucro líquido declarado por meio da capitalização de despesas. A *Charter Communications* inflacionou a receita vendendo de volta caixas de controle ao seu fornecedor, recomprando-as posteriormente.

A divulgação financeira fraudulenta também pode envolver relatórios de dados financeiros que não fazem formalmente parte das demonstrações financeiras. Por exemplo, as companhias petrolíferas abertas são obrigadas a divulgar variações de suas reservas comprovadas a cada ano. Uma "reserva comprovada" corresponde à descoberta de um campo de petróleo em que a empresa determinou que a extração é economicamente viável aos preços correntes do petróleo. A magnitude da reserva comprovada é a melhor estimativa dos milhões (bilhões) de barris de petróleo bruto que podem ser extraídos do campo. Em 2004, a SEC processou com êxito a *Shell Oil Company* com base na alegação de que a empresa havia divulgado fraudulentamente as suas reservas comprovadas para fazer que a ela parecesse mais bem-sucedida e, com isso, o preço de sua ação subisse.

Há uma tendência de considerar que a divulgação financeira fraudulenta envolve apenas empresas de grande porte, nas quais os executivos estão preocupados com opções de compra de ações e os preços delas. A **Ilustração 9.2** fornece um exemplo de uma empresa pequena em que os proprietários estavam tentando "ganhar tempo" para que uma organização que estava falindo sobrevivesse. A instituição perpetrou sua fraude inflacionando suas receitas e capitalizando despesas indevidamente, além de classificar passivos incorretamente. Este exemplo mostra sinais de alerta de fraude com os quais um auditor deve estar atento, bem como indica direções em que as contas podem estar incorretamente avaliadas.

> **FOCO EM FRAUDE**
>
> As fraudes envolvendo caixa não se limitam ao funcionário comum. Em 2007 e 2008, diversas acusações foram feitas contra altos executivos que perpetravam suas fraudes fixando datas de concessão retroativa de opções de compra de ações para escolher o preço mais baixo da ação durante o ano. A SEC tomou medidas contra muitas empresas, incluindo *Apple, Inc.*, *Disney* e *United Health Care*.

Ilustração 9.2: Divulgação financeira fraudulenta – exemplo envolvendo uma empresa pequena

HISTÓRICO DA EMPRESA

A *Braggart Apparel Company* foi adquirida por dois jovens empresários em 1994. A empresa se dedicava principalmente ao desenvolvimento de produtos com logos esportivos, por exemplo, beisebol profissional, liga de basquete universitário (Notre Dame, Universidade de Michigan etc.), ou Nascar, que podiam ser vendidos em lojas de departamentos. A empresa possuía duas linhas de produtos: vestuário para crianças e para adultos. A empresa começou com aproximadamente US$ 4 milhões de vendas em 1994, e suas vendas cresceram a aproximadamente US$ 19 milhões ao final de 1998. Para apoiar o crescimento, a empresa havia tomado cerca de US$ 10 milhões emprestados em um banco local e fora capaz de justificar o empréstimo porque (a) ele era garantido por contas a receber e estoques; e (b) tinha um produto estável que estava apresentando uma taxa elevada de crescimento.

A empresa quebrou em 1999. O banco perdeu o valor integral de seus empréstimos. A administração não foi capaz de desenvolver um modelo melhor para a empresa, mas havia sido capaz de usar os fundos para desenvolver um novo negócio pela internet, que posteriormente vendeu a outra empresa por mais de US$ 100 milhões de dólares. A administração havia construído cuidadosamente uma fraude de divulgação financeira que ocultava problemas reais. Usou a maioria dos esquemas identificados na Ilustração 9.1 para perpetrar a fraude.

O ESQUEMA DE DIVULGAÇÃO FINANCEIRA FRAUDULENTA

As cláusulas do empréstimo bancário continham várias medidas para proteger o banco, incluindo:

- A empresa devia manter um quociente entre dívidas e capital próprio não superior a 3,5.
- A empresa devia manter patrimônio líquido tangível de pelo menos US$ 1,5 milhão.
- A empresa devia apresentar demonstrações financeiras auditadas e elaboradas de acordo com os princípios contábeis aceitos em geral.
- O empréstimo era garantido tanto por contas a receber quanto por estoques.

A empresa violou todas essas cláusulas. Entretanto, a fraude foi ocultada da seguinte maneira:

Inflacionamento de receita declarada: a Braggart havia licenciado todos os seus direitos sobre produtos de vestuário adulto a outra empresa que fabricava e vendia os produtos. Por sua vez, a outra empresa entregaria 17,5% de seu faturamento líquido à Braggart sob a forma de *royalties*. A Braggart decidiu contabilizar as vendas brutas da outra empresa como sendo suas vendas, registrando a diferença entre esse valor e os *royalties* de 17,5% como custo dos produtos vendidos, o que permitiu apresentar crescimento contínuo das vendas a taxas de dois algarismos, quando na verdade a receita estava efetivamente caindo. O aumento falso das vendas também mascarou um problema que a empresa estava tendo com seus outros produtos, cuja taxa de devolução havia saltado de 3% para 8%.

Ilustração 9.2: Continuação

Despesas capitalizadas: a Braggart adotou a posição de que 75% de suas despesas gerais, de venda e administrativas eram relacionadas aos estoques e as capitalizou como parte dos estoques. O efeito foi o de sobrevalorizar os estoques em torno de US$ 1,8 milhão, bem como sobrevalorizar o lucro por aproximadamente o mesmo valor, apresentando assim um lucro e cumprindo a exigência de patrimônio líquido tangível.

Passivos incorretamente classificados: a Braggart tinha uma nota promissória no valor de US$ 1 milhão a pagar aos proprietários originais da empresa em função da compra feita em 1994. Em 1998, ela decidiu que alguns dos ativos que estavam nas contas em 1994 eram incorretos. A empresa entrou com uma ação judicial contra os proprietários originais alegando que tinha o direito de "compensar" o saldo da nota promissória com o valor dos ativos sobrevalorizados. Embora a ação ainda não tivesse sido julgada, a empresa tratou o passivo como uma "contra conta" reduzindo assim os passivos na expectativa de uma decisão favorável. A ação acabou sendo julgada em favor dos acionados.

LIÇÕES APRENDIDAS

A divulgação financeira fraudulenta baseia-se na motivação das partes que tendem mais a se beneficiar com a fraude. Eventualmente, uma fraude como essa sempre envolve a manipulação de saldos de contas para que seja apresentada uma situação financeira diferente da que realmente existe. Embora a administração da empresa sempre possa apresentar argumentos para defender a posição de que os ajustes financeiros estavam de acordo com os princípios contábeis aceitos em geral (direito de compensação da nota promissória, todas as despesas estão relacionadas à obtenção de mercadorias para venda etc.), o auditor deve enfocar a auditoria com ceticismo profissional e examinar as transações para garantir que elas correspondam à sua substância econômica.

Evolução da fraude e da responsabilidade do auditor

OA 3
Descrever a responsabilidade do auditor pela detecção de fraude, incluindo as expectativas do usuário em relação à responsabilidade do auditor.

É interessante notar que a missão inicial do auditor era detectar fraude. Já no século dezessete, os navios que partiam da Inglaterra para o mundo então conhecido em viagens de comércio enfrentavam diversas ameaças, tanto à integridade dos próprios navios quanto ao comércio, incluindo a manipulação dos livros que registravam as transações de um navio. Portanto, os auditores foram inicialmente empregados pelos proprietários dos navios para auditar os livros visando a descobrir fraudes cometidas contra a empresa. Esta ênfase na fraude como foco inicial do auditor continuou até o início do século vinte, quando os mercados financeiros começaram a se desenvolver nos Estados Unidos. Nessa época, a ênfase se transferiu à divulgação financeira. As investigações de fraude se concentraram em desfalques ou outras apropriações indébitas de ativos. Entretanto, com o desenvolvimento dos mercados, as companhias abertas começaram a se envolver em atividades para "cozinhar as contas". Talvez o caso mais marcante dessa época tenha sido o grande truque do óleo de salada, descrito na **Ilustração 9.3**. Nessa fraude, uma empresa transferiu secretamente os estoques

Ilustração 9.3: Fraude inicial de divulgação financeira

O GRANDE TRUQUE DO ÓLEO DE SALADA

O grande truque do óleo de salada foi uma das primeiras fraudes de divulgação financeira em larga escala. O conceito era simples: a empresa conseguia sobrevalorizar sua posição financeira alegando que possuía mais estoques do que na realidade. Ativos sobrevalorizados dão à empresa a oportunidade de subavaliar despesas e sobrevalorizar o lucro.

O truque financeiro era muito simples: a empresa estocava óleo de salada em grandes tanques. Emitia recibos demonstrando que havia um grande volume estocado. O auditor observou parte do estoque, mas fez isso inspecionando os vários tanques um após outro. A empresa fez duas coisas para ludibriar o auditor:

- Primeiro, encheu os tanques com uma grande bolsa interna contendo água.
- Segundo, criou uma camada externa com óleo de salada, de modo que, se o auditor examinasse o óleo em uma abertura no alto, próxima à borda do tanque, ele encontraria óleo.
- Terceiro, a empresa bombeou o óleo por dutos subterrâneos de um tanque a outro, antes da inspeção planejada pelo auditor.

A fraude foi eventualmente descoberta.

(óleo líquido) em dutos subterrâneos a uma série de tanques para que o auditor concluísse que havia mais estoques do que os realmente existentes.

Foco inicial em desfalques

Vários tipos de esquemas de desfalques foram concebidos, mas a maioria envolvia a obtenção de acesso a caixa e o encobrimento da apropriação indébita de caixa por meio de vários tipos de lançamentos contábeis. Uma fraude comum é a sobreposição, a apropriação de dinheiro pago em uma conta a receber. Entretanto, o autor da fraude sabe que o cliente eventualmente reclamará, e assim a pessoa que se apropriou do dinheiro aplicaria um pagamento recebido de outro cliente à conta do primeiro. Note que isto é semelhante ao modo de operação de um esquema Ponzi.

Fraudes mais sofisticadas com contas a receber envolviam outros enfoques: (a) registrar descontos grandes para os clientes e (b) usar lançamentos de diário para dar baixa de contas contra a provisão para devedores duvidosos.

Equity Funding: o escândalo que mudou a natureza da detecção de fraudes

Em 1973, foi descoberta a fraude da *Equity Funding*; em consequência, o mundo financeiro mudou para sempre. A *Equity Funding* tinha um conceito interessante: ela vendia apólices de seguro acopladas a investimentos em fundos mútuos. À medida que o fundo mútuo se valorizava, ele gerava rendimentos suficientes para pagar a apólice de seguro. Portanto, um segurado sempre teria a apólice mais barata do mercado.

O crescimento da *Equity Funding* foi notável e o preço de sua ação tinha um dos múltiplos mais altos em *Wall Street*. Infelizmente, muito pouco desse crescimento refletia a realidade econômica. Quando a fraude foi descoberta, os investigadores perceberam que mais de dois terços das apólices não existiam. A fraude não foi encontrada durante uma auditoria, mas somente graças à denúncia de um informante a um corretor de ações. A primeira reação da profissão de auditoria foi a de que o esquema era muito sofisticado e o auditor não teria chances de detectar tais fraudes. Entretanto, uma investigação adicional revelou deficiências de enfoques de auditoria e ceticismo profissional que a profissão precisava sanar. Examinamos mais detalhadamente aqui a natureza da fraude da *Equity Funding* devido à sua importância histórica para os padrões de auditoria e expectativas de usuários.

Como a fraude foi perpetrada – A empresa emitiu apólices fictícias de seguro e, por meio de um esquema do tipo Ponzi, usou o fluxo de caixa de outras apólices para cobrir as fictícias. O objetivo era fazer crescer o valor da ação da empresa, o que poderia ser conseguido somente com a divulgação de vendas e lucros em rápido crescimento. Como a empresa conseguiu fazer tudo isso? Ela se envolveu em algumas práticas enganadoras, incluindo:

- Contabilizar todas as apólices fictícias no sistema de computação, omitindo os três primeiros algarismos do número da apólice. Qualquer amostra de auditoria revelaria vários números duplicados que poderiam ser facilmente explicados por um erro de lógica de computação.
- Complicar transações simples. Para registrar uma transação simples visando a reconhecer uma reserva para apólices, a empresa fazia mais de 30 lançamentos de diários nos livros de quatro subsidiárias diferentes.
- Fazer que empresas de auditoria distintas completassem auditorias nas várias subsidiárias e outra auditasse a matriz; assim, nenhuma empresa de auditoria tinha a visão completa dos livros da empresa.

> **QUESTÃO PRÁTICA**
>
> A despeito do processamento eletrônico, muitas pequenas e médias empresas ainda recebem dinheiro (cheques) de clientes que são a seguir preparados para fins de depósito. A confirmação de todas as contas a receber ao mesmo tempo detectaria sobreposições, porque sempre haveria algumas contas que não teriam sido contabilizadas corretamente.

> **FOCO EM FRAUDE**
>
> O plano Ponzi da *Mader* funcionava de modo muito semelhante aos esquemas de sobreposição – exceto pelo fato de que a empresa não fornecia produtos reais a clientes. Em lugar disso, a *Mader* recebia dinheiro, prometia retornos elevados – que entregava – mas somente graças ao recebimento de somas da onda seguinte de investidores para pagar os primeiros. O esquema sempre depende de fluxos contínuos de caixa provenientes de novos investidores.

> **QUESTÃO PRÁTICA**
>
> Quanto mais as coisas mudam, mais continuam iguais. Muitas das motivações para a realização de fraude e os enfoques adotados na *Equity Funding* se repetiram na *Enron*. Algumas das ferramentas facilitadoras mudaram, mas a natureza da fraude e a motivação dos administradores continuaram sendo as mesmas. O padrão se manteve nas quebras recentes de bancos de investimento e companhias de crédito imobiliário: foram contabilizados ativos que não existiam!

> **QUESTÃO PRÁTICA**
> Deficiências de controle interno sempre representam oportunidades de fraude. Os auditores devem continuamente analisar o controle interno e identificar as oportunidades de fraude que resultam de tais deficiências. O auditor deve, em seguida, fazer testes para determinar se tais fraudes ocorreram.

> **QUESTÃO PRÁTICA**
> A fraude da *Equity Funding*, entre muitas outras, foi encoberta em parte porque o auditor deu tempo à administração para "fabricar" documentos para atender seus pedidos.

> **QUESTÃO PRÁTICA**
> A fraude na *Parmalat* na Itália durou tanto tempo porque a principal empresa de auditoria (*Deloitte*), a pedido do cliente, permitiu que o cliente mantivesse sob contrato a *Grant Thornton* por uma parte substancial da auditoria. A *Deloitte* confiou no trabalho realizado pela *Grant Thornton*. Infelizmente para a *Deloitte*, a fraude ocorreu nas áreas auditadas pela *Grant Thornton*. Em outras palavras, a empresa italiana não aprendeu as lições do caso *Equity Funding*.

> **FOCO EM FRAUDE**
> O ceticismo profissional ainda é o principal atributo que os auditores necessitam para descobrir a existência de fraude.

- A empresa era o maior cliente individual de uma organização local de CPAs, o que permitia à empresa exercer pressão financeira sobre a empresa de auditoria.
- Sempre que o auditor pedia a documentação de apólices de seguro, a empresa respondia que baixaria todas as apólices dos seus arquivos e as entregaria no dia seguinte. A seguir, alguns funcionários selecionados da empresa faziam uma "festa de apólices" em que confeccionavam documentos falsos a serem entregues ao auditor no dia seguinte.

Lições aprendidas com o caso *Equity Funding*

Os auditores profissionais aprenderam várias lições importantes com o caso *Equity Funding*:

- Os auditores correm riscos desnecessários quando não auditam a empresa inteira.[3]
- Os auditores precisam examinar as premissas econômicas subjacentes ao crescimento de uma empresa. Por exemplo, um fundo mútuo em um mercado em queda não geraria os ganhos necessários para pagar os prêmios de seguro do investidor.

> **AUDITORIA NA PRÁTICA**
> Os auditores sempre devem estar atentos a anomalias nos resultados do cliente, especialmente situações nas quais o sucesso difere significativamente do que está sendo obtido no resto do setor.

- Os auditores devem avaliar os fatores de risco e, quando elevados, exigir evidência mais sólida de auditoria, inclusive procurando eles mesmos os documentos subjacentes, em lugar de esperar um dia para que a empresa os apresente. Os auditores devem ser céticos em relação a desculpas incomuns do cliente para deixar de fornecer evidências.
- Erros de computação não devem ser vistos como desculpa, mas como um indício de um problema sistemático que exige níveis elevados de ceticismo por parte do auditor.
- Clientes dominantes podem ser problemáticos. Uma empresa não pode ter um cliente do qual ache que não pode se desligar.
- Os auditores precisam saber o que motiva as ações da administração. Na *Equity Funding*, boa parte da riqueza dos administradores estava vinculada a ações ou opções de compra de ações.
- Os auditores não devem supor que todas as pessoas são honestas. Na *Equity Funding*, muitas partes estavam envolvidas na fraude (tal como na *Enron*).
- Mais importante ainda, havia fatores evidentes de risco de fraude (discutidos mais detalhadamente adiante) que o auditor devia ter examinado.

Os profissionais têm reagido de maneira uniforme à fraude na *Equity Funding*. Atualmente, a maioria das grandes empresas de contabilidade externa exige auditar a instituição como um todo – a matriz e as subsidiárias. As empresas de contabilidade aprimoraram suas competências de auditoria computadorizada. Significativamente, as empresas têm reconhecido que as fraudes de divulgação financeira continuarão a ocorrer e que devem montar históricos de risco para todos os clientes de auditoria – grandes e pequenos.

Os usuários continuam a responsabilizar os auditores pela constatação de fraudes pelos administradores. Isto tem gerado um hiato de expectativas refletido no quadro "Julgamento

---

[3] Note que este mesmo problema ocorreu novamente em 2003, quando o auditor da Parmalat, uma empresa italiana, deixou que aproximadamente 45% da empresa fossem auditados por outra instituição de auditoria (não pertencente às 4 Grandes).

profissional em contexto" apresentado no início deste capítulo, no qual o Dr. Brian Lee desviou fundos significativos de seus colegas em sua clínica cirúrgica. Se você fosse um médico dessa clínica e tivesse recebido um parecer de auditoria sem ressalvas, você não se sentiria até certo ponto decepcionado porque os auditores externos não notaram o esquema de desvio de fundos? É assim que a maioria dos acionistas se sente, e isso reflete as crenças dos reguladores no ambiente atual.

Fraudes de divulgação financeira – o segundo relatório do Coso

O Comitê de Organizações Patrocinadoras (Coso) da Comissão Treadway já realizou dois estudos importantes sobre a incidência de fraude. O mais recente abrangeu as empresas indiciadas pela SEC durante a década de 1990 por divulgação financeira fraudulenta.[4] Esse estudo identificou as principais características das empresas que haviam cometido fraudes. Essas empresas:

- Eram menores (faturamento abaixo de US$ 200 milhões) do que a maioria das empresas registradas na SEC.
- Tinham um conselho de administração dominado pelos executivos da empresa.
- Não possuíam comitê de auditoria, ou, se existia, reunia-se muito raramente (e, quando se reunia, não o fazia por mais de uma hora por ano).
- Sobrevalorizavam receitas e os ativos correspondentes em mais de metade das fraudes constatadas (a maioria das fraudes de receita envolvia o reconhecimento prematuro ou fictício de receitas).
- Não tinham departamentos de auditoria interna.
- Praticavam as fraudes durante períodos relativamente longos, estendendo-se por dois ou mais exercícios fiscais; a fraude média durava 24 meses.
- Tinham prejuízos, ou lucros praticamente nulos, mesmo antes de cometer as fraudes.
- O diretor-executivo e/ou o diretor financeiro estavam envolvidos na fraude em 83% dos casos, reforçando assim a noção de que é improvável que o auditor receba evidência interna confiável em situações nas quais há um risco elevado de fraude.

Este relatório, bem como outros que estudam fraudes, levam os auditores a perceberem que os usuários têm expectativas elevadas de seu trabalho de detecção de fraudes. Além disso, tem levado ao reconhecimento de que há sinais de que pode estar havendo fraude, bastando para isso que os auditores tomem o tempo e tenham o cuidado de olhar. Muitos desses sinais são encontrados no topo da organização, o que inclui o seu ambiente de controle. Em todo trabalho de auditoria, o auditor precisa examinar esses sinais com uma atitude de ceticismo.

Características gerais de fraudes de divulgação financeira

Algumas das maiores fraudes de divulgação financeira da década passada são descritas na **Ilustração 9.4**.

[4] BEASLEY, Mark; CARCELLO, Joe; HERMANSON, Dana. *Fraudulent Financial Reporting – 1987-1997: An Analysis of U. S. Publicly-Traded Companies*, Coso, Copyright 1999.

FOCO EM FRAUDE

Na *Equity Funding*, a complexidade computacional preocupava os auditores. Na crise financeira de 2008, foi a complexidade dos instrumentos financeiros que causou problemas para o auditor. O ponto é: os auditores não podem auditar aquilo que não entendem completamente. Os profissionais precisam continuar ampliando sua base de conhecimento para acompanhar a complexidade e os autores de fraudes.

QUESTÃO PRÁTICA

Em situações como a do Dr. Lee, com controles internos fracos, a equipe de auditoria deve considerar todas as maneiras pelas quais uma fraude poderia ocorrer, e que procedimentos de auditoria ou análises poderiam levar a alguma indicação de que estaria havendo fraude. Por exemplo, se a omissão de receita estava acontecendo, os valores faturados pelo departamento administrativo batiam com as horas trabalhadas pelo médico e com a taxa média cobrada por ele?

QUESTÃO PRÁTICA

Outro estudo do Coso está em andamento, visando a mostrar que o número de fraudes tem crescido em empresas cada vez maiores.

OA 4
Descrever algumas das principais fraudes em contabilidade e discutir as implicações para a montagem de procedimentos de auditoria.

Ilustração 9.4: Resumo das principais fraudes de divulgação financeira

Empresa	Natureza da fraude
Enron	Ocultou problemas financeiros das seguintes maneiras: • Transferência de dívidas para entidades especiais fora do balanço. • Reconhecimento de receitas de ativos com valor de mercado reduzido, vendendo-os a entidades de fins específicos controladas pela empresa. • Realização de transações de ida e volta, ou seja, aquelas em que os ativos acabavam voltando à Enron após o reconhecimento inicial de vendas e lucros. • Numerosas outras transações com partes relacionadas.
WorldCom	Reduziu despesas e aumentou receitas das seguintes maneiras: • Registro como vendas de transações de escambo, por exemplo, a troca do direito de utilizar linhas em uma parte do mundo por direitos em outra parte. • Uso de reservas de reestruturação criadas em aquisições para reduzir despesas, isto é, criação de reservas elevadas quando da aquisição de uma empresa e a posterior baixa dessas reservas para reduzir despesas de exercícios futuros. • Capitalização dos custos de linhas (aluguéis pagos a outras companhias telefônicas).
Lucent	Aumentou as receitas trimestrais "entupindo canais"; por exemplo, aumento de vendas no final do trimestre em valores maiores que aqueles que poderiam ser absorvidos pelos clientes. Os clientes recebiam informalmente um prazo muito longo de carência para o pagamento dos bens, ou então para devolvê-los.
Parmalat	A empresa retirou caixa das subsidiárias por meio de um esquema complexo que: • Sobrevalorizava o saldo de caixa e incluía o registro falso de caixa supostamente mantido em grandes bancos. • Subavaliava as dívidas montando transações complexas com subsidiárias estrangeiras em paraísos fiscais como o Caribe.
HealthSouth	Registrou receitas fictícias em seus 250 hospitais e clínicas. Algumas das faturas foram enviadas ao governo para reembolso no programa Medicare. Vários esquemas foram usados, incluindo: • O faturamento de sessões de psiquiatria em grupo como se fossem individuais, ou seja, com dez pessoas em um grupo, a empresa cobrava dez sessões individuais, em lugar de uma em grupo. • Uso de lançamentos de ajuste de diário para reduzir despesas e aumentar receitas.
Addeco	Sobrevalorizou receitas mantendo os livros abertos por 20-35 dias após o final do ano para registrar vendas do exercício subsequente como se fossem vendas do exercício corrente.

> **QUESTÃO PRÁTICA**
>
> O Relatório à Nação pela Associação de Inspetores Credenciados de Fraudes em 2008 reafirma que a maioria dos perpetradores de fraudes e das circunstâncias em que elas ocorrem possui elementos comuns que deviam ter alertado tanto a empresa quanto o auditor. Esses fatores incluem, por exemplo, – em empresas menores –, funcionários vivendo além de seus meios normais, controles fracos sobre itens que envolvem numerário e incapacidade de localizar documentação, por exemplo, de empréstimos hipotecários e evidências de garantia real.

Algumas delas envolvem esquemas complexos de reconhecimento de receitas; outras abrangem faturamento incorreto de órgãos do governo, a manutenção dos livros em aberto para registrar vendas do ano seguinte ou a capitalização de despesas.

Os padrões evidentes em todas essas fraudes implicam o seguinte em relação à montagem de procedimentos de auditoria:

- O auditor não deve ser pressionado pelo desejo do cliente de liberar o lucro anual muito cedo. Se há problemas em potencial com a receita, a auditoria não pode ser concluída até que haja tempo suficiente para examinar as principais transações realizadas no final do exercício.
- O auditor deve dissecar transações complexas para determinar seu conteúdo econômico e as partes que têm obrigações econômicas.
- Os auditores devem utilizar procedimentos "básicos" de auditoria; ou seja, um enfoque à auditoria baseado em risco deve ser mais do que apenas realizar procedimentos analíticos. Esses processos básicos incluem: (a) testar aumentos de imobilizado com o exame da documentação subjacente, (b) fazer testes de corte no final do exercício para garantir que a receita seja registrada no exercício correto e (c) analisar a documentação de apoio ao faturamento.

- O auditor pode ser obrigado a ir além dos pedidos convencionais de confirmação para determinar a existência de ativos que dependem de outras partes, por exemplo, caixa ou contas a receber.

Padrões de auditoria – mais responsabilidade

O Conselho de Padrões de Auditoria do AICPA respondeu à demanda crescente de detecção de fraudes com a publicação do SAS 99, "Fraude na auditoria de demonstrações financeiras". O padrão diz que um auditor tem uma responsabilidade ativa pela determinação da possibilidade de que haja fraude e necessita ajustar os procedimentos de auditoria quando há fatores de risco de adulterações. Os fatores de risco de fraude são características da empresa ou dos administradores individuais que tenham sido ligados anteriormente à realização de tais atos. A auditoria deve ser projetada de maneira a gerar uma segurança razoável de que fraudes materiais serão detectadas.

O padrão identifica fatores de risco elevado de fraude que o auditor deve procurar em cada trabalho de auditoria. Se esses fatores estiverem presentes, o auditor deverá modificar a auditoria para (a) buscar ativamente as ocorrências de fraude, (b) exigir mais evidência substantiva de auditoria, e (c) em alguns casos, alocar auditores forenses (inspetores de fraude) à análise das contas que podem conter atividades fraudulentas. Além disso, o padrão realça a necessidade de ceticismo profissional em cada trabalho de auditoria – mesmo naqueles em que o auditor possui grande familiaridade e confiança no cliente e em sua administração.

O SAS 99 reconhece que a administração se encontra em uma posição especial para cometer fraudes devido a seu poder de, direta ou indiretamente, manipular os registros contábeis ou passar por cima de controles estabelecidos que aparentariam estar funcionando eficazmente. Portanto, além de reações que lidem com riscos especificamente identificados de incorreções materiais causadas por fraude, o auditor deve adotar certos procedimentos para lidar ainda com o risco de que a administração ignore os controles. Esses procedimentos incluem (a) a análise de lançamentos e outros ajustes de diário, (b) a revisão de estimativas contábeis em busca da presença de viés gerencial e (c) a avaliação dos motivos econômicos para a ocorrência de transações incomuns significativas.

Um enfoque pró-ativo à detecção de fraude

O SAS 99 reflete a expectativa do público de que o auditor adotará um enfoque pró-ativo à detecção de fraude. Esse enfoque deve partir do planejamento do trabalho de auditoria com a consideração apropriada da possibilidade de que haja fraude dentro da empresa. O processo de planejamento alerta os auditores para "sinais de alarme" ou fatores de potencial de fraude que devem ser considerados em cada trabalho de auditoria.

Planejamento da auditoria

O enfoque à fraude deve ser compatível com o aspecto geral baseado em risco a um trabalho de auditoria. O profissional deve:

- Entender a empresa e os riscos que ela enfrenta.
- Compreender as mudanças na economia e como elas poderiam afetar a empresa.
- Entender as possíveis motivações da administração para cometer fraudes.

FOCO EM FRAUDE

O PCAOB tem anunciado que pretende dar início a um novo projeto para desenvolver uma melhor orientação de auditoria a respeito de enfoques e da responsabilidade pela detecção de fraude.

QUESTÃO PRÁTICA

Quando há riscos de fraude, o auditor deve realizar testes básicos e não pode supor que contas tais como ativos imobilizados, caixa ou despesas com a folha de pagamento não tenham risco.

OA 5
Entender como integrar a avaliação do risco de fraude e os procedimentos de detecção de fraude na auditoria de demonstrações financeiras.

- Identificar oportunidades para que outros funcionários realizem um desfalque.
- Analisar mudanças correntes nos resultados financeiros da empresa para determinar se os resultados parecem ser razoáveis.
- Identificar áreas que poderiam ser indicativas da existência ou da possibilidade de fraude.

A auditoria deve ser planejada para detectar incorreções materiais nas demonstrações financeiras – e se as incorreções são devidas a erro ou fraude. Entretanto, como a fraude é um reflexo da liderança da organização e da qualidade dos controles, o limiar da materialidade para alguns tipos de fraude (fatores qualitativos) pode ser inferior ao limiar para um simples erro. Em resumo, o auditor deve basear a materialidade pelo menos em parte na natureza do ato e também na deficiência da empresa que permitiu o ato intencional. Nenhum usuário externo espera que o auditor busque uma incorreção de US$ 50 no caixa pequeno. Entretanto, há uma magnitude de fraude que é inferior à maioria das normas de materialidade – e, dependendo de quem cometeu a fraude, ela pode ser importante para os usuários. Por causa desta menor magnitude da materialidade, os auditores farão mais trabalho de auditoria do que era feito antes das quebras de empresas ocorridas na última década.

Condução da auditoria de demonstrações financeiras – atenção à fraude

Há dez etapas gerais envolvidas na integração dos procedimentos de avaliação do risco de fraude à auditoria de demonstrações financeiras, e a descrição dessas fases forma a base do restante deste capítulo. Em síntese, as dez etapas são:

1. Entender a natureza da fraude, as motivações para cometê-la e a maneira pela qual ela pode ser perpetrada.
2. Exercer o "ceticismo profissional" em todo o processo de avaliação de risco de fraude.
3. Discutir e compartilhar conhecimento com outros membros da equipe de auditoria.
4. Obter informação útil para a identificação e avaliação de risco de fraude.
5. Identificar os riscos específicos de fraude, incluindo a sua magnitude potencial e as áreas passíveis de serem afetadas.
6. Avaliar a qualidade dos controles da empresa e a sua possível eficácia na atenuação de fraudes.
7. Reagir, ou seja, ajustar procedimentos de auditoria para garantir que ela lide adequadamente com o risco de fraude e produza evidência especificamente associada à possibilidade de fraude.
8. Avaliar as constatações. Se as evidências sinalizarem a existência de uma fraude, determinar se são ou não necessários auditores forenses ou especialistas para completar a investigação. Reavaliar a necessidade de procedimentos adicionais para determinar a existência ou magnitude da fraude.
9. Comunicar a possibilidade de existência de fraude à administração, ou ao comitê de auditoria e a todo o conselho de administração caso seja material e/ou envolva membros da equipe de executivos.
10. Documentar o enfoque de auditoria, começando com a etapa 1 e indo até a conclusão de todas as etapas identificadas acima.

Uma visão geral do processo de integração de procedimentos de avaliação de risco de fraude à auditoria de demonstrações financeiras é mostrada na **Ilustração 9.5**. Note que a

---

FOCO EM FRAUDE

A chave de todos esses enfoques reside na necessidade de que o auditor pense! Quais são as deficiências dos controles? Como poderia uma fraude ser cometida? Como eu poderia obter evidências para verificar se houve alguma fraude?

ilustração contém vários pontos de decisão. Muito embora as dez etapas sejam identificadas, o auditor toma decisões e percorre trajetórias diferentes no processo, dependendo da natureza dos riscos existentes, da evidência obtida e se a evidência indica ou não uma probabilidade elevada de fraude. O enfoque esquematizado na **Ilustração 9.5** corresponde a um processo contínuo em toda a auditoria. O auditor integra constantemente novas informações ao modelo global de risco de fraude e ajusta os procedimentos de auditoria com base nessas constatações.

> **QUESTÃO PRÁTICA**
> O enfoque descrito aplica-se a todos os tipos de fraude, tanto desfalques quanto a divulgação financeira fraudulenta.

Etapa 1: motivações para cometer fraude

As pesquisas mostram sistematicamente que há quatro fatores associados à maioria das fraudes, e eles são conhecidos pelo nome de "diamante da fraude" (às vezes os três primeiros desses fatores são chamados de "triângulo da fraude"):

- Incentivos ou pressões para cometer fraudes.
- Oportunidades para cometer fraudes.
- Atitudes ou capacidade de racionalizar uma fraude.
- Capacidade de cometer fraudes, incluindo ego, capacidade intelectual e confiança para efetivamente executar uma fraude.

Incentivos ou pressões para cometer fraudes – A equipe de auditoria deve considerar os incentivos ou pressões para cometer fraudes em cada trabalho de auditoria, incluindo as áreas mais prováveis para ocorrência. As pressões incluem:

> **OA 6**
> Identificar e analisar fatores importantes de risco de fraude.

- Esquemas de remuneração dos administradores.
- Outras pressões financeiras para a elevação de lucros ou melhorar o balanço patrimonial.
- Fatores pessoais, incluindo a necessidade de obter ativos.
- Cláusulas de títulos de dívida.
- Riqueza pessoal vinculada aos resultados financeiros ou à sobrevivência da empresa.

Os fatores pessoais incluem diversas modalidades de ganância dos administradores. Com frequência, essa ganância está associada a esquemas de remuneração envolvendo opções de compra de ações e a manipulação de lucros divulgados com o objetivo de aumentar o preço da ação. Em contraste, como informa o quadro "Julgamento profissional em contexto" no início do capítulo, os fatores pessoais também podem incluir ganância alimentada por orgulho pessoal, que pode levar a esquemas de desfalque, como a omissão de receitas.

As cláusulas de títulos de dívida estão contidas em acordos entre uma entidade e o seu credor e impõem restrições à organização; geralmente estão associadas à emissão de debêntures ou a linhas de crédito importantes. Restrições usuais incluem limitações ao pagamento de dividendos, exigências de certos níveis de capital de giro ou endividamento e a entrega de auditorias anuais das demonstrações financeiras da empresa ao credor. O descumprimento dessas cláusulas pode resultar no vencimento imediato e no pagamento ou resgate desses empréstimos ou títulos de dívida.

Oportunidades para cometer fraudes – Uma das constatações mais fundamentais e sistemáticas nas pesquisas sobre fraudes é a de que deve haver uma oportunidade para que ela seja cometida. Embora isso possa parecer óbvio – ou seja, que "todos têm uma oportunidade de cometer fraude" – realmente diz muito mais. Significa não apenas que existe uma oportunidade, mas (1) que há falta de controles, ou (2) que uma transação é suficientemente complexa para que o autor da fraude ache que o risco de ser apanhado seja baixo. Por exemplo,

> **FOCO EM FRAUDE**
> Uma manifestação de ganância por parte de administradores foi a datação retroativa de opções de compra que ocorreu por quase uma década, até ser descoberta em 2006. Esse escândalo levou à renúncia de vários diretores executivos, bem como de conselheiros de empresas. Essencialmente, os executivos atribuíam datas às suas próprias opções de compra para fazer que a outorga constasse como tendo ocorrido nas datas em que o preço da ação havia sido o mais baixo durante o período de outorga.

uma falta de segregação de tarefas pode encorajar um perpetrador a pensar que pode receber pagamentos ou cobrir o desfalque por meio de ajustes em contas a receber. Ou a magnitude e a complexidade das entidades de fins específicos na *Enron* podem ter levado os perpetradores a considerar que a probabilidade de serem detectados era pequena. Algumas das oportunidades de cometer fraudes que o auditor deve considerar incluem:

- Transações significativas com partes relacionadas.
- A posição da empresa no setor, por exemplo, o poder de ditar termos ou condições a fornecedores ou clientes, que poderiam permitir a indivíduos a estruturação de transações que talvez fossem fraudulentas.
- Incoerência da administração em julgamentos subjetivos a respeito de ativos ou de estimativas contábeis.

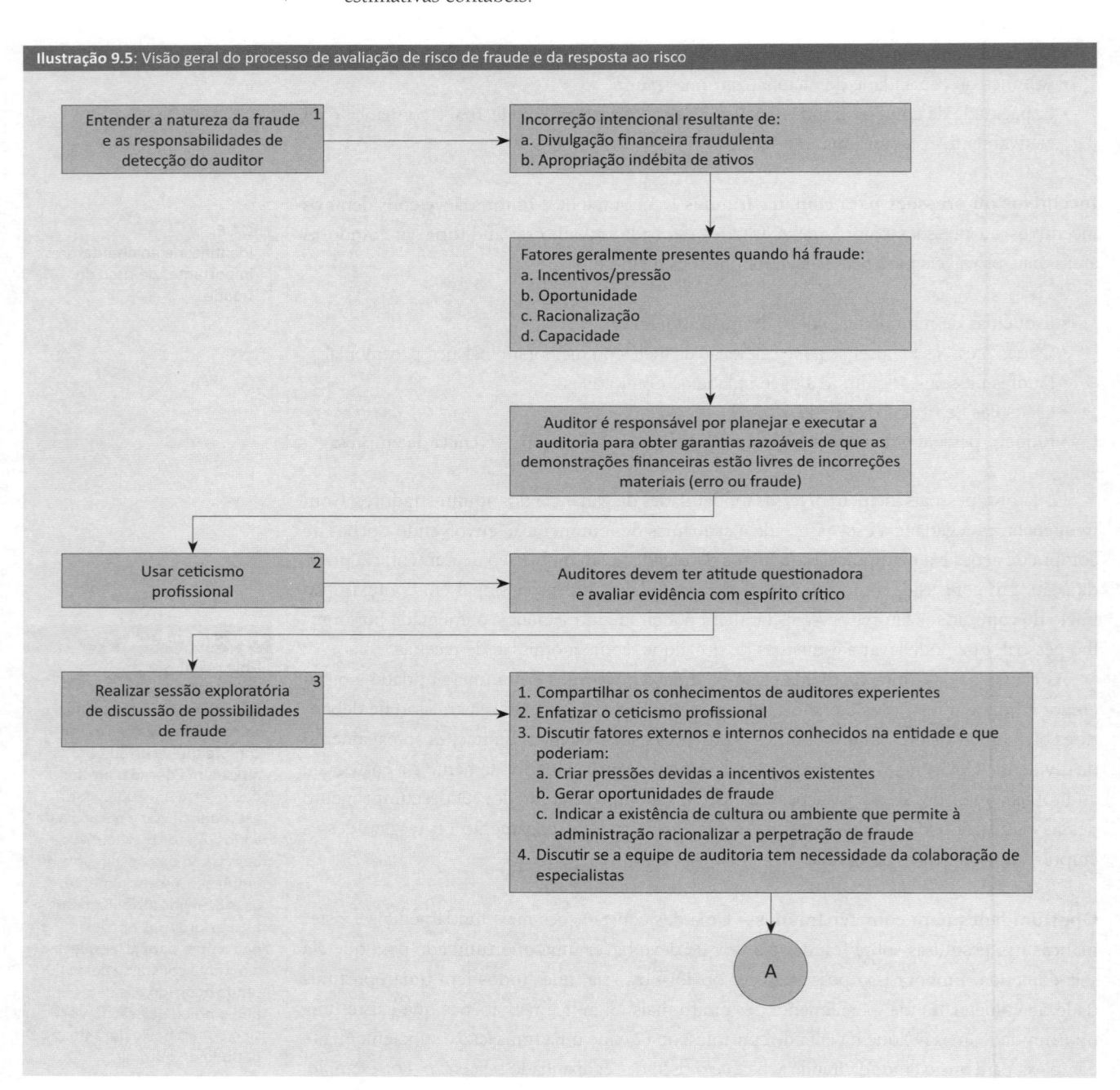

Ilustração 9.5: Visão geral do processo de avaliação de risco de fraude e da resposta ao risco

1. Entender a natureza da fraude e as responsabilidades de detecção do auditor → Incorreção intencional resultante de:
a. Divulgação financeira fraudulenta
b. Apropriação indébita de ativos

↓

Fatores geralmente presentes quando há fraude:
a. Incentivos/pressão
b. Oportunidade
c. Racionalização
d. Capacidade

↓

Auditor é responsável por planejar e executar a auditoria para obter garantias razoáveis de que as demonstrações financeiras estão livres de incorreções materiais (erro ou fraude)

2. Usar ceticismo profissional → Auditores devem ter atitude questionadora e avaliar evidência com espírito crítico

3. Realizar sessão exploratória de discussão de possibilidades de fraude →
1. Compartilhar os conhecimentos de auditores experientes
2. Enfatizar o ceticismo profissional
3. Discutir fatores externos e internos conhecidos na entidade e que poderiam:
   a. Criar pressões devidas a incentivos existentes
   b. Gerar oportunidades de fraude
   c. Indicar a existência de cultura ou ambiente que permite à administração racionalizar a perpetração de fraude
4. Discutir se a equipe de auditoria tem necessidade da colaboração de especialistas

↓

(A)

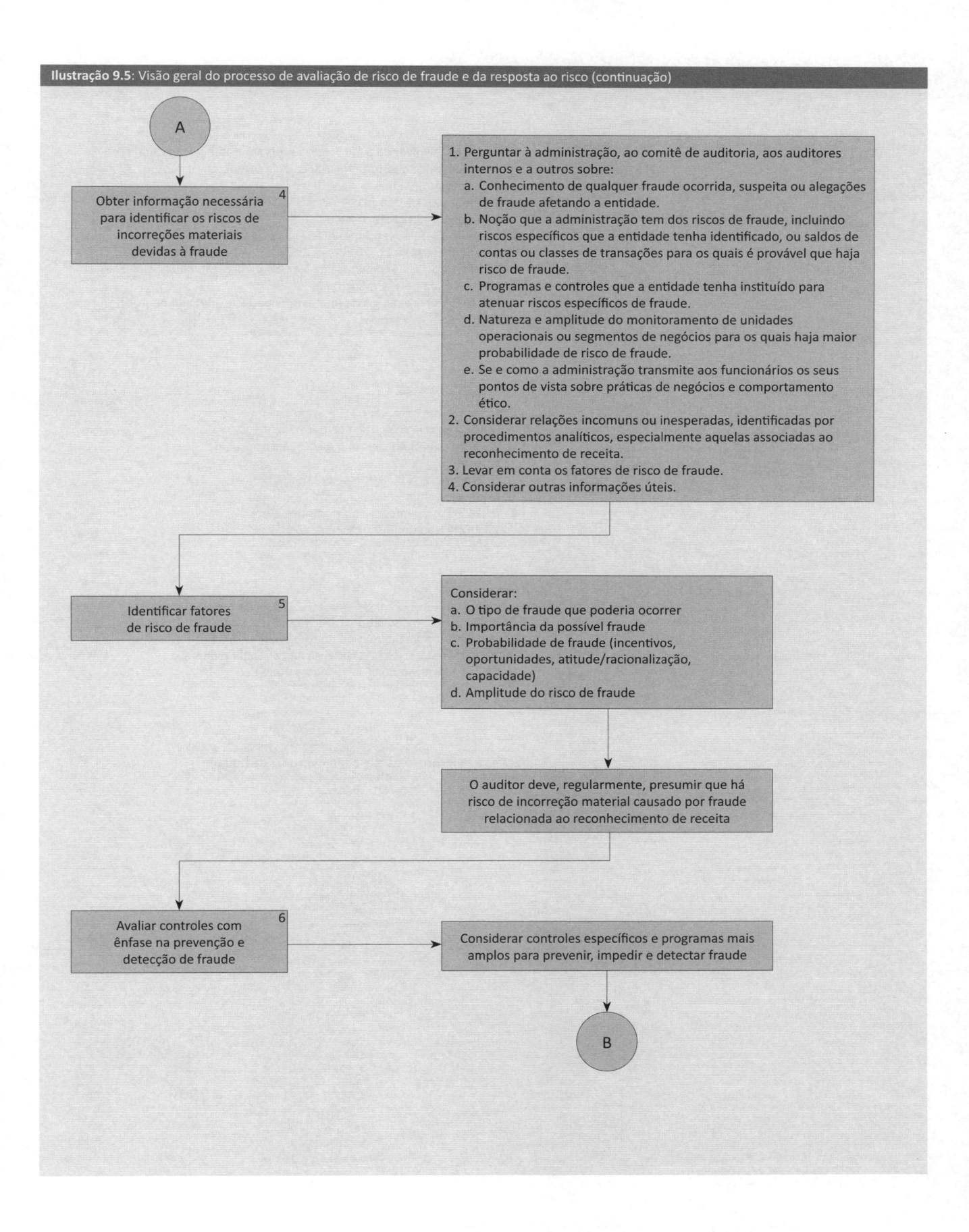

Ilustração 9.5: Visão geral do processo de avaliação de risco de fraude e da resposta ao risco (continuação)

A

4. Obter informação necessária para identificar os riscos de incorreções materiais devidas à fraude

1. Perguntar à administração, ao comitê de auditoria, aos auditores internos e a outros sobre:
   a. Conhecimento de qualquer fraude ocorrida, suspeita ou alegações de fraude afetando a entidade.
   b. Noção que a administração tem dos riscos de fraude, incluindo riscos específicos que a entidade tenha identificado, ou saldos de contas ou classes de transações para os quais é provável que haja risco de fraude.
   c. Programas e controles que a entidade tenha instituído para atenuar riscos específicos de fraude.
   d. Natureza e amplitude do monitoramento de unidades operacionais ou segmentos de negócios para os quais haja maior probabilidade de risco de fraude.
   e. Se e como a administração transmite aos funcionários os seus pontos de vista sobre práticas de negócios e comportamento ético.
2. Considerar relações incomuns ou inesperadas, identificadas por procedimentos analíticos, especialmente aquelas associadas ao reconhecimento de receita.
3. Levar em conta os fatores de risco de fraude.
4. Considerar outras informações úteis.

5. Identificar fatores de risco de fraude

Considerar:
a. O tipo de fraude que poderia ocorrer
b. Importância da possível fraude
c. Probabilidade de fraude (incentivos, oportunidades, atitude/racionalização, capacidade)
d. Amplitude do risco de fraude

O auditor deve, regularmente, presumir que há risco de incorreção material causado por fraude relacionada ao reconhecimento de receita

6. Avaliar controles com ênfase na prevenção e detecção de fraude

Considerar controles específicos e programas mais amplos para prevenir, impedir e detectar fraude

B

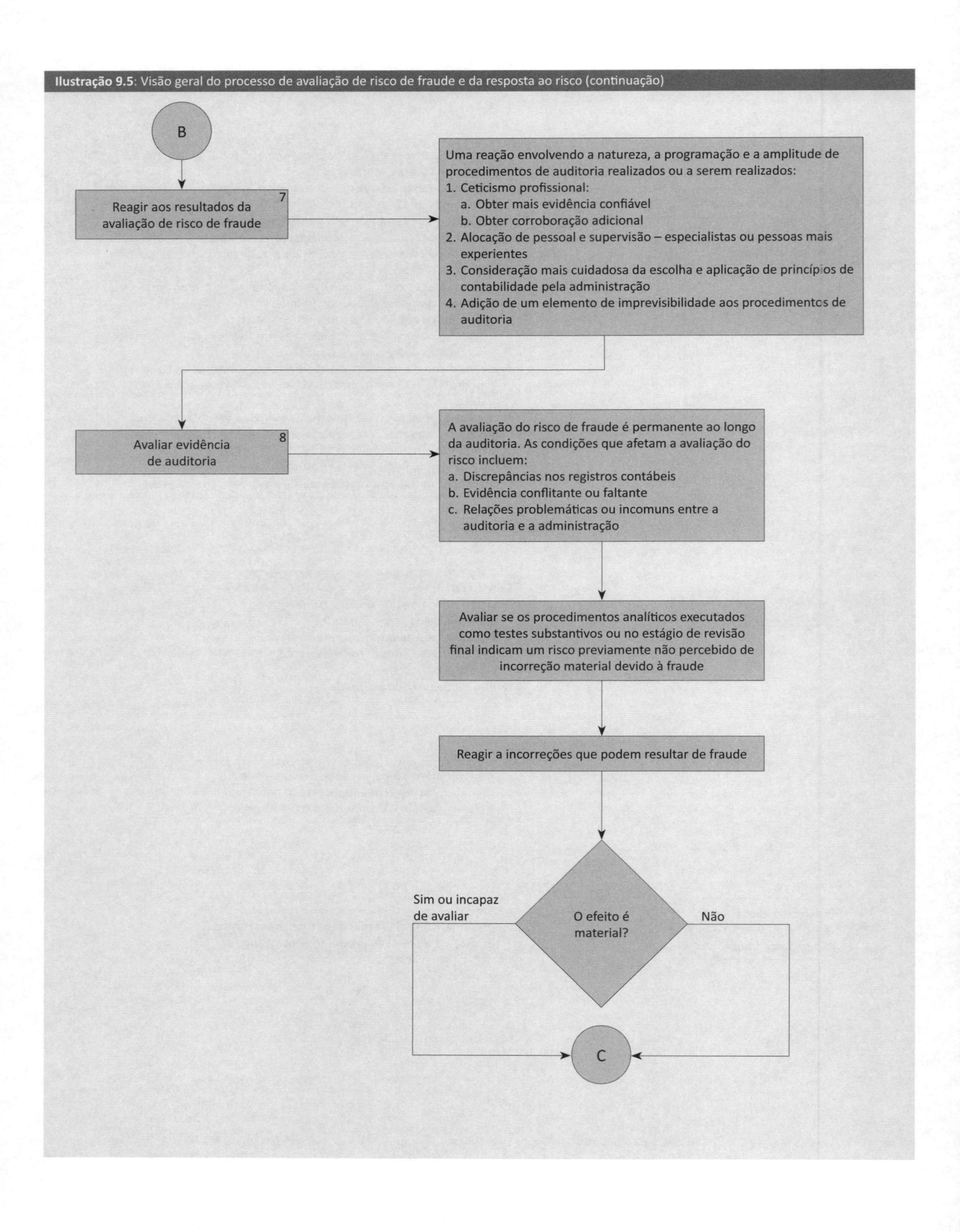

Ilustração 9.5: Visão geral do processo de avaliação de risco de fraude e da resposta ao risco (continuação)

B

7. Reagir aos resultados da avaliação de risco de fraude

Uma reação envolvendo a natureza, a programação e a amplitude de procedimentos de auditoria realizados ou a serem realizados:
1. Ceticismo profissional:
   a. Obter mais evidência confiável
   b. Obter corroboração adicional
2. Alocação de pessoal e supervisão – especialistas ou pessoas mais experientes
3. Consideração mais cuidadosa da escolha e aplicação de princípios de contabilidade pela administração
4. Adição de um elemento de imprevisibilidade aos procedimentos de auditoria

8. Avaliar evidência de auditoria

A avaliação do risco de fraude é permanente ao longo da auditoria. As condições que afetam a avaliação do risco incluem:
a. Discrepâncias nos registros contábeis
b. Evidência conflitante ou faltante
c. Relações problemáticas ou incomuns entre a auditoria e a administração

Avaliar se os procedimentos analíticos executados como testes substantivos ou no estágio de revisão final indicam um risco previamente não percebido de incorreção material devido à fraude

Reagir a incorreções que podem resultar de fraude

O efeito é material?
- Sim ou incapaz de avaliar
- Não

C

342 | Auditoria

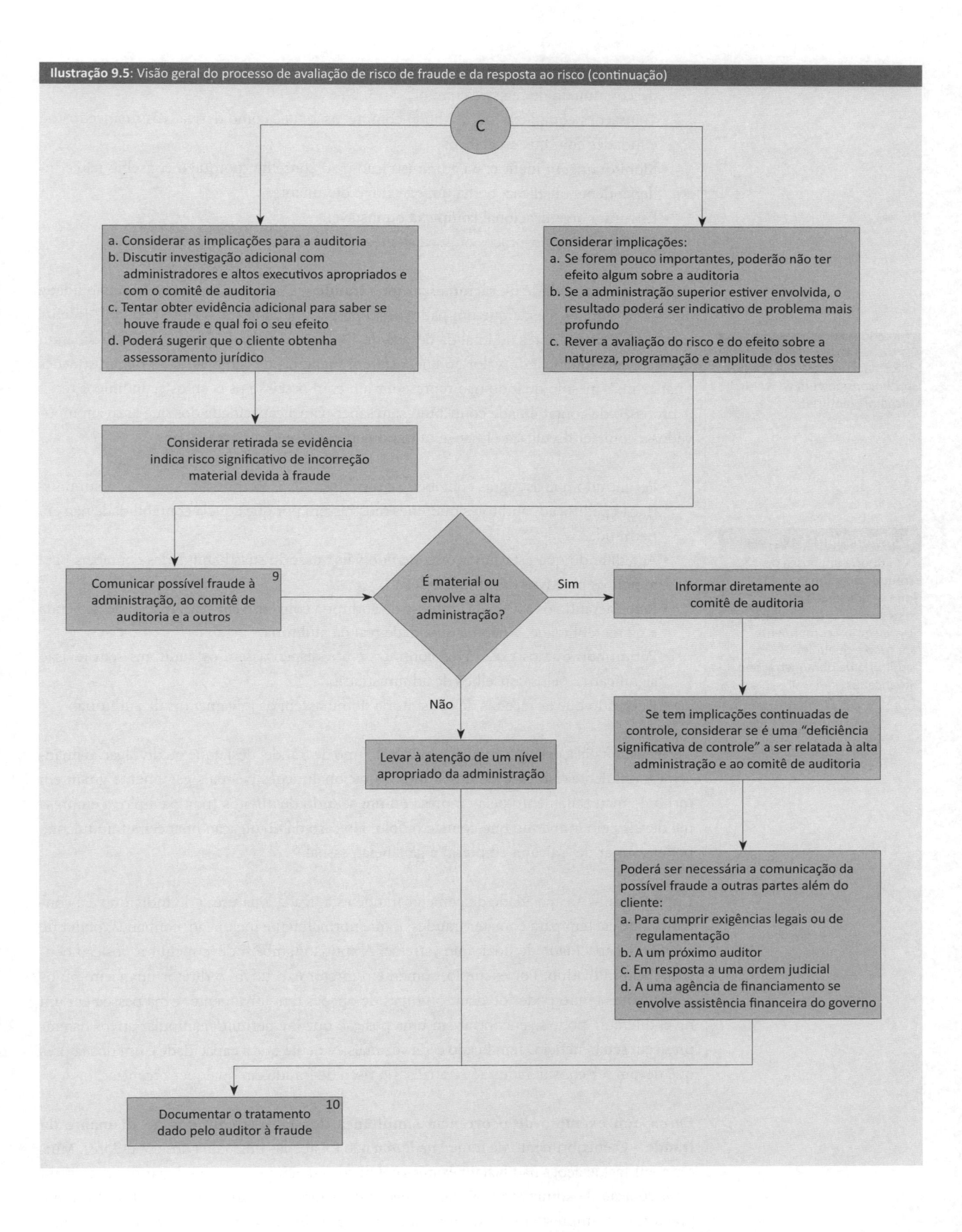

Ilustração 9.5: Visão geral do processo de avaliação de risco de fraude e da resposta ao risco (continuação)

```
                                    ( C )
                        ┌─────────────┴─────────────┐
                        ▼                           ▼
        ┌───────────────────────────┐   ┌───────────────────────────────┐
        │ a. Considerar as implicações para a auditoria │   │ Considerar implicações: │
        │ b. Discutir investigação adicional com        │   │ a. Se forem pouco importantes, poderão não ter │
        │    administradores e altos executivos         │   │    efeito algum sobre a auditoria │
        │    apropriados e com o comitê de auditoria    │   │ b. Se a administração superior estiver envolvida, o │
        │ c. Tentar obter evidência adicional para      │   │    resultado poderá ser indicativo de problema mais │
        │    saber se houve fraude e qual foi o seu     │   │    profundo │
        │    efeito                                     │   │ c. Rever a avaliação do risco e do efeito sobre a │
        │ d. Poderá sugerir que o cliente obtenha       │   │    natureza, programação e amplitude dos testes │
        │    assessoramento jurídico                    │   └───────────────────────────────┘
        └───────────────────────────┘                                │
                        │                                            │
                        ▼                                            │
        ┌───────────────────────────┐                                │
        │ Considerar retirada se evidência │                         │
        │ indica risco significativo de    │                         │
        │ incorreção material devida à     │                         │
        │ fraude                           │                         │
        └───────────────────────────┘                                │
                        │                                            │
                        ▼                                            ▼
┌──────────────────────┐  9   ┌──────────────┐  Sim  ┌──────────────────────┐
│ Comunicar possível    │─────▶│ É material ou│──────▶│ Informar diretamente │
│ fraude à administração,│     │ envolve a alta│      │ ao comitê de auditoria│
│ ao comitê de auditoria│      │ administração?│      └──────────────────────┘
│ e a outros            │      └──────────────┘                 │
└──────────────────────┘              │                         ▼
                                    Não           ┌──────────────────────────────┐
                                      │           │ Se tem implicações continuadas│
                                      ▼           │ de controle, considerar se é  │
                        ┌──────────────────────┐  │ uma "deficiência significativa│
                        │ Levar à atenção de um │  │ de controle" a ser relatada à │
                        │ nível apropriado da   │  │ alta administração e ao comitê│
                        │ administração         │  │ de auditoria                  │
                        └──────────────────────┘  └──────────────────────────────┘
                                      │                         │
                                      │                         ▼
                                      │           ┌──────────────────────────────┐
                                      │           │ Poderá ser necessária a       │
                                      │           │ comunicação da possível fraude│
                                      │           │ a outras partes além do       │
                                      │           │ cliente:                      │
                                      │           │ a. Para cumprir exigências    │
                                      │           │    legais ou de regulamentação│
                                      │           │ b. A um próximo auditor       │
                                      │           │ c. Em resposta a uma ordem    │
                                      │           │    judicial                   │
                                      │           │ d. A uma agência de           │
                                      │           │    financiamento se envolve   │
                                      │           │    assistência financeira do  │
                                      │           │    governo                    │
                                      │           └──────────────────────────────┘
                                      ▼                         │
                        ┌──────────────────────┐  10            │
                        │ Documentar o tratamento│◀─────────────┘
                        │ dado pelo auditor à    │
                        │ fraude                 │
                        └──────────────────────┘
```

- Transações simples que são transformadas em complexas por meio de um processo desconjuntado de registro contábil.
- Transações complexas ou de difícil compreensão, tais como derivativos financeiros ou entidades com fins específicos.
- Monitoramento ineficaz da administração pelo conselho, porque o conselho não é independente ou eficaz, ou há um executivo dominante.
- Estrutura organizacional complexa ou instável.
- Controles internos fracos ou inexistentes.

Atitude ou capacidade de racionalizar uma fraude – É aceitável empurrar a contabilidade até os seus limites, desde que um padrão não proíba um dado tratamento contábil? Infelizmente, muitos auditores no final da década de 1990 e no início da década de 2000 acharam que estavam adicionando valor ao encontrarem maneiras de "embelezar as demonstrações financeiras", mesmo quando não representavam com precisão os eventos econômicos reais. A profissão de contabilidade contribuiu sem saber para a capacidade dos que estavam motivados a cometer divulgação financeira fraudulenta das seguintes maneiras:

- Permitindo que as regras contábeis se tornassem mais permissivas, ou seja, a administração pediria aos auditores que "lhes mostrassem por que aquela contabilidade não era permitida".
- Acreditando que estavam acrescentando valor usando suas habilidades contábeis para atingir os objetivos da administração.
- Remunerando os sócios da empresa de auditoria com base em sua capacidade de venda e na rentabilidade, e não na qualidade real da auditoria.
- Permitindo que os executivos contratassem e dispensassem os auditores sem revisão significativa pelos conselhos de administração.
- Deixando que as receitas de consultoria dominassem os julgamentos de auditoria.

As racionalizações de fraude dependem do tipo de fraude: desfalque ou divulgação financeira fraudulenta. No caso de desfalques, as racionalizações pessoais geralmente giram em torno de mau tratamento pela empresa ou um sentido de direitos (por exemplo, a empresa me deve!) pelo indivíduo que comete o dolo. No caso da divulgação financeira fraudulenta, podem variar de "salvar a empresa" à ganância pessoal.

Capacidade – A capacidade de cometer fraude está ligada à natureza do indivíduo e à confiança que ele tem para cometer fraudes, o que normalmente inclui ego, confiança, poder de coerção e capacidade de lidar com estresse. A aptidão também deve incluir a posição ocupada pelo indivíduo. Por exemplo, somente o diretor executivo, o diretor financeiro ou os conselheiros têm o poder de datar outorgas de opções retroativamente. Uma pessoa em um nível diferente pode se encontrar em uma posição que lhe permite manipular ativos da empresa em seu benefício. Tem ficado cada vez mais evidente que a capacidade é um dos fatores que devem ser considerados ao se analisar o risco de fraude em qualquer organização.

***Enron*: um exemplo de ocorrência simultânea dos fatores contidos no diamante da fraude** – O encobrimento de fraude na *Enron* não foi apenas uma falha dos contadores. Muitos analistas de ações não faziam exames detalhados de empresas e, em lugar disso, usavam a "orientação da administração" para prever lucros futuros. A administração descobriu que podia tomar emprestado do futuro para reconhecer lucros correntes, e fazia isso quando

---

FOCO EM FRAUDE
Informação atualizada pode ser encontrada em www.aicpa.org/antifraud.

QUESTÃO PRÁTICA
A auditoria em busca de fraude não é uma tarefa que se adiciona à de demonstrações financeiras. Deve ser um componente de toda e qualquer auditoria de demonstrações financeiras.

contratos de incentivo estavam fortemente orientados ao período corrente. Além disso, a administração tinha o componente de capacidade do diamante da fraude. Como confirmado pelo popular livro *The Smartest Men in the Room*, os líderes da *Enron* cometeram a fraude com muita audácia porque acreditavam que eram as pessoas mais espertas na sala. Se alguém, incluindo o *The Wall Street Journal*, resolvesse discordar, eles consideravam isso como demonstração de ignorância por parte desses indivíduos. Veja na **Ilustração 9.6** uma descrição de como esses fatores se uniram para criar a fraude na *Enron* – uma das maiores da história dos negócios. A ilustração aponta falhas em muitas profissões diferentes que contribuíram para a queda da empresa.

Etapa 2: usar ceticismo profissional

As auditorias devem ser realizadas com ceticismo profissional, uma atitude que inclui questionar e fazer uma avaliação crítica da evidência de auditoria. O ceticismo profissional deve ser utilizado em todas as etapas do processo de avaliação de risco de fraude e de resposta

---

Ilustração 9.6: *Enron* – onde tudo que podia dar errado aconteceu

A EMPRESA

A Enron foi uma fraude por excelência do final da década de 1990 e do início da década de 2000, representando quase tudo o que havia de errado com a governança corporativa, a contabilidade, os analistas financeiros, os bancos e os contadores profissionais. Como ocorreu?

A Enron era uma concessionária de serviços públicos que desenvolvera um novo conceito e o explorara até alturas inacreditáveis do preço da ação. Pouco antes de seu colapso, o valor de sua ação era igual a US$ 90, e, no final, a ação perdeu todo o seu valor. O conceito: a empresa aumentaria a eficiência do mercado desenvolvendo o sistema mais sofisticado no mundo para negociar eletricidade, gás natural e recursos correlatos. Divorciaria a produção de energia – um processo capital-intensivo – da comercialização e do consumo dos recursos. Aumentaria a eficiência do mercado ampliando o escopo da produção de energia e expandindo a produção da concessionária local em âmbito nacional – e mundial. A energia se deslocaria para onde o mercado estivesse disposto a pagar mais por ela – um conceito básico em economia. A Enron contratou operadores com MBA que recebiam bonificações lucrativas quando atingiam objetivos de lucro. Incentivava a competição entre os operadores; os riscos eram estimulados; mas, mais do que tudo, os lucros declarados eram recompensados.

Entretanto, a maior parte da empresa, no seu âmago, continuava sendo uma concessionária de serviços públicos. Necessitava de volumes elevados de fundos para sustentar suas operações de negociação e divulgar lucros cada vez maiores para sustentar o valor de mercado da ação. A maioria dos altos executivos da empresa era remunerada principalmente com ações.

A FRAUDE

A natureza da fraude ocorrida era generalizada. A maioria delas envolvia Entidades de Fins Específicos (EFEs), que eram sociedades geralmente envolvendo empréstimos vultosos de bancos a serem lastreados em ativos transferidos à EFE, sócios dominados por executivos da Enron e uma pequena participação acionária externa (superior a 3%, de acordo com exigências da norma contábil). A empresa transferia ativos desvalorizados às EFEs e reconhecia ganhos com isso em suas contas. Continuou a captar fundos fora do balanço fazendo que as EFEs tomassem empréstimos bancários e comprassem ativos da Enron. Chegou até mesmo a reconhecer US$ 100 milhões com vendas esperadas que ela previa que iriam ocorrer em uma associação com a Blockbuster para alugar filmes pela internet. As EFEs foram usadas a tal ponto que o balanço da Enron parecia ser saudável, porque a presença de dívida no balanço era minimizada; as EFEs também aumentavam o lucro divulgado ocultando todos esses prejuízos em suas contas.

FALHAS DE CONTABILIDADE E GOVERNANÇA

Por que ocorreu o caso Enron? Que falhas permitiram que acontecesse? Infelizmente, a resposta é a de que as falhas eram generalizadas.

Responsabilidade da administração: a administração não prestava contas a ninguém, enquanto a empresa apresentasse dramáticos aumentos do preço da ação justificados pelo crescimento dos lucros. A administração da empresa podia contar uma boa história, e qualquer pessoa que a questionasse era vista como burra. A remuneração baseava-se no preço da ação. E, aparentemente, esse preço baseava-se em uma boa história e em bons números.

Governança: embora o conselho de administração parecesse independente, a maioria dos conselheiros tinha vínculos estreitos com a administração da empresa por meio de organizações filantrópicas. Alguns conselheiros raramente participavam de reuniões e certamente não faziam perguntas difíceis. Por fim, o conselho dispensou uma cláusula de "conflito de interesses" em seu código de ética, permitindo que Andy Fastow, o tesoureiro da empresa, lucrasse substancialmente em transações com partes relacionadas.

Contabilidade: a contabilidade tornou-se mais orientada a regras e complexa. A contabilidade permitiu aos praticantes que utilizassem pronunciamentos obscuros, como os que lidavam com Entidades com Fins Específicos, destinados a transações de arrendamento, e permitiu que o conceito contábil fosse aplicado a entidades para as quais essa contabilidade nunca havia sido criada. A contabilidade passou a ser vista como uma ferramenta, e não como um mecanismo para representar a realidade econômica.

> **Ilustração 9.6:** *Enron* – onde tudo que podia dar errado aconteceu (continuação)
>
> *Comunidade de analistas financeiros:* o mercado de ações estava navegando na bolha da economia "pontocom", e concluiu que não possuía as ferramentas para avaliar adequadamente a maioria das novas empresas. Em lugar de analisar os fundamentos básicos, os analistas insistiam em "orientação de lucros" pela administração das empresas. As instituições que cumpriam a orientação projetada eram premiadas; as que não o conseguiam eram severamente punidas. Os analistas passaram a aceitar "demonstrações financeiras projetadas", mais apropriadamente vistas como resultados que teriam acontecido se nada de errado ocorresse.
>
> *Bancos comerciais e de investimento:* muitas instituições financeiras de grande porte foram participantes interessadas no processo, porque eram recompensadas com comissões vultosas de distribuição de títulos e outros trabalhos para a Enron. A administração era esperta o suficiente para saber que os executivos dos bancos de investimento também eram remunerados pelo volume de comissões que geravam.
>
> *Profissão contábil:* à época do caso Enron, nenhuma das cinco maiores empresas de contabilidade se apresentavam como instituições de contabilidade externa; ao contrário, eram empresas de prestação de serviços profissionais que tinham várias linhas de negócios. Todas elas tinham áreas grandes de prática de consultoria. A Arthur Andersen fazia trabalho de auditoria interna para a Enron, além de fazer a auditoria externa. Os honorários de consultoria pagos por muitos clientes superavam os honorários de auditoria. Os sócios eram remunerados com base em receita e rentabilidade. Pior do que isso, eles eram contratados pelos executivos a quem deviam agradar.
>
> Várias partes eram culpadas.

ao risco esquematizado na **Ilustração 9.5**. O SAS 99 diz que os auditores devem conduzir seus trabalhos reconhecendo que existe a possibilidade de haver incorreção material devida à fraude, independentemente da experiência passada com o cliente e das crenças a respeito da integridade pessoal dos executivos da empresa. Os auditores precisam aprender com o passado: em muitas situações anteriores, os profissionais têm errado em suas crenças sobre o cliente e os executivos. O ceticismo profissional também exige que, durante a auditoria, os profissionais continuem a questionar se a informação e a evidência obtidas indicam a possibilidade de que tenha havido incorreção material devida à fraude.

Etapa 3: discussão exploratória pela equipe de auditoria

O SAS 109 diz que, antes do início da auditoria, a equipe envolvida deve discutir em caráter exploratório a possibilidade de incorreções materiais em geral (isto é, devidas a erro ou à fraude), e o SAS 99 exige discussão desse tipo sobre a maneira pela qual a fraude, especificamente, poderia ser cometida. O exercício de discussão exploratória deve incluir todos os membros da equipe, ser completo e sistemático. O grupo de auditoria deve considerar fatores que poderiam influenciar a motivação da administração para distorcer as demonstrações financeiras. A análise inicial é seguida pela consideração de deficiências de controle interno que permitiriam a ocorrência de fraude. Quando há informação financeira preliminar disponível, a equipe de auditoria deve considerar se há algum saldo de conta que não está de acordo com as expectativas. A sessão de discussão exploratória destina-se a gerar uma lista das áreas mais prováveis de ocorrência de fraude e de como ela poderia ocorrer. O SAS 99 inclui as seguintes recomendações específicas para essa discussão:

> **Foco em fraude**
>
> A discussão exploratória deve envolver todos os membros da equipe de auditoria para que se abranja a mais ampla gama de experiência de auditoria de diversas partes da organização.

- **Considerar como a fraude pode ser perpetrada e encoberta** – Considerar o risco de fraude, incluindo o risco de que ela possa ser inteligentemente encoberta em documentos falsos ou evidência auxiliar normalmente examinada pelo auditor.
- **Presumir a ocorrência de fraude no reconhecimento de receita** – O auditor deve presumir que a fraude ocorre no reconhecimento de receita e na sobrevalorização de certos ativos que são suscetíveis de manipulação e encobrimento.
- **Considerar incentivos, oportunidades e racionalização de fraude** – O auditor deve considerar especificamente todos os elementos que tornam a fraude mais provável, incluindo a natureza da remuneração dos executivos e a pressão para cumprir metas de lucro.

AUDITORIA NA PRÁTICA

O ponto de vista do PCAOB

É particularmente importante que o sócio de auditoria participe da sessão de discussão exploratória. Além disso, a sessão deve ocorrer no início do trabalho. Esses aspectos parecem óbvios. Entretanto, o PCAOB publicou um relatório, em 2007, sobre observações feitas durante suas inspeções a respeito da responsabilidade do auditor pela ocorrência de fraude. Essas observações, que estão relacionadas à discussão exploratória bem como a outras etapas do processo de avaliação do risco de fraude e de reação ao risco, incluem:

- A equipe de auditoria havia sido incapaz de provar que uma sessão de discussão exploratória havia ocorrido.
- A sessão de discussão exploratória ocorrera após o planejamento e o início do trabalho de campo substantivo.
- Membros importantes da equipe não haviam participado da sessão exploratória.
- Não havia documentação de auditoria de que a equipe fizera as consultas exigidas ao comitê de auditoria, à administração e a outras pessoas a respeito de fraude e riscos de que eles ocorressem.
- Os auditores não reagiram a fatores identificados de risco de fraude.
- Não havia evidência de que a equipe de auditoria havia feito um exame e uma avaliação apropriados dos lançamentos de diário.

- **Considerar as condições do setor** – O auditor deve entender o que está ocorrendo no setor e como isso poderia afetar a empresa. A mudança tecnológica é um fator importante, e o mesmo ocorre com a queda da demanda pelos produtos da empresa.
- **Considerar características operacionais e estabilidade financeira** – A equipe de auditoria deve levar em conta a existência de transações significativas ou complexas, bem como mudanças importantes de condições financeiras.

A discussão exploratória não é apenas um exercício da equipe de auditoria. Não pode deixar de fazer parte do enfoque de auditoria. Um exemplo de como a discussão exploratória teria mudado o enfoque de auditoria e descoberto uma fraude que não foi encontrada pelos auditores é mostrado na **Ilustração 9.7**. Ao ler a ilustração, é importante compreender que há um enfoque sistemático à discussão exploratória. Há implicações para cada uma das partes da análise das operações da empresa, ou seja, informações básicas, incluindo concorrentes, propriedade e motivação dos administradores; a comparação do crescimento do setor ao da empresa; deficiências nos controles internos do cliente; e o processo usado pela empresa para fazer ajustes em vendas e contas a receber. A equipe de auditoria faz a sua discussão exploratória e gera uma série de hipóteses a respeito do que poderia ter provocado alterações nos dados financeiros do cliente. O ponto principal é desafiar uns aos outros para determinar se há uma hipótese que explique melhor as mudanças nos saldos de contas do que todas as outras. A discussão exploratória é beneficiada quando a equipe de auditoria considera simultaneamente todas as mudanças associadas nos dados financeiros.

> **FOCO EM FRAUDE**
>
> A discussão exploratória deve identificar hipóteses sobre maneiras pelas quais a fraude poderia ocorrer e, a seguir, dar prioridade às proposições segundo a sua ordem de probabilidade de ocorrência. A ordenação das hipóteses por prioridade permite aos auditores concentrar a sua atenção nas maneiras mais prováveis em que pode haver fraude.

Ceticismo em relação à fraude: mudança nos procedimentos de auditoria (etapas 2 e 3)

Em consequência da análise exploratória, o auditor deve adotar procedimentos de auditoria, como mostrado na **Ilustração 9.7**, para determinar se existe ou não fraude.

Como há uma possibilidade de fraude, o auditor deve reconhecer que a evidência poderia não ser muito bem o que parece ser. O SAS 99 observa que o profissional deve considerar os seguintes aspectos ao executar procedimentos de auditoria:

- **Maior suscetibilidade de evidência à manipulação** – A administração ou outras partes farão grande esforço para encobrir uma fraude. O auditor precisa considerar as alternativas de que a administração pode dispor para encobrir uma fraude.

> **OA 7**
> Determinar ligações específicas entre fatores causadores de fraude e testes de auditoria.

Ilustração 9.7: Utilização da discussão exploratória para mudar o enfoque de auditoria

INFORMAÇÕES BÁSICAS SOBRE A EMPRESA
A ABC Wholesaling é uma empresa atacadista situada em Milwaukee, Winsconsin. Atua em um setor de muita concorrência, vendendo produtos tais como os da marca STP e Ortho Grow a varejistas como Kmart, ShopKo e cadeias regionais de lojas de vendas de produtos com desconto. A empresa é uma companhia fechada e passou por dificuldades no ano anterior. O prosseguimento dessas dificuldades financeiras poderia levar à suspensão de sua principal linha de crédito. A empresa está sob a pressão de apresentar lucros no ano corrente.

Análise de discussão exploratória:
- A concorrência no setor é elevada. Os atacadistas estão sendo substituídos por compras diretas de um número menor de fornecedores.
- A empresa é uma companhia fechada. O ego, o patrimônio e a existência dos administradores estão vinculados ao sucesso da empresa.
- A empresa precisa ter lucro ou a sua principal linha de crédito será suspensa. Se isso ocorrer, provavelmente fará que a empresa feche suas portas.
- A empresa é relativamente pequena; é provável que os controles internos não sejam fortes.

Implicações:
Há forte motivação para distorcer as demonstrações financeiras. As condições econômicas gerais não são favoráveis para o cliente. Se os controles forem fracos, o auditor deverá considerar onde há deficiências que facilitem as distorções. De acordo com o SAS 99, é razoável presumir que poderá haver fraude na área de receita.

ANÁLISE DO SETOR E DA EMPRESA
O auditor possui dados preliminares (não auditados) para o ano corrente e em comparação com o ano anterior:

	Ano corrente, em milhares	Ano anterior, em milhares
Receitas de venda	$ 60.000	$ 59.000
Contas a receber	$ 11.000	$ 7.200
Porcentagem de contas a receber em dia	72%	65%
Número de dias de vendas no saldo de contas a receber	64	42
Margem bruta	18,7%	15,9%
Margem bruta do setor	16,3%	16,3%
Aumento das vendas em nov.-dez. em relação ao ano anterior	12,0%	3,1%

Análise de discussão exploratória:
- As receitas de venda cresceram apenas ligeiramente, mas as contas a receber aumentaram significativamente.
- O número de dias de vendas no saldo de contas a receber cresceu, embora uma porcentagem maior seja classificada como estando em dia, sugerindo que as vendas foram contabilizadas no final do ano – possivelmente para cumprir metas de lucro.
- A margem bruta aumentou em relação ao ano anterior e é muito superior à média do setor.

Implicações:
Parece que um volume incomum de receita foi registrado no final do ano. Em um campo com tanta competição, não é razoável supor que a empresa teria aumentado dramaticamente a sua margem bruta em relação à média do setor. A presunção de incorreção da receita de venda parece ser apropriada.

INFORMAÇÕES E CONTROLES GERENCIAIS
A administração explica que a mudança é por dois fatores: (1) um novo sistema de computação que elevou o nível de produtividade; e (2) em uma nova política de reemissão de faturas de itens previamente vendidos a clientes, adiando os vencimentos de outubro para abril. Esta reemissão de faturas é explicada da seguinte maneira: muitos dos produtos da empresa são sazonais, por exemplo, para tratamento de gramados. Para prestar melhores serviços aos clientes da ABC, a administração introduziu uma nova política pela qual a administração negociaria com um cliente para determinar o volume aproximado de produtos sazonais disponíveis no final da temporada de venda (outubro). Se o cliente continuar comprando da empresa, a administração reemitirá as faturas para o estoque existente, estendendo assim o prazo de vencimento de outubro para abril do ano seguinte, essencialmente dando ao cliente um empréstimo sem juros. O cliente, por sua vez, concordaria em manter as compras realizadas e estocá-las em suas instalações para as vendas no varejo do ano seguinte. A maioria dos itens refaturados ocorreu com clientes muito grandes.

Análise complementar de discussão exploratória:
- A produtividade mais elevada talvez seja necessária para não haver perdas.
- A maioria das vendas deste tipo não contém uma garantia de devolução a um atacadista.
- Todas as novas faturas estão sendo emitidas contra empresas que normalmente não respondem a pedidos de confirmação de contas a receber.
- As reemissões de faturas não devem fazer que as vendas aumentem, porque as anteriores precisariam ser revertidas.

> **Ilustração 9.7:** Utilização da discussão exploratória para mudar o enfoque de auditoria (continuação)
>
> **Implicações:**
> O raciocínio não explica o forte aumento da margem bruta e, tampouco, o crescimento das vendas.
>
> **AJUSTE DO ENFOQUE DE AUDITORIA**
> O auditor deve presumir que houve fraude e que ela foi usada para inflacionar a receita pelo valor das "faturas reemitidas". A receita inflacionada é uma das poucas explicações (a) para as variações identificadas nos índices e que (b) seria compatível com as motivações da administração e a oportunidade para manter a empresa viva. Com base nessa presunção, o auditor modifica os procedimentos da seguinte maneira:
> 1. Preparar uma lista de todas as faturas reemitidas para determinar a sua magnitude.
> 2. Para cada fatura reemitida, tentar associar valores a memorandos de crédito emitidos contra as originais e ao razão geral.
> 3. Como muitos dos clientes não responderão a pedidos de confirmação de saldos de contas, pensar em enviar pedidos de confirmação baseados em faturas individuais, incluindo uma porcentagem elevada contendo os valores refaturados.
> 4. Examinar todos os saldos de clientes que contêm itens refaturados e examinar os recebimentos de pagamentos após o final do ano para verificar se foram creditados aos clientes apropriados.
> 5. Para empresas que apresentam um volume elevado de reemissão de faturas, entrar em contato por telefone ou algum outro método pessoal para verificar a existência do processo de ampliação do prazo de crédito.
> 6. Continuar examinando as informações do setor para determinar se há esquemas semelhantes em outras empresas.
>
> **PÓS-ESCRITO**
> Todas as faturas reemitidas eram fictícias e responsáveis pelo forte aumento das vendas e dos lucros da empresa. A fraude não foi encontrada pelo auditor, mas teria sido facilmente identificada se o auditor seguisse os seis procedimentos de auditoria descritos anteriormente. O segundo procedimento, associar as faturas a memorandos de crédito e depois ao razão geral, teria levado à descoberta da fraude. A empresa produziu memorandos de crédito falsos, mas eles nunca foram registrados no razão geral. Como o auditor não foi cético, nunca se preocupou em vincular os memorandos de crédito ao razão geral (isso foi visto como uma tarefa pouco importante).

- **Lançamentos de diário são importantes** – Muitas fraudes são ocultadas por lançamentos de diário sem fundamentação ou por estimativas contábeis. Um exemplo famoso é o da fraude na *WorldCom*, na qual as despesas eram reduzidas por baixas de reservas, bem como pela capitalização de despesas.
- **Maior ceticismo em relação às respostas da administração** – Maior ceticismo deve ser adotado em relação às respostas dadas pela administração, juntamente com um aumento do volume e da amplitude da evidência exigida para confirmar as respostas da administração a perguntas feitas pelo auditor.
- **Novas tecnologias facilitam a adoção de novos métodos para cometer fraude** – Novos tipos de estruturas organizacionais, novas entidades ou instrumentos financeiros complexos geram oportunidades para encobrir fraudes por meio de complexidade desnecessária ou mesmo por acordos paralelos entre entidades. Os sistemas computadorizados de informações fornecem novas oportunidades para alterar documentação e gerar novos métodos de fraude.
- **Reconhecimento de que é provável a existência de conluio** – O conluio pode ser entre funcionários da entidade, mas também pode ocorrer entre a administração e terceiros.
- **Previsibilidade de procedimentos de auditoria** – A equipe deve se esforçar para eliminar a previsibilidade dos procedimentos de auditoria, fazendo rodízios de testes de ativos específicos ao longo de um período, ou realizando auditorias de surpresa para reduzir as oportunidades para que um perpetrador encubra uma fraude.
- **Os procedimentos analíticos devem apoiar-se em dados operacionais ou setoriais** – O auditor não deve examinar apenas as relações dentro das demonstrações financeiras. Em vez disso, deve analisar dados financeiros em relação à outras informações operacionais, tais como capacidade de produção ou materiais adquiridos, bem como a informações setoriais.

AUDITORIA NA PRÁTICA

A necessidade de examinar lançamentos de diário

Em abril de 2008, a SEC publicou uma circular de contabilidade e cumprimento de normas sobre conduta profissional imprópria por parte de um sócio de auditoria da Arthur Andersen LLP em conexão com a auditoria das demonstrações financeiras da WorldCom, Inc. Um trecho dessa circular, reproduzido a seguir, enfatiza a importância do exame de lançamentos de diário e da manutenção de ceticismo profissional durante todo o trabalho de auditoria.

A redução fraudulenta das despesas da WorldCom foi feita com a contabilização de elevados lançamentos de diário sem fundamentação, ou seja, lançamentos unilaterais, após o final de cada trimestre, em valores monetários inteiros variando de US$ 38,5 milhões a US$ 600 milhões.

Apesar do fato de que a equipe de auditoria da investigada tenha classificado a WorldCom como um cliente de risco "máximo", além de outros fatores de risco que a investigada já conhecia ou devia saber que geravam um incentivo para a distorção fraudulenta das demonstrações financeiras da WorldCom e do conhecimento pela investigada de que a administração tinha o poder de burlar os controles contábeis, ela não usou de cuidado profissional necessário no planejamento e na realização da auditoria, deixando de montar ou implantar procedimentos de auditoria que identificassem e revissem lançamentos incomuns de diário.

A investigada depositou confiança indevida na declaração da administração da WorldCom de que não havia lançamentos manuais significativos de diário pela administração. Ela deixou de usar de cuidado profissional devido (AU §§ 150.02, 230.01), manter uma atitude de ceticismo profissional (AU §230.07) e obter evidência competente (AU §§ 150.02, 326.01), ao não planejar e executar procedimentos razoáveis de auditoria para identificar lançamentos manuais potencialmente impróprios ou fraudulentos de diário, bem como confiar na declaração da administração de que não havia lançamentos manuais significativos de diário.

AUDITORIA NA PRÁTICA

Outro enfoque que os profissionais adotam para introduzir imprevisibilidade nas auditorias consiste em examinar lançamentos ou transações abaixo do nível de materialidade e que tipicamente não seriam examinados. Os clientes familiarizados com o enfoque da empresa de auditoria à determinação de materialidade poderiam estruturar transações fraudulentas com um valor monetário que não aparecessem na tela do radar do auditor.

Os auditores devem conduzir as auditorias com a mentalidade de que existe a possibilidade de incorreção material devida à fraude, mesmo que todas as experiências anteriores com uma empresa tenham sido positivas. Mais especificamente, o profissional não deve se contentar com evidência menos do que convincente por causa de uma crença de que a administração é honesta. As respostas da administração a perguntas do auditor devem ser corroboradas por informação factual e análise adicional.

Etapa 4: obter informação sobre risco de fraude

A responsabilidade do auditor pelo planejamento da auditoria inclui a conclusão de procedimentos específicos que poderiam sinalizar a possibilidade de fraude. Alguns dos processos que poderiam ser concluídos pelo auditor incluem:

- Fazer perguntas à administração e outras partes – por exemplo, presidentes de comitês de auditoria – para conhecer seus pontos de vista sobre risco de fraude e controles montados para lidar com esses riscos.
- Executar procedimentos analíticos e investigar qualquer relação incomum ou inesperada.
- Examinar os fatores de risco identificados anteriormente (incentivo, oportunidade, racionalização e capacidade).
- Examinar as respostas da administração a recomendações de melhorias de controles e relatórios de auditoria interna.

Indicadores analíticos de risco – Os fatores de risco de fraude são facilmente identificados graças a comparações analíticas, tais como as análises de tendências ou de índices. Como observado anteriormente, o auditor não consegue avaliar eficazmente cada índice ou tendência por si só; em lugar disso, precisa analisar o efeito de todas as variações de componentes financeiros importantes para determinar suas inter-relações. Alguns dos principais fatores analíticos que o auditor deve desenvolver são mostrados na **Ilustração 9.8**.

Ilustração 9.8: Indicadores analíticos de risco de fraude

Indicador financeiro	Risco potencial de fraude
Aumento grande de receita no final do trimestre	A receita geralmente é manipulada no final do período para se cumprir metas de lucro. As transações fraudulentas incluem: • Acumulação de estoques em canais de distribuição. • Livros mantidos abertos e registro de receita de período subsequente. • Vendas fictícias. • Vendas com compromisso de recompra.
Aumento de vendas maior que o do setor e que não parece ser justificado pelo produto	O auditor deve levar em conta a vantagem competitiva da empresa e de seus produtos. Se as vendas estiverem crescendo, enquanto as de todos os concorrentes estiverem caindo, a suspeita pelo auditor de transações fraudulentas ou incorretamente reportadas deve aumentar.
Aumento incomum da margem bruta e do lucro líquido	Aumentos anormais da margem bruta podem ser devidos a ganhos de produtividade ou mudanças de linhas de produtos. Entretanto, mais frequentemente são devidos a: • Não contabilização de todos os custos de produtos vendidos e despesas. • Emissão duplicada de faturas. • Vendas fictícias. • Redução da qualidade do produto.
Aumento de devoluções após o final do ano	Aumentos incomuns de devoluções após o final do ano geralmente indicam (a) problemas de qualidade, (b) acordos paralelos na venda, ou (c) acumulação de estoques em canais de distribuição.
Aumento do número de dias de vendas em contas a receber	As empresas não podem receber pagamentos de clientes fictícios, ou daqueles que têm acordos "por fora" para adiar o pagamento ou devolver mercadorias. Aumentos significativos do número de dias de vendas em contas a receber, ou índices que são significativamente superiores às médias do setor, devem ser um indício de risco elevado de fraude.
Aumento do número de dias de vendas em estoques	O estoque é comumente usado para ocultar problemas. Mais fraudes têm sido ocultadas em estoques fictícios do que praticamente em qualquer outra conta, exceto receita.
Elevação significativa do endividamento	As empresas em dificuldades financeiras serão motivadas frequentemente a manter um índice de endividamento abaixo dos limites exigidos por cláusulas de empréstimos. A existência de dificuldades financeiras é um indicador forte de risco de fraude.
Problemas de fluxo de caixa ou liquidez	As empresas eventualmente têm necessidade de caixa para pagar funcionários, fornecedores, credores e proprietários. Uma empresa com vendas e lucros sólidos, mas com fluxo operacional de caixa reduzido ou negativo, pode ter elevado risco de fraude.
Variações significativas de medidas de desempenho não financeiro	Cada setor possui seus próprios indicadores fundamentais de desempenho; por exemplo, encomendas ainda não atendidas pela indústria. O auditor deve monitorar esses indicadores para observar mudanças incompatíveis com os resultados financeiros.

OA 8
Discutir como o *software* de auditoria e outras ferramentas computadorizadas podem ajudar o auditor a identificar a fraude.

Uso do computador para analisar a possibilidade de fraude – A maioria das empresas de auditoria utiliza *Software* Genérico de Auditoria (SGA) para ler e analisar os arquivos de dados de um cliente, especialmente os arquivos mais importantes, em busca de possíveis indícios de fraude. O *software* pode ler um arquivo e executar os seguintes tipos de procedimento:

- *Precisão mecânica:* o *software* pode ser usado para totalizar o arquivo, testar extensões matemáticas e relações lógicas.
- *Seleção estatística:* o *software* selecionará itens estatisticamente, ou com base em julgamento, para testes de auditoria mais detalhados. Pode combinar uma amostra estatística a critérios de julgamento, por exemplo, selecionando saldos com elevados valores monetários e uma amostra de outros, ou selecionar todos os itens para uma dada empresa.
- *Procura de duplicações:* muitas fraudes ocorrem sob a forma de lançamentos duplicados em contas. Entretanto, esses lançamentos geralmente são encobertos de maneira inteligente, por exemplo, com um nome diferente, mas com o mesmo endereço. O *software* pode ser utilizado para identificar todas as duplicações em um arquivo, com o auditor especificando o campo no qual o teste de duplicações deve ser efetuado (endereço, nome, valor monetário das faturas etc.)
- *Análise de padrões incomuns nos dados:* a lei de Benford tem se revelado muito eficaz em predizer a frequência com a qual os algarismos aparecem em números de diversos tamanhos; por exemplo, o primeiro algarismo de um número com cinco algarismos será 1 em aproximadamente 30% das vezes. A maioria das fraudes envolve a criação de lançamentos falsos nas contas. O *software* pode analisar o padrão dos algarismos para determinar se é incomum e é capaz de identificar itens para testes mais detalhados.
- *Análise de relações lógicas:* há uma relação lógica entre muitos conjuntos de dados; por exemplo, entre remuneração e imposto de renda retido na fonte. Quando um auditor identifica relações lógicas entre campos de uma conta, o *software* pode fazer uma busca de todas as relações que não satisfazem os critérios.
- *Identificação de lançamentos incomuns em uma conta:* a maioria das contas é afetada por transações que são contabilizadas em um diário auxiliar; por exemplo, a maioria dos créditos a contas a receber deve vir de um diário de recebimentos de caixa e a maioria dos débitos deve vir de um diário de receita de vendas. O *software* de auditoria pode ser utilizado para identificar todos os lançamentos na conta que vieram dessas duas outras fontes (incluindo lançamentos incomuns de diário), que o auditor pode, então, passar a investigar. O *software* de auditoria também poderia ser usado para identificar outros tipos de lançamento incomuns. Por exemplo, uma equipe de auditoria pode querer utilizar este *software* para identificar todas as transações lançadas em momentos incomuns ou inesperados – como todos os lançamentos próximos ao final do mês que foram feitos entre a meia-noite e as 6 horas da manhã, ou nos fins de semana.
- *Dados faltantes:* muitos fraudadores cometem o erro de deixar alguns campos fora dos arquivos. O *software* de auditoria pode identificar todas as contas com dados faltantes para investigação adicional pelo auditor.

O *software* de auditoria é uma ferramenta poderosa, que será mais intensamente utilizada pela maioria das firmas de auditoria na busca de ocorrências de fraude. Aplicações do ACL são incorporadas ao restante do texto.

Etapa 5: identificação de riscos de fraude

O auditor deve reconhecer que nem todos os quatro componentes do diamante da fraude precisam estar presentes; ou seja, os fatores de risco podem ocorrer para qualquer um ou

> **Questão prática**
> O auditor deve ser capaz de reconhecer relações incomuns em contas, por exemplo, baixas de magnitude elevada ou descontos grandes, que poderiam sinalizar a possibilidade de fraude.

para todos os componentes. O auditor deve perceber que certas categorias de transações são bastante suscetíveis de fraude, tais como estimativas, aquelas que envolvem princípios contábeis complexos, ou de estrutura complexa. O auditor deve considerar o seguinte:

- O tipo de fraude que poderia ocorrer.
- A possível significância da fraude, tanto em termos quantitativos quanto qualitativos.
- A probabilidade de uma ocorrência de fraude.
- Quão generalizado poderia ser o risco de fraude.

Etapa 6: análise de controles internos em busca de risco de fraude

As deficiências de controle interno são indícios fortes de risco de fraude. A análise do controle interno e do potencial de fraude deve ser realizada em todos os níveis da auditoria. Embora a ênfase tradicional seja colocada na contabilização de transações, a observação deve incluir um exame do "clima no topo" da organização. Uma visão geral de questões que devem ser enfrentadas na avaliação do risco de fraude relacionado aos controles internos e ao "clima no topo" é apresentada na **Ilustração 9.9**.

> **QUESTÃO PRÁTICA**
> Algumas empresas menores e fechadas pedirão expressamente ao auditor que considere a possibilidade de desfalques que podem estar abaixo do nível planejado de materialidade, porque a auditoria também pode funcionar como controle nessas empresas.

Ilustração 9.9: Avaliação do risco de fraude – o clima no topo da organização

Área de controle	Questões/evidência
Governança corporativa	O conselho de administração é realmente independente e competente?
	O conselho de administração se reúne com frequência suficiente para entender a empresa e os seus possíveis problemas?
	Como os conselheiros são remunerados?
	Os conselheiros são dominados pelos executivos?
Controle e influência gerencial	A administração é capaz de influenciar indevidamente ações de subordinados que parecem gerar lealdade incomum à administração? Por exemplo, usar empréstimos a pessoas-chave, que posteriormente são perdoados.
Comitê de auditoria	O comitê de auditoria é independente e conhecedor de finanças?
	Quão ativo é o comitê de auditoria?
	O comitê de auditoria se aprofunda nas constatações de auditoria interna e externa?
	O comitê de auditoria entende o controle interno?
	O comitê de auditoria se reúne com os auditores sem a presença da administração?
Cultura corporativa	Qual é a natureza da cultura corporativa da organização?
	Como são recompensados os funcionários?
	Como é monitorado o desempenho?
	Que pressões existem para cumprir metas de vendas ou lucros?
	Os funcionários entendem suas responsabilidades individuais por controles?
	Qual é a qualidade da liderança?
	Como são tratados os erros?
Auditoria interna	A empresa possui um departamento de auditoria interna?
	O regimento da auditoria interna é compatível com as "Melhores Práticas"?
	Como é elaborado e aprovado o orçamento do departamento de auditoria interna?
	Como é determinado o escopo da auditoria interna?
	A auditoria interna faz principalmente auditorias de controles ou operacionais?
	Alguma recomendação da auditoria interna é levada em frente e implantada?
	Quão competente é a atividade de auditoria interna?
	O grupo de auditoria interna, ou algum outro, monitora regularmente o cumprimento do Código de Ética da empresa?

Ilustração 9.9: Avaliação do risco de fraude – o clima no topo da organização (continuação)	
Área de controle	**Questões/evidência**
Controles de monitoramento	A organização possui controles de monitoramento eficazes?
	Os controles de monitoramento sinalizam falhas de controle tempestivamente para que medidas corretivas possam ser tomadas?
Denúncia	A organização possui uma função eficaz de denúncia?
	A função de denúncia é suficientemente independente da administração e a organização possui os recursos apropriados para investigar os problemas?
	São feitos e entregues à administração e ao comitê de auditoria resumos de itens reportados à função de denúncia?
Código de ética	A empresa possui um código de ética?
	Há evidência de que o código de ética é obedecido? Os funcionários demonstram adesão ao código de ética?
	Há evidência encontrada durante a auditoria que indica descumprimento do Código?
	Os funcionários ou executivos regularmente inflacionam seus pedidos de reembolso de despesas?
	Há alguma evidência de malversação de ativos da empresa?
Transações com partes relacionadas	A empresa possui uma política para transações com partes relacionadas?
	A política é eficaz?
	A empresa se envolve regularmente em transações com partes relacionadas?
	As transações com partes relacionadas são regularmente comunicadas ao auditor e ao conselho de administração?
	Há motivações econômicas significativas para as transações com partes relacionadas que justifiquem a sua existência?

> **QUESTÃO PRÁTICA**
>
> A equipe de auditoria deve gerar suas hipóteses antes de solicitar explicações da administração. Os pontos de vista da administração poderiam restringir as hipóteses do auditor.

Etapa 7: desenvolvimento do plano revisado de auditoria

O "processo de discussão exploratória" deve levar a equipe de auditoria a um ponto no qual ela seja capaz de identificar a probabilidade de fraude e o modo pelo qual a fraude poderia ocorrer. Dado o conhecimento do setor, das motivações da administração e da estrutura de controle da entidade pela equipe de auditoria, ela deve formular hipóteses sobre como a fraude poderia ser cometida e encoberta. Essas hipóteses devem ser colocadas em ordem de prioridade com base em:

- Resultados de revisão analítica que indicam relações incomuns.
- Condições econômicas correntes e seu impacto sobre a entidade.
- Qualidade dos controles da empresa.

A equipe de auditoria deve conceber testes específicos de auditoria baseados no ordenamento do formato mais apropriado de uma fraude e ir descendo na lista de possibilidades. A equipe sempre deve obter corroboração adicional das explicações ou declarações da administração. Por exemplo, na **Ilustração 9.7**, a explicação mais provável é a de que a empresa estava reemitindo faturas anteriores a clientes, mas não as enviava aos clientes e não registrava os memorandos de crédito entregues aos clientes. O auditor, tradicionalmente, não havia confirmado as contas a receber porque muitos clientes não respondiam aos pedidos de confirmação. Entretanto, há um risco elevado de que as contas a receber sejam avaliadas incorretamente com base apenas nos componentes do processo de fraude. O auditor deve considerar maneiras alternativas de satisfazer-se com a correção do saldo de contas a receber.

Há duas regras básicas que o auditor deve seguir ao considerar possíveis procedimentos de auditoria:

Regra um: deficiências de controle interno – Quando são encontradas deficiências de controle interno, o auditor deve elaborar procedimentos de auditoria para testar explicitamente a existência do tipo de fraude ou incorreção que poderia ocorrer devido à deficiência.

Regra dois: fatores de risco de fraude – Quando a análise feita pelo auditor indica uma elevada incidência de risco de fraude, o profissional deve elaborar testes independentes específicos para verificar a existência, titularidade e avaliação das contas subjacentes.

> **FOCO EM FRAUDE**
> Deve haver uma vinculação direta entre deficiências de controle interno e a identificação de como as incorreções, inclusive as fraudes, poderiam aparecer nas demonstrações financeiras e não ser detectadas nas operações normais.

Vinculando procedimentos de auditoria a deficiências de controle – Uma deficiência de controle interno significa que poderia haver uma incorreção e ela não ser detectada ou corrigida no andamento normal das atividades de processamento. Portanto, o profissional deve adotar um enfoque de auditoria que vincule as deficiências de controle interno a procedimentos específicos de auditoria. A **Ilustração 9.10** fornece tal tipo de vinculação para as deficiências de controle interno associadas comumente a desfalques.

A **Ilustração 9.10** é apenas um guia. Os procedimentos específicos escolhidos por um auditor dependerão da natureza das deficiências na empresa. Por exemplo, um caixa de banco tem acesso mais fácil a numerário que outros funcionários; portanto, se houver uma deficiência de controle sobre o processo de caixa, o auditor precisará considerar maneiras específicas pelas quais uma fraude poderia ser cometida.

A vinculação de deficiências de controle a procedimentos de auditoria sempre envolve o seguinte processo de reflexão para identificar possíveis mudanças no programa de auditoria:

Ilustração 9.10: Vinculação de deficiências internas a procedimentos de auditoria

Deficiência de controle interno	Procedimentos de auditoria sugeridos para a detecção de possíveis desfalques
Segregação inadequada de tarefas envolvendo desembolsos	• Tomar uma amostra estatística de todos os desembolsos. Ligar aqueles selecionados a relatórios independentes de recebimentos e outras evidências autônomas de recebimento de mercadorias. Ligar a ordens de compra emitidas por alguém que não a pessoa que desembolsa os fundos. • Usar *software* de auditoria para identificar todos os desembolsos enviados a caixas postais, e não a endereços de correspondência. Examinar todos os itens selecionados para: (a) determinar a existência da empresa por meio de uma lista de empresas (páginas amarelas, junta comercial etc.); e (b) verificar a fundamentação do desembolso.
Segregação inadequada de tarefas sobre recebimentos de numerário	• Confirmar as contas a receber com uma amostra estatística grande. • Considerar a possibilidade de entrar diretamente em contato com os clientes. • Fazer uma revisão analítica para determinar se há (a) um volume anormal de descontos ou (b) baixas extraordinariamente grandes. • Se houver risco elevado de fraude, fazer uma verificação do fluxo de numerário selecionando recebimentos diários, ligando-os a depósitos de numerário e lançamentos a contas a receber.
Segurança inadequada de estoques	• Fazer que o cliente realize um inventário físico completo, ou seja, conte o estoque no final do ano. Observar o processo de contagem, fazer testes e investigar qualquer diferença.
Segregação inadequada de tarefas sobre numerário	• Fazer uma conciliação bancária independente com quatro colunas para checar recebimentos com depósitos, desembolsos com retiradas e saldos mensais. • Obter um extrato independente de conta junto ao banco. • Fazer uma checagem do caixa selecionando recebimentos e ligando-os ao saldo da conta caixa.

1. Que tipos de incorreções poderiam acontecer por causa das deficiências de controle?
2. Que saldos de contas seriam afetados e como?
3. Que procedimentos de auditoria forneceriam evidências sobre a presença de incorreções no saldo de uma conta?
4. Os procedimentos planejados de auditoria enfatizam evidência objetiva que está além do alcance das partes que têm acesso aos ativos?

O auditor precisa considerar o que poderia sair errado e, a seguir, decidir a respeito do tipo de evidência de auditoria que é necessária para determinar se houve fraude ou não. Mesmo que os procedimentos não encontrem fraude alguma, é importante que sejam executados, porque o público espera que os auditores busquem ocorrências de fraude ao conduzirem uma auditoria segundo os padrões de auditoria aceitos em geral.

Vinculação de procedimentos de auditoria a fatores de risco de fraude – Tal como no caso das deficiências de controle, os procedimentos de auditoria dependerão da natureza dos indicadores de risco de fraude e da revisão analítica preliminar que o auditor tenha feito dos saldos de contas. O enfoque de auditoria parte da discussão exploratória e chega a uma classificação ordenada de atividades hipotéticas de fraude que poderiam ocorrer. A seguir, o profissional identifica o tipo de evidência, como os resultados de procedimentos analíticos que poderiam fornecer alguma noção da existência de possíveis fraudes. Posteriormente, elabora e implanta procedimentos de auditoria que considerem diretamente os riscos de fraude, incluindo a alteração da natureza, da programação e da amplitude dos procedimentos.

A natureza dos procedimentos de auditoria pode ser alterada para produzir evidência corroborante adicional ou gerar mais evidência direta. Por exemplo, o auditor pode ampliar os procedimentos de confirmação incluindo correspondência direta com os clientes, ou pode confirmar os principais atributos de um contrato de venda. Ou o auditor pode optar por observar a contagem de estoques em todos os locais, em lugar de fazê-lo em apenas alguns pontos selecionados. A programação da coleta de evidência também pode ser modificada. A título de exemplo, uma proporção maior dos testes substantivos, como a observação dos estoques ou testes diretos de contas a receber, poderia ocorrer no final do ano. Testes de corte tanto de vendas quanto de estoques poderiam ser ampliados e conduzidos no final do ano. A amplitude dos procedimentos deve estar diretamente relacionada à avaliação que a equipe de auditoria faz da probabilidade de risco. A equipe pode sentir-se encorajada a fazer análise mais ampla usando *software* genérico de auditoria para examinar uma proporção maior de uma população ou a sua totalidade.

Exemplos de procedimentos de auditoria para lidar com o risco de fraude incluem:

- Executar procedimentos em unidades de surpresa ou sem aviso.
- Exigir que os estoques sejam contados e observados no final do ano.
- Rever as principais transações de venda, particularmente aquelas envolvendo condições especiais ou próximas ao final do exercício contábil.

> **Foco em fraude**
> Quanto maior a probabilidade de fraude, especialmente quando envolve membros da alta administração, mais detalhados e sigilosos devem ser os procedimentos de auditoria.

Auditoria na prática
Para toda e qualquer deficiência significativa de controle interno, o auditor deve identificar, e a seguir investigar, como uma fraude poderia acontecer e ser ocultada por um funcionário ou pela administração.

- Fazer consultas verbais aos principais clientes e fornecedores.
- Executar procedimentos analíticos usando dados desagregados, que mostrariam flutuações menos comuns.
- Examinar detalhes dos principais contratos de venda.
- Examinar a viabilidade financeira de clientes.
- Examinar detalhadamente todas as transações com reciprocidade ou aquelas semelhantes entre duas entidades – por exemplo, vendas de ativos similares uma à outra – para determinar a viabilidade econômica e a correspondência com transações semelhantes no mercado.
- Fazer um exame detalhado de lançamentos de diário, particularmente os realizados no final do ano.
- Colocar mais ênfase em evidência externa independente.
- Alocar pessoal mais experiente ou especializado à equipe de auditoria.
- Prestar muita atenção a áreas de contabilidade que são bastante subjetivas ou complexas.
- Reduzir a previsibilidade dos procedimentos de auditoria, por exemplo, realizando visitas de surpresa, observação de ativos e executando mais procedimentos no final do ano.

A **Ilustração 9.11** fornece uma breve visão geral de possíveis respostas da auditoria a diversos fatores de risco.

A **Ilustração 9.12** exemplifica a identificação de riscos de fraude e a resposta a esses riscos, com a descrição de uma empresa bem-sucedida, que é uma divisão de uma empresa de maior porte, sediada em uma cidade pequena. Com o passar do tempo, o diretor financeiro conseguiu fraudar a instituição em alguns milhões de dólares, ocultados por meio da sobrevalorização de ativos. A empresa de auditoria foi incapaz de detectar a fraude. O caso descreve como alguns procedimentos de resposta à fraude discutidos nesta seção teriam sido eficazes em termos de detecção da fraude.

Etapa 8: avaliação de evidência de auditoria

O ceticismo do auditor deve ser ampliado sempre que:

- Há discrepâncias nos registros contábeis. Estas discrepâncias incluem transações não contabilizadas tempestivamente, aquelas não devidamente consubstanciadas, ajustes de última hora, ou situações nas quais o auditor recebeu dicas ou reclamações a respeito de possíveis fraudes.
- O auditor encontra evidência conflitante ou a evidência está ausente. Exemplos incluem documentos faltantes, alterados, conciliações significativas não explicadas, estoque faltante, evidência eletrônica indisponível ou faltante, ou a incapacidade de produzir evidência relacionada à montagem e ao funcionamento do sistema computadorizado de informações da entidade.
- A relação com a administração parece ser problemática. Exemplos de tais problemas poderiam incluir a proibição de acesso a registros, pressões descabidas de prazo, demoras incomuns no fornecimento de informação solicitada, falta de disposição para fornecer dados eletrônicos ou permitir acesso a sistemas eletrônicos, ou uma falta de disposição para rever divulgações em resposta a um pedido do auditor para que tais divulgações sejam mais transparentes e informativas.

O auditor sempre deve estar atento ao registro de um volume incomum de receitas perto do final do ano ou ao final dos prazos de demonstrações trimestrais. De maneira semelhante,

Ilustração 9.11: Vinculação de procedimentos de auditoria a indicadores de risco de fraude

Indicador de risco de fraude	Procedimentos de auditoria para lidar com riscos
Pressão para cumprir objetivos de lucro: salto anormal das vendas no final do ano	• Identificar flutuações anormais das vendas. • Usar *software* de auditoria (análise computacional) para identificar as partes envolvidas nas vendas anormais (clientes etc.). • Analisar todos os contratos de venda de grande porte para determinar (a) entrega efetiva das mercadorias; (b) existência de termos incomuns; e (c) data de pagamento. • Verificar se o cliente é uma empresa realmente existente. • Confirmar, em geral verbalmente, os termos dos principais contratos com o cliente. • Examinar os recebimentos de numerário após o final do ano para verificar se os recebimentos vieram do cliente.
Dificuldades financeiras: possível violação de cláusulas de financiamentos	• Fazer uma revisão analítica de receita e custo dos produtos vendidos e observar qualquer variação incomum. • Fazer um teste detalhado de estoques, incluindo a sua observação e avaliação (nas empresas industriais, esta é a conta que tende mais a ser sobrevalorizada). • Rever as cláusulas de financiamentos para determinar possíveis motivações. • Rever todas as mudanças de classificação de passivos. • Rever todas as mudanças de patrimônio líquido e investigar qualquer lançamento incomum.
A empresa ainda não é rentável, mas está sendo pressionada a apresentar crescimento das vendas	• Rever analiticamente os saltos anormais de vendas próximas ao final do ano e investigar todas elas. • Selecionar vendas e observar: (a) se realmente houve entrega de mercadorias ou prestação de serviços; (b) se havia condições incomuns ou relação especial com o cliente (troca de produtos, transações de venda com compromisso de recompra etc.) e determinar se foi recebido numerário do cliente. • Obter uma lista de todas as partes relacionadas e fazer uma busca em arquivos de qualquer venda feita a partes relacionadas.
Pressão para cumprir a projeção de lucros dos analistas	• Rever as demonstrações financeiras em busca de índices incomuns, particularmente em comparação com as médias do setor. • Testar todas as capitalizações anormalmente elevadas de ativos para determinar se está havendo capitalização de despesas. Pegar uma amostra de débitos a contas de ativos permanentes e examinar os documentos subjacentes de apoio. Se ainda houver suspeita, visitar o local e examinar o ativo fisicamente. • Rever todos os lançamentos incomuns de diário, incluindo aqueles que envolvem reduções em contas de "reserva" constituídas anteriormente. • Avaliar cuidadosamente se as estimativas são razoáveis.

Ilustração 9.12: Detecção de fraude – bom-senso e trabalho de familiarização com a empresa

O diretor financeiro da Chalmers Outdoors, uma empresa produtora de veículos com tração nas quatro rodas, desviou US$ 20 milhões em um período de vários anos. Os auditores nunca detectaram esses desvios. Eles eram disfarçados pela sobrevalorização de estoques e contas a receber. Na verdade, cerca de metade do valor contábil de estoques e contas a receber em 2006 era fictícia.

Um resumo das contas relevantes está contido na tabela a seguir (em milhões de dólares):

	2006	2005	2004	2003
Vendas	181	152	110	91
% Crescimento	19%	38%	21%	
Estoques	22	21	18	13
% Crescimento	5%	17%	38%	
Número de dias de venda em estoques	44,4	50,4	59,7	35,2
Contas a Receber	17	18	15	9
% Crescimento	−6%	20%		67%
Número de dias de venda em estoques	34,3	43,2	49,8	36,1

> **Ilustração 9.12:** Detecção de fraude – bom-senso e trabalho de familiarização com a empresa (continuação)
>
> A Chalmers Outdoors é uma subsidiária da Becker Industries, um conglomerado com vendas anuais de aproximadamente US$ 1,1 bilhão. Os auditores externos não usaram o enfoque baseado em risco à auditoria, mas apoiaram-se pesadamente em uma equipe formada por uma única pessoa para realizar muitos dos procedimentos de auditoria.
>
> Os veículos produzidos pela Chalmers são vendidos aos distribuidores em um esquema de *floor planning*, segundo o qual as companhias financeiras pagam à Chalmers 3 e 5 dias após a venda.[5] Isso é típico neste setor e em outros similares, como na indústria automobilística, de barcos, entre outros. O distribuidor é responsável por cuidar de todo o financiamento dos produtos.
>
> **REVISÃO ANALÍTICA**
> Se os auditores tivessem feito comparações com o setor, teriam encontrado o seguinte para o ano de 2006:
>
> | | Número de dias de venda em contas a receber | Número de dias de venda em estoques |
> |---|---|---|
> | Chalmers | 34,3 | 44,4 |
> | Principal concorrente | 12,0 | 26,7 |
> | Média do setor | 17,0 | 31,2 |
>
> **Lição a ser aprendida:** é fácil ficar admirado com o crescimento tanto das vendas quanto do lucro de uma empresa. O crescimento de vendas, estoques e contas a receber é volátil, e os estoques e contas a receber crescem mais lentamente do que as vendas. Portanto, uma revisão superficial não indicaria a existência de um problema. Entretanto, uma revisão analítica não envolve somente números, mas também a aplicação do conhecimento do setor. Muito embora haja crescimento forte das vendas, as contas a receber não devem estar crescendo, devido ao financiamento de *floor planning*, e nem os estoques, porque a maioria das vendas é feita sob encomenda, ou seja, um distribuidor precisa fazer pedidos no início do outono para entrega na primavera; não há motivos válidos para que os estoques continuem crescendo em termos de número de dias de venda. Há algum problema evidente neste caso? Sim, a revisão analítica, combinada ao conhecimento do setor, indica a possibilidade de existência de problemas – operacionais ou causados por fraudes. O auditor precisa associar o risco a procedimentos específicos de auditoria, tais como processos para verificar a existência e a avaliação de estoques e a existência e a avaliação de contas a receber válidas.
>
> **COMO A FRAUDE FOI ENCOBERTA**
> O diretor financeiro fazia que os cheques fossem emitidos em favor de uma conta em outro banco, mas burlava o sistema computadorizado fazendo lançamentos incomuns de diário, tais como débitos a estoque e créditos a caixa. O que era incomum? A resposta é a de que virtualmente todos os clientes fariam processamento computadorizado de tais transações e seria muito raro ver lançamentos manuais de diário.
>
> **A FRAUDE PODERIA TER SIDO DETECTADA A QUALQUER MOMENTO NOS CINCO ANOS ANTERIORES**
> O enfoque de risco empresarial exige que o auditor utilize o conhecimento do setor para fazer diversos testes analíticos visando à identificação de itens que parecem ser anormais. Neste caso, US$ 20 milhões foram desviados de uma empresa rentável e com crescimento rápido. Entretanto, se o auditor tivesse prestado atenção à empresa em termos de conhecimento do financiamento de *floor planning*, do resto do setor e da qualidade dos controles internos (o diretor financeiro estava burlando o sistema), a fraude teria sido detectada no seu início e isso teria economizado US$ 20 milhões à empresa. A vinculação com processos de auditoria teria incluído qualquer um dos seguintes procedimentos que não foram executados:
>
> - Uma revisão e investigação detalhada de todos os lançamentos manuais de diário, particularmente aqueles envolvendo caixa, contas a receber ou estoques.
> - Testes da existência e da avaliação tanto de estoques quanto de contas a receber mediante a exigência e observação de uma contagem física completa de estoques no final do ano e a confirmação de contas a receber com clientes.
> - Somas dos valores nos registros detalhados auxiliares e comparação com os saldos das contas de controle.
>
> **LIÇÕES APRENDIDAS**
> Um enfoque com base em risco à auditoria exige o conhecimento profundo da empresa, de suas relações com fornecedores e clientes e a capacidade de vincular resultados questionáveis a testes de auditoria detalhados e específicos.
>
> ---
> [5] Esquema de financiamento de estoques que é restituído à medida que as mercadorias estocadas são vendidas (NT).

o auditor deve examinar todas as despesas acumuladas ou variações de estimativas que ocorrem em um prazo semelhante. A equipe de auditoria sempre deve considerar a relação entre os resultados financeiros divulgados e fatores econômicos subjacentes. Por exemplo, o auditor deve perguntar se:

- O lucro líquido divulgado reflete as entradas de caixa em um período.
- Há coerência entre contas operacionais, especialmente as de estoques, contas a receber, a pagar, vendas e custo dos produtos vendidos.

> **QUESTÃO PRÁTICA**
> Se o auditor não é capaz de obter evidência independente e objetiva suficiente, ele não pode apoiar-se somente no que diz a administração. Ao contrário, deve concluir que a entidade não pode ser auditada e deve cancelar o trabalho de auditoria.

- As tendências de rentabilidade da entidade diferem significativamente das tendências do setor. Por exemplo, por que um banco teria perdas com empréstimos correspondentes à metade do resto do setor, quando sua carteira de empréstimos é semelhante à do resto do setor?
- Há uma relação viável entre dados de vendas e produção.

O resumo é o seguinte: os auditores devem usar de julgamento. Precisam entender a empresa e devem contar com uma base sólida de conhecimento a partir da qual podem fazer perguntas e analisar as respostas recebidas. Quando há discrepâncias, a equipe de auditoria deve coletar informação e evidência adicional que corrobore o ponto de vista da administração ou indique que há um problema real que exigirá ajustes nas demonstrações financeiras.

Etapa 9: comunicação da existência de fraude

> **OA 9**
> Discutir a responsabilidade do auditor pela divulgação de fraudes quando tenham sido descobertas.

Toda fraude deve ser comunicada a um nível da empresa no qual possam ser tomadas providências eficazes para assegurar que se lidará com a fraude e será diminuída a probabilidade de que ocorra novamente no futuro. Sempre que a fraude envolve membros da alta administração ou incorreções materiais para as demonstrações financeiras, a existência e a natureza da fraude devem ser relatadas ao comitê de auditoria e, por seu intermédio, ao conselho de administração. Em alguns casos, o auditor pode ser obrigado a verificar se a administração comunicou a partes externas – para cumprir exigências regulatórias, por exemplo. Por fim, a existência de fraude, por definição, significa que a empresa possui deficiências de controle interno, pois não foi impedida ou detectada pelos controles internos. Dependendo da materialidade da fraude, o auditor pode ser obrigado a relatar as deficiências materiais de controle interno.

Desfalques e comunicação exigida – Se as demonstrações financeiras forem materialmente incorretas, precisarão ser corrigidas para que o auditor possa dar um parecer sem ressalvas. A pergunta que resta é se o auditor deve comunicar que houve fraude material para que as demonstrações financeiras apresentadas sejam fidedignas. Para responder a essa pergunta, consideremos os dois exemplos seguintes: (1) a *Wal-Mart* e outras empresas varejistas são suscetíveis a roubos de mercadorias como parte normal de suas operações; (2) uma empresa industrial cujo funcionário rouba um volume material de numerário não considera esse desfalque como parte normal de suas atividades.

> **FOCO EM FRAUDE**
> O auditor não é obrigado a informar diretamente à polícia ou à SEC. Entretanto, se essa divulgação não for feita prontamente pela empresa, o profissional deverá considerar a possibilidade de renunciar. Ao renunciar, o auditor deve identificar todos os motivos significativos para essa decisão.

A profissão de auditoria tem respondido que os princípios de contabilidade aceitos em geral não exigem que a perda por roubo incorrida por uma empresa varejista seja uma linha separada em suas demonstrações financeiras, muito embora vários usuários acreditem que deva ser divulgada como parte das exigências de governança ou no relatório de controle pela administração. Por outro lado, o desfalque na companhia industrial não é uma despesa normal de operação; ou seja, não deve ser vista como custo operacional. É mais descritiva de uma perda devida a controles internos deficientes ou inexistentes. Os princípios de contabilidade aceitos em geral normalmente exigiriam que uma perda material causada por desfalques fosse classificada separadamente de outras despesas operacionais. E, como para companhias abertas um desfalque material reflete uma deficiência de controle interno, ele deve ser relatado como tal ao comitê de auditoria e ao conselho de administração. É responsabilidade do conselho e da administração comunicar-se com as autoridades regulatórias caso a natureza da fraude seja tal que isso possa ser exigido por essas autoridades. Se a comunicação exigida não ocorrer, o auditor poderá considerar (a) retirar-se do trabalho de auditoria, (b) a perda eventual e fazer que ela seja divulgada nas demonstrações financeiras, ou (c) modificar o parecer de auditoria para comunicar a divulgação necessária.

Fraude em demonstrações financeiras: comunicação exigida – O auditor deve determinar primeiramente que as demonstrações financeiras tenham sido corrigidas. A seguir, o auditor deve comunicar a existência de fraude aos executivos, ao conselho de administração e ao comitê de auditoria. Se a fraude envolver membros da alta administração, o auditor deverá avaliar as providências tomadas pelo conselho para retificar o problema. Se providências suficientes não forem tomadas, o profissional deverá avaliar o ambiente geral de controle e a possível necessidade de renunciar a esse trabalho. Se as demonstrações financeiras não forem corrigidas, então o auditor deverá emitir um parecer com ressalvas ou desfavorável. As demonstrações financeiras devem refletir as perdas produzidas pela fraude.

> **FOCO EM FRAUDE**
> De um ponto de vista conceitual, todas as fraudes significativas devem ser informadas como perdas em linhas separadas nas demonstrações financeiras de uma empresa. Entretanto, a maioria das instituições enterra os custos em outros itens de despesa.

Responsabilidades dos auditores pela detecção e pela comunicação de atos ilícitos – Atos ilícitos são "violações de leis ou normas governamentais [...] pela administração ou por funcionários agindo em nome da entidade" (AU 317.02). Uma empresa que viola a legislação fiscal ou suborna funcionários do governo (estrangeiros ou nacionais), por exemplo, estaria cometendo um ato ilícito. Algumas atividades ilícitas podem resultar em multas contra a empresa, bem como aos indivíduos envolvidos; outras podem não gerar multas, mas ainda precisam ser divulgadas. Os atos ilícitos frequentemente possuem ramificações diretas para as demonstrações financeiras. O auditor deve, portanto, projetar a auditoria de modo que identifique atos ilícitos que exercem efeito direto e material sobre as demonstrações financeiras.

Diversos procedimentos proporcionam informação que poderia levar à descoberta desses atos, caso eles existam. Esses métodos incluem a leitura de atas de reuniões da empresa, a realização de consultas à administração e à assessoria jurídica e a execução de vários testes de detalhes visando fundamentar transações ou saldos específicos. Ao examinar esse tipo de informação, o auditor deve estar particularmente atento a pagamentos vultosos por serviços não especificados a consultores ou funcionários, a comissões de venda excessivamente elevadas, a pagamentos não explicados a órgãos do governo e a transações desnecessariamente complexas ou não autorizadas.

Se tais atos forem descobertos, recomenda-se ao auditor consultar a assessoria jurídica do cliente a respeito da aplicação de leis relevantes, pois a determinação de se algo é de fato ilícito está geralmente além do alcance da competência profissional do auditor. Se atos ilícitos de fato afetarem as demonstrações financeiras, o profissional deverá tomar medidas para garantir uma apresentação fidedigna, incluindo tanto ajustes necessários em contas quanto uma divulgação apropriada. Por fim, o auditor deve comunicar a natureza desses atos ao comitê de auditoria do conselho de administração ou seu equivalente e, em alguns casos, à SEC.

> **FOCO EM FRAUDE**
> As companhias fechadas não são obrigadas a fornecer relatórios sobre seu controle interno, e assim as deficiências que permitiram a ocorrência de fraude não são comunicadas externamente.

Etapa 10: documentação da auditoria

A equipe de auditoria deve documentar os procedimentos adotados na busca de fraude, bem como a motivação desses procedimentos. A documentação deve descrever o planejamento de auditoria relacionado à avaliação de risco de fraude (incluindo os resultados das discussões exploratórias), os riscos identificados, os procedimentos efetuados e os seus resultados, a necessidade de evidência confirmatória e qualquer comunicação às partes exigidas. O SAS 99 diz que a documentação de auditoria em relação à fraude deve incluir:

- A discussão de planejamento pela equipe de auditoria a respeito da suscetibilidade da entidade à informação material incorreta devida à fraude, incluindo como e quando a discussão ocorreu, os membros da equipe que participaram e o assunto discutido.
- Os procedimentos de auditoria realizados para avaliar os riscos de informação material incorreta devida à fraude.

- Riscos específicos de fraude que foram identificados e uma descrição das respostas do auditor a esses riscos.
- Os motivos fundamentando a conclusão do auditor de que os riscos associados ao reconhecimento de receita não são uma preocupação nesse trabalho específico de auditoria.
- Os resultados dos procedimentos para identificar o possível desrespeito de controles pela administração.
- Outras condições ou relações analíticas que podem ter levado o auditor a crer que procedimentos adicionais eram necessários e as reações do auditor para lidar com essas questões.
- Qualquer comunicação relacionada à fraude à administração, aos responsáveis pela governança corporativa e/ou órgãos reguladores, e assim por diante.

Contabilidade forense

OA 10
Fazer a distinção entre a contabilidade forense e a auditoria.

A contabilidade forense é uma extensão da auditoria que se preocupa com a investigação detalhada de situações em que a fraude já tenha sido identificada ou em que se suspeita fortemente de que ela exista. A contabilidade forense se preocupa em identificar a pessoa que tenha perpetrado a fraude e fazer que ela confesse tê-la cometido. Ela produz apoio a um processo judicial contra a pessoa que tenha cometido a fraude por meio da sua identificação, o cálculo dos danos causados e a construção tanto de evidência factual quanto testemunhal da fraude. Embora a contabilidade forense se apoie em conceitos de evidência de auditoria e use a evidência encontrada durante uma auditoria (documentos básicos forjados, detalhes de arquivos mostrando itens duplicados etc.), a ênfase é posta mais em entrevistas, com foco no autor da fraude. Os contadores forenses examinarão 100% dos documentos relacionados à fraude para medir com precisão o seu custo. Os auditores, por outro lado, geralmente se apoiarão na amostragem para determinar se poderiam ter ocorrido incorreções materiais ou atos ilícitos. É importante observar que a realização de uma auditoria de demonstrações financeiras é um trabalho distinto da execução de uma investigação de contabilidade forense. A auditoria de demonstrações financeiras inclui uma atenção séria à possibilidade de fraude; a única finalidade de um trabalho de investigação forense é detectar, investigar e documentar uma situação na qual é praticamente certo que há fraude.

Os contadores forenses são frequentemente solicitados a dar apoio em processos judiciais, nos quais são chamados a atuar como peritos acerca de dados financeiros e atividades contábeis. É interessante notar que a ênfase, nos processos judiciais, reside mais em evidência testemunhal do que de qualquer outro tipo. Portanto, a realização de entrevistas é uma das competências mais importantes em contabilidade forense.

Os contadores forenses também fazem reconstruções de contas; ou seja, eles voltam aos documentos básicos para tentar determinar qual deveria ser o saldo de uma conta, ou determinar o volume de fraude associado diretamente a um perpetrador. A contabilidade forense também se estende a tópicos judiciais complicados, tais como a ocultação de ativos em ações de divórcio ou o cálculo do valor exato perdido num esquema de lavagem de dinheiro.

A **Ilustração 9.13** resume algumas das principais diferenças entre a contabilidade forense e a auditoria.

Com frequência, um trabalho de contabilidade forense é iniciado por decisão da administração, quando ela suspeita que esteja ocorrendo alguma fraude dentro da organização. Nesse caso, a administração pode alertar o auditor quanto às suas preocupações e pedir um trabalho forense separado. Alternativamente, a auditoria de demonstrações financeiras pode encontrar indícios de fraude. Nesse caso, o auditor externo pode recomendar à administração que a empresa de auditoria realize um trabalho forense separado.

O SAS 99 indica que uma equipe de auditoria talvez queira empregar técnicas de contabilidade forense em situações nas quais haja fortes indícios de fraude. A justificativa é a de que o auditor forense está habituado a encontrar fraude e tem uma expectativa intrínseca de encontrá-la. A experiência na localização de fraudes e a análise de pistas podem ser importantes para a auditoria externa quando há sinais de risco de fraude e o auditor tem dificuldades para localizar evidência suficiente de auditoria para justificar os saldos de contas.

Ilustração 9.13: Diferenças entre contabilidade forense e auditoria

Área	Contabilidade forense	Auditoria
Foco	Fraudes conhecidas ou áreas em que se suspeita haver fraude Fazer que o autor confesse	Fidedignidade de demonstrações financeiras Qualidade de controles
Enfoque	Entrevistas Reconstrução de perdas Exame de 100% dos arquivos visados	Amostragem, análise com base em critérios de materialidade
Escopo	Pode ir de fraudes de divulgação financeira em empresas a ativos ocultos em ações de divórcio e depoimentos no tribunal	Geralmente, auditorias de demonstrações financeiras
Produto final	Resumo de evidência coletada, com ênfase em evidência testemunhal Trabalho de perícia em ações judiciais	Parecer sobre demonstrações financeiras auditadas e controle interno
Competências básicas	Saber entrevistar, ouvir Reconstrução de saldos de contas Reconstrução eletrônica (casos envolvendo computadores) Apresentação – trabalho de depoimento como perito	Objetividade Coleta e análise de dados Conhecimento básico de contabilidade e auditoria Competência de entrevistar sem adotar uma atitude de confrontação Auditoria de sistemas de computação

Resumo

A fraude é um problema internacional generalizado. Os usuários de demonstrações financeiras têm uma expectativa razoável de que os auditores serão capazes de detectar e relatar a existência de fraude; e a profissão de auditoria tem reconhecido que não pode manter seu *status* e credibilidade sem aumentar a capacidade de detectar fraude. Assim sendo, os padrões de auditoria e as expectativas regulatórias têm se modificado para refletir a suposição de que os auditores procurarão determinar a existência de fraude em cada trabalho que realizarem.

Há duas categorias básicas de fraude: divulgação financeira fraudulenta (envolvendo a distorção de demonstrações financeiras) e os desfalques (apropriação indébita de ativos). A responsabilidade do auditor é a mesma em cada tipo de fraude: planejar e executar a auditoria para proporcionar uma garantia razoável de que as incorreções materiais devidas à fraude serão descobertas. A divulgação financeira fraudulenta é menos frequente, mas a magnitude da perda monetária é mais significativa, em comparação com os desfalques.

Há padrões comuns na maioria das fraudes. O auditor pode utilizar esses padrões, juntamente com uma análise de deficiências de controle e tendências financeiras, para identificar o risco de fraude e os tipos de procedimento de auditoria que seriam mais eficazes na detecção de fraude.

Termos importantes

Apropriação indébita de ativos – Fraude que envolve o roubo ou a má administração dos ativos de uma organização. Exemplos comuns incluem a omissão de receitas, o furto de estoques e a fraude em folhas de pagamento. É um tipo de desfalque.

Atos ilícitos – Violação de leis ou normas governamentais pela administração ou por funcionários agindo em nome da entidade.

Ceticismo profissional – Atitude que inclui um estilo questionador e uma avaliação crítica da evidência de auditoria.

Cláusulas de contratos de financiamento – Acordo entre uma entidade e seu credor que impõe limitações à organização (por exemplo, restrições ao pagamento de dividendos ou exigências de certo nível de capital de giro ou endividamento); o descumprimento das cláusulas pode resultar no vencimento imediato dos empréstimos ou títulos de dívida.

Contabilidade forense – Enfoque de investigação para a acumulação de evidência de fraude em preparação para um processo judicial; frequentemente inclui a reconstrução de contas para quantificar as perdas causadas pela fraude, com ênfase em evidência testemunhal.

Corrupção – Fraude em que os autores utilizam indevidamente a sua influência em uma transação comercial visando a extrair algum benefício para si ou para outra pessoa, contrariando suas obrigações com o seu empregador ou os direitos de outra pessoa. Outro tipo de desfalque.

Desfalque – Roubo ou desvio de fundos ou outros ativos de uma organização. O roubo é geralmente encoberto com a realização de lançamentos contábeis fictícios.

Discussão exploratória – Parte exigida de cada auditoria de demonstrações financeiras, sendo realizada no início da auditoria. A equipe de auditoria considera as variações de saldos de contas, deficiências de controles e as motivações para cometer fraudes, com a finalidade de identificar áreas em que a ocorrência de fraude é mais provável, bem como a forma em que poderia ocorrer.

Divulgação financeira fraudulenta – Distorção intencional de saldos de contas para apresentar uma visão econômica incorreta da empresa. A pessoa que comete este tipo de fraude espera ganhar com o aumento do preço da ação ou o recebimento de bônus proporcional aos lucros declarados.

Expectativas de usuários – Expectativas racionais de usuários a respeito da descoberta e da comunicação de fraude pelo auditor, bem como a apresentação de demonstrações financeiras que reflitam com precisão a realidade econômica dentro das restrições impostas pelos princípios de contabilidade aceitos em geral.

Fatores de risco de fraude – Características de uma empresa ou um executivo que têm sido comumente associadas à perpetração de fraude.

Fraude – Desvio ou roubo de fundos de uma empresa ou a distorção intencional de saldos de contas para criar uma

REFERÊNCIAS SELECIONADAS À ORIENTAÇÃO PROFISSIONAL RELEVANTE		
Referência à orientação	Fonte de orientação	Descrição da orientação
Pronunciamento sobre padrões de auditoria (SAS), nº 54	AICPA ASB	Atos ilícitos de clientes
Pronunciamento sobre padrões de auditoria (SAS), nº 99	AICPA ASB	Consideração de fraude em uma auditoria de demonstrações financeiras
Pronunciamento sobre padrões de auditoria (SAS), nº 109	AICPA ASB	Entendimento da entidade e de seu ambiente e avaliação dos riscos de informação materialmente incorreta
Padrão Internacional de Contabilidade (ISA) 240	Ifac IAASB	Responsabilidade do auditor por considerar a existência de fraude em uma auditoria de demonstrações financeiras
Padrão Internacional de Contabilidade (ISA) 250	Ifac IAASB	Consideração de leis e regulamentos em uma auditoria de demonstrações financeiras

Nota: siglas da orientação profissional relevante – ASB – *Auditing Standards Board* (Conselho de Padrões de Auditoria); AICPA – *American Institute of Certified Public Accountants* (Instituto Americano de Contadores Externos Certificados); Coso – *Committee of Sponsoring Organizations* (Comitê de Organizações Patrocinadoras); Fasb – *Financial Accounting Standards Board* (Conselho de Padrões de Contabilidade Financeira); IAASB – *International Auditing and Assurance Standards Board* (Conselho de Padrões Internacionais de Auditoria e Garantia); Iasb – *International Accounting Standards Board* (Conselho de Padrões Internacionais de Contabilidade); Iasc – *International Accounting Standards Committee* (Comitê de Padrões Internacionais de Contabilidade); Ifac – *International Federation of Accountants* (Federação Internacional de Contadores); ISB – *Independence Standards Board* (Conselho de Padrões de Independência); PCAOB – *Public Company Accounting Oversight Board* (Conselho de Supervisão Contábil de Companhias Abertas); SEC – *Securities and Exchange Commission* (Comissão de Valores Mobiliários e Bolsas de Valores).

percepção de que uma empresa está indo melhor do que a realidade. O primeiro tipo de fraude é comumente chamado de desfalque e o segundo, de divulgação financeira fraudulenta.

Hiato de expectativas – Diferença entre as expectativas dos usuários em relação à detecção de fraude pelos auditores e a disposição dos profissionais para aceitar a responsabilidade pela detecção de fraude.

Questões para revisão

9–2 (OA 2) Defina os seguintes tipos de fraude:
- Desfalque.
- Apropriação indébita de ativos.
- Corrupção.
- Divulgação financeira fraudulenta.

A responsabilidade do auditor pela detecção de fraude varia com o tipo de fraude que é cometida? Explique a sua resposta.

9–4 (OA 2) Você foi convidado a dar uma entrevista a um jornal estudantil sobre a natureza da fraude contábil. O repórter diz: "tenho a impressão de que os desfalques tendem mais a ser encontrados em empresas pequenas, e não em grandes. Por outro lado, a divulgação financeira fraudulenta tende mais a ocorrer em empresas maiores". Como você responderia à observação do repórter?

9–6 (OA 2) Por que as fraudes em divulgação financeira se tornaram mais comuns com a expansão dos mercados financeiros? Qual é a motivação para que as companhias fechadas cometam divulgação financeira fraudulenta; os proprietários não estariam enganando a si mesmos?

9–8 (OA 4) Quais as principais lições para a profissão de contabilidade que teriam sido aprendidas (ou deveriam ter sido aprendidas) no caso *Equity Funding*?

9–10 (OA 3) Como tem se alterado a responsabilidade dos auditores pelo planejamento e execução da auditoria para detectar fraudes nos últimos 30 anos?

9–12 (OA 6) Por que é importante que o auditor analise todos os principais lançamentos de diário que ocorrem fora do processo normal de contabilidade computadorizada?

9–14 (OA 5) Quais são as dez etapas principais incluídas no modelo de risco de fraude?

9–16 (OA 6) Identifique cinco fatores que seriam indicadores fortes de oportunidades para cometer fraudes. O que o auditor deveria fazer para identificá-los no início da auditoria?

9–18 (OA 4) Quais grupos importantes de supervisão falharam em termos de suas responsabilidades profissionais no caso *Enron*? De que maneira fracassou cada um dos grupos? Que motivações influenciavam cada grupo e levaram em parte a essas falhas? Em que medida a lei *Sarbanes-Oxley* lida com muitos desses fatores que causaram tais falhas?

9–20 (OA 6) Quais são alguns dos procedimentos que o auditor pode utilizar para investigar a possibilidade de que haja fraude nas contas de uma empresa? Os procedimentos devem estar associados à identificação da possível existência de fraude, e não à identificação específica de fraude.

9–22 (OA 7) De que maneira deve ser ajustada a auditoria quando o auditor tenha identificado um elevado risco de ocorrência de fraude?

9–24 (OA 7) Um auditor poderá ser obrigado a executar "procedimentos ampliados de auditoria" caso considere ser elevado o risco de fraude. Identifique cinco procedimentos que poderiam ser executados caso o auditor suspeite haver fraude na conta de receita.

9–26 (OA 9) Explique a responsabilidade do auditor pela comunicação do seguinte:
- Um desfalque que o cliente está disposto a corrigir e revelar nas demonstrações financeiras.
- Um desfalque material, mas que o cliente deseja ocultar em uma categoria de "outras despesas".
- Uma fraude de divulgação financeira que o cliente deseja incluir em uma categoria de "outras despesas".

9–28 (OA 4) Embora cada fraude seja única, há aspectos comuns que ocorreram na última década. Quais são os principais aspectos similares e lições que podem ser aprendidas com um exame das fraudes na *Enron*, *HealthSouth*, *WorldCom*, *Addeco*, *Lucent* e *Parmalat*?

9–30 (OA 7) Explique como um auditor poderia vincular deficiências de controle à montagem de testes de auditoria. Identifique o processo lógico utilizado pelo profissional para fazer essa vinculação.

9–32 (OA 8) O *software* de auditoria pode ser muito útil na leitura de um arquivo de computador e na identificação de uma possível fraude. Identifique os principais procedimentos relacionados à fraude que podem ser executados com o uso de *software* de auditoria.

9–34 (OA 10) O que é contabilidade forense? Como se distingue da auditoria?

Questões de múltipla escolha

9–36 (OA 3) Qual dos seguintes itens descreve melhor a responsabilidade do auditor pela detecção de divulgação financeira fraudulenta *versus* a detecção de um desfalque?
a. A responsabilidade pela detecção de divulgação financeira fraudulenta é maior porque as auditorias visam a encontrar informações financeiras incorretas.
b. O auditor é responsável pela detecção de divulgação financeira fraudulenta somente quando é material, mas é responsável por detectar todos os desfalques causados por uma deficiência conhecida dos controles internos do cliente.
c. O auditor é responsável por detectar incorreções materiais nas demonstrações financeiras, e por isso não há diferença em termos da responsabilidade de detectar divulgação financeira fraudulenta ou um desfalque, desde que seja material.
d. O auditor é responsável por detectar divulgação financeira fraudulenta de qualquer magnitude, desde que haja conluio e sinais de alerta.

9–38 (OA 1) Quais das seguintes afirmações são incorretas a respeito do uso da materialidade pelo auditor na auditoria de uma demonstração financeira:
a. O auditor é obrigado a informar todas as incidências de fraude material ao comitê de auditoria.
b. A descoberta de uma fraude material indica que uma empresa tem uma deficiência material em seu controle interno.
c. Não há diferença em termos de valor monetário da materialidade de planejamento quando se busca um desfalque em contraste com a busca de fraude na divulgação financeira.
d. Ao determinar a materialidade da fraude, o auditor deve considerar fatores qualitativos, como saber se a alta administração está envolvida ou não.
e. Todas as alternativas anteriores.

9–40 (OA 6) Qual das seguintes não é uma afirmação correta sobre o uso de discussões exploratórias como parte de uma auditoria de demonstrações financeiras?
a. É exigido como parte normal de todo trabalho de auditoria.
b. Deve incluir todos os membros da equipe de auditoria.
c. Deve incluir uma análise de deficiências conhecidas de controle interno.
d. Deve ocorrer em conjunto com o departamento de auditoria interna.

9–42 (OA 6) Qual dos seguintes itens não seria considerado uma motivação para cometer fraude?
a. Problemas financeiros pessoais.
b. Programas de remuneração com ações.
c. Controles internos deficientes.
d. Cláusulas de financiamento muito restritivas.

9–44 (OA 2) A forma mais importante de desfalque (tanto em valor monetário quanto em frequência) é:
a. O furto de caixa diretamente da empresa.
b. O furto de caixa por meio de esquemas de desembolso.
c. O furto de estoques e pequenas ferramentas.
d. O furto de caixa mediante a apropriação de recebimentos de clientes e a baixa de contas a receber.

Questões de discussão e pesquisa

9–46 (Responsabilidade da auditoria pela detecção de fraude, OA 3) A responsabilidade dos auditores pela detecção de fraude tem crescido na medida em que os usuários têm deixado claro que esperam que os auditores detectem a fraude material. Pergunta-se:
a. Além dos valores monetários, que outros fatores um auditor deve considerar ao determinar a materialidade no planejamento de um trabalho para detectar fraude? Como esses fatores afetariam o planejamento da auditoria?
b. Que procedimentos principais o auditor deve utilizar ao planejar a auditoria com vistas à detecção de fraude?
c. Explique como o auditor deve usar procedimentos analíticos e o conhecimento de deficiências de controle interno para discutir exploratoriamente e planejar a auditoria com o objetivo de detectar fraude.

Atividade em grupo

9–48 (Discussões exploratórias e fraude, OA 5, 7) O auditor deve presumir que existe fraude na área de receita. Considere uma empresa que fabrica equipamento de fibra ótica com tecnologia avançada. Suponha que os analistas de ações acreditem que o setor tem boas perspectivas de crescimento. O cliente de auditoria está prevendo um aumento de 20% das vendas e de 27% dos lucros no ano que está sendo auditado. O auditor está planejando a auditoria e sabe o seguinte:
• 65% das vendas são feitas a apenas cinco clientes.

- Há três empresas com produtos muito semelhantes. Uma tem uma participação ligeiramente maior no mercado e a outra tem uma participação significativamente menor.
- Há indícios de que a economia está se desacelerando e se espera que uma redução da atividade econômica afete o mercado dos produtos de tecnologia avançada vendidos pela empresa.

Pede-se:

a. Indique os tipos de análise dos resultados financeiros preliminares da empresa que o auditor deve realizar para facilitar a discussão exploratória e o planejamento da auditoria. Em sua resposta, identifique os fatores-chave que indicaria risco mais elevado de fraude. Organize sua resposta da seguinte maneira:

Análise	Indicadores de risco elevado de fraude
Exemplo: análise de receita contabilizada por trimestre e aumentos próximos ao final do trimestre ou ao final do ano	

b. Que informação adicional o auditor deve coletar sobre a vitalidade do setor em que atua o cliente?

c. Identifique quatro maneiras pelas quais o cliente poderia sobrevalorizar a receita. Para cada enfoque identificado, indique (1) procedimentos de controle interno que precisariam falhar para que a fraude ocorresse; e (2) procedimentos de auditoria para testar a possível sobrevalorização de receita. Organize sua resposta da seguinte maneira:

Fraude	Controles-chave que falhariam	Procedimentos necessários de auditoria
1		
2		
3		
4		

Atividade em grupo

9–50 (Atividade em grupo: fatores de risco de fraude e o arcabouço de análise de decisões, OA 6, 11) Suponha que o seu cliente possua as seguintes características associadas ao diamante da fraude:

Incentivos à fraude:

- Necessidade de obter financiamento adicional com capital de terceiros ou próprio para permanecer competitivo, incluindo o financiamento de gastos importantes de pesquisa e desenvolvimento ou investimento.
- Proporções significativas de sua remuneração (por exemplo, bônus, opções de compra de ações e esquemas de participação nos lucros) estão condicionadas ao cumprimento de metas agressivas de preço da ação, resultados operacionais, posição financeira ou fluxo de caixa.

Oportunidades:

- Não há transações significativas com partes relacionadas.
- Supervisão efetiva pelo conselho de administração e pelo comitê de auditoria sobre o processo de divulgação financeira e o controle interno.
- Monitoramento adequado dos controles, incluindo controles automatizados e controles sobre a divulgação financeira trimestral.
- Sistemas eficazes de contabilidade e informação, incluindo situações envolvendo condições passíveis de divulgação.

Atitudes/racionalizações:

- Forte interesse da administração pela manutenção ou aumento do preço da ação ou da tendência de lucros da entidade.
- Uma prática de comunicação pela administração a analistas, credores e outras partes externas de que serão atingidas previsões um tanto agressivas de lucro e receita.
- Algumas tentativas pela administração para justificar uma contabilidade marginal com base no argumento de que os problemas apontados pelo auditor externo não são materiais.

Capacidade:

- A empresa contrata MBAs de elevada performance e enfatiza educação profissional continuada.
- A administração confia muito em suas competências e em sua tomada de decisões.

Pede-se:

a. Discuta essas características do cliente em seu grupo e depois utilize o enfoque de análise de decisões com sete etapas, apresentado no capítulo 3, para fazer uma avaliação do risco de fraude em uma escala de 1 (risco de fraude muito baixo) a 10 (risco de fraude muito alto).

b. Identifique os fatores, com base na descrição precedente, que não seriam incomuns na maioria das empresas, e depois discuta que combinação de fatores levou à sua avaliação do risco de fraude.

Nota: assim que o grupo tenha feito sua avaliação de risco de fraude, você será solicitado por seu instrutor a comunicar essa avaliação ao resto da classe. Por isso, esteja preparado para defender sua resposta.

Lembre-se de que o arcabouço contém as seguintes etapas: (1) estruturar o problema, (2) avaliar as consequências da decisão, (3) aferir os riscos e as incertezas do problema de auditoria, (4) avaliar alternativas de coleta de informação/evidência de auditoria, (5) fazer análises de sensibilidade, (6) coletar informação/evidência de auditoria e (7) tomar uma decisão.

Atividade em grupo

9–52 (Pesquisa: pareceres do PCAOB sobre o desempenho dos auditores na detecção de fraude, OA 5, 7) Obtenha uma cópia do relatório do PCAOB intitulado *"Observations on Auditors' Implementation of PCAOB Standards Relating to Auditors' Responsibilities with Respect to Fraud"*.

Pede-se:

No relatório, o PCAOB resume as constatações feitas em inspeções de trabalhos de auditoria no que diz respeito a procedimentos de auditoria para a detecção de fraude. O relatório do PCAOB faz comentários sobre as deficiências do auditor em cada uma das seis áreas seguintes:

1. Enfoque geral dos auditores à detecção de fraude.
2. Sessões de discussão exploratória.
3. Reações dos auditores a fatores de risco de fraude.
4. Informações incorretas em demonstrações financeiras.
5. Risco de que a administração ignore controles.
6. Outras áreas para aprimorar a detecção de fraude.

Resuma as preocupações do PCAOB com respeito aos problemas observados pelas equipes de inspeção, no desempenho dos auditores, em cada uma das áreas enumeradas.

9–54 (Questão de pesquisa: responsabilidades do auditor pela detecção de fraude, OA 2, 3) A ocorrência de divulgação financeira fraudulenta tem sido uma preocupação importante tanto da profissão de contabilidade quanto de agências reguladoras, como a SEC. Tem sido afirmado que as empresas em dificuldades frequentemente vão à falência logo depois de receberem pareceres sem ressalvas dos auditores. Os auditores profissionais têm historicamente argumentado que tais casos são raros e que os que aparecem na imprensa dão a impressão de que a profissão está fazendo um trabalho pior do que acontece na realidade.

Pede-se:

a. Distinga entre uma "falha de auditoria" e uma "falência de empresa". Explique por que a imprensa pode ter dificuldade para distinguir entre as duas.
b. Identifique uma fraude recente que tenha sido divulgada pela imprensa ou descrita na internet. Para essa fraude identificada:
- Determine as motivações da fraude.
- Descreva como a fraude ocorreu.
- Identifique as falhas de controle interno que teriam permitido a ocorrência da fraude.
- Identifique os procedimentos de auditoria que deveriam ter constatado a fraude ou, se os procedimentos não tivessem encontrado a fraude, explique por que não.

---

* Todas as questões marcadas com asterisco são adaptadas do Exame Uniforme de CPA.

*9–56 (Fraude e ceticismo profissional, OA 3, 5, 6, 7) Kent, CPA, é o sócio encarregado do trabalho de auditoria de demonstrações financeiras *da Super Computer Services Co.* (SCS), para o exercício encerrado em 30 de abril de 2009. Em 6 de maio de 2009, Smith, o auditor sênior escalado para esse trabalho, teve a seguinte conversa com Kent a respeito da fase de planejamento da auditoria:

Kent: Você já atualizou todos os programas de auditoria para o trabalho na SCS?

Smith: A maior parte. Ainda preciso fazer alguma coisa sobre a avaliação de risco de fraude.

Kent: Por quê? Nosso programa de "erros e irregularidades" do ano passado ainda é adequado. Passou por uma revisão por pares várias vezes. Além disso, não temos obrigações específicas quanto à fraude. Se a encontrarmos, lidaremos com ela.

Smith: Não concordo. Esse novo diretor presidente, Mint, praticamente não recebe salário, é quase tudo bônus e opções de compra de ações. Isso não lhe preocupa?

Kent: Não. O conselho de administração aprovou o contrato de Mint apenas três meses atrás. Foi aprovado por unanimidade.

Smith: Pode ser, mas Mint disse aos analistas de ações que o lucro da SCS aumentaria 30% no próximo ano. Você acha que Mint é capaz de conseguir esse resultado?

Kent: Quem sabe? Estamos auditando as demonstrações financeiras de 2008, e não as de 2009. Mint provavelmente emendará essa previsão mensalmente, de hoje até maio.

Smith: Sim, mas isto pode mudar nossos outros programas de auditoria.

Kent: Não, isso não acontecerá. Os programas já são bons. Se você encontrar fraude em qualquer de seus testes, me avise. Talvez precisemos ampliar os testes. Ou talvez nós apenas o relatemos ao comitê de auditoria.

Smith: E o que eles fariam? Green é o presidente do comitê de auditoria, e lembre-se, Green contratou Mint. Eles têm sido bons amigos há vários anos. Além disso, é Mint quem manda agora. Brown, o ex-diretor presidente, ainda está no conselho, mas Brown nunca está por perto. Brown tem até faltado às reuniões do conselho. Ninguém na administração ou no conselho enfrentaria Mint.

Kent: Nada disso é novo. Brown era assim anos atrás. Brown provocou várias divergências com Jones, o auditor anterior. Três anos atrás, Jones disse a Brown que o departamento de auditoria interna era ineficaz. Logo depois, Jones saiu e eu entrei. Por que se incomodar? Fico contente em saber que essa auditoria interna desfalcada não nos atrapalha. Lembre-se... o que conta é se as demonstrações financeiras apresentadas são fidedignas. E sempre têm sido. Não damos nenhuma garantia no que diz respeito à fraude. Isso é função da administração.

Smith: Mas, e quanto à falta de segregação de tarefas no departamento de desembolso de numerário? Aquele funcionário poderia emitir um cheque de qualquer valor.

Kent: Sem dúvida. Mas essa é uma deficiência comunicável permanente de controle interno, e provavelmente o será de novo este ano. No entanto, precisamos nos preocupar com a relação entre custo e eficácia, e não com a fraude. Apenas precisamos fazer muitos testes dos desembolsos de numerário e relatá-los novamente.

Smith: E quanto às dispensas maciças que ocorrerão no próximo mês? Isso é bem mais que um boato. Até mesmo os funcionários não sabem o que acontecerá, e estão bastante tensos a esse respeito.

Kent: Eu sei; é o segredo mais conhecido na SCS, mas não precisamos considerar isso agora. Mesmo que aconteça, apenas melhorará os resultados financeiros do próximo ano. Brown devia ter dispensado esse pessoal há anos. Vamos e venhamos, de que outra forma Mint poderia chegar perto do aumento de 30% do lucro no próximo ano?

Pede-se:
a. Descreva os fatores de risco de fraude indicados por esse diálogo.
b. Descreva as noções erradas de Kent a respeito da consideração de possibilidade de fraude na auditoria das demonstrações financeiras da SCS, mencionadas no diálogo. Explique por que cada uma delas é errada.
c. Se você estivesse conduzindo uma discussão exploratória como parte do plano de auditoria da SCS, quais seriam os principais fatores que identificaria para consideração na auditoria?

9–58 (*Software* de auditoria, OA 8) A maioria das empresas de contabilidade externa reagiu ao SAS 99 fazendo análise detalhada de validade de arquivos ao utilizar *software* de auditoria.

Pede-se:
a. Identifique as maneiras pelas quais o *software* de auditoria poderia ser usado para se fazer análise de validade de arquivos.
b. Por que a análise de validade de arquivos é um enfoque eficaz de auditoria para a busca de possibilidade de fraude?
c. Uma empresa deve fazer regularmente a análise de validade de arquivos (diagnóstico detalhado de um arquivo em busca de itens situados fora dos parâmetros normais de controle)? Se executar tal tarefa, ela seria vista como um procedimento de controle interno ou um procedimento de auditoria? Como isso afetaria a análise do risco de fraude e dos controles pelo auditor?

9–60 (Julgamentos éticos e fatores de risco de fraude, OA 6, 11) O conjunto de cenários a seguir foi adaptado de "*Test Your Ethical Judgment*", de autoria de Kay Zekany, *Strategic Finance*, de 1 de novembro de 2007, e do *Institute of Management Accountants* (Instituto de Contadores Gerenciais). Cada um dos cenários baseia-se nos fatos da fraude na *WorldCom*.

Pede-se:
Para cada cenário, decida que opção, de (a) a (e), é mais apropriada e explique o seu raciocínio.
a. Os fatos indicam boas práticas de negócios.
b. Os fatos indicam um cenário que é perfeitamente ético, mas gera um alerta em termos de risco de fraude.
c. Os fatos indicam uma situação que é imprópria, mas não fraudulenta.
d. Os fatos indicam uma situação que é imprópria e que gera um alerta em termos de risco de fraude.
e. Os fatos indicam a presença de fraude.

Cenários
1. Havia pressão intensa para impedir que o preço da ação da empresa caísse ainda mais. Esta pressão vinha de investidores, analistas e do diretor executivo, cujo bem-estar financeiro dependia significativamente do preço da ação da empresa.
2. Um grupo de funcionários é remunerado bem acima das diretrizes aprovadas de salário e bônus da empresa para as suas posições. Entretanto, a escala de remuneração geral da empresa é apropriada e está atualizada, e está de acordo com as condições correntes de mercado.
3. A empresa protege fortemente as informações financeiras internas, ao ponto de que alguns funcionários situados em uma posição de necessidade de conhecimento não dispõem de acesso completo a elas.
4. A gestão de índices financeiros específicos é muito importante para a empresa, e os analistas são observadores atentos da variabilidade de índices fundamentais. Os índices fundamentais da empresa variaram muito pouco, embora os índices do setor como um todo tenham sido muito voláteis no período.
5. O departamento de auditoria interna interage com o comitê de auditoria e o conselho de administração, principalmente em termos da descrição de planos para projetos futuros e detalhes de projetos concluídos que enfatizam a eficácia das operações. Entretanto, durante o ano, a auditoria interna interage principalmente com o diretor financeiro. O diretor financeiro orienta as atividades regulares e é responsável pelas premiações financeiras dadas à chefia e ao pessoal do departamento de auditoria.

6. O diretor executivo dá ao departamento de auditoria interna uma tarefa de auditoria operacional sem finalidade contábil importante. A tarefa é extremamente demorada e desvia recursos do departamento de suas atividades normais.
7. Em um esforço para reduzir certas despesas rateadas para cumprir metas orçamentárias, o diretor financeiro solicita ao departamento de contabilidade geral que faça uma realocação substancial das despesas de uma divisão. O departamento de contabilidade geral recusa a solicitação, mas o lançamento de diário é feito de qualquer forma pela administração.
8. Em uma tentativa de reduzir despesas operacionais, a empresa capitaliza despesas em uma conta de ativo.
9. Um contador que trabalha no departamento de contabilidade geral não se sente à vontade com os lançamentos de diário exigidos para realocar despesas de divisões. Ele leva suas preocupações ao diretor financeiro, que lhe assegura que tudo está bem e que os lançamentos são necessários. O contador pensa em pedir demissão, mas não tem outro emprego em vista e está preocupado com o sustento de sua família. Apesar disso, nunca revela suas preocupações aos auditores internos ou externos.
10. O controlador da empresa também estava pouco à vontade com os lançamentos de realocação, mas tampouco faz algo para impedi-los. Na verdade, ele incentiva os lançamentos contábeis questionáveis.
11. Os registros contábeis eram inexistentes ou eram tão desorganizados que foi necessário esforço substancial para localizá-los ou compilá-los.

Casos

Atividade em grupo

9–62 (Qualidade da contabilidade, OA 2, 3, 6) As empresas pontocom cresceram rapidamente no final da década de 1990. Muitas abriram "shoppings" por meio dos quais funcionam como um portal para diversas empresas. A SEC tem manifestado suas preocupações com o reconhecimento de receita em uma variedade de empresas pontocom. Explicitamente, a SEC está preocupada com o fato de que algumas empresas:

- Inflacionaram sua receita total "incluindo em seus dados de receita as receitas totais de vendas de produtos quando estão apenas distribuindo produtos em nome de outras empresas". A SEC julgou que as empresas deviam reconhecer como receita apenas a comissão recebida por distribuírem os produtos.
- Estavam contabilizando receita por "serviços gratuitos" fornecidos a clientes.
- Reconheciam receita em transações de escambo em que trocavam publicidade com outras empresas.

Pergunta-se:

a. Supondo que alguns dos itens não aumentariam o lucro líquido, qual é a motivação para os tratamentos contábeis descritos? Qual é o incentivo da administração para inflacionar as receitas?
b. Se o auditor acreditasse que os tratamentos contábeis atendiam os princípios de contabilidade aceitos em geral, mas pessoalmente não concordasse que eles eram a melhor alternativa em termos dos princípios, qual seria a responsabilidade do auditor de comunicar esse julgamento a outras partes?
c. Os procedimentos analíticos teriam sido eficazes na identificação dos riscos associados ao reconhecimento de receita, tal como aqui descrito? Explique a sua resposta.
d. As transações descritas representam divulgação financeira fraudulenta? Explique a sua resposta.

Ford Motor Company e Toyota Motor Corporation
Ford Motor Company: Análise de fatores de risco de fraude

(www.cengage.com.br, em inglês)

Fonte e referência	Questão
	1. Obtenha uma cópia do SAS 99 e leia os apêndices que enumeram os fatores de risco associados à divulgação financeira fraudulenta. (Sugestão: uma busca no Google por "*SAS No. 99 and fraud risk factor*" deve ajudá-lo a encontrar o documento.)
Ford 10-K (qualquer página anteriormente usada em outros apêndices) *Ford Def 14A (qualquer página anteriormente usada em outros apêndices)* *Ford Def 14A, pp. 21-49* *Qualquer página pode ser útil, incluindo resultados de procedimentos analíticos no apêndice ao capítulo 8*	2a. Utilize a lista de fatores de risco de fraude como controle para examinar os documentos submetidos pela Ford à SEC. Quais dos fatores de risco estão presentes no caso da Ford? 2b. Para cada fator de risco identificado para a Ford, descreva um procedimento de auditoria ou evidência que você utilizaria em seus testes de auditoria para determinar se este fator de risco realmente está associado à presença de divulgação financeira fraudulenta. 2c. Suponha que a Ford ou a Toyota quisessem aumentar o lucro divulgado no ano corrente, mas desejassem fazê-lo alterando estimativas contábeis. Identifique três estimativas contábeis que poderiam ser influenciadas pelo desejo da administração de apresentar lucros maiores. 2d. Estimativas contábeis. Muitas estimativas contábeis são, pelo menos em parte, baseadas em julgamentos feitos pela empresa. O auditor poderia discordar dos julgamentos e chegar assim a uma conclusão a respeito da necessidade ou não de ajuste das demonstrações financeiras. Se o auditor acreditar que uma estimativa contábil é materialmente incorreta, • Como o auditor determina se a incorreção é fraudulenta ou é simplesmente devida a controle interno deficiente ou mau julgamento pela administração? • Como deve ser comunicada a constatação do auditor ao comitê de auditoria caso o auditor conclua que a incorreção é devida a: Mau julgamento ou controles internos deficientes da divulgação financeira? Fraude?

Auditoria de receita e contas relacionadas

10

Objetivos de aprendizagem

O objetivo principal deste livro-texto é a construção de uma base para a análise de questões profissionais correntes e a adaptação de enfoques de auditoria às complexidades das empresas e da economia. Por meio do estudo deste capítulo, você será capaz de:

1. Explicar o conceito de ciclos ou processos contábeis e seu impacto sobre enfoques de auditoria, bem como identificar as contas e afirmações relevantes no ciclo de receita.
2. Descrever o enfoque que um profissional adotaria para fazer uma auditoria integrada do ciclo de receita.
3. Identificar riscos relacionados à divulgação financeira confiável no ciclo de receita, incluindo riscos de fraude e outros relacionados ao reconhecimento apropriado de receita.
4. Descrever como utilizar procedimentos analíticos preliminares para identificar possíveis incorreções no ciclo de receita.
5. Descrever por que é importante para o auditor conhecer os controles internos, identificar aqueles tipicamente presentes no ciclo de receita, além de testes de controles utilizados para verificar a eficácia de controles no ciclo de receita.
6. Expor e aplicar procedimentos substantivos padronizados de auditoria a serem utilizados em testes de saldos de receita e explicar como eles serão afetados pelos resultados dos testes de controles.
7. Expor e aplicar procedimentos substantivos padronizados de auditoria a serem utilizados em testes de saldos de contas a receber e explicar como eles serão afetados pelos resultados dos testes de controles.
8. Descrever procedimentos de auditoria que tratam do risco de fraude no ciclo de receita.
9. Aplicar os arcabouços de análise de decisões e tomada de decisões com ética a situações envolvendo a auditoria de contas do ciclo de receita.

Visão geral do capítulo

Este capítulo ilustra os conceitos de teste de auditoria desenvolvidos anteriormente no livro-texto, aplicando-os a uma auditoria integrada das contas do ciclo de receita. Em termos do processo de elaboração do parecer de auditoria, este capítulo envolve as fases III e IV, ou seja, a obtenção de evidência sobre controles e afirmações em contas do ciclo de receita. As transações de venda sempre são materiais para as demonstrações financeiras de uma empresa e, como você viu no capítulo anterior, estão frequentemente sujeitas à manipulação, além de serem consideradas um risco de fraude. Por esse motivo, os auditores precisam prestar atenção especial ao ambiente de controle relativo às contas do ciclo de receita, bem como levar cuidadosamente em consideração a motivação da administração para estender os princípios de contabilidade para que se produza divulgação desejada de receita.

Uma vez que o auditor tenha entendido os riscos nas contas do ciclo de receita e as afirmações correspondentes, bem como avaliado os controles internos projetados para mitigar esses riscos, o programa de auditoria com procedimentos substantivos destinados a testar saldos de contas poderá ser desenvolvido. Depois de considerar a qualidade do controle interno, bem como os fatores de risco de fraude, o auditor deverá ter uma boa ideia de onde e que tipos de incorreções poderiam existir nos saldos de contas.

O processo de elaboração do parecer de auditoria

I. Aferir as decisões de aceitação e retenção do cliente (capítulo 4).

II. Entender o cliente (capítulos 2, 4-6 e 9).

III. Obter evidência a respeito de controles e determinar o impacto sobre a auditoria de demonstrações financeiras (capítulos 5-14 e 18).

IV. Apurar evidências consubstanciadas sobre afirmações de contas (capítulos 7-14 e 18).

V. Fechamento da auditoria e tomada de decisões de divulgação (capítulos 15 e 16).

A profissão de auditoria, regulamentação e governança corporativa (capítulos 1 e 2).

Tomada de decisões, conduta profissional e ética (capítulo 3).

Responsabilidade profissional (capítulo 17).

JULGAMENTO PROFISSIONAL EM CONTEXTO
Falha de comunicação de fraude no reconhecimento de receita pelo auditor

Robert A. Putnam era um sócio em trabalhos de auditoria na *Arthur Andersen LLP*, e havia sido encarregado da auditoria da HBOC, uma empresa produtora de *software* para o setor de assistência médica, com sede em Atlanta, no período de 1996 a 1999. A HBOC tinha um histórico fantástico de rentabilidade. A cada trimestre, entre janeiro de 1996 e setembro de 1998, superava as estimativas de lucros trimestrais em pelo menos US$ 0,02 por ação. Na verdade, a administração da HBOC estava tão confiante na solidez de suas demonstrações financeiras que fazia anúncios públicos das receitas, do lucro líquido e do lucro por ação da empresa antes da conclusão das auditorias ou análises da *Andersen*, uma prática da qual Putnam estava a par. Entretanto, esses resultados financeiros refletiam o fato de que os principais executivos da HBOC estavam reconhecendo receitas fraudulentamente em transações que não cumpriam os princípios de contabilidade aceitos em geral.

No início de 1997, Putnam ficou sabendo que a administração da HBOC estava reconhecendo receitas indevidamente em contratos nos quais uma venda estava condicionada à aprovação posterior pelo conselho de administração de um cliente (uma "contingência de conselho"). Putnam discutiu o problema com Jay Gilbertson, o diretor financeiro, que alegou que essas contingências eram mínimas e não tinham um risco real de cancelamento. Gilbertson concordou em fornecer documentação em apoio à sua alegação, mas nunca o fez. Putnam tinha motivos adicionais para ser cético em relação às práticas contábeis da HBOC. Na auditoria do exercício anterior, os auditores identificaram um caso em que a HBOC usou cartas complementares nas negociações de contratos com clientes. Uma carta complementar é um acordo contendo termos contratuais que não fazem parte do contrato formal (geralmente envolvendo direitos de devolução), aumentando com isso o risco de auditoria, pois permite que termos contratuais fundamentais que afetam o reconhecimento de receitas fiquem escondidos do auditor, fazendo parte de um reconhecimento fraudulento de receita. Os auditores estavam cientes dos riscos associados a cartas complementares, e a Andersen havia alertado sua equipe de auditoria que tais cartas geralmente provocam cálculos incorretos e materiais de receita, particularmente na indústria de *software*.

Putnam também tinha motivos para ser cético quanto à integridade da administração da HBOC. Em 1997, Gilbertson declarou à Andersen que a HBOC havia agido em conformidade com a versão mais recente da SOP 97-2, a nova diretriz de reconhecimento de receita de *software*, que proibia o reconhecimento de receita se houvesse alguma contingência de conselho. Apesar do novo padrão, a HBOC continuava fazendo contratos com contingências de conselho.

Embora houvesse esses problemas, Putnam não ampliou o escopo da auditoria, e em três ocasiões reuniu-se com o comitê de auditoria da HBOC e não manifestou qualquer preocupação com o fato de que a empresa estava deixando de cumprir as exigências dos princípios de contabilidade

JULGAMENTO PROFISSIONAL EM CONTEXTO
Falha de comunicação de fraude no reconhecimento de receita pelo auditor

aceitos em geral quanto ao reconhecimento de receita. Em janeiro de 1999, a *McKesson Corporation* adquiriu a HBOC. Em 28 de abril de 1999, anunciou que "havia determinado que transações de venda de *software* no total de US$ 26,2 milhões no quarto trimestre da empresa, encerrado em 31 de março de 1999, e US$ 16 milhões nos trimestres anteriores do exercício fiscal haviam sido incorretamente contabilizadas, pois estavam sujeitas a contingências e tinham sido revertidas. O processo de auditoria prossegue, e há a possibilidade de que vendas contingentes adicionais sejam identificadas". Após esse anúncio, o preço da ação da empresa despencou de aproximadamente US$ 65 para US$ 34 dólares (uma perda de aproximadamente US$ 9 bilhões em termos de valor total de mercado).

No final, a SEC concluiu que Putnam havia deixado de exercer o cuidado profissional devido, de planejar e supervisionar adequadamente as auditorias e de obter evidência competente suficiente para construir uma base razoável para emitir um parecer a respeito das demonstrações financeiras. A SEC emitiu uma ordem de suspensão de Putnam e lhe negou o privilégio de depor ou praticar junto à comissão como contador por pelo menos cinco anos. Além disso, acusações de fraude foram apresentadas contra os administradores da HBOC.

Quando estiver lendo o capítulo a seguir, considere este caso e as seguintes perguntas:

- Que fatores de risco de fraude Putnam optou por ignorar?
- Que controles Putnam devia ter esperado que o cliente possuísse para atenuar o risco de incorreções na conta de receita?
- O que Putnam devia ter feito para lidar com os problemas dos quais tinha conhecimento durante a auditoria?
- Por que a má qualidade do trabalho de Putnam era importante para os mercados financeiros e para a SEC?

Fonte: adaptado de informações contidas nos seguintes documentos: (1) circular nº 8912 com base na lei de Valores Mobiliários de 1933, 28 de abril de 2008; (2) circular nº 57725 com base na lei de Negociação de Valores Mobiliários, 28 de abril de 2008; (3) circular nº 2815 de Cumprimento de Normas de Contabilidade e Auditoria, 28 de abril de 2008; e (4) autos de procedimento administrativo nº 3-10998.

O auditor deve decidir que procedimentos substantivos adicionais de auditoria devem ser realizados, com que amplitude, e que itens ou contas devem ser testados. Este capítulo descreve o processo básico de reconhecimento de receita, discute riscos existentes nesse processo, identifica os controles que se destinam a atenuar tais riscos, descreve os tipos de fraudes relacionados a receitas, discute uma auditoria integrada de contas do ciclo de receita e identifica procedimentos substantivos relevantes de auditoria.

Introdução

A conta de receita e as contas a receber a ela associadas devem ser vistas como possuidoras de alto risco na maioria das auditorias, pois elas são muito suscetíveis a incorreções. O auditor precisa entender as relações entre as contas e saber como melhor abordar uma auditoria integrada das contas e dos controles relacionados. Um "enfoque de ciclo ou processo" é o método de auditoria usado para fazer isso.

O enfoque de ciclo

As demonstrações financeiras são compostas de contas, tais como receita ou contas a receber, que representam uma síntese das transações da empresa. Transações semelhantes ligadas por procedimentos e controles são agrupadas, sendo tratadas como um ciclo ou processo específico. Muitas transações contábeis obedecem a um ciclo definido. Por exemplo, entendemos que

OA 1
Explicar o conceito de ciclos ou processos contábeis e seu impacto sobre enfoques de auditoria, bem como identificar as contas e afirmações relevantes no ciclo de receita.

> **CONSIDERE O RISCO**
>
> Examinando o processo de registro de transações, o auditor conhecerá as etapas do processo nas quais há riscos de informação incorreta. O profissional deve adquirir conhecimento dos controles que o cliente montou e implantou para gerir esses riscos. Essa informação ajudará o auditor a determinar que testes de controles e procedimentos substantivos de auditoria devem ser realizados.

> **QUESTÃO PRÁTICA**
>
> Assim que o auditor entende o risco em um processo, os controles projetados para lidar com esses riscos devem ser identificados para fins de teste. Em alguns setores, um risco comum no ciclo de receita está ligado a incentivos dados pelos vendedores aos clientes atacadistas para entupirem seus depósitos com estoque extra e de que não necessitam, no final do ano, concedendo-se créditos futuros por produtos não vendidos. O cliente pode implantar uma série de controles para lidar com este risco e o auditor deve determinar quais são os mais importantes. Por exemplo, um ambiente adequado de controle no topo da organização poderia ser uma filosofia explícita da administração e atuação como forma de comunicação contra esse tipo de prática. Uma atividade de controle destinada a detectar se tal tipo de prática ocorreu poderia envolver uma política pela qual a remuneração dos vendedores é revista trimestralmente pelo gerente de vendas, sendo ajustada caso as devoluções superem certa porcentagem mínima das vendas. Em uma auditoria integrada, o auditor precisará testar esses controles, e talvez outros, para dar um parecer sobre a eficácia dos controles internos e determinar que procedimentos substantivos de auditoria seriam necessários.

aquelas relacionadas à receita começam com um pedido inicial de um cliente, passam para a venda efetiva e a criação de uma conta a receber e, eventualmente resultam em recebimento de numerário. O conceito de ciclo ou processo ajuda o auditor a visualizar as contas de resultado e balanço associadas à maioria das transações e oferece uma maneira conveniente de pensar a respeito do teste de auditoria de controles internos e dos saldos de contas relacionadas. Em um processo específico, o auditor concentra a sua atenção no fluxo de transações dentro desse processo, incluindo o modo pelo qual as transações são iniciadas, autorizadas, contabilizadas e declaradas, e em pontos do processo nos quais pode haver informação incorreta e em controles montados e implantados para mitigar esses riscos de informação incorreta. Este entendimento dos riscos e controles dentro de um processo ajudará o profissional a determinar os procedimentos específicos de auditoria a serem adotados.

Usamos os termos ciclo ou processo para indicar o processamento de transações relacionadas e seu efeito sobre os saldos de contas associados às transações. As transações do ciclo de receita incluem os processos que vão desde a origem de uma transação de venda, envio de um produto, faturamento do cliente, ao recebimento de dinheiro com a venda ou à baixa de contas a receber incobráveis.

Visão geral do ciclo de receita

No ciclo de receita, as contas significativas e relevantes incluem receita e contas a receber. O auditor provavelmente obterá evidência relacionada a cada uma das afirmações de demonstrações financeiras discutidas no capítulo 7 para ambas as contas. Entretanto, no caso de contas e clientes específicos, algumas afirmações são mais relevantes, exigindo mais evidência do que outras afirmações. No caso de muitos clientes, a declaração de existência associada à receita pode ser uma das principais afirmações relevantes, particularmente se o cliente tem incentivos para sobrevalorizar as receitas. No caso de contas a receber, as afirmações mais relevantes provavelmente seriam as de existência e avaliação. Para essas afirmações relevantes, o auditor precisará conhecer os controles que o cliente utiliza para lidar com o risco de informação incorreta. As declarações consideradas mais relevantes são aquelas para as quais o risco de informação incorreta é mais alto e mais evidência de auditoria é necessária.

O enfoque de ciclo reconhece a inter-relação de saldos de contas materiais. A evidência de auditoria a respeito da existência e da avaliação de contas a receber também é evidência sobre a existência e a avaliação da receita contabilizada, e vice-versa. Ao examinar as transações de venda e os controles internos do processamento das vendas, o auditor também coleta evidências sobre autorizações de crédito e a avaliação das transações registradas.

As transações de venda frequentemente servem de base para o cálculo de comissões pagas a vendedores. Informações relativas a vendas são usadas para a tomada de decisões estratégicas de longo prazo e para análises de marketing. Portanto, a precisão da contabilidade no ciclo de receitas é importante para a tomada de decisões gerenciais, além da preparação de demonstrações financeiras. As contas normalmente afetadas pelas transações de venda são apresentadas na **Ilustração 10.1**.

O processo de receita pode variar de um cliente para outro, e cada um pode ter mais de um processo de receita. Mas os aspectos comuns do ciclo de receita podem ser utilizados para a montagem de programas de auditoria dos processos de receita da maioria das organizações. Por exemplo, uma transação de venda de uma camisa em uma loja de departamentos difere da venda de livros pela internet. A venda pela internet e a realizada na loja, provavelmente, exigem pagamento à vista ou por cartão de crédito. A venda de equipamento de construção muito provavelmente envolve uma conta a receber, ou talvez seja obtido um

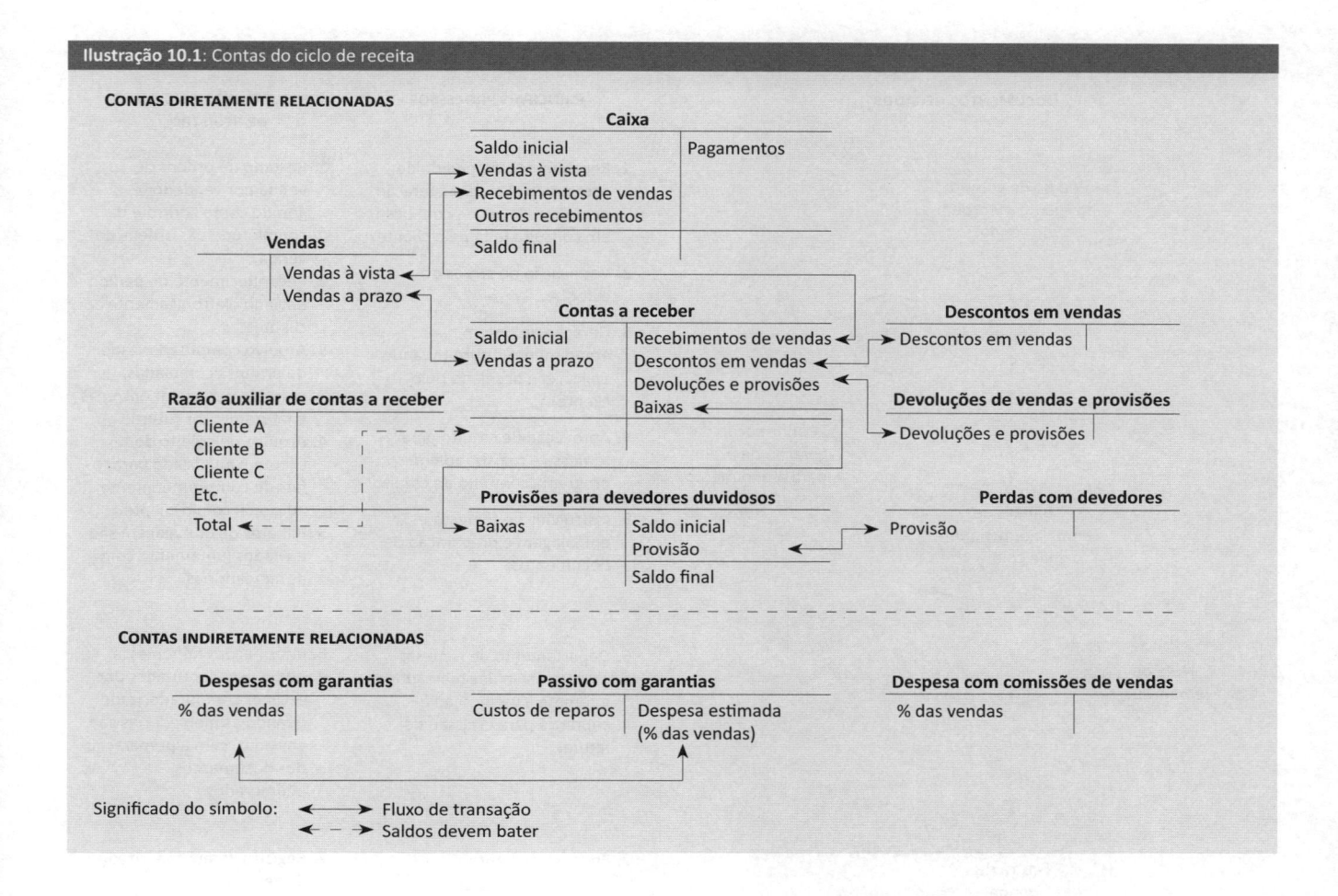

Ilustração 10.1: Contas do ciclo de receita

CONTAS DIRETAMENTE RELACIONADAS

Caixa
- Saldo inicial
- Vendas à vista
- Recebimentos de vendas
- Outros recebimentos
- Saldo final
- Pagamentos

Vendas
- Vendas à vista
- Vendas a prazo

Contas a receber
- Saldo inicial
- Vendas a prazo
- Recebimentos de vendas
- Descontos em vendas
- Devoluções e provisões
- Baixas

Descontos em vendas
- Descontos em vendas

Razão auxiliar de contas a receber
- Cliente A
- Cliente B
- Cliente C
- Etc.
- Total

Devoluções de vendas e provisões
- Devoluções e provisões

Provisões para devedores duvidosos
- Baixas
- Saldo inicial
- Provisão
- Saldo final

Perdas com devedores
- Provisão

CONTAS INDIRETAMENTE RELACIONADAS

Despesas com garantias
- % das vendas

Passivo com garantias
- Custos de reparos
- Despesa estimada (% das vendas)

Despesa com comissões de vendas
- % das vendas

Significado do símbolo:
⟵⟶ Fluxo de transação
⟵ – ⟶ Saldos devem bater

---

empréstimo com outra parte. Algumas transações de venda envolvem arranjos contratuais de longa duração que determinam quando e como a receita será contabilizada. Algumas organizações geram documentação detalhada de vendas; outras mantêm um histórico de auditoria somente em formato computadorizado. Os objetivos dos controles são semelhantes entre processos de receita e clientes diferentes, mas os controles específicos e os modos pelos quais eles são implantados tendem a variar.

O sistema de contabilização de receita e os controles relacionados

A maioria das transações de venda inclui os procedimentos e os documentos apresentados na **Ilustração 10.2**, muitos dos quais representam controles voltados à gestão do risco de informação incorreta no processo de receita. Mas, com a informatização, vários desses procedimentos são combinados. Usamos o termo documentos para indicar não apenas documentos impressos, como também aqueles eletrônicos que fornecem evidência da transação e das responsabilidades de cada uma das partes da transação. O auditor deverá considerar a natureza do documento (eletrônico ou impresso) para determinar os controles específicos e os tipos de procedimento de auditoria necessários para verificar a eficácia dos procedimentos de controle. Por exemplo, o pedido de um cliente, a nota de embarque (assinada por um representante da transportadora) e um documento de encerramento (no qual o cliente escreve o valor do pagamento) são documentos impressos com atributos externos de validação. Por outro lado, um cliente pode ter um contrato estipulando preços e quantidades de mercadorias pelo prazo de um ano. Em lugar de um pedido impresso de compra, o cliente poderia ter submetido eletronicamente uma programação de produção planejada à empresa para

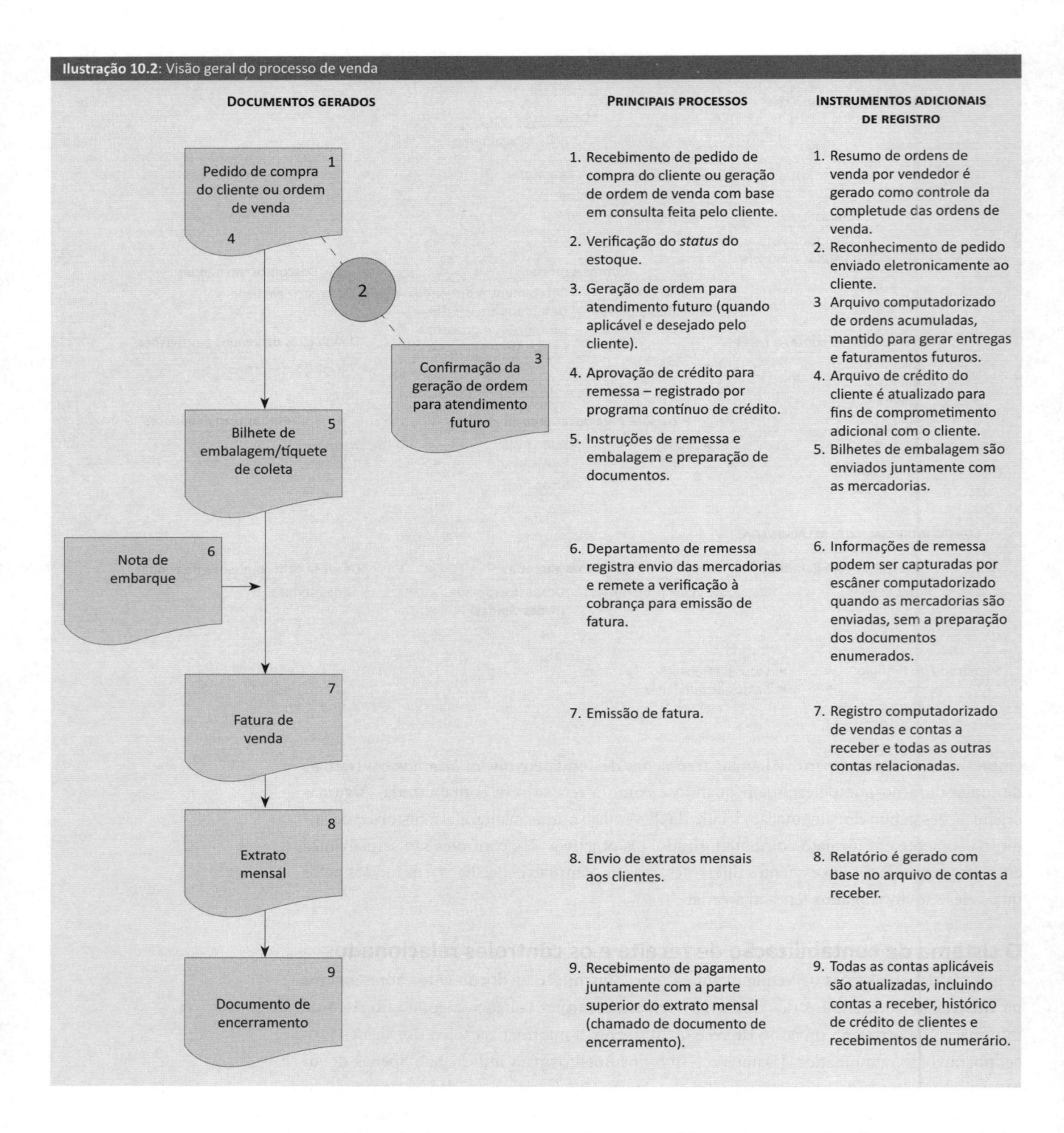

Ilustração 10.2: Visão geral do processo de venda

Documentos gerados	Principais processos	Instrumentos adicionais de registro
1. Pedido de compra do cliente ou ordem de venda	1. Recebimento de pedido de compra do cliente ou geração de ordem de venda com base em consulta feita pelo cliente.	1. Resumo de ordens de venda por vendedor é gerado como controle da completude das ordens de venda.
2. (conector)	2. Verificação do *status* do estoque.	2. Reconhecimento de pedido enviado eletronicamente ao cliente.
3. Confirmação da geração de ordem para atendimento futuro	3. Geração de ordem para atendimento futuro (quando aplicável e desejado pelo cliente).	3. Arquivo computadorizado de ordens acumuladas, mantido para gerar entregas e faturamentos futuros.
	4. Aprovação de crédito para remessa – registrado por programa contínuo de crédito.	4. Arquivo de crédito do cliente é atualizado para fins de comprometimento adicional com o cliente.
5. Bilhete de embalagem/tíquete de coleta	5. Instruções de remessa e embalagem e preparação de documentos.	5. Bilhetes de embalagem são enviados juntamente com as mercadorias.
6. Nota de embarque	6. Departamento de remessa registra envio das mercadorias e remete a verificação à cobrança para emissão de fatura.	6. Informações de remessa podem ser capturadas por escâner computadorizado quando as mercadorias são enviadas, sem a preparação dos documentos enumerados.
7. Fatura de venda	7. Emissão de fatura.	7. Registro computadorizado de vendas e contas a receber e todas as outras contas relacionadas.
8. Extrato mensal	8. Envio de extratos mensais aos clientes.	8. Relatório é gerado com base no arquivo de contas a receber.
9. Documento de encerramento	9. Recebimento de pagamento juntamente com a parte superior do extrato mensal (chamado de documento de encerramento).	9. Todas as contas aplicáveis são atualizadas, incluindo contas a receber, histórico de crédito de clientes e recebimentos de numerário.

entrega *just-in-time*. As entregas poderiam ser feitas e descarregadas diretamente na linha de produção sem qualquer nota de embarque, e o cliente poderia pagar uma vez por mês mediante uma transferência eletrônica de fundos com base nas quantidades produzidas. Os objetivos de controle são os mesmos tanto no ambiente manual quanto no eletrônico, mas os enfoques de auditoria e os procedimentos de controle diferem substancialmente.

Recebimento do pedido de compra de um cliente – O processo começa com o recebimento de um pedido de compra de um cliente ou com a preparação de uma ordem de venda por um vendedor. O pedido poderia ser recebido por (1) um funcionário em um balcão, (2) um vendedor em visita a um cliente, (3) um agente de atendimento de uma empresa que vende por catálogo, respondendo uma ligação gratuita, (4) um computador recebendo eletronicamente informações de pedido de compra do computador do cliente, ou (5) o departamento de vendas recebendo diretamente o pedido de compra. A natureza e a amplitude da documentação variam consideravelmente entre clientes de auditoria. Por exemplo, entre os recebedores de pedidos identificados é possível que nenhum deles gere um documento impresso.

O documento da ordem de venda deve conter elementos que sirvam de base para determinar que todas as transações sejam adequadamente autorizadas e registradas. Estes procedimentos de controle incluem a exigência do uso de ordens de venda pré-numeradas, autorização, aprovação formal de crédito, uma descrição do número da peça, o preço de venda e as condições de entrega dos produtos solicitados, bem como um endereço autorizado de faturamento.

Mesmo que uma ordem de venda não seja gerada fisicamente, as informações subjacentes devem ser registradas de forma computadorizada. Consideremos um agente de serviços de uma empresa que vende por catálogo, recebendo um pedido por telefone. A informação é inserida em um arquivo de computador, e cada transação é identificada separadamente. O arquivo de computador (frequentemente chamado de registro de transações) contém todas as informações para as ordens de venda feitas em um período e pode ser utilizado para fins de controle e conciliação.

Verificação do *status* do estoque – Muitas organizações possuem sistemas computadorizados capazes de informar a um cliente qual é o *status* corrente do estoque e a data provável de entrega. O cliente é informado de pedidos anteriores ainda a serem entregues, bem como da sua data esperada de entrega.

Geração de ordem para atendimento futuro – Se um item é retardado para entrega futura, uma ordem de atendimento futuro é preparada e enviada ao cliente. Se essa ordem não for atendida dentro de um período determinado, o cliente terá a opção de cancelá-la. Uma lista precisa de itens com ordens para atendimento futuro deve ser mantida para atender a demanda corrente dos clientes e as necessidades futuras de estoques. A adição de um campo separado aos registros de estoques individuais para indicar itens de ordens para atendimento futuro geralmente permite fazer isso.

Obtenção de aprovação de crédito – As políticas de aprovação formal de crédito são implantadas pela organização para minimizar perdas com crédito a clientes. Algumas empresas eliminam o risco de crédito exigindo pagamento com cartão de crédito. Outras exigem que um cheque seja enviado juntamente com o pedido e, geralmente, suspendem a remessa até que o cheque seja compensado no sistema bancário para garantir que o pagamento será recebido.

Muitas empresas industriais concedem crédito aos seus clientes pois é a maneira mais conveniente de operar. Entretanto, a instituição assume algum risco de que não seja pago pelo cliente. Pode haver vários motivos para que não haja pagamento, desde (a) a insatisfação com os produtos recebidos e a sua devolução, ou (b) a incapacidade de fazer os pagamentos devido a limitações financeiras. Assim sendo, as empresas precisam contar com um processo de aprovação de crédito que (a) avalie o risco de crédito de novos clientes e (b) atualize a avaliação (incluindo linhas de tempo de pagamentos) do risco de crédito de clientes existentes. A aprovação de crédito poderia incluir uma análise de ordens de venda e informações creditícias de clientes por um programa de computador que contenha informação corrente

---

> **QUESTÃO PRÁTICA**
>
> Se não houver documentação impressa ou eletrônica regularmente disponível para apoiar a afirmação do cliente de que uma transação ocorreu, o cliente poderá não ser passível de auditoria. Alguma prova da validade das transações do cliente precisa existir.

> **QUESTÃO PRÁTICA**
>
> Um risco comum no processo de venda diz respeito à existência ou ocorrência de transações contabilizadas de vendas. O cliente precisa implantar controles que impeçam o faturamento (e, portanto, o reconhecimento de receita), a menos que as mercadorias sejam entregues. O auditor deverá adquirir conhecimento dos controles específicos que são utilizados pelo cliente para lidar com esse risco e fará testes desses controles para determinar se estão funcionando eficazmente. Por exemplo, na **Ilustração 10.2** as vendas são contabilizadas na etapa 7, somente após as outras atividades de controle terem sido realizadas. Em uma auditoria integrada, o auditor precisará testar esses controles, e provavelmente outros, para dar um parecer sobre a eficácia dos controles internos e decidir que procedimentos substantivos de auditoria deverão ser executados.

> **Questão prática**
>
> Os processos de aprovação de crédito podem mudar com o passar do tempo ou não ser obedecidos sistematicamente. Como as políticas de crédito afetam a possibilidade de pagamento das contas a receber e, portanto, a sua avaliação, o auditor precisa entender os controles usados pelo cliente neste processo. Por exemplo, o cliente pode ter uma política que exige que um relatório de risco de crédito seja obtido e analisado antes de se conceder crédito ao cliente. A política pode incluir certos parâmetros que precisam ser satisfeitos antes de conceder crédito. Em uma auditoria integrada, o auditor normalmente testará esses controles, incluindo verificar se um relatório de risco de crédito foi obtido e os parâmetros obedecidos, para dar um parecer sobre a eficácia dos controles internos e decidir que procedimentos substantivos de auditoria precisarão ser executados.

de saldos de contas e escores de crédito para determinar se deve ser concedido crédito a um cliente. A maioria das empresas fixa limites de crédito e introduz controles para garantir que uma venda pendente não empurre o cliente acima do limite de crédito.

Preparação de documentos de remessa e embalagem – Muitas organizações têm informatizado o processo de distribuição pela remessa de itens a partir de um depósito. Os tíquetes de coleta (documentos que dizem ao pessoal do depósito qual é a sequência mais eficiente na qual os itens devem ser reunidos para remessa e a localização de todos os itens a serem remetidos) são gerados a partir da ordem de venda ou do pedido de compra do cliente. Bilhetes separados de embalagem são confeccionados para serem inseridos na remessa e para verificar que todos os itens foram remetidos. Algumas empresas colocam um código de barras no contêiner de remessa com a finalidade de identificar o seu conteúdo. O código de barras pode ser lido pelo cliente para registrar o recebimento do pedido.

Remessa e verificação da remessa das mercadorias – A maioria das mercadorias é enviada aos clientes por transportadoras, tais como companhias de transporte rodoviário, ferroviário ou aéreo. A empresa que fará a remessa prepara uma nota de embarque que descreve os volumes a serem levados pela transportadora ao cliente, as condições de remessa e o endereço de entrega. A nota de embarque é um documento legal formal que atribui responsabilidade à empresa remetente. Um representante da transportadora assina a nota de embarque, reconhecendo o recebimento das mercadorias.

O departamento de remessa confirma a remessa (1) completando o bilhete de embalagem, devolvendo-o ao departamento de faturamento, (2) registrando eletronicamente todas as mercadorias remetidas e transmitindo a informação de remessa ao departamento de faturamento, ou (3) preparando documentos independentes de remessa, uma cópia dos quais é enviada ao departamento de faturamento. O enfoque mais comum para verificar a remessa de mercadorias e garantir que elas serão faturadas adequadamente é o preenchimento do bilhete de embalagem e o envio de uma cópia ao setor de faturamento, mas as empresas estão cada vez mais inserindo informação de remessa em uma tela de computador, que atualiza uma base de dados de faturamento.

Preparação da fatura – As faturas são normalmente preparadas quando se recebe o aviso de que as mercadorias foram remetidas. Devem existir controles para garantir que a fatura corresponda tanto à ordem de venda quanto a termos de venda, prazos de pagamento e preços das mercadorias remetidas.

> **Questão prática**
>
> A *Gateway Computer* foi considerada como autora de irregularidade em um inquérito da SEC, pois se constatou que a empresa havia alterado suas políticas de crédito, mas não mudara a maneira pela qual avaliava a provisão para devedores duvidosos.

Envio de extratos mensais aos clientes – Muitas empresas confeccionam extratos mensais de itens em aberto e enviam esses extratos aos clientes. O extrato mensal fornece uma lista detalhada da atividade do cliente no mês anterior, bem como um demonstrativo de todos os itens em aberto. O volume de transações em muitas organizações frequentemente determina que demonstrativos de contas em aberto sejam elaborados com base em um ciclo. Por exemplo, se você possui uma conta MasterCard ou Visa, receberá um extrato mensal por volta do quinto dia do mês, com uma data de vencimento no décimo sexto dia do mês; um de seus colegas poderá receber seu extrato por volta do 20º dia do mês, com uma data de vencimento do 29º dia do mês. Se o auditor optar por confirmar a correção das contas a receber mediante correspondência direta com o cliente, informações sobre quando e como a empresa confecciona extratos mensais serão importantes.

Recebimento de pagamentos – O controle sobre recebimentos de numerário geralmente é tratado em separado, como parte do ciclo de recebimentos e gestão de caixa. A contabilização apropriada de todos os recebimentos é crucial para a avaliação tanto do caixa quanto de contas a receber. Portanto, como parte do exame do controle interno sobre contas a receber, o auditor normalmente analisará esses procedimentos de controle para garantir a completude e a precisão dos recebimentos de numerário.

Auditoria de controles internos e saldos de contas – auditoria integrada da receita

> **QUESTÃO PRÁTICA**
>
> A maioria das empresas possui controles que conciliam diariamente as mercadorias remetidas com as faturadas. Esses controles podem ser manuais ou automatizados, e a natureza dos controles influenciará a natureza, a programação e a amplitude dos testes de controles que serão efetuados pelo auditor.

O auditor de uma companhia aberta deve dar pareceres tanto sobre os controles internos quanto sobre as demonstrações financeiras. Os conceitos ligados a uma auditoria integrada, incluindo a identificação do risco de incorreções materiais, aplicam-se também a outras auditorias. Uma diferença básica é a de que, em uma auditoria integrada, o profissional testará controles para duas finalidades – ser capaz de dar um parecer sobre a eficácia de controles internos e determinar o nível de procedimentos substantivos de auditoria a serem executados. Em outras auditorias, o profissional não estará dando pareceres sobre controles internos e, portanto, não precisará testar controles. Entretanto, em tais auditorias o profissional poderá optar por testar controles para fundamentar a avaliação do risco de controle como sendo mais baixo e reduzir o nível dos procedimentos substantivos de auditoria.

Etapas de uma auditoria integrada

Esta visão geral das etapas de uma auditoria integrada se apoia nas fases apresentadas no diagrama "O processo de elaboração do parecer de auditoria", no início do capítulo. As etapas da auditoria integrada do ciclo de receita incluem:

> **OA 2**
>
> Descrever o enfoque que um auditor adotaria para fazer uma auditoria integrada do ciclo de receita.

Fases I e II do processo de elaboração de um parecer de auditoria

1. Atualizar continuamente informações sobre risco empresarial, incluindo a identificação de qualquer fator de risco de fraude observado durante o planejamento preliminar da auditoria. Atualizar o planejamento da auditoria em função de novas informações sobre riscos.
2. Analisar possíveis motivações para distorcer as vendas, bem como a existência de outros indicadores de fraude, e determinar o método mais provável para alterar as vendas.
3. Executar procedimentos analíticos preliminares para determinar se há relações inesperadas nas contas e documentar como os testes de auditoria devem ser modificados devido a relações incomuns.
4. Entender os controles internos do ciclo de receita destinados a lidar com os riscos identificados nas três etapas anteriores, incluindo a aplicabilidade de controles no nível da entidade como um todo sobre o ciclo de receita. Este entendimento incluirá uma análise da documentação do cliente a respeito de controles internos.

> **CONSIDERE O RISCO**
>
> Todas as transações incomuns de venda, especialmente aquelas realizadas no final do ano ou com termos especiais, devem ser analisadas pelo auditor, supondo-se que sejam materiais. Essas transações incomuns indicam um nível mais alto de risco em termos de ocorrência de transações de venda contabilizadas e existência de contas a receber a elas relacionadas.

Fases III e IV do processo de elaboração de um parecer de auditoria

5. Determinar os controles importantes que devem ser testados para os fins de (a) elaboração de um parecer sobre os controles internos da entidade e (b) redução dos testes substantivos na auditoria das demonstrações financeiras.

> **CONSIDERE O RISCO**
>
> Na maioria dos clientes, os processos descritos de reconhecimento de receita serão integralmente informatizados. O auditor deve suspeitar de lançamentos manuais de diário em grande número.

> **QUESTÃO PRÁTICA**
>
> Para muitas empresas, os preços são mantidos em um arquivo de computador que só pode ser acessado por funcionários autorizados do departamento de vendas. O auditor fará testes para verificar se há controles adequados para limitar o acesso ao arquivo de preços. Além disso, o profissional selecionará transações para determinar que todas elas foram faturadas a preços autorizados. Esses controles ajudam a assegurar que as transações de venda são avaliadas com exatidão. A operação eficaz desses controles afetará o parecer do auditor sobre os controles internos e a natureza dos procedimentos substantivos de auditoria a serem executados.

> **CONSIDERE O RISCO**
>
> A consideração do risco empresarial e da pressão sobre a empresa para apresentar vendas ou lucros crescentes ajuda a identificar muitas incorreções.

6. Elaborar um plano de teste dos controles internos e realizar os testes de controles-chave no ciclo de receita (no caso de companhias fechadas, o auditor pode optar por não testar controles, mas deve determinar onde poderiam ocorrer incorreções materiais, se os controles não existissem).
7. Analisar os resultados dos testes de controles, caso sejam identificadas deficiências, avaliá-las para julgar se são deficiências significativas ou materiais. Determinar se a avaliação preliminar de risco de controle deve ser alterada (o risco avaliado de controle deve ser alterado para cima?) e documentar as implicações para os testes substantivos. Determinar o impacto dessas deficiências e de qualquer revisão da avaliação do risco de controle sobre os procedimentos substantivos planejados de auditoria com a definição dos tipos de incorreções mais prováveis.

   Se não forem identificadas deficiências de controle, julgar se a avaliação preliminar de risco de controle ainda é apropriada, determinar até que ponto os controles podem fornecer evidência da correção de saldos de contas e, a seguir, definir procedimentos substantivos planejados de auditoria. O nível de teste substantivo nesta situação será inferior ao que provavelmente seria exigido em circunstâncias nas quais deficiências de controle interno tenham sido identificadas.
8. Executar os procedimentos substantivos planejados (analíticos e testes diretos de saldos de contas) com base no potencial de incorreção de informações e nos elementos coletados a respeito da eficácia dos controles internos. Os procedimentos substantivos incluirão métodos para lidar com riscos de fraude.

Exemplo: uma auditoria integrada de vendas e contas a receber

Apresentamos a seguir um exemplo abreviado de um enfoque de auditoria integrada de controles internos e saldos de contas no ciclo de receita. Após o exemplo, fornecemos detalhes conceituais a respeito de cada uma das etapas.

Considerar o risco de informação incorreta no ciclo de receita (etapas 1 e 2)

Como mostrado na **Ilustração 10.3**, o auditor continuamente atualiza informações sobre o setor e os planos de negócios do cliente, resultados de procedimentos analíticos preliminares sobre a posição financeira da empresa e possíveis deficiências de controle interno para medir o risco de informação incorreta e planejar os testes substantivos de saldos de contas. Essa ilustração vale para as auditorias de todos os ciclos cobertos neste livro.

Risco intrínseco – vendas

As transações de venda são rotineiras em muitas organizações e não geram um risco extraordinariamente elevado. As vendas em organizações varejistas como o *Wal-Mart*, por exemplo, são rotineiras e controladas por meio de caixas registradoras computadorizadas e procedimentos detalhados de conciliação de vendas registradas pelas caixas com os depósitos bancários. Entretanto, em algumas organizações, as vendas podem não ser rotineiras, ou a administração pode ignorar o seu processamento normal para cumprir uma determinada meta de vendas ou lucro.

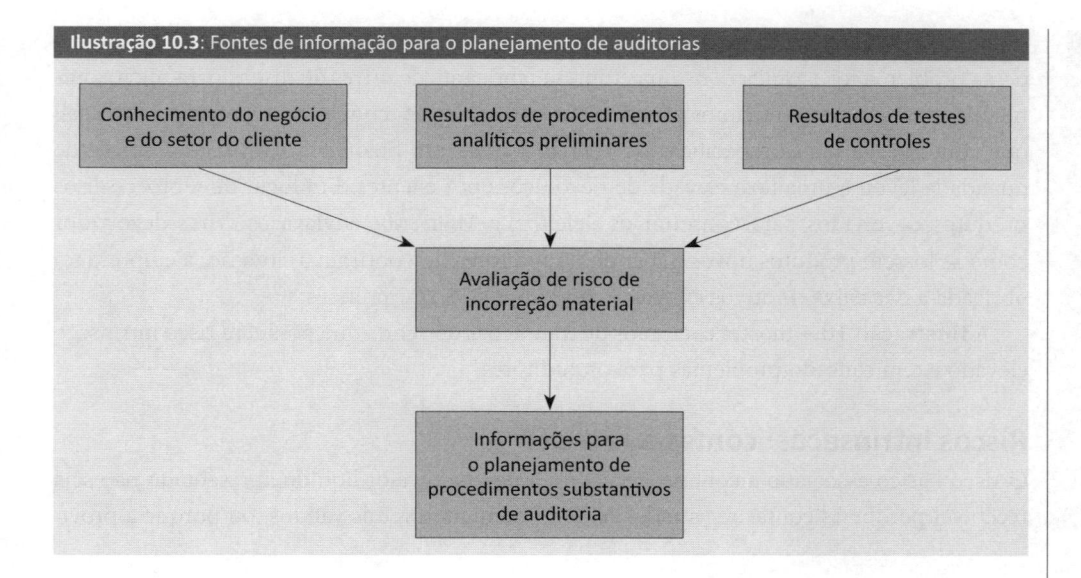

Ilustração 10.3: Fontes de informação para o planejamento de auditorias

```
┌─────────────────────┐   ┌─────────────────────┐   ┌─────────────────────┐
│ Conhecimento do     │   │ Resultados de       │   │ Resultados de testes│
│ negócio e do setor  │   │ procedimentos       │   │ de controles        │
│ do cliente          │   │ analíticos          │   │                     │
│                     │   │ preliminares        │   │                     │
└──────────┬──────────┘   └──────────┬──────────┘   └──────────┬──────────┘
           │                         │                         │
           └─────────────────────────┼─────────────────────────┘
                                     ▼
                         ┌─────────────────────┐
                         │ Avaliação de risco  │
                         │ de incorreção       │
                         │ material            │
                         └──────────┬──────────┘
                                    ▼
                         ┌─────────────────────┐
                         │ Informações para    │
                         │ o planejamento de   │
                         │ procedimentos       │
                         │ substantivos        │
                         │ de auditoria        │
                         └─────────────────────┘
```

A receita deve ser reconhecida somente quando é realizada ou é realizável e foi ganha. Estes conceitos parecem ser de aplicação simples, mas na prática geralmente é difícil. O auditor precisa tomar o devido cuidado para entender:

- O negócio principal da entidade, ou seja, o que ela está vendendo? Por exemplo, se uma empresa vende serviços telefônicos, mas faz um acordo isolado de compra de equipamento de um fornecedor e depois vende o equipamento a outro fornecedor, o auditor deve perguntar se este é o negócio do cliente.
- O processo de geração de resultado e a natureza das obrigações que se estendem além da entrega normal de bens.
- O direito do cliente de devolver um produto, bem como o histórico de devolução de produtos.

As transações complexas de venda geralmente dificultam a determinação de quando uma venda efetivamente ocorreu. Por exemplo, uma transação poderia ser estruturada de tal maneira que a propriedade só fosse transferida após serem cumpridas certas condições, ou o cliente poderia dispor de um prazo longo para devolver os bens. O Fasb e o Iasb têm tratado de várias dessas questões complexas. Alguns pontos difíceis incluem a determinação:

- Do momento em que a receita deve ser reconhecida.
- Do impacto de termos especiais, e se a propriedade foi transferida ao cliente.
- Se os bens contabilizados como vendidos foram enviados e eram bens novos.
- Do tratamento apropriado de transações de venda efetuadas com direito a devolução ou que têm um volume anormal ou imprevisível de devoluções.

O auditor pode identificar muitos desses riscos ao tentar adquirir conhecimento dos riscos empresariais e do ambiente de controle do cliente, bem como dos tipos de transações realizadas. As afirmações mais relevantes para receitas em demonstrações financeiras tipicamente são as de existência e avaliação.

Vendas com devoluções anormais – As empresas que repentinamente apresentam um volume anormal de devoluções de mercadorias provavelmente têm problemas que devem levar

> **Considere o risco**
>
> Mesmo hoje em dia as organizações ainda cometem fraudes manipulando datas de remessa. Os auditores jamais devem esquecer as fraudes "básicas", ou seja, aquelas que historicamente têm aparecido de maneira repetida e continuarão a existir no futuro.

o auditor a avaliar ainda mais o controle interno da receita e dos estoques. Um exemplo desse problema foi a *MiniScribe*, uma empresa fabricante de *drives* de discos para microcomputadores. A empresa tinha um presidente muito agressivo, com forte orientação comercial, que comunicava metas específicas de vendas à imprensa financeira. Um mau controle de qualidade levou a uma taxa elevada de devoluções por clientes. Em lugar de reprocessar os produtos devolvidos para consertar os defeitos, a *MiniScribe* enviava os *drives* devolvidos como se fossem produtos novos. Quando os auditores descobriram a situação, a empresa foi obrigada a dar baixa de ativos em valor superior a US$ 200 milhões.

A **Ilustração 10.4** mostra exemplos de transações de venda que possuem risco intrínseco elevado e têm causado problemas para os auditores.

Riscos intrínsecos: contas a receber

O risco básico associado a contas a receber é o de que o valor líquido apresentado não seja recebível porque as contas registradas não representam direitos válidos, ou porque a provi-

---

Ilustração 10.4: Exemplos de transações complexas de venda

ENTREGA

A empresa A recebe pedidos de compra de produtos fabricados por ela. No final de seus trimestres fiscais, os clientes podem não estar ainda preparados para receber os produtos por vários motivos. Esses motivos podem incluir, mas não estão limitados, a falta de espaço disponível para estoque, ter estoque mais do que suficiente em seu canal de distribuição ou atrasos em cronogramas de produção dos clientes.

Pergunta
Poderia a empresa A reconhecer receita pela venda de seus produtos assim que tenha completado a sua produção, caso segregue o estoque dos produtos de seus próprios produtos em seu depósito? E se enviar os produtos ao depósito de um terceiro, mas (1) a empresa A mantiver a propriedade dos produtos e (2) o pagamento pelo cliente estiver condicionado à entrega final em um local especificado pelo cliente?

Resposta
Em geral, não. A área técnica da SEC acredita que, como regra geral, não se considera que a entrega tenha ocorrido a menos que o cliente tenha assumido a propriedade dos produtos e os riscos e recompensas decorrentes dessa propriedade. Tipicamente, isto se dá quando um produto é entregue no local de entrega do cliente (caso os termos de venda sejam FOB no destino) ou quando um produto é enviado ao cliente (se os termos são FOB no ponto de remessa).

VENDAS PELA INTERNET

A empresa B opera uma página na internet na qual vende produtos da empresa C. Os clientes submetem seus pedidos de produtos fazendo uma seleção de itens diretamente na página e fornecem um número de cartão de crédito para fazer o pagamento. A empresa B recebe o pedido e a autorização da companhia de cartões de crédito, e transfere o pedido à empresa C. A empresa C remete os produtos diretamente ao cliente. A empresa B não adquire a propriedade dos produtos e não tem risco de perda ou qualquer outra responsabilidade pelo produto. A empresa C é responsável por todas as devoluções de produtos, por defeitos e por lançamentos questionados nos cartões de crédito. O produto é vendido por $ 200, dos quais a empresa B recebe $ 30. Na eventualidade de que uma transação com cartão de crédito seja rejeitada, a empresa B perde a sua margem na venda (isto é, os $ 30).

Pergunta
A empresa B deve reconhecer receita de $ 200 ou $ 30?

Resposta
A posição da SEC é a de que a empresa B deve reconhecer apenas $ 30. "Ao avaliar se a receita deve ser declarada pelo valor bruto, com a declaração separada do custo das mercadorias vendidas para se chegar ao lucro bruto ou em base líquida, a área técnica considera se a empresa registrada:
1. Atua como principal na transação.
2. Adquire a propriedade dos produtos.
3. Assume os riscos e benefícios decorrentes da propriedade.
4. Atua como agente ou corretor (incluindo a prestação de serviços, substancialmente, como agente ou corretor) com remuneração sob a forma de comissão ou taxa."

Fonte: SEC Staff Accounting Bulletin: nº 101 – *Revenue Recognition in Financial Statements*, 3 dez. 1999.

são para devedores duvidosos é insuficiente. Se uma transação válida de venda não existir, também não existirá uma conta a receber válida. Alternativamente, se a empresa estiver entregando produtos de má qualidade, haverá um risco elevado de devolução. Por fim, algumas empresas, em um esforço para aumentar suas vendas, podem ter optado por vender a clientes novos com capacidade questionável de pagamento. As afirmações mais relevantes para contas a receber em demonstrações financeiras tipicamente são as de existência e avaliação.

Outros riscos podem estar diretamente relacionados à natureza do contrato de venda que foi assinado com o cliente ou à gestão de contas a receber pela empresa. Por exemplo, uma empresa pode precisar desesperadamente de caixa e decidir vender as contas a receber a um banco, mas o banco pode ter o direito de tomar ativos da empresa caso as contas a receber não sejam pagas. Alguns dos riscos que afetam as contas a receber incluem:

- Vendas de contas a receber feitas com recurso e contabilizadas como transações de venda, e não como transações de financiamento.
- Contas a receber oferecidas em garantia de empréstimos específicos com uso restrito. É exigida a divulgação de tais restrições.
- Contas a receber incorretamente classificadas como estando em dia quando a probabilidade de pagamento no ano seguinte é baixa.
- Pagamento de uma conta que está condicionado a um evento específico cuja ocorrência não pode ser estimada atualmente.
- Não se exige pagamento até que o comprador venda o produto aos clientes finais.

A seguir, o auditor utilizará procedimentos analíticos preliminares para identificar outras áreas nas quais há risco elevado de informação incorreta.

Execução de procedimentos analíticos preliminares (etapa 3)

O auditor executa, a seguir, um exame preliminar das contas de receita e a receber e observa que não há atividade incomum em cada conta:

- Não há atividade incomum de vendas no final do ano.
- O crescimento das contas a receber é compatível com o crescimento da receita.
- O crescimento da receita, o das contas a receber e a margem bruta são compatíveis com os do setor.
- Não há concentração anormal de vendas a clientes (em comparação com o ano anterior).

A análise preliminar não identifica qualquer relação inesperada e riscos adicionais.

Aquisição de entendimento dos controles internos (etapa 4)

Uma vez que o auditor tenha adquirido uma noção dos riscos de informação incorreta, incluindo intrínsecos e de fraude, para as contas relevantes do ciclo de receita, ele precisará entender os controles que o cliente utiliza para lidar com esses riscos.

Para fins ilustrativos, estamos supondo que muitos dos controles no nível da entidade, especialmente o ambiente de controle, já tenham sido testados e qualquer deficiência seja considerada no desenvolvimento de testes substantivos para o ciclo de receita. Por exemplo, o ambiente de controle inclui fatores tais como um comprometimento com competências de contabilidade financeira e independência de um comitê de auditoria. Se algum dos componentes importantes de controle estiver ausente, o auditor deverá concluir que o risco de incorreção material no ciclo de receita é elevado, e deverá fazer planos para realizar significativamente mais testes substantivos das contas no final do ano. Além disso, as deficiências nesses controles provavelmente influenciarão o parecer do auditor sobre a eficácia dos controles internos.

Uma vez adquirida uma noção do ambiente de controle, o auditor deslocará a sua atenção para os demais componentes do controle interno – avaliação de risco, atividades de controle, informação e comunicação e monitoramento de controles. Embora todos os componentes dos controles internos precisem ser entendidos, o auditor normalmente considerará ser útil focalizar a sua atenção em atividades importantes de controle e no monitoramento de controles. É preciso lembrar que o auditor é obrigado a ter uma noção geral dos controles internos para fins de auditoria integrada e outras auditorias. Essa noção é normalmente adquirida por meio de um exame dos processos passo a passo, por meio de entrevistas, observação e análise da documentação dos sistemas do cliente, e essa noção adquirida deve ser documentada. Em uma auditoria integrada, esse conhecimento será utilizado para identificar controles importantes que precisam ser testados.

Identificação de controles importantes (etapa 5)

O auditor terá avaliado os controles no nível da entidade, especialmente o ambiente de controle, e terá concluído que não há deficiências significativas ou materiais no ambiente de controle. O grupo financeiro é competente, o comitê de auditoria é independente e desempenha um papel importante de supervisão, bem como a empresa conta com uma atividade eficaz de auditoria interna que examina periodicamente o controle interno da receita. Além disso, o cliente tem documentado e avaliado os controles internos de receitas e contas a receber, não tendo encontrado qualquer deficiência significativa. Com base no entendimento dos riscos no ciclo de receita, o auditor identifica os seguintes controles-chave para fins de teste:

- Autorização de crédito e coerência das políticas de crédito.
- Acesso à lista computadorizada de preços dos produtos vendidos.
- Precisão de quantidades e preços dos produtos enviados e faturados.
- Conciliação diária de produtos enviados e faturados.

Além disso, o auditor preocupa-se com possíveis lançamentos de ajuste a vendas e contas a receber (além dos ajustes normais, como os de baixa de contas incobráveis). O cliente possui um controle que limita os ajustes a pessoal autorizado, com autorização especial exigida para todos os lançamentos de ajuste acima de $ 25 mil pelo diretor financeiro. O auditor decide que os controles dos lançamentos de diário devem ser testados.

Montagem e realização de testes de controles internos e análise dos resultados dos testes de controles (etapas 6 e 7)

O auditor monta testes de controles internos e passa a efetuá-los usando os seguintes procedimentos:

- É selecionada uma amostra de remessas, que é conferida com as faturas para se determinar que os produtos são faturados aos preços e quantidades apropriados. O auditor observa a aprovação (controle) de remessa e a conciliação diária entre remessas e faturas. O teste de preços verifica que o controle da fixação de preços está funcionando adequadamente (os preços autorizados não são ignorados). Cada fatura também é examinada para determinar que houve aprovação de crédito.
- O acesso à tabela de preços mantida no computador é testado por meio de um exame do histórico de acesso ao computador. O auditor analisa os registros para determinar se houve algum acesso por pessoal não autorizado.
- As faturas são conferidas com o razão geral, observando-se que todas foram apropriadamente contabilizadas.
- O auditor também faz perguntas e verifica que não houve alterações das políticas de crédito da empresa durante o ano.

Nenhuma exceção foi encontrada e o auditor concluiu que os controles internos estavam funcionando como havia sido descrito. Portanto, o auditor acredita que a avaliação preliminar do risco de controle como sendo "baixo" ainda é apropriada. Além disso, o auditor não crê ser necessário modificar os procedimentos substantivos planejados.

Realização de testes substantivos (etapa 8)

Até esta altura, as informações obtidas pelo auditor indicam que os controles estão funcionando eficazmente e os saldos de contas devem estar corretamente declarados. Entretanto, o auditor não pode confiar somente no teste de controles para gerar evidência sobre a confiabilidade dos saldos de contas. Procedimentos substantivos (sejam eles analíticos substantivos, testes de detalhes ou ambos) devem ser executados para todas as afirmações relevantes relacionadas a contas significativas. Como a receita sempre é considerada como tendo risco elevado, o auditor faz os seguintes testes substantivos de detalhes como procedimento de final de ano:

- Examina as remessas de produtos feitas nos últimos 15 dias do ano e nos primeiros 15 dias do ano seguinte, visando a determinar que são (a) apropriadas (feitas com termos normais etc.) e (b) são contabilizadas no período correto.
- Envia uma amostra de pedidos de confirmação de contas a receber a clientes selecionados usando a amostragem AUM.
- Examina a provisão para devedores duvidosos do cliente para verificar (a) sua coerência com anos anteriores, (b) a ocorrência de recebimentos subsequentes e (c) a compatibilidade com tendências do setor.

A natureza e o volume de testes diretos são ajustados pela solidez dos controles. O auditor poderia ter optado por executar procedimentos analíticos substantivos da conta de receita e, se isto não produzisse questões não resolvidas, a intensidade dos testes diretos de saldos de contas poderia ser reduzida. É pouco provável que a evidência de auditoria obtida em procedimentos analíticos substantivos seja, por si só, evidência suficiente para o auditor. Quando o risco de informação incorreta é mais elevado, o auditor ajusta os testes diretos para levar em conta o tipo de informação incorreta que poderia existir.

Execução da auditoria integrada do ciclo de receita

Consideração dos riscos relacionados ao reconhecimento de receita (etapas 1 e 2)

OA 3
Identificar riscos relacionados à divulgação financeira confiável no ciclo de receita, incluindo riscos de fraude e outros riscos relacionados ao reconhecimento apropriado de receita.

O SAS 99 (Consideração de fraude em uma auditoria de demonstrações financeiras) diz que o auditor deve presumir que há risco de informação material incorreta devida a fraude, no que diz respeito ao reconhecimento de receita. Uma pesquisa envolvendo 300 casos de demonstrações financeiras fraudulentas publicados entre 1987 e 1997 mostrou que mais da metade envolvia a sobrevalorização de receitas. Veja o quadro Auditoria na prática – Exemplos de reconhecimento impróprio de receitas e avaliação incorreta de contas a receber – e observe a grande variedade de métodos usados para inflacionar receitas e o valor líquido de contas a receber. Note também que alguns dos esquemas não afetavam o lucro líquido, mas que a empresa tinha uma motivação para informar receitas elevadas.

Além disso, considere as implicações desses esquemas de declaração fraudulenta de receita para os usuários de demonstrações financeiras. Imagine que você seja um banqueiro que fez um empréstimo lastreado em contas a receber fictícias: se a empresa não restituir o empréstimo, o lastro em que você confiava não tem valor algum. Ou imagine que você seja um acionista de uma empresa que declara uma reavaliação de $ 450 milhões de seu lucro. O preço da ação inevitavelmente despencará, destruindo o valor de sua aplicação. Considere o exemplo da HBOC no quadro "Julgamento profissional em contexto" no início deste capítulo. Naquele caso, o preço da ação caiu de aproximadamente US$ 65 a US$ 34 (uma perda de aproximadamente US$ 9 bilhões em termos de valor total de mercado). Esses exemplos servem para ilustrar por que o trabalho dos auditores na constatação de fraudes no ciclo de receita é tão importante para os mercados financeiros e para a SEC.

Métodos utilizados para inflacionar a receita

As investigações de fraude conduzidas pela SEC têm constatado uma ampla variedade de métodos usados para inflacionar receitas:

- Reconhecimento de receita em remessas jamais efetuadas.
- "Cartas complementares" ocultas dando aos clientes um direito irrevogável de devolução do produto.
- Registro de vendas em consignação como vendas definitivas.
- Reconhecimento prematuro de vendas que ocorreram após o final do exercício fiscal.
- Remessa de produtos inacabados.
- Remessa de produtos antes do desejado pelos clientes ou de que sua entrega fosse aceita pelos clientes.
- Criação de faturas fictícias.
- Remessa a clientes que não fizeram pedidos.
- Remessa de mais produtos do que o encomendado pelos clientes.
- Registro de remessas ao depósito da própria empresa como se fossem vendas.
- Remessa de produtos que haviam sido devolvidos, registrando a nova remessa como uma venda de novos produtos antes de fazer o crédito decorrente da devolução deles.

AUDITORIA NA PRÁTICA

Exemplos de reconhecimento impróprio de receitas e avaliação incorreta de contas a receber

A Coca-Cola foi acusada de forçar seus maiores distribuidores a aceitar a entrega de mais xarope do que precisavam no final de cada trimestre, inflacionando desse modo as vendas por cerca de US$ 10 milhões por ano.

O diretor executivo da WorldCom, Bernard Ebbers, pressionou o diretor de operações a encontrar e contabilizar itens extraordinários de receita que eram fictícios e eram ocultados dos auditores pela alteração de documentos-chave e negando aos auditores acesso à base apropriada de dados.

A HealthSouth subavaliou sua provisão para devedores duvidosos quando estava claro que algumas contas não seriam pagas.

A Gateway contabilizou receitas para cada assinatura gratuita dos serviços da AOL que eram fornecidos na venda de cada computador, sobrevalorizando assim o lucro antes do imposto de renda em US$ 450 milhões.

A Ahold (uma empresa holandesa e segunda maior operadora de supermercados do mundo) contabilizou provisões mais elevadas com promoções feitas por fornecedores para divulgar seus produtos do que recebeu em pagamento.

A Kmart incluiu indevidamente como receita um pagamento de US$ 42,3 milhões da American Greetings Corp., que estava sujeito a restituição sob certas condições e, portanto, não deveria ter sido contabilizado integralmente naquele trimestre.

A Xerox acelerou indevidamente receitas de US$ 6 bilhões com arrendamentos de longo prazo de equipamento de escritório.

A Qwest reconheceu imediatamente a receita de um contrato de longo prazo, e não no prazo de 18 meses a dois anos do contrato, inflacionando a receita em US$ 144 milhões em 2000-2001. Também inflacionou a receita em US$ 950 milhões fazendo uma troca de capacidade de rede com a Global Crossing.

A Rite-Aid vendeu 189 lojas à JC Penney. Ao invés de contabilizar US$ 82,5 milhões como lucro extraordinário, a empresa colocou esse valor em uma conta de reserva interna e a utilizou para absorver despesas operacionais posteriores.

A Bristol-Myers inflacionou as receitas de 2001 em aproximadamente US$ 1 bilhão usando incentivos de venda a atacadistas que acumulavam estoques extras em seus depósitos (fazendo o chamado entupimento de canal).

A Lucent Technologies contabilizou indevidamente US$ 679 milhões de receita em seu exercício fiscal de 2000. O grosso desse montante, US$ 452 milhões, refletia a remessa de produtos a seus distribuidores, produtos esses que nunca foram efetivamente vendidos a consumidores finais (entupimento de canal).

A Charter Communications, uma empresa de televisão a cabo, adicionou US$ 17 milhões à receita e ao fluxo de caixa em 2000 por meio de um acordo fictício de publicidade com um fabricante não identificado de decodificadores. A empresa persuadiu o fabricante de decodificadores a acrescentar US$ 20 ao preço faturado de cada unidade. A Charter ficava com o numerário e o registrava como venda de publicidade. O lucro líquido não era afetado, mas a receita era aumentada.

A Nortel Networks, uma empresa produtora de equipamento de telecomunicações, manipulou fraudulentamente contas de reserva em 2002 e 2003 para inicialmente reduzir a sua rentabilidade (para não voltar à situação de lucro mais rapidamente do que esperavam os analistas); e depois para aumentar a rentabilidade (para cumprir as expectativas dos analistas quanto à previsão da volta à situação de lucro, e também permitir aos altos executivos que recebessem bônus por uma volta mais rápida à situação de lucro, no valor de dezenas de milhões de dólares). O conselho de administração da Nortel demitiu altos executivos e a empresa reapresentou suas demonstrações financeiras quatro vezes em quatro anos, incluindo a correção de uma importante deficiência de controle interno associada a essa fraude.

Fontes (respectivamente): *Atlanta Business Chronicle*, 2 de junho de 2003; *The Wall Street Journal Online*, 9 de junho de 2003; Accountingweb.com, 14 de julho de 2003; *The Wall Street Journal Online*, 25 de fevereiro de 2003; *The Wall Street Journal Online*, 26 de fevereiro de 2003; *The Wall Street Journal Online*, 28 de junho de 2002; *St. Cloud Times*, p. 6A, 26 de fevereiro de 2003; *The Wall Street Journal Online*, 8 de fevereiro de 2001; *The Wall Street Journal Online*, 11 de julho de 2002; *The Wall Street Journal Online*, 9 de fevereiro de 2001; *USA Today*, 25 de julho de 2003; circular 2007-217 da SEC, 12 de setembro de 2007.

As fraudes aqui enumeradas não poderiam ter ocorrido se não houvesse falhas significativas de controle interno, incluindo, em diversos casos, o desrespeito de controles internos pela administração. O auditor precisa ter uma noção dos riscos de tais incorreções e das motivações da administração para produzir as distorções. O profissional também precisa conhecer os controles implantados pelo cliente para lidar com tais riscos e, em uma auditoria integrada, testar a eficácia operacional desses controles. Com esse entendimento, o auditor poderá projetar procedimentos substantivos de auditoria para testar as incorreções de maneira efetiva. Por exemplo, se for notado um forte aumento das vendas perto do final do trimestre, o auditor poderá usar procedimentos de auditoria para examinar um grande número dessas transações. Uma amostra de faturas que mostrem um endereço de remessa ao depósito da própria empresa fornece evidência de incorreção bem provável.

Critérios de reconhecimento de receita

Geralmente é difícil determinar quando se deve reconhecer uma receita e quanto deve ser reconhecido. Os auditores devem recorrer à orientação normativa, como aquela fornecida pela SEC, pelo Fasb e pelo AICPA para determinar a adequação dos métodos de reconhecimento de receita adotados por seus clientes.[1] O conceito básico de reconhecimento de receita é o de que a receita não deve ser reconhecida até que seja realizada ou realizável e ganha.[2] A área técnica da SEC determina que os seguintes critérios sejam atendidos na aplicação deste conceito:

- Há evidência convincente de um acordo.
- A entrega ocorreu ou houve prestação de serviços.
- O preço de venda ao comprador está fixado ou é determinável.
- Há garantia razoável de recebimento de pagamento.[3]

> **QUESTÃO PRÁTICA**
>
> Os riscos ao reconhecimento apropriado da receita são geralmente enfrentados pelo componente de ambiente de controle no Arcabouço de controle interno do Coso. Compreende o clima no topo da organização e o comprometimento da administração com a contratação de gestores de contabilidade competentes e diretores financeiros independentes e conhecedores dos tratamentos contábeis. O auditor deve testar esses aspectos do ambiente de controle para dar um parecer sobre a eficácia do controle interno e montar procedimentos substantivos apropriados de auditoria.

Estes critérios não são tão simples quanto podem parecer. Por exemplo, o critério de entrega parece bastante simples. Consideremos, porém, uma situação em que o vendedor entregou produtos a um cliente. O cliente tem o direito de devolver o produto, e a obrigação de pagamento pelo comprador é contratualmente dispensada até que o comprador revenda o produto. Neste caso, a receita não deve ser reconhecida até que comprador tenha a obrigação de pagar, ou seja, quando o produto é revendido.

Geralmente, a SEC não considera que a entrega ocorreu até que o cliente adquira a propriedade e assuma os riscos e benefícios da propriedade. Os auditores podem ser obrigados a fazer alguma pesquisa para determinar quando um cliente deve reconhecer receita, bem como saber como auditar receitas. Documentamos várias fontes de padrões profissionais e orientação de pesquisa que você pode usar para dirimir questões de reconhecimento de receita e garantir reações apropriadas de auditoria no final do capítulo, no material intitulado Referências selecionadas a orientação profissional relevante.

Algumas áreas de reconhecimento de receita exigem consideração especial. O que vemos a seguir é uma amostra de algumas que surgiram nos últimos anos.

- Quanto deve ser reconhecido como receita quando uma empresa vende o produto de outra empresa, mas não adquire a sua propriedade até que seja vendido? Por exemplo, deve a Priceline.com (uma agência de turismo que opera pela internet) contabilizar o preço integral das passagens aéreas que ela vende, ou o valor líquido que recebe pela venda (a comissão de venda)?

---

[1] Exemplos dessa orientação são *SEC Staff Accounting Bulletin: Codification of Staff Accounting Bulletins*, Topic 13: *Revenue Recognition*; Fasb *Concepts Statement* nº 5; *Audit Issues in Revenue Recognition*, AICPA, 1999; e AICPA *Audit Guide, Auditing Revenue in Certain Industries*, 1º de junho de 2001.
[2] *Fasb Concepts Statement 5, Recognition and Measurement in Financial Statements of Business Enterprises*, parágrafo 83.
[3] *The SEC Staff Accounting Bulletin: Codification of Staff Accounting Bulletin*, Topic 13: Revenue Recognition fornece vários exemplos da aplicação de critérios de reconhecimento de receita.

- Deve a remessa de revistas por um distribuidor a lojas resultar em receita quando as revistas são entregues, ou aguardar a venda aos consumidores finais? Suponha que o acordo com as lojas seja o de que todas as revistas não vendidas possam ser devolvidas ao distribuidor quando as estantes são preenchidas com as revistas do mês seguinte.
- Deve ser reconhecida receita na troca de publicidade, quando duas páginas de internet trocam espaço publicitário?
- Em que momento a receita deve ser reconhecida, quando:
  - Há direito de devolução.
  - O produto está sendo mantido enquanto se esperam instruções de remessa do cliente (faturar e manter).
  - Um produto é vendido em pacote. Como exemplo, suponha que uma companhia de *software* venda programas em conjunto com instalação e serviços de assistência por um total de $ 5 mil. Deve a receita total ser de $ 5 mil, ou os serviços serem estimados e reconhecidos separadamente, junto com um passivo correspondente ao compromisso de prestar serviços de assistência? E se o *software* der ao usuário o direito de receber atualizações gratuitas por um período de três anos?

Espera-se que o auditor saiba o suficiente a respeito das transações do cliente para ser capaz de fazer um julgamento fundamentado na determinação tanto do momento de ocorrência quanto da magnitude da receita a ser reconhecida. Embora os julgamentos possam parecer subjetivos, a SEC e outros organismos normativos têm fixado critérios objetivos que esperam que os auditores e administradores utilizem na definição do reconhecimento de receita. Veja o quadro Foco em fraude.

Fatores de risco de fraude – reconhecimento de receita

Há muitas motivações para a sobrevalorização de receitas. Por exemplo, a empresa pode estar na iminência de falir devido a prejuízos operacionais, mudanças tecnológicas no setor que tornam os produtos da empresa obsoletos ou um declínio geral do setor. Pagamentos de bônus e opções de compra de ações podem depender do cumprimento de uma dada meta de lucro. Ou pode estar prestes a acontecer uma fusão e a administração quer negociar o preço mais alto possível. No caso da HBOC, descrito no quadro Julgamento profissional em contexto, no início do capítulo, a empresa tinha um histórico forte e sistemático de superação das previsões de lucro dos analistas. Além disso, a administração da HBOC fazia rotineiramente anúncios públicos otimistas das receitas, do lucro líquido e do lucro por ação da empresa antes da conclusão das auditorias ou análises pela *Andersen*. Estas expectativas de lucro exercem enorme pressão sobre a administração para não desapontar o mercado. Além disso, era provável que Robert Putnam, o sócio encarregado do trabalho de auditoria, relutava em questionar essas expectativas com base no temor de causar pânico no mercado a respeito das ações da empresa, ou por temer arruinar a operação de compra da HBOC pela *McKesson*. Se ele tivesse feito isso, é provável que a administração da HBOC teria encerrado sua relação com a *Andersen*, o que Putnam sem dúvida desejava evitar.

Estes são apenas alguns exemplos dos fatores de risco aos quais os auditores devem estar atentos no que se refere ao reconhecimento de receita. A identificação desses fatores e o ajuste da auditoria para lidar com eles envolvem o seguinte:

- Examinar a motivação para aumentar a receita em função de pressões internas ou externas.
- Examinar as demonstrações financeiras por meio de procedimentos analíticos preliminares para identificar saldos de contas que diferem do esperado ou de tendências gerais da economia.

FOCO EM FRAUDE

Entupimento de canal

A definição do momento de registro de uma venda é um aspecto crucial. A SEC tem adotado uma posição pró-ativa na fixação de critérios para o reconhecimento de receitas. Eles incluem: o princípio de ganho é satisfeito, a receita é realizada e as atividades principais de produção de receita são completadas. A SEC investigou a Lucent Technologies porque a empresa estava envolvida em "entupimento de canal." A Lucent acumulava vendas nos últimos dias de um trimestre para cumprir objetivos predeterminados de receita. Os clientes assumiam a propriedade dos produtos (mas nem sempre havia entrega), porque (a) precisariam dos produtos eventualmente e (b) a Lucent dava grandes incentivos (boas vantagens) para que eles assumissem os produtos antecipadamente. A SEC disse que a empresa, em sua essência, estava trazendo vendas normais do trimestre (ano) seguinte para apresentar vendas no trimestre (ano) corrente. A SEC argumentou que o princípio de ganho não estava sendo cumprido e as vendas não deveriam ser reconhecidas. Os auditores precisam fazer julgamentos sobre se volumes incomuns de vendas no final do trimestre devem ser reconhecidos como receita normal.

QUESTÃO PRÁTICA

Os auditores devem se referir a fontes normativas para determinar o reconhecimento apropriado de receita para cada cliente. Entretanto, a maioria dos casos de reconhecimento de receita pode ser resolvida com a aplicação de conceitos básicos e subjacentes de contabilidade.

> **CONSIDERE O RISCO**
>
> Sinais significativos de alerta levarão o auditor a examinar mais transações no final do ano, bem como vendas que possuem condições incomuns ou são remetidas a um intermediário, e não ao cliente final.

• Reconhecer que nem todas as fraudes serão instigadas pela administração; por exemplo, um diretor financeiro ou um membro da área de contabilidade poderá se envolver em apropriação indébita de ativos para uso pessoal (desfalque).

Fatores externos de risco

Os fatores e outras informações externas que o auditor deve considerar incluem, além de outros:

> **FOCO EM FRAUDE**
>
> **Vinculação de riscos: complexidade contábil desnecessária**
>
> A WorldCom é um exemplo clássico de complexidade contábil desnecessária. As transações eram complexas, mas seu entendimento e auditoria tornaram-se ainda mais difíceis pela ação de vários fatores. Em primeiro lugar, muitos dos membros da área de contabilidade não eram qualificados para as posições que ocupavam. Em segundo, a função de contabilidade estava distribuída em três ou mais locais sem que houvesse um bom argumento para a descentralização. Em terceiro lugar, a descentralização era feita por função. Muitas empresas usam a descentralização com uma unidade contábil completa em vários locais. A WorldCom não estava estruturada dessa forma. Ao contrário, a função de contabilidade de imóveis estava situada no Texas, enquanto a contabilidade de receitas e custos estava em Mississípi, e o controle de equipamentos estava em Washington, D. C. Consequentemente, uma unidade da contabilidade nunca via a transação completa. Somente algumas poucas pessoas no alto da organização estavam cientes dos lançamentos contábeis completos.

• Expectativas de analistas. O auditor precisa estar a par de declarações feitas pela administração a analistas e o possível efeito dessas expectativas sobre os preços de ações.
• Tendências do setor. Se o desempenho da empresa for significativamente diferente daquele apresentado pelo resto do setor ou da economia, o auditor deve desconfiar.
• Investigações. O fato de agências reguladoras, como a SEC, estarem investigando a contabilidade do cliente deve ser considerado pelo analista.

Fatores internos de risco

Os fatores internos de risco também devem ser examinados, incluindo, entre outros:

• Esquemas de remuneração de executivos, especialmente aqueles apoiados em opções de compra de ações e, portanto, nos preços correntes de ações.
• Vencimento de opções de compra de ações. Se as opções estiverem vencendo, poderá haver uma tendência para elevar o preço antes do vencimento das opções.
• Transações complexas. A empresa se envolve em muitas transações complexas de venda, quando transações simples bastariam (ver o quadro Foco em fraude).
• A contabilidade não é centralizada.
• O pessoal da contabilidade não é qualificado para o trabalho que realiza.
• O diretor financeiro não tem conhecimentos de contabilidade.
• A auditoria interna é fraca ou não examina os controles contábeis.
• Os controles informatizados são fracos ou de difícil compreensão.
• Histórico de agressividade. A empresa tem um histórico de interpretações contábeis agressivas.
• Crescimento por meio de aquisição de ações. A empresa utiliza ações para crescer por meio da compra de outras empresas.
• Histórico ininterrupto de crescimento de lucro por ação ou receita.

Resultados financeiros incomuns

> **QUESTÃO PRÁTICA**
>
> A primeira pergunta feita na maioria dos casos judiciais é: por que o auditor não suspeitou de alguma coisa quando os resultados do cliente eram tão diferentes do resto do setor? Um auditor deve ser capaz de responder a esta pergunta durante a auditoria.

Se estiver havendo alguma fraude, as demonstrações financeiras geralmente conterão discrepâncias em relação aos padrões do setor e poderão não diferir das expectativas fixadas pela administração para inflacionar o preço da ação da empresa. Portanto, o auditor deverá ter o cuidado de focalizar a sua atenção em uma comparação tanto com resultados passados quanto com as tendências do setor. Algumas das diferenças que o auditor poderia esperar encontrar incluem:

• Aumentos de receita mesmo quando há concorrência intensa e lançamento de novos produtos por concorrentes.
• Aumentos de receita incompatíveis com as expectativas para o setor ou a economia.

- Valores acima da média de margens brutas ou outros indicadores financeiros importantes.
- Forte aumento das vendas perto do final do trimestre.

Geralmente, o auditor identifica esses riscos graças a uma combinação entre análise de dados do setor e exame das informações financeiras preliminares do cliente.

Execução de procedimentos analíticos preliminares (etapa 3)

Ao planejar a auditoria, o profissional é obrigado a executar procedimentos analíticos preliminares. Procedimentos como os descritos a seguir podem ajudar os auditores a identificar áreas de incorreções em potencial e montar metodologias apropriadas de auditoria.

OA 4
Descrever como utilizar procedimentos analíticos preliminares para identificar possíveis incorreções no ciclo de receita.

Comparação entre tendência de receita e do setor

Um cliente que apresenta crescimento de receita quando a economia ou o setor está em declínio deve levar o auditor a verificar o método de reconhecimento de receita do cliente e considerar a possibilidade de que a receita esteja sendo indevidamente inflacionada.

Comparação entre fluxo de caixa das operações e lucro líquido

Se um cliente estiver apresentando crescimento de receita e lucro líquido aumentado, mas a demonstração de fluxo de caixa indica que o fluxo de caixa das operações é negativo, o auditor deve ser cético e examinar a possibilidade de que as contas a receber e/ou os estoques estejam inflacionados.

Outros procedimentos analíticos

Outros procedimentos analíticos são capazes de identificar resultados inesperados que merecem ser investigados. A análise de índices, tendências e os testes de razoabilidade são três ferramentas analíticas convencionais rotineiramente empregadas em contas do ciclo de receita. Ao considerar o uso de procedimentos analíticos, o auditor deve examinar independentemente qualquer evidência confirmatória em lugar de confiar nas explicações da administração acerca de constatações inesperadas. Os procedimentos analíticos típicos para o ciclo de receita são descritos a seguir.

CONSIDERE O RISCO
Os auditores não examinam apenas os números ao fazerem análises de índices. Os índices devem ser examinados em relação às práticas de negócios da empresa e comparados aos do setor. Por exemplo, se o prazo de todas as vendas for de 30 dias, então um número elevado de dias de vendas em contas a receber seria preocupante.

Análise de índices – A análise de índices é útil para destacar saldos de contas que discordam ou divergem de expectativas razoáveis. Os índices podem ser comparados no tempo para um cliente, bem como aos indicadores do setor. O enfoque à análise de índices é similar ao que um analista financeiro faria ao examinar uma demonstração financeira. Alguns índices se preocupam principalmente com as contas de receita, enquanto outros se concentram em contas a receber e na conta de provisão. Deve ser lembrado que, se houver um crédito fraudulento à receita, deverá ter um débito fraudulento em alguma outra parte das demonstrações financeiras. Esse débito provavelmente estará nas contas a receber. Alguns dos índices que o auditor poderia calcular incluem:

- Análise de margem bruta, incluindo uma comparação com as médias do setor e as médias do cliente no ano anterior.
- Giro de contas a receber (quociente entre vendas a prazo e saldo médio líquido de contas a receber), ou número de dias de vendas em contas a receber.
- Saldo médio por cliente.

> **Considere o risco**
>
> O auditor suspeitava do volume incomum de contas a receber. Após investigação adicional, descobriu que o diretor financeiro desta empresa havia desviado vários milhões de dólares e tinha encoberto esse fato registrando contas a receber fictícias. Embora 30 dias de vendas em contas a receber sejam comuns na maioria das empresas, não deve ter sido para esta empresa. O conhecimento que o auditor tinha dos procedimentos de negócios levou à descoberta da fraude.

> **Questão prática**
>
> Um auditor é mais eficaz quando tem um conhecimento amplo do negócio do cliente, de seu setor, da economia e, principalmente, dos serviços que a empresa deve prestar para gerar e manter uma clientela crescente.

- Contas a receber como porcentagem dos ativos circulantes.
- Estrutura de idades de contas a receber.
- Provisão para devedores duvidosos como porcentagem de contas a receber.
- Perdas com clientes inadimplentes como porcentagem das vendas a prazo líquidas.
- Vendas no último mês sobre vendas totais.
- Descontos em vendas sobre vendas a prazo.
- Devoluções e provisões como porcentagem das vendas.

O exemplo apresentado a seguir, extraído de um caso judicial, demonstra como a análise de índices pode ser útil ao auditor. A empresa é um atacadista que vende a grandes redes varejistas. A competição no setor era bastante intensa. As variações dos índices observadas pelo auditor foram as seguintes:

- O número de dias de vendas em contas a receber subiu em um ano de 44 para 65.
- A margem bruta se elevou de 16,7% para 18,3% (a média do setor era 16,3%).
- O volume de contas a receber aumentou 35% para US$ 9 milhões, enquanto as vendas haviam permanecido praticamente inalteradas.

Todos esses índices estavam substancialmente acima da média do setor. Um auditor que examine esses índices deve considerar cuidadosamente os motivos econômicos dessas variações e fazer estas perguntas: (1) há uma razão econômica para variações desses índices? (2) Que alternativas poderiam explicar tais mudanças? (3) Que corroboração está disponível como explicação possível? O auditor deve montar um conjunto de explicações possíveis para as variações de todos os três índices e coletar evidência confirmatória independente que apoie ou contradiga essas explicações. O auditor deve colocar as explicações possíveis em ordem de importância e depois fazer um estudo para determinar qual delas é a mais apropriada. Neste exemplo, a empresa estava envolvida em um esquema complicado de contabilização de vendas fictícias. Várias outras explicações foram apresentadas pela administração, como, por exemplo, aumento de eficiência, melhor sistema de computação, de serviço ao cliente, e assim por diante. Entretanto, somente vendas fictícias eram capazes de explicar a variação da margem bruta, o aumento do número de dias de vendas em contas a receber e do saldo total de contas a receber que ocorrera ao mesmo tempo em que as vendas não estavam crescendo.

Análise de tendências – A análise de tendências baseia-se na suposição de que o desempenho corrente prosseguirá em linha com o desempenho anterior ou as tendências do setor a menos que algo especial esteja acontecendo na empresa. Se uma empresa lança produtos novos ou introduz novas maneiras de fazer as coisas, é razoável esperar que o seu desempenho acompanhe as tendências do setor. Por exemplo, poderia ter parecido estranho que a *WorldCom* pudesse reportar aumentos continuados de lucros quando nenhum de seus concorrentes era capaz de fazer o mesmo. Poderia ser porque a *WorldCom* tinha produtos que as outras empresas não possuíam; tinha gestão superior; ou poderia ser uma empresa que mereceria maior ceticismo e mais testes por parte da auditoria? Uma análise básica de tendências deve incluir:

- Análise de vendas mensais em comparação com anos anteriores e valores orçados.
- Identificação de picos de vendas no final de trimestres ou do ano.
- Tendências de descontos concedidos a clientes superando tanto a experiência passada quanto a média do setor.

Com os sistemas atuais, o auditor deve preparar uma representação gráfica das variações de tendências, bem como uma análise dos dados econômicos subjacentes. Se um auditor fizesse um gráfico de vendas mensais e notasse picos incomuns nos dez últimos dias de junho e nos quinze últimos dias de dezembro, isso o alertaria para a necessidade de mais investigação dessas transações. O valor da informação é ampliado quando a análise é elaborada por linha de produto, divisão, região geográfica ou alguma outra classificação.

Testes de razoabilidade – Os testes de razoabilidade baseiam-se em uma premissa simples: o auditor pode coletar muitas informações quanto à correção de uma conta examinando a relação entre a conta e algum fator econômico ou evento subjacente. Por exemplo, a receita de aluguel de quartos de um motel pode ser estimada usando o número de quartos, a diária média por quarto e a taxa média de ocupação. Alternativamente, a receita de uma companhia distribuidora de energia elétrica deve estar relacionada às tarifas aprovadas por uma Comissão de Serviços Públicos (quando isso é aplicável) e às informações demográficas a respeito do crescimento do número de residências e indústrias na região servida. Como último exemplo, a receita de juros poderia ser estimada com base na taxa média de juros e no volume de aplicações feitas pelo cliente. O valor desta análise poderia ser aumentado com a realização dos cálculos usando dados mensais ou baseados nos diferentes tipos de aplicação pelo cliente.

Análise de regressão

O auditor também pode utilizar análise mais sofisticada para examinar tendências. Uma das ferramentas mais poderosas é a análise de regressão. Com frequência, a análise de regressão é feita com séries temporais, examinando tendências em relação a resultados anteriores. Por exemplo, ela poderia ser utilizada para estimar as vendas mensais por linha de produto a partir da relação passada entre vendas e variáveis independentes, tais como custo das mercadorias vendidas, algumas despesas de venda selecionadas ou o crescimento das vendas totais do setor.

Outra forma de análise de regressão é a análise em corte transversal. Em lugar de comparação de relações no tempo, a análise em corte transversal visa a comparar resultados em locais diversos. Por exemplo, a *Home Depot* e a *Lowes* possuem centenas de lojas – cada uma delas com três arranjos físicos e tamanhos básicos. A análise em corte transversal permite ao auditor identificar qualquer desempenho incomum em alguma loja. Por exemplo, o profissional poderia identificar possíveis problemas comparando as vendas por metro quadrado de espaço de venda entre as lojas, procurando localizar aquelas com vendas significativamente superiores por metro quadrado que as outras lojas. Testes mais detalhados seriam feitos nessas lojas suspeitas.

Vinculação de controles internos a afirmações em demonstrações financeiras para a conta de receita (etapas 4 e 5)

O auditor adquirirá conhecimento dos controles que o cliente tenha implantado para lidar com os riscos associados a informações incorretas nas contas do ciclo de receita. Como parte desse conhecimento, o auditor concentrará a sua atenção nas afirmações relevantes para cada conta e identificará os controles associados aos riscos nessas afirmações. Em uma auditoria integrada, este conhecimento será utilizado para identificar controles importantes que precisem ser testados.

> **CONSIDERE O RISCO**
>
> Um auditor utilizou análise de regressão e observou que a relação entre vendas e custo das mercadorias vendidas mostrava que o último mês do ano possuía um valor extremo (apresentava uma relação não esperada). Isto levou à investigação adicional da possibilidade de que estava sendo contabilizada receita no período errado ou que havia vendas fictícias.

> **OA 5**
> Descrever por que é importante para o auditor conhecer os controles internos, identificar aqueles tipicamente presentes no ciclo de receita e identificar testes de controles utilizados para testar a eficácia de controles no ciclo de receita.

> **CONSIDERE O RISCO**
> A maioria das fraudes relacionadas a contas de receita e lucro é ocultada com a sobrevalorização de contas a receber ou estoques.

> **CONSIDERE O RISCO**
> Comumente, as empresas menores não contam com o pessoal suficiente para separar os processos de contabilização, consulta e preparação de extratos por cliente. Portanto, há riscos maiores de desvio de fundos.

> **CONSIDERE O RISCO**
> As vendas devem ser normalmente contabilizadas pelo sistema de computação do cliente e com os processos aqui descritos. Portanto, o auditor deve estar atento a todas as transações de venda que sejam contabilizadas manualmente por meio de lançamentos de diário.

Existência/ocorrência

Os controles da validade da afirmação de existência devem fornecer a garantia de que uma venda é contabilizada somente quando a remessa dos produtos tenha ocorrido e a atividade básica de geração de receita tenha sido realizada. As transações de venda devem ser contabilizadas somente quando a propriedade tenha sido transferida e a empresa recebido numerário ou uma conta a receber com possibilidades de pagamento.

Um controle associado é a elaboração e entrega de extratos mensais aos clientes. Entretanto, o controle deve ser tal que os extratos sejam elaborados e enviados por alguém que seja independente do departamento que processou as transações originalmente. Além disso, consultas dos clientes a respeito de seus saldos devem ser canalizadas a um departamento ou indivíduo que seja independente do registro original das transações.

Transações incomuns, seja devido a sua magnitude, complexidade, ou termos especiais, devem exigir um nível mais elevado de revisão pela administração, servindo essa revisão como controle. Níveis administrativos superiores – e talvez até mesmo o conselho de administração – devem estar envolvidos na aprovação de transações muito complexas e de magnitude elevada. No caso de transações normais, a autorização deve fazer parte de um histórico de auditoria que não deve ser feito pela mesma pessoa que registra as transações. A autorização de crédito é frequentemente informatizada e inclui uma atualização da classificação externa de risco de crédito de um cliente e um levantamento dos valores correntes devidos à empresa. As políticas de crédito devem ser adequadas à organização. Por exemplo, empresas que vendem produtos de grande porte em pedidos especiais devem montar políticas de crédito exigindo (1) informação sobre pagamentos passados pelo cliente, (2) informação corrente de risco de crédito fornecida por empresas tais como *Dun & Bradstreet* e, em alguns casos, (3) as demonstrações financeiras anuais auditadas de um cliente e/ou informações financeiras trimestrais correntes.

Completude

Os procedimentos de controle de completude garantem que todas as transações válidas de venda são contabilizadas. Muitas transações acabam não sendo contabilizadas devido à utilização de procedimentos descuidados. Em alguns casos, as empresas podem optar por omitir transações porque querem minimizar o lucro tributável. Portanto, o auditor precisa prestar atenção aos controles de completude. Alguns controles que devem ser considerados pelo auditor incluem:

- Uso de documentos pré-numerados de remessa e faturas de venda prenumeradas e prestação de contas subsequente de todos os números.
- Lançamento *on-line* imediato no sistema de computação e atribuição de identificação pelo programa de computação.
- Conciliação de registros de remessa com registros de faturamento.
- Análise de supervisão; por exemplo, o exame de transações em uma franquia de lanchonetes.
- Conciliação de estoques com vendas; por exemplo, de bebidas alcoólicas em um bar, ao final da noite, com as vendas registradas.

Avaliação

A implantação de controles para garantir a avaliação apropriada de transações rotineiras de venda deve ser relativamente fácil. As vendas devem ser feitas com base em listas computadorizadas de preços autorizados – por um preço conectado a um escâner no *Wal-Mart*, ou o preço consultado por um vendedor em um microcomputador. Nessas situações normais, os procedimentos de controle devem garantir a entrada correta de mudanças autorizadas de preços nos arquivos de computador e limitar o acesso a esses arquivos, incluindo:

- Limitar o acesso aos arquivos por pessoas autorizadas.
- Imprimir uma lista de preços alterados para exame pelo departamento que os autoriza.
- Conciliar as entradas com relatórios impressos de saída para garantir que todas as alterações foram feitas e nenhuma mudança não autorizada tenha sido acrescentada.
- Limitar os privilégios de autorização às pessoas responsáveis pela fixação de preços.

Os problemas de avaliação surgem mais comumente em relação a condições de venda incomuns ou incertas. Exemplos incluem vendas nas quais o cliente conta com recurso da empresa vendedora, vendas por franquias, em pacote, contratos com preço igual a custo mais margem, ou outros contratos abrangendo períodos longos, com a previsão de pagamentos parcelados. Se essas transações complexas forem comuns, a empresa deverá ter fixado políticas e processos para lidar com elas, e isso deve ser analisado pelo auditor. Transações

AUDITORIA NA PRÁTICA

Nova orientação para o monitoramento de controles

O Comitê de Organizações Patrocinadoras (Coso) publicou recentemente uma orientação sobre o monitoramento de controles para ajudar as organizações a projetar e implantar tais controles com maior eficácia e eficiência. Os auditores devem estar atentos a mudanças que seus clientes possam ter feito em seus controles de monitoramento em resposta a essa orientação.

O monitoramento de controles se destina a assegurar que os controles internos continuem funcionando eficazmente e que providências corretivas tempestivas sejam tomadas quando os controles deixam de ser eficazes para lidar com os riscos relevantes. No caso de transações de receita, o monitoramento pode ser conseguido por meio de avaliações separadas que não fazem parte das operações diárias da organização, mas são feitas com a finalidade principal de testar se os controles continuam sendo eficazes. Os auditores internos são geralmente os indivíduos que fazem essas avaliações separadas. Além disso, o monitoramento pode ser conseguido com procedimentos contínuos incorporados aos processos de uma organização. Os procedimentos contínuos de monitoramento poderiam envolver análises de supervisão, de tendências e conciliações. Considere o exemplo anterior, no qual há um risco associado aos vendedores que dão incentivos aos clientes atacadistas para acumular em seus depósitos, no final do ano, um estoque extra de que não necessitam no momento, em troca de créditos futuros por produtos não vendidos. Uma atividade de controle visando a detectar se tal tipo de ação ocorreu poderia envolver uma política mediante a qual a remuneração dos vendedores é revista a cada trimestre pelo gerente de vendas, sendo ajustada caso as devoluções de produtos superem certa porcentagem mínima das vendas. Os procedimentos de monitoramento deste controle incluem a participação do diretor financeiro na revisão (um procedimento de monitoramento contínuo) e a determinação pelo comitê de auditoria de que testes periódicos sejam feitos pela auditoria interna (uma avaliação separada).

Há vários outros procedimentos de monitoramento aplicáveis a transações de receita, incluindo:

- Comparação de vendas e custo de mercadorias vendidas a valores orçados.
- Relatórios de exceções, identificando transações ou valores monetários incomuns (tais relatórios são investigados e é tomada alguma medida corretiva, caso seja necessária).
- Relatórios de volumes de transações que superam normas predeterminadas.
- Auditoria interna de controles do ciclo de receita e transações incomuns.
- Exame de controles internos e da qualidade dos relatórios de exceções pelos gestores de divisões e departamentos para fins de tomada de decisões gerenciais.
- Relatórios pelo computador da conciliação de transações lançadas no sistema com transações processadas pelo sistema.
- Monitoramento da qualidade de contas a receber, por exemplo, das idades das contas a receber por classe de risco de crédito de clientes.
- Relatórios de transações que superam regras de edição previamente fixadas.
- Investigação independente de reclamações de clientes.

> **QUESTÃO PRÁTICA**
> O auditor sempre deve examinar volumes incomuns de devolução de produtos após o final do ano para determinar a causa das devoluções e a adequação do reconhecimento anterior de receita.

incomuns, se forem materiais, devem ser analisadas pelo auditor como parte dos testes substantivos, pois geralmente não há um processo definido para garantir que essas transações sejam adequadamente avaliadas.

Uma vez iniciada e capturada uma transação, é essencial que o sistema de contabilidade contenha procedimentos adequados de controle para verificar que a integridade da transação é mantida; ou seja, que nenhuma seja perdida, acrescentada ou modificada durante o processo de contabilização. Os procedimentos de controle incluem a conciliação periódica entre entradas e saídas, bem como procedimentos para gerar o acompanhamento imediato de transações faltantes ou incomuns.

Controles internos relacionados a devoluções, concessões e garantias

A ocorrência de devoluções ou concessões anormais pode ser o primeiro indício de problemas em uma empresa. Por exemplo, os problemas da *MiniScribe*, descritos anteriormente, foram originalmente evidenciados por taxas anormais elevadas de devolução de produtos. Em outros casos, as empresas haviam contabilizado grandes números de vendas no quarto trimestre, que foram seguidos por elevados números de devoluções após o final do ano.

Os controles-chave que o cliente precisa implantar para a identificação e o registro imediato de produtos devolvidos devem incluir políticas formais e procedimentos para:

- Exigir que as cláusulas contratuais de devolução e garantia sejam claramente definidas no contrato de venda.
- Aprovar a aceitação de devoluções.
- Conceder crédito ou realizar trabalho previsto em garantias de mercadorias devolvidas.
- Registrar mercadorias devolvidas em documentos pré-numerados que são verificados para se garantir que sejam contabilizados imediatamente.
- Identificar se deve ser dado crédito ou se os produtos serão refeitos, de acordo com as cláusulas de garantia, e entregues novamente ao cliente.
- Determinar a possível obsolescência ou a existência de defeitos nos produtos.
- Garantir a classificação apropriada dos produtos e determinar que não sejam reenviados como se fossem novos.

A empresa requer uma metodologia definida para determinar se há um valor razoável com o qual os itens devolvidos poderiam ser contabilizados no estoque regular ou de sucata. Os produtos devolvidos poderiam ser sucateados, vendidos por meio de uma loja de fábrica, ou refeitos e vendidos como produtos reparados.

> **CONSIDERE O RISCO**
> Cada organização identificará sua tolerância a risco, incluindo o risco de crédito. Algumas empresas vendem muito, principalmente a clientes de alto risco. Uma estratégia como essa é apropriada, mas significa que o auditor precisa monitorar de perto as tendências econômicas que afetariam a probabilidade de que as contas a receber da empresa se tornem tão arriscadas que uma boa parte das contas possa vir a perder valor.

Importância de políticas de crédito na autorização de vendas

As políticas formais de crédito destinam-se a garantir a realização do ativo adquirido na transação de venda, ou seja, a conversão da conta a receber em caixa. Os procedimentos de controle devem garantir que a organização identifique o nível aceitável de riscos de crédito que ela deve assumir.

Os seguintes procedimentos de controle devem ser considerados por uma organização no controle de seu risco de crédito no nível desejado:

- Uma política formal de crédito, que pode ser automatizada para a maioria das transações, mas exige aprovação especial para transações de vulto e/ou especiais.
- Uma revisão periódica da política de crédito por executivos relevantes para determinar se são necessárias mudanças ditadas por eventos econômicos correntes ou pela deterioração das contas a receber.

- Monitoramento contínuo das contas a receber em busca de evidência de aumento de risco, como elevações do número de dias de atraso ou uma concentração demasiadamente grande em alguns poucos clientes importantes, cujas perspectivas financeiras estão piorando.
- Segregação adequada de tarefas no departamento de crédito, com a autorização específica para a baixa de contas a receber sendo separada dos indivíduos que processam transações de numerário com o cliente.

Em alguns setores, como o de instituições financeiras, existem normas legais para minimizar o risco financeiro de crédito para uma organização. Por exemplo, os bancos e caixas econômicas geralmente estão sujeitos a limites de quanto podem emprestar a uma organização específica. Em tais casos, o auditor deve estar particularmente atento aos procedimentos adotados pelo cliente para identificar todos os mutuários que são relacionados uns aos outros, para que o volume agregado de empréstimos não supere os limites legais.

> O auditor pode utilizar o ACL para enumerar todos os clientes com saldos superiores ao seu limite de crédito ou identificar todas as contas vencidas há mais de certo número de dias.

Documentação de controles

Os controles internos podem ser documentados em um fluxograma, texto narrativo e/ou por um questionário. A **Ilustração 10.5** apresenta o exemplo de um questionário de controle interno para vendas e contas a receber. Cada resposta negativa no questionário representa uma possível deficiência de procedimento de controle. Dada uma resposta negativa, o auditor deve considerar o seu impacto sobre a possibilidade de informações incorretas na conta. Por exemplo, uma resposta negativa à pergunta sobre a existência de segregação de tarefas entre os que recebem numerário e os que autorizam baixas ou ajustes de contas indica que há um risco de que uma pessoa poderia se apossar de recebimentos de fundos e encobrir o furto dando baixa no saldo de um cliente. A menos que outro controle compense esta deficiência, o auditor deverá considerar o risco dessa incorreção específica na montagem do programa de auditoria para testes diretos do saldo da conta. Embora questionários tenham sido largamente utilizados, eles estão sendo substituídos por matrizes de controle, fluxogramas e exames passo a passo documentados de processos.

A **Ilustração 10.6** apresenta uma matriz de controle parcialmente preenchida para a receita de contratos, ligando o risco de informação incorreta ao controle do cliente, e fornece uma ferramenta para que o auditor documente o enfoque de teste e os resultados dos testes.

Montagem e realização de testes de controles internos e análise dos resultados dos testes de controles (etapas 6 e 7)

Os testes típicos de controles incluem perguntas a pessoas que fazem um controle, observação da utilização do controle, exame de documentação confirmando que o controle foi aplicado e reexecução do controle pelo indivíduo que o está testando. A título de exemplo, no ciclo de venda pode haver um controle incluindo a conciliação entre o razão auxiliar de venda e o razão geral.

Os enfoques ao teste do controle de conciliação poderiam envolver uma ou mais das alternativas a seguir, enumeradas em ordem crescente de solidez da evidência produzida:

- *Perguntas:* conversar com o pessoal que executa o controle sobre os procedimentos e os processos envolvidos na conciliação.
- *Observação:* observar o pessoal da entidade fazendo a conciliação.

- Análise: rever a documentação que apoia a conclusão da conciliação.
- Reexecução: fazer a conciliação e concordar com a conciliação finalizada pelo pessoal da entidade.

O auditor utiliza o julgamento profissional para definir os tipos apropriados de controles a serem realizados. Entretanto, somente fazer perguntas não é evidência suficiente, e tipicamente isso seria complementado com a observação, análise e a reexecução.

Ilustração 10.5: Questionário de avaliação de risco de controle; vendas e contas a receber

ORDENS DE VENDA

As vendas são autorizadas por: (descreva a fonte e o alcance da autoridade, bem como a documentação ou outros meios de indicar autorizações. Inclua explicitamente a autorização de preços para clientes).
_____
_____

As ordens de venda são preparadas por, ou lançadas no sistema por:
_____
_____

Indivíduos autorizados para alterar tabelas de preços: (indique indivíduos específicos e sua autoridade para alterar preços no sistema e os métodos usados para verificar a correção das alterações).
_____
_____

Existência de contratos importantes com clientes que merecem atenção especial durante a auditoria: (descreva qualquer contrato importante e seus termos).
_____
_____

Restrições de acesso a arquivos de computador quanto ao lançamento ou à alteração de ordens: (descreva os sistemas de controle de acesso e indique se são testados em conjugação com nossa análise dos controles gerais de processamento de dados).
_____
_____

	Marque com (x) uma das alternativas:	
	Sim	Não
1. As ordens são lançadas por indivíduos que não têm acesso aos produtos que estão sendo remetidos?	____	____
2. As ordens são autorizadas por indivíduos que não têm acesso aos produtos que estão sendo remetidos?	____	____
3. Os controles de lote e edição são usados eficazmente neste programa? Em caso afirmativo, descreva os controles.	____	____
4. As faturas de venda são pré-numeradas? A sequência de documentos pré-numerados é verificada independentemente?	____	____
5. Os totais de controle e as conciliações são usados eficazmente para garantir que todos os itens sejam registrados e que os arquivos auxiliares sejam atualizados ao mesmo tempo que as faturas são geradas? Em caso afirmativo, descreva.	____	____
6. Existem procedimentos para garantir que o *status* corrente de crédito de um cliente é verificado antes da remessa de uma ordem? Em caso afirmativo, descreva.	____	____
7. As listas de preços armazenadas no computador são independentemente conciliadas com os preços autorizados pelo gerente de marketing ou por alguém no departamento do gerente de marketing?	____	____
8. As tarefas são segregadas de tal maneira que as pessoas que recebem numerário são diferentes daquelas autorizadas a fazer baixas ou ajustes nas contas?	____	____

Ilustração 10.6: Matriz de controles parcialmente preenchida para receita de contratos

Descrição do controle	Risco de incorreção – afirmação relevante de demonstração financeira	Enfoque de teste (natureza do teste)	Momento de realização do teste	Amplitude do teste	Teste de resultados (incluindo deficiências)
	• Existência/ocorrência • Completude • Avaliação/alocação • Direitos/ obrigações • Apresentação/divulgação	• Perguntas • Observação • Documentação • Reexecução			
Uma análise de reconhecimento de receita é efetuada pelo contador de receitas antes da contabilização da receita.	Os riscos são de que a receita será contabilizada antes do atendimento dos critérios de reconhecimento de receita, ou de que a receita será contabilizada pelo valor incorreto. • Avaliação • Existência	• Reexecução	Final do ano		

Nota: a matriz destina-se a ser um exemplo parcial. Tipicamente, a matriz seria ligada a um fluxograma auxiliar que detalharia os principais controles relacionados a receitas de contratos, e todos os controles-chave seriam incluídos na matriz.

Exemplos de outros procedimentos de teste no ciclo de venda incluem:

- Rever manualmente a evidência do funcionamento dos controles – Pegar uma amostra de transações contabilizadas e determinar que os preços praticados estão de acordo com os valores autorizados.
- Fazer um teste computadorizado de controles sobre o uso do computador – Testar controles utilizados para limitar o acesso aos arquivos de computador, selecionar certo número de preços no sistema e conciliá-los com mudanças pré-autorizadas de preços.
- Testar o monitoramento de controles – A administração deve contar com controles que lhe ajudem a monitorar os preços apropriados, como, por exemplo, o lucro bruto por linha de produto. A administração deve investigar incidências de desvio em relação aos resultados esperados. O auditor entrevistará o pessoal administrativo que realizou esses procedimentos e examinará documentação indicando que a administração executou esses procedimentos.

O auditor deve decidir qual enfoque (ou a combinação deles) fornece a melhor evidência ao custo mais baixo. Muitos auditores utilizam o primeiro enfoque pegando uma amostra de transações e determinando que elas foram contabilizadas a preços autorizados. Entretanto, um procedimento como esse é apenas um teste indireto do controle. O profissional também precisará determinar que o preço usado foi adequadamente autorizado.

A **Ilustração 10.7** apresenta uma visão geral de diversos controles que poderiam ser considerados como cumpridores de objetivos específicos de controle, como os controles poderiam ser empregados e a implicação de auditoria caso eles não estejam funcionando. Note que os testes de controles incluem a seleção de amostras de transações para reconstruir documentos de apoio, examinar o monitoramento de controles, testar controles de acesso a computadores, usar *software* de auditoria para checar transações com documentos e procurar casos de inexistência ou duplicação de números de documentos, rever reclamações

> **QUESTÃO PRÁTICA**
>
> As companhias abertas devem documentar seus controles para cumprir as exigências da seção 404, da lei *Sarbanes-Oxley*. A documentação geralmente consiste em matrizes, textos narrativos e fluxogramas do processo. A documentação também é importante para treinar o pessoal da empresa.

> **QUESTÃO PRÁTICA**
>
> O auditor deve testar os controles para emitir um parecer sobre os controles internos da divulgação financeira. Os controles a serem testados e os procedimentos de auditoria escolhidos são os mesmos aqui descritos para testar a eficácia do funcionamento dos controles.

Ilustração 10.7: Exemplos de controles e testes

Objetivo	Exemplos de controles	Como o controle seria testado	Implicações caso o controle não esteja funcionando
1. Transações contabilizadas são autorizadas e efetivamente ocorreram.	a. Vendas contabilizadas somente com pedido de cliente e documento de remessa válidos. b. Crédito é aprovado antes da remessa.	a. Amostrar transações de venda contabilizadas e reconstrução com documentos originais. Usar *software* genérico de auditoria para conferir vendas com documento eletrônico de remessa ou pedido do cliente. b. Usar ACL para determinar o saldo de cada cliente e comparar com seu limite de crédito.	a. Vendas registradas podem não ter ocorrido. Ampliar o trabalho de confirmação de contas a receber e a análise de recebimentos subsequentes. b. As contas a receber podem não ser pagas. Ampliar o trabalho de confirmação e a análise de recebimentos subsequentes.
2. As vendas são registradas no exercício contábil correto.	a. Computador registra a venda quando do lançamento de informações sobre pedido do cliente e remessa. Transações registradas, mas ainda não processadas, são identificadas para a elaboração de um relatório de exceções e analisadas. b. Extratos mensais são enviados aos clientes. Um grupo independente do que registra as transações recebe e investiga as reclamações.	a. Rever monitoramento de controles (por exemplo, análise pela administração de transações lançadas no sistema, e ainda não remetidas ou faturadas). b. Examinar a natureza das reclamações recebidas. Investigar para determinar se há algum padrão.	a. A empresa pode ter transações de venda não registradas. Discutir com a administração para determinar se ela planeja faturar as vendas. b. As vendas podem ser contabilizadas no ano errado. Ampliar o teste de corte de vendas.
3. Todas as vendas são registradas.	a. Documentos de remessa e faturas pré-numeradas são periodicamente conferidas. b. Entrada *on-line* de transações e registro independente. c. Monitoramento: transações são analisadas, comparadas aos valores orçados e as diferenças investigadas.	a. Examinar conciliações para determinar que o controle está funcionando. b. Usar técnicas de computação *on-line*, como ITF, para verificar os históricos de transações. c. Analisar relatórios da administração e evidência de providências tomadas.	a-c. Ampliar testes de corte no final do ano para determinar que todas as transações são contabilizadas no período correto.
4. As vendas são registradas com precisão.	a. O preço de venda provém de lista de preços autorizados mantida no computador.	a. Testar controles de acesso. Pegar uma amostra de faturas registradas e conferir preço com a lista autorizada.	a. As contas a receber podem ser sobrevaloriadas ou subavaliadas, devido a erros de precificação. Ampliar os procedimentos de confirmação e verificação de pagamento posterior.

Ilustração 10.7: Exemplos de controles e testes (continuação)

Objetivo	Exemplos de controles	Como o controle seria testado	Implicações caso o controle não esteja funcionando
5. As vendas são corretamente classificadas.	a. Gráfico de contas é atualizado e utilizado.	a. Pegar uma amostra de transações e conferir com o razão geral para verificar se foram corretamente classificadas.	a. Ampliar teste de vendas e contas a receber para determinar que todos os itens correspondem a contratos genuínos e não vendas em consignação ou de ativos operacionais.
	b. Programa de computador é testado antes da implantação.	b. Ao testar controles gerais, determinar que os controles sobre alterações de programas estão funcionando.	b. Ampliar pedidos de confirmação a clientes.

de clientes, analisar documentos tais como conciliações e relatórios gerenciais indicando a adoção de medidas tempestivas e analisar contratos de venda.

Realização de testes substantivos no ciclo de receita (etapa 8)

Planejamento de testes substantivos no ciclo de receita

Os objetivos de auditoria e as afirmações relacionadas de demonstrações financeiras fornecem a base para o desenvolvimento de programas de auditoria do ciclo de receita. A evidência de auditoria se preocupa com as afirmações no contexto dos fatores gerais de planejamento discutidos no capítulo 7, a respeito de evidência de auditoria para testar saldos de contas. Os objetivos de auditoria, as afirmações relacionadas e os testes típicos de auditoria de vendas e contas a receber são apresentados na **Ilustração 10.8**. Os objetivos de auditoria decorrem diretamente do arcabouço de afirmações. Além disso, os procedimentos de auditoria indicam uma integração de testes de processamento de transações, procedimentos analíticos substantivos, testes diretos das vendas e dos saldos de contas a receber, bem como uma integração de evidências extraídas de contas relacionadas (a evidência sobre contas a receber é aplicável a afirmações sobre vendas, e vice versa). Os procedimentos específicos de auditoria a serem selecionados (incluindo a programação e a amplitude dos procedimentos) dependem da evidência que o auditor tenha obtido acerca do risco de informação material incorreta, incluindo a eficácia dos controles internos.

Testes substantivos de receita

O auditor deve adquirir conhecimento dos enfoques de reconhecimento de receita pelo cliente, certificando-se de que estão de acordo com os princípios de contabilidade aceitos em geral e são aplicados adequadamente a transações de receita. Outros testes específicos correspondem às afirmações, tais como desenvolvidos anteriormente no texto. A programação e a amplitude dos testes dependem do enfoque adotado pelo profissional à auditoria integrada e da qualidade do controle interno do cliente. Se os testes de controles indicarem que os controles do cliente em relação à receita são eficazes, o auditor poderá reduzir a amplitude dos testes substantivos, fazer mais testes em datas intermediárias, ou usar procedimentos de teste menos dispendiosos. O *software* de auditoria poderá ajudar em muitos dos testes.

OA 6
Expor e aplicar procedimentos substantivos padronizados de auditoria a serem utilizados em testes de saldos de receita e explicar como esses procedimentos serão afetados pelos resultados dos testes de controles.

Ilustração 10.8: Relações entre afirmações de auditoria e testes substantivos – contas a receber e vendas

Objetivo de auditoria (afirmação)	Teste substantivo
Existência/ocorrência: as vendas e as contas a receber registradas são válidas.	1. Executar procedimentos analíticos substantivos. 2. Checar faturas com pedidos de clientes e notas de embarque. 3. Confirmar saldos ou faturas não pagas com clientes. 4. Examinar recebimentos posteriores. 5. Examinar diário de vendas em busca de lançamentos em duplicata.
Completude: todas as vendas são registradas.	1. Executar procedimentos analíticos substantivos. 2. Checar notas de embarque com faturas e diário de vendas. 3. Conferir a sequência de faturas no diário de vendas.
Direitos/obrigações: as contas a receber oferecidas como garantia, descontadas, endossadas e resultantes de transações com partes relacionadas são levadas devidamente em conta, de acordo com os princípios de contabilidade aceitos em geral.	1. Perguntar à administração. 2. Analisar balancete de contas a receber de partes relacionadas. 3. Analisar acordos de empréstimo e atas de reuniões do conselho de administração.
Avaliação/alocação: as vendas e as contas a receber são avaliadas corretamente e registradas no período correto. A receita tem sido reconhecida de acordo com os princípios de contabilidade aceitos em geral.	1. Verificar a precisão da escrituração de faturas e a concordância das faturas com documentos básicos. 2. Checar faturas com diário de vendas e razão do cliente. 3. Confirmar saldos ou faturas não pagas com clientes. 4. Totalizar diário de vendas e balancete de contas a receber e conciliar balancete de contas a receber com conta de controle. 5. Examinar a adequação da provisão para devedores duvidosos. 6. Fazer teste de corte de vendas.
Apresentação/divulgação: as contas a receber oferecidas como garantia, descontadas, endossadas e resultantes de transações com partes relacionadas são divulgadas adequadamente. As políticas de reconhecimento de receita têm sido divulgadas apropriadamente.	1. Obter confirmações de bancos e outras instituições financeiras. 2. Perguntar à administração. 3. Examinar trabalho realizado em outras áreas de auditoria. 4. Analisar políticas de reconhecimento de receita em termos de propriedade e consistência.

Antes da realização de qualquer teste direto da conta de receita, o auditor pode optar por executar procedimentos analíticos substantivos. Se os resultados indicarem que a conta de receita é razoavelmente bem reportada, o profissional será capaz de reduzir o volume de testes diretos realizados. Por exemplo, o auditor poderá realizar um teste analítico substantivo da receita de juros usando um teste de razoabilidade que inclui a formulação de uma expectativa da receita de juros do cliente. Essa expectativa deve basear-se no volume de aplicações e na taxa de juros que o cliente está recebendo. Se a expectativa estiver dentro de um limite aceitável do volume registrado pelo cliente, o auditor poderá reduzir o volume de testes detalhados. Entretanto, como ocorre com a maioria das contas de receita, testes diretos convencionais dos saldos de contas serão realizados.

Existência/ocorrência e avaliação – As afirmações de existência e avaliação geralmente são as mais importantes para as contas de receita. A reconstrução de uma amostra de transações de venda contabilizadas com pedidos de clientes e a avaliação da qualidade da evidência de remessa fornecem apoio à afirmação de que as vendas realmente existem. O auditor deve comparar a precisão da escrituração das faturas de venda para consubstanciar a afirmação de avaliação. A ausência de tais documentos básicos ou a existência de evidência de manipulação de datas de remessa deve levar o auditor a considerar a possibilidade de fraude.

Atenção especial deve ser dada a vendas registradas pouco antes do final de cada exercício fiscal, para garantir que elas não tenham sido infladas com a remessa de quantidade maior que a encomendada pelo cliente. O *software* de auditoria pode ser usado para identificar o registro de faturas de venda em duplicata. O *software* de auditoria também pode selecionar a amostra e comparar os detalhes aos documentos eletrônicos auxiliares, além de conferir a precisão da escrituração das faturas e totalizar o diário de vendas.

Questões de corte – A fixação do corte apropriado para transações de venda é importante para garantir a existência e a completude das transações de receita em qualquer período dado. Os procedimentos aplicados a vendas, devoluções de vendas e recebimentos de pagamento selecionados no conjunto daqueles registrados durante o período de corte para gerar evidência de que as transações foram registradas no período apropriado são chamados de testes de corte. O período de corte geralmente se inicia vários dias antes e termina vários dias após a data do balanço.

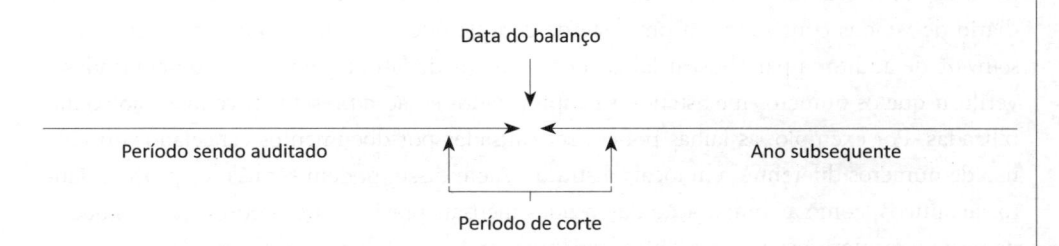

> O ACL pode ser empregado pelo auditor para selecionar itens a serem incluídos no teste de corte.

O maior risco de registro de transações no exercício incorreto ocorre no período de corte. A amplitude dos testes de corte depende da avaliação que o auditor faz da eficácia dos controles de corte do cliente. Se o cliente tiver controles sólidos, garantindo que as transações sejam registradas no exercício correto, o profissional poderá minimizar tais testes. Entretanto, deve ser ressaltado que controles podem ser ignorados e que os auditores têm encontrado, historicamente, um elevado grau de risco associado ao registro de transações de venda no exercício correto.

Os seguintes itens devem ser examinados para determinar se foi feito um corte apropriado:

Teste de corte de	Itens a serem examinados
Vendas	Documentos de remessa e vendas registradas correspondentes
Devoluções de vendas	Relatórios de recebimento e créditos correspondentes em contas de clientes
Recebimentos de pagamentos	Depósitos de acordo com a contabilidade e o banco, caixa em mãos no final do ano

> **QUESTÃO PRÁTICA**
>
> A amplitude dos testes de corte pode ser significativamente menor em uma auditoria integrada em que há evidência forte de que os controles internos de remessas são bastante eficazes.

No caso de clientes de alto risco, o auditor normalmente deve estar presente nas dependências do cliente no final do ano para registrar os últimos dados de remessa, recebimento, caixa e cheques preparados para depósito para fins de teste posterior de corte.

Corte de vendas – O corte de vendas pode ser testado de duas maneiras. Em primeiro lugar, uma amostra de transações de venda pode ser selecionada no período de corte para determinar o tempo correto de contabilização. O auditor pode determinar se as vendas foram contabilizadas no período correto examinando os termos e as datas de remessa. O auditor também pode querer examinar os contratos de venda para determinar a existência de termos que poderiam indicar que a contabilização da venda deveria ser adiada, como por exemplo, o direito de devolução pelo cliente (e uma probabilidade elevada de devolução), a existência de desempenho adicional pelo vendedor, a probabilidade de pagamento condicionado a

O auditor pode utilizar o ACL para comparar datas de faturamento e remessa de transações contabilizadas e imprimir todos os itens nos quais a data de remessa ocorreu mais tarde, em um período diferente.

algum evento futuro (contingência), ou a existência de uma probabilidade muito baixa de pagamento. Em segundo lugar, se datas confiáveis de remessa forem armazenadas eletronicamente, o *software* genérico de auditoria poderá ser usado para identificar qualquer venda contabilizada no período errado.

Corte de devoluções de vendas – A empresa deve documentar a devolução de mercadorias pelos clientes usando relatórios de recebimento que indiquem data, descrição, condição e quantidade das mercadorias. O auditor pode selecionar alguns dos relatórios de recebimento elaborados durante o período de corte e verificar se o crédito foi contabilizado no período correto.

Completude – O controle mais importante para garantir completude é formado por documentos pré-numerados de remessa e faturamento (mesmo que sejam emitidos pelo computador). A seleção de uma amostra de documentos de remessa e a sua conferência com o diário de vendas consistem em um teste de completude. O auditor também pode utilizar *software* de auditoria para buscar falhas nos números de faturas de vendas contabilizadas e verificar que os números inexistentes são apropriados e não representam vendas não contabilizadas. Por exemplo, as falhas podem ser causadas por documentos cancelados ou pelo uso de números diferentes, em locais distintos. Além disso, podem ser usados procedimentos analíticos, como a comparação das vendas mensais por linha de produto com os dados de períodos anteriores. Os resultados podem gerar a desconfiança, por parte do auditor, de que algumas vendas estão faltando ou que foram artificialmente infladas.

Testes substantivos de contas a receber

OA 7
Expor e aplicar procedimentos substantivos padronizados de auditoria a serem utilizados em testes de saldos de contas a receber e explicar como esses procedimentos serão afetados pelos resultados dos testes de controles.

Tal como ocorre no caso de testes substantivos das contas de receita, o auditor considerará os resultados de qualquer teste de controle de contas a receber e, a seguir, montará testes substantivos para determinar que as contas a receber existem, pertencem ao cliente, são completas e avaliadas adequadamente. É importante reconhecer que a existência é necessária para a avaliação correta, mas não garante necessariamente uma avaliação válida. Por exemplo, um cliente poderia reconhecer a existência da dívida, mas não ter recursos suficientes para pagá-la.

Existência – A programação e a natureza de testes de auditoria dependem diretamente da avaliação do risco de informação material incorreta pelo auditor para esta afirmação. O procedimento de auditoria comumente empregado é pedir aos clientes que confirmem a existência e o valor de suas dívidas com a empresa. A confirmação de contas a receber é exigida, na maioria das circunstâncias, pelos padrões de auditoria aceitos em geral.

Avaliação – Duas questões de avaliação consistem em preocupações diretas para o auditor. Em primeiro lugar, as transações de venda e as contas a receber são originalmente contabilizadas por seus valores corretos (valores brutos)? Em segundo lugar, é provável que o cliente receba o pagamento das contas a receber existentes e o faça dentro dos prazos apropriados (valores realizáveis líquidos)? A primeira preocupação é enfrentada durante os testes de processamento de transações e no trabalho de confirmação pelo auditor. A segunda preocupação é mais difícil, sendo enfrentada na discussão relativa à determinação da razoabilidade da provisão para devedores duvidosos.

Além de selecionar itens para confirmação, o ACL pode ser empregado para identificar lacunas ou duplicações de números de faturas.

Direitos e obrigações – Algumas empresas vendem suas contas a receber a bancos ou outras instituições financeiras, mas retêm a responsabilidade pela cobrança das contas e podem ser responsabilizadas caso a porcentagem de recebimento fique aquém de um mínimo estipulado. O auditor deve analisar todos esses esquemas e considerar a necessidade de pedir confirmações aos bancos do cliente a respeito de qualquer passivo condicional, incluindo contas a receber descontadas. O profissional também pode fazer perguntas e examinar as atas de reuniões do conselho de administração em busca de indícios da existência de contas a receber descontadas.

Apresentação e divulgação – Volumes materiais de contas a receber dadas em garantia, descontadas ou endossadas, ou vendas e contas a receber de partes relacionadas devem ser divulgadas nas demonstrações financeiras. Procedimentos substantivos para a geração de evidência da necessidade de tal divulgação incluem confirmações por bancos e instituições financeiras, análise de acordos de empréstimo e atas de reuniões do conselho de administração, análise do balancete de contas a receber e perguntas à administração.

Procedimentos convencionais de auditoria de contas a receber

Embora cada auditoria seja especial, o profissional provavelmente executa alguns procedimentos convencionais de auditoria, tais como a obtenção e avaliação de uma classificação de contas a receber por idade, a confirmação de contas a receber com clientes, a realização de testes de corte e a análise de pagamentos subsequentes de contas a receber.

Classificação de contas a receber por idade – O auditor normalmente obtém do cliente uma cópia do balancete de contas a receber, detalhado por idade, prepara manualmente um balancete, ou usa *software* genérico de auditoria para ajudá-lo a montar uma classificação por idade e identificar saldos antigos (veja a **Ilustração 10.9** para um exemplo de um balancete das contas por idade). Um balancete detalhado possui uma lista do saldo ou fatura vencida de cada cliente, com colunas apresentando aquelas que estão em dia, vencidas há 30 dias, há 60 dias, e assim por diante. *Software* genérico de auditoria também pode ser empregado para montar um resumo de contas por idade.

Se o cliente tiver preparado o balancete, ele deverá ser testado em termos de precisão matemática e de idades para garantir que aparecerá no balanço uma representação completa do saldo registrado de contas a receber. Deverá ser totalizado, a sua concordância com o razão geral ser conferida e a classificação por idades deverá ser testada para assegurar que o pessoal ou o programa de computação do cliente a elaborou corretamente. Saldos credores também deverão ser identificados e, se forem significativos, reclassificados como um passivo.

O balancete classificado por idade pode ser usado para:

- Conciliar o detalhe com o saldo da conta de controle.
- Selecionar saldos de clientes para confirmação.
- Identificar valores devidos por executivos, funcionários ou outras partes relacionadas, ou contas a receber não decorrentes de vendas, que precisam ser divulgadas separadamente nas demonstrações financeiras.
- Ajudar a determinar a razoabilidade da provisão para devedores duvidosos mediante a identificação de saldos de contas vencidas.

Confirmação de contas a receber com clientes – A confirmação de contas a receber pode produzir evidência externa confiável da existência de contas a receber contabilizadas, e deve ser considerada como procedimento a ser adotado em cada trabalho de auditoria. A exigência de confirmação de contas a receber remonta a um caso judicial marcante, *McKesson and*

O ACL é frequentemente utilizado pelos auditores para classificar por idade e analisar arquivos de contas a receber.

Ilustração 10.9: Classificação de contas a receber por idade

Nome	Saldo	Em dia	Vencidas há 30-60 dias	Vencidas há 61-90 dias	Vencidas há 91-120 dias	Vencidas há mais de 120 dias
Alvies	154.931	154.931				
Basch	71.812		71.812			
Carison	115.539	115.539				
Draper	106.682	106.682				
Ernst	60.003			60.003		
Faust	90.907	90.907				
Gerber	241.129	211.643	29.486			
Hal	51.516	51.516				
Harv	237.881	237.881				
Kaas	18.504				18.504	
Kruze	44.765	44.765				
Lere	28.937	28.937				
Misty	210.334	210.334				
Mooney	216.961	216.961				
Otto	273.913	273.913				
Paggen	209.638	209.638				
Quast	88.038					88.038
Rauch	279.937	279.937				
Sundby	97.898	97.898				
Towler	96.408	85.908		10.500		
Zook	31.886	31.886				
⋮	⋮	⋮				
Nough	245.927	245.927				
Totais	2.973.546	2.695.203	101.298	70.503	18.504	88.038

> **QUESTÃO PRÁTICA**
> Em uma auditoria integrada (ou naquelas em que os controles tenham sido testados) em que não tenham sido encontradas deficiências de controle, o número de confirmações pode ser reduzido, desde que a quantidade de confirmações seja apropriada para dar ao auditor evidência suficiente e competente.

Robbins, em que a SEC encontrou uma fraude envolvendo volumes materiais de contas a receber fictícias. As informações incorretas teriam sido descobertas se os auditores tivessem simplesmente confirmado as contas a receber. Os padrões atuais exigem o uso de confirmações, a menos que haja uma das seguintes condições:

- As contas a receber não são materiais.
- O uso de confirmações seria ineficaz. Um auditor poderia determinar que as confirmações são ineficazes caso os clientes tenham anteriormente se recusado a confirmar saldos, ou os clientes não tivessem alguma base apropriada para responder aos pedidos de confirmação.
- O risco de informação material incorreta é considerado baixo pelo auditor, e essa avaliação, em conjugação com a evidência proporcionada por outros testes substantivos, é suficiente para reduzir o risco de auditoria a um nível satisfatoriamente baixo.

A informação solicitada em cartas de confirmação deve ser objetiva e independentemente verificável pelos clientes com base em seus próprios registros. Os destinatários das cartas podem tender mais a responder e identificar discrepâncias caso a solicitação de confirmação seja enviada juntamente com seu extrato mensal. Quando a verificação do saldo de uma conta é difícil ou complexa, o auditor pode pedir ao destinatário que confirme informação de apoio a partir da qual o profissional possa, mais tarde, calcular o saldo final da conta.

Por exemplo, em lugar de pedir a um indivíduo que confirme o saldo de um empréstimo parcelado que inclui um cálculo complexo de juros, o auditor poderia pedir a confirmação da data do empréstimo, do saldo original, da taxa de juros, do número de parcelas e da data em que a última parcela foi paga. Com base em tais informações, o profissional poderia então fazer o cálculo independentemente.

Tipos de confirmações – Os dois tipos básicos de confirmação de contas a receber são positivos e negativos. As confirmações positivas são cartas enviadas a clientes selecionados, pedindo-lhes que revejam o saldo corrente ou a(s) fatura(s) devida(s) à empresa e devolvam as cartas diretamente ao auditor, indicando se concordam ou não com o saldo. Se o cliente não devolver uma confirmação assinada, o auditor precisará usar procedimentos de seguimento de auditoria para verificar a existência do saldo do cliente. Um exemplo de uma confirmação positiva é apresentado na **Ilustração 10.10**. Note que ela é impressa com o timbre da empresa, é endereçada ao cliente, é assinada pela empresa, indica o saldo ou valor devido em uma determinada data – especificada como data de confirmação – e pede ao cliente que responda diretamente ao auditor em um envelope autoendereçado e com postagem paga.

Uma confirmação negativa é semelhante, em que pede ao cliente que examine o saldo da empresa, mas que responda diretamente ao auditor somente se o cliente discorda do saldo indicado. A **Ilustração 10.11** é um exemplo de confirmação negativa. Uma confirmação negativa é mais barata para administrar do que uma confirmação positiva, porque não exige

---

Ilustração 10.10: Confirmação positiva

NSG Manufacturing Company
200 Pine Way, Kirkville, WI 53800
10 de janeiro de 2010

A.J. Draper Co.
215 Kilian Avenue
Justice, WI 53622

Nossos auditores, Rittenberg, Johnstone & Gramling, CPAs, estão realizando uma auditoria anual de nossas demonstrações financeiras. Pedimos, por favor, que confirmem o saldo devido à nossa empresa em 31 de dezembro de 2009, que nossos registros indicam ser de $ 32.012,38.

Por favor, indique no espaço fornecido abaixo se o valor está de acordo com seus registros. Se houver alguma diferença, pedimos que forneça qualquer informação que ajude nossos auditores a conciliar essa diferença.

Pedimos que remeta sua resposta direta a Rittenberg, Johnstone & Gramling, CPAs, 5823 Monticello Business Park, Madison, WI 53711, no envelope-resposta fornecido em anexo. Por favor, não envie pagamentos deste saldo aos nossos auditores.

Atenciosamente,

Joleen Soyka

Joleen Soyka
Controladora
NSG Manufacturing Company
Cc: Rittenberg, Johnstone & Gramling, CPAs
O saldo de $ 32.012,28 devido à NSG Manufacturing Company em 31/12/09 é correto, com as seguintes exceções (se houver alguma):

Assinatura: _____
Cargo: _____
Data: _____

> **Ilustração 10.11:** Confirmação negativa
>
>
> **NSG Manufacturing Company**
> 200 Pine Way, Kirkville, WI 53800
> 10 de janeiro de 2010
>
>
> B. D. Kruze
> 8163 Pleasant Way
> Lucas, TX 77677
>
> Nossos auditores estão realizando uma auditoria anual de nossas demonstrações financeiras. Nossos registros mostram um valor devido por você de $ 1.255,78. Se o valor não for correto, pedimos para que relate qualquer diferença diretamente aos nossos auditores, Rittenberg, Johnstone & Gramling, CPAs, usando o espaço abaixo e o envelope-resposta em anexo. Não será necessária a resposta caso este valor esteja de acordo com os seus registros. Por favor, não envie pagamentos nesta conta aos nossos auditores.
>
> Atenciosamente,
>
> *Joleen Soyka*
>
> Joleen Soyka
> Controladora
> NSG Manufacturing Company
> Cc: Rittenberg, Johnstone & Gramling, CPAs
>
> O saldo de $ 1.255,78 devido à NSG Manufacturing Company, em 31/12/09, não está de acordo com nossos registros, pois (nenhuma resposta é necessária caso seus registros estejam de acordo com essa informação):
>
> Assinatura: _____
> Cargo: _____
> Data: _____

procedimentos de seguimento quando um cliente não devolve o pedido de confirmação. O auditor supõe que não houve resposta porque o cliente concorda com o saldo especificado.

Note que, para responder adequadamente ao pedido de confirmação positiva ou negativa, os clientes devem conciliar qualquer diferença entre seus registros e os da empresa (como pagamentos já enviados ou faturas ainda não recebidas). Às vezes, isto pode envolver esforço considerável por parte dos clientes, o que faz que muitos deles não se deem ao trabalho de responder.

As confirmações positivas são consideradas mais convincentes que as negativas, porque resultam (1) no recebimento de uma resposta do cliente ou (2) no uso de procedimentos alternativos. A forma negativa pode ser usada somente quando existem todas as três condições seguintes:

1. Há um grande número de saldos relativamente pequenos de clientes.
2. O nível aferido de risco de informação material incorreta de contas a receber e transações correlatas de receita é baixo.
3. O auditor tem motivos fortes para crer que os clientes tenderão a dar a atenção apropriada aos pedidos; ou seja, os clientes possuem registros independentes para fazer uma avaliação, se ocuparão disso e devolverão a confirmação ao auditor caso haja discrepâncias significativas.

Se for usado o formulário negativo, o número de pedidos enviados ou a amplitude de outros procedimentos aplicados ao saldo de contas a receber normalmente devem ser aumen-

> **QUESTÃO PRÁTICA**
>
> Como as confirmações negativas não fornecem garantia para cada conta selecionada, não podem ser usadas com técnicas de avaliação por amostragem estatística.

tados. Portanto, o auditor deve tomar uma decisão com base em custo *versus* benefício na escolha entre os dois formatos. É gasto mais tempo por carta de confirmação com o formato positivo; mas, como é mais confiável, menos cartas precisam ser enviadas e/ou a amplitude de outros procedimentos pode ser reduzida. Como as confirmações positivas fornecem evidência mais confiável, elas devem ser utilizadas quando o auditor emprega a amostragem estatística ao escolher quais contas devem ser confirmadas. Os auditores podem optar por usar confirmações positivas para contas a receber com saldos elevados, e confirmações negativas para saldos menores.

Os auditores normalmente devem confirmar os termos de acordos ou transações incomuns ou complexos em conjunto, ou separadamente da confirmação de saldos de contas. Talvez seja preciso enviar o pedido de confirmação ao pessoal do cliente que estaria familiarizado com os detalhes, e não ao seu pessoal de contas a pagar. Os auditores também devem inquirir especificamente a respeito da possibilidade de transações de compra e retenção (ou seja, transações em que o vendedor reconhece a venda e fatura o cliente, mas não entrega efetivamente os bens/serviços), prazos ampliados de pagamento ou contas a receber parceladas não padronizadas, ou um volume incomum de vendas a distribuidores/varejistas (possibilidade de "entupimento de canal") durante o processo de confirmação. Além disso, o auditor deve confirmar não somente os termos das transações, como também a possível existência e o conteúdo de cartas complementares. Como ilustrado no quadro Julgamento profissional em contexto, no início do capítulo, cartas complementares são geralmente associadas a distorções materiais de receita, particularmente em alguns setores (a indústria de *software*, no caso da HBOC).

Confirmações como evidência de auditoria – As confirmações podem fornecer evidência para uma série de afirmações no ciclo de receita. Entretanto, o peso de algumas formas de confirmação é questionável, e o auditor deve estar atento para problemas que reduzam a integridade das respostas de confirmação (veja o quadro Auditoria na prática – Confiabilidade de respostas de confirmação). As confirmações são geralmente consideradas como fonte de evidência forte sobre a existência de contas a receber e a completude de recebimentos, descontos e devoluções de vendas. Por exemplo, se um pagamento tiver sido feito, ou uma fatura contabilizada, mas não houve entrega alguma, o cliente tenderá a informar a discrepância na confirmação. Uma confirmação pode ser muito eficaz para lidar com a existência de vendas fictícias. A presunção é a de que se as vendas fictícias são registradas na conta de um cliente válido, o cliente salientará que parte das vendas registradas não é correta. Se o cliente for fictício, o auditor precisará ter o cuidado de assegurar que o pedido de confirmação não seja entregue em um local em que o cliente possa agir em nome de outra pessoa e confirmar uma conta a receber incorreta. Os pedidos de confirmação fornecem evidência apenas limitada a respeito da avaliação de contas a receber. Um cliente pode responder a um pedido de confirmação indicando o valor devido, fornecendo, assim, evidência da existência da conta. Entretanto, se o cliente não estiver planejando pagar o valor devido, ele poderá fornecer ou não essa informação ao responder a um pedido de confirmação.

Precisão e segurança do processo de confirmação – As confirmações podem ser preparadas manualmente, mas, mais frequentemente, são confeccionadas por computador com *software* de auditoria. O auditor deve garantir que a informação contida em cada pedido de confirmação seja correta e deve controlar a remessa dos pedidos de confirmação para que a empresa não possa alterá-los. Pede-se aos clientes que devolvam as confirmações diretamente ao escritório do auditor em um envelope autoendereçado e com postagem paga, enviado

Auditoria na prática

Confiabilidade de respostas de confirmação

Várias pesquisas têm mostrado que as confirmações não são tão confiáveis quanto os auditores gostariam de crer. Em um estudo, os clientes de empréstimos parcelados de um banco de grande porte receberam pedidos de confirmação com saldos que se sabia que eram incorretos. Cartas de confirmação negativa foram enviadas a alguns clientes, e cartas de confirmação positiva a outros. Em cada caso, havia números iguais de subavaliações e sobrevalorizações grandes e pequenas.

Se as confirmações negativas fossem uma fonte confiável de evidência, o auditor poderia esperar alguma resposta da maioria dos clientes. Em média, porém, menos de 20% dos clientes com erros conhecidos haviam de fato respondido ao pedido para apontar diferenças ao auditor. O auditor normalmente supõe que os outros 80% representam saldos corretos — uma conclusão errônea. Menos de 50% dos que responderam às confirmações positivas indicaram que o saldo apontado pelo banco estava incorreto. A maioria devolveu declarações assinadas concordando com saldos que o auditor sabia que eram incorretos!

Por que as respostas eram tão pouco confiáveis? Há várias explicações possíveis. Em primeiro lugar, os mutuários podem ter comparado a carta de confirmação com seus registros, detectaram uma discrepância, e optaram por não informar ao auditor pois:

- A incorreção era favorável ao mutuário, de modo que corrigir os livros do banco não seria vantajoso; os mutuários tendiam menos a responder quando seus saldos estavam subavaliados.
- A incorreção era vista como sendo pequena, não valendo a pena informar ao auditor a respeito.
- Os mutuários concluíram que seus próprios registros estavam errados.

Os resultados das confirmações positivas também foram preocupantes. Os mutuários podem não comparar a confirmação com seus registros, ou supõem que o saldo está correto. Em alguns casos, os clientes admitiram que simplesmente assinavam e devolviam o pedido de confirmação para evitar serem incomodados com outros pedidos.

Fonte: SORKIN, Horton Lee. *The Expanded Field Confirmation*, Relatório de pesquisa n.º 21 (The Institute of Internal Auditors, 1978).

---

em anexo. De maneira análoga, a correspondência indica o endereço do auditor como de devolução, caso o pedido não possa ser entregue. Pedidos de confirmação não entregues devem gerar suspeição por parte do auditor a respeito da validade da conta a receber registrada.

Seleção da amostra – Há vários enfoques à seleção de contas a receber para pedidos de confirmação. O auditor pode confirmar todos os saldos elevados e selecionar ao acaso ou sem planejamento alguns dos saldos menores, usando a amostragem não estatística ou a de unidades monetárias (AUM). O auditor pode decidir incluir na amostra aquelas contas que têm saldos credores, são significativas e estão vencidas, são contas de partes relacionadas e/ou têm nomes incomuns que são desconhecidos para o auditor.

Unidade amostral – O auditor pode optar por identificar a unidade amostral confirmando todo o saldo de um cliente, ou selecionando algumas das faturas que compõem esse saldo. Quando um saldo for composto por várias faturas não pagas, será útil para o cliente anexar uma lista dessas faturas ao pedido de confirmação. Alguns clientes podem usar um sistema de vales e não manter um razão auxiliar detalhado de contas a pagar. Como alternativa à confirmação do saldo como um todo, o auditor pode confirmar uma ou mais faturas selecionadas para elevar a taxa de resposta útil.

Confirmações que não podem ser entregues – O auditor deve verificar por que alguns pedidos de confirmação são devolvidos como não entregues. Se o endereço incorreto foi utilizado, o endereço correto deve ser obtido e outro pedido enviado. Também é possível que o cliente não exista. Todo esforço deve ser feito para determinar a existência do cliente. Por exemplo, o nome e o endereço do cliente poderiam ser localizados na lista telefônica,

Os auditores podem usar o ACL para montar um perfil da conta e selecionar itens para verificação usando amostragem estatística ou não estatística.

na publicação de um serviço de classificação de risco de crédito, ou na internet. Se não for possível encontrar um endereço válido, o auditor deverá presumir que a conta não existe ou poderia ser fictícia.

Seguimento de não respondentes: confirmações positivas – Procedimentos de seguimento são exigidos para os pedidos de confirmação positiva que não são respondidos dentro de um prazo razoável após o seu envio, como o de duas semanas, por exemplo. Em segundo lugar, e às vezes em terceiro lugar, o auditor pode considerar fazer uma ligação ao cliente para incentivá-lo a responder. Quando os clientes não respondem a pedidos de confirmação positiva, o auditor deve adotar outros procedimentos, chamados de procedimentos alternativos, para verificar a existência e a validade da conta a receber. Recorde que os pedidos de confirmação enviados representam apenas uma amostra de muitas contas a receber contidas nos registros da empresa. Os resultados da amostra destinam-se a representar a população total; assim, é importante que o auditor adote procedimentos suficientes de seguimento para satisfazer-se com a correção de um dos saldos selecionados para confirmação. Procedimentos alternativos que podem ser considerados incluem:

- Recebimento subsequente do saldo após o final do ano – Deve ser tomado cuidado para garantir que esses recebimentos subsequentes estejam relacionados ao saldo quando da data de confirmação, e não a vendas posteriores.

A evidência obtida com o teste de recebimentos subsequentes é geralmente vista como uma indicação mais forte da validade do saldo do cliente do que a obtida por meio de pedidos de confirmação. Se uma proporção significativa do saldo de contas a receber no final do ano for normalmente recebida antes do encerramento da auditoria, o profissional poderá optar por dar ênfase a testes de recebimentos subsequentes e minimizar ou eliminar o trabalho de confirmação. O teste de recebimentos subsequentes fornece evidência sólida tanto da existência quanto da possibilidade de pagamento das contas relacionadas.

- Análise de documentos auxiliares – Se a totalidade ou uma parte do saldo não tiver sido recebida, os documentos que fundamentam as faturas não pagas devem ser analisados. Estes documentos incluem pedidos de clientes, ordens de venda, notas de embarque ou documentos internos de remessa e faturas de venda.

O auditor deve considerar que a evidência obtida com base em cópias internas de pedidos de clientes, documentos internos de remessa e faturas de venda não é tão convincente quanto a obtida com recebimentos subsequentes. As notas de embarque são documentos externos e fornecem verificação independente de remessas.

Seguimento das ausências de resposta: confirmações negativas – A premissa básica das confirmações negativas é a de que, caso não seja recebida uma resposta, o auditor pode supor que o cliente concorda com o saldo e nenhum procedimento de seguimento é necessário. Esta nem sempre é a suposição correta. O cliente pode não responder, mesmo que o saldo seja incorreto, porque (1) a carta foi perdida ou enviada ao endereço errado; (2) o cliente não entendeu o pedido; ou (3) o pedido foi simplesmente ignorado e jogado fora. O auditor precisa ter alguma garantia de que a confiabilidade do processo de confirmação negativa não é prejudicada por algum dos fatores descritos. O auditor não espera que um grande número de confirmações negativas seja devolvido.

> **CONSIDERE O RISCO**
>
> Os estudos de fraude mostram que as contas a receber fictícias normalmente possuem endereços de caixa-postal que podem ser acessados pela administração para assinar os pedidos de confirmação. O auditor pode ser obrigado a usar outros métodos para verificar contas de grande porte quando as contas a receber parecem ser elevadas. Se não houver recebimento subsequente, o auditor deverá consultar os guias de empresas e demonstrações financeiras publicadas para determinar a existência de um cliente.

Confirmações negativas devolvidas – A experiência indica que as confirmações negativas são devolvidas pelos seguintes motivos:

- O cliente não entendeu o pedido.
- O cliente confirma um valor incorreto porque há pagamentos ou remessas em trânsito.
- O valor registrado pela empresa é incorreto.

O auditor deve fazer um trabalho de seguimento para determinar se o valor confirmado de fato corresponde a uma incorreção. O auditor poderia examinar recebimentos subsequentes ou fazer um processo de reconstrução com o pedido do cliente e com a evidência de remessa para ajudá-lo nesta avaliação. Se o auditor concluir que há erros, procedimentos ampliados poderão ser usados para (1) determinar a causa dos erros e (2) estimar a magnitude da incorreção no saldo da conta.

Procedimentos de seguimento: exceções apontadas em confirmações positivas – Os clientes são solicitados a fornecer detalhes de qualquer diferença conhecida entre os seus registros e o valor apresentado no pedido de confirmação. As diferenças são conhecidas como exceções. O auditor deve investigar cuidadosamente as exceções para determinar que a causa de qualquer diferença seja identificada apropriadamente como erro do cliente, uma diferença de datas, um item que está sendo questionado, ou uma informação incorreta por parte da empresa. As informações incorretas precisam ser projetadas à população completa de contas a receber para saber se haverá uma incorreção material no saldo da conta. Se a magnitude projetada da incorreção parece ter um efeito material sobre as demonstrações financeiras, a magnitude e a causa de tal incorreção devem ser discutidas com a empresa para se definir os procedimentos apropriados de seguimento e se uma investigação pela empresa deve preceder qualquer trabalho adicional de auditoria. Se o trabalho adicional apoiar

AUDITORIA NA PRÁTICA

Sobreposição: uma irregularidade em contas a receber

A sobreposição é uma técnica utilizada para encobrir o desvio de numerário. Ela tende mais a ocorrer quando há uma segregação inadequada de tarefas – um funcionário tem acesso a numerário ou a cheques a serem recebidos e aos registros contábeis. O funcionário se apropria de um pagamento feito por um cliente. Entretanto, esse cliente não recebe crédito pelo pagamento. Se nenhuma outra ação ocorrer, esse cliente detectará a ausência do crédito pelo pagamento no extrato do mês seguinte. Para impedir a detecção, o funcionário oculta o desfalque lançando o pagamento por outro cliente ao primeiro cliente. Com isso, fica faltando um crédito na conta do segundo cliente, que é ocultado mais tarde quando um pagamento posterior por um terceiro cliente é lançado à conta do segundo cliente (ou seja, a sobreposição). Em nenhum momento a conta de qualquer cliente estará muito atrasada em termos de lançamento de créditos. Evidentemente, sempre haverá pelo menos um cliente cujo saldo será sobrevalorizado, a menos que o funcionário devolva o numerário furtado.

O desfalque pode ocorrer mesmo quando todos os pagamentos são feitos por cheque. O funcionário pode endossar um cheque a outra empresa ou abrir uma conta com nome semelhante em outro banco. Se o esquema de sobreposição for sofisticado, poucas contas serão incorretas a qualquer tempo. Como o auditor seleciona apenas uma amostra para fins de confirmação, é importante que todas as diferenças sejam investigadas e seja determinada a causa de qualquer exceção, em lugar de se racionalizar a exceção como sendo um caso isolado. Lançamentos detalhados no diário de recebimentos de numerário relacionados aos créditos registrados na conta desse cliente devem ser checados com os detalhes dos recibos de depósito e dos avisos de remessa. Se o valor pago pelo cliente superar o do crédito à conta, o detalhe no diário de recebimentos de numerário não coincidirá com o recibo de depósito ou aviso de remessa. O padrão do erro deverá ser observado para fins de investigação adicional.

a conclusão de incorreção material, um ajuste será necessário e a empresa deverá ajustar os registros tanto do razão geral quanto do auxiliar para incorporar esse ajuste.

Algumas exceções apontadas por clientes são diferenças de datas causadas pelas transações que estão em processamento na data da confirmação, como remessas ou pagamentos em trânsito. Se o auditor puder determinar que a diferença de datas não resultou em contabilização da conta a receber no período incorreto, as diferenças não representaram incorreções no saldo da conta. O que parece ser uma diferença de data pode ser, na verdade, o resultado de sobreposição, que é uma maneira de encobrir o desvio de numerário. A sobreposição é uma irregularidade que pode ser detectada pelas confirmações, como é descrito no quadro Auditoria na prática.

Procedimentos quando as contas são confirmadas em uma data intermediária – Se os controles internos de transações que envolvem contas a receber forem sólidos e o auditor tenha optado por confirmar as contas a receber em uma data anterior à do balanço, deverá ser coletada evidência adicional para garantir que nenhuma incorreção material tenha ocorrido durante o período de rolagem (tempo entre a data de confirmação e a do balanço). Os procedimentos usados na coleta da evidência adicional são conhecidos como procedimentos de rolagem e incluem:

- Comparar os saldos de clientes individuais na data intermediária de confirmação com os saldos no final do ano e confirmar qualquer saldo que tenha aumentado substancialmente.
- Comparar vendas, recebimentos, descontos de vendas e devoluções mensais durante o período de rolagem aos valores de meses e anos anteriores para verificar se parecem anormais; em caso afirmativo, obter uma explicação da administração e reunir evidência confirmatória para determinar que essa explicação é válida.
- Conciliar registros auxiliares de contas a receber com o razão geral tanto para a data de confirmação quanto para o final do ano.
- Testar o corte de vendas, recebimentos de numerário e memorandos de crédito para devoluções no final do ano.
- Examinar os diários para identificar lançamentos a contas a receber provenientes de fontes incomuns e investigar condições especiais.
- Calcular o número de dias de vendas em contas a receber tanto para a data de confirmação quanto para o final do ano e comparar esses dados um ao outro e a dados de períodos anteriores.
- Calcular a porcentagem de margem bruta durante o período de rolagem e comparar esse resultado à porcentagem para o ano como um todo e períodos anteriores.

A finalidade da execução desses procedimentos é buscar evidências para a conclusão preliminar do auditor de que o risco de controle é baixo e que as contas não contêm incorreções materiais.

Resumo do trabalho de confirmação – O trabalho de confirmação deve ser resumido para mostrar o valor monetário total e os itens confirmados, a taxa de resposta de pedidos de confirmação, o número e o valor monetário de exceções que não eram incorreções e o número e o valor de exceções que eram incorreções (com referência cruzada à explicação detalhada e o tratamento que lhes foi dado). Tal resumo ajuda o revisor a perceber rapidamente a amplitude e os resultados do trabalho. Vemos, a seguir, um exemplo desse tipo de resumo:

ACL

O ACL pode ser empregado pelos auditores para identificar qualquer transação que pareça estranha e ele pode produzir uma listagem para verificação pelo auditor.

	Itens	Valor
População	3.810	5.643.200,00
Confirmações positivas	29	193.038,71
Porcentagem de confirmação	0,76%	3,42%
Respostas	27	180.100,11
Porcentagem de resposta	93,1%	93,3%
Exceções	5	32.061,50
Resolvidas	4	19.105,82
Incorreções B-4	1	971,68
Projetadas para a população		30.446,31

Contas a receber de partes relacionadas – Valores devidos por executivos, funcionários, empresas coligadas ou outras partes relacionadas devem ser divulgados separadamente. Os procedimentos de auditoria voltados para a identificação de transações com partes relacionadas incluem:

- Revisão de documentos submetidos à SEC.
- Revisão de balancetes de contas a receber.
- Perguntas à administração.
- Comunicação dos nomes de partes relacionadas identificadas para que os membros da equipe de auditoria possam estar atentos a transações com partes relacionadas.

Contas a receber não circulantes – As contas a receber que não vencem dentro do ciclo operacional normal ou um ano (o que for mais longo) devem ser classificadas como ativos não circulantes. Por exemplo, uma conta a receber que resulta da venda de um ativo imobilizado e vence daqui a três anos, ou é devida em parcelas a serem pagas ao longo de um período de três anos deve ser classificada, no todo ou em parte, como ativo não circulante, a menos que o ciclo operacional do cliente cubra todo o prazo de recebimento. Os procedimentos de auditoria para a identificação de contas a receber incorretamente classificadas incluem perguntas à administração; a análise do balancete por idades em busca de saldos vultosos e antigos; a leitura das atas de reuniões do conselho de administração; e o exame do razão auxiliar para identificar saldos de contas a receber anormalmente elevados (particularmente aqueles resultantes de uma única transação de grande porte e que foi lançada de uma fonte incomum).

Contas a receber vendidas, descontadas e dadas em garantia – As contas a receber vendidas com recurso, descontadas ou dadas em garantia de empréstimos devem ser divulgadas. Os procedimentos de auditoria que revelariam esses aspectos de propriedade e divulgação incluem:

- Perguntas à administração.
- Verificação do diário de recebimentos de numerário em busca de entradas volumosas de caixa que sejam lançadas de fontes incomuns.
- Obtenção de confirmações com bancos, incluindo informações sobre obrigações ao banco e garantias de empréstimos.
- Exame das atas de reuniões do conselho de administração, as quais geralmente contêm a aprovação desses itens.

Vendas pouco numerosas, porém grandes – confirmação de vendas – Em algumas empresas, o saldo da conta de vendas é formado por poucas transações, mas cada uma envolve um valor monetário elevado. Em tais situações, o auditor deve analisar os contratos de venda,

> **CONSIDERE O RISCO**
> Quando um grande volume de contas a receber é vendido, o auditor deve examinar os contratos relevantes para identificar se há a possibilidade de recurso à empresa.

tendo o cuidado de verificar as contabilizadas pouco antes do final do ano, ou examinar as devoluções de vendas registradas pouco depois do final do ano. Em certos casos, o auditor pode até optar por confirmar as vendas contabilizadas com clientes importantes. O profissional deve ter o cuidado, porém, de garantir que o cliente seja legítimo e tenha uma base razoável para dar uma resposta à consulta do auditor.

Procedimentos de auditoria para lidar com o risco de fraude no ciclo de receita

Testes substantivos devem ser ajustados quando existem fatores de risco de fraude. Alguns possíveis fatores de risco de fraude no ciclo de receita incluem:

OA 8
Descrever procedimentos de auditoria que tratem do risco de fraude no ciclo de receita.

- Memorandos de crédito ou outros ajustes credores excessivos a contas a receber antes do final do exercício fiscal.
- Reclamações de clientes e discrepâncias em confirmações de contas a receber (por exemplo, disputas sobre prazos, preços ou valores).
- Lançamentos incomuns no razão auxiliar de contas a receber ou no diário de vendas.
- Documentos básicos faltantes ou alterados, ou incapacidade da empresa de produzir documentos originais dentro de um prazo razoável.
- Insuficiência de fluxo de caixa de atividades operacionais mesmo quando essas atividades gerem lucro.
- Diferenças incomuns de conciliação entre o razão auxiliar de contas a receber e a conta de controle.
- Vendas a clientes no último mês do exercício fiscal em termos mais favoráveis que em períodos anteriores.
- Transações predatadas ou pós-datadas.
- Ajustes grandes ou incomuns em contas de vendas pouco antes ou depois do final do exercício fiscal.

Os seguintes procedimentos de auditoria devem ajudar a lidar com esses fatores de risco de fraude:

- Fazer uma análise abrangente de documentos básicos originais, incluindo faturas, documentos de remessa, pedidos de compra de clientes e correspondência entre a empresa e o cliente.
- Analisar e rever memorandos de crédito e outros ajustes de contas a receber no período subsequente à data do balanço.
- Confirmar com clientes os termos dos acordos de venda, incluindo a ausência do direito de devolução e termos que poderiam impedir o reconhecimento imediato de receita.
- Analisar todas as vendas grandes ou incomuns feitas perto do final do ano. Reconstruí-las com base em documentos originais. Confirmar os termos da transação diretamente com o cliente.
- Verificar o razão geral, o auxiliar de contas a receber e o diário de vendas em busca de atividade anormal.
- Fazer revisões analíticas de memorandos de crédito e atividade de baixa comparando-os a períodos anteriores. Procurar tendências anormais ou padrões, tais como grande número de memorandos de crédito pertinentes a um cliente ou vendedor, ou aqueles processados logo depois do encerramento do exercício contábil.
- Analisar recuperações de contas que sofreram baixas.

> **QUESTÃO PRÁTICA**
>
> A tecnologia de informação oferece oportunidades às empresas para produzir documentos fictícios em apoio a saldos fictícios. O auditor deve sempre insistir em localizar documentos imediatamente, principalmente quando o risco de fraude é alto.

Se algum desses procedimentos fizer parte do programa original de auditoria, o profissional deverá considerar a ampliação do volume de testes, ou de algum modo alterar a programação e a natureza dos testes, caso seja descoberta evidência de possível fraude.

Provisão para devedores duvidosos

As contas a receber devem ser avaliadas por seu valor realizável líquido, ou seja, o valor bruto devido pelos clientes, menos uma provisão para devedores duvidosos. A estimativa da provisão para devedores duvidosos é uma das tarefas mais difíceis da auditoria, porque, à época da auditoria, não há uma resposta correta disponível, ou seja, a provisão é, na melhor das hipóteses, uma estimativa. A estimativa deve refletir a situação econômica dos clientes da empresa, as condições econômicas correntes e uma expectativa bem fundamentada de inadimplência. O método de produção de uma estimativa da provisão será afetado pela solidez das políticas de crédito da empresa e pela natureza de seu ambiente operacional. Em muitas empresas, a determinação da provisão exercerá um efeito importante sobre a rentabilidade da organização.

Estimativa da provisão para devedores duvidosos – O registro da provisão para devedores duvidosos e a determinação das perdas com clientes no ano resultam de uma estimativa contábil. A provisão deve refletir a melhor estimativa pela administração das contas a receber que não serão pagas até o final do ano. O auditor deve entender como a administração fez a estimativa, conhecer os controles sobre o processo de estimação pela administração e deve estar ciente de qualquer alteração das políticas de crédito da empresa ou mudanças na economia que afetem a base de clientes da empresa. Os auditores empregam um dos seguintes enfoques, ou uma combinação deles, para avaliar se a estimativa é razoável:

- Analisar e testar o processo utilizado pela administração, bem como os controles subjacentes para produzir a estimativa.
- Montar um modelo independente para estimar as contas e atualizar o modelo a cada ano, com base na experiência passada e nas condições econômicas correntes.
- Rever eventos ou transações subsequentes, ocorrendo após a conclusão do trabalho de campo, particularmente os recebimentos posteriores. Se a empresa tiver recebido pagamento de uma conta a receber após o final do ano, então ela obviamente tinha valor antes do final deste período.

O auditor pode levantar o histórico de baixas anuais e provisões para devedores duvidosos. Se forem aproximadamente iguais ao longo de um período de vários anos de vendas a prazo estáveis, ou aproximadamente iguais à mesma porcentagem de vendas a prazo ou contas a receber ano após ano, essas estimativas pareceriam ser razoáveis. Tais estimativas são úteis, mas devem ser adaptadas a mudanças de condições econômicas, características demográficas dos clientes, políticas de crédito, ou produtos. Seguir cegamente os enfoques antigos geralmente resulta em subestimação substancial dos problemas de cobrança de uma empresa.

> **QUESTÃO PRÁTICA**
>
> Se a empresa não tiver um processo que utilize dados objetivos para estimar contas a receber incobráveis, ela possuirá uma deficiência de controle interno. Na auditoria de uma companhia aberta, a administração e o auditor deverão avaliar esta deficiência para determinar se é uma deficiência significativa ou material.

O auditor deve perguntar à administração sobre a possibilidade de recebimento de saldos de clientes que ainda não foram pagos no período subsequente, particularmente aqueles saldos que são elevados e estão vencidos há bastante tempo. O auditor também pode analisar relatórios de crédito produzidos por agências externas de crédito, como *Dun & Bradstreet*, para ajudar a determinar a probabilidade de recebimento, e pode examinar os arquivos de correspondência com clientes para adquirir conhecimento adicional sobre a possibilidade de recebimento de contas específicas. Em alguns casos em que os montantes devidos de clientes cujos saldos estão vencidos ou são extraordinariamente elevados, o auditor talvez queira solicitar uma cópia das demonstrações financeiras mais recentes para fazer uma análise independente da possibilidade de recebimento.

Baixas – As contas devem ser baixadas assim que se determine que elas não serão pagas. O auditor deve perguntar à empresa quais são os seus procedimentos para decidir quando uma conta deve ser baixada, e determinar se os processos e os controles internos relacionados são razoáveis e estão sendo obedecidos. Todas as baixas devem estar sujeitas à aprovação.

Quando é incapaz de pagar uma conta já vencida, pode-se pedir a um cliente que assine uma nota promissória que exija pagamento dentro de um prazo determinado, com juros. O auditor pode examinar ou confirmar fisicamente as notas promissórias a receber. Para fins de confirmação, o profissional deve pedir aos clientes que confirmem não somente o valor devido (como no caso de contas a receber), como também a data de emissão da nota, o vencimento, a taxa de juros e, quando apropriado, qualquer garantia oferecida para a nota que deve estar em poder da empresa, mas não deve ser incluída no balanço. O auditor deve testar a receita correspondente de juros ao mesmo tempo que as notas promissórias a receber.

> **QUESTÃO PRÁTICA**
>
> Uma maneira inteligente de encobrir desvios de fundos consiste em dar baixa de contas a receber da empresa na qual os fundos foram desviados. Esse é o motivo pelo qual alguém que seja independente dos que lidam com numerário deve aprovar todas as baixas de contas a receber.

Resumo

Embora a maioria das empresas possua processos automatizados e bastante sofisticados com controles para contabilizar transações no ciclo de receita, podem ocorrer incorreções devido (1) ao simples volume de transações a serem contabilizadas, (2) à complexidade de algumas transações de venda e/ou (3) a pressões para registrar receita fictícia. Algumas transações de venda são complicadas devido à dificuldade de determinar a substância econômica da transação. O auditor deve ser capaz de entender e testar a solidez do processo de contabilização do cliente, dos controles internos e da finalidade empresarial das transações para avaliar o risco de incorreção material no ciclo de receita. Uma auditoria integrada, baseada em um entendimento dos controles internos, do risco empresarial e dos indicadores de fraude do cliente leva a uma abordagem eficiente para auditar uma companhia aberta. As auditorias de empresas menores geralmente focalizarão mais a sua atenção em testes diretos de saldos de contas, com menor ênfase em testes de controles ou procedimentos analíticos substantivos.

O conhecimento de inter-relações de transações, saldos de contas, afirmações, incorreções toleráveis, solidez de procedimentos alternativos e dos diversos fatores de risco permite ao auditor montar um programa eficaz e eficiente de auditoria. Quando o risco de detecção é relativamente baixo, o auditor deve fazer testes diretos dos saldos de contas, aplicá-los no final do ano e testar amostras relativamente grandes. Quando o risco de detecção é moderado ou alto, o profissional deve usar mais procedimentos analíticos substantivos, executar alguns procedimentos antes do final do ano e/ou usar amostras menores.

Termos importantes

Afirmação relevante – Afirmação de demonstrações financeiras que tem uma possibilidade razoável de conter incorreção ou incorreções que fariam que as demonstrações financeiras fossem materialmente incorretas. A determinação da relevância de uma afirmação baseia-se no risco intrínseco, sem levar em conta o efeito de controles.

Carta complementar – Acordo contendo termos contratuais que não fazem parte do contrato formal (geralmente envolvendo direitos de devolução). As cartas complementares aumentam o risco de auditoria pois permitem que termos contratuais importantes façam que o reconhecimento de receita seja ocultado do auditor como parte de uma fraude de reconhecimento de receita.

Ciclo – Grupo de contas relacionadas a uma tarefa de processamento específica; representa uma maneira conveniente de encarar a inter-relação de saldos de contas. Normalmente, mas nem sempre, um ciclo de transação abrange todos os aspectos de uma transação, desde sua origem até o registro final nas demonstrações financeiras. Um ciclo é às vezes chamado de processo.

Ciclo ou processo de receita – Processo de recebimento do pedido de um cliente, aprovação de crédito para uma venda, determinação da disponibilidade das mercadorias para remessa, remessa das mercadorias, faturamento dos clientes, recebimento de numerário e reconhecimento do efeito deste processo sobre outras contas relacionadas, como a receber e estoques.

Confirmação negativa – Pedido a clientes para que respondam diretamente ao auditor se discordam do saldo indicado.

Confirmação positiva – Pedido a clientes para que respondam diretamente ao auditor se concordam com o saldo indicado.

Diferença de data – Exceções de confirmação causadas por transações em andamento na data de confirmação, tais como remessas ou pagamentos em trânsito. Não são incorreções.

Exceções – Diferenças entre os registros de um cliente e os da empresa, apontadas em confirmações positivas ou negativas.

Nota de embarque – Documento de remessa que descreve os itens sendo remetidos, os termos de remessa e o endereço de entrega; documento legal formal que atribui ao remetente a responsabilidade pela segurança e pelo envio de itens.

Período de corte – Poucos dias antes e depois da data do balanço; o número de dias é escolhido pelo auditor, dependendo da avaliação de erros possíveis cometidos no registro de itens no período errado (especialmente vendas e contas a receber).

Período de rolagem – Período entre uma data intermediária, quando um procedimento substantivo ou um teste de controle interno foi executado, e a data do balanço.

REFERÊNCIAS SELECIONADAS A ORIENTAÇÃO PROFISSIONAL RELEVANTE		
Referência a orientação	Fonte de orientação	Descrição da orientação
Boletim técnico de contabilidade 101	SEC	Tópico 13: reconhecimento de receita (contido na codificação de boletins técnicos de contabilidade)
Pronunciamento de conceitos nº 5	Fasb	Reconhecimento de mensuração em demonstrações financeiras de empresas (particularmente os parágrafos 83 e 84)
Alerta de prática 98-3	Força Tarefa de Questões Profissionais (PITF) do AICPA	Resposta ao risco de reconhecimento impróprio de receitas
Pronunciamento de posição (SOP) 97-2	AICPA	Reconhecimento de receita de *software*
Documento da Força Tarefa de Questões Emergentes (EITF) 99-10	Fasb	Declaração de receita bruta como principal *versus* receita líquida como agente
Padrão Internacional de Contabilidade (IAS) 18	Iasb	Receita
Pronunciamento sobre Padrões de Contabilidade Financeira (SFAS) nº 51	Fasb	Divulgação financeira por empresas de TV a cabo
Guia de auditoria	AICPA	Auditoria de receita em certos setores, em 1º de junho de 2001
Pronunciamento sobre Padrão de Auditoria (SAS) nº 67	AICPA, ASB	Processo de confirmação
Interpretação de auditoria da seção 330	AICPA, ASB	Uso de confirmações eletrônicas
Alerta de prática 03-1	Força Tarefa de Questões Profissionais (PITF) do AICPA	Confirmações de auditoria
Padrão Internacional de Auditoria (ISA) 505	Ifac, IAASB	Confirmações externas

Nota: siglas da orientação profissional relevante: ASB – *Auditing Standards Board* (Conselho de Padrões de Auditoria); AICPA – *American Institute of Certified Public Accountants* (Instituto Americano de Contadores Externos Certificados); Coso – *Committee of Sponsoring Organizations* (Comitê de Organizações Patrocinadoras); Fasb – *Financial Accounting Standards Board* (Conselho de Padrões de Contabilidade Financeira); IAASB – *International Auditing and Assurance Standards Board* (Conselho de Padrões Internacionais de Auditoria e Garantia); Iasb – *International Accounting Standards Board* (Conselho de Padrões Internacionais de Contabilidade); Iasc – *International Accounting Standards Committee* (Comitê de Padrões Internacionais de Contabilidade); Ifac – *International Federation of Accountants* (Federação Internacional de Contadores); ISB – *Independence Standards Board* (Conselho de Padrões de Independência); PCAOB – *Public Company Accounting Oversight Board* (Conselho de Supervisão Contábil de Companhias Abertas); SEC – *Securities and Exchange Commission* (Comissão de Valores Mobiliários e Bolsas de Valores).

Procedimentos alternativos – Procedimentos adotados para obter evidência acerca da existência e avaliação de contas a receber quando um pedido de confirmação positiva não é respondido, incluindo o exame de recebimentos após a data do pedido e a reconstrução de faturas não pagas com pedidos de clientes, ordens de venda, documentos de remessa e faturas de venda.

Procedimentos de rolagem – Procedimentos realizados na data do balanço, ou logo após essa data, para atualizar evidência substantiva, ou de testes de controles, obtida em uma data anterior.

Processo – Ver ciclo.

Sobreposição – Técnica utilizada para encobrir o desvio de fundos, na qual um recebimento de um cliente é apropriado por um funcionário que recebe o pagamento de outro cliente e o credita ao primeiro cliente. Neste processo há sobrevalorização do saldo da conta de pelo menos um cliente.

Testes de corte – Procedimentos aplicados a transações selecionadas dentre aquelas contabilizadas no período de corte para gerar evidência quanto ao registro das transações no período apropriado.

Questões de revisão

10–2 (OA 1) Que contas são tipicamente afetadas por transações no ciclo de receita? Identifique as relações entre elas.

10–4 (OA 1) Quais são as principais atividades envolvidas na geração e contabilização de uma transação de venda? Quais são os principais documentos gerados como parte de cada atividade?

10–6 (OA 3) Ao avaliar os riscos associados ao reconhecimento de receita, o auditor tenderá a consultar critérios estabelecidos pela SEC. Que critérios a SEC tem utilizado para ajudar a determinar se uma receita pode ser reconhecida? Por que o auditor precisaria fazer pesquisa adicional e considerar critérios adicionais para o reconhecimento de receita?

10–8 (OA 3) O que motiva os administradores a sobrevalorizar receitas?

10–10 (OA 2) Quais providências o auditor tomaria ao realizar uma auditoria integrada?

10–12 (OA 3) Quais são os riscos intrínsecos básicos associados a vendas e contas a receber?

10–14 (OA 5) Que funções importantes de controle são preenchidas pelo envio de extratos mensais a clientes? Por que é importante separar as tarefas de resposta a reclamações de clientes das funções de contas a receber e recebimento de numerário?

10–16 (OA 5) Ao avaliar se os controles estão funcionando eficazmente, é necessário que o auditor refaça o trabalho dos próprios controles? Por exemplo, se alguém testar a correção de cálculos e rubricar a parte inferior de um documento para indicar que tal procedimento de controle foi executado, é necessário que o auditor o refaça? Explique o raciocínio que o levou a sua resposta.

10–18 (OA 6, 7) Como os auditores utilizam seu conhecimento a respeito do risco de incorreção material, incluindo a eficácia de controles, ao montarem testes substantivos?

10–20 (OA 6, 7) Explique como a evidência de auditoria coletada para contas a receber também fornece evidência sobre vendas, e vice-versa.

10–22 (OA 6, 7) De que maneira a auditoria de receita pode oferecer uma boa oportunidade para testar a afirmação de completude tanto para vendas quanto para contas a receber?

10–24 (OA 7) Quando poderia ser aconselhável enviar o pedido de confirmação ao pessoal do cliente familiarizado com os detalhes de contratos de venda, em lugar de enviá-lo ao departamento de contas a pagar?

10–26 (OA 7) Qual é o efeito sobre a natureza, a programação e a amplitude dos testes substantivos de contas a receber quando o risco de incorreção material é considerado baixo, em lugar de alto?

10–28 (OA 7) Em que circunstâncias deve um auditor pensar em confirmar faturas individuais não pagas, em contraste com confirmar o saldo total do cliente?

10–30 (OA 7) Distinga entre as formas positiva e negativa de confirmação de contas a receber.

10–32 (OA 7) Se um pedido de confirmação não for respondido por um cliente, que trabalho deve o auditor realizar caso seja:
a. Uma confirmação positiva.
b. Uma confirmação negativa.

10–34 (OA 7) Quando um auditor poderia considerar o uso de confirmações negativas? Quais fatores devem estar presentes no ambiente empresa-cliente para justificar o uso da forma negativa de confirmação?

10–36 (OA 7) Qual evidência é proporcionada pela reconstrução de recebimentos de numerário após a data do balanço?

10–38 (OA 8) Quais são os possíveis indicadores de fraude que podem ser identificados por testes diretos de contas do ciclo de receita? Que procedimentos de auditoria poderiam ser utilizados para ajudar a determinar se realmente houve fraude?

Questões de múltipla escolha

10-40 (OA 5) Uma empresa industrial recebeu a devolução de um volume substancial de mercadorias no último mês do exercício fiscal e no primeiro mês após o final do ano. A empresa registrou as devoluções quando foram emitidos memorandos de crédito (geralmente de seis a oito semanas após o recebimento das mercadorias). O procedimento de controle que teria levado a um registro mais tempestivo das mercadorias incluiria qual das seguintes alternativas?
a. Numeração prévia de relatórios de recebimento, identificados separadamente para mercadorias devolvidas e servindo de controle para a emissão de memorandos de crédito.
b. Montagem de tabelas de contas a receber por idade no final do ano, por indivíduos independentes do processo de faturamento.
c. Conciliação das contas a receber detalhadas com o razão geral de contas a receber.
d. Numeração prévia de memorandos de crédito, sendo todos os números periodicamente verificados.

10–42 (OA 5) Na auditoria de uma companhia fechada, o auditor geralmente toma uma decisão de não testar a eficácia do funcionamento de controles quando:
a. A avaliação preliminar do risco de controle é máxima.
b. É mais eficiente, em termos de custo, testar diretamente os saldos finais de contas que testar procedimentos de controle.
c. O auditor acredita que os controles não estão funcionando como descrito.
d. Todas as anteriores.

Use as seguintes informações para responder às questões 10–44 e 10–45 (site):
Uma organização vende produtos por catálogo e recebe pedidos por telefone. As encomendas são feitas *on-line* e o objetivo da organização é enviar todas as encomendas dentro de 24 horas. O histórico de auditoria é mantido em formato eletronicamente legível. Os únicos documentos em papel gerados são o bilhete de embalagem e a fatura enviada ao cliente. A receita é registrada no momento da remessa dos produtos. A organização mantém uma base detalhada de dados de clientes, permitindo a cada cliente devolver produtos em troca de créditos a qualquer momento. A empresa possui uma base de dados de produtos contendo todos os preços autorizados. Apenas o gerente de marketing está autorizado a alterar a base de dados de preços. O gerente de marketing faz as autorizações por si mesmo ou autoriza as alterações assinando um formulário, e o seu assistente implanta as alterações.

†10–44 (OA 5) Qual dos seguintes controles seria o menos eficaz para assegurar que o produto correto seja remetido e faturado ao preço aprovado?
a. Algarismos de verificação automática são usados em todos os números de produtos, e os clientes devem fazer seus pedidos em um catálogo com números de produtos.
b. O responsável pelo recebimento de ordens de venda verifica verbalmente tanto a descrição quanto o preço do produto com o cliente antes que o pedido seja fechado para fins de processamento.
c. O responsável pelo recebimento de ordens de venda prepara totalizações do número de itens encomendados e do valor monetário de todos os itens processados durante um período especificado (por exemplo, uma hora).
d. A tabela de preços de produtos é de acesso restrito ao diretor de marketing, que é a única pessoa que pode aprovar alterações no arquivo de preços.

10–46 (OA 1, 3, 5) O que o auditor precisaria ficar conhecendo durante o processo de planejamento do trabalho de auditoria?
a. Controles internos relacionados ao reconhecimento de receita.
b. Aplicativos de computador relacionados a receitas.
c. Documentos-chave relacionados a receitas.
d. Todos os anteriores.

10–48 (OA 6) Para testar a completude de vendas, o auditor selecionaria uma amostra de transações na população representada por qual dos seguintes?
a. Arquivo de pedidos de clientes.
b. Arquivo de faturas em aberto.
c. Arquivo de notas de embarque.
d. Arquivo de faturas de venda.

10–50 (OA 7) A confirmação de contas a receber de clientes raramente produz evidência confiável a respeito da afirmação de completude porque:
a. Muitos clientes simplesmente assinam e devolvem o pedido de confirmação sem conferir seus detalhes.

† Todas as questões marcadas com uma adaga são adaptadas do Exame de Auditor Interno Certificado.

b. Os destinatários geralmente respondem somente se discordam da informação contida no pedido.
c. Os clientes podem não estar interessados em informar erros de subavaliação em suas contas.
d. Os auditores geralmente selecionam muitas contas com saldos pequenos para fins de confirmação.

*10–52 (OA 7) A confirmação negativa de contas a receber é menos eficaz que a positiva porque:

a. A maioria dos destinatários não está disposta a responder objetivamente.
b. Alguns destinatários podem informar saldos incorretos que exigem seguimento detalhado.
c. O auditor não consegue inferir que todos os não respondentes tenham verificado a informação em suas contas.
d. As confirmações negativas não produzem evidência que possa ser quantificada estatisticamente.
e. Todas as anteriores.

Questões de discussão e pesquisa

10–54 (Reconhecimento de receita, OA 3) Julgamentos a respeito do reconhecimento de uma receita são os mais enfrentados por um auditor. As situações apresentadas a seguir exigem que o profissional adquira informação adicional ou tome decisões a respeito do volume de receita a ser reconhecido.

Pede-se:
a. Identifique os critérios básicos que o auditor deve utilizar para determinar a receita a ser reconhecida.
b. Para cada um dos seis cenários a seguir:
- Identifique as questões principais a serem consideradas ao determinar se a receita deve ou não ser reconhecida.
- Identifique as informações adicionais que o auditor possa querer coletar para tomar uma decisão sobre o reconhecimento de receita.
- Com base nas informações apresentadas, desenvolva um argumento a favor ou contra o reconhecimento de receita.

Cenários de reconhecimento de receita

1. A AOL vende *software* específico, como empresa provedora de serviços de internet. O contrato de *software* inclui uma taxa de serviço de $ 19,95 por até 500 horas de serviço de internet por mês. A exigência mínima é de um ano de contrato. A empresa propõe reconhecer imediatamente 30% do contrato no primeiro ano como receita da venda de *software* e 70% como serviços de internet mensalmente, à medida que as taxas são cobradas do cliente.
2. A *Modis Manufacturing* monta máquinas especiais para embalagem, vendidas a outras empresas industriais. Todos os produtos são de elevado preço unitário, variando de $ 5 milhões a $ 25 milhões. Um cliente importante está reconstruindo uma de suas fábricas e encomendou três máquinas, gerando uma receita total de $ 45 milhões para a *Modis*. A data contratada de conclusão da produção era novembro, e a empresa cumpriu essa data. O cliente reconhece o contrato e confirma o valor. Entretanto, como a fábrica ainda não foi concluída, o cliente pediu à *Modis* que segure os produtos em seu depósito como cortesia até que o seu prédio fique pronto.
3. A *Standish Stoneware* desenvolveu uma nova linha de produtos baratos para cozimento que serão vendidos diretamente a consumidores e a lojas de desconto (mas não ao *Wal-Mart*). A empresa anteriormente vendia talheres caros a lojas de produtos especiais e tinha um histórico de produtos devolvidos para as lojas de produtos mais caros. Os novos produtos tendem a possuir mais defeitos, que não são necessariamente perceptíveis na produção. Por exemplo, tendem mais a rachar quando são usados ao se cozer algum alimento pela primeira vez. A empresa não tem um histórico de devoluções desses produtos, mas, porque eles são novos, ela dá a cada cliente o direito de devolvê-los com reembolso integral ou de substituí-los dentro do prazo de um ano.
4. A *Omer Technologies* é uma empresa com elevada taxa de crescimento, que vende produtos eletrônicos ao ramo de reprografia especializada. Trata-se de um setor com alta taxa de inovação, mas a tecnologia da *Omer* é básica. Para obter crescimento elevado, a administração tem dado poderes aos vendedores de fazer acordos especiais para aumentar as vendas no quarto trimestre do ano. Os acordos de venda incluem uma redução de preço e uma comissão de venda mais alta, mas não uma ampliação da garantia do produto ou o direito de devolução pelo cliente.
5. A *Electric City* é uma empresa nova na região de Chicago, com direitos exclusivos sobre uma nova tecnologia que poupa às prefeituras de municípios um volume substancial de energia para fins de iluminação em larga escala,

---

* Todas as questões marcadas com asterisco são adaptadas do Exame Uniforme de CPA.

como, por exemplo, a iluminação de campos de jogo, estacionamentos, centros comerciais e assim por diante. A tecnologia tem se mostrado bastante eficiente em termos de custo na Europa. Para fazer que novos clientes experimentem o produto, os vendedores permitem que eles o testem por até seis meses, para poderem confirmar o volume de energia que conseguiriam economizar. A empresa está tão confiante que os clientes comprarão o produto que ela permite o uso desse período "piloto". A receita é reconhecida no momento que o produto é instalado no local do cliente, sendo feita uma pequena provisão para possíveis devoluções.

6. A *Jackson Products* decidiu desistir da fabricação de uma linha de seus produtos, passando a terceirizá-la. Entretanto, boa parte do equipamento de produção que possuía poderia ser usada por outras empresas. Além disso, tinha mais de $ 5 milhões de equipamentos novos encomendados em uma operação que não era passível de cancelamento. A empresa decidiu passar a atuar como representante de vendas para se desfazer do equipamento novo encomendado e de seu equipamento já existente. Todas as vendas foram registradas como receita.

10–56 (Análise de receita em corte transversal usando Excel ou ACL, OA 4, 6) Você está auditando o *FloorMart*, um varejista com 200 lojas espalhadas pelo país. Possui dois tamanhos básicos de estabelecimentos – minimercados com 350 metros quadrados e hipermercados com 900 metros quadrados. Os dois tipos de lojas estocam os mesmos tipos de produtos. O cliente lhe forneceu um arquivo em Excel com a metragem, as vendas e os estoques em cada loja. Este arquivo pode ser baixado do endereço eletrônico www.cengage.com.br. Selecione este texto, depois escolha *Student Resources*. O nome do arquivo é *Floormat Data*.

Pede-se:

a. Usando Excel ou o ACL, identifique as lojas para as quais as vendas parecem não ser compatíveis com as das outras lojas e exigem evidência adicional.

b. Que procedimentos o auditor usaria para coletar a evidência adicional?

10–58 (Procedimentos e objetivos de auditoria, OA 5, 6) Segue uma lista de procedimentos executados na auditoria do ciclo de receita:

a. Selecionar um bloco de ordens de remessa e conferir o faturamento de todos os itens e a pré-numeração dos documentos.

b. Analisar os controles gerais de acesso ao aplicativo de computador e a capacidade autorizada de fazer alterações em arquivos computadorizados de preços.

c. Recalcular o total das faturas e itens individuais em uma amostra de faturas de venda.

d. Analisar a documentação do cliente para conhecer a política de autorização de crédito.

e. Selecionar uma amostra de avisos de remessa e checá-los com as faturas.

f. Selecionar uma amostra ao acaso de lançamentos no diário de vendas e conferi-los com ordens de venda e documentos de remessa.

Pede-se:

Para cada procedimento, indique o objetivo de controle ou teste substantivo que está sendo atingido. Identifique a afirmação mais diretamente relacionada ao procedimento.

10–60 (Riscos intrínsecos, OA 3, 6) A *Drea Tech Company* tem crescido rapidamente e acaba de contratar a sua empresa para fazer uma auditoria. A ação da empresa é intensamente negociada no mercado de balcão, e a administração acredita que o tamanho de sua empresa é superior à capacidade de prestação de serviços do auditor anterior. Entretanto, ao entrar em contato com o auditor anterior, você descobre que foi uma divergência que levou à dispensa da empresa. O cliente queria reconhecer lucro em contratos por itens produzidos, mas não remetidos. O cliente acreditava que os contratos eram firmes e que todas as atividades principais de geração de receita estavam concluídas. A mudança do princípio de contabilidade teria aumentado em 33% o lucro líquido durante o ano.

Trinta e dois por cento das ações da *Drea* pertencem a Anthony Dreason, tido como um gênio da recuperação de empresas. Ele adquiriu o controle do antigo proprietário da *Drea Tech* (então chamada de *Johnstone Enterprises*) três anos atrás. Os principais produtos da empresa são os do setor de movimentação de materiais, como correias transportadoras automatizadas para depósitos e linhas de produção. Dreason tem conseguido aumentar os lucros cortando despesas operacionais, principalmente despesas com pessoal e pesquisa e desenvolvimento. Além disso, terceirizou uma proporção significativa da produção de peças e componentes. Aproximadamente 10% do produto da empresa agora são recebidos da *Materials Movement, Inc.*, uma companhia fechada, da qual 50% pertencem a Dreason e seu irmão.

Uma breve análise das demonstrações financeiras anteriores mostra que as vendas têm crescido aproximadamente 20% ao ano desde que Dreason assumiu o controle. A rentabilidade tem aumentado ainda mais. Entretanto, uma visita à fábrica dá a impressão que é um tanto antiga e não é atualizada. Além disso, um grande volume de estoques é deixado ao lado da área de recebimento aguardando sua destinação final.

Pede-se:
a. Identifique os elementos de risco intrínseco associados ao ciclo de receita a serem considerados pelo auditor.
b. Para cada elemento de risco intrínseco identificado, indique sucintamente a preocupação do auditor e sugira procedimentos para lidar com os riscos.

10–62 (Vinculação entre riscos e controles, OA 5) A tabela a seguir inclui um risco comum no ciclo de receita que poderia estar presente em um cliente de auditoria. Para esse risco, identifique a afirmação relevante de demonstrações financeiras e indique controles, incluindo os relacionados às atividades de controle e ao ambiente de controle, que o auditor poderia esperar que o cliente tivesse implantado. Sugira como o auditor poderia testar os controles.

Objetivo	Risco e afirmação relevante de demonstrações financeiras	Controles do ambiente de controle	Enfoque de teste	Atividades de controle	Enfoque de teste
Reconhecer receita de acordo com critérios apropriados de reconhecimento de receita	RISCO: Sobrevalorização – vendedores concedem créditos futuros a clientes por produtos não vendidos AFIRMAÇÃO:				

10–64 (Vendas com cartão de crédito, OA 5) A *Jason Co.* aceita Visa e MasterCard em qualquer transação de venda superior a $ 50. A empresa ainda não implantou o registro *on-line* da transação com cartão de crédito, mas usa um número para ligações gratuitas para a autorização de todas as vendas acima de $ 50. A empresa tem duas caixas registradoras, mas três funcionários trabalham em períodos de pico. A empresa processa as vendas com cartão de crédito da seguinte maneira:
Fichas de papel em branco para uso de cartão de crédito são mantidas nas proximidades da caixa registradora com duas leitoras de cartões. A leitora de cartões imprime a identificação da empresa e faz uma cópia dos dados do cartão do cliente. Normalmente, as vendas com cartão de crédito são registradas na caixa, como seria feito com uma venda à vista. Os recibos de cartões de crédito são conservados em um local separado na caixa registradora. Em épocas de pico (como em liquidações), porém, uma fila especial é organizada para os clientes com cartões de crédito. Os totais são apurados em uma calculadora convencional, e se faz um comprovante de crédito na leitora de cartões. Os comprovantes são armazenados em um local conveniente e são registrados em uma caixa mais tarde, durante o dia. Periodicamente, durante o dia, o gerente da loja recolhe todos os recibos de cartões de crédito, separa as duas cópias, sendo uma para a loja e outra para o banco, junta todos os comprovantes e prepara um lançamento para contabilizar as vendas posteriormente. Os lotes do dia são reunidos para fins de depósito. O controlador concilia então os depósitos efetuados a cada dia com as vendas com cartão de crédito contabilizadas.

Pede-se:
a. Identifique os pontos fortes e fracos dos controles apontados de vendas com cartão de crédito.
b. Para cada deficiência observada, identifique o seu possível efeito sobre as demonstrações financeiras da empresa.

10–66 (Risco de controle e informações incorretas, OA 5, 6, 7) A auditoria das contas do ciclo de receita da *Acco, Inc.* tem sido planejada com uma avaliação preliminar de que o risco de controle relacionado a cada uma das afirmações relevantes é baixo. Foi selecionada uma amostra de transações de venda para fins de teste. Cada um dos seguintes tipos de desvios de controle ou processamento de transações constatado na amostra era suficientemente significativo para fazer que o auditor elevasse o risco avaliado de controle de baixo para moderado.

Pede-se:
Discuta o tipo de incorreção de demonstração financeira que pode haver, as afirmações afetadas e o efeito sobre a natureza, programação e/ou amplitude de testes substantivos correspondentes. Cada tipo de falha deve ser considerado independentemente dos demais.
a. Não há evidência de comparação de preço e quantidade na fatura aos documentos de apoio.
b. Deixou-se de aprovar o crédito a clientes antes da remessa de mercadorias contra pagamento a prazo.
c. Contabilização de vendas antes da remessa das mercadorias.
d. Contabilização de vendas vários dias após a data em que deveriam ter sido contabilizadas.
e. Contabilização de vendas vários dias antes e após a data em que deveriam ter sido contabilizadas.

f. Ausência de pedidos de clientes; as mercadorias foram enviadas.
g. Ausência de documentos de remessa; o pedido do cliente foi encontrado.
h. Preço de venda incorreto.
i. Quantidade remetida diferente da faturada.

10–68 (Testes direcionais e testes com dupla finalidade, OA 5, 6) Durante uma discussão, uma auditora observou que seu enfoque ao teste de transações de venda consistia em selecionar uma amostra ao acaso de vendas contabilizadas e conferir no sistema com os documentos auxiliares, observando se todos os itens faturados foram remetidos e faturados aos preços corretos. Ela disse que assim teria confiança na correção da conta de vendas e, portanto, feito um teste com dupla finalidade, o trabalho restante a respeito de vendas (supondo que os procedimentos também evidenciassem o funcionamento de atividades de controle) poderia ser limitado.

Uma segunda auditora discordava. Seu enfoque consistia em selecionar evidência de remessas, tais como documentos pré-numerados de remessa e depois conferir no sistema com a fatura efetiva, observando a existência de procedimentos de controle e a correção do processamento de faturas. Se nenhuma exceção fosse encontrada, porém, ela concordaria com a primeira auditora que o trabalho restante de auditoria da conta de vendas poderia ser limitado.

Pergunta-se:
a. Que auditora tem razão, ou as duas têm razão? Explique a sua resposta.
b. Que afirmação é testada pela segunda auditora?
c. O que é um teste com dupla finalidade? Explique por que os testes realizados pelas duas auditoras seriam ou não considerados testes com dupla finalidade.

10–70 (Realização de um teste de corte, OA 6, 7) As seguintes vendas foram selecionadas para um teste de corte da *Genius Monitors, Inc.*, para as demonstrações financeiras de 31 de dezembro de 2010. Todas as vendas são feitas a prazo e FOB no ponto de remessa. São contabilizadas na data de faturamento.

Número da fatura	Preço de venda	Data Remessa	Faturamento
36590	2.750	28/12/10	29/12/10
36591	25.390	29/12/10	2/1/11
36592	9.200	3/1/11	31/12/10
36593	570	2/1/11	3/1/11

Pergunta-se:
a. Que lançamentos de ajuste de diário, se algum, você recomendaria que o cliente fizesse para cada um desses itens? Ignore as implicações deste corte para o estoque.
b. Que complicações são criadas pelos termos de remessa FOB no destino?
c. Em que circunstâncias um auditor poderia aceitar vendas que são contabilizadas no ato da remessa, muito embora sejam remetidas FOB no destino?

10–72 (Procedimentos de corte, OA 6) Testes de corte de vendas são realizados para gerar evidência de que as vendas são contabilizadas no período correto. Você deve fazer um teste de corte de vendas para uma empresa industrial que utiliza notas de embarque e faturas de venda pré-numeradas. Todas as vendas são feitas FOB no ponto de remessa.

Pergunta-se:
Como você faria o teste de corte se a preocupação básica da auditoria fosse:
a. Existência de vendas.
b. Completude das vendas.

*10–74 (Sobreposição de contas a receber, OA 7) Durante o ano, a *Strang Corporation* começou a enfrentar dificuldades de fluxo de caixa e uma análise superficial pela administração revelou problemas de pagamento de contas a receber. A administração contratou Elaine Stanley, CPA, para fazer uma investigação especial. Stanley estudou o ciclo de faturamento e recebimento e observou o seguinte:

O departamento de contabilidade emprega um escriturário que recebe e abre toda a correspondência recebida. Este escriturário também é responsável pelo depósito de entradas de caixa, pelo preenchimento de avisos de remessa, pelo registro de entradas de caixa no diário de recebimentos e pelo lançamento de recebimentos nas contas de clientes individuais e nas contas do razão geral. Não há vendas à vista. O escriturário prepara e controla a remessa de extratos mensais aos clientes.

A concentração de funções e os problemas de pagamento de contas a receber levaram Stanley a suspeitar que um desfalque sistemático de pagamentos de clientes, por meio de lançamento retardado de remessas (sobreposição de contas a receber), estava ocorrendo. Stanley foi surpreendida por constatar que nenhum cliente reclamava ter recebido extratos mensais incorretos.

Pede-se:
Identifique os procedimentos substantivos que devem ser adotados por Stanley para determinar se há sobreposição. Não discuta as deficiências do sistema de controle interno.

10–76 (Uso de *software* genérico de auditoria, OA 7) Seu cliente de auditoria, a *Daman, Inc.*, tem um sistema computadorizado de contas a receber. Há dois arquivos gerais, um de dados de clientes e um de faturas não pagas. O arquivo de dados de clientes contém: nome, endereço de cobrança, endereço de remessa, número de identificação, número de telefone, histórico de compra e pagamento à vista e limite de crédito do cliente. Para cada fatura não paga, o segundo arquivo contém: o número de identificação do cliente, número e a data da fatura, data de remessa das mercadorias, o método de remessa, os termos de crédito e o valor bruto da fatura.

Pede-se:

Discuta como o *software* generalizado de auditoria poderia ser empregado como auxílio no exame das contas a receber da Daman.

10–78 (Projeto de ACL – contas a receber, OA 7) Você está auditando as contas a receber da *Husky Corp.* para 31 de dezembro de 2009. O saldo do razão geral de contas a receber é de $ 4.263.919,52. Os arquivos de dados devem ser baixados do endereço eletrônico www.cengage.com.br. Os arquivos são chamados "*HUSKY Unpaid Invoices* 2009" (as faturas não pagas em 31/12/2009), "*HUSKY Shipping Files* 2009" (contém os números e as datas de remessa para essas faturas). As vendas são feitas FOB no ponto de remessa. O auditor verificou que a última remessa em 2009 tem o número 62050 e que os números de remessa foram usados na sequência apropriada.

Pede-se:

a. Utilizando o ACL:

1. Totalize o arquivo de faturas não pagas usando a opção do menu *Analyze*, a seguir *Statistical* e, finalmente, *Statistics* e compare o resultado com o razão geral. Imprima as estatísticas para a documentação de auditoria e observe as outras estatísticas fornecidas.

2. Identifique os clientes com saldos superiores aos seus limites de crédito e imprima os resultados (*sugestão*: antes de combinar arquivos, verifique que os campos correspondentes, tais como CUSTNUM ou INVNUM, foram alterados em cada tabela de um formato de número para o formato ASCII usando o item de menu *Edit*, e depois *Table Layout*. Clique duas vezes no campo que você quer alterar).

3. Faça um teste de corte de vendas para identificar faturas não pagas com datas de remessa de 2009 e imprima os resultados, incluindo o total dessas faturas (sugestão: no editor de expressões, use o botão *Date*, encontre e lance a data apropriada de corte).

4. Classifique as faturas não pagas por idade, imprima e faça um gráfico da classificação por idades; extraia (clicando duas vezes no indicador de idades superiores a 45 dias) e imprima uma lista de faturas com mais de 45 dias de idade, mostrando também o total dessas faturas.

5. Sintetize os seus resultados e descreva quais procedimentos devem ser executados com base nesses resultados.

b. Use o ACL para estratificar a população de saldos de clientes, imprima os resultados e descreva como esta informação poderia ser utilizada para ajudar a determinar quais saldos devem ser confirmados.

Casos

10–80 (Perspectiva histórica, OA 3, 6, 8) Caso *MiniScribe* (baseado em "*Cooking the Books*", *The Wall Street Journal*, 11 de setembro de 1989; e "*MiniScribe's Investigators Determine That 'Massive Fraud' Was Perpetrated*", *The Wall Street Journal*, 12 de setembro de 1989).

Em outubro de 1988, a *MiniScribe*, empresa fabricante de *drives* de discos de computadores, anunciou seu décimo terceiro trimestre consecutivo de recorde, enquanto seus concorrentes estavam dispensando centenas de funcionários. As contas a receber da *MiniScribe* haviam crescido significativamente e os estoques haviam se elevado a um nível perigoso, porque *drives* de discos se tornam obsoletos de um trimestre a outro. O preço da ação da empresa havia quintuplicado em apenas dois anos. Ela havia aparentemente se levantado dos mortos sob a liderança de Q. T. Wiles, que havia recuperado outras empresas e era conhecido como "Dr. Fix-It". Parecia que ele o havia conseguido novamente.

Sete meses mais tarde, foi anunciado que os aumentos de vendas da *MiniScribe* eram falsos.

O que se supunha ser a realização máxima da carreira de Wiles tornou-se um epitáfio; ele renunciou e hoje vive em isolamento quase completo. Uma investigação interna concluiu que a alta administração aparentemente perpetrou uma fraude maciça contra a empresa, seus conselheiros, seus auditores externos e o público investidor. A maior parte da alta administração da *MiniScribe* foi demitida, e as dispensas de funcionários reduziram o seu quadro de pessoal em mais de 30% no prazo de um ano. A *MiniScribe* precisaria dar baixa de aproximadamente US$ 200 milhões em estoques obsoletos e contas a receber incobráveis.

As metas irrealistas de vendas e o estilo gerencial abusivo de Wiles criaram uma panela de pressão que levou os executivos a manipularem as contas ou a perderem seus empregos. E manipulação não faltou – vendas foram contabilizadas prematuramente, reservas manipuladas e dados foram simplesmente inventados – para manter a ilusão de crescimento ilimitado, mesmo depois que o setor foi atingido por uma recessão severa.

Quando Wiles chegou à *MiniScribe*, em meados de 1985, ela acabara de perder seu principal cliente, a IBM, que decidira produzir seus próprios *drives*. Com o setor de microcomputadores em declínio, a *MiniScribe* estava se afogando em tinta vermelha.

A receita do Dr. Fix-It foi cortar 20% do quadro de pessoal e reformar a empresa de alto a baixo. Como parte da reforma, várias divisões semiautônomas foram criadas. Cada gestor de divisão fixava o orçamento, as quotas de venda, incentivos e regras de trabalho de sua divisão. A empresa se transformou em uma Babel caótica de pelo menos 20 miniempresas que estavam sendo constantemente alteradas e reorganizadas. Um funcionário teve 20 cargos diferentes em menos de sete anos.

Wiles passou a pressionar seus subordinados. Quatro vezes por ano, ele convocava cerca de 100 funcionários para vários dias de reuniões intensas, nas quais eram doutrinados em sua filosofia idiossincrática de gestão. Em uma das primeiras reuniões desse tipo, Wiles exigiu que dois controladores se erguessem e os demitiu ali mesmo, dizendo "isto é para mostrar a todos que controlo a empresa".

Em cada uma dessas reuniões, os gestores de divisões deviam apresentar e defender seus planos de negócios. Invariavelmente, Wiles considerava tais planos deficientes e fazia pouco de seus autores diante de seus colegas. Um ex-controlador diz que Wiles jogava, chutava e rasgava as pastas de planos que lhe desagradavam, atirando papel sobre a audiência intimidada ao mesmo tempo que gritava "por que vocês não entendem isso? Por que vocês não entendem como fazer as coisas?".

A certa altura, algo mudou. Wiles começou a dizer, "não quero mais ser conhecido como um artista da recuperação. Quero ser lembrado como a pessoa que transformou a *MiniScribe* em uma empresa de um US$ 1 bilhão". Os objetivos de vendas passaram a ser a força motriz da empresa, e os resultados financeiros passaram a ser o único fator determinante do pagamento de bônus. Wiles dizia, "este é o número que queremos atingir no primeiro trimestre, no segundo trimestre, no terceiro trimestre, e assim por diante", e era espantoso ver quão perto eles conseguiam chegar do número que queriam atingir.

Atingir o número passou a ser uma obsessão de toda a empresa. Embora muitos produtores de alta tecnologia acelerem remessas no final de um trimestre para elevar as vendas – uma prática conhecida como "entupimento do canal" – a *MiniScribe* deu vários passos além disso. Em uma ocasião, conta um analista, a empresa remeteu mais do dobro de *drives* a um fabricante de computadores do que havia sido encomendado; um ex-gerente de vendas diz que a remessa excedente valia cerca de US$ 9 milhões. A *MiniScribe* disse mais tarde que havia remetido os *drives* em excesso por engano. Os *drives* excedentes foram devolvidos – mas, a essa altura a *MiniScribe* havia lançado a venda com o número mais alto. Wiles negou que esta prática fosse usada.

Outras manobras contábeis envolviam remessas de *drives* pela fábrica da *MiniScribe* em Cingapura. A maioria das remessas era feita por via aérea, mas uma limitação de espaço de transporte aéreo de carga perto do final de cada trimestre forçava o envio de algumas remessas por navio, o que exigia até duas semanas para o percurso. Em várias ocasiões, disse um ex-gestor de divisão, os executivos da *MiniScribe*, na tentativa de aumentar as vendas, mudaram pedidos de compra para mostrar que um cliente havia adquirido a propriedade de uma remessa em Cingapura quando, na verdade, a propriedade não seria transferida até que os *drives* fossem entregues nos Estados Unidos.

Os executivos da *MiniScribe* tentaram convencer uma equipe de auditoria que os resultados do final de 1986 deviam incluir como vendas a carga em um navio que afirmavam ter zarpado no final de dezembro. A equipe de auditoria se recusou a fazer isso. Eventualmente, a carga e o navio, que não existiam, acabaram simplesmente esquecidos.

Os executivos da *MiniScribe* também encontraram outras maneiras de inflar os dados de vendas. Uma delas consistia em manipular as reservas para devoluções de mercadorias com defeito e contas incobráveis. O problema de reservas inadequadas tornou-se tão grande que analistas privados começaram a notá-lo. A *MiniScribe* estava contabilizando reservas inferiores a 1%; o resto do setor tinha reservas que variavam de 4% a 10%.

Para evitar a contabilização de perdas com devoluções acima de suas reservas limitadas, *drives* com defeito eram jogados em um monte de produtos de má qualidade e contabilizados como estoques. Eventualmente, esses *drives* eram remetidos novamente a novos clientes, continuando o ciclo. As devoluções de produtos com defeito chegavam a até 15%.

Em uma época de demanda forte, tais artifícios permitiram à *MiniScribe* crescer quase exponencialmente, declarando vendas de US$ 185 milhões em 1986 e US$ 362 milhões em 1987. No início de 1988, Wiles estava prevendo confiantemente um ano com vendas de US$ 600 milhões, e manteve-se aferrado a essa previsão otimista mesmo quando as vendas de *drives* caíram em todo o setor no meio do ano e despencaram no terceiro trimestre. Enquanto isso, Wiles aumentava a pressão sobre os seus gestores. Os relatórios das divisões eram distorcidos à medida que subiam de um nível burocrático a outro.

Logo, a manipulação contábil se tornou cada vez mais ousada. Os gestores de divisões eram instruídos a "forçar os números". Os operários brincavam que estavam sendo enviados tijolos apenas para que uma divisão pudesse alegar que tinha cumprido a sua quota. Outros brincavam que *drives* não desejados estavam sendo enviados e devolvidos tão frequentemente que precisavam ser embalados novamente porque as caixas não aguentavam.

Os funcionários também faziam piadas sobre as remessas à "conta BW", uma abreviatura para *"big warehouse"*.[4] Mas isso não era somente uma piada. A *MiniScribe* montou vários depósitos em todo o país e no Canadá para fornecimento *"just-in-time"* aos distribuidores. Os clientes não eram faturados até que recebessem remessas dos depósitos. A *MiniScribe*, porém, estava contabilizando as remessas aos depósitos como vendas. O número de *drives* enviados aos depósitos era decidido pela *MiniScribe*. Estima-se que entre US$ 80 e 100 milhões de *drives* não encomendados foram enviados aos depósitos.

Wall Street começou a sentir que havia algum problema. Os analistas não conseguiam encontrar outros clientes importantes além da *Compaq* para sustentar as previsões otimistas da *MiniScribe*. Várias encomendas grandes esperadas da *Apple Computer* e da *Digital Equipment Corp.* foram canceladas. A *MiniScribe* declarou um prejuízo no quarto trimestre e uma queda do lucro líquido em 1988, apesar de um aumento de 66% das vendas – ou seja, no papel. Uma semana mais tarde, Wiles renunciou abruptamente. O preço da ação despencou de um máximo de US$ 15 para menos de US$ 3, uma queda que irritou muitos acionistas.

Um comitê de investigação composto por conselheiros externos da *MiniScribe* relatou que altos executivos da empresa:
- Aparentemente violaram caixas trancadas contendo os documentos de trabalho dos auditores durante a auditoria do final do ano de 1986 e alteraram os valores dos estoques, inflando-os em aproximadamente US$ 1 milhão.
- Encaixotaram tijolos e os enviaram a distribuidores como sendo *drives* em 1987, contabilizando US$ 4,3 milhões em vendas; quando as remessas foram devolvidas, a *MiniScribe* inflou o seu estoque pelo suposto custo dos tijolos.

- Embalaram aproximadamente 6.300 *drives* que haviam sido contaminados para inflar o estoque no quarto trimestre de 1988.

Várias ações judiciais foram movidas acusando a *MiniScribe* de criar vendas artificialmente para inflar o preço de sua ação visando a beneficiar *insiders*. As ações também alegavam que os seus auditores haviam participado da conspiração certificando falsamente as demonstrações financeiras da empresa.

Pede-se:

Escreva uma análise da ascensão e queda da MiniScribe, identificando o seguinte:

a. Como a *MiniScribe* inflacionou as suas demonstrações financeiras.
b. Os fatores que levaram às demonstrações financeiras inflacionadas.
c. Os sinais de alerta que deveriam ter despertado as suspeitas do auditor quanto a vendas fictícias e outras tentativas da *MiniScribe* de inflar seus lucros.
d. Procedimentos normais de auditoria que teriam descoberto os números falsificados nas demonstrações financeiras.

10–82 (Reconhecimento de receita e deficiências de controle interno, OA 2, 3, 4, 5, 6) A *UTStarcom* é um líder global em fabricação, integração e apoio a sistemas de rede e telecomunicações. A empresa vende produtos de banda larga sem fio e uma linha de fones manuais a operadores nos mercados emergentes e consolidados de telecomunicações. O seguinte trecho foi obtido no formulário 10-K da *UTStarcom, Inc.* para 2004, no qual foram relatadas deficiências materiais nos controles internos da empresa. Ao descrever os seus esforços de correção, a empresa declarou que:

…as medidas planejadas de correção destinam-se a lidar com deficiências materiais relacionadas a contas de receita e receita diferida e ao custo associado de produtos vendidos. Essas deficiências materiais foram evidenciadas pela identificação de seis transações separadas, com valor agregado de aproximadamente $ 5 milhões, que levaram originalmente à inclusão como receita nas demonstrações financeiras da empresa para o quarto trimestre de 2004, antes de todos os critérios de reconhecimento de receita serem atendidos. Além disso, houve outras transações para as quais havia documentação inicial insuficiente para fins de reconhecimento de receita, mas que não resultaram em quaisquer ajustes às demonstrações financeiras da empresa para o quarto trimestre de 2004. Se não forem corrigidas, essas deficiências materiais poderão distorcer a receita em exercícios financeiros futuros. As medidas planejadas de correção pela empresa incluem:

---
[4] Ou seja, o "grande depósito" (N.T).

a. A empresa planeja montar um processo de análise de contratos na China, exigindo assessoramento financeiro e legal para auxiliar o processo de negociação de contratos e assegurar a identificação tempestiva e o tratamento contábil preciso de contratos não padronizados.
b. Em março de 2005, a empresa realizou um seminário de treinamento em reconhecimento de receita nos Estados Unidos, incluindo a identificação de contratos não padronizados e, em abril de 2005, realizou um seminário semelhante na China. A partir de maio de 2005, a empresa planeja realizar seminários de treinamento adicionais sobre reconhecimento de receita e identificação de contratos não padronizados em diversas localidades no mundo.
c. No final de 2004, a empresa começou a exigir a retenção centralizada de documentação evidenciando a comprovação de entrega e aceitação final para fins de reconhecimento de receita.

Pede-se:
1. Usando as divulgações relatadas anteriormente como ponto de partida, faça uma discussão exploratória dos desafios em termos de controles internos que uma empresa pode enfrentar ao operar em âmbito internacional.
2. A empresa divulgou seus planos de correção para 2004. Como o auditor poderia usar essa informação durante a auditoria de 2005 em termos de planejamento de auditoria?
3. Considerando os possíveis procedimentos analíticos relevantes para o ciclo de receita que foram discutidos neste capítulo, identifique que tipos de análises poderiam ser aplicados em 2005 para fornecer evidência de que os problemas detectados em 2004 foram resolvidos.
4. Considerando possíveis testes substantivos de receita que foram discutidos neste capítulo, identifique procedimentos que poderiam ser aplicados em 2005 para gerar evidência de que os problemas detectados em 2004 foram resolvidos.

10–84 (Caso de ética – reconhecimento de receita e conduta profissional, OA 9) Para este caso, utilize os mesmos fatos expostos na questão 10-83. Naquele caso, focalizamos a atenção nas ações impróprias de Robert A. Putnam, sócio responsável pelo trabalho de auditoria da HBOC. Neste caso, ampliamos os problemas detectados na auditoria e pedimos que você decida a respeito de uma linha alternativa apropriada de ação para o gerente da auditoria da HBOC, ou seja, para o subordinado de Putnam. No caso real, o gerente da auditoria questionou as ações de Putnam, mas nunca tomou medidas pró-ativas (além de falar com Putnam) para corrigir as deficiências de auditoria conhecidas.

Em seu livro, *The Courageous Follower: Standing Up to and for Our Leaders* (1995), Ira Chaleff descreve cinco características de indivíduos que enfrentam os líderes de suas organizações. Essas características incluem (1) assumir responsabilidade por si e sua organização, (2) servir à organização de uma maneira responsável, (3) desafiar os comportamentos ou políticas do líder, (4) participar da transformação da organização, ou lidar com as dificuldades associadas a mudanças e (5) adotar uma atitude moral, incluindo a recusa a obedecer a ordens diretas, apelando ao nível seguinte de autoridade ou renunciando.

Pede-se:
Individualmente ou em um grupo, e considerando as ideias enunciadas por Chaleff, use o arcabouço de tomada de decisões com ética em sete etapas, apresentado no capítulo 3 (reproduzido a seguir) para fazer uma recomendação quanto a uma linha alternativa apropriada de ação que o gerente da auditoria da HBOC poderia ter adotado.

Recorde que as sete etapas do arcabouço de tomada de decisões com ética são as seguintes: (1) identificar a questão ética, (2) determinar quais são as partes afetadas e identificar seus direitos, (3) determinar quais são os direitos mais importantes, (4) gerar linhas alternativas de ação, (5) determinar as consequências prováveis de cada linha proposta de ação, (6) avaliar as possíveis consequências, incluindo uma estimativa do maior bem para o maior número e (7) escolher a linha apropriada de ação.

Ford Motor Company e Toyota Motor Corporation: Questões relacionadas ao ciclo de receita

(www.cengage.com.br, em inglês)

Fonte e referência	Questão
Ford 10-K, demonstrações financeiras, pp. 65-72, nota explicativa 2 *Toyota 20-F, demonstrações financeiras, e nota explicativa 2*	1a. Quais são as principais contas do ciclo de receita da *Ford*? Quais são as políticas e estimativas contábeis cruciais para essas contas? 1b. O que diz a *Ford* na nota explicativa 2 a respeito do uso de estimativas contábeis? Que risco essas estimativas geram para o auditor?
Ford 10-K, nota explicativa 4 *Toyota 20-F, nota explicativa 7*	2. Compare as notas explicativas da *Ford* e da *Toyota* para contas a receber de suas financeiras. Que empresa faz divulgações mais informativas? Qual é a responsabilidade da empresa de auditoria quanto à qualidade da informação nas divulgações?
Capítulo 8, materiais do apêndice Ford/Toyota	3. Utilize os índices financeiros fornecidos no apêndice ao capítulo 8 para a *Ford* e a *Toyota*. Quais são os índices mais relevantes para o ciclo de receita?
Ford 10-K, pp. 21-27	4. A *Ford* elenca uma série de fatores de risco associados aos seus negócios. Analise esses fatores e identifique aqueles que se relacionam mais de perto com o ciclo de receita. Que evidência o auditor poderia coletar para entender como esses riscos podem afetar as linhas das demonstrações financeiras associadas ao ciclo de receita?
Ford 10-K, pp. 37-43	5. Leia a seção Discussão e análise da administração da *Ford* relacionada ao ciclo de receita. Quais são os principais pontos levantados pela administração da *Ford* quanto à sua capacidade de gerar receita e lucros no curto prazo? O que essa declaração significa para os riscos associados à auditoria da *Ford Motor Co.*?

Auditoria do ciclo de compra, pagamento e estoques

11

Objetivos de aprendizagem

O objetivo principal deste livro-texto é a construção de uma base para a análise de questões profissionais correntes e a adaptação de enfoques de auditoria às complexidades das empresas e da economia. Por meio do estudo deste capítulo, você será capaz de:

1. Descrever as atividades incluídas no ciclo de compra e pagamento e identificar as contas e afirmações relevantes neste ciclo.
2. Descrever o enfoque que um auditor adotaria para fazer uma auditoria integrada no ciclo de compra e pagamento, bem como distinguir esse enfoque da auditoria não integrada tradicional.
3. Identificar riscos à divulgação financeira confiável no ciclo de compra e pagamento e discutir considerações relevantes de fraude neste ciclo.
4. Descrever como utilizar procedimentos analíticos preliminares para identificar possíveis incorreções nas contas relacionadas ao ciclo de compra e pagamento.
5. Descrever por que é importante para o auditor desenvolver o conhecimento de controles internos, identificar controles tipicamente presentes no ciclo de compra e pagamento e testes de controles utilizados para examinar a eficácia de controles neste ciclo.
6. Descrever os procedimentos substantivos de auditoria que devem ser utilizados para testar contas no ciclo de compra e pagamento.
7. Explicar as complexidades inerentes à auditoria de estoques e custo dos produtos vendidos.
8. Identificar riscos à divulgação financeira confiável que estão associados a estoques e custo dos produtos vendidos.
9. Descrever controles internos típicos de estoques e custo dos produtos vendidos.
10. Descrever os procedimentos substantivos de auditoria que devem ser utilizados para testar estoques e custo dos produtos vendidos.
11. Aplicar os arcabouços de análise e tomada de decisões com ética a situações envolvendo a auditoria do ciclo de compra e pagamento, incluindo as contas de estoques e custo dos produtos vendidos.

Visão geral do capítulo

Neste capítulo, apresentamos uma discussão geral dos riscos e enfoques de auditoria relacionados ao ciclo de compra e pagamento e às contas de estoque. Em termos do processo de elaboração do parecer de auditoria, este capítulo envolve as fases III e IV, ou seja, a obtenção de evidência sobre controles e de evidência substantiva sobre afirmações em contas do ciclo de compra e pagamento e nas contas de estoque. Os auditores devem considerar a possibilidade de fraude ao auditarem estas áreas, dadas as inúmeras fraudes que têm ocorrido em esquemas de compra e na contabilização de estoques. Além disso, há várias técnicas computadorizadas de auditoria que podem aumentar a eficiência da auditoria.

O processo de elaboração do parecer de auditoria

| I. Aferir as decisões de aceitação e retenção do cliente (capítulo 4). | II. Entender o cliente (capítulos 2, 4-6 e 9). | III. Obter evidência a respeito de controles e determinar o impacto sobre a auditoria de demonstrações financeiras (capítulos 5-14 e 18). | IV. Apurar evidências consubstanciadas sobre afirmações de contas (capítulos 7-14 e 18). | V. Fechamento da auditoria e tomada de decisões de divulgação (capítulos 15 e 16). |

| A profissão de auditoria, regulamentação e governança corporativa (capítulos 1 e 2). | Tomada de decisões, conduta profissional e ética (capítulo 3). | Responsabilidade profissional (capítulo 17). |

JULGAMENTO PROFISSIONAL EM CONTEXTO
Incorreções em estoques e problemas associados de controle interno

A *Ace Hardware* é uma cooperativa de empresas varejistas, com 4.600 lojas de ferragens, equipamentos domésticos e materiais de construção. Em setembro de 2007, a *Ace Hardware* informou ter descoberto uma discrepância contábil de US$ 154 milhões entre seu razão geral e o estoque efetivo.

O erro contábil foi descoberto em uma análise interna de relatórios financeiros. A empresa explicou que havia encontrado uma diferença entre o saldo do razão geral de 2006 – o método básico pelo qual a empresa registrava transações financeiras – e seus registros de estoque efetivo, o chamado saldo de estoque perpétuo.

A *Ace* contratou um escritório de advocacia e uma empresa de consultoria para fazer uma investigação, que custou cerca de US$ 10 milhões. Como resultado, em janeiro de 2008, a *Ace Hardware* informou que um funcionário de nível hierárquico médio no departamento financeiro havia provocado uma discrepância contábil de US$ 152 milhões entre o razão geral e o estoque efetivo. O ex-funcionário do departamento financeiro fazia lançamentos de diário de "valor significativo" que mascaravam uma diferença numérica entre os dois livros razão. Os razões pareciam estar conciliados, mas não estavam. Cerca de um quarto do erro remontava a 1995, e o restante havia acontecido entre 2002 e 2006.

Os dirigentes da empresa ressaltaram que o funcionário não cometera fraude e que nenhum estoque ou caixa estava faltando. Ao contrário, a empresa declarou que o funcionário não havia sido adequadamente treinado ou equipado para executar a função. A empresa disse ainda que ela era a culpada pela situação, que não existiam controles apropriados.

Os dirigentes também atribuíram o erro, em parte, à crescente complexidade e competição no varejo de ferragens e materiais de construção. Especificamente, os sistemas existentes não eram adequados para lidar com as complicações resultantes do recente aumento de importações de produtos da Ásia pela *Ace*.

Ao ler o presente capítulo, considere este caso e as seguintes perguntas:

- Que tipos de problemas você poderia detectar ao auditar as contas de estoques de seus clientes?
- Você acha que os tipos de erros observados no caso são raros?
- O que indicam esses problemas de controle para o enfoque que o auditor precisará adotar ao auditar as contas relacionadas a estoques?
- Quais controles poderiam atenuar os riscos associados a contas do ciclo de compra e pagamento, incluindo as contas de estoques?
- Por que é importante que as empresas façam contagens periódicas de verificação de seus estoques e conciliem essas contas com o razão geral?
- A empresa tinha uma deficiência material de controle interno sobre a divulgação financeira, relacionada ao treinamento inadequado de pessoal de contabilidade e finanças?

Introdução

O ciclo de compra e pagamento inclui processos de identificação de produtos ou serviços a serem adquiridos, compra de bens e serviços, recebimento dos bens, aprovação de pagamentos e pagamento dos bens e serviços recebidos. Este capítulo apresenta um arcabouço integrado para a auditoria de saldos de contas neste ciclo.

Contas importantes e afirmações relevantes no ciclo de compra e pagamento

As principais contas no ciclo de compra e pagamento são estoques, custo dos produtos vendidos, contas a pagar e despesas. Uma visão geral das contas significativas e relevantes normalmente incluídas neste ciclo é apresentada na **Ilustração 11.1**. O auditor obterá evidência relacionada a cada uma das cinco afirmações de demonstrações financeiras, discutidas no capítulo 7, para essas contas. O risco associado a cada afirmação poderá variar com a conta cujo saldo é testado. As afirmações de existência e avaliação são de risco igualmente elevado para os estoques. Por outro lado, completude e avaliação são geralmente de risco mais alto para despesas e contas a pagar. Boa parte de nossa discussão sobre o ciclo de compra e pagamento pressupõe uma auditoria de uma empresa industrial, de modo que podemos discutir tanto estoques quanto custo dos produtos vendidos. Para muitos clientes, os estoques representam as contas maiores e de auditoria mais difícil. Devido a aspectos especiais associados à auditoria de estoques e custo dos produtos vendidos, apresentamos uma seção separada para este tópico no final do capítulo.

OA 1
Descrever as atividades incluídas no ciclo de compra e pagamento e identificar as contas e afirmações relevantes neste ciclo.

O ciclo de compra e pagamento envolve cinco atividades distintas.

1. Requisição (solicitação) de bens ou serviços.
2. Compra de bens ou serviços de acordo com as políticas da empresa.
3. Recebimento de bens e serviços.
4. Aprovação de itens para pagamento.
5. Desembolsos de caixa.

O processo de compra começa com uma requisição (solicitação formal) de bens e serviços. Uma requisição aprovada resultará em uma compra. O recebimento de bens ou serviços deve causar o reconhecimento de contas a pagar com débitos a uma conta de despesa, uma de estoque, ou de ativo. A maioria das empresas terá procedimentos específicos para a aprovação do pagamento dessas compras. Quando o pagamento aprovado de bens e serviços recebidos for efetuado, ele se refletirá em um desembolso de caixa.

Muitas empresas contam com um sistema automatizado de compra, ou seja, um *software* em rede ligado com fornecedores, cujas ofertas e preços foram previamente aprovados por funcionários apropriados. A tecnologia permite aos compradores negociar preços favoráveis com os fornecedores e simplificar o processo de compra. A melhor prática em um sistema automatizado consolida todas as diferentes funções ou atividades envolvidas, assegurando pedidos tempestivos e precisos. Um sistema automatizado de compra executará as seguintes tarefas úteis:

- Aplicar especificações e listas predeterminadas de materiais ao sistema para iniciar o processo. Isto gerará uma base para garantir controles apropriados.

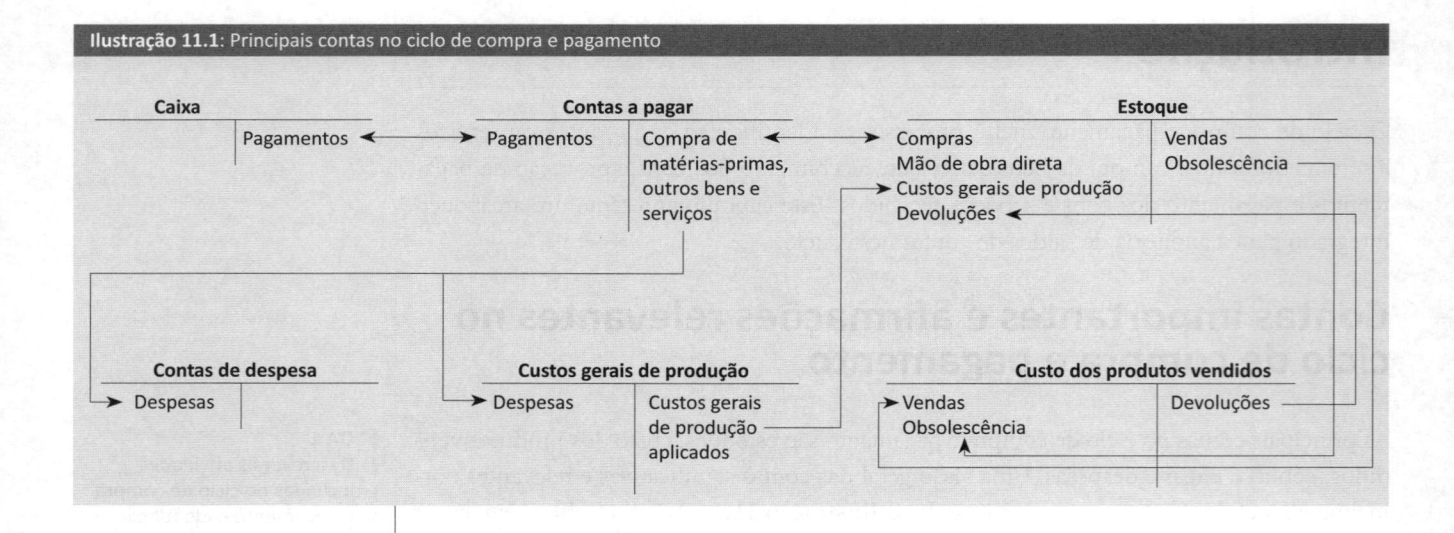

Ilustração 11.1: Principais contas no ciclo de compra e pagamento

```
Caixa                    Contas a pagar                           Estoque
  Pagamentos ←──→ Pagamentos    Compra de    ←──→  Compras         Vendas
                                matérias-primas,   Mão de obra direta   Obsolescência
                                outros bens e   → Custos gerais de produção
                                serviços          Devoluções ←

Contas de despesa        Custos gerais de produção      Custo dos produtos vendidos
→ Despesas              → Despesas    Custos gerais     →Vendas          Devoluções
                                      de produção       Obsolescência
                                      aplicados
```

> **QUESTÃO PRÁTICA**
> A maioria dos sistemas automatizados de compra depende de contratos negociados com fornecedores cobrindo qualidade, preços e prazos de entrega.

- Destacar automaticamente faturas que não conferem com ordens de compra.
- Criar ordens de alteração ou de variação de compras com motivos específicos para a análise de variações por pessoal apropriado.

Em muitos clientes, o ciclo de compra e pagamento é um processo computadorizado que é integrado à gestão da cadeia de suprimento. A gestão da cadeia de suprimento é o processo de administração e controle de materiais no processo logístico que vai da aquisição de matéria-prima à entrega de produtos acabados ao usuário (cliente) final. Várias empresas têm contratos específicos com fornecedores que estipulam preços e condições de entrega para atender às necessidades de produção do cliente. Empresas tais como *Wal-Mart* e *JCPenney* têm acordos com alguns fornecedores mediante os quais a propriedade dos bens não é transferida até que um consumidor os compre no caixa. O auditor precisa entender os contratos e processos para determinar quando a propriedade é transferida e quando o cliente[1] assume o risco pelo estoque localizado em suas instalações. Muitas empresas têm sido capazes de reduzir níveis de estoques e os custos de carregamento correspondentes. Portanto, se o auditor encontrar um volume anormalmente elevado de estoque, deverá haver preocupação com a sua possível obsolescência.

Realização da auditoria integrada do ciclo de compra e pagamento

> **OA 2**
> Descrever o enfoque que um auditor adotaria para fazer uma auditoria integrada no ciclo de compra e pagamento, bem como distinguir esse enfoque da auditoria não integrada tradicional.

Recordemos as oito etapas gerais da realização de uma auditoria integrada, que originalmente cobrimos no capítulo 10. Reproduzimos essas etapas a seguir e as adaptamos à auditoria do ciclo de compra e pagamento.

Fases I e II do processo de elaboração do parecer de auditoria
1. Atualizar continuamente as informações sobre o risco empresarial, incluindo a identificação de qualquer fator de risco de fraude observado durante o planejamento

---

[1] Usaremos o termo cliente em referência à empresa que está sendo auditada. Entretanto, como observado no capítulo 1, o verdadeiro cliente é o comitê de auditoria da companhia aberta que está sendo auditada.

preliminar da auditoria. Atualizar o planejamento da auditoria em função de novas informações sobre riscos.
2. Analisar possíveis motivações para distorcer contas no ciclo de compra e pagamento, bem como a existência de outros indicadores de fraude, e determinar o método mais provável pelo qual essas contas poderiam ser distorcidas.
3. Executar procedimentos analíticos preliminares para determinar se há relações inesperadas entre as contas e documentar como o teste de auditoria deve ser modificado em vista das relações inesperadas.
4. Adquirir conhecimento dos controles internos no ciclo de compra e pagamento que se destinam a lidar com os riscos identificados nas três etapas anteriores, incluindo a aplicabilidade de controles no nível da entidade como um todo ao ciclo de compra e pagamento. Este conhecimento incluirá uma análise da documentação do cliente a respeito de controles internos.

Fases III e IV do processo de elaboração do parecer de auditoria

5. Determinar os controles importantes que precisam ser testados para (a) elaborar um parecer sobre os controles internos da entidade e (b) reduzir os testes substantivos na auditoria de demonstrações financeiras.
6. Preparar um plano para o teste de controles internos e realizar os testes de controles-chave no ciclo de compra e pagamento (no caso de companhias fechadas, o auditor pode optar por não testar controles, mas ele deve determinar onde poderia haver incorreções materiais, caso não existissem controles).
7. Analisar os resultados dos testes de controles. Se forem identificadas deficiências, avaliá-las para determinar se são significativas ou materiais. Determinar se a avaliação preliminar de risco de controle deve ser alterada (deveria o risco de controle ser considerado mais elevado?) e documentar as implicações para testes substantivos. Determinar o impacto dessas deficiências e de qualquer revisão da avaliação do risco de controle sobre os procedimentos planejados de teste de auditoria mediante a especificação dos tipos de incorreções mais prováveis.

Se não foi identificada deficiência alguma, determinar se a avaliação preliminar de risco de controle ainda é apropriada, até que ponto os controles podem fornecer evidência sobre a correção de saldos de contas e, por fim, especificar procedimentos substantivos de auditoria planejados. O nível de teste substantivo nesta situação será inferior ao que provavelmente seria exigido em circunstâncias nas quais deficiências de controle interno tivessem sido identificadas.
8. Executar procedimentos substantivos planejados (procedimentos analíticos substantivos e testes diretos de saldos de contas) baseados no potencial de incorreção e nas informações coletadas a respeito da eficácia de controles internos. Os procedimentos substantivos incluirão procedimentos para lidar com riscos de fraude.

A auditoria começa com uma análise dos riscos à confiabilidade da divulgação financeira e inclui um diagnóstico dos controles para lidar com esses riscos. O teste substantivo de saldos de contas concentra a sua atenção em transações materiais que afetam os saldos de contas durante o ano: compras, pagamentos e produção.

Os pontos fortes relativos dos controles internos do cliente exercem um impacto significativo sobre a auditoria das contas do ciclo de compra e pagamento. O quadro Auditoria na prática destaca a ineficácia de controles de estoques na *CSK Auto Corp*. Essas deficiências de controle foram consideradas como sendo deficiências materiais de controle interno e, provavelmente,

> **CONSIDERE O RISCO**
> As fraudes ocorrem até mesmo em empresas que sabidamente possuem ambientes fortes de controle. No final de 2008, a SC Johnson informou que seu diretor de Transportes havia se envolvido em um esquema de propinas com várias companhias de transporte de carga por caminhão. O ambiente fraco de controle nas transportadoras anulava a força do ambiente de controle na SC Johnson, permitindo a fraude por parte de um indivíduo.

significavam que os auditores da *CSK* precisariam se apoiar pesadamente em testes substantivos de detalhes para obter evidência competente suficiente a respeito de estoques.

Como uma auditoria integrada de contas do ciclo de compra e pagamento difere de uma auditoria mais tradicional? Uma auditoria tradicional se concentrará nas variações das contas durante o ano e nos saldos das contas no final do ano. Em contraste, uma auditoria integrada se preocupará com a avaliação dos controles relacionados a contas específicas do ciclo. Se os controles forem eficazes, será possível usar testes diretos reduzidos dos saldos das contas.

Nossa discussão nesta seção acompanha as etapas do enfoque de auditoria integrada apresentado no capítulo 10. Adaptamos esse enfoque à auditoria do ciclo de compra e pagamento.

Considere os riscos associados ao ciclo de compra e pagamento (etapas 1 e 2)

OA 3
Identificar riscos à divulgação financeira confiável no ciclo de compra e pagamento e discutir considerações relevantes de fraude no ciclo de compra e pagamento.

Devido ao volume de transações e à capacidade de movimentar estoques fisicamente, o ciclo de compra e pagamento é frequentemente alvo de fraudes. A maior parte delas envolve a sobrevalorização de estoques ou ativos e a subavaliação de despesas. Muitas fraudes de desembolso (desfalques) envolvem compras fictícias ou, em alguns casos, pagamentos ao agente de compra. As fraudes que têm ocorrido incluem:

- Furto de estoques por funcionários.
- Esquemas usados por funcionários envolvendo fornecedores fictícios como forma de transferir pagamentos (não observados) a si próprios.
- Abuso de contas de viagens e entretenimento por executivos e seu lançamento como despesas da empresa (por exemplo, *Tyco*).
- Esquemas de classificação de despesas como ativos (por exemplo, *WorldCom*).
- Manipulação de "reservas de reestruturação" para administrar lucros futuros (por exemplo, *WorldCom* e diversas outras empresas).

O auditor deve considerar uma série de indicadores da possibilidade de fraude que afeta este ciclo, incluindo:

- Crescimento dos estoques mais rápido do que o das vendas.
- Despesas significativamente acima ou abaixo dos padrões do setor.

Foco em fraude

Como parte do planejamento da auditoria, os profissionais devem fazer uma discussão exploratória a respeito de como poderia haver fraude. No contexto da auditoria de contas de estoques, a equipe deve fazer essa discussão fazendo-se perguntas tais como: se um funcionário trabalhasse na área de carregamento, como ele roubaria estoques?

Auditoria na prática

Controles de estoques na CSK Auto Corp.

Reproduzimos, a seguir, um trecho do relatório da administração da CSK sobre os controles internos da divulgação financeira para o exercício encerrado em 3 de fevereiro de 2008:

A empresa não manteve controles eficazes sobre a completude, precisão, existência e avaliação de seus estoques. Especificamente, controles eficazes, incluindo o monitoramento, não foram utilizados para garantir que os sistemas de estoques processassem, completa e precisamente, ou explicassem as variações de estoques dentro da rede de distribuição da empresa, particularmente a destinação de devoluções de estoques por clientes. Além disso, a empresa não manteve monitoramento e revisão eficazes de estoques em trânsito, custos de garantia de produtos com defeito, contas de custos de estoques básicos e correlatas de passivos por devoluções e contas de despesas de perdas com estoques. Além disso, as conciliações das contagens físicas de estoques no centro de distribuição e no depósito com os saldos do razão geral não foram realizadas com precisão, resultando em ajustes aos saldos de estoques no final do ano.

Estas deficiências materiais em controles relacionados a estoques influenciariam significativamente o enfoque usado pelo auditor para auditar as contas relacionadas aos estoques.

- Ativos de capital que parecem estar crescendo mais rapidamente do que a empresa, ou para os quais não há planos estratégicos.
- Redução significativa de "reservas", especialmente de reestruturação.
- Contas de despesa que apresentam lançamentos credores significativos.
- Contas de reembolso de despesas com viagens e entretenimento, mas sem documentação ou aprovação das despesas.
- Seguimento inadequado de recomendações do auditor quanto aos controles necessários.
- Pagamentos efetuados a altos executivos sob a forma de empréstimos que posteriormente são perdoados.

> **CONSIDERE O RISCO**
>
> As fraudes mais importantes geralmente têm envolvido a sobrevalorização de estoques, contas a receber ou despesas capitalizadas. Entretanto, os desvios poderiam resultar em sobrevalorizações de despesas, por exemplo, creditando-se caixa e debitando-se uma conta de despesa.

Executar procedimentos analíticos preliminares em busca de possíveis incorreções (etapa 3)

Vários procedimentos analíticos podem ajudar o auditor a identificar possíveis incorreções em estoques, saldos de contas de despesa e de contas a pagar. O cálculo e a análise de variações de valor monetário e percentuais de estoques, custo dos produtos vendidos e saldos de contas de despesa, em relação tanto ao desempenho passado quanto ao comportamento do setor, podem identificar resultados inesperados. Por exemplo, o giro do estoque e o número de dias de vendas em estoque podem ser comparados com anos anteriores, médias do setor e expectativas do auditor. Uma demonstração de resultado analisada verticalmente pode ajudar a identificar custo de produtos vendidos ou contas de despesa que estão em desacordo com as expectativas do auditor, as quais devem se basear em anos anteriores, informações a respeito do setor e no conhecimento da empresa pelo auditor.

A análise em corte transversal de clientes varejistas com várias unidades pode identificar unidades que merecem teste mais detalhado. Pode ser calculado o estoque por metro quadrado de espaço para venda em cada unidade, e esse número pode ser comparado à média em lojas de tamanho e composto de produtos comparáveis. O auditor pode, a seguir, planejar a obtenção de evidência apropriada para essas unidades que apresentam estoques significativamente maiores ou menores que o esperado.

> **OA 4**
> Descrever como utilizar procedimentos analíticos preliminares para identificar possíveis incorreções nas contas relacionadas ao ciclo de compra e pagamento.

> **ACL**
>
> O ACL pode ser utilizado para calcular o giro do estoque de cada item estocado, compará-lo ao do ano anterior e imprimir um relatório daqueles itens que exigem análise adicional. Também pode ser empregado para fazer uma análise em corte transversal com o objetivo de detectar a presença de valores extremos.

PERSPECTIVA HISTÓRICA

WorldCom e Phar-Mor

WorldCom
A administração da WorldCom contabilizou bilhões de dólares em despesas de aluguel como ativos fixos. Os administradores estavam motivados a se envolver nessa fraude para cumprir expectativas de lucros e mostrar que eram capazes de gerir as despesas melhor do que o resto do setor. As despesas estavam de acordo com o observado nos anos anteriores e não despertaram suspeitas por parte do auditor.

Phar-Mor
A Phar-Mor, um importante varejista que fazia vendas com desconto, tinha mais de 300 lojas na década de 1990, com ótimos resultados operacionais e um conceito que havia encantado os analistas em Wall Street. Como é típico em muitas fraudes, a empresa era dominada por um executivo que via a instituição como sua e havia desviado mais de US$ 10 milhões para apoiar uma liga secundária de basquete profissional, agora extinta. Para encobrir essa malversação de dinheiro da empresa, os executivos instruíram os gerentes das lojas a inflarem seus custos de estoques. Por exemplo, se uma caixa de Coca-Cola custasse $ 1,99, eles deviam avaliá-la em $ 2,99. As sobrevalorizações eram necessárias para compensar a saída de caixa com a criação de um ativo. A direção da empresa sabia que o auditor não visitaria todas as 300 lojas para testar a avaliação dos estoques.

Vinculação de controles internos e afirmações de demonstrações financeiras quanto a contas do ciclo de compra e pagamento (etapas 4 e 5)

OA 5
Descrever por que é importante para o auditor desenvolver o conhecimento de controles internos, identificar aqueles tipicamente presentes no ciclo de compra e pagamento e testes de controles utilizados para examinar a eficácia de controles neste ciclo.

O ciclo de compra e pagamento consiste de cinco atividades distintas em que há riscos, portanto, o cliente provavelmente terá implantado controles internos.

1. Requisição (pedido) de bens ou serviços.
2. Compra de bens ou serviços de acordo com as políticas da empresa.
3. Recebimento de bens e serviços.
4. Aprovação de itens para pagamento.
5. Desembolsos de caixa.

Uma vez que o auditor tenha identificado os riscos no ciclo de compra e pagamento, ele deverá tomar conhecimento dos controles que o cliente tenha implantado para lidar com esses riscos. Como parte deste conhecimento, o auditor concentrará a sua atenção nas afirmações para cada conta e identificará os controles relacionados aos riscos de cada afirmação. Em uma auditoria integrada, ou não integrada, em que o auditor deseja reduzir o volume de testes substantivos, este conhecimento será usado para identificar controles importantes que precisam ser testados. Os controles específicos implantados pelo cliente variarão com o volume de automatização do processo. Nossa discussão seguinte destaca os controles típicos para cada uma das atividades do ciclo de compra e pagamento.

> **QUESTÃO PRÁTICA**
>
> Ao formular expectativas para procedimentos analíticos, o auditor deve basear-se em uma série de fatores, incluindo as condições econômicas. Por exemplo, durante a crise financeira de 2008, muitas empresas retardaram pagamentos a fornecedores. Esta informação deve ser incorporada a expectativas relacionadas a contas a pagar e índices envolvendo saldos de contas a pagar.

1. Requisição (pedido) de bens ou serviços

O processo de compra começa com o plano de produção ou venda da organização. Algumas instituições terão planos de produção de longo prazo. Por exemplo, na indústria automobilística uma montadora poderia programar a produção para um mês adiante e notificar seus fornecedores de seu plano de produção. Em outras situações (por exemplo, a *Dell Computer*), o processo de produção começa quando a *Dell* recebe o pedido de um computador. O auditor deve entender completamente as relações do cliente com seus fornecedores e examinar os principais contratos que estipulam quantidade, programação e condições de qualidade de entrega. O processo tradicional de compra começa com o reconhecimento da necessidade de compra – por um indivíduo ou um programa de computador que monitora os estoques ou a produção.

Estão contidos no processo de requisição vários controles que ajudam a garantir que todas as compras sejam adequadamente aprovadas. Normalmente, uma ficha de requisição é encaminhada ao departamento de compras por um supervisor, embora alguns departamentos possam ter autoridade para fazer compras individuais até um limite monetário específico. Pedidos de compra gerados por computador são frequentemente revistos pelo departamento de compras, mas em alguns sistemas automatizados o pedido pode ser eletronicamente transmitido ao fornecedor sem revisão adicional. Uma visão geral de um processo tradicional de requisição é mostrada na **Ilustração 11.2**.

Muitas empresas se associam aos principais fornecedores para aprimorar seu processo de gestão da cadeia de suprimento. Por exemplo, a *General Motors* se associou à *Eaton Corporation* para o fornecimento de unidades já montadas que são carregadas diretamente na linha de produção. Esse tipo de relacionamento exige coordenação próxima e jamais pode envolver uma ficha de requisição. Pode envolver somente a elaboração de um contrato de longo

> **QUESTÃO PRÁTICA**
>
> Controles importantes incluem um plano de produção e a autorização de uma ficha de requisição que é enviada ao fornecedor por um agente de compra ou é encaminhada pelo sistema de computadores de acordo com os contratos pré-existentes.

> **Ilustração 11.2:** Visão geral do processo de requisição
>
> **ESTOQUES**
> Modalidade de requisição:
> - Requisição por escrito de produtos específicos pelo gerente de produção ou pelo gerente do depósito.
> - Requisição gerada por computador com base nos níveis de estoques e nos planos de produção correntes.
>
> **ORGANIZAÇÃO VAREJISTA**
> - Autorização geral para a compra de linhas de produtos é dada a compradores individuais pelo gerente de marketing. A autorização é colocada no computador como controle. Os limites para bens individuais podem ser superados somente com a aprovação específica do gerente de marketing.
> - Os gerentes de lojas podem ter autoridade para comprar um número limitado de produtos. A capacidade do gerente de loja de emitir um pedido de compra pode estar sujeita a limites gerais da empresa, normalmente fixados em termos de valor monetário.
> - O fornecedor pode ter acesso à base de dados de estoques do varejista e, de acordo com o contrato entre eles, enviar mercadoria para reposição de estoques com base em dados de atividade de venda e níveis pré-fixados de emissão de pedidos.
>
> **PROCESSO DE PRODUÇÃO JUST-IN-TIME**
> Um acordo é assinado com o fornecedor, mediante o qual ele concorda em entregar produtos (no momento exato em que são necessários) segundo o cronograma de produção fixado pelo fabricante. Um contrato de suprimento de longo prazo é negociado, estipulando preço, qualidade de produtos, quantidades estimadas, penalidades por faltas de produtos ou problemas de qualidade, e assim por diante. Pedidos específicos de compra não são feitos; em lugar disso, o plano de produção é comunicado ao fornecedor com as datas estipuladas de entrega. O plano de produção funciona como requisição.
>
> **MATERIAIS: PRODUÇÃO INDUSTRIAL**
> As requisições são emitidas pelos departamentos de produção e enviadas ao gerente de produção para aprovação.
>
> **MATERIAIS E COMPONENTES DIVERSOS: OUTROS DEPARTAMENTOS**
> - Requisições formais são aprovadas pelos supervisores de departamentos.
> - Cada departamento pode ter um orçamento para materiais e o poder de emitir pedidos de compra dos itens necessários diretamente ou comprar um número limitado sem um pedido de compra.
>
> **CONTRATOS DE SERVIÇOS**
> Contratos são negociados diretamente pelo departamento. Por exemplo, o departamento de processamento de dados pode negociar um contrato de serviços com um fornecedor de serviços de *backup*.

prazo e o compartilhamento de cronogramas de produção com o fornecedor. Os produtos são entregues e colocados diretamente no processo de produção. Não há departamento de recebimento formal, e a *Eaton Corporation* é paga quando da produção de um automóvel. Como o processo de requisição é automatizado, a empresa tenderá a implantar controles automatizados neste processo.

2. Compra de bens ou serviços de acordo com as políticas da empresa

Muitas organizações centralizam a função de compra em um departamento de compras. A motivação para uma função separada de compra é a de que ela:

1. Promove eficiência e eficácia.
2. Elimina o possível favoritismo que poderia haver se os chefes de departamentos individuais pudessem fazer os pedidos.
3. Reduz a oportunidade de fraude com a segregação entre a autorização de compra e as funções de custódia e registro.
4. Centraliza o controle em uma única função.

Embora haja vantagens na compra centralizada, existe um risco de que os agentes de compra possam entrar em esquemas de recebimentos por fora com fornecedores. Os con-

> **QUESTÃO PRÁTICA**
> Controles importantes de compras incluem a aprovação de um contrato com fornecedores, acesso restrito ao programa de computador e monitoramento de níveis de estoques e compras pela administração.

> **QUESTÃO PRÁTICA**
>
> A administração implanta controles relacionados à compra de bens e serviços para ajudar a garantir que somente compras autorizadas sejam feitas e a preços competitivos. Alguns sistemas podem cumprir esses objetivos sem as fichas aqui descritas. O auditor deve garantir que os controles lidem eficazmente com os riscos associados à compra de bens e serviços, independentemente da forma dos controles.

troles incluem a exigência de licitações para compras de grande vulto e o revezamento de agentes de compra entre linhas de produtos. Talvez o controle mais importante seja uma base de dados de fornecedores autorizados. Os funcionários da empresa não podem comprar de fornecedores além daqueles contidos na base de dados, dificultando assim a criação de fornecedores fictícios.

Em situações tradicionais de compra, fichas pré-numeradas são usadas para definir a unicidade de cada pedido e a completude da população de pedidos de compra. O pedido identifica a quantidade e os preços dos produtos encomendados, as especificações de qualidade e a data de entrega. O departamento de recebimento usa o pedido de compra para determinar se uma remessa de produtos deve ser aceita. O departamento de contabilidade emprega o pedido de compra para determinar se uma compra foi autorizada e se a fatura do fornecedor é correta.

Duas variações do pedido tradicional de compra estão se tornando mais comuns: o pedido de compra gerado por computador e o contrato de entrega na cadeia de suprimento.

> **QUESTÃO PRÁTICA**
>
> Fichas eletrônicas podem ser muito úteis. A título de exemplo, a Amazon.com envia uma cópia eletrônica de todo e qualquer pedido recebido aos clientes segundos após o recebimento do pedido.

Pedido de compra gerado por computador – A boa gestão de estoques identifica níveis para a emissão de novos pedidos para estoque. Quando o estoque cai abaixo de um nível estipulado ou em resposta a planos de produção, o sistema de informações da empresa gera um pedido de compra que é enviado diretamente a um fornecedor predeterminado. As empresas podem considerar controles adicionais, tais como: (1) uma quantidade máxima que pode ser encomendada dentro de certo período, (2) um volume mínimo de consumo prévio durante certo período e (3) uma revisão exigida por um agente de compra para algumas contas ou no caso de níveis de elevado valor monetário.

> **QUESTÃO PRÁTICA**
>
> Controles devem ser projetados para mitigar os riscos associados aos acordos entre fornecedores e seus clientes.

Contratos de entrega com principais fornecedores na cadeia de suprimento – Uma variação do pedido de compra gerado por computador é o sistema de consignação eletrônica usado por alguns varejistas. Como exemplo, o *Wal-Mart* encoraja seus parceiros a monitorar as atividades das lojas, os níveis de estoques e as tendências correntes de vendas, e autoriza o fornecedor a enviar produtos adicionais a lojas quando os níveis de estoques caem. Entretanto, a desvantagem é que o parceiro – por exemplo, *Levi Straus* – retém a propriedade do produto até que um consumidor o adquira. Quando o consumidor leva o par de *jeans* ao caixa, a propriedade se transfere ao *Wal-Mart* e, em seguida, ao consumidor. A informação de venda é capturada e o sistema contábil registra a venda, bem como o custo do produto vendido e uma conta a pagar à *Levi Straus*. O contrato entre parceiros comerciais também especifica controles para garantir que o *Wal-Mart* reconheça o recebimento de mercadorias e tome providências para assegurar que elas não estão danificadas, furtadas ou perdidas.

3. Recebimento de bens e serviços

Os departamentos de recebimento devem garantir que somente produtos autorizados sejam recebidos, que preencham as especificações dos pedidos, haja uma contagem precisa dos produtos recebidos e possibilidade de verificação para garantir que todos os recebimentos são contabilizados. Vários métodos alternativos de contabilização do recebimento de produtos podem existir, incluindo os seguintes:

- O departamento de recebimento confecciona documentos pré-numerados de recebimento para contabilizar todos os recebimentos.
- O departamento de recebimento lê eletronicamente os códigos de barras nos artigos recebidos para registrar a quantidade e o fornecedor e, a seguir, inspeciona visualmente

os produtos para comprovar a sua qualidade. O computador prepara um registro de recebimento numerado sequencialmente para os produtos verificados.
- Os departamentos podem receber produtos diretamente, como no caso de materiais de escritório, e devem aprovar o pagamento.
- Os produtos são recebidos diretamente no processo de produção. O fornecedor é pago de acordo com um contrato de longo prazo, baseado na produção efetiva do comprador, e o fornecedor é penalizado por atrasos na produção que sejam causados pela não entrega dos produtos.

O processo tradicional de recebimento cria um documento pré-numerado de recebimento baseado em uma contagem da mercadoria recebida. Uma cópia do pedido de compra (geralmente com as quantidades apagadas para permitir que se garanta uma contagem independente) é analisada para determinar se uma remessa é autorizada. Documentos pré-numerados de recebimento estabelecem a completude da população e são úteis para determinar que todos os bens sejam contabilizados no período correto.

A leitura automatizada pode melhorar tanto o controle quanto a eficiência do processo de recebimento. Produtos remetidos com códigos de barras podem ser diretamente lidos e registrados no sistema. Os recebimentos efetivos podem ser automaticamente checados com pedidos de compra para determinar se a remessa contém erros. Os bens recebidos na produção devem se encaixar no processo de produção. Se isso não ocorre, então há a possibilidade de problemas com a interrupção da linha de produção ou com a fabricação dos componentes errados. Por exemplo, se a *Eaton* não for capaz de entregar o componente correto à *General Motors*, a linha de produção parará e a General Motors saberá qual é a causa. Embora este não seja um "controle contábil" tradicional, é muito eficaz pois qualquer falha imediatamente chama a atenção da administração e do fornecedor. Portanto, há uma motivação forte para que se evite qualquer erro.

À medida que os auditores encontram cada vez mais esses sistemas integrados de pedido, entrega e pagamento em uma cadeia de suprimento, eles são forçados a considerar os tipos de controles que devem estar presentes. A **Ilustração 11.3** fornece uma visão geral de controles encontrados em sistemas tradicionais de recebimento e em sistemas mais automatizados.

Independentemente do enfoque adotado na função de recebimento, o auditor precisa ter a segurança de que a administração conta com controles suficientes para monitorar as compras. Se houver erros, eles provavelmente estarão relacionados à avaliação de estoques ou despesas.

4. Aprovação de itens para pagamento

A aprovação envolve a conferência em três direções entre a fatura do fornecedor, o pedido de compra e o relatório de recebimento. Essa conferência pode ocorrer manualmente ou por meio de um processo automatizado.

Conferência manual tradicional – O sistema tradicional de compra e pagamento, apoiado em documentos, exige que o pessoal de contas a pagar confira a fatura do fornecedor, o pedido de compra e o relatório de recebimento para determinar a validade do pagamento solicitado. Se todos os itens nos três documentos batem uns com os outros, a fatura do fornecedor é definida como conta a pagar com uma data de pagamento programada. As discrepâncias são analisadas com o agente de compra. A documentação e a autorização de suporte são, a seguir, apresentadas à tesouraria para fins de pagamento. Os controles internos devem garantir que todos os itens sejam registrados tempestivamente, que o processo de autorização

> **CONSIDERE O RISCO**
> As empresas e os fornecedores são cada vez mais integrados. Se um produtor de componentes não for capaz de entregar produtos de qualidade, então haverá um risco de que o item fabricado também falhe. O auditor precisará considerar este risco ao fazer a avaliação do estoque.

> **CONSIDERE O RISCO**
> As empresas necessitam de controles para garantir que não somente a quantidade correta de bens seja recebida e avaliada ao preço correto de compra; elas também devem possuir controles para garantir que os bens entregues atendam às exigências de qualidade da empresa. Por exemplo, se a Boeing não tem certeza da qualidade de um motor de avião comprado da General Electric, ela corre o risco de que o avião falhe. Da mesma forma, se a General Electric não tem certeza da qualidade do sistema de controle de combustível que recebe do fornecedor, ela corre o risco de falha do motor. O auditor também precisa entender esses riscos e controles.

Ilustração 11.3: Comparação de controles em sistemas tradicionais e automatizados

Sistema tradicional de recebimento	Sistema eletrônico integrado de recebimento
Pedidos de compra são confeccionados e enviados a fornecedores.	Contrato de longo prazo é assinado com o fornecedor, especificando: • Qualidade. • Exigências de remessa e entrega. • Prazos de pagamento. • Penalidades por mau desempenho. • Conciliações entre parceiros comerciais por bens remetidos/recebidos.
Pedidos de compra baseados em: • Projeções de vendas ou produção. • Níveis correntes de estoques.	Quantidades são baseadas em planos ou programas de produção. Quantidades e prazos de entrega são atualizados mensalmente ou quinzenalmente, dependendo de cronograma e restrições de remessa.
Preço é negociado ou fixado por meio de licitação envolvendo vários fornecedores.	Preço é fixado com um fornecedor preferido.
Existe função independente de recebimento.	Bens são entregues à linha de produção.
Documentos de recebimento independentes e pré-numerados sequencialmente são preparados para evidenciar que os produtos são recebidos.	Interrupções da produção geram evidência de que os bens não foram entregues.
Departamento de Contas a Pagar confere pedido de compra com documento de recebimento e fatura e reconhece conta a pagar.	Contas a pagar são determinadas com base no contrato (em função da produção, das vendas de produtos etc.).
Pagamentos são feitos por meio de cheque ou transferência eletrônica uma ou duas vezes por mês.	Os pagamentos são eletronicamente transferidos ao fornecedor com base nos prazos contratuais.
Diferenças são identificadas antes da realização de pagamentos.	Processos são descritos no contrato para dirimir diferenças entre bens recebidos e remetidos por fornecedor.

inclua uma análise de documentos e que a documentação de apoio seja cancelada quando o pagamento ocorre para evitar que haja pagamentos em duplicata.

Conferência automatizada – A abordagem tradicional para controlar o recebimento e o pagamento de compras é trabalhosa e propensa a erro. O processo de conferência automatizada representa uma alternativa eficiente. Os pedidos de compra são lançados em um banco de dados de pedidos de compra que é acessado pelo departamento de recebimento para que se determine se uma remessa de produtos que está chegando deve ser aceita. O departamento de recebimento registra eletronicamente o recebimento de bens lendo o código de barras ou por outros meios e o assinala com uma referência ao pedido de compra.

O aplicativo de computador compara os três documentos (pedido de compra, documento de recebimento e fatura do fornecedor) e, se essa conferência em três dimensões produz resultados dentro de um limite predeterminado de tolerância, a fatura é aprovada para fins de pagamento. Fixa-se uma data de pagamento e um cheque é automaticamente gerado na data programada e assinado com o uso de uma placa de assinatura autorizada. O processo completo de pagamento ocorre sem qualquer intervenção humana perceptível. Não há revisor autorizado, nenhuma conferência física e nenhum indivíduo fisicamente assinando os cheques. Em alguns sistemas, o pagamento pode ser transferido eletronicamente ao fornecedor.

A ausência de intervenção humana é compensada por procedimentos de controle e conceitos de autorização embutidos no sistema (ou seja, controles automatizados), tais como os seguintes:

- *Fornecedores autorizados* – As compras só podem ser feitas junto a fornecedores autorizados.
- *Acesso restrito* – O acesso a bases de dados é restrito, em particular às bases de dados de fornecedores e compras. Qualquer pessoa com o poder de adicionar um fornecedor ou fazer pedidos de compra não autorizados está em condições de criar compras e fornecedores fictícios. Portanto, alguém situado fora do departamento de compras deve se ocupar em manter a base de dados de fornecedores (uma lista de fornecedores aprovados).
- *Processos automáticos* – Embora o departamento de recebimento tenha acesso ao pedido de compra (somente para leitura), o uso de escâneres automáticos e de outros dispositivos de contagem reduz a frequência de erros de contagem e identificação.
- *Conciliações inerentes ao processo* – A maioria dos varejistas marca os preços de venda nas mercadorias no centro de distribuição em que são recebidas. Os tíquetes de preços de venda no varejo para um pedido podem ser gerados a partir do pedido de compra. O número de efetivo de tíquetes utilizados deve ser conciliado com as mercadorias recebidas, e qualquer tíquete que sobre deve levar a um ajuste no relatório de recebimento.
- *Automatização de atividades expostas a erro* – As faturas de fornecedores são tradicionalmente lançadas no sistema pelo pessoal de contas a pagar, segregando assim este processo das outras duas funções. Uma alternativa consiste em receber as faturas eletronicamente. Ainda é importante que as áreas de compra e recebimento não tenham o poder de lançar dados de faturas de fornecedores ou acesso ao arquivo de faturas de fornecedores.
- *Acesso restrito à transferência de fundos* – O acesso à placa de assinatura de cheques ou à autorização de transferências eletrônicas de fundos é geralmente limitado à tesouraria.
- *Monitoramento* – Relatórios de atividade são preparados regularmente para análise pela administração.

Como a maioria dos procedimentos de controle é desenvolvida durante o processo de montagem do sistema, é importante que usuários e auditores internos participem ativamente da análise da eficácia de controles incorporados ao aplicativo de computador.

5. Desembolsos de caixa

Em um sistema manual, alguém na organização (o presidente, em algumas organizações de pequeno porte, o tesoureiro, em outras) verifica a completude dos documentos e assina um cheque para efetuar o pagamento da compra de bens e serviços. Os documentos de apoio são imediatamente cancelados para evitar a realização de pagamentos em duplicata. Na maioria dos sistemas automatizados, os cheques são gerados automaticamente de acordo com a data programada de pagamento e os documentos de apoio são cancelados quando a fatura é preparada para fins de pagamento. Os controles mais importantes nesses sistemas são (1) a análise de transações, na qual alguém revê os gastos e compara a outros dados básicos (por exemplo, produção, orçamentos, outras medidas de volume) e (2) o encaminhamento de divergências com fornecedores a alguém situado fora do processo. Outros controles incluem a revisão periódica do sistema pelo departamento de auditoria interna e a conciliação periódica do estoque fisicamente disponível com o registrado na contabilidade.

> **AUDITORIA INTEGRADA**
>
> Os desembolsos de caixa requerem a autorização apropriada; a documentação de apoio (eletrônica ou impressa) precisa ser imediatamente cancelada para evitar que sejam feitos pagamentos em duplicata; e o processo deve ser monitorado para detectar a ocorrência de atividade incomum. Em uma auditoria integrada, esses controles serão testados e, se estiverem funcionando adequadamente, darão ao auditor evidência significativa quanto à precisão dos saldos de contas no ciclo.

> **AUDITORIA INTEGRADA**
>
> O processo computadorizado exige autorização para a emissão de pedidos, acesso restrito à base de dados de fornecedores, conciliação automática e monitoramento de atividade incomum. Em uma auditoria integrada, esses controles serão testados e, se estiverem funcionando eficazmente, darão ao auditor evidência significativa sobre a precisão dos saldos de contas no ciclo.

> **QUESTÃO PRÁTICA**
>
> Os membros de grupos de interesse devem esperar que os auditores examinem os pagamentos efetuados a altos administradores para verificar se são apropriados e feitos para fins relevantes à empresa.

> **CONSIDERE O RISCO**
>
> A imprensa financeira tem documentado muitas falências de empresas em que os executivos usam os ativos como se eles fossem propriedade pessoal. O auditor deve prestar atenção especial a itens tais como reembolsos de despesas ou outros gastos que não parecem ter uma finalidade empresarial justificável.

> **AUDITORIA INTEGRADA**
>
> Se o auditor concluir que os controles sobre o ciclo de compra e pagamento estão funcionando eficazmente, o volume de testes substantivos poderá ser reduzido, pois o risco de incorreção material terá sido diminuído.

Eficácia do projeto de controles no ciclo de compra e pagamento

Se os controles do cliente no ciclo de compra e pagamento tiverem sido projetados eficazmente e atenuam os riscos relevantes, o auditor poderá testar esses controles para verificar se estão funcionando eficazmente. O teste de controles é necessário para a conclusão da auditoria integrada. Na auditoria não integrada tradicional, o auditor pode optar por testar a eficácia dos controles para que testes substantivos possam ser alterados ou reduzidos. Se o auditor concluir que os controles estão funcionando eficazmente, ele poderá se apoiar mais amplamente em procedimentos analíticos substantivos para obter evidência a respeito de saldos de contas.

Projetar e realizar testes de controles e analisar os resultados de testes de controles (etapas 6 e 7)

Os controles internos a serem testados são aqueles identificados como parte da auditoria integrada; ou seja, os controles que ajudam a garantir que todas as compras são autorizadas e que os pagamentos efetuados correspondem aos bens recebidos, sendo feitos nos valores apropriados, no período correto e apenas uma vez ao fornecedor autorizado. Recorde que os testes típicos de controles incluem perguntas ao pessoal relevante, a observação da execução do controle, o exame de documentação que corrobore a execução do controle e a reexecução do controle pelo auditor que o está testando. Entretanto, nem todos os tipos de testes de controles são relevantes para cada controle. Além disso, muitos testes de controles envolvem controles computadorizados, como, por exemplo, uma conferência automatizada em três direções.

No caso de controles manuais, o auditor poderá testar se o controle por meio de conferências em três direções estava funcionando eficazmente, tomando uma amostra de pagamentos e vinculando-os à documentação que corrobora que o controle foi feito. A amostragem de atributos tenderia a ser utilizada neste caso. Como outro exemplo, o levantamento de uma amostra de relatórios de recebimento no processo de registro e sua comparação a documentos de apoio permitem testar a afirmação de completude, bem como as afirmações de classificação e avaliação de contas. Defasagens significativas no registro do passivo indicam possíveis problemas que devem ser examinados durante os testes substantivos de contas a pagar no final do exercício.

Evidência de autorização apropriada deve estar disponível para cada compra e pagamento. Os sistemas baseados em documentação impressa fornecem evidência de autorização por meio de assinaturas. Para testar tais tipos de controles, o auditor fará perguntas ao pessoal que os executa e examinará documentação que confirme que os controles foram realizados. Os sistemas computadorizados são verificados por meio de controles de acesso e relatórios de exceções que são testados pelo auditor usando técnicas computadorizadas de auditoria, bem como perguntas e exames de documentação.

Se o auditor descobrir que os controles internos são eficazes, então os procedimentos substantivos poderão incluir procedimentos analíticos e testes reduzidos de detalhes. Entretanto, se os procedimentos analíticos não fornecerem evidência que sustente a precisão do saldo de uma conta, então o auditor precisará realizar mais testes amplos de detalhes. Além disso, se for constatado que os controles são ineficazes, o auditor precisará realizar mais testes diretos dos saldos das contas, em lugar de confiar basicamente em procedimentos analíticos substantivos.

Realização de testes substantivos das contas do ciclo de compra e pagamento (etapa 8)

Focalizamos agora a atenção nos procedimentos substantivos básicos de auditoria para contas pertencentes a este ciclo de transações e como são afetados pela avaliação que o auditor faz dos controles internos do cliente. A amplitude e a profundidade dos testes dessas contas variarão com a complexidade das transações, o risco de informação incorreta e a eficácia dos controles associados a essas contas.

> **OA 6**
> Descrever os procedimentos substantivos de auditoria que devem ser utilizados para testar contas no ciclo de compra e pagamento.

Testes substantivos de contas a pagar

A principal preocupação do auditor em relação a contas a pagar é a de que uma conta seja subavaliada. Portanto, a afirmação mais relevante é a de completude, e o auditor concentrará seus testes nesta afirmação. O teste a ser realizado depende do risco de uma subavaliação de contas a pagar. Se o risco for diminuto, os testes poderão ser limitados a procedimentos analíticos substantivos, como uma comparação do saldo de contas a pagar aos valores do ano anterior e testes das contas de despesas e ativos subjacentes, ou uma comparação de contas a pagar a fornecedores importantes em relação ao ano anterior. Por outro lado, se houver deficiências significativas ou materiais de controle interno sobre compras, o auditor usará pelo menos um dos seguintes enfoques de teste:

1. Revisão analítica de contas de despesas relacionadas e comparações com outros dados econômicos subjacentes.
2. Testes de desembolsos subsequentes.
3. Conciliação de extratos ou confirmações de fornecedores com contas a pagar registradas.

A **Ilustração 11.4** é um exemplo de um programa parcial de auditoria para o teste de contas a pagar e compras. O programa baseia-se em uma avaliação de que não há deficiências significativas ou materiais de controle interno sobre esses processos.

Revisão analítica de contas de despesa relacionadas – Este procedimento destina-se a determinar se os dados contábeis indicam uma subavaliação potencial de despesas. Se uma subavaliação for provável, o auditor ampliará os testes de contas a pagar fazendo pelo menos um dos dois testes de detalhes descritos a seguir. A revisão analítica de contas de despesa relacionadas é empregada como teste substantivo básico de clientes para os quais o risco de controle foi considerado baixo, quando não há sinais de alerta para indicar alguma motivação para a subavaliação de contas a pagar e quando a empresa não corre o risco de violar cláusulas de dívidas representadas pela manutenção de níveis de ativo circulante.

Teste de desembolsos subsequentes – O auditor examina uma amostra de desembolsos efetuados após o final do exercício para determinar se dizem respeito a bens e serviços aplicáveis ao exercício anterior – e, em caso afirmativo, se houve o registro de um passivo no exercício anterior. A análise de desembolsos é seguida por um exame de faturas não registradas de fornecedores e relatórios de recebimento para determinar se bens ou serviços recebidos no exercício anterior foram adequadamente contabilizados em contas a pagar. Se o risco de controle for elevado ou houver indícios de fraude, o auditor poderá examinar 100% dos desembolsos subsequentes mais vultosos.

> **FOCO EM FRAUDE**
> A Advanced Marketing Services (AMS) é uma empresa de comércio atacadista de livros de interesse geral, com sede em San Diego, que fornece uma variedade de outros serviços, incluindo de promoção e publicidade. Um esquema de sobrevalorização fraudulenta de lucros na AMS envolveu não informar aos varejistas de créditos o que lhes era devido por serviços de publicidade e promoção que os varejistas prestavam. Em lugar de entrar em contato com os varejistas e conciliar os valores, a AMS reverteu indevidamente o passivo decorrente desses créditos e, com isso, reduziu suas despesas e aumentou seu lucro. Uma executiva da AMS beneficiou-se com a sua participação nos esquemas fraudulentos por meio do recebimento de bônus anual e vendas de ações da empresa. Uma comparação analítica das despesas com anos anteriores e com volumes de vendas teria sido um bom indicador de que algo estava errado.
> Fonte: SEC AAER nº 2312.

> **QUESTÃO PRÁTICA**
> Procedimentos analíticos devem ser mais do que "análises de flutuações" entre dois anos. A análise deve relacionar os dados a outras contas e indicadores de desempenho econômico.

> **Ilustração 11.4:** Programa típico de auditoria para uma empresa industrial – contas a pagar
>
> 31 de dezembro de 2009
>
> Doc. Ref.   Realizado por
>
> **OBJETIVOS DE AUDITORIA**
> Aferir o risco de controle sobre transações de compra e desembolso de caixa, e determinar a precisão de afirmações relevantes (completude, existência, avaliação, apresentação e obrigações) relacionadas a compras, despesas operacionais e contas a pagar a fornecedores.
>
> **TESTES DE CONTROLES E TRANSAÇÕES**
> 1. Examinar relatórios computadorizados de conferência para determinar o número de exceções e a eficácia de procedimentos de seguimento.
> 2. Determinar se tem ocorrido alguma alteração nos programas de computador para o processamento de compras e desembolsos durante o ano.
> 3. Testar controles de autorização mediante o exame da eficácia dos controles de acesso ao sistema de computação.
> 4. Analisar a distribuição apropriada de contas para um conjunto selecionado de transações; determinar que elas são registradas ao preço correto e contabilizadas no período apropriado.
>
> **PROCEDIMENTOS ANALÍTICOS**
> Preparar uma análise vertical da demonstração de resultado e comparar despesas com o período anterior. Identificar e investigar diferenças significativas.
>
> **TESTES DE DETALHES**
> 1. Usar *software* genérico de auditoria para verificar a precisão matemática de contas a pagar e conferir com o razão geral (avaliação).
> 2. Conferir extratos mensais e confirmações de fornecedores principais com a lista de contas a pagar (existência, completude, avaliação e obrigação).
> 3. Fazer um teste de corte de compras e desembolsos de caixa.
> 4. Analisar compromissos de compra de longo prazo e determinar se alguma perda precisa ser reconhecida (completude, apresentação e divulgação).
> 5. Enunciar sua conclusão quanto à correção dos saldos de contas.

Conciliação de extratos ou confirmações de fornecedores com contas a pagar registradas – O auditor pode optar por solicitar extratos mensais ou enviar pedidos de confirmação aos principais fornecedores para obter uma declaração a respeito de itens em aberto. O auditor conciliará a declaração ou confirmação do fornecedor com o balancete de contas a pagar do cliente. O método gera evidência confiável, mas é caro e empregado somente quando há um risco elevado de que a empresa não esteja pagando os fornecedores regularmente.

Outros testes substantivos de contas a pagar: testes de corte no final do exercício – Erros de corte (período correto) são comuns. Algumas dessas dificuldades ocorrem porque o final do ano é um período de intensa atividade, e erros podem acontecer se não são tomadas precauções para garantir uma contabilização tempestiva. Cobrimos os testes de corte em conjunto com a discussão de estoques mais adiante neste capítulo.

Outros testes substantivos de contas a pagar: análise de contratos de compromisso de compra – As organizações têm recorrido cada vez mais a contratos de longo prazo para adquirir estoques a preços fixos, ou a um preço fixo mais ajustes por inflação. Esses contratos podem se estender por um período de alguns anos, e há sempre certo risco de que as circunstâncias econômicas se alterem e os contratos deixem de ser economicamente viáveis. Os contratos devem ser examinados para determinar se há penalidades associadas ao seu

> **QUESTÃO PRÁTICA**
>
> A solicitação de confirmações de itens em aberto junto a fornecedores pode ser um procedimento de auditoria muito eficaz quando o auditor desconfia de subavaliação significativa de contas a pagar. O procedimento é intensivo em termos de uso de mão de obra e é empregado em clientes cujo risco de controle é elevado.

descumprimento, e o auditor deve adquirir conhecimento suficiente para avaliar a estimativa do cliente para a probabilidade de descumprimento ou perdas com contratos.

Testes substantivos de contas de despesa

Os testes de contas a pagar e desembolsos correspondentes de caixa fornecem evidência indireta a respeito da correção de contas de despesa relacionadas a compras. Entretanto, alguma análise adicional de contas de despesa selecionadas geralmente é necessária, dependendo da solidez dos controles internos testados nas fases iniciais da auditoria integrada. Ao avaliar evidências a respeito de contas de despesa, o auditor deve considerar que a administração tende mais a (1) subavaliar e não sobrevalorizar despesas e (2) classificar itens de despesa como ativos, e não o contrário.[2] Portanto, as afirmações mais relevantes relacionadas a despesas no ciclo de compra e pagamento são a afirmação de completude e a de apresentação e divulgação.

O auditor também deve fazer testes que identifiquem todos os créditos significativos a contas de despesa, pois esses créditos poderiam indicar transferência indevida de custos a contas de ativo. Ao auditar contas de despesa, o profissional está ciente de que nem todas as despesas são diretamente relacionadas a desembolsos de caixa. Por exemplo, despesas de juros e outras (seguros, impostos, aposentadorias, bônus) tendem a ser acumuladas quando os pagamentos não são feitos.

Procedimentos analíticos relativos a contas de despesa – Quando o auditor conclui que o risco do controle interno é baixo, os testes substantivos principais podem ser procedimentos analíticos substantivos. Ao executar procedimentos analíticos, o auditor deve reconhecer que muitos saldos de contas estão diretamente relacionados ao volume de atividade do cliente. Relações estáveis entre contas específicas são esperadas (tais como custo dos produtos vendidos e vendas) e que podem ser investigadas quando há discrepâncias incomuns. Exemplos de despesas que devem variar diretamente com as vendas incluem despesas com garantias, comissões de vendas e despesas com materiais de consumo. O modelo analítico deve ser montado com o uso de dados auditados ou gerados de maneira independente. Se a conta de despesa se situar dentro de intervalos esperados, o auditor poderá se sentir confiante em concluir que não está materialmente incorreta. Se o saldo da conta não se situar dentro dos limites especificados, o auditor formulará hipóteses a respeito do por que pode variar e investigará sistematicamente a situação. A investigação deverá incluir perguntas a pessoal da empresa e o exame de evidência confirmatória (incluindo uma análise detalhada das contas de despesa, quando justificável). Por exemplo, as comissões de vendas podem ter atingido 3% das vendas nos últimos cinco anos, em média, e o auditor pode esperar que esta tendência prossiga. Se tal proporção cai para 1% no ano corrente, o auditor deve examinar a causa dessa queda. Se o profissional obtiver evidência suficiente por meio de procedimentos analíticos substantivos, o volume de testes substantivos poderá ser reduzido.

Teste detalhado de contas de despesa – Algumas contas de despesa, incluindo contas não diretamente relacionadas ao ciclo de compra e pagamento, são de interesse intrínseco para o auditor, simplesmente devido à natureza da conta. Incluem despesas legais, com viagens e entretenimento, reparos e manutenção e despesas com imposto de renda. A conta de des-

---

[2] O cliente pode estar motivado a minimizar impostos de renda, e assim desejaria sobrevalorizar despesas e subavaliar lucros. Em tais casos, o auditor deve concentrar a sua atenção em itens classificados como despesas que deveriam ser registrados como ativos.

> **QUESTÃO PRÁTICA**
>
> Geralmente as empresas tendem a subavaliar despesas. Entretanto, muitas empresas menores podem desejar sobrevalorizar despesas para reduzir o imposto de renda devido. O auditor deveria ajustar os procedimentos de auditoria para testar a existência de registro excessivo de despesas em tais situações.

> **FOCO EM FRAUDE**
>
> **Despesas na Rite Aid**
>
> Os executivos da Rite Aid utilizaram um esquema amplo de fraude contábil que resultou na inflação significativa do lucro da empresa. Quando esse comportamento foi finalmente descoberto, a Rite Aid foi obrigada a reduzir o seu lucro antes do imposto em US$ 2,3 bilhões e o seu lucro líquido em US$ 1,6 bilhão, a maior reapresentação feita até então. Um aspecto da fraude envolvia reversões de despesas efetivas. O pessoal da contabilidade da Rite Aid reverteu valores que haviam sido contabilizados para diversas despesas incorridas e já tinham sido pagas (debitando contas a pagar e creditando despesas). Essas reversões não eram justificadas e, em cada caso, foram recolocadas nos livros no trimestre seguinte. O efeito foi inflacionar o lucro da Rite Aid durante o exercício em que as despesas eram incorridas. Especificamente, lançamentos desta natureza fizeram que o lucro da empresa fosse sobrevalorizado, em um trimestre, em US$ 9 milhões. Este comportamento ressalta outro ponto importante: as vezes, a administração deseja distorcer apenas um trimestre específico para manter o preço da ação elevado, com a intenção de corrigir os problemas antes do final do ano.
>
> Fontes: SEC AAER nº 1581 e nº 2023.

> **CONSIDERE O RISCO**
>
> Muitos auditores utilizam procedimentos analíticos que comparam despesas com anos anteriores. Mas, como sabem se o ano anterior era correto? Os auditores devem usar *software* de auditoria para enumerar todos os créditos a contas de despesa e depois investigar todos os créditos materiais às contas.

> **QUESTÃO PRÁTICA**
>
> A existência de lançamentos credores numerosos a uma conta de despesa sempre deve despertar o ceticismo do auditor quanto à correção do saldo da conta, exigindo-se uma avaliação separada dos lançamentos.

pesas legais deve ser examinada como um possível indicador de ações que podem exigir registro e/ou divulgação. A despesa com viagens e entretenimento deve ser examinada para verificar se há itens questionáveis ou não relacionados a atividades da empresa. A despesa com reparos e manutenção deve ser examinada em conjunto com as aquisições de ativo imobilizado para garantir que seja feita uma distinção apropriada entre despesas do exercício e gastos que devem ser capitalizados. A despesa com imposto de renda e o(s) passivo(s) correspondente(s) devem ser examinados, geralmente por um colega que seja um profissional da área tributária, para assegurar que a legislação e as normas fiscais foram cumpridas. Uma amostra da documentação subjacente deve ser examinada para se determinar a natureza da despesa, sua finalidade empresarial apropriada e a correção do item contabilizado.

O enfoque mais comumente usado para o teste detalhado de despesas consiste em (a) fazer que o cliente produza uma tabela de todos os itens de valor elevado que compõem a conta de despesa (geralmente isto é feito para clientes de menor porte) ou (b) usar *software* de auditoria para (i) examinar itens selecionados ao acaso na conta de despesa com base em amostragem e (ii) preparar uma lista de todos os créditos aos itens de despesa para análise adicional.

Um exemplo de um programa específico de auditoria para a realização de testes detalhados de despesas com viagens e entretenimento é mostrado na **Ilustração 11.5**.

Testes detalhados de outras contas de despesa, como gastos com reparos e manutenção, normalmente envolveriam uma amostragem de débitos ao saldo da conta e a checagem dos itens com documentos de apoio para determinar que (a) havia fundamentação adequada

---

Ilustração 11.5: Programa parcial de auditoria de despesas com viagens e entretenimento

1. Rever o teste de controles e a avaliação do risco de controle. Considerar as incorreções que poderiam ocorrer, incluindo qualquer resultado de reunião de discussão exploratória a respeito de fraude.
2. Usar *software* de auditoria para ler o arquivo de despesas com viagens e entretenimento e fazer o seguinte:
   a. Totalizar o arquivo e conferir o resultado com o balancete.
   b. Criar um arquivo de todos os reembolsos feitos a executivos ou conselheiros; fazer uma lista para cada dirigente.
   c. Preparar uma lista de todos os créditos à conta.
3. Para cada item selecionado, checá-lo com a evidência detalhada que fundamenta a despesa. Examinar a documentação de apoio para:
   a. Determinar se a documentação está completa.
   b. Determinar se a despesa recebeu as aprovações apropriadas.
   c. Examinar a finalidade empresarial da despesa e determinar que os indivíduos autorizados estavam presentes e a despesa obedece às normas da Receita Federal.
   d. Determinar que a despesa estava de acordo com as diretrizes da empresa.
   e. Resumir qualquer discrepância e determinar se a empresa deve ser reembolsada ou não.
   f. Discutir possíveis ajustes com o diretor financeiro ou o pessoal apropriado, incluindo o diretor executivo ou o presidente do comitê de auditoria no caso de itens envolvendo o diretor executivo ou o diretor financeiro.
4. Fazer estimativas de possíveis ajustes e determinar se os valores são materiais.
5. Analisar lista de lançamentos credores à conta e determinar se os valores são materiais. Se os valores forem materiais:
   a. Resumir por tipo.
   b. Investigar a fonte do lançamento e a fundamentação para o lançamento.
   c. Determinar se os lançamentos foram apropriados ou não.
   d. Fazer uma estimativa das alterações exigidas na(s) conta(s).
6. Registrar qualquer ajuste necessário.
7. Se os reembolsos a qualquer executivo forem superiores ao determinado por políticas da empresa ou não corresponderem a finalidades legítimas, resumir os valores e discuti-los com o presidente do comitê de auditoria e o diretor executivo.
8. Considerar se as constatações apoiam uma conclusão de que os controles estão funcionando eficazmente. Em caso contrário, considerar o impacto sobre o relatório da seção 404 sobre controle interno.
9. Resumir as constatações.

para o pagamento e (b) a classificação foi apropriada (despesa do exercício *versus* capitalização). O auditor também deve utilizar *software* de auditoria para resumir todos os lançamentos credores ao saldo da conta e então investigar quaisquer valores que seriam materiais para determinar sua origem e a propriedade dos saldos (ver o quadro Foco em fraude, que descreve a fraude ocorrida na *WorldCom*).

Também se pode coletar evidência a respeito de contas de despesa por meio das auditorias de contas de ativo ou passivo relacionadas. Por exemplo, se o auditor determinar que algo foi indevidamente capitalizado, essa determinação também significa que uma despesa foi subavaliada. De maneira análoga, se um passivo foi omitido, isso provavelmente significa que uma despesa foi subavaliada.

Análise de lançamentos incomuns a contas de despesa – A vasta maioria de transações em contas de despesa deve ser formada por lançamentos devedores que são acompanhados por compras de bens ou serviços que podem ser validadas por recibos independentes e por faturas independentes de fornecedores. As exceções a esta regra são as contas que representam estimativas ou contas baseadas em uma relação com contas específicas de ativo ou passivo, como as de ativos imobilizados (depreciação) ou títulos de dívida (despesa de juros).

O auditor deve examinar o seguinte:

- Todos os créditos a contas de despesa.
- Todos os outros lançamentos incomuns a essas contas.

O auditor deve buscar validação independente de todos os lançamentos incomuns a contas de despesa.

Complexidades relacionadas a estoques e custo dos produtos vendidos

A contabilização de estoques é um aspecto crucial para muitos clientes devido à sua importância tanto para o balanço quanto para a demonstração de resultado. Os estoques são definidos como ativos tangíveis que são mantidos para venda no transcorrer normal das operações da empresa, estão em processo de produção para venda posterior, ou devem ser consumidos na produção de bens ou serviços colocados à venda. Os estoques incluem itens tais como aço a ser usado na produção futura de um automóvel, artigos eletrônicos em uma loja, remédios em prateleiras de hospitais ou companhias farmacêuticas e derivados de petróleo em uma refinaria.

Os estoques representam uma área complexa de contabilidade e auditoria por causa dos seguintes aspectos:

- Variedade (diversidade) de itens em estoque.
- Elevado volume de atividade.
- Diversidade de métodos de avaliação contábil.
- Dificuldade na identificação de estoques obsoletos e aplicação do princípio de avaliação com base no mais baixo entre custo e preço de mercado.

> **AUDITORIA INTEGRADA**
>
> As contas de despesas com viagens e entretenimento podem ser um reflexo da integridade da administração e da avaliação geral do ambiente de controle do cliente. Portanto, embora o teste dessas contas seja um teste das demonstrações financeiras, ele também fornece evidência indireta sobre os controles internos da organização.

> **CONSIDERE O RISCO**
>
> Créditos a contas de despesa aumentam o lucro líquido divulgado e são geralmente compensados por um aumento de ativos fictícios.

> **FOCO EM FRAUDE**
>
> **WorldCom**
>
> A administração da WorldCom desejava manter as despesas com linhas em 42% dos custos totais porque (a) as despesas com linhas representavam um indicador importante acompanhado pelos analistas de Wall Street e (b) isso ajudava a empresa a manter altos os lucros divulgados. Um dos processos empregados consistia em creditar as despesas com linhas com a redução de reservas de reestruturação. A conta de reserva seria debitada por um número redondo, tal como:
>
> | | |
> |---|---|
> | Reserva de reestruturação | $ 450.000 |
> | Despesas com linhas | $ 450.000 |
>
> Uma análise dos créditos à conta de despesas teria fornecido indícios desta transação contábil bastante incomum.
>
> Foi recomendado que a despesa com reparos e manutenção fosse analisada ao mesmo tempo que os aumentos de ativo imobilizado. A WorldCom abertamente debitava os ativos imobilizados por muitos custos de locação de linhas. Os processos aqui descritos teriam levado à descoberta da fraude na WorldCom.

> **OA 7**
>
> Explicar as complexidades inerentes à auditoria de estoques e custo dos produtos vendidos.

> **CONSIDERE O RISCO**
>
> Os estoques geralmente são materiais, complexos e suscetíveis de manipulação pela administração.

Entretanto, os aspectos contábeis são apenas um componente da tarefa de auditoria. As auditorias de estoques possuem complexidade adicional porque os estoques:

- São frequentemente distorcidos em demonstrações financeiras fraudulentas ou desfalques.
- São facilmente transportáveis.
- Existem em vários locais, alguns deles muito distantes do escritório central da empresa.
- Podem se tornar obsoletos por causa de progressos tecnológicos, muito embora não apresentem sinais evidentes de desgaste.
- Podem parecer estar em boas condições quando de fato estão obsoletos.
- Podem ser de difícil avaliação.
- São frequentemente devolvidos por clientes, e a empresa deve contabilizar as devoluções adequadamente. Deve-se ter o cuidado de identificar separadamente as mercadorias devolvidas, inspecionar a sua qualidade e contabilizá-las por seu valor realizável líquido.
- A diversidade aumenta o conhecimento que o auditor deve ter do negócio para lidar com questões de obsolescência e avaliação.
- Os métodos de avaliação são complexos e podem ser de difícil aplicação; por exemplo, há vários métodos para estimar um estoque UEPS.

Riscos e controles relacionados a estoques e custo dos produtos vendidos

OA 8
Identificar riscos à divulgação financeira confiável que estão associados a estoques e custo dos produtos vendidos.

As contas de estoques e custo dos produtos vendidos estão expostas a erros. Além disso, as fraudes envolvendo estoques estão entre as mais comumente usadas pela administração para gerir lucros e distorcer a posição financeira da empresa. A **Ilustração 11.6** identifica alguns dos possíveis esquemas fraudulentos de manipulação de estoques e custo dos produtos vendidos.

Visão geral dos controles internos para estoques

OA 9
Descrever controles internos típicos de estoques e custo dos produtos vendidos.

O auditor normalmente parte da aquisição de conhecimento dos componentes de custo do estoque e como a avaliação de estoques é afetada pelos preços correntes de mercado. Concentraremos nossa atenção nos estoques de um cliente industrial, pois esse contexto é o mais complexo e normalmente apresenta os problemas de auditoria mais difíceis. Um sistema de controle de estoques bem concebido deve assegurar o seguinte:

- Todas as compras são autorizadas.
- Há contabilização tempestiva, precisa e completa das transações envolvendo estoques.
- O recebimento de estoques é adequadamente controlado e testado independentemente para verificar que a sua qualidade está de acordo com os padrões da empresa.
- O sistema de contabilidade de custos está atualizado; os custos são identificados e atribuídos adequadamente aos produtos; e as variações são analisadas, investigadas e adequadamente alocadas a estoques e custo dos produtos vendidos.
- Um sistema de inventário perpétuo serve de base para os relatórios gerenciais e como apoio à gestão de estoques.
- Todos os produtos são sistematicamente examinados para a determinação de obsolescência, e as ações contábeis apropriadas são tomadas.
- A administração analisa os estoques periodicamente, toma providências a respeito de estoques excessivos e os gere de modo que minimize perdas com obsolescência tecnológica.

Ilustração 11.6: Enfoques à manipulação de estoques e custo dos produtos vendidos

Evento	Contas afetadas	Manipulações possíveis
1. Compra de estoques	Estoques, contas a pagar	Compras contabilizadas a menos Contabilização de compras em período posterior Não contabilização de compras
2. Devolução de estoques ao fornecedor	Contas a pagar, estoques	Sobrevalorização de devoluções Contabilização de devoluções em um período anterior
3. Venda de estoques	Custo dos produtos vendidos, estoques	Contabilizar a um valor muito baixo Não contabilizar custo dos produtos vendidos e não reduzir estoques
4. Estoque se torna obsoleto	Perdas com a baixa de estoques, estoques	Não dar baixa de estoques obsoletos
5. Contagem periódica de quantidades estocadas	Encolhimento de estoque, estoques	Contar estoques em excesso (dupla contagem etc.)

- Novos produtos são lançados somente após a realização de estudos de mercado e testes de controle de qualidade.
- Contratos de longo prazo são monitorados de perto. Pedidos excessivos de compra são monitorados e perdas possíveis são reconhecidas.

Sistema contábil

O sistema contábil deve ser capaz de identificar individualmente os produtos e registrar transações em tempo hábil. Os procedimentos de controle devem ser concebidos para lidar com as afirmações mais relevantes, incluindo existência, avaliação e apresentação/divulgação. Muitos dos controles serão automatizados no sistema de computação, como discutido anteriormente, e complementados com o seguinte:

- Dígitos automaticamente verificáveis, incorporados à identificação dos produtos estocados.
- Testes de edição em todas as transações, especialmente de validade, limite e razoabilidade.
- Atualização automatizada de registros de estoques à medida que as transações ocorrem.
- Teste periódico do sistema de inventário perpétuo.
- Relatórios gerenciais periódicos sobre consumo de estoques, sucateamento, defeitos e retrabalho.
- Outras atividades de monitoramento, como a classificação dos estoques em faixas de idade por linha de produto, número de reclamações recebidas de clientes, ou divergências com fornecedores importantes a respeito de qualidade ou recebimento/pagamento tempestivo de bens.

Contabilização de devoluções por clientes

A contabilização de devoluções por clientes representa uma área de possíveis problemas. As devoluções aprovadas devem gerar um memorando de crédito, reduzindo o saldo da conta a receber do cliente e debitando a conta de provisões para devoluções de vendas. Também deve haver um lançamento credor correspondente ao custo dos produtos vendidos pelo custo original, um lançamento devedor aos estoques pelo seu valor realizável líquido e um lançamento devedor a uma conta de despesa/perda por qualquer diferença. O auditor deve

> **QUESTÃO PRÁTICA**
>
> Muitas empresas utilizam planilhas como parte de seus sistemas contábeis para manter o controle de estoques. Uma organização pequena tinha um erro em sua planilha que fazia que o estoque fosse avaliado por peça, e não por cem peças. As atividades de monitoramento usadas pela administração descobriram o erro antes da divulgação das demonstrações financeiras. Se o erro não tivesse sido detectado, a empresa teria sobrevalorizado seu estoque e lucro. Os auditores precisam ter a certeza de que seus clientes possuem os controles apropriados sobre planilhas.

> **AUDITORIA INTEGRADA**
>
> O auditor testará controles sobre o sistema de processamento, destinados a garantir que todos os bens sejam contabilizados em quantidades corretas, no período apropriado, e que as contas sejam atualizadas. Se estes controles estiverem funcionando apropriadamente, a amplitude do testes diretos de saldos de contas poderá ser limitada.

definir os procedimentos que a empresa adota para identificar mercadorias devolvidas e segregá-las dos produtos adquiridos. Deve haver procedimentos para determinar (a) se os bens podem ser revendidos como novos ou ser sucateados e (b) se os bens devem ser refeitos ou simplesmente sucateados. Fraudes importantes têm envolvido empresas que vendiam bens devolvidos como se fossem novos.

Processos de controle de qualidade

As organizações eficazes contam com um processo de controle de qualidade que permeia as funções de produção e armazenagem. O processo deve identificar unidades com defeito e levar à sua reforma na linha de produção ou eliminá-las como sucata. A maioria das empresas inclui normas de qualidade em contratos com fornecedores, muitas das quais preveem penalidades sérias por seu descumprimento. O auditor deve analisar relatórios de controle de qualidade e levar em conta as implicações para passivos não contabilizados.

> **Questão prática**
> A manipulação do sistema de contabilidade de custos para inflar o valor do estoque final consiste em um procedimento fácil pelo qual a administração manipula o lucro divulgado. O auditor deve sempre fazer uma análise ampla de variações.

Sistema de contabilidade de custos

A maioria das empresas industriais usa sistemas de custo padrão para ajudá-las a controlar custos, simplificar a contabilidade e determinar o custo de estoques. A avaliação de estoques finais é diretamente afetada pela qualidade do sistema de custos do cliente. O auditor deve obter informações a respeito do seguinte:

- O método de fixação de custos padrão.
- Há quanto tempo os padrões foram atualizados.
- O método de identificação de componentes de custos gerais e de alocação de custos gerais a produtos.
- Os métodos usados para identificar variações, suas causas e alocá-las a estoques e custo dos produtos vendidos.

> **Considere o risco**
> O conhecimento do auditor a respeito da empresa e do setor deve ajudar a identificar estoques obsoletos e determinar a maneira apropriada de contabilizá-los.

O auditor também testa os procedimentos de atribuição de custos de matéria-prima a produtos ou centros de custo. O profissional deve estar familiarizado com sistemas de custeio baseado em atividades para determinar a sua adequação para a alocação de custos a um programa de auditoria para testar o sistema de custo padrão, como é mostrado na **Ilustração 11.7**. O programa se destina a determinar a precisão e a confiabilidade do sistema de custo padrão como base de avaliação do estoque final de um cliente. O programa de auditoria pressupõe um sistema de custo padrão, mas os conceitos implícitos no programa poderiam ser modificados para outros sistemas, como um de custeio por ordens. Note que o programa exige que o auditor entenda os processos do cliente, bem como o seu sistema de custo padrão (incluindo os métodos de estimação de custos). O programa também exige análises tanto de variações quanto de atribuições de custos individuais.

Existência de um sistema preciso de inventário perpétuo

Um sistema de inventário perpétuo permite a uma organização não somente conhecer o nível atual de seus estoques, como também identificar produtos que precisam ser encomendados, que não têm sido vendidos há algum tempo, além daqueles que poderiam ser obsoletos. Se houver um risco baixo de que os registros de inventário perpétuo sejam imprecisos, o cliente poderá poupar o tempo e o custo associado a uma contagem completa de estoques no final do ano.

> O ACL pode ajudar a identificar estoques antigos e de saída lenta.

O auditor normalmente testará registros de inventário perpétuo visando a determinar que (1) recebimentos e vendas de itens estocados são contabilizados prontamente e com exatidão

Ilustração 11.7: Programa de auditoria para sistema de custo padrão

Auditoria de sistema de custo padrão

Preparado por _____
Revisto por _____

	Realizada por	Doc. Ref.

1. Rever a documentação de auditoria do ano anterior para localizar uma descrição do sistema de custo padrão. Perguntar sobre a ocorrência de qualquer mudança importante no sistema durante o ano em curso.

2. Percorrer as instalações de produção e anotar os centros de custo, arranjo físico geral da fábrica, armazenamento de estoques, funcionamento do departamento de controle de qualidade e o processo de identificação e contabilização de itens sucateados ou com defeitos.

3. Examinar a documentação de auditoria do ano anterior e as contas de variações do ano corrente como base da determinação do volume de variações identificadas pelo sistema de contabilidade de custo padrão. Definir se as variações indicam a necessidade de revisões importantes do sistema de custo padrão.

4. Perguntar sobre o processo utilizado para atualizar custos padrão. Determinar até que ponto foram feitas revisões durante o ano em curso.

5. Perguntar se foram feitas mudanças significativas no processo de produção durante o ano corrente, se reformas importantes das instalações de produção foram efetuadas e se novos produtos foram acrescentados.

6. Selecionar ao acaso X modelagens de custo padrão para produtos, e para cada modelagem de produto escolhida:
   - Examinar estudos de engenharia da modelagem de custos, observando os itens usados, volume de produto usado e o custo padrão do produto utilizado.
   - Testar se os custos do cliente são razoáveis, com uma amostragem aleatória de componentes do custo do produto e sua checagem com compras ou contratos com fornecedores.
   - Examinar registros de folha de pagamento para determinar se os custos de mão de obra são identificados especificamente por produto ou centro de custos e utilizados no cálculo de variações.
   - Examinar se o método de alocação de custos gerais a produtos é razoável. Determinar se foram feitas quaisquer mudanças significativas no método de alocação.

7. Selecionar uma amostra representativa de produtos requisitados para produção em andamento e determinar se todos os itens foram contabilizados adequadamente.

8. Analisar o método de identificação de custos gerais de produção. Selecionar uma amostra representativa de despesas lançadas a custos gerais e conferir com os fundamentos subjacentes para determinar se os custos estão sendo corretamente classificados.

9. Analisar os relatórios de variações. Determinar até que ponto o cliente tem investigado e determinado as causas das variações. Definir se as causas das variações apontam alguma necessidade de rever o sistema de custo padrão.

10. Perguntar sobre o método usado pelo cliente para alocar variações a estoques e custo dos produtos vendidos no final do ano. Determinar se o método é razoável e consistente com os anos anteriores.

11. Documentar a sua conclusão sobre a precisão e abrangência do sistema de custo padrão utilizado pelo cliente. Indicar se é possível confiar nos custos padrão para atribuição de custos ao estoque do final do ano.

> **CONSIDERE O RISCO**
> Os estoques são passíveis de sobrevalorização devido à perda, furto ou redução de valor em resultado de obsolescência ou defeito.

> **QUESTÃO PRÁTICA**
> Problemas de avaliação podem ocorrer sem obsolescência. Por exemplo, em janeiro de 2009, a Chrysler Corp. informou que seus carros permaneciam nos pátios de concessionárias (sem serem vendidos) por 165 dias, em média. Além disso, era esperado que até 20% dessas concessionárias poderiam falir antes do final do ano.

> **CONSIDERE O RISCO**
> As empresas que possuem estoques prontamente negociáveis ou consumíveis, como de produtos eletrônicos, tendem a sofrer problemas de furto por funcionários caso os controles internos não sejam eficazes.

> **QUESTÃO PRÁTICA**
> O enfoque de auditoria à obsolescência não pode ser mecânico (simplesmente calcular índices etc.). Ao contrário, o auditor deve conhecer a empresa, seus concorrentes, o poder de mercado da empresa, as tendências do setor e condições econômicas que afetam as vendas de produtos, como se a empresa fosse do próprio auditor. De posse deste conhecimento, o profissional tem uma base mais sólida para complementar a evidência objetiva anteriormente identificada para fazer estimativas razoáveis de obsolescência.

OA 10
Descrever os procedimentos substantivos de auditoria que devem ser utilizados para testar estoques e custo dos produtos vendidos.

e (2) somente recebimentos e vendas com autorização foram contabilizados. O auditor seleciona transações nos registros perpétuos e as confere com documentos de origem para verificar que somente transações autorizadas foram contabilizadas e que os custos unitários são precisos. O auditor também seleciona itens nos documentos de origem e os confere com os registros perpétuos para verificar que todos os recebimentos e vendas são contabilizados tempestivamente e com precisão. Por fim, o profissional examina a fundamentação de qualquer ajuste material feito nos registros perpétuos com base em contagens físicas. Esses testes podem ser sintetizados da seguinte maneira:

Testes de registros perpétuos devem ser exatos de todos os pontos de vista

Selecionar amostra de	Conferir com	Afirmações testadas
Registro perpétuo	Documentos de origem	Ocorrência, avaliação, direitos
Documento de origem	Registro perpétuo	Completude
Registro perpétuo	Registros de contagens físicas	Existência, completude

Análise sistemática de obsolescência

Os sistemas de inventário fornecem uma riqueza de informações para a análise sistemática da possibilidade de obsolescência do estoque de uma empresa. Esses procedimentos são importantes para que se faça a avaliação apropriada do estoque.

A determinação de possibilidades de obsolescência envolve:

- Monitoramento do giro ou das idades de produtos individuais ou de linhas de produtos e a comparação do giro com o desempenho passado e com as expectativas para o período corrente.
- Monitoramento do impacto dos lançamentos de novos produtos por concorrentes.
- Comparação de vendas correntes com vendas orçadas.
- Análise periódica, por linha de produto, do número de dias de vendas atualmente em estoque.
- Ajustamento por má condição do estoque, informada como parte de contagens periódicas.
- Monitoramento de vendas associadas a reduções de preços de produtos e comparação periódica do valor realizável líquido com custos lançados aos estoques.
- Análise do estoque corrente em vista de planos de lançamento de novos produtos.

Testes substantivos de estoques e custo dos produtos vendidos

A **Ilustração 11.8** apresenta as afirmações e os procedimentos de auditoria que devem ser empregados para coletar evidência sobre uma empresa industrial típica, que discutiremos mais detalhadamente a seguir.

Existência

Os padrões de auditoria aceitos em geral exigem que os auditores observem as contagens físicas de estoques pelo cliente para certificarem-se de que o cliente está fazendo um bom trabalho de contagem e de análise física do estoque. Isto pode ser feito integralmente no final do ano ou de maneira cíclica durante o ano.

Ilustração 11.8: Afirmações em empresa industrial típica e procedimentos de auditoria para estoques

Afirmações	Procedimentos de auditoria
Existência	1. Examinar os procedimentos propostos de inventário físico do cliente visando a determinar se eles tenderiam a resultar em um inventário físico completo e correto. 2. Observar a contagem física anual do estoque pelo cliente. Fazer testes de contagem das observações e conferir com a compilação do inventário pelo cliente. (Procedimento alternativo) Selecionar ao acaso itens do registro de inventário perpétuo do cliente e observar (contar) os itens existentes. A amostra deve dar ênfase a itens com valor monetário elevado.
Completude	1. Fazer testes de corte no final do ano, assinalando os últimos números de documentos de remessa e recebimento usados antes da realização do inventário físico. Examinar o diário de compras e vendas para um período imediatamente antes e depois do final do ano, assinalando os números dos documentos de remessa e recebimento para determinar se os bens foram registrados no período apropriado. 2. Fazer perguntas ao cliente sobre a possível existência de produtos em consignação ou situados em depósitos externos. No caso de itens significativos, visitar os locais ou enviar um pedido de confirmação ao gerente do depósito externo. 3. Fazer perguntas ao cliente a respeito de provisões feitas para devoluções esperadas. Determinar a política adotada pelo cliente para contabilizar bens devolvidos. Examinar transações de recebimento para verificar se houve devoluções significativas e se elas foram contabilizadas apropriadamente.
Direitos	1. Examinar faturas de fornecedores ao testar desembolsos visando a determinar se foi feita a transferência adequada de propriedade. 2. Examinar contratos de venda para determinar se o cliente tem direito a devolver mercadorias e se esse direito faz que o reconhecimento de uma venda não seja apropriado.
Avaliação	1. Determinar se o método de avaliação é apropriado para o cliente. 2. Perguntar ao pessoal de produção e armazenagem sobre a existência de estoques obsoletos. 3. Assinalar a existência de estoque potencialmente obsoleto ao observar as contagens físicas de estoques. Conferir os itens potencialmente obsoletos com a compilação do inventário pelo cliente e determinar se os itens são adequadamente classificados. 4. Testar o custo dos estoques pegando uma amostra de estoques contabilizados e conferir com documentos de origem, incluindo: • Conferência de compras materiais com faturas de fornecedores. • Teste de custos padrão definidos no sistema de custo padrão (ver **Ilustração 11.6**). 5. Testar a possibilidade de estoque obsoleto cujo valor deveria ser reajustado a mercado: • Analisar publicações especializadas para levantar possíveis mudanças de tecnologia de produtos. • Fazer acompanhamento de itens potencialmente obsoletos observados durante a verificação da contagem física pelo cliente. • Usar *software* genérico de auditoria para ler o arquivo de estoques, classificar os itens estocados por idade e calcular o giro do estoque. Investigar produtos com giro extraordinariamente baixo ou aqueles que não tenham sido consumidos ou vendidos por um longo período. • Perguntar ao cliente sobre ajustes de vendas (remarcações) que tenham sido oferecidos para vender qualquer produto. • Verificar os preços de venda examinando faturas recentes para determinar se o preço de venda é idêntico ao incluído no arquivo de computador. Usar *software* genérico de auditoria para calcular valor realizável líquido de itens em estoque e preparar uma listagem de estoques de todos os itens cujo valor realizável líquido é inferior ao custo. • Analisar vendas por linha de produto, assinalando qualquer redução significativa de vendas de linhas de produtos. • Examinar compromissos de compra para verificar se existem exposições a perdas. Determinar se as perdas condicionais são adequadamente divulgadas ou contabilizadas. • Usar *software* de auditoria para testar totais e preparar uma listagem de diferenças. • Usar *software* de auditoria para totalizar a compilação de estoques. Conferir o total com o balancete.
Divulgação	1. Examinar a divulgação em demonstrações financeiras do cliente de: • Métodos empregados de avaliação de estoques. • Dados de custo PEPS e efeitos de liquidação ao custo UEPS, caso esse seja o método usado. • A porcentagem de estoques avaliados de acordo com cada método distinto de avaliação. • A classificação dos estoques em matérias-primas, produção em andamento e produtos acabados. • A existência de perdas condicionais associadas a contratos ou compromissos de compra de longo prazo. • Política de estoques relacionada a devoluções e provisões, caso se espere que as devoluções de mercadorias sejam materiais.

ACL

Um auditor pode empregar técnicas auxiliadas por computador durante a auditoria de estoques para coletar os seguintes tipos de evidência:

- A precisão matemática dos registros de estoques.
- Relatórios de remessas recentes a serem usados em testes de corte.
- Itens a serem contados durante a observação do inventário físico.
- Avaliações de margens brutas por linha de produto.
- Análises de estoques cujo custo é superior ao valor de mercado.
- Comparações de quantidades em estoque a orçamentos.
- Listas de itens estocados com preços, unidades ou descrições incomuns.

Inventário físico completo no final do ano – Era procedimento rotineiro da maioria das organizações, não faz muito tempo, suspender as operações no final do ano ou perto do final do ano para realizar uma contagem física completa do estoque. O estoque contábil do cliente era ajustado a este inventário físico (o chamado ajuste físico do estoque contábil). Estes processos ainda são seguidos por muitos clientes de pequeno porte que usam um sistema de inventário periódico, naqueles que os registros perpétuos não são suficientemente confiáveis, ou nos quais há indícios de risco de fraude.

Se for feito um inventário no final do ano, o auditor deverá (1) observar sua realização pelo cliente para determinar a exatidão dos procedimentos; (2) fazer contagens selecionadas de teste que possam ser conferidas mais tarde com a compilação do inventário pelo cliente; (3) testar a compilação do inventário pelo cliente conferindo as contagens de teste com a compilação e testando independentemente o cálculo do custo total pelo cliente; e (4) buscar evidência de estoques de giro baixo, obsoletos ou danificados que devam ser baixados ao menor valor entre custo e mercado.

O auditor deve analisar o plano de contagem de estoques do cliente e se programar para observar a contagem. Os procedimentos gerais para observar a condução do inventário físico pelo cliente são mostrados na **Ilustração 11.9**. O processo pressupõe que o cliente organiza sistematicamente o estoque para facilitar a contagem e afixa etiquetas pré-numeradas (em papel ou eletrônicas) a cada grupo de produtos. O pessoal de supervisão (geralmente do departamento de contabilidade) e os auditores reveem as contagens. As etiquetas de contagem são usadas, a seguir, para compilar o inventário físico de final de ano. Durante o processo de contagem, o cliente se programa para não remeter ou receber mercadorias ou segrega

---

Ilustração 11.9: Procedimentos para observar o inventário físico de um cliente

1. Reunir-se com o cliente para discutir os procedimentos, programação, localização e o pessoal envolvido no inventário físico anual.
2. Examinar os planos do cliente para a contagem e etiquetagem de itens de estoque.
3. Examinar os procedimentos de inventário com todo o pessoal de auditoria. Familiarizá-lo com a natureza do estoque do cliente, possíveis problemas com o inventário e qualquer outra informação que assegure que o cliente e o pessoal de auditoria reconhecerão adequadamente os itens em estoque, de valor monetário elevado obsoletos, e entenderão possíveis problemas na contagem do estoque.
4. Determinar se são necessários especialistas para identificar, testar ou assessorar na identificação correta de itens em estoque.
5. Ao chegar a cada local:
    a. Reunir-se com o pessoal do cliente, obter um mapa da área, bem como um cronograma das contagens a serem feitas para cada espaço.
    b. Obter uma lista de números sequenciais de etiquetas a serem usadas em cada área.
    c. Observar os procedimentos adotados pelo cliente para suspender o recebimento e a remessa de bens.
    d. Observar que o cliente suspendeu as atividades de produção.
    e. Obter números de documentos da última remessa e recebimento de bens antes do início do inventário físico. Utilizar a informação para fazer testes de corte.
6. Observar a contagem e assinalar o seguinte nos documentos de trabalho da contagem:
    a. O primeiro e o último número de etiqueta usado na seção.
    b. Conferir todos os números de etiquetas e determinar a distribuição de todos os números na sequência.
    c. Fazer testes selecionados de contagem e anotar a identificação e descrição do produto, unidades de medida e número de itens em uma folha de contagem.
    d. Itens que parecem ser obsoletos ou de valor questionável.
    e. Todos os itens de elevado valor monetário incluídos no inventário.
    f. Movimentação de bens para dentro ou fora da empresa durante o processo de realização do inventário. Determinar se os bens são apropriadamente contados ou excluídos do inventário.
7. Documentar sua conclusão quanto à qualidade do processo de inventário do cliente, observando qualquer problema que poderia ser significativo para a auditoria. Determinar se foi efetuada uma contagem suficiente para refletir adequadamente os bens disponíveis no final do ano.

todos os bens recebidos durante o processo para serem etiquetados e contados como sendo "posteriores ao inventário".

O auditor caminha pelas áreas de inventário, documentando a primeira e a última etiqueta usada, bem como os números das etiquetas não utilizadas. O auditor também realiza as seguintes tarefas:

- Faz contagens de teste de itens selecionados e as registra para checagem futura com a compilação do inventário realizado pelo cliente.
- Toma nota de todos os itens que parecem ser obsoletos ou estão em condições questionáveis; o auditor investiga esses itens por meio de perguntas ao pessoal do cliente e conserva os dados para determinar como são levados em conta na compilação do inventário.
- Observa o tratamento dado à sucata e a outros materiais.
- Observa se há alguma movimentação física de bens durante a contagem do estoque.
- Registra todos os itens de elevado valor monetário para checagem futura nos registros do cliente.

A anotação de itens de elevado valor monetário é um controle contra a possibilidade de manipulação de estoques pelo cliente com a adição de novos itens ou o ajuste do custo ou das quantidades existentes após a conclusão do inventário físico. Como os itens de elevado valor monetário são anotados, o auditor pode examinar sistematicamente a base para a inclusão de itens importantes na compilação final do inventário e que não foram percebidos durante a observação do inventário físico. Um exemplo de problemas de auditoria que podem ocorrer quando tais procedimentos não são adotados pode ser visto no caso CMH, descrito no quadro Auditoria na prática.

Uma vez feito um inventário, as observações e contagens de teste do auditor representam uma fonte independente de evidência sobre a correção da compilação do inventário pelo cliente. A anotação dos números de etiquetas não utilizadas impede a inserção de itens adicionais no estoque. A anotação de itens potencialmente obsoletos pelo auditor pode ser empregada para determinar se o cliente reajustou apropriadamente os bens ao seu valor realizável líquido.

Locais múltiplos — Muitas organizações operam em diversos locais, o que dificulta a realização de um inventário anual. Por exemplo, uma empresa importante na qual houve fraude substancial, a *Phar-Mor, Inc.*, tinha mais de 300 lojas espalhadas pelo país. Os auditores insistiram que uma contagem física fosse feita no final do ano, mas notificaram o cliente que observariam a realização do inventário em apenas alguns locais escolhidos. Para facilitar a observação do inventário, o auditor combinou com o cliente a identificação dos locais que seriam observados. Embora tenha havido uma distorção maciça do inventário pela *Phar-Mor, Inc.*, essa distorção não foi descoberta pelos auditores porque a empresa fez que nenhuma incorreção material ocorresse nos locais visitados por eles.

Quando há estoques em diversos locais, o auditor deve examinar uma variedade de pontos para determinar que eles são comparáveis e utilizar procedimentos analíticos para verificar que os locais não visitados parecem ter níveis de estoques significativamente diferentes dos observados. Se houver diferenças significativas, o auditor talvez precise observar mais pontos, ou pelo menos utilizar outros procedimentos.

Observação de estoques antes do final do ano — Muitas organizações que fazem um inventário físico anual descobrem que o final do ano não é a época mais conveniente para isso. Por

> **CONSIDERE O RISCO**
>
> Às vezes, o auditor é pressionado pela administração a omitir a verificação física do estoque. Se o risco for elevado, a contagem detalhada e a análise do estoque são boas técnicas de auditoria e procedimentos valiosos de gestão.

> **FOCO EM FRAUDE**
>
> **Encolhimento de estoques na Rite Aid**
>
> Um aspecto da fraude na Rite Aid envolveu o encolhimento de estoques. Quando a contagem física de estoques era inferior ao registrado nas contas da empresa, a Rite Aid devia fazer um lançamento de baixa em seu estoque contábil para refletir este "encolhimento" (isto é, redução presumivelmente causada por perda física ou furto). Entretanto, como parte da fraude, a Rite Aid deixou de registrar um encolhimento de US$ 8,8 milhões. Além disso, no mesmo ano, a empresa reduziu indevidamente a sua despesa acumulada de encolhimento (para lojas nas quais um inventário físico não foi realizado), produzindo um aumento indevido de lucro de US$ 5 milhões.
>
> Fontes: SEC AAER nº 1581 e nº 2023.

> **AUDITORIA INTEGRADA**
>
> Um controle importante é a realização de testes periódicos, ou contagem cíclica dos registros de inventário perpétuo pela auditoria interna ou outros funcionários para determinar a sua precisão, a necessidade de ajustes e a causa de qualquer imprecisão significativa. O auditor deve fazer que tais contagens sejam feitas, realizadas correções nos registros e investigadas as imprecisões significativas, com providências sendo tomadas para corrigir o problema.

ACL

O ACL pode ser utilizado pelo auditor para examinar os registros de inventário perpétuo, identificar os itens de elevado valor monetário e selecionar uma amostra para fazer uma contagem de teste.

exemplo, a empresa pode ter uma troca natural de modelos e suspender as operações nessa época. Ou pode querer fazer o inventário físico pouco antes ou depois do final do ano para acelerar a elaboração das demonstrações financeiras do final do ano. É aceitável que o cliente faça o inventário antes do final do ano, desde que:

- O controle interno seja eficaz.
- Não existam sinais de alerta que poderiam indicar oportunidade e motivação para distorcer o estoque.
- O auditor possa testar eficazmente o saldo do final do ano com uma combinação de procedimentos analíticos e testes seletivos de transações entre a contagem física e o final do ano.
- O auditor analise as transações ocorridas a partir desse momento para verificar se há evidência de qualquer manipulação ou atividade incomum.

Inventário em locais de clientes – Na medida em que as empresas fazem parcerias inovadoras com seus fornecedores e clientes, mais acordos como o descrito anteriormente entre o *Wal-Mart* e a *Levi's Jeans* serão observados. O auditor precisará verificar que a empresa possui uma metodologia sólida para determinar o volume de estoques fisicamente armazenado no local de um cliente. Muitas vezes, a empresa possui controles de monitoramento com os quais pode examinar os estoques existentes nos locais do cliente e compará-los aos registros perpétuos. Se os controles não existissem, o auditor precisaria considerar outras metodologias, que poderiam incluir (a) a confirmação de volumes estocados com o cliente, (b) exames de pagamentos subsequentes por clientes, ou (c) exames de uma amostra de itens.

Não basta que uma empresa simplesmente afirme que seu estoque é mantido por outra empresa. O auditor deve analisar o contrato, determinar a existência e a eficácia de controles e examinar a documentação de conciliações entre parceiros, remessas de fundos e registros contábeis da empresa. Se houver indício de algo errado, o auditor deverá ir além desses procedimentos e conversar com o parceiro comercial para obter informação sobre o volume de estoques da empresa que o parceiro diz possuir. Por fim, o auditor deverá certificar-se de que o parceiro comercial é uma empresa real.

AUDITORIA NA PRÁTICA

Observação de inventário – o caso CMH

A CMH era uma empresa registrada na SEC que faliu após ter distorcido substancialmente as suas demonstrações financeiras por vários anos. A empresa inflou a divulgação de seus estoques físicos em 50% durante dois anos antes de sua falência. A fraude foi perpetrada "(1) alterando as quantidades registradas nas etiquetas pré-numeradas, com duas partes, usadas na contagem do estoque; (2) alterando documentos refletidos em uma lista preparada no computador para registrar a contagem física de estoques; e (3) criando etiquetas de inventário para registrar quantidades inexistentes em estoque".

A SEC declarou que os auditores deviam ter detectado o estoque fictício, mas não o fizeram pois a empresa de auditoria "deixou a amplitude dos vários testes de observação à escolha dos auditores, e nem todos estavam familiarizados com planejamento significativo de auditoria que deveria ter lidado diretamente com a amplitude desses testes. A observação de contagens de estoques no final do ano ficou limitada a seis locais (representando cerca de 40% do estoque total da CMH), em comparação com nove locais no ano anterior. Os auditores de campo não controlaram adequadamente as etiquetas de inventário e o auditor não percebeu a criação de etiquetas falsas que foram inseridas nos cálculos finais do inventário". A SEC também criticou a empresa de CPAs por alocar estagiários a uma parte substancial da observação do inventário, sem treiná-los a respeito da natureza do inventário do cliente ou seus procedimentos de contagem.

Fonte: DICKERSON, R. W. V. *Why the Fraud Went Undetected*. CA Magazine, p. 67-69, abr. 1977.

Inventário físico amostral – Se os controles internos forem sólidos, o cliente poderá se concentrar em testes da precisão e completude dos registros perpétuos (1) contando todo o estoque uma vez durante o ano ou (2) usando amostragem estatística para selecionar itens a serem contados fisicamente. O enfoque exato e o momento em que o enfoque será usado dependem do ambiente de controle e da sofisticação do sistema de inventário perpétuo do cliente. Se o cliente utilizar amostragem estatística, o auditor deverá fazer uma análise para garantir que o enfoque é razoável e estatisticamente válido. O auditor deve estar presente para observar as contagens consideradas necessárias e deve exigir que os procedimentos de contagem adotados sejam eficazes.

Completude

O auditor normalmente realiza um teste de corte de recebimentos e remessas de estoque ao final do ano para determinar que todos os itens são registrados no período correto. O teste de corte geralmente é feito mediante a captura de informação acerca dos últimos itens remetidos e recebidos no final do ano e o exame de amostras de transações contabilizadas nos diários de vendas e compras perto do final do ano. Além disso, o *software* ACL pode ser empregado para conferir datas de remessa com datas de faturamento, caso os arquivos que contêm essa informação tenham sido testados quanto à sua precisão. O auditor também deve perguntar sobre qualquer estoque em consignação ou armazenado em um depósito público e levar em conta a sua existência.

> *Exemplo de corte* – Uma venda de $ 100 é registrada em 30 de dezembro para um produto que custa $ 80 e somente será remetido no mês seguinte. Se uma contagem física de estoques fosse feita em 31 de dezembro, este produto seria incluído na contagem física, que superaria a quantidade indicada nos registros perpétuos. O registro de inventário perpétuo precisaria ser ajustado em vista da contagem efetiva, e o custo dos produtos vendidos seria corrigido. Se não fossem corrigidos, vendas, lucro bruto e lucro antes do imposto seriam sobrevalorizados em $ 100. O cliente pode corrigir isto revertendo o lançamento da venda.

Provisão para devoluções – Na maioria das situações, o volume esperado de devoluções não é material. Entretanto, algumas empresas (por exemplo, companhias que atendem pedidos pelo correio, como *Land's End* ou *L. L. Beam*) oferecem garantias de devolução e esperam devoluções significativas – particularmente após as vendas de natal, no final do ano. Elas podem usar a experiência anterior, atualizada em função das condições econômicas correntes, para fazer estimativas de devoluções. Quando tais devoluções são materiais para a divulgação financeira geral, provisões para devoluções devem ser montadas e o lucro bruto na venda original deve ser revertido. A provisão não se restringe a companhias que vendem pelo correio, mas deve ser considerada quando uma empresa está tendo um volume elevado de devoluções.

> **CONSIDERE O RISCO**
>
> O alerta de prática nº 94-2 do AICPA, *Consideration of Fraud in Audit Procedures Related to Inventory Observation*, fornece exemplos de como os clientes manipulam valores de estoques fraudulentamente. Os auditores devem estar atentos para o seguinte:
>
> - Caixas vazias ou buracos em pilhas de bens.
> - Caixas rotuladas incorretamente, contendo sucata, itens obsoletos ou materiais de valor inferior.
> - Estoques mantidos em consignação, alugados, ou itens dados em pagamento, para os quais ainda não foi dado o crédito correspondente.
> - Estoques diluídos, tornando-os menos valiosos (por exemplo, acrescentando água a substâncias líquidas).
> - Alteração das contagens de estoque de itens para os quais o auditor não fez contagens de teste.
> - Programação do computador para produzir tabulações fraudulentas de quantidades físicas ou listagens precificadas de inventário.
> - Manipulação das compilações/contagens de estoque em locais não visitados pelo auditor.
> - Dupla contagem de estoques em trânsito entre dois locais.
> - Transferência dos estoques fisicamente e contando-o em dois locais.
> - Inclusão no estoque de mercadorias registradas como tendo sido vendidas, mas ainda não remetidas a um cliente (vendas de faturamento e retenção).
> - Obtenção de confirmações falsas de estoques mantidos por outras empresas.
> - Inclusão de recebimentos de estoques para os quais as contas a pagar ainda não foram contabilizadas.
> - Superestimação do estágio de conclusão de produção em andamento.
> - Conciliação de valores de inventário físico com valores falsificados no razão geral.
> - Manipulação da rolagem de um inventário feito antes da data das demonstrações financeiras.

> **QUESTÃO PRÁTICA**
>
> Se os controles forem suficientemente fracos e o risco suficientemente elevado para justificar a realização de um inventário no final do ano, todos os locais a serem visitados pelo auditor devem ser desconhecidos pelo cliente. Caso contrário, o cliente poderá se concentrar em fazer correções nesses locais.

O ACL pode ser utilizado pelo auditor para sintetizar o volume de estoques por local.

Considere o risco

Auditar uma empresa com bons controles internos exige menos trabalho substantivo de auditoria e pode resultar em honorários mais baixos de auditoria para o cliente.

Questão prática

O auditor deve considerar a materialidade dos ajustes de auditoria necessários ao formular um parecer sobre o controle interno da divulgação financeira da empresa. A existência de numerosos erros de corte poderia indicar uma deficiência material nos controles internos.

Direitos

A maior parte do trabalho de auditoria em relação a direitos sobre estoques e à sua propriedade é tratada durante o teste do registro inicial de compras. O auditor também deve examinar contratos de longo prazo para verificar a existência de obrigações quanto à entrega de mercadorias, direitos de devolução de mercadorias por clientes, ou obrigações de recompra. Perguntas devem ser feitas sobre qualquer estoque mantido em consignação.

Avaliação

A avaliação é a afirmação mais complexa em relação a estoques, devido ao volume de transações, diversidade de produtos, variedade de métodos de custeio e dificuldade de estimação do valor realizável líquido de produtos. Uma combinação de testes diretos com procedimentos analíticos é empregada para estimar o valor de estoques. O auditor deve verificar o custo correto dos estoques e, em seguida, testar qual é menor, se o custo ou o valor de mercado. Geralmente, a parte de custo na afirmação de avaliação é testada por meio do exame das faturas subjacentes e/ou dos registros de custos. O auditor normalmente examina dados correntes de mercado e outras informações que poderiam indicar uma queda de preço de venda ou a possibilidade de obsolescência de estoques.

Testes diretos de custos de produtos – Técnicas de amostragem estatística, especialmente com probabilidade proporcional ao tamanho (PPT), devem ser utilizadas para selecionar itens para fins de teste. A seguir, o auditor deve examinar a documentação de suporte subjacente – por exemplo, faturas – para determinar se o custo está sendo registrado corretamente. Por exemplo, suponha que o auditor selecionasse o produto YG350 para testar a avaliação do registro de inventário perpétuo, como segue:

	Produto YG350			
	Total		Saldo	
Transação	Quantidade	Custo	Quantidade	Valor monetário
Saldo inicial			100	$ 1.000
Compra em 3/1	50	550	150	1.550
Compra em 6/1	100	1.200	250	2.750
Venda em 6/1	150	1.550	100	1.200
Compra em 9/1	50	500	150	1.700
Venda em 10/1	25	275	125	1.425
Venda em 12/1	50	600	75	825
Compra em 12/1	75	975	150	1.800

Suponha também que o cliente use o método PEPS de avaliação de estoques e que haja um saldo de $ 1.800 no final do ano, com 150 itens estocados. As faturas dos fornecedores seriam examinadas no caso das compras dos últimos 150 itens (12/1, 9/1 e 6/1) para determinar se o custo correto foi de $ 1.800 (nota: você deve verificar que o custo registrado deveria ter sido igual a $ 1.775).

Qualquer diferença observada entre faturas dos fornecedores e valores contabilizados deve ser identificada como erro e projetada para a população como um todo, usando a amostragem PPT para determinar se poderia ser material. Testes semelhantes devem ser feitos caso a administração use outros métodos de avaliação, como custo médio ou PEPS. Se a empresa utilizar um sistema de custo padrão, os custos serão verificados por meio de testes do sistema e pela vinculação dos itens selecionados a custos padrão. Variações significativas deverão ser alocadas entre custo dos produtos vendidos e estoques.

Testes de obsolescência de estoques (testes de valor realizável líquido) – A determinação do valor que deve ser baixado por causa de obsolescência é uma tarefa de auditoria difícil e desafiadora, porque (1) o cliente normalmente afirmará que a maioria dos bens ainda é vendável aos preços correntes de venda e (2) o valor realizável líquido não passa de uma estimativa (ou seja, não há preço correto específico ao qual o estoque deve ser avaliado). Portanto, o auditor procura coletar evidência sobre a possibilidade de obsolescência de estoques junto a uma série de fontes confirmatórias:

- Assinalando a possível existência de estoques obsoletos ao observar o inventário físico realizado pelo cliente.
- Calculando o giro do estoque, o número de dias de venda em estoque, a data da última venda ou compra e outras técnicas analíticas semelhantes para identificar a possibilidade de obsolescência.
- Calculando o valor realizável líquido de produtos com apoio em preços correntes de venda, custo de liquidação, comissões de venda e assim por diante.
- Monitorando publicações especializadas e a internet em busca de informação a respeito do lançamento de produtos concorrentes.
- Perguntando à administração sobre seu enfoque à identificação e classificação de itens obsoletos.

> **AUDITORIA INTEGRADA**
> Boas técnicas de gestão e controle afetarão diretamente os procedimentos de auditoria empregados. Se a administração fizer uma análise completa de obsolescência, o trabalho do auditor no final do ano poderá se limitar a corroborar a análise feita pela administração.

O *software* genérico de auditoria (SGA) é frequentemente utilizado como apoio na estimação de obsolescência. O SGA pode ser usado para:

- Calcular o giro e relatar a existência de itens com giro extraordinariamente baixo.
- Calcular as idades dos estoques e fazer um relatório de estoques que não têm sido consumidos ou vendidos por um longo período.
- Calcular o valor realizável líquido comparando o preço líquido corrente de venda aos custos, relatando qualquer diferença.

Os auditores geralmente investigam itens que parecem ser obsoletos examinando as vendas posteriores ao final do ano e discutindo perspectivas futuras de venda com a administração.

Divulgação

O auditor examina a divulgação proposta pelo cliente para cumprir as normas estipuladas pela literatura contábil relevante. Além das divulgações normalmente exigidas quanto aos estoques, o auditor deve identificar qualquer circunstância incomum relacionada a contratos de venda ou compra que mereceriam divulgação adicional. Um exemplo de uma divulgação típica a respeito de estoques para a *Ford Motor Company* é apresentado na **Ilustração 11.10**.

Custo dos produtos vendidos

A auditoria do custo dos produtos vendidos pode ser diretamente vinculada à de estoques. Se o estoque inicial e o final tiverem sido verificados e as compras testadas, o custo dos produtos vendidos poderá ser calculado diretamente. O auditor deve aplicar técnicas de análise ao custo dos produtos vendidos, no entanto, para determinar se há alguma variação

Ilustração 11.10: Nota explicativa de estoques da Ford Motor Company – relatório anual de 2007

Nota 8. Estoques	2007	2006
Os estoques em 31 de dezembro eram os seguintes (em milhões):		
Matéria-prima, produção em andamento e materiais de consumo	$ 4.360	$ 4.334
Produtos acabados	6.681	6.698
Estoques totais sob o método PEPS	11.221	11.032
Menos: Ajuste ao método UEPS	(1.100)	(1.015)
Estoques totais	$ 10.121	$ 10.017

Os estoques são declarados ao menor dos valores entre custo e preço de mercado. Cerca de um quarto dos estoques foi avaliado com o método UEPS.

significativa – no total ou por linha de produto – que seja inesperada. Variações significativas, especialmente aquelas que não podem ser explicadas facilmente, poderiam indicar uma necessidade de trabalho adicional de inventário. A análise de regressão pode ser utilizada para comparar as relações históricas entre vendas e custo dos produtos vendidos por linha de produto e por mês no ano em curso. Os valores extremos poderiam então merecer investigação mais aprofundada.

Resumo

Auditorias do ciclo de compra e pagamento incluem a auditoria de contas de despesas, contas a pagar, estoques e custo dos produtos vendidos. As contas de estoques e custo dos produtos vendidos têm sido alvos de diversos esquemas de manipulação, variando desde a adição pura e simples de estoques fictícios à transferência de estoques de um local a outro, o tratamento de itens com defeito como se estivessem em boas condições, a capitalização de custos que deveriam ser tratados como despesas do exercício e o não reconhecimento de reduções de valor de mercado devido a mudanças tecnológicas. A profundidade do trabalho realizado pelo auditor no ciclo de compra e pagamento depende muito da eficácia do controle interno do cliente em termos de mitigação dos riscos à confiabilidade da divulgação financeira. Quando o risco de controle é considerado elevado, o auditor amplia os procedimentos substantivos adotados. Por outro lado, os administradores de empresas bem geridas têm percebido que devem possuir controles contábeis precisos separados sobre as atividades de compra e pagamento para que a empresa opere com rentabilidade. Em tais situações, o trabalho de auditoria pode se concentrar em testes dos controles internos do cliente e na confirmação da análise com procedimentos analíticos substantivos e testes detalhados selecionados das contas apropriadas.

Termos importantes

Conferência automatizada – Processo por meio do qual o computador confere um pedido de compra, informações de recebimento e uma fatura de fornecedor para determinar se a fatura do fornecedor é correta e deve ser paga.

Conferência em três direções – Controle no qual um pedido de compra, informações de recebimento e a fatura de um fornecedor são conferidos entre si para determinar se a fatura do fornecedor é correta e deve ser paga. Este processo pode ser automatizado ou ser executado manualmente.

Contagem cíclica – Teste periódico da precisão do registro de inventário perpétuo por meio de contagem periódica de todos os estoques.

Controle de qualidade – Enfoque adotado por uma organização para garantir que produtos de qualidade elevada sejam fabricados e serviços de qualidade elevada sejam prestados. O enfoque fixa especificações de qualidade para processos e produtos e integra esses conceitos a contratos de fornecimento.

Controles automatizados – Procedimentos de controle e conceitos de autorização embutidos no sistema computadorizado do cliente.

Encolhimento de estoques – Redução de estoques presumivelmente causada por perda física ou furto.

Estoques – Itens tangíveis mantidos para venda nas operações normais de uma empresa que estão em processo de produção para tal venda, ou devem ser consumidos na produção de bens ou serviços colocados à venda.

Gestão da cadeia de suprimento – Gestão e controle de materiais no processo logístico desde a aquisição de matéria-prima até a entrega de produtos acabados ao usuário final (cliente).

Requisição – Solicitação de compra de bens ou serviços por um departamento ou função autorizada dentro da organização; pode ser documentada em papel ou eletronicamente.

Sistema automatizado de compra – Sistema de *software* em rede que liga a página na internet de uma empresa a outros fornecedores, cujas ofertas e preços foram pré-aprovados pelos gestores apropriados.

Sistema de inventário periódico – Sistema de inventário no qual não é mantido um registro contínuo de variações de estoques (recebimentos e liberações de itens estocados). No final de um exercício contábil, o estoque final é determinado por uma contagem física efetiva de todos os itens e calcula-se seu custo com o uso de um método apropriado.

Sistema de inventário perpétuo – Sistema de inventário no qual o estoque contábil está sempre de acordo com o disponível dentro de prazos estipulados. Em alguns casos, o estoque contábil e o físico disponível podem ser conciliados com cada transação; em outros sistemas, esses dois números podem ser conciliados menos frequentemente. Este processo é útil no controle da disponibilidade efetiva de bens e na determinação de qual seria o momento correto de fazer novos pedidos aos fornecedores.

REFERÊNCIAS SELECIONADAS À ORIENTAÇÃO PROFISSIONAL RELEVANTE		
Referência à orientação	**Fonte de orientação**	**Descrição da orientação**
Pronunciamento sobre padrão de auditoria (SAS) nº 1, seção 331	AICPA, ASB	Estoques
Pronunciamento sobre padrão de auditoria (SAS) nº 57	AICPA, ASB	Auditoria de estimativas contábeis
Pronunciamento sobre padrão de auditoria (SAS) nº 67	AICPA, ASB	Processo de confirmação
Pronunciamento sobre padrão de auditoria (SAS) nº 73	AICPA, ASB	Utilização do trabalho de um especialista
Padrão Internacional de Auditoria (ISA), 501, parte A	Ifac, IAASB	Evidência de auditoria – considerações adicionais para itens específicos, parte A, "presença na contagem física de estoques"
Padrão Internacional de Auditoria (ISA), 505	Ifac, IAASB	Confirmações externas
Padrão Internacional de Auditoria (ISA), 540	Ifac, IAASB	Auditoria de estimativas contábeis
Padrão Internacional de Auditoria (ISA), 620	Ifac, IAASB	Utilização do trabalho de um especialista
Pronunciamento FAS nº 151	Fasb	Custos de estoques
SAB nº 58 (tópico SAB #SAB.T.5L, atualizado por SAB 103)	SEC	Práticas de inventário UEPS
IAS 2	IASB	Estoques
Padrão Internacional de Auditoria (AS), 505	Ifac, IAASB	Confirmações externas

Nota: siglas da orientação profissional relevante – ASB – *Auditing Standards Board* (Conselho de Padrões de Auditoria); AICPA – *American Institute of Certified Public Accountants* (Instituto Americano de Contadores Externos Certificados); Coso – *Committee of Sponsoring Organizations* (Comitê de Organizações Patrocinadoras); Fasb – *Financial Accounting Standards Board* (Conselho de Padrões de Contabilidade Financeira); IAASB – *International Auditing and Assurance Standards Board* (Conselho de Padrões Internacionais de Auditoria e Garantia); IASB – *International Accounting Standards Board* (Conselho de Padrões Internacionais de Contabilidade); IASC – *International Accounting Standards Committee* (Comitê de Padrões Internacionais de Contabilidade); IFAC – *International Federation of Accountants* (Federação Internacional de Contadores); ISB – *Independence Standards Board* (Conselho de Padrões de Independência); PCAOB – *Public Company Accounting Oversight Board* (Conselho de Supervisão Contábil de Companhias Abertas); SEC – *Securities and Exchange Commission* (Comissão de Valores Mobiliários e Bolsas de Valores).

Questões de revisão

11–2 (OA 5) Que controles importantes uma empresa implantará em um acordo eletrônico de parceria com um fornecedor-chave para garantir que todos os bens recebidos (a) sejam contabilizados devidamente, (b) tenham boa qualidade, (c) estejam de acordo com termos aceitáveis de entrega e qualidade e (d) sejam pagos adequadamente?

11–4 (OA 3) Como poderia uma empresa subavaliar despesas?

11–6 (OA 1, 5) Identifique as principais atividades do ciclo de compra e pagamento e os objetivos de controle que devem ser visados na montagem de controles para cada fase.

11–8 (OA 1,5) Por que a função de solicitação da compra de bens deve ser segregada da emissão de pedidos de compra?

11–10 (OA 5) Suponha que documentos pré-numerados de recebimento não sejam utilizados em uma organização que tenha procurado automatizar a maior parte das funções de compra e recebimento. Que objetivo de controle é visado com a utilização de documentos pré-numerados de recebimento? Que controles compensatórios o auditor deve esperar encontrar quando esses documentos não são utilizados?

11–12 (OA 5) Explique como um processo automatizado de conferência funciona no pagamento de contas a pagar. Que controles precisam ser implantados no processo automatizado de conferência para garantir que somente pagamentos autorizados sejam feitos por bens e serviços realmente recebidos e que os pagamentos sejam feitos aos preços autorizados?

11–14 (OA 5) Que controles importantes um auditor esperaria encontrar em um ambiente de contas a pagar quando os pagamentos são programados automaticamente e cheques ou transferências eletrônicas de fundos gerados pelo programa de computador?

11–16 (OA 6) Que afirmações são testadas por confirmações de contas a pagar? Que formato é utilizado para as confirmações de contas a pagar? Explique por que essas confirmações não são frequentemente utilizadas em uma auditoria.

11–18 (OA 6) Que informação deve ser coletada por um auditor ao examinar contratos de compra ou de fornecimento de longo prazo? Como poderia essa informação afetar a auditoria?

11–20 (OA 5, 6) Por que o auditor examina despesas com viagens e entretenimento? O que seria indicado por controles fracos sobre reembolsos a executivos a respeito do "clima no topo" para fins de avaliação e elaboração de pareceres sobre controle interno?

11–22 (OA 6) Um auditor foi escalado para auditar as contas a pagar de um cliente de auditoria de alto risco. O risco de controle é considerado elevado, a integridade da administração é marginal e a empresa está no limite da violação de cláusulas de empréstimos importantes, particularmente uma cláusula que exige a manutenção de um nível mínimo de ativos circulantes. Explique como o auditor deveria abordar a auditoria de contas a pagar no final do ano.

11–24 (OA 3, 8, 9) Explique por que dígitos de verificação automática constituem um mecanismo importante de controle encontrado em sistemas computadorizados de estoques. Que possíveis erros são impedidos pelo uso de dígitos de verificação automática?

11–26 (OA 3, 8, 9) Por que é importante que uma função de controle de qualidade seja utilizada para o recebimento de itens importantes de estoque? Qual é o risco para as demonstrações financeiras quando um cliente não usa uma função como essa?

11–28 (OA 10) A *Northwoods Manufacturing Company* automatizou dramaticamente as suas instalações de produção nos últimos cinco anos, de tal maneira que o número de horas de mão de obra direta permaneceu relativamente constante, enquanto a produção crescia cinco vezes. Equipamentos automatizados, como robôs, ajudaram a elevar a produtividade. Os custos gerais de produção, anteriormente aplicados à taxa de $ 7,50 por hora de mão de obra direta, agora estão sendo aplicados à taxa de $ 23,50. Explique como você avaliaria se a aplicação de custos gerais de produção ao estoque do final do ano e ao custo dos produtos vendidos é razoável.

11–30 (OA 10) O auditor sempre obteve a cooperação de um determinado cliente e está disposto a compartilhar tempestivamente informações sobre a auditoria com a controladora da empresa. A controladora solicitou cópias das observações do auditor sobre o inventário físico, pois ela deseja garantir que um bom inventário tenha sido feito. Deve o auditor atender esse pedido? Explique seu raciocínio.

11–32 (OA 9) Suponha que os clientes tenham permissão para devolver mercadorias com defeito ou de que não gostem. Qual seria a contabilização apropriada para essas devoluções? Que procedimentos de controle devem ser implantados para garantir que todos os itens devolvidos sejam contabilizados apropriadamente?

11–34 (OA 10) Durante a auditoria dos estoques, você observa que o cliente havia gerado variações substanciais de custo e matéria-prima. O cliente explica que muitas das variações foram devidas a cronogramas irregulares de produção, volume elevado de horas extras no verão e nível baixo de atividade no restante do ano. O controlador alocou as variações (todas negativas) aos estoques de produtos acabados e produção em andamento, com base na proporção relativa de cada categoria de estoque. Comente a respeito da adequação do método de alocação adotado pelo controlador.

11–36 (OA 10) Explique como o ACL poderia ser usado para ajudar a identificar estoques potencialmente obsoletos.

11–38 (OA 10) Que divulgações em demonstrações financeiras são exigidas em relação a estoques? De que maneira o auditor determina a adequação das divulgações feitas pelo cliente em demonstrações financeiras?

Questões de múltipla escolha

11–40 (OA 3) Os auditores utilizam procedimentos analíticos preliminares para ajudar a identificar possíveis incorreções em estoques. Quais dos seguintes procedimentos não seriam úteis para esta finalidade?
a. Cálculo do giro de estoques.
b. Classificação dos estoques por idade.
c. Comparação da variação percentual dos estoques à variação percentual das vendas.
d. Todos os procedimentos seriam úteis.

11-42 (OA 5) Qual dos seguintes controles seria mais eficaz para assegurar que as compras contabilizadas estão isentas de erros materiais?
a. O departamento de recebimento compara a quantidade encomendada em pedidos de compra à quantidade recebida, indicada nos relatórios de recebimento.
b. As faturas de fornecedores são comparadas aos pedidos de compra por um funcionário que é independente do departamento de recebimento.
c. Os relatórios de recebimento exigem a assinatura do indivíduo que autorizou a compra.
d. O pessoal de contas a pagar confere os pedidos de compra com os relatórios de recebimento e com as faturas de fornecedores antes de aprovar o pagamento.

*11–44 (OA 6) Para determinar se as contas a pagar são completas, um auditor faz um teste para verificar que todas as mercadorias recebidas foram contabilizadas. A população de documentos para este teste consiste em:
a. Faturas de fornecedores.
b. Pedidos de compra.
c. Relatórios de recebimento.
d. Cheques compensados.

*11–46 (OA 10) Após a verificação de uma sequência de etiquetas de estoque, um auditor compara uma amostra de etiquetas à lista do inventário físico e concilia as sequências contadas à lista de inventário para obter evidência de que todos os itens:
a. Incluídos na lista foram contados.
b. Representados por etiquetas estão incluídos na lista.
c. Incluídos na lista são representados por etiquetas.
d. Representados por etiquetas são válidos.

*11–48 (OA 10) O auditor testa a quantidade de matéria-prima lançada à produção em andamento, conferindo essas quantidades nas contas de produção em andamento com:
a. Razões de custos.
b. Registros de inventário perpétuo.
c. Relatórios de recebimento.
d. Requisições de matéria-prima.

†11–50 (OA10) Quando as empresas fazem amplo uso de sistemas automatizados de inventário e tecnologia de informação (TI), as evidências disponíveis podem ser apenas eletrônicas. Qual é a melhor linha de ação para o auditor em tais situações?
a. Considerar elevado o risco de controle.
b. Usar *software* de auditoria para executar procedimentos analíticos.
c. Usar *software* genérico de auditoria para extrair evidência das bases de dados do cliente.
d. Fazer testes limitados de controles de dados eletrônicos.

†11–52 (OA 2, 10) Considere uma companhia fechada para a qual não será emitido um parecer sobre controles internos. Qual é a linha mais provável de ação a ser tomada por um auditor após determinar que a realização de testes substantivos de estoques tomará menos tempo do que a de testes de controles?
a. Considerar como sendo mínimo o risco de controle.
b. Fazer tanto testes de controles quanto testes substantivos de estoques.
c. Fazer apenas testes substantivos de estoques.
d. Fazer apenas testes de controles de estoques.

---

* Todos os problemas marcados com um asterisco foram adaptados do Exame de Certificação Interna de Auditor.
† Todas as questões marcadas com uma adaga são adaptadas do Exame de Auditor Interno Certificado.

Questões de discussão e pesquisa

11–54 (Procedimentos analíticos preliminares, OA 4) Um de seus clientes de auditoria produz barcos de pesca e os vende em todo o território nacional. Os barcos são vendidos a revendedores que financiam suas compras em um sistema de *floor planning* com seus bancos. Os bancos dos revendedores geralmente pagam seu cliente no prazo de duas semanas após a remessa do barco. Os lucros da empresa têm crescido nos últimos anos. Você espera que essa tendência continue. Você também espera que a margem bruta e o giro do estoque deste ano permaneçam semelhantes aos dos anos anteriores e sejam parecidos com os do principal concorrente. Você obteve as seguintes informações em sua auditoria de 2009 (em $ milhões):

	2009	2008*	2007*	2006*	2005*	Principal concorrente (2009)
Estoques	16,0	10,0	7,2	5,5	5,1	13,9
Vendas	84,7	77,9	56,8	43,6	39,8	110,3
Custo dos produtos vendidos	65,9	64,7	46,6	36,2	32,6	92,0

*Auditados

Pede-se:

a. Calcule os seguintes índices para cada ano e para o concorrente:

(i) Margem bruta como porcentagem das vendas.

(ii) Giro do estoque.

b. Indique possíveis explicações para qualquer resultado inesperado.

c. Que perguntas e procedimentos de auditoria de seguimento poderiam ser feitos para determinar a precisão dos dados do cliente?

11–56 (Potencial de fraude na função de compra, OA 3, 5, 6) Suponha que o auditor tenha considerado elevada a possibilidade de que alguns agentes de compra estejam envolvidos em um esquema de propinas com fornecedores que têm recebido tratamento preferencial. Os agentes de compra estão recebendo presentes ou pagamentos em dinheiro diretamente dos fornecedores por lhes encaminharem novos contratos ou negociar preços de compra superiores aos que poderiam ser obtidos junto a outros fornecedores. O auditor possui informação limitada, mas ainda não confirmada, de que alguns agentes específicos de compra têm um estilo de vida um tanto luxuoso.

Pergunta-se:

a. Que controles seriam eficazes para impedir esquemas de pagamento de propinas?

b. Que procedimentos de auditoria poderiam ser usados para determinar se os agentes de compra estariam envolvidos em esquemas de pagamento de propinas? Forneça procedimentos específicos. Identifique todas as evidências a serem coletadas (internas e externas), populações das quais extrairia amostras e as documentações específicas que você examinaria.

*11–58 (Organização da função de compra, OA 1, 3, 5, 6) A estrutura organizacional de uma empresa industrial contém os seguintes departamentos: compras, recebimento, inspeção, armazenamento e controladoria. Um auditor é escalado para auditar o departamento de recebimento. Um levantamento preliminar revela as seguintes informações:

1. Uma cópia de cada pedido de compra é rotineiramente enviada ao departamento de recebimento pelo departamento de compra. O correio eletrônico interno da empresa é utilizado para notificação, seguindo-se a entrega da cópia física pelo malote interno. Cada pedido de compra é arquivado com base em seu número. Em consequência de um programa de enriquecimento de funções na empresa, todos os membros do departamento de recebimento estão autorizados a arquivar os pedidos de compra. Qualquer pessoa que esteja disponível quando o malote é recebido deve arquivar os pedidos de compra que ele contenha.

2. Quando uma remessa de bens é entregue na área de recebimento, a fatura do remetente é assinada e encaminhada à controladoria, o bilhete de embalagem do fornecedor é arquivado no recebimento por nome de fornecedor e os bens são armazenados no depósito pelo pessoal de recebimento. Em decorrência de um programa de enriquecimento de funções, todas as pessoas no departamento de recebimento foram treinadas a executar todas as três atividades independentemente. Qualquer pessoa que esteja disponível quando chega uma entrega deve fazer todas as três atividades associadas a essa entrega.

Pergunta-se:

a. Quais são as principais deficiências e ineficiências do processo descrito?

b. De que maneira o processo poderia ser aprimorado? Considere inicialmente a necessidade de produção estratégica e fornecedores. Em segundo lugar, considere como uma maior automatização poderia melhorar o processo.

c. Por que é importante haver segregação entre as funções de compra, recebimento e pagamento? Como seria mantida tal segregação quando as três funções são automatizadas?

d. Suponha que as áreas de compra e recebimento funcionem como foi descrito. Qual seria a sua avaliação do risco de controle? Quais são as implicações para o teste substantivo dos saldos de contas relacionadas? Descreva os procedimentos substantivos que o auditor deve considerar para estoques, despesas, contas a pagar e outras contas relacionadas.

11–60 (Procedimentos e objetivos de auditoria, OA 5, 6) Os seguintes procedimentos de auditoria são encontrados em programas de auditoria que lidam com o ciclo de compra e pagamento.

Pede-se:

Para cada procedimento de auditoria descrito:

a. Identifique o objetivo do procedimento ou a afirmação de auditoria que está sendo testada.

b. Classifique o procedimento como sendo basicamente um teste substantivo, um teste de controles, ou ambos.

Procedimentos de auditoria

1. O auditor examina os pagamentos feitos aos fornecedores após o final do ano e, a seguir, examina os arquivos de qualquer conta a pagar em aberto.

2. O auditor examina os registros do centro de computação quanto a mudanças de senhas e os procedimentos do cliente para monitorar volumes incomuns de acesso por tipo de senha. O auditor faz perguntas aos agentes de compra a respeito da frequência de alteração de senhas e se os assistentes têm acesso a arquivos de computador em sua ausência para lidar eficientemente com consultas ou processar pedidos em aberto.

3. O auditor examina um relatório de todos os itens de contas a pagar que não foram localizados pelo sistema de conferência automatizada, mas foram pagos após a autorização pelo departamento de contas a pagar. Uma amostra de itens selecionados é tomada e conferida com o pagamento ao fornecedor e a documentação de apoio.

4. O auditor utiliza *software* para elaborar um relatório de todos os débitos a contas a pagar que não sejam pagamentos a fornecedores. Uma amostra dos débitos é selecionada e examinada para verificar a sua fundamentação.

5. O auditor utiliza *software* para acessar todos os recebimentos registrados de mercadorias que não bateram com um pedido de compra em aberto.

6. O cliente prepara um relatório a partir de uma base de dados, mostrando as baixas de estoque por linha de produto e agente de compra. O auditor examina o relatório e analisa os dados em relação ao volume de vendas por produto.

7. O auditor cria uma planilha mostrando o volume de sucata gerado por mês e por linha de produto.

8. O auditor baixa dados do cliente para criar um relatório mostrando vendas e níveis de estoque por mês e por linha de produto.

11–62 (Auditoria de uma conta de despesa e contas a pagar, OA 4, 6) Você foi escalado para auditar a conta de despesas de materiais diversos da fábrica de uma empresa industrial de médio porte. Estes são os dados relevantes dos três últimos anos:

	2009 (não auditados)	2008*	2007*
Vendas	$ 22.808	$ 21.900	$ 20.500
Despesa com materiais diversos	784	925	815
Lucro Líquido	1.001	985	915
Ativos da fábrica	16.500	14.500	14.800

*Auditados

Pede-se:

a. Explique, sucintamente, como técnicas de revisão analítica preliminar poderiam ser usadas para identificar possíveis incorreções nesta conta de despesa. Identifique possíveis variáveis (além de vendas) que deveriam ser consideradas na modelagem (estimação) do saldo da conta de despesa com materiais diversos.

b. O auditor deseja testar a existência, a avaliação e a classificação do saldo da conta de despesa com materiais diversos. Descreva um procedimento de auditoria (além da revisão analítica) que testaria as três afirmações.

11–64 (Procedimentos de auditoria do ciclo de compra e pagamento, OA 5, 6) São enumerados a seguir alguns procedimentos de teste frequentemente adotados no ciclo de compra e pagamento. Cada teste deve ser feito com amostras.

Pede-se:

a. Indique se cada procedimento é basicamente um teste de controles, substantivo ou um teste de dupla finalidade.

b. Defina a(s) finalidade(s) de cada procedimento.

Procedimentos de auditoria

1. Conferir as transações contabilizadas no diário de compras com documentação de apoio, comparando o nome do fornecedor, os valores monetários totais e a autorização de compra.

2. Confirmar uma sequência de relatórios de recebimento e conferir alguns documentos selecionados com faturas correspondentes de fornecedores e os lançamentos no diário de compras.
3. Selecionar uma amostra de desembolsos de caixa, observando evidências de que os detalhes das faturas de fornecedores foram conferidos e comparados ao pedido de compra e ao relatório de recebimento, e que a conta lançada e o pagamento foram aprovados.
4. Igual ao procedimento 3, mas, além disso, o auditor compara os detalhes da fatura com os documentos de apoio e avalia a adequação da conta lançada.
5. Totalizar o diário de desembolsos de caixa, conferir os lançamentos do total ao razão geral e conferir os lançamentos de pagamentos individuais ao arquivo geral de contas a pagar.
6. Confirmar uma sequência numérica de cheques no diário de desembolsos de caixa e examinar todos os cheques anulados ou destruídos para verificar se foram adequadamente cancelados.
7. Comparar datas de cheques compensados com datas no diário de desembolsos de caixa e com a data de compensação bancária.

11–66 (Análise de erros, OA 5, 6, 10) Os seguintes erros ou omissões estão contidos nos registros contábeis da *Westgate Manufacturing Company*.

Pede-se:
a. Para cada erro, identifique uma afirmação da administração que não foi satisfatória.
b. Para cada erro, identifique um procedimento de controle que teria impedido a sua ocorrência sistemática.
c. Para cada erro, identifique um teste substantivo direto do saldo da conta que teria descoberto o erro.

Erros ou omissões observados
1. A despesa com reparos e manutenção (conta 2121) foi lançada a equipamentos (conta 1221).
2. Frequentemente, as compras de matérias-primas são contabilizadas várias semanas após o recebimento dos bens, porque o pessoal de recebimento não encaminha relatórios de recebimento à contabilidade. Após ser pressionado pelo departamento de crédito de um fornecedor, o departamento de contas a pagar faz uma busca do relatório de recebimento, registra as transações no diário de contas a pagar e paga a conta.
3. A escriturária de contas a pagar prepara um cheque mensal à *Story Supply Company* no valor de uma fatura devida e, a seguir, encaminha o cheque não assinado ao tesoureiro para a efetivação do pagamento, juntamente com os documentos de apoio. Quando ela recebe o cheque assinado pelo tesoureiro, a escriturária o registra como débito a contas a pagar e deposita o cheque em uma conta bancária pessoal em nome de uma empresa chamada *Story Company*. Alguns dias mais tarde, ela registra a fatura no diário de contas a pagar, submete novamente os documentos e um novo cheque ao tesoureiro e envia o cheque ao fornecedor após ter sido assinado.
4. O valor de um cheque no diário de desembolsos de caixa é contabilizado por $ 4.612,87, ao invés dos $ 4.162,87 escritos no cheque.
5. O escriturário de contas a pagar excluiu deliberadamente do diário de desembolsos de caixa sete cheques de valor elevado emitidos e remetidos em 26 de dezembro para impedir que o saldo da conta bancária se tornasse negativo no razão geral. Esses cheques foram contabilizados em 2 de janeiro do ano seguinte.
6. Mensalmente, um funcionário do departamento de recebimento submete um relatório fictício de recebimento à contabilidade. Alguns dias mais tarde, ele envia à *Westgate* uma fatura correspondente à quantidade de produtos encomendados por uma pequena empresa que ele possui e dirige. A fatura é paga quando o escriturário de contas a pagar confere o relatório de recebimento com a fatura do fornecedor.

*11–68 (Amostragem de registros perpétuos, OA 10) A *Ace Corporation* não faz uma contagem física completa anual de peças e materiais adquiridos em seu depósito principal; ao contrário, usa amostragem estatística para testar a precisão dos registros perpétuos. A empresa acredita que a amostragem estatística é bastante eficaz para testar os registros e é suficientemente confiável para tornar desnecessária uma contagem física de cada item estocado.

Pede-se:
a. Enumere pelo menos cinco procedimentos típicos de auditoria que devem ser executados para verificar quantidades quando um cliente faz uma contagem física de todo o seu estoque.
b. É aceitável fazer uma amostra estatística para testar os registros perpétuos de estoque, em lugar de fazer uma contagem física completa do estoque? Em caso afirmativo, identifique os principais fatores que o auditor deve considerar ao determinar se esse procedimento é aceitável.
c. Identifique os procedimentos de auditoria que sejam diferentes ou adicionais aos procedimentos normalmente exigidos de auditoria a serem usados na situação descrita (quando um cliente usa uma amostragem para testar os registros perpétuos em lugar de fazer uma contagem física anual completa de itens estocados).

d. Suponha que o cliente utilize o método PEPS para avaliar estoques e tenha verificado a precisão das contagens de inventário perpétuo. Quais procedimentos o auditor deve empregar para verificar a avaliação do estoque?

11-70 (Testes de obsolescência de estoques, OA 10) Você foi escalado à auditoria da *Technotrics*, uma empresa especializada na comercialização de uma ampla variedade de produtos eletrônicos no atacado. Suas principais linhas de produtos são aparelhos de som e equipamentos eletrônicos semelhantes, bem como computadores e acessórios de computadores, como discos rígidos, placas de memória e assim por diante. O cliente possui quatro grandes depósitos em Atlanta, Las Vegas, Minneapolis e Philadelphia. No final do ano, o cliente possui aproximadamente US$ 250 milhões em estoques, o que representa um aumento de US$ 7 milhões.

Pede-se:

a. Indique como o auditor pode obter informação a respeito de mudanças importantes em termos dos produtos com os quais o cliente trabalha e do efeito da concorrência sobre os produtos existentes.

b. Indique como o auditor poderia utilizar o ACL para localizar produtos que estão sendo vendidos lentamente ou são potencialmente obsoletos no estoque de final de ano do cliente.

c. Que outros procedimentos o auditor poderia usar para determinar se proporções significativas do estoque de final de ano do cliente possuem valor de mercado inferior ao custo?

11-72 (Avaliação e ajustes de estoques, OA 10) A *Inshalla Retail Company* mantém estoques em uma base PEPS perpétua para fins de divulgação interna, mas ajusta o saldo PEPS do final do ano à base UEPS usando um índice UEPS de valor monetário. O auditor acredita que o inventário PEPS perpétuo é preciso. O ajuste UEPS é efetuado calculando-se um índice para cada uma das quatro linhas de produtos da empresa. O índice é aplicado para determinar se houve aumento ou redução de estoques durante o ano, sendo feito um lançamento apropriado.

Pede-se:

Explique como o auditor verificaria o ajuste UEPS.

11-74 (Auditoria integrada de compras e estoque, OA 2, 4, 5, 6, 10)

Pede-se:

Para cada um dos testes a seguir, relacionados a compras e estoques, indique o efeito da deficiência sobre o planejamento de testes diretos dos saldos correspondentes de contas.

1. O cliente utiliza um sistema automatizado de compra. Entretanto, nos testes de controles, o auditor descobre que o acesso ao sistema não é restrito tal como está autorizado. O auditor constata que os agentes de compra regularmente ignoram requisições de compra e também adicionam novos fornecedores sem passar pelo processo de aprovação exigido pelas políticas da empresa.

2. O cliente não contabiliza mercadorias devolvidas.

3. O cliente não faz contagens cíclicas do sistema de inventário perpétuo. Entretanto, outros controles sobre recebimento e remessa de itens estocados estão funcionando.

4. O cliente não emprega um processo sistemático para avaliar a possibilidade de obsolescência de estoques.

5. Muitos dos reembolsos de viagens e despesas a altos executivos não são acompanhados de recibos ou de uma descrição da finalidade do gasto.

6. Procedimentos analíticos preliminares de contas de despesas indicam que são baixas em comparação com (a) anos anteriores e (b) as vendas.

Casos

11-76 (Projeto Husky-ACL – obsolescência de estoques e teste de custo *versus* valor de mercado, OA 10) Você está auditando os estoques da *Husky Corp.* para 31 de dezembro de 2009. O saldo do razão geral de estoques é $ 8.124.998,66. A Husky produz tratores para cortar grama e manutenção de jardins, *snowmobiles* e materiais diversos. Baixe o arquivo de dados intitulado "HUSKY Inventory 2009" do endereço eletrônico do livro, www.cengage.com.br, na seção *Student Resources*. Este arquivo contém as seguintes informações:

SNUMB – Número do item estocado (a primeira letra é F – produto acabado, W – produção em andamento, R – matéria-prima).

LASTSALE – Data da última venda (produtos acabados) ou do último consumo (matéria-prima).

NUMSOLD – Número de unidades vendidas (produtos acabados) ou consumidas (matéria-prima) no ano, até o momento.

UNITCOST – Custo unitário.

INVQTY – Quantidade disponível no estoque.

EXTCOST – Custo unitário vezes quantidade disponível.
SELPRICE – Preço corrente de venda (somente produtos acabados).
REPLCOST – Custo corrente de reposição (somente matéria-prima).

Os vendedores recebem uma comissão de 10%, baseada no preço de venda.

Pede-se:

Usando o ACL:

a. Usando a opção *Analyze*, no menu principal, escolher *Statistical* e, a seguir, *Statistics* no campo de valor, imprimir as estatísticas e conferir o estoque total com o razão geral.
b. Extrair e imprimir a lista de todos os itens estocados que não têm sido consumidos ou vendidos em seis meses. Inclua na lista o custo total desses itens.
c. Transferir os produtos acabados para um arquivo separado (sugestão: use a expressão SNUMB = "F").
   (i) Extrair os itens que possuem valor realizável líquido inferior ao custo. Acrescente uma coluna, calcule o valor pelo qual cada um desses itens deve ser reduzido e imprima um relatório que inclua esses itens e o total das reduções.
   (ii) Acrescente um campo e calcule o giro do estoque de cada item estocado. Extraia e imprima um relatório dos itens com giro inferior a 2. O relatório deve incluir o custo total desses itens.
d. Transferir as matérias-primas para um arquivo separado (veja a sugestão no item (c), mas substitua "F" por "R"):
   (i) Extraia os itens cujo custo de reposição é inferior ao custo, acrescente uma coluna e calcule o valor pelo qual cada um desses itens deve ser reduzido, depois imprima um relatório incluindo esses itens e o total das reduções.
   (ii) Acrescente uma coluna e calcule o giro do estoque para cada item. Extraia e imprima um relatório dos itens com giro inferior a 2. O relatório deve incluir o custo total desses itens.
e. Elabore um relatório das implicações de suas constatações para a auditoria, indicando qualquer procedimento adicional que deveria ser executado.

11–78 (Caso CMH – deficiências alegadas pela SEC, OA 10)

A SEC alegou que houve muitas deficiências durante a auditoria da CMH, como discutido no quadro Auditoria na prática, neste capítulo. Algumas reclamações incluíram:

1. A empresa de auditoria "deixou a amplitude dos diversos testes de observação a critério dos auditores, e nem todos estavam a par de conclusões importantes de auditoria que estavam diretamente relacionadas à amplitude de tais testes. As observações de contagens de estoques no final do ano foram limitadas a seis locais (representando cerca de 40% do estoque total da CMH), em contraste com nove no ano anterior. Os auditores de campo não controlaram adequadamente as etiquetas de inventário e *Seidman & Seidman* (o auditor) não detectou a criação de etiquetas falsas que foram inseridas nos cálculos finais do inventário".
2. A comparação de contagens de teste registradas com as listagens de computador nos nove locais de armazenamento em que a contagem foi observada indicou erros variando de 0,9% a 38,3% das contagens, com erros superiores a 10% em diversos locais. A administração atribuiu as diferenças a erros cometidos por um operador da perfuradora de cartões. Quando os auditores pediram para ver as etiquetas de inventário, o representante da CMH disse que elas haviam sido destruídas.
3. O auditor da *Seidman* que fez o teste de preços do estoque da CMH determinou que, tal como em anos anteriores, a CHM havia sido incapaz em vários casos de fornecer faturas suficientes de fornecedores para fundamentar a compra pela CMH das quantidades que estavam sendo testadas. Isto ocorreu mesmo tendo a *Seidman & Seidman* acabado por aceitar faturas refletindo a compra do item por qualquer unidade da CMH, independentemente da localização do estoque cujo preço estava sendo testado.
4. Uma tabela de saldos comparativos de estoques revelou aumentos significativos em relação ao ano anterior. Um executivo financeiro da CMH escreveu nesta tabela as explicações da administração para os aumentos das contas de estoques.
5. A CMH não usou pedidos de compra e documentos de remessa pré-numerados.
6. Houve várias diferenças entre as etiquetas mencionadas na lista do computador para o depósito de Miami e a observação dos mesmos números de etiquetas pelos auditores da *Seidman & Seidman*. A lista do computador continha uma série de quase mil etiquetas, cobrindo cerca de 20% das etiquetas alegadamente usadas e mais de 50% do valor total declarado do estoque de Miami, que foram indicadas como não tendo sido utilizadas no documento de controle de etiquetas obtido pela *Seidman & Seidman* durante o seu trabalho de observação.
7. Já que a administração da CMH não forneceu faturas suficientes como solicitado, os auditores se apoiaram principalmente em catálogos, listas de preços e faturas de fornecedores para testar a declarações da CMH a respeito de seus estoques.

Pede-se:
a. Para cada uma das deficiências identificadas, indique a ação apropriada que deveria ser tomada pelo auditor.
b. Que informação de estoques deveria ser transmitida a um auditor que não é regularmente escalado para a auditoria de um dado cliente, antes da observação de uma contagem física de estoques?
c. De que maneira as dúvidas sobre a integridade da administração afetam o enfoque que deve ser adotado no planejamento da observação dos procedimentos de contagem de estoques de um cliente?

11–80 (Aplicação do arcabouço de análise de decisões a observações de inventário, OA 10, 11) O quadro Julgamento profissional em contexto, no início do capítulo, e o quadro Auditoria na prática, sobre a CMH, descrevem cenários nos quais pessoas com responsabilidades de contabilidade ou auditoria careciam do treinamento ou conhecimento apropriado para desempenhar suas tarefas. Suponha que você se encontre em uma situação semelhante ao se apresentar para conduzir a observação de um inventário. Você deve observar, em particular, contagens de estoques de produtos para os quais não conhece bem a técnica de mensuração apropriada e desconhece o próprio produto. O contexto específico é um cliente que utiliza sistemas computadorizados de mensuração para medir volumes de derivados de petróleo armazenados em tanques sob o solo. Você não sabe como funciona o sistema de mensuração e não é capaz de distinguir entre produtos diferentes. O cliente descreve rapidamente o processo de mensuração e lhe oferece ajuda para identificar os diversos produtos. Você ainda se sente um pouco inseguro de sua capacidade de realizar este inventário.

Pede-se:
Use o arcabouço de análise de decisões com sete etapas, descrito no capítulo 3, para determinar como deve proceder na observação desse inventário. Recorde-se que o arcabouço é o seguinte:

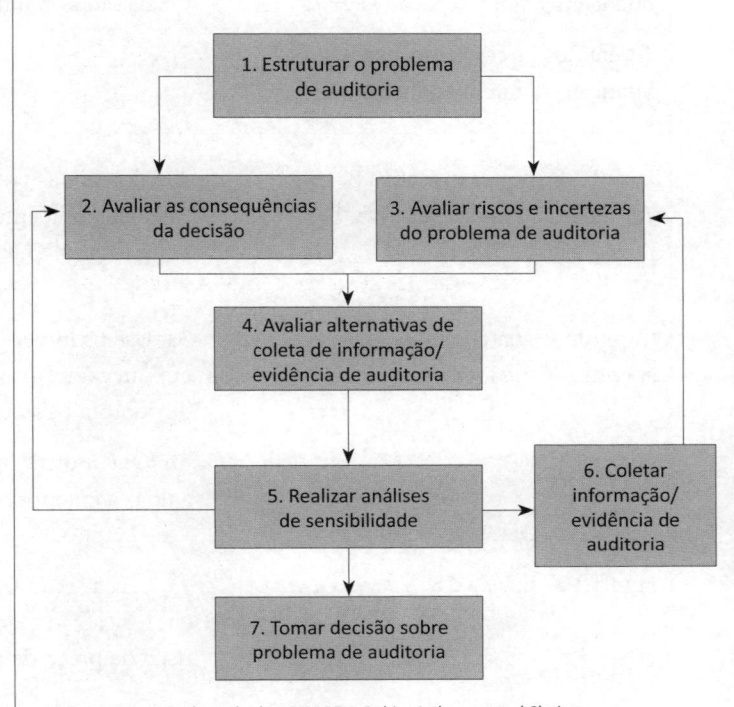

1. Estruturar o problema de auditoria
2. Avaliar as consequências da decisão
3. Avaliar riscos e incertezas do problema de auditoria
4. Avaliar alternativas de coleta de informação/evidência de auditoria
5. Realizar análises de sensibilidade
6. Coletar informação/evidência de auditoria
7. Tomar decisão sobre problema de auditoria

Fonte: adaptado de HOGARTH, Robin. *Judgment and Choice*.

Ford Motor Company e Toyota Motor Corporation: Aspectos do ciclo de compra e estoques

(www.cengage.com.br, em inglês)

Fonte e referência	Questão
Ford 10-K, demonstrações financeiras, nota explicativa 2 Toyota 20-F, demonstrações financeiras, e nota explicativa 2	1. Quais são as contas fundamentais do ciclo de compra e estoques da Ford? Quais são as políticas contábeis críticas para essas contas?
Ford 10-K, nota explicativa 8 Toyota 20-F, nota explicativa 9	2. Compare as notas explicativas da Ford e da Toyota a respeito de estoques. Calcule a porcentagem de produtos acabados que cada empresa possui em estoques. Que inferências você tira dessa análise?
Capítulo 8, materiais do apêndice Ford/Toyota	3a. Use os índices financeiros fornecidos no apêndice para a Ford e a Toyota em um capítulo anterior. Quais são os índices mais relevantes para o ciclo de compra e estoques? 3b. Que índices ou comparações adicionais você poderia montar para lhe ajudar a entender este ciclo de transações para essas empresas montadoras?
Ford 10-K, pp. 76-78	4a. Leia a seção Discussão e análise pela administração, no relatório da Ford, em relação ao mercado de automóveis e o risco de contraparte. O que é o risco de preço de produto? Como a Ford gere esse risco? 4b. O que é risco de contraparte? 4c. Como auditor, qual é a sua obrigação quanto às declarações que a administração faz em sua discussão e análise?

Auditoria de caixa e outros ativos líquidos

12

Objetivos de aprendizagem

O objetivo principal deste livro-texto é a construção de uma base para a análise de questões profissionais correntes e a adaptação de enfoques de auditoria às complexidades das empresas e da economia. Por meio do estudo deste capítulo, você será capaz de:

1. Descrever as contas envolvidas na auditoria de caixa e outros ativos líquidos e identificar as afirmações relevantes de demonstrações financeiras a respeito de caixa e outros ativos líquidos.
2. Descrever o enfoque que um auditor utilizaria para fazer uma auditoria integrada de caixa.
3. Descrever por que caixa é um ativo inerentemente arriscado e identificar os riscos associados. Considerar problemas envolvendo materialidade, risco intrínseco e várias técnicas de gestão de caixa.
4. Discutir como os auditores adquirem conhecimento sobre controles internos de caixa e identificam controles tipicamente presentes em contas de caixa.
5. Identificar testes de controles de caixa e contas correlatas.
6. Descrever os procedimentos substantivos de auditoria que devem ser usados para testar caixa.
7. Identificar tipos de títulos negociáveis e outros instrumentos financeiros; discutir os riscos e controles tipicamente associados a essas contas, bem como esquematizar um enfoque de auditoria para essas contas.
8. Aplicar os arcabouços de análise e tomada de decisões com ética a situações envolvendo a auditoria de caixa e outros ativos líquidos.

Visão geral do capítulo

O caixa precisa ser controlado para que as organizações funcionem eficazmente. Neste capítulo, examinamos enfoques que as organizações adotam para controlar seus saldos de caixa e aplicamos esses conceitos à avaliação do risco de controle sobre as contas e as auditorias de saldos de contas. Em termos do processo de elaboração do parecer de auditoria, este capítulo envolve as fases III e IV, ou seja, a obtenção de evidência de controles e afirmações a respeito da auditoria de caixa e outros ativos líquidos. Embora um volume elevado de transações passe pela conta caixa, ela normalmente apresenta um saldo relativamente pequeno. Devido à vulnerabilidade a erro ou apropriação indébita, as organizações e os auditores normalmente enfatizam a qualidade dos procedimentos de controle sobre as transações que envolvem caixa.

Também consideramos questões relativas à auditoria de aplicações em títulos negociáveis e instrumentos financeiros. O aumento da variedade de instrumentos financeiros, particularmente derivativos, apresenta novos riscos para as organizações. O auditor precisa entender a natureza dos instrumentos financeiros usados pela organização, os riscos a eles inerentes e a finalidade dos instrumentos para a empresa.

O processo de elaboração do parecer de auditoria

| I. Aferir as decisões de aceitação e retenção do cliente (capítulo 4). | II. Entender o cliente (capítulos 2, 4-6 e 9). | **III. Obter evidência a respeito de controles e determinar o impacto sobre a auditoria de demonstrações financeiras (capítulos 5-14 e 18).** | IV. Apurar evidências consubstanciadas sobre afirmações de contas (capítulos 7-14 e 18). | V. Fechamento da auditoria e tomada de decisões de divulgação (capítulos 15 e 16). |

| A profissão de auditoria, regulamentação e governança corporativa (capítulos 1 e 2). | Tomada de decisões, conduta profissional e ética (capítulo 3). | Responsabilidade profissional (capítulo 17). |

JULGAMENTO PROFISSIONAL EM CONTEXTO

Controle de caixa na Canada Border Services Agency

A *Canada Border Services Agency* (CBSA) recebe pagamentos à vista por serviços, taxas e impostos (por exemplo, tarifas alfandegárias, impostos de circulação, impostos sobre bens e serviços) em diversos portos de entrada em todo o Canadá. Neste caso, caixa é definido como pagamentos feitos em dinheiro, por meio de cartões de débito ou crédito, ou em cheque. A CBSA utiliza os seguintes controles para garantir recebimento, processamento, depósito e registro apropriados de caixa:

- Os pagamentos são depositados dentro do prazo de 24 horas.
- Os pagamentos são contabilizados dentro do prazo de quatro dias úteis.
- Relatórios de receitas alfandegárias são elaborados para todos os depósitos bancários.
- As instituições financeiras são escolhidas com base em sua proximidade ao ponto de entrada.
- Os recibos de depósito são carimbados pela instituição financeira e devolvidos ao escritório da CBSA em um dia útil.

Um comitê de supervisão recomendou que uma auditoria fosse feita para avaliar a eficácia operacional dos controles na CBSA. A auditoria foi composta pelas seguintes etapas:

- Entrevistas com a administração e os demais funcionários, na sede central e nas diversas regiões; foi feita uma análise da legislação e dos regulamentos aplicáveis, bem como de políticas, procedimentos e diretrizes; além de um exame e análise de estatísticas regionais.
- A escolha de seis regiões com nove locais (escritórios) que tinham ambientes operacionais distintos: Windsor/St. Clair, Niagara/Fort Erie, Quebec, Prairie, Pacífico e a região da grande Toronto.
- Observação de controles físicos e processos mediante uma visita às instalações, a análise de registros de arrecadação manual e automatizada de caixa, a análise de controles de monitoramento e conversa com o pessoal das unidades regionais.
- A seleção de duas amostras de documentos das nove unidades para fins de exame e análise em detalhe.

Os resultados da auditoria revelaram as seguintes deficiências:

- Descumprimento de políticas e procedimentos.
- Deficiências na supervisão de funcionários.
- Ausência de segregação de tarefas e custódia de ativos monetários.
- Políticas e procedimentos desatualizados em unidades operacionais.
- Ausência de análise das operações pela administração com a finalidade de detectar e corrigir deficiências de controle.
- Falta de comunicação da administração na divulgação de suas expectativas de monitoramento, de tal modo que algumas unidades não sabiam para onde deviam enviar os relatórios trimestrais.

À medida que for lendo este capítulo, considere este caso e as seguintes perguntas:

- Quais são os riscos inerentes em qualquer organização que lida rotineiramente com volumes elevados de numerário?
- Quais controles devem existir para garantir que o caixa não seja mal administrado?
- Quais são as implicações de auditoria de deficiências de controle como as identificadas na CBSA?
- Além dos procedimentos empregados na auditoria da CBSA, que outros tipos de procedimentos os auditores poderiam utilizar, em geral, ao auditar caixa e outros ativos líquidos?

Fonte: *Canada Border Services Agency*, www.cbsa-asfc.gc.ca.

Introdução

Visão geral das contas de caixa

Uma organização pode possuir muitos tipos distintos de contas bancárias, cada uma com uma finalidade especial e operando sob controles internos diferentes. Tipos importantes de saldos bancários incluem contas gerais de movimento, de gestão de caixa e contas de fundo de caixa para folha de pagamento.

> **OA 1**
> Descrever as contas envolvidas na auditoria de caixa e outros ativos líquidos e identificar as afirmações relevantes de demonstrações financeiras a respeito de caixa e outros ativos líquidos.

Contas gerais de movimento

A conta geral de movimento é usada para a maioria das transações de caixa. Os recebimentos e pagamentos regulares da organização são processados nesta conta. Em alguns casos, os recebimentos são feitos diretamente pelo banco por meio de um cofre ou transferências eletrônicas de fundos e diretamente depositados na conta do cliente pelo banco. A maioria das organizações possui orçamentos de caixa para ajudá-las a planejar desembolsos, bem como possuem esquemas de gestão de caixa junto ao banco para aplicar temporariamente qualquer excedente de fundos em títulos que rendem juros.

Contas de gestão de caixa

A boa gestão de caixa exige que a organização obtenha o maior retorno possível em seus saldos inativos de caixa. A maioria das organizações tem desenvolvido relações com suas instituições financeiras (e não apenas bancos) para administrar fundos excedentes usando contas de poupança de curto prazo para gerar retornos adicionais. O auditor precisará entender a relação com essas instituições financeiras, os controles aplicáveis às transferências de caixa e o risco, para o cliente, de erros ou problemas financeiros associados à instituição financeira.

Contas de fundo de caixa para folha de pagamento

Algumas organizações fazem seus pagamentos a funcionários por meio de uma conta bancária de fundo de caixa, na qual ocorrem depósitos de fundos, quando necessário, para cobrir cheques emitidos de salários. Se os funcionários descontarem todos os seus cheques, o saldo da conta bancária retorna para zero. As leis de alguns estados exigem que cheques antigos e não descontados sejam transferidos para o estado (leis de vacância de direitos). Portanto, a maioria das empresas não cancela cheques antigos de pagamento de salários, procurando encontrar o titular correto do cheque. A necessidade de contas de fundo de caixa para folha de pagamento está desaparecendo, na medida em que a maioria das organizações deposita diretamente a remuneração dos funcionários em suas contas bancárias.

Visão geral de instrumentos financeiros e contas de títulos negociáveis

Os títulos negociáveis incluem uma ampla variedade de instrumentos financeiros; o auditor deve ter noção dos riscos associados a esses instrumentos financeiros. Para facilitar a discussão, a maioria dos instrumentos pode ser classificada nas seguintes categorias:

- Títulos negociáveis (mantidos como aplicações temporárias).
- Instrumentos de gestão de caixa de curto prazo, tais como letras do Tesouro dos Estados Unidos, certificados de depósito e notas promissórias mercantis (equivalentes de caixa).

> **QUESTÃO PRÁTICA**
> Durante a crise financeira de 2008, muitas empresas, como a GM, haviam começado a gerir seus negócios em busca de caixa. Ativos que as empresas anteriormente teriam mantido passaram a ser vendidos. As empresas perceberam que, sendo necessário fazer pagamentos, às vezes elas precisavam tomar providências radicais para vender ativos.

- Outros títulos híbridos de curto prazo destinados a elevar o retorno obtido pela empresa em aplicações temporárias.

Há dois aspectos relacionados a títulos negociáveis e instrumentos financeiros que afetam diretamente a contabilização apropriada desses títulos. Em primeiro lugar, existe uma implicação óbvia relacionada ao fato de se um título é de fato negociável, ou seja, ele pode ser comprado e/ou vendido em um mercado ativo. Em segundo lugar, os títulos podem possuir graus diversos de risco, incluindo o de que não sejam negociáveis, caso o mercado piore. As aplicações em títulos podem ser classificadas da seguinte maneira:

1. Mantidos até o vencimento.
2. Disponíveis para negociação.
3. Mantidos para negociação.

Há implicações importantes de divulgação financeira e auditoria para a classificação escolhida pela empresa. Os títulos mantidos até o vencimento são avaliados ao custo histórico, a não ser que a administração determine ter ocorrido uma redução mais do que temporária de seu valor. As aplicações disponíveis e mantidas para negociação são carregadas ao valor de mercado. Portanto, há um desafio importante para o auditor no que diz respeito à:

1. Corroboração da intenção da administração na classificação dos ativos, incluindo a coleta de informação sobre as operações da administração com os títulos, a importância do valor de mercado para a remuneração dos administradores.
2. Determinação do valor de mercado.

O valor de mercado de títulos regularmente negociados (por exemplo, ações registradas na Bolsa de Valores de Nova York ou no Nasdaq) é de fácil determinação, pois dados de negociação estão regularmente disponíveis. Entretanto, no caso de títulos negociados menos ativamente (por exemplo, títulos lastreados em empréstimos hipotecários), o mercado não possui muitos participantes e uma crise financeira pode fazer que o mercado seque. Em casos como esses, as instituições financeiras que mantêm muitos títulos têm relutado em marcar seus valores a mercado.

Títulos negociáveis

Os princípios de uma boa gestão de caixa ditam que fundos ociosos sejam aplicados. As organizações normalmente elaboram orçamentos de caixa para aplicar fundos temporariamente, por períodos variando de um dia a um ano. Os títulos negociáveis podem variar de notas promissórias mercantis de curto prazo a ações ordinárias. Como alguns títulos têm prazos superiores ao de um ano, o auditor deve determinar a intenção da administração quanto à aplicação em títulos no curto prazo ou no longo prazo.

Programas de gestão de caixa no curto prazo

A maioria dos bancos pode transferir fundos excedentes automaticamente a contas de curto prazo que rendem juros – mesmo da noite para o dia. Outros programas direcionam as aplicações dos clientes a títulos específicos por períodos mais longos. Um auditor precisa entender esses contratos com bancos para identificar riscos especiais que poderiam existir nos títulos.

> **QUESTÃO PRÁTICA**
> O Fasb declarou que deve ser muito raro para uma empresa alterar a sua classificação de título para negociação com a intenção de mantê-la até o vencimento. Entretanto, em 2008, sob intensa pressão política, o IASB votou por permitir às empresas que alterassem sua classificação e que fizesse isso retroativamente ao início do ano. Essa medida visou a evitar a divulgação de prejuízos devido à deterioração de valores de mercado.

Outros tipos de instrumentos financeiros

Na última década, ocorreu, literalmente, uma explosão de novos tipos de instrumentos financeiros. Alguns são conhecidos por nomes exóticos, como obrigações de dívida colateral (*collateralized debt obligations*, CDOs), *swaps* e *zebras*, ou alguma outra abreviatura que reflete o instrumento financeiro subjacente. O conceito fundamental é o de que o valor desses instrumentos decorre do ativo subjacente. A maioria é considerada pertencente à classe ampla de derivativos financeiros, porque muitos dos instrumentos correspondem à modificação de um título tradicional para distribuir os riscos entre diversas partes.

Afirmações relevantes de demonstrações financeiras

As cinco afirmações da administração que são relevantes a caixa e outros ativos líquidos são as seguintes:

1. *Existência* – os saldos de caixa existem na data do balanço.
2. *Completude* – os saldos de caixa incluem todas as transações de caixa ocorridas durante o período.
3. *Direitos e obrigações* – a organização é titular das contas de caixa na data do balanço.
4. *Avaliação* – os saldos contabilizados refletem o verdadeiro valor econômico subjacente desses ativos.
5. *Apresentação e divulgação* – caixa e outros ativos líquidos são adequadamente classificados no balanço e divulgados nas notas explicativas.

No caso de caixa e outros ativos líquidos, uma das afirmações mais importantes em que se concentra o auditor é a afirmação de existência. Em relação a títulos negociáveis, o auditor estará especialmente interessado nas afirmações de avaliação e divulgação.

Auditoria integrada de caixa

Uma auditoria eficaz e eficiente tira proveito dos pontos fortes do controle interno para minimizar testes diretos de caixa. A maioria das organizações de porte médio ou grande possui bons controles internos de caixa. Nesses casos, a auditoria se concentrará em testar os controles e identificar áreas em que ocorreriam possíveis incorreções se fosse identificada qualquer deficiência significativa ou material. Se não existirem deficiências significativas ou materiais, testes substantivos mínimos serão realizados. Entretanto, se houver pelo menos uma deficiência significativa ou material de controles, o auditor deverá determinar quais tipos de incorreções poderiam existir e montar testes substantivos de auditoria para confirmar se elas de fato ocorreram.

De que maneira uma auditoria integrada de caixa e outros ativos líquidos difere de uma auditoria mais tradicional? Uma auditoria tradicional concentrará sua atenção em variações nas contas durante o ano e nos saldos de contas no final do ano. Em contraste, uma auditoria integrada se concentrará em avaliar os controles relacionados a contas específicas ao ciclo. Se os controles forem eficazes, será possível recorrer a testes diretos reduzidos de saldos de contas. Recorde as oito etapas gerais da realização de uma auditoria integrada, que cobrimos originalmente no capítulo 10. Reproduzimos aqui essas etapas e as adaptamos à auditoria de caixa e outros ativos líquidos.

OA 2
Descrever o enfoque que um auditor utilizaria para fazer uma auditoria integrada de caixa.

Fases I e II do processo de elaboração do parecer de auditoria

1. Atualizar continuamente informações sobre risco empresarial, incluindo a identificação de qualquer fator de risco de fraude observado durante o planejamento preliminar da auditoria. Atualizar o planejamento da auditoria em função de novas informações acerca de riscos.
2. Analisar motivações potenciais para distorcer contas de caixa e outros ativos líquidos, bem como a existência de outros indicadores de fraude, e determinar o método mais provável de distorção dessas contas.
3. Executar procedimentos analíticos preliminares para determinar se há relações inesperadas nas contas e documentar como os testes de auditoria devem ser modificados devido a essas relações inesperadas.
4. Adquirir conhecimento a respeito dos controles internos de contas de caixa e outros ativos líquidos destinados a lidar com os riscos identificados nas três etapas anteriores, incluindo a aplicabilidade de controles no nível da entidade como um todo sobre contas de caixa e outros ativos líquidos. Este conhecimento incluirá uma análise da documentação de controles internos do cliente.

Fases III e IV do processo de elaboração do parecer de auditoria

5. Determinar os controles importantes que precisam ser testados para (a) elaborar um parecer sobre os controles internos da entidade e (b) reduzir os testes substantivos na auditoria de demonstrações financeiras.
6. Elaborar um plano de teste de controles internos e fazer os testes de controles-chave de contas de caixa e outros ativos líquidos (no caso de companhias fechadas, o auditor poderá optar por não testar controles, mas deverá determinar onde poderiam ocorrer incorreções materiais caso os controles não existam).
7. Analisar os resultados dos testes de controles. Se forem identificadas deficiências, elas deverão ser avaliadas para determinar se são significativas ou materiais. Determinar se a avaliação preliminar de risco de controle deve ser modificada (deve o risco de controle ser colocado em um nível mais alto?) e documentar as implicações para a realização de testes substantivos. Determinar o impacto dessas deficiências e de qualquer revisão da avaliação do risco de controle sobre os procedimentos substantivos de auditoria planejados para a determinação dos tipos de incorreções mais prováveis. Se não forem identificadas deficiências de controle, avaliar se a aferição preliminar do risco de controle ainda é apropriada, determinar até que ponto os controles fornecem evidência sobre a correção dos saldos de contas e depois definir os procedimentos substantivos de auditoria planejados. O nível dos testes substantivos nesta situação será inferior ao que tenderia a ser exigido nas situações em que tenham sido identificadas deficiências de controle interno.
8. Executar procedimentos substantivos planejados (procedimentos analíticos substantivos e testes diretos de saldos de contas) com base no potencial de incorreção e nas informações coletadas a respeito da eficácia dos controles internos. Os procedimentos substantivos incluirão procedimentos visando a lidar com riscos de fraude.

Consideramos inicialmente a auditoria de contas de caixa. As complexidades específicas da auditoria de títulos negociáveis, incluindo derivativos, são discutidas mais adiante no capítulo.

> **QUESTÃO PRÁTICA**
>
> A *Satyam*, empresa terceirizadora global indiana, informou uma fraude enorme resultante da divulgação distorcida do caixa pelo diretor executivo: "o Sr. Raju declarou, na quarta-feira, que 50,4 bilhões de rúpias, ou US$ 1,04 bilhões, das 53,6 bilhões de rúpias em caixa e aplicações bancárias que a empresa declarava como ativos em seu segundo trimestre, encerrado em setembro, não existiam".
> *New York Times*, 12 de janeiro de 2009.
>
> Esta fraude indica que o saldo de caixa quase sempre representa um risco elevado.

Considerar os riscos relacionados a caixa (etapas 1 e 2)

A saúde econômica de cada organização depende de sua capacidade de gerir o fluxo de caixa e aplicar temporariamente seus fundos excedentes para maximizar a taxa de retorno com um nível mínimo de risco. O volume de transações dessas contas torna-as materiais para a auditoria – mesmo que o saldo de caixa no final do ano não seja material.

Técnicas tais como transferências eletrônicas de fundos, cofres e esquemas de gestão de caixa combinados com os bancos são usadas por organizações para gerir eficazmente o seu fluxo de caixa. Modalidades eletrônicas de caixa têm surgido para facilitar a realização de transações via internet. Em algumas empresas, a gestão de caixa é vinculada a programas de gestão de estoques *just-in-time*. Algumas empresas usam orçamentos detalhados de caixa; outras operam de maneira mais informal. A maioria das organizações transfere caixa de e para ativos líquidos de maneira praticamente contínua.

Caixa e orçamentos de caixa são importantes por outro motivo. Uma empresa precisa ser capaz de gerir seu fluxo de caixa para continuar operando. Por exemplo, muitas empresas de comércio eletrônico quebraram nos últimos anos pois "queimaram" seu caixa com rapidez demasiada. Ou seja, consumiram todo o seu caixa antes de poderem gerar lucros e fluxo de caixa positivo com seus esforços empresariais. Portanto, a análise do fluxo de caixa de uma empresa é um fator primordial na avaliação do risco geral associado ao cliente de auditoria.

O observador casual poderia pensar que a auditoria de caixa é relativamente simples, o que normalmente é verdade. Entretanto, tem havido casos de fraude envolvendo caixa. Por exemplo, a administração da *HealthSouth* conseguiu sobrevalorizar o saldo de caixa em US$ 300 milhões, e os auditores não foram capazes de detectar esse fato.

Um saldo negativo de caixa não causa boa impressão nas demonstrações financeiras. Para evitar a apresentação de um saldo negativo de caixa, uma empresa pode enviar cheques no final do ano, mas não contabilizá-los antes do final do ano. Por outro lado, uma empresa que queira melhorar seu índice de liquidez corrente pode contabilizar o pagamento de contas a pagar antes do final do ano, mas só enviar os cheques no começo do ano seguinte. Por exemplo, se os ativos circulantes totalizam $ 150 mil e os passivos circulantes $ 100 mil, a contabilização de um pagamento de $ 50 mil a um fornecedor faz que a empresa aumente seu índice de liquidez corrente de 1,5 para 2. A empresa poderá reter os cheques porque não possui caixa para cobri-los no momento. Os auditores devem estar atentos a estas e outras manipulações possíveis de caixa e aplicações temporárias.

Considerações de materialidade e risco

O planejamento da auditoria de caixa do auditor é afetado pelo risco empresarial, materialidade e risco de incorreção material (risco intrínseco e de controle) associados às contas de caixa. O auditor geralmente considera a conta de caixa como sendo relevante pelos seguintes motivos:

- **Volume de atividade** – O volume de transações que passam pela conta durante o ano faz que essa conta seja mais suscetível a erro do que as demais.
- **Liquidez** – A conta de caixa é mais suscetível a fraude do que as demais pois o caixa é líquido e facilmente transferível.
- **Sistemas automatizados** – A transferência eletrônica de caixa e os controles automatizados de caixa são tais que, se houver erros nos programas de computação, eles serão repetidos em um grande volume de transações.

OA 3
Descrever por que caixa é um ativo inerentemente arriscado e identificar os riscos associados a caixa. Considerar problemas envolvendo materialidade, risco intrínseco e várias técnicas de gestão de caixa.

> **FOCO EM FRAUDE**
> **O caixa pode ser enganador**
> O caixa é geralmente bem controlado e os auditores podem adquirir um sentido falso de segurança em relação ao caixa. Quando isso ocorre, uma empresa como a *HealthSouth* pode se tornar mais agressiva em sua fraude. De fato, a *HealthSouth* sobrevalorizou seu saldo de caixa em US$ 300 milhões por meio de uma série de transações que mascararam o saldo efetivo de caixa. O auditor não pode se contentar com explicações dessas atividades – é preciso que sejam feitos testes efetivos de auditoria.

> **CONSIDERE O RISCO**
> A liquidez do caixa oferece oportunidades de fraude que devem ser consideradas pela equipe de auditoria quando esta planeja o seu trabalho.

> **AUDITORIA INTEGRADA**
> Devido aos riscos envolvidos e controles mais fracos, as auditorias de muitas organizações fechadas se concentram em testes diretos das contas no final do ano. Auditorias integradas de companhias abertas devem concentrar sua atenção em testes e avaliações de controles internos sobre os ativos altamente líquidos.

- Importância para o cumprimento de obrigações de endividamento – Muitas cláusulas restritivas de contratos de endividamento podem estar ligadas a saldos de caixa ou à manutenção de níveis mínimos de capital de giro. As cláusulas em questão impõem restrições à organização com a finalidade de proteger o credor. Cláusulas típicas restringem saldos de caixa, estipulam a manutenção de níveis mínimos de capital de giro e podem limitar a capacidade de pagamento de dividendos da empresa. As cláusulas podem afetar as ações da administração em seu esforço para apresentar demonstrações financeiras que não violem as cláusulas de contratos de endividamento.
- Pode ser facilmente manipulada – Como ilustra a fraude na *Satyam*, o caixa pode ser facilmente manipulado por um diretor executivo ou financeiro com poder sobre os saldos de contas. A *Satyam* ocultou, parcialmente, seu problema de caixa quando o diretor executivo misturou alguns de seus fundos pessoais com os da empresa.

Risco intrínseco

Caixa é um ativo intrinsecamente arriscado. Pode ser facilmente desviado porque (1) as transações individuais variam muito em termos de tamanho e (2) caixa é o instrumento financeiro mais negociável. O caixa pode ser usado para fins não autorizados; lançado à conta do cliente errado; ou não contabilizado tempestivamente. O risco intrínseco de caixa é geralmente considerado elevado devido a sua liquidez e suscetibilidade a desvios.

Técnicas de gestão de caixa

Técnicas de gestão de caixa têm sido desenvolvidas para (1) acelerar o recebimento e o depósito de numerário ao mesmo tempo que se minimiza a possibilidade de erro ou fraude nesse processo, (2) reduzir a papelada e (3) automatizar o processo de gestão de caixa. Três dos avanços mais importantes afetando a gestão de caixa são o uso de cofres, a transmissão eletrônica de dados (TED) e as transferências eletrônicas, bem como os acordos de gestão de caixa com instituições financeiras.

Cofres – A arrecadação de caixa e a redução da possibilidade de fraude podem ser facilitadas com o uso de cofres. Os clientes recebem instruções para enviar pagamentos diretamente à empresa em uma caixa postal com um número específico, que funciona como caixa de depósito na instituição bancária utilizada pela organização. O banco recebe e abre as remessas, prepara uma lista de recebimentos por cliente, credita a conta geral de caixa da empresa e notifica a empresa dos detalhes das transações. A notificação pode consistir em um docu-

AUDITORIA NA PRÁTICA

> **Discussão exploratória de riscos de fraude envolvendo caixa e outros ativos líquidos**
>
> Na fase de planejamento, os auditores farão discussões exploratórias a respeito da possibilidade de risco de fraude. As perguntas a serem feitas em uma sessão de discussão exploratória incluem:
>
> - Os funcionários podem facilmente converter os ativos da empresa para uso pessoal?
> - O caixa e outros ativos líquidos estão fisicamente disponíveis aos funcionários?
> - Há segregação insuficiente de tarefas relacionadas a caixa e outros ativos líquidos?
> - Os registros contábeis de caixa e outros ativos líquidos da empresa são adequados para a montagem de um histórico de transações?
> - Algum membro da equipe de auditoria recebeu denúncias de fraude envolvendo caixa ou outros ativos líquidos de funcionários, clientes ou fornecedores?
> - A empresa pode estar desrespeitando cláusulas de contratos de endividamento?
> - A empresa possui fluxo de caixa suficiente para sustentar as operações?

mento enumerando os pagamentos por clientes ou uma listagem eletrônica das mesmas informações. Este processamento pela instituição financeira é efetuado em troca do pagamento de uma tarifa. O pessoal da empresa utiliza os dados enviados pelo banco para atualizar os saldos de caixa e contas a receber.

Os esquemas de cofre oferecem estas vantagens claras para o cliente de auditoria:

- O caixa é depositado diretamente no banco. Não há demora e a empresa recebe, imediatamente, juros sobre os fundos depositados.
- Transfere-se ao banco o processamento manual associado à abertura de remessas, manutenção do controle de recebimentos e preparação do detalhamento para o lançamento em contas a receber.
- A empresa normalmente abre vários cofres em locais distintos para minimizar o tempo transcorrido entre o momento em que o cheque sai do cliente e o instante em que a empresa recebe os fundos. Isto acelera o recebimento de caixa e permite à organização utilizar os fundos para conseguir algum rendimento.

Transferências eletrônicas de fundos – Muitas organizações têm adotado transferências eletrônicas de fundos (TEF) como parte importante de suas operações. As transferências de caixa são efetuadas automática e instantaneamente; cheques não são usados. Com o tempo, as TEF reduzirão o uso de cofres e outros enfoques de arrecadação de caixa, embora estas ainda sejam mantidas para clientes que não têm condições de fazer transferências eletrônicas.

Acordos de gestão de caixa com instituições financeiras – As instituições financeiras prestam serviços automatizados, tais como programas de gestão de caixa, a muitos de seus clientes. O auditor deve determinar que (1) procedimentos adequados são utilizados para monitorar o risco associado às aplicações e (2) são usados controles para garantir que as aplicações não estão expostas a riscos indevidos.

Saldo médio – Muitas empresas usam empréstimos de curto prazo e linhas de crédito em sua instituição financeira principal. A linha de crédito proporciona à empresa um empréstimo pré-negociado, disponível para utilização quando a empresa dele tem necessidade. Normalmente, as instituições financeiras exigem que a empresa mantenha um saldo estipulado em uma conta que não rende juros. O montante disponível para empréstimo é igual ao valor da linha de crédito menos o saldo médio. Se os valores forem materiais, a empresa será obrigada a divulgar o acordo de saldo médio e seu efeito sobre a taxa efetiva de juros.

> **QUESTÃO PRÁTICA**
>
> Muitos de nós utilizamos contas bancárias para pagar contas regulares automaticamente, como assinaturas de TV a cabo, serviços telefônicos e seguros. Os fundos são eletronicamente transferidos. Todas as partes precisam contar com procedimentos e controles para assegurar o registro apropriado e completo das transferências de caixa.

Executar procedimentos analíticos preliminares para identificar possíveis incorreções nas contas de caixa (etapa 3)

Os procedimentos analíticos usados para os saldos de caixa raramente revelam uma relação estável com níveis passados de caixa, pois o saldo final de caixa geralmente possui um valor baixo. Entretanto, os auditores podem analisar o caixa em relação a dados operacionais e projeções orçamentárias. Além disso, os auditores devem estar cientes da importância dos saldos de caixa para as cláusulas de contratos de endividamento. Por exemplo, o auditor pode ler as cláusulas, determinar os limites relevantes para o caixa ou outros ativos líquidos contidos nas cláusulas e depois verificar quão perto a empresa estaria de violar essas cláusulas com o passar do tempo.

OA 4
Discutir como os auditores adquirem conhecimento a respeito de controles internos de caixa e identificam controles tipicamente presentes em contas de caixa.

Identificar controles internos típicos sobre o caixa (etapas 4 e 5)

A auditoria integrada de caixa envolve a avaliação do formato dos controles internos bem como de seu funcionamento ao longo do ano. Em algumas organizações de menor porte, os esforços de auditoria se concentrarão em testes substantivos dessas contas no final do ano. Auditorias de organizações maiores se preocuparão, mais comumente, com a avaliação e o teste de controles internos por meio de uma auditoria integrada. Ao avaliar o risco de controle, o auditor se preocupa inicialmente com a solidez do ambiente de controle e seus efeitos sobre a gestão de caixa. Por exemplo, a administração compreende e controla os riscos inerentes a títulos negociáveis? O conselho de administração é informado a respeito da aplicação em títulos com risco pela organização? O departamento de auditoria monitora regularmente o cumprimento de políticas fixadas pela administração? Exemplos de perguntas usadas na avaliação do ambiente de controle associado tanto a caixa quanto a títulos negociáveis são mostrados na **Ilustração 12.1**.

Uma vez que os riscos potenciais para as contas de caixa tenham sido identificados, o auditor avaliará os controles que o cliente utiliza para minimizar esses riscos. Uma compreensão dos controles internos que afetam o processamento de caixa é adquirida graças a um exame passo a passo do processamento, incluindo entrevistas, observações e análise de manuais de procedimentos e outros documentos do cliente. Um questionário como o apresentado na **Ilustração 12.2** é frequentemente utilizado para orientar o auditor na obtenção dessa compreensão. O questionário é construído para extrair informação a respeito dos controles específicos aplicados. Geralmente, o questionário identifica o indivíduo específico responsável pela execução de cada procedimento, o que ajuda o auditor a avaliar a segregação de tarefas. À medida que estiver examinando a **Ilustração 12.2**, note a forte ênfase em atividades de monitoramento, ou seja, a elaboração de relatórios gerenciais que indicam as divergências em relação ao esperado e a necessidade de providências de seguimento.

Tipos de controles

Para minimizar as possíveis incorreções em relação a caixa, o auditor espera encontrar controles internos apropriados, incluindo:

- Segregação de tarefas.
- Endossos restritivos de cheques de clientes.
- Conciliações independentes de contas bancárias.
- Totais computadorizados de controle e testes de edição.
- Autorização de transações.
- Documentos pré-numerados de recebimento e retorno.
- Auditorias internas periódicas.
- Funcionários competentes e bem treinados.

Como destacado no quadro Perspectiva histórica, sobre a *Parmalat*, independentemente da eficácia de controles internos, o auditor deve estar atento a possíveis atos fraudulentos envolvendo conluio.

Segregação de tarefas – A ideia geral de segregação de tarefas não muda com a crescente automatização e integração de sistemas de processamento. A automatização pode ampliar o

CONSIDERE O RISCO

As empresas necessitam de bons controles de caixa para operar eficazmente. Quando a empresa é vista como sendo de alto risco, ou quando os controles são fracos, o auditor precisará usar mais testes detalhados dos saldos de contas de caixa.

Ilustração 12.1: Questionário de ambiente de controle: caixa e instrumentos financeiros

CAIXA

1. A empresa tem problemas significativos de fluxo de caixa para cumprir suas obrigações correntes em dia? Em caso afirmativo, identifique e analise as providências que a empresa está tomando para minimizar o problema.
2. O cliente usa técnicas de orçamento de caixa? Quão eficazes são as técnicas de orçamento de caixa do cliente?
3. A empresa usa serviços de gestão de caixa oferecidos por seu banco? Qual é a natureza desses esquemas? Os esquemas têm sido analisados pelos executivos e conselho de administração e são monitorados regularmente?
4. O cliente fez mudanças significativas no seu processamento de caixa no ano passado? Houve alguma mudança importante nas aplicações computadorizadas de gestão de caixa durante o ano?
5. O cliente tem cláusulas de empréstimo ou emissão de títulos de dívida que influenciam o uso de caixa ou a manutenção de índices de capital de giro? Documente as restrições e as relacione ao programa de auditoria. As cláusulas alteram a natureza da materialidade para a auditoria?
6. Os executivos e o conselho de administração analisam periodicamente o processo de gestão de caixa? A organização de gestão de caixa prevê segregação de tarefas, análise e supervisão efetivas?
7. As transações de caixa, incluindo transferências eletrônicas de caixa, são adequadamente autorizadas? Que autorização é exigida para a realização de transferências eletrônicas?
8. As conciliações bancárias são feitas tempestivamente por pessoal independente das atividades de processamento? São prontamente tomadas medidas de seguimento em relação a todos os itens de conciliação?
9. O departamento de auditoria interna faz análises oportunas do processo de gestão e processamento de caixa? Em caso afirmativo, analise relatórios recentes de auditoria interna.
10. Há algum motivo para suspeitar que a administração possa querer distorcer o saldo de caixa? Em caso afirmativo, explique e se refira a procedimentos ampliados.
11. A empresa usa um cofre para lidar com a arrecadação de pagamentos? Qual é o acordo com a instituição financeira? Quais são os procedimentos de controle da organização associados ao acordo de uso de cofre?
12. Quem está autorizado a fazer transferências de caixa, incluindo transferências eletrônicas de fundos, e quais são os procedimentos pelos quais essa autorização é verificada antes da realização das transferências? Que procedimentos a administração utiliza para assegurar que o processo de autorização seja monitorado?
13. Há alguma restrição na obtenção de acesso a caixa? Por exemplo, a empresa possui fundos em "contas de limpeza" ou outras contas com instituições financeiras em dificuldades e que poderiam restringir o acesso a caixa?

INSTRUMENTOS FINANCEIROS, INCLUINDO TÍTULOS NEGOCIÁVEIS

1. O cliente investe regularmente em instrumentos financeiros?
2. O cliente possui políticas e diretrizes por escrito a respeito de aplicações em instrumentos financeiros? As políticas são aprovadas pelo conselho de administração? Que processo é utilizado para autorizar aplicações em instrumentos financeiros?
3. O cliente possui uma política clara para definir se os instrumentos financeiros são corretamente classificados como "mantidos para negociação" versus "mantidos até o vencimento"? Há evidência de que o cliente obedece a essa política?
4. A administração alterou a classificação de títulos durante o ano, de negociáveis para "mantidos até o vencimento"? Em caso afirmativo, qual é o motivo da alteração? Se os valores eram significativos, eles foram examinados pelo comitê de auditoria que, em conjunto com o conselho, concorda com a alteração?
5. Há um mercado com liquidez para os títulos classificados como instrumentos financeiros? Se os títulos não são negociados em uma bolsa nacional, apresente evidências a respeito de quão negociáveis são os títulos – incluindo profundidade e amplitude de transações com os títulos.
6. Se não existe um mercado com liquidez para os instrumentos financeiros, o que faz a administração para estimar o valor dos títulos que precisam ser marcados ao valor corrente de mercado?
7. Em que proporção o cliente possui derivativos financeiros em sua carteira de títulos? Quais são os fatores econômicos que afetam os derivativos? O cliente tem aferido o valor de mercado dos títulos?
8. O cliente identifica sistematicamente os riscos associados às suas carteiras de instrumentos financeiros? O conselho de administração tem aprovado o risco associado à aplicação em títulos não tradicionais?
9. A empresa exige a aprovação pelo conselho de aplicações significativas em derivativos financeiros? Em caso afirmativo, há evidência de que a empresa (a) reconhece plenamente os riscos associados às aplicações e (b) é capaz de quantificar e gerir esses riscos?
10. Qual é a exposição da empresa a perdas potenciais com instrumentos financeiros? Que impacto teriam inadimplências possíveis com os títulos sobre o cliente? Os valores dos títulos são sensíveis a variações de taxas de juros? Em caso afirmativo, o cliente prepara uma análise de sensibilidade dos valores dos títulos?
11. A empresa fixa limites aos valores que podem ser aplicados nos diversos tipos de instrumentos financeiros com contrapartes específicas ou por operadores individuais? Como são fixados e cumpridos esses limites?
12. A organização estabelece a segregação efetiva de tarefas entre indivíduos responsáveis por decisões de investimento e crédito e indivíduos responsáveis pela custódia dos títulos?
13. O departamento de auditoria interna faz auditorias regulares dos controles da organização sobre títulos negociáveis? Em caso afirmativo, analise relatórios recentes.

Ilustração 12.2: Questionário de avaliação de risco de controle: recebimentos de numerário (exemplo parcial)			
	Sim	Não	Não aplicável

Todos os pagamentos recebidos são depositados integralmente de maneira tempestiva? Considere:

PROCEDIMENTOS PARA REMESSAS DE FUNDOS RECEBIDOS INTERNAMENTE

1. Controles
   a. Uma lista de recebimentos futuros é preparada pela pessoa que abre as remessas e entrega a lista a uma pessoa independente da função de depósito. ___ ___ ___
   b. Uma cópia da ficha de depósito é preparada por uma pessoa que não aquela que abre a correspondência. ___ ___ ___
   c. Os depósitos são feitos diariamente. ___ ___ ___
   d. Uma pessoa autorizada compara a ficha de depósito com a lista preparada na etapa 1(a), registrando a concordância de dados e a completude do depósito. ___ ___ ___

2. Evidência documentada de desempenho
   a. A lista preparada na etapa 1(a) é rubricada pelo seu autor. ___ ___ ___
   b. A lista é anexada à ficha de depósito e rubricada pela pessoa mencionada na etapa 1(d). ___ ___ ___
   c. As contas bancárias são conciliadas independentemente. ___ ___ ___

PROCEDIMENTOS PARA REMESSAS DE FUNDOS RECEBIDOS ELETRONICAMENTE PELO BANCO EM NOME DO CLIENTE

1. Controles
   a. Concordância entre o banco e o cliente sobre atividades de processamento de caixa, incluindo o momento em que as remessas são adicionadas à conta do cliente. ___ ___ ___
   b. Procedimentos de encaminhamento diário de avisos detalhados de remessa ao cliente. ___ ___ ___
   c. Conciliação independente de demonstrativos de caixa recebidos pelo banco com avisos de remessa encaminhados à empresa e lançados a contas a receber. ___ ___ ___
   d. Controles de monitoramento pela administração para investigar discrepâncias em contas a receber apontadas por clientes. ___ ___ ___
   e. Acesso a caixa é limitado por controles de acesso computadorizado, incluindo senhas e dados biométricos dos indivíduos que têm necessidade da informação ou de realizar transações. ___ ___ ___

2. Evidência documentada de desempenho
   a. Relatórios de conciliações diárias e investigações por pessoal da tesouraria. ___ ___ ___
   b. Análise periódica pela auditoria interna ou pela tesouraria. ___ ___ ___
   c. Comparação periódica pela tesouraria com orçamentos e projeções de caixa. ___ ___ ___

Os pagamentos recebidos são integralmente creditados às contas corretas de clientes? Considerar:

1. Controles
   a. Quando o processo de lançamento é realizado por um aplicativo de computador, a garantia é proporcionada por:
      (1) Lotes de tíquetes pré-numerados de controle que incluem totais de controle do número de remessas a serem processadas e o valor monetário total envolvido. ___ ___ ___
      (2) Lotes de relatórios de edição ou rotinas de edição *on-line* que identificam números de clientes, números e valores de faturas que não são válidos. ___ ___ ___
      (3) Entrada *on-line* incluindo a inserção de um total de controle e/ou um total parcial para cada pagamento. ___ ___ ___

2. Evidência documentada de desempenho
   a. Relatórios de edição e/ou transmissões de processamento, armazenadas e assinadas pela pessoa que aprova as exceções. ___ ___ ___
   b. A pessoa que faz a conferência independente rubrica a remessa, registrando sua concordância com a operação de lançamento. ___ ___ ___
   c. Totais de controle de entrada *on-line* e/ou totais parciais são assinalados nos documentos apropriados. ___ ___ ___
   d. Lotes de tíquetes de controle são conferidos com os relatórios de edição e rubricados para registrar a sua concordância. ___ ___ ___

Todas as contas vencidas são acompanhadas? Considerar:

1. Controles
   a. Um indivíduo autorizado faz ligações regulares de cobrança de contas vencidas. ___ ___ ___
   b. A empresa sistematicamente envia avisos a clientes em atraso de que o vencimento já ocorreu. ___ ___ ___

Ilustração 12.2: Questionário de avaliação de risco de controle: recebimentos de numerário (exemplo parcial) (continuação)			
	Sim	Não	Não aplicável
c. As contas vencidas são periodicamente examinadas por responsáveis superiores de cobrança para decidir a respeito de procedimentos alternativos de cobrança.	___	___	___
2. Evidência documentada de desempenho			
a. Revisão de procedimentos e discussão de contas vencidas com o gerente de crédito.	___	___	___

Conclusão

Os procedimentos de controle parecem ser adequados para justificar uma avaliação preliminar do risco de controle como sendo:

_____ Risco baixo de controle.
_____ Risco moderado de controle.
_____ Risco alto de controle.

controle, mas ao mesmo tempo há um risco de erros ou irregularidades em maior escala. Por exemplo, empresas como a *Kahne*, descrita no quadro Auditoria na prática a seguir, possuem controles que garantem que os cheques de clientes e avisos de remessa são segregados no ato de recebimento e processados por pessoas distintas. Os lançamentos a contas a receber devem basear-se em avisos de remessa e conciliados com os lançamentos a caixa, que se fundamentam em cheques recebidos. A segregação de tarefas é ampliada caso consultas por clientes em relação aos saldos de suas contas são transferidas a um grupo independente, como um departamento de relações com clientes, para fins de investigação. Por fim, os indivíduos que fazem a conciliação de contas bancárias não devem manusear caixa ou registrar transações envolvendo numerário.

Perspectiva histórica

A fraude na Parmalat e suas muitas vítimas

A Parmalat é uma empresa internacional, sediada na Itália, que produz leite, laticínios e bebidas à base de frutas. A fraude financeira envolvendo a Parmalat desenrolou-se ao longo de um período de dez anos e acabou envolvendo a invenção de mais de US$ 11 bilhões em ativos em empresas de fachada no exterior para contrabalançar passivos na matriz. A fraude foi liderada pelo presidente do conselho, Calisto Tanzi, e por seu filho, Stefano Tanzi, e foi orquestrada pelo diretor financeiro, Fausto Tonna. Em um dos momentos mais marcantes da descoberta da fraude, representantes de uma empresa de capital de risco com sede em Nova York questionaram as demonstrações financeiras da Parmalat em reuniões dedicadas a uma possível aquisição alavancada da empresa. Durante as reuniões, um dos representantes comentou sobre problemas de liquidez na Parmalat, o que conflitava com as demonstrações financeiras emitidas pela empresa, mostrando que possuía um elevado volume de caixa. Stefano Tanzi admitiu que o caixa não podia ser explicado e que a Parmalat realmente só possuía cerca de 500 milhões de euros em caixa.

Aproximadamente 35 mil acionistas perderam dinheiro com o colapso da Parmalat, e os acionistas não foram os únicos afetados pela fraude. Alessandro Bassi, um contador de 32 anos de idade, que trabalhava no escritório do diretor financeiro da Parmalat, suicidou-se, saltando de uma ponte próxima à sede italiana da empresa. Bassi trabalhava para o diretor financeiro da empresa e havia sido questionado por um promotor de justiça que trabalhava no caso, na manhã de seu suicídio. Os investigadores estavam tentando confirmar informações a respeito de uma possível conta secreta mantida pela família Tanzi, que incluía um volume enorme de caixa supostamente desviado da empresa. No final, Tanzi admitiu ter desviado mais de US$ 630 milhões da empresa a entidades pertencentes à família.

Uma das características mais chocantes da fraude foi a de que envolveu um grande número de pessoas agindo em conluio de diversas formas. No total, 29 ex-executivos da Parmalat, juntamente com banqueiros, auditores e várias instituições financeiras estavam implicados na fraude.

Endossos restritivos – Os cheques de clientes devem ser restritivamente endossados para depósito ao serem recebidos. O endosso restritivo ajuda a impedir adulterações e o furto de remessas de clientes.

Conciliações independentes de contas bancárias – Deve haver dois tipos de conciliação:

1. *Conciliação de itens recebidos com itens contabilizados (totais de controle)* – A conciliação é mais eficaz quando há procedimentos de controle que estabeleçam a integridade original da população (por exemplo, no caso da *Kahne*, cada remessa aberta recebe um identificador exclusivo antes do processamento). Em um ambiente eletrônico, o cliente pode ter um procedimento pelo qual o banco envia detalhes de cada remessa diretamente ao cliente para lançamento a caixa e contas a receber. Esses totais de controle devem ser conciliados diariamente com o valor indicado como depósitos diretos pelo banco.
2. *Conciliação periódica das contas bancárias* – A conciliação independente do saldo no extrato bancário com o saldo na contabilidade deve identificar incorreções e atividade bancária incomum que possa ter ocorrido.

O auditor pode testar os controles de conciliação analisando os acordos do cliente para determinar se eles foram feitos de maneira independente.

AUDITORIA NA PRÁTICA

Automatização do processo de recebimento de caixa

A Kahne Company é uma empresa atacadista que comercializa mercadorias desde motores elétricos a equipamentos de vigilância eletrônica e opera em âmbito nacional. Seu faturamento anual é superior a US$ 2,5 bilhões; a empresa possui aproximadamente 855 mil clientes, 300 unidades e 6.200 funcionários. Os clientes podem comprar produtos em qualquer unidade ou telefonar à unidade para pedir a entrega da mercadoria. O computador da unidade está conectado em tempo real com a base central de dados.

Alguns clientes pagam à vista pela mercadoria recebida. Todos os recebimentos de caixa são depositados diariamente pela unidade em uma instituição financeira local, e os registros são transferidos eletronicamente à conta bancária da empresa em Chicago, diariamente. A maioria das compras dos clientes é feita a prazo, com pagamento dentro de 30 dias.

Todos os pagamentos são direcionados para o departamento nacional de contas a receber. Aproximadamente 16 mil cheques totalizando cerca de US$ 10 milhões são recebidos diariamente; muitas das remessas envolvem valores pequenos. A empresa utiliza um grau elevado de automatização no controle do processamento dos recebimentos de caixa, incluindo:

1. Uma leitora ótica que lê o aviso de remessa do cliente para determinar:
a. Número da conta do cliente.
b. Número da fatura do cliente.
c. Valor monetário da venda.
d. Data da fatura.
e. Frete e imposto na venda.

2. Uma máquina de reconhecimento de caracteres com tinta magnética (MICR) que lê linhas do cheque e capta o valor do cheque.

3. Um codificador que endossa o verso do cheque somente para depósito e codifica o valor do cheque em sua face para processamento eficiente pela empresa e por sua instituição financeira.

Uma vez estabelecidas as condições iniciais de verificação, os recebimentos são organizados em lotes para processamento computadorizado. Os cheques e os avisos de remessa são separados e as diferenças são conciliadas e corrigidas. Avisos de remessa são criados para recebimentos que não contêm um aviso. A maior parte do processamento é efetuado por equipamento computadorizado com revisão e conciliação manual seletiva para garantir que lotes de itens não sejam perdidos e que créditos a contas a receber não divirjam do caixa remetido.

Controles importantes incluem a conciliação detalhada de atualizações de caixa e contas a receber, o uso de lotes de totais de controle para todos os lançamentos e testes de edição incorporados ao aplicativo, segregação de recebimentos de caixa e avisos de remessa para processamento e lançamento, além de preparação de um histórico eletrônico detalhado de auditoria para cada cliente. Todas as consultas de clientes sobre os saldos de suas contas são direcionadas a um grupo independente.

AUDITORIA NA PRÁTICA

Falsificação computadorizada – possibilitada pela tecnologia

A capacidade de produzir cheques fraudulentos tem sido ampliada pela disponibilidade cada vez maior de pacotes gráficos de qualidade para microcomputadores e pelos preços mais baixos do equipamento usado para codificar cheques para processamento com o uso de reconhecimento de caracteres com tinta magnética (MICR), inseridos nos cheques e usados pelos bancos para processar cheques relativos às contas de clientes.

Para produzir cheques fraudulentos contra uma empresa, são necessários:

- Um talão de cheques em branco (isto é, os formulários de cheque).
- Um programa gráfico de qualidade elevada e uma impressora com a capacidade de duplicar cabeçalhos, estilos diferentes de fontes e assinaturas.
- Uma cópia de um cheque da empresa, para que todos os aspectos importantes (como a codificação MICR) possam ser duplicados.
- Uma máquina para fazer a codificação MICR. O equipamento necessário para essa fraude pode ser obtido a um custo entre US$ 10 mil e US$ 30 mil. O equipamento é capaz de produzir um cheque falso praticamente indistinguível do verdadeiro.

Há alguma solução ou proteção contra tais fraudes? Felizmente, controles básicos podem ser implantados, incluindo:

- Projetar logotipos para a organização a serem impressos em relevo nos cheques, dificultando a sua duplicação.
- Usar cheques com várias cores.
- Limitar o tipo de papel utilizado no talão de cheques.
- Usar contas separadas para cheques de baixo valor.
- Implantar controles de edição sobre o uso de cheques de baixo valor, tratando assim as contas de baixo valor monetário como contas bancárias de fundo de caixa.
- Fazer conciliações independentes tempestivas e completas dos saldos das contas.

Totais de controle computadorizados e testes de edição – Os controles computadorizados devem ser projetados para garantir que todos os itens sejam identificados separadamente e que haja um histórico adequado de auditoria para as transações. Os controles incluem:

- Um identificador único atribuído a cada item – O identificador único estabelece a integridade da população total e fornece uma base para assegurar que nenhum item seja adicionado ou excluído da população.
- Totais de controle para garantir a completude do processamento – Totais de controle devem ser estabelecidos e conciliados com os totais gerados por computador. Um total de controle também deve ser estabelecido para conciliar os débitos a caixa e os créditos a contas a receber.
- Testes de edição para identificar itens incomuns ou incorretos – Testes convencionais de edição tais como de razoabilidade, verificações de campos, dígitos de verificação automática nos números de contas e testes alfanuméricos devem ser implantados na medida do que for prático para a aplicação específica.

Autorização de transações – Os indivíduos com autorização apropriada são capazes de transferir milhões de dólares automaticamente todos os dias. Em consequência, são abundantes as oportunidades de abuso. Três controles de autorização e autenticação devem ser implantados:

1. Privilégios de autorização devem ser dados a indivíduos com base em atividades específicas associadas ao indivíduo e ao cargo. A autorização deve obedecer aos princípios de necessidade de informação e de direito à informação. As autorizações devem ser revistas periodicamente pela administração superior.
2. Os procedimentos de autenticação devem garantir que somente pessoas autorizadas executem transações. O processo de autenticação pode ser implantado por meio de

verificação eletrônica usando elementos tais como senhas, características físicas, cartões, codificação ou terminais conectados exclusivamente ao computador. Em um sistema manual, os controles de autorização podem envolver a limitação de acesso à área em que os cheques são assinados e aos cheques pré-numerados.

3. Deve-se criar monitoramento para que haja uma revisão detalhada e diária de transações, e elas sejam comparadas com orçamentos de caixa, limites de autorização dos indivíduos e risco das transações.

Documentos pré-numerados e de retorno – Documentos pré-numerados são importantes na determinação da completude de uma população. A numeração pode ocorrer após o recebimento, quando é dado um identificador exclusivo a cada remessa ao ser recebida pela empresa. Outra opção é usar documentos de retorno pelos clientes com o seu pagamento. Um funcionário pode verificar rapidamente o documento de retorno e comparar o valor pago indicado à remessa efetiva. O documento de retorno contém outras informações úteis para processamento adicional, como número de conta, da fatura, data da fatura e do recebimento (lançada pelo funcionário).

Auditorias internas periódicas – Os departamentos de auditoria interna são obstáculos eficazes quando fazem auditorias detalhadas periódicas dos controles de caixa e da gestão de caixa. Os auditores internos também podem rever o desenvolvimento de novos sistemas para determinar se controles adequados foram incorporados aos novos sistemas.

Funcionários competentes e bem treinados – Normalmente, o auditor se familiariza com a forma pela qual os funcionários-chave executam suas tarefas. O auditor deve documentar qualquer preocupação com a competência dos funcionários e avaliar como a auditoria deveria ser ajustada.

Controles de técnicas de gestão de caixa

As técnicas de gestão de caixa exigem controles específicos aos riscos associados a essas técnicas.

Cofres – Devem ser criados controles suficientes para garantir que todas as remessas de clientes recebidas pelo banco sejam contabilizadas. Por exemplo, todos os avisos de remessa devem ser enviados à empresa para facilitar o seguimento, caso um cliente tenha dúvidas a respeito da contabilização de contas. A empresa também deve conciliar o total dos avisos de remessa com o depósito de caixa registrado pelo banco.

Transferências eletrônicas de fundos – O auditor deve esperar que os acordos de TEF com fornecedores, clientes e bancos contenham controles adequados de processo. Por exemplo, deve haver notificação do pagamento feito diretamente à empresa e ao banco, deve haver procedimentos automatizados ou manuais de conciliação entre o cliente e o banco e deve ser mantido um histórico completo de auditoria para que se possam responder perguntas sobre a completude de pagamentos e itens questionados.

Acordos de gestão de caixa com instituições financeiras – O auditor se interessa particularmente pelo volume de controle dado à instituição financeira quanto à aplicação de caixa. Por exemplo, o profissional ficaria preocupado se a maior parte do caixa fosse aplicada em títulos de alto risco ou de baixa liquidez caso o cliente não tivesse noção dos riscos associados às aplicações.

Decidir quais controles devem ser testados

Uma vez que o auditor tenha compreendido os vários tipos de controles existentes, ele precisa decidir quais devem ser testados para que seja elaborado um parecer sobre os controles internos da entidade e/ou verificado se o risco de controle exige ou não a redução de testes substantivos. Uma auditoria será diferente de outra neste aspecto, pois cada cliente terá controles específicos. O auditor deverá estar ciente de que é impróprio simplesmente replicar testes de controles feitos em anos anteriores. Ao contrário, algum esforço deve ser feito para que haja um rodízio de testes de controles no tempo, para que controles diferentes sejam testados em bases rotativas e parcialmente imprevisíveis. Essa forma de agir ajudará a impedir a ocorrência de fraudes envolvendo caixa e outros ativos líquidos, pois os funcionários poderão ver contido o seu desejo de cometer uma fraude em função do receio de virem a ser descobertos pelo auditor graças ao rodízio de testes de controles.

Projetar e realizar testes de controles e analisar os resultados de testes de controles (etapas 6 e 7)

A **Ilustração 12.3** apresenta um exemplo de um programa de auditoria para teste de controles. A primeira parte do programa se preocupa com a aquisição de conhecimento a respeito dos controles internos e a outra identifica testes de controles. O programa é montado em torno dos objetivos básicos de controle, vinculado aos objetivos de auditoria.

Uma vez concluído o programa de auditoria para teste de controles, o auditor deve analisar os resultados e documentar conclusões relevantes. Se forem identificadas deficiências de controle, o profissional determinará se elas são deficiências significativas ou materiais e decidirá se a avaliação preliminar de risco de controle deve ser elevada a um nível mais alto. As deficiências identificadas ditarão a natureza e a amplitude de procedimentos substantivos de auditoria direcionados a entender se as deficiências manifestadas em divulgação financeira são imprecisas. Se não forem identificadas deficiências de controle, o auditor determinará o grau de confiança nos controles e com isso reduzirá os testes substantivos.

> **OA 5**
> Identificar testes de controles de caixa e contas correlatas.

Realização de testes substantivos de saldos de caixa (etapa 8)

Quando o auditor deve se preocupar com testes substantivos de saldos de caixa em lugar de confiar em testes de controles? O profissional deve realizar testes substantivos quando o risco de controle é considerado elevado, há sinais de alerta de fraude, ou (no caso de companhias fechadas), quando o auditor percebe que é mais eficiente testar diretamente os saldos de contas. Ao definir os testes específicos que serão realizados, o profissional assimila informações previamente coletadas a respeito de deficiências de controle, discussões exploratórias sobre fraude e a natureza dos erros encontrados em anos anteriores. Tipos comuns de incorreções envolvendo caixa incluem:

- Transações contabilizadas no exercício errado.
- Apropriações indébitas ocultadas com a omissão de cheques não compensados ou totalização incompleta dos saldos não compensados durante a conciliação.
- Dupla contagem pela manipulação de contas para contabilizar o mesmo caixa em duas contas correntes ao mesmo tempo (*kiting*).

> **OA 6**
> Descrever os procedimentos substantivos de auditoria que devem ser usados para testar caixa.

Ilustração 12.3: Programa de auditoria para controles de recebimento de caixa e gestão de caixa

OBJETIVOS DE CONTROLE INTERNO

Ocorrência
1. As transações e os eventos registrados ocorreram e pertencem à entidade.

Corte
2. As transações são registradas no exercício contábil correto.

Completude
3. Todos os eventos e transações que deveriam ter sido registrados assim o foram.

Precisão
4. Os valores e outros dados foram registrados com precisão.

Classificação
5. Os eventos e transações foram registrados nas contas apropriadas.

Procedimentos	Por	Ref.
1. Perguntar à administração a respeito da existência de linhas de crédito, programas especiais de gestão de caixa e pagamento de tarifas correspondentes à principal instituição bancária da empresa. Analisar os esquemas utilizados em termos da existência de riscos especiais e obrigações da empresa que devem ser considerados na auditoria.		
2. Rever a análise de risco da empresa e avaliar a motivação para distorcer ou gerir caixa. Considerar itens tais como: a. Situação financeira da empresa. b. Problemas anteriores com caixa. c. Ambiente de controle. d. Necessidades financeiras e problemas de liquidez. e. Inexistência de controles de monitoramento eficazes. Com base na avaliação de risco, determinar a ameaça de que incorreções materiais poderiam estar ocorrendo e não seriam detectadas pelo sistema de controle. Com base na avaliação de risco, tirar uma conclusão preliminar a respeito da possibilidade de determinar a qualidade dos controles por meio da análise de controles de monitoramento importantes, ou se é provável que testes detalhados de transações de caixa precisem ser feitos.		
3. Documentar os controles internos de caixa preenchendo o questionário de controle interno ou montando um fluxograma do processo.		
4. Documentar os controles de monitoramento desenvolvidos pela administração para determinar se outros controles estão funcionando eficazmente. Determinar se: a. As atividades de monitoramento são suficientes para alertar a administração para quebras de outros controles. b. Os relatórios de monitoramento são elaborados tempestivamente e revistos pelos níveis apropriados da administração. c. Medidas corretivas são tomadas tempestivamente, qualquer falha de controle é identificada e providências corretivas são tomadas.		

Exemplos de controles de monitoramento incluem:
- Conciliações de recebimentos relatados de caixa com remessas, preparadas por pessoas ou grupos independentes.
- Revisão diária de orçamentos de caixa e comparação com saldos efetivos de caixa.
- Análises de discrepâncias nos saldos de caixa.
- Relatórios semanais de reclamações de clientes em relação à contabilização de saldos de caixa e investigação imediata para determinar as causas das reclamações.
- Relatórios de todas as tentativas não autorizadas de acesso a caixa.
- Relatórios diários de qualquer atividade incomum envolvendo caixa, por unidade ou funcionário.

5. Preparar e documentar uma avaliação preliminar do risco de controle. Identificar controles específicos a serem testados caso o risco de controle seja considerado inferior ao máximo.

(As etapas de auditoria a seguir pressupõem que o sistema possui controles suficientes.)

Ilustração 12.3: Programa de auditoria para controles de recebimento de caixa e gestão de caixa (continuação)

Procedimentos	Por	Ref.

Testes ferais de controles

6. Analisar a frequência das atividades de monitoramento; determinar sua eficácia por meio de análises dos relatórios, indicações de ações da administração, descrições de medidas corretivas tomadas e entrevistas com pessoal-chave. Determinar se há evidência convincente de que os controles de monitoramento são suficientes para que se atinjam os objetivos gerais de controle.

   Nota: se os controles de monitoramento forem eficazes, o auditor poderá concluir que o risco de controle é baixo e que não há necessidade de executar nenhum dos procedimentos de auditoria a seguir. Se alguns controles de monitoramento forem ineficazes, então o profissional deverá testar a parte do sistema que poderia ter sido afetada pelos controles de monitoramento, selecionando técnicas relevantes como as descritas a seguir.

Teste de recebimentos de caixa caso os controles de monitoramento não sejam eficazes

7. Fazer um exame passo a passo do processamento de recebimentos de caixa, começando com sua entrada, até a preparação de documentos para processamento. Observar quão consciencioso e eficientemente o trabalho é feito, bem como os procedimentos usados para preparar lotes e fazer conciliações. Entrevistar pessoal de supervisão sobre possíveis áreas de problemas. Identificar qualquer preocupação a respeito da dedicação dos funcionários que afetariam a avaliação de risco.

Teste de controles específicos

8. Selecionar um número x de recebimentos de caixa e verificar que o seguinte procedimento é realizado:
   a. Cada remessa recebe um identificador único, posteriormente registrado no sistema (objetivo 3).
   b. O caixa recebido é igual ao valor aplicado na atualização de contas a receber. Determinar como as diferenças (se houver alguma) são tratadas. Verificar se os controles estão funcionando eficazmente (objetivo 4).
   c. Caixa e remessas são segregadas em lotes para processamento (objetivos 3 e 4).
   d. Os documentos são preparados quando os documentos de retorno não são devolvidos (objetivo 4).
   e. Os lotes são preparados de acordo com os padrões da empresa. Examinar a conciliação de controles de lotes para determinar a sua precisão e tempestividade (objetivos 2 e 4).
   f. Relatórios de exceção contêm todos os itens rejeitados pelos controles de edição. Os itens rejeitados são adequadamente investigados e registrados corretamente (objetivo 3).

9. Determinar quem está autorizado a:
   a. Fazer alterações em documentos ou ajustes quando os valores de caixa diferem dos faturados.
   b. Fazer depósitos.
   c. Fazer retiradas.
   d. Fazer transferências entre contas da organização ou entre a organização e outras entidades (objetivo 4).

10. Analisar relatórios quanto a transações incomuns de caixa, tais como transferências de fundos a outras contas, depósitos efetuados fora do processo normal de recebimento de caixa e desembolsos não processados por meio do processo regular de desembolso de caixa. Selecionar uma amostra das transações e fazer uma análise para verificar se havia autorização apropriada, completude e correção do processamento (objetivo 1).

11. Examinar os procedimentos de autorização de senhas ou outros códigos de acesso a pessoas autorizadas a realizar transferências eletrônicas de caixa. Selecionar um número limitado de transações e conferi-las com a autorização inicial. Como parte da revisão geral de controles de processamento de dados, determinar os procedimentos para assegurar que senhas sejam fornecidas somente às pessoas devidamente autorizadas e que as senhas sejam preservadas em segurança. Verificar, por meio de testes e observação, se tais controles continuam a existir (objetivo 1).

12. Examinar as conciliações bancárias em termos de completude e conferir itens selecionados da conciliação com o extrato bancário. Verificar que as conciliações são feitas por alguém que é independente do processamento. Se houver evidência de que as conciliações bancárias são feitas regularmente e o auditor avaliou o risco geral como baixo, poderá haver necessidade menor de testes das conciliações ou de outros procedimentos (objetivos 1, 2, 3 e 4).

Documentação do trabalho realizado

13. Documentar a avaliação do risco de controle, incluindo os tipos de incorreções que poderiam surgir em função de qualquer deficiência de controle. Escreva um memorando indicando as implicações para o restante da auditoria.

> **CONSIDERE O RISCO**
> O auditor deve considerar os tipos de incorreções mais prováveis ao planejar os testes diretos de saldos de contas.

Testes diretos de caixa incluem exames de conciliações bancárias no final do ano, testes de corte de caixa e transferências bancárias e de depósitos em situações de risco muito alto.

Conciliação bancária independente

A realização pelo auditor de uma conciliação bancária independente das principais contas-correntes do cliente fornece evidência a respeito da correção do saldo de caixa no final do ano. O processo concilia o saldo indicado pelos extratos bancários com o informado pela contabilidade. Um teste independente da conciliação bancária é bastante eficaz para a detecção de erros importantes, como os que poderiam ser encobertos com a omissão ou a totalização incompleta de cheques não compensados. Um exemplo de documentação para a conciliação bancária é mostrado na **Ilustração 12.4**.

Ao testar a conciliação bancária do cliente, o auditor deve verificar independentemente todos os itens materiais, como o saldo de acordo com o extrato bancário, depósitos em trânsito, cheques não compensados e outros ajustes. O auditor deve calcular totais para todos os itens. Felizmente, há dois tipos de evidência disponível no banco do cliente para facilitar um teste de conciliações – um extrato bancário de corte e uma confirmação bancária convencional.

O extrato bancário de corte – Um extrato bancário normal preparado em uma data intermediária mutuamente aceita, que é enviado diretamente ao auditor, é chamado de extrato bancário de corte. O auditor pede ao cliente que solicite ao banco o envio de um extrato bancário de corte diretamente ao auditor dentro de um dado prazo após o final do ano, geralmente de duas semanas. Por exemplo, se a data de encerramento do exercício do cliente for 31 de dezembro, o cliente poderá fazer que o banco envie, diretamente ao auditor, um extrato de corte até 14 de janeiro. O profissional pode examinar cheques compensados que são devolvidos com o extrato bancário para determinar que os cheques com datas anteriores ao final do exercício foram incluídos como não compensados na conciliação, e pode conferir depósitos em trânsito com o extrato para determinar se foram depositados tempestivamente. O auditor deve estar atento para grupos de cheques que não são compensados por um período anormal longo após o final do exercício. A demora na compensação pode indicar cheques que foram contabilizados, mas que só foram enviados após o final do exercício em um esforço para melhorar a aparência do balanço.

Confirmação bancária convencional – O auditor normalmente envia um pedido de confirmação bancária a cada banco com o qual a empresa tenha operado durante o ano. As confirmações têm duas partes. A primeira, apresentada na **Ilustração 12.5**, busca informação sobre os saldos de depósitos do cliente, existência de empréstimos, datas de vencimento dos empréstimos, taxas de juros, datas nas quais houve pagamentos de juros e a garantia real de todos os empréstimos a pagar ao banco no final do ano. A segunda, mostrada na **Ilustração 12.6**, busca informações sobre passivos condicionais.

Se houver empréstimos a pagar, o auditor pedirá cópias dos acordos de empréstimo para identificar restrições à capacidade de pagamento de dividendos pela organização ou para determinar se a organização deverá manter níveis específicos de capital de giro ou endividamento. Essas exigências são geralmente chamadas de cláusulas restritivas, uma violação que faria que os empréstimos vencessem imediatamente, devendo ser pagos a não ser que a instituição financeira releve temporariamente a violação. Se as cláusulas forem violadas e a instituição financeira não relevá-las, o auditor considerará se o cliente terá condições de continuar operando normalmente e, se for uma dívida de longo prazo, reclassificá-la como um passivo circulante. Além disso, o auditor fará perguntas sobre a existência de programas

Ilustração 12.4: Testes da conciliação bancária do cliente

Cliente ABC
Conciliação bancária de dezembro
Exercício encerrado em 31 de dezembro de 2009

Preparada por **BJS**
Revista por _____
Data _____

Saldo de acordo com o extrato bancário .... $ 1.073.852,65*
Mais: depósitos em trânsito:
Depósito em 28/12 .... $ 287.000,00 †
Depósito em 31/12 .... 300.000,00 †
                                                                                                                              587.000,00 T

Menos: cheques não compensados:
2809 .... $ 435,56 #
3678 .... 67.892,09 #
3679 .... 75.000,00 #
3899 .... 700,00 **
3901 .... 12.500,00 #
3903 .... 50.000,00 #   (206.527,65) T
Saldo ajustado .... $ 1.454.325,00 T

Saldo de acordo com a contabilidade .... $ 1.481.350,00 TB
Tarifas bancárias não registradas .... (25,00) ‡
Cheques sem fundos suficientes:
Bailey's Main .... $ 12.000,00 §
Crazy Eddie's .... 15.000,00 !
                                                                                                                              (27.000,00) T
Saldo ajustado .... $ 1.454.325,00 T

Legenda do trabalho de auditoria realizado:
* Confirmado pelo banco. Ver documento C-1.
† Confirmado por depósitos indicados no extrato bancário em 3/1 e 4/1, contidos no extrato de corte. O depósito de 31/12 foi confirmado pela transferência bancária no documento C-12 e elencado como cheque não compensado na conta auxiliar.
‡ Confirmado pelo extrato de corte. A tarifa se refere a comissões de serviços que devem ter sido contabilizadas pelo cliente. O valor não é material e não se propõe nenhum ajuste.
§ O cheque sem fundos suficientes foi devolvido junto com o extrato de 31/12. A fundamentação examinada mostra que o cliente depositou novamente o cheque. Confirmado por depósito no extrato de corte, determinou-se que não foi devolvido em extrato subsequente.
! Cheque examinado sem fundos suficientes foi devolvido com o extrato de 31/12. Crazy Eddie's é uma empresa varejista que faliu. A probabilidade de recebimento é baixa. Com base em discussões com o cliente, o valor deve ser baixado como perda. Ver AJE 35.
Os cheques não compensados foram conferidos com os devolvidos com os extratos de corte de 20/1/10. Os cheques foram examinados e todos tinham data de 31/12 ou anterior, e foram compensados pelo banco após 31/12.
** O cheque ainda não havia sido compensado em 20/1/10. O documento de apoio do cheque foi examinado. Tudo parecia estar em ordem e nenhuma exceção foi observada.
TB: conferido com razão geral.
T totalizado, nenhuma exceção observada.

de gestão de caixa ou outros programas semelhantes que o cliente tenha com a instituição financeira.

Obtenção de informação de corte no final do exercício – Em muitos casos de fraude, a administração manteve a conta de recebimentos aberta para registrar pagamentos de vendas do exercício seguinte como parte do exercício corrente ou remeteu cheques a fornecedores, mas não contabilizou os desembolsos no exercício corrente. Às vezes, esses problemas ocorrem pois uma empresa se encontra em sérias dificuldades e precisa apresentar um balanço melhorado para evitar a violação de cláusulas de empréstimos.

Ilustração 12.5: Confirmação bancária convencional – saldos de contas

| Nome e endereço da instituição financeira | [   ] [   ] | NOME DO CLIENTE |

Fornecemos aos nossos contadores as seguintes informações para o fechamento dos negócios em _____ de 20___, acerca de nossos saldos de depósitos e empréstimos. Pedimos, por favor, que confirmem a precisão das informações, assinalando qualquer exceção às informações fornecidas. Se os saldos tiverem sido deixados em branco, por favor, completem este formulário fornecendo o saldo apropriado abaixo. Embora não estejamos pedindo e nem esperemos que façam uma busca abrangente e detalhada de seus registros, se durante o processo de realização desta confirmação surgir informação adicional sobre outras contas nossas de depósito e empréstimo, pedimos que incluam tal informação. Por favor, utilizem o envelope fornecido para devolver o formulário diretamente aos nossos contadores.

1. No fechamento dos negócios na data indicada, nossos registros sugeriram o(s) seguintes(s) saldo(s) em depósitos:

NOME DA CONTA	NÚMERO DA CONTA	TAXA DE JUROS	SALDO*

2. Devemos diretamente à instituição financeira, por empréstimos no fechamento dos negócios na data acima, os seguintes valores:

NÚMERO/ DESCRIÇÃO DA CONTA	SALDO*	DATA DE VENCIMENTO	TAXA DE JUROS	DATA ATÉ A QUAL OS JUROS FORAM PAGOS	DESCRIÇÃO DAS GARANTIAS

_____   _____
Assinatura autorizada do cliente   Data

As informações apresentadas acima pelo cliente estão de acordo com nossos registros. Embora não tenhamos feito uma busca abrangente e detalhada de nossos registros, nenhuma outra conta de depósito ou empréstimo veio à nossa atenção, exceto conforme observado abaixo.

_____   _____
Assinatura autorizada da instituição financeira   Data

EXCEÇÕES E/OU COMENTÁRIOS

Por favor, devolvam este formulário diretamente aos nossos contadores: [   ]

*Normalmente, os saldos são deixados intencionalmente em branco caso não estejam disponíveis no momento que o formulário é elaborado.

Aprovado em 1990 pela *American Bankers Association*, pelo *American Institute of Certified Public Accountants* e pelo *Bank Administration Institute*. Formulários adicionais estão disponíveis junto ao *AICPA – Order Department*, P.O. Box 1003, NY, NY 10108-1003.

Ilustração 12.6: Confirmação bancária convencional – garantias de empréstimos

(Data)
Representante da instituição financeira*
First United Bank
Anytown, U. S. A. 00000

Prezado representante da instituição financeira:
No âmbito de uma auditoria das demonstrações financeiras de (nome do cliente) em (data do balanço) e para o (período) encerrado nessa data, fornecemos aos nossos auditores independentes as informações elencadas abaixo, que acreditamos ser uma descrição completa e exata de nossos passivos condicionais, incluindo garantias verbais e por escrito, com vossa instituição financeira. Embora não solicitemos ou estejamos esperando que conduza uma busca abrangente e detalhada de seus registros, caso durante o processo de preenchimento deste pedido de confirmação surgirem informações adicionais sobre outros passivos condicionais, incluindo garantias verbais e por escrito, entre (nome do cliente) e vossa instituição financeira, por favor, inclua essa informação abaixo.

Nome do emitente	Data da nota	Data de vencimento	Saldo corrente	Taxa de juros	Data até quando os juros foram pagos	Descrição da garantia	Descrição da finalidade da nota

As informações relacionadas a garantias verbais e por escrito são as seguintes:
_____
_____
_____
_____

Por favor, confirme se as informações sobre passivos condicionais apresentadas acima são corretas, assinando abaixo e devolvendo este documento diretamente aos nossos auditores independentes (nome e endereço da empresa de CPA).
Sinceramente,

(Nome do cliente)
_____

Por: _____
(Assinatura autorizada)

Prezada empresa de auditoria:
As informações acima, elencando passivos condicionais, incluindo garantias verbais e por escrito, estão de acordo com os registros desta instituição financeira.** Embora não tenhamos realizado uma busca abrangente e detalhada de nossos registros, nenhuma informação sobre outros passivos condicionais, incluindo garantias verbais e por escrito, veio à nossa atenção (observar as exceções abaixo ou em carta anexa).
_____
_____
_____
_____

_____
(Nome da instituição financeira)

_____
(Representante e cargo) (Data)

*Esta carta deve ser endereçada a um representante da instituição financeira que seja responsável pela relação da instituição com o cliente ou tenha conhecimento das transações ou dos acordos. Algumas instituições financeiras centralizam esta função atribuindo a responsabilidade por dar respostas a pedidos de confirmação a uma área separada. Os auditores independentes devem identificar o destinatário apropriado.
**Se for aplicável, comentários semelhantes aos seguintes podem ser adicionados à resposta da instituição financeira ao pedido de confirmação. Esta confirmação não cobre acordos, se houver, com outras agências ou coligadas desta instituição financeira. Essas informações devem ser solicitadas separadamente de tais agências ou coligadas com as quais tais acordos possam existir.

> **Ilustração 12.7:** Exemplos de *Kiting* – inteiramente dentro de uma empresa
>
> **DIVISÃO A**
> - Transfere $ 1.000.000 à divisão B perto do final do ano, mas contabiliza a transação no início do ano seguinte.
> - A transferência não é compensada pelo banco no ano corrente.
> - A transferência não reduz o saldo de caixa do final do ano porque não foi contabilizada no período corrente.
>
> **DIVISÃO B**
> - Recebe $ 1.000.000 antes do final do ano e contabiliza o depósito no ano corrente.
> - O depósito pode ser feito ou não até o final do ano. Caso não o seja, aparecerá como depósito em trânsito na conciliação bancária da divisão.
> - A transferência aumenta o saldo de caixa pelo mesmo valor. O efeito líquido é sobrevalorizar o caixa nas demonstrações financeiras consolidadas pelo valor da transferência.
>
> **Resultado:** o caixa é contabilizado nas duas divisões ao final do ano, resultando em dupla contagem.

Se o auditor julgar que o risco de ocorrência de tais irregularidades é elevado, deverá considerar a adoção dos seguintes procedimentos:

- Obter informação sobre os últimos cheques emitidos ao final do exercício fiscal, como o número do último cheque, e observar se todos os anteriores haviam sido enviados. O envio dos cheques pode ser confirmado observando-se se aqueles que foram compensados pelo banco tempestivamente, conforme evidenciado pelo extrato bancário de corte.
- Obter informação a respeito dos últimos recebimentos de fundos. O auditor normalmente assinala os últimos recebimentos como base para determinar se houve contabilização no período correto. A informação é conferida com a conciliação bancária da empresa e com as contas bancárias para determinar se os itens foram contabilizados no período apropriado.

Esses procedimentos tendem mais a ser usados em empresas menores, que ainda processam cheques manualmente.

Quadros de transferências bancárias

Uma empresa com muitas divisões frequentemente transfere caixa de uma a outra. As empresas que querem sobrevalorizar o saldo de caixa comumente recorrem a uma técnica chamada de *kiting* para contabilizar o mesmo caixa duas vezes. Isso é feito com a realização de transferências perto do final do ano de uma conta bancária a outra, contabilizando o depósito na conta da segunda divisão, sem contabilizar o desembolso na conta da primeira divisão antes do início do exercício fiscal seguinte. Por exemplo, uma transferência em 31 de dezembro indicaria recebimento em uma conta, mas não o desembolso na outra, fazendo que a quantia transferida fosse contabilizada duas vezes. A **Ilustração 12.7** mostra os elementos de um esquema simples de *kiting*. Um esquema mais sofisticado, usado pela *E. F. Hutton Company*, é ilustrado no quadro Perspectiva histórica.

A maneira mais eficaz e eficiente de testar a existência de *kiting* consiste em preparar um quadro de transferências bancárias, semelhante ao apresentado na **Ilustração 12.8**. O quadro enumera todas as transferências entre as contas bancárias da empresa em um prazo curto antes e após o final do ano. Todas as transferências são incluídas para que se verifique se são registradas no período correto e se o cliente não está sobrevalorizando o saldo de caixa no final do ano. Note a transferência do cheque número 8702, registrado como depósito em 30 de dezembro – um exemplo de *kiting*. O cheque foi contabilizado como depósito na conta de *Cleveland* em 31 de dezembro, mas só foi contabilizado como desembolso na conta de *Rockford* após o final do ano.

PERSPECTIVA HISTÓRICA

Esquemas de kiting: o caso da E. F. Hutton

O kiting pode ocorrer sem que as demonstrações financeiras sejam fraudulentamente distorcidas. Na década de 1980, a SEC acusou a corretora E. F. Hutton de participar de esquema de kiting para obter rendimentos de juros à custa de seus clientes. A Hutton abriu uma conta de fundo de caixa para desembolsos em diversos locais muito distantes de clientes que receberiam cheques da E. F. Hutton. Por exemplo, uma conta bancária poderia ser aberta em Billings, Montana, para pagamentos a clientes situados na Costa Leste dos Estados Unidos. O acordo da Hutton com o banco fazia que ele enviasse uma mensagem à corretora indicando o valor dos cheques compensados a cada dia, e a Hutton transferisse fundos para cobrir os cheques compensados. Enquanto isso, a corretora podia usar o caixa pelo tempo que os cheques levavam para serem compensados no banco distante. A empresa eventualmente fez um acordo com a SEC e concordou em deixar de adotar tais práticas. À medida que o sistema bancário continua a se automatizar, a probabilidade de tais esquemas no futuro cairá, porque todos os cheques serão compensados em períodos cada vez mais curtos.

Ilustração 12.8: Quadro de transferências bancárias — Companhia XYZ para o exercício encerrado em 31 de dezembro de 2009

Transferido da agência	Número do cheque	Valor	Data do depósito Segundo a contabilidade	Data do depósito Segundo o banco	Data da retirada Segundo a contabilidade da agência	Data da retirada Segundo o banco
Cleveland	15910	$ 45.000	26/12*	27/12 †	26/12*	30/12 †
Cleveland	15980	100.000	28/12*	29/12†	27/12*	31/12 †
Rockford	8702	87.000	30/12*	31/12 †	02/1 ‡	03/1 †
Cleveland	16110	25.000	03/1*	04/1 †	02/1*	08/1 †
Rockford	8725	65.000	05/1*	07/1*	04/1*	08/1†

* Conferido com registros de recebimentos/desembolsos de caixa.
† Conferido com extrato bancário.
‡ Retirada registrada no período incorreto. Ver AJE C-11.

Complexidades associadas à auditoria de títulos negociáveis e instrumentos financeiros

Introdução

Uma empresa pode aplicar em muitos tipos de títulos. Alguns são mais negociáveis do que outros, alguns prometem retorno mais elevado (mas com risco muito maior) que outros e alguns tiram seu valor de instrumentos subjacentes ou atividades futuras. Como exemplo extremo, um instrumento financeiro pode ser uma aposta se haverá uma seca forte que afete as colheitas dos agricultores nos estados do Meio-Oeste no próximo ano. O valor do instrumento decorre da atividade futura. Instrumentos mais comuns correspondem a apostas sobre se alguém deixará de pagar seu empréstimo hipotecário, ou se haverá variações dos valores de moedas, ou de taxas de juros. Algumas vezes, esses instrumentos são simplesmente apostas; em outras ocasiões eles podem ser usados para cobrir o risco de transações subjacentes para suavizar retornos.

Os títulos negociáveis tradicionais são simples e incluem notas promissórias mercantis, títulos negociáveis de renda variável e títulos negociáveis de renda fixa. Esses títulos são prontamente negociados e a administração geralmente pretende mantê-los por um período

OA 7
Identificar os tipos de títulos negociáveis e outros instrumentos financeiros; discutir os riscos e controles associados a essas contas e esquematizar um enfoque de auditoria.

curto. Como são mantidos ou disponíveis para negociação, eles são avaliados a preço de mercado. Em situações normais de mercado, essas aplicações de curto prazo giram e não criam um problema importante para o auditor. Como diretriz geral, o enfoque de auditoria para a maioria das aplicações em títulos negociáveis se preocupa com as seguintes etapas:

1. Identificar os ativos e os controles internos da administração destinados a proteger as aplicações e maximizar retornos dentro dos parâmetros de risco fixados pelo conselho de administração.
2. Entender a finalidade econômica das principais transações e/ou dos acordos com instituições financeiras e o impacto econômico sobre o cliente.
3. Identificar os riscos associados aos ativos financeiros da empresa e as partes que geram os riscos.
4. Confirmar acordos e examinar contratos associados aos acordos para determinar providências necessárias de auditoria e contabilidade, bem como divulgação em demonstrações financeiras.
5. Analisar e testar transações e a contabilidade e divulgação correspondentes, em termos de substância econômica e conformidade com os pronunciamentos contábeis apropriados e da SEC.
6. Confirmar a existência de um mercado para os títulos e determinar a contabilização apropriada para os saldos de final de ano.

Auditorias de notas promissórias mercantis

O termo nota promissória mercantil refere-se a notas promissórias emitidas pelas principais empresas, especialmente companhias de financiamento, que geralmente têm boas classificações de risco de crédito. Um exemplo de programa de auditoria para o teste substantivo de notas promissórias mercantis é exposto na **Ilustração 12.9**. Observe a ligação específica entre afirmações e procedimentos de auditoria e que o rendimento de juros correspondente é testado ao mesmo tempo.

Auditorias de aplicações em títulos de renda variável e renda fixa

As aplicações de curto prazo incluem títulos negociáveis de renda variável, tais como ações e debêntures de empresas privadas. Tais aplicações devem ser contabilizadas a preço de mercado. Um exemplo de documento de trabalho de auditoria para o teste de títulos negociáveis de renda variável é apresentado na **Ilustração 12.10**.

Várias observações devem ser feitas quanto ao documento de trabalho de auditoria na **Ilustração 12.10**:

1. O cliente prepara um quadro de todos os títulos negociáveis que possui ao final do ano. O quadro inclui os juros e dividendos obtidos com cada título durante o período da aplicação. O auditor está testando tanto o balanço quanto as contas correspondentes de resultado ao mesmo tempo.
2. O documento apresenta três itens relacionados ao valor do título:
   - Custo.
   - Valor de mercado no final do ano.
   - Valor de carregamento de instrumentos de renda fixa.

Ilustração 12.9: Afirmações e procedimentos de auditoria – notas promissórias mercantis	
Afirmação	**Procedimento de auditoria**
Existência ou ocorrência	1. Solicitar que o cliente prepare um quadro de todas as notas promissórias mercantis da organização no final do ano. Verificar a existência dos títulos (1) contando e examinando títulos selecionados ou (2) confirmando a existência com os agentes fiduciários em cuja posse eles se encontram. Conciliar os valores com o razão geral.
Completude	2. Totalizar o quadro de notas promissórias mercantis e examinar os títulos (procedimento 1). Examinar transações selecionadas e avisos de corretores perto do final do ano para determinar que as transações estão sendo contabilizadas no período correto.
Direitos	3. Examinar documentos selecionados para determinar se há alguma restrição sobre a facilidade de negociação dos documentos. Perguntar à administração sobre a existência de alguma restrição.
Avaliação	4. (Nota: notas promissórias mercantis devem ser avaliadas ao preço de mercado do final do ano) Determinar o valor corrente de mercado consultando um serviço de informação financeira tal como *The Wall Street Journal* ou uma fonte eletrônica similar. 5. Recalcular os juros e determinar que os juros devidos são contabilizados adequadamente no final do ano.
Apresentação e divulgação	6. Determinar a intenção da administração quanto à manutenção dos títulos como aplicação de curto prazo. Documentar essa intenção em uma carta de declaração da administração. 7. Verificar se os títulos são adequadamente classificados e se restrições sobre o seu uso são divulgadas apropriadamente nas notas explicativas às demonstrações financeiras.

3. As vendas e os ganhos/perdas resultantes durante o ano são indicados para todas as contas.
4. O auditor verifica o custo ou preço de venda dos ativos examinando os avisos de corretores que evidenciam a compra ou venda do título. Se o risco de controle é baixo, a verificação pode ser feita com base em uma amostra de transações.
5. O quadro é uma planilha abreviada. Na maioria das auditorias, o auditor deverá determinar se os títulos são adequadamente classificados em termos de intenção de manter até o vencimento ou para negociação. Essa determinação deve ser corroborada com as ações da administração e ser compatível com elas. A classificação apropriada determinada a avaliação contábil.
6. Na maioria das aplicações, o valor corrente de mercado é determinado por referência ao preço de fechamento no *The Wall Street Journal* ou se coletando esse dado eletronicamente na base de dados da própria empresa de auditoria. No caso de títulos cujos mercados não têm liquidez, o auditor precisará fazer um esforço substancialmente maior para determinar o valor de mercado.
7. Os rendimentos são recalculados seletivamente no que se refere a juros, dividendos, e ganhos e perdas realizados e não realizados.
8. O quadro é totalizado para determinar a precisão mecânica e a avaliação correta da conta.
9. Os testes de auditoria tratam de todas as afirmações de auditoria, exceto apresentação e divulgação. Essa afirmação é verificada diretamente com a administração, sendo documentada separadamente.
10. Documenta-se a conclusão quanto à fidedignidade da apresentação do saldo da conta, após os ajustes.

Ilustração 12.10: Nature Sporting Goods Manufacturing Company – títulos negociáveis no final do exercício encerrado em 31 de dezembro de 2009

Preparado por **AMT**
Data **28/01/2010**
Conferido por
Data

Aplicações negociáveis	Saldo inicial	COMPRAS Data	COMPRAS Valor	VENDAS Data	VENDAS Valor	Ganho/perda com venda	Saldo final	Valor de mercado (31/12)	CONTAS DE RESULTADO Juros	CONTAS DE RESULTADO Dividendos	Total
Notas promissórias mercantis, Gen. Motors, 8%	$ 45.000,00	31/10/08		30/4/09	$ 45.000,00*	0,00	0,00		$ 1.8000,00 R		$ 1.800,00
Notas promissórias mercantis, Ford Motor, 8,25%	100.000,00	1/12/08					100.000,00 C	$ 100.000,00 †	8.937,50 R		8.937,50
1000 ações ordinárias, Land's End	22.367,00	31/10/08					22.367,00 C	16.375,00 †		1.000,00 R	1.000,00
1000 ações, AMOCO	48.375,00	31/12/07		13/7/09	62.375,00*	14.000,00 R	0,00	0,00		1.000,00 R	1.000,00
1000 ações, Consolidated Paper	0,00	31/7/09	$ 41.250,00*				41.250,00 C	44.500,00 †		500,00 ‡	500,00
Debênture com cupom igual a zero, Bank of America, 2010	1.378,00	30/6/07					1.378,00 C	1.587,00 †	209,00 R		209,00
Totais	$ 217.120,00		$ 41.250,00		$ 107.375,00	$ 14.000,00	$ 164.995,00	$ 162.462,00	$ 10.946,50	$ 2.500,00	$ 13.446,50
	T/B		F		F	F	CF	F	F	F #	F
							Valor de mercado	$ 162.462,00	‖	‖	‖
							Diferença de custo>				
							Valor de mercado	$ 2.533,00 §			
								F			

* Correto, de acordo com exame da fatura da corretora.
C Títulos mantidos na conta da corretora, confirmados com a corretora.
R Recalculados, sem exceções
† De acordo com a listagem de transações com ações em 31 de dezembro no *The Wall Street Journal*.
‡ Valor deveria ser $ 1.000. A empresa deixou de incluir dividendos declarados.
T/B De acordo com o balancete de 31 de dezembro de 2008 e documentos de trabalho de 31/12, quadro M-2.
F Totalizado.
CF Totalizado com referência cruzada.
§ Perda não registrada. Conferida com AJE 31.
‖ Conferido com balancete do final do ano.
Pagamentos de juros e dividendos verificados mediante exame de Dividend and Interest Digest, Standard & Poor's, para o final do ano, 31 de dezembro de 2009.

Se o risco de incorreção material for baixo, o auditor testará apenas uma pequena amostra dos itens. Se o risco for elevado, o auditor poderá examinar todos os itens materiais no quadro.

Auditorias de derivativos

> **QUESTÃO PRÁTICA**
> Embora possa parecer trivial, se um título for mantido até o vencimento, então deverá haver uma data aceita e evidente de vencimento para o título.

O uso de instrumentos financeiros conhecidos como derivativos tem aumentado substancialmente. Muitos desses instrumentos têm sido criados para tirar proveito de anomalias temporárias de mercado, tais como diferenças de taxas de juros entre títulos de curto e longo prazo. Outros foram concebidos para a finalidade explícita de remover passivos do balanço de uma empresa. Alguns exemplos desses instrumentos são elencados na **Ilustração 12.11**.

Em muitos casos, os instrumentos financeiros promovem aumentos da eficiência do mercado. Como exemplo, antes da década de 1990 a maioria dos bancos mantinha as hipotecas de seus clientes pelo prazo inteiro do empréstimo, por exemplo, por 30 anos no caso de um empréstimo hipotecário de 30 anos. Isso sujeitava o banco tanto a (a) risco de inadimplência quanto a (b) risco de taxa de juros. Os bancos descobriram que podiam gerir melhor esses riscos vendendo os empréstimos hipotecários a terceiros, como a *Freddie Mac*. Os bancos ainda podiam ganhar dinheiro concedendo empréstimos e administrando o serviço de seus pagamentos de juros e amortização. As organizações intermediárias que compravam os empréstimos os recondicionavam em classes de risco e os vendiam a diversos aplicadores no mercado. Algumas pessoas têm argumentado que tal enfoque diluiu os riscos entre numerosos participantes e permitiu aos bancos operar mais eficientemente na concessão e no serviço dos empréstimos. Entretanto, alguém em última instância é responsável pelo risco de inadimplência e pelo risco de taxa de juros. Se um cliente de auditoria possuir algumas dessas obrigações lastreadas em empréstimos hipotecários como aplicação, o auditor precisará entender os riscos a que o cliente está exposto e se há ou não um mercado líquido para os instrumentos financeiros possuídos.

Ilustração 12.11: Exemplos de tipos sofisticados de instrumentos financeiros

OPÇÃO DE COMPRA
Uma opção de compra é um contrato entre duas partes, o comprador e o vendedor, no qual o comprador tem o direito (mas não a obrigação) de adquirir uma quantidade convencionada de uma determinada mercadoria ou de um instrumento financeiro (o ativo-objeto) ao vendedor da opção em uma certa data (vencimento) por certo preço (o preço de exercício). O vendedor (ou "lançador") é obrigado a vender a mercadoria ou o instrumento financeiro caso o comprador exerça a opção. O comprador paga um preço (chamado de prêmio) por este direito.

OPÇÃO DE VENDA
Uma opção de venda é um contrato entre duas partes, o comprador e o vendedor, no qual o comprador tem o direito (mas não a obrigação) de vender uma quantidade convencionada de uma determinada mercadoria ou de um instrumento financeiro (o ativo-objeto) ao vendedor da opção em uma certa data por certo preço. O vendedor é obrigado a comprar a mercadoria ou o instrumento financeiro caso o comprador exerça a opção.

OBRIGAÇÃO LASTREADA EM DÍVIDAS (CDO)
Um CDO é um instrumento financeiro que representa, em sua essência, uma aposta se uma dada obrigação subjacente, geralmente empréstimos hipotecários para a compra de residências, será paga ou não. O titular pode estar de qualquer um dos lados da aposta. A maioria das instituições financeiras possui o instrumento subjacente e vende a aposta de que o instrumento não será pago.

DÍVIDA PROTEGIDA CONTRA RISCO DE EVENTO
Uma cláusula de risco de evento é associada a títulos de dívida e destina-se a proteger o investidor nos títulos em caso de uma redução da classificação de risco de crédito, como a que poderia ocorrer no caso de uma aquisição alavancada (LBO). As cláusulas geralmente permitem aos investidores revender os títulos de dívida ao emitente original pelo valor de face, caso um evento estipulado (como uma transferência de propriedade) viesse a ocorrer.

Ilustração 12.11: Exemplos de tipos sofisticados de instrumentos financeiros (continuação)

HEDGES
Um *hedge* é um instrumento que permite a uma organização se proteger contra a alteração de uma variável econômica subjacente que pode afetar a empresa. Os três tipos mais comuns têm sido:
- *Hedges* de moeda estrangeira – proteção contra uma variação do dólar em relação a alguma outra moeda.
- *Hedges* de combustível – proteção contra variações futuras de preços de combustíveis; por exemplo, a Southwest Airlines se protegendo contra variações futuras de custos de combustível de aviação.
- *Hedges* de mercadorias – proteção contra variações futuras de preços de mercadorias, ou para tirar proveito dessas variações.

NOTA COM TAXA FLUTUANTE
Uma nota com taxa flutuante é um instrumento de dívida com taxa variável de juros. Ajustes da taxa de juros são feitos periodicamente, geralmente a cada seis meses, e são vinculados a um índice de mercado monetário, como a taxa das letras do Tesouro ou a Taxa Interbancária de Londres (Libor).

JUNK BOND
Junk bonds são títulos de dívida que prometem taxas de juros altas, emitidos por um devedor com baixa classificação de risco de crédito. Muitos desses títulos foram emitidos em ligação com LBOs, enquanto outros por empresas sem históricos longos de vendas e lucros.

SWAPS DE TAXAS DE JUROS
Um *swap* é um instrumento que permite a uma organização se proteger contra variações futuras de taxas de juros, ou trocando instrumentos financeiros, geralmente um título de taxa fixa, por um título de taxa variável, ou vice-versa. As empresas geralmente não trocam os títulos propriamente ditos, mas fazem um *swap* nocional com uma instituição financeira que monta um *swap* igual na direção contrária.

OBRIGAÇÃO COM CUPOM IGUAL A ZERO
Sem pagamentos periódicos de juros, estes títulos de dívida são vendidos com deságios grandes em relação ao valor de face. O portador do título recebe um aumento gradativo do valor de carregamento do título, que é resgatado pelo valor de face no vencimento. O crescimento do valor corresponde ao recebimento de rendimentos de juros.

TÍTULOS CONTENDO OPÇÃO DE VENDA
Títulos negociáveis podem ser vendidos por um investidor (que não o emitente original) juntamente com uma opção de venda que dá ao comprador o direito de vender os títulos de volta aos investidores que os emitiram, a um preço fixo no futuro. Esses títulos normalmente têm taxas de juros baixas.

OBRIGAÇÃO LASTREADA EM EMPRÉSTIMOS HIPOTECÁRIOS (CMO)
Estas obrigações são emitidas como um instrumento com finalidade específica e são lastreadas em uma cesta de empréstimos hipotecários. O instrumento financeiro é tratado como uma compra de um grupo de empréstimos hipotecários, com o uso do produto de uma oferta de títulos de dívida lastreados pelos empréstimos. O instrumento financeiro usa os fluxos de caixa do ativo dado em garantia para cobrir o serviço da dívida dos títulos. Os títulos são precificados com base em seu próprio prazo de vencimento e sua taxa de retorno, e não nos dos empréstimos hipotecários subjacentes. Os CMOs têm mercados secundários no setor de crédito hipotecário e têm ajudado o setor a atingir níveis mais altos de liquidez. Entretanto, estão sujeitos ao risco de inadimplência dos empréstimos hipotecários subjacentes.

RECEBÍVEIS SECURITIZADOS
Recebíveis securitizados têm sido convertidos em uma forma que permita que sejam vendidos a investidores (seu conceito é semelhante ao dos CMOs). O emitente do instrumento financeiro especial utiliza os fluxos de caixa dos recebíveis para cobrir o serviço da dívida dos títulos. Na maioria dos casos, os investidores podem recorrer ao patrocinador ou criador do instrumento financeiro, caso os empréstimos subjacentes não sejam pagos.

> **CONSIDERE O RISCO**
>
> Muitos instrumentos financeiros são concebidos para ajudar a organização a gerir melhor seus riscos. Entretanto, também podem ser usados para correr riscos, ou seja, para especular.

Em relação à maioria dos derivativos, devem ser observados os seguintes pontos:

1. Os exemplos representam apenas alguns entre centenas de instrumentos semelhantes existentes no mercado atual.
2. Embora haja elementos comuns entre todos os instrumentos, cada um deles contém características especiais que podem transferir riscos ao investidor.
3. Alguns instrumentos não permitem acesso a outros recursos específicos em caso de inadimplência, mas procuram "adoçar o negócio" oferecendo outros termos, tais como taxas de juros mais altas para atrair investidores nos títulos. Por exemplo, a

Perspectiva histórica

A crise financeira de 2008

Supostamente, o papel da *Fannie Mae* e da *Freddie Mac* era apoiar o mercado habitacional comprando empréstimos hipotecários de instituições de crédito e/ou garantindo a restituição desses empréstimos em caso de inadimplência por parte do proprietário da residência. A *Fannie Mae* e a *Freddie Mac* compravam empréstimos hipotecários de *Washington Mutual*, *IndyMac*, *Countrywide Financial* e outros bancos. Mas essas empresas passaram a sofrer sérias dificuldades financeiras quando esses empréstimos começaram a apresentar problemas de pagamento de forma acelerada em 2008. Em consequência, a *Fannie Mae* e a *Freddie Mac* entraram virtualmente em colapso e seu controle foi assumido pelo governo federal. Alguns relatos indicam que as posições de capital das empresas eram piores do que as inicialmente imaginadas, e que a sua administração havia tomado decisões que tinham sobrevalorizado essas posições. Na verdade, tanto a *Fannie Mae* quanto a *Freddie Mac* apresentavam problemas contábeis em seus controles internos. Entretanto, críticos dos auditores profissionais têm alegado que nenhuma das duas havia recebido um parecer com ressalvas de seus auditores indicando a gravidade dos problemas contábeis existentes. Esta série de eventos ilustra que instrumentos financeiros complexos, controles débeis e dificuldades financeiras podem resultar em problemas não apenas para as empresas, mas também para os seus auditores.

---

maioria dos títulos de dívida pode ter garantias ou oferecer preferência em caso de liquidação. Muitos dos novos títulos não contêm tais privilégios.

4. Embora muitos títulos sejam descritos como negociáveis, o mercado geralmente é pouco profundo. Portanto, as cotações de mercado podem não dar uma medida precisa do valor negociável dos títulos específicos na data do balanço.
5. Alguns instrumentos postergam o pagamento de caixa ao futuro, geralmente com base na esperança de que o instrumento será substituído por outro nessa data e, portanto, não acarretará encargos significativos de fluxo de caixa para o emitente.
6. Alguns instrumentos possuem opções específicas, como a de venda que permite ao investidor vender o instrumento de volta ao emitente original, dada a ocorrência de um evento específico. Poderia parecer que o valor de mercado de tais instrumentos seria aproximadamente igual ao valor de face, mas deve ser lembrado que a capacidade do portador do título de realizar o valor de face depende da capacidade de pagamento do emitente original na data de ocorrência do evento.

Questão prática

Os preços de mercado são úteis apenas quando há fluidez no mercado. Deve haver volumes suficientes de negociação para que os títulos possuídos pela empresa, caso sejam negociados, não possam afetar adversamente os preços correntes de mercado.

As instituições financeiras fazem, comumente, aplicações significativas em instrumentos financeiros. Quando há mercado com liquidez para tais instrumentos e os riscos podem ser calculados e controlados, a sua avaliação e divulgação são simples. Entretanto, há casos em que os valores cotados de mercado são ilusórios e enganadores porque se baseiam em transações cotadas em volumes significativamente inferiores ao dos instrumentos existentes nas contas de uma empresa. Em outras palavras, um título que é regularmente negociado, ou disponível para negociação, não é necessariamente facilmente negociável. O auditor deve perceber até que ponto os riscos afetam a avaliação de instrumentos financeiros, e esses riscos devem estar refletidos nas demonstrações financeiras. A **Ilustração 12.12** inclui uma lista de fatores de risco que o Pronunciamento de Padrões de Auditoria nº 92 indica como estando comumente associados a derivativos.

Os riscos associados aos novos tipos de instrumentos financeiros exigem que o auditor compreenda os procedimentos de controle que um cliente tenha implantado para minimizar riscos. Diretrizes para avaliar riscos e controles são mostradas no quadro Auditoria na prática.

Auditorias de *hedges* financeiros

A maioria das empresas internacionais compra *hedges* para monitorar sua exposição a flutuações cambiais.

> **Ilustração 12.12:** Fatores de risco associados a derivativos
>
> Os auditores precisam compreender os seguintes tipos de riscos associados a derivativos:
>
> - Os objetivos da administração ao participar de transações envolvendo derivativos, considerando como esses objetivos podem estar relacionados ao potencial de distorção material de demonstrações financeiras.
> - A revisão apropriada pelo conselho de administração e pela alta administração executiva da decisão de usar derivativos.
> - A complexidade das características dos derivativos.
> - Se a transação que gera o derivativo envolve a troca de caixa, pois derivativos que não envolvem uma troca inicial de caixa estão sujeitos a um risco mais elevado de que não sejam identificados para avaliação a preço justo.
> - A experiência (ou falta de experiência) da empresa com derivativos, juntamente com a sua capacidade de entender apropriadamente e questionar uma avaliação externa de um derivativo.
> - Se o derivativo é um instrumento independente ou é um componente de algum acordo.
> - Se fatores externos afetam o valor dos títulos, por exemplo, risco de crédito, de mercado, de base, ou risco legal.
> - A natureza complexa de princípios de contabilidade aceitos em geral, na medida em que se aplicam a derivativos.

Enfoque geral de auditoria

Esta seção ilustra um enfoque geral à auditoria de instrumentos financeiros sofisticados que fazem parte de um programa de cobertura de riscos cambiais.

Entender o produto – Os *hedges* são geralmente simples e possuem dois elementos – que podem variar segundo o prazo e o valor:

AUDITORIA NA PRÁTICA

Controle de riscos associados a instrumentos financeiros sofisticados

As seguintes considerações de controle gerencial devem ser feitas em todas as empresas que usam instrumentos financeiros, em especial derivativos:

1. **Identificar os objetivos de gestão de risco** – As aplicações em instrumentos financeiros devem estar acopladas a uma estratégia gerencial bem esquematizada de controle de riscos.
2. **Entender o produto** – A análise do efeito econômico de uma transação sobre cada parte é crucial para que se tenha uma noção do potencial de risco. As transações estão se tornando cada vez mais complexas, com um único instrumento sendo muitas vezes dividido em uma dúzia ou mais de instrumentos com taxas e prazos diferentes.
3. **Entender as ramificações contábeis e fiscais** – O Fasb elaborou um documento abrangente visando a esclarecer a contabilidade de instrumentos financeiros com base em riscos e obrigações. Embora o Fasb não seja capaz de prever todo e qualquer tipo de instrumento que possa surgir na próxima década, os conceitos gerais nesse documento ajudam a orientar o cliente e os seus administradores a usar a contabilidade apropriada. O potencial de redução de impostos tem sido a motivação de muitos dos instrumentos; portanto, possíveis mudanças de legislação fiscal podem afetar a substância econômica dos instrumentos.
4. **Criar políticas e procedimentos na empresa** – As empresas devem ter políticas explícitas, preferivelmente por escrito, definindo os objetivos de envolvimento em novas formas de transações financeiras. A administração deve definir claramente a natureza, o risco e a essência econômica de cada instrumento ou tipo de transação autorizado. As políticas também devem impor limites a aplicações em tipos específicos de instrumentos. O conselho de administração deve aprovar a política geral da empresa.
5. **Monitorar e avaliar resultados** – Devem ser criados procedimentos para monitorar regularmente a transação (o instrumento) para determinar se os benefícios esperados são compatíveis com os níveis de risco assumidos. Se o risco foi inicialmente coberto ou obtida alguma garantia, o valor da cobertura ou garantia deve ser medido novamente. Deve haver procedimentos para reagir a riscos que tenham se elevado acima do que a entidade está disposta a assumir.
6. **Entender o risco de crédito** – Os investidores devem certificar-se de que há proteção apropriada contra inadimplência de contrapartes. É necessário que haja um mecanismo para o monitoramento continuado da saúde econômica da contraparte. Procedimentos formais de monitoramento de crédito – semelhantes às políticas de crédito para contas a receber – devem ser considerados (mesmo para contrapartes com nomes proeminentes).
7. **Controlar garantias quando o risco não é aceitável** – Às vezes, o risco de crédito torna-se superior ao esperado, mas o investidor permite à contraparte manter a posse dos ativos dados em garantia. Em tais casos, os investidores devem implantar procedimentos para permitir que se apossem dos ativos dados em garantia.

1. Um contrato prevendo pagamento (ou recebimento) dentro de um período determinado, por exemplo, pagamentos em dólares dentro de 10 meses.
2. Um contrato de compra (venda) de outro ativo ou moeda na data de pagamento para compensar variações do valor predeterminado da transação.

A finalidade do produto é manter constante a transação. Os *hedges* de moeda estrangeira são concebidos para que uma organização não ganhe e nem perca devido a variações de valor de moedas estrangeiras, por exemplo, a variação da taxa de câmbio entre o euro e o dólar americano. Geralmente, não se prevê nenhuma garantia em *hedges* de câmbio, mas isso pode ocorrer em outros tipos de *hedges*.

Identificar os riscos e objetivos de controles associados – Os riscos são os seguintes:

- O instrumento categorizado como um *hedge* na verdade não é um *hedge*; ao contrário, é uma aposta de que uma moeda ou outra variável subjacente – por exemplo, o preço de uma mercadoria – variará em uma direção específica; se variar nessa direção, a empresa sairá ganhando.
- Nem todas as transações de cobertura são identificadas ou divulgadas.
- A empresa está assumindo mais riscos do que o aprovado pela administração ou conselho.

O auditor desejaria garantir que o resumo dos riscos seja claramente exposto à administração e ao conselho pelo grupo de planejamento financeiro do cliente.

Esses riscos indicam que os seguintes objetivos de controle são importantes:

- Os *hedges* devem ser feitos de acordo com políticas da empresa.
- Todos os contratos potencialmente especulativos devem ser *hedges*, e não operações especulativas.
- Todas as transações devem ser integralmente divulgadas e contabilizadas.

Entender a contabilidade – Caso a transação seja claramente um *hedge*, de tal maneira que os contratos compensem integralmente um ao outro, não há lançamento exigido às contas da empresa, além da existência dos contratos e da necessidade de divulgar a sua natureza. Por outro lado, se os contratos não forem equilibrados, a entidade deverá contabilizar as variações de obrigações no final de cada exercício contábil. Portanto, o auditor deverá adotar procedimentos para verificar se os contratos estão equilibrados e se existem obrigações ou não.

Determinar a existência de políticas e a adesão às políticas – O auditor deve avaliar as políticas específicas que tenham sido fixadas e determinar se os controles de monitoramento e outras atividades geram evidência de funcionamento eficaz dessas políticas.

Monitorar as transações – O sistema de contabilidade financeira deve produzir relatórios que forneçam as seguintes informações mensalmente (ou com maior frequência em alguns casos):

- Liquidação de todos os contratos durante o exercício mais recente e qualquer ganho ou perda.
- Novas transações com cobertura e se a cobertura é integral ou não.
- Resumo de transações sem cobertura, expostas a risco de câmbio.

> **QUESTÃO PRÁTICA**
> Se uma empresa americana tiver uma subsidiária alemã e acreditar que o euro se desvalorizará em relação ao dólar, então os lucros do próximo ano serão menores, porque o euro valerá menos quando convertido em dólares. A empresa poderá buscar *hedges* naturais, como fazer que alguns contratos sejam pagos à empresa em dólares, ou poderá comprar proteção contra a variação do valor da moeda.

> **CONSIDERE O RISCO**
> A auditoria de instrumentos financeiros complexos exige competências e conhecimentos especializados. Por exemplo, o Pronunciamento sobre padrões de auditoria nº 92, a respeito da auditoria de derivativos, diz que os auditores devem conhecer aplicações de computação para derivativos, a validade de modelos de avaliação e a adequação das hipóteses subjacentes, bem como conceitos de gestão de risco e estratégias de gestão de ativos e passivos, entre outras coisas.

- Orçamento de planejamento de transações futuras que exigirão cobertura.
- Síntese de aspectos que devem ser levados à atenção do grupo de planejamento financeiro.

Os controles de monitoramento devem indicar claramente as ações de seguimento tomadas tanto pelo conselho quanto pela administração. Ganhos ou perdas anormais seriam indícios de que os controles não estão funcionando eficazmente – os *hedges* planejados não estão funcionando. Além disso, deve haver teste periódico dos procedimentos pelo grupo de auditoria interna.

Programa de auditoria

O programa de auditoria de *hedges* de risco de câmbio incluiria as seguintes etapas:

1. Identificar as políticas e os procedimentos de controle que a empresa implantou para assegurar a obediência aos procedimentos.
2. Analisar todos os ganhos/perdas associados às transações cobertas durante o ano para determinar se as transações foram protegidas.
3. Obter um resumo de todos os *hedges* em vigor. Tomar uma amostra de contratos associados aos *hedges* existentes para verificar que os contratos protegem a empresa do efeito de flutuações de taxas de câmbio.
4. Resumir os resultados de testes para determinar se há transações cambiais não cobertas. Elencar as transações não cobertas e determinar (a) a divulgação necessária e (b) o lançamento apropriado para marcar o instrumento a mercado.
5. Perguntar à administração e ao comitê de planejamento financeiro sobre a existência de outras transações cambiais não cobertas.
6. Perguntar à auditoria interna sobre qualquer trabalho que tenha sido feito a respeito de *hedges*. Analisar o relatório, com atenção especial à existência de controles.
7. Chegar a uma conclusão quanto à adequação dos *hedges*; registrar a conclusão na documentação de auditoria e determinar qual deve ser a apresentação apropriada nas demonstrações financeiras.

Resumo

As organizações gerem caixa e ativos líquidos visando à maximização de seu possível retorno. As empresas montam acordos sofisticados com seus bancos para aplicar ativos líquidos excedentes em títulos que pagam juros. Muitos clientes de auditoria são investidores importantes em instrumentos financeiros, e algumas das transações que os envolvem são feitas sem uma compreensão plena dos riscos associados aos títulos. As auditorias tornam-se mais complicadas porque os valores de mercado de títulos novos e mais complexos não estão prontamente disponíveis. Um conselho de administração bem informado é um fator positivo na avaliação do potencial de risco, mas, por outro lado, um conselho mal informado pode fazer que uma organização fique exposta a risco superior ao desejado pelo conselho ou pela administração.

A amplitude dos procedimentos substantivos realizados com o caixa depende da eficácia dos controles internos. No caso de clientes de menor porte, a atenção geralmente se concentrará na verificação da precisão dos saldos de caixa, e não nos controles internos. No caso de clientes maiores e com controles internos eficazes, a amplitude dos testes substantivos poderá ser minimizada.

A contabilidade de caixa e títulos negociáveis tem sido comumente atribuída a auditores iniciantes, pois se pensou que os procedimentos de auditoria eram basicamente de natureza mecânica: conciliar contas bancárias, examinar cheques compensados, e assim por diante. Como mostrado neste capítulo, a auditoria de caixa e ativos líquidos está longe de ser mecânica e representa um desafio importante em muitos clientes de auditoria.

Termos importantes

Cofre – Esquema de gestão de caixa montado com um banco, pelo qual os clientes de uma organização enviam pagamentos diretamente a um número de caixa postal acessível ao banco do cliente; o banco abre as remessas de fundos e deposita diretamente os fundos na conta do cliente.

Confirmação bancária – Pedido padronizado de confirmação, enviado a todos os bancos com os quais o cliente operou durante o ano, para obter informações sobre o saldo de caixa no final do ano e dados adicionais sobre empréstimos existentes.

Conta bancária de fundo de caixa – Conta bancária que normalmente tem saldo nulo e é reabastecida pela empresa quando é necessário emitir cheques contra a conta; fornece controle adicional sobre o caixa. A conta bancária mais comum dessa espécie é a conta de folha de pagamento, na qual a empresa faz um depósito igual ao valor dos cheques de folha de pagamento emitidos.

Documento de retorno – Documento enviado ao cliente e a ser devolvido com a remessa do cliente; pode ser lido eletronicamente e conter informações para aumentar a eficiência do processamento de recebimentos.

Extrato bancário de corte – Extrato bancário cobrindo um período determinado pelo cliente e auditor, mais curto que o dos extratos regulares de final de mês; enviado diretamente ao auditor, que o utiliza para conferir itens da conciliação bancária do cliente para o final do ano.

Garantia – Ativo ou um direito sobre um ativo, normalmente mantido pelo tomador de um empréstimo ou emitente de um instrumento de dívida, que serve de lastro do valor do empréstimo ou título. Se o devedor deixar de pagar juros ou principal, a garantia ficará disponível ao credor para que ele possa recuperar o principal do empréstimo ou título, pelo menos em parte.

REFERÊNCIAS SELECIONADAS À ORIENTAÇÃO PROFISSIONAL RELEVANTE		
Referência à orientação	Fonte de orientação	Descrição da orientação
Pronunciamento sobre padrão de auditoria (SAS) nº 67	AICPA, ASB	Processo de confirmação
Interpretações de auditoria da seção 330	AICPA, ASB	Uso de confirmações eletrônicas
Alerta de prática 03-1 profissional (PITF) do AICPA	Força-tarefa para questões	Confirmações de auditoria
Pronunciamento sobre padrão de auditoria (SAS) nº 92	AICPA, ASB	Auditoria de instrumentos derivativos, atividades de *hedging* e investimentos em títulos
Guia de auditoria	AICPA	Auditoria de instrumentos derivativos, atividades de *hedging* e investimentos em títulos, atualização em 1º de maio de 2007
Padrão Internacional de Auditoria (ISA) 505	Ifac, IAASB	Confirmações externas
Pronunciamento sobre padrões de contabilidade financeira (SFAS) nº 95	Fasb	Demonstração de fluxos de caixa
Pronunciamento sobre padrões de contabilidade financeira (SFAS) nº 133	Fasb	Contabilização de instrumentos derivativos e atividades de *hedging*
IAS 7	IASB	Demonstração de fluxos de caixa
IAS 32	IASB	Instrumentos financeiros: apresentação
IAS 39	IASB	Instrumentos financeiros: reconhecimento e mensuração

Nota: siglas da orientação profissional relevante – ASB – *Auditing Standards Board* (Conselho de Padrões de Auditoria); AICPA – *American Institute of Certified Public Accountants* (Instituto Americano de Contadores Externos Certificados); Coso – *Committee of Sponsoring Organizations* (Comitê de Organizações Patrocinadoras); Fasb – *Financial Accounting Standards Board* (Conselho de Padrões de Contabilidade Financeira); IAASB – *International Auditing and Assurance Standards Board* (Conselho de Padrões Internacionais de Auditoria e Garantia); IASB – *International Accounting Standards Board* (Conselho de Padrões Internacionais de Contabilidade); IASC – *International Accounting Standards Committee* (Comitê de Padrões Internacionais de Contabilidade); Ifac – *International Federation of Accountants* (Federação Internacional de Contadores); ISB – *Independence Standards Board* (Conselho de Padrões de Independência); PCAOB – *Public Company Accounting Oversight Board* (Conselho de Supervisão Contábil de Companhias Abertas); SEC – *Securities and Exchange Commission* (Comissão de Valores Mobiliários e Bolsas de Valores).

Instrumentos financeiros – Classe ampla de instrumentos – geralmente títulos de dívida, mas também de renda variável ou *hedges* – representando acordos financeiros entre uma parte (emitente) e uma contraparte (investidor), baseados em ativos subjacentes ou compromissos de assumir obrigações financeiras ou realizar pagamentos; os instrumentos variam, em termos de complexidade, de um título de renda fixa simples a acordos complicados contendo opções de venda.

Kiting – Esquema fraudulento de gestão de caixa visando a sobrevalorizar os ativos monetários no final do ano, por meio da apresentação dos mesmos fundos em duas contas bancárias distintas, usando uma transferência interbancária.

Nota promissória mercantil – Notas emitidas por empresas de grande porte, geralmente com prazos curtos e taxas próximas da preferencial de juros, com classificação elevada de risco de crédito; sua qualidade poderá ser alterada se a solidez financeira do emitente se reduzir.

Quadro de transferências bancárias – Documento de auditoria que enumera todas as transferências entre contas bancárias do cliente, começando em uma data pouco anterior ao final do ano e prosseguindo por um prazo curto após o final do ano; sua finalidade é assegurar que o caixa em trânsito não seja contabilizado duplamente.

Título negociável – Título prontamente negociável e mantido pela empresa como investimento.

Questões de revisão

12–2 (OA 1, 3) Explique a finalidade e os riscos associados a cada um dos seguintes tipos de contas bancárias:
a. Conta geral de caixa.
b. Conta de fundo de caixa para folha de pagamento.

12–4 (OA 3) Por que se dá mais ênfase à possibilidade de fraude em contas de caixa do que em contas de outros ativos com a mesma magnitude? Identifique três tipos de fraudes que afetariam diretamente a conta de caixa e indique como elas poderiam ser detectadas pelo auditor.

12–6 (OA 1, 3, 4) Descreva como funciona um esquema de cofre com um banco. Qual é a vantagem para uma organização? Quais riscos existem? Quais controles uma entidade deveria montar para mitigar cada um dos riscos identificados?

12–8 (OA 4) Como devem ser segregadas as tarefas em um sistema automatizado de processamento de recebimentos de caixa? Explique o raciocínio por trás da segregação de tarefas que você recomenda.

12–10 (OA 4, 5, 7) Quais são os princípios mais importantes de autorização que o auditor deve investigar em relação a gestão de caixa e aplicação em títulos negociáveis?

12–12 (OA 2, 4, 5, 6) Qual é o impacto sobre a auditoria caso o cliente não realize conciliações periódicas independentes das contas de caixa? Que procedimentos de auditoria seriam ditados pela falta de conciliações independentes?

12–14 (OA 6) Que informação o auditor busca ao realizar uma análise de contratos de empréstimo com o banco do cliente?

12–16 (OA 3, 4, 6) Defina *kiting* e apresente um exemplo. Quais procedimentos o cliente deve introduzir para impedi-lo? Quais procedimentos de auditoria o auditor deve utilizar para detectar a ocorrência de *kiting*?

12–18 (OA 7) De que maneira o auditor poderia determinar se os títulos negociáveis são corretamente classificados como aplicações de curto prazo ou de longo prazo? Quais são as implicações contábeis da classificação em curto prazo ou longo prazo? Que tipos de evidência o auditor coleta para consubstanciar a classificação como aplicação de curto prazo pela administração?

12–20 (OA 7) Que papel desempenham as garantias na avaliação de títulos negociáveis? Uma auditoria de títulos negociáveis exigiria uma auditoria das garantias subjacentes? Explique a sua resposta.

12–22 (OA 7) De quais maneiras os novos tipos de instrumentos financeiros diferem dos tradicionais? Quais riscos adicionais estão associados a tais instrumentos?

Questões de múltipla escolha

12–24 (OA 6) A Companhia XYZ ocultou uma insuficiência de caixa transferindo fundos de um local a outro e convertendo instrumentos negociáveis em caixa. Qual dos seguintes procedimentos de auditoria seria o mais eficaz para a descoberta da ocultação dessa insuficiência?

a. Análise periódica pela auditoria interna.
b. Verificação simultânea de caixa e ativos líquidos.
c. Contagem de surpresa de todas as contas de caixa.
d. Verificação de todos os cheques não compensados, associados à conciliação bancária de final de ano.

*12–26 (OA 6)1 Uma insuficiência de caixa pode ser encoberta transferindo-se fundos de um local para outro ou convertendo ativos negociáveis em caixa. Por causa disso, quais dos seguintes procedimentos de auditoria são vitais?
a. Confirmações simultâneas.
b. Conciliações bancárias simultâneas.
c. Verificação simultânea de todas as contas bancárias e todos os instrumentos negociáveis.
d. Contagem simultânea de surpresa de todas as contas de caixa.

12–28 (OA 4) O controle interno sobre os recebimentos de caixa fica enfraquecido quando um funcionário que recebe remessas de fundos de clientes pelo correio também:
a. Prepara registros iniciais de recebimento de fundos.
b. Prepara fichas de depósito bancário de todos os recebimentos pelo correio.
c. Mantém um fundo de caixa pequeno.
d. Registra créditos a contas a receber individuais.

12–30 (OA 6) O auditor obtém um extrato bancário de corte para um período curto após o final do ano como base para testar a conciliação bancária do cliente no final do ano. Entretanto, durante o teste, o profissional percebe que poucos dos cheques emitidos foram compensados. A causa mais provável é o fato de que o cliente:
a. Está envolvido em um esquema de *kiting*.
b. Preparou cheques para pagar fornecedores, mas só os enviou depois do final do ano.
c. Estava envolvido em um esquema de sobreposição.
d. Precisou sobrevalorizar o saldo de caixa no final do ano para elevar a proporção de capital de giro.

12–32 (OA 6) Um cheque não contabilizado, emitido durante a última semana do ano, seria mais provavelmente descoberto pelo auditor quando:
a. Fosse revisto o registro de cheques do último mês.
b. O extrato bancário de corte fosse examinado como parte da conciliação bancária para o final do ano.
c. Fosse examinada a confirmação bancária.
d. Fosse realizada uma busca de passivos não contabilizados.

*As questões 12-33 e 12-34 baseiam-se nos seguintes fatos:
As seguintes informações foram extraídas do quadro de transferências bancárias elaborado durante a auditoria das demonstrações financeiras da *Fox Co.* para o ano encerrado em 31 de dezembro de 2009. Suponha que todos os cheques tenham sido datados e emitidos em 30 de dezembro de 2009.

*12–33 (OA 6) Quais dos seguintes cheques indicaria a ocorrência de *kiting*?
a. 202.
b. 303.
c. 404.
d. 202 e 303.

*12–34 (OA 6) Quais dos seguintes cheques ilustram depósitos/transferências em trânsito em 31 de dezembro de 2009?
a. 101 e 202.
b. 101 e 303.
c. 202 e 404.
d. 303 e 404.

---

* Todas as questões marcadas com asterisco são adaptadas do Exame Uniforme de CPA.

	Contas bancárias		Data de desembolso		Data de recebimento	
Cheque Número	De	Para	De acordo com a contabilidade	De acordo com o banco	De acordo com a contabilidade	De acordo com o banco
101	National	Federal	30 dez.	4 jan.	30 dez.	3 jan.
202	County	State	3 jan.	2 jan.	30 dez.	31 dez.
303	Federal	State	31 dez.	3 jan.	2 jan.	2 jan.
404	State	County	2 jan.	2 jan.	2 jan.	31 dez.

Questões de pesquisa e discussão

12–36 (Instrumentos financeiros complexos e considerações éticas, OA 7, 8) O advento de instrumentos financeiros sofisticados alterou a natureza dos investimentos na última década. Muitos instrumentos financeiros oferecem retornos potencialmente mais altos para o investidor, mas com níveis de risco mais elevados.

Pede-se:
a. Examine a discussão de instrumentos financeiros pelo Fasb ou em um livro-texto de finanças para identificar diversos tipos de instrumentos financeiros. Selecione cinco instrumentos que considere interessantes e prepare um relatório tratando (1) da natureza do instrumento; (2) de

sua finalidade econômica subjacente; (3) dos riscos associados ao instrumento; e (4) de procedimentos especiais de auditoria que devem ser aplicados durante a auditoria de um cliente com aplicações significativas no instrumento.

b. Suponha agora que um de seus clientes de auditoria tenha aplicações substanciais em um instrumento financeiro particularmente arriscado. Este instrumento financeiro expõe o cliente a perda econômica significativa na eventualidade improvável de que a liquidez do instrumento diminua. Você não acha que a divulgação em notas explicativas pelo cliente revela adequadamente o real perfil de risco do instrumento. Qual é a sua obrigação ética com os acionistas do cliente, dado o seu conhecimento do risco deste investimento?

Use o arcabouço de tomada de decisões com ética apresentado no capítulo 3 para preparar a sua resposta. Lembre-se de que as etapas desse arcabouço são as seguintes: (1) identificar as questões éticas; (2) determinar quais são as partes afetadas e identificar seus direitos; (3) determinar quais são os direitos mais importantes; (4) desenvolver linhas alternativas de ação; (5) determinar as consequências prováveis de cada linha proposta de ação; (6) avaliar as consequências possíveis, incluindo uma estimação do maior bem para o maior número de partes envolvidas; (7) determinar se o arcabouço de direitos faria que alguma linha de ação fosse eliminada; (8) decidir quanto à linha apropriada de ação.

12–38 (Conceitos de autorização, OA 4, 5) Um dos principais controles sobre caixa e transferências de caixa é fazer que somente pessoas autorizadas manipulem caixa, façam transferências ou apliquem excedentes de caixa.

Pede-se:

a. Para cada uma das seguintes situações, indique o indivíduo que deve ser autorizado a iniciar e implantar a transação:
1. Transferência eletrônica de fundos excedentes à principal conta da organização para fins de gestão de caixa e aplicação.
2. Desembolso regular para o pagamento de contas a pagar.
3. Transferência de fundos para a conta de fundo de caixa para folha de pagamento.
4. Aplicação de fundos excedentes em instrumentos financeiros não tradicionais.
5. Endossos para depósitos diários de caixa.

b. Para cada tipo de autorização identificado no item (a), indique a evidência de auditoria que o auditor coletaria para determinar se as transações foram adequadamente autorizadas.

12–40 (Caixa – evidência de auditoria, OA 4, 5, 6) Os seguintes itens foram descobertos durante a auditoria da conta caixa. Para cada item identificado:

a. Indique o procedimento de auditoria que mais provavelmente teria levado à descoberta do erro.
b. Identifique um ou dois controles internos que teriam impedido ou detectado a incorreção ou irregularidade.

Constatações de auditoria

1. A empresa havia sobrevalorizado o caixa transferindo fundos no final do ano a outra conta, mas deixou de contabilizar a retirada antes do final do ano.
2. Ocasionalmente, clientes com saldos pequenos enviam cheques sem identificação específica do remetente, exceto pelo nome impresso no cheque. A empresa opera um processo automatizado de recebimento de caixa, mas o funcionário que abre os envelopes embolsou o caixa e destruiu outros documentos de apoio.
3. Idêntico à constatação (2), mas agora o funcionário preparou um documento de retorno que mostrava um desconto adicional para o cliente ou um crédito à conta do cliente.
4. O controlador estava se apossando temporariamente de caixa para fins pessoais, mas pretendia reembolsar a empresa (embora o reembolso nunca tenha acontecido). O encobrimento foi executado por meio da subavaliação de cheques não compensados na conciliação bancária mensal.
5. A empresa tinha aplicações temporárias em certificados de depósito com prazo de seis meses no banco. Os CDs deviam render uma taxa de juros de 12% ao ano, mas aparentemente estavam rendendo apenas 6%.
6. As remessas de caixa não são depositadas tempestivamente e às vezes se perdem.
7. Tarifas substanciais de serviços bancários não têm sido contabilizadas pelo cliente antes do final do ano.
8. Um empréstimo foi negociado com o banco para fornecer fundos a uma subsidiária. O empréstimo foi feito pelo controlador da divisão, que aparentemente não estava autorizado a negociar o empréstimo.
9. Um cheque emitido em favor de um fornecedor havia sido contabilizado duas vezes no diário de desembolsos de caixa para cobrir uma insuficiência de caixa.

*12–42 (Auditoria de caixa – conciliações, OA 6) A *Toyco*, uma cadeia de lojas de brinquedos, aceita dois cartões de crédito de bancos e faz depósitos diários de vendas a titulares de cartões em duas contas de cartão de crédito bancário (banco A e banco B). Diariamente, a *Toyco* acumula seus tíquetes de vendas com cartão de crédito, fichas de depósito bancário e documentos autorizados de devolução de vendas e os envia ao processamento para o lançamento de dados. A cada semana, listagens detalhadas de computador do razão geral das contas de movimento com cartão de crédito são preparadas. Os bancos emitentes dos cartões de crédito têm sido instruídos a fazer uma transferência semanal automática à conta bancária geral da *Toyco*. Esses bancos cobram de volta os depósitos que incluem vendas a titulares de cartões furtados ou vencidos.

O auditor, examinando as demonstrações financeiras da *Toyco*, obteve cópias das listagens detalhadas do razão geral da conta caixa, um resumo dos extratos bancários e as conciliações bancárias manualmente elaboradas, todos para a semana encerrada em 31 de dezembro, apresentados a seguir.

Pede-se:

Analise a conciliação bancária de 31 de dezembro e as informações correlatas, contidas nos quadros a seguir, e descreva quais providências o auditor deve tomar para justificar cada item incluído na conciliação bancária. Suponha que todos os valores sejam materiais e que todos os cálculos estejam corretos. Organize sua folha de resposta como segue, usando o código contido na conciliação bancária:

Número de código	Providências a serem tomadas pelo auditor

Toyco
Conciliação bancária para 31 de dezembro de 2009

Número de código	Banco A	Banco B
	Mais ou (menos)	
1. Saldo de acordo com o extrato bancário, 31 de dezembro	$ 8.600	$ 0
2. Depósitos em trânsito, 31 de dezembro	2.200	6.000
3. Redepósito de depósitos inválidos (depósitos feitos em contas erradas)	1.000	1.400
4. Diferença em depósitos de 29 de dezembro	(2.000)	(100)
5. Tarifa bancária não explicada	400	
6. Transferência bancária ainda não contabilizada	0	22.600
7. Tarifas de serviços bancários	0	500
8. Devoluções não contabilizadas – cartões furtados	100	0
9. Devoluções de vendas registradas, mas ainda não informadas ao banco	(600)	(1.200)
10. Saldo de acordo com o razão geral, 31 de dezembro	$ 9.700	$ 29.200

Toyco
Listagens detalhadas do razão geral de contas de movimento de cartões de crédito
para a semana encerrada em 31 de dezembro de 2009

	Banco A	Banco B
	Débito ou (crédito)	
Saldo inicial, 24 de dezembro	$ 12.100	$ 4.200
Depósitos: 27 de dezembro	2.500	5.000
28 de dezembro	3.000	7.000
29 de dezembro	0	5.400
30 de dezembro	1.900	4.000
31 de dezembro	2.200	6.000
Transferência de caixa, 17 de dezembro	(10.700)	0
Devoluções – cartões vencidos	(300)	(1.600)
Depósitos inválidos (depósitos em contas erradas)	(1.400)	(1.000)
Redepósito de depósitos inválidos	1.000	1.400
Devoluções de vendas na semana encerrada em 31 de dezembro	(600)	(1.200)
Saldo final	$ 9.700	$ 29.200

Toyco
Resumo dos extratos bancários para a semana encerrada em 31 de dezembro de 2009

	Banco A	Banco B
	(Deduções) ou créditos	
Saldo inicial, 24 de dezembro	$ 10.000	$ 0
Depósitos com datas de: 24 de dezembro	2.100	4.200
27 de dezembro	2.500	5.000
28 de dezembro	3.000	7.000
29 de dezembro	2.000	5.500
30 de dezembro	1.900	4.000
Transferências de caixa para a conta bancária geral:		
27 de dezembro	(10.700)	0
31 de dezembro	0	(22.600)
Devoluções: cartões roubados	(100)	0
Cartões vencidos	(300)	(1.600)
Depósitos inválidos	(1.400)	(1.000)
Tarifas de serviços bancários	0	(500)
Despesa bancária (não explicada)	(400)	(–0)
Saldo final	$ 8.600	$ 0

12–44 (Transferências eletrônicas de fundos – controles de monitoramento, OA 4, 5, 6) Suponha que uma empresa importante esteja envolvida em transações com clientes em que quase todos os recebimentos de caixa são transferidos eletronicamente ao banco da empresa. O banco separa os avisos de remessa e encaminha o resumo diretamente ao departamento de contas a receber da empresa. No final do dia, o banco também envia um resumo completo de recebimentos à tesouraria da empresa. Além disso, a empresa compra muitos produtos por meio de relações de comércio eletrônico com seus principais fornecedores. Ela assinou contratos nos quais uma notificação de recebimento de mercadorias no sistema da empresa faz que uma transferência eletrônica seja efetuada ao principal fornecedor dentro de 10 dias (isto é, recebimentos de 10 dias serão pagos no décimo primeiro dia), com base em preços contratados e documentos automatizados de recebimento.

Pergunta-se:

a. O que é um controle de monitoramento? Como poderia ser utilizado para garantir que todos os recebimentos de caixa sejam processados correta e tempestivamente?

b. Quais controles de monitoramento principais o auditor esperaria encontrar em relação a recebimentos de caixa? Para cada controle de monitoramento identificado, diga como o auditor testaria se o controle está funcionando eficazmente e qual seria a implicação de funcionamento eficaz para a condução de outros testes de controle.

c. Quais controles de monitoramento o auditor esperaria encontrar em relação a desembolsos de caixa? Para cada controle identificado, diga como o auditor testaria se ele está funcionando eficazmente e qual seria a implicação para a condução de outros testes de controle.

d. Se não existirem controles de monitoramento e o auditor tiver identificado o cliente como sendo de alto risco devido a problemas de liquidez financeira, que tipos de testes o auditor realizaria para verificar que o caixa está sendo contabilizado corretamente e não está sendo sobrevalorizado?

12–46 (Visão geral e objetivos de procedimentos de auditoria, OA 1, 5, 6) O que é apresentado a seguir representa uma análise crítica da documentação produzida por um novo auditor para a auditoria das áreas de caixa e títulos negociáveis. Várias deficiências são observadas; elas resultaram em erros significativos que originalmente não haviam sido identificados. Pede-se:

Para cada um dos itens a seguir:

a. Identifique o procedimento de auditoria que teria detectado o erro.

b. Identifique as afirmações mais relevantes de demonstrações financeiras testadas pelo procedimento de auditoria.

Deficiências de documentação e incorreções de demonstrações financeiras

1. O cliente estava violando cláusulas importantes de contratos de empréstimo.

2. O cliente estava realizando um esquema sofisticado de *kiting* envolvendo transferências entre cinco filiais geograficamente afastadas umas das outras.
3. O caixa de dezembro foi mantido aberto até 8 de janeiro. Todos os recebimentos ocorridos até essa data foram registrados como vendas e recebimentos de caixa de dezembro. Os recebimentos, no entanto, foram depositados diariamente.
4. Os desembolsos de caixa de dezembro foram contabilizados, mas os cheques só foram remetidos em 10 de janeiro, devido a um problema sério de fluxo de caixa.
5. A conciliação bancária feita pelo cliente incluiu um valor incorreto ao indicar o saldo da conta de acordo com o banco.
6. Aproximadamente 25% dos recebimentos de caixa em 26 e 28 de dezembro foram contabilizados duas vezes.
7. A conciliação bancária do cliente encobriu uma fraude ardilosa pelo controlador, totalizando incorretamente os cheques não compensados e incluindo cheques fictícios como ainda não compensados.

12–48 (Deficiências de controle, OA 4, 6) São as seguintes as deficiências de controle de caixa:
a. A lista de signatários autorizados de cheques não é atualizada tempestivamente quando são alteradas as nomeações dos cargos ou as pessoas deixam a empresa.
b. A pessoa que abre a correspondência prepara o depósito quando o caixa não está disponível.
c. Se um cliente não enviar um aviso de remessa juntamente com um pagamento, o funcionário responsável pela correspondência não preparará um aviso para o departamento de contas a receber.
d. Ocasionalmente, a tesouraria não cancela os documentos de apoio de desembolsos de caixa.
e. A correspondência de clientes a respeito de extratos mensais é processada pela pessoa que faz os depósitos bancários.
f. As conciliações bancárias não são feitas tempestivamente. Quando são feitas, o são pela pessoa que cuida da correspondência recebida.

Pede-se:
Para cada deficiência, indique quais procedimentos de auditoria devem ser executados para determinar se ocorreu alguma incorreção material. Considere cada deficiência independentemente das outras.

12–50 (Auditoria interna de aplicações financeiras, OA 7)
A existência de um departamento de auditoria interna é tida como um elemento forte do ambiente de controle de uma empresa. Os auditores internos podem fazer auditorias financeiras (semelhantes às da auditoria externa) ou operacionais (auditorias da eficácia das operações e da obediência a controles).
Pede-se:
Suponha que o cliente tenha começado a aplicar em instrumentos financeiros.
a. Monte um programa abrangente de auditoria operacional para identificar os riscos associados a tais aplicações, controles gerenciais destinados a lidar com esses riscos e a eficácia da supervisão de tais riscos pelo conselho de administração, pela administração e pelo comitê de auditoria.
b. Suponha que a administração declare que está usando "contratos de *hedge*" para reduzir a exposição à flutuação de taxas de câmbio, bem como a variações futuras de preços de matérias-primas. Você leu que é geralmente difícil determinar se algumas dessas operações são *hedges* ou investimentos especulativos. Ao completar esta auditoria:
1. Descreva sucintamente a diferença entre um *hedge* e um investimento especulativo.
2. Descreva sucintamente como o risco de um investimento especulativo deve ser medido.

Casos

12–52 (Controles de aplicação, OA 2, 4, 5) A *Rhinelander Co.* é uma empresa varejista de âmbito regional com 45 lojas situadas no sudeste dos Estados Unidos. A empresa aceita os principais cartões de crédito e o seu próprio cartão de crédito, além de pagamento à vista. Aproximadamente 25% das vendas são feitas com o cartão de crédito da própria empresa. A empresa decidiu processar as vendas e os recebimentos de caixa por si mesma. Extratos mensais são enviados de maneira cíclica. Solicita-se aos clientes que devolvam a parte superior do extrato com a sua remessa, como forma de documento de retorno.

A empresa tem tentado automatizar o processo de recebimento. Os documentos de retorno podem ser lidos eletronicamente.

Pede-se:
a. Identifique os controles importantes de aplicação que este sistema incluiria, se o auditor tivesse considerado o risco de controle como baixo.

b. Para cada controle identificado, indique (1) as fontes de evidências que o auditor examinaria para determinar se o controle existe e (2) como o auditor faria testes para determinar que o controle está funcionando como foi indicado.

12–54 (Problemas com confirmações de saldos de caixa, OA 3, 6) Como exemplo de dificuldades que os auditores têm na coleta de confirmações de saldos de caixa, considere a fraude da *Parmalat*. Naquele caso, a empresa sobrevalorizou o caixa em cerca de US$ 5 bilhões, refletidos em um valor fictício em uma conta com o *Bank of America* nas Ilhas Cayman. A unidade italiana da empresa de auditoria, *Grant Thornton*, recebeu uma confirmação de saldos de caixa que não apontava nenhuma exceção ao pedido de confirmação que a empresa de auditoria havia enviado. A *Parmalat* foi capaz de realizar a distorção, em parte, dando à empresa de auditoria um endereço bancário fictício. Entretanto, é importante observar que o SAS 67, o processo de confirmação, diz que, "se o nível combinado de risco intrínseco e risco de controle a respeito da existência de caixa é baixo, o auditor poderia limitar os procedimentos substantivos à inspeção de extratos bancários fornecidos pelo cliente, em lugar de confirmar os saldos de caixa" (parágrafo 10).

Pergunta-se:

a. O SAS 67 permite aos auditores utilizar métodos de custo baixo para obter evidência substantiva a respeito da existência e da avaliação de caixa. Se esses métodos forem usados, que procedimentos analíticos proporcionarão uma fonte complementar de evidência a baixo custo?

b. Que papel o conceito de materialidade desempenha nos testes substantivos de saldos de caixa?

c. De que maneira a internet e processos eletrônicos correlatos de confirmação poderiam ajudar a evitar a fraude associada a confirmações de saldos de caixa?

d. Quais são os dois ou três fatores-chave que o auditor poderia considerar e teriam indicado que a conta caixa era uma conta de risco alto neste cliente, exigindo trabalho de auditoria com grau maior de ceticismo?

Ford Motor Company e Toyota Motor Corporation: Caixa e outros ativos líquidos

(www.cengage.com.br, em inglês)

Fonte e referência	Questão
Ford 10-K, demonstrações financeiras, notas explicativas 2 e 3, e discussão de riscos pela administração (pp. 21-27 e p. 78)	1a. Quais são as contas fundamentais de caixa e ativos líquidos da *Ford*? Que tipos de títulos negociáveis e instrumentos financeiros a *Ford* possui? 1b. Quais são as políticas contábeis básicas para essas contas? 1c. Que riscos esses títulos e instrumentos financeiros criam para a *Ford*? Quais são as implicações de auditoria dessas divulgações de risco?
Ford 10-K, demonstração de fluxos de caixa, pp. 55-58 *Toyota* 20-F, demonstração de fluxos de caixa	2a. Reveja a demonstração de fluxos de caixa e a discussão e análise da administração a respeito da liquidez da *Ford*. Que tendências significativas você pode observar? 2b. Reveja a demonstração de fluxos de caixa da *Toyota*. Como diferem as tendências entre a *Ford* e *Toyota*? 2c. Quais são as implicações de auditoria das tendências distintas da *Ford* e *Toyota*?

Auditoria de ativos de longo prazo e contas relacionadas de despesa

13

Objetivos de aprendizagem

O objetivo principal deste livro-texto é a construção de uma base para a análise de questões profissionais correntes e a adaptação de enfoques de auditoria às complexidades das empresas e da economia. Por meio do estudo deste capítulo, você será capaz de:

1. Identificar as contas e afirmações relevantes no ciclo de ativos de longo prazo.
2. Descrever o enfoque que um auditor adotaria para fazer uma auditoria integrada no ciclo de ativos de longo prazo.
3. Identificar riscos à divulgação financeira confiável no ciclo de ativos de longo prazo e explicar como a administração pode manipular lucros com o uso de contas de ativo imobilizado.
4. Descrever a utilização de procedimentos analíticos preliminares para identificar possíveis incorreções nas contas associadas a ativos de longo prazo.
5. Descrever por que é importante para o auditor tomar conhecimento de controles internos; identificar aqueles normalmente presentes no ciclo de ativos de longo prazo, além de testes de controles utilizados para medir a eficácia de controles de ativos de longo prazo.
6. Descrever os procedimentos substantivos de auditoria que devem ser empregados para testar ativos de longo prazo e contas relacionadas.
7. Descrever os procedimentos substantivos de auditoria que devem ser usados para testar o *impairment*[1] de ativos de longo prazo.
8. Discutir os riscos associados a ativos intangíveis e recursos naturais, bem como o enfoque à auditoria desses itens.
9. Discutir os riscos associados à contabilidade de arrendamentos e o enfoque de auditoria de arrendamentos.
10. Aplicar os arcabouços de análise de decisões e tomada de decisões com ética a situações envolvendo a auditoria de contas de ativos de longo prazo.

Visão geral do capítulo

Neste capítulo, apresentamos uma discussão geral dos riscos e enfoques de auditoria relacionados aos ativos de longo prazo e a despesas relacionadas, ativos intangíveis, recursos naturais e arrendamentos. Em termos do processo de elaboração do parecer de auditoria, este capítulo envolve as fases III e IV, ou seja, a obtenção de evidência sobre controles e de

---

[1] Ocorre o chamado *impairment* de ativos de longo prazo quando se dá uma redução do valor de mercado desses ativos, ficando ele abaixo do valor contábil pelo qual os ativos estão sendo carregados pela empresa. Como a prática nacional consiste em usar o termo em inglês, assim será aqui observado (NT).

O processo de elaboração do parecer de auditoria

| I. Aferir as decisões de aceitação e retenção do cliente (capítulo 4). | II. Entender o cliente (capítulos 2, 4-6 e 9). | III. Obter evidência a respeito de controles e determinar o impacto sobre a auditoria de demonstrações financeiras (capítulos 5-14 e 18). | IV. Apurar evidências consubstanciadas sobre afirmações de contas (capítulos 7-14 e 18). | V. Fechamento da auditoria e tomada de decisões de divulgação (capítulos 15 e 16). |

| A profissão de auditoria, regulamentação e governança corporativa (capítulos 1 e 2). | Tomada de decisões, conduta profissional e ética (capítulo 3). | Responsabilidade profissional (capítulo 17). |

JULGAMENTO PROFISSIONAL EM CONTEXTO

Erros detectados em auditorias de ativos imobilizados, controles internos relacionados e recomendações de auditoria

O auditor geral do estado de Michigan é responsável pela condução de uma auditoria da Divisão de Operações Financeiras do Departamento de Transportes de Michigan (MDOT). O MDOT coordena a divulgação financeira de ativos imobilizados, ou seja, de aeronaves e equipamentos eletrônicos relacionados e de edificações, ônibus, computadores, equipamentos e itens armazenados. O MDOT mantém esses itens com a assistência de outros departamentos do estado. O valor dos estoques (excluindo o estoque de computadores) em 30 de setembro de 2003 era de aproximadamente US$ 245,6 milhões. Ao fazer sua auditoria em novembro de 2004, o auditor fixou o seguinte objetivo de auditoria: determinar a eficácia do controle da gestão do MDOT sobre os ativos imobilizados e os estoques. Após a condução da auditoria, o auditor concluiu, em geral, que o controle pela administração do MDOT era eficaz em relação a ativos imobilizados e estoques. Entretanto, o relatório de auditoria observou uma variedade de problemas, incluindo:

1. O MDOT omitiu quatro sistemas de navegação avaliados em US$ 763.984 em sua conta de sistemas eletrônicos de aeroportos. O MDOT acreditava que havia incluído esses sistemas de navegação nas contas corretas. Quando o auditor geral levou isso à atenção do MDOT, ele adicionou esses sistemas de navegação à sua conta de sistemas eletrônicos de aeroportos.
2. O MDOT não incluiu os painéis de mensagens em sua conta de frota de veículos ao valor justo de mercado. O auditor geral identificou um painel de mensagens, com um custo de aquisição de US$ 30 mil, registrado na conta por US$ 1. Os painéis de mensagens são incluídos nos custos de construção de certos projetos. A propriedade do painel de mensagens é transferida ao MDOT quando da conclusão do projeto. O auditor geral identificou 13 outros painéis de mensagens na conta de frota de veículos também avaliados por US$ 1.
3. O MDOT incluiu duas vezes um mesmo prédio de armazenamento de sal em sua conta de edificações, sobrevalorizando em US$ 140.585 a sua conta de estoque de edificações.

À medida que ler o capítulo a seguir, considere este caso, bem como estas perguntas:

- Que tipos de problemas você poderia detectar na auditoria de contas de ativos de longa duração de seus clientes? Você acha que os tipos de erros observados são raros? O que significam para a validade da conta de ativo imobilizado no balanço do cliente?
- Que controles poderiam mitigar os riscos associados a problemas com contas de ativos de longo prazo?
- Como as auditorias poderiam ser utilizadas por clientes para melhorar seus sistemas de controle de ativos de longo prazo?

Fonte: as informações contidas neste exemplo foram extraídas de *Performance Audit of Fixed Assets and Inventory Controls*, Michigan Department of Transportation, novembro de 2004. Uma cópia integral do relatório pode ser encontrada em <http://audgen.michigan.gov/comprpt/docs/r5931002.pdf>. Outros documentos semelhantes podem ser encontrados em <http://audgen.michigan.gov>.

evidência substantiva a respeito de afirmações sobre contas de ativos de longo prazo. Os auditores devem considerar a possibilidade de a administração manipular os lucros distorcendo contas de ativos imobilizados ou arrendamentos. Embora os tipos de ativos imobilizados variem muito, há aspectos comuns no enfoque de auditoria desses ativos. Os ativos são submetidos a testes de *impairment* a cada ano.

Introdução

Ativos de longo prazo (também chamados de ativos imobilizados) normalmente representam a maior categoria individual de ativos em muitas organizações. Os ativos de longo prazo são aqueles com uma vida útil superior a um ano.

Contas significativas e afirmações relevantes no ciclo de ativos de longo prazo

Uma visão geral das relações entre contas envolvendo ativos de longo prazo é mostrada na **Ilustração 13.1**. A conta de ativo (equipamentos, edificações ou ativos com títulos semelhantes) representa a culminação de acréscimos e reduções importantes de capital. A menos que se trate do primeiro ano de uma auditoria, o saldo inicial é determinado a partir de resultados da auditoria do ano anterior.

Como indicado na **Ilustração 13.1**, as contas significativas e relevantes geralmente incluem o ativo de longo prazo, a despesa relacionada, ganhos correspondentes devidos a vendas e perdas correspondentes em vendas ou *impairment*. O auditor provavelmente obterá evidências, para essas contas, relacionadas a cada uma das cinco afirmações de demonstrações financeiras discutidas no capítulo 7. Entretanto, no caso de contas e clientes específicos, algumas afirmações são mais relevantes, exigindo assim mais evidência do que outras afirmações. Em muitos clientes, as afirmações de existência e avaliação relacionadas à conta de ativos de longo prazo poderão ser consideradas como sendo as afirmações mais relevantes. Aquelas consideradas mais relevantes são as afirmações para as quais o risco de informação incorreta é mais elevado e são necessárias mais evidências de auditoria.

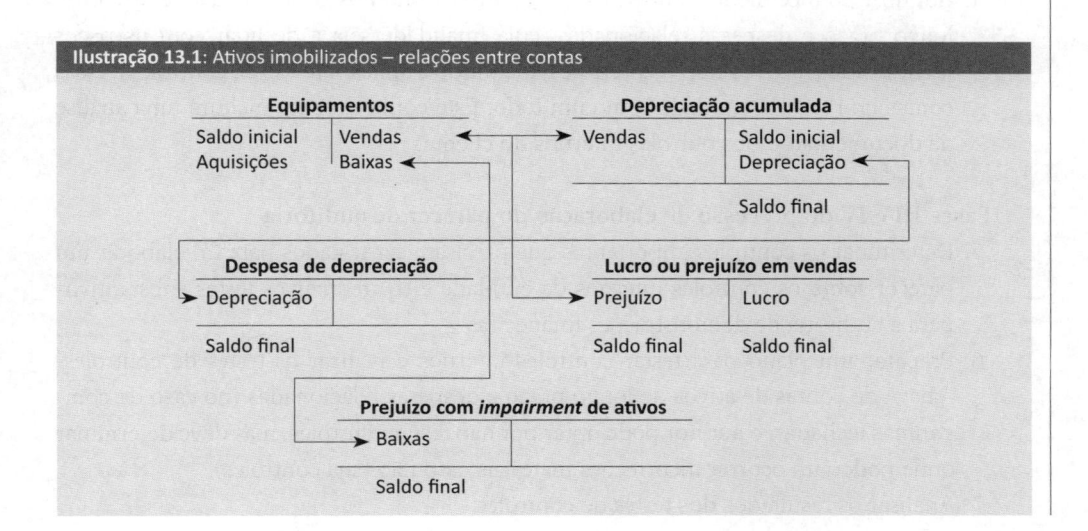

> **OA 1**
> Identificar as contas e as afirmações relevantes no ciclo de ativos de longo prazo.

Ilustração 13.1: Ativos imobilizados – relações entre contas

Equipamentos		Depreciação acumulada	
Saldo inicial	Vendas	Vendas	Saldo inicial
Aquisições	Baixas		Depreciação
			Saldo final

Despesa de depreciação		Lucro ou prejuízo em vendas	
Depreciação		Prejuízo	Lucro
Saldo final		Saldo final	Saldo final

Prejuízo com *impairment* de ativos	
Baixas	
Saldo final	

Execução da auditoria integrada de ativos de longo prazo e despesas relacionadas

OA 2
Descrever o enfoque que um auditor adotaria para fazer uma auditoria integrada no ciclo de ativos de longo prazo.

A auditoria se inicia com uma análise de riscos à confiabilidade da divulgação financeira e inclui um exame de controles para lidar com esses riscos. O teste substantivo dos saldos de contas concentra-se em transações materiais afetando o saldo de uma conta durante o ano: aquisições, vendas e baixas de ativos existentes e o reconhecimento da depreciação periódica dos ativos.

Os pontos fortes dos controles internos do cliente exercem um impacto importante sobre a auditoria de ativos imobilizados e das despesas relacionadas. Ambientes fracos de controle na *WorldCom* e na *Waste Management* (veja os dois quadros Foco em fraude nas próximas páginas) resultaram em distorções materiais de ativos imobilizados e despesas relacionadas. As deficiências dos ambientes de controle permitiram que a administração ignorasse os controles existentes e, em última instância, levaram à capacidade de cometer fraudes substanciais.

De que maneira uma auditoria integrada de ativos imobilizados difere de uma mais tradicional? Uma auditoria tradicional se preocupará com variações das contas durante o ano, incluindo um esforço significativo voltado para o recálculo da despesa de depreciação. Em contraste, a integrada se preocupará com a avaliação dos controles relacionados a contas específicas do ciclo. Se os controles forem eficazes, serão mínimos os testes diretos de variações de contas necessários.

Nossa discussão nesta seção segue as etapas do enfoque de auditoria integrada apresentado no capítulo 10. Adaptamo-nos à auditoria de ativos de longo prazo da seguinte maneira:

Fases I e II do processo de elaboração do parecer de auditoria
1. Atualizar continuamente informações sobre risco empresarial, incluindo a identificação de fatores de risco de fraude observados durante o planejamento preliminar da auditoria. Atualizar o planejamento de auditoria em função de novas informações a respeito de riscos.
2. Analisar motivações potenciais para distorcer os valores de contas de ativos de longo prazo e despesas relacionadas, bem como a existência de outros indicadores de fraude e determinar o método mais provável pelo qual essas contas poderiam ser distorcidas.
3. Executar procedimentos analíticos preliminares para verificar se há relações inesperadas nas contas e documentar como os testes de auditoria deveriam ser modificados devido às relações incomuns.
4. Adquirir conhecimento a respeito dos controles internos sobre contas de ativos de longo prazo e despesas relacionadas, cuja finalidade seja a de lidar com os riscos identificados nas três etapas anteriores, incluindo a aplicabilidade de controles a essas contas no nível da entidade como um todo. Este conhecimento incluirá uma análise da documentação de controles internos do cliente.

Fases III e IV do processo de elaboração do parecer de auditoria
5. Determinar os controles importantes que precisam ser testados para (a) elaborar um parecer sobre os controles internos da entidade e (b) reduzir os testes substantivos para a auditoria de demonstrações financeiras.
6. Preparar um plano para testar controles internos e realizar os testes de controles-chave de contas de ativos de longo prazo e despesas relacionadas (no caso de companhias fechadas, o auditor pode optar por não testar controles, mas deve determinar onde poderiam ocorrer incorreções materiais caso não haja controles).
7. Analisar os resultados dos testes de controles.

Se forem identificadas deficiências, avaliá-las para determinar se são significativas ou materiais. Definir se a avaliação preliminar de risco de controle deve ser alterada (se o risco de controle deve ser fixado em nível mais alto) e documentar as implicações para testes substantivos. Determinar o impacto de tais deficiências e de qualquer revisão da avaliação do risco de controle sobre os procedimentos substantivos planejados de auditoria, mediante a determinação dos tipos de incorreções de ocorrência mais provável. Se não forem identificadas deficiências de controle, considerar se a avaliação preliminar de risco de controle ainda é apropriada, determinar até que ponto os controles poderiam produzir evidências sobre a correção dos saldos de contas e, por fim, definir procedimentos substantivos planejados de auditoria. O nível de teste substantivo nesta situação será inferior ao que tende a ser exigido em circunstâncias nas quais são identificadas deficiências de controle interno.

8. Executar procedimentos substantivos planejados (processos analíticos substantivos e testes diretos de saldos de contas) em função do potencial de incorreção e das informações coletadas sobre a eficácia dos controles internos. Os métodos substantivos incluirão procedimentos para lidar com riscos de fraude.

Considerar os riscos relacionados a ativos de longo prazo (etapas 1 e 2)

A administração pode gerir os lucros com as contas de ativos de longo prazo de diversas maneiras, incluindo:

- Alteração de vidas úteis e valores residuais estimados.
- Capitalização de custos que devem ser tratados como despesas do exercício, tais como reparos e manutenção.
- Contabilizar incorretamente as reestruturações de ativos ou aquisições.
- Deixar de fazer adequadamente os ajustes por *impairment* de ativos.
- Contabilizar arrendamentos de capital como operacionais.

OA 3
Identificar riscos à divulgação financeira confiável no ciclo de ativos de longo prazo e explicar como a administração pode manipular lucros com o uso de contas de ativo imobilizado.

A administração da *WorldCom* introduziu alguns métodos inovadores de manipulação de lucros por meio da distorção de contas de ativos e despesas relacionadas (veja o quadro Foco em fraude). A particularidade da fraude na *WorldCom* era a de que o saldo líquido inicial de ativos (isto é, ativo imobilizado menos depreciação acumulada) não era distorcido. Entretanto, a empresa reduzia a depreciação acumulada debitando essa conta e creditando despesa de depreciação. Esses lançamentos eram feitos regularmente e, infelizmente, os auditores não os consideraram incomuns ou merecedores de investigação separada. A empresa também distorcia os ativos capitalizando rotineiramente as despesas com linhas (isto é, pagamentos efetuados a outros sistemas quando a *WorldCom* usava as suas linhas para transmitir chamadas). Por fim, ao fazer novas aquisições, a empresa criava reservas para fechamento de unidades e despesas relacionadas. Quando as despesas efetivas eram menores, a administração debitava a conta de passivo e creditava a conta de despesa, aumentando, assim, o lucro líquido em períodos subsequentes.

Lançamentos incomuns, particularmente créditos a despesa de depreciação ou lançamentos exóticos de ajuste são manifestações de risco e devem atrair atenção especial durante a auditoria. Cabe ao auditor externo fazer uma busca deliberada de tais lançamentos.

Outros riscos associados a ativos imobilizados e despesas relacionadas incluem:

- Contabilização incompleta de vendas de ativos.
- Passivos ou obrigações ambientais decorrentes de violações de normas de segurança e proteção, ou normas ambientais.

> **FOCO EM FRAUDE**
>
> **A WorldCom usa reservas de depreciação para administrar os lucros**
>
> Do primeiro trimestre de 1999 ao primeiro trimestre de 2002, a administração da WorldCom liberou indevidamente cerca de US$ 984 milhões de "reservas de depreciação" para aumentar o lucro antes do imposto, reduzindo a despesa de depreciação ou elevando resultados diversos.
>
> As "reservas de depreciação" haviam sido criadas de várias maneiras, incluindo:
>
> - O custo de equipamento devolvido a fornecedores em troca de créditos após ter sido colocado em funcionamento era creditado à reserva (depreciação acumulada), em lugar da conta do próprio ativo.
> - Após a realização de fusões com a MCI e outras empresas, a reserva era usada para abrigar diferenças identificadas na migração de sistemas de contabilização de ativos imobilizados das empresas adquiridas para o sistema SAP da WorldCom. Essas diferenças geralmente resultavam de razões auxiliares de ativos cujos saldos não estavam de acordo com os saldos do razão geral.
> - Adições não consubstanciadas a uma conta de ativo eram contabilizadas com um aumento correspondente da conta de reserva.
>
> Após o final de cada trimestre fiscal, a gestão da contabilidade geral instruía o pessoal da contabilidade de ativos imobilizados a liberar saldos substanciais desta conta de reserva (débito à conta de depreciação acumulada), geralmente para reduzir a despesa de depreciação. Se fosse demasiadamente tarde para o processo de encerramento do trimestre para fazer um lançamento convencional de ajuste, o pessoal era instruído a preparar um lançamento preliminar de diário para que a contabilidade geral pudesse fazer o ajuste. A WorldCom também capitalizava despesas com linhas (valores pagos a outras empresas, como a AT&T, em troca do uso de suas linhas) indevidamente como ativo imobilizado.
>
> Fonte: *Report of Investigation, Special Investigative Committee of the Board of Directors of WorldCom*, Inc., 31 de março de 2003.

- Obsolescência de ativos.
- Despesas de reestruturação associadas a alterações da natureza dos negócios da empresa.
- Contabilização incorreta de ativos, ocultados por estruturas complexas de propriedade com a finalidade de manter ativos (e passivos correspondentes) fora do balanço.
- Avaliação incorreta de ativos adquiridos como parte de uma compra em grupo, incluindo ativos adquiridos como parte da compra de outra empresa.
- Tabelas de amortização ou depreciação que não refletem a desvalorização ou o uso do ativo.
- Não reconhecimento apropriado de *impairment* de ativos.

O auditor normalmente tomará conhecimento desses riscos por meio da análise de:

- Tendências do setor, avanços tecnológicos e mudanças de localização de instalações de produção.
- Planos da empresa de fazer aquisições importantes ou alterar a forma pela qual ela conduz seus negócios.
- Contratos importantes envolvendo investimentos em ativos ou parcerias com outras empresas.
- Atas de reuniões do conselho de administração.
- Documentos submetidos à SEC descrevendo ações, riscos e estratégias da empresa.

Muitos auditores novos, recém-saídos de estágios, acreditam que a auditoria de ativos imobilizados é uma tarefa mecânica, por exemplo, envolvendo recálculo de depreciação, conferindo valores lançados à depreciação acumulada e checando adições aos ativos imobilizados. Em certas organizações, esse pode ser o caso. Entretanto, como em todos os outros aspectos da auditoria, o profissional precisa compreender a estratégia empresarial do cliente, as condições econômicas correntes e possíveis alterações do valor econômico dos ativos. Os auditores podem cometer erros graves quando agem como se o ativo imobilizado fosse sempre uma área de baixo risco de auditoria.

Executar procedimentos analíticos preliminares em busca de possíveis incorreções (etapa 3)

Analisar tendências setoriais e alterações na linha de produtos

OA 4
Descrever a utilização de procedimentos analíticos preliminares para identificar possíveis incorreções nas contas associadas a ativos de longo prazo.

Geralmente é muito difícil determinar se o valor dos ativos imobilizados foi reduzido. Entretanto, o conhecimento de tendências setoriais e alterações na linha de produtos do cliente pode indicar que esses ativos não são tão úteis quanto haviam sido em anos anteriores. Especificamente, esses ativos podem não gerar um fluxo de caixa tão substancial nos anos futuros quanto o fizeram no passado. Uma visita às instalações pode gerar indícios de que alguns ativos não estão sendo plenamente utilizados ou utilizados eficientemente. Tais observações poderiam indicar a possibilidade de *impairment* de ativos. Em outras situações, essas reduções são mais evidentes. Por exemplo, a *Ford Motor Company* anunciou planos em

2007 para reduzir em 20% a produção de veículos ao longo de poucos anos. Essa redução exige que a empresa e os seus auditores identifiquem cuidadosamente os ativos que não serão mais usados e devem sofrer uma perda de valor.

Analisar a consistência da depreciação e a sua relação com a atividade econômica

Alertamos várias vezes para a necessidade de o auditor conhecer o ramo em que a empresa atua e a natureza econômica de sua atividade. Consideremos um exemplo simples. Uma empresa local opera na coleta e no transporte de lixo. Os auditores não deveriam ter uma ideia razoavelmente boa de quanto tempo, aproximadamente, os caminhões durarão? Conhecem a sua quilometragem; sabem o que os caminhões sofrem todos os dias; sabem algo a respeito da política da empresa para limpar e consertar os caminhões. E se administração surgir com uma decisão de ampliar a vida depreciável de cinco para 12 anos quando o resto do setor usa um prazo de seis anos? Isto faz sentido? Veja a discussão da *Waste Management* no quadro Foco em fraude, que ilustra o tipo de fraude que pode ser cometida quando os auditores não estão preparados para examinar a natureza econômica de tais decisões. Embora o auditor nem sempre possa decidir se cinco anos é melhor que seis, precisa estar em condições de entender que cinco anos é muito mais próximo da realidade econômica do que 12 anos.

Há pelo menos quatro técnicas relativamente simples de análise que os auditores podem empregar para complementar seu conhecimento geral a respeito do cliente:

- Analisar os lucros/prejuízos nas vendas de equipamentos (lucros indicam vidas úteis muito curtas, prejuízos indicam o oposto).
- Percorrer as instalações e observar a quantidade de equipamento ocioso.
- Fazer uma estimativa da depreciação.
- Comparar as vidas úteis de várias categorias de ativos entre o cliente e os padrões do setor; diferenças grandes podem ser indícios de administração do lucro.

O auditor pode usar planilhas para fazer estimativas de depreciação com base nos custos de ativos, em vidas úteis estimadas e nos valores residuais. Supondo-se que o auditor concorde com as estimativas de vida útil e valor residual feitas pelo cliente, então o cálculo de depreciação poderá ser comparado à depreciação contabilizada como ponto de partida para determinar se é preciso fazer algum trabalho adicional.

Ligar controles internos e afirmações de demonstrações financeiras para ativos imobilizados e despesas relacionadas (etapas 4 e 5)

O auditor adquirirá um entendimento dos controles que o cliente tiver implantado para lidar com os riscos associados a incorreções nas contas de ativo imobilizado e despesas relacionadas. Como parte deste entendimento, o profissional concentrará sua atenção nas afirmações para cada conta e identificará os controles relacionados aos riscos relativos a cada afirmação.

ACL

O ACL pode ser empregado para fazer uma busca de possíveis erros nos registros de ativos imobilizados do cliente. Pode ser empregado, por exemplo, para realizar uma busca de contas de ativo imobilizado com custos negativos, com depreciação acumulada superior ao custo, ou de ativos depreciáveis com vidas úteis incomuns para o setor em que atua o cliente.

FOCO EM FRAUDE

A Waste Management, Inc. é a maior empresa de despejo de lixo do país. A instituição cresceu por meio de um programa extensivo de aquisições – aparentemente dependendo todas de vendas e lucros líquidos cada vez maiores que alimentavam a alta do preço da ação. A administração anterior da Waste Management reconhecia a importância do preço da ação para pagar mais aquisições, mas a rentabilidade da empresa estava diminuindo. A administração descobriu uma nova maneira de aumentar o lucro líquido divulgado – simplesmente ampliar as vidas estimadas de todos os ativos passíveis de depreciação. Os auditores nunca questionaram a mudança, muito embora ela fosse responsável por quase todo o aumento dos lucros da Waste Management em um período de vários anos. Por fim, a SEC interveio e disse que essas vidas úteis simplesmente não eram realistas. Antes do caso Enron, essa havia sido a maior ação movida contra a Arthur Andersen. A Waste Management havia distorcido os lucros por fenomenais US$ 3,5 bilhões. A Arthur Andersen pagou multas de US$ 220 milhões e a SEC multou também os auditores individuais envolvidos no caso.

OA 5
Descrever por que é importante para o auditor conhecer controles internos; identificar controles presentes no ciclo de ativos de longo prazo e testes utilizados para medir a eficácia de controles de ativos de longo prazo.

Auditoria na prática

Uso de ferramentas de análise para detectar problemas

Consideremos o exemplo do Departamento de Transportes de Michigan, apresentado no quadro Julgamento profissional em contexto. Naquele caso, salientamos três problemas detectados pelo auditor geral:

1. O MDOT omitiu quatro sistemas de navegação avaliados em US$ 763.984 em sua conta de sistemas eletrônicos de aeroportos. O MDOT acreditava que havia incluído esses sistemas de navegação nas contas corretas. Quando o auditor geral levou isso à atenção do MDOT, ele adicionou esses sistemas de navegação à sua conta de sistemas eletrônicos de aeroportos.
2. O MDOT não incluiu os painéis de mensagens em sua conta de frota de veículos ao valor justo de mercado. O auditor geral identificou um painel de mensagens, com um custo de aquisição de US$ 30 mil, registrado na conta por US$ 1. Os painéis de mensagens são incluídos nos custos de construção de certos projetos. A propriedade do painel de mensagens é transferida ao MDOT quando da conclusão do projeto. O auditor geral identificou 13 outros painéis de mensagens na conta de frota de veículos também avaliados por US$ 1.
3. O MDOT incluiu duas vezes o mesmo prédio de armazenamento de sal em sua conta de edificações, sobrevalorizando em US$ 140.585 a sua conta de estoque de edificações.

Como os auditores poderiam ter detectado esses problemas? No caso do primeiro problema, o auditor provavelmente tentou conferir as aquisições com as contas de ativo imobilizado e foi incapaz de fazê-lo devido à ausência de contabilização. Já em relação ao segundo problema, o profissional possivelmente ordenou os ativos imobilizados de acordo com o seu custo e notou os valores monetários muito baixos e pouco realistas. Quanto ao terceiro problema, o auditor provavelmente fez uma busca de custos e números duplicados de faturas atribuídos a contas de ativo imobilizado. As análises simples e úteis para identificar o segundo e o terceiro problemas ajudam bastante a detectar erros do cliente.

Questão prática

Os planos das empresas mudam e as condições da economia também. Essas alterações afetam o valor dos ativos da empresa e devem levar a determinações periódicas de reduções de ativos.

Em uma auditoria integrada, ou não integrada, em que o auditor deseja reduzir os testes substantivos, este entendimento será utilizado para identificar controles importantes que precisem ser testados.

Controles de ativos tangíveis

Para ajudar a garantir que as afirmações de existência e avaliação de ativos imobilizados sejam materialmente corretas, devem existir controles para:

- Identificar ativos existentes, fazer um inventário dos ativos e conciliar o inventário físico dos ativos com o razão de imobilizado (existência).
- Assegurar que todas as compras, incluindo as de outras empresas, sejam autorizadas e corretamente avaliadas (avaliação).
- Classificar apropriadamente novos equipamentos de acordo com o seu uso esperado e as estimativas de vida útil (avaliação).
- Reavaliar periodicamente a correção das categorias de depreciação (avaliação).
- Identificar equipamento obsoleto ou sucateado e baixá-lo ao seu valor como sucata (avaliação).
- Analisar periodicamente a estratégia da administração e aferir sistematicamente a *impairment* de ativos (avaliação).

A título de exemplos adicionais, os clientes devem contar com controles para proteger os ativos e impedir lançamentos não autorizados de diário nos saldos das contas.

Se os controles do cliente relacionados a ativos de longo prazo forem eficazes, o auditor poderá se apoiar mais em procedimentos analíticos substantivos para obter evidências sobre os saldos de contas. Por exemplo, procedimentos analíticos substantivos podem ser empregados para estimar despesas de depreciação e depreciação acumulada. O auditor pode usar um razão de imobilizado, o qual deve identificar inequivocamente cada ativo e fornecer detalhes sobre o custo do ativo, sua data de aquisição, o método de depreciação usado para fins contábeis e fiscais, a vida útil estimada, o valor residual estimado (se houver) e a depreciação acumulada até a data, com a finalidade de chegar a essas estimativas.

Controles de ativos intangíveis

No caso de ativos intangíveis, os controles devem ser montados para:

- Garantir que sejam tomadas as decisões apropriadas sobre quando capitalizar ou tratar como despesas do exercício os gastos com pesquisa e desenvolvimento (apresentação e divulgação).
- Preparar tabelas de amortização que reflitam a vida útil restante de patentes ou direitos autorais associados ao ativo (avaliação).
- Identificar e contabilizar ocorrências de *impairment* de ativos intangíveis (avaliação).

> **QUESTÃO PRÁTICA**
> As empresas regularmente fixam políticas para limitar o uso de esforço excessivo na localização de ativos imobilizados de valor reduzido. Por exemplo, muitas empresas de maior porte terão uma política que tratará como despesas do exercício as aquisições de ativo imobilizado com valores inferiores a US$ 500. Esta é uma prática de controle perfeitamente aceitável, desde que os itens envolvidos não sejam significativos.

A administração deve dispor de um processo de monitoramento para analisar a avaliação de ativos intangíveis. Uma empresa farmacêutica, por exemplo, deve ter modelos sofisticados para predizer o sucesso de medicamentos recém-desenvolvidos e monitorar o desempenho efetivo em contraste com o desempenho esperado para determinar se um medicamento poderá atingir as metas de receita e lucro. De maneira semelhante, uma companhia produtora de *software* deverá ter controles para determinar se os custos capitalizados de desenvolvimento serão recuperados. O auditor deve avaliar tanto a existência quanto a eficácia desses controles na determinação de quais testes substantivos de saldos de contas precisarão ser feitos.

Montar e realizar testes de controles e analisar os resultados de testes de controles (etapas 6 e 7)

O auditor de uma companhia aberta precisará testar os controles de ativos imobilizados como parte da auditoria integrada. Muitos dos testes podem ser utilizados para consubstanciar as alterações nos saldos de contas durante o ano, como os que envolvem a análise dos controles de compras para verificar que as novas compras foram contabilizadas e classificadas adequadamente para fins de depreciação. O auditor também poderá testar o processo de depreciação e os controles associados a esse processo. Entretanto, como indicado claramente nos casos da *WorldCom* e da *Waste Management*, o auditor deve estar atento para problemas no ambiente de controle e desenvolver um processo que permita examinar todos os lançamentos de ajuste importantes nas contas no final do ano.

> **QUESTÃO PRÁTICA**
> O *software* genérico de auditoria é útil no processo de síntese de lançamentos de diário feitos no saldo de contas específicas e ajuda a organizar dados para análise e teste pelo auditor.

Testes típicos de controles incluem perguntas ao pessoal relevante, observação do controle em execução, exame de documentos corroborando a execução do controle e reexecução do controle pelo indivíduo que o está testando. Entretanto, nem todos os testes de controles são necessariamente relevantes para cada controle que está sendo testado. A título de exemplo, o Departamento de Prestação de Contas do Governo (GAO) fez uma auditoria sobre a custódia de equipamentos na Nasa. O trabalho tinha como finalidade verificar se os controles internos da Nasa sobre equipamentos em seu poder proporcionavam uma garantia razoável de que esses ativos não eram vulneráveis a perda, furto e utilização indevida. Em decorrência da auditoria, o GAO recomendou que a Nasa implantasse uma política exigindo a criação e a aplicação de um treinamento de gestão de ativos para todo o pessoal envolvido no uso, guarda e gestão de equipamentos. Esta política corresponde a um controle relacionado à proteção de equipamentos. Os auditores do GAO, ou outros auditores, desejando verificar se esse controle foi implantado e está funcionando eficazmente, poderiam testá-lo de diversas maneiras, incluindo:

- Perguntas: para uma amostra de pessoas obrigadas a fazer esse treinamento, conversar com elas para saber se completaram o treinamento e qual foi a natureza dele.
- Observação: observar a realização de uma sessão de treinamento.
- Análise: examinar os materiais de treinamento e, tomando uma amostra de pessoas que foram obrigadas a completá-lo, verificar a documentação contendo evidência de que o treinamento foi finalizado.

O auditor utiliza o seu julgamento profissional para determinar os tipos apropriados de testes de controles a serem realizados. Entretanto, apenas fazer perguntas geralmente não produz evidência suficiente e isso tipicamente seria complementado por observação, análise e/ou reexecução. No exemplo do GAO, o auditor poderia conversar com o pessoal que tivesse completado o treinamento, mas corroboraria essas conversas com uma análise de documentação relevante. Além disso, é preciso observar que esse controle não se presta facilmente a testes por meio de reexecução.

Se o auditor julgar que os controles internos são eficazes, então os procedimentos substantivos poderão ser limitados a procedimentos analíticos. Se os procedimentos analíticos não gerarem evidência para sustentar a precisão do saldo da conta, então o auditor será obrigado a fazer testes de detalhes. Além disso, se for constatado que os controles são ineficazes, o auditor talvez precise fazer testes mais diretos dos saldos das contas, em lugar de confiar muito em procedimentos analíticos substantivos.

Fazer testes substantivos dos ativos de longo prazo e das despesas relacionadas (etapa 8)

OA 6
Descrever os procedimentos substantivos de auditoria que devem ser empregados para testar ativos de longo prazo e contas relacionadas.

Concentramos a atenção agora nos procedimentos substantivos básicos de auditoria para este ciclo de transações e no modo pelo qual são afetados pela avaliação do auditor dos controles internos do cliente. A **Ilustração 13.2** apresenta um programa abrangente de auditoria para equipamentos. Além de gerar evidência a respeito da fidedignidade do saldo da conta,

AUDITORIA NA PRÁTICA

Melhorias nos controles internos de um cliente

Considere o quadro Julgamento profissional em contexto apresentado no início do capítulo. Recorde que o auditor geral concluiu que os problemas detectados no MDOT estavam associados à falta de documentação de procedimentos apropriados de capitalização de vários tipos de equipamentos. Além disso, o MDOT não treinara efetivamente o pessoal envolvido no processo de inventário de equipamentos, o que resultara em várias imprecisões e capitalizações incorretas. Em resposta a essas deficiências de controle, o MDOT usou o relatório do auditor geral para fazer as seguintes melhorias.

Com a implantação de um novo sistema de inventário de ativos imobilizados, o MDOT treinará os coordenadores de equipamentos no uso do novo sistema. O MDOT também aproveitará esta oportunidade para treinar os coordenadores de equipamentos em todos os aspectos do inventário de equipamento identificado. O MDOT incluirá o processo de inventário nas instruções de divulgação de final de ano. O MDOT elaborará um plano para treinar o pessoal envolvido nos inventários de equipamentos aeronáuticos, frotas e do MMTSB.

Estas melhorias de controles no MDOT realçam um aspecto importante do papel do auditor: o profissional não apenas encontra erros, mas também alerta os clientes interessados para a sua presença, em um esforço para ajudar o cliente a melhorar o ambiente geral de controle. Desta forma, o trabalho conjunto do auditor e do cliente levará com o tempo a uma divulgação financeira precisa.

Ilustração 13.2: Programa de auditoria – equipamento de produção

Procedimentos de auditoria	Executado por	Documento de trabalho nº

PREOCUPAÇÕES GERAIS

1. Analisar os manuais de contabilidade do cliente para determinar a existência de problemas contábeis especiais.
2. No ano inicial de auditoria, montar com a empresa um esquema para ter acesso aos documentos de trabalho do auditor anterior, para verificar os saldos iniciais das contas.
3. Examinar procedimentos usados pela organização para solicitar e aprovar compras de ativos imobilizados. Determinar se os projetos de investimento são analisados por um comitê de orçamento de capital e aprovados pelo conselho de administração.
4. Perguntar ao cliente sobre diferenças significativas entre depreciação contábil e depreciação fiscal. Verificar se o cliente possui um sistema para identificar e justificar diferenças de prazos como parte do passivo de imposto diferido.
5. Determinar se a empresa tem um processo para examinar, pelo menos uma vez por ano, a possibilidade de *impairment* dos ativos.

EXISTÊNCIA

6. Perguntar à administração sobre a existência de compras ou vendas significativas de imóveis, instalações ou equipamentos durante o ano.
7. Pedir ao cliente que prepare uma lista de compras e vendas de ativos imobilizados durante o ano. Totalizar a tabela e conferir alguns itens selecionados com o razão de ativo imobilizado.
8. Conferir o saldo inicial de acordo com a tabela contendo os saldos finais nos documentos de trabalho da auditoria do ano anterior.
9. Perguntar à administração sobre a existência de novos contratos importantes de arrendamento ou a conversão de arrendamentos em compras durante o ano. Determinar qual é o enfoque adotado pela administração na capitalização de arrendamentos e a adequação da contabilidade usada pela administração.
10. Percorrer as principais instalações de produção do cliente, observando:
    - Adição de novas linhas de produtos ou equipamentos significativos.
    - Liquidação de linhas de produtos ou equipamentos significativos.
    - Equipamentos que foram descartados ou estão danificados ou inativos.
11. Perguntar sobre métodos usados pelo cliente para identificar e medir o *impairment* de ativos. Examinar os dados coletados pela administração para fazer testes de *impairment* e determinar se são razoáveis.
12. Perguntar à administração sobre métodos utilizados para observar e contar fisicamente os equipamentos em bases periódicas e conciliá-los com o razão de ativos imobilizados.

COMPLETUDE

13. Selecionar uma amostra representativa de aquisições de maior porte e examinar relatórios de recebimento ou observar o ativo fisicamente. Determinar se todos os itens foram contabilizados no período correto (ver etapa 17).
14. Analisar despesas de reparos e manutenção, bem como a conta de despesas de arrendamento, para determinar se algum item deveria ser capitalizado.

DIREITOS E OBRIGAÇÕES

15. Perguntar se algum ativo foi oferecido como garantia real, ou assumidas obrigações em relação a compras.

AVALIAÇÃO DE CONTAS DE EQUIPAMENTOS

16. No caso de ativos anteriormente identificados como não tendo mais valor econômico, determinar se foram devidamente baixados ao seu valor reduzido.
17. Selecionar uma amostra de aquisições com valor acima de $_____$ ou uma amostra PPT e examinar faturas, cobranças de gastos de construção, ordens de trabalho etc., para determinar se os ativos foram avaliados ao custo e contabilizados na conta apropriada. Verificar se todos os ativos entregues como parte de pagamento foram adequadamente avaliados, e se os passivos fiscais associados a esses ativos reconhecidos apropriadamente.
18. Selecionar uma amostra de vendas de ativos, recalcular o lucro ou prejuízo (e as obrigações fiscais) com a venda e identificar o ganho ou prejuízo com a conta de receita ou despesa apropriada.

Ilustração 13.2: Programa de auditoria – equipamento de produção (continuação)

Procedimentos de auditoria	Executado por	Documento de trabalho nº
19. Perguntar sobre alterações na vida útil estimada de ativos. Determinar se as mudanças foram reconhecidas de acordo com os princípios de contabilidade aceitos em geral. Determinar que todos os equipamentos novos foram adequadamente classificados em termos de vida útil.	____	____
20. Analisar o processo usado pela administração para medir ativos que perderam valor, ou para classificar ativos imobilizados como operações abandonadas. Testar a estimativa de *impairment* de ativos com base em planos econômicos, evidências de valor justo de mercado e fluxo de caixa estimado.	____	____
21. Examinar as contas de ativos construídos pela própria empresa. Pedir ao cliente para montar uma tabela de custos capitalizados. Determinar os métodos usados para identificar os custos e examinar os documentos de apoio para alguns lançamentos selecionados.	____	____
22. No caso de aquisições de novos equipamentos, examinar a determinação do cliente da vida útil e do valor residual. Avaliar as escolhas efetuadas (a) comparando-as com estimativas anteriores de vida útil e verificando se essas estimativas foram precisas; (b) adquirindo conhecimento sobre as mudanças tecnológicas sofridas pelos ativos e se essas mudanças aumentarão ou diminuirão suas vidas úteis; e (c) comparando as escolhas com as de empresas em setores semelhantes – nos arquivos de auditoria ou disponíveis em relatórios divulgados ao público.	____	____
23. Examinar todos os lançamentos não regulares de diário (a despesa de depreciação deve ser o único lançamento regular), tanto à conta de equipamentos quanto à conta de depreciação acumulada. Em relação a todos os lançamentos materiais de diário, checá-los com a fundamentação do lançamento para determinar se ele é correto. Usar *software* genérico de auditoria para resumir todos os lançamentos de diário afetando as contas de ativos imobilizados e a depreciação correspondente.	____	____
24. Se a empresa possuir equipamentos em vários locais, ou tiver vários locais em que é feita a contabilidade, analisar o potencial de risco e determinar se devem ser visitados locais adicionais para observar fisicamente a existência dos ativos (em empresas de alto risco).	____	____

ANÁLISE ECONÔMICA E GERAL DE AUDITORIA

25. Avaliar a análise de auditoria de ativos imobilizados para garantir se é possível concluir que: • Os ativos refletem a vida útil estimada e a utilização planejada dos ativos. • O método de depreciação corresponde de perto ao uso efetivo dos ativos. • Os ativos empregados são compatíveis com o plano de negócios da administração. • Os ativos são utilizados com eficiência e não há *impairment* a ser reconhecido. • Há entendimento pleno de todos os lançamentos contábeis significativos feitos nas contas de ativos e relacionados durante o ano.	____	____
26. Documentar o entendimento dos fatores (item 25) em memorando.	____	____

DEPRECIAÇÃO E DEPRECIAÇÃO ACUMULADA

27. Examinar a política de depreciação do cliente e: a. Determinar se o enfoque é compatível com o tipo de equipamento adquirido. b. Definir se há necessidade de rever políticas de depreciação devido a mudanças tecnológicas ou experiência do cliente com ativos semelhantes. c. Determinar se o enfoque de depreciação tem sido usado de maneira coerente. d. Selecionar algumas aquisições e recalcular a depreciação do primeiro ano de acordo com a classificação apropriada do ativo.	____	____
28. Preparar uma estimativa da despesa de depreciação atualizando a planilha de depreciação em função das compras e vendas durante o ano.	____	____
29. Montar uma tabela de diferenças de prazo entre depreciação fiscal e contábil. Projetar a tabela para o futuro para determinar alterações no passivo de imposto diferido e na despesa com imposto do exercício.	____	____

APRESENTAÇÃO E DIVULGAÇÃO

30. Examinar a classificação de contas de ativo imobilizado e determinar que todos os itens são efetivamente usados na produção de bens ou serviços.	____	____
31. Examinar a divulgação em notas explicativas para confirmar que os métodos de depreciação e capitalização são adequadamente divulgados.	____	____
32. Documentar as declarações da administração a respeito da existência e da avaliação dos ativos na carta da administração.	____	____

o programa de auditoria se destina a coletar informação que ajude a auditar a depreciação fiscal e o passivo de imposto diferido, pois boa parte da diferença em termos fiscais é devida a diferenças de sincronização associadas a métodos de depreciação.

O escopo e a amplitude dos testes de cada programa variarão com a complexidade dos ativos utilizados, com a dificuldade de estimação de vidas úteis e com o risco associado ao cliente. O auditor deverá verificar a veracidade dos lançamentos e cálculos do cliente. Em outras palavras, o profissional deverá perguntar: os números contábeis refletem o uso econômico dos ativos e o plano de negócios que está sendo executado pela empresa?

Testes de aquisições e vendas de ativos imobilizados

Se o saldo inicial for determinado com base em trabalho anterior de auditoria, o teste das contas do ativo imobilizado poderá ficar limitado a testes selecionados de aquisições e vendas durante o ano.

Aquisições – O auditor poderá testar existência, direitos e avaliação com o uso dos mesmos procedimentos. Os seguintes métodos destinam-se a determinar que todas as aquisições de ativos imobilizados foram adequadamente:

- Autorizadas mediante o exame de acordos de compra, atas de reuniões do conselho de administração tratando de aquisições importantes e aprovação por um comitê de orçamento de capital.
- Classificadas com base em sua função, vida útil esperada e escala de depreciação estipulada.
- Avaliadas mediante a análise de documentos de compra, tais como faturas ou cobranças de custos de construção.

Este trabalho pode ser facilmente realizado em conjunto com o controle interno como parte da auditoria integrada. Uma maneira de ser eficiente é se concentrar nos lançamentos efetuados durante o ano, incluindo uma tabela de adições (geralmente preparada pelo cliente). Após conciliar a tabela com o razão geral, o auditor deve selecionar alguns itens para testar os controles e reconstruí-los com faturas de fornecedores e outros documentos de apoio. Note que este é o tipo de procedimento que provavelmente levou os auditores, no exemplo do MDOT, a perceber que o MDOT omitira quatro sistemas de navegação avaliados em US$ 763.984 de sua conta de sistemas eletrônicos de aeroportos.

A **Ilustração 13.3** apresenta um exemplo de documentação típica de auditoria no teste de aquisições de ativos imobilizados. Embora o saldo total da conta de ativos imobilizados possa ser substancial, o trabalho de auditoria pode ser executado eficientemente concentrando-se nas aquisições e, depois, ajustando as estimativas de despesa de depreciação e depreciação acumulada com base nas alterações ocorridas durante o ano.

Inspeção visual de existência – Normalmente, o auditor não inspecionará visualmente toda e qualquer aquisição. Entretanto, no caso de aquisições vultosas – por exemplo, a construção de uma nova fábrica e a compra de novas instalações – ou deficiências no ambiente de controle ou nas atividades de controle de aquisições e vendas de ativos imobilizados, o auditor desejará verificar fisicamente que o ativo existe. O risco normalmente é mais alto em locais remotos, geralmente não visitados pelo auditor. Se esses pontos apresentarem aumentos grandes de ativo imobilizado e houver deficiências de controle, o profissional deverá ajustar o programa de auditoria para garantir que sejam visitados. Se existirem outras situações de

Ilustração 13.3: Documentação de auditoria de ativos imobilizados – equipamentos, 31 de dezembro de 2009

PBC
Trabalho realizado por **AMT**
Data **28/01/2010**

Descrição	Data de aquisição	Custos				Depreciação Acumulada			
		Saldo inicial	Aquisições	Vendas	Saldo final	Saldo inicial	Despesa de depreciação	Vendas	Saldo final
Saldo inicial	Diversas	124.350			124.350	33.429	12.435*		45.864
Aquisições:									
Torno de 40"	30/10/09	0	9.852 †		9.852	0	1.250 ‡		1.250
Prensa 1040	25/03/09	0	18.956 †		18.956	0	1.895 ‡		1.895
Torno de 60"	29/05/09	0	13.903 †		13.903	0	950 ‡		950
Vendas:									
Empilhadeira	02/06/06			7.881 §	(7.881)			3.753	(3.753)
Computador	02/07/07			3.300 §	(3.300)			2.625	(2.625)
Totais		124.350 @	42.711 **	11.181 **	155.880 **††	33.429 @	16.530 **	6.378 **	43.581 **††

* Estimada com base no ano anterior; inclui metade da depreciação anual de ativos vendidos durante o ano. Ver documento de trabalho IIE-4 para o cálculo da estimativa.
† Foram examinadas faturas ou outros documentos de apoio, observando-se o custo e a categorização apropriada para fins de depreciação.
‡ Recalculada, observando-se se a depreciação está em conformidade com a política da empresa e a vida útil estimada do ativo.
§ Conferidas com o razão do ativo e verificado que o ativo foi removido. Foram examinados documentos de venda ou de sucateamento do ativo.
@ Conferido com a documentação de auditoria de 31 de dezembro de 2008.
** Totalizado e com totalização cruzada.
†† Checado com balancete.

alto risco, por exemplo, ativos cuja observação visual é difícil, o auditor provavelmente verificará a existência de contratos com fornecedores confiáveis e acompanhará seletivamente os funcionários da empresa em visitas aos locais para observar os processos existentes para monitorar a instalação dos ativos.

Para muitas empresas industriais, esses testes são complementados por uma visita à fábrica com a finalidade de observar o arranjo físico geral e a condição dos equipamentos, bem como a existência de material ocioso. O auditor utiliza o conhecimento dos planos estratégicos do cliente e de mudanças no setor para determinar se seria preciso realizar trabalho adicional para avaliar se alguns ativos devem ter seu valor baixado ao valor realizável líquido.

Classificação incorreta de despesas como ativos – A *WorldCom* sobrevalorizou os lucros capitalizando os custos pagos a outras empresas para usar suas linhas em chamadas individuais. O auditor deve resumir todos os lançamentos de diário a aquisições de ativos imobilizados de qualquer outra fonte que não seja a de compra de um ativo e, em seguida, coletar evidências independentes para confirmar a validade dos lançamentos.

No caso de muitas empresas, é comum ser preciso fazer julgamentos sobre se um dado gasto deve ser capitalizado ou tratado como despesa de reparos. É preciso lembrar que uma empresa pode ter motivações diversas. As de grande porte podem querer maximizar os lucros e, portanto, capitalizarão a maior parte dos itens, mas várias instituições menores podem querer minimizar os lucros para pagar menos impostos. O auditor precisa estar atento à possibilidade de que a administração esteja manipulando os lucros por meio do tratamento incorreto de ativos como despesas ou capitalizando despesas indevidamente. Se esse tipo de risco parecer elevado e houver deficiências nos controles, o auditor pedirá ao cliente que prepare uma tabela das transações de aquisição de ativos imobilizados e despesas de reparos

> **CONSIDERE O RISCO**
>
> Ao contrário das companhias abertas, as pequenas empresas fechadas podem ter motivação para minimizar o lucro e, com isso, reduzir os impostos a serem pagos. Para identificar os riscos de informação incorreta, o auditor deve entender as motivações de cada empresa e sua administração. Os procedimentos de auditoria devem ser adaptados aos riscos.

AUDITORIA NA PRÁTICA

Teste de aquisições na WorldCom

A SEC baixou uma circular de cumprimento de normas de contabilidade e auditoria (AAER, Accounting and Auditing Enforcement Release) sobre a conduta profissional imprópria de um sócio de auditoria da Arthur Andersen LLP em ligação com a auditoria das demonstrações financeiras da WorldCom, Inc. para o exercício fiscal encerrado em 31 de dezembro de 2001. A AAER enumera diversas falhas de auditoria de contas de instalações, imóveis e equipamentos (II&E) na WorldCom. Várias dessas falhas dizem respeito aos testes de adições às contas de II&E. Por exemplo, a equipe de auditoria havia identificado a WorldCom como um cliente de alto risco e classificado as contas de II&E como um processo crítico. A equipe de auditoria deveria ter ajustado seus procedimentos para lidar devidamente com os riscos mais elevados, mas não o fez adequadamente.

Por exemplo, a WorldCom acompanhava a aquisição, venda e transferência de seus ativos no quadro de projeção de II&E ("Projeção"). A equipe de auditoria recebia uma cópia da projeção a cada trimestre como parte de suas análises e seus testes trimestrais. A projeção da WorldCom para o terceiro trimestre em 30 de setembro de 2001 foi fornecida à equipe de auditoria e mostrava adições totais que incluíam lançamentos impróprios pela administração como parte da fraude que estava cometendo. A equipe de auditoria não tomou a providência básica de garantir que a população de adições de ativos imobilizados estava completa e correspondia ao total refletido no balanço da WorldCom.

Além disso, a equipe de auditoria não realizou qualquer teste substantivo das contas de II&E após seu teste de um subconjunto incompleto de adições totais de II&E para o final do terceiro trimestre. A empresa, posteriormente, adicionou US$ 841 milhões de custos indevidamente capitalizados de linhas às suas contas de II&E no quarto trimestre de 2001. As adições fraudulentas equivaleram a quase metade das adições totais de II&E naquele trimestre. Em consequência da não realização pela Arthur Andersen de testes adicionais de saldos de II&E no final do ano, ou da ausência de análise da atividade de II&E na data do balanço após o seu teste intermediário, outras adições impróprias e fraudulentas às contas de II&E não foram auditadas.

Fonte: SEC, *Accounting and Auditing Enforcement Release* nº 2809, 14 de abril de 2008.

> **QUESTÃO PRÁTICA**
>
> No caso dos clientes em que o risco intrínseco é baixo e os controles internos são eficazes, pode ser eficiente executar procedimentos substantivos em uma data anterior ao final do exercício. Entretanto, é fundamental que o auditor use procedimentos adequados de projeção para o período entre essa data e o final do exercício.

> **QUESTÃO PRÁTICA**
>
> O volume de trabalho de análise de vendas ou da existência de ativos integralmente depreciados depende da disponibilidade de um processo para contabilizar ativos integralmente depreciados ou dados em pagamento parcial na compra de outros ativos.

> **ACL**
>
> O ACL pode ser utilizado pelo auditor para extrair uma lista de ativos integralmente, ou quase integralmente depreciados para análise adicional.

e manutenção. A seguir, poderá reconstruir algumas transações selecionadas com base nas faturas de fornecedores, em ordens de trabalho ou outras evidências auxiliares para determinar a sua classificação apropriada.

Vendas e ativos integralmente depreciados – Muitas organizações não dispõem de controles sobre vendas de ativos ou ativos ociosos do mesmo nível que para as aquisições de ativos. Por exemplo, vendas de equipamento sucateado poderiam não ser contabilizadas. Assim sendo, os auditores geralmente usam procedimentos especiais para determinar se as vendas de ativos foram contabilizadas adequadamente. Um enfoque consiste em usar *software* genérico de auditoria para preparar uma listagem de equipamentos integralmente (ou quase integralmente) depreciados e depois procurar localizá-los. Ou, então, os ativos dados como pagamento parcial, observados durante a auditoria de aquisições de ativos, podem ser conferidos com a remoção de equipamentos antigos das contas. Podem ser feitas perguntas ao pessoal do cliente a respeito de qualquer ativo que tenha sido removido. Alternativamente, o auditor pode checar uma amostra de bens com os ativos fisicamente observáveis para determinar a sua existência.

Custos de desmontagem – Alguns ativos, marcadamente as usinas nucleares, precisam ser desmontados quando sua vida útil se encerra. A empresa deverá contabilizar um passivo correspondente ao custo de desmontagem do ativo que está sendo usado, para que, ao deixar de ser utilizado, o passivo represente o valor presente associado ao processo de desmontagem. A despesa de desmontagem deve ser reconhecida ao longo da vida útil do ativo.

O seguinte trecho, extraído do documento 10-K da *Entergy* para o ano de 2008, é um exemplo dos tipos de divulgação pelas empresas que têm custos de desmontagem:

> No quarto trimestre de 2007, o segmento de geração de energia nuclear registrou um aumento de US$ 100 milhões em passivos de desmontagem de algumas de suas usinas, devido a novos estudos de custo de desmontagem. As novas estimativas resultaram no reconhecimento de um ativo de US$ 100 milhões com uma obrigação de desmontagem, o qual será depreciado durante a vida útil remanescente das unidades.
>
> No terceiro trimestre de 2006, o segmento geração de energia nuclear registrou uma redução de US$ 27 milhões em termos de passivos de desmontagem de uma usina em consequência da revisão de estudos de custo de desmontagem e de alterações de premissas a respeito de quando começará a desmontagem da usina. A nova estimativa resultou em outras receitas de US$ 27 milhões (US$ 16,6 milhões depois do imposto de renda), refletindo a diferença para mais entre a redução do passivo e o custo de desmontagem não depreciado, registrado à época da adoção do SFAS 143.
>
> No terceiro trimestre de 2005, o segmento geração de energia nuclear registrou uma redução de US$ 26 milhões de dólares de seu passivo de custo de desmontagem em conjugação com um novo estudo de custos de desmontagem, em consequência da revisão de custos de desmontagem e de alterações de premissas sobre o prazo da desmontagem de uma usina. A nova estimativa resultou em outras receitas de US$ 26 milhões (US$ 15,8 milhões depois do imposto de renda), refletindo a diferença positiva entre a redução do passivo e o valor do custo de desmontagem de ativos não depreciados, registrado à época da adoção do SFAS 143.

É importante notar que alterações do passivo de custo de desmontagem podem aumentar ou reduzir dramaticamente o lucro líquido, e que a estimativa do passivo é passível de julgamento por parte da administração. Desse modo, os auditores devem ter gasto um volume de tempo significativo auditando a estimativa do passivo de custos de desmontagem pela administração em cada período.

Procedimentos substantivos no *impairment* de ativos

Na maioria dos casos, os ativos de longo prazo são utilizados durante boa parte de sua vida útil esperada, ou, caso haja mudanças tecnológicas importantes, a vida útil pode ser reestimada, refletindo uma duração econômica mais curta. Em certos casos, porém, a administração pode acreditar que toda uma classe de ativos está sobrevalorizada, mas a empresa não deseja desfazer-se dos ativos. A questão do *impairment* de ativos gera três problemas de auditoria complexos e, às vezes, conflitantes:

1. Normalmente a administração não está interessada em identificar e reavaliar esses ativos.
2. Às vezes a administração deseja reavaliar todos os ativos com valores potencialmente menores a um valor realizável mínimo para aumentar os lucros futuros.
3. A determinação de *impairment*, especialmente no caso de ativos intangíveis, como *goodwill*, exige um bom sistema de informações, um processo sistemático, controles apropriados e julgamento profissional.

O auditor deve avaliar periodicamente o enfoque usado pela administração para identificar ativos que sofrem *impairment* e reduzi-los ao seu valor econômico corrente. Portanto, para fazer estimativas de ativos com *impairment*, o auditor exige um conhecimento atualizado de mudanças que estão ocorrendo no setor do cliente, bem como um entendimento completo das estratégias e dos planos da administração. O auditor deve identificar os controles usados pela administração nesta área, incluindo:

- Um processo sistemático para identificar ativos que não estão sendo usados.
- Projeções de fluxos de caixa futuros, por unidade divulgada, baseadas nos planos estratégicos da administração e nas condições econômicas.
- Consideração de valores correntes de mercado de ativos semelhantes.
- Consideração do valor corrente de mercado da ação da empresa (geralmente usada como parte de um teste de *impairment* do *goodwill*).

Infelizmente, muitas empresas que contam com controles excelentes sobre o processamento de transações não possuem controles do mesmo nível sobre avaliações periódicas de *impairment*. Portanto, uma tarefa importante de auditoria é a montagem de um enfoque sistemático para a análise da composição geral da base de ativos de uma entidade, à luz da produção corrente e planejada e de mudanças tecnológicas e do ambiente de concorrência no setor do cliente. O objetivo de divulgação financeira é avaliar os ativos com base no seu benefício econômico para a organização e, quando esse valor é reduzido, fazer uma reavaliação do ativo que tenha sofrido diminuição permanente em termos de benefícios econômicos que pode gerar.

Se houver evidência de que o valor de um ativo foi reduzido, o auditor precisará lidar com a questão de avaliação. O Fasb criou o conceito geral de avaliação de ativos com *impairment* usando dois enfoques básicos:

1. Estimar os benefícios econômicos futuros a serem extraídos do ativo.
2. Obter uma avaliação independente do valor do ativo.

OA 7
Descrever os procedimentos substantivos de auditoria que devem ser usados para testar o *impairment* de ativos de longo prazo.

CONSIDERE O RISCO
O conhecimento das condições da empresa é fundamental para a identificação do possível *impairment* de ativos.

AUDITORIA NA PRÁTICA

Observações do PCAOB

Em outubro de 2007, o PCAOB publicou um relatório apresentando observações efetuadas em suas inspeções de empresas de contabilidade externa registradas, que auditam no máximo 100 emitentes (isto é, empresas menores de auditoria), realizadas em 2004, 2005 e 2006. Os trechos a seguir, extraídos desse relatório, destacam deficiências de auditoria ligadas à avaliação de ativos de longo prazo. Estas são áreas em que os auditores precisam prestar muita atenção.

- As equipes de inspeção observaram casos em que os procedimentos adotados pelas empresas para testar e concluir a respeito da avaliação de *goodwill* e outros ativos de longo prazo (tanto tangíveis quanto intangíveis) eram inadequados.

- Os inspetores observaram casos em que as empresas não haviam questionado as afirmações da administração de que os ativos não tinham sofrido perdas de valor, a despeito de evidências de indicadores de *impairment*, tais como prejuízos sistemáticos e perspectivas declinantes de vendas.

- As equipes de inspeção também observaram casos em que as empresas não haviam testado a razoabilidade das principais premissas da administração e dos dados subjacentes, utilizados para aferir as possibilidades de recuperação de ativos.

- Em outros casos, os emitentes calcularam despesas com *impairment* de ativos, mas as empresas deixaram de testar a fundamentação das despesas e as análises que apoiavam os valores dos ativos.

O primeiro enfoque é mais comumente usado no caso de ativos tais como *goodwill*, mas poderia ser adotado para ativos imobilizados tais como usinas de energia elétrica ou outros ativos para os quais a empresa havia feito uma análise de projeto para justificar a compra ou o desenvolvimento do ativo. Neste caso, um teste de possibilidades de recuperação determinará se os fluxos líquidos futuros de caixa do ativo superam o seu valor de carregamento. Em caso afirmativo, o Fasb decretou que não seja feita nenhuma reavaliação para fins contábeis. Por outro lado, se os fluxos futuros de caixa não descontados não superam o valor de carregamento, há *impairment*. As entradas esperadas de caixa podem ser inferiores ao valor de carregamento devido a ações de concorrentes ou mudanças no ambiente regulatório. Havendo mudança nas estimativas de fluxos de caixa, os novos fluxos deverão ser descontados e seu valor presente líquido ser determinado à taxa livre de risco corrente. O valor seria então comparado ao custo de carregamento do ativo para determinar o montante da perda a ser reconhecida.

O segundo enfoque, geralmente usado no caso de equipamentos, consiste em considerar o custo de reposição como medida de *impairment* do ativo. Neste caso, o auditor fará o seguinte:

1. Obterá valores correntes de mercado, quando aplicável; se não for aplicável, obterá uma avaliação independente junto a uma empresa de avaliação com reputação elevada, independente e qualificada.
2. Examinará transações correntes para determinar se tem ocorrido reduções de preço de compra.

Se o auditor usar valores de mercado para fazer sua estimativa, é importante que as informações provenham de um mercado bem organizado e líquido.

Questão prática

Um auditor deverá obter evidência confirmatória de *impairment* de ativos. A primeira etapa envolve um teste de possibilidades de recuperação. Se o ativo for aprovado nesse teste, não haverá *impairment*.

Riscos associados a operações encerradas

Periodicamente, a administração decide encerrar uma dada linha de atividade fechando e desmontando as instalações de produção ou, mais provavelmente, anunciando que venderá a linha a outra empresa. O tratamento contábil de operações encerradas continua evoluindo, mas, quando é tomada uma decisão de encerramento, a empresa deve reduzir o valor dos ativos líquidos (incluindo uma estimativa dos passivos associados a uma linha de negócios, se for aplicável) para a melhor estimativa do valor realizável líquido. Ao determinar o valor justo de mercado, a administração normalmente:

- Solicitará uma estimativa de valor junto a um banco de investimento e examinará as premissas e a metodologia usadas na preparação da estimativa.
- Examinará as premissas adotadas para fluxos líquidos futuros de caixa das operações e os descontará ao presente para chegar a uma estimativa independente de valor.

Os ativos serão reavaliados para baixo somente se a empresa esperar uma perda com a sua venda. A empresa não preverá e não contabilizará um ganho. Além disso, a empresa não deve contabilizar como *impairment* de ativos os prejuízos operacionais futuros esperados com as atividades da linha de negócios entre a data presente e o momento da venda. A natureza da decisão de encerramento e a magnitude da baixa devem ser integralmente divulgadas em uma nota explicativa das demonstrações financeiras. O auditor precisa determinar se o enfoque adotado pela administração é completo e as evidências são objetivas.

> **CONSIDERE O RISCO**
>
> Os auditores normalmente se preocupam com a possibilidade de que os clientes não façam as reavaliações de ativos que tenham sofrido *impairment*. Entretanto, há evidências de que algumas empresas têm feito reduções de valor de ativos corretamente avaliados em exercícios com lucros bons para ajudar a estabilizar os lucros. A contabilidade deve ser neutra e basear-se em evidência convincente de *impairment* de ativos.

Procedimentos substantivos relacionados a despesas de depreciação e depreciação acumulada

Os procedimentos específicos adotados pelo auditor para testar a depreciação de ativos imobilizados dependem dos controles internos e do risco associado ao trabalho de auditoria e aos saldos de contas. Deve ser lembrado que o risco aumenta quando uma empresa adota um enfoque muito complexo para lidar com uma questão contábil simples, como ocorreu na *WorldCom*.

Risco baixo: executar procedimentos analíticos substantivos — Na maioria das situações, o auditor é capaz de testar os controles sobre a depreciação como parte da auditoria integrada e pode concluir que o único procedimento adicional de auditoria a ser executado é uma análise substantiva para determinar que a despesa de depreciação contabilizada pelo cliente é compatível com as expectativas do auditor. Muitas empresas de auditoria usam uma planilha para estimar variações de despesas de depreciação. A estimativa corrente de depreciação de ativos que continuam sendo usados nas operações é calculada e depois ajustada pelos ativos adicionados ou vendidos durante o ano.

Os procedimentos analíticos devem incorporar uma série de índices e um teste geral de razoabilidade para ajudar a determinar se as variações correntes dos lançamentos às contas são razoáveis. Os índices poderiam incluir:

- Despesa corrente de depreciação como porcentagem da despesa de depreciação no ano anterior.
- Ativos imobilizados (por categoria) como porcentagem dos ativos no ano anterior – o aumento relativo dessa porcentagem pode ser comparado ao aumento relativo da depreciação como teste geral de razoabilidade.
- Despesa de depreciação (por categoria de ativo) como porcentagem dos ativos em cada ano – este índice pode indicar alterações na idade dos equipamentos ou na política de depreciação.
- Depreciação acumulada (por categoria) como porcentagem do valor bruto dos ativos em cada ano – este índice fornece informação sobre a razoabilidade geral da conta e pode apontar problemas de contabilização de equipamento integralmente depreciado.
- Idade média dos ativos (por categoria) – este índice fornece uma visão adicional a respeito da idade dos ativos e pode ser útil para a modificação de estimativas de depreciação.

> **CONSIDERE O RISCO**
>
> O impacto de operações encerradas sobre o lucro divulgado pode ser significativo e merece muita atenção por parte do auditor. Por exemplo, em julho de 2008, a Scholastic, Inc. divulgou lucros de operações em andamento, por ação diluída, de US$ 2,82 no exercício fiscal de 2008, em comparação com um prejuízo líquido de US$ 0,57 por ação no mesmo exercício, ao incluir as operações encerradas em seu cálculo.

Os dados necessários para essas análises substantivas podem ser facilmente extraídos dos registros do cliente com o uso do ACL.

> **AUDITORIA INTEGRADA**
>
> Se for encontrado um erro nos testes substantivos, o auditor precisará considerar cuidadosamente se a raiz do problema indica a existência de deficiências de controle interno. Esta consideração poderá ter implicações para o parecer de auditoria sobre a eficácia dos controles internos e para a montagem de procedimentos substantivos na auditoria de demonstrações financeiras.

O ACL pode baixar detalhes de contas de ativos imobilizados e selecionar uma amostra para exame físico e verificação de custos.

OA 8
Discutir os riscos associados e o enfoque à auditoria de ativos intangíveis e recursos naturais.

Se os fatores confirmatórios não apoiarem a estimação feita pelo auditor, testes detalhados precisarão ser feitos em várias categorias de ativos imobilizados.

Risco alto: testar os detalhes – Em situações nas quais os controles não são suficientes, ou quando há risco elevado associado ao cliente, o auditor precisará fazer testes detalhados de depreciação, começando pelo razão de ativos imobilizados, que contém uma lista de todos os ativos, suas vidas úteis estimadas, valores residuais e os métodos de depreciação. Como a empresa é vista como sendo de risco alto, o auditor deverá usar *software* de auditoria para totalizar o razão, conferi-lo com o razão geral e, a seguir, tomando uma amostra de itens contidos no razão detalhado de ativos imobilizados, recalcular a depreciação para os itens escolhidos. O procedimento de amostragem deve basear-se nos mesmos critérios apresentados anteriormente; ou seja, o profissional considera materialidade e risco e toma uma amostra baseada na depreciação contabilizada (e não no valor dos ativos). As diferenças devem ser projetadas para a população como um todo. Se houver diferenças significativas, o auditor deverá fazer uma investigação para determinar a causa do problema e fazer que o cliente o conserte. Por fim, o auditor deverá utilizar *software* para identificar todos os lançamentos nas contas de depreciação e depreciação acumulada que não sejam provenientes de lançamentos normais de depreciação e vendas de ativos.

Avaliação de alterações – O auditor deve certificar-se de que os métodos de depreciação empregados são coerentes com os do ano anterior, a menos que o cliente tenha motivos justificados para alterar os métodos. As notas explicativas às demonstrações financeiras devem ser lidas cuidadosamente para garantir que toda informação relevante está sendo divulgada.

Tópicos especiais

Ativos intangíveis e recursos naturais

Ativos intangíveis

Algumas organizações possuem volumes significativos de ativos intangíveis. As companhias farmacêuticas, por exemplo, têm custos significativos de patentes, e as licenças de franquias, ativo intangível, representam mais de metade dos ativos totais da Coca-Cola. A administração precisa determinar se houve *impairment* nesses ativos, como discutido anteriormente neste capítulo.

Os ativos intangíveis devem ser contabilizados pelo seu custo. Entretanto, a determinação do custo não é tão simples quanto no caso de ativos tangíveis, como equipamentos. Uma área particularmente problemática é a do custo de uma patente. Por exemplo, os custos de

---

AUDITORIA NA PRÁTICA

Primeiras auditorias

Na primeira auditoria de um cliente, o profissional pode não contar com a vantagem de dispor de saldos iniciais auditados para as contas de ativo imobilizado. Se o cliente tiver sido auditado previamente, o profissional anterior deverá ser contatado para determinar se é possível obter evidência a respeito de saldos iniciais. Se o auditor não puder usar a documentação de seu antecessor, ou se esta for a primeira auditoria para o cliente, uma amostra estatística deverá ser tomada para observar existência e analisar faturas originais com a finalidade de verificar custo e titularidade. A despesa de depreciação e a depreciação acumulada também devem ser recalculadas. Se os registros do cliente não forem adequados, ele poderá ser obrigado a fazer um inventário físico completo dos ativos imobilizados.

pesquisa e desenvolvimento de novos produtos, como medicamentos ou *software*, devem ser tratados como despesas do exercício até que haja um produto viável e se faça um plano para lançá-lo no mercado. Os custos legais de obtenção e defesa de uma patente são gastos de capital, caso a defesa seja bem-sucedida. Se não for bem-sucedida, a patente não terá valor algum e custos relacionados deverão ser tratados como despesa do exercício. As patentes adquiridas de outra empresa são gastos de capital. O custo de patentes deve ser amortizado ao longo de sua duração legal ou vida útil (o que for menor). Alterações secundárias do item patenteado e a obtenção de uma nova patente ampliam a sua duração legal.

Como no caso de ativos imobilizados tangíveis, a administração deve dispor de procedimentos para determinar se os valores contábeis de patentes e outros ativos intangíveis sofreram algum *impairment*. Os auditores devem garantir que esses procedimentos sejam apropriados e eficazes, com base no conhecimento do setor, dos concorrentes, de expectativas de fluxos de caixa futuros e lançamentos de novos produtos, como discutido anteriormente neste capítulo. O capítulo 14 trata do *goodwill* e de seu *impairment*.

> **CONSIDERE O RISCO**
>
> Os ativos intangíveis relacionados ao desenvolvimento de medicamentos vendidos sob receita médica, novos *software* ou patentes são importantes para muitas empresas, mas especialmente para novas instituições. O auditor deve gastar mais tempo analisando a viabilidade econômica desses ativos.

Recursos naturais

Os recursos naturais criam problemas especiais para o auditor. Em primeiro lugar, geralmente é difícil identificar os custos associados à descoberta do recurso natural. A indústria petrolífera debateu por vários anos se todos os custos incorridos na busca de petróleo (incluindo a perfuração de numerosos poços secos) deveriam ser capitalizados como parte do custo de obtenção de um poço bem-sucedido (o enfoque do custo pleno), ou se somente os custos associados à perfuração de um poço bem-sucedido específico deveriam ser capitalizados (o enfoque do esforço bem-sucedido). Em segundo lugar, uma vez descoberto o recurso natural, geralmente é difícil estimar o valor dos recursos comercialmente disponíveis a ser usado na determinação de uma taxa de exaustão. Em terceiro, a empresa pode ser responsável pela restauração (recuperação) do terreno à sua condição original após a remoção dos recursos. A estimação dos custos de recuperação pode ser bastante difícil.

A maioria das empresas consolidadas no setor de recursos naturais tem desenvolvido procedimentos para a identificação de custos e emprega geólogos para fazer uma estimativa das reservas contidas em uma nova descoberta. O auditor normalmente tem experiência com a qualidade das estimativas do cliente, mas pode querer recorrer a um especialista para rever a análise geológica de novas descobertas como base da estimação das reservas. A maioria das organizações reavalia periodicamente o volume de reservas à medida que novas informações se tornam disponíveis no processo de mineração, retirada ou extração de recursos. O profissional deve examinar essas estimativas e determinar seu impacto sobre as revisões da taxa de exaustão. A importância desses procedimentos pode ser percebida no quadro Foco em fraude.

Os procedimentos de auditoria para a determinação do custo de recursos naturais se assemelham aos utilizados para outros ativos imobilizados. O auditor deve testar a capitalização de todos os novos recursos naturais e verificar os custos examinando documentos, incluindo o processo do próprio cliente, para documentar todos os custos de exploração e perfuração.

A despesa de exaustão (associada à extração de recursos naturais) deve basear-se nos itens extraídos durante o ano, usando o método de unidades produzidas. A empresa deve possuir registros de produção em termos de extração diária. Além disso, o auditor será capaz de consubstanciar o volume

> **FOCO EM FRAUDE**
>
> **Estimativas de reservas petrolíferas pela Shell Oil**
>
> As estimativas de reservas comprovadas de petróleo representam uma divulgação importante exigida pela SEC. Em certos aspectos, a SEC acredita que a informação é necessária porque o fluxo futuro de caixa da empresa depende do volume de reservas que a empresa detém no momento. As ofertas de compra de outras empresas petrolíferas tendem a se basear no volume de reservas que uma empresa possui, pois as outras instituições acham ser mais fácil comprar reservas existentes do que descobrir novas.
>
> No final da década de 1990, o geólogo responsável pela estimação das reservas de petróleo da Shell Oil superestimou sistematicamente as reservas (uma distorção conhecida) para elevar o valor da ação da empresa. Posteriormente, esse geólogo assumiu a direção executiva da empresa. Entretanto, quando a SEC descobriu a superestimação sistemática das reservas em valores que eram materiais, a empresa foi multada. Além disso, muitos acionistas e investidores institucionais começaram a questionar a ética do diretor executivo e o ambiente de controle da empresa. A instituição sofreu uma perda substancial de valor de mercado, e as pressões dos investidores levaram à renúncia do diretor executivo e a uma reestruturação do conselho de administração.

> **QUESTÃO PRÁTICA**
>
> A alteração de preços de recursos naturais resulta em problemas contábeis para as empresas e os seus auditores. Alguns anos atrás, o preço do ouro era tão baixo que algumas empresas encerraram muitas de suas atividades de mineração. Posteriormente, quando os preços subiram, as empresas reabriram algumas dessas minas pois, a partir desse momento, poderiam extrair o ouro com lucro. Houve *impairment* originalmente? Ou isso foi apenas o resultado da oscilação de preços?

> **QUESTÃO PRÁTICA**
>
> Os custos de recuperação ou restauração não são específicos à atividade de mineração. As companhias de energia elétrica devem restaurar usinas nucleares de maneira a colocá-las em condições não ameaçadoras no final de suas vidas úteis.

OA 9
Discutir os riscos associados à contabilidade de arrendamentos e o enfoque de auditoria de arrendamentos.

de itens vendidos durante o ano. A empresa também deverá ter procedimentos para estimar alterações de reservas para atualizar os procedimentos de exaustão.

Estimação de despesas de recuperação – As normas de proteção ambiental têm aumentado a responsabilidade das empresas pela restauração de terras usadas na mineração a um estado natural predeterminado. Além disso, as leis de muitos estados exigem medidas de proteção do ambiente enquanto a mineração ou extração de recursos naturais está ocorrendo. Todas as despesas de recuperação associadas à restauração das terras devem ser estimadas e acumuladas. O auditor deve examinar a razoabilidade dos procedimentos adotados pela administração para estimar tais despesas, que devem ser amortizadas contra o uso dos recursos naturais (parte da despesa de exaustão).

Arrendamentos

As empresas envolvem-se em transações de arrendamento por vários motivos. A maioria deles é econômico, mas, em alguns casos, a obtenção de um tratamento específico nas demonstrações financeiras pode motivar a transação de arrendamento. Alguns dos motivos da realização de arrendamentos incluem:

- Financiar o uso do ativo em lugar de fazer uma compra direta.
- Adquirir o uso do ativo por prazos relativamente curtos sem precisar comprá-lo e depois vendê-lo.
- Adquirir o uso do ativo por um prazo longo, mas manter o ativo e o passivo correspondente fora do balanço.
- Manter um perfil operacional flexível, ou seja, substituir custos fixos por variáveis.

Suponha que uma empresa queira adquirir os serviços de um automóvel por um período de três a cinco anos. Faremos uma suposição adicional de que a vida útil do carro é igual a cinco anos. As alternativas incluem:

- Pegar os fundos necessários emprestados e comprar o automóvel.
- Assinar um contrato de locação de um automóvel novo por um período de um ano. No início do segundo ano e novamente no início do terceiro, assinar contratos de locação para alugar um automóvel novo em cada um desses anos.
- Assinar um contrato de arrendamento por três anos.
- Assinar um contrato de arrendamento por cinco anos.

Claramente, a segunda opção abre mais alternativas ao proprietário. Ele pode obter outro carro a cada ano. A maioria esperaria manter um carro entre três e cinco anos, ou mais. As escolhas também afetam a contabilidade. Os efeitos dessas alternativas, em termos de divulgação financeira, de acordo com os padrões correntes de contabilidade, são os seguintes:

Alternativa	Ativos	Passivos	Demonstração de resultado
1. Compra	Automóvel	Empréstimo a pagar	Despesas de depreciação e juros
2. Locação por um ano	Nenhum	Nenhum	Despesa de aluguel
3. Arrendamento por três anos	Nenhum	Nenhum	Despesa de arrendamento
4. Arrendamento por cinco anos	Automóvel	Obrigação de arrendamento	Despesas de depreciação e juros

Na maioria dos casos, o enfoque menos oneroso para a empresa é comprar o ativo. Mas talvez isso não seja economicamente viável ou possa não ser compatível com a estratégia da instituição. A escolha afeta tanto os resultados econômicos quanto o tratamento contábil. Se a empresa escolher a opção de compra (número 1, na tabela anterior), ela registrará tanto o ativo quanto o passivo de empréstimo. Depreciará o ativo ao longo de sua vida útil, que poderá ser superior a três anos, e reconhecerá despesas de juros sobre o passivo.

No caso das opções de aluguel, imaginamos três opções. Na alternativa de locação por um ano (número 2, na tabela anterior), não há reconhecimento contábil no ato da assinatura. A empresa simplesmente registra despesas de aluguel a cada ano. Os pagamentos de aluguel geralmente são mais altos, mas a empresa conta com bastante flexibilidade. Se uma instituição assinar um contrato de prazo mais longo (número 3, na tabela), mas por prazo inferior à vida útil do ativo, deverá divulgar as obrigações de arrendamento, mas não registrará o ativo ou o passivo. Por outro lado, se a empresa assinar um contrato de arrendamento por um prazo aproximadamente igual à vida útil do ativo (número 4, na tabela), registrará o valor presente do arrendamento como um ativo e um passivo. Contabilizará despesas de depreciação e juros. Esta alternativa, em sua essência, é uma compra parcelada do automóvel.

Os riscos de propriedade (obsolescência, deterioração física) são geralmente incorporados ao modelo de precificação pelo arrendador ou vendedor. Muitas empresas desejam ter o controle dos ativos durante a vida útil, mas querem estruturar o contrato de maneira a fazer que pareça um arrendamento, mantendo assim os ativos e passivos fora do balanço. Embora haja divulgação das obrigações de arrendamento, a empresa ainda manterá as obrigações fora do balanço. Ainda que a contabilidade não tenha adotado um enfoque pleno "baseado em princípios", a orientação é a de que a substância econômica da transação, e não a sua forma, determine como será feita a contabilização. Entretanto, como veremos a seguir, a forma ainda desempenha um papel importante na contabilização de arrendamentos.

Tratamento contábil apropriado

Os princípios contábeis correntes nos Estados Unidos (pronunciamento FAS nº 13) exigem que os arrendamentos sejam capitalizados, caso atendam a pelo menos uma das seguintes condições:

1. O valor presente dos pagamentos mínimos de aluguel corresponda a pelo menos a 90% do valor justo de mercado do ativo.
2. O arrendatário tenha a opção de adquirir a propriedade do ativo ao final do prazo do arrendamento por um preço simbólico.
3. O prazo do arrendamento cubra pelo menos 75% da vida útil do ativo.
4. O arrendamento transfira a propriedade ao arrendatário no final do prazo do contrato.

Os arrendamentos capitalizados são inicialmente registrados pelo valor presente dos pagamentos mínimos de aluguel futuros. O custo do ativo é amortizado como o dos ativos comprados. Os pagamentos periódicos de aluguel incluem despesas de juros e amortizações. Se o arrendamento não satisfizer um dos testes citados, será contabilizado como arrendamento operacional e, nesse caso, somente a despesa de aluguel será contabilizada.

Enfoque de auditoria

O enfoque de auditoria de arrendamentos parte, como acontece com a de todas as outras contas, de uma análise dos controles que a empresa usa para garantir a contabilização apropriada de arrendamentos. Segue um enfoque geral de auditoria para arrendamentos:

QUESTÃO PRÁTICA

O arrendamento é geralmente utilizado para manter ativos e passivos fora do balanço, fazendo que a empresa pareça ser menos endividada ou aumente o retorno sobre o investimento. Entretanto, o Fasb deu início a um projeto conjunto com o Conselho de Padrões Internacionais de Contabilidade que poderá exigir que o arrendatário reconheça o seu direito de utilizar o bem arrendado, como ativo, e a sua obrigação de pagar pelo bem, como passivo.

CONSIDERE O RISCO

Os auditores devem estar atentos à possibilidade de a administração utilizar arrendamentos para financiamento impróprio da aquisição de ativos fora do balanço.

1. Obter cópias de acordos de arrendamento, ler os acordos e preparar uma tabela de despesas de arrendamento, de compras por preço simbólico, entre outros.
2. Analisar a conta de despesas de arrendamento. Em seguida, selecionar lançamentos na conta e determinar se há algum que não é coberto pelo acordo identificado na primeira etapa. Fazer uma análise para verificar se as despesas são adequadamente justificadas.
3. Conferir os quatro critérios do SFAS nº 13 (ver a lista anterior) e determinar se algum deles obedece aos requisitos de arrendamentos de capital.
4. Para todos os arrendamentos de capital, determinar que os ativos e as obrigações de arrendamento sejam registrados por seu valor presente. Definir a vida útil do ativo. Calcular despesas de amortização e juros e determinar ajustes para corrigir as demonstrações financeiras. Considerar os acordos com preço simbólico de compra para determinar a vida útil para fins de depreciação.
5. Preparar uma tabela de todas as obrigações de arrendamento futuras ou testar a tabela do cliente consultando os acordos de arrendamento subjacentes para verificar se está correto.
6. Examinar a divulgação de obrigações de arrendamento do cliente para determinar se está de acordo com os princípios de contabilidade aceitos em geral.

Resumo

A auditoria de ativos de longo prazo é geralmente simples – testar as variações de saldos de contas durante o ano. Entretanto, o auditor deve estar atento à possibilidade de a administração estar administrando os lucros, alterando as estimativas relacionadas sem motivo, capitalizando custos que deveriam ser tratados como despesa do exercício. O principal desafio permanente é medir o *impairment* de ativos e registrar corretamente a depreciação correspondente à vida útil do ativo. Outros tópicos especiais envolvidos no ciclo de transações de ativos de longo prazo incluem as complexidades de auditoria introduzidas por ativos intangíveis, recursos naturais e transações de arrendamento.

Termos importantes

Ativos de longo prazo – Ativos cuja vida útil é superior a um ano.

Ativos imobilizados – Ver ativos de longo prazo.

Despesas de recuperação – Custos associados à restauração de terras usadas em atividades de mineração a um estado natural predeterminado, com o objetivo de proteger o meio ambiente.

Exaustão – Despesa associada à extração de recursos naturais. Normalmente é utilizado o método de unidades produzidas.

Impairment de ativos – Termo empregado para descrever o reconhecimento, pela administração, de que uma parcela significativa dos ativos imobilizados não é mais tão produtiva quanto se esperava originalmente. Quando os ativos sofrem tal perda de valor, os ativos devem ser reavaliados para baixo, reduzindo-os ao seu valor econômico esperado.

Operações encerradas – Eliminação de um segmento das operações com o fechamento e a desmontagem da produção ou com o anúncio da venda de uma linha de operações a outra empresa.

REFERÊNCIAS SELECIONADAS À ORIENTAÇÃO PROFISSIONAL RELEVANTE		
Referência à orientação	Fonte de orientação	Descrição da orientação
Pronunciamento FAS nº 13	Fasb	Contabilização de arrendamentos
Pronunciamento FAS nº 142	Fasb	*Goodwill* e outros ativos intangíveis
Pronunciamento FAS nº 144	Fasb	Contabilização do *impairment* ou da venda de ativos de longo prazo
IFRS 5	IASB	Ativos não circulantes mantidos para venda e operações encerradas
IAS 16	IASB	Imóveis, instalações e equipamentos
IAS 17	IASB	Arrendamentos
IAS 36	IASB	*Impairment* de ativos
IAS 38	IASB	Ativos intangíveis

Nota: siglas da orientação profissional relevante – ASB – *Auditing Standards Board* (Conselho de Padrões de Auditoria); AICPA – *American Institute of Certified Public Accountants* (Instituto Americano de Contadores Externos Certificados); Coso – *Committee of Sponsoring Organizations* (Comitê de Organizações Patrocinadoras); Fasb – *Financial Accounting Standards Board* (Conselho de Padrões de Contabilidade Financeira); IAASB – *International Auditing and Assurance Standards Board* (Conselho de Padrões Internacionais de Auditoria e Garantia); IASB – *International Accounting Standards Board* (Conselho de Padrões Internacionais de Contabilidade); IASC – *International Accounting Standards Committee* (Comitê de Padrões Internacionais de Contabilidade); Ifac – *International Federation of Accountants* (Federação Internacional de Contadores); ISB – *Independence Standards Board* (Conselho de Padrões de Independência); PCAOB – *Public Company Accounting Oversight Board* (Conselho de Supervisão Contábil de Companhias Abertas); SEC – *Securities and Exchange Commission* (Comissão de Valores Mobiliários e Bolsas de Valores).

Questões de revisão

13–2 (OA 5) Considerando os riscos normalmente associados a ativos imobilizados, identifique os controles internos sobre ativos imobilizados que você esperaria encontrar em um cliente. No caso de identificados procedimentos de controle específicos, indique sua importância para a auditoria.

13–4 (OA 4, 6) Identifique os procedimentos analíticos que poderiam ser mais eficazes na realização de uma auditoria de despesas de depreciação. Indique também como os procedimentos podem gerar informação sobre a precisão de contas de ativos. Identifique situações em que a realização dos procedimentos analíticos, como enfoque principal de avaliação da depreciação, não seria apropriada.

13–6 (OA 6) Quais procedimentos um auditor poderia usar para identificar equipamentos integralmente depreciados? Como poderia determinar se esses itens estão avaliados corretamente?

13–8 (OA 5, 6) Durante a auditoria de um novo cliente, você descobre uma política contábil estipulando que todas as compras de equipamentos ou outros itens com valores inferiores a $ 500 devem ser tratadas como despesa, independentemente de sua natureza. Quando você pergunta à controladora a respeito dessa política, ela diz que se trata de uma maneira prática de lidar com itens que não são materiais. Ela indica que essa política poupa um volume enorme de trabalho, pois os itens não são inventariados, capitalizados ou depreciados. Como a existência de tal política afetaria a auditoria?

13–10 (OA 6) Que responsabilidade tem o auditor pela determinação da vida útil estimada de um novo ativo que tenha sido adquirido pela empresa? Como um auditor poderia determinar se a estimativa da empresa de vida útil é razoável?

13–12 (OA 7) O que é um teste de possibilidade de recuperação, tal como usado no contexto de testes de *impairment* de ativos?

13–14 (OA 7) Suponha que uma empresa obtenha uma avaliação de equipamentos que possam ter sofrido *impairment*. O auditor precisa testar a avaliação? Que trabalho o profissional deveria realizar para determinar se é possível confiar na avaliação como a melhor estimativa do valor dos ativos?

13–16 (OA 8) Quais são as principais dificuldades de auditoria associadas a recursos naturais?

13–18 (OA 9) Alguns administradores acreditam que há benefícios positivos de divulgação financeira no arrendamento de ativos por um período inferior à sua vida útil. Quais são os benefícios? Que índices-chave são afetados pela decisão de comprar *versus* arrendar um ativo?

13–20 (OA 9) O auditor é obrigado a determinar a duração econômica de um ativo arrendado?

Questões de múltipla escolha

13–22 (OA 3) Qual dos seguintes não é um risco relacionado a contas de ativos imobilizados?
a. Deixar de contabilizar vendas de ativos.
b. Capitalizar despesas de reparos e manutenção.
c. Tratar arrendamentos de capital como se fossem operacionais.
d. Alterar estimativas de depreciação para administrar lucros.
e. Todos os anteriores são riscos.

*13–24 (OA 6) Uma empresa mantém seus registros de ativos imobilizados em um sistema computadorizado. Um número de identificação exclusivo de ativos imobilizados, com nove algarismos, identifica cada registro existente no arquivo. Os demais campos descrevem o ativo, data de aquisição, custo, vida útil, método de depreciação e depreciação acumulada. Qual dos seguintes procedimentos não seria realizado usando-se *software* genérico de auditoria?
a. Selecionar uma amostra de ativos para verificar a existência do bem.
b. Recalcular a depreciação acumulada.
c. Verificar a vida útil determinando se está na classe apropriada de ativos.
d. Totalizar os campos de custo e depreciação acumulada e conferir os totais com o razão geral do cliente.

†13–26 (OA 6) Ao executar procedimentos de auditoria, o profissional pode observar as circunstâncias enumeradas a seguir. Qual delas poderiam fazer que o auditor concluísse que os lançamentos de despesa de depreciação são insuficientes?
a. Valores substanciais de ativos integralmente depreciados.
b. Uso de ativos relativamente novos como parte de pagamento de compras de outros ativos.
c. Perdas recorrentes excessivas com ativos vendidos.
d. Valores segurados muito superiores aos valores contábeis.

13–28 (OA 8) Ao auditar patentes, um ativo intangível, o auditor normalmente analisaria ou recalcularia a amortização e determinaria se o prazo de amortização é razoável, em apoio a qual afirmação pela administração em demonstrações financeiras?
a. Avaliação.
b. Existência.
c. Completude.
d. Direitos.

Questões de discussão e pesquisa

13–30 (Controles internos e auditoria integrada de ativos imobilizados, OA 5, 6)
Pede-se:
As perguntas a seguir poderiam ser consideradas em uma avaliação de controles internos de ativos imobilizados. Para cada pergunta:
a. Indique a finalidade do controle.
b. Informe o impacto sobre os procedimentos substantivos de auditoria caso a resposta à pergunta aponte a existência de controles fracos.

Perguntas sobre controle interno
1. O cliente faz um inventário físico periódico de ativos imobilizados e o concilia com o razão desses ativos?
2. O cliente conta com um manual de políticas para classificar ativos imobilizados e atribuir uma vida útil estimada para fins de depreciação a essa classe de ativos?
3. O cliente possui alguma política quanto a despesas mínimas antes de capitalizar um item? Em caso afirmativo, qual é o valor mínimo?
4. O cliente possui algum mecanismo para identificar equipamentos designados para sucateamento? Em caso afirmativo, ele é eficaz?
5. O cliente conta com algum mecanismo aceitável para distinguir reformas substanciais de simples reparos e manutenções? Em caso afirmativo, ele é eficaz?
6. O cliente reconstrói regularmente seus próprios ativos? Em caso afirmativo, ele possui um procedimento eficaz para identificar e classificar apropriadamente todos os custos de construção?
7. O cliente analisa sistematicamente as principais classes de ativos para identificar possibilidades de *impairment*?
8. A administração analisa periodicamente a venda ou o sucateamento de ativos como base para rever a atribuição de vidas úteis estimadas para fins de depreciação?

13–32 (Procedimentos analíticos substantivos – depreciação, OA 6) O auditor sênior lhe pediu para executar procedimentos analíticos com a finalidade de obter evidência substantiva sobre a razoabilidade da despesa contabilizada de depreciação de veículos usados por um cliente para en-

---

* Todos os problemas marcados com um asterisco foram adaptados do Exame de Certificação Interna de Auditor.
† Todas as questões marcadas com uma adaga são adaptadas do Exame de Auditor Interno Certificado.

tregas. As variações da conta ocorreram de maneira basicamente uniforme durante o ano. A vida útil estimada é de seis anos. O valor residual estimado corresponde a 10% do custo original. É usado o método de depreciação linear. Informações adicionais:

Equipamento de entrega (de acordo com o razão geral)	
Saldo inicial	$ 380.500
Aquisições	154.000
Vendas	(95.600)
Saldo final	$ 438.900
Despesa de depreciação do ano corrente de acordo com a contabilidade – $ 60.500	

Pede-se:
Estime o valor da despesa de depreciação para o ano usando procedimentos analíticos. A despesa de depreciação contabilizada parece ser aceitável? Explique sua resposta. Qual é o impacto do resultado deste procedimento analítico sobre outros procedimentos substantivos que o auditor poderia usar?

13–34 (Riscos e ativos imobilizados – fraude na WorldCom, OA 1) A *WorldCom* promoveu uma fraude envolvendo ativos imobilizados. Suponha que sabemos o seguinte a respeito da conta de ativo imobilizado com o nome "equipamento de telecomunicações":

Saldo inicial	$ 3,8 bilhões
Aquisições	$ 2,1 bilhões
Vendas	$ 1,6 bilhão
Saldo Final	$ 4,3 bilhões

Também sabemos que a empresa fez *swaps* de parte de sua capacidade de linhas – capacidade de fibra ótica – com outras empresas, como *Global Crossing* e *Sprint*. O efeito desses *swaps* está incluído. Os *swaps* incluíram uma troca, mas somente em termos de ativos físicos, dos direitos de usar as linhas da *Sprint* por uma percentagem de sua capacidade, por exemplo, de linhas no Meio-Oeste. Em troca, a *WorldCom* permitiu à *Sprint* (pelo menos aparentemente) usar uma parte de sua capacidade de linhas na região leste dos Estados Unidos.

Pede-se: Identifique as afirmações específicas para a auditoria da conta de equipamento de telecomunicações e capacidade de linha da WorldCom. Verifique a evidência substantiva de auditoria que você coletaria e avaliaria ao considerar cada afirmação. Use o seguinte formato:

Equipamento de telecomunicações e capacidade de linha WorldCom	
Afirmações detalhadas para a auditoria desta conta	Evidência de auditoria a ser coletada

13–36 (Análise de variações de ativos imobilizados, OA 2, 6, 9) Você está fazendo a auditoria de final de ano da *Halvorson Fine Foods, Inc.* para 31 de dezembro de 2009. O cliente preparou a tabela a seguir para as contas de ativos imobilizados e as provisões correspondentes de depreciação. Você comparou os saldos iniciais com os documentos de trabalho da auditoria do ano anterior. As seguintes informações foram obtidas durante a sua auditoria:

1. Todos os equipamentos são depreciados linearmente (nenhum valor residual sendo levado em consideração), com base nas seguintes vidas úteis estimadas: prédios, 25 anos; todos os demais itens, dez anos. A política da empresa é atribuir metade da depreciação de um ano a todas as aquisições e vendas de ativos durante o ano.

2. Em 1º de abril deste ano, a empresa assinou um contrato de arrendamento com prazo de dez anos envolvendo uma máquina de fundição injetada, com aluguel anual de $ 5 mil a ser pago antecipadamente a cada 1º de abril. O arrendamento pode ser cancelado por qualquer uma das partes (é exigido aviso prévio de 60 dias, por escrito), e não há opção de renovação do arrendamento ou de compra do equipamento no final do prazo do contrato. A vida útil estimada da máquina é de dez anos, sem valor residual. A empresa contabilizou a máquina de fundição injetada na conta de máquinas e equipamentos por $ 40.400, igual ao valor presente na data do arrendamento, e $ 2.020, correspondentes à máquina, foram incluídos na despesa de depreciação do ano.

3. A empresa completou a construção de uma ala do prédio da fábrica em 30 de junho desse ano. A vida útil do prédio não foi ampliada por essa adição. O menor lance recebido para a construção foi de $ 17.500, registrado na conta de prédios. Utilizou-se pessoal da própria empresa para construir a ala, a um custo de $ 16 mil (materiais, $ 7.500; mão de obra, $ 5.500; e custos gerais, $ 3 mil).

4. Em 18 de agosto, a *Halvorson* pagou $ 5 mil para asfaltar e cercar um terreno de propriedade da empresa para uso como estacionamento para os funcionários. A despesa foi lançada à conta de terrenos.

5. O valor apresentado na coluna de liquidações para o ativo de máquinas e equipamentos representa dinheiro recebido em 5 de setembro com a venda de uma máquina comprada em julho de 1998 por $ 48 mil. O guarda-livros registrou uma despesa de depreciação de $ 3.500 com esta máquina em 2009.

6. A cidade de Crux doou terreno e prédios avaliados em $ 10 mil e $ 40 mil, respectivamente, à *Halvorson* para uso

como fábrica. Em 1º de setembro, a empresa começou a operar a fábrica. Como não houve qualquer custo envolvido, o guarda-livros não fez lançamento para a transação.

Halvorson Fine Foods, Inc.
Análise de ativos imobilizados
Para o ano encerrado em 31 de dezembro de 2009

Descrição	Saldo final 31 de dezembro de 2008	Adições	Liquidações	De acordo com a contabilidade, 31 de dezembro de 2009
Terrrenos	$ 22.500	$ 5.000		$ 27.500
Prédios	120.000	17.500		137.500
Máquinas e equipamentos	385.000	40.400	$ 26.000	399.400
	$527.500	$ 62.900	$ 26.000	$ 564.400
Provisão de depreciação:				
Prédios	$ 60.000	$ 5.150		$ 65.150
Máquinas e equipamentos	173.200	39.220		212.470
	$ 233.250	$ 44.370		$ 277.620

Pede-se:

a. Além de perguntar ao cliente, explique como você descobriu cada um dos itens de informação descritos durante a auditoria.

b. Prepare os lançamentos de ajuste de diário com os cálculos auxiliares que você sugeriria em 31 de dezembro de 2009 para ajustar as contas em função das transações enumeradas. Ignore implicações de imposto de renda.

13–38 (Arrendamentos, OA 3, 9) Ao realizar procedimentos analíticos para a *Merrill Traders, Inc.*, o auditor constatou um aumento substancial das despesas com aluguel e uma elevação correspondente das contas tanto de ativo imobilizado quanto da depreciação acumulada. Após investigação adicional, o profissional descobriu que um volume substancial de equipamento e um imóvel foram vendidos a uma companhia de arrendamento. A empresa a seguir arrendou de volta o imóvel e alugou equipamento semelhante junto ao arrendador. O controlador mostra ao auditor que o arrendamento foi contratualmente montado para que não fosse considerado um *leaseback*. O produto da venda foi utilizado para saldar dívidas de longo prazo.

O auditor está intrigado. Economicamente, parece não ter havido alteração nas operações da empresa, mas ela pode ter incorrido em custos futuros mais altos, pois os termos do acordo de arrendamento não parecem ser tão economicamente favoráveis quanto os anteriores com a propriedade direta dos ativos. Por exemplo, a empresa arrenda equipamentos por três anos quando a vida útil esperada é de cinco, mas é responsável por toda a manutenção dos equipamentos. Pergunta-se:

a. Que papel é desempenhado por decisões de substância *versus* forma na auditoria de um cliente e em uma situação como a descrita?

b. Que procedimentos substantivos de auditoria devem ser executados para completar a análise da conta de despesa com arrendamento?

13–40 (Análise de decisões e reduções de valor de ativos, OA 7, 10) A *Novelis, Incorporated* é a maior fabricante de laminados de alumínio em rolos do mundo. Segue uma descrição de questões envolvendo *impairment* de ativos, extraída da nota explicativa nº 6 (ativos imobilizados) no formulário 10-K da empresa para 31 de dezembro de 2006.

Impairment de ativos

1. Em 2005, em conexão com a decisão de encerrar e vender nossa fábrica em Borgofranco, Itália, reconhecemos uma despesa com *impairment* de ativos de US$ 5 milhões, baixando o valor contábil líquido dos ativos imobilizados da fábrica a zero. Baseamos nossa estimativa em ofertas de terceiros e negociações para a venda da unidade.

2. Em 2004, registramos uma despesa de US$ 65 milhões com *impairment* de ativos para reduzir o valor de carregamento de equipamentos de produção em duas instalações na Itália ao seu valor justo de US$ 56 milhões. Determinamos o valor justo dos ativos com valores reduzidos com base nos fluxos futuros de caixa descontados dessas instalações, adotando uma taxa de desconto de 7%.

3. Em 2004, anunciamos que encerraríamos operações em Falkirk, Escócia. Designamos alguns equipamentos de produção com valor simbólico de carregamento para trans-

ferência à nossa unidade de Rogerstone. Reduzimos o valor de carregamento dos ativos imobilizados remanescentes a zero, o que resultou uma perda com *impairment* de ativos de US$ 8 milhões.

Pede-se:

Complete as quatro primeiras etapas do arcabouço de análise de decisões apresentado no capítulo 3, respondendo às seguintes perguntas:

1. Observe que a *Novelis* utiliza vários métodos para determinar o volume de perdas com *impairment* de ativos.
   a. Quais são os dois enfoques que um cliente pode usar para determinar perdas com *impairment* de ativos?
   b. Que dificuldades serão enfrentadas pelo auditor da *Novelis* ao decidir se as perdas com *impairment* de ativos são razoáveis?
2. Quais as consequências das decisões do auditor na avaliação de *impairment* de ativos?
3. Quais os riscos e as incertezas associados à estimação da *Novelis*?
4. Que tipos de evidência o auditor deve coletar para avaliar se as estimativas realizadas pela administração são razoáveis?

Recorde-se que o arcabouço é o seguinte:

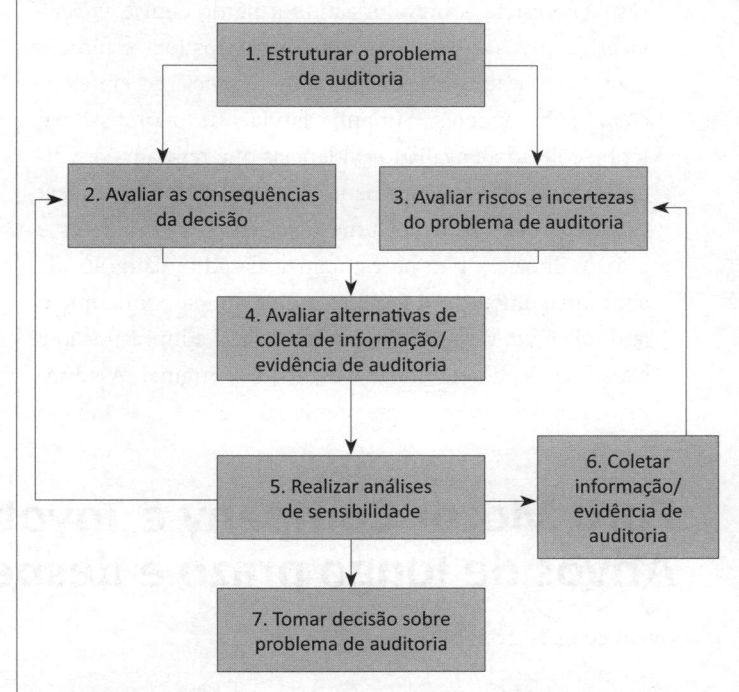

1. Estruturar o problema de auditoria
2. Avaliar as consequências da decisão
3. Avaliar riscos e incertezas do problema de auditoria
4. Avaliar alternativas de coleta de informação/evidência de auditoria
5. Realizar análises de sensibilidade
6. Coletar informação/evidência de auditoria
7. Tomar decisão sobre problema de auditoria

Fonte: adaptado de HOGARTH, Robin. *Judgment and Choice*.

Casos

13–42 (*Impairment* de ativos e considerações éticas relacionadas, OA 3, 7, 10) Sua empresa faz a auditoria da *Cowan Industries* há vários anos. A empresa fabrica uma variedade de produtos para tratamento de gramados e os vende a grandes empresas varejistas. Nos últimos anos, acrescentou produtos auxiliares, tais como equipamentos de recreação, que utilizam parte da mesma tecnologia. As novas linhas de atividade, embora sejam bem-sucedidas, não têm sido rentáveis. O preço da ação da empresa não tem subido, e a administração foi substituída recentemente.

A nova equipe de gestão anuncia que fechará duas fábricas e suspenderá uma das novas linhas de produtos. Ela planeja expandir as linhas de produtos existentes e intensificar os esforços de marketing. Muito embora não haja obsolescência tecnológica de produtos existentes, a nova administração não acredita que a empresa possua uma vantagem competitiva. Ela quer dar um choque isolado de $ 15,3 milhões (cerca de um terço dos ativos) no balanço e na demonstração de resultado criando uma reserva para o fechamento das fábricas e das linhas de produtos. Também planeja pagamentos de indenização aos funcionários das duas fábricas.

Pede-se:
a. Defina e explique o tratamento contábil apropriado para o temo *impairment* de ativos.
b. A administração está motivada, geralmente, a subavaliar ou sobrevalorizar a baixa devida ao *impairment* de ativos? Explique a sua resposta.
c. Que informação o auditor deve levantar para preparar evidências quanto à avaliação apropriada do *impairment* de ativos? Ao responder à pergunta, considere o seguinte:
   - Os ativos das fábricas devem ser tratados como individuais ou como grupo na determinação do valor realizável?
   - Quais são os principais passivos que a empresa deve considerar ao fechar unidades e encerrar uma linha de produtos? Esses passivos devem ser considerados como parte do custo com o *impairment* de ativos?
   - Como a liquidação efetiva das fábricas ou os custos de fechamento delas são estimativas, como deve o auditor tratar diferenças materiais entre as suas estimativas e as feitas pela administração? As diferenças devem ser divulgadas ou levadas em conta de alguma outra forma?

d. Suponha que nesta situação o auditor acredite que a administração esteja sobrevalorizando a perda com o *impairment* de ativos e, portanto, a melhoria dos lucros futuros com a diminuição das despesas de depreciação em exercícios subsequentes. Suponha ainda que o profissional tenha coletado e avaliado evidências que revelam convincentemente que o lançamento razoável pelo *impairment* de ativos deve ficar em uma faixa entre $ 8 milhões e $ 10 milhões, e não na estimativa da administração, de aproximadamente $ 15 milhões. Por fim, suponha que o auditor tenha discutido o assunto com a administração e ela se recuse a abandonar a estimativa original. A administração declara que suas premissas e evidências são tão convincentes quanto as do auditor. Utilize o arcabouço de tomada de decisões com ética em sete etapas, apresentado no capítulo 3, para recomendar que linha de ação deve ser adotada pelo auditor.

Recorde que as sete etapas são as seguintes: (1) identificar a questão ética, (2) determinar quais são as partes afetadas e identificar seus direitos, (3) determinar quais são os direitos mais importantes, (4) gerar linhas alternativas de ação, (5) determinar as consequências prováveis de cada linha proposta de ação, (6) avaliar as consequências possíveis, incluindo uma estimativa do maior benefício para o maior número de partes e (7) escolher a linha apropriada de ação.

Ford Motor Company e Toyota Motor Corporation: Ativos de longo prazo e despesas relacionadas

(www.cengage.com.br)

Fonte e referência	Questão
Ford 10-K, demonstrações financeiras, nota explicativa nº 11 (p. FS-23) *Ford* 10-K, nota explicativa nº 2 (pp. FS-12 a FS-13) *Ford* 10-K, nota explicativa nº 11 *Toyota* 20-F, p. F-4 (balanço)	1a. Quais são as principais contas de ativos de longo prazo e despesas relacionadas da *Ford*? 1b. Quais são as políticas contábeis críticas para essas contas? 1c. Calcule e compare índices específicos ao ciclo (por exemplo, ativos imobilizados/ativos totais) que você considere relevantes para a *Ford* e *Toyota*. Quais são as implicações das diferenças observadas?
Ford 10-K, pp. 27, 40, nota explicativa nº 20 (FS-40 a FS-44) *Ford* 8-K, 26 de março de 2008	2a. Leia a divulgação feita pela *Ford* a respeito do plano de *downsizing*. Que risco o *downsizing* revela acerca da empresa? Que riscos ele cria para a empresa de auditoria? 2b. De que maneira o plano de *downsizing* da *Ford* afeta a avaliação de seus ativos imobilizados? 2c. Leia o formulário 8-K da *Ford*, entregue em 26 de março de 2008. Até que ponto ele confirma a divulgação feita no formulário 10-K de 2007? Qual é a utilidade da elaboração deste formulário 8-K para os acionistas da *Ford* e para a empresa de auditoria?
Ford 10-K, pp. 68-69 e nota explicativa nº 12 (p. FS-23)	3a. Leia a descrição feita pela *Ford* do *impairment* de ativos de longo prazo na discussão e análise da administração e na nota explicativa nº 12, relativa ao *impairment* de ativos de longo prazo. Qual é a natureza das estimativas exigidas pela avaliação de ativos de longo prazo? Que premissas e estimativas básicas afetam a avaliação desses ativos? Quais são as suas principais inferências a partir dessa divulgação? 3b. Quais são as obrigações da empresa de auditoria em relação às estimativas feitas nessa divulgação? Que riscos essas estimativas geram para a empresa de auditoria?

Auditoria de passivos de longo prazo, patrimônio líquido e transações com entidades relacionadas

14

Objetivos de aprendizagem

O objetivo principal deste livro-texto é a construção de uma base para a análise de questões profissionais correntes e a adaptação de enfoques de auditoria às complexidades das empresas e da economia. Por meio do estudo deste capítulo, você será capaz de:

1. Descrever passivos de longo prazo que exigem atenção especial da auditoria devido à subjetividade na determinação de seu valor apropriado.
2. Discutir os enfoques à auditoria de exigibilidades e do patrimônio líquido, incluindo considerações de auditoria integrada.
3. Descrever as principais questões de avaliação associadas a fusões e aquisições.
4. Apresentar os riscos e os procedimentos de auditoria relacionados a despesas de reestruturação e os enfoques de teste do potencial de *impairment* do *goodwill*.
5. Identificar os tipos de transações com entidades relacionadas, descrever a contabilização apropriada e montar um enfoque de auditoria para transações com essas instituições.
6. Aplicar os arcabouços de análise e tomada de decisões com ética em situações envolvendo a auditoria de passivos de longo prazo, patrimônio líquido, despesas de reestruturação, *goodwill* e transações com entidades relacionadas.

Visão geral do capítulo

Muitas áreas da contabilidade exigem um volume significativo de estimativas fundamentadas pela administração. Essas áreas incluem passivos de longo prazo tais como pensões, outros passivos relacionados a aposentadorias e obrigações com garantias, juntamente com a parte da aquisição de outra empresa. O auditor precisa entender os contratos que afetam esses campos subjetivos, bem como o sistema de informações que o cliente possui (ou se espera que possua) para preparar estimativas de contas que podem ser influenciadas por julgamentos subjetivos da administração. O auditor também deve adquirir conhecimento a respeito dos controles que o cliente implantou nos processos em que as estimativas da administração são um componente crítico. Além disso, o auditor deve estar ciente de que, em alguns casos, a administração pode utilizar a subjetividade para influenciar o nível dos lucros divulgados. O profissional também deve saber que algumas das transações do cliente podem

O processo de elaboração do parecer de auditoria

I. Aferir as decisões de aceitação e retenção do cliente (capítulo 4).	II. Entender o cliente (capítulos 2, 4-6 e 9).	III. Obter evidência a respeito de controles e determinar o impacto sobre a auditoria de demonstrações financeiras (capítulos 5-14 e 18).	IV. Apurar evidências consubstanciadas sobre afirmações de contas (capítulos 7-14 e 18).	V. Fechamento da auditoria e tomada de decisões de divulgação (capítulos 15 e 16).
A profissão de auditoria, regulamentação e governança corporativa (capítulos 1 e 2).		Tomada de decisões, conduta profissional e ética (capítulo 3).		Responsabilidade profissional (capítulo 17).

ser feitas com entidades relacionadas e que tais transações exigem divulgação adequada que os clientes talvez prefiram não fazer.

Este capítulo apresenta uma visão geral de questões contábeis complexas e desenvolve um arcabouço para a auditoria integrada de tais áreas. Em termos do processo de elaboração do parecer de auditoria, este capítulo envolve as fases III e IV, ou seja, a obtenção de evidência sobre afirmações concernentes à auditoria de passivos de longo prazo, patrimônio líquido, aquisições e transações com entidades relacionadas.

Enfatizamos três temas principais ao longo do capítulo: (1) a contabilidade em muitas dessas áreas ainda está em processo de desenvolvimento e o auditor precisa entender as complexidades dos padrões atuais da área; (2) as empresas devem possuir sistemas de informações bem desenvolvidos, com controles internos apropriados para gerar dados visando à preparação de estimativas contábeis de qualidade elevada, mas muitas vezes isso não ocorre; e (3) os auditores podem recorrer a especialistas para a obtenção de evidência objetiva a respeito de algumas das questões de avaliação, por exemplo, suposições feitas no cálculo de obrigações com pensões. O auditor deve se assegurar de que esses especialistas sejam objetivos e independentes da organização.

Introdução: risco empresarial e julgamentos subjetivos

Como no exemplo da *Rayovac/Spectrum Brands* no quadro Julgamento profissional em contexto, um número significativo de fusões e aquisições nos últimos 20 anos tem levado a fracassos econômicos. As empresas geralmente pagaram demais pelas aquisições, não fizeram a análise apropriada dos investimentos e a entidade comprada raramente obteve a sinergia esperada no momento da aquisição. Um dos maiores fracassos foi a fusão da AOL com a *Time-Warner*, em que a empresa foi obrigada a reconhecer uma perda de US$ 94 bilhões no *goodwill* associado à fusão (correspondendo aproximadamente a 20 anos de lucros). Outras questões de avaliação também surgem em aquisições, como a avaliação de ativos imobilizados e intangíveis. Além disso, pode haver alguns problemas na determinação de se a empresa adquirida está inteiramente integrada na nova empresa ou continua a operar como uma unidade separada.

Muitas empresas têm criado sociedades de propósitos específicos (SPEs) para atingir metas de divulgação financeira, enquanto outras foram instituídas para que fossem alcançados

JULGAMENTO PROFISSIONAL EM CONTEXTO

Contabilização de *goodwill* na Rayovac/Spectrum Brands e efeitos do endividamento excessivo

A *Spectrum Brands* (anteriormente chamada de *Rayovac Corporation*) é uma empresa de bens de consumo que vende pilhas (com a marca *Rayovac*), produtos de higiene pessoal (com a marca *Remington*) materiais para gramados e jardins (com a marca *Spetracide*), e materiais para animais de estimação (com a marca *Tetra*). A partir do início dos anos 2000, Dave Jones, diretor executivo da empresa, adotou uma estratégia agressiva de crescimento, na qual o antigo fabricante de pilhas adquiriu as outras marcas usando volumes significativos de capital de terceiros como financiamento. Neste processo, a empresa emitiu mais de US$ 2,5 bilhões em títulos de dívida de longo prazo. Jones deixou a empresa abruptamente em maio de 2007, e o novo diretor executivo, Kent Hussey, ficou com a tarefa de descobrir como saldar as dívidas com lucros em queda e em meio a uma recessão séria em 2008 e 2009.

Quando a empresa informou seus resultados para o terceiro trimestre de 2008, ela apresentou um prejuízo de US$ 5,58 por ação. Como em outras divulgações recentes, os resultados do terceiro trimestre continham os seguintes dados a respeito de componentes do prejuízo da empresa:

- Perdas com *impairment* de *goodwill* e marcas de US$ 253,7 milhões, ou US$ 4,76 por ação, de acordo com os pronunciamentos SFAS 142 e 144, predominantemente relacionados às divisões de casa e jardim e materiais para animais de estimação da empresa.
- Despesas de reestruturação e outras despesas relacionadas de US$ 14,3 milhões, ou US$ 0,27 por ação, principalmente associadas à estratégia da empresa de fechar a *Ningbo Baowang*, uma unidade de produção de baterias na China, além de iniciativas de redução de custos na empresa como um todo.

Além disso, a empresa passou por uma reversão interessante na venda planejada da unidade de materiais para animais de estimação. A instituição havia anunciado anteriormente que venderia a unidade por US$ 693 milhões e usaria essa quantia para reduzir suas dívidas. Entretanto, alguns credores preferenciais se recusaram a aprovar o acordo e ele acabou sendo cancelado, deixando a *Spectrum* na posição difícil de precisar encontrar outras fontes de caixa para saldar suas dívidas.

Em novembro de 2008, as previsões de analistas indicavam que o valor da ação era igual a zero, e a Bolsa de Valores de Nova York havia ameaçado cancelar o seu registro. Ao mesmo tempo, os executivos da empresa estavam sendo regiamente pagos para continuar nela. Por exemplo, Hussey, o diretor executivo, receberia um bônus de US$ 2 milhões se permanecesse na empresa até 31 de dezembro de 2009. E o conselho de administração aprovara pagamentos de bônus para quatro altos executivos no total de US$ 1,6 milhões.

À medida que for lendo este capítulo, considere esse caso e as seguintes perguntas:

- De que maneira a gestão da dívida de longo prazo afeta o potencial da empresa de continuar operando em condições normais? Quais são as considerações de auditoria associadas a dividas de longo prazo? Ao responder a esta pergunta, considere aspectos tais como termos de renegociação, outros métodos de cumprimento de obrigações com os credores e o que seria evidência de auditoria para fins de reavaliação.
- Que julgamentos de avaliação do auditor são exigidos pela presença de *goodwill* no balanço de um cliente ou pela existência de atividades de reestruturação?
- Quais são as implicações de auditoria quando os planos estratégicos de crescimento de uma empresa dão errado?
- Que questões éticas você vê para os altos executivos da *Spectrum Brands* nesta situação? É justo que recebam pagamentos substanciais quando a empresa se encontra em situação financeira tão crítica? A empresa necessita de talento para se livrar da possibilidade de falência. Quais são as responsabilidades do conselho de administração em tais situações?

---

objetivos operacionais. A *Enron* foi a usuária mais notável de SPEs, mas seu uso não se limita à *Enron*, ou mesmo ao setor de energia. Muitas instituições estão criando *joint ventures* ou entidades separadas de pesquisa e desenvolvimento que podem trazer riscos para a matriz que devem ser avaliados em toda auditoria.

Outras contas com risco intrínseco associado a julgamentos subjetivos incluem passivos de garantias e despesas afins, a provisão para devedores duvidosos, ou passivos de longo prazo tais como custos de planos de pensão e benefícios de assistência médica. As áreas identificadas neste capítulo são algumas das mais arriscadas enfrentadas por um auditor.

Passivos de longo prazo e patrimônio líquido

OA 1
Descrever passivos de longo prazo que exigem atenção especial de auditoria devido à subjetividade na determinação de seu valor apropriado.

Boa parte da contabilidade de passivos de longo prazo é simples. Por exemplo, os títulos de dívida são apresentados ao preço de emissão não amortizado e não são ajustados a mercado, a menos que a empresa esteja resgatando os títulos antecipadamente ou os convertendo em ações. Entretanto, diversos passivos de longo prazo exigem julgamentos amplos e subjetivos do cliente e do auditor. Voltamos a seguir a nossa atenção para alguns desses passivos.

Passivos de longo prazo com julgamentos subjetivos significativos

É difícil determinar o valor correto de balanço de uma série de contas de passivo, pois elas exigem julgamentos significativos e hipóteses sobre eventos futuros. Essas contas incluem:

- Reservas para garantias.
- Obrigações de pagamento de pensões.
- Outros benefícios após a aposentadoria – especialmente assistência médica.
- Reservas de reestruturação.

Demonstraremos a dificuldade de auditoria dessas contas discutindo rapidamente os três primeiros itens (as reservas de reestruturação serão tratadas mais adiante neste capítulo).

Reservas para garantias

A reserva ou passivo de garantias representa o custo futuro esperado associado às vendas do produto de uma empresa. O programa de auditoria deve levar em conta a experiência passada da empresa, mas precisa ajustar a estimativa do passivo em função dos seguintes fatores:

1. Alterações do produto, incluindo aumentos ou reduções da qualidade.
2. Alterações da natureza da garantia.
3. Variações de volume de vendas; por exemplo, se mais negócios foram feitos durante o último trimestre deste ano que em anos anteriores.
4. Variações do custo médio de conserto de produtos sob garantia.

O custo de cobertura futura de garantias é estimado e registrado quando o produto é vendido. Por exemplo, sempre que a *Ford* vende um novo veículo, ela precisa estimar o custo médio que espera ter com o cumprimento da garantia prometida no ato da venda. A despesa e o passivo de garantia são registrados quando cada venda é efetuada. Os custos incorridos para cumprir as exigências de garantia são lançados contra o passivo. O cliente deve monitorar continuamente as exigências de cobertura de garantias para determinar se há uma variação inesperada da quantidade ou dos valores monetários associados a essas exigências de cobertura. Se os valores forem significativamente distintos dos esperados, o cliente deverá ajustar o passivo de garantias. O auditor pode auditar a conta testando os controles que fazem parte do sistema de informações usado pelo cliente e/ou executando procedimentos analíticos substantivos que envolvem a elaboração de uma estimativa independente baseada nos fatores anteriormente identificados. Por exemplo, o auditor poderia utilizar a análise de regressão com base no número de pedidos de cobertura, defeitos causadores dos pedidos, valores monetários dos reparos correspondentes a cada pedido e variáveis semelhantes para

> **Questão prática**
> Os princípios contábeis continuarão evoluindo e uma das questões que serão enfrentadas nos próximos anos diz respeito ao ajuste dos passivos a valor justo de mercado. Se tal mudança ocorrer, ela gerará novos desafios para a administração e auditores.

estimar o passivo de garantias, bem como gerar intervalos de confiança em torno da estimativa pontual.

O auditor deve indagar a respeito da veracidade do sistema de informações utilizado para acompanhar os itens sob garantia e tomar providências para mitigar as despesas. Um controle apropriado permitirá a uma empresa adotar providências eficazes para impedir que ocorra um problema com seus produtos. Um exemplo real envolvendo a indústria automobilística é apresentado no quadro Perspectiva histórica, sobre a *Ford* e a *General Motors*.

Obrigações de pagamento de pensões

As pensões representam um amálgama de muitos itens de difícil estimação:

- Vida estimada dos pensionistas.
- Natureza do plano de pensão, por exemplo, plano de benefício ou contribuição definida.
- Rendimentos futuros de funcionários antes de se aposentarem com planos de benefícios definidos.
- Taxa de retorno dos ativos do plano de pensão, incluindo uma avaliação da segurança dos ativos investidos.
- Taxas de juros de longo prazo para o cálculo do valor presente de custos futuros.
- Alterações nos planos de pensão.

O cliente geralmente contratará uma empresa de cálculos atuariais para ajudá-lo a fazer as estimativas. O auditor deve determinar que essa instituição contratada é independente e competente e possui informação confiável suficiente para fazer as estimativas de passivos. O auditor também deverá contar com um especialista em atuária para ajudar a equipe de auditoria a auditar as obrigações com pensões. Há evidência sólida de que empresas têm usado as obrigações com pensões para suavizar os lucros ou administrá-los alternando a taxa de desconto suposta ou a taxa de retorno dos ativos.

> **QUESTÃO PRÁTICA**
>
> Existem controles para atenuar riscos. No caso da Ford e da General Motors destacado a seguir, o risco era o de possíveis ações judiciais contra a Ford, causado pela falha do produto de um fornecedor. Tudo indica que a Ford não contava com controles eficazes para ajudar a atenuar este risco. Na GM, o controle para atenuar o risco exigia que a empresa assumisse a responsabilidade pelo passivo, adquirindo assim acesso aos dados necessários para analisar problemas e tomar medidas de proteção.

PERSPECTIVA HISTÓRICA

Ford e General Motors: o caso do utilitário que capotava

No início de 2000, um advogado envolveu-se em uma ação de clientes que tinham se ferido quando um Ford Explorer capotou após o estouro do pneu traseiro direito. Ao se preparar para a ação, o advogado notou que houve vários outros casos em que o mesmo pneu parecia ter estourado em altas velocidades e temperaturas elevadas. O advogado posteriormente moveu uma ação coletiva contra a Ford Motor Company. Tudo indica que a Ford não estava ciente da série de problemas associados aos pneus porque a garantia do item era dada pelo seu fornecedor, a Firestone Tire Company. Antes que a Ford pudesse tomar as providências apropriadas, tal como emitir uma orientação de que os pneus deviam ser calibrados com pressão mais alta, a empresa perdeu milhões de dólares em indenizações fixadas judicialmente, rompeu uma relação de quase 100 anos com seu principal fornecedor de pneus e, o que é pior, perdeu a confiança do público em seus veículos. A perda de confiança resultou em uma queda dramática no valor dos utilitários usados da marca Ford e aumentou significativamente o custo da posse de um produto da Ford, em comparação com outras marcas. A perda de valor e prestígio levou a quedas dramáticas de vendas e rentabilidade do produto mais vendável e rentável da empresa.

A General Motors, por outro lado, reconheceu o risco de defeitos em seus automóveis que poderiam ser provocados pelo produto de um fornecedor. Para garantir que estava ciente de possíveis falhas de pneus e outros produtos, a General Motors decidiu que daria uma garantia cobrindo todos os produtos associados aos seus veículos, inclusive os pneus. Decidiu-se que assumir a responsabilidade era uma boa prática de gestão de riscos porque geraria uma base de dados que a empresa poderia analisar visando a tomar medidas para minimizar custos. A GM fez um acordo com os seus fornecedores consistindo em transferir a despesa com garantias aos fornecedores ou, no caso de pneus, exigir que as garantias fossem processadas nos postos de serviços da empresa produtora de pneus.

> **QUESTÃO PRÁTICA**
>
> Em 2008, a Random House, Inc., a maior editora mundial de livros de assuntos gerais, anunciou que estava congelando seu plano de pensão para os funcionários existentes e eliminando-o no caso de funcionários a serem contratados posteriormente. Essa decisão reflete um movimento mais amplo que se acelerou na década de 1980. Os auditores devem estar atentos para mudanças nos planos de pensão de seus clientes.

Outros benefícios após a aposentadoria

Muitas empresas oferecem cobertura de seguro de saúde como parte dos benefícios após a aposentadoria. O custo crescente de assistência médica tem sido qualificado como uma "crise" por muitos candidatos a cargos públicos. O custo dos serviços médicos é de difícil estimação por uma empresa ou um auditor. As dificuldades de outras estimativas de benefícios após a aposentadoria em termos de pagamentos de assistência médica podem ser minimizadas caso a empresa conte com um plano que limite os reembolsos efetivos de assistência a cada ano.

A magnitude de outros benefícios após a aposentadoria pode ser percebida no relatório sobre a *Delphi Corp.* para o ano de 2004, no quadro Perspectiva histórica.

A auditoria de outros benefícios após a aposentadoria exige estimativas de variações de despesas de assistência médica, alterações de cobertura, variações de expectativas médias de vida e da natureza das doenças a serem consideradas. O cliente precisa ter um sistema de informações para coletar e analisar tais informações para poder fazer uma estimativa com alguma segurança. A inexistência de tal sistema seria considerada uma deficiência material de controles internos sobre a divulgação financeira.

Títulos de dívida e patrimônio líquido

OA 2
Discutir os enfoques à auditoria de exigibilidades e do patrimônio líquido, incluindo considerações de auditoria integrada.

Uma organização conta com um número infinitamente grande de alternativas para cobrir suas necessidades de financiamento de longo prazo. As duas mais comuns são a emissão de títulos de dívida (capital de terceiros) e participação acionária (capital próprio). No restante desta seção, apresentamos uma breve visão geral de considerações de auditoria, incluindo controles implantados pelo cliente associados a esses dois métodos de financiamento. Muitos instrumentos de financiamento são mais complexos que aqueles que descrevemos aqui e exigirão cuidados especiais quando forem encontrados. Entretanto, os conceitos relacionados a riscos e a avaliação desses outros instrumentos de financiamento baseiam-se na natureza fundamental dos passivos. Outras contas que o auditor pode encontrar ao auditar atividades de financiamento incluem:

- Notas promissórias a pagar.
- Contratos de financiamento ou empréstimos hipotecários a pagar.
- Títulos de dívida especiais:
  Obrigações de pagamento em títulos (pagamento de juros com a emissão de mais títulos com uma data estipulada de pagamento de juros em dinheiro).
  Obrigações conversíveis em ações.
- Ações preferenciais com resgate obrigatório (ações preferenciais com data de resgate obrigatório).
- Opções de compra de ações e *warrants*.
- Opções de compra de ações como parte de um programa de remuneração de funcionários com ações.

> **QUESTÃO PRÁTICA**
>
> As ações preferenciais resgatáveis têm se transformado em uma alternativa popular para um investidor obter um retorno com mais segurança que um investimento direto em ações. Um exemplo é a compra por Warren Buffett de uma nova emissão de ações preferenciais da General Electric, com dividendo de 10%, no valor de US$ 10 bilhões. Os auditores devem considerar se as ações preferenciais têm mais características de dívida ou capital próprio, para fins de classificação apropriada.

Títulos de dívida

Os títulos de dívida são emitidos para financiar ampliações importantes ou refinanciar dívidas existentes. As transações são pouco numerosas, mas cada uma é altamente material para as demonstrações financeiras. Algumas considerações importantes na auditoria de títulos de dívida ou outras dívidas de longo prazo incluem:

PERSPECTIVA HISTÓRICA

Delphi Corp. – redução antecipada das obrigações com o pagamento de benefícios a aposentados

A Delphi, Inc. tinha obrigações de aproximadamente US$ 8,5 bilhões com benefícios a serem pagos a funcionários aposentados em 1º de dezembro de 2003 (acima de US$ 12 bilhões, incluindo obrigações com o pagamento de pensões em 1º de dezembro de 2007). No início de 2004, a empresa anunciou que iria reduzir em US$ 500 milhões as despesas e os depósitos nos planos de benefícios dos funcionários aposentados. A redução estava diretamente relacionada a um plano suplementar de Medicare, aprovado pelo Congresso em 2003. Em sua essência, a lei destinava-se a estimular as empresas a manterem a cobertura de medicamentos vendidos com prescrição médica para os seus funcionários. Para estimular a cobertura continuada, a lei (que só entraria em vigor dois anos mais tarde e poderia ser alterada) preveria o reembolso às empresas de 28% do custo desses medicamentos que estivesse acima de US$ 250 por ano, até um subsídio anual de US$ 1.300 por funcionário.

De que maneira a lei afeta a conta de passivo? A Delphi argumentou que se retirasse US$ 1.300 por ano de sua estimativa de pagamentos futuros em dinheiro associados ao plano reduziria o passivo em US$ 500 milhões. Portanto, ela contabilizou uma redução do passivo e da despesa pelo mesmo valor. Entretanto, como mostrado nas suas demonstrações financeiras de 2007, o passivo total com pensões e outros benefícios após a aposentadoria havia crescido a aproximadamente US$ 12 bilhões.

- Avaliação apropriada e amortização de ágio ou deságio.
- Cálculo correto de despesa de juros.
- Contabilização apropriada de ganhos ou perdas no refinanciamento de dívidas.
- Divulgação apropriada de principais restrições contidas nas escrituras de emissão.

> **QUESTÃO PRÁTICA**
> A maioria das empresas amortizará o deságio ou ágio usando o método da taxa efetiva de juros, e o auditor deverá verificar se a amortização está sendo calculada corretamente.

Emissão de títulos e cronogramas de amortização – A maioria dos títulos de dívida é distribuída por um *underwriter*, com o produto da venda sendo destinado ao emitente, após a dedução da comissão. O dinheiro obtido com a emissão de títulos pode ser identificado com um depósito bancário. A autorização de emitir um título geralmente fica limitada ao conselho de administração, e a autorização apropriada deve ser verificada durante o ano de emissão. Uma planilha de amortização de um ágio/deságio pode ser montada para que o auditor possa utilizá-la a cada ano para ajudar a garantir que o título seja adequadamente avaliado e divulgado nas demonstrações financeiras.

Pagamentos periódicos e despesa de juros – A maioria das empresas possui acordos com agentes fiduciários para gerir o registro dos portadores correntes dos títulos e efetuar os pagamentos periódicos de juros. O emitente de títulos faz pagamentos semestrais ao agente fiduciário, mais uma comissão pelos serviços do agente fiduciário, e o agente desembolsa os pagamentos individuais aos portadores dos títulos. Em geral, não há necessidade de confirmar a existência do passivo com o portador do título. Ao contrário, o auditor poderá verificar os pagamentos correntes com o agente fiduciário ou reconstruir os pagamentos e atualizar a planilha de datas de amortização.

Divulgação: exame da escritura de emissão – As escrituras de emissão são elaboradas para proteger os portadores de títulos contra possível declínio financeiro ou contra a subordinação do valor da dívida pela emissão de outros títulos de dívida. Como a violação das cláusulas da escritura faz que os títulos vençam e devam ser pagos imediatamente, o auditor precisa compreender claramente as cláusulas importantes do acordo para determinar se (1) há violação do acordo e (2) as restrições materiais são divulgadas. As restrições usuais incluem a manutenção de um nível mínimo de lucros retidos antes de se poderem pagar dividendos, a manutenção de um índice mínimo de capital de giro, a especificação de um índice mínimo de endividamento e cláusulas específicas de resgate antecipado que estipulem procedimentos para o resgate e a liquidação da dívida a preços e em datas predeterminados. Cópias da escritura de emissão ou de seus pontos mais importantes são normalmente mantidas no arquivo permanente de auditoria.

Ações ordinárias e patrimônio líquido

São as seguintes as principais transações que afetam o patrimônio líquido e que devem ser examinadas durante uma auditoria:

- Emissões de novas ações.
- Compra de ações em tesouraria.
- Pagamento de bonificações ou desdobramento de ações.
- Venda de ações em tesouraria e contabilização apropriada do produto da venda.
- Adição de capital doado através de financiamento fiscal incremental.
- Declaração e pagamento de dividendos em dinheiro.
- Transferência de lucro líquido a lucros retidos.
- Registro de ajustes de exercícios anteriores ou abrangentes de lucros a lucros retidos.

Embora todas as afirmações se apliquem à auditoria do patrimônio líquido, as afirmações de avaliação e divulgação geralmente recebem mais atenção.

Avaliação – A maioria das emissões de ações não apresenta problemas de avaliação, pois é feita contra pagamento em dinheiro. Entretanto, nem todas as emissões de ações são pagas em dinheiro. A maioria dos estados norte-americanos aprovou legislação protegendo contra "ações diluídas", ou seja, ações avaliadas em montantes muito inferiores ao valor dos ativos transferidos à empresa.

Dificuldades de avaliação podem surgir na determinação (1) de se o valor de mercado da ação emitida ou o valor de mercado do ativo adquirido é uma melhor representação de valor e (2) da contabilização apropriada de uma troca de ações efetuada para adquirir outra empresa.

As transações envolvendo ações em tesouraria devem ser examinadas para se verificar se são contabilizadas e estão de acordo com a autorização pelo conselho de administração e com as leis societárias estaduais, além de serem adequadamente avaliadas. Por fim, o auditor deve verificar se o cliente fez uma distinção precisa entre capital social e ágio na emissão de ações.

Divulgação – A divulgação inclui uma descrição apropriada de (1) cada classe de ações existentes e do número de ações autorizadas, emitidas e em circulação, e dos direitos especiais associados a cada classe de ações; (2) opções de compra de ações existentes; (3) direitos de conversão; e (4) existência de *warrants* dando direito à compra de ações. O possível efeito de diluição por títulos de dívida ou ações preferenciais conversíveis, opções de compra de ações e *warrants* deve ser divulgado de acordo com a orientação contábil relevante no cálculo de lucros por ação primários e integralmente diluídos. Qualquer restrição ou apropriação de lucros retidos deve ser divulgada, bem como ajustes de exercícios anteriores e de lucros.

A **Ilustração 14.1** mostra um exemplo de um programa abrangente de auditoria de patrimônio líquido.

Questões de auditoria integrada relativas a contas de títulos de dívida e patrimônio líquido

Uma auditoria eficaz e eficiente tira proveito dos pontos fortes do controle interno para minimizar o teste direto de contas de dívida de longo prazo e patrimônio líquido. Se a entidade

> **QUESTÃO PRÁTICA**
>
> A emissão e a avaliação de opções de compra de ações e seu exercício subsequente – geralmente usando ações em tesouraria – representam algo que os auditores enfrentarão em muitas auditorias. Portanto, os profissionais devem estar familiarizados com a contabilização de opções de compra de ações para auditar o patrimônio líquido e despesas relacionadas.

Ilustração 14.1: Programa de auditoria para o patrimônio líquido

OBJETIVOS

A. Determinar que todas as transações e compromissos (opções, *warrants*, direitos etc.) são adequadamente autorizados e classificados.
B. Definir que todas as transações e compromissos são contabilizados por valores corretos no exercício apropriado.
C. Determinar que todas as transações e saldos são apresentados nas demonstrações financeiras em conformidade com a orientação contábil relevante.

Preparado	Documento por	Procedimento de trabalho

I. Patrimônio líquido

A. Capital social e ágio na emissão de ações – procedimentos substantivos de teste:
1. Para cada classe de ações, identificar o número de ações autorizadas, o seu valor nominal, privilégios e restrições.
2. Obter ou preparar uma análise da atividade nas contas; conferir os saldos iniciais com o balanço no fechamento do ano (exercício) anteriormente auditado.
3. Analisar atas, regimentos e estatutos em busca de cláusulas relacionadas ao capital social e de fundamentação para todas as alterações nas contas, incluindo autorização segundo atas de reuniões do conselho de administração e assembleias de acionistas, bem como correspondência trocada com a assessoria jurídica.
4. Explicar todos os recebimentos com emissões de ações (incluindo ações emitidas em função de planos de opções de compra de ações e compra de ações):
a. Recalcular o preço de venda e os recebimentos aplicáveis.
b. Determinar que os recebimentos foram apropriadamente distribuídos entre capital social e ágio na emissão de ações.
5. Se a empresa não mantiver seus próprios registros de ações:
a. Obter confirmação do número de ações existentes com o responsável pelo registro e pela transferência de ações.
b. Conciliar a confirmação com contas de razão geral.
6. No caso de planos de opções de compra de ações e compra de ações, localizar a autorização em atas de reuniões do conselho de administração e rever o plano e os contratos de opção. Obter ou preparar e testar as análises de opções de compra incluindo as seguintes informações:
a. No caso de planos de opções de compra de ações, a data do plano, o número e a classe de ações reservadas para opções, o método de determinação do preço, o período durante o qual as opções podem ser outorgadas e a identidade das pessoas às quais as opções podem ser outorgadas.
b. No caso de opções outorgadas, a identidade das pessoas às quais as opções são outorgadas, a data de outorga, o número de ações sujeitas a exercício de opções, o preço da opção, o número de ações em que as opções são exercíveis e o preço de mercado e o valor total das ações sujeitas a exercício de opções na data de outorga ou mensuração – primeira data em que são conhecidos tanto (1) o número de ações que o indivíduo tem direito a receber e (2) a opção de preço de compra, se houver.
c. No caso de opções existentes, o número de ações sujeitas a exercício de opções no início do período, a atividade durante o período (ações adicionais sujeitas a exercício de opções, número de ações adquiridas com o exercício de opções, número de ações que venceram durante o período) e número de ações sujeitas a exercício de opções no final do ano (final do exercício).
d. Determinar o valor justo de mercado de opções na data da emissão utilizando o modelo Black-Scholes ou o binomial de avaliação.
7. Identificar todos os direitos de compra de ações e *warrants* existentes na data do balanço, incluindo o número de ações envolvidas, o período durante o qual podem ser exercidos e o preço de exercício; determinar que os valores são devidamente divulgados.
8. Obter ou preparar uma análise da conta de ações em tesouraria e:
a. Inspecionar os cheques pagos e outros documentos que apoiam as aquisições de ações em tesouraria.
b. Examinar os certificados de ações em tesouraria; verificar que estão em nome da empresa ou endossados a ela.
c. Conciliar as ações em tesouraria com o razão geral.
9. Determinar o valor de dividendos vencidos aos titulares de ações preferenciais com dividendos cumulativos, se existirem.

Ilustração 14.1: Programa de auditoria para o patrimônio líquido (continuação)		
Preparado	Documento por	Procedimento de trabalho
B. Lucros retidos:		
1. Analisar a atividade durante o período; conferir o saldo inicial com o balanço do final do ano (exercício) anteriormente auditado; conferir o lucro líquido com as folhas de montagem de demonstrações financeiras; e conferir prejuízos não realizados em investimentos não recorrentes com as folhas de trabalho relativas a investimentos.	_____	_____
2. Determinar que os dividendos pagos ou declarados foram autorizados pelo conselho de administração e:		
a. Analisar cheques pagos e documentos de apoio para os dividendos pagos (cheques selecionados pagos a acionistas ou a um agente de desembolso de dividendos).	_____	_____
b. Recalcular valores de dividendos pagos e/ou a pagar.	_____	_____
3. Investigar ajustes de exercícios anteriores e de lucro para determinar se foram feitos de acordo com os princípios de contabilidade aceitos em geral.	_____	_____
4. Analisar documentos de apoio e autorizações de todas as outras transações na conta, tais como com ações em tesouraria, considerando a sua obediência aos princípios de contabilidade aceitos em geral.	_____	_____
5. Determinar o volume de restrições, se existirem, sobre os lucros retidos no final do exercício, resultantes de empréstimos, outros acordos, ou legislação estadual.	_____	_____

> **QUESTÃO PRÁTICA**
>
> As empresas mais novas ou de menor porte normalmente enfrentam dificuldades para obter capital ou ter acesso a crédito. Elas geralmente usaram instrumentos de participação acionária para financiar suas operações. Os auditores dessas empresas precisam avaliar se seus clientes obedeceram aos princípios contábeis aplicáveis ao contabilizarem as transações de patrimônio líquido.

tiver controles internos eficazes, a auditoria se concentrará em testes desses controles e na identificação de áreas em que poderia haver informações incorretas, caso fossem identificadas deficiências significativas ou materiais. Se não houver deficiências significativas ou materiais, testes substantivos reduzidos poderão ser apropriados. Porém, se houver uma ou mais deficiências de controles, o auditor deve determinar que tipos de incorreções poderiam ocorrer e montar testes substantivos apropriados para determinar se elas de fato ocorreram.

De que maneira uma auditoria integrada das dívidas de longo prazo e do patrimônio líquido difere de uma auditoria mais tradicional? Uma auditoria tradicional concentrará a sua atenção em variações das contas durante o ano e nos saldos das contas no final do ano. Em contraste, uma auditoria integrada se centralizará na avaliação dos controles relacionados às contas específicas ao ciclo. Se os controles forem eficazes, será possível reduzir os testes diretos dos saldos de contas. Recordem as oito etapas gerais da realização de uma auditoria integrada, que originalmente discutimos no capítulo 10. Reproduzimos essas etapas a seguir, adaptando-as à auditoria de contas de dívida de longo prazo e patrimônio líquido. Embora as oito etapas sejam importantes, o restante deste capítulo se preocupa principalmente com a identificação de enfoques substantivos de auditoria (etapa 8) a essas contas e com a articulação de questões de auditoria associadas a fusões e aquisições e transações com partes relacionadas.

Fases I e II do processo de elaboração do parecer de auditoria

1. Atualizar continuamente informações sobre risco empresarial, incluindo a identificação de fatores de risco de fraude observados durante o planejamento preliminar da auditoria. Atualizar o planejamento de auditoria em função de novas informações a respeito de riscos.
2. Analisar motivações potenciais para distorcer os valores de contas de dívida de longo prazo e patrimônio líquido, bem como a existência de outros indicadores de fraude e determinar o método mais provável pelo qual essas contas poderiam ser distorcidas. Por exemplo, a empresa pode querer manter passivos fora do balanço por meio de

SPEs, ou estruturar um instrumento de dívida, por exemplo, ações preferenciais obrigatoriamente resgatáveis, para que pareça uma ação, ou emitir ações com cláusulas de resgate que possuem mais características de dívida.

3. Executar procedimentos analíticos preliminares para verificar se há relações inesperadas nas contas e documentar como os testes de auditoria deveriam ser modificados devido às relações incomuns. Por exemplo, o auditor pode desejar executar procedimentos analíticos tanto dos passivos quanto das despesas associadas a reservas de garantias, despesas de assistência médica e benefícios associados de aposentadoria, bem como despesas com opções de compra de ações.

4. Adquirir conhecimento a respeito dos controles internos sobre contas de ativos de longo prazo e despesas relacionadas, cuja finalidade seja a de lidar com os riscos identificados nas três etapas anteriores, incluindo a aplicabilidade de controles a essas contas no nível da entidade como um todo. Este conhecimento incluirá uma análise da documentação de controles internos do cliente. Por exemplo, o auditor precisa compreender o sistema de informações e os controles associados que o cliente utiliza para fazer estimativas de garantias, benefícios de aposentadoria, ou para controlar a emissão de opções de compra de ações.

> **QUESTÃO PRÁTICA**
>
> Em 2007 e 2008, várias empresas foram acusadas de fraude pela SEC porque haviam outorgado opções de compra retroativamente para que se usasse o preço mais baixo da ação observado durante o ano. As empresas devem possuir controles suficientes para impedir tais distorções.

Fases III e IV do processo de elaboração do parecer de auditoria

5. Determinar os controles importantes que precisam ser testados para os fins de (a) elaborar um parecer sobre os controles internos da entidade e (b) reduzir os testes substantivos para a auditoria de demonstrações financeiras. Por exemplo, o cliente deve possuir controles suficientes para garantir que os dados utilizados na elaboração de estimativas sejam precisos, tempestivos e confiáveis.

6. Preparar um plano para testar controles internos e realizar os testes de controles-chave de contas de ativos de longo prazo e despesas relacionadas (no caso de companhias fechadas, o auditor pode optar por não testar controles, mas deve determinar onde poderiam ocorrer incorreções materiais caso não haja controles). Por exemplo, os controles mencionados na etapa 5 devem ser testados – supondo-se que o auditor tenha documentado que são bem projetados e postos em funcionamento. Se os controles estiverem funcionando adequadamente e o profissional também tiver determinado que o modelo de produção de estimativas ainda é apropriado, o auditor terá maior confiança nas estimativas.

7. Analisar os resultados dos testes de controles. Se forem identificadas deficiências, avaliá-las para determinar se são significativas ou materiais. Definir se a avaliação preliminar de risco de controle deve ser alterada (se o risco de controle deve ser fixado em nível mais alto) e documentar as implicações para testes substantivos. Determinar o impacto de tais deficiências e de qualquer revisão da avaliação do risco de controle sobre os procedimentos substantivos planejados de auditoria, mediante a determinação dos tipos de incorreções de ocorrência mais provável. Por exemplo, se os controles não estiverem funcionando eficazmente, o auditor precisará (a) desenvolver um modelo alternativo para avaliar a estimativa, ou (b) auditar a estimativa do cliente com o uso de testes diretos, incluindo a conferência de conclusões com os documentos originais que servem de fonte para os dados.

Se não forem identificadas deficiências de controle, considerar se a avaliação preliminar de risco de controle ainda é apropriada, determinar até que ponto os controles poderiam produzir evidências sobre a correção dos saldos de contas e, por fim, definir procedimentos substantivos planejados de auditoria. O nível de teste substantivo nesta situação será inferior ao que tende a ser exigido em circunstâncias nas quais são identificadas deficiências de controle interno.

8. Executar procedimentos substantivos planejados (métodos analíticos substantivos e testes diretos de saldos de contas) em função do potencial de incorreção e das informações coletadas sobre a eficácia dos controles internos. Os procedimentos substantivos incluirão procedimentos para lidar com riscos de fraude. Por exemplo, se os controles sobre títulos de dívida forem bem projetados e estiverem funcionando eficazmente, os testes de auditoria poderão se limitar a confirmar que o valor de face da dívida ainda está a pagar mediante comunicação com o agente fiduciário.

Fusões e aquisições

OA 3
Descrever as principais questões de avaliação associadas a fusões e aquisições.

Fusões e aquisições fazem parte normal do cenário da atividade empresarial. Elas geram desafios especiais de contabilidade e auditoria, com problemas significativos associados a aspectos de avaliação. Embora o termo fusão continue a ser utilizado, na contabilidade atual todas as combinações de entidades envolvem uma aquisição, ou seja, determina-se uma das empresas como sendo a adquirente. Além disso, todas as aquisições devem ser contabilizadas com base no enfoque de compra – mesmo que a compra seja executada como uma transação com pagamento integral em ações.

Há três questões principais de avaliação associadas a aquisições:

> **QUESTÃO PRÁTICA**
> A contabilidade na maioria das áreas cobertas por este capítulo ainda está em evolução. O auditor deve manter-se atualizado em relação às mudanças na contabilidade para identificar as implicações de auditoria.

1. Avaliação de ativos e passivos associados quando de uma aquisição.
2. Mensuração de despesas de reestruturação e reconhecimento do passivo.
3. Mensuração do *impairment* de ativos após o início das operações.

Aquisição – questões de avaliação de ativos

A maioria das aquisições envolve a compra por uma empresa de outra instituição ou de uma divisão operacional de outra empresa. Por exemplo, a *Koch Corporation* de Kansas City adquiriu a divisão de bens de consumo da *DuPont* (cerca de 25% da *DuPont*); a AOL adquiriu a *Time-Warner* em uma transação que eventualmente levou a uma perda de US$ 94 bilhões para a *AOL Time-Warner*. A complexidade de tais aquisições é igualada somente pelos riscos estratégicos da combinação das empresas com a finalidade de alcançar as sinergias operacionais esperadas. Veja o quadro Perspectiva histórica para um resumo das sinergias "esperadas" que foram identificadas na decisão da fusão entre a *AOL* e a *Time-Warner*.

As principais questões associadas à avaliação de uma aquisição são:

- Determinação do custo da aquisição.
- Avaliação dos ativos e passivos tangíveis e intangíveis identificáveis.
- Avaliação do *goodwill*.

Determinação do custo da aquisição

> **QUESTÃO PRÁTICA**
> A contabilidade de aquisições e de *goodwill* está sendo aperfeiçoada pelos responsáveis pela fixação de padrões de contabilidade. O auditor deve sempre examinar os pronunciamentos de contabilidade recentes antes de auditar aquisições.

Normalmente, a determinação do custo de uma aquisição é bastante simples – é o valor pago para comprar a empresa. Há vários fatores que complicam a avaliação. Eles incluem aquisições:

- Feitas com pagamento em ações e não em dinheiro.

Perspectiva histórica

A fusão entre a AOL e a Time-Warner

À época da fusão, a AOL era o provedor dominante de serviços de internet no país. A empresa havia se recuperado de práticas contábeis questionáveis e comercializado sua marca por todo o país. A Time-Warner havia adquirido a Turner Broadcasting, incluindo o estúdio de cinema e uma filmoteca que tinha começado com a Warner Brothers e se estendia até o início da história da produção cinematográfica. A empresa havia previsto sinergias extraordinárias: filmes seriam oferecidos via internet; revistas seriam basicamente lidas *on-line*; a televisão, especialmente os eventos esportivos, poderia ser oferecida em qualquer lugar, a qualquer hora; e reduções de custos ocorreriam por meio da produção de conteúdo que poderia ser distribuído pelas mídias múltiplas. Observamos que o mercado continua a evoluir nesta área, e muito do que foi esperado está acontecendo agora.

A pergunta: se as sinergias pareciam tão boas no começo, por que a AOL Time-Warner lançou uma baixa de *impairment* de *goodwill* de US$ 94 bilhões? A resposta é que a estratégia era seriamente deficiente:

- A distribuição de filmes, televisão ou mesmo revistas pela internet exige conexões de banda larga e velocidade alta de *downloading*; a AOL crescera sendo a principal provedora de serviços discados.
- Os serviços discados não suportavam os mecanismos de distribuição previstos na fusão.
- As culturas de gestão das duas entidades eram muito distintas (a AOL era mais informal, a Time-Warner mais analítica e formal).
- Não havia plano estratégico de integração ou liderança de gestão.
- Os consumidores demoraram bastante a adotar a internet como veículo para a leitura de revistas ou para o *download* de filmes; outros meios se desenvolveram, como os filmes em DVD. O modelo empresarial de obtenção de lucro na leitura de revistas pela internet é muito diverso e se apoia em um novo método de inserção de anúncios com serviços de assinatura muito limitados ou inexistentes.

Em síntese, o que parecia ótimo para os "sonhadores" carecia de uma estratégia básica. Sem uma análise cuidadosa da estratégia, as empresas estavam se predispondo ao fracasso. O auditor precisa entender as estratégias e a sua probabilidade de sucesso para julgar a avaliação dos ativos adquiridos – e lidar com o mais sério problema de todos: o que fazer caso a administração simplesmente pague um preço excessivamente alto pela aquisição?

- Em que o preço final depende do valor dos ativos recebidos (após a auditoria).
- Em que o preço final depende do desempenho da empresa ou divisão adquirida.

O primeiro item é geralmente o mais fácil, mas depende da facilidade de negociação das ações emitidas. Alguns contratos simplesmente estipulam o número de ações emitidas, enquanto outros exigem que a empresa transfira ações com valor igual a um valor de mercado especificado em certa data.

A maioria das transações de compra envolve uma cláusula de "boa fé" com a qual o comprador tem o direito de "compensar", no preço de compra, o valor de ativos que se declarou que existiam, mas de fato não existiam. Por exemplo, uma empresa poderia apresentar contas a receber de $ 1,3 milhão, mas, após 180 dias, conseguiu receber apenas $ 600 mil e a comprovação dos $ 700 mil restantes não pôde ser localizada. Em alguns casos, o contrato permitirá a redução do preço de compra em $ 700 mil, mas, em outros casos, isso pode não acontecer. O auditor precisará conhecer as condições específicas do contrato e os procedimentos que a empresa utilizará para dirimir disputas quanto à existência de ativos para chegar a um preço final de compra.

Em muitas aquisições, a empresa compradora poderá querer que a administração da empresa adquirida permaneça e dirija as operações. Isto ocorre com frequência quando uma empresa pequena é adquirida. Os administradores conhecem o negócio, possuem contatos com os clientes e sua cooperação pode ser crucial para a integração efetiva das empresas. Comumente, nessas situações, as empresas chegam a um preço mutuamente acordado com pagamentos condicionais significativos que serão baseados na consecução de objetivos predeterminados de desempenho pela empresa recém-adquirida. O auditor e o cliente devem

> **QUESTÃO PRÁTICA**
> A aquisição de uma empresa não deve ser enfocada diferentemente da decisão de construir uma nova fábrica. Deve existir um plano estratégico e uma análise de valor presente líquido do investimento para justificar o preço de compra, incluindo o *goodwill*.

aferir a probabilidade de que a entidade adquirida atinja esses objetivos de desempenho e determinar quando os pagamentos condicionais devem ser reconhecidos como parte do custo da empresa adquirida. Se for bastante provável que a empresa alcançará os objetivos condicionais de desempenho, o custo pleno deverá ser reconhecido no momento da aquisição.

Avaliação de ativos tangíveis e intangíveis identificáveis

A empresa compradora deve incluir todos os ativos tangíveis e intangíveis especificamente identificáveis em suas contas por seu "valor justo de mercado" à época da aquisição. O valor justo de mercado dos ativos pode diferir significativamente do seu valor contábil. Geralmente, a empresa contratará um perito independente para avaliar os ativos tangíveis, por exemplo, imóveis, máquinas e equipamentos de escritório. A avaliação dos ativos intangíveis como patentes e direitos autorais pode ser mais difícil. Entretanto, eles devem normalmente ser avaliados ao valor presente líquido dos fluxos de caixa (líquidos) futuros associados aos ativos. Por exemplo, o direito de reprodução de um livro poderia ser avaliado pelo valor presente líquido dos fluxos futuros positivos de caixa associados a vendas do livro, menos as saídas de caixa para produzir e distribuir o livro. A obtenção dessas estimativas pode ser mais difícil, mas comumente conseguida com base na experiência anterior da empresa com livros semelhantes.

> **QUESTÃO PRÁTICA**
> A necessidade de fazer uma avaliação de ativos intangíveis e de longo prazo pode resultar de uma combinação de empresas, mas também pode surgir em outras circunstâncias.

O uso de um especialista para avaliar os ativos tangíveis gera desafios especiais para o auditor. É preciso lembrar que o profissional não pode simplesmente aceitar a avaliação dos ativos realizada pela administração. Ao contrário, o auditor deve obter evidência independente para determinar se os valores calculados são apropriados. Ao coletar essa evidência, o profissional deve:

1. Avaliar as qualificações do especialista, verificando se é credenciado, experiente e tem reputação elevada.
2. Determinar se o especialista é suficientemente independente da administração para que não seja influenciado (é importante lembrar que o especialista é pago pela administração da empresa).
3. Analisar a metodologia empregada pelo especialista para julgar se é válida; por exemplo, determinar se o especialista identifica preços de venda de terrenos comparáveis ou reconstrói adequadamente os custos de prédios, e assim por diante.

> **QUESTÃO PRÁTICA**
> Os clientes podem ser obrigados a usar uma variedade de especialistas, incluindo atuários, peritos avaliadores, engenheiros, consultores ambientais e geólogos. Os auditores podem recorrer a esses mesmos profissionais, a menos que não atendam aos requisitos de competência e independência. Nesse caso, os auditores podem optar por empregar seus próprios especialistas.

Dependendo da análise feita pelo auditor das credenciais, independência e metodologia usada pelo especialista, o auditor poderá apoiar-se no seu trabalho para fins de avaliação. Entretanto, em caso negativo, será necessário contratar um especialista ou usar um da própria empresa de auditoria para avaliar uma amostra dos ativos, ou seja, tomar uma amostra e pedir a outro especialista que determine o valor justo de mercado na data de compra.

Avaliação de *goodwill*

> **QUESTÃO PRÁTICA**
> Quando utiliza o trabalho de um especialista, a empresa de auditoria deve entender os métodos e premissas usados por ele, fazer testes apropriados dos dados fornecidos e avaliar se as constatações apoiam as afirmações relacionadas nas demonstrações financeiras.

Conceitualmente, a avaliação de *goodwill* é bastante simples: corresponde à diferença entre o custo de aquisição e o valor justo de mercado de ativos tangíveis e intangíveis líquidos identificáveis comprados durante a aquisição. Entretanto, com base no SFAS 142, o Fasb exige que o *goodwill* seja especificamente identificado com uma unidade operacional ou uma unidade que divulgue demonstrações financeiras. Por definição, essas unidades devem ter identidade suficiente para que possam ser geridas individualmente ou ser identificadas em separado e vendidas individualmente. Caso contrário, passam a fazer parte das operações gerais da empresa. A distinção é importante para avaliação subsequente, porque o *goodwill* é submetido a teste de *impairment* anualmente.

A avaliação e o teste futuro do *goodwill* em termos de possibilidade de *impairment* são facilitados quando a empresa utiliza um processo de orçamento de capital para determinar se a compra se justifica. A empresa deverá ter estimado fluxos futuros de caixa, reduções futuras de custos e elaborado planos estratégicos para estimar o valor da aquisição. Esses fluxos futuros de caixa deverão ter sido descontados e comparados ao custo de capital ao se tomar uma decisão quanto à aquisição. Se a empresa compradora elaborar um modelo como esse, (a) provavelmente tomará decisões empresariais melhores e (b) atuará como um modelo que poderá ser usado como teste de *impairment* do *goodwill*.

Procedimentos de auditoria para despesas de reestruturação e *impairment* de *goodwill*

Riscos e procedimentos de auditoria relacionados a despesas de reestruturação

Sempre que ocorre uma aquisição, a primeira coisa que geralmente se ouve da administração é que ela (a) reestruturará as operações para conseguir aumentos de eficiência e (b) reduzirá o pessoal em x%. Isso normalmente é seguido por uma estimativa de reduções futuras de custos. A título de exemplo, em outubro de 2008, o então diretor executivo da *Merrill Lynch*, John Thain, predisse que o banco de investimento esperava o corte de milhares de empregos depois de ter sido adquirido pelo *Bank of America*. Ele indicou que a organização combinada se comprometia a economizar US$ 7 bilhões e que as economias viriam desses cortes de pessoal.

As empresas reestruturam suas operações continuamente e esses custos refletem-se nos lucros operacionais correntes. Entretanto, se uma empresa tomasse uma decisão de reestruturar as suas operações e preparasse um plano, geralmente incluindo pagamentos de indenizações a funcionários, vendas de ativos e assim por diante, os padrões de contabilidade vigentes antes de 2003 exigiam que o custo associado à reestruturação fosse reconhecido no momento que a

OA 4
Descrever os riscos relacionados a despesas de reestruturação, os procedimentos de auditoria associados a despesas de reestruturação e os enfoques de teste do potencial de *impairment* do *goodwill*.

Perspectiva histórica

O caso das reservas de reestruturação da WorldCom

A WorldCom cresceu de uma pequena companhia telefônica que enfatizava transmissões de dados a uma instituição que adquiriu a MCI, então a segunda maior empresa de telefonia interurbana dos Estados Unidos – significativamente maior que a WorldCom. A WorldCom se desenvolveu graças a várias aquisições que foram usadas para alimentar o crescimento e o valor de mercado da ação. Em praticamente todas as aquisições, a WorldCom montava uma reserva de reestruturação para os custos futuros esperados associados à integração das operações na WorldCom e usava o débito correspondente para aumentar o *goodwill*, em lugar das despesas.

Como era comum, a WorldCom sempre estimava os custos de reestruturação como sendo significativamente superiores ao esperado pela empresa, criando assim um volume elevado de "reservas de reestruturação" no balanço. As despesas subsequentemente associadas à reestruturação eram significativamente inferiores às reservas criadas. O relatório do síndico da massa falida da WorldCom indicou que a empresa sistematicamente "liberava" (debitava) essas contas de reserva (passivos) e creditava despesas, aumentando assim os lucros divulgados no exercício. Claramente, os lançamentos creditando as despesas eram fraudulentos. Entretanto, eram ampliados porque a empresa de auditoria nunca questionou os valores das reservas criadas inicialmente, devido à noção de que criar um passivo é um ato de conservadorismo. Não considerou o efeito sobre o lucro futuro quando a empresa decidisse tirar o passivo do balanço. É importante notar que uma contabilidade conservadora em um exercício cria uma base para uma contabilidade agressiva em um exercício futuro. Portanto, o conservadorismo não é o objetivo contábil: a mensuração precisa do significado econômico, e a condição da empresa é que deve ser o objetivo contábil.

decisão foi tomada e um passivo reconhecido para os custos futuros associados à reestruturação. Por exemplo, se a empresa decidisse eliminar os empregos de mil funcionários de escritório e lhes pagasse uma indenização média de $ 100 mil, distribuídos nos 18 meses seguintes, os princípios de contabilidade aceitos em geral exigem que o passivo fosse reconhecido no momento de sua ocorrência, ou seja, quando essa decisão fosse tomada. A despesa também seria reconhecida em uma linha separada da demonstração de resultado. O SFAS 146 exige agora que a reestruturação seja contabilizada quando o plano é implantado, por exemplo, quando há uma iniciativa definida para um indivíduo específico. Os custos estimados de venda de ativos ainda são reconhecidos quando há um plano definido de se desfazer dos ativos.

Se não forem calculadas corretamente, as despesas de reestruturação poderão ser usadas para manipular o lucro fraudulentamente. As empresas comumente lançavam a reestruturação de operações no momento da aquisição contra o preço de compra da empresa. Veja o quadro Perspectiva histórica, que descreve como as despesas e reservas de reestruturação foram usadas pela *WorldCom* para inflar fraudulentamente os lucros divulgados.

Procedimentos de auditoria – O auditor deve estar preparado para auditar a estimativa de despesas de reestruturação e não pode se apoiar no conservadorismo como desculpa para deixar o cliente superestimar a reserva de reestruturação, pois a reversão subsequente do passivo afetará o lucro futuro. Os procedimentos de auditoria devem incluir:

1. Analisar os pronunciamentos correntes do Fasb e da EITF para verificar se houve mudanças na contabilização de reestruturações.
2. Avaliar os detalhes preparados pela empresa para fazer sua estimativa; isto deve incluir a identificação de ativos específicos a serem vendidos, o número de pessoas a serem dispensadas, os contratos com os sindicatos quanto a dispensas de pessoal e o pagamento planejado de indenizações.
3. Analisar as providências específicas adotadas até o momento, que indicariam que a administração tenha ido além de um "plano" de encerramento, passando à identificação de partes ou operações específicas que serão afetadas pelo plano. É preciso que as partes ou operações específicas sejam identificadas antes que um passivo possa ser reconhecido.
4. Verificar e testar independentemente as previsões examinando (a) contratos, (b) as avaliações de ativos ou as estimativas por bancos de investimento e (c) contratos de indenização.
5. Testar as estimativas matematicamente.
6. Formular uma conclusão geral quanto à razoabilidade do passivo e à adequação da contabilidade utilizada pelo cliente.

Teste de *impairment* de *goodwill*

Tanto a administração quanto os auditores executarão procedimentos relacionados ao *impairment* de *goodwill*. O *impairment* de *goodwill* deve ser testado pela administração a cada ano. Entretanto, se não for feito corretamente, o teste de *impairment* poderá resultar em estimativas muito subjetivas.

Os testes de *impairment* de *goodwill* serão facilitados se:

1. A empresa fixa um preço para a instituição adquirida que se baseia em um modelo de orçamento de capital; ou seja, ela analisa a compra de maneira sistemática que inclui uma análise de fluxos de caixa futuros e do custo de capital da empresa.

2. A empresa define claramente uma unidade a cuja demonstração financeira o *goodwill* está associada. A empresa mantém registros para indicar o progresso da unidade após a aquisição.

A unidade divulgadora é geralmente definida como operacional que (a) possui contabilidade separada; (b) é gerida como um segmento separado; ou (c) poderia ser facilmente separada da empresa, como em uma venda do segmento. O conceito de unidade divulgadora geralmente se associa à empresa ou ao segmento adquirido. Por outro lado, a empresa como um todo poderá ser a unidade divulgadora se as operações forem completamente integradas. Por exemplo, a fusão *AOL Time-Warner* estava concentrada nas sinergias da entidade integrada, e não no valor separado da unidade de negócios *Time-Warner*. A determinação da unidade operacional deve ser feita no momento da aquisição, mas pode evoluir no tempo. Se variar no tempo, o cliente deverá documentar as alterações e proporcionar uma justificativa baseada no modo pelo qual a organização é gerida.

Os padrões atuais de contabilidade exigem que a empresa determine o valor justo da unidade divulgadora e o compare ao valor de carregamento da unidade divulgadora (incluindo *goodwill*). Se o valor justo for inferior ao valor de carregamento, será inferido que o *goodwill* sofreu redução de valor e deve ser reavaliado para baixo. O SFAS 142 exige que o *impairment* de *goodwill* seja avaliado pelo cliente em um processo com duas etapas:

Primeira etapa – O valor justo da unidade divulgadora como um todo é comparado ao seu valor contábil (incluindo *goodwill*) e, sendo encontrada uma deficiência, o montante de *impairment* precisará ser calculado.

Segunda etapa – O *impairment* é medido pela diferença entre o valor justo implícito do *goodwill* e o seu valor de carregamento. O valor implícito do *goodwill* é a diferença entre o valor justo da unidade divulgadora como um todo e o valor justo dos ativos e passivos individuais da unidade divulgadora, incluindo qualquer ativo intangível não reconhecido.

A **Ilustração 14.2** mostra um exemplo interessante da contabilização que ocorre quando a unidade divulgadora é a empresa como um todo. A ilustração mostra uma empresa que o mercado acreditava possuir ótimas perspectivas. Posteriormente, o mercado ficou desapontado com as perspectivas da instituição, forçando uma redução do seu valor. Mais tarde, o mercado passou a considerar que a empresa e seus produtos eram promissores.

Teste de *impairment* quando a unidade divulgadora é a empresa – Em muitos casos, como os da *Maxim* e da *AOL Time-Warner*, a unidade divulgadora é a empresa combinada. Se for uma companhia aberta, o valor justo corrente poderá ser estimado analisando-se o valor total de mercado corrente do patrimônio líquido. Usando-se a fórmula proposta pelo Fasb, a empresa fará a seguinte comparação:

$$\text{O valor justo é} > < \text{valor de carregamento (valor contábil)}$$

Se o valor justo for inferior ao de carregamento, será inferido que há *impairment* de *goodwill*, e o *goodwill* será reajustado para baixo, até o ponto em que o valor justo iguale o de carregamento. A **Ilustração 14.3** mostra um cálculo do *impairment* de *goodwill*.

Teste de *impairment* quando a unidade divulgadora é uma subunidade separada da empresa – Quando a empresa como um todo não é a unidade divulgadora, o auditor é obrigado

> **Ilustração 14.2:** Maxim Pharmaceuticals e *goodwill*
>
> A Maxim Pharmaceuticals era uma empresa nova com sede em San Diego. Possuía vários medicamentos promissores em desenvolvimento e testes clínicos que se demonstravam eficazes no tratamento de alguns tipos de câncer, como melanoma. Também tinha outros medicamentos promissores, incluindo um que se revelou eficaz para o tratamento de Sars. O processo de desenvolvimento e aprovação de novos medicamentos podem levar até 10 anos, antes que o FDA e outras agências reguladoras na Europa aprovem a comercialização. Para a Maxim, praticamente todos os seus produtos estão no estágio de desenvolvimento.
>
> Os prognósticos iniciais para os produtos da Maxim eram excepcionais. Sua ação foi de US$ 6 para, aproximadamente, US$ 72. Quando a ação estava perto da cotação máxima, a empresa fez uma aquisição importante de outra instituição que tinha dez patentes de medicamentos, usando ações para fazer o pagamento da aquisição. O prognóstico para a empresa combinada era excelente. Posteriormente, a Maxim vendeu duas das patentes por um valor superior ao que havia sido pago por toda a empresa, com a finalidade de gerar fluxo de caixa de que necessitava. A empresa havia contabilizado o *goodwill* de acordo com os padrões de contabilidade anteriores e o estava amortizando em um prazo de 15 anos.
>
> No final de 2001, o mercado ficou impaciente com a Maxim e o preço de sua ação caiu a US$ 4. Com isso, o valor total de mercado da empresa era inferior ao valor de carregamento (valor contábil), incluindo aproximadamente US$ 28 milhões de *goodwill* não amortizado. O valor total de mercado do patrimônio líquido mostrava que o mercado atribuía valor nulo ao *goodwill*. Consequentemente, a empresa fez um lançamento de *impairment* de US$ 28 milhões no último trimestre de 2001 para reconhecer a perda de valor do *goodwill*. A avaliação das perspectivas da Maxim pelo mercado, refletida no preço da ação, portanto, levou a empresa a reconhecer uma perda em suas demonstrações financeiras que não teria existido se tivesse continuado a usar a contabilização antiga para amortizar o *goodwill*.
>
> Depois de 2001, a Maxim conseguiu a aprovação de alguns de seus medicamentos. O preço da ação mais que quintuplicou em relação ao mínimo, mostrando que o mercado atribuía um valor muito mais alto à empresa e às suas aquisições que anteriormente. Os medicamentos associados à empresa previamente adquirida parecem ser bastante promissores e o mercado valoriza essas perspectivas. Entretanto, no final de 2001 o mercado deixou de avaliar tão bem as perspectivas. Como há um teste anual de *impairment*, a empresa foi obrigada a reconhecer o *impairment* em 2001.
>
> A variação subsequente do valor de mercado não é considerada; a empresa não tem permissão para elevar o *goodwill* a níveis anteriores. O ponto é: o valor de mercado pode ser um conceito ilusório e fugaz. Entretanto, ele é a melhor estimativa de valor justo para a entidade quando o segmento divulgador é a entidade como um todo e ela é obrigada a fazer um teste anual de *impairment*. Eventos posteriores podem mostrar que o mercado não era preciso em certa data e o preço pode subir ou cair. Se o mercado cair, a empresa testará novamente o *impairment* de *goodwill* no ano seguinte.

> **QUESTÃO PRÁTICA**
>
> Um ativo intangível que não está sujeito à amortização, como *goodwill*, precisa ser testado anualmente para a determinação de *impairment*, ou com maior frequência se eventos ou mudanças de circunstâncias indicarem que pode ter perdido valor.

> **QUESTÃO PRÁTICA**
>
> Quando todo o *goodwill*, ou a maior parte dele, se relaciona com uma aquisição individual e o valor corrente de mercado da empresa como um todo é inferior ao seu valor contábil, essa informação exige que o auditor faça testes adicionais de *impairment* de *goodwill*.

a coletar outro tipo de evidência para aferir a possibilidade de *impairment* de *goodwill*. Outras fontes de informações incluem negociações de venda e rentabilidade corrente da unidade divulgadora, fluxos de caixa projetados comparados a projeções de fluxos de caixa à época da aquisição e planos estratégicos da administração quanto ao uso dos ativos. O cliente é obrigado a considerar os enfoques identificados para preparar uma estimativa de *impairment* de ativos. O auditor deve avaliar (a) a metodologia de aferição de *impairment* pela administração e (b) se uma avaliação objetiva da evidência apoia a conclusão do cliente.

A **Ilustração 14.4** fornece uma visão geral de fatores que o auditor deve levar em conta ao aferir o *impairment* de *goodwill*.

Fatores de risco e considerações de auditoria em relação a *impairment* de *goodwill*

Os testes de *impairment* de *goodwill* constituem-se em um problema importante de auditoria, e o julgamento do auditor deve estar completamente apoiado no seu conhecimento da estratégia da empresa e do risco empresarial. As seguintes diretrizes foram fornecidas pelo Fasb para lidar com o *impairment* de *goodwill*:

- Os testes de *impairment* devem ser efetuados pelo menos uma vez por ano, na mesma data, mas não necessariamente no final do ano.
- O *goodwill* interno a segmentos operacionais pode ser compensado; entretanto, o *goodwill* existente em segmentos operacionais distintos não pode ser compensado.

Ilustração 14.3: Cálculo de *impairment* de *goodwill* – Maxim Pharmaceuticals

Uma empresa tem os seguintes ativos e passivos totais (valores contábeis em milhões):

Ativos – excluindo *goodwill*	$ 125,1
Goodwill	$ 28,0
Total	$ 153,1
Passivos	$ 80
Patrimônio líquido	$ 145,1
Total	$ 153,1

O valor total de mercado do patrimônio líquido da empresa no final do exercício fiscal é igual a $ 112 milhões. Portanto:

Valor justo (VJ)	$ 122,0
Valor de carregamento (VC) – ou valor contábil líquido	$ 145,1
CV excedente > VJ	$ 33,1
Valor do *goodwill*	$ 28,0
Redução do valor de *goodwill*:	$ 28,0

Se o excedente de VC sobre VJ fosse inferior a $ 28 milhões, o valor de perda de *goodwill* seria igual a esse número.

Ilustração 14.4: Visão geral de fatores que afetam as avaliações de *impairment* de *goodwill*

FATORES A SEREM AVALIADOS	QUESTÕES DE EVIDÊNCIA	POSSÍVEIS PROBLEMAS DE AUDITORIA
Valor corrente justo de mercado da entidade como um todo.	Determinar o valor justo de mercado (VJM) da entidade.	Facilmente acessível, se a empresa é aberta, mas não se for uma companhia fechada. O valor de mercado pode ser volátil. Uma queda temporária do valor de mercado pode não representar uma boa indicação do VJM.
	Determinar o VJM do segmento operacional.	O VJM pode não existir. Poderia exigir avaliações independentes por bancos de investimento ou estimativas usando fluxos de caixa e fatores de valor presente. Precisam ser feitas hipóteses a respeito de concorrência, desenvolvimento econômico, lançamento de produtos, e assim por diante. É muito difícil validar essas hipóteses.
Segmento operacional deve ser claramente definido.	Se a empresa adquirida permanecer intacta após a aquisição, ela será definida como sendo o segmento operacional.	Nenhum problema específico.
	A finalidade da maioria das aquisições é integrar as novas atividades adquiridas às da empresa existente.	A empresa deve adotar uma metodologia sistemática para definir claramente o segmento operacional e acompanhá-lo no tempo.
	Os segmentos operacionais podem mudar com o passar do tempo à medida que são feitas aquisições. A unidade operacional adquirida pode não ser distinguível após um dado período.	O *goodwill* resultante de muitas aquisições pode ser compensado em um teste no nível do segmento operacional, mas não no nível da empresa como um todo.
Valor corrente justo de mercado de ativos e passivos de ativos além de *goodwill*.	Ativos: poderiam ser medidos pela estimação do valor residual líquido (VRL) ou pelos custos de reposição estimados.	Os ativos são utilizados em grupo. É difícil estimar o VJM de um grupo pois pode haver um número limitado de compradores para ele.

Ilustração 14.4: Visão geral de fatores que afetam as avaliações de *impairment* de *goodwill* (continuação)

FATORES A SEREM AVALIADOS	QUESTÕES DE EVIDÊNCIA	POSSÍVEIS PROBLEMAS DE AUDITORIA
		Pode ser difícil e caro obter dados de custos de reposição, e as informações deverão ser ajustadas pelo uso.
	Passivos: poderiam ser estimados por fluxos de caixa descontados a taxas de juros correntes, ajustadas adequadamente pelo risco.	As taxas de juros devem ser ajustadas por risco e prazo.
Impairment de *goodwill*.	O *impairment* é medido pela diferença entre o valor de mercado do segmento operacional e o VJM dos ativos líquidos.	Existem todas as dificuldades identificadas anteriormente.
		É difícil validar as estimativas, já que são baseadas em hipóteses. Pode estar sujeito a manipulação pela administração.

> **QUESTÃO PRÁTICA**
>
> Uma aquisição requer uma avaliação da existência de ativos intangíveis, além de *goodwill*, que podem ter duração finita. A maioria dos peritos avaliadores atribui valor a coisas tais como (a) tecnologia adquirida, (b) listas de contas de clientes e relações com eles, bem como (c) patentes e direitos autorais. Esses itens devem ser expressamente identificados, avaliados e amortizados ao longo de suas vidas úteis esperadas.

- O valor justo de mercado (VJM) de ativos e passivos deve ser calculado independentemente no mesmo momento que é feito o teste de *impairment* de *goodwill*.
- Evidências claras e objetivas devem ser reunidas para registrar o *impairment* de *goodwill*.

Podem surgir situações, fora da análise anual, em que o *impairment* de *goodwill* também deva ser considerado. Essas situações incluem:

- Variação desfavorável significativa de fatores legais ou no ambiente empresarial.
- Ação ou avaliação adversa por um agente regulador.
- Concorrência que reduza significativamente o valor da empresa ou dos produtos da unidade divulgadora.
- Uma perda significativa de pessoal-chave.
- Uma expectativa de que uma unidade divulgadora ou uma parcela significativa dela seja vendida ou desfeita no futuro próximo.
- Uma queda significativa de atividade de um grupo importante de ativos dentro de uma unidade divulgadora.
- Uma perda com *impairment* de *goodwill* reconhecida por uma subsidiária que utiliza demonstrações financeiras separadas, com os princípios de contabilidade aceitos em geral, e é um componente da companhia (matriz) divulgadora.
- Uma redução significativa de atividade no setor como um todo, ou na economia como um todo – como ocorreu em 2008 e 2009.

Apresenta-se um exemplo de como os fatores podem atuar em conjunto sinalizando um *impairment* de *goodwill* no quadro Auditoria na prática, a respeito da avaliação do *impairment* de *goodwill*.

Os testes de auditoria em relação ao *impairment* de *goodwill* e outros ativos exigirão julgamento e conhecimento considerável do negócio por parte do auditor. Entretanto, a dificuldade de fazer esse julgamento requer que o auditor desenvolva uma análise sistemática dos processos empresariais e dos valores de mercado ao se avaliar o *impairment* de *goodwill*.

AUDITORIA NA PRÁTICA

Avaliação do *impairment* de *goodwill*

A Companhia XYZ era uma empresa fabricante de móveis de escritório de baixo custo, com ações negociadas em bolsa. Seu conselho de administração decidiu diversificar as atividades e contratou novos administradores para liderar esse processo de diversificação. Antes da diversificação, a empresa tinha ativos de aproximadamente $ 18 milhões. Os novos executivos decidiram fazer a diversificação comprando quatro instituições distintas – todas no setor de material bélico – ao longo de um período de três anos. Embora as empresas fossem de tecnologia avançada, a maior parte da tecnologia estava consolidada, incluindo a de uma empresa que produzia giroscópios.

Na primeira aquisição, a Companhia XYZ alocou a maior parte do ágio do preço de compra sobre o valor justo dos ativos líquidos a uma conta chamada "tecnologia adquirida" e amortizou o ativo intangível em um período de nove anos. Ela raciocinou que havia comprado tecnologia que lhe permitiria competir nos próximos anos, mas que seria preciso desenvolver nova tecnologia para garantir o crescimento futuro. Somente uma pequena proporção foi alocada a *goodwill*. Na segunda aquisição, quase idêntica em termos de custo e natureza, a XYZ alocou o excedente de custo a *goodwill*, e não a tecnologia adquirida. O raciocínio usado pela administração foi o de que uma alocação como essa era geralmente aceitável.

Os valores eram materiais em ambos os casos, com aproximadamente metade do preço total de aquisição sendo alocado a *goodwill* ou tecnologia adquirida. No caso das duas outras aquisições, a XYZ alocou cerca de metade do preço total de compra a *goodwill*. Os ativos da empresa se elevaram de $ 18 milhões para $ 32 milhões.

Recorde-se que o *goodwill* deve representar o poder superior de geração de lucros da empresa adquirida. Portanto, é necessário que haja rentabilidade na empresa adquirida para justificar a existência de *goodwill*. Em um período de cinco anos, apenas uma das empresas adquiridas foi rentável, e esse lucro foi praticamente insignificante. Como as perspectivas de rentabilidade futura não eram boas, o conselho de administração instruiu a administração a examinar a possibilidade de vender as empresas adquiridas e concentrar-se no seu ramo de móveis. A administração pediu auxílio externo na área de investimentos. Os bancos de investimento opinaram que as empresas adquiridas poderiam ser vendidas por seu valor contábil (antes de considerar o *goodwill* da empresa como um todo). Ao fim de um período de dois anos, a Companhia XYZ vendeu as empresas com prejuízo. As evidências indicariam claramente que o *goodwill* havia sofrido perda de valor e isso devia ter sido reconhecido muito antes. O fato de que não foi reconhecido mais cedo levou a uma ação judicial.

Transações com entidades relacionadas

Muitas empresas realizam transações com outras instituições ou pessoas que podem estar relacionadas às próprias empresas ou aos seus altos executivos. São comumente chamadas de "transações com partes relacionadas". Entretanto, o termo "parte" geralmente se refere a pessoas físicas, enquanto o termo "entidade relacionada" transmite a ideia mais ampla de que estão incluídas outras entidades ou empresas. As transações envolvendo entidades relacionadas podem ocorrer entre matrizes e subsidiárias; entre uma entidade e os seus proprietários; entre uma entidade e outras organizações nas quais têm participação acionária, como nas *joint ventures*; e entre uma entidade e uma variedade de entidades de finalidades específicas, como as que são criadas para que dívidas fiquem fora do balanço.

As fraudes financeiras da última década levaram ao reconhecimento de que transações com entidades relacionadas podem ser usadas para manipular a divulgação financeira. Nos Estados Unidos, o Fasb e o Congresso têm pressionado os profissionais a aumentar a transparência da divulgação financeira para que a substância econômica das transações seja representada integral e fidedignamente – incluindo uma divulgação completa e justa de todas as transações que não são feitas com partes independentes, ou não são independentes da administração da organização. Os usuários também querem a garantia de que a estrutura de governança corporativa está atuando em seu benefício. Portanto, o auditor deve ter a segurança de que o conselho de administração está ciente de todas as transações com entidades relacionadas e tenha aprovado (a) a criação e o funcionamento de qualquer entidade especial

> **OA 5**
> Identificar os tipos de transações com entidades relacionadas, descrever a contabilização apropriada e montar um enfoque de auditoria para transações com entidades relacionadas.

> **QUESTÃO PRÁTICA**
> Os auditores de empresas novas ou de pequeno porte devem estar cientes da possibilidade de que transações com entidades relacionadas sejam motivadas por diversos fatores, incluindo a insuficiência de capital de giro ou crédito para dar prosseguimento às operações, ou dependência de um único ou de poucos produtos, clientes ou transações, ou por motivos fiscais.

e (b) as transações com qualquer entidade relacionada. Para um exemplo dos problemas com entidades relacionadas, leia o quadro Perspectiva histórica sobre a *Enron* e entidades de propósitos específicos (EPEs).

Contabilização de transações com entidades relacionadas

A contabilização de transações com entidades (partes) relacionadas é simples: como não são ligações independentes com partes externas, elas precisam (a) ser eliminadas ao serem elaboradas demonstrações financeiras consolidadas, quando for aplicável, ou (b) divulgadas integralmente. Para o auditor, os riscos relevantes nesses tipos de transação normalmente estão ligados à afirmação de apresentação e divulgação. A divulgação integral exige uma descrição:

- Da natureza da relação com as entidades relacionadas.
- Do valor monetário e da natureza das transações.
- Da finalidade das transações.
- De obrigações contratuais futuras.
- Dos termos das transações, do modo de liquidação e dos valores devidos a ou de partes relacionadas.

Normalmente, a empresa não fará declarações a respeito de se as transações teriam sido concretizadas com uma entidade não relacionada ao mesmo preço e nas mesmas condições. O auditor desencoraja tais comentários porque é difícil obter evidência de que as transações foram feitas ao mesmo preço que teria sido obtido de outra forma. A SEC exige que todos os negócios com a alta administração sejam divulgados, incluindo empréstimos ou o uso de ativos pessoais que poderiam ser considerados como remuneração. Um exemplo de uso flagrante de ativos da empresa para fins pessoais pode ser visto no quadro Perspectiva histórica sobre a *Tyco* e seu diretor executivo, Dennis Kozlowski.

Transações com entidades relacionadas e empresas pequenas

As transações com partes relacionadas ocorrem com bastante frequência em empresas menores e fechadas. A título de exemplo, uma construtora poderia arrendar todo o seu equipamento de outra entidade que pertence ao proprietário da construtora. O proprietário poderia ter montado a outra empresa por motivos fiscais. O auditor deve estar atento à natureza dessas transações porque o proprietário da empresa pequena pode querer ocultá-las do banco ou de outras fontes externas. Entretanto, a expectativa é a de que o auditor colete informação suficiente sobre as operações da empresa, de tal maneira que sejam feitas perguntas razoáveis para determinar se estão ocorrendo transações com partes relacionadas.

Enfoque de auditoria para transações com entidades relacionadas

O cliente deve contar com um sistema de informações, incluindo controles internos eficazes, que seja capaz de identificar todas as entidades relacionadas e contabilizar todas as transações com essas entidades. O auditor deve começar com um entendimento do sistema de

> **QUESTÃO PRÁTICA**
> As transações com partes relacionadas são comuns em muitas empresas pequenas.

> **QUESTÃO PRÁTICA**
> Os auditores devem saber que certas transações podem gerar a possibilidade de envolvimento de partes relacionadas. Essas transações incluem a captação ou a concessão de empréstimos a juros iguais a zero ou a taxas de juros significativamente abaixo das taxas vigentes no mercado, vendas de imóveis a um preço expressivamente diferente de sua avaliação e a concessão de empréstimos sem um cronograma definido de devolução.

Perspectiva histórica

Enron e EPEs

Durante as décadas de 1980 e 1990, as empresas descobriram que podiam montar entidades de finalidades específicas (EPEs) para esconder problemas. A Enron foi mestre nesta estratégia. Ela descobriu que podia usar uma regra pouco conhecida de contabilidade de arrendamentos para criar EPEs e, com isso, manter dívidas fora do balanço. Os fornecedores de fundos fariam empréstimos às EPEs desde que os empréstimos fossem lastreados primeiro pelos ativos da EPE e depois por ações da Enron.

A Enron montou EPEs para atingir três objetivos:

1. Manter dívidas fora do balanço da Enron.
2. Cobrir necessidades de fluxo de caixa.
3. Aumentar os lucros.

A Enron alcançou esses três objetivos vendendo ativos que possuía – tais como ações de outras empresas, contas a receber, ou instalações – às entidades de finalidades específicas. As EPEs eram controladas por Andy Fastow, o diretor financeiro da Enron. Com frequência, a Enron reconhecia um lucro na venda dos ativos e registrava o caixa como lucro com a venda, e não como empréstimo. Ao longo de um período, a Enron usou as EPEs para aumentar o fluxo de caixa, reconhecer milhões de dólares de lucro e manter bilhões de dólares de dívidas fora do balanço. A Enron apresentava com isso uma condição financeira saudável que ocultava os problemas que realmente possuía.

A Enron apresentava uma nota explicativa de meia página a respeito de transações com entidades relacionadas, na qual divulgava que a empresa ocasionalmente fazia transações com entidades especiais montadas para melhorar a capacidade de endividamento e a rentabilidade da empresa. Nenhum dos detalhes era divulgado.

Em um caso, a Enron havia usado uma EPE para montar uma associação com a Blockbuster para a entrega de encomendas de filmes por banda larga. A Enron vendeu, a seguir, todos os lucros esperados com a entrega futura de filmes aos clientes à EPE e reconheceu lucro de US$ 100 milhões. A Enron jamais vendeu um único filme, porque o programa piloto nunca alcançou o limiar de viabilidade e a Blockbuster se retirou do acordo. Apesar disso, a Enron reconheceu lucro de US$ 100 milhões em suas contas com base na expectativa de lucros futuros de EPEs.

Perspectiva histórica

Tyco, Dennis Kozlowski e partes relacionandas

Durante a década de 1990, a Tyco era uma das maiores histórias de crescimento em Wall Street. A empresa crescera por meio de expansão interna e era dominante em uma série de mercados especializados, desde detectores de incêndio a cabides plásticos. O crescimento da empresa era promovido por seu diretor executivo, Dennis Kozlowski, uma pessoa que se via como o "Jack Welch" dos conglomerados (Jack Welch era um diretor executivo muito bem-sucedido na General Electric).

Em uma ação judicial em 2004, Kozlowski e o diretor financeiro foram processados por saquear milhões de dólares da empresa, e nada disso havia sido divulgado. Os saques incluíram:

- Gastar mais de US$ 1 milhão com a festa de aniversário da esposa.
- Comprar obras de arte para o seu apartamento em Nova York.
- Pagamento de serviços domésticos incluídos na folha da Tyco.
- Uso pessoal de aviões e embarcações da Tyco.

Kozlowski também encontrou uma maneira de influenciar seus subordinados a serem leais a ele e ao seu uso de ativos da empresa. Ele aprovava empréstimos substanciais a altos executivos, variando de US$ 100 mil a US$ 3 milhões. Reservava a si mesmo o direito de cancelar os empréstimos a qualquer momento, o que significava dar um presente ao funcionário. Embora se imagine que o conselho de administração tenha aprovado esses empréstimos, bem como o seu perdão, Kozlowski optou por tratar os ativos da empresa como se fossem seus. A aprovação pelo conselho nunca foi buscada para as ações que o diretor executivo reservava a si mesmo.

informações desenvolvido pelo cliente para identificar tais transações. Em alguns casos, o cliente pode não querer que essas transações sejam descobertas. Portanto, o método adotado pelo auditor será semelhante a um enfoque que poderia ser empregado para determinar a existência de fraude. O enfoque de auditoria é dividido em dois conjuntos complementares de procedimentos:

1. Obter uma lista de todas as entidades relacionadas e montar outra incluindo todas as transações com essas entidades durante o ano.

2. Examinar cuidadosamente todas as transações incomuns, especialmente as realizadas perto do final do trimestre ou do ano, para determinar se ocorreram com entidades relacionadas.

AUDITORIA NA PRÁTICA

O ponto de vista do PCAOB

Um trecho do relatório de inspeção do PCAOB, publicado em outubro de 2007, observa as seguintes questões relativas à falta de aderência das empresas de auditoria a padrões exigidos no caso de transações com entidades relacionadas. Os auditores devem estar a par dessas deficiências e montar suas auditorias para que seja proporcionada garantia razoável de que as divulgações de transações com entidades relacionadas são apropriadas.

As equipes de inspeção têm observado deficiências representadas pela falta de identificação e tratamento pelas empresas da inexistência de divulgação de transações com partes relacionadas. Também têm encontrado deficiências relacionadas à eficácia dos testes pelas empresas quanto à natureza, substância econômica e finalidade empresarial de transações com partes relacionadas. Por exemplo, as empresas têm deixado de testar de maneira suficiente (a) a validade e a classificação de despesas incorridas por um acionista controlador em nome de um emitente, (b) a possibilidade de cobrança de contas a receber devidas por entidades possuídas ou controladas por dirigentes de um emitente, (c) a validade e precisão de contas a pagar devidas a partes relacionadas e (d) a propriedade da contabilização da extinção de uma nota promissória a receber de um dirigente de um emitente.

Fonte: *Report on the PCAOB's 2004, 2005, and 2006 Inspections of Domestic Triennially Inspected Firms.*

QUESTÃO PRÁTICA

Os processos para lidar com possíveis transações com partes relacionadas normalmente são realizados mesmo que o auditor não suspeite da existência desse tipo de procedimento.

Uma vez identificadas todas as entidades relacionadas, o auditor pode usar *software* genérico de auditoria para ler os arquivos do cliente e enumerar todas as transações feitas com essas entidades. A seguir, o auditor investiga as transações para determinar se foram contabilizadas adequadamente e determina se a divulgação da administração é apropriada.

O outro enfoque se concentra em transações que parecem ser incomuns. Um exemplo poderia ser uma venda substancial de produtos, perto do final do ano, a um preço superior ao normal ou com prazos distantes. O auditor poderia investigar e descobrir que a transação foi feita com um cunhado ou uma entidade controlada por uma parte relacionada.

A **Ilustração 14.5** fornece uma visão geral de um programa de auditoria para transações com entidades relacionadas.

A **Ilustração 14.6** fornece exemplos de divulgação de transações com entidades relacionadas que os clientes de auditoria poderiam incluir em suas demonstrações financeiras.

Entidades de participação variável

O termo entidades de participação variável é usado para descrever uma grande variedade de relações de participação que uma empresa pode ter com outra entidade. À medida que a atividade empresarial tem se tornado mais complexa, muitas empresas fazem associações com outras entidades para desenvolver produtos usando as tecnologias de ambas as entidades de maneira criativa. Estes tipos de entidades têm existido há algum tempo e incluem empresas tais como a *Dow Corning* – uma *joint venture* em que 50% pertencem à *Dow Chemical* e à *Corning Glass Works*, respectivamente.

QUESTÃO PRÁTICA

Estas entidades são ditas de participação variável não em referência a uma taxa de juros, mas à porcentagem de participação ou controle pelo cliente sobre a entidade separada.

A indústria farmacêutica utiliza *joint ventures* para desenvolver e/ou distribuir novos medicamentos. Em certas situações, as empresas utilizarão uma entidade de participação variável para realizar atividades de pesquisa e desenvolvimento, com a companhia patrocinadora mantendo um direito de compra de patentes ou processos desenvolvidos. A entidade poderá

Ilustração 14.5: Transações com entidades relacionadas

OBJETIVO DA AUDITORIA: determinar se transações com partes relacionadas ocorreram durante o ano e se foram adequadamente (a) autorizadas e (b) divulgadas nas demonstrações financeiras.

PROCEDIMENTOS DE AUDITORIA

1. Perguntar ao cliente sobre os processos utilizados para identificar transações com entidades relacionadas e seu enfoque de contabilização dessas transações.
2. Pedir ao cliente que prepare uma lista de todas as entidades relacionadas. Complementar essa lista com divulgações feitas à SEC a respeito dos dirigentes e conselheiros da empresa. No caso de instituições menores, complementar a lista com os nomes de parentes conhecidos que podem ser ativos no negócio ou em empresas relacionadas.
3. Pedir ao cliente uma lista de todas as transações com entidades relacionadas, incluindo aquelas com entidades de finalidades específicas ou de participação variável que ocorreram durante o ano.
4. Discutir com o cliente a contabilidade apropriada de todas as transações identificadas com entidades relacionadas e adquirir conhecimento da divulgação apropriada para inclusão nas demonstrações financeiras.
5. Perguntar ao cliente e aos seus advogados se o cliente está sendo investigado por agências reguladoras ou pelo judiciário a respeito de transações com entidades relacionadas.
6. Examinar a cobertura da imprensa e a documentação submetida à SEC para identificar investigações com entidades relacionadas do cliente.
7. Utilizar *software* genérico de auditoria para ler os arquivos do cliente e confeccionar uma lista de todas as transações com entidades relacionadas em função das listas mencionadas anteriormente. Comparar a lista à elaborada pelo cliente para ajudar a determinar a qualidade do sistema de informações do cliente.
8. Identificar todas as transações incomuns usando informações específicas ao cliente, incluindo elementos sobre (a) vendas anormalmente substanciais perto do final de um período, (b) acordos de venda com termos incomuns, (c) transações de compra que parecem estar vindo de clientes e (d) qualquer outros critério que o auditor considere útil.
9. Analisar as transações e investigar se ocorreram com entidades relacionadas ou não. Se for possível identificar entidades relacionadas, determinar a finalidade das transações e definir a divulgação que seria apropriada em demonstrações financeiras.
10. Determinar se alguma das transações foi fraudulenta, ou se foi feita principalmente para a elaboração de demonstrações financeiras fraudulentas. Se houver a intenção de enganar, ou se houve uso indevido de fundos da empresa, informar a fraude ou o uso indevido ao conselho de administração. Acompanhar o processo para confirmar que foram tomadas providências apropriadas. Em caso negativo, entrar em contato com um advogado.
11. Definir a contabilização e a divulgação apropriadas em notas explicativas. Preparar um memorando a respeito das constatações.

Ilustração 14.6: Exemplos de divulgação de transações com entidades relacionadas em notas explicativas

Nota – Em 2009, a empresa vendeu imóveis não explorados a um dos principais acionistas por $ 12.250.000, que era a avaliação do terreno, e reconheceu um lucro de $ 4.602.000.

Nota – A empresa é uma franqueada da XYZ Corp. A XYZ possui 10% das ações da empresa e é titular de uma opção de compra de mais 25%. Em 2008 e 2009, bens, equipamentos e serviços foram adquiridos da XYZ nos valores de $ 4.444.000 e $ 61.911.000, respectivamente.

Nota – A empresa ocupa, sem pagamento de aluguel, 550 metros quadrados de espaço em um prédio pertencente ao seu principal acionista.

---

tomar emprestada a maior parte dos fundos para desenvolvimento, oferecendo como garantia as patentes desenvolvidas; os fundos também podem ser lastreados por ações ou garantias da entidade patrocinadora. As entidades podem ser estruturadas de tal maneira que a patrocinadora tenha o seu controle, mas não detenha 50% da sua propriedade (veja o exemplo anterior da *Enron*) para evitar a exigência de consolidação de demonstrações financeiras. Deste modo, a companhia patrocinadora é capaz de manter a dívida relacionada a atividades de pesquisa e desenvolvimento fora do balanço.

O enfoque de auditoria para todas essas entidades de participação variável é semelhante ao das transações com entidades relacionadas, descrito na **Ilustração 14.5**, e inclui o seguinte:

- Adquirir conhecimento da finalidade de todas as relações de participação variável.
- Examinar todas as relações contratuais associadas à entidade, incluindo aquelas que garantem empréstimos e direitos a ativos.

> **QUESTÃO PRÁTICA**
>
> A contabilidade para entidades de participação variável continua evoluindo juntamente com os esforços dos produtores de padrões de contabilidade para lidar com a difícil questão da determinação do controle para fins de consolidação. O controle muitas vezes ocorre com participação significativamente inferior a 50%.

- Definir a contabilização apropriada da entidade.
- Analisar a situação financeira corrente da entidade para verificar se ela cria algum passivo condicional para a organização.
- Resumir as constatações e rever a divulgação em demonstrações financeiras.

Divulgação de outras relações importantes

As organizações continuam a desenvolver relações próximas de trabalho com fornecedores, clientes e, em alguns casos, até concorrentes. Por exemplo, a maioria das empresas possui "listas de fornecedores aprovados" e um agente de compra só pode comprar de alguém que está em uma lista desse tipo. A *SC Johnson* – fabricante de *Pledge*, *Windex*, *Raid*, o repelente de mosquitos *Off* e vários outros produtos de uso doméstico – tem uma relação de trabalho com o *Wal-Mart* que faz que *SC Johnson* seja responsável pela gestão do estoque nas seções de produtos de limpeza doméstica em suas lojas. Em troca do tratamento preferencial para decidir onde seus produtos serão expostos, bem como gerir os níveis de estoque, a *SC Johnson* aceita que o estoque na loja seja mantido pelo *Wal-Mart* em consignação até que os produtos sejam vendidos. Em outras palavras, a *SC Johnson* possui vantagens na exposição de seus produtos no maior varejista do mundo em troca de assumir todos os custos de carregamento de estoques nas lojas e nos centros de distribuição do *Wal-Mart*. As perspectivas são as de que muitas empresas continuarão desenvolvendo relações mais próximas – em alguns casos haverá relações de dependência com outras entidades que exigirão divulgação em notas explicativas ou reconhecimento de passivos condicionais.

A SEC exige a divulgação de todas as relações com clientes em que um cliente é responsável por mais de 10% das vendas de uma empresa. A finalidade da divulgação é informar aos usuários de possíveis dependências econômicas que possam afetar o futuro da empresa. Um exemplo de tais dependências pode ser visto no quadro Perspectiva histórica, sobre um fabricante de pirulitos. O auditor deve verificar que o cliente possui um sistema de informações, com controles internos apropriados, que identifique vendas por cliente importante para cumprir essa exigência.

PERSPECTIVA HISTÓRICA

O fabricante de pirulitos e o Wal-Mart

O fabricante de pirulitos era uma empresa de pequeno porte que havia obtido um contrato lucrativo com o Wal-Mart e se transformara em um dos maiores produtores de balas dos Estados Unidos após essa relação especial. Era uma empresa familiar que se desenvolveu crescendo até o ponto em que o Wal-Mart era responsável por, aproximadamente, 85% de seu volume de vendas.

O Wal-Mart é muito conhecido por sua capacidade de manter preços baixos exercendo pressão para que seus fornecedores cortem custos. O Wal-Mart informou à companhia fabricante de pirulitos que precisava cortar meio centavo de dólar do custo de cada pirulito. A empresa continuou a fabricar os produtos, mas não foi capaz de cortar seus próprios custos para poder vender os pirulitos com lucro ao novo preço e informou o Wal-Mart. Pouco depois, o Wal-Mart notificou a empresa de que tinha encontrado outro fornecedor. Posteriormente, a companhia de pirulitos fechou as portas porque não tinha uma base diversificada de clientes e não era capaz de compensar o volume perdido nas vendas ao Wal-Mart. Ela havia ampliado a escala de suas operações de tal maneira que não era possível reduzi-la e voltar a ser a pequena fábrica de pirulitos que existia antes de sua interação com o Wal-Mart.

Resumo

Os tópicos cobertos neste capítulo são complexos, pois (a) consistem em problemas significativos de mensuração, avaliação e apresentação e divulgação; (b) a contabilidade geralmente é complexa; (c) frequentemente exigem o uso de valor de mercado, em contraste com o custo histórico na estimação de valores; (d) comumente envolvem o uso de especialistas – alguns dos quais podem não ser qualificados ou não são obrigados a obedecer aos mesmos padrões de independência que os contadores profissionais; e (e) a administração muitas vezes é motivada a usar a contabilidade nas áreas discutidas para apresentar resultados financeiros que diferem da realidade econômica. Por esses motivos, é frequente que auditores experientes sejam alocados a auditorias que envolvem estimativas ou cálculos importantes de valor de mercado em lugar de custos históricos.

Muitas das fraudes na última década envolveram estimativas semelhantes as abordadas neste capítulo. O enfoque de auditoria deve ser objetivo e desafiador e, portanto, não pode se apoiar simplesmente nas avaliações feitas pela própria administração.

Termos importantes

Benefícios pós-aposentadoria – Todos os benefícios após a aposentadoria, além das pensões pagas. Devem ser identificados e medidos pela empresa. O tratamento contábil é conceitualmente idêntico ao das pensões.

Entidade de participação variável – Pessoa jurídica que não possui capital suficiente para se manter por causa da inexistência de fornecedores de capital próprio. A sustentação financeira da entidade de participação variável é fornecida por uma fonte externa, como outra empresa. Uma entidade de participação variável geralmente é criada por uma empresa para atuar como companhia de participações, mantendo ativos ou dívidas.

Entidade divulgadora – Para fins contábeis, trata-se do segmento adquirido ou operacional ao qual se atribui o *goodwill* conseguido na aquisição. Testes de *impairment* de *goodwill* são feitos no nível da unidade operacional.

Goodwill – Diferença positiva entre o preço líquido de compra de uma entidade econômica e a soma dos valores justos de mercado de ativos tangíveis e intangíveis especificamente identificáveis; pode surgir somente em ligação com a aquisição de uma organização e identifica a capacidade superior de geração de resultados associada à entidade.

Impairment de goodwill – Redução do valor do *goodwill*. Medido pela comparação entre o valor justo da entidade divulgadora ao valor de carregamento da entidade. Se o valor justo for inferior ao de carregamento (incluindo o *goodwill*), presume-se que o *goodwill* sofreu uma redução de valor. O *goodwill* deve ser reajustado para baixo, a um valor que faça que o valor justo não seja mais alto que o de carregamento.

REFERÊNCIAS SELECIONADAS À ORIENTAÇÃO PROFISSIONAL RELEVANTE		
Referência à orientação	Fonte de orientação	Descrição da orientação
Pronunciamento sobre padrões de auditoria (SAS) nº 45, ver seção sobre partes relacionadas	AICPA, ASB	Pronunciamento geral sobre padrões de auditoria – 1983
Pronunciamento sobre padrões de auditoria (SAS) nº 57	AICPA, ASB	Auditoria de estimativas contábeis
Pronunciamento sobre padrões de auditoria (SAS) nº 73	AICPA, ASB	Uso do trabalho de um especialista
Pronunciamento sobre padrões de auditoria (SAS) nº 101	AICPA, ASB	Auditoria de medidas e divulgações de valor justo
Padrão Internacional de Auditoria (ISA) 540	IAASB	Auditoria de estimativas contábeis
Padrão Internacional de Auditoria (ISA) 545	IAASB	Auditoria de medidas e divulgações de valor justo
Padrão Internacional de Auditoria (ISA) 550	IAASB	Partes relacionadas
Padrão Internacional de Auditoria (ISA) 620	IAASB	Uso do trabalho de um especialista

Parecer do Conselho de Princípios Contábeis (APB) 16	Fasb	Combinações de empresas
Pronunciamento sobre padrões de contabilidade financeira (SFAS) nº 106	Fasb	Contabilização por empregadores de benefícios pós-aposentadoria exceto pagamentos de pensões
Pronunciamento sobre padrões de contabilidade financeira (SFAS) nº 112	Fasb	Contabilização por empregadores de benefícios pós-aposentadoria – emenda aos pronunciamentos do Fasb nº 5 e 43
Pronunciamento sobre padrões de contabilidade financeira (SFAS) nº 132, 132(R)	Fasb	Divulgações por empregadores de pensões e outros benefícios pós-aposentadoria
Pronunciamento sobre padrões de contabilidade financeira (SFAS) nº 141, 141(R)	Fasb	Combinações de empresas
Pronunciamento sobre padrões de contabilidade financeira (SFAS) nº 142	Fasb	*Goodwill* e outros ativos intangíveis
Pronunciamento sobre padrões de contabilidade financeira (SFAS) nº 144	Fasb	Contabilização do *impairment* ou da liquidação de ativos de longo prazo
Pronunciamento sobre padrões de contabilidade financeira (SFAS) nº 146	Fasb	Contabilização de custos associados a atividades de saída ou liquidação
Pronunciamento sobre padrões de contabilidade financeira (SFAS) nº 158	IASB	Contabilização por empregadores de planos de pensão com benefício definido e outros benefícios pós-aposentadoria
Padrões Internacionais de Divulgação Financeira (IFRS) 3	IASB	Combinações de empresas
Padrões Internacionais de Contabilidade (IAS) 19	IASB	Benefícios de empregados
Padrões Internacionais de Contabilidade (IAS) 24	IASB	Divulgações sobre partes relacionadas
Padrões Internacionais de Contabilidade (IAS) 36	IASB	*Impairment* de ativos

Nota: siglas da orientação profissional relevante – ASB – *Auditing Standards Board* (Conselho de Padrões de Auditoria); AICPA – *American Institute of Certified Public Accountants* (Instituto Americano de Contadores Externos Certificados); Coso – *Committee of Sponsoring Organizations* (Comitê de Organizações Patrocinadoras); Fasb – *Financial Accounting Standards Board* (Conselho de Padrões de Contabilidade Financeira); IAASB – *International Auditing and Assurance Standards Board* (Conselho de Padrões Internacionais de Auditoria e Garantia); IASB – *International Accounting Standards Board* (Conselho de Padrões Internacionais de Contabilidade); IASC – *International Accounting Standards Committee* (Comitê de Padrões Internacionais de Contabilidade); Ifac – *International Federation of Accountants* (Federação Internacional de Contadores); ISB – *Independence Standards Board* (Conselho de Padrões de Independência); PCAOB – *Public Company Accounting Oversight Board* (Conselho de Supervisão Contábil de Companhias Abertas); SEC – *Securities and Exchange Commission* (Comissão de Valores Mobiliários e Bolsas de Valores).

Questões de revisão

14–2 (OA 3) De que maneira uma empresa mede o custo da aquisição de outra empresa? Que fatores geralmente complicam a determinação do custo efetivo? Explique como cada fator complica o cálculo do custo e as medidas que o auditor deve tomar para chegar a uma conclusão a respeito do custo da aquisição.

14–4 (OA 3) Um cliente de auditoria adquiriu outra empresa, e um avaliador independente de imóveis foi contratado para avaliar os ativos da companhia adquirida. Quais são as exigências de auditoria relativas ao uso do especialista (avaliador)?

14–6 (OA 4) De que maneira um auditor testa o *impairment* de *goodwill*? Quais são as questões importantes de julgamento que devem ser consideradas?

14–8 (OA 4) O que faz um auditor para determinar o valor justo do *goodwill* se:

- A entidade divulgadora é a empresa como um todo e as suas ações são negociadas em bolsa?
- A entidade divulgadora é a empresa como um todo e ela é uma companhia fechada?
- A entidade divulgadora é um segmento operacional?

14–10 (OA 5) O que é uma entidade relacionada? Qual é a contabilização apropriada de transações com essas entidades?

14–12 (OA 5) O que é uma entidade de finalidades específicas (EPEs)? Explique como a *Enron* usou EPEs para fazer divulgação financeira fraudulenta.

14–14 (OA 5) As empresas podem ter relações importantes com outras entidades que não envolvem participações acionárias, mas podem envolver questões de controle. Qual é a natureza dessas relações? Que divulgações são exigidas quanto a essas relações?

14–16 (OA 1) Quais são as estimativas importantes que devem ser feitas a respeito das seguintes contas de passivo?
- Reservas de reestruturação.
- Reservas para garantias.
- Obrigações com o pagamento de pensões.
- Outros passivos com benefícios pós-aposentadoria, que não o pagamento de pensões.

14–18 (OA 1) Explique como a *General Motors* acreditou que tinha um controle melhor sobre seus riscos de garantia assumindo o passivo por garantias de peças de fornecedores – por exemplo, pneus – da *Ford Motor Company*, que fazia que o seu fornecedor de pneus assumisse as garantias dos pneus.

14–20 (OA 3) Suponha que ações ordinárias de uma companhia aberta sejam emitidas para que se adquiram os ativos operacionais de outra empresa (mas não a outra empresa como um todo). Que informações devem ser usadas para determinar o valor da transação?

14–22 (OA 2) Explique como uma planilha de amortização de títulos de dívida poderia ser usada para auditar as despesas de juros ao longo do prazo de um título.

Questões de múltipla escolha

14–24 (OA 3) O auditor deve coletar evidência independente para determinar se os valores definidos por um especialista são apropriados. Ao coletar essa evidência, o auditor deve:
a. Avaliar as qualificações do especialista, verificando se ele é credenciado, experiente e tem boa reputação.
b. Determinar se o especialista é suficientemente independente da administração para não ser influenciado pelos objetivos da empresa (lembre-se, o especialista é pago pela administração).
c. Analisar a metodologia usada pelo especialista para determinar se ela é válida; por exemplo, determinar se identifica preços de venda de terrenos ou imóveis comparáveis, bem como os custos de reconstrução de prédios.
d. Todas as anteriores.

14–26 (OA 4) Ao determinar o possível *impairment* de *goodwill*, quais das seguintes não seria uma metodologia apropriada para estimar o valor justo de uma entidade divulgadora? Suponha que a entidade divulgadora não seja a empresa como um todo.
a. Determinar o valor justo de mercado da entidade com base no preço corrente da ação da empresa.
b. Obter um parecer de "fidedignidade" de um banco de investimento a respeito do valor justo da entidade divulgadora, caso fosse vendida a outra empresa.
c. Avaliar a rentabilidade e o fluxo de caixa corrente em comparação com o modelo de orçamento de capital usado na aquisição da empresa.
d. Obter relatórios de analistas financeiros externos sobre as perspectivas da empresa que incluam uma discussão específica das perspectivas da entidade divulgadora.

*14–28 (OA 5) Ao auditar transações com entidades relacionadas, um auditor coloca forte ênfase na:
a. Confirmação da existência de entidades relacionadas.
b. Verificação da avaliação de transações com entidades relacionadas.
c. Avaliação da divulgação de transações com entidades relacionadas.
d. Determinação dos direitos e obrigações de entidades relacionadas.

14–30 (OA 5) Qual dos seguintes não é um procedimento que um auditor usaria ao fazer uma auditoria destinada a identificar e reportar transações com entidades relacionadas?
a. Enviar pedidos de confirmação a todos os clientes, perguntando se eles são entidades relacionadas.
b. Obter uma lista de entidades relacionadas junto ao cliente.
c. Analisar todas as transações de vulto e incomuns para determinar se ocorreram com entidades relacionadas.
d. Examinar documentos submetidos à SEC para obter uma lista de entidades relacionadas.

*14–32 (OA 2) Quando um cliente não mantém o registro de suas próprias ações, o auditor deve obter confirmação escrita do agente de transferência e o responsável pelo registro quanto a:
a. Restrições em relação ao pagamento de dividendos.
b. Número de ações emitidas e existentes.
c. Garantias do valor de liquidação de ações preferenciais.
d. Número de ações sujeitas a acordos de recompra.

---

* Todas as questões marcadas com asterisco são adaptadas do Exame Uniforme de CPA.

Questões de discussão e pesquisa

14–34 (Contabilização de aquisições pelo método de compra, OA 3) A *Romenesko Conglomerate Co.* adquiriu recentemente a *Teasdale Comestic Company* por meio de uma oferta de compra de todas as ações ordinárias da *Teasdale Cosmetic*. A ação da *Teasdale* estava sendo negociada a $ 25, mas a oferta de compra foi feita a $ 35 por ação para as 2 milhões de ações da empresa.

O valor contábil da *Teasdale* era igual a $ 17 por ação na data da aquisição. A *Romenesko* deu a cada acionista $ 10 em dinheiro, metade de uma de suas ações ordinárias (negociadas a $ 30 por ação) e um décimo de uma ação preferencial cotada a $ 8, não emitida anteriormente, por ação possuída. O balanço condensado da *Teasdale* era o seguinte, antes da aquisição (em milhares):

• Caixa	$ 300
• Outros ativos circulantes	3.000
• Imóveis e equipamentos	22.000
• Intangíveis exceto *goodwill*	2.500
• *Goodwill*	5.000
• Ativos totais	$ 32.800
• Passivos circulantes	$ 4.000
• Obrigação de pagamento de pensões	3.000
• Dívidas de longo prazo	8.000
• Imposto de renda diferido	800
• Patrimônio líquido	17.000
• Passivo mais patrimônio líquido	$ 32.800

Pergunta-se:

a. Quais são os problemas especiais de avaliação com os quais o auditor deve lidar em relação à aquisição da *Teasdale Cosmetics* pela *Romenesko*?

b. De que maneira o auditor deve utilizar um especialista na avaliação da aquisição?

c. O que acontece com o *goodwill* que estava nas contas da *Teasdale*? Explique a sua resposta.

d. O que acontece com os outros ativos intangíveis que estavam nas contas da *Teasdale*? Explique a sua resposta.

e. O que acontece com o passivo de imposto de renda diferido nas contas da *Teasdale* assim que é finalizada a aquisição?

f. Suponha que o cliente utilize um especialista que não altera o valor atribuído a ativos ou passivos circulantes, mas reduz a obrigação de pagamento de pensões a $ 1,5 milhão, avalia os imóveis, instalações e equipamentos em $ 30 milhões e outros intangíveis em $ 5 milhões. Além disso, o valor corrente de mercado das dívidas de longo prazo da *Teasdale* é $ 5 milhões, mas seu valor de face continua sendo de $ 8 milhões (que é também o seu valor de resgate). Qual é o valor de *goodwill* a ser contabilizado?

14–36 (*Impairment* de *goodwill*, OA 4) A *Merrill Publishing Company* tem atuado principalmente como impressora de catálogos, documentos submetidos à SEC e listas telefônicas. Nos últimos cinco anos, a empresa:

- Expandiu-se para uma nova linha de publicação de revistas com a compra da *Wausau Printing Company*.
- Desenvolveu um *website* profissional que disponibiliza todas as informações nos documentos impressos às empresas que demandam seus serviços de impressão, mediante o pagamento de assinaturas.
- Comprou a *St. Paul Labels*, que faz rótulos para produtos enlatados.
- Comprou a *Consumer Custom Design* (CCD), que desenvolve desenhos para produtos alimentícios vendidos em caixas de papelão, por exemplo, cereais *Wheaties*. Os desenhos são desenvolvidos na rede e baixados para que as empresas os imprimam em seus produtos.

A empresa registrou *goodwill* de $ 15 milhões, $ 12 milhões e $ 8 milhões, respectivamente, para as compras da *Wausau*, da *St. Paul Labels* e da *Consumer Custom Design*.

Pede-se:

a. Defina um segmento operacional. Identifique os critérios que a *Merrill* poderia usar para definir um segmento operacional. Identifique quando deve ser tomada a decisão de classificar uma aquisição como parte de um segmento operacional.

b. Suponha que a *Merrill* funda as operações da *St. Paul Labels* e da *Consumer Custom Design* em um segmento operacional, a ser tratado como uma unidade de desenho para a impressão de embalagens de produtos alimentícios. O segmento tem sido bem-sucedido, mas as operações relacionadas ao desenho de embalagens, passados três anos, continuam a apresentar resultados abaixo do esperado. Como as operações são integradas, de que maneira o cliente e o auditor mediriam o possível *impairment* de *goodwill* no segmento? Em outras palavras, parece que as operações geradas pela *St. Paul Labels* são vigorosas, mas as operações integradas da CCD são fracas.

c. Quais são os problemas associados à mensuração de *impairment* de *goodwill* no segmento de desenho para a impressão de embalagens de produtos alimentícios?

d. De que maneira o auditor testaria o *impairment* de *goodwill* para a *Wausau Printing Company*, supondo que ela continue sendo um segmento identificável? Suponha também que o fluxo de caixa e a rentabilidade continuem a superar a projeção utilizada na determinação de um preço de compra. A empresa ainda precisa obter uma aferição anual independente do valor justo de mercado da entidade como um todo e da entidade operacional? Discuta o raciocínio usado em sua resposta.

14–38 (Reestruturação e suavização de lucros, OA 4) A *Maxair Corporation* tem um histórico de aquisição de várias empresas. Ela tem gerido o seu lucro estimando reservas elevadas para atividades relacionadas a fusões, tais como a dispensa de funcionários e o fechamento de fábricas. Os custos efetivamente incorridos foram significativamente inferiores aos valores estimados.

Pergunta-se:

a. Qual é o lançamento apropriado de diário que deve ser feito quando a empresa fecha uma fábrica, dispensa operários e o custo é substancialmente inferior ao que havia sido estimado? Suponha que a dispensa corresponda à implantação de um plano previamente definido.

b. No caso da *WorldCom*, o que a empresa fez com as reservas quando os custos efetivos de fechamento de unidades, dispensa de operários e liquidação de ativos foram inferiores aos esperados?

c. Por que a administração superestimaria deliberadamente (no momento em que a fusão é realizada) o custo futuro de fechamento de unidades e consolidação de atividades associadas a uma fusão?

d. Identifique três tipos de evidência que o auditor deve tentar obter durante a transação de fusão para determinar se o custo de encerramento de uma linha de operações, fechamento de uma fábrica e venda da fábrica é razoável. Em outras palavras, o que o auditor deveria fazer para avaliar a estimativa original de passivo?

14–40 (Transações com entidades relacionadas, OA 5) A *Eisenhower Construction*, uma companhia fechada, era anteriormente proprietária de todo o seu equipamento de construção utilizado nos trabalhos em rodovias (escavadoras, gruas, niveladoras, caminhões cimenteiros). A empresa recentemente vendeu todos os equipamentos ao filho do proprietário. O filho detém 25% das ações da *Eisenhower Construction*. A nova empresa do filho, *Construction Rental, Inc.*, tem 75% de participação acionária do filho e 25% do pai (que possui 75% da *Eisenhower Construction*). A *Construction Rental* tem crescido fenomenalmente, a ponto de que menos de 20% de sua atividade de aluguel de equipamento de construção são feitos com a *Eisenhower Construction*. Além disso, a *Eisenhower Construction* aluga cerca de 60% de seus equipamentos da *Construction Rental* e outros 40% da *FabCo*, uma empresa independente. Você foi encarregado de fazer a auditoria da *Eisenhower Construction Company*.

Pergunta-se:

a. Qual é a contabilização e divulgação apropriada da venda dos equipamentos durante o ano, nas contas e nas demonstrações financeiras da *Eisenhower Construction Company*?

b. Qual é a divulgação exigida do equipamento alugado junto à *Construction Rental*?

c. Ocorre que a construtora também faz trabalho no setor de água e esgotos e aluga a maior parte do equipamento de menor porte de uma filha do presidente da empresa. Entretanto, essas operações de aluguel não foram informadas ao auditor. Que procedimentos de auditoria teriam descoberto a existência desta outra transação com entidade relacionada?

14–42 (Estimativas de garantias, OA 1, 2) Você foi encarregado de fazer a auditoria da *Oshkosh Truck Corporation*. A empresa é o principal fabricante de caminhões de bombeiros e veículos pesados para o exército. Todos os componentes básicos são cobertos por garantias de 100 mil milhas ou 4 anos, o que acontecer primeiro. Há uma garantia diferente caso os caminhões sejam usados em áreas desérticas, e essa garantia cobre 40 mil milhas ou 18 meses, dependendo do que ocorrer primeiro.

Pede-se:

a. Identifique os componentes de um sistema de informações que a *Oshkosh Truck* deve montar para fazer uma estimativa do passivo e da despesa com garantias.

b. Suponha que a empresa tenha criado um sistema de informações de acordo com as especificações que você descreveu no item (a). Escreva um programa de auditoria para examinar a precisão do processo que geraria evidência de auditoria sobre a razoabilidade da despesa com garantias e da conta de passivo com garantias.

c. Suponha que, no ano passado, 60% dos caminhões vendidos ao exército tenham sido destinados para uso no Oriente Médio, tendo assim somente a garantia de 40 mil milhas ou 18 meses. Explique como esta mudança afetaria o reconhecimento da despesa e do passivo com garantias.

d. Suponha que o passivo com garantias tenha crescido nos últimos anos porque as despesas com garantias foram significativamente inferiores ao estimado. Suponha ainda que não tenha havido redução significativa da qualidade dos veículos produtos.

(i) Que informação seria coletada pelo auditor para determinar se o passivo teria sido materialmente sobrevalorizado ou não?

(ii) Se o auditor chegar à conclusão de que o passivo está materialmente sobrevalorizado, qual será a contabilização apropriada? A empresa se propõe a reduzir a despesa com garantias no ano corrente e nos próximos anos até que o passivo deixe de estar sobrevalorizado.

14–44 (Escrituras de emissão e passivos com títulos de dívida, OA 1, 2) O auditor deve examinar a escritura de emissão quando um título é emitido e sempre que mudanças são feitas posteriormente. Pede-se:

a. Identifique sucintamente as informações que o auditor esperaria obter em uma escritura de emissão de títulos de dívida. Enumere pelo menos cinco itens de informação que seriam relevantes para a condução da auditoria.

b. Como os auditores se preocupam especialmente com a possibilidade de subavaliação de passivos, eles devem confirmar a existência do passivo com os portadores individuais de títulos de dívida? Explique o seu raciocínio.

c. Uma empresa emitiu títulos com deságio. Explique como o valor do deságio é calculado e como o auditor poderia determinar se o valor é adequadamente amortizado a cada ano.

d. Explique como o auditor poderia verificar que os pagamentos semianuais de juros dos títulos são feitos a cada ano.

e. A empresa tem uma dívida de $ 20 milhões, com prazo de 15 anos, que vence em 30 de setembro do próximo ano. A intenção da empresa é refinanciar o título antes de seu vencimento, mas está aguardando o melhor momento para emitir novos títulos. Como a sua intenção é emitir os títulos no próximo ano, a empresa acredita que os títulos existentes de $ 20 milhões não precisam ser classificados como um passivo circulante. Que evidência o auditor coletaria para determinar a classificação apropriada dos títulos? O Fasb tratou recentemente do refinanciamento de dívidas. Qual é o enfoque que ele recomenda?

14–46 (Auditoria do patrimônio líquido, OA 2) Uma empresa de CPAs foi contratada para examinar as demonstrações financeiras da *Zeitlow Corporation* para o exercício encerrado em 31 de dezembro de 2009. As demonstrações financeiras e os registros contábeis da *Zeitlow Corporation* nunca foram auditados por um CPA. O grupo de contas do patrimônio líquido no balanço da *Zeitlow Corporation* em 31 de dezembro de 2009 é o seguinte:

Patrimônio líquido

Capital social – 10 mil ações autorizadas com valor par de $ 10:	
5 mil ações emitidas e em circulação	$ 50.000
Ágio em relação ao valor par do capital social	58.000
Lucros retidos	105.000
Total do patrimônio líquido	$ 213.800

Fundada em 2003, a *Zeitlow Corporation* tem dez acionistas e atua como seu próprio registro e agente de transferência de ações. Não possui contratos de subscrição de ações em vigor. Pede-se:

a. Prepare o programa detalhado de auditoria para o exame das três contas que compõem o patrimônio líquido da *Zeitlow Corporation* (não inclua a verificação dos resultados das operações do ano corrente).

b. Após a auditoria de todos os outros números do balanço, poderia parecer que o valor dos lucros retidos é um dado de fechamento que não requer qualquer verificação adicional. Por que um auditor ainda assim optaria por verificar os lucros retidos? Discuta a pergunta.

Casos

14–48 (Decisões com ética em transações de arrendamento, OA 1, 2, 6) Você faz parte de uma equipe que está trabalhando na auditoria de um dos maiores clientes da empresa. Este cliente, que é uma companhia aberta, está crescendo e no último ano ampliou o seu uso de arrendamentos de equipamento. Ao executar o programa de auditoria dos arrendamentos antigos e novos, parece que tanto os novos arrendamentos quanto os anteriormente contabilizados atendem aos critérios de capitalização de arrendamentos, mas têm sido registrados como operacionais. A equipe realizou várias reuniões para rever suas análises e garantir que se chegou à resposta correta. A equipe concluiu que o cliente deverá capitalizar os arrendamentos e as demonstrações financeiras de anos anteriores provavelmente precisarão ser reapresentadas. O cliente não está nem um pouco contente com isto.

A equipe havia levantado este aspecto como um possível problema no início da auditoria com o gerente sênior que estava supervisionando o trabalho. Ele está assoberbado com outras partes da auditoria, além de responsabilidades por outros trabalhos. Nessa ocasião, ele sugeriu a adoção de outro enfoque ao problema com base em um argumento de materialidade, ou seja, dizer simplesmente que a questão não é material, o que faz que deixe de ser um problema. A equipe examina esta possibilidade e julga que não é a coisa certa a fazer. O prazo para completar a auditoria está se aproximando rapidamente. Até o momento, ninguém alertou o cliente a respeito do dilema e para a perspectiva cada vez mais provável de que a empresa precisará divulgar os arrendamentos como passivos e anunciar uma reapresentação de demonstrações financeiras. Na reunião seguinte da equipe, você pergunta se não é chegada a hora de avisar o cliente. A equipe concorda que está na hora de ter essa conversa.

Você informa o gerente sênior a respeito da recomendação do grupo de alertar o cliente para o problema. Ele se assusta, pois não havia avaliado adequadamente a magnitude do problema. Ele sabe que o sócio que supervisiona a conta deste cliente terá problemas sérios com este fato – divulgar passivos significativamente maiores no balanço e fazer uma reapresentação – especialmente quando a empresa de auditoria havia concordado com a contabilização de arrendamentos em auditorias anteriores. Sabe-se bem que este é um dos clientes mais importantes da empresa, bem como o cliente mais importante pelo qual este sócio é responsável. O gerente sênior diz que está extremamente ocupado com outros projetos importantes. Ele mais uma vez defende a "solução" de materialidade para o problema. Ou seja, tal como em anos anteriores, pode ser argumentado que, embora a contabilidade esteja errada, o ajuste não é material e pode, portanto, ser ignorado – especialmente quando se examina o efeito sobre os lucros de cada ano. Você e a equipe se sentem pouco confortáveis com esta resposta e começam a se perguntar se o sócio comunga do ponto de vista do gerente sênior.

Você está claramente ciente da reputação que este sócio tem em termos de dureza com gerentes que trazem más notícias. Portanto, você não tem segurança alguma de que ele concordará com as recomendações da equipe. No entanto, é convicção da equipe de que deixar de notificar o cliente do problema de maneira tempestiva poderá levar a uma violação grave da relação do cliente com a empresa e, possivelmente, a acusações de negligência. Pede-se:

a. Resuma a dificuldade ética gerada por este cenário.
b. Quais são as opções para abordar o sócio nesta situação sem prejudicar a relação da equipe de trabalho com o gerente sênior.
c. Que argumentos você usaria e que poderiam ser apropriados para os valores do sócio?

14–50 (Análise de decisões relacionadas a *impairment* de *goodwill*, OA 4, 6) Em junho de 2008, o PCAOB divulgou seu relatório de 2007 de inspeção da *PricewaterhouseCoopers LLP* (ver PCAOB release nº 104-2008-125). A respeito de um dos clientes da *PricewaterhouseCoopers* (mencionado como "emitente A" no relatório de inspeção), o PCAOB observou o seguinte:

> Ao determinar o valor justo das unidades divulgadoras para fins de sua análise de *impairment* de *goodwill,* o emitente adicionou uma quantia ("alocação de prêmio") ao valor de algumas das unidades divulgadoras, que se destinava a ajustar o valor da unidade divulgadora relevante para compensar certas compras entre empresas. A alocação de prêmio foi calculada com base em algumas vendas pela unidade divulgadora relevante e, para cada unidade que recebeu uma alocação de prêmio, isso resultou em um valor justo calculado mais alto. A empresa deixou de testar os dados subjacentes e o cálculo da alocação de prêmio. Ela também deixou de avaliar se a metodologia havia sido aplicada de maneira consistente nos vários anos e se a incorporação da alocação de prêmio à análise era apropriada. A análise de *impairment* pelo emitente indicou que, sem essa alocação de prêmio, o emitente teria sido obrigado, pelos princípios de contabilidade aceitos em geral, a cumprir a segunda etapa do teste de *impairment* de *goodwill* para determinar o volume de *impairment*, se houvesse, para aproximadamente um quarto das unidades divulgadoras do emitente.

Responda às seguintes perguntas completando as quatro primeiras etapas do arcabouço de análise de decisões apresentado no capítulo 3:

1. Que dificuldades o auditor poderia ter encontrado ao decidir se o enfoque do emitente A era razoável? Por que a empresa de auditoria pode não ter testado adequadamente a análise do emitente A?
2. Quais são as consequências das decisões do auditor neste caso?
3. Que riscos e incertezas estão associados à análise feita pelo cliente?
4. Que tipos de evidências o auditor deve reunir para avaliar se o enfoque adotado pela administração é razoável?

Recorde que o arcabouço é o seguinte:

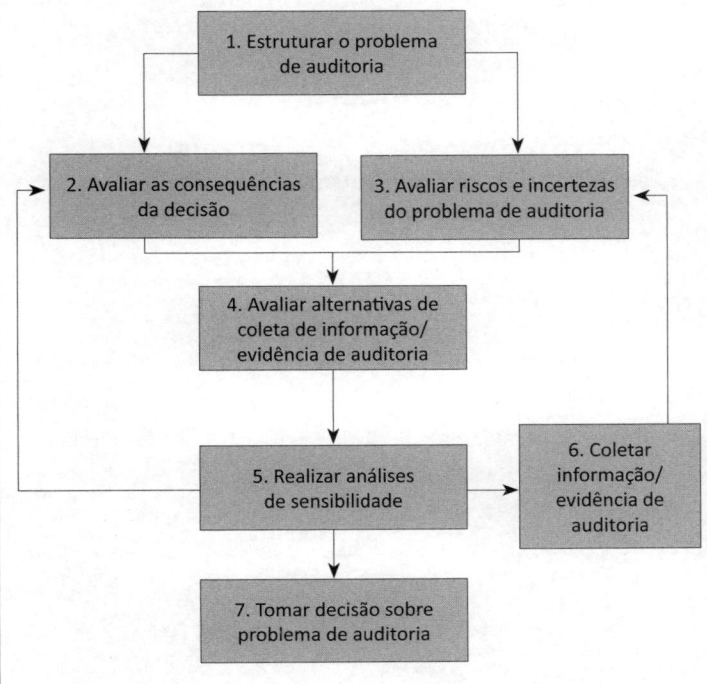

```
1. Estruturar o problema de auditoria
        ↓           ↓
2. Avaliar as consequências    3. Avaliar riscos e incertezas
   da decisão                     do problema de auditoria
        ↓
4. Avaliar alternativas de
   coleta de informação/
   evidência de auditoria
        ↓
5. Realizar análises      →    6. Coletar
   de sensibilidade              informação/
        ↓                        evidência de
                                 auditoria
7. Tomar decisão sobre
   problema de auditoria
```

Fonte: adaptado de HOGARTH, Robin. *Judgment and Choice*.

Ford Motor Company e Toyota Motor Corporation: Passivos com pagamento de pensões, *impairment* de *goodwill*, passivos com garantias e dívidas de longo prazo

(www.cengage.com.br)

Fonte e referência	Questão
Ford 10-K, pp. 65-67, nota explicativa 24 (pp. FS-51 até FS-58)	1. Um dos passivos mais importantes da Ford está relacionado a pagamentos de pensões e outros benefícios pós-aposentadoria. Qual é a natureza das estimativas necessárias para avaliar esses passivos? Que riscos essas estimativas criam para a empresa de auditoria?
Ford 10-K, pp. 68-69, notas explicativas 2, 12 e 13 (pp. FS-13, FS-23 a FS-25)	2. Leia a divulgação da Ford a respeito de *impairment* de *goodwill* e concentre a sua atenção no evento à Volvo. De que maneira os auditores da Ford podem ter a garantia de que a despesa de *impairment* está sendo avaliada corretamente?
Ford 10-K, nota explicativa 28 (p. FS-64)	3a. Os passivos com garantias constituem uma preocupação importante para empresas industriais como a Ford e a Toyota. Qual é a natureza das estimativas exigidas para os passivos com garantias?
Toyota 20-F, nota explicativa 14 (p. F-30)	3b. Quais são os passivos com garantias da Ford e da Toyota? Que procedimentos analíticos você poderia desenvolver para ajudar a entender a magnitude relativa das contas de garantias das duas empresas? Que inferências você tira da comparação desses indicadores?

Conclusão da auditoria

15

Objetivos de aprendizagem

O objetivo principal deste livro-texto é a construção de uma base para a análise de questões profissionais correntes e a adaptação de enfoques de auditoria às complexidades das empresas e da economia. Por meio do estudo deste capítulo, você será capaz de:

1. Enumerar e aplicar as etapas da avaliação da premissa de entidade em funcionamento.
2. Avaliar declarações da administração em certificações exigidas pela lei Sarbanes-Oxley (para companhias abertas) e descrever o conteúdo de uma carta de responsabilidade da administração.
3. Sintetizar e esclarecer possíveis ajustes de auditoria.
4. Examinar e avaliar a adequação da contabilização e divulgação de contingências de perda do cliente.
5. Examinar e avaliar a adequação das estimativas contábeis significativas do cliente.
6. Avaliar a adequação de divulgações.
7. Fazer um exame analítico final das demonstrações financeiras.
8. Identificar a finalidade e os procedimentos envolvidos no exame de qualidade de um trabalho de auditoria (também conhecido como exame por sócio endossante).
9. Identificar questões a serem comunicadas à administração por meio de uma carta.
10. Identificar questões a serem comunicadas ao comitê de auditoria.
11. Examinar eventos subsequentes à data do balanço e avaliar o tratamento apropriado.
12. Aplicar os arcabouços de análise de decisões e tomada de decisões com ética à conclusão da auditoria.

Visão geral do capítulo

Em termos do processo de elaboração do parecer de auditoria, este capítulo concentra a sua atenção na fase V, o fechamento da auditoria. Descrevemos atividades que os auditores devem realizar antes de concluir o trabalho, cada uma concebida para garantir que a auditoria tenha sido realizada com qualidade e que o parecer final emitido seja apropriado. Essas atividades são de natureza diversa, indo desde a avaliação da condição do cliente como entidade em funcionamento à definição de ajustes de auditoria, avaliação de contingências de perda, conclusão de um exame por sócio endossante (também conhecido como exame da qualidade do trabalho de auditoria), comunicação com a administração e o comitê de auditoria e à avaliação dos possíveis efeitos de eventos subsequentes, entre outras. O elo comum dessas atividades é o de que, embora possam ser considerados em vários momentos da auditoria, o grosso do esforço e as conclusões finais resultantes ocorrem no encerramento do trabalho de auditoria. Essas atividades devem ser concluídas antes que um auditor possa determinar finalmente o parecer a ser emitido, o qual é discutido no próximo capítulo.

O processo de elaboração do parecer de auditoria

| I. Aferir as decisões de aceitação e retenção do cliente (capítulo 4). | II. Entender o cliente (capítulos 2, 4-6 e 9). | III. Obter evidência a respeito de controles e determinar o impacto sobre a auditoria de demonstrações financeiras (capítulos 5-14 e 18). | IV. Apurar evidências consubstanciadas sobre afirmações de contas (capítulos 7-14 e 18). | V. Fechamento da auditoria e tomada de decisões de divulgação (capítulos 15 e 16). |

| A profissão de auditoria, regulamentação e governança corporativa (capítulos 1 e 2). | Tomada de decisões, conduta profissional e ética (capítulo 3). | Responsabilidade profissional (capítulo 17). |

JULGAMENTO PROFISSIONAL EM CONTEXTO

Divulgação de entidade em funcionamento e pedido de concordata da Northwest Airlines

Em 25 de fevereiro de 2005, a *Ernst & Young LLP* emitiu o seguinte parecer a respeito das demonstrações financeiras da *Northwest Airlines*:

Também auditamos, em conformidade com os padrões do Conselho de Supervisão Contábil de Companhias Abertas (Estados Unidos), as demonstrações financeiras consolidadas da *Northwest Airlines Corporation* para os exercícios encerrados em 31 de dezembro de 2004 e 2003, bem como as demonstrações consolidadas correspondentes de resultados, patrimônio (déficit) líquido e fluxos de caixa para cada um dos três anos do período encerrado em 31 de dezembro de 2004. Nosso relatório, com data de 25 de fevereiro de 2005, apresentou um parecer sem ressalvas sobre essas demonstrações.

Em 14 de setembro de 2005, a *Northwest Airlines* entrou com pedido de falência.

Em 13 de março de 2006, a *Ernst & Young LLP* emitiu o seguinte parecer sobre as demonstrações financeiras da *Northwest Airlines*:

Também auditamos, em conformidade com os padrões do Conselho de Supervisão Contábil de Companhias Abertas (Estados Unidos), as demonstrações financeiras consolidadas da *Northwest Airlines Corporation* (devedor em posse dos ativos) para os exercícios encerrados em 31 de dezembro de 2005 e 2004, bem como as demonstrações consolidadas correspondentes de resultados, patrimônio (déficit) líquido e fluxos de caixa para cada um dos três anos do período encerrado em 31 de dezembro de 2004. Nosso relatório, com data de 13 de março de 2006, apresentou um parecer sem ressalvas sobre essas demonstrações e incluiu parágrafos explanatórios relacionados (i) ao plano de reorganização da empresa de acordo com o capítulo 11 do Código de Falências e Concordatas dos Estados Unidos, (ii) à capacidade da empresa de operar como entidade em funcionamento e (iii) à alteração do método de reconhecimento de certas despesas administrativas associadas aos planos de pensão com benefício definido da empresa.

À medida que for lendo o capítulo a seguir, considere esse caso e as seguintes perguntas:

- Certamente, a *Ernst & Young* reconhecia que a *Northwest* se encontrava em sérias dificuldades financeiras no início de 2005. Você acredita que a *Ernst & Young* forneceu aviso adequado aos usuários das demonstrações financeiras da *Northwest* em 25 de fevereiro de 2005? De quem é a responsabilidade por reconhecer e relatar problemas acerca da condição de uma empresa?
- Qual é a sua reação à diferença entre as informações contidas nos relatórios de auditoria de fevereiro de 2005 e março de 2006?
- Os auditores não podem predizer o futuro. Em vista disso, qual deve ser a responsabilidade do profissional quanto a determinar se uma empresa tenderá a continuar como uma "entidade em funcionamento"?
- Por que a *Ernst & Young* poderia ter relutado em emitir um relatório de auditoria destacando problemas quanto à condição de entidade em funcionamento da *Northwest Airlines* no início de 2005?

Qualidade e conclusão da auditoria

Garantir que a auditoria seja realizada com qualidade elevada é fundamental para atender às expectativas dos usuários a respeito do papel do auditor nos mercados de capitais. Uma vez planejada a auditoria e realizado o trabalho de campo, o auditor ainda tem uma variedade de tarefas importantes a serem completadas antes de emitir o parecer final de auditoria. Neste capítulo, discutimos cada uma dessas tarefas, que incluem:

- Avaliar a premissa de entidade em funcionamento.
- Considerar as declarações da administração nas certificações exigidas pela lei *Sarbanes--Oxley* (para companhias abertas) e determinar que a administração assine uma carta de responsabilidade.
- Sintetizar e definir possíveis ajustes de auditoria.
- Examinar a contabilidade e a divulgação de contingências de perda do cliente.
- Analisar as estimativas contábeis significativas do cliente.
- Verificar a adequação das divulgações.
- Fazer um exame analítico final das demonstrações financeiras.
- Completar um exame por sócio endossante.
- Comunicar-se com a administração por meio de uma carta à administração.
- Comunicar-se com o comitê de auditoria.
- Examinar eventos subsequentes à data do balanço.

Avaliação da premissa de entidade em funcionamento

As falências e concordatas de empresas resultam de uma variedade de causas, tais como financiamento inadequado, problemas de fluxo de caixa, má gestão, obsolescência de produtos, desastres naturais, perda de um cliente ou fornecedor importante e ação da concorrência. Os investidores e os credores ficam insatisfeitos quando uma empresa quebra, particularmente quando isso ocorre logo após a emissão de um parecer sem ressalvas de um auditor. Entretanto, os investidores precisam reconhecer que um parecer de auditoria não é uma garantia de que a empresa seja uma entidade em funcionamento. Apesar disso, os auditores são obrigados a avaliar a probabilidade de que cada cliente continue operando por um período razoável, não superior a um ano após a data do balanço. Como se pode ver no quadro Julgamento profissional em contexto sobre a *Northwest Airlines* e a *Ernst & Young LLP*, há situações em que um relatório de auditoria é emitido sem conter qualquer aviso a respeito da incapacidade iminente da empresa de permanecer em funcionamento.

A avaliação como entidade em funcionamento baseia-se em informação obtida com procedimentos normais de auditoria executados para testar as afirmações da administração; não é exigido qualquer método separado a menos que o auditor creia que há dúvidas substanciais a respeito da capacidade do cliente de permanecer em funcionamento. Entretanto, como o público espera que os auditores avaliem a premissa de entidade em funcionamento, muitas empresas de auditoria regularmente usam modelos de predição de insolvência para analisar se um dado cliente poderia ter problemas em termos de funcionamento futuro. Se houver dúvidas, o auditor deverá identificar e avaliar os planos da administração para superar os problemas e reavaliar a sua capacidade de continuar operando.

OA 1
Enumerar e aplicar as etapas da avaliação da premissa de entidade em funcionamento.

QUESTÃO PRÁTICA
A questão quanto ao que é uma "entidade em funcionamento" pode depender da natureza do pedido à justiça. Como exemplo, no capítulo 11, tem-se um pedido de reorganização de uma empresa, com a qual se espera que a instituição saia da concordata. Por outro lado, um pedido de acordo, bem como no capítulo 7, refere-se à liquidação organizada ou falência da empresa.

> **QUESTÃO PRÁTICA**
>
> Atualmente, os padrões de contabilidade financeira nos Estados Unidos não exigem que a administração avalie a capacidade da empresa de permanecer em funcionamento (embora isto tenha a mudar em 2010). Entretanto, a administração é obrigada a avaliar se os ativos sofreram perda de valor e são divulgados adequadamente, bem como garantir que todos os passivos são contabilizados. O auditor deve avaliar se a empresa pode ser incapaz de continuar em funcionamento. Essa responsabilidade é especialmente importante no caso de auditores de empresas menores ou companhias fechadas mais novas, com operações limitadas e acesso restrito a crédito ou capital. Essas empresas podem ser particularmente suscetíveis a eventos ou condições que geram incertezas quanto às possibilidades de continuar em funcionamento.

> **CONSIDERE O RISCO**
>
> O risco de um cliente não continuar operando precisa ser aferido, e qualquer reserva que o auditor tenha deve ser comunicada aos usuários de demonstrações financeiras.

Indicadores de possíveis problemas quanto à continuação de funcionamento

A administração normalmente resistirá a alguma ressalva a respeito da condição da empresa como entidade em funcionamento, argumentando que tal reserva fará que os investidores, credores e clientes percam confiança na empresa e, assim, que ela quebre. Os auditores podem relutar em emitir um parecer de auditoria com ressalva a essa condição, pois ela pode acabar sendo uma "profecia autorrealizável" de que a empresa de fato irá quebrar. Em outras palavras, se uma empresa de auditoria emitir um relatório declarando que a instituição poderá não permanecer em funcionamento, credores e clientes poderão ficar tão preocupados que pararão de emprestar dinheiro ou fazer negócios, acelerando assim o seu fechamento. Portanto, o auditor deve analisar cuidadosamente todos os fatores que indicam algum problema de funcionamento e determinar se a administração tem um plano viável para lidar com eles. Possíveis indicadores de problemas de funcionamento incluem:

- Tendências negativas, tais como prejuízos sistemáticos, deficiências de capital de giro, fluxos de caixa negativos de atividades operacionais e índices financeiros importantes desfavoráveis.
- Problemas internos, como perda de pessoal-chave, greves de funcionários, instalações e produtos desatualizados, além de compromissos de longo prazo economicamente inviáveis.
- Problemas externos, como nova legislação, ações judiciais pendentes, perda de uma franquia, patente importante ou um cliente ou fornecedor essencial, além da ocorrência de sinistros não cobertos parcial ou totalmente por apólices de seguro.
- Outros problemas, como inadimplência em um empréstimo, incapacidade de pagar dividendos, reestruturação de dívidas, violação de leis ou regulamentação e incapacidade de comprar a prazo.
- Mudanças significativas no mercado do cliente e na competitividade dos seus produtos.

Diversos estudos de insolvências têm mostrado que certas combinações de índices possuem poder razoável de predição para apontar a probabilidade de insolvência. Altman desenvolveu duas combinações de índices ponderados que predizem a possibilidade de insolvência (o chamado escore Z de Altman): um modelo de cinco índices para companhias industriais abertas e um modelo de quatro índices para companhias industriais ou do setor de serviços abertas ou fechadas.[1] Seu trabalho tem sido replicado, e exemplos mais novos fornecem apenas variações pequenas de seu modelo original.

Os escores Z são calculados como é mostrado na **Ilustração 15.1**. Os escores Z abaixo de 1,81 no modelo de cinco índices ou abaixo de 1,1 no modelo de quatro índices significam potencial elevado de insolvência. Os escores acima de 2,99 no modelo de cinco índices ou acima de 2,6 no de quatro índices indicam potencial muito reduzido de insolvência. Por exemplo, usando-se o modelo de quatro índices, uma empresa que tenha uma posição sólida em termos de ativos circulantes, acumulado lucros retidos significativos e seja rentável, teria um escore acima do limiar de 2,6 e pouco provavelmente apresentaria problema de continuar em funcionamento. Embora um escore Z baixo (ou um semelhante com o uso de um modelo diferente de predição de insolvência) não indique por si só que a empresa quebrará, ele fornece evidência presumida de que há um problema de continuação de funcionamento. As pesquisas têm mostrado que os modelos são melhores ferramentas de predição de problemas do que as ressalvas nos pareceres de auditoria.

---

[1] ALTMAN, E. *Corporate Financial Distress*. Nova York: John Wiley & Sons, 1983.

Ilustração 15.1: Modelos de escore Z de Altman

\<center\>**ESCORE Z PARA COMPANHIAS INDUSTRIAIS ABERTAS**\</center\>	
Peso	Índice
1,2 ×	Ativo circulante sobre ativo total
+ 1,4 ×	Lucro retido sobre ativo total
+ 3,3 ×	Retorno do ativo total
+ 0,99 ×	Faturamento sobre ativo total
+ 0,6 ×	Valor de mercado do patrimônio líquido

< 1,81 Potencial elevado de insolvência
> 2,99 Potencial reduzido de insolvência

ESCORE Z PARA COMPANHIAS INDUSTRIAIS E PRESTAÇÃO DE SERVIÇOS ABERTAS E FECHADAS	
Peso	Índice
6,56 ×	Ativo circulante sobre ativo total
+ 3,26 ×	Lucro retido sobre ativo total
+ 6,72 ×	Lucro antes de juros e imposto de renda sobre ativo total
+ 1,06 ×	Patrimônio líquido sobre passivo total sobre passivo total

Interpretação do Escore Z
< 1,1 Potencial elevado de insolvência
> 2,6 Potencial reduzido de insolvência

O auditor deve considerar todos os fatores relevantes ao determinar se precisa modificar o parecer de auditoria. A **Ilustração 15.2** fornece um resumo do processo de decisão do auditor a respeito da divulgação em termos da condição de entidade em funcionamento.

Fatores atenuantes

Se o auditor concluir que pode haver um problema em termos da condição do funcionamento da entidade, os planos da administração para superar esta dificuldade deverão ser identificados e avaliados. A administração pode estar pretendendo vender ativos não essenciais, pegar dinheiro emprestado ou reestruturar as dívidas existentes, reduzir ou adiar gastos desnecessários e/ou aumentar os investimentos dos proprietários. O auditor deve identificar aqueles fatores que são mais capazes de resolver o problema e coletar evidência independente para determinar as possibilidades de êxito de tais planos. Por exemplo, se projeções financeiras fizerem parte importante da solução, o auditor deverá pedir à administração que forneça tal informação, juntamente com as premissas subjacentes. O auditor deverá considerar e testar independentemente a adequação das bases das principais premissas. Como exemplo adicional, se a administração indicar que a principal instituição financeira da empresa está disposta a renegociar os termos de um empréstimo devido para que se tornem mais favoráveis, o auditor deverá considerar esse fato ao avaliar os planos de recuperação da administração. Evidentemente, o profissional deverá confirmar os novos termos com o banco, provavelmente por meio de contato direto com a instituição financeira, em lugar de confiar nas manifestações verbais da administração. O auditor também deve avaliar a razoabilidade de outras hipóteses feitas pela administração, incluindo:

- A hipótese da administração quanto ao crescimento de preços ou participação no mercado deve ser analisada em relação às condições correntes do setor.
- As hipóteses da administração a respeito de corte de custos a partir da redução de pessoal devem ser recalculadas e avaliadas para determinar se há custos ocultos, como, por exemplo, obrigações com o pagamento de pensões que foram ignoradas pela administração.
- As hipóteses da administração acerca da venda de ativos – uma divisão ou ativos especificamente identificados – devem ser avaliadas em relação a preços correntes de mercado.

Veja no quadro Auditoria na prática um exemplo de divulgação de planos da administração para superar problemas de continuidade de funcionamento.

> **QUESTÃO PRÁTICA**
>
> Em função da recessão da economia em 2009, é provável que muitas empresas apresentem sinais de que será difícil continuarem em funcionamento.

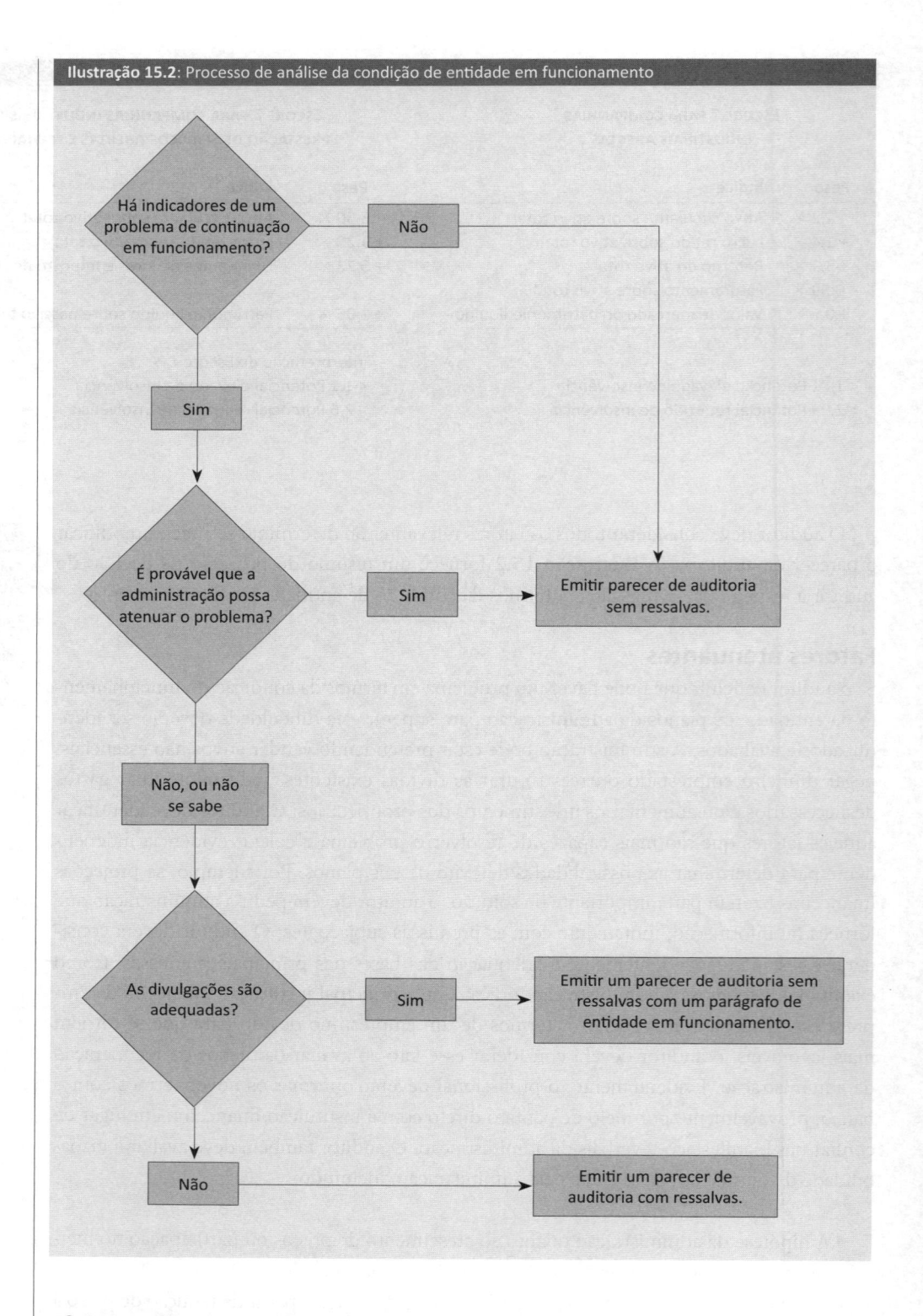

Ilustração 15.2: Processo de análise da condição de entidade em funcionamento

- Há indicadores de um problema de continuação em funcionamento?
  - Não → Emitir parecer de auditoria sem ressalvas.
  - Sim ↓
- É provável que a administração possa atenuar o problema?
  - Sim → Emitir parecer de auditoria sem ressalvas.
  - Não, ou não se sabe ↓
- As divulgações são adequadas?
  - Sim → Emitir um parecer de auditoria sem ressalvas com um parágrafo de entidade em funcionamento.
  - Não → Emitir um parecer de auditoria com ressalvas.

Efeitos sobre as demonstrações financeiras

Se o auditor continuar com dúvidas substanciais sobre a continuação do cliente como entidade em funcionamento por um período razoável, não superior a um ano a contar da data das demonstrações financeiras que estiverem sendo auditadas, ele deverá avaliar a adequação das divulgações correspondentes do cliente. Tais divulgações poderiam incluir as condições causadoras da dúvida, a avaliação da importância dessas condições e os planos para superar o problema, além de informações a respeito do efeito sobre valores e classificações de ativos e passivos. Quando o auditor acredita que os planos da administração são capazes de atenuar o problema, deve ser contemplada a divulgação das condições que levaram inicialmente à dúvida sobre a continuação do funcionamento.

Efeitos sobre o parecer de auditoria

Um parágrafo explanatório deve ser adicionado ao parecer do auditor quando ele conclui que restam dúvidas substanciais sobre a capacidade do cliente de continuar sendo uma entidade em funcionamento por período razoavelmente longo. O parágrafo que descreve a preocupação do auditor deve ser adicionado ao parecer padronizado de auditoria sem ressalvas. Entretanto, o profissional não está impedido de emitir um parecer com abstenção de opinião se for concluído que essa é uma maneira melhor de transmitir a preocupação. O parágrafo deve conter referências a uma nota explicativa em que a administração descreve o(s) problema(s) financeiro(s) e os seus planos mais detalhadamente. Um parecer de auditoria com ressalvas normalmente seria emitido se o auditor acreditasse que a divulgação do cliente é inadequada.

Uma preocupação manifestada por observadores dos mercados financeiros é a de que de 30% a 40% das empresas que acabam quebrando receberam pareceres de auditoria sem ressalvas no período imediatamente anterior à declaração de falência ou concordata, como no caso da *Northwest Airlines*. Por que os auditores poderiam relutar em emitir um parecer de auditoria salientando problemas a respeito da condição de seus clientes como entidades em funcionamento? Uma explicação é a de que isso poderia levar a empresa a quebrar, ou

> **QUESTÃO PRÁTICA**
>
> Os auditores devem testar independentemente as hipóteses e previsões feitas pela administração para que haja avaliação autônoma que chegue a uma conclusão positiva sobre os planos da administração para que a empresa continue sendo uma entidade em funcionamento.

AUDITORIA NA PRÁTICA

Divulgação da condição de entidade em funcionamento na Eagle Broadband, Inc. para o exercício fiscal de 2006

Nota 22 – condição financeira e de entidade em funcionamento

As demonstrações financeiras da empresa foram apresentadas com base na premissa de que se trata de uma entidade em funcionamento, o que contempla a realização de ativos e o pagamento de passivos no andamento normal das operações. A empresa possui capital de giro negativo de $ 10.613.000, sofreu prejuízos de $ 26.933.000 e $ 57.010.000 em 2006 e 2005, e há dúvidas substanciais quanto à capacidade da empresa de realizar operações com lucro.

Não há garantias de que a empresa será capaz de (1) atingir um nível de receitas adequado para gerar fluxo de caixa suficiente em suas operações ou (2) obter financiamento adicional por meio de colocações privadas, ofertas públicas e/ou empréstimos bancários necessários para cobrir as exigências de capital de giro da empresa. Nenhuma garantia pode ser dada de que haverá financiamento adicional disponível ou, em caso afirmativo, se os termos serão aceitáveis à empresa. Se não houver capital de giro adequado disponível, a empresa poderá ser forçada a suspender suas operações. As demonstrações financeiras não incluem ajustes que poderiam ser necessários se a empresa deixasse de operar. Atualmente, a empresa não está inadimplente em nenhuma de suas obrigações de pagamento, e a administração está lidando com a condição e as obrigações financeiras correntes com a implantação de seus planos para o próximo ano, incluindo:

- A aplicação de esforços significativos de venda no fechamento de contratos importantes de serviços municipais de WiFi.
- A captação de capital operacional adicional por meio de ofertas públicas e ou privadas de capital de terceiros ou capital próprio.
- A redução de obrigações de endividamento com a emissão de ações ordinárias.
- O monitoramento atento do desempenho em termos de margem bruta em todas as linhas principais para garantir que a empresa cumpra a meta de tornar-se rentável.
- O monitoramento atento das despesas operacionais para garantir que a empresa permaneça dentro dos limites de seu orçamento.

P.S.: no início de 2009, as ações da Eagle Broadband não estavam mais registradas em bolsa alguma, e não havia relatórios anuais disponíveis. A Eagle requereu falência em 11 de novembro de 2007, e os restos da empresa foram adquiridos pela Broadweave, Inc., em 14 de julho de 2008. As revelações do auditor foram bastante precisas e eficazes.

AUDITORIA NA PRÁTICA

Observações do PCAOB

O principal responsável pela fixação de padrões de auditoria nos Estados Unidos tem se preocupado com a incapacidade das empresas de auditoria de cumprir com as exigências de avaliação da condição de entidade em funcionamento. Em outubro de 2007, o PCAOB divulgou um relatório que forneceu observações obtidas ao longo de suas inspeções de empresas registradas de contabilidade externa que auditam não mais de 100 emitentes (isto é, empresas pequenas de contabilidade) em 2004, 2005 e 2006. Os trechos reproduzidos a seguir foram extraídos desse relatório e salientam deficiências de auditoria em que as empresas de auditoria deixaram de demonstrar que haviam cumprido exigências relacionadas a avaliações de empresas como entidades em funcionamento. Estas são áreas às quais os auditores precisam estar bastante atentos antes de emitirem seus pareceres.

Algumas dessas empresas deixaram de identificar ou avaliar a importância de condições que indicavam que uma entidade poderia não ser capaz de continuar operando, tais como prejuízos cumulativos desde a sua constituição, déficits acumulados de capital e capital de giro negativo.

Outras identificaram condições que poderiam afetar a capacidade do emitente de continuar como entidade em funcionamento, mas deixaram de avaliar os planos da administração para mitigar os efeitos de tais condições, ou deixaram de obter informação sobre a probabilidade de que tais planos pudessem ser implantados eficazmente.

Além disso, algumas empresas deixaram de avaliar a adequação da divulgação por uma entidade das condições acerca das possibilidades de prosseguir em funcionamento e dos planos da administração para atenuá-las.

---

seja, o fenômeno da profecia autorrealizável, mencionado anteriormente. Outra explicação é a de que o auditor pode não ser independente do cliente e ficar preocupado com a possibilidade de que um relatório sobre essa condição o faça perder o cliente e, consequentemente, honorários futuros de auditoria. Uma última explicação seria a de que é simplesmente muito difícil saber, com antecedência, se um cliente em dificuldades financeiras efetivamente encerrará as suas operações ou se, de algum modo, escapará desse resultado. Os auditores não parecem se sair muito melhor que outros participantes no campo da divulgação financeira em termos dessa difícil determinação.

Avaliação das declarações da administração

Certificação de demonstrações financeiras da administração

OA 2
Avaliar declarações da administração em certificações exigidas pela lei *Sarbanes-Oxley* (para companhias abertas) e descrever o conteúdo de uma carta de responsabilidade da administração.

A lei *Sarbanes-Oxley* exige que o diretor executivo e o diretor financeiro de uma companhia aberta certifiquem que as demonstrações financeiras são apresentadas fidedignamente e de acordo com os princípios de contabilidade aceitos em geral. A maioria dos diretores executivos e financeiros tem aprimorado processos internos para ajudá-los a cumprir sua responsabilidade básica pela confiabilidade das demonstrações financeiras. Algumas empresas exigem que os gestores e controladores de divisões ou subsidiárias certifiquem seus relatórios financeiros que são incorporados às demonstrações financeiras consolidadas. O auditor deve examinar os processos de certificação da administração. Deve ser lembrado que as demonstrações financeiras são da administração, e não do auditor. Portanto, é lógico que cabe à administração criar procedimentos para garantir que as demonstrações financeiras sejam confiáveis e não dependam da função de auditoria externa para detectar incorreções materiais. A **Ilustração 15.3** fornece um exemplo de certificação pela administração na *Ford Motor Company*.

Carta de responsabilidade da administração

Os auditores devem obter uma carta de responsabilidade da administração (ver **Ilustração 15.4**) ao final de cada auditoria. A carta faz parte das evidências de auditoria, mas não substitui procedimentos de executados para corroborar as informações contidas na carta. As finalidades da carta são as seguintes:

> **Ilustração 15.3:** Certificação da administração na Ford Motor Company
>
> **CERTIFICAÇÃO DO DIRETOR EXECUTIVO DA FORD MOTOR COMPANY**
>
> Eu, Alan Mulally, presidente e diretor executivo da Ford Motor Company (a "Companhia"), certifico por meio desta, em cumprimento à regra 13a-14(b) ou à regra 15d-14(b) da lei de Negociação de Valores Mobiliários de 1934, tal como emendada, e à seção 1350 do capítulo 63 do título 18 do Código dos Estados Unidos que, tanto quanto eu saiba:
>
> 1. O Relatório Anual da Companhia no formulário 10-K para o ano encerrado em 31 de dezembro de 2007, anexado a esta declaração como evidência (o "Relatório"), cumpre fielmente as exigências da seção 13(a) ou 15(d) da lei de Negociação de Valores Mobiliários de 1934, tal como emendada.
> 2. A informação contida no Relatório apresenta, fidedignamente, em todos os aspectos materiais, a condição financeira e os resultados das operações da companhia.
>
> Data: 27 de fevereiro de 2008
> Assinado por Alan Mulally
> Presidente e diretor executivo

- Lembrar a administração de sua responsabilidade pelas demonstrações financeiras.
- Confirmar respostas verbais recebidas anteriormente pelo auditor durante a auditoria, bem como a propriedade dessas respostas.
- Reduzir a possibilidade de mal-entendidos a respeito de assuntos que são temas das declarações.

A carta é confeccionada em papel timbrado do cliente, é endereçada ao auditor e deve ser assinada pelo diretor executivo e pelo diretor financeiro. Deve ter a mesma data do parecer de auditoria. O auditor geralmente prepara a carta para que o cliente a leia e assine. O conteúdo depende das circunstâncias da auditoria e da natureza e das bases da apresentação das demonstrações financeiras. Pode limitar-se a questões consideradas materiais para as demonstrações financeiras e deve incluir declarações sobre fraudes conhecidas envolvendo administradores ou funcionários. A recusa da administração em assinar a carta de responsabilidade dela é vista como uma limitação suficiente de escopo para impedir a emissão de um parecer sem ressalvas.

O auditor pode receber cartas separadas de responsabilidade de outros dirigentes da empresa. Pode-se solicitar ao secretário da empresa, por exemplo, que assine uma carta de responsabilidade de que todas as atas de reuniões da empresa (geralmente enumeradas cronologicamente) ou os trechos de reuniões recentes foram colocados à disposição do auditor.

Síntese e esclarecimento de possíveis ajustes

Incorreções não resolvidas, detectadas durante a auditoria, devem ser sintetizadas e avaliadas para que se determine se poderiam ser materiais em termos agregados e resultam de uma deficiência material dos controles internos. É possível que sejam detectadas incorreções que individualmente não sejam materiais, e o auditor poderá deixar de pedir ao cliente que faça tais ajustes. Não devem ser esquecidas, no entanto. A maioria das empresas de contabilidade externa usa uma tabela para acumular as incorreções conhecidas e projetadas, bem como os efeitos transportados de incorreções não resolvidas em anos anteriores (ver **Ilustração 15.5**). No final da auditoria, a administração e o auditor devem decidir quais ajustes possíveis serão "contabilizados", ou seja, corrigidos nas demonstrações financeiras, e quais serão "omitidos", ou seja, permanecerão sem correção.

> **QUESTÃO PRÁTICA**
>
> Declarações adicionais devem ser incluídas em auditorias de companhias abertas, relacionadas à auditoria do controle interno. Caso contrário, uma carta separada de responsabilidade deve ser obtida a respeito dos controles internos.

> **QUESTÃO PRÁTICA**
>
> A carta de responsabilidade da administração não elimina a necessidade de obtenção de evidências apropriadas.

> **OA 3**
> Sintetizar e esclarecer possíveis ajustes de auditoria.

> **Ilustração 15.4:** Carta de responsabilidade da administração

NATURE SPORTING GOODS MANUFACTURING COMPANY
200 Pine Way, Kirkville, WI 53800
(608) 255-7820

28 de fevereiro de 2010 (data do parecer de auditoria)

A Rittenberg e Schwieger, CPAs

Estamos entregando esta carta em conjugação com vossas auditorias dos balanços consolidados da Nature Sporting Goods Manufacturing Company em 31 de dezembro de 2009 e 2008 e das demonstrações consolidadas correspondentes de resultado, fluxos de caixa e patrimônio líquido para os anos encerrados nessas datas, para a emissão de um parecer a respeito da fidedignidade das demonstrações financeiras consolidadas, em todos os aspectos materiais, quanto à posição financeira, os resultados das operações e fluxos de caixa da Nature Sporting Goods Manufacturing Company em conformidade com os princípios de contabilidade aceitos em geral nos Estados Unidos da América. Confirmamos que somos responsáveis pela apresentação fidedigna das demonstrações financeiras consolidadas de posição financeira, resultados das operações e fluxos de caixa de acordo com princípios de contabilidade aceitos em geral.

Certas declarações nesta carta são descritas como estando limitadas a aspectos materiais. Os itens são considerados materiais, independentemente de sua magnitude, quando envolvem uma omissão ou incorreção de informação contábil que, à luz das circunstâncias associadas, fazem que seja provável que o julgamento de uma pessoa razoável, com base nessa informação, seja alterado ou influenciado pela omissão ou incorreção.

Confirmamos, na medida de nosso conhecimento e crença, em 28 de fevereiro de 2010, as seguintes declarações feitas a Vossas Senhorias durante vossas auditorias:

1. As demonstrações financeiras mencionadas são apresentadas fidedignamente em conformidade com os princípios contábeis aceitos em geral nos Estados Unidos da América.
2. Colocamos à disposição de Vossas Senhorias:
    a. Registros financeiros e dados correlatos.
    b. Atas de assembleias de acionistas, reuniões do conselho de administração e de comitês de conselheiros, ou resumos de providências deliberadas em reuniões recentes, mas cujas atas ainda não estão prontas.
3. Não houve comunicados de agências reguladoras a respeito de descumprimento ou deficiências quanto a práticas de divulgação financeira.
4. Não há transações materiais que não tenham sido adequadamente registradas pela contabilidade subjacente às demonstrações financeiras.
5. Acreditamos que os efeitos das incorreções não corrigidas nas demonstrações financeiras, resumidas na tabela anexa, não são materiais, tanto individualmente quanto em termos agregados para as demonstrações financeiras como um todo.
6. Não há deficiências significativas, incluindo deficiências materiais na montagem ou no funcionamento de controles internos que poderiam afetar negativamente a capacidade da entidade de registrar, processar, resumir e divulgar dados financeiros.[2]
7. Estamos cientes de nossa responsabilidade pela montagem e implantação de programas e controles para impedir a ocorrência de fraude.
8. Não temos conhecimento de fraudes ou suspeitas de fraude que afetem a entidade envolvendo:
    a. A administração.
    b. Funcionários que exercem funções importantes de controle interno.
    c. Outros, com os quais a fraude poderia exercer um efeito material sobre as demonstrações financeiras.
9. Não temos conhecimento de qualquer alegação ou suspeita de fraude afetando a entidade, recebidas em comunicações feitas por funcionários, ex-funcionários, analistas, agentes reguladores, vendedores de ações a descoberto, ou outros.
10. A entidade não tem planos ou intenções que possam afetar materialmente o valor de carregamento ou a classificação de ativos e passivos.
11. Os seguintes itens foram contabilizados ou divulgados adequadamente nas demonstrações financeiras:
    a. Transações com partes relacionadas, incluindo vendas, compras, empréstimos, transferências, acordos de arrendamento e garantias, além de valores recebíveis ou a pagar a partes relacionadas.
    b. Garantias por escrito ou verbais que tornam a empresa potencialmente responsável.
    c. Estimativas significativas ou concentrações substanciais conhecidas pela administração que deveriam ser divulgadas de acordo com o pronunciamento de posição 94-6 do AICPA, Divulgação de certos riscos e incertezas significativos (estimativas significativas são aquelas feitas na data do balanço que poderiam se alterar de modo material no ano seguinte. As concentrações se referem a volumes de operação, receitas, fontes disponíveis de suprimento, ou mercados ou áreas geográficas nos quais poderiam ocorrer eventos que perturbariam significativamente as condições financeiras normais no ano seguinte).
12. Não há:
    a. Violações efetivas ou possíveis transgressões de leis ou regulamentação cujos efeitos deveriam ser divulgados nas demonstrações financeiras ou servir de base para o registro de uma contingência de perda.
    b. Direitos não confirmados ou avaliações que nosso consultor jurídico tenha nos alertado como sendo de provável contestação e que devessem ser divulgados em conformidade com o pronunciamento nº 5 do Conselho de Padrões de Contabilidade Financeira, Contabilização de contingências.

---

[2] Declarações adicionais devem ser incluídas nas auditorias de companhias abertas em relação à auditoria de controles internos. Caso contrário, uma carta separada de responsabilidade deve ser obtida quanto aos controles internos.

> **Ilustração 15.4:** Carta de responsabilidade da administração (continuação)
>
>   c. Outros passivos ou contingências de lucro ou prejuízo que deveriam ser acumulados ou divulgados de acordo com o pronunciamento nº 5 do Fasb.
> 13. A entidade detém titularidade clara sobre todos os ativos possuídos, e não há vínculos ou ônus sobre tais ativos, bem como nenhum ativo foi oferecido como garantia real.
> 14. A entidade tem cumprido todos os aspectos de acordos contratuais que poderiam exercer efeitos materiais sobre as demonstrações financeiras em caso de descumprimento.
> 15. Na medida de nosso conhecimento e crença, não ocorreu nenhum evento posterior à data do balanço, e até a data desta carta, que exigiria algum ajuste ou divulgação nas demonstrações financeiras mencionadas.
>
> *John Edgerton*
> John Edgerton, Diretor Executivo
>
> *Rene Bollum*
> Rene Bollum, Diretora Financeira

Na **Ilustração 15.5**, o primeiro ajuste reflete um erro de precificação detectado por meio da confirmação de uma amostra de contas a receber. O erro conhecido é de $ 972, como mostrado na primeira parte da tabela. Mas, quando é projetado à população, o erro passou a ser de $ 13.493, como mostrado na segunda parte da tabela. Se essas correções fossem feitas, tanto as vendas quanto as contas a receber seriam reduzidas em $ 14.465 ($ 972 + $ 13.493), resultando em uma diminuição do lucro antes do imposto e dos ativos circulantes. O segundo ajuste envolve um cheque não registrado no valor de $ 1.500. O terceiro envolve os efeitos de transporte dos salários a pagar e das despesas com salários do ano anterior ($ 6.900). Como o efeito de transporte faz que a despesa com salários do ano corrente seja sobrevalorizada, a correção é apresentada sob a forma de uma redução na despesa com salários do ano corrente, resultando assim em um aumento do resultado antes do imposto e em uma redução do saldo inicial de lucros retidos.

Os efeitos em termos de imposto de renda são registrados a seguir na tabela para mostrar os efeitos totais da correção desses erros. Perto do final da auditoria, estes possíveis ajustes devem ser revistos em termos agregados para determinar se seu efeito conjunto é material. O auditor compara as incorreções prováveis totais (soma das conhecidas e projetadas) a cada segmento relevante das demonstrações financeiras, como ativos circulantes totais, ativos não circulantes totais, passivos circulantes totais, passivos não circulantes totais, patrimônio líquido e resultado antes do imposto de renda para determinar se são materiais para as demonstrações financeiras em termos agregados. No exemplo apresentado na **Ilustração 15.5**, o erro provável total, como porcentagem desses segmentos, claramente não é material, e essa conclusão é registrada no documento de trabalho.

> **QUESTÃO PRÁTICA**
> O auditor comunica todas as incorreções encontradas durante a auditoria ao comitê de auditoria – mesmo que os valores não sejam materiais.

Efeito sobre o relatório de controle interno para companhias abertas

Se os resultados de testes substantivos indicarem a existência de incorreções materiais, individualmente ou em termos agregados, o auditor deverá considerar se essas incorreções resultam ou não de deficiências materiais de controle interno. Se forem identificadas deficiências materiais de controle interno, então o auditor deverá recorrer à orientação fornecida no padrão de auditoria nº 5 do PCAOB para garantir que os usuários sejam adequadamente notificados dos problemas.

Ilustração 15.5: Síntese de possíveis ajustes

Documento de trabalho nº	Conta/descrição	DÉBITO (CRÉDITO) ATIVOS Circulantes	DÉBITO (CRÉDITO) ATIVOS Não Circulantes	DÉBITO (CRÉDITO) PASSIVOS Circulantes	DÉBITO (CRÉDITO) PASSIVOS Não Circulantes	Lucros retidos	Lucro líquido
Erros conhecidos não corrigidos							
B-4	Vendas						972
	Contas a pagar	(972)					
	Erros de acordo com confirmações de contas a receber						
	(erro conhecido de $ 972 e erro projetado adicional de $ 13.493)						
A-1	Contas a pagar			1.500			
	Caixa	(1.500)					
	Cheque não registrado nº 14.389						
Erros projetados							
B-4	Vendas						13.493
	Contas a receber	(13.493)					
	Erros projetados de precificação de acordo com a amostra						
Efeito de transporte de erros de ano anterior							
U-3	Lucros retidos					6.900	
	Despesa com salários						(6.900)
	Provisionamento insuficiente de salários no ano anterior						
Subtotal: resultado antes do imposto de renda							7.565
Ajuste de imposto							
	Imposto de renda a recolher (14.465 × 0,34)			4.918			
	Despesa com imposto de renda (7.565 × 0,34)					(2.572)	
	Lucros retidos (6.900 × 0,34)						(2.346)
Erro provável total		(15.965)	0	6.418	0	4.554	4.993
Saldo de acordo com balancete		19.073.000	1.997.000	(3.346.000)	(13.048.000)	(4.676.000)	1.678.000
Erro provável total como % do saldo		0,08%	0,0%	0,19%	0,0%	0,1%	0,3%

Conclusão: em minha opinião, os erros prováveis totais não são materiais para as demonstrações financeiras como um todo, e a correção dos erros não é necessária.

Alíquota marginal de imposto: 34%

Preparado por: BJS   Data: 17/10/10
Revisto por: LER   Data: 22/10/10

Exame de contingências

OA 4
Examinar e avaliar a adequação da contabilização e divulgação de contingências de perda pelo cliente.

O SFAS nº 5, contabilização de contingências, fornece o padrão para a contabilização e a divulgação de três categorias de perdas contingentes, ou seja, aquelas para as quais a possibilidade de um resultado desfavorável é (1) provável, (2) razoavelmente possível e (3) remoto. Ele exige provisionamento e divulgação de perdas contingentes prováveis que possam ser razoavelmente estimadas. Também determina a divulgação de contingências prováveis não provisionadas, daquelas razoavelmente possíveis e das contingências remotas que são divulgadas porque se trata de prática comum, como no caso de garantias dadas a dívidas de outra empresa. Exemplos de contingências incluem:

- Ameaça de desapropriação de ativos em outro país.
- Ações judiciais, reivindicações de direitos e lançamentos contra a empresa.
- Garantias de dívidas de outros.
- Obrigações de bancos em cartas de fiança.
- Acordos de recompra de contas a receber que tenham sido vendidas.
- Compromissos de compra e venda.

Responsabilidades relacionadas a contingências

A administração é responsável por formular e manter políticas e procedimentos visando a identificar, avaliar e contabilizar contingências. Os auditores são responsáveis por determinar que o cliente identificou, contabilizou e divulgou adequadamente as contingências materiais. As contingências não se destinam a divulgação apenas em notas explicativas. Se uma contingência for provável e razoavelmente passível de estimação, ela estará atendendo aos critérios para registro em demonstrações financeiras.

Fontes de evidência de auditoria a respeito de contingências

A principal fonte de informação sobre contingências é a administração do cliente. O auditor deve obter a seguinte informação junto à administração:

- Uma descrição e avaliação de contingências existentes na data do balanço ou que surgiram antes do final do trabalho de campo e que foram objeto de atenção por parte da assessoria jurídica.
- Garantia na carta de responsabilidade da administração de que as exigências de contabilização e divulgação do SFAS nº 5 foram cumpridas.

O auditor também deve examinar documentos relacionados que estão em posse do cliente, tais como correspondência e faturas de advogados. Fontes adicionais de evidência são atas de reuniões da empresa, contratos, correspondência de agências do governo e confirmações bancárias. Ao auditar vendas e compras, o auditor deve estar atento para compromissos que poderiam resultar em uma perda. Por exemplo, considere-se uma situação em que a administração assinou um compromisso de compra de matérias-primas a um preço fixo, para entrega delas após o final do ano. Se houver uma perda com esse compromisso devido à queda do preço de mercado até o final do ano, a perda deverá ser provisionada e os detalhes deverão ser divulgados nas notas explicativas.

Carta de consulta de auditoria – A principal fonte de corroboração a respeito de ações judiciais, reivindicação de direitos e lançamentos contra a empresa é a assessoria jurídica do cliente. O auditor deve pedir ao cliente que envie uma carta de consulta de auditoria à sua assessoria jurídica confirmando informações sobre ações movidas e as reivindicações que podem gerar ações judiciais contra a empresa. Os advogados relutam em fornecer muita informação aos auditores porque suas comunicações com os clientes geralmente estão protegidas por sigilo. Em consequência, a Ordem dos Advogados dos Estados Unidos (*American Bar Association*) e o AICPA concordaram em adotar os procedimentos descritos a seguir. A carta de consulta de auditoria deve incluir o seguinte:

> **QUESTÃO PRÁTICA**
>
> O auditor deve sempre estar atento para mudanças nos padrões de contabilidade. O Fasb tratou recentemente de contingências propondo que as empresas divulguem informações quantitativas e qualitativas específicas sobre perdas contingentes, a menos que a possibilidade de ocorrência seja remota. A proposta não altera as exigências básicas de auditoria, exceto por requerer mais detalhes a respeito dos fatores que a administração considerou para avaliar contingências. As divulgações fazem parte das demonstrações financeiras e os auditores precisam considerá-las como parte regular de qualquer trabalho de auditoria.

> **QUESTÃO PRÁTICA**
>
> A administração é a principal fonte de informação sobre contingências relacionadas a ações judiciais, mas não a única. O consultor jurídico do cliente fornece evidência confirmatória a respeito de contingências.

- Identificação da empresa, suas subsidiárias e a data da auditoria.
- A lista preparada pela administração (ou um pedido da administração para que a assessoria jurídica prepare uma lista) descrevendo e avaliando as contingências às quais a assessoria jurídica tem dedicado atenção substancial.
- Um pedido para que a assessoria jurídica forneça ao auditor o seguinte:

  1. Comentário indicando se a lista e as avaliações preparadas pela administração são exaustivas.
  2. Para cada contingência:
     a. Uma descrição da natureza do problema, o progresso até a data e a providência que a empresa pretende tomar.
     b. Uma avaliação da probabilidade de um resultado desfavorável e uma estimativa da possível perda ou uma faixa de perda.
  3. Qualquer limitação à resposta da assessoria jurídica, tais como não estar dedicando atenção substancial ao item ou no sentido de que os valores não são significativos.

A assessoria jurídica deve ser instruída pelo cliente a responder diretamente aos auditores tão perto do final do trabalho de campo quanto seja possível. O auditor e o cliente devem concordar a respeito do que é material para esta finalidade. A **Ilustração 15.6** fornece um exemplo de uma carta de consulta de auditoria. A resposta da assessoria jurídica deve ser enviada diretamente ao auditor.

Efeito da contingência sobre o parecer de auditoria

A recusa da assessoria jurídica em fornecer as informações solicitadas, verbalmente ou por escrito, é uma limitação que impede a emissão de um parecer sem ressalvas. Entretanto, a assessoria jurídica talvez não seja capaz de formar uma conclusão sobre a probabilidade de um resultado desfavorável ou a magnitude da possível perda devido às incertezas inerentes à situação. Uma resposta como essa não é considerada uma limitação de escopo. Se o efeito do problema puder ser material para as demonstrações financeiras, o auditor poderá optar por enfatizá-lo adicionando um parágrafo explanatório ao relatório de auditoria (discutido no próximo capítulo).

Exame de estimativas significativas

OA 5
Examinar e avaliar a adequação das estimativas contábeis significativas do cliente.

As demonstrações financeiras incluem uma série de estimativas e julgamentos, desde os associados aos passivos com pagamento de pensões a garantias de produtos, às provisões para devedores duvidosos e à obsolescência de estoques. É lamentável que algumas empresas tenham tentado "administrar" ou "suavizar" lucros usando estimativas para criar reservas ocultas em anos de bons resultados, a serem usadas em anos nos quais os lucros efetivos não atingem as expectativas. Alternativamente, as empresas podem subestimar os passivos ou a redução de valor de ativos para atingir metas de lucros divulgados. Muitas das críticas da SEC aos contadores profissionais nos últimos anos têm se concentrado nos saldos de contas para as quais estimativas são bastante utilizadas. Os auditores devem estar atentos aos lançamentos de diário, para fins de ajustes no encerramento do exercício relacionados a contas com estimativas significativas. Em última instância, o auditor é responsável pelo fornecimento de garantia razoável de que:

- A administração possui um sistema de informações para elaborar todas as estimativas que poderiam ser materiais para as demonstrações financeiras.

> **Ilustração 15.6:** Carta de consulta de auditoria
>
>
> **Nature Sporting Goods Manufacturing Company**
> 200 Pine Way, Kirkville, WI 53800
> (608) 255-7820
>
>
> 10 de janeiro de 2010
>
> John Barrington
> Barrington, Hunt & Wibfly
> 1500 Park Place
> Milwaukee, WI 52719
>
> Em conexão com uma auditoria de nossas demonstrações financeiras de 31 de dezembro de 2009 e do exercício encerrado nessa data, a administração da companhia preparou e forneceu aos nossos auditores, Rittenberg & Schwieger, CPAs, 5823 Monticello Business Park, Madison WI 53711, uma descrição e avaliação de certas contingências, incluindo aquelas expostas a seguir, envolvendo questões com as quais Vossas Senhorias têm estado envolvidas e a elas têm dedicado atenção substantiva, em nome da companhia, sob a forma de assessoria ou representação legal. A administração da companhia considera esta contingência como sendo material. Para fins desta carta, materialidade inclui itens de valor superior a $ 75 mil, individualmente ou em termos agregados.
>
> **Ação judicial pendente ou provável**
> A companhia está sendo processada pela General Materials pelo não pagamento de valores que alega lhe serem devidos segundo um acordo de compra com data de 31 de março de 2007. A ação foi iniciada em 23 de maio de 2009, alegando que devemos $ 140 mil por material que compramos em 29 de janeiro de 2009. Este material era defeituoso, e havíamos recebido aprovação por escrito da General Materials para destruí-lo, o que foi feito. A General Materials alega agora que sua administração não havia dado devidamente essa aprovação. O caso já passou pelo estágio de apresentação de argumentos e o julgamento está marcado para 19 de abril de 2010. Acreditamos que alegação da General Materials é destituída de mérito e que venceremos no final.
>
> Por favor, forneçam aos nossos auditores qualquer explicação, se houver, que considerem necessária para complementar a informação, incluindo uma explicação das questões que, em seu ponto de vista, podem diferir do que foi dito, bem como uma identificação da omissão de qualquer ação judicial pendente ou provável, reivindicações de direitos ou lançamentos contra a empresa, ou declaração de que a lista de tais assuntos está completa.
>
> Não há reivindicações judiciais de direitos de que tenhamos conhecimento atualmente. Sabemos que Vossas Senhorias devem ter chegado a uma conclusão profissional a respeito de se devemos ou não divulgar alegações não apresentadas à justiça, mas como uma questão de sua responsabilidade profissional conosco, que nos assessorarão e auxiliarão a respeito da questão de tal divulgação e das exigências aplicáveis do pronunciamento sobre padrões de contabilidade financeira nº 5. Por favor, confirmem especificamente aos nossos auditores se nosso entendimento é correto.
>
> **Resposta**
> Sua resposta deve incluir assuntos existentes em 31 de dezembro de 2009 e surgidos entre essa data e a época efetiva de sua resposta. Por favor, identifiquem especificamente a natureza e os motivos de qualquer limitação à sua resposta.
> Nossos auditores esperam concluir a auditoria em 28 de fevereiro de 2010 e gostariam de receber sua resposta até aquela data, com uma data efetiva especificada não anterior a 23 de fevereiro de 2010.
>
> **Outros assuntos**
> Por favor, indiquem também o valor que lhes devemos por serviços e despesas em 31 de dezembro de 2009.
>
> Cordialmente,
>
> *Joleen Soyka*
> Controladora
> Nature Sporting Goods Manufacturing Company

- As estimativas são razoáveis.
- As estimativas são apresentadas de acordo com os princípios de contabilidade aceitos em geral.

As estimativas contábeis baseiam-se no conhecimento e experiência da administração com eventos passados e correntes, bem como em suas hipóteses quanto às condições que espera existirem e às linhas de ação que pretende adotar. As estimativas apoiam-se em fato-

> **QUESTÃO PRÁTICA**
> A tendência para a contabilidade a valor justo, combinada com os julgamentos tradicionais exigidos por estimativas contábeis, tem demandado das empresas e dos auditores a ampliação de seus sistemas de informações, além do simples processamento de transações. Os auditores devem ter a garantia de que as premissas usadas nesses sistemas são razoáveis e que as estimativas resultantes representam a realidade econômica.

res tanto subjetivos quanto objetivos. Existe potencial de viés em ambos os tipos de fatores. Exemplos de estimativas contábeis incluem os seguintes: valores realizáveis líquidos de estoques e contas a receber, provisões para perdas com seguros de bens e acidentes, receitas de contratos remunerados com base no método de porcentagem de conclusão, despesas com garantias, métodos de depreciação e amortização, *impairment* de ativos depreciáveis e *goodwill*, vidas úteis e valores residuais de instalações de produção, recursos naturais e ativos intangíveis, avaliação e classificação de instrumentos financeiros, pensões e outros benefícios após a aposentadoria e remuneração em planos de opções de compra de ações. Evidentemente, o auditor avaliará estimativas contidas nessas contas durante a realização da auditoria. Entretanto, o profissional também deve gastar algum tempo, ao final da auditoria, para considerar se, quando tomadas em conjunto, as estimativas feitas nessas contas são razoáveis; ou seja, se não resultam em divulgação financeira excessivamente conservadora ou agressiva.

Ao avaliar se uma estimativa é razoável, o auditor normalmente se concentra em fatores e premissas-chave, a saber:

- Significância para a estimativa contábil.
- Sensibilidade a variações.
- Diferenças em relação a padrões históricos.
- Subjetividade e suscetibilidade a incorreção e viés.
- Incompatibilidade com tendências econômicas correntes.

O auditor deve levar em conta a experiência histórica da entidade na elaboração de estimativas no passado. Entretanto, novos fatos, circunstâncias ou procedimentos da entidade podem fazer que outros fatores, além dos considerados no passado, tornem-se importantes para a estimativa. Por exemplo, podem ocorrer mudanças econômicas que aumentem ou diminuam a capacidade dos clientes de fazer pagamentos em dia; ou a empresa pode ter mudado suas políticas de crédito, fornecendo prazo de pagamento mais longo ou mais curto ou taxas de desconto maiores ou menores nas vendas. Os auditores podem relutar em questionar estimativas feitas pela administração que resultem em reduções de lucro no exercício corrente (por exemplo, aumentos de perdas com clientes) e aumentos correspondentes de contas de reserva (por exemplo, provisão para devedores duvidosos). Entretanto, é importante que os auditores se lembrem de que a administração pode tentar usar essas reservas no futuro para elevar um nível baixo de lucro.

Eventos ou transações que ocorram após a data do balanço, mas antes da data do relatório de auditoria, podem ser úteis para identificar e avaliar se as estimativas são razoáveis. Exemplos de eventos como esses incluem o pagamento de contas a receber, a venda de estoques ou instrumentos financeiros e a compra de estoques sob um compromisso de compra para o qual estava ou deveria ter sido provisionada uma perda estimada.

Avaliação da adequação de divulgações

OA 6
Avaliar a adequação de divulgações.

O parecer do auditor abrange as demonstrações financeiras básicas, que incluem balanço, demonstração de resultado e de fluxos de caixa, demonstração de mutações do patrimônio líquido ou lucros retidos e notas explicativas correspondentes. Segundo o terceiro padrão de divulgação, quando o auditor determina que as divulgações informativas são adequadas, deve assinalar esse fato em seu parecer.

As divulgações podem ser feitas nas próprias demonstrações financeiras, sob a forma de classificações ou anotações entre parênteses e/ou nas notas explicativas às demonstrações. A colocação das divulgações deve ser ditada pela forma mais clara de apresentação. Em última instância, o auditor deve estar seguro de que:

- Os eventos e transações divulgados ocorreram e dizem respeito à entidade.
- Todas as divulgações que deveriam ser incluídas assim o foram.
- As divulgações são compreensíveis para os usuários.
- A informação é divulgada com precisão e valores apropriados.

Além do exemplo no quadro Auditoria na prática, a lista de verificação de estoques na **Ilustração 15.7** é um exemplo de uma lista de controle com respostas sim/não que ajuda a lembrar o auditor a respeito de assuntos a serem considerados para fins de divulgação. A lista de verificação também possui um formato conveniente de documentação para evidências de que o profissional avaliou adequadamente as divulgações feitas pelo cliente. É evidente que

Ilustração 15.7: Lista de verificação parcial de divulgação

Estoques	Sim	Não	N/A
1. As principais classes de estoques estão sendo divulgadas (por exemplo, produtos acabados, produção em andamento, matérias-primas)?			
2. O método de determinação do custo dos estoques (por exemplo, PEPS, UEPS) está sendo divulgado?			
3. Caso seja usado o método UEPS, as demonstrações divulgam adequadamente o custo pelo método PEPS?			
4. Está sendo divulgada a base de avaliação dos estoques (por exemplo, o menor entre custo e valor de mercado) e, caso seja necessário, a natureza de uma alteração da base de avaliação dos estoques e o efeito sobre o lucro?			
5. As provisões de avaliação de perdas com estoques são apresentadas como dedução do estoque correspondente?			

AUDITORIA NA PRÁTICA

Trecho da lista de verificação de divulgações segundo IFRS

Listas de verificação de divulgações ajudam os auditores a identificarem itens que precisam ser divulgados. Vemos a seguir um trecho da lista de verificação segundo Padrões Internacionais de Divulgação Financeira (IFRS) da Deloitte, acerca de alterações no valor de carregamento do *goodwill*. A natureza especial desta lista de verificação reside em conter referências a padrões relevantes que o auditor considerará úteis ao avaliar as divulgações pelo cliente.

A entidade deverá divulgar informação que permita aos usuários de suas demonstrações financeiras avaliarem alterações no valor de carregamento do *goodwill* durante o período. Nota: o parágrafo 75 do IFRS 3, transcrito a seguir, estipula as divulgações mínimas requeridas para cumprir esta exigência. A entidade deve divulgar uma conciliação do valor de carregamento do *goodwill* no início e no final do exercício, indicando separadamente:

a. O valor bruto e as perdas de *impairment* acumuladas no início do exercício.
b. O *goodwill* adicional reconhecido durante o exercício, exceto quando é incluído em um grupo de liquidação que, quando de aquisição, preenche os critérios de classificação como mantidos para venda segundo o IFRS 5 (ativos não circulantes mantidos para venda e operações encerradas).
c. Ajustes resultantes do reconhecimento subsequente de impostos diferidos ativos durante o exercício de acordo com o parágrafo 65 do IFRS 3.
d. O *goodwill* incluído em um grupo de liquidação classificado como mantido para venda segundo o IFRS 5 e o *goodwill* que deixou de ser reconhecido durante o exercício, sem ter sido previamente incluído em um grupo de liquidação mantido para venda.
e. As perdas com *impairment* reconhecidas durante o exercício de acordo com o IAS 36 (*impairment* de ativos).
f. As diferenças cambiais líquidas surgidas durante o exercício de acordo com o IAS 21 (os efeitos de alterações de taxas de câmbio).
g. Qualquer alteração do valor de carregamento durante o exercício.
h. O valor bruto e as perdas com *impairment* acumuladas ao final do exercício.

pode haver itens que devem ser divulgados mas não são cobertos pela lista de verificação da empresa de auditoria. O profissional, portanto, não deve seguir cegamente uma lista de verificação, mas usar o bom julgamento de auditoria quando houver circunstâncias especiais a respeito das quais os usuários devem ser alertados.

O auditor deve considerar os assuntos a serem divulgados enquanto estiver coletando evidência durante a auditoria, e não somente ao final do trabalho. Por exemplo, durante a auditoria de contas a receber, o profissional deve certificar-se da necessidade de divulgar separadamente os pagamentos a receber de executivos, funcionários ou outras partes relacionadas, bem como o oferecimento de contas a receber como garantia de um empréstimo. Uma das principais divulgações é um resumo das políticas significativas básicas usadas pela empresa. Ao avaliar este resumo, o auditor se orientará pela natureza dinâmica da empresa, em contraste com simplesmente rever os pronunciamentos do Fasb. A título de exemplo, o método de reconhecimento de receitas pode ser a divulgação mais importante no caso de novos tipos de empreendimentos, como os de leilão *on-line* e sítios de reservas.

Realização de exame analítico da auditoria e das demonstrações financeiras

OA 7
Fazer um exame analítico final das demonstrações financeiras.

Procedimentos analíticos ajudam os auditores a julgarem a apresentação geral das demonstrações financeiras. Os padrões de auditoria requerem o uso de procedimentos analíticos, tanto na fase de planejamento quanto na etapa final de revisão da auditoria, para ajudar a identificar relações incomuns entre contas. Na conclusão da auditoria, a equipe analisa os dados do ponto de vista geral da empresa. Os examinadores não estarão apenas considerando as tendências e os índices, mas perguntando se os resultados da empresa fazem sentido em relação a tendências do setor e da economia.

Receitas e despesas

Procedimentos analíticos efetuados em itens da demonstração de resultado geram evidência a respeito da razoabilidade de certas relações em vista do conhecimento adquirido durante a auditoria. Tais processos podem indicar que é necessário realizar trabalho adicional de auditoria antes da entrega do parecer. A análise de índices, vertical e de variações em valor monetário e percentuais de cada item da demonstração de resultado em relação ao ano anterior é útil para esta finalidade. O auditor deve contar com evidência suficiente acumulada durante a auditoria para explicar variações anormais, tais como a existência de diferenças quando nenhuma é esperada, nenhuma variação quando alguma é esperada, ou variações que não têm a magnitude ou direção esperadas. Por exemplo, se o cliente deu mais atenção ao controle de qualidade e ao processamento de pedidos durante o ano corrente, então as devoluções de vendas e as provisões para devoluções deverão ter caído em relação às vendas. Outro exemplo seria o seguinte: se um cliente aumentasse a sua participação no mercado tendo reduzido preços substancialmente nos últimos três meses do ano e feito uma campanha publicitária maciça, seria esperada uma redução da margem bruta. Se tais variações esperadas não se refletem nos registros contábeis, a documentação de auditoria deverá ter evidência adequada, complementando as explicações da administração, para corroborar tais explicações. Caso contrário, o auditor deverá fazer investigação adicional para confirmar a razão das discrepâncias nos dados, pois elas poderiam representar erros nos saldos das contas.

Os procedimentos analíticos devem incluir a relação entre variações de contas de resultado às transformações de contas pertinentes de balanço. Por exemplo, a *WorldCom* reduziu seu custo de locação de linhas abaixo da norma do setor, mas a variação foi acompanhada por um aumento significativo de ativos imobilizados.

> **Questão prática**
> É importante examinar se a auditoria está completa e avaliar a sua qualidade antes de entregar o parecer de auditoria ao cliente para distribuição aos usuários.

Exame da qualidade de um trabalho de auditoria

A empresa de contabilidade externa deve ter políticas e procedimentos para a condução de um exame interno de qualidade de cada auditoria antes de emitir um parecer. Um examinador experiente que não tenha feito parte da equipe de auditoria, mas que possui a competência, independência, integridade e objetividade apropriada, deve fazer este exame independente, chamado de exame por sócio endossante, ou exame de qualidade de um trabalho de auditoria. A lei *Sarbanes-Oxley* exige tais análises no caso de auditorias de companhias abertas. A finalidade é ajudar a garantir que a auditoria e a sua documentação sejam completas e sustentem o parecer sobre as demonstrações financeiras e, no caso de companhias abertas, sobre os controles internos do cliente.

O exame de qualidade do trabalho de auditoria é uma revisão com base em riscos na qual o examinador avalia os julgamentos importantes feitos pela equipe de auditoria, bem como as conclusões tiradas pela equipe. Alguns dos procedimentos que o examinador deve executar como parte desse processo incluem:

> **OA 8**
> Identificar a finalidade e os procedimentos envolvidos no exame de qualidade de um trabalho de auditoria (também conhecido como exame por sócio endossante).

- Discutir com o sócio líder da auditoria e outros membros da equipe as questões significativas relacionadas às demonstrações financeiras e aos controles internos, incluindo a identificação de deficiências materiais de controle e a auditoria de riscos importantes pela equipe.
- Avaliar julgamentos a respeito de materialidade e o tratamento dado a incorreções identificadas, corrigidas ou não.
- Examinar a avaliação da independência da empresa pela equipe de auditoria.
- Analisar a documentação de auditoria para determinar a sua suficiência.
- Ler as demonstrações financeiras, o relatório da administração sobre o controle interno e o relatório do auditor.
- Confirmar com o sócio líder da auditoria que não houve questões importantes não resolvidas.
- Determinar se consultas apropriadas foram feitas em relação a questões difíceis ou polêmicas.
- Avaliar se a documentação de auditoria sustenta as conclusões tiradas pela equipe em relação às questões examinadas.

Revezamento de sócios

Outra exigência da lei *Sarbanes-Oxley* é a de que haja um novo sócio líder de auditoria e sócio revisor a cada cinco anos. Os sócios podem ser realocados ao cliente após um período de "descanso" de cinco anos. As finalidades do revezamento de sócios são as de ajudar a assegurar a independência do auditor e fornecer periodicamente um enfoque renovado à auditoria. A exigência de revezamento não se aplica a empresas pequenas de auditoria, com menos de dez sócios e cinco companhias abertas como clientes.

Documentação de um exame de qualidade do trabalho de auditoria

A documentação de auditoria deve incluir evidências sobre a realização do exame de qualidade do trabalho. A documentação deve conter as seguintes informações:

- Quem fez o exame de qualidade do trabalho de auditoria.
- Documentos consultados pelo examinador de qualidade.
- Discussões relevantes pelo examinador de qualidade.
- Data em que o examinador de qualidade deu seu "de acordo" com a emissão do parecer.

Comunicação com a administração por meio da carta à administração

OA 9
Identificar questões a serem comunicadas à administração por meio de carta.

> **QUESTÃO PRÁTICA**
> Uma carta à administração compartilha as observações do auditor a respeito de como melhorar operações, controles ou a eficiência do processo financeiro.

Os auditores frequentemente observam coisas que poderiam auxiliar a administração a fazer um trabalho melhor. O auditor geralmente reporta essas observações em uma carta à administração como parte construtiva da auditoria. Essa carta não deve ser confundida com uma carta de responsabilidade da administração. A carta à administração não é obrigatória, mas é utilizada para fazer recomendações operacionais ou de controle importantes ao cliente. Os técnicos de auditoria são incentivados a tomar notas durante a realização da auditoria quanto a possíveis melhorias. Muitas dessas observações relacionam-se diretamente com deficiências de controle ou aspectos operacionais. Muitas empresas de auditoria consideram a desatenção da administração quanto aos comentários incluídos na carta como um fator importante de risco em auditorias realizadas em anos subsequentes.

Comunicação com o comitê de auditoria

OA 10
Identificar questões a serem comunicadas ao comitê de auditoria.

Há vários itens que o auditor deve discutir com o comitê de auditoria ao final da auditoria para ajudar o comitê a desincumbir-se de sua responsabilidade de supervisão dos processos de divulgação financeira da entidade.

Questões contábeis e de auditoria

- Responsabilidade do auditor de acordo com os padrões de auditoria aceitos em geral – É importante que os membros do comitê de auditoria entendam que as auditorias fornecem garantia razoável, mas não absoluta quanto à fidedignidade das demonstrações financeiras.
- Julgamentos da administração e estimativas contábeis – As estimativas contábeis baseiam-se em julgamentos. O comitê de auditoria precisa estar ciente dos processos empregados pela administração para elaborar estimativas importantes e como o auditor determina se essas estimativas são razoáveis.

AUDITORIA NA PRÁTICA

Observações do PCAOB

O PCAOB tem revelado preocupações no sentido de que, em alguns casos, os exames por sócio endossante não têm sido efetuados com o nível apropriado de objetividade e cuidado profissional devido. Em seu relatório de outubro de 2007, o PCAOB expressou as seguintes preocupações:

Em certos casos observados pelas equipes de inspeção, o sócio endossante não tinha o nível apropriado de conhecimento e experiência.

Em outros casos, o momento de ocorrência do exame (por exemplo, após a emissão do parecer de auditoria) limitou ou anulou a sua eficácia.

Em outros casos ainda, havia deficiências evidentes na documentação, que impediram que se determinasse se o escopo do exame era apropriado, e que também podem ter contribuído para que a empresa fosse incapaz de lidar adequadamente com as constatações do sócio endossante.

As empresas de auditoria devem reconhecer que esses exames são um elemento importante de controle de qualidade e devem tomar medidas para garantir que a empresa esteja alocando recursos apropriados a este importante elemento de controle de qualidade. O PCAOB reagiu propondo um padrão de "Exame de qualidade de trabalhos de auditoria" e solicitou comentários sobre a proposta, mas o novo padrão não havia sido baixado ainda em meados de 2009.

- Ajustes de auditoria – O auditor deve informar ajustes de auditoria que poderiam exercer um efeito material sobre as demonstrações financeiras e que podem não ter sido detectados, a não ser graças à auditoria.
- Incorreções não corrigidas – Incorreções materiais devem ser corrigidas pela administração. Caso contrário, o auditor deverá modificar o parecer de auditoria. Incorreções imateriais que não são corrigidas devem ser comunicadas ao comitê de auditoria.
- Políticas e tratamentos contábeis alternativos – Os membros do comitê de auditoria devem ser informados a respeito da seleção inicial e de alterações de políticas contábeis significativas durante o exercício corrente e das razões para isso. Também devem ser informados sobre os métodos usados para contabilizar transações incomuns importantes e áreas controvertidas e emergentes, para as quais não há orientação pelos órgãos responsáveis pela fixação de padrões.

QUESTÃO PRÁTICA
No caso de companhias abertas, o auditor deve chegar a alguma conclusão quanto ao tratamento contábil mais apropriado a ser dado a uma nova transação ou uma estimativa. A conclusão do auditor deve ser transmitida ao comitê de auditoria, mesmo que a empresa escolha outro tratamento contábil aceitável e que o auditor tenha emitido um parecer sem ressalvas sobre as demonstrações financeiras.

Outras questões relacionadas à condução da auditoria

Outros assuntos a serem comunicados ao comitê de auditoria incluem:

1. Divergências contábeis e de divulgação importantes com a administração, mesmo que tenham sido eventualmente dirimidas.
2. Discussão da administração com outras empresas de contabilidade externa quanto ao tratamento de questões contábeis potencialmente controversas.
3. Dificuldades encontradas na realização da auditoria.
4. Cópias de comunicações importantes por escrito entre o auditor e a administração, tais como a carta de envolvimento, a carta de responsabilidade da administração e relatórios de deficiências significativas e materiais de controle interno da divulgação financeira.

Questões especiais para companhias abertas

No caso de auditorias de companhias abertas sujeitas à regulamentação pela SEC, o auditor também deve informar o seguinte ao comitê de auditoria:

1. As políticas e práticas contábeis críticas do cliente, porque são consideradas críticas para as demonstrações financeiras e a adequação de sua divulgação.
2. As políticas e práticas contábeis alternativas aceitáveis e o tratamento preferido pelo auditor.
3. Os julgamentos do auditor a respeito da qualidade, e não só da validade das políticas contábeis do cliente.

O auditor deve documentar o processo de raciocínio no julgamento da qualidade das políticas contábeis do cliente. A documentação de auditoria deve levar em conta a substância econômica de transações e acordos contratuais significativos, a uniformidade de aplicação e a correspondência com conceitos do Fasb.

Além disso, os auditores de companhias abertas são obrigados a comunicar ao comitê todas as relações que razoavelmente poderiam afetar a independência do auditor (embora esta comunicação deva ser iniciada no começo do trabalho de auditoria). Por fim, ao fazer uma auditoria integrada, o profissional deve comunicar ao comitê todas as deficiências materiais e significativas.

Avaliação de eventos subsequentes

OA 11
Examinar eventos subsequentes à data do balanço e avaliar o tratamento que seria apropriado.

Esta seção apresenta três situações relacionadas a eventos que ocorrem após a data do balanço e exigem atenção especial da auditoria:

1. Exame de eventos que ocorrem após a data do balanço do cliente, mas antes da emissão do parecer de auditoria, o que normalmente faz parte de cada auditoria.
2. Descoberta posterior de fatos existentes na data do parecer de auditoria, mas não descobertos durante o trabalho.
3. Consideração de procedimentos omitidos de auditoria que vem à atenção do auditor após a emissão do parecer de auditoria.

A linha de tempo na **Ilustração 15.8** representa graficamente essas situações. Cada auditoria inclui procedimentos de exame de eventos e transações que ocorrem durante o período subsequente, ou seja, o tempo entre a data do balanço e a do parecer de auditoria (período A na **Ilustração 15.8**). O auditor não é responsável por continuar a obter evidência de auditoria após a data do parecer (períodos B e C). A exceção a essa regra geral ocorre quando o cliente está submetendo uma petição de registro junto à SEC em preparação para a venda de novos títulos. Nesse caso, o auditor deve fazer um exame de eventos subsequentes até a data de vigência da petição de registro. A data de vigência é a data que a SEC indica ao cliente como sendo a data a partir da qual ele pode começar a tentar vender os novos títulos, o que pode ser vários meses após a data do parecer de auditoria.

Exame normal de eventos subsequentes

Dois tipos de eventos têm sido identificados na literatura profissional (AU 560) como sendo eventos subsequentes que podem exigir ajustes em valor monetário nas demonstrações financeiras e/ou divulgações: eventos subsequentes de tipo I e eventos subsequentes de tipo II.

Eventos subsequentes de tipo I – Os eventos subsequentes de tipo I fornecem evidência a respeito de condições que existiam na data do balanço. Os números das demonstrações financeiras devem ser ajustados para refletir esta informação. Divulgação em notas explicativas também pode ser necessária para fornecer informação adicional. Estes são alguns exemplos:

- Um cliente importante requer falência ou concordata durante o período subsequente por força de deterioração de sua condição financeira, a respeito da qual o cliente e o auditor não estavam cientes até serem informados do pedido de falência ou concordata. Esta informação deve ser considerada na fixação de um valor apropriado da provisão para devedores duvidosos e na realização de um ajuste caso a provisão não seja suficiente para cobrir este possível prejuízo.
- Uma ação judicial é encerrada com um valor diferente do que havia sido provisionado.

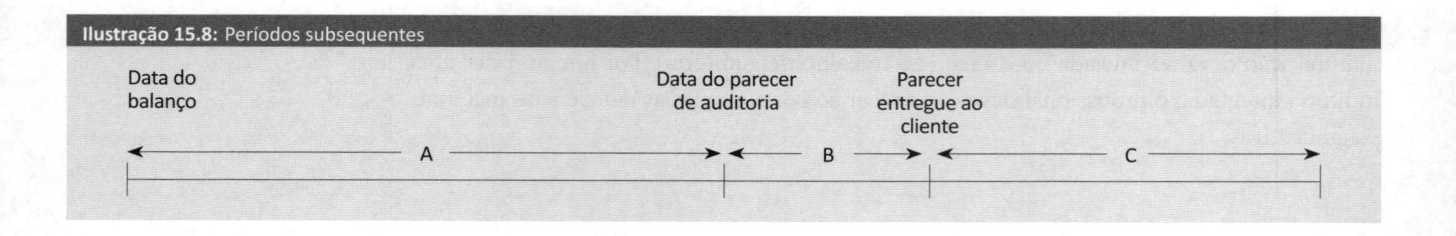

Ilustração 15.8: Períodos subsequentes

Data do balanço		Data do parecer de auditoria	Parecer entregue ao cliente	
	A	B		C

- Uma bonificação ou um desdobramento de ações que ocorrem durante o período subsequente devem ser divulgados. Além disso, os dados de lucro por ação devem ser ajustados para indicar o efeito retroativo da bonificação ou do desdobramento.
- Uma venda de itens estocados abaixo do valor de carregamento fornece evidência de que o valor realizável líquido era inferior ao custo no final do exercício.

Eventos subsequentes de tipo II – Os eventos subsequentes de tipo II indicam condições que não existiam na data do balanço, mas que podem exigir divulgação. Os eventos que devem ser considerados para fins de divulgação são de natureza financeira, materiais e normalmente divulgados. Exemplos desses eventos são os seguintes:

- Um acidente para o qual não havia cobertura de seguro ocorreu após a data do balanço, causando a falência ou concordata de um cliente no período subsequente. Como o cliente havia sido capaz de pagar na data do balanço, a provisão para devedores duvidosos não precisa ser ajustada, mas a informação deve ser divulgada.
- É iniciada uma ação judicial importante relacionada a um incidente ocorrido após a data do balanço.
- Devido a um desastre natural, tal como um incêndio, terremoto ou enchente, uma empresa perde uma instalação importante após a data do balanço.
- Decisões importantes são tomadas durante o período subsequente, como decisões de fusão, encerramento de uma linha de atividade ou emissão de novos títulos.
- Ocorre uma alteração material no valor de aplicações financeiras.

Os saldos de contas das demonstrações financeiras não devem sofrer ajustes em função desses eventos, mas a sua divulgação deve ser cogitada.

Procedimentos de auditoria

Alguns dos procedimentos discutidos em capítulos anteriores dizem respeito a eventos subsequentes, tais como testes de corte, exame de pagamentos subsequentes de contas a receber e busca de passivos não contabilizados. Procedimentos adicionais ligados a eventos subsequentes incluem:

> **QUESTÃO PRÁTICA**
> O processo de auditoria se encerra na data do parecer do auditor. Nenhum trabalho posterior é necessário em condições normais.

- Ler as atas das reuniões do conselho de administração, de assembleias de acionistas e outros grupos com poder de decisão. O auditor deve receber garantia por escrito de que foram disponibilizadas as atas de todas essas reuniões realizadas até a data do parecer. Isso pode ser incluído na carta de responsabilidade da administração, descrita anteriormente neste capítulo.
- Ler demonstrações financeiras intermediárias e compará-las às demonstrações financeiras auditadas, observando e investigando variações significativas.
- Perguntar à administração a respeito de:
  1. Qualquer variação importante observada nas demonstrações intermediárias.
  2. Existência de passivos condicionais ou compromissos significativos na data do balanço ou na data de consulta, que deve ser próxima à data do parecer.
  3. Qualquer variação significativa de capital de giro, dívidas de longo prazo ou patrimônio líquido.
  4. *Status* de itens sobre os quais foram tiradas conclusões preliminares em etapas anteriores da auditoria.
  5. Qualquer ajuste incomum nos registros contábeis após a data do balanço.

Datação dupla

Quando o auditor fica a par de algum evento ocorrido após a data do parecer de auditoria, mas antes da entrega do parecer ao cliente (período B na **Ilustração 15.8**), e o evento é divulgado em notas explicativas, o auditor conta com duas opções para datar o parecer de auditoria:

1. Usar a data deste evento como data do parecer de auditoria.
2. "Datar duplamente" o parecer, usando as datas do parecer original e do evento, para divulgar o trabalho realizado somente em relação àquele evento após a data do parecer original.

> **QUESTÃO PRÁTICA**
>
> Muitos dos relatórios de inspeção do PCAOB têm identificado situações em que a equipe examinadora conclui que o auditor não reuniu evidência suficiente para apoiar o parecer de auditoria. Em cada um desses casos, o profissional volta para fazer trabalho adicional de auditoria visando a determinar se as demonstrações financeiras devem ser alteradas. Pode parecer óbvio, mas é importante observar que as empresas de auditoria devem realizar trabalho suficiente para minimizar a possibilidade de que outra pessoa questione o serviço realizado.

Por exemplo, considere a situação em que a data original do parecer era 27 de fevereiro de 2010 e um incêndio destruiu a principal fábrica e o depósito do cliente em 2 de março de 2010. Este evento é divulgado na nota 14 das demonstrações financeiras. O parecer de auditoria foi entregue ao cliente em 5 de março. O auditor pode datar o parecer em 2 de março de 2010 ou datá-lo duplamente da seguinte maneira: "27 de fevereiro de 2010, com exceção da nota 14, para a qual a data é 2 de março de 2010". O auditor assume menor responsabilidade ao datar duplamente o parecer. O único evento ocorrido após a data do parecer original, pelo qual o auditor está assumindo responsabilidade, está na nota 14. O auditor estaria assumindo responsabilidade por todos os eventos ocorridos no período B se a data do parecer fosse 2 de março de 2010, e deveria realizar procedimentos de auditoria para identificar outros eventos subsequentes importantes ocorridos entre 27 de fevereiro e 2 de março.

Descoberta subsequente de fatos existentes na data do parecer de auditoria

Alguns fatos podem vir à atenção do auditor após a emissão do parecer de auditoria (período C na **Ilustração 15.8**) e que teriam afetado as demonstrações financeiras e o parecer de auditoria se tivessem sido conhecidos à época de emissão do parecer. Tais fatos podem vir à atenção do auditor por meio de noticiário, prestação de algum outro serviço para o cliente, outros contatos de negócios, ou uma auditoria posterior. Se tais fatos tivessem sido investigados, caso fossem conhecidos na data do parecer, o auditor precisaria determinar o seguinte:

- A confiabilidade da nova informação.
- Se o acontecimento ou evento ocorreu antes da data do parecer. A publicação de demonstrações financeiras modificadas e a emissão de um novo parecer de auditoria não são exigidas quando o acontecimento ou evento ocorre depois data do parecer inicial.
- Se os usuários ainda tenderiam a confiar nas demonstrações financeiras. Deve ser considerado o prazo pelo qual as demonstrações já estão publicadas.
- Se o parecer de auditoria teria sido afetado caso o auditor tivesse conhecimento dos fatos na data do parecer.

Se o auditor decidir que alguma providência deve ser tomada para impedir que se continue confiando nas demonstrações financeiras e no parecer de auditoria, o cliente deverá ser aconselhado a fazer uma divulgação apropriada e tempestiva desses novos fatos. A providência básica é notificar os usuários o mais depressa possível, para que não continuem se apoiando em informações que agora se sabe serem incorretas (veja o quadro Auditoria na prática – o caso *Yale Express*). A providência apropriada depende das circunstâncias:

- Se novas demonstrações financeiras e um parecer modificado de auditoria puderem ser elaborados e distribuídos rapidamente, as razões para a revisão deverão ser descritas em uma nota explicativa e citadas no parecer de auditoria.
- A modificação e a explicação poderão ser feitas nas demonstrações financeiras auditadas do exercício seguinte, caso sua distribuição seja iminente.
- Se for necessário um prazo longo para elaborar novas demonstrações financeiras, o cliente deverá notificar os usuários imediatamente de que não devem se apoiar nas demonstrações financeiras e no parecer de auditoria previamente distribuído, e que novas demonstrações e um novo parecer serão emitidos tão rapidamente quanto seja possível.

O auditor deve fazer que o cliente tome as medidas apropriadas. Se o cliente não cooperar, o auditor deverá:

- Notificar o cliente e qualquer agência reguladora que supervisione o cliente, como a SEC, de que o parecer de auditoria deve deixar de ser associado às demonstrações financeiras do cliente.
- Notificar os usuários conhecidos pelo auditor de que não devem confiar mais no parecer de auditoria. Os auditores normalmente não conhecem todos os usuários que receberam o parecer. Portanto, deve-se pedir à agência reguladora apropriada que tome medidas necessárias para divulgar a situação.

Informações adicionais e reapresentações

Reapresentações são exigidas quando o auditor conclui que há incorreções materiais nas demonstrações financeiras. As três causas mais comuns de reapresentações têm sido:

- Relatórios de inspeção do PCAOB que constataram deficiências materiais em clientes de auditoria e, posteriormente, incorreções materiais.
- Medidas de revisão financeira e orientações de contabilidade pela SEC, identificando questões de prática que a SEC julga que merecem contabilização melhor.
- Falhas do sistema contábil que permitiram a ocorrência de incorreções, como o escândalo de datação retroativa de opções de compra que ocorreu em muitas empresas.

Em cada uma dessas situações, o auditor deve coletar evidência adicional para determinar se as demonstrações financeiras contêm erros e, caso isso seja verdade, se são materiais. Se forem materiais, as demonstrações financeiras deverão ser refeitas e reapresentadas.

> **QUESTÃO PRÁTICA**
>
> O auditor é responsável perante o público pelo parecer sobre as demonstrações financeiras auditadas, mesmo que sejam descobertas informações após a publicação delas. A responsabilidade com o público transcende a com o cliente.

AUDITORIA NA PRÁTICA

Caso Yale Express

O padrão de auditoria AU 561, descoberta subsequente de fatos existentes na data do parecer do auditor, resultou de um processo judicial contra os auditores da Yale Express. Em 1963, os auditores estavam realizando um serviço de gestão relacionado à metodologia de reconhecimento de receitas e despesas. Enquanto prestavam esse serviço, descobriram que as demonstrações financeiras auditadas do exercício anterior continham um erro material. Havia sido emitido um parecer sem ressalvas sobre essas demonstrações financeiras, mostrando um lucro líquido de $ 1,1 milhão que devia ter sido um prejuízo líquido de $ 1,9 milhão. Os usuários não foram alertados para isso até que as demonstrações financeiras auditadas do exercício seguinte fossem emitidas vários meses mais tarde. Os acionistas, irritados com o fato de que não haviam sido notificados imediatamente, processaram os auditores. O tribunal decidiu que os auditores podiam ser responsabilizados em tais situações. O AU 561 foi então emitido para fornecer orientação aos auditores.

Consideração de omissão de procedimentos, descoberta após a data do parecer

Após a emissão do parecer de auditoria, o profissional pode descobrir que um procedimento importante de auditoria não foi executado. Uma omissão como essa pode ser descoberta quando a documentação de auditoria é revista como parte de um programa de revisão externa ou interna por pares. Segundo o AU 390, o auditor deve decidir se o parecer de auditoria anteriormente emitido ainda poderá ser defendido em vista da omissão de procedimentos. Em caso contrário, os processos omitidos ou alternativos deverão ser prontamente realizados e documentados.

Por exemplo, se o auditor tivesse deixado de confirmar as contas a receber quando isso devesse ter sido feito, poderá ser tarde demais para fazer a confirmação a essa altura. Nesse caso, o auditor poderia ampliar o trabalho anteriormente efetuado com recebimentos subsequentes para ajudar a determinar que as contas a receber eram autênticas e tinham sido adequadamente avaliadas. Se os resultados indicarem que as demonstrações e o parecer de auditoria previamente emitido devem ser modificados, a orientação fornecida na seção anterior deste capítulo deverá ser seguida. Caso contrário, nenhuma providência adicional será necessária.

Resumo

Antes de emitir um parecer de auditoria, o auditor deve determinar se as demonstrações financeiras são fidedignas em todos os aspectos materiais, se contêm divulgações adequadas e se refletem adequadamente eventos que ocorreram até a data do parecer de auditoria. O conceito de entidade em funcionamento deverá ser considerado em cada auditoria. O auditor deve ter a certeza de que o risco de auditoria foi mantido em um nível apropriadamente baixo. Um programa de exame de qualidade pode ajudar a assegurar que nenhum procedimento importante de auditoria foi omitido e que a documentação sustenta o parecer de auditoria. Os auditores devem certificar-se de que o comitê de auditoria seja informado a respeito de aspectos que lhe ajudarão a desincumbir-se de suas responsabilidades de divulgação financeira. Este capítulo descreveu tais providências e outras que os profissionais devem tomar para concluir uma auditoria.

Termos importantes

Carta à administração – Carta dos auditores ao cliente identificando problemas e oferecendo sugestões de solução que podem ajudar a administração a aumentar sua eficácia ou eficiência.

Carta de consulta de auditoria – Carta que o auditor pede ao cliente que envie à assessoria jurídica da empresa com vistas à coleta de evidência confirmatória a respeito de ações judiciais, reivindicações de direitos e lançamentos contra a empresa.

Carta de responsabilidade da administração – Carta enviada aos auditores, que deve ser assinada pelo diretor executivo e financeiro do cliente, especificando a responsabilidade da administração pelas demonstrações financeiras e confirmando as respostas verbais dadas ao auditor durante a auditoria.

Data de vigência – Data, indicada pela SEC, em que o cliente pode começar a tentar vender os novos títulos descritos em uma declaração de registro.

Escore Z de Altman – Combinação de índices financeiros ponderados para gerar um escore da possibilidade de inadimplência, montada usando um modelo de regressão para identificar empresas com elevada probabilidade de insolvência.

Exame de eventos subsequentes – Análise de eventos ocorrendo no período entre a data do balanço e a do parecer de auditoria para determinar seu possível efeito sobre as demonstrações financeiras.

Exame de qualidade do trabalho de auditoria – Ver exame por sócio endossante.

Exame por sócio endossante (também chamado de Exame de qualidade do trabalho de auditoria) – Exame efetuado, ao final de cada auditoria, por um auditor experiente, geralmente um sócio que não fez parte da equipe de auditoria, mas possui os níveis apropriados de competência, independência, integridade e objetividade. As finalidades são ajudar a garantir que a auditoria e a documentação de auditoria sejam completas e apoiem o parecer de auditoria sobre as demonstrações financeiras e, no caso de companhias abertas, o parecer sobre os controles internos do cliente.

REFERÊNCIAS SELECIONADAS À ORIENTAÇÃO PROFISSIONAL RELEVANTE		
Referência à orientação	Fonte de orientação	Descrição da orientação
Pronunciamento sobre padrões de auditoria (SAS) nº 1	AICPA, ASB	Eventos subsequentes
Pronunciamento sobre padrões de auditoria (SAS) nº 12	AICPA, ASB	Consulta ao advogado de um cliente sobre ações judiciais, reivindicações de direitos e lançamentos contra a empresa
Pronunciamento sobre padrões de auditoria (SAS) nº 32	AICPA, ASB	Adequação da divulgação de demonstrações financeiras
Pronunciamento sobre padrões de auditoria (SAS) nº 46	AICPA, ASB	Consideração de procedimentos omitidos após a data do parecer
Pronunciamento sobre padrões de auditoria (SAS) nº 57	AICPA, ASB	Auditoria de estimativas contábeis
Pronunciamento sobre padrões de auditoria (SAS) nº 59	AICPA, ASB	Consideração do auditor da capacidade de uma entidade de continuar em funcionamento
Pronunciamento sobre padrões de auditoria (SAS) nº 61	AICPA, ASB	Comunicação com comitês de auditoria
Pronunciamento sobre padrões de auditoria (SAS) nº 90	AICPA, ASB	Comunicação com comitês de auditoria
Pronunciamento sobre padrões de auditoria (SAS) nº 85	AICPA, ASB	Declarações da administração
Pronunciamento sobre padrões de auditoria (SAS) nº 89	AICPA, ASB	Ajustes de auditoria
Pronunciamento sobre padrões de auditoria (SAS) nº 114	AICPA, ASB	Comunicação do auditor com responsáveis por governança
Regra 3526 de ética e independência	PCAOB	Comunicação com comitês de auditoria sobre independência
Padrão de auditoria nº 5	PCAOB	Uma auditoria do controle interno sobre divulgação financeira integrada com uma auditoria de demonstrações financeiras
Padrão de auditoria proposto	PCAOB	Exame de qualidade do trabalho de auditoria
Padrões internacionais de auditoria (ISA) nº 220	Ifac, IAASB	Controle de qualidade de auditorias de demonstrações financeiras passadas
Padrões internacionais de auditoria (ISA) nº 260	Ifac, IAASB	Comunicação do auditor com responsáveis por governança
Padrões internacionais de auditoria (ISA) nº 560	Ifac, IAASB	Eventos subsequentes
Padrões internacionais de auditoria (ISA) nº 570	Ifac, IAASB	Entidade em funcionamento
Padrões internacionais de auditoria (ISA) nº 580	Ifac, IAASB	Declarações por escrito

Nota: siglas da orientação profissional relevante – ASB – *Auditing Standards Board* (Conselho de Padrões de Auditoria); AICPA – *American Institute of Certified Public Accountants* (Instituto Americano de Contadores Externos Certificados); Coso – *Committee of Sponsoring Organizations* (Comitê de Organizações Patrocinadoras); Fasb – *Financial Accounting Standards Board* (Conselho de Padrões de Contabilidade Financeira); IAASB – *International Auditing and Assurance Standards Board* (Conselho de Padrões Internacionais de Auditoria e Garantia); IASB – *International Accounting Standards Board* (Conselho de Padrões Internacionais de Contabilidade); IASC – *International Accounting Standards Committee* (Comitê de Padrões Internacionais de Contabilidade); IFAC – *International Federation of Accountants* (Federação Internacional de Contadores); ISB – *Independence Standards Board* (Conselho de Padrões de Independência); PCAOB – *Public Company Accounting Oversight Board* (Conselho de Supervisão Contábil de Companhias Abertas); SEC – *Securities and Exchange Commission* (Comissão de Valores Mobiliários e Bolsas de Valores).

Questões de revisão

15–2 (OA 8) Quais são as finalidades do exame por sócio endossante?

15–4 (OA 4) Por que os advogados poderiam relutar em divulgar informações aos auditores?

15–6 (OA 4) Qual é o efeito, sobre o parecer do auditor, da recusa de um advogado de fornecer a informação solicitada na carta de consulta de auditoria?

15–8 (OA 2) O que é uma carta de responsabilidade da administração? Quem a prepara? Quem deve assiná-la? Que data deve ter? De que maneira ela difere da certificação de demonstrações financeiras do diretor executivo e diretor financeiro?

15–10 (OA 1) Os auditores são obrigados a avaliar a probabilidade de que um cliente continue em funcionamento, em cada auditoria? Que tipos de condições e fatores os auditores devem considerar ao fazerem essa avaliação?

15–12 (OA 5) Por que o auditor deve tomar cuidado especial com estimativas contábeis? Quais são os principais fatores que poderiam afetar os valores que são baseados principalmente em estimativas contábeis?

15–14 (OA 11) Quais são os tipos de eventos subsequentes que o auditor deve identificar e avaliar como parte de uma auditoria normal? Forneça um exemplo de cada tipo de evento subsequente. De que modo cada tipo deve ser tratado nas demonstrações financeiras?

15–16 (OA 11) Que procedimentos de auditoria devem ser executados para determinar a ocorrência de eventos subsequentes?

15–18 (OA 11) Explique as responsabilidades do auditor no caso em que se descobre que havia fatos à época do parecer de auditoria que não eram de conhecimento do auditor.

Questões de múltipla escolha

15–20 (OA 7) Os procedimentos analíticos executados na etapa de revisão geral de uma auditoria indicam que várias contas apresentam relações inesperadas. Esses resultados provavelmente determinam as seguintes atividades de auditoria:
a. Um parecer desfavorável sobre atividades de controle interno.
b. Há fraude envolvendo os saldos das contas relevantes.
c. São necessários testes adicionais de detalhes.
d. A comunicação com o comitê de auditoria deve ser revista.

*15–22 (OA 4) Em uma auditoria de passivos condicionais, qual dos seguintes procedimentos seria o menos eficaz:
a. Analisar uma carta de confirmação bancária.
b. Analisar respostas a pedidos de confirmação de contas a receber enviadas por clientes.
c. Analisar faturas de serviços profissionais.
d. Ler as atas de reuniões do conselho de administração.

*15–24 (OA 2) Qual das seguintes afirmações normalmente é incluída entre as declarações por escrito pelo cliente, recebidas pelo auditor?
a. A administração reconhece que não há deficiências materiais de controle interno.
b. Evidências suficientes foram disponibilizadas para permitir a emissão de um parecer sem ressalvas.
c. As demonstrações financeiras são fidedignamente apresentadas de acordo com princípios contábeis aceitos em geral.
d. A administração reconhece a sua responsabilidade por ações ilegais cometidas por funcionários da empresa.

15–26 (OA 1) Cooper, CPA, acredita que há dúvidas significativas a respeito da capacidade da *Zero Corp.* de continuar em funcionamento por um prazo razoavelmente longo. Ao avaliar o plano da *Zero* para lidar com os efeitos adversos de condições e eventos futuros, Cooper provavelmente irá considerar como fator atenuante os planos da *Zero* de:
a. Adotar prazos de crédito mais lenientes em vendas a prazo.
b. Reforçar os controles internos sobre desembolsos de caixa.
c. Adquirir instalações de produção atualmente arrendadas de uma parte relacionada.
d. Adiar gastos com projetos de pesquisa e desenvolvimento.

*15–28 (OA 11) Seis meses após a emissão de um parecer sem ressalvas sobre demonstrações financeiras auditadas, um auditor descobriu que o pessoal da equipe que participou da auditoria havia deixado de confirmar vários saldos materiais de contas a receber do cliente e não realizou procedimentos alternativos que teriam substituído as confirmações. Qual dos seguintes o auditor deve fazer primeiro?
a. Pedir permissão do cliente para realizar a confirmação de contas a receber.
b. Executar procedimentos alternativos para criar uma base satisfatória para o parecer sem ressalvas.
c. Avaliar a importância dos procedimentos omitidos para a capacidade do auditor de sustentar o parecer anteriormente emitido.
d. Perguntar se há alguém atualmente se apoiando ou que possa vir a se apoiar no parecer sem ressalvas.

---

* Todas as questões marcadas com asterisco são adaptadas do Exame Uniforme de CPA.

Questões de discussão e pesquisa

15-30 (Procedimentos analíticos, OA 7) A auditoria da *GolfDay Company*, uma empresa produtora de suportes para bicicletas e carrinhos de golfe, está quase terminada. Heiss é o auditor mais experiente nesta auditoria e está encarregado de executar os procedimentos analíticos finais.

Pergunta-se:

a. Por que é importante que os procedimentos analíticos finais sejam executados por auditores experientes?

b. Quais são alguns dos procedimentos analíticos que Heiss poderia executar?

c. Qual pode ser a utilidade desses procedimentos a esta altura da auditoria?

15-32 (Contingências, OA 4) Um cliente de auditoria está sendo processado em $ 500 mil por práticas discriminatórias de emprego.

Pede-se:

Indique a providência apropriada a ser tomada pelo auditor para cada uma das seguintes respostas independentes à carta de consulta de auditoria:

a. O advogado declarou que o cliente tinha uma "defesa meritória".

b. O advogado declarou que havia uma chance apenas remota de condenação do cliente. O cliente não provisionou qualquer perda contingente ou divulgou esta situação.

c. O advogado declarou que o cliente provavelmente perderá a ação e o valor da perda pode ficar entre $ 250 mil e $ 500 mil, sem que um valor seja mais provável que outro, dentro dessa faixa. O cliente divulgou esta situação, mas não fez provisão para uma perda.

d. O advogado declarou que há uma possibilidade razoável de que o cliente perca a ação. O cliente divulgou esta situação, mas não fez provisão para uma perda.

e. O advogado declarou que o cliente perderá entre $ 250 mil e $ 500 mil, mas provavelmente perderá $ 400 mil. O cliente provisionou uma perda contingente de $ 250 mil e divulgou a situação.

15-34 (Resumo de possíveis ajustes, OA 3) Durante a realização da auditoria da *Nature Sporting Goods*, para o exercício encerrado em 31 de dezembro de 2009, o auditor descobriu o seguinte:

- O trabalho de confirmação de contas a receber revelou um erro de precificação. O valor contábil de $ 12.955,68 devia ser $ 11.984,00. O erro projetado com base nesta diferença é de $ 14.465.

- A *Nature Sporting Goods* havia subavaliado por $ 13 mil o pagamento provisionado de férias. Uma análise da documentação do ano anterior indica os seguintes erros não corrigidos:

  O pagamento provisionado de férias foi subavaliado em $ 9 mil.

  As vendas e as contas a receber foram sobrevalorizadas em estimados $ 60 mil devido a erros de corte.

Pede-se:

Prepare um resumo de uma tabela de possíveis ajustes e tire sua conclusão a respeito da materialidade ou não dos efeitos agregados desses erros. A *Nature Sporting Goods* não fez ajustes aos dados do balancete apresentados na **Ilustração 15.5** (note que o saldo de lucros retidos é o saldo inicial). Ignore os erros apresentados na ilustração. A alíquota de imposto de renda é igual a 40% tanto no ano corrente quanto no anterior. Nota: a materialidade deve ser levada em conta na elaboração de sua resposta.

15-36 (Entidade em funcionamento, OA 1) Este é o terceiro ano de uma auditoria da *GreenLawns.com*. A empresa havia criado um novo nicho de mercado para a entrega de produtos de gramado e jardim, incluindo ligações com empresas locais que prestavam serviços de manutenção de gramados. A empresa emitiu ações dois anos atrás e levantou capital suficiente para continuar suas operações durante o ano corrente. A ação da empresa está cotada atualmente a um múltiplo de cinco vezes a sua receita. A empresa não teve lucros nos seus três primeiros anos. O crescimento da receita tem sido de 100%, 65% e 30%, respectivamente, nos três primeiros anos. A receita do ano corrente é de $ 220 milhões. O auditor examinou o fluxo corrente de caixa e tem sérias reservas em relação à capacidade de que a empresa continue funcionando sem alguma rentabilidade ou uma infusão de caixa. A empresa reagiu com o seguinte plano da administração:

- Outra oferta pública de ações para captar $ 200 milhões, que corresponderá a 30% das ações existentes.

- Assinar um acordo com pelo menos 50 distribuidores locais adicionais durante o ano.

- Melhorar as operações de armazenamento e distribuição para cortar pelo menos 20% dos custos de distribuição.

- Aumentar as vendas em 50% graças a mais publicidade, distribuição de cupons e marketing aprimorado junto aos clientes existentes.

- Aumentar as margens de lucro usando seu poder de compra para assinar acordos mais atraentes de compra com fornecedores, mas afastar-se de fornecedores das principais marcas, tais como *Scott's*, *Ortho* e assim por diante.

Pergunta-se:
a. Qual é a responsabilidade do auditor quanto a avaliar a eficácia do plano da administração? Que providência o auditor deve tomar caso ele não acredite na eficácia do plano da administração?
b. Suponha que o auditor modifique o parecer sobre as demonstrações financeiras. O que esta ação diz aos usuários das demonstrações financeiras sobre a confiança na capacidade da administração? O auditor é contratado para emitir opinião sobre a qualidade da administração?
c. Que divulgação deve ser feita quanto aos planos da administração?
d. Para cada elemento do plano da administração, indique a responsabilidade do auditor quanto à avaliação do elemento. Indique procedimentos de auditoria que devem ser executados para avaliar cada parte dos planos da administração.

15-38 (Estimativas contábeis, OA 5) Considere as seguintes áreas em que são feitas estimativas na elaboração de demonstrações financeiras:
- Obrigações de pagamento de pensões.
- Outros benefícios pós-aposentadoria.
- Passivos com garantias.
- Reservas para empréstimos incobráveis (instituição financeira).
- Provisão para devedores duvidosos (empresa industrial).
- Provisão para a devolução de mercadorias (empresa que vende por catálogo, como *Land's End* ou *L. L. Bean*, que oferece um período de garantia de devolução nas vendas por catálogo).

Pede-se:
Para cada área:
1. Identifique os fatores inerentes à conta que poderiam afetar significativamente a estimativa do valor monetário do saldo da conta.
2. Para cada fator identificado, discuta brevemente a importância do item para a estimativa geral da conta. Por exemplo, quão importante é a premissa de taxa de juros para a estimativa geral do passivo com o pagamento de pensões?

Sugestão: você talvez queira fazer uma análise de sensibilidade para julgar a importância de cada fator.
3. Para cada fator identificado, descreva brevemente a evidência de auditoria que deva ser coletada para determinar como o fator deve ser utilizado na elaboração da estimativa contábil. Por exemplo, como o auditor deve determinar a premissa apropriada de taxa de juros ao estimar o saldo da conta?
4. Supondo que haja diferenças entre a estimativa do auditor e a da administração, indique como o auditor poderia determinar se a administração está tentando "administrar" ou "suavizar" os lucros ou se há uma discordância genuína quanto ao fator correto a ser usado na estimativa.

*15-40 (Eventos subsequentes, OA 11) Milton Green, CPA, está auditando as demonstrações financeiras da *Taylor Corporation* para o exercício encerrado em 31 de dezembro de 2009. Green planeja assinar o parecer de auditoria em 10 de março de 2010. Ele está preocupado com eventos e transações ocorrendo após 31 de dezembro de 2009 e que podem afetar as demonstrações financeiras de 2009.
Pergunta-se:
a. Quais são os tipos gerais de eventos subsequentes que exigem a atenção e a avaliação por parte de Green?
b. Que procedimentos de auditoria ele deve pensar em executar para coletar evidências a respeito de eventos subsequentes?

15-42 (Descoberta subsequente de procedimentos omitidos, OA 11) Durante um exame de qualidade entre escritórios, foi descoberto que os auditores haviam deixado de considerar se os custos dos estoques de um cliente atacadista superavam seu valor de mercado. O exame de qualidade ocorreu seis meses após a emissão do parecer de auditoria. Alguns preços tinham evidentemente caído pouco antes do final do ano. O estoque é um item importante nas demonstrações financeiras, mas os auditores não sabem se as quedas de preço de mercado foram materiais.
Pergunta-se:
a. Que procedimentos os auditores devem executar agora para resolver este problema de auditoria?
b. O que os auditores devem fazer se for concluído que os estoques estão materialmente sobrevalorizados?

Casos

*15-44 (Carta de consulta de auditoria, OA 4) *Cole & Cole*, CPAs, estão auditando as demonstrações financeiras da *Consolidated Industries Co.* do exercício encerrado em 31 de dezembro de 2009. Em 20 de fevereiro de 2010, a Cole pediu ao cliente que preparasse uma minuta de carta de consulta de auditoria a ser enviada a *J. J. Young*, o advogado externo da *Consolidated*, para corroborar as informações fornecidas à *Cole* pela administração a respeito de ações judiciais pendentes e possíveis, reivindicações efetuadas e não efetuadas de direitos e lançamentos contra a empresa. Em 6 de março de 2010, C. R. Brown, diretor financeiro da *Consolidated*, deu à *Cole* uma minuta da carta de consulta para exame pela *Cole* antes de enviá-la à *Young*.

Pede-se:

Descreva as omissões, ambiguidades e afirmações e termos inadequados na carta de Brown.

J. J. Young, advogado
123 Main Street
Anytown, USA

6 de março de 2010
Prezado J. J. Young:

Em conexão com uma auditoria de nossas demonstrações financeiras de 31 de dezembro de 2009 e para o ano então encerrado, a administração preparou e forneceu aos nossos auditores, Cole & Cole, CPAs, 456 Broadway, Anytown, USA, uma descrição e avaliação de certas contingências, incluindo aquelas descritas a seguir, envolvendo questões com as quais Vossa Senhoria tem se envolvido e dedicado atenção substantiva em nome da empresa, sob a forma de assessoria jurídica ou representação legal. Vossa resposta deve incluir as matérias que existiam em 31 de dezembro de 2009. Devido à natureza confidencial dessas matérias, sabemos que vossa resposta pode ser limitada.

Em novembro de 2009, uma ação foi movida contra a empresa por um vendedor externo, alegando quebra de contrato em relação a comissões de venda e movendo uma segunda ação exigindo pagamento de honorários e comissões. O autor da ação pede indenização de $ 300 mil, mas a empresa acredita que possui uma defesa meritória contra essas alegações. A possível exposição da empresa a um julgamento em favor do autor da ação é reduzida.

Em julho de 2007, uma ação foi movida contra a empresa pela Industrial Manufacturing Co. (Industrial) alegando violação de patentes e pedindo indenização de $ 20 milhões. A ação no Tribunal Regional de Justiça dos Estados Unidos resultou em uma decisão, em 16 de outubro de 2009, declarando que a empresa havia infringido sete patentes industriais e determinou o pagamento de indenizações no total de $ 14 milhões. A empresa nega vigorosamente tais alegações e entrou com recurso no Tribunal Federal de Recursos dos Estados Unidos. Estima-se que o processo de recurso levará aproximadamente dois anos, mas há alguma chance de que a Industrial acabe ganhando a causa.

Por obséquio, forneçam aos nossos auditores as explicações, se houver, que considerem necessárias para complementar a informação, incluindo uma explicação da maneira pela qual vossos pontos de vista possam diferir dos apresentados, e uma identificação da omissão de qualquer ação pendente ou possível, de reivindicações de direitos e lançamentos contra a empresa, ou uma declaração de que a lista de tais matérias está completa. Vossa resposta pode ser citada ou mencionada nas demonstrações financeiras sem que qualquer correspondência adicional seja mantida com Vossas Senhorias.

Vossas Senhorias também foram consultadas em várias outras matérias relacionadas a ações judiciais pendentes ou possíveis. Entretanto, Vossas Senhorias não podem fazer comentários sobre essas matérias porque a sua divulgação pode alertar possíveis demandantes a respeito da solidez de seus argumentos. Além disso, várias outras matérias passíveis de ação judicial e que têm alguma chance de resultado favorável, nas condições existentes em 31 de dezembro de 2009, são reivindicações e lançamentos não efetuados.

C. R. Brown
Diretor financeiro

15–46 (Decisões éticas a respeito do resumo de possíveis ajustes, OA 3, 12) Uma das mudanças básicas introduzidas pela lei *Sarbanes-Oxley* é a de que o exercício profissional da auditoria não é mais autorregulamentado no caso das auditorias de companhias abertas. Atualmente, o Conselho de Supervisão Contábil das Companhias Abertas (PCAOB) tem o poder de avaliar se as empresas de auditoria estão realizando trabalhos com qualidade. Para fazer essa avaliação, o PCAOB realiza inspeções formais de auditorias completadas por empresas de auditoria registradas no PCAOB, e o resultado dessas inspeções é divulgado ao público no *site* do PCAOB (www.pcaob.org, siga os *links* para os relatórios de inspeção). As equipes de inspeção selecionam certas áreas de alto risco para exame, inspecionam os documentos de trabalho e entrevistam os membros da equipe em relação a essas áreas. Além disso, as equipes de inspeção analisam possíveis ajustes às demonstrações financeiras do emitente, que tenham sido identificados durante a auditoria, mas não estejam registrados nas demonstrações financeiras.

Os relatórios que têm sido divulgados ao público contêm uma variedade de exemplos de trabalhos de auditoria em que os auditores têm encontrado dificuldades para lidar com possíveis ajustes às demonstrações financeiras de clientes. Um exemplo de tal problema de qualidade de auditoria está evidente no relatório de inspeção *da Ernst & Young LLP* (17 de novembro de 2005), que diz:

> A empresa propôs um ajuste de auditoria, baseado em seu julgamento (que o emitente registrou), no sentido de aumentar a reserva do emitente para estoques excedentes e obsoletos, muito embora os documentos de trabalho da empresa não incluíssem documentação apoiando as porcentagens usadas para estimar essa reserva. Após a empresa ter sugerido esse ajuste de auditoria, o diretor executivo do emitente propôs um ajuste para aumentar o valor do estoque recebido em uma concordata, o que contrariava a conclusão anterior do emitente de que a contabilização da concordata não resultaria em lucro ou prejuízo. Este ajuste era igual ao ajuste por estoque excedente e obsoleto descrito, e o compensava inteiramente. A empresa deixou de avaliar ou incluir evidência nos documentos de trabalho de que havia avaliado se os ajustes compensatórios e outro conjunto de ajustes compensatórios no final do ano, relacionados à contabilização de contratos importantes de construção (que totalizavam aproximadamente 24% do lucro do emitente antes do imposto), indicavam um viés nas estimativas da administração que poderiam resultar em incorreção material das demonstrações financeiras e/ou uma necessidade de

que a empresas reavaliasse os procedimentos planejados de auditoria.

Pede-se:

a. Comente o processo de inspeção do PCAOB, com ênfase em (1) por que pode ser necessário garantir a qualidade da auditoria e (2) como ele pode elevar a qualidade da auditoria.
b. Examine o problema descrito no relatório de inspeção. Resuma as ações do cliente e as da *Ernst & Young*. Discuta as implicações dos lançamentos de diário que estão no centro deste comentário de inspeção para a demonstração de resultado.
c. Quais eram as principais preocupações do PCAOB em relação a esse problema?
d. Suponha que você fosse o gerente da *Ernst & Young* na auditoria detalhada no relatório de inspeção. Suponha também que você soubesse que o sócio de auditoria tivesse concordado em permitir ao cliente que fizesse a série de lançamentos compensatórios de diário que estão no centro deste caso. Usando o arcabouço de decisões com ética apresentado no capítulo 3, monte uma linha apropriada de ação.

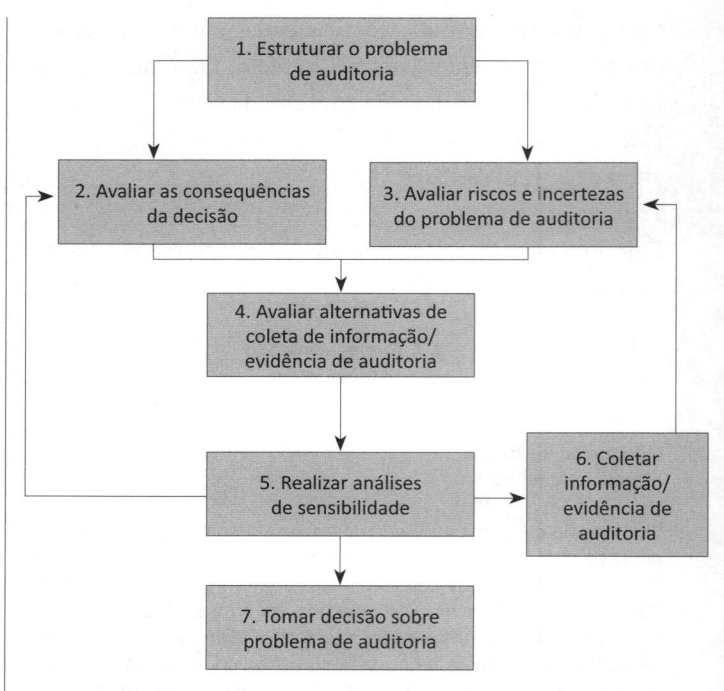

Fonte: adaptado de HOGARTH, Robin. *Judgment and Choice*.

Ford Motor Company e Toyota Motor Corporation
Ford Motor Company: Conclusão da auditoria (avaliação da condição de entidade em funcionamento)

(www.cengage.com.br)

Fonte e referência	Questão
Ford 10-K	1. Como você sabe, com base em apêndices anteriores, a *Ford Motor Company* está passando por sérias dificuldades financeiras. Uma preocupação com a qual a empresa de auditoria deve lidar é verificar se a *Ford* está em condições de continuar em funcionamento. Quais são os fatores associados com as questões de continuação em funcionamento apresentadas pela *Ford*?
	2. Calcule o escore Z de Altman para a *Ford* e a *Toyota*. Que inferências você tira dessa comparação?
	3a. O que você prevê que aconteceria se os auditores da *Ford* emitissem um parecer de auditoria sobre as condições de continuação em funcionamento? Como reagiriam os fornecedores e os investidores de títulos da empresa? 3b. Por que uma empresa de auditoria poderia hesitar em emitir um parecer sobre condições de continuação em funcionamento? 3c. O que aconteceria a uma empresa de auditoria se ela não emitisse um parecer sobre condições de continuação em funcionamento e a empresa quebrasse no ano seguinte?

Relatórios de auditoria

16

Objetivos de aprendizagem

O objetivo principal deste livro-texto é a construção de uma base para a análise de questões profissionais correntes e a adaptação de enfoques de auditoria às complexidades das empresas e da economia. Por meio do estudo deste capítulo, você será capaz de:

1. Apresentar os níveis de garantia que um auditor pode dar em seus diversos serviços e nos relatórios de auditoria.
2. Descrever a informação contida em um relatório de auditoria, bem como em uma auditoria integrada.
3. Identificar os tipos de pareceres de auditoria e as circunstâncias em que cada tipo é apropriado.
4. Explicar as diferenças entre trabalhos de auditoria, exame e compilação em termos de procedimentos executados, grau de responsabilidade assumida pelo contador e relatórios entregues.
5. Explicar procedimentos e exigências de divulgação para informação financeira parcial.
6. Discutir a natureza de "relatórios especiais", quando poderiam ser usados e suas exigências especiais de divulgação.
7. Descrever diversos trabalhos de certificação e os tipos de relatórios que serão emitidos nesses trabalhos.
8. Aplicar os arcabouços de análise e tomada de decisões com ética a diversas situações de divulgação.

Visão geral do capítulo

Quando uma empresa de contabilidade externa lida com demonstrações financeiras, ela deve apresentar um relatório sobre essas demonstrações. Essa exigência visa a impedir qualquer interpretação errônea da natureza do serviço que foi prestado ou do grau da responsabilidade assumido pela instituição. Uma empresa de CPAs se associa a demonstrações financeiras sempre que consente com o uso de seu nome em um relatório, documento ou comunicação por escrito contendo as demonstrações, com a exceção de declarações de rendimentos para fins tributários. A exigência também envolve claramente uma obrigação de reportar as constatações do auditor: um auditor não pode se retirar simplesmente porque o parecer não é o que o cliente gostaria de receber. Os padrões de auditoria profissional fornecem as regras que os auditores devem cumprir quando tomam decisões de apresentação de relatórios. Dentre os dez padrões de auditoria aceitos em geral, expostos no capítulo 2, há quatro de divulgação (ênfase adicionada):

1. O auditor deve declarar no relatório de auditoria se as demonstrações financeiras são apresentadas em conformidade com princípios de contabilidade aceitos em geral (GAAP).
2. O auditor deve identificar em seu relatório as circunstâncias em que tais princípios não foram observados de maneira consistente no exercício corrente, em comparação com o exercício anterior.

O processo de elaboração do parecer de auditoria

I. Aferir as decisões de aceitação e retenção do cliente (capítulo 4).

II. Entender o cliente (capítulos 2, 4-6 e 9).

III. Obter evidência a respeito de controles e determinar o impacto sobre a auditoria de demonstrações financeiras (capítulos 5-14 e 18).

IV. Apurar evidências consubstanciadas sobre afirmações de contas (capítulos 7-14 e 18).

V. Fechamento da auditoria e tomada de decisões de divulgação (capítulos 15 e 16).

A profissão de auditoria, regulamentação e governança corporativa (capítulos 1 e 2).

Tomada de decisões, conduta profissional e ética (capítulo 3).

Responsabilidade profissional (capítulo 17).

JULGAMENTO PROFISSIONAL EM CONTEXTO

A empresa é uma "entidade em funcionamento"?

Em setembro de 2008, o *XL Leisure Group*, a terceira maior empresa operadora de grupos de viagens da Grã-Bretanha, entrou com pedido de falência. Poucos meses antes, a empresa havia publicado suas demonstrações financeiras auditadas. Nem as demonstrações financeiras, nem o parecer do auditor continham qualquer aviso explícito de que a empresa estava em dificuldades financeiras.

Em contraste, em 2007, a *PricewaterhouseCoopers* havia expressado "dúvida substancial" de que a *MovieLink*, que oferece filmes que podem ser baixados via internet, seria capaz de continuar operando. A base da preocupação dos auditores incluía os prejuízos repetidos que a *MovieLink* vinha apresentando em suas operações, os fluxos de caixa negativos em suas atividades operacionais e um déficit acumulado que havia se elevado a US$ 145 milhões.

As demonstrações financeiras de uma empresa são elaboradas e auditadas sob a premissa de que a mesma é uma "entidade em funcionamento", ou seja, que a empresa continuará a operar no próximo ciclo operacional ou nos próximos 12 meses. Entretanto, em períodos de crise financeira, espera-se que muitas empresas enfrentem dificuldades financeiras, chegando ao ponto de requerer falência. Dificuldades financeiras podem surgir quando as empresas financiam suas operações com capital de terceiros, desde cheques especiais a linhas de crédito e empréstimos vultosos. Se as empresas necessitam de tais fontes de fundos para continuarem a operar, e os bancos não estão dispostos a fornecê-los, muitas delas se veem frente à possibilidade de não serem capazes de prosseguir operando. Em épocas de crise financeira, os bancos podem não estar dispostos a continuar fornecendo o financiamento que haviam dado no passado ou se comprometer com novos créditos. Deve uma empresa que se encontra em uma situação como esta ser considerada uma entidade em funcionamento?

Historicamente, a avaliação da condição de entidade em funcionamento tem sido uma responsabilidade dos auditores independentes de uma empresa. As regras para o modo de fazer tal avaliação e que tipos de informações devem ser avaliados são fornecidas nos padrões de auditoria profissional. Os auditores normalmente dão seus pareceres sobre demonstrações financeiras preparadas sob a premissa de entidade em funcionamento. Entretanto, caso o profissional tenha dúvidas substanciais a respeito da continuidade da atividade no próximo ciclo operacional, ele é obrigado a expressar essas dúvidas em seu relatório. Em outubro de 2008, o Fasb emitiu um documento para discussão que adota a posição de que a avaliação da condição de entidade em funcionamento é de responsabilidade da administração. O Fasb parece estar tendendo à convergência com o IASB quanto à ideia de que a avaliação da condição de entidade em funcionamento deve ser uma responsabilidade da administração. De acordo com o documento para discussão do Fasb, se a administração estiver ciente de informação que lance dúvidas substanciais sobre a capacidade da entidade de continuar funcionando, a empresa deverá divulgar tais incertezas.

Na medida em que for lendo este capítulo, considere estas perguntas:

- Em que condições um auditor deve expressar dúvida substancial sobre a capacidade de um cliente de continuar em funcionamento?
- De que maneira esta dúvida afeta o formato do parecer de auditoria?
- Quais são as implicações para a instituição e para a empresa de auditoria quando o relatório exprime dúvida substancial sobre a capacidade de uma empresa de continuar em funcionamento?
- A responsabilidade básica pela avaliação da condição de entidade em funcionamento deve ser da administração ou do auditor?

3. Quando o auditor determina que as divulgações de informações não são razoavelmente adequadas, o auditor deve dizer isso no seu relatório.
4. O auditor deve dar um parecer a respeito das demonstrações financeiras, tomadas como um todo, ou declarar que um parecer não pode ser dado em seu relatório. Quando um profissional não pode fornecer um parecer geral, ele deve apresentar as razões para isso em seu relatório. Em todos os casos em que o nome do auditor é associado a demonstrações financeiras, ele deve indicar claramente a natureza de seu trabalho, se tiver havido algum, e o grau de responsabilidade que está assumindo.

Neste capítulo, ampliamos a discussão desses padrões de divulgação e cobrimos as situações de divulgação mais comuns. Também discutimos vários outros serviços que as empresas de auditoria podem prestar a seus clientes e os relatórios dos auditores que são associados a esses serviços.

Níveis de garantia fornecidos por auditores

Os contadores externos certificados (CPAs) têm tradicionalmente divulgado pareceres sobre demonstrações financeiras passadas. Essas garantias variam de auditorias a exames e compilações. Os padrões de divulgação com base em auditorias exigem garantia positiva – ou seja, uma declaração explícita de que as demonstrações financeiras são apresentadas fidedignamente. Os auditores também fornecem garantia positiva ao prestarem outros serviços, quando, por exemplo, dão um parecer sobre informações financeiras projetadas ou incluem itens extraordinários. A garantia positiva exige que os auditores coletem evidência suficiente para dar um parecer.

No caso de alguns serviços, o auditor pode fornecer garantia (negativa) limitada – ou seja, uma declaração de que nada chegou ao conhecimento do auditor para indicar que a informação é incorreta. Os auditores fornecem garantia negativa quando prestam serviços tais como exames de informações financeiras anuais ou parciais. Por fim, em algumas situações, o auditor dirá que se abstém de dar uma garantia – ou seja, uma declaração de que não fornece nenhuma garantia, tal como quando faz uma compilação de informações financeiras. Muito embora relatórios de "nenhuma garantia" se abstenham de fornecer garantia, o mercado parece ver algum valor nisso, porque o CPA examina a informação para verificar se há violação evidente dos princípios contábeis aceitos em geral. Serviços pelos quais o auditor não está fornecendo garantia positiva, como quando faz exames e compilações, não são considerados serviços de auditoria, mas são vistos como serviços de contabilidade.

Relatórios de auditoria sobre demonstrações financeiras e controle interno sobre a divulgação financeira

Nesta seção, descrevemos a informação que é incluída em relatórios emitidos quando um auditor faz uma auditoria de demonstrações financeiras. A auditoria das demonstrações financeiras visa a facilitar a emissão de um parecer inequívoco pelo auditor. No que diz respeito às demonstrações financeiras, a expectativa tanto do auditor quanto do cliente é a de que o relatório não tenha ressalvas, ou seja, que o auditor não tenha reservas quanto à

OA 1
Descrever os níveis de garantia que um auditor pode dar em seus diversos serviços e nos relatórios de auditoria.

QUESTÃO PRÁTICA
Garantia positiva não significa necessariamente que as demonstrações financeiras são apresentadas fidedignamente. Em vez disso, refere-se a se o auditor coletou evidência suficiente para dar um parecer dizendo se as demonstrações financeiras apresentadas são confiáveis ou não.

OA 2
Descrever a informação contida em um relatório de auditoria, bem como em uma auditoria integrada.

adequação da apresentação. Entretanto, o auditor pode ter motivos para ter reservas sobre a fidedignidade da apresentação, ou o auditor pode ter sido impedido de obter informação suficiente para dar um parecer.

Quando é feita uma auditoria integrada, o auditor dá um parecer tanto sobre as demonstrações financeiras quanto sobre o controle interno da divulgação financeira. No que se refere ao controle interno, espera-se que o auditor dê um parecer inequívoco quanto à eficácia desses controles na data do final do exercício do cliente.

Os relatórios de auditoria têm a finalidade de promover a comunicação clara entre o auditor e o leitor de demonstrações financeiras, graças ao delineamento claro:

- Do que foi auditado e das responsabilidades correspondentes do cliente e do auditor sobre as demonstrações financeiras (parágrafo introdutório).
- Da natureza do processo de auditoria (parágrafo de escopo).
- Do parecer do auditor sobre a fidedignidade das demonstrações financeiras (parágrafo de parecer).
- Quando for apropriado, do motivo pelo qual um parecer padronizado sem ressalvas não pode ser dado (parágrafo explanatório).

Relatório sobre o controle interno da divulgação financeira

Em uma auditoria integrada, o relatório do auditor também irá se referir à auditoria do controle interno da divulgação financeira. O auditor pode emitir um relatório separado de controle interno ou um relatório combinado tanto sobre as demonstrações financeiras quanto sobre os controles internos. Se for feito um relatório separado, o relatório sobre as demonstrações financeiras incluirá um parágrafo, após o de escopo (antes do parágrafo de parecer), mencionando que foi efetuada uma auditoria de controles internos e foi dado um parecer. A **Ilustração 16.1** é um exemplo de parecer de auditoria de demonstrações financeiras quando o auditor emite um relatório separado sobre a eficácia do controle interno. O quarto parágrafo da **Ilustração 16.1** resume e refere-se a um relatório separado sobre os controles internos do cliente, que neste caso apresenta um parecer sem ressalvas sobre o controle interno de divulgação financeira do cliente.

Se um relatório conjunto – demonstrações financeiras e controles internos – for emitido, ele incluirá dois parágrafos adicionais:

- Parágrafo de definição (após o parágrafo de escopo), definindo o que significa o controle interno da divulgação financeira.
- Parágrafo de limitações intrínsecas (após o parágrafo de definição), discutindo por que o controle interno pode não impedir a ocorrência de incorreções ou detectá-las.

Recorde-se que, em uma auditoria integrada, o auditor emite pareceres sobre as demonstrações financeiras e sobre o controle interno e deve divulgar publicamente sua avaliação do controle interno da divulgação financeira do cliente. O auditor poderia concluir que não há deficiências materiais, ou seja, que os controles internos são eficazes. Nesse caso, o auditor emitiria um parecer sem ressalvas sobre os controles internos. Se o auditor concluir que há deficiências materiais, emitirá um parecer desfavorável sobre os controles internos.

A existência de uma deficiência material de controle interno não leva automaticamente a uma incorreção material nas demonstrações financeiras. Leva, porém, à realização de

> **Ilustração 16.1:** Parecer sem ressalvas de uma auditoria integrada
>
> **RELATÓRIO – EMPRESA INDEPENDENTE REGISTRADA DE CONTABILIDADE EXTERNA**
>
> Ao conselho de administração e aos acionistas
> NSG Manufacturing Company, Inc.
>
> Auditamos os balanços consolidados anexos da NSG Manufacturing Company, Inc. e suas subsidiárias em 28 de janeiro de 2010 e 29 de janeiro de 2009, bem como as demonstrações consolidadas relacionadas de operações, patrimônio líquido e fluxo de caixa para cada um dos exercícios do período de três anos encerrado em 28 de janeiro de 2010. Essas demonstrações consolidadas foram elaboradas sob a responsabilidade da administração da companhia. Nossa responsabilidade é dar um parecer sobre essas demonstrações financeiras consolidadas com base em nossas auditorias.
>
> Conduzimos nossa auditoria de acordo com os padrões do Conselho de Supervisão Contábil de Companhias Abertas (Estados Unidos). Esses padrões exigem que planejemos e realizemos a auditoria visando a obter garantia razoável de que as demonstrações financeiras estão livres de incorreções materiais. Uma auditoria inclui o exame, na base de testes, de evidência que apoie os valores e as divulgações nas demonstrações financeiras. Uma auditoria também inclui a avaliação dos princípios contábeis usados e as estimativas significativas feitas pela administração, bem como a avaliação da apresentação geral das demonstrações financeiras. Acreditamos que nossa auditoria oferece uma base razoável para o nosso parecer.
>
> Também auditamos, de acordo com os padrões do Conselho de Supervisão Contábil de Companhias Abertas (Estados Unidos), a eficácia do controle interno da NSG Manufacturing Company, Inc. sobre a divulgação financeira na data de 28 de janeiro de 2008, com base em critérios estabelecidos no Arcabouço integrado de controle interno, emitido pelo Comitê de Organizações Patrocinadoras da Comissão Treadway (Coso), e nosso relatório com data de 21 de março de 2010 expressou um parecer sem ressalvas sobre o funcionamento eficaz do controle interno da divulgação financeira.
>
> Tal como discutido na nota explicativa 1 das Demonstrações Financeiras Consolidadas, a companhia adotou as diretrizes do Pronunciamento sobre padrões de contabilidade financeira nº 123 (versão de 2004) do Conselho de Padrões de Contabilidade Financeira, "pagamento em ações" no exercício fiscal de 2009.
>
> Assinado,
> RITTENBERG, JOHNSTONE, & GRAMLING, LLP
> Dallas, Texas
> 21 de março de 2010

mais trabalho de auditoria para garantir a fidedignidade das demonstrações financeiras. Portanto, um parecer sem ressalvas poderá ser emitido mesmo que haja deficiências materiais nos controles internos. Por exemplo, as seguintes deficiências materiais foram encontradas nos controles internos da *General Motors Corporation* (GM): (1) a administração não montou nem manteve controles adequados sobre a preparação, revisão, apresentação e divulgação de valores incluídos nas demonstrações consolidadas de fluxos de caixa, o que resultou em incorreções nessas demonstrações; e (2) foi identificada uma deficiência material relacionada ao fato de que a administração da GM não montou adequadamente procedimentos de controle da carteira de veículos da empresa em arrendamentos operacionais com entidades de locação diária de automóveis, que havia apresentado perda de valor no início do arrendamento e fora prematuramente reavaliado para refletir aumentos esperados de recebimentos quando de sua venda. A Deloitte foi capaz de dar um parecer sem ressalvas sobre as demonstrações financeiras, mas expressou o seguinte parecer sobre os controles internos:

> Em nossa opinião, devido ao efeito das deficiências materiais descritas, quanto à consecução dos objetivos dos critérios de controle, a empresa não manteve controle interno eficaz sobre a divulgação financeira de 31 de dezembro de 2005, com base nos critérios estabelecidos no Arcabouço integrado de controle interno, emitido pelo Comitê de Organizações Patrocinadoras da Comissão Treadway.

O capítulo 6 contém discussão adicional a respeito de relatórios sobre controles internos.

QUESTÃO PRÁTICA

Os auditores profissionais têm gerado relatórios padronizados de auditoria para ajudar a garantir comunicação uniforme com os usuários.

Emissão de um parecer sobre as demonstrações financeiras

OA 3
Identificar os tipos de pareceres de auditoria e as circunstâncias em que cada tipo é apropriado.

O quarto padrão de divulgação exige que os auditores deem um parecer sem ressalvas sobre o conjunto completo de demonstrações financeiras e notas explicativas correspondentes, incluindo todos os anos apresentados para fins comparativos, ou apresentem as razões para que tal parecer não possa ser dado. Se o auditor tiver reservas quanto à fidedignidade da apresentação, as razões deverão ser enunciadas no relatório do auditor. Além disso, se houver alguma divergência material em relação aos princípios contábeis aceitos em geral, o auditor deverá declarar explicitamente a natureza da divergência e o valor monetário dos efeitos (se tal valor for determinável pelo auditor), para que um usuário possa modificar apropriadamente as demonstrações financeiras e determinar qual seria o resultado se elas tivessem sido adequadamente apresentadas.

Há cinco tipos básicos de relatórios de auditoria de demonstrações financeiras:

1. Parecer padrão sem ressalvas.
2. Parecer sem ressalvas com um parágrafo explanatório – o parágrafo explanatório pode explicar o seguinte:
   - Um afastamento justificado dos princípios contábeis aceitos em geral.
   - Aplicação inconsistente de princípios contábeis aceitos em geral.
   - Dúvida substancial a respeito da condição do cliente como entidade em funcionamento.
   - Ênfase em algum assunto, tal como eventos subsequentes extraordinariamente importantes, riscos ou incertezas associados a contingências ou a estimativas significativas.
   - Referências a outros auditores.
3. Parecer com ressalvas devido a:
   - Um afastamento material não justificado dos princípios contábeis aceitos em geral.
   - Divulgação inadequada.
   - Uma limitação de escopo.
4. Parecer adverso devido a:
   - Afastamentos materiais generalizados e não justificados dos princípios contábeis aceitos em geral.
   - Ausência de divulgações importantes.
5. Declaração de abstenção de emissão de parecer, pois faltou independência ao auditor ou foi incapaz de obter evidência suficiente para chegar a uma opinião sobre a fidedignidade geral das demonstrações financeiras, o que pode ocorrer porque:
   - Há uma limitação de escopo.
   - Há dúvida substancial sobre a condição do cliente como entidade em funcionamento.
   - A empresa de CPAs não foi contratada para fazer uma auditoria.

Parecer padrão de auditoria sem ressalvas

O relatório padrão de auditoria sem ressalvas, seguindo os padrões de divulgação do PCAOB, é apresentado na **Ilustração 16.1**. Tal relatório pode ser emitido para companhias abertas somente se:

1. Não há violações materiais de princípios contábeis aceitos em geral (GAAP).
2. As divulgações são adequadas.

3. O auditor foi capaz de executar todos os procedimentos necessários.
4. Não houve alterações de princípios contábeis com efeito material sobre as demonstrações financeiras.
5. O auditor determina que não há deficiências materiais de controles internos sobre a divulgação financeira.
6. O profissional não tem dúvidas significativas sobre a permanência do cliente como entidade em funcionamento.
7. O auditor é independente.

O quinto parágrafo da **Ilustração 16.1** é um exemplo de parágrafo explanatório. Embora o relatório forneça um parecer sem ressalvas sobre as demonstrações financeiras, o parágrafo adicional chama a atenção do leitor para uma alteração material de princípios contábeis exigida por um novo padrão do Fasb.

Companhias fechadas

No caso de um cliente que é uma companhia fechada, o relatório padrão de auditoria sem ressalvas conteria os três primeiros parágrafos e se referiria aos padrões de auditoria aceitos em geral nos Estados Unidos, e não aos modelos do PCAOB. Se houvesse alteração material de princípios contábeis, um parágrafo semelhante ao quinto da **Ilustração 16.1** seria adicionado.

O primeiro padrão de divulgação exige que o auditor diga ao leitor se o cliente obedeceu aos GAAP. Em certos casos, o cliente utiliza um regime contábil abrangente que não o GAAP, como o regime de caixa ou fiscal. Os relatórios de auditoria sobre demonstrações financeiras não baseadas nos GAAP são chamados de relatórios especiais, sendo discutidos mais adiante neste capítulo.

Modificações do relatório padrão sem ressalvas que não afetam o parecer

Há diversas situações nas quais o auditor deseja ou é obrigado a alterar a redação do relatório padrão. Algumas das modificações são apenas de caráter informativo e não afetam o parecer das demonstrações financeiras. Nas situações a seguir, o profissional altera a redação do relatório padrão, mas ainda emite um relatório sem ressalvas:

- Afastamento justificado dos princípios contábeis aceitos em geral.
- Aplicação inconsistente dos princípios contábeis aceitos em geral.
- Dúvida sobre a condição de entidade em funcionamento.
- Ênfase em algum assunto.
- Referência a outros auditores.

Afastamento justificado dos princípios contábeis aceitos em geral

Em circunstâncias raras, o cliente pode apresentar algum afastamento justificado em relação aos princípios contábeis aceitos em geral. A regra 203 do Código de Conduta Profissional do AICPA permite ao auditor a emissão de um parecer sem ressalvas quando tenha havido algum afastamento material dos GAAP, caso o cliente possa demonstrar e o auditor esteja de acordo com que, devido a circunstâncias incomuns, as demonstrações financeiras teriam sido enganadoras se os GAAP tivessem sido seguidos. O que vem a ser uma circunstância incomum é questão de julgamento profissional. Exemplos incluem nova legislação ou o surgimento de uma forma de transação mercantil. Um elevado grau de materialidade ou a existência de uma prática setorial conflitante normalmente não justifica que alguém se afaste dos GAAP.

Um parágrafo informativo deve ser adicionado, antes ou depois do parecer, para descrever o afastamento dos GAAP, seus efeitos aproximados (caso possam ser determinados em termos práticos) e os motivos pelos quais o cumprimento dos GAAP teria resultado em demonstrações enganadoras. Um parecer sem ressalvas é apropriado em tais circunstâncias. A **Ilustração 16.2** fornece um exemplo de tal relatório para a *Oak Industries*.

Aplicação inconsistente dos princípios contábeis aceitos em geral

Alterações de princípios contábeis devem ser integralmente divulgadas para que um leitor possa fazer comparações no tempo e entre empresas. Uma alteração de princípios contábeis inclui mudança de um princípio a outro, como de PEPS a UEPS, além de certas alterações na entidade divulgadora. Uma alteração de uma base que não seja GAAP para GAAP – como a mudança do regime de caixa para o de competência – é considerada como a correção de um erro, mas é tratada pelo auditor como uma mudança de princípios contábeis. Nos últimos anos, os relatórios de auditoria de muitas empresas contêm um parágrafo explanatório de mudanças contábeis devido a novos pronunciamentos do Fasb. Alterações de estimativas contábeis e a contabilização de novas transações não são consideradas mudanças de princípios contábeis.

Se o cliente tiver substituído um princípio de contabilidade, possuir justificativa razoável para a substituição e obedecido os princípios contábeis aceitos em geral ao contabilizar e divulgar a substituição, o parágrafo explanatório funcionaria como alerta orientando a atenção do leitor para a divulgação na nota explicativa relevante. Este alerta pode ser bastante útil. Por exemplo, uma empresa divulgou um aumento de 22% do lucro líquido e destacou tal aumento várias vezes em seu relatório anual aos acionistas. Mas apenas notando o parágrafo adicional no relatório do auditor e lendo cuidadosamente as demonstrações financeiras e notas explicativas é que o leitor teria visto que o aumento do lucro líquido teria sido de apenas 6%, caso não tivesse havido uma troca de princípio de contabilidade. O parágrafo adicional

---

Ilustração 16.2: Relatório declarando um afastamento justificado dos princípios contábeis aceitos em geral (GAAP)

[Parágrafos introdutório e de escopo padronizados, seguidos por estes parágrafos explanatórios e de parecer]

Como descrito na nota explicativa 3, em maio de 2001 a empresa ofereceu ações ordinárias de sua emissão em troca de $ 5.060.000 de seus títulos negociados de dívida. O valor justo das ações ordinárias emitidas superou o valor de carregamento da dívida em $ 466 mil, o que foi apresentado como uma perda extraordinária na demonstração de resultado de 2001. Como uma parte da dívida trocada era conversível, uma aplicação literal do Pronunciamento sobre padrões de contabilidade financeira nº 84, "Conversões induzidas de dívida conversível", teria resultado em uma redução adicional de $ 3.611.000 do lucro líquido, que teria sido compensada por um crédito correspondente de $ 3.611.000 à conta de ágio na subscrição de ações; consequentemente, não teria havido qualquer efeito líquido sobre o investimento dos acionistas. Na opinião da administração da empresa, com a qual concordamos, uma aplicação literal da literatura contábil teria resultado em demonstrações financeiras enganadoras, que não representam adequadamente as consequências econômicas desta troca.

Em nossa opinião, as demonstrações financeiras consolidadas mencionadas apresentam fidedignamente, em todos os aspectos materiais, a posição financeira da Oak Industries, Inc. e de suas subsidiárias em 31 de dezembro de 2002 e 2001, bem como os resultados de suas operações e seus fluxos de caixa em cada um três anos do período encerrado em 31 de dezembro de 2002, de acordo com princípios contábeis aceitos em geral.

PricewaterhouseCoopers
San Diego, Califórnia
10 de fevereiro de 2003

no relatório do auditor é ilustrado no quinto parágrafo da **Ilustração 16.1**. A referência do auditor à mudança contábil é sucinta porque o detalhamento é apresentado nas notas explicativas do cliente.

Se a mudança de princípios contábeis não for justificada ou considerada corretamente, ou houver divulgação inadequada, o auditor estará lidando com um afastamento em relação aos GAAP. Como observamos mais adiante nesta seção, um afastamento em relação aos GAAP levará a um parecer de auditoria com ressalvas (ver Modificações do relatório padrão sem ressalvas que afetam o parecer) ou, em alguns casos, a um parecer desfavorável de auditoria.

Dúvida sobre condição de entidade em funcionamento

Em toda auditoria, o auditor é responsável por avaliar se há dúvida substancial sobre a capacidade do cliente de continuar em funcionamento por até um ano após a data do balanço. Se houver essa dúvida, o auditor deverá emitir um parecer sem ressalvas, incluindo um parágrafo explanatório após o de parecer, como mostrado na **Ilustração 16.3**, para a *Verenium Corporation*. O parágrafo explanatório deve ser redigido claramente para indicar que o auditor tem dúvida substancial acerca da continuação do cliente em funcionamento e deve referir-se às notas explicativas da administração explicando os problemas e os planos para superá-los. Pode haver situações nas quais o auditor não se sente confortável o suficiente para emitir qualquer opinião. Em tais casos, poderá fazer uma declaração de abstenção de parecer. Por fim, se o profissional estiver convencido de que a empresa será liquidada, então ele deverá indicar que valores de liquidação seriam mais apropriados.

> **QUESTÃO PRÁTICA**
>
> Quando as condições econômicas são más ou estão piorando, tende a haver um aumento do número de pareceres sobre "entidade em funcionamento" emitidos pelos auditores. Acredita-se em geral que a emissão de um parecer como esse é uma profecia autorrealizável: uma entidade que recebe tal tipo de parecer geralmente terá negado acesso a crédito ao mesmo tempo que os investidores evitarão a sua ação.

Ênfase em um assunto

Os auditores têm a opção de acrescentar um parágrafo a um parecer sem ressalvas para enfatizar um assunto relacionado às demonstrações financeiras. A decisão de enfatizar algum assunto é estritamente uma questão de julgamento do auditor. Exemplos que têm sido enfatizados pelas empresas de auditoria em seus relatórios incluem:

- Transações significativas com partes relacionadas.
- Eventos subsequentes importantes, tais como uma decisão do conselho de administração de vender um segmento importante da empresa.
- Riscos ou incertezas importantes associadas a contingências ou estimativa significativas.

Os pronunciamentos de contabilidade, incluindo o SOP 94-6 do AICPA, Divulgação de certos riscos ou incertezas significativos, têm melhorado a divulgação de riscos e incertezas em demonstrações financeiras. Incertezas envolvem situações que dependem do resultado de algum evento futuro, tal como uma decisão judicial. Mesmo que o cliente divulgue e contabilize adequadamente e faça estimativas razoáveis a respeito de riscos, o auditor pode, em vista de sua importância, decidir chamar a atenção do usuário das demonstrações financeiras para a questão adicionando um parágrafo ao relatório sem ressalvas. A **Ilustração 16.4** mostra um parágrafo adicionado para (1) enfatizar um evento incomum importante e (2) salientar uma mudança de princípio de contabilidade no caso da *Cendant Corporation*. O método anterior de contabilização de receitas precipitou a ação judicial e a mudança de princípio de contabilidade.

Outros auditores – relatório compartilhado

O cliente de auditoria pode ter filiais, depósitos, fábricas ou subsidiárias em diversos locais do país ou exterior e, por isso, outra empresa de auditoria, contratada pelo cliente ou pelo

Ilustração 16.3: Relatório sem ressalvas com um parágrafo de entidade em funcionamento

[O relatório de auditoria das demonstrações financeiras de 2007 da Verenium Corporation contém o parágrafo introdutório e os de escopo e parecer convencionais, seguidos por este parágrafo explanatório a respeito de condição de entidade em funcionamento]

As demonstrações financeiras consolidadas anexas foram preparadas supondo que a companhia permanecerá sendo uma entidade em funcionamento. Tal como é descrito mais aprofundadamente na nota explicativa 1, a companhia apresenta prejuízos sistemáticos e um déficit acumulado de US$ 437,1 milhões em 31 de dezembro de 2007. Esses fatores, dentre outros, como discutido na nota 1 às demonstrações financeiras consolidadas, geram dúvida substancial quanto à capacidade da companhia de seguir em funcionamento. Os planos da administração em relação a estes assuntos também são descritos na nota 1. As demonstrações financeiras consolidadas de 2007 não incluem qualquer ajuste para refletir os possíveis efeitos futuros sobre as possibilidades de recuperação e a classificação de ativos ou os valores e as classificações de passivos que podem resultar do desenlace desta incerteza.

[A seguir, o relatório de auditoria faz um comentário desfavorável sobre o controle interno da divulgação financeira da companhia]

ERNST & YOUNG LLP
San Diego, Califórnia
16 de março de 2008

Ilustração 16.4: Relatório sem ressalvas com ênfase em assuntos importantes

ASSUNTO EXTRAORDINÁRIO IMPORTANTE E MUDANÇA DE PRINCÍPIO DE CONTABILIDADE

[Este parágrafo seguia-se ao parágrafo de parecer no relatório sem ressalvas da Deloitte & Touche sobre as demonstrações financeiras de 1998 da Cendant]

Tal como discutido na nota explicativa 18 às demonstrações financeiras consolidadas, a companhia está envolvida em ações judiciais relacionadas à descoberta de irregularidades contábeis em algumas unidades de negócios anteriormente pertencentes à CUC International, Inc. Além disso, como discutido na nota explicativa 2, a partir de 1º de janeiro de 1997, a companhia alterou seu método de reconhecimento de receitas e custos de recrutamento de sócios em suas atividades de associação individual.

Deloitte & Touche LLP
Parsipanny, Nova Jersey
17 de março de 1999

AUDITORIA NA PRÁTICA

Auditorias compartilhadas

A Grant Thornton envolveu-se em problemas em ambos os lados de auditorias compartilhadas.

Grant Thornton como auditor secundário

No caso Parmalat, a Grant Thornton havia sido o auditor por vários anos até que a lei italiana exigiu o revezamento de empresas de auditoria. A Parmalat contratou então a Deloitte como auditor principal, mas a Grant Thornton foi usada para auditar algumas das subsidiárias, em vista de sua familiaridade com os negócios envolvidos. Boa parte da fraude estava escondida nestas subsidiárias incluindo, em uma subsidiária estrangeira, mais de US$ 3,2 bilhões de caixa que não existiam. Parece que a confiança da Deloitte nas auditorias e nos relatórios da Grant Thornton não era justificada e ambas estão enfrentando medidas legais e regulatórias. A Grant Thornton International tomou a providência de remover a empresa italiana do grupo de afiliadas ao grupo Grant Thornton.

Grant Thornton como auditor principal

A SEC moveu ações por fraude contra a Grant Thornton e uma empresa menor de contabilidade externa em ligação com a auditoria das demonstrações financeiras de 1998 da MCA Financial Corporation. A SEC alega que a Grant Thornton "alugou" seu nome e seu prestígio ao trabalho de auditoria da empresa menor, que fez a maior parte do trabalho da MCA sem tomar o devido cuidado de garantir que a auditoria contava com o pessoal apropriado e havia sido adequadamente realizada. A MCA havia utilizado numerosas transações com partes relacionadas para inflar suas contas. Uma vez descoberta, a fraude resultou em perdas de milhões de dólares para os investidores. A SEC alega que os auditores examinaram transações com partes relacionadas que não foram divulgadas pela MCA e deixaram de tomar as medidas apropriadas.

auditor principal, para realizar parte do trabalho de auditoria. O auditor principal precisa decidir se ele deve mencionar os outros profissionais no relatório geral de auditoria. Se outro auditor é mencionado no relatório, o principal precisa se sentir seguro quanto à independência e reputação da outra empresa. Cada instituição é sempre responsável por sua parte do trabalho de auditoria.

A maioria das empresas exige que auditem a entidade como um todo ou rejeitam o cliente. Deve ser tomado cuidado ao se confiar em relatórios de outro auditor, pois auditorias inadequadas, realizadas pelos outros auditores, podem levar a ações legais e regulatórias contra o auditor principal, bem como contra a outra empresa (veja o quadro Auditoria na prática – Auditorias compartilhadas).

Se a empresa principal de auditoria optar por mencionar a outra no relatório de auditoria – geralmente chamado de relatório compartilhado – será modificada a redação dos três parágrafos do relatório padrão, mas nenhum parágrafo adicional será necessário. O parecer resultante é sem ressalvas, a menos que haja outros motivos para emitir um documento diferente.

A mudança mais ampla aparece no final do parágrafo introdutório, que indica a responsabilidade conjunta pelo parecer geral, incluindo a magnitude dos valores auditados pela outra empresa. A redação no final do parágrafo de escopo e no início do parágrafo de parecer também é alterada para evidenciar a responsabilidade conjunta. O nome da outra empresa de auditoria é mencionado somente com sua permissão expressa e caso seu relatório também seja incluído no documento.

Se o relatório do outro auditor tiver ressalvas, o principal deverá considerar se o assunto da ressalva é de tal natureza e importância, em relação às demonstrações financeiras como um todo, que afetaria o parecer geral. O que era material para o segmento auditado pelo outro auditor pode não ser significativo para as demonstrações como um todo.

Modificações do relatório padrão sem ressalvas que afetam o parecer

Às vezes, as circunstâncias são tais que o auditor deseja ou é obrigado a alterar a redação do relatório padrão de maneira que acaba afetando o tipo de parecer emitido. Nessas situações, o auditor não pode emitir um parecer sem ressalvas. Pode haver uma violação injustificada de princípios de contabilidade aceitos em geral, ou divulgações inadequadas, ou o auditor pode não ser capaz de obter evidência competente suficiente (uma limitação de escopo). Quando há dúvida substancial sobre a continuação do cliente em funcionamento, o auditor tem a opção de emitir um parecer sem ressalvas, com um parágrafo adicional tal como descrito anteriormente, ou fazer uma declaração de abstenção de parecer. Além disso, o auditor pode fazer uma declaração de abstenção em situações raras nas quais ele não sente ter a independência necessária.

A emissão de outros pareceres, além daquele sem ressalvas, é incomum. A SEC, com exceções limitadas, não aceitará demonstrações financeiras nas quais o parecer seja modificado devido a limitações de escopo impostas pelo cliente, divulgações inadequadas, ou violações de GAAP. Em consequência, o auditor conta com poder significativo para encorajar o cliente a não limitar o escopo, apresentar divulgação adequada e corrigir qualquer afastamento material em relação a princípios contábeis aceitos em geral.

Afastamentos injustificados dos princípios contábeis aceitos em geral

Afastamentos materiais dos princípios contábeis aceitos em geral resultam em um parecer com ressalvas ou adverso:

> **QUESTÃO PRÁTICA**
> A maioria dos clientes evita relatórios com ressalvas ou adversos. A escolha entre a emissão de um parecer com ressalvas e a de um parecer adverso é uma questão de julgamento do auditor e baseia-se tanto na natureza quanto na magnitude das incorreções.

> **QUESTÃO PRÁTICA**
> Relatórios com ressalvas só se aplicam a incorreções que sejam consideradas materiais pelo auditor.

> **QUESTÃO PRÁTICA**
>
> Um alerta de prática de auditoria emitido pelo PCAOB concentra a sua atenção em assuntos para os quais os auditores devem ser sensíveis em períodos de baixa da atividade econômica. Em particular, o PCAOB alerta os auditores a prestarem atenção à adequação de divulgações e estimativas contábeis, tais como valores provisionados devido a contas a receber duvidosas e ativos de imposto diferido. Se o auditor determinar que as divulgações do cliente são inadequadas, não será capaz de emitir um parecer padrão sem ressalvas.

- Parecer com ressalvas – Se o afastamento dos princípios contábeis aceitos em geral puder ser isolado a um único item, um parecer geral com ressalvas poderá ser emitido. Por exemplo, se um cliente registrou como despesa o custo de aquisição de alguns ativos que deveriam ser capitalizados e depreciados ao longo de suas vidas úteis, um parecer com ressalvas seria apropriado (ver **Ilustração 16.5**).
- Parecer adverso – Um parecer adverso deverá ser emitido quando o auditor acreditar que as demonstrações financeiras como um todo não são apresentadas fidedignamente de acordo com os princípios contábeis aceitos em geral. Isso pode ocorrer quando um número significativo de itens nas demonstrações financeiras viola os princípios. Por exemplo, se o auditor acreditar que o cliente não é mais uma entidade em funcionamento, os princípios contábeis aceitos em geral podem exigir que as demonstrações financeiras reflitam valores de liquidação. Se os itens forem apresentados de acordo com a contabilização normal de entidade em funcionamento, as demonstrações não serão fidedignas (ver **Ilustração 16.6**). Tais pareceres são muito raros.

A escolha entre um parecer com ressalvas e um adverso baseia-se no julgamento do auditor. Às vezes, esta é uma decisão difícil.

Divulgações inadequadas

Presume-se que as demonstrações financeiras incluem todas as divulgações necessárias para atender aos padrões de contabilidade e, o que talvez seja ainda mais importante, a impedir que elas incluam divulgações destinadas a fazer que as demonstrações financeiras sejam potencialmente enganadoras. Se o cliente se recusar a fazer as divulgações, o auditor deverá emitir um parecer com ressalvas ou adverso, dependendo da importância das divulgações omitidas, e fornecer a informação no relatório de auditoria, se isso for viável. O auditor, porém, não é obrigado a elaborar e apresentar uma demonstração financeira básica, como uma demonstração omitida de fluxo de caixa ou as informações de um segmento omitido.

Os parágrafos de introdução e escopo do relatório do auditor não são afetados por esta situação. O parágrafo explanatório deve descrever a natureza das divulgações omitidas, e o parágrafo de parecer deve ser modificado. A **Ilustração 16.7** fornece um exemplo do parecer com ressalvas da *Honda Motor Co., LTD*.

Ilustração 16.5: Parecer com ressalvas devido a uma violação de GAAP

[Parágrafo introdutório e de escopo seguidos destes parágrafos explanatório e de parecer]

Tal como descrito detalhadamente na nota explicativa 10 às demonstrações financeiras, a companhia lança como despesa a aquisição de aparelhos elétricos. Em nossa opinião, os princípios contábeis aceitos em geral exigem que os aparelhos elétricos sejam capitalizados e depreciados ao longo de suas vidas úteis estimadas. Os efeitos desta contabilização em desconformidade com os princípios contábeis aceitos em geral subavaliaram o lucro antes do imposto em $ 1,5 milhão e subavaliou os ativos imobilizados líquidos em $ 1,5 milhão.

Em nossa opinião, com exceção do efeito do registro de aparelhos elétricos discutido no parágrafo anterior, as demonstrações financeiras referidas apresentam fidedignamente, em todos os aspectos materiais, a posição financeira da Friendly Village, Inc. em 31 de dezembro de 2009 e 2008, bem como os resultados de suas operações e os seus fluxos de caixa para os anos encerrados em 31 de dezembro de 2009, 2008 e 2007, em conformidade com princípios contábeis aceitos em geral nos Estados Unidos da América.

Rittenberg, Johnstone, & Gramling, LLP
5 de fevereiro de 2010

[Ênfase adicionada]

Limitação de escopo

Um parecer sem ressalvas só pode ser dado quando o auditor for capaz de conduzir a auditoria de acordo com os padrões profissionais da área. Restrições sobre o escopo da auditoria,

---

Ilustração 16.6: Parecer adverso

Ao conselho de administração
NECO Enterprises Inc.

Auditamos os balanços consolidados anexos da NECO Enterprises, Inc. e suas subsidiárias, em 31 de dezembro de 1995 e 1994, bem como as demonstrações consolidadas correspondentes de prejuízo, déficit e fluxos de caixa para os anos encerrados nessas datas. Essas demonstrações financeiras são de responsabilidade da administração da companhia. Nossa responsabilidade é emitir um parecer sobre essas demonstrações financeiras com base em nossas auditorias.

Exceto conforme discutido no parágrafo seguinte, nós conduzimos nossas auditorias de acordo com os padrões de auditoria aceitos em geral nos Estados Unidos. Esses padrões exigem que planejemos e executemos a auditoria para obter garantia razoável para afirmar que as demonstrações financeiras estão livres de incorreções materiais. Uma auditoria inclui o exame, na base de testes, de evidência que apoie os valores e as divulgações contidas nas demonstrações financeiras. Uma auditoria também inclui avaliar os princípios de contabilidade usados e as estimativas significativas feitas pela administração, bem como avaliar a apresentação geral das demonstrações financeiras. Acreditamos que nossas auditorias oferecem uma base razoável para o nosso parecer.

Tal como discutido na nota explicativa 2 às demonstrações financeiras consolidadas, a companhia apresentou suas demonstrações financeiras com base na premissa de entidade em funcionamento, que representa os ativos e passivos com base em seus valores históricos. Devido à magnitude e complexidade dos assuntos discutidos na nota 2 (alguns dos quais não estão sob o controle direto da companhia), incluindo os prejuízos operacionais, a deficiência de capital líquido dos acionistas, inadimplências ou outras violações de cláusulas de contratos de financiamento, restrições ao seu acesso ao uso de proporção significativa de seus ativos líquidos restantes, sua incapacidade financeira atual de completar o desenvolvimento de seus terrenos mantidos para revenda e para locação e a ausência de um mercado significativo para seus terrenos mantidos para revenda e para locação, acreditamos que a companhia não é mais capaz de executar seus planos e intenções, que também são discutidos na nota 2, e não tem condições de converter ou usar seus ativos no transcurso normal de suas operações. Nessas circunstâncias, em nossa opinião, os princípios de contabilidade aceitos em geral exigem que os ativos e os passivos da companhia sejam apresentados aos seus valores de liquidação. O efeito deste afastamento dos princípios de contabilidade aceitos em geral não pode ser determinado de maneira razoável; entretanto, os valores recebidos em última instância com a liquidação dos ativos e aqueles pagos em última instância com a liquidação de passivos podem ser diferentes dos valores apresentados nas demonstrações financeiras consolidadas em anexo.

Em nossa opinião, devido aos efeitos dos assuntos discutidos no parágrafo precedente, as demonstrações financeiras consolidadas não apresentam fielmente, em conformidade com os princípios contábeis aceitos em geral nos Estados Unidos da América, a posição financeira da NECO Enterprises, Inc. e suas subsidiárias, em 31 de dezembro de 1995 e 1994 ou os resultados de suas operações ou seus fluxos de caixa nos anos então encerrados.

Lefkowitz, Garfinkel, Champi & Defrienzo
7 de fevereiro de 1996

[Ênfase acrescentada]

Ilustração 16.7: Parecer com ressalvas devido à divulgação inadequada

[Parágrafo de introdução e de escopo seguidos destes parágrafos explanatório e de parecer]

As demonstrações financeiras consolidadas da companhia não divulgam certas informações exigidas pelo Pronunciamento sobre padrões de contabilidade financeira nº 131, "Divulgações sobre segmentos de uma empresa e informações relacionadas". Em nossa opinião, a divulgação dessa informação é exigida pelos princípios contábeis aceitos em geral nos Estados Unidos.

Em nossa opinião, com exceção da omissão da informação sobre segmentos mencionada no parágrafo precedente, as demonstrações financeiras consolidadas referidas apresentam fidedignamente, em todos os aspectos materiais, a posição financeira da Honda Motor Co., Ltd. e suas subsidiárias, em 31 de março de 2005 e 2006, bem como os resultados de suas operações e fluxos de caixa em cada um dos anos do período de três anos encerrados em 31 de março de 2006 em conformidade com princípios contábeis aceitos em geral.

Assinado por KPMG AZSA & Co.
Tóquio, Japão
23 de junho de 2006

[Ênfase acrescentada]

impostas pelo cliente ou por circunstâncias além do controle do auditor ou do cliente, podem exigir que o profissional qualifique ou se abstenha de dar um parecer. Exemplos de circunstâncias que podem limitar o escopo da auditoria são a programação do trabalho de campo, como na contratação para fazer a auditoria após o final do ano; a incapacidade de coletar evidência suficiente; ou uma inadequação dos registros contábeis. Por exemplo, quando uma empresa é auditada pela primeira vez, a empresa de auditoria é geralmente designada durante o ano a ser auditado. Em um caso como esse, o auditor pode não ser capaz de obter evidência competente suficiente a respeito da fidedignidade do estoque inicial, que afeta o lucro do exercício corrente, ou dos princípios contábeis adotados no ano anterior. Esta pode ser uma limitação de escopo que está além do controle do auditor. Se o profissional puder reunir evidência suficiente sem ser contratado antes do início do ano, então a limitação de escopo não mais existe, e o auditor pode dar qualquer que seja o parecer apropriado de auditoria.

- Parecer com ressalvas – A **Ilustração 16.8** apresenta um parecer com ressalvas devido a erros que poderiam ser descobertos se o escopo da auditoria não tivesse sido limitado. O parágrafo refere-se à limitação de escopo, que é descrita em um parágrafo explanatório. Note que a exceção no parágrafo de parecer refere-se aos possíveis ajustes, e não à própria limitação de escopo.
- Declaração de abstenção de parecer – Quando o cliente impõe restrições substanciais ao escopo da auditoria, há um risco significativo de que o cliente esteja tentando ocultar evidência importante, e o auditor deve se abster de dar uma opinião. Se limitações de escopo causadas pelas circunstâncias sejam tais que não seja possível dar um parecer, uma declaração de abstenção também deve ser emitida. A redação do parágrafo intro-

---

Ilustração 16.8: Parecer com ressalvas devido à limitação de escopo

Ao conselho de administração
Sound Money Investors, Inc.

Auditei a demonstração anexa de ativos, passivos e patrimônio líquido da Sound Money Investors, Inc. em 31 de dezembro de 1995, bem como as demonstrações relacionadas de resultado, mutações de patrimônio líquido e fluxos de caixa para o ano encerrado nessa data. Essas demonstrações financeiras são de responsabilidade da administração da companhia. Minha responsabilidade é emitir um parecer sobre essas demonstrações financeiras com base em minhas auditorias.

Exceto como discutido no próximo parágrafo, conduzi minha auditoria em conformidade com padrões de auditoria aceitos em geral nos Estados Unidos da América. Esses padrões exigem que eu planeje e execute a auditoria para obter garantia razoável a respeito da inexistência de incorreções materiais nas demonstrações financeiras. Uma auditoria inclui o exame, com base em testes, de evidência em apoio aos valores e divulgações nas demonstrações financeiras. Uma auditoria também inclui a avaliação dos princípios de contabilidade utilizados e de estimativas significativas feitas pela administração, bem como a avaliação da apresentação geral das demonstrações financeiras. Acredito que nossa auditoria fornece uma base razoável para o nosso parecer.

Tal como discutido nas notas explicativas 5 e 6, a companhia adquiriu certos ativos de uma empresa pertencente integralmente a dois dos principais acionistas e dirigentes da companhia a valores estimados pela administração na data de aquisição. Eu não fui capaz de obter documentação adequada para consubstanciar o preço de aquisição de tais ativos.

Em minha opinião, com exceção dos efeitos de ajustes que poderiam ter sido necessários se eu tivesse sido capaz de obter documentação adequada para apoiar a base de avaliação de tais ativos, as demonstrações financeiras mencionadas apresentam fielmente, em todos os aspectos materiais, a posição financeira da Sound Money Investors, Inc., em 31 de dezembro de 1995 e os resultados de suas operações e fluxos de caixa no ano encerrado naquela data, em conformidade com princípios contábeis aceitos em geral nos Estados Unidos da América.

Chaslaur, Inc. (CPA)
2 de junho de 1996

[Ênfase adicionada]

dutório é alterada para incluir uma limitação de escopo, o parágrafo de escopo é omitido, um parágrafo adicional é inserido para descrever a limitação de escopo e o último parágrafo diz claramente que nenhum parecer pode ser dado. A **Ilustração 16.9** mostra um relatório com abstenção de parecer.

Declaração de abstenção de parecer devido à dúvida sobre condição de entidade em funcionamento

Em algumas situações de elaboração de relatórios, a dúvida a respeito da continuação do cliente em funcionamento é tal que o auditor se sente pouco confortável em simplesmente adicionar um parágrafo a um parecer sem ressalvas. Nesses casos, o auditor pode emitir um relatório com abstenção de parecer. Esse foi o caso no relatório de auditoria das demonstrações financeiras de 1995 da *Alloy Computer Products, Inc.*, que continha os parágrafos apresentados na **Ilustração 16.10**.

> **QUESTÃO PRÁTICA**
>
> Na maioria das circunstâncias, o auditor jamais pode aceitar uma limitação sobre o escopo dos procedimentos de auditoria executados. Isso é verdade mesmo que o cliente não aprove um aumento dos honorários de auditoria para cobrir os custos do trabalho adicional realizado.

Ilustração 16.9: Relatório com declaração de abstenção de parecer devido à limitação de escopo

Fomos contratados para auditar o balanço consolidado anexo da Alternative Distributors Corporation e suas subsidiárias, em 29 de fevereiro de 1996, e as demonstrações correspondentes de resultado, déficit acumulado, fluxos de caixa e patrimônio (déficit) líquido para o ano então encerrado. Essas demonstrações financeiras são elaboradas por responsabilidade da administração da companhia.

[Referência à responsabilidade do auditor por dar um parecer é eliminada porque nenhum parecer é dado]

[É omitido o parágrafo padrão de escopo]

Registros detalhados de contas a receber não têm sido mantidos, e certos registros e dados auxiliares não foram fornecidos à nossa equipe. Portanto, não fomos capazes de chegar a uma conclusão satisfatória quanto aos valores com os quais as contas a receber e a provisão para devedores duvidosos estão registradas no balanço anexo, de 29 de fevereiro de 1996 (apresentadas com os valores de $ 1.450.000 e $ 350 mil, respectivamente), bem como quanto aos valores da receita líquida de vendas e das despesas de perdas com clientes no ano encerrado nessa data (apresentados a $ 7.842.778 e $ 350.244, respectivamente).

Devido à importância dos assuntos discutidos no parágrafo precedente, o escopo de nossa auditoria não foi suficiente para nos permitir expressar uma opinião sobre as demonstrações financeiras mencionadas no primeiro parágrafo.

Gordon, Harrington & Osborn
4 de junho de 1996, exceto pela Nota 2, cuja data é 12 de junho de 1996

[Ênfase acrescentada]

Ilustração 16.10: Relatório com declaração de abstenção de parecer devido à dúvida sobre condição de entidade em funcionamento

Fomos contratados para auditar o balanço da Alloy Computer Products, Inc., de 31 de dezembro de 1996, e as demonstrações correspondentes de resultado, fluxos de caixa e lucro retido no ano então encerrado. Essas demonstrações financeiras são elaboradas sob a responsabilidade da administração.

[Referência à responsabilidade do auditor por expressar um parecer é eliminado porque nenhum parecer é dado]

[É incluído o parágrafo padrão de escopo, mas a frase referindo-se ao fornecimento pela auditoria de uma base razoável para o parecer é eliminada]

Tal como discutido nas notas explicativas 1 e 8 das demonstrações financeiras, a companhia sofreu prejuízos sistemáticos em suas operações e teve fluxos de caixa negativos, e há ações judiciais significativas pendentes contra a companhia. Esses problemas levantam dúvida substancial quanto à capacidade da companhia de continuar operando.

Devido à incerteza a respeito da capacidade da companhia de continuar operando, somos incapazes de expressar uma opinião a respeito dessas demonstrações financeiras.

[Ênfase acrescentada]

> **QUESTÃO PRÁTICA**
>
> Embora um relatório com declaração de abstenção de parecer às vezes seja usado quando o auditor tem reservas a respeito da capacidade de continuação em funcionamento, o auditor ainda é responsável por garantir que os itens das demonstrações financeiras foram adequadamente avaliados de acordo com os princípios contábeis aceitos em geral.

Auditor carece de independência

Quando os auditores carecem de independência em relação a um cliente, por definição eles não podem fazer uma auditoria segundo os padrões profissionais de auditoria e estão impedidos de dar um parecer sobre as demonstrações financeiras. Em tais casos, um relatório com declaração de abstenção de parecer, representado em um parágrafo, deve ser emitido declarando a sua falta de independência, mas omitindo os motivos para isso. Ao omitir as razões para a falta de independência, o auditor está evitando a possibilidade de que o leitor fique fantasiando a respeito da independência ou falta de independência do auditor. O texto seguinte é um trecho de um relatório com declaração de abstenção de parecer de um auditor:

> Eu não me sinto independente em relação à Mineral Mountain Mining and Milling Company, Inc. e os balanços anexos da companhia em 31 de março de 2003 e 2002 e as demonstrações correspondentes de resultados, patrimônio líquido e fluxos de caixa para os anos encerrados nessas datas não foram auditados por mim e, consequentemente, não expresso minha opinião a respeito deles.
>
> Sinceramente,
> DONALD L. HESS P.A.
> Delaine Hess Gruber
> 7 de julho de 2003

Uma situação como essa raramente deve ocorrer. Poderia ocorrer, por exemplo, quando é descoberto, em momento avançado na auditoria, que um dos auditores envolvidos no trabalho tinha uma participação financeira no cliente.

Relatórios de auditoria sobre demonstrações comparativas

Os padrões de contabilidade dos Estados Unidos recomendam, mas não exigem, que as demonstrações financeiras sejam apresentadas em bases comparativas. As empresas sob a jurisdição da SEC devem apresentar balanços comparativos de dois anos e as outras demonstrações em três anos. O quarto padrão de divulgação exige a emissão de um parecer sobre as demonstrações financeiras como um todo. Se as demonstrações forem comparativas, os auditores que prosseguem trabalhando com a empresa devem atualizar seu relatório sobre as demonstrações financeiras do(s) ano(s) anterior(es) que haviam auditado. A atualização do relatório envolve considerar informação que chega ao conhecimento do auditor durante a auditoria do exercício corrente, mas esteja relacionada às demonstrações apresentadas de qualquer exercício anterior. A data do relatório não deve ser anterior à data em que o auditor obteve evidência de auditoria apropriada suficiente para sustentar sua opinião sobre as demonstrações financeiras.

É possível que as circunstâncias relacionadas às demonstrações do(s) ano(s) anterior(es) tenham mudado, e que o auditor agora queira dar uma opinião diferente da apresentada anteriormente. Por exemplo, o profissional pode ter dado um parecer com ressalvas sobre as demonstrações do ano anterior devido a uma violação de princípios contábeis, mas uma nova equipe de administração reviu essas demonstrações para colocá-las de acordo com os princípios contábeis aceitos em geral. O auditor pode dar agora um parecer sem ressalvas sobre elas. Em um caso como esse, o auditor deve adicionar um parágrafo para explicar a mudança do parecer sobre as demonstrações do ano anterior.

Quando outra empresa de auditoria (a antecessora) auditou as demonstrações de um ou mais anos anteriores, o cliente pode pedir à outra empresa que reemita o parecer para que todas as demonstrações financeiras sejam cobertas pelos relatórios dos auditores. O relatório é reemitido em lugar de atualizado porque a empresa antecessora não fez qualquer trabalho de auditoria desde a emissão original de seu relatório. Portanto, haverá dois relatórios de auditores: (1) o da empresa antecessora, cobrindo o(s) ano(s) anterior(es) e (2) o da sucessora cobrindo o(s) ano(s) auditado(s). Se o relatório da antecessora não for apresentado, a sucessora poderá indicar o seguinte no parágrafo introdutório de seu parecer:

- Que as demonstrações financeiras do(s) exercício(s) anterior(es) foram auditadas por outros auditores.
- As datas daqueles relatórios.
- Os tipos de pareceres previamente emitidos.
- Os motivos pelos quais os pareceres não foram sem ressalvas.

Resumo de modificações de relatórios de auditoria

A **Ilustração 16.11** sintetiza as principais condições levando à modificação de relatórios de auditoria. A decisão sobre o tipo de parecer é uma questão que não pode ser encarada levianamente. Isso vale particularmente para as decisões baseadas no nível de materialidade e na amplitude das violações de princípios contábeis, na significância das limitações de escopo e na probabilidade de que a entidade tenha capacidade de continuar em funcionamento. A emissão de um parecer inadequado pode levar a problemas legais. Devido à sua importância, a decisão é geralmente tomada após consultas a outros profissionais.

> **CONSIDERE O RISCO**
> Julga-se que os padrões internacionais de divulgação financeira (IFRS) são menos normativos do que os princípios contábeis aceitos em geral (GAAP) dos Estados Unidos. Por exemplo, os IFRS dão à administração da empresa mais liberdade que os GAAP para fazer julgamentos no que se refere à aplicação de algum padrão. Os auditores precisam planejar e executar sua auditoria tendo em mente esse fato.

Outros relatórios relacionados a informações em demonstrações financeiras

Exames e compilações para companhias fechadas

Às vezes, um cliente não precisa de uma auditoria, mas deseja usar um nível distinto de serviço a um custo mais baixo. Os praticantes podem executar menos procedimentos e fornecer um nível mais baixo de garantia sobre a fidedignidade das demonstrações financeiras do que seria feito em uma auditoria, ou simplesmente preparar as demonstrações financeiras a partir dos registros contábeis do cliente e não fornecer garantia alguma. Os mais comuns desses serviços são chamados de exames e compilações. Os padrões desses serviços prestados a companhias fechadas foram inicialmente emitidos em 1979 (ver o quadro Auditoria na prática – Evolução dos padrões de compilação e exame).

> **OA 4**
> Explicar as diferenças entre trabalhos de auditoria, exame e compilação em termos de procedimentos executados, grau de responsabilidade assumida pelo contador e relatórios entregues.

Companhias abertas/fechadas

Esses padrões se aplicam somente a compilações e exames de demonstrações financeiras de companhias fechadas. A elaboração de relatórios de exame de demonstrações financeiras parciais de companhias abertas é discutida mais adiante neste capítulo.

Os padrões relativos a compilações e exames de demonstrações financeiras de entidades fechadas são chamados de Pronunciamentos sobre Padrões de Serviços de Contabilidade e Exame (*Statements on Standards for Accounting and Review Services, SSARSs*). O Comitê de Serviços de Contabilidade e Exame do AICPA emite tais padrões, que são separados dos emitidos pelo Conselho de Padrões de Auditoria (ASB). A **Ilustração 16.12** fornece um resumo dos procedimentos básicos executados e os relatórios padrão elaborados em auditorias, exames e compilações.

> **QUESTÃO PRÁTICA**
> Os exames e compilações não são tão abrangentes quanto as auditorias e só podem ser realizados para companhias fechadas. Presume-se que os usuários têm acesso à empresa que utiliza um relatório de exame ou um relatório de compilação. Portanto, tais relatórios são permitidos somente a companhias fechadas.

Ilustração 16.11: Resumo de modificações de relatórios de auditoria

Condição (número da ilustração)	PARECER			
	Sem Ressalvas	Com ressalvas	Adverso	Abstenção de parecer
Aplicação inconsistente de princípios contábeis aceitos em geral (16.1)	1			
Afastamento justificado dos princípios contábeis aceitos em geral (16.2)	1 ou 2			
Dúvida sobre condição de entidade em funcionamento (16.3, 10)*	1			2
Ênfase num assunto (16.4)	1 ou 2			
Outros auditores – relatório compartilhado	3			
Violação injustificada de princípios contábeis aceitos em geral (16.5,6)**		2	2	
Divulgação inadequada (16.7)**			2	2
Limitação de escopo (16.8, 9)***		2 e 4		2 e 5
Auditor carece de independência				6

1 Parágrafo explanatório **após** o parágrafo de parecer.
2 Parágrafo explanatório **antes** do parágrafo de parecer.
3 Modificar a redação dos três parágrafos.
4 Modificar o parágrafo de escopo.
5 Modificar o parágrafo introdutório e substituir o de escopo por parágrafo explanatório.
Um parágrafo de abstenção de parecer.

*O parágrafo explanatório em um parecer sem ressalvas é adequado. Entretanto, o auditor não está impedido de fazer uma declaração com abstenção de parecer.
**A escolha depende de considerações de materialidade e amplitude.
***A escolha depende da importância dos procedimentos omitidos para a capacidade do auditor de chegar a um parecer. Se for uma limitação significativa de escopo imposta pelo cliente, normalmente deverá ser feita uma declaração de abstenção de parecer.

Ilustração 16.12: Resumo de procedimentos básicos e relatórios padrão para auditorias, exames e compilações

Procedimento	Auditoria	Exame*	Compilação*
Avaliar risco de controle	×		
Realizar testes substantivos de transações e saldos	×		
Executar procedimentos analíticos	×	×	
Consultar pessoal do cliente para verificar ou corroborar informação fornecida pelo cliente	×	×	
Obter conhecimento sobre a organização, os ativos, passivos, receitas, despesas, operações, localizações e transações com partes relacionadas do cliente	×	×	
Obter conhecimento sobre os princípios e práticas contábeis do setor	×	×	×
Obter conhecimento sobre as transações, a forma dos registros contábeis, as qualificações do pessoal de contabilidade, o regime contábil a ser usado nas demonstrações financeiras e a forma e o conteúdo das demonstrações (consultas e experiência anterior) do cliente	×	×	×
Relatório padrão	×	×	×
	Parecer sem ressalvas	Abstenção de parecer e garantia limitada	Declaração de abstenção

*Estes padrões dizem respeito a exames e compilações apenas de companhias fechadas.

AUDITORIA NA PRÁTICA

Divulgação em demonstrações financeiras usando os padrões internacionais de divulgação financeira (IFRS)

As normas da SEC permitem que algumas empresas, conhecidas como emitentes privados estrangeiros, submetam suas demonstrações financeiras à SEC usando os padrões IFRS emitidos pelo Conselho de Padrões Internacionais de Contabilidade (IASB). Além disso, essas empresas não precisam conciliar suas demonstrações financeiras por IFRS com demonstrações financeiras por princípios de contabilidade aceitos em geral nos Estados Unidos (GAAP). Entretanto, seus auditores devem opinar se as demonstrações financeiras estão de acordo com os IFRS emitidos pelo IASB. No futuro, as companhias abertas americanas também poderão preparar suas demonstrações financeiras usando IFRS, ou serão exigidas a isso, em lugar de usar os princípios contábeis dos Estados Unidos.

À medida que os IFRS se tornem dominantes, os auditores serão obrigados a entender esses novos padrões de contabilidade, pois serão os critérios segundo os quais os profissionais avaliariam se as demonstrações financeiras são apresentadas adequadamente. As 4 Grandes empresas de auditoria já têm experiência com a realização de auditorias de informações financeiras produzidas segundo os IFRS, já que têm dado pareceres de auditoria em muitos outros países que exigem divulgação segundo os IFRS. O processo de auditoria utilizado pelos auditores que dão pareceres sobre demonstrações financeiras elaboradas segundo os IFS é geralmente semelhante ao processo descrito neste livro-texto. Entretanto, o auditor pode seguir outros padrões de auditoria que não os do PCAOB. Segue um trecho de um parecer de auditoria emitido pela PricewaterhouseCoopers que destaca uma auditoria na qual os critérios de divulgação financeira empregados foram os IFRS e os padrões aceitos em geral eram internacionais, suíços e norte-americanos. Assim sendo, o parágrafo de escopo refere-se a padrões múltiplos de auditoria e o parágrafo de parecer, ao fato de que os critérios de divulgação são os IFRS.

Conduzimos nossas auditorias de acordo com Padrões Suíços de Auditoria, Padrões Internacionais de Auditoria e os padrões do Conselho de Supervisão Contábil de Companhias Abertas dos Estados Unidos da América. Esses padrões exigem que planejemos e realizemos a auditoria com a finalidade de obter garantia razoável de que as demonstrações financeiras consolidadas estão livres de incorreções materiais. Uma auditoria de demonstrações financeiras consolidadas inclui o exame, com base em testes, de evidências que sustentem os valores e as divulgações nas demonstrações financeiras consolidadas, a avaliação dos princípios contábeis usados e das estimativas significativas feitas pela administração e a avaliação da apresentação geral das demonstrações financeiras consolidadas. Acreditamos que nossas auditorias fornecem uma base razoável para o nosso parecer.

Em nossa opinião, as demonstrações financeiras consolidadas apresentam fidedignamente, em todos os aspectos materiais, a posição financeira do Novartis Group, em 31 de dezembro de 2007 e 2006 e os resultados de suas operações e fluxos de caixa em cada um dos três anos do período encerrado em 31 de dezembro de 2007 de acordo com Padrões Internacionais de Divulgação Financeira emitidos pelo Conselho de Padrões Internacionais de Contabilidade.

Exames

Um exame é um serviço contábil que envolve a realização de consultas e procedimentos analíticos para gerar uma base razoável para o fornecimento de garantia limitada de que não há modificações materiais que precisariam ser feitas nas demonstrações financeiras para que obedeçam aos GAAP ou, quando aplicável, a outro regime contábil abrangente. Os exames podem ser úteis para bancos e fornecedores familiarizados com os negócios do cliente e não exigem – ou não estão dispostos a exigir – uma auditoria, mas desejam receber alguma garantia de um CPA.

Procedimentos de exame – Um exame exige mais conhecimento e evidência que uma compilação, mas seu escopo é significativamente mais limitado que o de uma auditoria. Ao prestar este tipo de serviço, o CPA deve adquirir conhecimento geral da estrutura organizacional; características operacionais; tipos de transações, ativos e passivos; métodos de remuneração; tipos de produtos e serviços; locais de operação; e das partes relacionadas da entidade. O CPA também deve obter uma declaração de responsabilidade da administração no final do trabalho, cujo conteúdo é muito semelhante ao ilustrado para uma auditoria no capítulo 15.

Procedimentos convencionais para a condução de um exame incluem:

> **QUESTÃO PRÁTICA**
>
> É importante que o CPA proceda a um entendimento com a entidade, de preferência com base em uma carta de envolvimento, em relação aos serviços específicos a serem prestados. Uma carta de envolvimento evitará qualquer mal-entendido que possa surgir. Quando contratado para prestar qualquer serviço referente a demonstrações financeiras, o CPA deverá ter um nível adequado de conhecimento dos princípios e das práticas contábeis do setor em que a entidade atua.

- Fazer perguntas sobre decisões tomadas em reuniões do conselho de administração, assembleias de acionistas e outros fóruns de tomada de decisões.
- Investigar se as demonstrações financeiras foram consistentemente preparadas de acordo com os princípios contábeis aceitos em geral ou outro regime abrangente de contabilidade.
- Indagar a respeito de mudanças de atividades da empresa ou princípios e práticas contábeis e eventos subsequentes à data das demonstrações financeiras que teriam um efeito material sobre elas.
- Obter ou elaborar um balancete do razão geral, totalizá-lo e conciliá-lo com o razão geral.
- Reconstruir os valores nas demonstrações financeiras com base no balancete.
- Executar procedimentos analíticos básicos, tais como a comparação de valores de demonstrações financeiras com os de período(s) anterior(es), como orçamentos e previsões, e analisar as relações de elementos das demonstrações financeiras que deveriam corresponder a um padrão previsível com base na experiência da entidade, tais como a relação entre despesas financeiras e dívida onerosa.
- Obter explicações junto à administração em relação a qualquer resultado incomum ou inesperado e considerar a necessidade de investigação adicional.
- Ler as demonstrações financeiras e determinar se parecem obedecer aos princípios contábeis aceitos em geral.

Consultas e procedimentos analíticos devem ser realizados para cada uma das linhas importantes das demonstrações financeiras. Para dar ao leitor uma ideia desses procedimentos, a **Ilustração 16.13** enumera alguns dos processos e consultas que poderiam ser

AUDITORIA NA PRÁTICA

Evolução dos padrões de compilação e exame

Antes da emissão dos padrões de compilação e exame em 1979, havia apenas dois níveis de garantia que um CPA podia fornecer sobre as demonstrações financeiras de uma empresa: positiva (uma auditoria) ou nenhuma garantia (um relatório com declaração de abstenção de parecer). Em muitas situações, empresas pequenas e fechadas usavam os relatórios financeiros para fins internos e para entrega ao banco local, que poderia estar familiarizado com a empresa e sua administração. A empresa pode ter desejado que suas demonstrações financeiras fossem vistas por um CPA, mas não precisava de uma auditoria completa. Em alguns casos, o CPA fazia um trabalho amplo de análise dos relatórios financeiros da empresa; em outros, o CPA simplesmente verificava que as demonstrações financeiras estavam de acordo com o razão geral e haviam sido montadas adequadamente, mas não executava nenhum procedimento para obter garantia sobre os números contidos nas demonstrações financeiras. Mas ambos os níveis de serviço recebiam a mesma garantia do CPA, ou seja, um relatório com declaração de abstenção de parecer.

Os padrões de compilação e exame foram desenvolvidos para atender esse público específico e reconhecer que os CPAs comumente realizavam um volume considerável de trabalho, cujo escopo, no entanto, era inferior ao de uma auditoria, em companhias fechadas que recebiam relatórios com abstenção de parecer. O trabalho era insuficiente para dar garantia de auditoria, mas julgava-se que era suficiente para dar alguma garantia que refletia o volume limitado de trabalho realizado pelo CPA. Essa garantia negativa é agora capturada no relatório de exame em que um CPA usa procedimentos analíticos específicos para localizar incorreções óbvias nas demonstrações financeiras de uma empresa, mas não suficientes para dar garantia de que as demonstrações são fidedignas. Portanto, o CPA só pode dizer que, com base nos procedimentos realizados, nada chegou à sua atenção que indique que há incorreções nas demonstrações financeiras.

Por que uma empresa e usuários de suas demonstrações financeiras estariam interessados em um relatório como esse? Para começar, é mais barato. A maioria dos exames custa cerca de metade de uma auditoria. Em segundo lugar, os exames são geralmente considerados como serviços de margem elevada pelas empresas de contabilidade externa. Em terceiro, esse tipo de relatório envolve menor responsabilidade legal. Portanto, se a empresa tiver um banco que aceitará um relatório de exame como base para a concessão de um empréstimo, isso efetivamente tornará o empréstimo menos dispendioso para a empresa.

realizados em relação a contas do ciclo de receita. Note que seu escopo é significativamente mais limitado que o dos procedimentos de auditoria. Não há avaliação do controle interno sobre a divulgação financeira e não há testes substantivos de transações ou saldos, como a confirmação de contas a receber, o exame de pagamentos subsequentes, testes de corte, ou de transações de venda processadas durante o período.

Se a evidência obtida com base em tais consultas e procedimentos analíticos não apoiar as demonstrações financeiras, o CPA deverá realizar procedimentos adicionais, e se a evidência adicional indicar a existência de incorreções materiais, ele deverá fazer que o cliente as corrija. Por exemplo, se as investigações a respeito do corte apropriado de vendas levarem o CPA a questionar as datas de reconhecimento de receitas pelo cliente, o CPA deverá concluir que é necessário fazer um teste de corte de vendas para determinar se há alguma incorreção material. Se houver incorreção material, mas o cliente não corrigi-la, o CPA deverá modificar o relatório de exame para chamar a atenção do leitor para a incorreção.

Relatório padrão de exame – O relatório padrão de exame para companhias fechadas é apresentado na **Ilustração 16.14**. Ele possui três parágrafos. O primeiro identifica o que foi examinado. Ele diz que os padrões de exame do AICPA (SSARSs) foram seguidos e que as demonstrações financeiras são produzidas pela administração da empresa. O segundo parágrafo descreve um exame, diz que seu escopo é mais limitado que o de uma auditoria e se abstém da emissão de um parecer. O terceiro exprime o que é conhecido como garantia limitada (às vezes chamada de garantia negativa). Ele diz ao leitor que o contador não está ciente de problemas de divulgação, dados os procedimentos de exame realizados. Se houver algum problema de divulgação, tal como um afastamento dos princípios contábeis aceitos em geral, o parágrafo de garantia limitada deverá ser modificado para fazer referência a um parágrafo adicional que explicará o afastamento em questão. Se o cliente não fornecer ao

---

Ilustração 16.13: Consultas e procedimentos analíticos para o ciclo de receita

CONSULTAS
1. Qual é a política de reconhecimento de receitas da entidade? Ela é apropriada, aplicada de maneira uniforme e divulgada?
2. As receitas de venda de produtos e prestação de serviços são reconhecidas no exercício contábil apropriado?
3. As vendas são registradas sob um esquema de "faturar e reter"? Em caso afirmativo, têm sido atendidos os critérios para registrar a transação como uma venda?
4. Uma provisão adequada para devedores duvidosos está refletida apropriadamente nas demonstrações financeiras?
5. As contas a receber consideradas incobráveis foram baixadas? O valor baixado é compatível com a experiência anterior, com mudanças de condições econômicas ou de tendências do setor?
6. O razão auxiliar de contas a receber é regularmente conciliado com o saldo do razão geral da conta?
7. Há contas a receber de funcionários ou outras partes relacionadas? As contas a receber de proprietários têm sido avaliadas para determinar se devem estar refletidas no grupo de contas de patrimônio líquido no balanço?
8. Tem havido número significativo de devoluções de vendas ou memorandos de crédito emitidos após a data do balanço?

PROCEDIMENTOS ANALÍTICOS
1. Calcular o número de dias de venda no saldo final de contas a receber e compará-lo ao número de anos anteriores.
2. Avaliar a distribuição de idades de contas a receber e compará-la às de anos anteriores.
3. Calcular a perda com devedores incobráveis como porcentagem das vendas no ano e compará-la ao ocorrido em anos anteriores.
4. Comparar o crescimento das vendas a informações sobre o setor. Buscar uma explicação para diferenças significativas entre a taxa de crescimento da empresa e a do setor como um todo.
5. Comparar os resultados de vendas por linha de produto com anos anteriores. Conciliar variações com informações disponíveis sobre a estratégia do cliente.
6. Calcular a margem bruta. Se houver variações significativas de margem bruta, investigar para determinar se as variações podem ser devidas a mudanças de reconhecimento de receitas ou variações de estoques.

> **Ilustração 16.14:** Relatório padrão de exame
>
> Aos acionistas da Apple Grove Company
>
> Examinamos o balanço anexo da Apple Grove Company, em 31 de dezembro de 2009, bem como as demonstrações correspondentes de resultado, lucros retidos e fluxos de caixa para o ano encerrado naquela data, de acordo com Pronunciamentos sobre Padrões de Serviços de Contabilidade e Exame emitidos pelo Instituto Americano de Contadores Externos Credenciados. Todas as informações incluídas nessas demonstrações financeiras correspondem ao que é declarado pela administração da Apple Grove Company.
>
> Um exame consiste principalmente de consultas a pessoal da empresa e procedimentos analíticos aplicados a dados financeiros. Seu escopo é substancialmente inferior ao de uma análise de acordo com padrões de auditoria aceitos em geral, cujo objetivo é a emissão de um parecer sobre as demonstrações financeiras tomadas como um todo. Portanto, não emitimos tal parecer.
>
> Com base em nosso exame, não estamos a par de qualquer modificação material que deva ser feita nas demonstrações financeiras anexas para que elas estejam de acordo com princípios de contabilidade aceitos em geral.
>
> Rittenberg, Johstone, & Gramling, LLP
> 1º de março de 2010
>
> [Ênfase acrescentada]

CPA uma declaração assinada de responsabilidade, ou o CPA for incapaz de obter a evidência necessária para oferecer garantia limitada, o CPA estará impedido de emitir um relatório de exame e se retirará o trabalho.

Compilações

As compilações só podem ser feitas para entidades fechadas e envolvem a apresentação, sob a forma de demonstrações financeiras, de informação fornecida pela administração (ou pelos proprietários da empresa) sem que o auditor dê qualquer garantia sobre as demonstrações financeiras. Um cliente pode pedir ao seu CPA que compile demonstrações financeiras porque não tem pessoal interno competente para elaborá-las, ou porque seu banco se sente mais confortável com demonstrações elaboradas pelo CPA a partir de registros do cliente.

Procedimentos de compilação – O CPA deve ter conhecimento geral do setor e da natureza dos registros contábeis do cliente, do regime contábil a ser utilizado (GAAP ou algum outro abrangente de contabilidade) e da forma e conteúdo das demonstrações financeiras. Tal conhecimento é obtido por meio de educação profissional continuada, experiência com o cliente, exames regulares da evolução do setor e consultas ao pessoal do cliente. O CPA não é obrigado a fazer consultas ou executar procedimentos para verificar, corroborar ou examinar informação fornecida pelo cliente. Entretanto, se o CPA acreditar que tal informação pode ser incorreta, incompleta ou insatisfatória de alguma forma, informação adicional ou revista deverá ser obtida. Se o cliente se recusar a fornecer esta informação, o CPA deverá retirar-se do trabalho. O CPA deve ler as demonstrações financeiras, incluindo as notas explicativas, para garantir que tenham formato apropriado e estejam livres de incorreções materiais evidentes, tais como erros de digitação ou violações de princípios contábeis.

Relatório padrão de compilação – O relatório padrão de compilação é mostrado na **Ilustração 16.15**. Os padrões mencionados no primeiro parágrafo são os SSRAs. O segundo parágrafo descreve uma compilação como sendo um trabalho que consiste em pegar a informação fornecida pela administração e colocá-la na forma de demonstrações financeiras. O CPA não assume qualquer responsabilidade pela fidedignidade das demonstrações financeiras.

> **Ilustração 16.15:** Relatório padrão de compilação
>
> Para J. R. Race, presidente
> Race Company
>
> Compilamos o balanço anexo da Race Company, em 31 de dezembro de 2009, e as demonstrações correspondentes de resultado, lucros retidos e fluxos de caixa para o ano encerrado nessa data, de acordo com Pronunciamentos sobre Padrões de Serviços de Contabilidade e Exame emitidos pelo Instituto Americano de Contadores Externos Credenciados.
>   Uma compilação se restringe a apresentar, sob a forma de demonstrações financeiras, informações fornecidas pela administração. Não auditamos ou examinamos as demonstrações financeiras anexas e, consequentemente, não emitimos um parecer ou fornecemos alguma outra forma de garantia a respeito delas.
>
> Rittenberg, Johnstone, & Gramling, LLP
> 29 de janeiro de 2010
>
> [Ênfase acrescentada]

Muito embora não seja dada nenhuma garantia, muitos usuários acreditam que, como o nome do CPA está associado às demonstrações, incorreções materiais evidentes teriam sido mencionadas no relatório do CPA. Portanto, é importante que o CPA seja cuidadoso ao elaborar as demonstrações, para estar atento a qualquer incorreção evidente. Se houver alguma incorreção material não corrigida pela administração, ela deverá ser descrita no relatório, logo após o parágrafo de abstenção de parecer.

Omissão de divulgações em compilações – O cliente pode pedir ao contador que compile demonstrações financeiras que omitam substancialmente todas as divulgações exigidas. Este pedido poderá ser aceito se o CPA acreditar que tal omissão não é feita com a intenção de iludir os usuários. Um parágrafo deve ser adicionado ao relatório padrão de compilação dizendo:

> A empresa optou por omitir, basicamente, todas as divulgações exigidas pelos princípios de contabilidade aceitos em geral. Se as divulgações omitidas fossem incluídas nas demonstrações financeiras, elas poderiam influenciar as conclusões do usuário sobre a posição financeira, o resultado das operações e os fluxos de caixa da empresa. Assim sendo, essas demonstrações não se destinam àqueles indivíduos que não estejam cientes de tais assuntos.

Os CPAs comumente auxiliam os clientes prestando serviços informatizados de contabilização para a preparação de demonstrações financeiras mensais. Não se espera que o CPA forneça as divulgações omitidas no relatório de compilação, a menos que seja usado um regime abrangente de contabilização que não os GAAP. Nesse caso, o regime utilizado deve ser divulgado em uma nota explicativa ou no relatório do CPA.

Relatório de compilação não exigido – Os CPAs podem preparar as demonstrações financeiras sem um relatório de compilação quando as demonstrações se destinam a uso apenas pelo cliente. Em tais casos, o auditor deve incluir em uma carta de envolvimento uma declaração de que as demonstrações financeiras destinam-se apenas para uso por membros especificados da administração e não devem ser usadas por mais ninguém.

CPA carece de independência – Se o CPA não for independente do cliente, um parágrafo separado deverá ser adicionado ao relatório de compilação dizendo:

Eu não sou [Nós não somos] independente(s) do [nome do cliente].

Isto não altera o nível de garantia fornecido, já que nenhuma garantia está sendo dada. Entretanto, se o CPA carece de independência em relação a um cliente de auditoria ou exame, o nível de garantia se reduzirá a um relatório com abstenção de parecer. Portanto, um CPA que não é independente normalmente só deve aceitar contratos de compilação com companhias fechadas.

Exames de informações financeiras parciais de companhias abertas

Informação financeira parcial

OA 5
Explicar os procedimentos e as exigências de divulgação para informação financeira parcial.

A SEC exige que as companhias abertas (1) apresentem informações financeiras trimestrais por meio do formulário 10-Q dentro de 40 a 45 dias (dependendo do tamanho da empresa) após o final de cada um dos três primeiros trimestres do exercício fiscal e forneçam relatórios trimestrais aos seus acionistas, bem como (2) incluam certas informações trimestrais nos relatórios anuais entregues à SEC (formulário 10-K) e nos relatórios anuais aos acionistas. Uma visão geral do cronograma de divulgação de relatórios à SEC é mostrada na próxima seção Auditoria na prática, sobre divulgação à SEC. A SEC exige que as companhias abertas façam que suas informações financeiras trimestrais sejam examinadas por seus auditores independentes antes de serem publicadas, mas não ordena que o relatório de exame do auditor seja incluído nas informações trimestrais, embora muitas empresas o façam.

Procedimentos de exame de informação financeira parcial – O auditor deve executar procedimentos de exame (a) das informações trimestrais contidas no relatório anual aos

AUDITORIA NA PRÁTICA

Cronograma da divulgação exigida pela SEC

A SEC deseja que as empresas registradas – e os seus auditores – forneçam informação financeira tempestiva aos investidores, ao mesmo tempo que se oferece tempo suficiente para a coleta de evidência de auditoria. A SEC também reconhece que as empresas menores podem não contar com os mesmos recursos para divulgar tempestivamente, em comparação com as empresas maiores. Portanto, as exigências variam com o tamanho da empresa divulgadora, como vemos na tabela a seguir:

Tamanho do divulgador	Formulário 10-K (relatório anual)	Formulário 10-Q (relatório trimestral)
Divulgador acelerado grande (capitalização de mercado superior a US$ 700 milhões)	60 dias após o final do ano	40 dias após o final do trimestre
Divulgador acelerado (capitalização de mercado superior a US$ 75 milhões, mas inferior a US$ 700 milhões)	75 dias após o final do ano	40 dias após o final do trimestre
Divulgador não acelerado (capitalização de mercado inferior a US$ 75 milhões)	90 dias após o final do ano	45 dias após o final do trimestre

acionistas e (b) quando contratado para examinar as informações trimestrais publicadas ao final de cada um dos três primeiros trimestres do exercício fiscal. Esses procedimentos são similares aos exigidos pelos SSARs quanto aos exames de demonstrações financeiras de companhias fechadas (cobertos anteriormente neste capítulo):

- Fazer perguntas ao pessoal do cliente.
- Executar procedimentos analíticos.
- Ler as atas de reuniões do conselho de administração.
- Ler as informações parciais para considerar se estão de acordo com os princípios contábeis aceitos em geral.

Além disso, o auditor deve obter declarações por escrito da administração a respeito de sua responsabilidade pela informação financeira, a completude das atas e eventos subsequentes. Os padrões também exigem que os auditores conheçam as práticas de contabilidade e divulgação financeira do cliente e seus controles internos correspondentes sobre a preparação de relatórios anuais e trimestrais, normalmente conhecidos quando é feita a auditoria de demonstrações financeiras de exercícios anteriores e atualizados à medida que os controles mudam. No caso de um novo cliente, o auditor deve executar os procedimentos necessários para obter tal conhecimento.

Divulgação de demonstrações parciais apresentadas separadamente – O relatório padrão de um exame de demonstrações intermediárias de companhias abertas apresentadas separadamente é mostrado na **Ilustração 16.16**. Ele identifica a informação examinada, indica que os padrões do PCAOB foram seguidos na realização do exame, explica a natureza de um exame, abstém-se de dar um parecer e fornece garantia negativa de que o auditor não está ciente de qualquer afastamento material dos princípios contábeis aceitos em geral. Se o cliente for uma companhia fechada, o título não incluiria a palavra "Registrada" caso a empresa de CPAs não estivesse registrada junto ao PCAOB e a referência seria aos "padrões estabelecidos pelo Instituto Americano de Contadores Externos Credenciados".

As exigências de divulgação e demonstração no caso de informações financeiras parciais diferem daquelas existentes no caso de informações anuais. As provisões, como as estimativas de devedores duvidosos e despesas com imposto de renda, não são geralmente tão precisas nas datas parciais quanto no final do ano. Supõe-se que as pessoas que recebem as demonstrações parciais também receberam as demonstrações anuais mais recentes. As informações divulgadas nas demonstrações anuais mais recentes não precisam ser repetidas nas demonstrações parciais, exceto no caso de contingências e outras incertezas que ainda persistem. Deve haver divulgação de eventos que ocorreram desde o final do ano mais recente, tais como alterações de princípios ou estimativas contábeis e alterações significativas de posição financeira.

A garantia negativa deve ser modificada quando há um afastamento material dos princípios contábeis aceitos em geral ou divulgação inadequada. Em tais situações, um parágrafo deve ser adicionado precedendo o de garantia negativa descrevendo o problema. O parágrafo de garantia negativa teria a seguinte redação:

Com base em nosso exame, com exceção do assunto descrito no parágrafo precedente, não estamos cientes de qualquer modificação material que deva ser feita às demonstrações financeiras em anexo para que estejam de acordo com princípios contábeis aceitos em geral. [Ênfase acrescentada]

> **QUESTÃO PRÁTICA**
>
> O grau de precisão exigido nas demonstrações financeiras parciais continuará a crescer à medida que a SEC determinar o uso cada vez maior de XBRL na divulgação financeira e as empresas melhorarem o controle interno sobre estimativas contábeis trimestrais.

> **Ilustração 16.16:** Relatório de exame de demonstrações financeiras parciais
>
> Relatório de empresa de contabilidade externa independente registrada
>
> Aos acionistas e ao conselho de administração da 3M Company
>
> Examinamos o balanço consolidado anexo da 3M Company e suas subsidiárias em 31 de março de 2006, bem como as demonstrações consolidadas correspondentes de resultado e fluxos de caixa para os períodos de três meses encerrados em 31 de março de 2006 e 2005. A elaboração dessas demonstrações financeiras parciais é de responsabilidade da administração da companhia.
>
> Conduzimos nosso exame de acordo com os padrões do Conselho de Supervisão Contábil das Companhias Abertas (Estados Unidos). Um exame de informações financeiras parciais consiste principalmente na aplicação de procedimentos analíticos e na realização de consultas a pessoas responsáveis por assuntos financeiros e contábeis. Seu escopo é substancialmente inferior ao de uma auditoria conduzida de acordo com os padrões do Conselho de Supervisão Contábil das Companhias Abertas (Estados Unidos), cujo objetivo é dar um parecer a respeito das demonstrações financeiras como um todo. Portanto, não apresentamos aqui um parecer.
>
> Com base em nosso exame, não estamos cientes de modificações materiais que devam ser feitas nas demonstrações financeiras consolidadas parciais em anexo para que estejam de acordo com princípios contábeis aceitos em geral nos Estados Unidos da América.
>
> Anteriormente auditamos, segundo os padrões do Conselho de Supervisão Contábil das Companhias Abertas (Estados Unidos), o balanço consolidado em 31 de dezembro de 2005 e as demonstrações consolidadas correspondentes de resultado, mutações do patrimônio líquido e lucro abrangente, bem como fluxos de caixa para o ano então encerrado, a avaliação pela administração da eficácia do controle interno da companhia sobre a divulgação financeira em 31 de dezembro de 2005; em nosso relatório com data de 13 de fevereiro de 2006, apresentamos pareceres sem ressalvas sobre todos esses documentos. As demonstrações financeiras consolidadas mencionadas e a avaliação pela administração da eficácia do controle interno sobre a divulgação financeira não são apresentadas aqui. Em nossa opinião, as informações oferecidas no balanço consolidado anexo em 31 de dezembro de 2005 são uma representação fidedigna, em todos os aspectos materiais, do balanço consolidado do qual foram extraídas. Como discutido na nota explicativa 1, a companhia alterou sua política de contabilização de remunerações com ações trocadas por serviços de funcionários e, consequentemente, o balanço de 31 de dezembro de 2005 reflete ajustes relacionados a essa alteração. Não auditamos o balanço anexo.
>
> PricewaterhouseCoopers LLP
>
> Minneapolis, Minnesota
> 25 de abril de 2006
>
> [Ênfase acrescentada]

Relatório sobre informação financeira parcial que acompanha demonstrações financeiras anuais auditadas – A SEC exige que as companhias abertas apresentem informações financeiras trimestrais selecionadas em seus relatórios anuais e certos outros documentos submetidos à SEC. Outras empresas podem apresentar tais informações voluntariamente. O relatório do auditor sobre as demonstrações financeiras normalmente não precisa ser modificado para fazer referência ao exame das informações parciais, a não ser que:

- As informações sejam exigidas pela SEC, mas foram omitidas ou não examinadas.
- As informações são apresentadas nas notas explicativas, mas não claramente identificadas como "não auditadas".
- As informações não estão de acordo com os princípios de contabilidade aceitos em geral.
- As informações são apresentadas voluntariamente, não examinadas pelo auditor e não são adequadamente assinaladas como não tendo sido examinadas.

Relatórios especiais

OA 6
Discutir a natureza de "relatórios especiais", quando poderiam ser usados e suas exigências especiais de divulgação.

Os CPAs emitem uma grande variedade de relatórios, além daqueles descritos nas seções precedentes. O termo relatórios especiais tem significado específico nos padrões de auditoria e refere-se aos seguintes tipos de situações de relato:

- Relatórios sobre demonstrações financeiras preparadas de acordo com um regime contábil abrangente que não GAAP, comumente conhecidas como demonstrações de acordo com OCBOA (*other comprehensive basis of accounting*, ou outro regime abrangente de contabilidade).
- Relatórios sobre elementos, contas ou itens específicos de uma demonstração financeira.
- Relatórios de cumprimento de aspectos de acordos contratuais ou exigências regulatórias relacionadas a demonstrações financeiras auditadas.
- Relatórios sobre apresentações financeiras de finalidades especiais para cumprir exigências de acordos contratuais ou normas regulatórias.
- Relatórios sobre informações financeiras apresentadas em formulários ou tabelas com formatos determinados.

Não cobrimos todos esses relatórios nesta seção, mas fornecemos uma visão geral dos principais.

Regime contábil abrangente que não GAAP

O primeiro padrão de divulgação exige que o auditor declare se as demonstrações financeiras são apresentadas de acordo com os GAAP. A SEC exige que as companhias abertas sigam os GAAP. Algumas empresas não registradas na SEC, porém, preparam suas demonstrações financeiras com um regime abrangente de contabilidade que não os GAAP (OCBOA). Algumas agências reguladoras, como comissões estaduais de seguros, exigem a apresentação de demonstrações financeiras de acordo com padrões determinados de contabilidade regulatória. Os padrões de auditoria permitem que o auditor emita pareceres sobre tais demonstrações financeiras que não são elaboradas segundo os GAAP, desde que o regime contábil seja um dos seguintes:

- Um regime de caixa ou modificado de caixa.
- O regime contábil usado para a preparação de declarações de rendimento para fins de imposto.
- A contabilidade é exigida para a entrega de relatórios a uma agência reguladora governamental.
- Um regime com um conjunto definido de critérios, apoio geral e aplicabilidade a todos os itens materiais que aparecem nas demonstrações financeiras.

É importante reconhecer que essas demonstrações financeiras não são demonstrações de acordo com os GAAP, e um parecer padrão de auditoria sem ressalvas sobre a fidedignidade das demonstrações de acordo com os GAAP não pode ser dado. Entretanto, o auditor pode dar um parecer dizendo se as demonstrações são fidedignas segundo o outro regime abrangente de contabilidade. Para minimizar o custo de escrituração, algumas empresas elaboram suas demonstrações financeiras usando um regime de caixa, ou modificado de caixa, para que não sejam obrigadas a manter dois conjuntos de contas, um para fins fiscais e outro para divulgação financeira. As instituições de crédito às vezes aceitam demonstrações financeiras auditadas que tenham sido elaboradas em um regime como esse.

Todos os dez padrões de auditoria aceitos em geral se aplicam a auditorias de demonstrações financeiras segundo os OCBOA. Portanto, uma auditoria de uma demonstração financeira segundo OCBOAs não difere, em termos de enfoque ou conceito, de uma auditoria de uma demonstração financeira elaborada segundo os GAAP. A principal diferença é a de que o auditor precisa determinar, inicialmente, se o OCBOA proposto pelo cliente possui fundamentação

> **QUESTÃO PRÁTICA**
> Muitas empresas menores frequentemente usam os OCBOAs porque são menos dispendiosos. Entretanto, não medem resultados financeiros da mesma maneira que os GAAP.

> **QUESTÃO PRÁTICA**
>
> Os padrões internacionais de auditoria exigem que o auditor determine se os critérios para GAAP são estabelecidos por um organismo que tenha a autoridade apropriada para fixar padrões de contabilidade e se são suficientemente abrangentes – especialmente se esse organismo não é o IASB.

por autoridades apropriadas e depois determinar se as demonstrações financeiras são fidedignamente apresentadas de acordo com os critérios associados ao regime alternativo.

Deve ser recordado que a auditoria envolve o teste de afirmações relacionadas a critérios preestabelecidos Portanto, os auditores podem emitir pareceres sobre a fidedignidade das demonstrações financeiras segundo o OCBOA utilizado. É importante que os títulos das demonstrações financeiras indiquem claramente que não são demonstrações baseadas em GAAP, tais como "Demonstração de ativos, passivos e capital – regime de contabilidade fiscal" e "Demonstração de receitas e despesas – regime de contabilidade fiscal". O uso de títulos tais como "Balanço" e "Demonstração de resultado", sem modificadores, pressupõe o emprego de GAAP e deve ser evitado no caso desses relatórios especiais. As exigências em termos de relatórios são as mesmas dos de auditoria de demonstrações baseadas em GAAP, exceto por chamar a atenção do leitor para o regime de contabilidade usado.

Um exemplo de um relatório de auditoria sobre demonstrações financeiras preparadas em um regime modificado de caixa é apresentado na **Ilustração 16.17**. Os títulos das demonstrações diferem dos usados para demonstrações baseadas em GAAP. O parágrafo de escopo é idêntico ao de um relatório de auditoria sem ressalvas para demonstrações baseadas em GAAP. Entretanto, há um parágrafo adicional referindo-se a uma nota explicativa que descreve mais amplamente o regime de contabilidade utilizado e como esse regime, em geral, difere dos GAAP. No caso do relatório contido na **Ilustração 16.17**, os auditores emitiram um parecer sem ressalvas de que as demonstrações financeiras são apresentadas fidedignamente, em todos os aspectos materiais, no regime contábil de caixa, tal como descrito mais amplamente na nota explicativa.

Ilustração 16.17: Relatório sobre demonstrações financeiras de acordo com regime modificado de caixa

RELATÓRIO DE EMPRESA DE CONTABILIDADE EXTERNA INDEPENDENTE REGISTRADA

Titulares de Units do Sabine Royalty Trust e Bank Of America, N. A., agente fiduciário

Auditamos as demonstrações anexas de ativos, passivos e patrimônio do Sabine Royalty Trust (o "Fundo"), em 31 de dezembro de 2007 e 2006, bem como as demonstrações correspondentes de rendimentos passíveis de distribuição e mutações do patrimônio para cada um dos três anos do período encerrado em 31 de dezembro de 2007. A elaboração dessas demonstrações financeiras é de responsabilidade do agente fiduciário. Nossa responsabilidade é emitir um parecer sobre essas demonstrações financeiras com base em nossas auditorias.

[Parágrafo padrão de escopo]

Tal como descrito na nota explicativa 2 das demonstrações financeiras, essas demonstrações foram elaboradas em um regime contábil modificado de caixa, que difere dos princípios contábeis aceitos em geral nos Estados Unidos da América.

Em nossa opinião, tais demonstrações financeiras consolidadas apresentam fielmente, em todos os aspectos materiais, os ativos, passivos e o patrimônio do Fundo, em 31 de dezembro de 2007 e 2006, bem como os rendimentos passíveis de distribuição e as mutações de patrimônio em cada dos três anos do período encerrado em 31 de dezembro de 2007, segundo o regime de contabilidade descrito na nota 2.

Também auditamos, segundo os padrões do Conselho de Supervisão Contábil de Companhias Abertas (Estados Unidos), a eficácia do controle interno do Fundo sobre a divulgação financeira em 31 de dezembro de 2007, com base em critérios estabelecidos em Controle Interno – Arcabouço Integrado, publicado pelo Comitê de Organizações Patrocinadoras da Comissão Treadway, e nosso relatório com data de 10 de março de 2006 deu um parecer sem ressalvas à avaliação do agente fiduciário quanto à eficácia do controle interno do Fundo sobre a divulgação financeira e um parecer sem ressalvas sobre a eficácia do controle interno do fundo sobre a divulgação financeira.

Assinado por DELOITTE & TOUCHE LLP

Dallas, Texas
11 de março de 2008

Ao avaliar a adequação das divulgações em demonstrações segundo OCBOA, o auditor deve aplicar essencialmente os mesmos critérios adotados para demonstrações baseadas em GAAP; as demonstrações, incluindo as notas explicativas, devem conter divulgações apropriadas. Os padrões exigem uma nota que resume o regime abrangente de contabilidade utilizado e uma indicação geral de como as demonstrações diferem do que o seriam sob GAAP. Além do resumo de políticas contábeis significativas, as notas explicativas tipicamente abrangem áreas tais como dívidas, arrendamentos, pensões, transações com partes relacionadas e incertezas. A distribuição de relatórios sobre demonstrações exigidas por agências reguladoras deve se restringir ao cliente e a essas agências.

Elementos, contas ou itens especificados

Às vezes, pede-se aos auditores que emitam um parecer sobre um ou mais elementos, contas ou itens específicos de demonstrações financeiras. Tais itens podem ser apresentados no relatório do auditor ou em um documento que acompanha o relatório. A auditoria pode ser realizada como um trabalho separado ou em conjugação com a auditoria de demonstrações financeiras. Um cliente de auditoria pode ser uma empresa varejista, por exemplo, que arrenda uma loja. Parte dos pagamentos de aluguel é baseado nas receitas da loja, e o acordo de arrendamento pode exigir que um auditor independente forneça um relatório emitindo um parecer sobre se a receita é divulgada ao arrendador segundo o acordo de arrendamento.

Com a exceção do primeiro padrão de divulgação, todos os padrões de auditoria são aplicáveis a auditorias de elementos especificados. O primeiro padrão de divulgação – que exige que o relatório do auditor diga se as demonstrações financeiras são apresentadas de acordo com os princípios contábeis aceitos em geral –, no entanto, é aplicável caso o assunto do relatório do auditor deva ser apresentado segundo os princípios contábeis aceitos em geral.

O relatório de auditoria (ver **Ilustração 16.18**) deve identificar os elementos, contas ou itens específicos em uma demonstração financeira (o assunto) e indicar se a auditoria foi efetuada em conjugação com uma auditoria das demonstrações financeiras da empresa. Ele deve descrever o regime sob o qual o item ou elemento é apresentado e, quando aplicável, qualquer acordo especificando o regime de apresentação, se não for GAAP. Se for considerado necessário, o relatório deverá incluir uma descrição de interpretações significativas feitas pela administração da empresa a respeito dos acordos relevantes. Se o item ou elemento for elaborado para cumprir as exigências de um contrato ou acordo que resulta em uma apresentação que não esteja em conformidade com GAAP ou OCBOA, um parágrafo deverá ser adicionado restringindo a distribuição do relatório aos membros da entidade e às partes do contrato ou acordo.

O auditor não é obrigado a fazê-lo, mas pode descrever procedimentos específicos de auditoria em um parágrafo separado. As outras exigências de divulgação são idênticas às de relatórios de auditoria de demonstrações financeiras baseadas em GAAP, incluindo a emissão de um parecer.

Cumprimento de acordos contratuais ou exigências regulatórias

Às vezes, os auditores são solicitados a fornecer um relatório sobre o cumprimento pelo cliente de acordos contratuais ou normas regulatórias específicas. Os auditores podem fazer tais relatórios desde que as cláusulas do acordo ou da exigência regulatória baseiem-se em informações provenientes de demonstrações financeiras auditadas. Em outras palavras, antes de ser emitido um relatório de cumprimento, o auditor precisa ter a segurança de que as informações financeiras associadas às cláusulas são fidedignas. Uma escritura de emissão de títulos de dívida, por exemplo, pode exigir que o emitente dos títulos mantenha um índice

> **QUESTÃO PRÁTICA**
> A descrição de relatórios nesta seção vale para CPAs que atuam como auditores externos. As empresas de CPAs que prestam serviços terceirizados de auditoria interna a clientes podem fazer os relatórios a seus clientes com o entendimento de que tais documentos destinam-se a uso exclusivo da administração.

> **Ilustração 16.18:** Relatório sobre elementos especificados de uma demonstração financeira
>
> **RELATÓRIO DE EMPRESA DE CONTABILIDADE EXTERNA INDEPENDENTE REGISTRADA**
>
> Ao agente fiduciário em nome dos titulares de Units do Sabine Royalty Trust
>
> Auditamos as demonstrações de honorários e despesas anexas (definidas no quadro C do acordo do Sabine Royalty Trust), pagos pelo Sabine Royalty Trust ao Bank of America, N. A. (agente fiduciário), como agente fiduciário e gestor de conta, para os anos encerrados em 31 de dezembro de 2007, 2006 e 2005. A elaboração dessas demonstrações é de responsabilidade da administração do agente fiduciário. Nossa responsabilidade é emitir um parecer sobre as demonstrações com base em nossas auditorias.
>
> Conduzimos nossas auditorias de acordo com os padrões do Conselho de Supervisão Contábil de Companhias Abertas (Estados Unidos). Esses padrões exigem que planejemos e executemos as auditorias com a finalidade de obter garantia razoável de que as demonstrações de honorários e despesas estão livres de incorreções materiais. Uma auditoria inclui o exame, com base em testes, de evidência que apoie os valores e as divulgações nas demonstrações de honorários e despesas. Uma auditoria também inclui a avaliação dos princípios contábeis usados e das estimativas significativas feitas pela administração, bem como a avaliação da apresentação geral das demonstrações. Acreditamos que nossas auditorias fornecem uma base razoável para o nosso parecer.
>
> Tal como descrito na nota explicativa 3, as demonstrações de honorários e despesas foram elaboradas em um regime contábil modificado de caixa, que é um regime abrangente de contabilidade que difere dos princípios contábeis aceitos em geral nos Estados Unidos da América.
>
> Em nossa opinião, as demonstrações de honorários e despesas mencionadas apresentam fidedignamente, em todos os aspectos materiais, os honorários e despesas pagos pelo Sabine Royalty Trust ao Bank of America, N. A. como agente fiduciário e gestor de conta, para os anos encerrados em 31 de dezembro de 2007, 2006 e 2005, segundo o regime contábil descrito na nota explicativa 3.
>
> Assinado por PRICEWATERHOUSECOOPERS LLP
>
> PricewaterhouseCoopers LLP
> Dallas, Texas
> 12 de março de 2008

> **QUESTÃO PRÁTICA**
>
> Muitas empresas fornecem uma variedade de informações – incluindo financeiras anuais, trimestrais e até mensais – em suas páginas na internet. Mesmo que o relatório do auditor seja incluído nestas informações, os profissionais ainda não são obrigados a ler ou considerar a solidez de outras informações fornecidas pela empresa na internet, a menos que sejam incluídas em um documento formal como um formulário 10-K.

mínimo de liquidez corrente, faça pagamentos mínimos a um fundo de amortização, ou limite os dividendos a certa porcentagem do lucro líquido. Se tais exigências ou restrições forem violadas, os títulos poderão ser considerados vencidos e deverão ser pagos imediatamente aos seus portadores, e não na data de vencimento originalmente estipulada.

Um relatório de cumprimento normalmente contém uma garantia negativa e ela pode ser dada em um relatório separado, ou no relatório do auditor que acompanha as demonstrações financeiras. Recorde que um relatório de garantia negativa indica que o auditor nada encontrou que o levaria a concluir que o relatório não é uma expressão fiel dos fatos. O relatório (ver **Ilustração 16.19**) deve incluir uma referência às demonstrações financeiras auditadas, às cláusulas específicas e uma declaração de garantia negativa.

Circunstâncias exigindo linguagem explanatória num relatório especial

Linguagem explanatória deve ser adicionada a qualquer um dos relatórios especiais descritos nas seções anteriores quando:

- Houve uma alteração de princípios contábeis que afetou materialmente o assunto do relatório.
- O auditor tem dúvida substancial sobre a capacidade da organização de prosseguir como entidade em funcionamento.
- O auditor faz referência ao relatório de outro auditor como base, em parte, do seu parecer.
- O auditor emite um parecer sobre informações de períodos anteriores que difere daquele previamente dado sobre as mesmas informações.

> **Ilustração 16.19:** Relatório de cumprimento de um acordo contratual
>
> **RELATÓRIO DE AUDITOR INDEPENDENTE**
>
> Ao conselho de administração e à administração da Actup Company e ao First National Bank of Brace
>
> Auditamos, de acordo com padrões de auditoria aceitos em geral, o balanço da Actup Company em 31 de dezembro de 2009, bem como as demonstrações correspondentes de resultado, lucros retidos e fluxos de caixa para o ano então encerrado, e emitimos nosso parecer a respeito com data de 27 de fevereiro de 2010.
>
> Em conexão com a nossa auditoria, nada chegou à nossa atenção que nos levasse a crer que a empresa tenha deixado de cumprir termos, cláusulas, dispositivos e condições das seções 25 a 33, inclusive, da escritura com data de 23 de julho de 2008, firmada com o First National Bank of Brace, no que diz respeito a assuntos contábeis. Entretanto, nossa auditoria não estava voltada principalmente à obtenção de conhecimento sobre tal tipo de descumprimento.
>
> Este relatório se destina somente para informação e uso pelos conselhos de administração e administradores da Actup Company e do First National Bank of Brace e não deve ser usado para nenhuma outra finalidade.
>
> Assinado por RITTENBERG, JOHNSTONE, & GRAMLING, LLP
>
> Madison, WI
> 3 de março de 2010

Certificação de outras informações fornecidas pela administração

Além de fornecer garantia sobre as informações financeiras discutidas nas seções precedentes, os contadores externos profissionais continuam a desenvolver critérios e padrões para atender as necessidades dinâmicas da comunidade empresarial. Muitos dos enfoques desenvolvidos neste livro-texto para planejar, coletar evidência e fazer relatórios sobre demonstrações financeiras históricas são aplicáveis a esta gama mais ampla de serviços em que os CPAs podem certificar a confiabilidade de uma variedade de informações fornecidas pela administração do cliente. Por exemplo, os auditores podem certificar algum aspecto das operações da empresa, tais como se a empresa atende a critérios ISO 9000 ou se os dados XBRL entregues à SEC concordam com os outros dados submetidos à SEC. Podem ser solicitados, por seus clientes, a executar procedimentos combinados de comum acordo e apresentar relatórios sobre eles. Podem fazer relatórios sobre demonstrações financeiras projetadas, informações financeiras com a inclusão de itens extraordinários e cumprimento de leis e regulamentos.

Exemplo de certificação: certificação de relatórios financeiros usando XBRL

Desde 2004, a SEC tem tomado medidas para exigir o uso de XBRL (*eXtensible Business Reporting Language*) na entrega de documentação. O Programa de Submissão Voluntária XBRL da SEC foi criado para estimular as companhias abertas a usarem dados interativos para facilitar aos investidores o acesso e o uso de informação contida em documentos entregues à SEC. Os dados interativos são basicamente etiquetas de computação semelhantes aos códigos de barra usados para identificar produtos em supermercados e encomendas enviadas. As etiquetas de dados interativos identificam os itens individuais das demonstrações financeiras de uma empresa. O processo de etiquetagem de itens de demonstrações financeiras permite que os itens sejam facilmente buscados na internet, baixados em planilhas, reorganizados

> **OA 7**
> Descrever diversos trabalhos de certificação e os tipos de relatórios que serão emitidos nesses trabalhos.

> **QUESTÃO PRÁTICA**
>
> O AT 101 fornece padrões gerais para trabalhos de certificação nos quais há alguma conjugação de procedimentos de relatório e coleta de evidência. Outras orientações relacionadas a serviços específicos de certificação também incluem: AT 201 (procedimentos combinados de comum acordo), AT 301 (demonstrações financeiras projetadas), AT 401 (informações financeiras com a inclusão de itens extraordinários) e AT 601 (cumprimento de leis e regulamentos).

em bases de dados e usados em qualquer número de formas comparativas e analíticas por analistas, pesquisadores e investidores.

Em 10 de fevereiro de 2009, a SEC anunciou um plano abrangente que exigirá que as empresas com ações ordinárias em circulação em valor superior a US$ 5 bilhões comecem a submeter dados em XBRL para períodos posteriores a 15 de junho de 2009. As exigências serão escalonadas para empresas menores, com a determinação de que comecem a fazê-lo em períodos posteriores a 15 de junho de 2010 ou 15 de junho de 2011. Os dados interativos não substituem as demonstrações financeiras anuais, mas devem ser submetidos ao mesmo tempo que as demonstrações financeiras anuais.

Atualmente, não se exige garantia por auditores sobre o processo de etiquetagem. Entretanto, é provável que, assim que os dados em XBRL sejam exigidos, haverá uma demanda por tal garantia. De acordo com os padrões atuais, um auditor pode ser contratado para examinar e fazer um relatório dizendo se os documentos em XBRL refletem fidedignamente as informações na parte correspondente da documentação oficial submetida à SEC. Essa contratação consiste em um exame, sob a seção AT 101, dos padrões temporários de auditoria do PCAOB (trabalhos de certificação). Os objetivos desse exame consistem em determinar se:

- Os dados em XBRL concordam com os dos documentos oficiais submetidos à SEC.
- Os documentos associados aos dados em XBRL estão de acordo com as taxonomias e especificações em XBRL aceitáveis, bem como com as exigências da SEC em termos de formato e conteúdo.

Alguns dos procedimentos que o auditor realizaria para atingir esses objetivos incluem:

- Comparar a forma legível a olho nu dos documentos relacionados a dados em XBRL às informações contidas na documentação submetida à SEC.
- Determinar se o conteúdo dos documentos associados a dados em XBRL estão de acordo com as exigências da SEC.
- Avaliar se os documentos associados a dados em XBRL atendem às taxonomias em XBRL apropriadas e aceitas pela SEC.
- Testar se os dados nos documentos em XBRL conferem com as etiquetas apropriadas segundo a taxonomia aplicável.
- Obter uma declaração de responsabilidade da administração incluindo uma afirmação de que os documentos associados a dados em XBRL obedecem às exigências relevantes da SEC.

O auditor seguiria os padrões de divulgação em trabalhos de certificação fornecidos no AT 101. Em geral, esses padrões exigem que o auditor explicite o assunto ou afirmação sobre o qual está sendo feito o relatório, forneça uma conclusão a respeito do assunto ou afirmação em termos de critérios relevantes, declare qualquer ressalva a respeito do trabalho, assunto ou afirmação e, em alguns casos, mencione as restrições quanto ao uso do relatório.

Procedimentos definidos de comum acordo

Os CPAs podem ser contratados por clientes para fazerem um relatório de constatações decorrentes de procedimentos especificados pelo cliente e pelos CPAs que sejam considerados apropriados às necessidades do cliente. Um trabalho como esse tem escopo mais limitado que uma auditoria ou um exame. Relatórios sobre procedimentos definidos de comum acordo incluem uma lista dos procedimentos executados, as constatações obtidas e uma

> **QUESTÃO PRÁTICA**
> Diversos países já exigem que as companhias abertas forneçam seus relatórios financeiros usando dados interativos.

> **QUESTÃO PRÁTICA**
> Em trabalhos de análise de documentos associados a dados em XBRL, o auditor deve ter conhecimento suficiente das normas e exigências de apresentação aplicáveis da SEC, bem como de taxonomias e especificações da XBRL para fazer a análise. O auditor também deve conhecer o suficiente a respeito das demonstrações financeiras e dos registros contábeis subjacentes da empresa para entender como os dados financeiros nos documentos em XBRL estão relacionados às informações correspondentes nos documentos oficiais entregues à SEC.

restrição quanto ao uso do relatório a partes especificadas. Nenhuma garantia é fornecida nesses trabalhos.

Demonstrações financeiras não históricas

As demonstrações financeiras não históricas são de dois tipos – previsões e projeções. As previsões baseiam-se nas expectativas da administração em termos de posição financeira, resultados de operações e fluxos de caixa. As projeções são afirmações do tipo "e se": "Se obtivermos o empréstimo para a nossa expansão, estes serão a posição financeira, os resultados das operações e os fluxos de caixa esperados". Os CPAs podem compilar ou examinar demonstrações financeiras projetadas. As compilações envolvem a montagem das demonstrações projetadas com base nas premissas da administração. O relatório de compilação não fornece garantia alguma sobre as demonstrações financeiras ou a razoabilidade das premissas. Os exames (o nível mais alto de serviço) envolvem a avaliação da elaboração das demonstrações, a fundamentação existente para as premissas e a apresentação das demonstrações. O relatório de exame inclui um parecer sobre as demonstrações e as premissas subjacentes.

Informações financeiras com a inclusão de itens extraordinários

A informação financeira projetada é informação "e se" histórica. Por exemplo, os acionistas receberão informação projetada a respeito de uma possível fusão ou aquisição de outra empresa ou a venda de uma parcela significativa de unidades existentes. A informação projetada mostra quais teriam sido os efeitos significativos se uma transação (ou evento) efetivada ou proposta tivesse ocorrido em uma data anterior. Os CPAs podem analisar ou examinar informação projetada. Os relatórios de análise fornecem garantia negativa, enquanto os relatórios de exame produzem um parecer sobre as premissas da administração, os ajustes correspondentes e a aplicação desses ajustes às demonstrações financeiras históricas.

Certificação de cumprimento

Durante a realização de uma auditoria normal, o auditor testa o cumprimento de leis e regulamentos que poderiam exercer um efeito material e direto sobre as demonstrações financeiras, como os relacionados ao imposto de renda. Como descrito anteriormente neste capítulo, os CPAs podem ser solicitados a fazer um "relatório especial" de cumprimento baseado apenas em uma auditoria de demonstrações financeiras.

Há outras situações nas quais um cliente contrataria um CPA especificamente para a elaboração de um relatório tratando (a) do cumprimento de exigências de leis, regulamentos, normas, contratos ou subvenções específicos por uma entidade, ou (b) da eficácia do controle interno de uma entidade sobre o cumprimento de exigências específicas. As exigências podem ser de natureza financeira ou não financeira. Tais relatórios não fazem uma avaliação do cumprimento de exigências pela entidade do ponto de vista legal, mas podem ser úteis em tais julgamentos pela assessoria jurídica ou outras pessoas. Os CPAs podem fazer um trabalho de exame ou um serviço com procedimentos definidos em comum acordo sobre o cumprimento de exigências. Um relatório de exame inclui um parecer sobre o cumprimento das exigências especificadas com base em critérios predeterminados. Uma alternativa é um trabalho com procedimentos definidos em comum acordo, destinado a apresentar resultados específicos, baseados em procedimentos limitados, visando a ajudar algum usuário a avaliar o cumprimento de normas específicas por uma entidade.

Resumo

Os auditores prestam uma variedade de serviços sobre os quais devem fazer relatórios. Três níveis básicos de garantia estão contidos nesses relatórios: garantia positiva (um parecer), garantia negativa/limitada e nenhuma garantia (declaração de abstenção de parecer ou compilação). Os usuários desses relatórios não têm acesso à documentação de auditoria da evidência coletada. Portanto, é extremamente importante que os auditores sejam muito cuidadosos na elaboração dos relatórios. Deixar de fazer isso pode levar a ações judiciais e à perda de confiança na profissão de auditor por parte do público.

Termos importantes

Atualização – No tocante a demonstrações financeiras, o processo de considerar informação que é trazida à atenção do auditor durante a auditoria do ano em curso, mas diz respeito a demonstrações de anos anteriores, apresentadas para fins comparativos. A data do relatório deve ser a data final do trabalho de campo corrente.

Compilação – Um nível de serviço que envolve a apresentação, sob a forma de demonstrações financeiras, de informação fornecida pela administração e resulta em uma declaração de abstenção de parecer (nenhuma garantia é dada a respeito da fidedignidade das demonstrações financeiras). Esse serviço pode ser prestado somente a companhias fechadas.

Exame – Um nível de serviço relacionado a demonstrações financeiras, que envolve a realização de investigações e a execução de procedimentos analíticos, resultando em garantia limitada acerca da fidedignidade das demonstrações financeiras.

Garantia limitada – Uma declaração do contador em um relatório de que nada foi encontrado que indique que a informação precisa ser alterada para que fique de acordo com os critérios apropriados, como os princípios contábeis aceitos em geral.

Garantia negativa – Ver garantia limitada.

Incertezas – Situações em que o resultado de algum processo não pode ser determinado ao final do trabalho de campo de auditoria, como os resultados de ações judiciais pendentes.

Outro regime contábil abrangente (OCBOA) – Demonstrações financeiras elaboradas em um regime de caixa ou modificado de caixa, o regime contábil usado para a elaboração de declarações de rendimentos, o regime contábil exigido para a entrega de relatórios a uma agência reguladora governamental, ou algum outro regime com um conjunto definido de critérios que tenha apoio sólido e se aplique a todos os itens materiais contidos nas demonstrações financeiras.

Reemissão – Reapresentação de um relatório de auditoria previamente emitido, mas sem que qualquer trabalho adicional tenha sido realizado após a data do relatório original. Um relatório reemitido tem a data do relatório original.

Relatório compartilhado – Um relatório de auditoria que indique que outros auditores fizeram parte da auditoria.

Relatórios especiais – Relatórios sobre os seguintes tipos de situações nas quais o cliente contrata o auditor para executar procedimentos específicos: relatórios sobre demonstrações financeiras elaboradas com base em um regime contábil abrangente que não seja o regime GAAP; relatórios sobre elementos, contas ou itens específicos de uma demonstração financeira; ou relatórios sobre o cumprimento de aspectos de acordos contratuais ou exigências regulatórias relacionadas com demonstrações financeiras auditadas.

REFERÊNCIAS SELECIONADAS À ORIENTAÇÃO PROFISSIONAL RELEVANTE		
Referência à orientação	Fonte de orientação	Descrição da orientação
AT seção 101	AICPA, ASB	Trabalhos de certificação
AT seção 201	AICPA, ASB	Trabalhos com procedimentos definidos de comum acordo
AT seção 301	AICPA, ASB	Previsões e projeções financeiras
AT seção 401	AICPA, ASB	Relatório sobre informação financeira com a inclusão de itens extraordinários

AT seção 601	AICPA, ASB	Certificação de cumprimento
Pronunciamento sobre Padrões de Serviços de Contabilidade e Análise (SSARS) nº 1	AICPA, Comitê de Serviços de Contabilidade e Análise	Compilação e exame de demonstrações financeiras
Pronunciamento sobre Padrões de Auditoria (SAS) nº 26	AICPA, ASB	Associação com demonstrações financeiras
Pronunciamento sobre Padrões de Auditoria (SAS) nº 58 (ver também SAS nº 79 para uma emenda)	AICPA, ASB	Relatórios sobre demonstrações financeiras auditadas
Pronunciamento sobre Padrões de Auditoria (SAS) nº 59	AICPA, ASB	Consideração do auditor da capacidade de uma entidade de continuar em funcionamento
Pronunciamento sobre Padrões de Auditoria (SAS) nº 62	AICPA, ASB	Relatórios especiais
Pronunciamento sobre Padrões de Auditoria (SAS) nº 87	AICPA, ASB	Restrições sobre o uso de um relatório de auditoria
Pronunciamento sobre Padrões de Auditoria (SAS) nº 95 (ver AU seção 100)	AICPA, ASB	Padrões de auditoria aceitos
Pronunciamento sobre Padrões de Auditoria (SAS) nº 103, ver apêndice B	AICPA, ASB	Documentação de auditoria
Alertas de risco de auditoria, 2007/2008	AICPA, Comitê de Serviços de Contabilidade e Análise	Alerta de compilação e exame
Alerta de prática, 07-1 para questões profissionais	AICPA, força-tarefa	Datação do relatório do auditor e orientação prática relacionada
Padrões de auditoria (AS) nº 5	PCAOB	Uma auditoria do controle interno sobre a divulgação financeira, integrada com uma auditoria de demonstrações financeiras
Padrão Internacional de Auditoria (ISA) 570	Ifac, IAASB	Entidade em funcionamento
Padrão Internacional de Auditoria (ISA) 600	Ifac, IAASB	Uso do trabalho de outro auditor
Padrão Internacional de Auditoria (ISA) 700	Ifac, IAASB	Relatório do auditor independente sobre um conjunto completo de demonstrações financeiras com fins gerais
Padrão Internacional de Auditoria (ISA) 701	Ifac, IAASB	Modificações do relatório do auditor independente
Padrão Internacional de Auditoria (ISA) 710	Ifac, IAASB	Demonstrações comparativas
Padrão Internacional de Auditoria (ISA) 720	Ifac, IAASB	Outras informações em documentos contendo demonstrações financeiras auditadas
Padrão Internacional de Auditoria (ISA) 800	Ifac, IAASB	O relatório do auditor independente sobre trabalhos de auditoria com fins especiais
Pronunciamento Internacional de Prática de Auditoria (IAPS) 1014	Ifac, IAASB	Relatório dos auditores sobre o cumprimento de padrões internacionais de divulgação financeira
Padrão Internacional de Trabalhos de Análise (ISRE) 2400	Ifac, IAASB	Trabalhos de exame de demonstrações financeiras
Padrão Internacional de Trabalhos de Análise (ISRE) 2410	Ifac, IAASB	Análise de informação financeira parcial realizada pelo auditor independente da entidade

Nota: siglas da orientação profissional relevante – ASB – *Auditing Standards Board* (Conselho de Padrões de Auditoria); AICPA – *American Institute of Certified Public Accountants* (Instituto Americano de Contadores Externos Certificados); Coso – *Committee of Sponsoring Organizations* (Comitê de Organizações Patrocinadoras); Fasb – *Financial Accounting Standards Board* (Conselho de Padrões de Contabilidade Financeira); IAASB – *International Auditing and Assurance Standards Board* (Conselho de Padrões Internacionais de Auditoria e Garantia); IASB – *International Accounting Standards Board* (Conselho de Padrões Internacionais de Contabilidade); IASC – *International Accounting Standards Committee* (Comitê de Padrões Internacionais de Contabilidade); Ifac – *International Federation of Accountants* (Federação Internacional de Contadores); ISB – *Independence Standards Board* (Conselho de Padrões de Independência); PCAOB – *Public Company Accounting Oversight Board* (Conselho de Supervisão Contábil de Companhias Abertas); SEC – *Securities and Exchange Commission* (Comissão de Valores Mobiliários e Bolsas de Valores).

Questões de revisão

16–2 (OA 3) Qual é a diferença entre uma limitação de escopo e uma incerteza? Apresente um exemplo de cada uma.

16–4 (OA 3) Que fatores o auditor deve considerar ao determinar se as demonstrações financeiras são apresentadas de acordo com princípios de contabilidade aceitos em geral?

16–6 (OA 3) Em quais circunstâncias o relatório do auditor deve se referir à coerência ou à falta de coerência com a aplicação de princípios contábeis aceitos em geral? Qual é a finalidade de tal relatório?

16–8 (OA 3) Por que o auditor normalmente se absteria de emitir um parecer quando o cliente impõe limitações significativas aos procedimentos de auditoria?

16–10 (OA 3) As demonstrações financeiras comparativas são exigidas pelos princípios contábeis aceitos em geral ou pela SEC? Explique a sua resposta.

16–12 (OA 3) Como mudaria o parecer do auditor se as demonstrações financeiras de uma empresa emitente estrangeira tivessem sido elaboradas de acordo com os IFRS e submetidas à SEC, em lugar de elaboradas segundo os GAAP dos Estados Unidos?

16–14 (OA 6) Compare auditorias, exames e compilações em termos de:

a. Tipos de procedimentos executados. Considere os seguintes tipos de processos em sua resposta:
- Avaliação de risco de controle.
- Realização de testes substantivos de transações e saldos.
- Execução de procedimentos analíticos.
- Realização de consultas ao pessoal do cliente para verificar ou confirmar informações fornecidas pelo cliente.
- Obtenção de conhecimento sobre a organização, dos ativos e passivos, das receitas, despesas, operações, localizações e transações com partes relacionadas do cliente.
- Obtenção de conhecimento sobre os princípios e práticas contábeis do setor.
- Obtenção de conhecimento sobre as transações, a forma dos registros contábeis, as qualificações do pessoal de contabilidade, o regime contábil a ser usado nas demonstrações financeiras e a forma e o conteúdo das demonstrações do cliente.

b. Nível de garantia fornecido pelo contador.

c. Em que situação o relatório padrão de um contador seria menos afetado pela falta de independência – uma auditoria, um exame ou uma compilação? Explique a sua resposta.

16–16 (OA 6) De que modo um relatório de auditoria contendo um parecer sem ressalvas sobre demonstrações financeiras elaboradas sob o regime de caixa difere de um relatório sobre demonstrações financeiras baseadas nos GAAP?

16–18 (OA 1, 5) Que nível de garantia é fornecido no relatório de exame de demonstrações financeiras intermediárias por um CPA?

16–20 (OA 7) Descreva a natureza do parecer de auditoria nos relatórios dos auditores sobre:

a. Informação financeira projetada.
b. Informação financeira com a inclusão de itens extraordinários.
c. Trabalhos de verificação de cumprimento de exigências.
d. Trabalhos com procedimentos definidos de comum acordo.
e. XBRL.

Questões de múltipla escolha

*16–22 (OA 3) Em qual das seguintes circunstâncias um auditor provavelmente daria um parecer adverso sobre as demonstrações financeiras de uma empresa?

a. Chega ao conhecimento do auditor informação que lança dúvida substancial sobre a capacidade da entidade de continuar operando.
b. O diretor executivo impede o acesso do auditor a atas de reuniões do conselho de administração.
c. Testes de controles indicam que a estrutura de controle interno da entidade é tão fraca que não merece confiança.
d. As demonstrações financeiras não estão de acordo com os pronunciamentos do Fasb a respeito da capitalização de arrendamentos.

*16–24 (OA 3) Em qual das seguintes situações um auditor normalmente emitiria um parecer de auditoria sem ressalvas e sem um parágrafo explanatório?

a. O auditor deseja enfatizar que a entidade possui transações significativas com partes relacionadas.
b. O profissional decide se referir ao relatório de outro auditor como base, em parte, de seu parecer.

---

* Todas as questões marcadas com asterisco são adaptadas do Exame Uniforme de CPA.

c. A entidade emite demonstrações financeiras que apresentam a posição financeira e os resultados das operações, mas omite a demonstração de fluxos de caixa.

d. O auditor tem dúvidas substanciais sobre a capacidade da entidade de continuar operando, mas as circunstâncias são amplamente divulgadas nas demonstrações financeiras.

16–26 (OA 3) As demonstrações financeiras da *Eagle Company* contêm um afastamento em relação aos princípios contábeis aceitos em geral pois, em função de circunstâncias especiais, as demonstrações poderiam ser enganosas. O auditor deve dar um parecer:

a. Sem ressalvas e sem mencionar esse afastamento em seu relatório.

b. Sem ressalvas, mas descrever o afastamento em um parágrafo separado.

c. Com ressalvas, e descrever o afastamento em um parágrafo separado.

d. Com ressalvas ou adverso, dependendo da materialidade da questão, e descrever o afastamento em um parágrafo separado.

16–28 (OA 3) Em qual das seguintes circunstâncias um auditor normalmente escolheria entre emitir um parecer com ressalvas e abster-se de dar um parecer?

a. Afastamento em relação aos GAAP.

b. Divulgação inadequada de políticas contábeis.

c. Incapacidade de obter evidência competente suficiente por outros motivos além de uma restrição de escopo imposta pela administração.

d. Justificativa inaceitável para uma mudança de princípio contábil.

*16–30 (OA 5) O relatório de um auditor deve ser classificado como um relatório especial quando é emitido em conjugação com qual das seguintes situações?

a. Cumprimento de exigências regulatórias relacionadas a demonstrações financeiras auditadas.

b. Informação financeira parcial de uma companhia aberta sujeita a uma análise limitada.

c. Aplicação de princípios contábeis a transações específicas.

d. Etiquetagem apropriada de dados em relatórios em XBRL.

*16–32 (OA 4) Antes de emitir um relatório sobre a compilação de demonstrações financeiras de uma companhia fechada, o contador deve tomar qual das seguintes providências?

a. Aplicar procedimentos analíticos a dados financeiros selecionados visando a identificar qualquer incorreção material.

b. Corroborar pelo menos uma amostra das afirmações que a administração inclui nas demonstrações financeiras.

c. Perguntar ao pessoal do cliente se as demonstrações financeiras omitem substancialmente todas as divulgações.

d. Ler as demonstrações financeiras para verificar se estão livres de erros materiais óbvios.

*16–34 (OA 4) Qual das seguintes afirmações deve ser incluída em um relatório padrão do contador, baseado na compilação das demonstrações financeiras de uma companhia fechada?

a. Uma compilação consiste principalmente em perguntas ao pessoal do cliente e na aplicação de procedimentos analíticos a dados financeiros.

b. Uma compilação se limita à apresentação, sob a forma de demonstrações financeiras, de informação declarada pela administração.

c. Uma compilação não se destina a detectar modificações materiais que devam ser feitas nas demonstrações financeiras.

d. Uma compilação é substancialmente menor, em termos de escopo, que uma auditoria segundo GAAS.

*16–36 (OA 6) O relatório de um auditor sobre demonstrações financeiras elaboradas com base no regime contábil de recebimentos e pagamentos deve incluir todos os itens a seguir, com uma exceção:

a. Uma referência à nota explicativa das demonstrações financeiras que descreve o regime contábil de recebimentos e pagamentos.

b. Uma declaração de que o regime contábil de recebimentos e pagamentos não é um regime contábil abrangente.

c. Um parecer a respeito da apresentação das demonstrações financeiras em conformidade ou não com o regime contábil de recebimentos e pagamentos.

d. Uma declaração de que a auditoria foi realizada de acordo com GAAS.

Questões de discussão e pesquisa

16–38 (Tipos de trabalhos e relatórios, OA 3, 4) O quarto padrão da emissão de relatórios diz: "O auditor deve emitir um parecer a respeito das demonstrações financeiras, tomadas como um todo, ou dizer que não é possível, no relatório do auditor. Quando o profissional não pode emitir um parecer geral, deve especificar os motivos para tanto no relatório. Em todos os casos nos quais o nome de um auditor é associado a demonstrações financeiras, deve indicar claramente a natureza do trabalho, se houver algum, e o grau de responsabilidade que o auditor está assumindo no relatório do auditor." Pede-se:

Em cada uma das situações independentes a seguir, indique como o CPA deve reagir a esse padrão.

a. O CPA é contratado para elaborar as demonstrações financeiras de uma companhia fechada sem fazer uma auditoria ou análise.

b. O CPA é contratado para compilar e examinar as demonstrações financeiras de uma companhia fechada.

c. O CPA é contratado para preparar as declarações de rendimentos para fins de imposto federal e estadual de renda. Nenhum outro serviço é prestado.

d. O CPA é contratado para auditar as demonstrações financeiras anuais de uma companhia aberta.

e. O nome do CPA está contido no pedido de registro do cliente, que inclui demonstrações financeiras auditadas para o exercício encerrado em 31 de dezembro de 2010, e demonstrações financeiras não auditadas para os três meses encerrados em 31 de março de 2011. A SEC exige que o CPA inclua, no pedido de registro, o consentimento quanto ao uso do nome da empresa de contabilidade externa nesse pedido.

16–40 (Crítica a um relatório de auditoria com ressalvas devido à limitação de escopo, OA 3) Você é um auditor sênior que está trabalhando para *Rittenberg & Schwieger*, CPAs. Seu auxiliar técnico preparou a seguinte minuta de relatório de auditoria para uma companhia aberta norte-americana. Você acredita que a limitação de escopo é significativa o suficiente para que o parecer tenha ressalvas, mas não para abster-se de dar um parecer.

Sr. Joseph Hallberg, Controlador
Billings Container Company, Inc.

Auditamos o balanço anexo da Billings Container Company, bem como as demonstrações correspondentes de resultado, lucros retidos e mutações de posição financeira para o período encerrado em 31 de dezembro de 2010. A elaboração dessas demonstrações financeiras é de responsabilidade da administração da empresa.

Com exceção do que é discutido no parágrafo seguinte, realizamos nossa auditoria de acordo com os princípios contábeis aceitos em geral nos Estados Unidos da América. Esses padrões exigem que planejemos e realizemos a auditoria para obter garantias de que as demonstrações financeiras estão livres de incorreções. Uma auditoria inclui o exame de evidência sustentando os valores e as divulgações nas demonstrações financeiras. Uma auditoria também inclui a avaliação dos princípios de contabilidade usados, bem como a avaliação da apresentação geral das demonstrações financeiras. Acreditamos que nossa auditoria fornece uma base razoável para o parecer.

Fomos incapazes de obter evidência competente suficiente sobre o valor justo de mercado do investimento da empresa em um empreendimento imobiliário, devido à natureza especial do empreendimento. O investimento é declarado com base no método da equivalência patrimonial e seu valor informado é de $ 450 mil e $ 398 mil, em 31 de dezembro de 2010 e 2009, respectivamente.

Em nossa opinião, com exceção da limitação de escopo mencionada anteriormente sobre nossa auditoria, as demonstrações financeiras mencionadas apresentam fidedignamente a posição financeira da Billings Container Company em 31 de dezembro de 2010 e 2009, bem como os resultados de suas operações e os seus fluxos de caixa no ano então encerrado, em conformidade com padrões de auditoria aceitos em geral nos Estados Unidos da América.

Assinado por Bradley Schwieger, CPA
St. Cloud, MN
31 de dezembro de 2010

Pede-se:

Identifique as deficiências desta minuta e diga como cada uma deveria ser corrigida. Organize sua resposta em torno dos componentes do relatório de auditoria (parágrafo introdutório, parágrafo de escopo e assim por diante).

16–42 (Relatórios de auditoria, OA 3) As situações de auditoria apresentadas a seguir são situações independentes para as quais você deve recomendar um relatório apropriado a partir da lista fornecida de tipos. Para cada situação, identifique o tipo apropriado de relatório e explique sucintamente o motivo para tal escolha.

Tipo apropriado de relatório de auditoria:

a. Relatório padrão sem ressalvas.
b. Relatório sem ressalvas, com parágrafo explanatório.
c. Parecer com ressalvas, por causa de descumprimento de GAAP.
d. Escopo e parecer com ressalvas.
e. Declaração de abstenção de parecer.
f. Parecer adverso.

Situações de auditoria:

1. Um cliente de auditoria possui um volume significativo de empréstimos a receber (40% dos ativos), mas tem um sistema inadequado de controle interno sobre os empréstimos. O auditor não consegue encontrar informação suficiente para preparar uma análise da estrutura de idades dos empréstimos ou identificar as garantias para aproximadamente 75% dos empréstimos, muito embora o cliente diga que todos têm garantias. O auditor enviou pedidos de confirmação para verificar a existência dos créditos, mas somente dez dos 50 pedidos foram respondidos. O auditor procurou verificar os demais empréstimos examinando pagamentos subsequentes, mas apenas oito haviam enviado pagamentos no mês de janeiro, e o auditor deseja

encerrar a auditoria por volta de 15 de fevereiro. Se apenas dez dos 50 empréstimos foram corretamente registrados, o auditor estima que a conta de empréstimos deveria sofrer uma redução de $ 7,5 milhões.

2. Durante a auditoria de uma empresa industrial de grande porte, o auditor não observou o inventário físico em todos os locais. O profissional escolheu um número de locais ao acaso para visitar, e os auditores internos da empresa visitaram os demais lugares. O auditor confia na competência e objetividade dos auditores internos. O auditor observou apenas cerca de 20% do estoque total, mas nem o auditor, nem os auditores internos observaram qualquer exceção no processo de inventário.

3. Durante o ano passado, a *Network Computer, Inc.* dedicou todos os seus esforços de pesquisa e desenvolvimento para desenvolver e lançar no mercado uma versão melhorada de seu sistema avançado de telecomunicações. Os custos, significativos, foram todos capitalizados como custos de pesquisa e desenvolvimento. A empresa planeja amortizar esses custos capitalizados durante a vida útil do novo produto. O auditor concluiu que a pesquisa realizada até o momento provavelmente resultará em um produto vendável. Uma descrição completa da atividade de pesquisa e desenvolvimento, bem como dos custos, está incluída em uma nota explicativa. A nota também descreve que os custos de pesquisa básica são tratados como despesa do exercício e o auditor confirmou a precisão da afirmação.

4. Durante a auditoria da *Sail-Away Company*, o auditor observou que o índice de liquidez corrente havia caído para 1,75. Restrições em contratos de empréstimo da empresa exigem a manutenção de um índice de liquidez corrente igual a 2,0, ou a dívida da empresa será considerada como vencida imediatamente. O auditor e a empresa entraram em contato com o banco, que não está disposto a abrir mão da exigência, pois a empresa tem sofrido prejuízos operacionais nos últimos anos e, além disso, possui uma estrutura de capital inadequada. O auditor tem dúvidas substanciais de que a empresa seja capaz de encontrar financiamento adequado em outras fontes, podendo com isso ter dificuldades para continuar em funcionamento. A administração, no entanto, está confiante em sua capacidade de superar o problema. A empresa não considera ser necessário incluir qualquer divulgação adicional porque os membros da administração acreditam que uma fonte alternativa de fundos será encontrada com o oferecimento de seus bens pessoais em garantia.

5. A *Wear-Ever Wholesale Company* tem sido muito rentável. Recentemente recebeu uma notificação de um aumento de 10% do preço de uma parcela significativa de seus estoques. A empresa acredita que é importante gerir seus produtos sabiamente e adota a política de reavaliar todo o estoque pelo custo corrente de reposição. Isso garante que serão registrados lucros suficientes nas vendas para repor os ativos e gerar um lucro normal. Essa filosofia de operação tem sido muito bem-sucedida, e todos os vendedores cotam o custo corrente, e não o custo histórico quando fazem vendas. Somente os estoques têm sido reavaliados pelo custo de reposição, mas os estoques são materiais porque a empresa mantém uma grande variedade de produtos. A política de reavaliação de estoques da empresa e o valor monetário de seus efeitos são adequadamente descritos em uma nota explicativa às demonstrações financeiras. No ano em curso, o efeito líquido da reavaliação dos estoques elevou o lucro declarado em apenas 3% e os ativos em 15% acima do custo histórico.

6. A equipe de auditoria da *NewCo* era formada basicamente por três novos técnicos e um auditor sênior relativamente inexperiente. O gerente encontrou vários erros durante a auditoria e preparou longas listas de tarefas a serem completadas por todos os membros da equipe antes da conclusão da auditoria. Embora o gerente originalmente duvidasse do entendimento dos procedimentos de auditoria pela equipe, quando do encerramento da auditoria ele concluiu que os novos auditores entendiam a empresa e o processo de auditoria, e que não havia nenhum erro material nas demonstrações financeiras.

16–44 (Relatórios de auditoria e consistência, OA 3) Vários tipos de mudanças contábeis podem afetar o segundo padrão de relatório dos padrões de auditoria aceitos em geral (GAAS). Este padrão diz: "o auditor deve identificar, no relatório, as circunstâncias em que tais princípios não têm sido consistentemente observados no período corrente em relação ao período precedente".

Pede-se:

a. Descreva sucintamente o raciocínio do padrão e a responsabilidade do auditor pelo seu cumprimento.

b. Para cada uma das mudanças enumeradas a seguir, indique sucintamente o tipo de mudança e o seu efeito sobre o relatório do auditor.

1. Uma troca do método de contrato completado pelo método de porcentagem de conclusão para contabilizar contratos de construção de longo prazo.

2. Uma mudança da vida útil estimada de ativos imobilizados previamente contabilizados (a mudança apoia-se em nova informação adquirida).

3. Correção de um erro matemático na precificação de estoques em um período anterior.

4. Uma mudança de custeio por absorção para custeio direto na avaliação de estoques.
5. Uma mudança da apresentação de demonstrações de empresas individuais para a apresentação de empresas consolidadas.
6. Uma mudança de diferir e amortizar custos de pré-produção para o registro de tais custos como despesas quando incorridos, porque os benefícios futuros desses se tornaram duvidosos (o novo método de contabilização foi adotado em reconhecimento da mudança nos benefícios futuros estimados).
7. Uma mudança da amortização de *goodwill* para o teste anual de *impairment* (a mudança ocorreu em resposta a um pronunciamento do Fasb).
8. Uma mudança para incluir a participação do empregador nos impostos sobre a folha de pagamento como benefícios de aposentadoria na demonstração de resultado em lugar de incluí-la em outros impostos.

*16–46 (Crítica a relatório de auditoria – dúvida sobre continuação em funcionamento, OA 3) A seguinte minuta de relatório de auditoria foi preparada por um técnico de contabilidade da *Turner & Turner*, CPAs, quando da conclusão da auditoria das demonstrações financeiras da *Lyon Computers, Inc.* (uma companhia fechada) para o exercício encerrado em 31 de março de 2010. Ela foi entregue ao sócio participante do trabalho, que reviu as matérias cuidadosamente e concluiu adequadamente que as divulgações da *Lyon* a respeito de sua capacidade de continuar em funcionamento por um período razoável eram adequadas, mas que havia dúvida substancial sobre sua capacidade de continuar em funcionamento.

Ao conselho de administração da Lyon Computers, Inc.

Auditamos o balanço anexo da Lyon Computers, Inc. em 31 de março de 2010, bem como as outras demonstrações financeiras correlatas para o exercício encerrado nessa data. Nossa responsabilidade é dar um parecer sobre essas demonstrações financeiras com base em nossa auditoria.

Conduzimos nossa auditoria de acordo com padrões que exigem que planejemos e realizemos o trabalho para obter garantia razoável de que as demonstrações financeiras estão de acordo com os princípios de contabilidade aceitos em geral. Uma auditoria envolve o exame, com base em testes, de evidências que apoiem os valores e as divulgações nas demonstrações financeiras. Uma auditoria também inclui avaliar os princípios contábeis utilizados e as estimativas significativas feitas pela administração.

As demonstrações financeiras que acompanham este relatório foram preparadas supondo que a companhia continuará em funcionamento. Como discutido na nota explicativa X às demonstrações financeiras, a companhia tem sofrido prejuízos sistemáticos em suas operações e apresenta uma deficiência de capital que gera dúvidas substanciais sobre sua capacidade de continuar em funcionamento. Acreditamos que os planos da administração em relação a essas matérias, que também descrevemos na nota X, permitirão à companhia continuar em funcionamento além de um período razoável. As demonstrações financeiras não incluem qualquer ajuste que poderia resultar da definição desta incerteza.

Em nossa opinião, condicionada aos efeitos de tais ajustes sobre as demonstrações financeiras, se houver algum, e que poderiam ser exigidos se a definição da incerteza mencionada no parágrafo anterior fosse conhecida, as demonstrações financeiras mencionadas apresentam fidedignamente, em todos os aspectos materiais, a posição financeira da Lyon Computers, Inc. e os resultados de suas operações e seus fluxos de caixa de acordo com os princípios contábeis aceitos em geral, aplicados de maneira coerente com o ocorrido no ano anterior.

Turner & Turner, CPAs
28 de abril de 2010

Pede-se:
Identifique as deficiências contidas no relatório do auditor, tal como na minuta preparada pelo técnico de contabilidade. Agrupe as deficiências por parágrafo. Não refaça o relatório.

16–48 (Confecção de relatório de auditoria, OA 2, 3) Em 28 de fevereiro de 2010, *Stu & Dent*, LLP, completaram a auditoria da *Shylo Ranch, Inc.* (uma companhia fechada) para o ano encerrado em 31 de dezembro de 2009. Um incêndio recente destruiu os registros contábeis referentes ao custo do rebanho da *Shylo*. Esses foram os únicos registros destruídos. Os auditores foram incapazes de obter evidência adequada a respeito do custo do rebanho, que representa aproximadamente 8% dos ativos totais. As demonstrações financeiras foram preparadas de acordo com princípios contábeis aceitos em geral (GAAP), e os auditores não encontraram outros problemas na auditoria. O relatório de auditoria deve cobrir apenas as demonstrações financeiras de 2009. O sócio de auditoria indicou que um parecer com ressalvas é mais apropriado do que um adverso.

Pede-se:
Prepare uma minuta do relatório de auditoria para revisão pelo sócio responsável pela auditoria.

16–50 (Relatório de exame com uma violação de GAAP, OA 4) Você examinou as demonstrações financeiras da *Classic Company* para o exercício encerrado em 30 de junho de 2010. A única constatação incomum é a de que a empresa diferiu $ 350 mil de custos de pesquisa e desenvolvimento, em lugar de tratá-los como despesa do exercício. Os custos dizem respeito a um produto que o cliente acredita que certamente será rentável no futuro. Você acha que o produto será rentável, mas não que as despesas devessem ter sido diferidas.

Pede-se:
Escreva o parágrafo de garantia limitada e o parágrafo explanatório de um relatório apropriado de exame.

16–52 (Procedimentos de exame para estoques, OA 4) Você foi designado para fazer um exame dos estoques de um cliente, contendo motores elétricos, peças de motores e matérias-primas usadas na fabricação dos motores.

Pergunta-se:

a. Que investigações e procedimentos analíticos você deve realizar?

b. O que você fará se esses procedimentos não sustentarem os valores ou as divulgações do cliente a respeito de seus estoques?

16–54 (Crítica a relatório especial, OA 6) Um técnico de auditoria da *Erwachen & Diamond*, CPAs, preparou a seguinte minuta de um relatório de auditoria de demonstrações financeiras elaboradas com base no regime de caixa:

Relatório do contador aos acionistas da Halon Company

Auditamos os balanços anexos e a demonstração correspondente de resultado para 31 de dezembro de 2010 e 2009. Essas demonstrações foram elaboradas sob a responsabilidade da administração da companhia. Nossa responsabilidade é dar um parecer sobre essas demonstrações financeiras com base em nossas auditorias.

Conduzimos nossas auditorias de acordo com padrões de auditoria aceitos em geral nos Estados Unidos da América. Esses princípios exigem que planejemos e realizemos o trabalho para obter garantia razoável de que as demonstrações financeiras estão livres de erros materiais. Uma auditoria inclui o exame, com base em testes, de evidência em apoio aos valores e às divulgações nas demonstrações financeiras. Também inclui a avaliação dos princípios contábeis utilizados e as estimativas feitas pela administração, bem como a avaliação da apresentação geral das demonstrações financeiras. Acreditamos que nossas auditorias fornecem uma base razoável para o nosso parecer.

Tal como descrito na nota explicativa 13, essas demonstrações foram elaboradas com base no regime de recebimentos e desembolsos de caixa.

Em nossa opinião, as demonstrações financeiras mencionadas apresentam fidedignamente, em todos os aspectos materiais, a posição financeira da Halon Company em 31 de dezembro de 2010, bem como os resultados das operações no ano encerrado nessa data, em conformidade com princípios de contabilidade aceitos em geral nos Estados Unidos da América.

Assinado por Donald Diamond, CPA

15 de fevereiro de 2011

Pede-se:

Identifique deficiências existentes no relatório. Explique seu raciocínio.

16–56 (Relatórios de cumprimento, OA 6) O auditor está auditando a *Inguish Company*, que tem uma escritura de emissão de títulos de dívida, com data de 26 de março de 2008, adquiridos pelo *Last International Bank of Chicago*, contendo as seguintes condições nos parágrafos E a I:

- Par. E – Manter um índice de liquidez corrente de pelo menos 2,5:
  i. No final de cada trimestre.
  ii. No final do ano fiscal.
- Par. F – Depositar $ 250 mil no fundo de amortização dos títulos até 1º de janeiro de cada ano até o vencimento dos títulos.
- Par. G – Restringir os pagamentos de dividendos a não mais de 50% do lucro líquido em cada ano.
- Par. H – Fazer os pagamentos contratados de juros nas datas correspondentes de vencimento.
- Par. I – A empresa deve obedecer a todos os padrões de controle de poluição.

Pergunta-se:

a. Em quais circunstâncias é apropriado para um auditor fazer um relatório de cumprimento de exigências para um cliente com acordos contratuais ou exigências regulatórias?

b. Quais dessas condições deveriam ser abrangidas no relatório de cumprimento para o agente fiduciário?

c. Apresente motivos para excluir qualquer condição do relatório.

16–58 (Modificações possíveis das informações contidas no relatório padrão do auditor, OA 2)

Pede-se:

Descreva as informações básicas incluídas em um parecer de auditoria. Discuta também como esse relatório será diferente se também contiver um relatório sobre controles internos da empresa, ou seja, no caso de um relatório de auditoria integrada.

Considere se as atuais exigências de relatórios de auditoria são suficientes para atender as necessidades de um usuário. Ou seja, há alguma modificação do relatório de auditoria que você acredita que forneceria informação mais útil para o investidor? Ao tratar do assunto, considere as sete questões para discussão propostas pelo PCAOB em seu documento sobre o modelo de relatório do auditor, disponível em www.pcaob.org/Standards/Standing_Advisory_Group/Meetings/2005/02-16/Auditors%20Reporting%20Model.pdf.

Atividade em grupo

16–60 (Caso de análise de decisões em grupo: determinação do parecer apropriado de auditoria, OA 8) A SEC emitiu a Circular de Cumprimento de Normas de Contabilidade e Auditoria (AAER) nº 2393 em 8 de março de 2006. O documento se referia à questão envolvendo Michael B. Johnson e a Michael Johnson & Co. e dizia respeito às auditorias da *Winners*. Os seguintes fatos sobre a auditoria da *Winners* pela *Johnson & Co.* foram incluídos na AAER:

- Johnson, com 56 anos de idade, reside em Littleton, Colorado. Johnson tem sido gerente e único membro da *Johnson & Co.* e contador externo certificado e autorizado no Colorado desde 1975. Ele também é um contador externo certificado e autorizado na Flórida e no Mississípi.
- A *Johnson & Co.* é uma empresa de contabilidade sediada em Denver, Colorado. Johnson é o único membro e contador público certificado associado à empresa.
- A *Johnson & Co.*, com a participação de Johnson, auditou as demonstrações financeiras da *Winners Internet Network* (Winners), para os anos encerrados em 31 de dezembro de 1997 e 1998. Johnson supervisionou as auditorias e compilações dessas demonstrações financeiras e assinou os relatórios das auditorias de 1997 e 1998 em nome da *Johnson & Co.*
- As demonstrações financeiras de 31 de dezembro de 1999 da *Winners* foram preparadas por Johnson e pela *Johnson & Co.*
- A *Johnson & Co.* emitiu relatórios de auditoria acompanhando as demonstrações financeiras da *Winners* para o final dos anos de 1997 e 1998, que continham uma modificação quanto à condição de entidade em funcionamento e um relatório sem ressalvas para o ano de 1999. Essas demonstrações financeiras continham incorreções materiais, algumas das quais relacionadas a lançamentos feitos por Johnson ou sob a sua supervisão. Esses relatórios diziam falsamente que as demonstrações financeiras eram apresentadas fidedignamente, em todos os aspectos materiais, de acordo com os princípios contábeis aceitos em geral (GAAP), e que as auditorias dessas demonstrações financeiras haviam sido conduzidas segundo padrões de auditoria aceitos em geral (GAAS). Essas declarações eram falsas porque partes das demonstrações financeiras subjacentes não eram apresentadas de acordo com os GAAP, o que, por sua vez, fazia que fossem falsas as declarações de que as auditorias haviam sido realizadas segundo os GAAS, pois o não reconhecimento de um afastamento em relação aos GAAP em um relatório de auditoria é uma violação dos GAAS.

Pede-se:
Em vista da natureza do trabalho da *Johnson & Co.* com as demonstrações financeiras da *Winners* de 1997-1999, que tipo de parecer de auditoria deveria ter sido dado?

A decisão a ser tomada por Johnson diz respeito ao tipo de parecer de auditoria que deveria ter sido emitido para o cliente. Ao considerar essa decisão, responda às seguintes perguntas completando as quatro primeiras etapas do arcabouço de análise de decisões apresentado no capítulo 3:

1. Que dificuldades Johnson poderia ter enfrentado ao decidir que tipo de parecer devia ser dado? Por que ele poderia não ter dado os pareceres apropriados?
2. Quais são as consequências da decisão de Johnson neste caso?
3. Quais são os riscos e incertezas associados a esta decisão?
4. Ao decidir se deve emitir uma modificação tratando da condição de entidade em funcionamento, que tipos de evidência o auditor deve coletar para avaliar se a premissa de continuação em funcionamento é razoável?

Recorde que o arcabouço de análise é o seguinte:

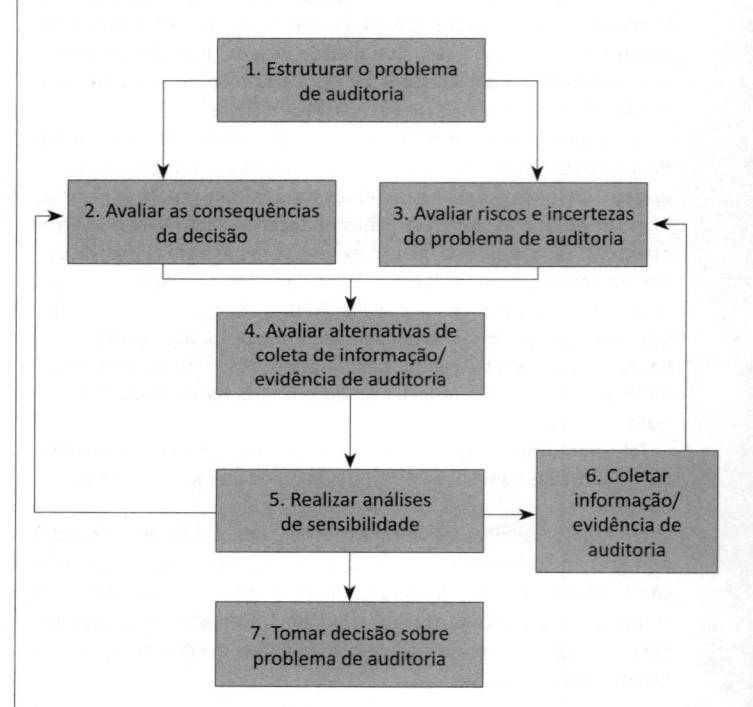

1. Estruturar o problema de auditoria
2. Avaliar as consequências da decisão
3. Avaliar riscos e incertezas do problema de auditoria
4. Avaliar alternativas de coleta de informação/ evidência de auditoria
5. Realizar análises de sensibilidade
6. Coletar informação/ evidência de auditoria
7. Tomar decisão sobre problema de auditoria

Fonte: adaptado de HOGARTH, Robin. *Judgment and Choice*.

Ford Motor Company e Toyota Motor Corporation: Relatórios de auditoria

(www.cengage.com.br)

Fonte e referência	Questão
Ford 10-K relatório de auditoria (pp. FS66 e FS67)	1. Que tipo de relatório de auditoria a *PricewaterhouseCoopers LLP* forneceu à *Ford*?
Toyota 20-F relatório de auditoria (pp. F-2 e F-3)	2. Que tipo de relatório de auditoria a *PricewaterhouseCoopers LLP* forneceu à *Toyota*?
	3a. Quais são as vantagens para a *Ford* e a *Toyota* de usar a mesma empresa de auditoria?
	3b. Por que algumas empresas no mesmo setor hesitariam em usar a mesma empresa de auditoria?

Responsabilidade profissional

17

Objetivos de aprendizagem

O objetivo principal deste livro-texto é a construção de uma base para a análise de questões profissionais correntes e a adaptação de enfoques de auditoria às complexidades das empresas e da economia. Por meio do estudo deste capítulo, você será capaz de:

1. Discutir o ambiente de responsabilidade em que atuam os auditores, os fatores que têm levado a ações judiciais cada vez mais numerosas contra esses profissionais e os efeitos dessas ações sobre as empresas de auditoria.
2. Descrever as causas da ação legal contra os auditores e identificar partes que podem processar esses profissionais.
3. Explicar o impacto de causas judiciais marcantes sobre a profissão de contabilidade externa.
4. Descrever a responsabilidade dos auditores, discutir os deveres do profissional, identificar possíveis defesas dos auditores e discutir soluções e sanções disponíveis, tanto sob o direito comum quanto sob a legislação existente.
5. Identificar exigências profissionais que ajudam a garantir a qualidade da auditoria e minimizar a exposição dos profissionais a ações por responsabilidade.
6. Descrever medidas defensivas que as empresas de auditoria podem adotar para limitar os efeitos de ações judiciais contra elas e auditores individuais.
7. Aplicar os arcabouços de análise e tomada de decisões com ética a questões que podem resultar em ações judiciais.

Visão geral do capítulo

Muito embora a maioria das auditorias seja realizada adequadamente, uma porcentagem significativa das receitas brutas das empresas de contabilidade externa é gasta com seguro de responsabilidade profissional e custas judiciais. As despesas e os acordos judiciais levaram algumas das maiores empresas de contabilidade externa a declarar falência. No ambiente litigioso de hoje, é extremamente importante que os auditores usem o cuidado profissional devido e forneçam auditorias de elevada qualidade para minimizar tais custos. Mesmo com tais precauções, o governo, investidores e clientes ainda podem processar auditores. Neste capítulo, discutimos o ambiente legal no qual atuam as empresas de auditoria, enfoques para a minimização de exposição a ações por responsabilidade e vários casos judiciais importantes que têm exercido impacto significativo sobre a profissão.

O processo de elaboração do parecer de auditoria

| I. Aferir as decisões de aceitação e retenção do cliente (capítulo 4). | II. Entender o cliente (capítulos 2, 4-6 e 9). | III. Obter evidência a respeito de controles e determinar o impacto sobre a auditoria de demonstrações financeiras (capítulos 5-14 e 18). | IV. Apurar evidências consubstanciadas sobre afirmações de contas (capítulos 7-14 e 18). | V. Fechamento da auditoria e tomada de decisões de divulgação (capítulos 15 e 16). |

| A profissão de auditoria, regulamentação e governança corporativa (capítulos 1 e 2). | Tomada de decisões, conduta profissional e ética (capítulo 3). | Responsabilidade profissional (capítulo 17). |

JULGAMENTO PROFISSIONAL EM CONTEXTO

Custos de responsabilidade de auditores

Em 2005, a *Deloitte & Touche* fez um acordo para pagar US$ 50 milhões em relação à sua auditoria malsucedida da *Adelphia Communications*. Esse acordo foi o maior até aquela data, e incluía uma multa recorde de US$ 25 milhões. Ainda em 2005:

- A *Arthur Andersen* fez um acordo de US$ 65 milhões em relação às suas auditorias da *WorldCom*.
- A *PricewaterhouseCoopers* concordou em pagar US$ 48 milhões para encerrar uma ação coletiva relativa à sua auditoria da *Safety-Kleen Corporation*.
- A *KPMG* fez um acordo de US$ 22,4 milhões relativamente às suas auditorias da *Xerox Corporation*.

Em reação ao acordo da *Deloitte* e outros naquele período, James Quigley (diretor executivo da *Deloitte*) disse: "entre os nossos desafios mais importantes está a detecção rápida de fraude, particularmente quando o cliente, sua administração e outros entram em conluio expressamente para enganar os auditores externos da empresa". Além disso, as empresas de auditoria agora informam que "os custos de proteção da prática profissional" – ou seja, seguros, honorários de advogados e acordos judiciais – representam o segundo item mais importante de custo das empresas de auditoria, perdendo apenas para as despesas com a remuneração do pessoal.

À medida que for lendo este capítulo, considere esses fatos e as seguintes perguntas:

- Quais aspectos do ambiente legal permitem essas ações judiciais pesadas contra os auditores?
- Por que os auditores são justificadamente responsáveis em certos casos?
- O que os auditores podem fazer para minimizar sua exposição a ações judiciais?
- Quais são as suas reações à afirmação de James Quigley? É justo responsabilizar os auditores quando a administração faz um conluio para enganar investidores e se preocupa deliberadamente em enganar o auditor?

O ambiente legal

OA 1
Discutir o ambiente de responsabilidade em que atuam os auditores, os fatores que têm levado a ações judiciais cada vez mais numerosas contra esses profissionais e os efeitos das ações sobre as empresas de auditoria.

As seguintes manchetes observadas na imprensa financeira refletem a natureza litigiosa do ambiente em que os auditores atuam:

"*Andersen* abre mão de licenças de prática de contabilidade nos Estados Unidos"
"Refletores voltados para a *Grant Thornton* na falência da *Refco*"
"Processo alega que a *PWC* deixou de perceber 'sinais claros de alerta' na *AIG*"
"*KPMG* pode ser indiciada em relação a benefícios fiscais"

"*Deloitte* paga US$ 50 milhões para encerrar o caso *Adelphia*"
"*BDO International* novamente responsabilizada por caso de negligência no valor de US$ 521 milhões?"
"Companhia aérea falida processa a *Ernst & Young* por fraude contábil"
"Sentenças de responsabilidade legal estão assustando empresas menores de contabilidade da realização de auditorias"

Essas manchetes representam apenas uma amostra da cobertura que a imprensa financeira tem dedicado às ações judiciais contra os auditores nos últimos anos. As empresas de contabilidade externa estão sendo processadas pela realização de auditorias tanto de clientes grandes quanto de pequenos. A *Arthur Andersen*, uma das maiores empresas de contabilidade externa do mundo, foi forçada a fechar as portas em 2001.

O grupo variado de litigantes inclui ações coletivas por pequenos investidores e processos movidos pelo Departamento de Justiça dos Estados Unidos. Os casos de responsabilidade legal são caros para as empresas de auditoria, qualquer que seja o resultado. É estimado que 4 mil processos por ano são movidos alegando prática indevida por parte de CPAs. A responsabilidade dos contadores externos na proteção do interesse do público tem crescido com o aumento do número de investidores, com o aumento da impessoalidade da relação entre executivos de empresas e acionistas e com o crescimento das exigências de mais prestação de contas pelas organizações aos vários grupos de interesse. Quando os auditores concordam em realizar auditorias, eles se apresentam como especialistas na avaliação da fidedignidade de demonstrações financeiras nas quais o público confia. Na maioria das auditorias, os profissionais usam enorme cuidado, agem profissionalmente, emitem pareceres apropriados e atendem aos interesses do público. Mesmo quando uma auditoria é realizada no nível mais alto de qualidade, porém, a empresa de contabilidade externa pode ser processada e incorrer em custos judiciais substanciais para defender-se. Mesmo que a empresa de contabilidade externa ganhe a causa, sua reputação e a dos indivíduos envolvidos podem ser injustamente desacreditadas.

As empresas de auditoria não são os únicos alvos de ações judiciais. Estudantes processam professores, clientes processam fabricantes, pacientes acionam seus médicos e hospitais e clientes processam seus advogados e contadores. Diversos fatores que levam ao crescimento de litígios contra o auditor estão operando em nossa sociedade. Alguns desses fatores incluem:

- Um ambiente que contém normas de responsabilidade conjunta e múltipla, permitindo a um reclamante recuperar o valor integral de um acordo de uma empresa de contabilidade externa, muito embora essa instituição seja considerada apenas parcialmente responsável pela perda (geralmente chamada de teoria dos bolsos cheios, isto é, processar aqueles que podem pagar).
- Pressões para reduzir a duração da auditoria e aumentar a eficiência da auditoria devido à maior concorrência entre as empresas de contabilidade externa.
- O entendimento incorreto por parte de alguns usuários de que um parecer de auditoria sem ressalvas equivale a uma apólice de seguro contra perdas em investimentos.
- Remuneração condicionada a resultados para as empresas de advocacia, especialmente em ações coletivas.
- Complexidade crescente das auditorias, causada pelo comércio eletrônico integrado, por novos tipos de transações e operações de negócios, interesses cada vez mais internacionalizados e padrões de contabilidade mais complicados.
- Ações coletivas e conhecimento crescente pelos usuários das possibilidades e recompensas do recurso a ações judiciais.

CONSIDERE O RISCO

As empresas de auditoria dependem da execução uniforme de programas de auditoria e de profissionais da área com níveis elevados de competência e ceticismo na realização de auditorias. Somente por meio de execução uniforme diária por todos os membros da equipe é que as empresas de auditoria poderão evitar ser responsabilizadas por algum problema.

Doutrinas de responsabilidade

Os auditores podem estar sujeitos a responsabilidade conjunta e múltipla ou proporcional. Os conceitos de responsabilidade conjunta e múltipla destinam-se a proteger os usuários que sofrem perdas substanciais devido à confiança indevida em uma empresa e em suas afirmações de saúde financeira. Os usuários sofrem perdas efetivas, mas, às vezes, aqueles que são os principais responsáveis pelas perdas, como os administradores da empresa, não possuem os recursos para compensar os prejuízos dessas pessoas. A sociedade precisa determinar se aqueles que sofrem as perdas devem ser indenizados integralmente e por quem. A responsabilidade conjunta e múltipla lida com este problema.

A responsabilidade conjunta e múltipla diz que as perdas devem ser pagas àqueles que sofrem perdas causadas por cada parte. Uma parte que sofre uma perda é capaz de obter recuperação integral de qualquer réu, incluindo uma empresa de auditoria, independentemente do grau de culpa da parte. Por exemplo, se um júri decidisse que 80% da culpa era da administração e 20% do auditor, 80% das indenizações deveriam ser pagas pela administração e 20% pelos auditores. Infelizmente, em muitas ações envolvendo auditores, o cliente está falido, os administradores detêm poucos ativos e o auditor é o único que possui recursos adequados para cobrir as perdas. A responsabilidade conjunta e múltipla distribui o pagamento das perdas entre os réus restantes na proporção dos danos relativos. Na responsabilidade conjunta e múltipla no sentido puro, se os administradores não tiverem recursos e não existirem outros réus, 100% das perdas serão alocadas à empresa de auditoria. Portanto, os auditores são comumente incluídos em ações judiciais mesmo que sejam apenas parcialmente responsáveis por perdas incorridas pelos reclamantes. O Congresso dos Estados Unidos limitou o alcance de indenizações por responsabilidade conjunta e múltipla em ações federais à porcentagem efetiva de responsabilidade, caso os auditores sejam considerados responsáveis por menos de 50% das perdas.

O Congresso dos Estados Unidos aprovou a Lei de Reforma de Litígio com Títulos Privados (PSLRA, *Private Securities Litigation Reform Act*) de 1995, que se destina a limitar ações coletivas movidas sob a legislação federal de valores mobiliários contra empresas cujas ações têm desempenho abaixo do esperado. De acordo com essa lei, a responsabilidade é proporcional, e não conjunta e múltipla, a menos que a violação seja deliberada, ou seja, que o auditor tenha participado propositalmente de uma fraude. Em certas situações, um réu pode ser obrigado a cobrir parte da obrigação de outro réu que é incapaz de pagar sua parte. Sob a responsabilidade proporcional, em geral um réu seria obrigado a pagar uma parte proporcional dos dados, dependendo do grau de culpa determinado pelo juiz ou júri.

Como a PSLRA se aplica somente a ações movidas na esfera federal, os advogados têm levado suas ações aos tribunais estaduais. Esta brecha foi fechada pela Lei de Padrões Uniformes de Litígio com Títulos, de 1998, que diz: "qualquer ação coletiva movida em qualquer tribunal estadual envolvendo um título coberto... deverá ser transferível ao tribunal federal do distrito em que a ação foi iniciada". Isso forçará os futuros reclamantes a obedecer ao espírito e à letra do PSLRA, de 1995.

Pressões de prazo e honorários

Os clientes encaram corretamente as auditorias como sendo outro serviço que precisam comprar, e logicamente desejam que seja possível comprar tais serviços ao preço mais competitivo possível. Entretanto, isto coloca os auditores na difícil situação de enfrentar pressões consideráveis de prazo e honorários para prestar serviços com preços competitivos e que

> **QUESTÃO PRÁTICA**
> Embora a grande maioria das auditorias não resulte em processos judiciais e a maior parte dos auditores jamais se envolva em processos durante suas carreiras, as empresas de auditoria enfrentam custos legais consideráveis. Os profissionais normalmente não perdem ações quando as auditorias são adequadamente documentadas para demonstrar que os GAAS foram seguidos.

ainda gerem lucro para a empresa de auditoria. Os auditores devem lembrar que o cliente que exerce a maior pressão em termos de prazo e honorários poderia ser o cliente que está tentando ocultar algo do auditor e, portanto, é o cliente cuja pressão deve ser resistida com mais vigor. Além disso, se um cliente exercer muita pressão em termos de prazo e honorários, a empresa de auditoria deverá considerar se o cliente oferece a oportunidade de se obter um lucro razoável em vista do esforço exigido. Se isso não ocorrer, a empresa de auditoria deverá pensar em não prestar serviços ao cliente.

Auditorias encaradas como uma apólice de seguro

Os auditores desempenham um papel importante na economia de livre mercado, mas um relatório de auditoria que acompanha uma demonstração financeira não é uma garantia de que a companhia auditada está livre de riscos. Infelizmente, alguns investidores erroneamente encaram o relatório de auditoria sem ressalvas como uma apólice de seguro contra toda e qualquer perda em um investimento arriscado. Quando sofrem perdas, esses investidores acreditam que deveriam ser capazes de recuperá-las junto ao auditor. Esta visão, combinada à responsabilidade conjunta e múltipla, estimula ações judiciais contra auditores, mesmo em casos nos quais os demandantes estão previamente cientes de que o profissional é apenas parcialmente culpado ou não tem culpa nenhuma.

Remuneração condicionada a resultados para advogados

Os honorários advocatícios condicionados a resultados têm crescido a ponto de permitir a indivíduos que não são capazes de custear advogados caros a buscar indenizações por suas perdas. Os advogados assumem casos com honorários condicionais no entendimento de que um cliente que perde uma causa nada deve ao advogado; entretanto, se a causa é ganha, o advogado recebe uma porcentagem predeterminada (geralmente de um terço à metade) da indenização estipulada. Esse esquema protege os mais fracos e estimula ações por uma grande variedade de partes. Os demandantes têm pouco a perder, e os advogados têm grande incentivo a levar a ação em frente com êxito.

Ações coletivas

As ações coletivas visam a impedir a ocorrência de várias ações que poderiam implicar julgamentos inconsistentes e estimular a abertura de processos quando nenhum demandante individual tem uma reclamação suficientemente grande para justificar os custos resultantes. Um exemplo de ação coletiva foi o processo movido contra as empresas produtoras de cigarros em nome de indivíduos que haviam fumado. Anúncios na imprensa foram publicados para notificar todos os possíveis membros do grupo a respeito de seu direito de juntar-se à ação coletiva e pedir que o fizessem. Os advogados estavam recebendo elevados honorários condicionais nesse caso e desejavam identificar todo e qualquer possível membro do grupo. As indenizações em tais casos podem ser extremamente elevadas, o mesmo ocorrendo com os honorários dos advogados.

QUESTÃO PRÁTICA

Os comitês de auditoria e os conselhos de administração funcionam como clientes nas companhias abertas. Sua responsabilidade direta perante os acionistas, bem como a necessidade de proteger a si próprios de ações judiciais, alinha suas responsabilidades no sentido de trabalhar com os auditores para que seja garantida a realização de auditorias adequadas.

QUESTÃO PRÁTICA

O escritório de advocacia que representou os acionistas e investidores da Enron pediu US$ 688 milhões em honorários, valor que representa 9,5% da indenização estipulada, abaixo dos 33% usuais que a maioria dos advogados recebe em casos semelhantes.

CONSIDERE O RISCO

Um relatório da Cornerstone Research em 2008 observou que questões relacionadas à contabilidade estavam presentes em mais de 55% de todas as ações coletivas de valores mobiliários encerradas em 2007. Os auditores precisam usar técnicas defensivas de auditoria para limitar sua responsabilidade em tais casos.

QUESTÃO PRÁTICA

Se um cliente de auditoria estiver envolvido em uma ação coletiva, o auditor precisará avaliar se o cliente deve registrar uma reserva para essa ação, pois os valores podem ser materiais. Por exemplo, a Cardinal Health criou uma reserva de US$ 600 milhões para cobrir uma ação coletiva envolvendo sua divulgação financeira.

Conceitos legais básicos

OA 2
Descrever as causas da ação legal contra os auditores e identificar partes que podem processar os profissionais.

OA 3
Explicar o impacto de causas judiciais marcantes sobre a profissão de contabilidade externa.

O ambiente legal é extremamente complexo e diversificado, mas há quatro dimensões particularmente importantes de responsabilidade que os auditores devem considerar:

1. Conceitos de quebra de contrato e delito civil e o seu efeito sobre o auditor.
2. Partes que podem mover ações contra o auditor.
3. Precedentes legais e legislação que podem ser usados como padrão para julgar o desempenho de um auditor.
4. Defesas disponíveis para os auditores.

As três primeiras dimensões são representadas na **Ilustração 17.1** e discutidas mais detalhadamente nas próximas seções. Há uma interdependência complexa envolvendo essas dimensões. As partes que movem ações podem ser clientes de auditoria ou outros usuários. Podem acusar o auditor de quebra de contrato ou de um delito civil. Um delito civil, ao contrário de uma quebra de contrato, é um ato incorreto resultante de negligência, fraude construtiva ou fraude. As ações podem ser movidas com base no direito de contratos, no direito comum, no direito estatutário, ou alguma combinação.

Causas de ação legal

As partes que movem ações contra auditores normalmente alegam que esses profissionais não obedeceram ao padrão de "cuidado devido" na execução da auditoria ou de outros serviços profissionais utilizados por um cliente. O conceito de cuidado devido é definido por *Cooley on Torts*:

> Todo indivíduo que oferece seus serviços a outro e é empregado tem o dever de utilizar toda a habilidade que possui com o cuidado e a diligência devidos. Nessas atividades em que habilidades especiais são exigidas, se alguém oferece seus serviços, entende-se que está apresentando-se ao público como possuidor do grau de habilidade comumente possuído por outros no mesmo setor de atividade e, se sua pretensão for infundada, ele estará cometendo uma forma de fraude com todo indivíduo que o emprega confiando em sua atitude pública. Mas nenhum indivíduo, qualificado ou não, encara a tarefa assumida como algo que será exe-

---

Ilustração 17.1: Visão geral da responsabilidade do auditor

(AUDITOR É CONSIDERADO RESPONSÁVEL? S = SIM, N = NÃO, NA = NÃO APLICÁVEL)

Quem pode processar?	Cliente		Outras partes		
				Direito estatutário	
De acordo com que direito?	Direito de contratos	Direito comum	Direito comum	Lei de 1933	Lei de 1934
Por que motivo?					
Quebra de contrato	Y	NA	NA	NA	NA
Negligência	Y	Y	?*	Y	N
Negligência flagrante	Y	Y	Y	Y	Não definido
Fraude	Y	Y	Y	Y	Y

?* Depende do teste utilizado:
- Usuário identificado
- Usuário imprevisto
- Usuário previsível

cutado com sucesso e sem falha ou erro. Ele o faz em boa fé e com integridade, mas não com a pretensão de infalibilidade, e é responsável perante seu empregador por negligência, má fé ou desonestidade, mas não por perdas decorrentes de erros puros de julgamento.[1]

O terceiro padrão geral de auditoria exigindo cuidado profissional devido reflete a este mesmo conceito. Os auditores são responsáveis pelo uso de cuidado devido, mas isso não significa que sejam infalíveis. A responsabilidade específica em um caso particular depende da existência de quebra de contrato, negligência, negligência flagrante, ou fraude.

A quebra de contrato ocorre quando uma pessoa deixa de executar uma tarefa contratada. Por exemplo, um auditor foi contratado para localizar uma fraude material. Se procedimentos razoáveis teriam detectado a fraude e o auditor foi incapaz de encontrá-la, o profissional terá violado o contrato.

Negligência é a não utilização de cuidado razoável, causando, com isso, danos para outra pessoa ou bens. Se um auditor, por exemplo, não detectou um esquema de desfalque por não usar evidência que um profissional prudente teria usado, então o auditor terá sido negligente. Os padrões profissionais exigem que as auditorias sejam realizadas de acordo com os GAAS; portanto, deixar de cumprir as exigências dos GAAS pode ser visto como um ato de negligência por parte do auditor.

A negligência flagrante (também chamada de fraude construtiva) ocorre quando se deixa de usar até mesmo o cuidado mínimo, ou então se opera com "desconsideração imprudente com a verdade", ou "comportamento imprudente". A emissão de um parecer sobre um conjunto de demonstrações financeiras com desconsideração imprudente dos GAAS é um exemplo de negligência flagrante. A negligência flagrante é mais do que deixar de cumprir os padrões profissionais; é uma desconsideração tão completa do cuidado devido que os juízes e júris têm a permissão de inferir fraude construtiva, ou a intenção de enganar, muito embora possa não haver evidência direta da intenção de enganar.

Fraude é a ocultação ou distorção intencional de um fato material, causando perdas àqueles que tenham sido enganados. Em um processo por fraude, geralmente é necessário provar ciência. Ciência, neste caso, significa conhecimento, por parte da pessoa que faz as declarações, no momento em que são feitas, de que elas são falsas. Um auditor terá cometido fraude com os investidores, por exemplo, ao dar um parecer sem ressalvas sobre demonstrações financeiras que o auditor sabe que, na realidade, não são apresentadas fidedignamente. A finalidade da fraude é enganar.

A evolução do direito comum e estatutário mostra um equilíbrio entre a proteção dos usuários e o esforço de evitar um padrão de cuidado pouco razoável por parte dos auditores. No que se refere aos conceitos precedentes, é obviamente muito mais difícil provar que o auditor agiu fraudulentamente ao emitir um parecer de auditoria do que confirmar que o profissional foi negligente na condução da auditoria.

Partes que podem mover ações contra auditores

Na maioria dos casos, qualquer pessoa que é capaz de sustentar uma alegação de que houve perdas decorrentes ao confiar em demonstrações financeiras enganosas e certificadas pelo auditor está em condições de mover uma ação contra o profissional. Para fins de discussão, essas partes são tipicamente classificadas como cliente e outros usuários. Os outros usuários podem ser qualquer um dos terceiros identificados no capítulo 1.

> **QUESTÃO PRÁTICA**
> O conceito de previsibilidade é fundamental para os tribunais na determinação do direito, por parte de um indivíduo ou um grupo de indivíduos, de mover uma ação e se os demandantes precisam provar negligência, negligência flagrante ou fraude.

> **QUESTÃO PRÁTICA**
> Para provar fraude o demandante é obrigado a provar a intenção de enganar.

---

[1] HAGGARD, D. *Cooley on Torts*, 4. ed., 1932.

Entretanto, um caso recente traz implicações possíveis para a capacidade dos investidores de processar auditores. Em *Stoneridge Investment v. Scientific-Atlanta*, a Corte Suprema dos Estados Unidos deliberou sobre a possibilidade de investidores processarem os consultores de uma empresa ou outras partes inocentemente envolvidas em uma fraude. No caso em questão, a *Charter Communications* montou um esquema com um de seus fornecedores pelo qual uma quantidade de caixas de "set-top" seria vendida de volta ao fornecedor para cumprir metas mais elevadas de receita e lucro. A *Charter* mais tarde readquiriu essas caixas. Os demandantes queriam processar tanto a *Charter Communications* quanto a *Scientific-Atlanta* (produtora das caixas de "set-top") pelos danos incorridos por terem acreditado nas demonstrações financeiras incorretas da *Charter*. A Corte discordou, decretando que a ação só podia ser contra a *Charter*, pois ela que havia cometido a fraude; embora pudesse haver motivos para processar a *Scientific-Atlanta* por cumplicidade e apoio, ela não podia ser incluída em uma ação coletiva contra a *Charter*. As implicações para os contadores são indiretas, ou seja, os auditores contam com alguma proteção caso não tenham participado da fraude, mas não estão completamente protegidos caso a aplicação dos GAAS tivesse permitido descobrir a fraude.

Precedentes legais: responsabilidade perante clientes e outros usuários sob o direito comum e o direito estatutário

OA 4
Descrever a responsabilidade dos auditores, discutir os deveres do profissional, identificar possíveis defesas dos auditores e analisar possíveis soluções e sanções disponíveis tanto sob o direito comum quanto sob a legislação existente.

Os auditores devem ser – e são – responsáveis perante seus clientes e outros usuários que mostram que confiaram nas demonstrações financeiras auditadas para a tomada de decisões importantes e sofreram prejuízos devido ao trabalho de qualidade inferior dos auditores. A responsabilidade que afeta as empresas de contabilidade externa decorre dos seguintes ramos do Direito:

- **Direito comum** – Conceitos de responsabilidade são desenvolvidos em decorrência de decisões judiciais baseadas em negligência, negligência flagrante ou fraude. Segundo o direito comum, os casos podem basear-se no direito de contratos, no qual há responsabilidade quando ocorre quebra de contrato. O contrato geralmente é firmado entre a empresa de contabilidade externa e o cliente e visa à execução de um serviço profissional, como uma auditoria segundo os GAAS.
- **Direito estatutário** – A responsabilidade baseia-se na legislação federal de valores mobiliários ou em leis estaduais. Os instrumentos legais mais importantes para a auditoria profissional são a Lei de Valores Mobiliários, de 1933 (lei de 1933) e a lei de Negociação de Valores Mobiliários, de 1934 (lei de 1934).

Responsabilidade com clientes de acordo com o direito comum – quebra de contrato

Espera-se que os auditores cumpram suas responsabilidades com os clientes de acordo com seus contratos (geralmente representados por uma carta de envolvimento). Os auditores podem ser responsabilizados pelos clientes por quebra de contrato segundo o direito de contratos e/ou o direito comum, e podem ser processados por negligência, negligência flagrante e fraude. Na maioria dos trabalhos de auditoria, o cliente contrata a realização de serviços específicos com o auditor, como a condução de uma auditoria segundo padrões de auditoria aceitos em geral e a conclusão da auditoria dentro de um prazo aceitável.

Quebra de contrato

A quebra de contrato pode ocorrer quando uma obrigação contratual não é cumprida. As causas para a abertura de processo contra o auditor por quebra de contrato podem incluir as seguintes, mas não estão limitadas a elas:

- Violação da confidencialidade do cliente.
- Descumprimento do prazo de entrega do relatório de auditoria.
- Incapacidade de descobrir um erro material ou fraude de um funcionário.
- Retirada do trabalho de auditoria sem motivo.

Os remédios para a quebra de contrato incluem:

- Exigência de execução específica do acordo contratual.
- Obtenção de uma liminar para proibir o auditor de fazer certas coisas, como divulgar informação confidencial.
- Providências para recuperar valores perdidos em consequência da quebra de contrato.

Quando a execução específica ou uma liminar não são apropriadas, o cliente tem o direito de solicitar indenização por perdas sofridas. Na determinação dos valores de indenização, os tribunais tentam colocar o cliente na posição que teria tido se o contrato tivesse sido cumprido como prometido.

O auditor pode utilizar as seguintes defesas contra uma ação por quebra de contrato:

- O auditor utilizou cuidado profissional devido de acordo com o contrato.
- O cliente agiu de forma negligente.
- As perdas do cliente não foram causadas por quebra de contrato.

Condições exigidas de negligência

Um cliente que tente recuperar perdas causadas por um auditor em um processo alegando negligência precisa provar:

- Dever.
- Transgressão do dever.
- Relação causal.
- Perdas efetivas.

O cliente deve demonstrar que o auditor tinha o dever de não ser negligente. Na determinação dessa obrigação, os tribunais usam como critérios os padrões e princípios da auditoria profissional, incluindo GAAS e GAAP. A responsabilização pode resultar da falta de cuidado devido na realização da auditoria ou na apresentação de informações financeiras. O auditor precisará ter transgredido esse dever ao não utilizar o cuidado profissional devido. O cliente precisa demonstrar que houve uma relação causal entre a negligência e a perda. O cliente deve provar que houve perdas efetivas. O volume das perdas precisa ser determinado com certeza razoável, e o cliente deve demonstrar que os atos ou omissões do auditor causaram as perdas.

> **AUDITORIA NA PRÁTICA**
>
> **Fannie Mae processa empresa de auditoria por quebra de contrato; empresa de auditoria reage processando cliente**
>
> Em dezembro de 2006, a Fannie Mae processou seu auditor, a KPMG, por negligência e quebra de contrato. A Fannie Mae alegou que o auditor deixou de impedir a ocorrência de erros contábeis no valor de US$ 6,3 bilhões. Em uma atitude incomum, a KPMG também processou a Fannie Mae, alegando que o cliente de auditoria praticou quebra de contrato, declaração falsa e outros tipos de atitudes impróprias.

Demonstrações financeiras enganadoras

Embora a administração seja responsável pela preparação de demonstrações financeiras, é possível que elas contenham incorreções materiais que deveriam ter sido descobertas pelo auditor. Se o cliente não estava a par das incorreções e sofreu perdas por causa delas, o cliente pode tentar recuperar suas perdas junto ao auditor. Por exemplo, o auditor pode não ter sido capaz de descobrir uma fraude que estava sendo cometida contra a administração da empresa. O profissional normalmente argumentará que o cliente contribuiu para o ocorrido agindo com negligência (ou seja, que a perda foi pelo menos parcialmente causada pela falta de atenção da administração). Apesar disso, os clientes têm movido ações bem-sucedidas contra auditores quando as demonstrações financeiras eram enganadoras ou fraudes não foram detectadas.

Responsabilidade com terceiros segundo o direito comum

Na maioria dos trabalhos de auditoria, o auditor não sabe especificamente quem usará as demonstrações financeiras, mas está ciente de que terceiros as utilizarão. Em geral, os tribunais têm considerado os auditores responsáveis perante terceiros prejudicados quando o auditor foi considerado culpado de negligência flagrante (fraude construtiva) ou fraude. Os tribunais divergem, porém, em relação a quais seriam os terceiros perante os quais os auditores deveriam ser vistos como responsáveis por negligência comum. Para ganhar uma ação contra o profissional, os terceiros que o processam de acordo com o direito comum devem provar que:

- Sofreram uma perda.
- A perda ocorreu pois confiaram em demonstrações financeiras enganadoras.
- O auditor sabia, ou deveria saber, que as demonstrações financeiras eram enganadoras.

Previsibilidade e negligência: direito comum

A questão fundamental é se o requerente precisa provar negligência ou negligência flagrante para ter direito a pagamento de indenização por um auditor. Tribunais de jurisdições distintas têm adotado enfoques diferentes à determinação do direito de um requerente de mover uma ação por negligência comum. A chave é a possibilidade de um auditor ser razoavelmente capaz de prever que um usuário teria se apoiado nas demonstrações financeiras ou outros serviços de certificação prestados pelo profissional. De maneira geral, os demandantes menos previsíveis precisam consubstanciar uma alegação de negligência flagrante, ao passo que os usuários previsíveis, em algumas jurisdições, devem apenas provar uma alegação de negligência.

O caso *Ultramares*: o teste do beneficiário terceiro

O direito comum apoia-se em decisões judiciais. O caso *Ultramares v. Touche*, julgado pelo Tribunal de Recursos de Nova York, em 1931, originou o precedente para responsabilidade do auditor com terceiros. O tribunal decidiu que os auditores são responsáveis para com terceiros por fraude e negligência flagrante, mas não por negligência comum, a menos que o demandante seja uma parte de um contrato (o cliente ou um beneficiário terceiro). Um beneficiário terceiro precisa ser identificado explicitamente na carta de envolvimento como sendo um usuário para o qual a auditoria está sendo realizada. Se, por exemplo, um banco exigir uma auditoria como parte de um pedido de empréstimo e for nomeado na carta de envolvimento, o auditor poderá ser responsabilizado, perante o banco, por negligência comum. Se o banco não tivesse sido nomeado na carta de envolvimento, porém, tal responsabilização não ocorreria. O juiz Cardozo, relator da decisão unânime, expressou sua preocupação com a responsabilidade ampliada do auditor para com terceiros:

> Se houver responsabilidade por negligência, um pequeno lapso ou engano, a incapacidade de detectar roubo ou falsificação que sejam encobertos por lançamentos distorcidos poderá expor os contadores a uma responsabilidade de valor indeterminado a um grupo indeterminado... Nossa posição não livra os contadores da consequência de fraude. Não os exonera quando sua auditoria tenha sido tão negligente a ponto de justificar uma conclusão de que não tinha uma crença autêntica em sua adequação, pois isto ainda é fraude. Não diz nada além de que, se menos do que isso é provado, se não houve incorreção imprudente ou emissão insincera de um parecer, mas tão-somente um engano honesto, a responsabilidade resultante por negligência deve ser circunscrita ao contrato e ser executada pelas partes para as quais o contrato foi elaborado.[2]

Este precedente dominou o pensamento judicial por muitos anos e ainda é seguido em várias jurisdições. Por exemplo, no caso *Bily v. Arthur Young & Co.* em 1992, envolvendo a falência da *Osborne Computer Company*, o Supremo Tribunal da Califórnia manteve o precedente *Ultramares*. Concluiu que a extensão da responsabilidade do auditor com terceiros "gera a ameaça de responsabilidade profissional multibilionária que claramente é desproporcional (1) à culpa do auditor (que é necessariamente secundária [à da administração] e que pode basear-se em diferenças complexas de julgamento profissional) e (2) à relação entre a conduta do auditor e a perda do terceiro (que quase sempre será parcialmente influenciada por fatores econômicos independentes e subjacentes a decisões de investimento e crédito)".[3]

Expansão de *Ultramares*: o teste do usuário identificado

No caso *Credit Alliance Corp. v. Arthur Andersen & Co.* em 1985,[4] o Tribunal de Recursos de Nova York estendeu a responsabilidade do auditor por negligência comum a usuários identificados. Um usuário identificado é um terceiro específico que o auditor sabe que usará as demonstrações financeiras auditadas para um fim particular, muito embora o usuário identificado não seja nomeado na carta de envolvimento.

---

[2] *Ultramares v. Touche*, 174 N.E. 441 (N.Y. 1931).
[3] *Bily v. Arthur Young & Co.* 834 P.2d 745 (Cal. 1992).
[4] *Credit Alliance Corp. v. Arthur Andersen & Co.*, 483 N.E. 2d 110 (N.Y. 1985).

Teste do usuário previsto

A Reformulação (Segunda) de Delitos Civis de 1965[5] ampliou a responsabilidade dos auditores em termos de negligência com usuários identificados e qualquer terceiro individualmente desconhecido, mas que são membros de uma classe conhecida ou visada de terceiros, chamados de usuários previstos. O cliente precisará ter informado ao auditor que um terceiro ou uma classe de terceiros pretende utilizar as demonstrações financeiras para uma transação específica. O profissional não precisa conhecer a identidade do terceiro. Por exemplo, o cliente diz ao auditor que planeja incluir as demonstrações financeiras auditadas em uma solicitação de empréstimo a alguma instituição financeira. O auditor seria responsável perante o banco que fizesse o empréstimo, muito embora sua identidade não fosse conhecida à época da auditoria. Um tribunal de Rhode Island em *Rusch Factors, Inc. v. Levin* aplicou com êxito o teste dos usuários previstos.[6]

Teste do usuário previsível

Alguns tribunais têm estendido a responsabilidade do auditor a usuários previsíveis de demonstrações financeiras auditadas. No caso *Citizens State Bank v. Timm, Schmidt & Co.*, a Corte Suprema de Wisconsin estendeu a responsabilidade do auditor a credores que previsivelmente poderiam ter utilizado as demonstrações financeiras auditadas.[7] Uma posição similar foi adotada em *Rosenblum, Inc. v. Adler*, em que a Corte Suprema de Nova Jérsei observou que a natureza da economia havia se alterado desde o caso *Ultramares* e que os auditores estavam realmente agindo como se vários usuários em potencial se apoiassem em seu parecer de auditoria. Este tribunal deixou claro que usuários previsíveis devem ter obtido as demonstrações financeiras do cliente para fins econômicos normais,[8] mas isto não ocorre em todas as jurisdições.

Situação atual

A **Ilustração 17.2** sintetiza a evolução histórica da responsabilidade do auditor por negligência para com terceiros no direito comum. A situação atual, em termos de responsabilidade, depende do estado e do tribunal envolvidos e do precedente que o tribunal opte por usar. Dos três testes de usuários sintetizados na **Ilustração 17.3**, o teste do usuário identificado é usado em aproximadamente 15 estados, o do usuário previsto em 24 estados e o teste do usuário previsível em apenas 3 estados.[9] Nenhum precedente foi estabelecido para os demais estados. A melhor defesa contra ser responsabilizado é fazer toda auditoria com o cuidado devido.

Responsabilidade estatutária com terceiros

A Lei de Valores Mobiliários, de 1933, e a Lei de Negociação de Valores Mobiliários, de 1934, são os instrumentos federais básicos que afetam a responsabilidade do auditor. Essas

---

[5] A Reformulação (Segunda) de Delitos Civis é publicada pelo Instituto Americano de Direito (*American Law Institute*). Os tribunais podem se referir a esse tratado ao considerar uma questão de precedente superado. Apresenta uma visão especial do direito, porque sua finalidade é apresentar as leis como seriam julgadas pela maioria dos tribunais atualmente. Não reflete necessariamente as regras do direito comum tal como adotadas pelos tribunais. Em vez disso, representa princípios de direito comum que o Instituto Americano de Direito acredita que seriam adotados se os tribunais revissem suas regras de jurisprudência.
[6] *Rusch Factors, Inc. v. Levin*, 284 F.Supp. 85 (D.C.R.I. 1968).
[7] *Citizens State Bank v. Timm, Schmidt & Co.*, 335 N.W. 2d 361 (Wis. Sup Ct. 1983).
[8] *Rosenblum, Inc. v. Adler*, 461 A. 2d 138 (N.J. 1983).
[9] Garrison, M. J. e J. D. Hansen, *Using the engagement letter to limit auditors professional liability exposure*. The Ohio CPA Journal 1999 (jul.-set.), p. 59-62.

leis, promulgadas para garantir que os investidores em companhias abertas se beneficiem de divulgação integral e adequada de informação relevante, têm sido modificadas com o passar dos anos. A modificação mais recente e importante foi a incorporação da lei *Sarbanes-Oxley*, de 2002. Exige-se que as demonstrações financeiras auditadas sejam incluídas em informações fornecidas a investidores atuais e potenciais.

Os auditores que sejam considerados desqualificados, aéticos ou estejam violando deliberadamente qualquer dispositivo da legislação federal de valores mobiliários podem ser punidos pela SEC. As sanções disponíveis à SEC de acordo com a lei *Sarbanes-Oxley* incluem:

- Revogação temporária ou permanente do registro da empresa junto ao Conselho de Supervisão Contábil de Companhias Abertas (PCAOB), o que significa que a SEC não aceitará seus relatórios de auditoria.
- Imposição de penalidade civil de até US$ 750 mil por violação.
- Exigência de educação continuada especial do pessoal da empresa.

Os investidores em companhias abertas podem processar auditores por danos segundo o direito comum, o estatutário, ou ambos. As normas do direito estatutário são descritas nas próximas seções.

Lei de Valores Mobiliários, de 1933

A Lei de Valores Mobiliários, de 1933, exige que as empresas submetam pedidos de registro à SEC antes de poderem emitir e distribuir novos títulos ao público. Um pedido de registro contém, entre outras coisas, informações a respeito da própria empresa, seus dirigentes e principais

Ilustração 17.2: Testes empregados em decisões sobre negligência de auditores com base no direito comum

		Teste		
Fonte	Data	Usuário identificado	Usuário previsto	Usuário previsível
Ultramares (N.Y.)	1931	×		
Reformulação (Segunda) de Delitos Civis	1965		×	
Rusch Factors (R.I.)	1968		×	
Citizens State Bank (Wisc.)	1983			×
Rosenblum (N.J.)	1983			×
Credit Alliance (N.Y.)	1985	×		
Bily v. Arthur Young (Calif.)	1992	×		

Ilustração 17.3: Testes de negligência para a responsabilidade do auditor com terceiros segundo o direito comum

Usuário identificado	Usuário previsto	Usuário previsível
O auditor conhece a identidade do usuário e a transação específica envolvida.	O usuário é membro de uma classe limitada de usuários para uma transação específica. A identidade do usuário específico pode ou não ser conhecida pelo auditor.	Aqueles que previsivelmente poderiam usar as demonstrações financeiras.
Exemplo: o auditor sabe que o First National Bank quer receber demonstrações financeiras auditadas como parte do pedido de empréstimo feito pelo cliente.	Exemplo: o auditor sabe que o cliente precisa de demonstrações financeiras auditadas porque quer obter um empréstimo de algum banco.	Exemplo: credores e acionistas atuais e potenciais.

> **QUESTÃO PRÁTICA**
>
> A Lei de Valores Mobiliários, de 1933, prevê uma forte responsabilidade fiduciária para os auditores. O peso da responsabilidade recai sobre os profissionais em termos de convencer um júri que realizaram a auditoria com o cuidado devido, ou que as demonstrações financeiras não eram incorretas, ou ainda que a perda sofrida pelo demandante foi causada por outros fatores.

acionistas, bem como seus planos de utilização do produto da emissão de novos títulos. Uma parte do pedido de registro, conhecida como prospecto, deve ser fornecida aos investidores em potencial. O prospecto inclui demonstrações financeiras auditadas.

A seção mais importante em termos de responsabilidade na lei de 1933 é a seção 11, que impõe penalidades por incorreções contidas em pedidos de registro. Para os fins da seção 11, a precisão do pedido de registro é determinada na sua data de validade, que é o período no qual a empresa pode começar a vender os novos títulos. Como a data de validade pode ocorrer vários meses após o final do trabalho de campo normal de auditoria, os profissionais devem executar certos procedimentos de auditoria cobrindo eventos entre o final do trabalho normal de campo e a data de validade.

Para entender as normas de responsabilidade na lei de 1933, é importante saber que a intenção da SEC é garantir a divulgação completa e fidedigna de informação financeira pública. Portanto, o padrão de cuidado é extremamente elevado. Qualquer pessoa que receba o prospecto pode processar o auditor por danos devidos a demonstrações financeiras alegadamente enganadoras ou auditorias inadequadas.

De acordo com a lei de 1933, um auditor pode ser responsabilizado por negligência, bem como por negligência flagrante e fraude por compradores de títulos. Os compradores precisam apenas provar que tiveram perdas e que as demonstrações financeiras eram materialmente enganadoras ou não eram fidedignas. Não precisam provar a utilização das demonstrações financeiras, ou que foram lidas ou sequer vistas, ou que os auditores foram negligentes. O ônus da prova cabe aos auditores, que devem provar que (1) usaram cuidado profissional devido, (2) as demonstrações não eram materialmente incorretas, ou (3) o comprador não teve um prejuízo causado por demonstrações financeiras enganadoras.

Lei de Negociação de Valores Mobiliários, de 1934

A lei de 1934 regulamenta a negociação de títulos após a sua emissão inicial. As empresas reguladas são obrigadas a submeter relatórios periódicos à SEC e aos acionistas. Estes são os relatórios periódicos mais comuns:

- Relatórios anuais para os acionistas e 10-Ks, que são relatórios anuais entregues à SEC, ambos contendo demonstrações financeiras auditadas. Os 10-Ks devem ser entregues dentro de 60 a 90 dias do final do exercício fiscal. As empresas menores têm até 90 dias de prazo para entregar os relatórios; já as maiores devem apresentar os relatórios dentro de 60 dias.
- Relatórios financeiros trimestrais para os acionistas e 10-Qs, que são relatórios trimestrais entregues à SEC. Os 10-Qs devem ser entregues dentro de 40 a 45 dias, a contar do final de cada um dos três primeiros trimestres, e ser examinados pelos auditores. As empresas menores têm prazo de até 45 dias para apresentá-los; as maiores devem entregar os relatórios em até 40 dias.
- 8-Ks, que são relatórios entregues à SEC descrevendo a ocorrência de eventos específicos, incluindo a mudança de auditores.

> **QUESTÃO PRÁTICA**
>
> A Lei de Negociação de Valores Mobiliários, de 1934, abrange a maioria dos relatórios submetidos à SEC.

De acordo com a lei de 1934, um auditor pode ser responsabilizado por fraude quando um demandante alega que foi iludido por incorreções em demonstrações financeiras ao tomar decisões de compra ou venda de títulos. Os critérios de responsabilidade para acionar auditores são semelhantes aos do direito comum. A lei diz explicitamente que é ilegal fazer qualquer declaração falsa ou deixar de informar um fato material que é necessário para o entendimento das demonstrações financeiras.

Em *Herzfeld v. Laventhol, Kerkstein, Horwath & Horwath* (1974), os auditores foram considerados responsáveis, de acordo com a lei de 1934, por deixar de divulgar integralmente os fatos e as circunstâncias subjacentes ao seu parecer com ressalvas. O juiz Friendly declarou que o auditor não pode se limitar simplesmente a verificar que as demonstrações cumprem as exigências mínimas dos GAAP, mas tem o dever de informar o público se o cumprimento dos GAAP não representa fidedignamente os resultados econômicos da empresa que está sendo auditada. Mais especificamente, o juiz disse:

> A política subjacente às leis de valores mobiliários, de fornecer aos investidores todos os fatos necessários para a tomada de decisões inteligentes de investimento, só pode ser executada se as demonstrações financeiras representam, completa e fidedignamente, a condição financeira efetiva da empresa. Naqueles casos em que a aplicação de princípios de contabilidade aceitos em geral cumpre o dever de divulgação completa e fidedigna, o contador não precisa ir além. Mas se apenas a aplicação de princípios contábeis não informar adequadamente os investidores, contadores, bem como os executivos e dirigentes da empresa, o auditor deverá se esforçar para divulgar todos os fatos necessários para os investidores interpretarem com precisão as demonstrações financeiras.[10]

Em geral, a comprovação de cumprimento dos GAAP é uma defesa aceitável pelo auditor. Entretanto, como demonstrado aqui, o auditor deve tomar cuidado para verificar que os GAAP não estão sendo manipulados para se obter um resultado financeiro apresentado específico que não esteja de acordo com a substância da transação.

As cortes federais têm lutado com o padrão de negligência implícito na lei de 1934. O padrão de responsabilização de auditores por negligência flagrante ou fraude construtiva tem sido reduzido, essencialmente, a um padrão de negligência. Em 1976, a Corte Suprema dos Estados Unidos forneceu orientação maior em sua revisão de *Ernst & Ernst v. Hochfelder*. A Corte decidiu que o Congresso queria que o demandante provasse que um auditor agiu com ciência para que o profissional fosse considerado responsável de acordo com a lei de 1934. A Corte reservou-se ao direito de julgar se a desconsideração imprudente da verdade (negligência flagrante) seria suficiente para a imposição de responsabilidade.

Embora pudesse parecer que a decisão do caso *Hochfelder* daria muito apoio ao auditor, vários casos posteriores a *Hochfelder* indicam que não é difícil para um juiz ou júri inferir "conduta imprudente" pelo auditor e fazer que o profissional se comporte de acordo com esse padrão. Como observado anteriormente, um demandante tem a opção de mover a ação pelo direito comum, no qual ele não precisa provar ciência.

A **Ilustração 17.4** indica os fatores que os demandantes devem provar em uma ação contra auditores sob a lei de 1934 ou o direito comum e as possíveis defesas para os auditores.

Responsabilidade criminal com terceiros

Tanto a lei de 1933 quanto a de 1934 preveem ações criminais contra auditores que deliberadamente violam dispositivos de qualquer uma das leis e normas e regulamentos correlatos, ou sabem que as demonstrações financeiras são falsas e enganadoras e emitem pareceres indevidos sobre essas demonstrações. As pessoas culpadas podem ser multadas ou encarceradas por até cinco anos. John Burton, ex-contador chefe da SEC, expressou assim a posição da SEC quanto à ação criminal contra auditores:

> **QUESTÃO PRÁTICA**
> Acredita-se em geral que a decisão do juiz Friendly conduziu ao detalhamento das regras contábeis nos Estados Unidos. Os auditores e seus clientes estavam demandando maior especificidade quanto a se um tratamento contábil representava fidedignamente os resultados financeiros.

---

[10] *Herzfeld v. Laventhol, Kerkstein, Horwath & Horwath* [1973-1974] Transfer Binder CCH FED. Sec. Law Reporter #94,574 at 95,999 (S.D.N.Y. 29 de maio de 1974).

> **Ilustração 17.4:** Visão geral de ações legais
>
> **SITUAÇÃO**
> Os demandantes compraram ações no mercado. Posteriormente, o preço se elevou e os demandantes compraram mais ações. Os lucros da empresa, a economia e os preços de mercado em geral caíram a seguir. Os demandantes venderam as ações com prejuízo. Eles processaram a administração e os auditores da empresa apelando à Lei de Negociação de Valores Mobiliários, de 1934, e ao direito comum solicitando indenização igual à diferença entre o preço máximo atingido pelas ações e o preço de venda. Outros réus que não os auditores não possuem seguro contra responsabilidade profissional e não possuem riqueza pessoal significativa. As provas exigidas dos demandantes e as possíveis defesas dos auditores são resumidas a seguir.
>
> | Provas | Defesas dos auditores |
> |---|---|
> | O dano é igual à diferença entre o preço máximo de mercado e o de venda. | O dano deve ser igual à diferença entre o custo e o preço efetivo de venda. |
> | As demonstrações são falsas e enganadoras. | As demonstrações estão de acordo com os GAAP ou não têm incorreções materiais. |
> | Confiaram em demonstrações financeiras ao tomar decisões de investimento. | Os demandantes se apoiaram em uma garantia pessoal do presidente e/ou em investigação separada antes da compra. |
> | O dano foi devido a demonstrações financeiras falsas/enganadoras. | O dano foi causado pela queda geral do mercado de ações, pela diminuição do crescimento da economia e pela redução da rentabilidade da empresa após a compra das ações. |
> | Conhecimento do auditor de que as demonstrações financeiras seriam falsas/enganadoras:
1. Não sabia
2. Devia ter sabido – negligência, ausência de cuidado profissional devido | Resposta do auditor:
1. Sabia que eram falsas – fraude/ciência
2. Usou cuidado profissional devido e GAAS; foi enganado pela administração |
> | Julgamento – responsabilidade conjunta e múltipla. Os auditores são responsáveis por 30% das perdas. No entanto, são obrigados a pagar 100% da indenização porque os outros réus não têm capacidade de pagamento. | De acordo com a lei de 1934 e a jurisprudência em estados que têm aplicado a responsabilidade proporcional, este não foi um ato deliberado do auditor, e, portanto, o profissional é responsável por somente 30% das perdas. Em outros estados, procura-se fazer que a lei estadual passe a aceitar a responsabilidade proporcional. |

Embora virtualmente todos os casos da Comissão sejam de natureza civil, em algumas ocasiões raras se conclui que um caso é suficientemente grave para ser encaminhado ao Departamento de Justiça para que se considere uma ação criminal. Esses encaminhamentos, no caso de contadores, têm sido feitos somente quando a Comissão e os seus técnicos acreditaram que a evidência indicava que um contador profissional havia atestado demonstrações financeiras que ele sabia serem falsas ao dar seu parecer. A Comissão não encaminha para ação criminal os casos que ela considera serem simplesmente questões de julgamento profissional, mesmo que os julgamentos pareçam ser maus.[11]

Entre as ações criminais mais divulgadas contra auditores estão *United States v. Simon (Continental Vending)* e *Equity Funding*. Esses casos resultaram na condenação penal de vários profissionais.

Continental Vending – No processo *United States v. Simon (Continental Vending)*, o júri considerou dois sócios e um gerente sênior da *Lybrand, Ross Bros. & Montgomery* (antecessora da

---
[11] John C. Burton. *SEC enforcement and professional accountants: philosophy, objectives and approach*. Vanderbilt Law Review 1975 (jan.), p. 28.

PricewaterhouseCoopers, LLP) culpados de conspiração envolvendo a elaboração de demonstrações financeiras enganadoras e a emissão de parecer sem ressalvas sobre as demonstrações financeiras da *Continental Vending Machine Corporation*. O caso foi a primeira ação penal contra auditores que foram considerados culpados, muito embora não tivessem obtido ganhos pessoais com esta conspiração.[12] Além disso, o juiz atribuiu ao júri a tarefa de determinar se as demonstrações financeiras tinham sido apresentadas fidedignamente; foi observado que o cumprimento de GAAP não levava automaticamente a demonstrações fidedignas.

Equity Funding – Na fraude ocorrida no caso da *Equity Funding*, aproximadamente dois terços das apólices de seguro que se declarava estarem em vigor – bem como certos investimentos – eram fictícios, e a auditoria deixou de descobrir qualquer transação falsa. O sócio sênior da *Wolfson Weiner*, a empresa de auditoria da *Equity Funding*, e o auditor responsável pelo trabalho foram condenados por violações criminais da legislação federal de valores mobiliários, e seu direito de praticar junto à SEC foi automaticamente suspenso. A SEC constatou que os auditores se envolveram em atos e práticas que representam violações flagrantes de suas regras e de padrões de independência da contabilidade profissional.

Questões de responsabilidade de firmas multinacionais de CPAs

A maioria das empresas de CPAs nos Estados Unidos é filiada a organizações internacionais; por exemplo, a *Deloitte* é o membro norte-americano da *Deloitte Touche Tohmatsu (DTT)*. A *Parmalat*, uma grande empresa de laticínios da Itália, requereu falência em 2003 ao se descobrir um buraco de US$ 17 bilhões em suas contas, alegadamente criado por ex-executivos e que fora escondido por dez anos. Em suas auditorias da *Parmalat*, a *Deloitte & Touce SpA*, a afiliada italiana da *DTT*, foi incapaz de descobrir essa fraude enorme. Muito embora a *DTT* estivesse estruturada como uma rede de sociedades legalmente distintas e independentes em diversos países, ações coletivas têm sido movidas contra as unidades da *DTT* dos Estados Unidos e internacionais, argumentando que a empresa agia como uma única entidade. A *Deloitte* argumentou que as afiliadas globais da *DTT* não podem ser responsabilizadas pelas ações de outras unidades. Em 2005, a *Deloitte* perdeu a sua batalha pela rejeição dessas ações, aparentemente deixando cada afiliada responsável pela qualidade das auditorias das outras afiliadas.[13] Em janeiro de 2009, um juiz federal nos Estados Unidos determinou que os demandantes podem processar a *Deloitte*, seu ex-diretor executivo e suas afiliadas pelo papel da afiliada italiana no colapso da *Parmalat*.

Impacto em termos de responsabilidade da disseminação de informações financeiras auditadas na internet

Uma questão não resolvida em termos de responsabilidade diz respeito à informação financeira auditada que é disseminada na internet.[14] Toda e qualquer pessoa que possui um

> **QUESTÃO PRÁTICA**
> Em 2008, a SEC emitiu nova orientação às companhias abertas a respeito de como cumprir a legislação de valores mobiliários quando do desenvolvimento de páginas na internet para disseminar informações importantes aos investidores.

---

[12] *United States v. Simon*, 425 F. 2d 796 (2d Cir. 1969).
[13] *Judge Refuses to Dismiss Deloitte's Parmalat Lawsuit*. Disponível em www.accountingweb.com. 9 de julho de 2005.
[14] Grande parte desta informação é apresentada em MILLER e YOUNG. *Financial reporting and risk management in the 21st century*. Fordham Law Review 1997 (abr.).

computador com acesso à internet pode acessar tal informação. As implicações, em termos de responsabilidade, caso não sejam cuidadosamente definidas, são enormes. Talvez um dos casos mais importantes nesta área tenha sido julgado antes da invenção dos computadores. Em *Jaillet v. Cashman*, o tribunal rejeitou uma ação contra a *Dow Jones & Co.*, em 1920, por apresentação de informação distorcida sobre seu novo serviço de cotação. O tribunal julgou que permitir uma ação por negligência criaria um precedente, com o qual "haveria uma responsabilidade por parte do réu com todo e qualquer membro da comunidade que tivesse sido enganado por um relatório incorreto". A "conveniência prática" fez que a rejeição de tal reclamação fosse "absolutamente necessária".[15]

A divulgação pela internet é hoje uma realidade. Demonstrações financeiras auditadas estão atualmente sendo fornecidas com o uso de XBRL (linguagem ampliada de divulgação financeira). Na verdade, em fevereiro de 2009, a SEC baixou normas que exigirão que as empresas forneçam informação financeira em um formato que possa ser baixado diretamente em planilhas interativas para facilitar a análise por investidores e contribuir para automatizar a submissão de informações exigidas pela regulamentação. Neste ambiente, os auditores serão obrigados a indicar claramente que itens são auditados e precisarão tomar o cuidado de assegurar a segurança de seus relatórios. Poderá ser prudente, para aqueles que fornecem informações via internet, incluir alguma forma de declaração de isenção de responsabilidade.

AUDITORIA NA PRÁTICA

A quebra de instituições financeiras importantes – por exemplo, Bear Stearns, Lehman Brothers e Merrill Lynch – aconteceu apesar de terem anteriormente emitido demonstrações financeiras e relatórios de controle interno livres de problemas. Entretanto, no caso da AIG, os auditores haviam alertado para o fato de que a empresa não possuía controles internos adequados sobre a divulgação financeira.

Responsabilidade: uma área em mudança constante

A natureza das ações judiciais contra auditores continuará evoluindo. A lei *Sarbanes-Oxley*, de 2002, estendeu as responsabilidades dos auditores a relatórios que informem a qualidade dos controles internos de uma organização sobre a divulgação financeira. É provável que haja muitas ações quando as empresas quebrem não só com pareceres sem ressalvas sobre as suas demonstrações financeiras, mas também com pareceres sem ressalvas sobre a qualidade de seus controles internos.

Síntese da responsabilidade do auditor com terceiros

Considere novamente a **Ilustração 17.1**. Os auditores são claramente responsáveis perante terceiros prejudicados por fraude, tanto sob o direito comum quanto sob o estatutário. Como os terceiros tendem a mover ações tanto sob o direito comum quanto sob o direito estatutário em um caso específico, os auditores também são essencialmente responsáveis por

---

[15] *Jaillet v. Cashman*, 189 N.Y.S. 743 (Sup. Ct. 1921) aff'd, 194 N.Y.S. 947 (App. Div. 1922) aff'd, 139 N.E. 714 (N.Y. 1923).

fraude construtiva. Os auditores são responsáveis por negligência de acordo com a Lei de Valores Mobiliários, de 1933, e possivelmente de acordo com o direito comum, dependendo do precedente utilizado pelo tribunal.

Os terceiros devem provar a culpa do auditor sob o direito comum e a Lei de Negociação de Valores Mobiliários, de 1934. No caso da Lei de Valores Mobiliários, de 1933, porém, os auditores é que devem provar sua inocência. As defesas disponíveis ao auditor incluem:

- Diligência apropriada, ou seja, o auditor fez o que um profissional prudente teria feito.
- As demonstrações financeiras não eram materialmente incorretas.
- A auditoria não foi a causa da perda do demandante.
- O auditor não tem obrigações com o demandante.

Minimização da exposição a responsabilidades

Diversos enfoques ajudam a atenuar a exposição das empresas de contabilidade externa e dos seus sócios a ações judiciais. Esses enfoques incluem (1) políticas visando a garantir a independência do auditor, (2) programas de controle de qualidade, (3) programas de revisão, (4) exigências de educação continuada para auditores individuais e (5) auditoria defensiva. Cada um desses enfoques é discutido detalhadamente nas próximas seções.

OA 5
Identificar exigências profissionais que ajudem a garantir a qualidade da auditoria e minimizar a exposição dos auditores a ações por responsabilidade.

Políticas para ajudar a garantir a independência do auditor

O AICPA, o PCAOB e a SEC possuem exigências para ajudar a garantir a independência do auditor. Exemplos de tais exigências incluem:

- Revezamento de sócios.
- Proibição de prestação de outros serviços fora da área de auditoria.
- Restrições à execução de serviços permitidos fora da área de auditoria.
- Programas de independência do auditor.

Revezamento de sócios

O revezamento periódico de sócios ajuda a trazer um enfoque revigorante a auditorias e minimizar o viés que pode resultar de contatos prolongados com a administração do cliente. A lei *Sarbanes-Oxley* exige que o sócio encarregado da auditoria de uma companhia aberta e o sócio endossante se revezem pelo menos uma vez a cada cinco anos.

Serviços proibidos

Para ajudar a aumentar a independência do auditor, a lei *Sarbanes-Oxley* proíbe as empresas de contabilidade externa registradas de prestar certos serviços para clientes de auditoria que sejam companhias abertas, como foi descrito no capítulo 3. A principal pergunta que cada empresa de auditoria deve se fazer antes de prestar serviços além de auditoria é a seguinte: "se algo der errado, a natureza dos serviços ou o volume de receita gerado com a prestação dos serviços levaria um observador neutro a acreditar que nossa independência na execução da auditoria poderia ter sido comprometida ou reduzida?". A análise dessa pergunta simples

> **QUESTÃO PRÁTICA**
>
> Há muitas maneiras de mitigar a responsabilidade ao longo do processo de elaboração do parecer de auditoria, mas a maioria se resume a quatro pontos principais:
> 1. Lembrar que as necessidades dos usuários finais são primordiais.
> 2. Fazer trabalho de qualidade.
> 3. Usar de ceticismo profissional na execução do trabalho de auditoria.
> 4. Documentar o trabalho realizado e o processo de raciocínio de auditoria.

> **QUESTÃO PRÁTICA**
>
> Os serviços proibidos para clientes de auditoria diferem de companhias abertas para companhias fechadas. Muitos desses serviços não se aplicam a companhias fechadas. Entretanto, o auditor de companhias fechadas deve avaliar se a execução de cada uma dessas atividades representa uma ameaça à sua independência.

com alguma regularidade ajudaria os auditores profissionais a evitar muitas das perdas que têm sofrido em ações judiciais.

Restrições a outros serviços permitidos a clientes de auditoria

A lei *Sarbanes-Oxley* exige que o comitê de auditoria de uma companhia aberta se responsabilize por avaliar a independência de uma empresa de auditoria. Além disso, exige que qualquer serviço não permitido e a auditoria a serem realizados por sua empresa de auditoria sejam pré-aprovados pelo comitê de auditoria, a menos que tais serviços, em termos agregados, representem menos de 5% do valor total pago à sua empresa de auditoria no ano. O PCAOB também implantou regras exigindo a aprovação prévia pelo comitê de auditoria de certos serviços tributários e trabalhos outros que não os de auditoria relacionados ao controle interno da divulgação financeira.

O Código de Conduta Profissional do AICPA (Código) permite às empresas de contabilidade externa a prestação de serviços não expressamente proibidos para clientes de auditoria que não sejam companhias abertas caso a empresa determine que sua independência não será comprometida. A empresa também deve definir com o cliente que este será responsável por:

- Designar indivíduos de nível executivo como responsáveis pela supervisão dos serviços prestados.
- Avaliar a adequação dos serviços prestados e qualquer constatação deles resultantes.
- Tomar decisões gerenciais relacionadas aos serviços.

Programas de independência do auditor

> **QUESTÃO PRÁTICA**
>
> As empresas de auditoria utilizam sistemas sofisticados de rastreamento *on-line* destinados a ajudar seus profissionais a identificar, comunicar e resolver possíveis problemas de independência, tendo em vista o cumprimento das normas da SEC. Esses sistemas permitem aos profissionais individuais determinar se seus investimentos poderiam fazer que a empresa de auditoria violasse exigências de independência.

Um dos elementos do programa de controle de qualidade de uma empresa de contabilidade externa (discutido na próxima seção) é a formulação de políticas e procedimentos para dar garantia razoável de que o pessoal age com independência de fato e em aparência ao fazer auditorias. Essas políticas e procedimentos incluem tanto componentes preventivos (por exemplo, programas de treinamento sobre independência do auditor na empresa como um todo), quanto componentes de detecção, com os quais a empresa é capaz de identificar violações de independência que não foram bloqueadas pelo sistema de controle de qualidade (por exemplo, um programa de inspeção e teste para monitorar o cumprimento de exigências de independência). Um programa como esse poderia incluir:

- Programas de treinamento na empresa enfatizando fatores que podem reduzir a independência.
- Análise de todas as relações que podem afetar a independência do auditor e a declaração individual de todas as possíveis relações que poderiam reduzir a independência.
- Diagnóstico de desempenho, em tempo real, enfatizando a necessidade de ceticismo, objetividade e a necessidade de confirmar as explicações dadas pela administração do cliente.

Programas de controle de qualidade

Um dos ingredientes mais importantes na atenuação da exposição a responsabilidades é a implantação, pelas empresas, de políticas e procedimentos sólidos de controle de qualidade. O AICPA produziu um conjunto de elementos de controle de qualidade para ajudar as instituições a montar tais programas. Os padrões de controle de qualidade valem não apenas para serviços de auditoria, mas também para os trabalhos de contabilidade e análise prestados pela empresa de auditoria. Os elementos de controle de qualidade também funcionam como critérios para a análise externa de qualidade por pares. As empresas devem considerar cada um dos seguintes elementos gerais de controle de qualidade ao criarem tais políticas e procedimentos:

- Independência, integridade e objetividade.
- Gestão de pessoal.
- Aceitação e retenção de clientes e contratos.
- Desempenho do trabalho.
- Monitoramento.

Programas de revisão

Quem audita os auditores? Há uma tríade de revisões de qualidade que ajuda a garantir a qualidade das auditorias: inspeções externas/revisões por pares, revisões por sócios endossantes e revisões entre unidades.

Inspeções externas/revisões por pares

A lei *Sarbanes-Oxley* exige que o PCAOB faça inspeções anuais de empresas de contabilidade externa registradas com mais de 100 auditorias de companhias abertas, e a cada três anos no caso das outras empresas registradas. Os relatórios de inspeção estão disponíveis no site do PCAOB (www.pcaobus.org). Muitos desses relatórios identificam deficiências encontradas pelos inspetores. As instituições atualmente obrigadas a se registrarem no PCAOB também devem se inscrever no Programa de Revisão por Pares do Centro de Empresas de Auditoria de Companhias Abertas do AICPA (CPCAF PRP) e se submeter a uma revisão por pares de acordo com os padrões do PRP. O CPCAF PRP se destina à revisão e avaliação daquelas partes da prática de contabilidade e auditoria de uma empresa que não são inspecionadas pelo PCAOB; portanto, o foco da revisão por pares se concentraria nos clientes não abertos da empresas de auditoria.

As instituições não registradas que fazem auditorias e/ou exames de companhias fechadas são obrigadas, pela maioria dos conselhos estaduais de contabilidade, ou pelo AICPA, de passar por uma revisão externa por pares a cada três anos. As revisões são conduzidas por profissionais de outra empresa de contabilidade externa e produzem uma avaliação objetiva da propriedade das políticas e dos procedimentos de controle de qualidade da instituição, bem como do grau de obediência a eles. Por exemplo, os examinadores determinam se a empresa possui políticas e procedimentos que encorajam o pessoal a buscar a assistência de indivíduos com o conhecimento, a competência, o julgamento e a autoridade para resolver um problema (elemento de desempenho no trabalho). O elemento de monitoramento exige que a empresa tenha políticas e procedimentos que ajudem a garantir que os demais elementos estão sendo eficazmente aplicados. A melhoria de qualidade é buscada principalmente por meio da educação ou de ações corretivas. Relatórios de revisão por pares são entregues à empresa e a maioria está disponível junto ao AICPA, para uso por clientes em potencial, funcionários e outras partes interessadas.

Revisão interna por pares

Há dois tipos de programas de revisão interna por pares – revisões por sócios endossantes e entre unidades. Um sócio que não esteja envolvido em uma auditoria faz uma revisão por sócio endossante (também chamada de exame de qualidade do trabalho) perto do final de cada auditoria para garantir que a evidência documentada apoie o parecer de auditoria. Tais revisões são exigidas de auditorias de companhias abertas, e é desejável que as empresas façam essas revisões em todas as auditorias. O sócio endossante deve estar familiarizado com a empresa que está sendo auditada. Procedimentos analíticos utilizados nesta altura da auditoria ajudam a identificar relações e tendências para as quais evidência suficiente deve ser documentada. A existência de evidência inadequada indica a necessidade de trabalho adicional de auditoria. Algumas empresas de contabilidade externa com um único sócio combinam com outras instituições a realização de revisões uma para a outra antes de emitirem relatórios de auditoria.

Uma revisão entre unidades é uma revisão de uma unidade da empresa por profissionais de outra unidade para garantir que as políticas e os procedimentos estabelecidos estão sendo seguidos. Tal como as inspeções externas/revisões por pares, as revisões entre unidades incluem a seleção e o exame de uma amostra de auditorias e outros trabalhos para ajudar a garantir que foi feito um serviço de qualidade.

Exigência de educação continuada

Para elevar a qualidade da realização do trabalho, o AICPA exige que seus membros envolvidos em prática externa acumulem pelo menos 120 horas de crédito de educação continuada a cada três anos. Os conselhos estaduais fazem exigências similares. É importante que os profissionais que busquem tal tipo de educação continuem a aprimorar suas competências, não apenas para cumprir as exigências de elaboração de relatórios. Alguns conselhos estaduais determinam que certo número mínimo de créditos esteja relacionado à ética profissional.

Auditoria defensiva

> **QUESTÃO PRÁTICA**
> A revisão mais importante realizada em qualquer auditoria é a pelo sócio e gerente para determinar que a equipe de auditoria efetuou sistematicamente uma auditoria de qualidade elevada e de acordo com GAAS, e que todas as questões importantes de contabilidade e auditoria são documentadas, juntamente com o processo de raciocínio.

> **OA 6**
> Descrever medidas defensivas que as empresas de auditoria podem adotar para limitar os efeitos de ações judiciais contra elas e auditores individuais.

A auditoria defensiva consiste em tomar providências especiais para evitar ações judiciais. As empresas de auditoria podem tomar providências para ajudar a garantir que a qualidade do processo de elaboração do parecer de auditoria seja de alto nível. Duas providências já discutidas, compatíveis com a auditoria defensiva, incluem a manutenção de bons controles de qualidade e a submissão da empresa a revisões de qualidade/por pares. Há, no entanto, outras providências que as empresas podem tomar, incluindo (1) a emissão de cartas de envolvimento, (2) a seleção de clientes, (3) a avaliação das limitações da empresa de auditoria e (4) a manutenção de documentação de auditoria de alta qualidade. Os auditores também podem tomar outras providências para ajudar a limitar os efeitos de ações judiciais e alterar o ambiente judicial. Essas providências incluem (1) a manutenção de cobertura apropriada de seguro, (2) a organização sob a forma de sociedades de responsabilidade limitada e (3) a avaliação da possibilidade de reformas judiciais.

Emissão de cartas de envolvimento

A pedra basilar de qualquer programa de prática defensiva é a carta de envolvimento, que deve delinear claramente o escopo do trabalho a ser efetuado, de forma que não possa haver qualquer dúvida para o cliente, o contador externo ou os tribunais. Deve ser tomado cuidado, porém, ao se descrever o grau de responsabilidade que o auditor assume em relação à descoberta de fraude e incorreções. Se o cliente quiser que os seus auditores cheguem além das exigências dos padrões de auditoria, os auditores devem fazer que seus assessores jurídicos examinem a redação para garantir que ela diz não só o que se pretende dizer, mas também o que é possível.

Seleção de clientes

Um dos ingredientes do controle de qualidade lida com a aceitação e retenção de clientes. Esta decisão deve envolver mais que apenas uma análise da integridade da administração. Diretrizes estritas de aceitação de clientes devem ser fixadas para evitar:

- *Clientes que se encontram em dificuldades financeiras e/ou organizacionais* – Por exemplo, clientes que podem ir à falência ou aqueles com maus controles contábeis internos ou registros falhos.
- *Clientes que representam uma porcentagem desproporcional da prática total da empresa* – Clientes como esses podem tentar influenciar o auditor para permitir práticas contábeis inaceitáveis ou emitir parecer inadequado.
- *Clientes de má reputação* – A maioria das empresas de contabilidade externa não pode permitir que sua boa reputação seja maculada por prestar serviços a um cliente de má reputação ou associando-se com um cliente que tem uma administração com má reputação.
- *Clientes que oferecem honorários inaceitavelmente baixos pelos serviços do auditor* – O profissional pode tentar fazer atalhos de maneira imprudente ou levar prejuízos no contrato. Inversamente, os auditores podem fazer propostas de serviços de auditoria por honorários muito baixos.

AUDITORIA NA PRÁTICA

Sistema especialista de aceitação e retenção de clientes da KPMG

A KPMG utiliza uma ferramenta de decisão com o nome de KRisk para ajudar seus gerentes e sócios a tomar decisões de aceitação (a empresa deve aceitar um novo cliente?) e retenção (a empresa deve continuar prestando serviços a um cliente existente?) de clientes com qualidade elevada.

O KRisk inclui um conjunto de perguntas que o gerente e o sócio do contrato de auditoria respondem para cada novo cliente e respondem anualmente para os clientes que são mantidos. O sistema também extrai dados de fontes publicamente disponíveis, tais como documentos submetidos à SEC. Uma vez que os dados sobre um certo cliente estão incluídos no sistema KRisk, um algoritmo interno de cálculo de escore avalia as respostas às perguntas e pondera as informações em termos de relevância para as decisões de aceitação ou retenção de clientes, gerando um escore global de risco que varia de um (baixo) a cinco (alto). Com base no escore de risco, a KPMG revê as decisões de aceitação ou retenção de clientes individuais. Por exemplo, um escore de quatro ou cinco levará a uma revisão na sede nacional por um sócio de auditoria de senioridade elevada.

O sistema KRisk incorpora os seguintes tipos de informação sobre clientes:

- Informações sobre o contrato propriamente dito, incluindo membros da equipe de auditoria e planos a respeito dos honorários do trabalho.
- Informações sobre a entidade, tais como riscos associados a pressões sobre o preço da ação, expectativas de analistas, preocupações da SEC com o cliente e qualquer problema com os auditores anteriores, tais como a compra de pareceres.
- Elementos sobre independência, incluindo qualquer ex-funcionário da KPMG que ocupa posição de poder na organização do cliente.
- Informações de terceiros sobre o cliente, tais como problemas legais, histórico de problemas com advogados, contadores ou outros profissionais, e informações que digam se a empresa de auditoria anterior se recusou a continuar prestando serviços ao cliente.
- Dados quantitativos, incluindo saúde financeira, classificação de risco de títulos de dívida e capitalização de mercado do cliente.
- Informações qualitativas, incluindo características do setor, ambiente regulatório e fatores de concorrência.
- Elementos organizacionais e operacionais, incluindo qualidade da governança, da gestão, do controle interno e da auditoria interna.
- Informações sobre comportamentos de divulgação financeira e resultados de auditorias recentes, incluindo a agressividade relativa da divulgação financeira, transações contábeis incomuns, transações com partes relacionadas, pareceres anteriores de auditoria que não foram emitidos sem ressalvas e incorreções anteriores de demonstrações financeiras, entre outras.

Para informações adicionais sobre o sistema KRisk, ver BELL, T.; BEDARD, K. M; SMITH, E. KRisk: A computerized decision-aid for client acceptance and continuance risk assessments. *Auditing: A Journal of Practice & Theory*, set. de 2002, vol. 21, nº 2, p. 97-113.

> **QUESTÃO PRÁTICA**
> Algumas empresas de auditoria podem contar com políticas de rejeição de clientes que atuam em certos setores que poderiam ser vistos com potencialmente danosos para a reputação da empresa de auditoria.

- *Clientes que se recusam a assinar cartas de envolvimento ou declaração de responsabilidade da administração* – Permitir que os clientes abram mão desta exigência aumenta a probabilidade de que o escopo dos serviços seja ampliado pelo judiciário.

Avaliação das limitações da empresa

Uma empresa não deve envolver-se em um trabalho de auditoria quando não é qualificada para executá-lo. Esta proibição é particularmente importante no caso de instituições menores e em processo de crescimento. As estatísticas mostram que as empresas cobertas por um plano de seguro de responsabilidade profissional do AICPA que são mais suscetíveis a ações judiciais são aquelas que possuem corpo técnico de 11 a 25 contadores. Elas parecem se tornar excessivamente dedicadas, assumindo trabalhos que não estão qualificadas para executar.

Manutenção de documentação precisa e completa de auditoria

A equipe de auditoria deve documentar tudo o que é feito no trabalho. É difícil convencer um júri de que algo que não está documentado foi feito. A documentação de auditoria deve claramente demonstrar evidência de revisão por supervisores, particularmente naquelas áreas com o maior potencial de impropriedades, tais como estoques, reconhecimento de receita e estimativas contábeis. A documentação deve refletir claramente a identificação e investigação de transações com partes relacionadas, muito propensas a abuso. A investigação de transações incomuns, como *swaps* de dívida ou lançamentos incomuns de diário no final do ano, deve ser documentada cuidadosamente. Esses tipos de transações muitas vezes se prestam à inflação de lucros e não reconhecimento de prejuízos.

Manutenção de cobertura apropriada de seguro

Muitas empresas de contabilidade externa adquirem seguro de responsabilidade profissional para se protegerem contra o impacto financeiro integral do pagamento de indenizações decorrentes de ações judiciais. Tais seguros possuem franquias que podem superar US$ 25 milhões de dólares no caso de uma primeira perda e fixa um teto sobre quanto será pago por cada caso. Além da franquia, as perdas superiores ao teto precisam ser pagas com ativos da empresa de contabilidade externa.

Organização como sociedade de responsabilidade limitada

A maioria das grandes empresas de contabilidade externa é formada por sociedades por responsabilidade limitada (LLPs, ou *limited-liability partnerships*). Os sócios de LLPs são tributados como sociedades (isto é, sem dupla tributação). Se uma LLP for à falência, os ativos pessoais dos sócios não correm o risco de pagar pelas dívidas da empresa, exceto pelos ativos de qualquer sócio que tenha causado a falência.

> **QUESTÃO PRÁTICA**
> Ocasionalmente, os auditores também têm tomado a providência incomum de processar o cliente de auditoria em casos nos quais a empresa de auditoria acredita que o cliente fraudulentamente forneceu informação incorreta aos auditores. Dois exemplos deste tipo incluem a ação judicial da KPMG contra seu ex-cliente, a Fannie Mae, e o processo da Ernst & Young contra a HealthSouth.

Avaliação da possibilidade de reforma judicial

CPAs, líderes empresariais, entre outros têm se envolvido frequentemente no clamor por mudanças de legislação federal e estadual. A necessidade de reforma judicial geralmente se baseia em uma linha de raciocínio indicando que bastariam um ou dois casos com indenizações volumosas para ameaçar a existência de uma empresa. Os que advogam a reforma judicial argumentam imediatamente que elas não visam a isentar de responsabilidade as auditorias de baixa qualidade.

Uma mudança que tem sido buscada é a de responsabilidade conjunta e múltipla para responsabilidade proporcional no nível federal. Também tem havido esforços grandes para promover a aprovação da reforma de delitos civis no nível estadual, que tem sido bem-

-sucedida em vários estados e está progredindo em muitos outros. Por exemplo, em Minnesota, antes de 2002, se a empresa de contabilidade externa fosse considerada apenas 16% culpada, ela poderia ser responsabilizada por 100% dos danos. Em 2002, o poder legislativo elevou esse limiar de 16% para 50%. Outra mudança desejada pelos CPAs e por outros é uma redução de processos frívolos exigindo que os demandantes paguem os custos judiciais do réu caso o tribunal determine que a ação é desprovida de mérito. Também há esforços voltados para a limitação do risco de responsabilidade, permitindo que haja um contrato entre o cliente de auditoria e o auditor impondo um teto às responsabilidades.

Resumo

A crença na ideia de que "não pode acontecer comigo" é perigosa para os auditores. A responsabilidade profissional é uma das preocupações mais importantes com as quais se defrontam as empresas de contabilidade externa e os auditores individuais. Embora as auditorias não devam ser necessariamente conduzidas com uma ênfase paranoica na possibilidade de ações judiciais, os conceitos incluídos neste capítulo devem ser fixados nas mentes de todos os auditores, na medida em que "auditem defensivamente" os seus clientes. A realização de trabalhos de auditoria com o devido cuidado profissional reduz significativamente a possibilidade de que os auditores sejam considerados responsáveis por danos, mas não garante que ações judiciais sejam evitadas.

Termos importantes

Ações coletivas – Movidas em nome de um grupo grande de demandantes para consolidar processos, encorajar julgamentos uniformes e minimizar custos de ações judiciais; acionistas que entrem com a ação podem fazê-lo em seu nome e de todas as outras pessoas em situação semelhante, ou seja, todos os outros acionistas registrados em certa data.

Auditoria defensiva – Tomar providências para evitar ações judiciais.

Beneficiário terceiro – Uma pessoa que não era parte em um contrato, mas é nomeada como alguém para quem as partes contratantes previam benefícios.

Casos com remuneração condicional – Ações movidas por demandantes com remuneração de seus advogados vinculada ao resultado das ações, geralmente um terço da indenização decidida (incluindo pagamentos punitivos), mas poderia ser em qualquer montante negociado entre o demandante e o advogado.

Ciência – Intenção de enganar (fraudar).

Delito civil – Um delito, que não uma quebra de contrato, decorrente de negligência, fraude construtiva, ou fraude.

Direito comum – Desenvolvido por meio de decisões judiciais, costume e uso, sem legislação escrita, baseado em precedente; pode variar de estado para estado ou entre jurisdições.

Direito de contratos – Decorre da legislação de contratos, do *Uniform Commercial Code* e outras normas estaduais, e estabelece os direitos e os deveres de partes em acordos consensuais e privados.

Direito estatutário – Decorre de legislação, como a Lei de Valores Mobiliários, de 1933, e a Lei de Negociação de Valores Mobiliários, de 1934.

Fraude – Ocultação ou distorção intencional de um fato material com a intenção de enganar outra pessoa, causando perdas à pessoa enganada.

Fraude construtiva – Ver negligência flagrante.

Negligência – Deixar de usar de cuidado razoável, causando com isso dano a outra pessoa ou a bens.

Negligência flagrante (também chamada de fraude construtiva) – Deixar de usar o cuidado mínimo possível ou evidência de atividades que mostram "descuido ou despreocupação imprudente com a verdade"; pode não haver evidência, mas pode ser inferida por um juiz ou um júri devido à conduta descuidada do réu.

Prospecto – A primeira parte de um pedido de registro submetido à SEC, elaborado como parte de uma oferta pública de títulos de dívida ou ações, e usado para atrair investidores em potencial em uma emissão de novos títulos, contendo, entre outros itens, demonstrações financeiras auditadas. A

Lei de Valores Mobiliários, de 1933, impõe responsabilidades por informações incorretas em um prospecto.

Quebra de contrato – Deixar de executar uma tarefa prevista em contrato que não tenha sido relevada; no caso de empresa de contabilidade externa, as partes em um contrato normalmente incluem clientes e "beneficiários terceiros" nomeados.

Responsabilidade conjunta e múltipla – Responsabilidade individual de um acórdão contra todos, quando um réu não tem condições de pagar as indenizações decididas em favor de um demandante. Distribui as perdas entre todos os réus que têm capacidade de pagar as indenizações, independentemente do grau de sua culpa.

Responsabilidade proporcional – Pagamento por um réu individual com base no grau de culpa do indivíduo.

Revisão de qualidade do trabalho de auditoria – Ver revisão por sócio endossante.

Revisão entre unidades – Revisão do trabalho de uma unidade de uma empresa por profissionais de outra unidade da mesma instituição, com a finalidade de garantir que as políticas e os procedimentos estejam sendo seguidos.

Revisão por pares externos – Revisão independente da qualidade de uma empresa de contabilidade externa; realizada por profissionais que não fazem parte da instituição.

Revisão por sócio endossante (também conhecida como revisão de qualidade do trabalho de auditoria) – Revisão independente de um relatório de auditoria e da documentação que o acompanha, por um sócio ou uma área de revisão independente do pessoal envolvido no trabalho de auditoria, antes da emissão de um relatório de auditoria.

Teoria dos bolsos cheios – Prática de processar outra parte com base não no nível de sua real culpa em uma ação legal, mas com base na capacidade imaginada de pagamento de indenizações por essa parte.

Usuário identificado – Beneficiários terceiros ou outros usuários quando o auditor tem conhecimento específico de que usuários conhecidos utilizarão as demonstrações financeiras para tomar decisões econômicas específicas. Não precisam ser nomeados em uma carta de envolvimento.

Usuário previsível – Aqueles não conhecidos especificamente pelo auditor como usuários das demonstrações finan-

REFERÊNCIAS SELECIONADAS À ORIENTAÇÃO PROFISSIONAL RELEVANTE		
Referência à orientação	Fonte de orientação	Descrição da orientação
Pronunciamento de Padrões de Auditoria nº 1	AICPA, ASB	Independência
Padrão de Auditoria Proposto	PCAOB	Revisão de qualidade de trabalhos de auditoria
Regra 3524	PCAOB	Aprovação prévia de certos serviços tributários pelo comitê de auditoria
Regra 3525	PCAOB	Aprovação prévia, pelo comitê de auditoria, de serviços fora da área de auditoria, relacionados ao controle interno da divulgação financeira
Regra 3526	PCAOB	Comunicação com o comitê de auditoria sobre independência
QC seção 20	AICPA	Sistema de controle de qualidade para a prática de contabilidade e auditoria de uma empresa de CPAs
Padrões Internacionais de Auditoria (ISA) 220	IAASB	Controle de qualidade para auditorias de informação financeira histórica
Padrão Internacional de Controle de Qualidade (ISQC) 1	IAASB	Controle de qualidade para empresas que realizam auditorias e análises de informação financeira histórica, além de outros trabalhos de garantia e serviços correlatos

Nota: siglas da orientação profissional relevante – ASB – *Auditing Standards Board* (Conselho de Padrões de Auditoria); AICPA – *American Institute of Certified Public Accountants* (Instituto Americano de Contadores Externos Certificados); Coso – *Committee of Sponsoring Organizations* (Comitê de Organizações Patrocinadoras); Fasb – *Financial Accounting Standards Board* (Conselho de Padrões de Contabilidade Financeira); IAASB – *International Auditing and Assurance Standards Board* (Conselho de Padrões Internacionais de Auditoria e Garantia); IASB – *International Accounting Standards Board* (Conselho de Padrões Internacionais de Contabilidade); IASC – *International Accounting Standards Committee* (Comitê de Padrões Internacionais de Contabilidade); Ifac – *International Federation of Accountants* (Federação Internacional de Contadores); ISB – *Independence Standards Board* (Conselho de Padrões de Independência); PCAOB – *Public Company Accounting Oversight Board* (Conselho de Supervisão Contábil de Companhias Abertas); SEC – *Securities and Exchange Commission* (Comissão de Valores Mobiliários e Bolsas de Valores).

ceiras, mas reconhecidos com base no conhecimento geral como credores e investidores correntes e em potencial que as utilizarão.

Usuário previsto – Terceiros individualmente identificados que fazem parte de uma classe conhecida ou visada de usuários que o auditor, por meio de conhecimento adquirido com base em interações com o cliente, pode prever que usarão as demonstrações financeiras. Embora os usuários previstos não sejam nomeados na carta de envolvimento, o auditor pode ter conhecimento em primeira mão, por exemplo, de que as demonstrações financeiras serão usadas na obtenção de um empréstimo junto a um banco.

Questões de revisão

17–2 (OA 4) Faça uma distinção entre direito comum e direito estatutário.

17–4 (OA 4) De que maneiras significativas decisões contra um auditor em um processo por quebra de contrato poderiam diferir daquelas que ocorrem quando um cliente move uma ação por outras violações de acordo com o direito comum?

17–6 (OA 4) Que defesas um auditor poderia usar com êxito ao se defender em um:
a. Processo por quebra de contrato.
b. Processo movido de acordo com o direito de delitos civis.

17–8 (OA 3) Que precedente foi fixado pelo caso *Ultramares*? Qual foi o principal argumento utilizado pelo juiz Cardozo na fixação desse precedente?

17–10 (OA 4) Quais são as sanções administrativas que a SEC pode impor a auditores que tenham violado normas de direito estatutário?

17–12 (OA 4) Quais são os remédios possíveis para a quebra de contrato?

17–14 (OA 6) Quais são alguns dos enfoques defensivos usados por auditores que poderiam gerar preocupação por parte dos investidores em relação à qualidade das auditorias? Por que os investidores poderiam estar preocupados?

17–16 (OA 4) Há alguma diferença conceitual entre um "erro" por parte do auditor e "negligência comum"? Explique a sua resposta.

17–18 (OA 3) Por que o caso *Rosenblum* é importante para a responsabilidade do auditor?

17–20 (OA 5, 6) O que quer dizer o termo auditoria defensiva? Quais são algumas das providências que uma empresa de contabilidade externa pode tomar para minimizar a probabilidade de ações judiciais?

17–22 (OA 5) Quais são os principais elementos dos programas de qualquer empresa de auditoria visando a garantir a independência do auditor?

17–24 (OA 5) Explique a diferença entre as finalidades de uma revisão por sócio endossante (às vezes chamada de exame de qualidade do trabalho de auditoria) e de uma revisão entre unidades.

17–26 (OA 6) As empresas de contabilidade externa não registradas são obrigadas a se submeter a revisões externas por pares? Explique a sua resposta.

Questões de múltipla escolha

17–28 (OA 1, 4) Em uma ação de perdas e danos pelo direito comum, o júri concede $ 1 milhão aos demandantes. O júri também determina que a administração tem 80% da culpa, os auditores têm 15% e a assessoria jurídica da administração tem 5% da culpa. Suponha que os administradores não sejam capazes de pagar qualquer valor. Sob responsabilidade conjunta e múltipla, o auditor seria responsável pelo pagamento de indenizações no valor de:
a. $ 1 milhão.   c. $ 270 mil.
b. $ 750 mil.   d. $ 150 mil.

*17–30 (OA 4) A *Nast Corp.* contratou verbalmente a *Baker & Co.*, CPAs, para auditar suas demonstrações financeiras. A administração da *Nast* informou à *Baker* que suspeitava que as contas a receber estavam materialmente sobrevalorizadas. Embora as demonstrações financeiras auditadas pela *Baker* realmente incluíssem um saldo materialmente sobrevalorizado de contas a receber, a *Baker* emitiu um parecer sem ressalvas. A *Nast* confiou nas demonstrações ao decidir pedir um empréstimo junto ao *Century Bank* para ampliar suas operações. A *Nast* não pagou o empréstimo e sofreu um prejuízo substancial. Se a *Nast* processar a *Baker* por negligência, por não ter descoberto a sobrevalorização, a melhor defesa da *Baker* seria a de que:
a. A *Baker* não fez a auditoria imprudentemente ou com a intenção de enganar.

---

* Todas as questões marcadas com asterisco são adaptadas do Exame Uniforme de CPA.

b. A *Baker* não era parte do contrato com a *Nast*.
c. A *Baker* fez a auditoria de acordo com padrões de auditoria aceitos em geral.
d. A *Baker* não assinou uma carta de envolvimento.

17–32 (OA 4) Em uma ação pelo direito comum contra um contador, o fato de não ser parte de contrato é uma defesa viável caso o demandante:
a. Seja o credor do cliente que processa o contador por negligência.
b. Possa provar a presença de negligência flagrante, equivalente a descaso imprudente pela verdade.
c. Seja o cliente do contador.
d. Baseie sua ação em uma alegação de fraude.

*17–34 (OA 4) Qual dos elementos a seguir é necessário para responsabilizar um CPA perante um cliente por realizar uma auditoria com negligência?
a. Agiu com ciência.
b. Tinha uma relação fiduciária com o cliente.
c. Deixou de usar cuidado devido.
d. Executou uma carta de envolvimento.

*17–36 (OA 4) Qual das seguintes penalidades é geralmente imposta contra um auditor que viola deveres contratuais com um cliente na realização de serviços de auditoria?
a. Indenizações monetárias.
b. Multas.
c. Desempenho específico.
d. Exigências de educação continuada.

*17–38 (OA 4) De acordo com a seção 11 da Lei de Valores Mobiliários, de 1933, qual dos seguintes deve ser provado por um comprador do título?

	Utilização das demonstrações financeiras	Fraude pelo CPA
a.	Sim	Sim
b.	Sim	Não
c.	Não	Sim
d.	Não	Não

*17–40 (OA 5) Quais das seguintes políticas ajudam a garantir a independência do auditor?
a. Revezamento de sócios.
b. Proibição de outros serviços que não os de auditoria.
c. Restrições sobre serviços permitidos além dos serviços de auditoria.
d. Programas de independência do auditor.
e. Todas as anteriores.

Questões de discussão e pesquisa

17–42 (Responsabilidade por negligência, OA 3, 4)
a. Compare a responsabilidade de um auditor com terceiros por negligência considerando os casos *Ultramares* e *Credit Alliance*, a *Reformulação (Segunda) de Delitos Civis de 1965* e o caso *Rosenblum*. Que enfoque você acha que os auditores preferem? Por quê?
b. Que enfoque você acha que é melhor para a sociedade? Por quê?

17–44 (Defesa contra um investidor, OA 4) Um investidor está processando um auditor por emitir um parecer sem ressalvas sobre as demonstrações financeiras da *Duluth Industries*, que continham um erro material. O profissional foi negligente na realização da auditoria. O investidor tem motivos para crer que as demonstrações estavam erradas antes de comprar ações da empresa.

No período seguinte, a *Duluth Industries* teve prejuízos operacionais, o preço da ação caiu 40% e o investidor vendeu as ações com prejuízo. Durante o período pelo qual o investidor manteve as ações, o índice *Dow Jones* caiu 10%.
Pergunta-se:
Que defesas o auditor poderia utilizar?

17–46 (Interpretação do padrão de negligência, OA 2, 4)
Geralmente é difícil para os tribunais interpretar o padrão de negligência ao decidirem se um ato ou uma omissão pelo auditor é um simples erro, negligência, ou negligência flagrante. Com frequência, os tribunais buscam orientação nos padrões de profissionais prudentes na execução de auditorias.
Pede-se:
Para cada situação apresentada, diga sucintamente se você acha que o ato ou omissão é negligência, negligência flagrante ou nenhuma das duas. Sustente a sua resposta com um raciocínio sucinto. Suponha que cada uma das situações tenha levado a erros materiais na demonstração financeira e a um processo contra os auditores.
a. O auditor não percebeu que a assinatura em uma carta de confirmação era forjada.
b. O auditor fizera que o cliente remetesse os pedidos de confirmação de contas a receber para acelerar a conclusão e economizar honorários de auditoria. O cliente e o auditor haviam concordado previamente com este procedimento para reduzir os honorários de auditoria.

c. O auditor deixou de reconhecer que a provisão de gastos com garantias do cliente estava subavaliada. A subavaliação era devida ao lançamento de um novo produto com o qual o cliente não tinha experiência alguma.

d. A provisão para perdas com empréstimos (provisão para empréstimos incobráveis) do cliente estava materialmente subavaliada. Muitos dos empréstimos do cliente não estavam documentados e não tinham garantias apropriadas.

e. O auditor deixou de descobrir uma incorreção material das vendas e das contas a receber. O auditor havia observado um forte aumento das vendas e das contas a receber no final do ano, mas não planejou qualquer procedimento especial porque as auditorias anteriores não haviam indicado qualquer erro. A maior parte das vendas do final do ano era fictícia.

f. O cliente havia indevidamente lançado um valor material de novos equipamentos a despesas com reparos e manutenção. O cliente havia feito isso para minimizar os impostos a pagar. O auditor não fez um exame detalhado de reparos e manutenção, mas observou que a conta havia subido apenas 15% em relação ao ano anterior e que as vendas haviam crescido 5%.

g. A situação é idêntica à do item (f), exceto pelo fato de que o auditor alocou uma auditora inexperiente para fazer a auditoria de despesas de manutenção. Era a primeira experiência da auditora, e ela deixou de perceber que itens deveriam ser capitalizados porque não estava familiarizada com o setor ou com a política de capitalização do cliente.

17–48 (Defesas do auditor, OA 4) Os demandantes compraram ações da *Shiloh, Inc.* no mercado de balcão. O preço de mercado posteriormente se elevou e os demandantes compraram mais ações. O lucro da *Shiloh*, a economia como um todo e o mercado de ações em geral caíram subsequentemente. Os demandantes venderam as ações com prejuízo e processaram a administração da empresa e os auditores por suas perdas.
Pergunta-se:
Que possíveis defesas os auditores poderiam utilizar contra uma das seguintes alegações em potencial pelos demandantes?

a. Os auditores sabiam que as demonstrações eram enganadoras.

b. Os auditores foram negligentes e deviam saber que as demonstrações eram enganadoras.

c. As demonstrações eram materialmente falsas e enganadoras.

d. Os demandantes tiveram prejuízos devido às demonstrações financeiras falsas ou enganadoras.

e. Os demandantes eram usuários previsíveis, portanto, os auditores tinham deveres em relação a eles.

17–50 (Tomada de decisões com ética, OA 4, 7) O quadro Julgamento profissional em contexto, apresentado no início do capítulo, discute o acordo de US$ 50 milhões da empresa de auditoria (*Deloitte & Touche*) relativo à auditoria malsucedida da *Adelphia Communications*. Os auditores individuais foram considerados despreparados, aéticos, ou violadores deliberados de qualquer dispositivo da lei federal de valores mobiliários sob a jurisdição da SEC. As medidas tomadas pela SEC nesses tipos de situações são descritas em *Accounting and Auditing and Enforcement Releases* (AAER), *Litigation Releases* e *Administrative Proceedings* disponíveis em www.sec.gov.
Pede-se:

a. Leia o AAER nº 2362 (30 de setembro de 2005; *Administrative Proceeding File* nº 3-12065) e o AAER nº 2842 (25 de junho de 2008; *Administrative Proceeding File* nº 3-12065). Essas publicações tratam das ações de William E. Caswell, CPA, que atuou como diretor e ocupava a posição mais sênior, mas não como sócio no trabalho de auditoria da *Adelphia*. Em que tipo de conduta profissional imprópria estava envolvido William E. Caswell, CPA? Em 2005, qual foi a reação da SEC a esse comportamento? Qual foi a reação da SEC em 2008?

b. Considere o fato de Caswell ter deixado de verificar que a divulgação dos passivos da *Adelphia* relacionados aos mecanismos de coempréstimo era suficiente. Use o arcabouço de tomada de decisões com ética, em sete etapas, apresentado no capítulo 3 (e reproduzido a seguir) para avaliar as ações de Caswell a respeito dessa divulgação.

Recorde-se que as sete etapas do arcabouço de tomada de decisões com ética são as seguintes: (1) identificar a questão ética, (2) determinar quais são as partes afetadas e identificar seus direitos, (3) definir quais são os direitos mais importantes, (4) gerar linhas alternativas de ação, (5) determinar as consequências possíveis de cada linha proposta de ação, (6) avaliar as consequências possíveis, incluindo uma estimação do maior bem para o maior número de partes e (7) escolher a linha de ação mais apropriada.

17–52 (Inspeções/revisões por pares, OA 5) Há vários tipos de inspeções/revisões por pares: (1) uma revisão por sócio endossante (exame de qualidade do trabalho de auditoria (2) uma revisão entre unidades, (3) uma inspeção de empresas de CPAs registradas pelo PCAOB e (4) uma revisão externa por pares em empresas de CPAs não registradas no PCAOB.
Pergunta-se:

a. Quais são os objetivos de cada tipo de revisão?

b. Em que circunstâncias é exigido cada um dos tipos?

c. A quem são entregues os relatórios de inspeção externa/revisão por pares? Para que finalidades os relatórios poderiam ser utilizados?

Casos

*17–54 (Normas da SEC, OA 2, 4) Para ampliar suas atividades a *Dark Corp.* levantou $ 4 milhões com uma colocação interestadual privada de $ 2 milhões em ações ordinárias e a negociação de um empréstimo de $ 2 milhões com o *Safe Bank*. As ações ordinárias foram oferecidas de acordo com a regra 505 da instrução D, que isenta a oferta da aplicação da Lei de Valores Mobiliários, de 1933, mas não das normas contra fraude na legislação federal de valores mobiliários.

Em ligação com esse financiamento, a *Dark* contratou a *Crea & Co.*, CPAs, para auditar suas demonstrações financeiras. A *Crea* sabia que a única finalidade da auditoria era a de que a empresa tivesse demonstrações financeiras auditadas para fornecer ao *Safe* e aos compradores das ações ordinárias. Embora a *Crea* tenha conduzido a auditoria de acordo com seu programa de auditoria, deixou de detectar atos materiais de desfalque cometidos pelo presidente da *Dark*. A *Crea* não detectou o desfalque porque deixou inadvertidamente de usar do cuidado devido na montagem de seu programa de auditoria neste trabalho.

Após completar a auditoria, a *Crea* deu um parecer sem ressalvas sobre as demonstrações financeiras da *Dark*. Os compradores de ações ordinárias confiaram nas demonstrações financeiras ao decidirem fazer seu investimento. Além disso, o *Safe* aprovou o empréstimo à *Dark* com base nas demonstrações financeiras auditadas. Sessenta dias após a venda das ações ordinárias e a obtenção do empréstimo do *Safe*, a *Dark* teve a sua falência decretada involuntariamente. Devido ao desfalque pelo presidente, a *Dark* ficou insolvente e não pagou seu empréstimo ao *Safe*. Suas ações ordinárias ficaram praticamente sem valor. Processos foram movidos contra a *Crea*:

- Por compradores das ações ordinárias, que alegaram que a *Crea* é responsável por perdas de acordo com a Lei de Negociação de Valores Mobiliários, de 1934.
- Pelo *Safe*, com base em negligência pela *Crea*.

Pede-se:

a. Em parágrafos separados, discuta os méritos das ações movidas contra a *Crea* pelos compradores das ações ordinárias e pelo *Safe*, indicando os prováveis resultados e o raciocínio por trás de cada resultado.

b. Como mudaria a sua resposta se o cliente tivesse submetido um pedido de registro e os compradores das ações ordinárias fossem capazes de mover uma ação com base na lei de 1933?

c. Se a *Dark* (o cliente) processasse a *Crea* de acordo com o direito comum, indique o resultado provável e a explicação para ele.

17–56 (Decisões éticas e pressão de prazo, OA 1, 7) Você tem trabalhado como técnico de auditoria há dois anos e meio e tem dominado bem o seu trabalho. Você provavelmente será promovido a uma posição sênior após este período de pico de atividade. Seu auditor sênior atual foi promovido há cerca de um ano. Ele valoriza a sua competência e raramente interfere em seu trabalho. Enquanto ele puder informar um bom desempenho à sua gerente sobre coisas que ela pede, ele fica satisfeito. A gerente ocupa a posição atual há três anos. Ela se preocupa com coisas tais como fazer que as auditorias ocorram sem problemas e é muito boa nisso. Ela não é muito forte nas habilidades mais leves. Embora ela não seja acessível, sua amplitude de atenção pode ser limitada, caso o que você esteja dizendo não lhe interessa. Você sabe que ela espera que suas equipes tenham desempenho excelente nesse período de pico de atividade e espera ser promovida para gerente sênior em consequência disso, levando-a mais perto de sua meta de se transformar em sócia rapidamente.

O trabalho de auditoria em que você está trabalhando atualmente tem se tornado cada vez mais difícil desde o trabalho do ano passado, devido a algumas transações contábeis complicadas que foram feitas pelo cliente. Também tem havido uma rotação inesperada no pessoal de contabilidade do cliente. Isto tem feito com que seja problemático interagir com o cliente e obter a informação necessária de maneira tempestiva. Entretanto, o prazo fixado para o trabalho e os honorários de auditoria são os mesmos do ano anterior. Além disso, quatro técnicos de auditoria foram alocados para esse trabalho e não há pessoal adicional disponível para ser transferido. Seu auditor sênior lhe diz agora que a gerente solicitou que você, ele e os outros técnicos de auditoria façam uma análise adicional de uma possível incorreção em uma das contas do cliente. Mesmo com a carga atual de trabalho de sua equipe, há o risco significativo de que o trabalho estoure o orçamento. Você sabe que, se fizer a análise cuidadosamente, porá ainda mais em risco o cumprimento do prazo que a gerente havia planejado. Quanto mais tempo você gastar nessa auditoria, menos rentável ela será para a empresa de auditoria, o que claramente desagradará a gerentes e seus superiores.

Em conjunto, os técnicos de auditoria discutem a situação e expõem suas preocupações em relação às percepções que serão criadas se o orçamento for excedido, bem como às questões de reputação que poderiam ser geradas pelo encurtamento da análise. Quando seu auditor sênior aparece para discutir o novo plano, o grupo expõe suas preocupações. Ele fala ao grupo e dá a entender que ele ficaria satisfeito se a equipe fizesse o seguinte: completasse a análise e simplesmente não registrasse as horas gastas (fazer isso impediria que as horas de auditoria superassem muito o orçado), ou fizesse um trabalho mínimo de análise, o que economizaria tempo e evitaria a necessidade de questionar demais o cliente. Você e dois outros membros da equipe dizem que não se sentem confortáveis com qualquer uma das estratégias. É sugerido que as ramificações dessa nova ordem sejam comunicadas claramente à gerente. O auditor sênior se nega a fazer isso. Ele diz: "ela não quer ouvir esses detalhes, por isso usem uma das ideias que já lhes dei".

Quando ele sai, vários membros da equipe começam a reclamar sobre o que foi solicitado. Dois dizem que deixarão a empresa após este período de pico de atividade, e por isso não se preocupam com a questão. Outro diz: "já nos disseram o que fazer. Então comecemos logo a fazê-lo".

Pede-se:

a. Use o arcabouço de tomada de decisões com ética, em sete etapas, apresentado no capítulo 3 (reproduzido a seguir), para fazer uma recomendação quanto à linha de ação que os técnicos de auditoria devem tomar.

Recorde-se que as sete etapas do arcabouço de tomada de decisões com ética são as seguintes: (1) identificar a questão ética, (2) determinar quais são as partes afetadas e identificar seus direitos, (3) determinar quais são os direitos mais importantes, (4) gerar linhas alternativas de ação, (5) determinar as consequências possíveis de cada linha proposta de ação, (6) avaliar as consequências possíveis, incluindo uma estimação do maior bem para o maior número de partes e (7) escolher a linha de ação mais apropriada.

b. Como você poderia fazer o que acha ser correto sem prejudicar seu auditor sênior ou a confiança da gerente em sua capacidade de cumprir uma tarefa?

Tópicos avançados envolvendo julgamentos complexos de auditoria

18

Objetivos de aprendizagem

O objetivo principal deste livro-texto é a construção de uma base para a análise de questões profissionais correntes e a adaptação de enfoques de auditoria às complexidades das empresas e da economia. Por meio do estudo deste capítulo, você será capaz de:

1. Discutir a natureza e os tipos de julgamentos complexos que permeiam todas as auditorias.
2. Analisar as demonstrações financeiras de uma empresa como base da identificação de julgamentos complexos de auditoria.
3. Descrever e aplicar um processo para fazer julgamentos de materialidade.
4. Avaliar se incorreções, inclusive as ocorridas em períodos anteriores, são materiais.
5. Distinguir entre deficiências materiais e de controle interno.
6. Avaliar a qualidade da área de auditoria interna do cliente e determinar o efeito do trabalho desse departamento sobre a realização da auditoria.
7. Identificar e descrever os conceitos de valor justo e *impairment* tal como são aplicados em auditoria.
8. Determinar a evidência apropriada a ser coletada ao serem feitos testes de ajuste a valor justo de mercado e *impairment*.
9. Aplicar os arcabouços de análise e tomada de decisões com ética a questões envolvidas na realização de julgamentos complexos de auditoria.

Visão geral do capítulo

Neste capítulo, discutimos vários julgamentos complexos de auditoria que exigem entendimento dos conceitos básicos de auditoria apresentados em capítulos anteriores. Esses julgamentos envolvem avaliação de materialidade, determinação da materialidade de incorreções identificadas, avaliação de deficiências de controle interno, avaliação da qualidade da função de auditoria interna do cliente e desenvolvimento de um enfoque para auditar estimativas de valor justo. Esses julgamentos também dizem respeito a diversas atividades de coleta de evidência (isto é, as fases III e IV). A discussão desses julgamentos complexos de auditoria se concentra na articulação de padrões profissionais relevantes e procedimentos comuns na prática de auditoria.

O processo de elaboração do parecer de auditoria

I. Aferir as decisões de aceitação e retenção do cliente (capítulo 4).

II. Entender o cliente (capítulos 2, 4-6 e 9).

III. Obter evidência a respeito de controles e determinar o impacto sobre a auditoria de demonstrações financeiras (capítulos 5-14 e 18).

IV. Apurar evidências consubstanciadas sobre afirmações de contas (capítulos 7-14 e 18).

V. Fechamento da auditoria e tomada de decisões de divulgação (capítulos 15 e 16).

A profissão de auditoria, regulamentação e governança corporativa (capítulos 1 e 2).

Tomada de decisões, conduta profissional e ética (capítulo 3).

Responsabilidade profissional (capítulo 17).

JULGAMENTO PROFISSIONAL EM CONTEXTO
Complexidade ligada a princípios contábeis

Em 2008 e 2009, o Fasb discutiu a necessidade de atualizar o SFAS nº 5, que trata de contingências, solicitando divulgações ampliadas baseadas em julgamentos, relacionadas à possibilidade de ocorrência de perda e à severidade potencial dessa perda. Uma consideração importante para os auditores, ao julgarem a possível materialidade de contingências, é o conjunto de necessidades de investidores e outros usuários das demonstrações financeiras e do relatório de auditoria. Os dois trechos a seguir, extraídos de cartas escritas ao Fasb por grupos de investidores, nos dão uma noção dessas necessidades:

O documento para discussão exige apenas a divulgação de ameaças financeiras severas que uma empresa considera remotamente prováveis, caso seja esperado que o problema se resolva dentro do prazo de um ano (FAS 5 *Exposure Draft*, parágrafo 6). Há uma longa história de empresas que subestimam a probabilidade de ameaças financeiras severas – Enron, a crise de crédito *Subprime* e os danos causados pelo uso de asbestos são três exemplos. Tipicamente, esses problemas sérios se desenvolveram ao longo de vários anos, com consequências eventualmente catastróficas para os investidores. Portanto, o FAS 5 deveria exigir que as empresas divulgassem todas as ameaças severas, independentemente de imaginarem que se resolveriam dentro do prazo de um ano. [Ênfase adicionada] (*Calvert Investment Funds*, carta ao Fasb, 7 de agosto de 2008)

Embora as entidades divulgadoras comumente optem por caracterizar a probabilidade de um impacto severo como "remota", tais julgamentos – que mais tarde se provam incorretos – têm estado no centro do mau desempenho de divulgação anterior a notícias de muitos dos escândalos empresariais dos dez últimos anos. Portanto, a criação de um padrão de contabilidade que exige a divulgação de ameaças de impacto severo, mesmo diante de possibilidades ostensivamente remotas, promete gerar divulgações oferecendo melhor proteção aos interesses dos investidores. (*Investor Environmental Health Network*, carta ao Fasb, 8 de abril de 2008)

Ao ler o restante do capítulo, considere as seguintes perguntas, com as quais você logo lidará ao se tornar auditor:

- Até que ponto os auditores possuem as competências necessárias para fazer julgamentos a respeito da possível gravidade de uma contingência?
- As expectativas dos usuários citados anteriormente são razoáveis? Em caso afirmativo, que competências precisam ser desenvolvidas pelos contadores e auditores profissionais para aumentar a precisão dessas estimativas?
- O auditor pode julgar as estimativas subjetivas feitas pelo cliente ou, alternativamente, o profissional precisa concluir que a maioria das estimativas feitas por um cliente é aceitável?
- Que tipo de evidência os auditores devem coletar sistematicamente para avaliar as estimativas feitas por clientes?
- O que os dois trechos reproduzidos anteriormente indicam a respeito da materialidade dos itens nas demonstrações financeiras de uma empresa? A administração da empresa é mais capaz de avaliar materialidade? Se os auditores tomarem decisões de materialidade, eles precisarão pensar mais como um investidor do que um auditor que pode adotar uma regra de decisão de que 5% do lucro líquido é uma proporção material?
- Quando o Fasb ou o IASB produzem novos padrões de contabilidade, como afetam o julgamento do auditor – e a complexidade dos julgamentos?

Julgamentos complexos de auditoria

Este quadro de Julgamento profissional em contexto fornece uma pequena ilustração dos julgamentos complexos que um auditor fará em praticamente todos os trabalhos. O auditor precisa lidar com o passado ao analisar contas que são avaliadas ao custo histórico; deve considerar o futuro ao determinar se fluxos de caixa subsequentes justificam a manutenção de ativos ao seu custo histórico. O auditor também pode ser obrigado a fazer um julgamento a respeito de qual seria o valor justo de um título no final do ano. Ou, como ilustrado anteriormente, o profissional deve fazer julgamentos a respeito de contingências – incluindo a sua probabilidade de ocorrência e o seu possível valor monetário. Como visto nos trechos reproduzidos, alguns investidores querem que os auditores avaliem se algumas áreas têm impacto severo sobre a organização e garantam que sejam divulgadas adequadamente. Isto coloca o auditor em uma posição em que os usuários esperam que o profissional avalie a

> **OA 1**
> Discutir a natureza e os tipos de julgamentos complexos que permeiam todas as auditorias.

Ilustração 18.1: Ford Motor Company, contas do balanço patrimonial – 31 de dezembro de 2007 e 2006

	31 de dezembro de 2007	31 de dezembro de 2006
ATIVOS		
Caixa e bancos	$ 35.283	$ 28.896
Aplicações em títulos negociáveis	5.248	21.472
Títulos emprestados	10.267	5.256
Valores financeiros a receber, líquidos	109.053	106.863
Outros valores a receber, líquidos	8.210	7.067
Investimento líquido em arrendamentos operacionais	33.255	29.787
Participação em valores a receber vendidos	653	990
Estoques	10.121	10.017
Participação no patrimônio líquido de companhias coligadas	2.853	2.790
Ativo permanente líquido	36.239	36.055
Imposto de renda diferido	3.500	4.922
Goodwill e outros ativos intangíveis líquidos	2.069	3.611
Ativos de operações suspensas/mantidas para venda	7.537	8.215
Outros ativos	14.976	13.255
Ativos totais	$ 279.264	$ 279.196
PASSIVOS E PATRIMÔNIO LÍQUIDO		
Contas a pagar	$ 20.832	$ 21.214
Provisões e receita diferida	74.738	80.058
Dívidas	168.530	171.832
Imposto de renda diferido	3.034	2.744
Passivos de operações suspensas/mantidas para venda	5.081	5.654
Passivos totais	272.215	281.502
Participações minoritárias	1.421	1.159
PATRIMÔNIO LÍQUIDO		
Capital		
Ações ordinárias, valor par $ 0,01 por ação (2.124 milhões de ações emitidas e 6 milhões de ações autorizadas)	21	18
Ações classe B, valor par $ 0,01 por ação (71 milhões de ações emitidas e 530 milhões de ações autorizadas)	1	1
Ágio sobre o valor par das ações	7.834	4.562
Outros lucros (prejuízos) abrangentes acumulados	(558)	(7.846)
Ações em tesouraria	(185)	(183)
Lucros retidos (déficit acumulado)	(1.485)	(17)
Patrimônio líquido total	5.628	(3.465)
Garantias totais e equidade dos acionistas	**279.264**	**279.196**

OA 2
Analisar as demonstrações financeiras de uma empresa como base da identificação de julgamentos complexos de auditoria.

> **CONSIDERE O RISCO**
>
> As áreas que exigem julgamentos subjetivos quase sempre são aqueles de alto risco e requerem atenção significativa por parte do auditor.

possível gravidade de algum evento emergente e – com igual importância – saiba se o item poderia ser material para um usuário informado.

O auditor se defrontará com a difícil tarefa de tomar decisões complexas e difíceis em cada trabalho de auditoria. Elas variam de fazer julgamentos sobre a materialidade ou não de alguma incorreção para merecer um parecer de auditoria com ressalvas ou, mais basicamente, se a posição contábil do cliente é justificável. Na maioria dos trabalhos de auditoria, o profissional é constantemente desafiado a avaliar a qualidade das estimativas de um cliente, incluindo áreas tais como obsolescência de estoques, provisão para devedores duvidosos, obrigações de pagamento de pensões, obrigações com garantias e provisões para pagamento de impostos, entre outras. Os auditores experientes comumente se referem a essas questões usando o termo genérico "julgamento profissional" e inferem que os julgamentos são feitos com base na experiência profissional. Entretanto, a história recente nos mostra que muitos auditores carecem de competências para fazer esses "julgamentos profissionais". A boa notícia é a de que há um processo sistemático para a realização da maioria desses julgamentos e os técnicos de auditoria hoje estão mais envolvidos em sua realização do que antes. O restante deste capítulo examina o processo sistemático de realização desses julgamentos.

Para se ter uma rápida noção das áreas em que os julgamentos subjetivos serão realizados na auditoria da empresa, revisamos várias contas do balanço patrimonial da *Ford Motor Company*, como o de 31 de dezembro de 2007, apresentado na **Ilustração 18.1**. Lembre-se de que, a partir de 2007, a Ford anunciou formalmente que havia desenvolvido um plano estratégico para se tornar uma empresa bem menor e antecipou que a produção anual de carros nos Estados Unidos cairia para cerca de 12 milhões de veículos por ano. Além disso, a Ford anunciou que venderia abaixo do custo parte de sua "linha de veículos de luxo", incluindo Jaguar, Land Rover e Volvo.

À medida que você analisar o balanço, observe que praticamente cada conta de ativo e passivo exige julgamentos importantes, especialmente os seguintes:

Ativos	Natureza do julgamento
Títulos negociáveis	Sujeita a estimativa de valor justo; o auditor deve determinar se um título é negociável e, para a maioria dos títulos, calcular seu valor justo.
Títulos emprestados	Sujeita a estimativa de valor justo; o auditor deve considerar a probabilidade de que os títulos serão devolvidos, bem como o valor das garantias se não forem devolvidos.
Valores financeiros a receber – líquidos	Sujeita a provisão para devedores duvidosos.
Outros valores a receber	Sujeita a provisão para devedores duvidosos.
Investimento líquido em arrendamentos operacionais	Sujeita a testes de *impairment* caso as fábricas estejam fechando ou os equipamentos não estejam sendo usados.
Estoques	Sujeita a *impairment* com base na comparação entre custo e valor de mercado, incluindo uma provisão para obsolescência.
Ativo permanente líquido	Sujeita a testes de *impairment*, especialmente para fábricas e centros de distribuição que estejam sendo fechados; sujeita a estimativas quanto (a) à vida útil esperada dos ativos e (b) à adequação do método de depreciação.
Imposto de renda diferido	Sujeita à estimativa de operações rentáveis futuras das quais o ativo diferido poderia ser abatido.
Goodwill e outros ativos intangíveis	Sujeita a testes de *impairment* com base em (a) valores correntes de mercado, (b) fluxos de caixa projetados dos ativos e/ou (c) valor corrente de mercado do segmento ao qual se aplica o *goodwill*.
Ativos de operações suspensas	Sujeita a testes de *impairment* com base no preço mais provável de venda ou liquidação.

Passivos	Natureza do julgamento
Provisões e receita diferida	Sujeita a estimativa do volume da receita corretamente diferida, bem como da base da provisão – por exemplo, pensões, garantias e férias acumuladas.
Imposto de renda diferido	Sujeita a estimativas e hipóteses feitas quando da elaboração da estimativa da despesa com imposto de renda para o ano.
Dívidas	Dependendo do uso de GAAP dos Estados Unidos ou GAAP internacionais, o auditor precisa estimar o valor justo das dívidas, ou a proporção em que as dívidas poderão ser liquidadas em caso de inadimplência.

Além disso, há julgamentos complexos aplicáveis à demonstração de resultado e várias outras estimativas importantes que devem ser divulgadas nas notas explicativas às demonstrações financeiras. Por exemplo, a *Ford Motor Company* está regularmente envolvida em ações judiciais, e o auditor precisa decidir a respeito de quando os valores a serem decididos nessas ações devem ser estimados. O auditor deve avaliar divulgações a respeito da possibilidade de a empresa ter realizado alterações de planos quanto a quais fábricas serão fechadas ou que linhas de operação a empresa poderá suspender. Todas essas alterações exigirão um julgamento da estimativa do valor monetário que deverá ser reconhecido nas demonstrações financeiras.

OA 3
Descrever e aplicar um processo para fazer julgamentos de materialidade.

Julgamentos de materialidade

Em um capítulo anterior, apresentamos o conceito de materialidade. Neste capítulo, aprofundamos a discussão concentrando a atenção nos aspectos subjetivos da realização de julgamentos de materialidade na prática, cobrindo novas diretrizes profissionais que esclareçam a responsabilidade do auditor por julgamentos de materialidade. Para entender a natureza dos julgamentos de materialidade, considere-se a descrição dos fatores de julgamento de materialidade pelo AICPA no Pronunciamento sobre Padrões de Auditoria nº 107:

> A consideração de materialidade do auditor é uma questão de julgamento profissional e é influenciada pela percepção que o profissional tem das necessidades dos usuários de demonstrações financeiras. As necessidades percebidas de usuários são reconhecidas na discussão de materialidade contida no Pronunciamento de Conceitos de Contabilidade Financeira nº 2 do Conselho de Padrões de Contabilidade Financeira (Fasb), Características Qualitativas de Informações Contábeis, em que se define materialidade como sendo a "magnitude de uma omissão ou incorreção de informação contábil que, em vista das circunstâncias, torna provável que o julgamento de uma pessoa razoável que se apoie na informação teria sido alterado ou influenciado pela omissão ou incorreção". Essa discussão reconhece que os julgamentos de materialidade são feitos à luz das circunstâncias e necessariamente envolvem tanto considerações quantitativas quanto qualitativas.

> **QUESTÃO PRÁTICA**
> Os auditores devem prestar atenção às cartas de comentário enviadas por investidores ao Fasb, à SEC, ao PCAOB ou a outros organismos reguladores para entender melhor as questões de materialidade do ponto de vista do investidor. Os investidores estão interessados em questões que se desenvolvem no longo prazo, e não apenas em tendências de curto prazo.

> **QUESTÃO PRÁTICA**
> As empresas de auditoria reconhecem que julgamentos de materialidade são difíceis. Por causa disso, gastam bastante tempo treinando seu pessoal em como fazer esses julgamentos apropriadamente. Além disso, adotam políticas e usam ferramentas de computação que auxiliam os auditores na realização correta de julgamentos.

Portanto, decisões acerca de materialidade (1) são uma questão de julgamento profissional, (2) dependem das necessidades de uma pessoa razoável que se apoie na informação (um investidor, um investidor em potencial, ou um membro de algum outro grupo de interesse) e (3) envolvem tanto considerações quantitativas quanto qualitativas. Além disso, sabemos, com base na prática de auditoria, que as decisões de materialidade variam de um cliente a outro; ou seja, o que é material para um cliente pode não ser para outro, e pode variar para o mesmo cliente de um período a outro. Esses pontos ilustram porque os auditores consideram ser difícil fazer julgamentos de materialidade. Adicionando maior complexidade ainda à situação, os agentes reguladores estão muito cientes e particularmente atentos para os aspectos de julgamento das decisões de materialidade dos auditores e como essas decisões afetam os resultados financeiros de clientes.

Finalidade dos julgamentos de materialidade e de padrões de referência e limiares comuns

A finalidade da realização de julgamentos de materialidade é assegurar que o auditor colete evidência suficiente para obter garantia razoável de que as demonstrações financeiras estão livres de incorreções materiais. O Pronunciamento sobre Padrões de Auditoria nº 107

JULGAMENTO PROFISSIONAL EM CONTEXTO

Relatório de inspeção da KPMG LLP sobre julgamento de materialidade pelo PCAOB em 2005

O PCAOB fez um relatório sobre uma auditoria em que seus inspetores identificaram uma série de problemas, um dos quais envolvia os julgamentos de materialidade dos auditores. No trabalho em questão, a equipe de auditoria não executou a prática usual de basear a materialidade do planejamento de auditoria em uma porcentagem do lucro antes do imposto de renda. Ao contrário, usou uma porcentagem dos ativos totais, o que resultou em uma materialidade de planejamento maior do que se tivesse sido usada a máxima porcentagem do lucro antes do imposto permitida pela política da KPMG. Além disso, a equipe de auditoria usou 10% da materialidade de planejamento (uma porcentagem relativamente elevada) como limiar (o "limiar de lançamento") abaixo do qual os erros seriam tratados como insignificantes e não seriam levados em conta pela equipe de auditoria, individualmente ou quando agregados a outros itens, para determinar se os erros eram materiais. Além disso, no caso dos erros no balanço que haviam ocorrido em anos anteriores, a equipe de auditoria usou um limiar de lançamento diferente, baseado no patrimônio líquido e não no lucro antes do imposto de renda ou nos ativos totais. Este limiar resultante de lançamento era aproximadamente 18 vezes maior que o usado na auditoria do ano anterior.

Em consequência da aplicação desses limiares, a equipe de auditoria deixou de incluir vários erros contábeis não corrigidos no Suad (*summary of unadjusted audit differences*, ou resumo de diferenças não ajustadas de auditoria). O Suad é um resumo de erros não corrigidos transmitido ao comitê de auditoria e descrito na declaração de responsabilidade da administração. Os erros no Suad são avaliados individualmente e em termos agregados quanto à sua materialidade. Em consequência, esses erros permaneceram sem correção nas demonstrações financeiras do cliente, o comitê de auditoria nunca foi informado de sua existência, não foram descritos na declaração de responsabilidade da administração e muito menos submetidos a uma avaliação adicional pelos auditores.

Observamos que a equipe de inspeção do PCAOB tinha contado com o benefício da visão retrospectiva ao examinar os julgamentos de materialidade pelos auditores. Na verdade, o SFAS nº 107 permite uma liberdade considerável em julgamentos de materialidade. No entanto, os auditores neste caso foram criticados por julgamentos que foram posteriormente considerados impróprios. Portanto, embora os padrões profissionais permitam o uso de bastante julgamento, os auditores precisam reconhecer que esses podem acabar sendo examinados de perto por outras pessoas. Assim sendo, embora os auditores tenham liberdade de julgamento profissional e sejam encorajados a utilizá-lo, eles também devem ter a certeza de que esses julgamentos são defensáveis e razoáveis.

À medida que for lendo esta seção, considere este caso e as seguintes perguntas:

- O que justificaria uma mudança do enfoque adotado na tomada da decisão de materialidade de planejamento e o abandono do lucro antes do imposto de renda como base de materialidade?
- O que justificaria uma mudança por parte da equipe de auditoria para o uso do limiar de lançamento de 10% em lugar de um valor mais conservador?
- Por que poderia a equipe de auditoria acreditar que era apropriado usar um limiar de lançamento 18 vezes maior que o usado no ano anterior?
- As decisões do auditor teriam sido mais defensáveis se a equipe de auditoria da KPMG tivesse documentado o raciocínio para a mudança da materialidade de planejamento e dos limiares de materialidade?
- As ferramentas de computação desenvolvidas pelas empresas que baseiam a materialidade em alguma medida – por exemplo, o lucro antes do imposto de renda – ajudam tanto quanto atrapalham a realização de uma boa auditoria?

contém a orientação básica do AICPA sobre julgamentos de materialidade. Essa orientação observa que os auditores devem fazer avaliações de materialidade para (1) planejamento de auditoria e (2) avaliação de evidências após a conclusão de testes de auditoria.

O auditor considera a materialidade tanto no nível geral das demonstrações financeiras quanto em relação a classes de transações, a saldos de contas e divulgações. Para fins de planejamento da auditoria, os auditores devem considerar a materialidade geral em termos do nível agregado mais baixo de incorreções que poderiam ser materiais para qualquer uma das demonstrações financeiras. Por exemplo, se o profissional acreditar que incorreções totalizando aproximadamente $ 100 mil seriam materiais para a demonstração de resultado, mas incorreções no total de aproximadamente $ 200 mil seriam materiais para o balanço, o auditor normalmente decidirá que a materialidade geral estará em $ 100 mil ou menos (e não em $ 200 mil ou menos).

Os auditores frequentemente empregam variações de alguns limiares numéricos comuns como ponto de partida para julgamentos sobre materialidade no nível geral das demonstrações financeiras. Os padrões mais comuns de referência incluem o lucro líquido, ativos ou receita líquida operacional. Os seguintes padrões, limiares percentuais e julgamentos correspondentes de materialidade são típicos:

Padrões comuns de referência	LIMIARES E JULGAMENTOS TÍPICOS DE MATERIALIDADE		
	Não materiais	Provavelmente materiais	Sempre materiais
Lucro líquido	< 5%	5% a 10%	> 10%
Ativos totais	< 1%	1% a 1,5%	> 1,5%
Receita líquida operacional	< 1%	1% a 1,5%	> 1,5%

As empresas de auditoria contam com políticas que especificam que padrões de referência são apropriados e, como é ilustrado pelo exemplo da KPMG no quadro Julgamento profissional em contexto, a coerência na aplicação de padrões de referência e limiares é importante para demonstrar que os julgamentos de materialidade são razoáveis. Além disso, é importante reconhecer que os padrões de referência representam pontos de partida para o julgamento de materialidade; eles não devem ser usados irrefletidamente e sem a aplicação de outros fatores de julgamento.

Após a determinação da materialidade geral das demonstrações financeiras, os auditores podem optar por fixar um nível de planejamento de materialidade que seja relevante para a transação ou saldo de conta. A materialidade de planejamento é normalmente inferior à materialidade geral e ajuda o auditor a determinar a amplitude da evidência de auditoria necessária. Por exemplo, na execução de procedimentos analíticos substantivos, o limiar para determinar se as diferenças entre o saldo da conta do cliente e a expectativa do auditor são materiais deve basear-se na materialidade de planejamento. A materialidade de planejamento também deve ser utilizada para determinar os tamanhos de amostras para procedimentos substantivos, assim como é usada para a deliberação sobre incorreções toleráveis. A materialidade de planejamento abre a possibilidade de que algumas incorreções inferiores à materialidade geral possam, quando agregadas a outras incorreções, resultar em uma incorreção material nas demonstrações financeiras como um todo.

Embora empresas de auditoria distintas adotem enfoques diferentes, a materialidade de planejamento poderia ser igual à materialidade geral, ou ser uma porcentagem da materialidade geral, em regra variando de 50% a 75% da materialidade geral. O julgamento profissional e a avaliação de fatores específicos ao cliente influenciarão em que nível a materialidade será fixada. Fatores relevantes poderiam incluir a possibilidade de que:

QUESTÃO PRÁTICA

Os auditores podem confiar excessivamente em medidas quantitativas de materialidade porque tais medidas não exigem muita reflexão. A SEC tem criticado muito o uso pelos auditores exclusivamente de medidas quantitativas, e os estimula a documentar seus processos de raciocínio em relação a decisões de materialidade.

QUESTÃO PRÁTICA

Se o cliente tiver lançamentos significativos e não regulares a despesas não operacionais, então o lucro de operações em andamento poderá ser um padrão de referência mais apropriado de materialidade que o lucro líquido.

QUESTÃO PRÁTICA

Para as empresas com prejuízos líquidos, os auditores às vezes o utilizam como padrão de referência. Se o lucro líquido de uma empresa varia significativamente de ano para ano, o profissional poderia considerar o uso de uma média do lucro líquido nos três anos anteriores como padrão de referência para determinar o que é material ou não.

QUESTÃO PRÁTICA

No caso de entidades sem fins lucrativos, os padrões de referência apropriados incluiriam despesas totais, receitas totais ou ativos totais.

QUESTÃO PRÁTICA

Se a materialidade de planejamento for fixada em um nível muito alto, o auditor poderá não executar procedimentos suficientes para detectar incorreções materiais nas demonstrações financeiras. Se for fixada em um nível muito baixo, mais procedimentos substantivos poderão ser realizados do que o necessário.

> **QUESTÃO PRÁTICA**
> A materialidade de lançamento é uma ferramenta de acumulação de dados e julgamento que auxilia o auditor na agregação de informação sobre a materialidade potencial de incorreções.

> **QUESTÃO PRÁTICA**
> Em certos casos, a administração ou o comitê de auditoria do cliente podem querer ser informados de ajustes ainda menores que aqueles que o auditor acumularia com base na materialidade de lançamento. Nesses casos, o auditor pode querer considerar se não seria mais apropriado fixar uma materialidade inferior de lançamento.

- O cliente tenha um histórico de ajustes de auditoria.
- Este seja o primeiro trabalho de auditoria.
- Haja deficiências significativas ou materiais nos controles internos.

Os auditores precisam agregar todas as possíveis incorreções em um lugar em que a equipe de auditoria possa avaliar a materialidade dessas incorreções. A acumulação de tal informação geralmente se baseia na materialidade de lançamento – um nível de materialidade em que o auditor acredita que erros abaixo desse nível não seriam materiais para as demonstrações financeiras, quando agregados a todas as outras incorreções. Há dois enfoques que são utilizados pelos auditores para fixar a materialidade de lançamento. O primeiro é baseado em julgamento, no qual o auditor fixa o limiar de lançamento com base na experiência acumulada de julgamento do profissional. Este enfoque geralmente não é muito defensável perante usuários externos ou reguladores, a menos que o auditor possa articular claramente o processo de raciocínio e mostre fundamentação do que poderia ser material para os usuários. O auditor sempre considerará coisas tais como a possibilidade de violação de cláusulas contratuais de dívidas, alterações de lucros do segmento ou de tendências de lucros, ou qualquer fator que afete a percepção do mercado quanto ao crescimento e aos fluxos de caixa futuros da empresa.

O segundo enfoque à fixação da materialidade de lançamento é percentual, no qual o auditor fixa o limiar de lançamento em uma faixa que depende da avaliação, pelo profissional, da possibilidade de que incorreções não sejam encontradas (geralmente com base em experiência passada ou outras questões tais como a qualidade do ambiente de controle do cliente). A faixa pode variar de 20% (para a possibilidade limitada de incorreções não serem encontradas) a 10% (para a forte possibilidade de que incorreções não sejam encontradas) da materialidade no nível das demonstrações financeiras como um todo. Por exemplo, se procedimentos analíticos indicarem que o saldo de alguma conta pode conter erros, o auditor geralmente fixará um limiar de lançamento mais baixo – por exemplo, 10% – devido à maior probabilidade de incorreções não serem encontradas. Se tiver ocorrido lançamentos de ajuste propostos a uma conta específica em anos anteriores, o auditor também poderá fixar um limiar de lançamento mais baixo. Por fim, se as consequências de uma incorreção em potencial no saldo de uma conta forem substanciais, o auditor também poderá fixar um limiar de lançamento mais baixo. Além disso, algumas empresas exigem que todos os itens sejam lançados para análise por supervisores e se crie um registro das constatações feitas pela auditoria.

Dificuldades usuais na realização de julgamentos de materialidade

Informação que altera a avaliação de materialidade pelo auditor

Uma das dificuldades que comumente surgem na realização de julgamentos de materialidade é a de que os julgamentos de materialidade do auditor na fase de planejamento podem não ser os mesmos que são feitos na fase de avaliação de evidências, pois o profissional pode tomar conhecimento de certos fatos durante a auditoria que causem uma mudança de julgamento. Por exemplo, se o cliente ficar sabendo que alguns ajustes de auditoria podem levar a empresa a desrespeitar uma cláusula de um empréstimo, ou que a tendência dos lucros em um segmento importante poderá se alterar, então o auditor deverá usar um nível de materialidade, para o restante da auditoria, que seja inferior à materialidade original de planejamento.

Consideração de fatores qualitativos

Outra dificuldade que os auditores enfrentam na realização de julgamentos de materialidade é a de que devem considerar tanto efeitos quantitativos (a magnitude do valor monetário de uma incorreção) quanto qualitativos (a causa da ocorrência da incorreção). No Boletim Técnico de Contabilidade nº 99, a SEC diz que:

> O uso de uma porcentagem como limiar numérico, como 5%, pode servir de base para uma premissa preliminar de que – sem a consideração de todas as circunstâncias relevantes – um desvio inferior à porcentagem especificada em relação a um dado item das demonstrações financeiras da empresa registrada pouco provavelmente será material. O corpo técnico da SEC não faz objeções ao uso de tal "regra de bolso" como etapa inicial da avaliação de materialidade. Entretanto, a quantificação da magnitude de uma incorreção em termos percentuais é apenas o início de uma análise de materialidade; não pode ser adequadamente utilizada como substituto de uma análise completa de todas as considerações relevantes.

Algumas das considerações que podem fazer que uma incorreção quantitativamente pequena seja tratada como material incluem a possibilidade de que a incorreção:

- Decorra de um item capaz de mensuração precisa ou decorra de uma estimativa e, nesse caso, do grau de imprecisão inerente à estimativa.
- Mascare uma alteração de lucros ou outras tendências.
- Esconda a impossibilidade de alcançar as expectativas gerais dos analistas para a empresa.
- Transforme um prejuízo em lucro ou vice-versa.
- Esteja em um segmento que tenha sido identificado como exercendo um efeito significativo sobre o valor da ação da empresa.
- Afete o cumprimento de normas regulatórias.
- Afete cláusulas de empréstimos ou outras exigências contratuais.
- Tenha o efeito de aumentar a remuneração dos administradores – por exemplo, cumprindo exigências para o pagamento de bônus ou outras formas de incentivo.
- Envolva a ocultação de uma transação ilegal.

Auditoria de locais múltiplos

Um terceiro problema comum é a determinação de como se deve alocar a materialidade quando:

- O cliente possui diversos locais de atividade.
- Alguns locais exigem divulgação separada (relatórios exigidos pela regulamentação), além de demonstrativos financeiros consolidados.
- Há segmentos significativos e sua importância pode variar, do ponto de vista de como são atualmente avaliados pelo mercado.

Em certos casos, o auditor talvez seja capaz de agregar as populações de diversos locais e fazer testes, incluindo a seleção de amostras de auditoria, a partir da população combinada, tal como se existisse apenas uma população. Por exemplo, se o sistema subjacente de informações for centralizado e não for necessária a divulgação separada por local, o auditor poderá tratar os vários locais como uma única população e usar a materialidade de planejamento para testar (e amostrar) o saldo de uma conta específica nos vários locais. Isto poderá ocorrer no caso de observações de inventário realizadas em locais múltiplos.

QUESTÃO PRÁTICA

O auditor precisará atualizar o nível de materialidade à medida que surgir nova informação durante a auditoria e que teria resultado na fixação de um novo nível de materialidade. Atualizações podem ser feitas nas avaliações de materialidade geral, de planejamento e de lançamento.

QUESTÃO PRÁTICA

Os auditores precisam considerar se incorreções em informações por segmento poderiam ser consideradas materiais para as demonstrações financeiras consolidadas do cliente, tomadas como um todo.

QUESTÃO PRÁTICA

Quando é utilizada a amostragem estatística em um contexto de locais múltiplos, o auditor pode precisar consultar um especialista em amostragem para elaborar um plano apropriado de amostragem.

QUESTÃO PRÁTICA

Os problemas de auditoria de locais múltiplos não são completamente resolvidos com a orientação profissional atual. As empresas de auditoria adotam enfoques diversos para lidar com esta questão complexa.

> **QUESTÃO PRÁTICA**
>
> A equipe de auditoria deve garantir que as conclusões tiradas a respeito de determinações e considerações de materialidade sejam documentadas com precisão e em sua plenitude nos documentos de trabalho.

Por outro lado, se os sistemas de informações nos vários locais forem descentralizados, ou for exigida divulgação separada, ou se certos locais ou segmentos forem particularmente importantes, o auditor se defrontará com considerações adicionais de teste além das encontradas ao se testar uma única população. Essas considerações podem ser aplicáveis a testes de controles ou substantivos de detalhes. Situações comuns de auditoria em que tais considerações podem ser relevantes incluem estoques, ativos imobilizados ou contas a receber em locais diversos. A preocupação do auditor diz respeito ao nível de materialidade que deve ser utilizado para testar uma conta particular num local específico. Ao planejar testes de saldos de contas (ou controles internos) em locais específicos, o profissional talvez deseje usar um valor de materialidade inferior à de planejamento. Níveis diferentes de materialidade podem ser fixados para locais diversos, e o agregado dos níveis de materialidade dos vários locais poderia ser igual ou superior à materialidade de planejamento.

Considere o cliente que possui 15 locais de igual tamanho, e que o auditor fixou a materialidade de planejamento em $ 1,5 milhão. O auditor poderia alocar $ 100 mil a cada local, chegando assim a um total de $ 1,5 milhão. Este enfoque geralmente resultaria em excesso de auditoria, porque o risco alcançado, considerando-se todos os locais, seria extremamente baixo. Um enfoque alternativo consistiria em alocar $ 1,5 milhão a cada local; entretanto, este enfoque resultaria em auditoria insuficiente e em um risco inaceitável de falha de auditoria. Esses são obviamente enfoques extremos à alocação da materialidade de planejamento a locais múltiplos. O auditor desejará aplicar seu julgamento profissional e, se for usada a amostragem estatística, ele desejará utilizar a metodologia de amostragem (comumente incluída no ACL) para determinar a alocação apropriada.

JULGAMENTO PROFISSIONAL EM CONTEXTO

Auditorias da Sunbeam pela Arthur Andersen

Nas auditorias da *Sunbeam* em 1996 e 1997, Phillip Harlow, o sócio responsável pelo trabalho, propôs uma série de ajustes de auditoria que foram rejeitados pela administração. Na verdade, aproximadamente 16% do lucro divulgado pela *Sunbeam* em 1997 vieram da agregação de itens incorretos que Harlow havia proposto como ajustes de auditoria em 1996 e 1997. Em cada uma das situações a seguir, Harlow decidiu desistir dos ajustes propostos, após aplicar incorretamente uma análise quantitativa de materialidade:

- A *Sunbeam* registrou despesas totais de reestruturação de US$ 337,6 milhões no final de 1996. Harlow identificou que aproximadamente US$ 18,7 milhões representavam reservas de reestruturação que não estavam de acordo com princípios contábeis aceitos em geral.
- No final de 1997, a *Sunbeam* registrou US$ 11 milhões de receitas e US$ 5 milhões de lucros em uma suposta venda de estoques de peças de reposição à sua unidade de garantia e fornecimento de peças de reposição. Esta "venda" não atendia às exigências dos princípios contábeis aceitos em geral em termos de reconhecimento de receita. Harlow propôs um ajuste de US$ 3 milhões para reverter os lançamentos contábeis refletindo o reconhecimento de receita e lucro desta transação.
- Em ligação com a auditoria das demonstrações financeiras da *Sunbeam* para o final de 1997 pela *Arthur Andersen*, Harlow propôs ajustes para reverter US$ 2,9 milhões relacionados à sobrevalorização de estoques no México e US$ 563 mil relacionados a itens diversos.

À medida que for lendo esta seção, considere esse caso e as seguintes perguntas:

- Qual poderia ser o raciocínio para concluir que os ajustes propostos seriam imateriais?
- Que fatores quantitativos e qualitativos devem ser considerados ao se avaliar se uma incorreção é material?
- Que fatores um auditor deve avaliar quando há incorreções não corrigidas provenientes de um período anterior?
- O auditor deve comunicar informação sobre ajustes propostos ao comitê de auditoria? A mesma informação deve ser transmitida a usuários de demonstrações financeiras?

Fonte: SEC AAER nº 1706.

Avaliação da materialidade de incorreções

Agregação de incorreções e cálculo de incorreções líquidas

Na maioria dos casos, diversas incorreções serão detectadas durante a auditoria. Cada incorreção deve ser considerada individualmente ao se julgar a sua materialidade? Ou as incorreções devem ser agregadas para avaliar a sua materialidade como um todo? A resposta é a de que o auditor deve avaliar cada incorreção individualmente e considerar o efeito agregado de todas as incorreções. Além disso, se uma incorreção individual fizer que as demonstrações financeiras como um todo se tornem materialmente incorretas, esse efeito não poderá ser eliminado por outras incorreções com efeito direcional distinto sobre as demonstrações financeiras. Por exemplo, se as receitas de uma empresa forem materialmente sobrevalorizadas, o auditor não poderá ser levado a concluir que o efeito disso é imaterial caso haja uma sobrevalorização igual e compensatória de despesas. Ao contrário, o profissional concluiria que as demonstrações financeiras tomadas como um todo são materialmente incorretas. O raciocínio é o de que a tendência do crescimento das receitas pode ser tão importante para um usuário quanto o efeito sobre o lucro líquido.

> **OA 4**
> Avaliar se incorreções, inclusive aquelas ocorridas em períodos anteriores, são materiais.

Avaliação de incorreções não corrigidas

Uma questão importante que os auditores devem levar em conta na realização de julgamentos de materialidade é o fato de que incorreções de períodos anteriores podem ter permanecido sem correção porque foram consideradas imateriais àquela época. Entretanto, essas incorreções podem afetar os resultados financeiros do exercício corrente, fazendo que sejam materialmente incorretos. Para exemplificar, suponhamos que o valor de $ 100 mil seja material para uma conta de passivo por garantias com um saldo de $ 3,075 milhões, e que a incorreção do passivo com garantias seja o único problema em análise. No primeiro ano, a evidência obtida pelo auditor sustenta uma conclusão de que a estimativa do cliente foi sobrevalorizada em $ 75 mil. No segundo ano, a evidência de auditoria sustenta uma conclusão de que o valor contábil do cliente subavalia o passivo em $ 85 mil. As incorreções de ambos os anos estão abaixo do limiar de materialidade de $ 100 mil. O efeito sobre os dois anos é o seguinte:

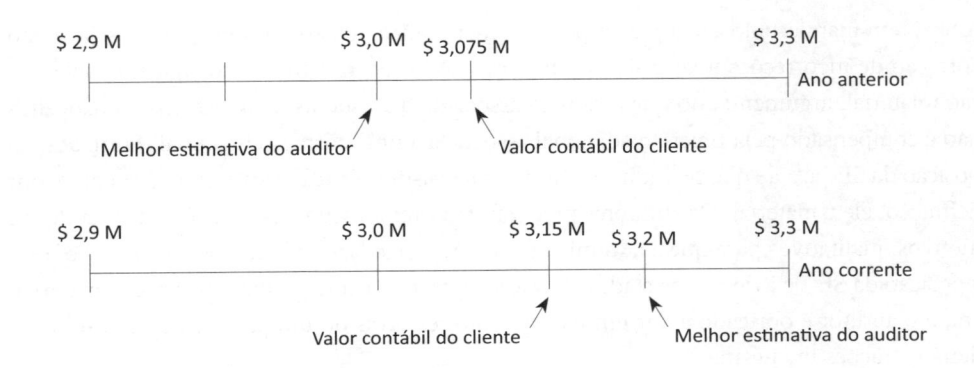

> **QUESTÃO PRÁTICA**
> Incorreções detectadas durante a auditoria e que foram inicialmente tidas como imateriais podem ser resumidas para determinar seus efeitos agregados. A materialidade de lançamento influenciaria que incorreções seriam acumuladas e consideradas pelo auditor.

> **QUESTÃO PRÁTICA**
> O auditor deve informar ao comitê de auditoria ajustes resultantes da auditoria que foram considerados materiais. Além disso, o profissional também deve fornecer uma lista de incorreções não corrigidas e que não foram consideradas materiais.

```
$ 2,9 M          $ 3,0 M  $ 3,075 M           $ 3,3 M
  |----------------|--------|------------------|------ Ano anterior
                   ↑        ↑
       Melhor estimativa    Valor contábil
       do auditor           do cliente


$ 2,9 M          $ 3,0 M   $ 3,15 M  $ 3,2 M  $ 3,3 M
  |----------------|---------|---------|--------|---- Ano corrente
                             ↑         ↑
                  Valor contábil    Melhor estimativa
                  do cliente        do auditor
```

Em cada um dos anos ilustrados, a estimativa do passivo com garantias pelo cliente não difere da estimativa do auditor por um valor material. Qual é o efeito de não registrar as

> **Questão prática**
> A maioria dos auditores pede ao cliente que registre todas as incorreções conhecidas (a menos que o custo de registro seja muito elevado), de modo que impeça a existência de transferências de um ano para outro. Se o cliente não quiser registrar a incorreção, o auditor deverá supor que o cliente considera o valor como sendo material.

> **Questão prática**
> O auditor deve ter uma base sólida, construída a partir de evidência objetiva, para estimativas contábeis e não deve se tornar presa de um argumento de que "todas as estimativas são subjetivas" para ignorar ajustes potencialmente materiais.

> **Questão prática**
> Embora a orientação da SEC seja desenvolvida para companhias abertas, os conceitos a respeito de materialidade são sólidos e devem ser seguidos por companhias fechadas e outras organizações.

incorreções imateriais? É correto dizer que o balanço não é materialmente incorreto. Entretanto, note que o valor contábil do cliente é superior à melhor estimativa do auditor no ano anterior e inferior à melhor estimativa do auditor no ano corrente, resultado em uma oscilação de $ 125 mil. Considerando-se somente o efeito sobre a demonstração de resultado, deixar de registrar o "valor imaterial" no ano anterior e no ano corrente fez que o lucro fosse sobrevalorizado em $ 125 mil no ano corrente – um valor acima do limiar de materialidade para o cliente. Sem dúvida, a direção da incorreção faz diferença quando se considera o efeito sobre a demonstração de resultado. O que ocorreu foi que o cliente estava usando a conta de passivo com garantias para construir uma "reserva para fins especiais" no ano anterior (sobrevalorizando o saldo da conta), além de usar o saldo da conta para suavizar os lucros divulgados no ano subsequente.

Diferenças subjetivas entre o auditor e o cliente

No exemplo tratando da estimativa do passivo com garantias, o cliente pode concluir que a estimativa é subjetiva e, como não há forma alguma de determinar o saldo "correto" até uma data futura em que todos os pedidos de indenização sejam feitos, o cliente poderá afirmar que sua estimativa é tão boa quanto a do auditor. De forma semelhante, um cliente poderá alegar que sua estimativa subjetiva da provisão para devedores duvidosos é tão boa quanto a do auditor – e, portanto, que não há incorreção no saldo da conta.

Qual deve ser a resposta do profissional à alegação do cliente de que sua estimativa é tão boa quanto a do auditor? A resposta deveria ser bastante simples: o auditor deve ter coletado evidência sistemática incorporando informação relevante sobre a correção do saldo da conta e deve ser capaz de defender a veracidade dessa estimativa. Recorde que o auditor geralmente chega a uma conclusão sobre estimativas contábeis (a) testando a metodologia usada pelo cliente para fazer a estimativa (quando o auditor acredita que o processo do cliente é sólido e incorpora todas as variáveis relevantes), ou (b) quando o cliente não possui uma metodologia robusta de estimação, o auditor desenvolve seu próprio modelo para fazer a estimativa e depois a compara ao valor registrado pelo cliente. Qualquer que seja o caso, o profissional não deve se tornar vítima de um argumento de que "ninguém é capaz de determinar o valor correto, de modo que a estimativa do cliente é tão boa quanto a minha".

Mudanças regulatórias recentes a respeito de julgamentos de materialidade

A SEC tem manifestado a sua preocupação com a prática de desconsideração, ou seja, a não correção de incorreções imateriais. As empresas, às vezes, resistirão a corrigir uma incorreção imaterial, argumentando que o esforço associado a ajustar as demonstrações financeiras não é compensado pela precisão adicional associada a uma correção imaterial. Entretanto, a posição da SEC é a de que se a administração está resistindo à realização do ajuste, então, por definição, ele é material. Os auditores precisam recorrer ao seu julgamento para entender os motivos qualitativos para que a administração se recuse a fazer o lançamento corretivo, mas a posição da SEC é a de que se a administração se recusa a corrigir uma incorreção material, então o auditor é obrigado a dar um parecer com ressalvas ou um parecer adverso sobre as demonstrações financeiras.

Em 2006, a SEC emitiu o SAB 108 para tratar da variação de prática de auditoria a respeito de julgamentos quantitativos de materialidade relacionados com o tratamento de incorreções tanto de anos anteriores quanto do ano corrente. Até aquela data, os auditores usavam um dos dois métodos para lidar com a materialidade: o método de rolagem ou o método da cortina de ferro. Em sua essência, o método de rolagem se preocupa com a materialidade das incorreções do ano corrente e com o efeito da reversão de incorreções de anos anteriores sobre a demonstração de resultado. Esse método pode permitir que as incorreções se acumulem no balanço. O método da cortina de ferro se preocupa em garantir que o balanço do final do ano seja correto e não considera o impacto da reversão de incorreções não corrigidas de anos anteriores em anos posteriores.

A SEC opôs-se à variação de resultados de divulgação financeira que esses métodos alternativos permitiam. O SAB 108 determina agora o que é chamado de enfoque dual a incorreções não corrigidas. O enfoque dual exige a aplicação simultânea dos dois métodos, o de rolagem e o da cortina de ferro. Se uma incorreção for material sob qualquer um dos métodos, ela deverá ser corrigida no período corrente.

Incorreções intencionais

> **QUESTÃO PRÁTICA**
> A descoberta de uma incorreção intencional, mesmo que não seja material, poderia afetar o parecer do auditor sobre a eficácia dos controles internos do cliente.

Às vezes, um auditor poderá encontrar uma incorreção intencional nas demonstrações financeiras de um cliente. Mesmo que não seja material, uma incorreção intencional pode causar dificuldades sérias na auditoria, bem como para o cliente. A incorreção intencional pode ser fraudulenta ou representar uma violação da legislação aplicável. Se as ações do cliente forem negociadas em bolsa, a Seção 10A(b) da Lei de Negociação de Valores Mobiliários exige que os auditores tomem providências, quando da descoberta de um ato ilegal, mesmo que não exerça um efeito material sobre as demonstrações financeiras, incluindo alertar a administração e o comitê de auditoria. Quando os auditores detectam uma incorreção intencional, eles devem: (1) reconsiderar o nível de risco de auditoria do cliente; (2) considerar a alteração da natureza, programação e amplitude dos procedimentos de auditoria; e (3) avaliar se devem renunciar ao trabalho de auditoria. Além disso, a constatação de uma incorreção intencional provavelmente será um indício da existência de uma deficiência material de controle interno e atestará a existência de problemas de ambiente de controle, como o "clima no topo" da organização.

Incorreções na demonstração de fluxos de caixa

Devido à importância de fluxos de caixa para a tomada de decisões de investimento, a demonstração de fluxos de caixa tem adquirido mais visibilidade, utilização e análise. Quando o auditor identifica uma incorreção na classificação de fluxos de caixa, ele deve avaliar a materialidade da incorreção para determinar se é necessária alguma reclassificação para assegurar que a demonstração de fluxos de caixa seja materialmente correta. A avaliação da materialidade da incorreção de classificação deve ir além da perspectiva da demonstração de resultado. O auditor deve considerar fatores específicos. O fluxo de caixa associado a atividades operacionais, por exemplo, geralmente é uma medida importante para os investidores.

> **CONSIDERE O RISCO**
> Os auditores devem levar em conta o risco e tomar medidas apropriadas acerca de incorreções materiais de fato contidas na seção da discussão e análise pela administração, no relatório 10-K entregue à SEC.

Incorreções conhecidas *versus* incorreções projetadas

> **QUESTÃO PRÁTICA**
> Os auditores devem considerar se a demonstração de fluxos de caixa é materialmente correta, dando atenção a garantir apresentação e classificação apropriadas.

Deve ser lembrado que o auditor geralmente não examina 100% das transações no saldo de uma conta. Em geral, o profissional terá tomado uma amostra ou realizado procedimentos analíticos para analisar o saldo de uma conta. Durante os testes de auditoria, o auditor normalmente encontrará uma combinação de:

Incorreções que foram encontradas (incorreções conhecidas)	$ xxx,xxx
Incorreções projetadas	$ yyy,yyy
Incorreções mais prováveis	$ ZZZ,ZZZ

> **QUESTÃO PRÁTICA**
> O auditor deverá ter realizado trabalho suficiente para ter confiança na estimativa mais provável de incorreções no saldo de uma conta – e essa estimativa deve ser usada para a realização de julgamentos de materialidade.

Ao se determinar materialidade, surge normalmente a dúvida sobre o uso, pelo auditor, de incorreções que foram encontradas ou aquelas mais prováveis para determinar a materialidade. A resposta é a de que o auditor deve sempre usar as incorreções mais prováveis. Se o auditor não tiver confiança total no valor estimado da incorreção mais provável, então ele não terá coletado informação confiável suficiente sobre a qual poderia basear um parecer a respeito das demonstrações financeiras. Nesse caso, o profissional deverá coletar evidência adicional de auditoria.

JULGAMENTO PROFISSIONAL EM CONTEXTO

Avaliação de deficiências de controle interno

O pronunciamento a seguir foi extraído do Relatório Anual e do Formulário 10-K da Pall, Inc. para 2007 (p. 44). Ele representa a avaliação feita pela administração quanto à qualidade do controle interno da divulgação financeira.

> Uma deficiência material é uma deficiência, ou uma combinação de deficiências de controle interno da divulgação financeira tal que produza uma possibilidade razoável de que uma incorreção material das demonstrações financeiras anuais ou parciais da companhia não seja impedida ou detectada tempestivamente. A deficiência material a seguir foi identificada em 31 de julho de 2007. A companhia carecia de um exame periódico que permitisse garantir que o impacto de certas transações entre subsidiárias em termos de imposto de renda fosse adequadamente considerado na provisão para imposto de renda da companhia. A companhia reapresentou suas demonstrações financeiras consolidadas, anteriormente divulgadas para cada um dos oito exercícios fiscais anuais no período encerrado em 31 de julho de 2006 e cada um dos trimestres fiscais encerrados em 31 de outubro de 2006, 31 de janeiro de 2007 e 30 de abril de 2007 para corrigir a provisão divulgada de imposto de renda, as despesas de juros, os impostos de renda a pagar e os impostos de renda diferidos em tais demonstrações financeiras consolidadas. (ênfase adicionada)

Ao considerar esta citação e ler a discussão subsequente, faça a si mesmo as seguintes perguntas:

- Que critérios um auditor (e a administração) deve utilizar para determinar se uma deficiência de controle interno é significativa ou material?
- Uma reapresentação das demonstrações financeiras significa que havia uma deficiência material nos controles internos?
- A materialidade aplica-se também a relatórios financeiros parciais, ou apenas a demonstrações financeiras anuais? Caso se aplique também a relatórios financeiros parciais, de que modo o auditor ajusta a materialidade de planejamento – por exemplo, ela deve ser igual a um quarto da materialidade anual?
- Importa saber onde está a deficiência, ou seja, saber se a deficiência está relacionada ao processamento de transações, a estimativas contábeis ou ao ambiente de controle?

Conclusões a respeito de deficiências de controle interno

Natureza de deficiências materiais de controle interno

OA 5
Distinguir entre deficiências materiais e significativas de controle interno.

Recordemos as definições de deficiências significativas e materiais de controles internos:

- Deficiência significativa de controle interno – Uma deficiência significativa é uma deficiência, ou uma combinação de deficiências de controle interno da divulgação finan-

ceira que é menos grave que uma deficiência material, mas suficientemente importante para merecer a atenção dos responsáveis pela supervisão da divulgação financeira da empresa.
- Deficiência material de controle interno – Uma deficiência material é uma deficiência, ou uma combinação de deficiências de controle interno da divulgação financeira tal que faz que haja uma possibilidade razoável de que uma incorreção material das demonstrações financeiras anuais ou parciais da empresa não seja impedida ou detectada tempestivamente.

Há alguns elementos importantes nessas definições que precisam ser considerados pelos auditores:

- A materialidade das deficiências de controle interno está diretamente vinculada à possibilidade de ocorrência de incorreções materiais nas demonstrações financeiras.
- Uma incorreção material nas demonstrações financeiras – incluindo aquelas que exigem reapresentações – implica fortemente a existência de uma deficiência material de controle interno.
- A materialidade vale tanto para demonstrações financeiras parciais quanto para anuais.
- Uma incorreção material não precisa ocorrer para que haja uma deficiência material de controles internos. A deficiência material significa apenas que uma incorreção material poderia ocorrer e não seria impedida ou detectada tempestivamente pelo sistema de controle.

Como observado no capítulo 5, o auditor precisa levar esses fatores em conta ao determinar o volume de teste de controles a ser realizado, particularmente na determinação de parâmetros para o teste de atributos.

Critérios críticos na avaliação da materialidade de deficiências de controle interno

Os seguintes fatores gerais devem ser considerados à medida que o auditor avalia se uma deficiência de controle é material, significativa, ou é um simples problema de controle que deve ser resolvido pelo cliente:

1. *Ambiente de controle* – Deficiências em componentes específicos do ambiente de controle interno exercem efeitos profundos sobre o processo de divulgação financeira. Mais particularmente, deficiências na competência do pessoal de contabilidade que lida com saldos de contas materiais são normalmente vistas como deficiências materiais. Um bom exemplo é a deficiência de pessoal com as competências para examinar a provisão para imposto de renda e as despesas correlatas no exemplo anterior contido no quadro Julgamento profissional em contexto.
2. *Repetição de um processo* – Se uma deficiência puder ser repetir, tal como num processo informatizado, mais provável é que seja material. Por exemplo, um processo que deixa de atualizar preços de itens estocados ou vendas poderia resultar facilmente em uma incorreção material.
3. *Volume de transações afetadas* – O auditor precisa medir a porcentagem de falhas de controle multiplicada pelo tamanho médio de uma transação para determinar se os valores incorretos são materiais.

> **QUESTÃO PRÁTICA**
>
> O controle interno sobre saldos de contas complexas e resultantes de julgamento é particularmente importante. O auditor deve sempre estar atento a mudanças. Por exemplo, a Gateway Computer, Inc. alterou significativamente as suas políticas de crédito em vendas de novos computadores, mas usou dados históricos para estimar a provisão para devedores duvidosos. O valor era material nas demonstrações financeiras e a não atualização da política é uma deficiência material do controle interno da divulgação financeira.

4. *Complexidade e subjetividade do saldo da conta* – Quanto mais complexo e subjetivo for o saldo de uma conta material, mais provável é que a deficiência seja material. Por exemplo, uma ausência de controles sobre a computação de passivos com o pagamento de pensões e despesas correlatas tenderia a ser material porque não há outros controles que poderiam detectar a incorreção.
5. *Eficácia da supervisão e da governança* – Um dos elementos básicos de um bom controle interno é a existência de supervisão forte pelo conselho de administração e especialmente, pelo comitê de auditoria. Uma ausência de supervisão suficiente seria considerada uma deficiência material, independentemente da constatação efetiva de incorreções nas demonstrações financeiras.

AUDITORIA NA PRÁTICA

Ambiente de controle: empresa de pequeno porte

Suponha que uma empresa não seja grande o bastante para contratar pessoal suficiente para avaliar questões contábeis complexas, que poderiam causar uma deficiência material. Entretanto, a instituição contrata uma empresa profissional de contabilidade (que não é o auditor do cliente) para ajudá-la a pesquisar a literatura e dar orientação sobre a propriedade de escolhas contábeis. Se a empresa profissional for bem qualificada e o seu processo de raciocínio for documentado e apoiado na literatura profissional, não haverá deficiência material. Por outro lado, se a empresa se envolveu em contabilidade complexa e não tinha pessoal, ou não contratou o pessoal apropriado, terá havido uma deficiência de controles internos da divulgação financeira.

AUDITORIA NA PRÁTICA

Teste de controles, intensidade de falhas e implicações para julgamentos sobre deficiências materiais de controle interno

Considere um exemplo em que o auditor toma uma amostra de 40 transações para testar atividades de controle e constata que há uma intensidade de falhas que supera o limite de erro tolerável. O que o profissional deve fazer? O auditor deve começar ampliando o teste de controles para obter uma estimativa mais precisa da probabilidade de ocorrência de erros. A seguir, deve estimar se uma falha de controle tenderia a resultar em incorreção no saldo da conta. Posteriormente, os dados precisam ser projetados às demonstrações financeiras como um todo para determinar se a intensidade de falha – tal como prevista – poderia conduzir a uma incorreção material. Se o fizer, então a deficiência será tida como material. Em caso contrário, o auditor mais provavelmente levaria o problema à atenção do comitê de auditoria.

Cada um dos fatores precedentes descreve uma situação em que o auditor tenderá mais a julgar uma deficiência de controles internos como sendo material. Os dois fatores seguintes ressaltam o fato de que certas situações podem atenuar as preocupações que o auditor poderia ter sobre uma possível deficiência material de controles internos. A **Ilustração 18.2** representa graficamente o efeito que fatores atenuantes podem exercer sobre a avaliação da deficiência material de uma deficiência de controle interno.

QUESTÃO PRÁTICA

O auditor é obrigado a avaliar a eficácia do comitê de auditoria em cada trabalho realizado. Se o comitê de auditoria não estiver proporcionando supervisão suficiente, haverá uma deficiência material no controle interno da divulgação financeira.

6. *Existência de controles compensatórios* – Geralmente, há outros controles que poderiam compensar uma deficiência de um controle específico e poderiam tornar a deficiência original menos propensa a ser julgada como sendo material. Por exemplo, um processo existente de conciliação de um supervisor poderia detectar falhas no registro de caixa; ou contagens periódicas de inventário por auditores internos poderiam compensar deficiências na identificação de reduções de estoques ou outros erros de registro.
7. *Solução de uma deficiência de controle* – O relatório do auditor considera se há deficiências de controle interno no final do exercício da empresa. É possível que uma

deficiência que foi identificada tenha sido resolvida pela empresa antes do final do ano. Portanto, uma deficiência que tenha sido considerada material em uma data intermediária não seria mais considerada material no final do ano.

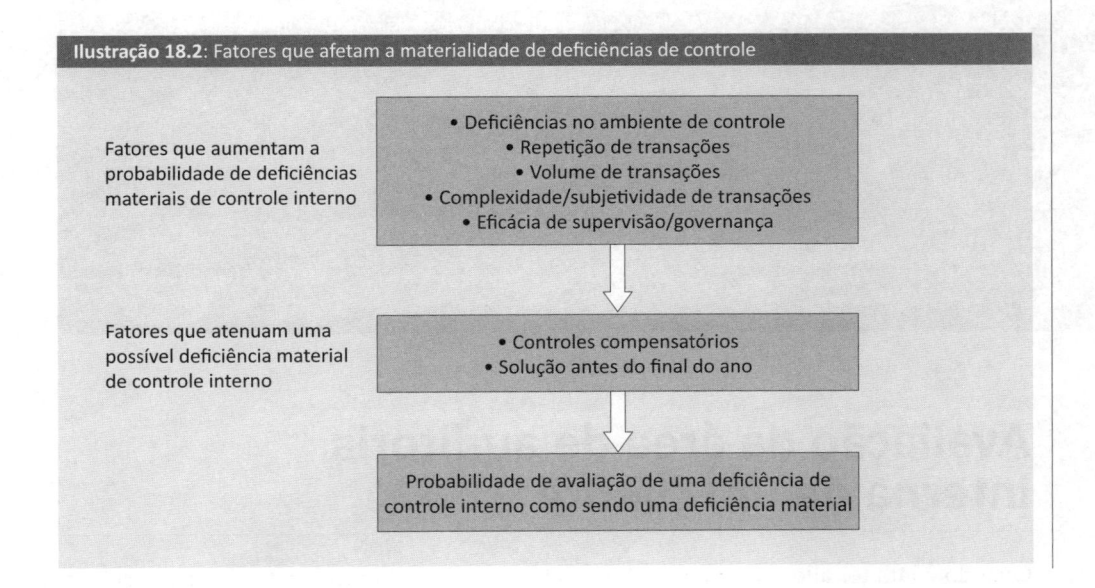

Ilustração 18.2: Fatores que afetam a materialidade de deficiências de controle

Fatores que aumentam a probabilidade de deficiências materiais de controle interno:
- Deficiências no ambiente de controle
- Repetição de transações
- Volume de transações
- Complexidade/subjetividade de transações
- Eficácia de supervisão/governança

Fatores que atenuam uma possível deficiência material de controle interno:
- Controles compensatórios
- Solução antes do final do ano

↓

Probabilidade de avaliação de uma deficiência de controle interno como sendo uma deficiência material

JULGAMENTO PROFISSIONAL EM CONTEXTO
Constatações do PCAOB em relação à avaliação da área de auditoria interna de um cliente

As inspeções do PCAOB destinam-se a identificar e lidar com deficiências e limitações relacionadas como uma empresa faz auditorias. Para atingir essa meta, as inspeções incluem exames de certos aspectos de algumas auditorias executadas pela instituição e análises de outras questões relacionadas ao sistema de controle de qualidade da empresa.

Os relatórios de inspeção das duas empresas de auditoria a seguir incluíram deficiências associadas à avaliação e utilização do trabalho da área de auditoria interna de um cliente. O relatório de inspeção da *Vitale, Caturano & Company, Ltd.*, com data de 2 de fevereiro de 2006, observou que, ao se apoiarem na área de auditoria interna do emitente, os auditores deixaram de realizar e documentar avaliações exigidas do departamento de auditoria interna do cliente e de considerar o impacto que as exceções de controle encontradas pela auditoria interna teriam sobre a execução do enfoque planejado de auditoria.

A inspeção da *Stovall, Grandey & Whatley, LLP*, com data de 29 de agosto de 2005, observou que a equipe de auditoria deixou de avaliar suficientemente a qualidade e a eficácia de um trabalho de auditoria interna que justificasse o uso desse trabalho.

À medida que for lendo esta seção, considere essas constatações do PCAOB, bem como as seguintes perguntas:

- Que responsabilidades os auditores externos têm em relação à avaliação da área de auditoria interna de um cliente?
- Quais são os fatores-chave que o auditor externo deve examinar na avaliação do trabalho da área de auditoria interna para determinar se ele pode confiar ou não no trabalho realizado por essa área?
- De que modo a equipe de auditoria externa pode fazer uso do trabalho realizado pela área de auditoria interna de um cliente?
- Por que uma equipe de auditoria externa desejaria fazer uso de trabalho realizado pela área de auditoria interna de um cliente?

AUDITORIA NA PRÁTICA

Eficácia da supervisão pelo comitê de auditoria

O comitê de auditoria é um dos ingredientes mais importantes de uma supervisão eficaz em qualquer organização. O auditor deve avaliar a eficácia do comitê de auditoria – evidenciada principalmente:

- Pela qualidade da discussão de contabilidade e controle na presença do auditor externo.
- Pelo conhecimento de assuntos contábeis revelado pelo comitê.
- Pela receptividade do comitê à solução de problemas que lhe são reportados.
- Pela independência do comitê – avaliada com base em suas ações (não apenas sua relação com a empresa).
- Pela sua supervisão da área de auditoria interna.
- Quando aplicável, por sua supervisão do processo de gestão de risco.

Deficiências de supervisão em qualquer uma ou em alguma combinação das atividades mencionadas seriam deficiências materiais de controle interno da divulgação financeira.

Avaliação da área de auditoria interna de um cliente

OA 6
Avaliar a qualidade da área de auditoria interna do cliente e determinar o efeito do trabalho dessa área sobre a realização da auditoria.

QUESTÃO PRÁTICA

Se o auditor informar a existência de uma deficiência significativa ao comitê de auditoria, à administração e ao conselho de administração, e depois voltar no ano seguinte para descobrir que a deficiência de controle não foi eliminada, então o auditor deverá concluir que há um problema com a eficácia da supervisão na organização. Tal falta de supervisão provavelmente seria uma deficiência material de controle interno da divulgação financeira.

QUESTÃO PRÁTICA

A Bolsa de Valores de Nova York exige que todas as empresas registradas possuam uma área de auditoria interna. O Nasdaq não faz essa exigência, mas a estimula como sendo uma boa prática.

Quando o auditor adquire o conhecimento exigido sobre o controle interno de um cliente, ele também fica conhecendo a área de auditoria interna do cliente. Com base nesse conhecimento, o auditor determina, a seguir, se as atividades dos auditores internos são relevantes para a auditoria de demonstrações financeiras ou para a auditoria de controles internos. As atividades de uma área de auditoria interna variam muito de uma organização para outra. Os auditores internos podem executar, entre outras tarefas, procedimentos relacionados à divulgação financeira; à avaliação da eficácia de operações e do controle correspondente; testes de existência de fraude e avaliação da eficácia de processos de controle interno; à avaliação do cumprimento da legislação, da regulamentação e das políticas da empresa; e à realização de auditorias de sistemas de informação e segurança. Além disso, os auditores internos podem prestar serviços de consultoria para a administração. O Instituto de Auditores Internos reconhece a amplitude das atividades de auditoria interna na seguinte definição:

> A auditoria interna é uma atividade independente e objetiva de garantia e de consultoria cuja finalidade é acrescentar valor e melhorar as operações de uma organização. Ajuda uma organização a alcançar seus objetivos com a adoção de um enfoque sistemático e disciplinado à avaliação e à melhoria da eficácia de processos de gestão de risco, controle e governança.

Em muitas organizações, os auditores internos frequentemente realizam um volume significativo de trabalho que é relevante para os processos de controle interno e divulgação financeira. Do ponto de vista de um modelo de risco de auditoria, uma área de auditoria interna de qualidade elevada pode reduzir o risco geral de controle, e é possível confiar no trabalho dessa área para reduzir o risco de detecção. Entretanto, tais efeitos ocorrerão somente na medida em que os auditores internos tiverem um nível suficientemente alto de qualidade.

Contraste entre auditoria interna e auditoria externa

Os auditores externos têm um papel bem definido: fornecer garantia independente a terceiros. Em contraste, os auditores internos fornecem uma ampla gama de serviços de garantia e consultoria a pessoas e unidades dentro da organização. Parte do trabalho realizado pelos auditores internos pode ser usada pelos profissionais externos que estejam completando as auditorias de controles internos e de demonstrações financeiras. As diferenças entre as duas profissões podem ser vistas na **Ilustração 18.3**.

Ilustração 18.3: Contraste entre auditoria interna e externa

	Auditoria externa (CPA)	Auditoria interna (CIA)
Cliente básico	Comitê de auditoria do conselho de administração (administração de companhias fechadas)	Administração e comitê de auditoria do conselho de administração
Partes que recebem garantias	Grupos externos de interesses, agências reguladoras e acionistas	Comitê de auditoria, alta administração e administração das operações
Escopo dos serviços realizados – básicos	Auditorias de demonstrações financeiras, auditorias de controle interno	Análise de risco, análise de controle, análise de operações
Escopo dos serviços realizados – ampliados	Serviços de certificação demandados pelo mercado	Segurança e confiabilidade de informações, eficiência operacional, verificações de cumprimento de normas, investigações especiais e de fraude
Natureza básica dos serviços	Auditoria e garantia	Garantia, consultoria
Certificação	CPA – obrigatória	CIA – Auditor Interno Certificado – exigido por muitas empresas, mas não todas
Relação com a organização	Deve ser independente	Faz parte da organização, mas deve subordinar-se ao comitê de auditoria para manter sua independência; entretanto, boa parte do trabalho de auditoria interna pode ser terceirizada a fornecedores externos, tais como empresas de contabilidade externa
Consultoria	Não pode prestar serviços de consultoria para clientes de auditoria que sejam companhias abertas, mas podem ser prestados para organizações que não sejam clientes de auditoria e companhias fechadas	Consultoria realizada quando permitida pela administração e pelo comitê de auditoria
Processos de auditoria	Coletar evidência suficiente e apropriada para dar um parecer	Coletar evidência suficiente e apropriada para dar um parecer, ou recomendar melhorias num processo; inclui análise de dados, confirmações externas, bem como outros procedimentos normalmente executados por auditores externos
Foco principal	Demonstrações financeiras, controles internos sobre a divulgação financeira e processos de divulgação financeira	Processos, incluindo riscos, controles e eficácia e eficiência de processos

Montagem de uma área de auditoria interna

Os clientes contam com uma série de alternativas distintas para montar suas áreas de auditoria interna. Essas alternativas variam de uma área de auditoria interna inteiramente abrigada dentro da organização à terceirização parcial de projetos específicos, à terceirização de toda a área a um fornecedor externo – inclusive a uma empresa de contabilidade externa (mas não ao seu auditor). Os contratos de terceirização podem ser contínuos ou por períodos ou

> **QUESTÃO PRÁTICA**
>
> A SEC proíbe uma empresa de CPAs de prestar tanto serviços de auditoria interna quanto de auditoria externa ao mesmo cliente.

> **QUESTÃO PRÁTICA**
>
> Em casos nos quais se seleciona a terceirização completa como método de obtenção de serviços de auditoria interna, o Instituto de Auditores Internos (IIA) tem assumido a posição de que a supervisão e a responsabilidade pela atividade de auditoria interna não podem ser terceirizadas. O IIA acredita que um representante da empresa, de preferência um executivo ou membro da alta administração, deve ser encarregado de gerir a atividade de auditoria interna.

projetos específicos nos quais sejam exigidas qualificações especiais (por exemplo, auditorias especiais de tecnologia de informação, auditorias ambientais, análises de derivativos, auditorias de contratos e serviços de gestão global de risco da empresa). Muitas áreas internas são obrigadas a terceirizar ou coterceirizar parte de seu trabalho para garantir que todas as suas tarefas sejam cumpridas a tempo e de forma competente.

Uma das principais tendências recentes tem sido a terceirização parcial ou total de atividades de auditoria interna a empresas de contabilidade externa ou outras instituições especializadas que prestam, principalmente, serviços de risco, controle e auditoria. A terceirização da auditoria interna tem sido a área de crescimento mais rápido no setor de contabilidade externa nos últimos anos, com taxas anuais de crescimento chegando até a 60-70%.

Os fornecedores externos têm ajudado muitas organizações a cumprir as exigências de divulgação da lei *Sarbanes-Oxley*. As 4 Grandes são frequentemente usadas para complementar departamentos existentes de auditoria interna em áreas especializadas, tais como auditorias de tecnologia de informação ou na execução de tarefas especializadas. Essas empresas e outras, tais como *Protiviti* e *Jefferson-Wells*, possuem unidades em todo o mundo e, portanto, são capazes de prestar serviços ampliados de auditoria a clientes sem custos adicionais de viagem e sem problemas de idioma ou culturais.

Avaliação da qualidade da área de auditoria interna do cliente

> **QUESTÃO PRÁTICA**
>
> Alguns clientes podem usar serviços internos de auditoria interna para aumentar um dado conjunto de qualificações, ampliar a cobertura geográfica ou conseguir flexibilidade adicional.

Independentemente de como o cliente monta a sua área de auditoria interna, o auditor externo ainda precisa avaliar a qualidade dessa área e determinar se o trabalho dos auditores internos é (a) relevante para a auditoria externa e (b) de qualidade e quantidade suficiente.

O auditor externo considera três características principais ao avaliar a qualidade da área de auditoria interna: competência, objetividade e qualidade da execução do trabalho. A **Ilustração 18.4** apresenta uma lista dos fatores que o auditor externo levaria em conta ao avaliar a competência, a objetividade e a qualidade da execução do trabalho.

Ao avaliar os fatores contidos na **Ilustração 18.4**, o auditor externo precisará examinar evidência relevante. Por exemplo, ao avaliar a qualidade do trabalho, o auditor desejará corroborar as avaliações e conclusões do auditor interno tomando uma amostra de transações semelhantes. Embora os fatores na **Ilustração 18.4** pudessem levar à montagem de uma lista de verificação e marcar cada item (por exemplo, escolaridade ou certificação), a intenção é orientar o auditor externo em uma avaliação sistemática da área de auditoria interna. Mais provavelmente, a equipe de auditoria externa terá interagido com diversos níveis da auditoria interna e possuirá bom conhecimento a respeito do escopo de seu trabalho e da competência com a qual ela realiza o seu trabalho.

> **QUESTÃO PRÁTICA**
>
> Quando a auditoria interna possui qualidade suficientemente elevada e faz trabalhos relacionados ao do auditor externo, o profissional externo pode utilizar o trabalho do auditor interno para reduzir a sua carga de serviço e com isso reduzir os honorários totais de auditoria externa. Entretanto, o auditor externo deve realizar trabalho suficiente para que possa assumir a responsabilidade principal pelos seus pareceres de auditoria.

Os fatores enumerados na **Ilustração 18.4** fornecem um enfoque sistemático à avaliação do trabalho de auditoria interna. Por exemplo, o auditor poderia ver que todos os fatores que asseguram a objetividade e independência da auditoria estão presentes. Entretanto, o verdadeiro teste é se os relatórios de auditoria refletem as constatações das auditorias, ou se há alguma pressão por um executivo (diretor executivo, diretor financeiro etc.) para reduzir o impacto das constatações. Por fim, se o auditor pretende se apoiar bastante no trabalho de auditoria interna, testes das mesmas transações ou de transações semelhantes devem ser efetuados para se obter a garantia de que o trabalho e as constatações são compatíveis com a expectativa baseada no material encontrado nos documentos de trabalho de auditoria interna.

Ilustração 18.4: Fatores a serem considerados na avaliação da qualidade da auditoria interna

Área de avaliação	Fatores a serem considerados na avaliação
Competência	• Nível de escolaridade e experiência profissional. • Certificação profissional e educação continuada. • Análise da qualidade de políticas, programas e procedimentos de auditoria. • Supervisão e análise comprovadas de atividades dos auditores internos. • Qualidade de documentos de trabalho, relatórios e recomendações. • Avaliação periódica do desempenho de auditores internos – tanto autoavaliação quanto *feedback* dos auditados e do comitê de auditoria. • Avaliações periódicas de controle de qualidade realizadas de acordo com os Padrões Internacionais da Prática Profissional de Auditoria Interna (*International Standards for the Professional Practice of Internal Auditing*).
Avaliação de objetividade	• Nível hierárquico organizacional é suficiente para garantir a cobertura dos principais riscos da organização, bem como a consideração e a tomada de providências sobre constatações e recomendações dos auditores internos. • O auditor interno tem acesso direto e se comunica regularmente com o conselho de administração, o comitê de auditoria ou o proprietário-administrador. • O conselho de administração, o comitê de auditoria ou o proprietário-administrador supervisionam as decisões de contratação e demissão associadas à direção da área de auditoria interna. • Políticas que proíbem os auditores internos de auditarem áreas em que parentes estão empregados em posições importantes ou sensíveis em termos de auditoria. • Políticas que minimizam outros possíveis conflitos de interesse, como auditar uma área em que estiveram empregados antes de ir para a auditoria interna, ou onde serão colocados após passarem pela auditoria interna.
Avaliação da qualidade do trabalho de auditoria interna	• Escopo do trabalho é apropriado para que os objetivos sejam atingidos. • Os programas de auditoria são adequados. • Os documentos de trabalho evidenciam adequadamente o trabalho realizado, incluindo evidências de supervisão e revisão. • As conclusões são apropriadas às circunstâncias. • Os relatórios são coerentes com os resultados do trabalho realizado.

Padrões de auditoria interna

Quando o auditor externo avalia a qualidade da área de auditoria interna de um cliente, o auditor externo precisa considerar se essa área obedece aos padrões profissionais de auditoria interna. O Instituto de Auditores Internos (IIA) é o organismo internacional que fixa os padrões para a prática de auditoria interna no mundo inteiro. O IIA também produz orientações para a prática visando a ajudar os auditores a lidar com problemas reais, tais como problemas que poderiam ser vistos como objeto de denúncia. O Arcabouço de Práticas Profissionais do IIA começa com a definição de auditoria interna, cria uma base para desenvolvimento adicional em seu código de ética, gera padrões de auditoria, interpreta os padrões, fornece orientação atualizada por meio de instruções para a prática e publica outros instrumentos de apoio profissional.

> **QUESTÃO PRÁTICA**
> Uma prática recomendável consiste em fazer que a supervisão da função de auditoria interna seja uma responsabilidade do comitê de auditoria.

Efeito do trabalho da auditoria interna sobre a auditoria externa

Muito embora o trabalho dos auditores internos possa afetar os procedimentos do profissional externo, o auditor externo ainda é obrigado a realizar procedimentos suficientes para obter evidências mínimas e apropriadas para apoiar o seu parecer. A responsabilidade pela

> **QUESTÃO PRÁTICA**
> Os comitês de auditoria comumente pedirão aos auditores externos a sua avaliação do auditor-chefe, ou seja, do diretor da auditoria interna.

> **Questão prática**
>
> O Padrão de Auditoria nº 5 emitido pelo PCAOB encoraja o auditor externo a utilizar o trabalho dos profissionais internos (bem como outras partes objetivas da organização) ao efetuar a avaliação de controles internos da divulgação financeira. Ao apoiar-se de tal maneira nessas partes internas, o auditor externo precisará depositar confiança elevada na expectativa de que o trabalho de auditoria seja completado corretamente. O alto nível de confiança só pode ser obtido por meio de testes das mesmas transações ou de transações semelhantes.

auditoria externa pertence apenas ao auditor externo, e essa responsabilidade não pode ser dividida com os profissionais internos.

Ao fazer julgamentos a respeito do efeito do trabalho dos auditores internos sobre os procedimentos da auditoria externa em algumas áreas específicas de auditoria, o profissional externo considera três questões:

1. Materialidade dos valores nas demonstrações financeiras.
2. Risco de incorreção material das afirmações associadas a esses valores nas demonstrações financeiras.
3. Grau de subjetividade envolvida na avaliação da evidência de auditoria coletada em apoio às afirmações.

No caso de algumas afirmações, como existência e ocorrência, a evidência coletada será de natureza objetiva. No caso de outras afirmações, como as de avaliação e divulgação, será necessário usar mais julgamento de auditoria, e a avaliação será mais subjetiva. Na medida em que se elevarem a materialidade de saldos de contas ou o risco de detecção, ou a subjetividade da avaliação de evidência aumentar, maior parte do trabalho deverá ser executada diretamente pelo auditor externo. Exemplos de áreas que preenchem tais critérios incluem:

- Avaliação de ativos e passivos envolvendo estimativas contábeis significativas.
- A existência e divulgação de transações com partes relacionadas, contingências, incertezas e eventos subsequentes.

> **Questão prática**
>
> Os Padrões Internacionais da Prática Profissional de Auditoria Interna estão disponíveis no endereço eletrônico (www.theiia.org). Os padrões são semelhantes em sua natureza a outros padrões de auditoria, mas são ajustados à especificidade da função de auditoria interna e suas responsabilidades dentro de uma organização.

Em contraste, áreas que são geralmente menos importantes ou nas quais a avaliação de evidências é mais objetiva incluem:

- Caixa.
- Ativos pagos antecipadamente.
- Aumentos de ativos imobilizados.

Em relação a algumas afirmações, o auditor externo poderá decidir, devido ao trabalho efetuado pelos auditores internos, que o risco de auditoria se reduziu a um nível aceitável, e que testes diretos das afirmações pelo auditor podem ser desnecessários.

Como o auditor detém a responsabilidade última por emitir um parecer sobre as demonstrações financeiras, muitos dos julgamentos de auditoria devem ser tomados pelo auditor externo e não devem ser delegados aos auditores internos. Alguns desses julgamentos incluem avaliações de:

- Riscos intrínsecos e de controle.
- Materialidade de incorreções.
- Suficiência de testes realizados.
- Avaliação de estimativas contábeis significativas.

OA 7
Identificar e descrever os conceitos de valor justo e *impairment* tal como são aplicados em auditoria.

Auditoria de estimativas de valor justo

A mensuração e a comunicação de informação contábil continuam evoluindo, com ênfase crescente na qualidade de ativos e passivos. Essa mudança exige que praticamente todas as contas do balanço de uma empresa precisem ser medidas a valor justo (incluindo ajustes do valor realizável líquido), e as divulgações deverão refletir informações a respeito da natureza da estimação de valores justos. A auditoria de valor justo exige um enfoque distinto de auditoria – o profissional não está auditando transações ocorridas na organização, mas aferindo valores externos de mercado, dados setoriais de vendas e tendências e modelos de fluxos de caixa futuros. Este novo enfoque de auditoria está exposto a riscos crescentes, mas pode ser compensador para auditores que entendem os parâmetros gerais do mercado e o modo pelo qual eles afetam as contas específicas de demonstrações financeiras de clientes.

O modelo contábil de estimativas de valor justo

A orientação nos princípios contábeis aceitos em geral nos Estados Unidos (US GAAP) para a mensuração de valor justo está contida no SFAS 157, Mensurações de Valor Justo (*Fair Value Measurements*), publicado originalmente em 2006 e atualizado em 2008 e novamente em 2009. O Fasb é muito claro em dizer que o SFAS 157, por si só, não exige medidas de valor justo. Essas exigências estão em outros pronunciamentos do Fasb. Em lugar disso, o SFAS 157 fornece orientação para o desenvolvimento de medidas de valores justos em situações nas quais tais valores são exigidos. Define-se valor justo da seguinte maneira:

> o preço que seria recebido na venda de um ativo ou pago para a transferência de um passivo em uma transação normal entre participantes de mercado na data de mensuração. (parágrafo 5)

Portanto, o conceito pressupõe um mercado normal e pode não se aplicar a certos ativos negociados em condições difíceis, quando não há mercado. Em tais situações, pode ser exigido que o ativo seja avaliado ao mínimo entre custo e preço de mercado. Para orientar os administradores e os auditores, o Fasb reconhece que a solidez de informações na elaboração de uma estimativa pode variar – e que pode haver muitas fontes distintas de informação relevante. Por causa disso, o Fasb criou uma hierarquia de dados para a determinação de valores justos:

- *Nível 1:* preços cotados para itens idênticos em mercados ativos, líquidos e visíveis, tais como bolsas de valores. Um exemplo disso seria um negócio recente com uma ação ou um título de dívida na Bolsa de Valores de Nova York.
- *Nível 2:* informação observável para itens semelhantes em mercados ativos ou inativos, como dois prédios com localizações similares no mercado imobiliário do centro de uma cidade.
- *Nível 3:* dados não observáveis a serem usados em situações em que não há mercados ou eles não têm liquidez, como durante a crise de crédito de 2009. Isto é o que comumente se chama de "marcar a modelo", pois depende das estimativas da administração quanto aos fluxos futuros de caixa associados ao ativo ou passivo a ser avaliado. As avaliações no nível 3 são geralmente vistas como muito subjetivas.

O SFAS 157 não é o único instrumento de orientação disponível. De seus cursos de contabilidade intermediária, você deve estar lembrado de que a maioria das contas de ativo está sujeita a testes de possibilidade de realização, ou seja, ao uso do mínimo entre custo e valor de mercado. Cobrimos esses aspectos em capítulos anteriores, quando discutimos

---

QUESTÃO PRÁTICA

Há três enfoques à utilização do trabalho da área de auditoria interna de um cliente: (1) utilizar os auditores internos como assistentes durante a auditoria (um enfoque impopular junto aos auditores internos), (2) apoiar-se em trabalho já realizado de auditoria interna e (3) coordenar o planejamento e a execução de testes específicos de auditoria com a área de auditoria interna.

QUESTÃO PRÁTICA

Os dados do nível 3 e os modelos subjacentes de avaliação devem ser desenvolvidos de maneira sistemática e rigorosa, de tal modo que o processo e as hipóteses subjacentes ao modelo possam ser objetivamente avaliados pelo auditor.

JULGAMENTO PROFISSIONAL EM CONTEXTO
Evidência e preocupações relacionadas a estimativas de valor justo

Considere os seguintes textos ao avaliar os desafios associados à auditoria de valores justos – e as possibilidades de crítica quando as estimativas do cliente e do auditor acabam não sendo corretas. Inicialmente, considere um trecho extraído do *Journal of Accounting Research*, em um artigo[1] que examinou enfoques adotados pela administração ao fornecimento de medidas do valor justo de um ativo:

> Examinamos a liberdade da administração para decidir quando e como reduzir o valor um ativo... Constatamos que, apesar de evidências de mercado de que as demonstrações financeiras da *Inco Ltd.* sobrevalorizavam substancialmente a mina de níquel de *Voisey Bay* (uma de suas minas em operação) no período de 1997 a 2000, a administração optou por não reavaliá-la para baixo até 2002. A administração da *Inco* usou uma perícia independente para justificar seu resgate da ação indexada por 25% de seu valor inicial, sinalizando quase certamente que a administração da *Inco* estava ciente do *impairment* de acordo com os princípios contábeis aceitos em geral (GAAP). Este caso ilustra que o apoio dos GAAP em fluxos de caixa não descontados para a tomada de decisões de *impairment* permite que existam enormes disparidades não contabilizadas entre valor contábil e valor de mercado. A liberdade tomada pela administração neste caso fornece um exemplo concreto da subjetividade inerente à determinação de valores justos. (ênfase adicionada)

Em segundo lugar, considere diversos trechos extraídos de Smartpros.com a respeito do *impairment* potencial de *goodwill* no final de 2008[2]:

- A *Sun Microsystems* divulgou um relatório preliminar sobre os resultados de seu primeiro trimestre fiscal de 2009 em 20 de outubro. Embora ela espere que as receitas trimestrais estejam nas vizinhanças de US$ 3 bilhões, ela prevê um prejuízo no trimestre. A administração escreveu que "por causa de uma combinação de fatores, incluindo o atual ambiente econômico... a companhia concluiu que é provável que o valor justo de uma ou mais de suas unidades divulgadoras tenha se reduzido abaixo de seu valor de carregamento". O *goodwill* total é de US$ 3,2 bilhões, mas US$ 1,8 bilhão diz respeito a unidades divulgadoras em que o *goodwill* pode ter sido reduzido.
- Esta temporada de lucros será repleta de bilhões de dólares de reduções de *goodwill*. Os investidores precisam estar preparados para isso.
- O setor bancário poderá ser o mais fortemente afetado por lançamentos de *impairment*. Entretanto, os executivos deste setor poderiam relutar em contar a verdade. Imagino esta possibilidade porque estes mesmos executivos têm resistido em dançar conforme a música da contabilização pelo valor justo. Se eles já não querem contar a verdade a respeito de seus investimentos tóxicos, eles também poderiam ocultar essas verdades. Espero que os auditores estejam preparados para enfrentar o que o setor bancário está preparando. (ênfase adicionada)

À medida que for lendo o restante desta seção, considere as seguintes perguntas, com as quais os auditores agora precisarão lidar regularmente:

- O que é valor justo e onde deve ser aplicado?
- Qual é a melhor evidência para determinar valores justos ou medir o *impairment* de *goodwill*?
- Quais são as exigências contábeis relacionadas a estimativas de valor justo?
- O que significa a expressão "marcação a modelo"?
- De que maneira o auditor determina os fluxos futuros de caixa associados a ativos potencialmente sujeitos a *impairment*, como *goodwill*, ativos intangíveis, ou mesmo imóveis, instalações e equipamentos?
- Dado que é impossível prever o futuro, por que os investidores e o público esperam que os auditores predigam fluxos de caixa futuros para avaliar ativos existentes?

---

[1] HILTON, A. S. e O'BRIEN, P. C. Inco Ltd.: Market value, Fair value, and management discretion. *Journal of Accounting Research* 2009, vol. 47, nº 1, pp. 179-211.
[2] KETZ, E. 2008. Smartpros.com (nov.).

---

a necessidade de avaliar estoques ao mínimo entre custo e mercado, ou estimar a provisão para empréstimos incobráveis ou devedores duvidosos. Como ilustrado com a conta da demonstração financeira da *Ford* no início do capítulo, quase todos os ativos – e também vários passivos – estarão sujeitos a algum tipo de ajuste pela possibilidade de realização ou valor de mercado.

O *goodwill* representa um caso especial que foi mencionado no segmento de Julgamento profissional em contexto acima. O Fasb produziu orientação, no SFAS 142, dizendo que:

Ativos intangíveis que não são amortizados serão submetidos a teste de *impairment* pelo menos uma vez por ano, mediante a comparação dos valores justos desses ativos aos valores contabilizados.

Deve ser lembrado que há duas etapas na determinação do *impairment* de *goodwill*:

Etapa 1: comparar o valor justo da unidade divulgadora ao valor de carregamento da unidade divulgadora.
Etapa 2: medir o *impairment* por meio da comparação do valor justo do *goodwill* (por unidade divulgadora) ao valor de carregamento do *goodwill*.

Na etapa 1, o pressuposto é o de que a determinação do valor justo do *goodwill* deve ser feita na mesma base utilizada na determinação original do *goodwill* e para a mesma unidade divulgadora. Por exemplo, quando a *Time Warner* fundiu-se à *AOL*, a unidade divulgadora era a *AOL*. A dificuldade de avaliação surge quando a organização integra a *AOL* às outras operações. Portanto, a determinação de segmentos e unidades divulgadoras relevantes pela administração para fins de *impairment* de *goodwill* passa a ser uma consideração importante em termos de julgamento. Na etapa 2, os julgamentos tornam-se ainda mais difíceis, pois o auditor – e o cliente – deve avaliar fluxos futuros de caixa do investimento que levaram originalmente à fixação do *goodwill*.

Problemas na auditoria de ajustes a valor justo de mercado e *impairments*

Há vários saldos de contas que comumente exigem estimativas de valor justo. Mais frequentemente pensamos em títulos negociáveis devido à crise financeira. Mas ajustes a valor de mercado também são comuns para imóveis, instalações e equipamentos que serão vendidos, para contas a receber ou estoques e para a consideração do *impairment* de *goodwill*. Começamos fornecendo uma visão geral da auditoria de estimativas de valor justo e depois discutiremos explicitamente as implicações de *impairments* para a auditoria.

Estimativas de valor justo

Uma visão geral de considerações de auditoria relacionadas a estimativas de valor justo é apresentada na **Ilustração 18.5**. Na análise dessa ilustração, note que há desafios específicos de auditoria relevantes a cada nível de estimação de valores justos, e que o cliente deve possuir (a) um processo sistemático para identificar cada ativo sujeito à estimação de valor justo, (b) um processo para identificar valores de mercado relevantes, (c) uma análise da capacidade de organização, que é capaz de manter o ativo até o seu vencimento e se a redução de valor não é apenas temporária e (d) um processo realista para estimar fluxos futuros de caixa cujo valor presente deve ser calculado.

O nível 1 não acarreta desafios especiais para o auditor. Entretanto, os níveis 2 e 3 geram desafios significativos – incluindo a determinação da existência ou não de um mercado ativo. O nível 2 é amplo e se aplica a instrumentos financeiros, ativos imobilizados, ou considerações de mínimo entre custo e valor de mercado para estoques, empréstimos ou contas a receber. O enfoque de auditoria para o nível 2 exige que o auditor determine:

QUESTÃO PRÁTICA
O reconhecimento de um *impairment* de *goodwill* é uma declaração ao mercado de que a empresa não espera mais o mesmo volume originalmente esperado de fluxos de caixa de seu investimento na entidade divulgadora.

QUESTÃO PRÁTICA
A queda substancial do valor de mercado das ações da maioria das empresas no final de 2008 indica um possível *impairment* de *goodwill* em muitas empresas.

QUESTÃO PRÁTICA
Valores de mercado facilmente acessíveis são de difícil obtenção no caso de segmentos ou unidades divulgadoras. Entretanto, se o valor de mercado da empresa for inferior ao valor contábil e houver um volume significativo de *goodwill*, o pressuposto será o de que terá havido *impairment* de *goodwill*.

OA 8
Determinar a evidência apropriada a ser coletada ao serem feitos testes de ajuste a valor justo de mercado e *impairment*.

QUESTÃO PRÁTICA
A avaliação de investimentos que não são temporários é difícil para o auditor e deve basear-se em contratos da empresa com uma probabilidade muito alta de recebimento. É difícil para o profissional concluir que o mercado está errado e o cliente está certo quando o valor de mercado indica que a redução pode não ser apenas temporária.

- A correspondência entre os ativos do cliente e ativos semelhantes em um mercado ativo.
- Se há um mercado ativo para ativos semelhantes.
- Se o cliente conta com um processo sistemático para a estimação de valor justo.
- Se uma avaliação externa é utilizada, que o avaliador seja independente, objetivo, competente e tenha usado itens comparáveis na estimação de valor.
- Se a empresa possui dados confiáveis para estimar fluxos futuros de caixa que consideram condições econômicas e mudanças no mercado e usa uma taxa de desconto apropriada para determinar o valor presente líquido.

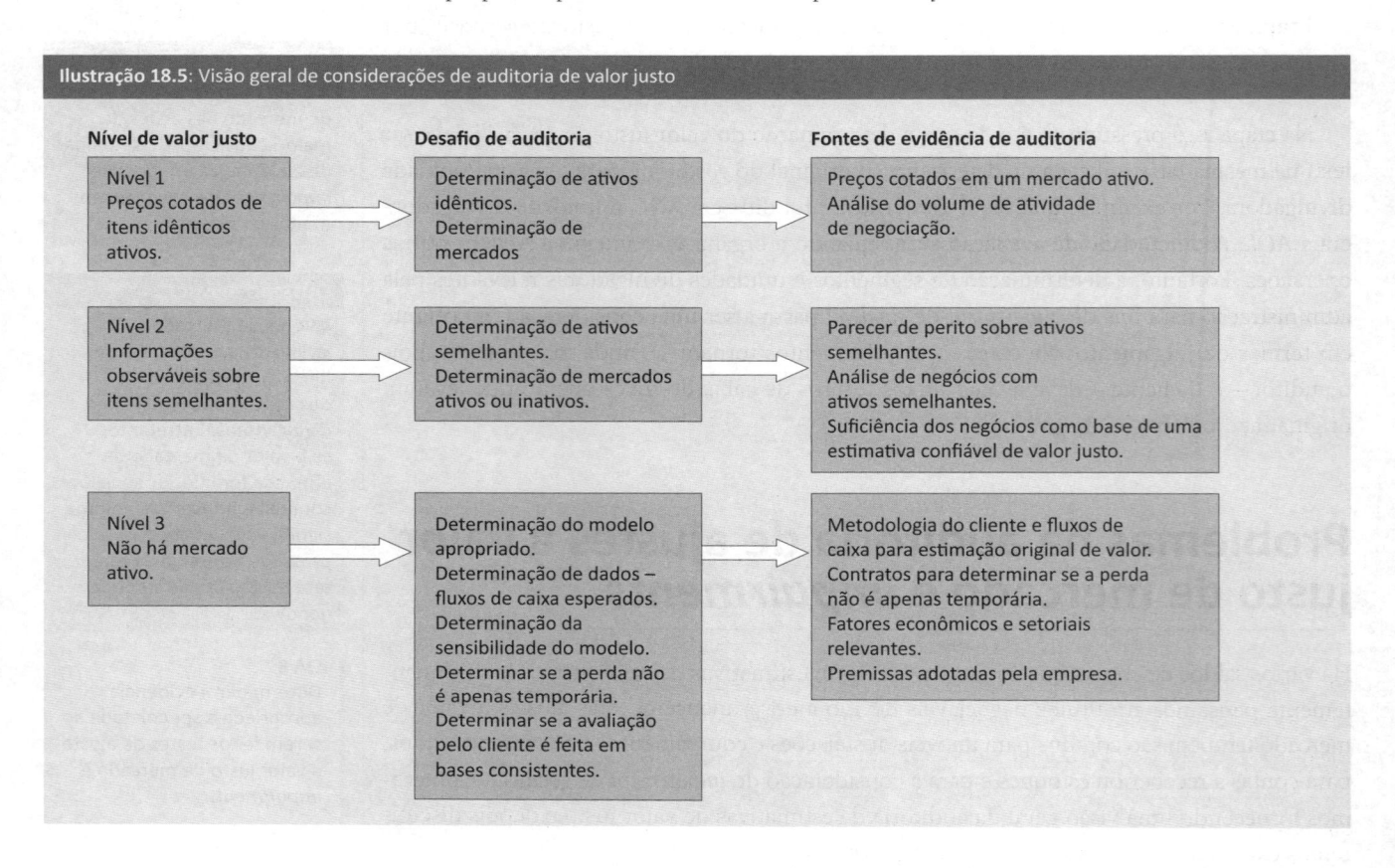

Ilustração 18.5: Visão geral de considerações de auditoria de valor justo

Nível de valor justo	Desafio de auditoria	Fontes de evidência de auditoria
Nível 1 Preços cotados de itens idênticos ativos.	Determinação de ativos idênticos. Determinação de mercados	Preços cotados em um mercado ativo. Análise do volume de atividade de negociação.
Nível 2 Informações observáveis sobre itens semelhantes.	Determinação de ativos semelhantes. Determinação de mercados ativos ou inativos.	Parecer de perito sobre ativos semelhantes. Análise de negócios com ativos semelhantes. Suficiência dos negócios como base de uma estimativa confiável de valor justo.
Nível 3 Não há mercado ativo.	Determinação do modelo apropriado. Determinação de dados – fluxos de caixa esperados. Determinação da sensibilidade do modelo. Determinar se a perda não é apenas temporária. Determinar se a avaliação pelo cliente é feita em bases consistentes.	Metodologia do cliente e fluxos de caixa para estimação original de valor. Contratos para determinar se a perda não é apenas temporária. Fatores econômicos e setoriais relevantes. Premissas adotadas pela empresa.

AUDITORIA NA PRÁTICA

Determinação de se uma redução de valor não é apenas temporária

O SAB 59 e o SAS nº 92 descrevem fatores que indicam se houve um *impairment* que não é temporário no valor de um título. Esses fatores incluem:

- O prazo e a magnitude pelos quais o valor de mercado está abaixo do custo.
- A condição financeira e as perspectivas de curto prazo do emitente, incluindo eventos específicos que podem afetar as operações ou os lucros futuros do emitente. Exemplos incluem mudanças de tecnologia ou suspensão de operações de um segmento da empresa.
- A intenção e a capacidade do titular de reter seu investimento no emitente por um período suficiente para permitir qualquer recuperação esperada de valor de mercado.
- Se uma redução de valor justo é atribuível a condições adversas relacionadas especificamente ao título ou a condições específicas de um setor ou região.
- A classificação de risco de crédito do emitente de títulos e se os títulos foram rebaixados por alguma agência classificadora.
- Se houve redução ou eliminação de dividendos, ou se pagamentos programados de juros não foram feitos.
- O saldo de caixa do emitente dos títulos.

Fonte: REES, T. e FICK, K. Weathering the other than temporary impairment storm. *Journal of Accountancy* (edição *on-line* fev. 2009).

O quadro Auditoria na prática identifica vários fatores que um auditor e o cliente devem considerar na determinação da temporalidade ou não da redução de valor de mercado. Note que os fatores exigem que o auditor adquira um conhecimento profundo do setor, das tendências da economia e da saúde financeira das partes responsáveis pelo cumprimento de contratos existentes. Fundamentalmente, essas exigências não diferem muito do conhecimento que um auditor deve possuir para avaliar adequadamente contas tais como as de provisão para devedores duvidosos, reservas para perdas com empréstimos, ou valor de mercado de estoque obsoleto ou danificado.

As auditorias de saldos do nível 3 geram as maiores dificuldades, porque não envolvem um mercado observável ou ativo. O enfoque – geralmente criticado – é chamado de "Marcação a modelo", porque se espera que o cliente estime o valor justo com base em um modelo dos fluxos futuros de caixa associados ao instrumento ou ativo. A título de exemplo, muitos instrumentos financeiros de empresas em dificuldades não têm um valor corrente de mercado. Além disso, há uma relutância em negociar tais instrumentos porque seu valor é de difícil determinação. Portanto, os auditores e clientes usam comparações de vendas em condições de dificuldade no mercado – exemplo, a venda de ativos da *Merrill Lynch* a US$ 0,29 – como evidência de valores de mercado. Obviamente, a falta de precisão em tais estimativas é considerável, e isso cria risco de auditoria.

Impairments

Focalizamos a nossa discussão de *impairments* naqueles associados ao *goodwill*. Foi estimado que o *goodwill* representava aproximadamente 36% de todos os ativos das principais empresas americanas em 31 de dezembro de 2008. O *goodwill* não é mais amortizado, mas submetido a testes anuais de *impairment*. A primeira etapa do julgamento da ocorrência ou não de *impairment* consiste em determinar se o valor de mercado da unidade divulgadora é inferior ao valor de carregamento dos ativos dessa unidade. Em caso afirmativo, e supondo que outros ativos tenham sido adequadamente avaliados, pressupõe-se que houve *impairment* de *goodwill*. A seguir, o auditor deve estimar o valor justo (ou valor reduzido) do *goodwill*.

Quando a empresa como um todo não é a unidade divulgadora, o auditor deve coletar outras evidências para avaliar o possível *impairment* de *goodwill*. Outras fontes de informação incluem negociações para a venda da unidade divulgadora, a rentabilidade corrente da unidade divulgadora, fluxos de caixa projetados comparados a projeções de fluxos de caixa feitas à época da aquisição e planos estratégicos da administração para o uso dos ativos. O cliente é obrigado a considerar os enfoques identificados para fazer uma estimativa de *impairment* de ativos. O auditor deve avaliar (a) a metodologia empregada pela administração para medir *impairment* e (b) se uma avaliação objetiva das evidências apoia a conclusão do cliente.

A **Ilustração 18.6** fornece uma visão geral de fatores que o auditor deve levar em conta ao avaliar *impairment* de *goodwill*, e a **Ilustração 18.7** apresenta um programa de auditoria para teste de *impairment* de *goodwill*.

> **QUESTÃO PRÁTICA**
>
> O uso de um avaliador externo ou outro especialista não significa necessariamente que o cliente (e o auditor) esteja recebendo uma mensuração objetiva e competente de valor de justo. O auditor precisa analisar as credenciais do avaliador e a metodologia empregada pelo avaliador antes de aceitar os valores estimados como evidência de auditoria.

> **QUESTÃO PRÁTICA**
>
> Embora tenha havido muitas críticas de que a venda de títulos da Merrill Lynch a US$ 0,29 foi uma venda em condições anormais que não seriam válidas para outros títulos, a negociação adicional de títulos semelhantes comprovou que a estimativa era representativa de negócios futuros de ativos semelhantes.

> **QUESTÃO PRÁTICA**
>
> O *goodwill* precisa ser avaliado em termos de *impairment* uma vez por ano – e não necessariamente na data do balanço. Entretanto, a data de avaliação precisa ser aplicada de maneira sistemática.

> **QUESTÃO PRÁTICA**
>
> A análise de *goodwill* e possível *impairment* pelo auditor será facilitada se o cliente tiver documentado (e o auditor tiver examinado) as hipóteses originais feitas pela empresa quando da aquisição que levou em última instância à contabilização de *goodwill*.

AUDITORIA NA PRÁTICA

Impairment de goodwill na AOL Time Warner

A magnitude de ajustes por *impairment* de *goodwill* pode ser bastante elevada. A saga da *AOL-Time Warner* fornece um exemplo marcante. Já em 2002, a revista *Business Week* publicou que havia um hiato de credibilidade na divulgação financeira da empresa porque a *AOL-Time Warner* não havia sido capaz de integrar as competências da AOL na internet para capturar sinergias com os segmentos de publicação da *Time Warner*. A AOL havia reconhecido uma redução de *goodwill* de US$ 54 bilhões em 2002, e deu baixa de outros US$ 25 bilhões em 2008.

> **QUESTÃO PRÁTICA**
> É melhor que todos os motivos e processos importantes sejam documentados e questionados por uma parte objetiva dentro da empresa de auditoria do que deixá-los sem documentação e questionados por alguém de fora da instituição, por exemplo, em um tribunal.

O enfoque adotado para o *impairment* de *goodwill*, bem como para estimativas de valor justo, reitera uma premissa fundamental enunciada no título deste livro: a melhor maneira de fazer uma auditoria consiste em conhecer plenamente o cliente, suas atividades, oportunidades de negócio e riscos. É somente com a adoção desse enfoque que os auditores profissionais serão capazes de lidar com os desafios de realização de julgamentos complexos que precisarão ser feitos em muitas auditorias. No futuro, a flexibilização de padrões internacionais de contabilidade exigirá mais julgamentos ainda de auditoria.

Ilustração 18.6: Visão geral de fatores que afetam avaliações de *impairment* de *goodwill*

Fatores a serem avaliados	Questões relacionadas a evidências	Possíveis problemas de auditoria
Valor justo corrente de mercado da entidade	Determinar o valor justo de mercado (VJM) da entidade como um todo.	Prontamente disponível caso seja negociada publicamente, mas não prontamente disponível se não for negociada publicamente.
	Determinar o VJM do segmento operacional.	Avaliação pelo mercado pode ser volátil. Uma redução temporária de valor de mercado pode não ser um bom indicador de VJM.
		VJM poderia não existir. Poderiam ser exigidas avaliações independentes por bancos de investimento ou estimativas usando fluxos de caixa e fatores de valores presente.
		Devem ser feitas hipóteses a respeito de concorrência, desenvolvimento econômico, colocação de produtos, e assim por diante. A verificação dessas hipóteses é muito difícil.
Segmento operacional deve ser claramente definido	Se a empresa adquirida permanecer intacta após a aquisição, ela será definida como sendo o segmento operacional.	Nenhum problema especial.
	A finalidade da maioria das aquisições é integrar a nova unidade adquirida nas atividades da organização existente.	A empresa deve montar uma metodologia sistemática para definir claramente o segmento operacional e acompanhar a sua evolução no tempo.
	Os segmentos operacionais podem se modificar com o tempo, à medida que são feitas aquisições. A unidade operacional adquirida pode não ser mais distinguível depois de certo tempo.	O *goodwill* resultante de muitas aquisições pode ser agregado em um único teste no nível de segmento operacional, mas não no nível da empresa.
VJM corrente de ativos e passivos de ativos sem *goodwill*	Ativos: poderiam ser medidos pelo valor realizável líquido ou por custos estimados de reposição.	Os ativos são usados em grupo. É difícil estimar o VJM de um grupo porque pode haver um número limitado de compradores para o grupo.
		Dados de custo de reposição podem ser de obtenção difícil e cara, e os dados precisam ser ajustados pelo tempo de utilização dos ativos.
	Passivos: poderiam ser estimados por fluxos de caixa descontados usando taxas de juros correntes, ajustadas adequadamente por risco.	As taxas de juros devem ser ajustadas por prazo e risco.
Impairment* de *goodwill	O *impairment* é medido pela diferença entre o valor de mercado do segmento operacional e o VJM dos ativos líquidos.	Todas as dificuldades mencionadas são relevantes. É difícl fazer a verificação de estimativas, já que são baseadas em suposições.
		Pode estar sujeito a manipulação pela administração.

> **Ilustração 18.7:** Programa de auditoria para testes de *impairment* de *goodwill*
>
> 1. Examinar a metodologia que o cliente utilizou originalmente na determinação do valor usado para comprar a unidade divulgadora. Verificar os documentos iniciais do cliente para determinar:
>   a. Hipóteses a respeito de crescimento econômico e sinergias esperadas com a aquisição.
>   b. Fluxo de caixa esperado, descontado ao presente.
>   c. Reduções de custo esperadas com a integração de operações.
>   d. Suposições a respeito da economia em geral, do crescimento do setor e da introdução de novos produtos.
>
> 2. Comparar os resultados efetivos aos esperados desde a época da aquisição.
>   a. Determinar mudanças significativas de suposições e resultados projetados.
>   b. Estimar o modelo de aquisição da empresa com novas suposições refletindo condições correntes de mercado, resultados efetivos e informações correntes sobre o custo de capital para obter uma estimativa do valor justo da unidade divulgadora.
>   c. Comparar o valor justo ao valor de carregamento e calcular o valor do *impairment* de *goodwill*.
>
> 3. Se o cliente não possuir os dados originais, fazer uma análise independente do setor e montar:
>   a. Um conjunto de suposições a respeito de desempenho futuro com base em expectativas para o setor e produtos da empresa.
>   b. Uma estimativa de fluxos de caixa futuros descontados.
>   c. Uma análise de sensibilidade de mudanças de valor com base em suposições a respeito do setor e dos fluxos de caixa.
>   d. Uma faixa de estimativas e comparar ao valor de carregamento da unidade divulgadora e ao custo de carregamento do *goodwill*.
>
> 4. Se a unidade divulgadora original não existir mais porque as operações foram completamente integradas às operações da empresa controladora:
>   a. Comparar o valor contábil ao valor de mercado. Um valor de mercado inferior ao valor contábil é evidência presumida de que o *goodwill* sofreu uma redução de valor.
>   b. Determinar se todos os outros ativos foram ajustados ao valor justo, quando aplicável.
>   c. Calcular a diferença entre o valor de mercado e o contábil para determinar o volume de *impairment* de *goodwill*.
>   d. Rever as suposições a respeito de operações futuras, posição no setor, fluxos de caixa esperados e planos estratégicos para a empresa para determinar se a baixa no item (c) é suficiente.

Resumo

Os auditores têm se defrontado cada vez mais com julgamentos complexos de auditoria que permeiam praticamente todos os saldos de contas. Os profissionais precisam entender o conceito de materialidade do ponto de vista de um usuário e aplicar esse conceito à auditoria integrada de controles internos e demonstrações financeiras. O valor justo está se convertendo em uma parte cada vez mais importante dos trabalhos de auditoria e continuará evoluindo à medida que o Fasb e o IASB partirem para a implantação dos arcabouços conceituais que enfatizam o valor justo e as variações de ativos e passivos como sendo o foco principal da divulgação financeira.

Este capítulo apresentou uma visão geral de questões complexas que os auditores continuarão a enfrentar e reitera três conceitos fundamentais que foram enfatizados ao longo de todo o livro. Em primeiro lugar, o auditor precisa conhecer o negócio do cliente, suas perspectivas, posição competitiva e estratégias tão bem quanto os administradores do próprio cliente. Em segundo lugar, é importante que o auditor não apenas lide com questões complexas, mas o faça de uma maneira sistemática, enfatizando o uso de seu julgamento profissional. Os julgamentos subjetivos não vêm do nada – eles se baseiam em coleta e análise rigorosa de dados. Em terceiro lugar, os auditores (e os clientes) são obrigados cada vez mais a documentar suas decisões envolvendo julgamentos complexos, incluindo os dados utilizados na realização dos julgamentos e o processo de raciocínio que justifica as conclusões tiradas.

Termos importantes

Atividades de garantia – Serviços profissionais objetivos que elevam a qualidade da informação a respeito de processos; da eficácia de controles; da confiabilidade da informação; ou do cumprimento de procedimentos da empresa, de agências reguladoras ou do governo; e da eficácia e eficiência com a qual a organização executa as suas operações.

REFERÊNCIAS SELECIONADAS À ORIENTAÇÃO PROFISSIONAL RELEVANTE		
Referência à orientação	Fonte de orientação	Descrição da orientação
Pronunciamento de Padrões de Auditoria (SAS) nº 61	AICPA, ASB	Comunicação com comitês de auditoria
Pronunciamento de Padrões de Auditoria (SAS) nº 89	AICPA, ASB	Ajustes de auditoria
Pronunciamento de Padrões de Auditoria (SAS) nº 107	AICPA, ASB	Risco de auditoria e materialidade na execução de uma auditoria
Pronunciamento de Padrões de Auditoria (SAS) nº 92	AICPA, ASB	Auditoria de instrumentos derivativos, atividades de *hedging* e investimentos em títulos
Pronunciamento de Padrões de Auditoria (SAS) nº 114	AICPA, ASB	Comunicação do auditor com os responsáveis pela governança
Pronunciamento de Padrões de Auditoria (SAS) nº 65	AICPA, ASB	Consideração pelo auditor da área de auditoria interna na auditoria de demonstrações financeiras
Padrão de Auditoria (AS) nº 5	PCAOB	Uma auditoria do controle interno da divulgação financeira integrada a uma auditoria de demonstrações financeiras
Boletim Técnico de Contabilidade (SAB) 59	SEC	*Impairment* além de temporário de certos investimentos em títulos de renda fixa e renda variável
Boletim Técnico de Contabilidade (SAB) 99	SEC	Materialidade
Boletim Técnico de Contabilidade (SAB) 108	SEC	Consideração dos efeitos de incorreções de anos anteriores ao se quantificarem incorreções nas demonstrações financeiras do ano corrente
Padrão Internacional de Auditoria (ISA) nº 260	Ifac, IAASB	Comunicação com os responsáveis pela governança
Padrão Internacional de Auditoria (ISA) nº 320	Ifac, IAASB	Materialidade no planejamento e na execução de uma auditoria
Padrão Internacional de Auditoria (ISA) nº 450	Ifac, IAASB	Avaliação de incorreções identificadas durante a auditoria
Padrão Internacional de Auditoria (ISA) nº 600	Ifac, IAASB	Considerações especiais – auditorias de demonstrações financeiras de grupos de empresas (incluindo o trabalho dos auditores dos componentes)
Padrão Internacional de Auditoria (ISA) nº 610	Ifac, IAASB	Consideração do trabalho da auditoria interna
Pronunciamento de Padrões de Contabilidade Financeira (SFAS) 142	Fasb	*Goodwill* e outros ativos intangíveis
Pronunciamento de Padrões de Contabilidade Financeira (SFAS) 157	Fasb	Estimativas de valor justo
Padrão Internacional de Contabilidade (IAS 36)	IASC, adotado	*Impairment* de ativos pelo IASB
Padrão Internacional de Contabilidade (IAS 38)	IASC, adotado	Ativos intangíveis pelo IASB
Padrão Internacional de Contabilidade (IAS 38)	IASC, adotado	Instrumentos financeiros: pelo IASB reconhecimento e mensuração

Nota: siglas da orientação profissional relevante – ASB – *Auditing Standards Board* (Conselho de Padrões de Auditoria); AICPA – *American Institute of Certified Public Accountants* (Instituto Americano de Contadores Externos Certificados); Coso – *Committee of Sponsoring Organizations* (Comitê de Organizações Patrocinadoras); Fasb – *Financial Accounting Standards Board* (Conselho de Padrões de Contabilidade Financeira); IAASB – *International Auditing and Assurance Standards Board* (Conselho de Padrões Internacionais de Auditoria e Garantia); IASB – *International Accounting Standards Board* (Conselho de Padrões Internacionais de Contabilidade); IASC – *International Accounting Standards Committee* (Comitê de Padrões Internacionais de Contabilidade); Ifac – *International Federation of Accountants* (Federação Internacional de Contadores); ISB – *Independence Standards Board* (Conselho de Padrões de Independência); PCAOB – *Public Company Accounting Oversight Board* (Conselho de Supervisão Contábil de Companhias Abertas); SEC – *Securities and Exchange Commission* (Comissão de Valores Mobiliários e Bolsas de Valores).

Auditorias operacionais – A avaliação de atividades, sistemas e controles dentro de uma empresa em termos de eficiência, eficácia e economia.

Deficiência material de controle interno – Uma deficiência, ou combinação de deficiências de controle interno sobre a divulgação financeira com a qual se cria uma possibilidade razoável de que uma incorreção material das demonstrações financeiras anuais ou parciais da empresa não seja impedida ou detectada tempestivamente.

Deficiência significativa – Uma deficiência, ou combinação de deficiências de controle interno sobre a divulgação financeira que é menos séria que uma deficiência material, mas suficientemente importante para merecer a atenção dos responsáveis pela supervisão da divulgação financeira da empresa.

Enfoque dual – Um método de correção de informações incorretas que exige o uso tanto do método da cortina de ferro quanto do método de rolagem para determinar se uma incorreção é material.

Estimativa de valor justo – O preço que seria recebido para vender um ativo ou pago para transferir um passivo em uma transação normal entre participantes do mercado na data de mensuração.

Materialidade – A magnitude de uma omissão ou incorreção de informação contábil tal que, à luz das circunstâncias, faz que seja provável que o julgamento de uma pessoa razoável, com base na informação, teria sido alterado ou influenciado pela omissão ou incorreção.

Materialidade de lançamento – O valor abaixo do qual os erros são considerados inconsequentes.

Materialidade de planejamento – A materialidade que é relevante no nível da transação ou do saldo de conta, tipicamente inferior à materialidade geral.

Método da cortina de ferro – Um método de correção de informações incorretas que se concentra em garantir que o balanço do final do ano é correto; esse método não considera o impacto da reversão de incorreções anteriores não corrigidas em anos posteriores.

Método de rolagem – Um método de correção de informações que se concentra na materialidade das incorreções do ano corrente e no efeito da reversão de incorreções de anos anteriores sobre a demonstração de resultado, permitindo assim que as incorreções se acumulem no balanço.

Resumo de diferenças de auditoria não ajustadas – Um resumo de erros não corrigidos que é transmitido ao comitê de auditoria, descrito na declaração de responsabilidade da administração e avaliado em bases individuais e agregadas quanto à sua materialidade.

Serviços de consultoria – Atividades de assessoramento ou acompanhamento que adicionam valor e aprimoram as operações de uma organização, nas quais a natureza e o escopo dos serviços são definidos em comum acordo com o cliente. Exemplos incluem assessoria, aconselhamento, facilitação, formulação de processos e treinamento.

Questões de revisão

18–2 (OA 1) O que dizem as duas cartas de investidores no quadro inicial de Julgamento profissional em contexto sobre materialidade, e o que os auditores devem saber a respeito do que os investidores necessitam?

18–4 (OA 2) Arrendamentos operacionais normalmente não são apresentados num balanço. No entanto, a *Ford Motor Co.* tem uma conta de investimento líquido em arrendamentos operacionais. Explique o que essa conta representa e diga se está sujeita a estimativas de valor justo ou não.

18–6 (OA 3) Quais são as diferenças entre o método de rolagem e o método da cortina de ferro em termos da avaliação de incorreções não corrigidas?

18–8 (OA 3) Deve a materialidade de incorreções ser considerada individualmente ou elas ser combinadas para serem consideradas em conjunto com outras incorreções ao se determinar se as demonstrações financeiras são incorretas?

18–10 (OA 3) Por que é importante avaliar se possíveis incorreções na demonstração de fluxos de caixa são materiais?

18–12 (OA 5) Quais são os principais fatores que o auditor deve levar em conta ao avaliar uma deficiência de controle interno para determinar se (a) é uma deficiência material, (b) significativa, ou (c) é apenas uma deficiência? Explique por que cada fator é importante.

18–14 (OA 6) Em quais tipos de afirmações e contas o auditor externo pode se apoiar no trabalho realizado pela área de auditoria interna de um cliente? Há contas e afirmações para as quais o auditor externo tenderia a não confiar no trabalho realizado pela área de auditoria interna de um cliente? Explique a sua resposta.

18–16 (OA 7) O que é valor justo? Quando são aplicados os conceitos de valor justo?

18–18 (OA 8) Quando há *impairment* de um ativo? Explique e forneça um exemplo de um ativo que exige testes frequentes de *impairment*.

Questões de múltipla escolha

*18–20 (OA 3) Qual das seguintes afirmações é correta no que diz respeito à materialidade em uma auditoria de demonstrações financeiras?
a. Procedimentos analíticos realizados durante o estágio de análise em uma auditoria normalmente elevam os níveis da materialidade de planejamento.
b. Os julgamentos de materialidade do auditor geralmente envolvem fatores qualitativos, mas não quantitativos.
c. Os julgamentos de materialidade do auditor geralmente envolvem fatores quantitativos, mas não qualitativos.
d. Os níveis de materialidade são geralmente considerados em termos do nível agregado mínimo de incorreção que poderia ser considerado material para qualquer uma das demonstrações financeiras.

18–22 (OA 3) Decisões acerca de materialidade:
a. São uma questão de julgamento profissional.
b. Dependem das necessidades de uma pessoa razoável.
c. Envolvem tanto considerações quantitativas quanto qualitativas.
d. Todas as anteriores.

18–24 (OA 3) Um resumo de diferenças de auditoria não ajustadas:
a. É um resumo de erros corrigidos.
b. Deve ser comunicado ao comitê de auditoria.
c. Deve ser comunicado em uma declaração da administração.
d. Deve ser avaliado pelo comitê de auditoria para determinar se é necessário fazer um ajuste.

18–26 (OA 6) Ao avaliar a competência de um auditor interno, um profissional externo normalmente obteria informação a respeito de todos os itens a seguir, exceto:
a. A qualidade do trabalho, evidenciada pela documentação de trabalho do auditor interno.
b. Nível de escolaridade e experiência profissional.
c. Certificações profissionais.
d. Referências de pessoas e unidades auditadas.

*18–28 (OA 6) O trabalho de um auditor interno provavelmente afetaria a natureza, programação e amplitude dos procedimentos de auditoria de um CPA independente quando o trabalho do auditor interno está relacionado a qual das seguintes afirmações?
a. Existência de contingências.
b. Avaliação de ativos intangíveis.
c. Existência de acréscimos de ativo imobilizado.
d. Avaliação de transações com partes relacionadas.

*18–30 (OA 4) Ao avaliar a competência e objetividade do auditor interno de uma entidade, com qual aspecto, dentre os seguintes, um auditor externo estaria menos preocupado?
a. O grau pelo qual a área de auditoria interna obedeceu aos padrões profissionais de auditoria interna.
b. Exames externos de qualidade das atividades do auditor interno.
c. Experiência anterior com o auditor interno.
d. O grau pelo qual os programas de auditoria interna são aprovados pela auditoria externa.

Questões de discussão e pesquisa

18–32 (Materialidade e saldos de contas, OA 1) O quadro inicial de Julgamento profissional em contexto lida com os pontos de vista de investidores a respeito de contingências em um futuro desconhecido.
Pergunta-se:
a. O que os trechos citados das cartas de investidores nos dizem a respeito de materialidade e da natureza das divulgações contábeis que podem ser materiais para os usuários?
b. O terceiro padrão do trabalho de campo diz que os auditores "devem obter evidência apropriada suficiente executando procedimentos de auditoria que gerem uma base razoável para um parecer sobre as demonstrações financeiras que estão sendo auditadas". Tendo isso em mente e considerando os comentários nas cartas:
1. Como uma contingência é algo que poderia ocorrer no futuro, há "evidência apropriada" que o auditor coletaria para atender as exigências de divulgação do investidor? Em caso afirmativo, qual é essa evidência?
2. Em que medida a adequação da divulgação em notas explicativas afeta a decisão de materialidade e o parecer do auditor sobre a fidedignidade da apresentação de demonstrações financeiras?

---

* Todas as questões marcadas com asterisco são adaptadas do Exame Uniforme de CPA.

c. Sabendo que não podemos prever o futuro, comente se você acha que os pedidos dos investidores representam uma expectativa razoável pela qual você deve ser responsabilizado ao ingressar na profissão de auditoria. Exponha o raciocínio para a posição assumida por você.

18–34 (Avaliação de incorreções não corrigidas, OA 3) O Boletim Técnico de Contabilidade nº 108 expõe a orientação para a aplicação do enfoque dual na avaliação de incorreções não corrigidas. De acordo com o enfoque dual, uma incorreção deve ser corrigida caso seja material (com base nas diretrizes fixadas no Boletim Técnico de Contabilidade nº 99), de acordo com o método de rolagem ou o método da cortina de ferro. Suponha que um passivo tenha uma sobrevalorização de $ 100, porque houve uma incorreção de $ 20 em cada um dos cinco anos passados até o período corrente. Suponha também que a materialidade para a demonstração de resultado seja de $ 50 e a materialidade para o balanço seja igual a $ 75.

Pergunta-se:

a. Qual é o efeito do erro no ano corrente (a) no método de rolagem e (b) no método da cortina de ferro?

b. Que ajuste você recomenda para o ano corrente? Explique o raciocínio para o ajuste proposto.

18–36 (Avaliação da materialidade de incorreções, OA 4) Durante a auditoria das demonstrações financeiras de final do ano, o auditor toma conhecimento de incorreções nas demonstrações de uma empresa. Em conjunto, as incorreções resultam em uma sobrevalorização de 4% do lucro líquido e em uma sobrevalorização de $ 0,02 (4%) do lucro por ação. Como nenhum item das demonstrações financeiras está distorcido em mais de 5%, o auditor conclui que o desvio em relação a princípios contábeis aceitos em geral (GAAP) não é material e que a contabilidade efetuada é aceitável. O auditor observa que cada Pronunciamento de Padrões de Contabilidade Financeira adotados pelo Conselho de Padrões de Contabilidade Financeira (Fasb) diz que "As diretrizes neste Pronunciamento não precisam ser aplicadas a itens imateriais".

Pergunta-se:

a. Com base no cenário exposto, o auditor dessas demonstrações financeiras pode supor que as incorreções identificadas não são materiais? Por quê?

b. Que informação adicional o auditor poderia optar por analisar para determinar se as demonstrações financeiras são materialmente incorretas ou não?

18–38 (Avaliação de deficiências de controle interno, OA 5) Um julgamento importante efetuado em uma auditoria está determinando se deficiências de controle interno são deficiências materiais, significativas ou não significativas.

Pergunta-se:

a. De que maneira as exigências de divulgação variam caso a falha de um controle seja classificada como:
- Uma deficiência não material e não significativa?
- Uma deficiência significativa?
- Uma deficiência material?

b. Explique a maneira pela qual os seguintes fatores influenciam o modo pelo qual uma deficiência de controle é classificada:
- Deficiências no ambiente de controle.
- Repetição do processo.
- Volume de transações afetadas pela deficiência de controle.
- Complexidade e subjetividade da área em que o controle devia estar funcionando.
- Existência de controles complementares.
- Solução da deficiência de controle antes do final do ano.
- Deficiências na função de supervisão pelo conselho de administração.

18–40 (Deficiências de controle interno e reapresentação de demonstrações financeiras, OA 4, 5) Durante a auditoria da *Pall Corp.*, a *KPMG* encontrou uma incorreção material relacionada à estimativa da despesa de imposto de renda e da provisão correspondente pela empresa. A incorreção havia se acumulado por alguns anos e fora encontrada durante o trabalho preliminar do auditor. O cliente ficou claramente irritado e dispensou vários funcionários da contabilidade que estavam ligados à provisão para imposto de renda e contratou novos profissionais mais competentes. Não havia evidência suficiente disponível para que o auditor determinasse se a incorreção era intencional ou não – muito embora ajudasse a fazer que a empresa atingisse as expectativas dos analistas. Em consequência, o cliente foi obrigado a reapresentar suas demonstrações financeiras passadas.

Pergunta-se:

a. Uma reapresentação de demonstrações financeiras sempre significa que havia uma deficiência material nos controles internos? Explique a sua resposta.

b. Dadas as constatações no caso *Pall*, tal como descritas:
- Há evidência suficiente de que o cliente eliminou a deficiência em tempo suficiente para evitar um parecer adverso sobre o controle interno?
- Que evidência o auditor procuraria coletar para determinar se a incorreção foi intencional?
- Quais seriam as exigências de auditoria se a incorreção fosse intencional?

c. Suponha a seguinte situação: O auditor normalmente encontra vários erros na provisão para imposto de renda e

por isso ele planeja gastar mais tempo com a provisão, e o cliente concorda que isto faz sentido. O auditor, a seguir, ajusta a provisão ao seu valor correto.
- Este enfoque viola o código de ética ou o padrão de independência do auditor? Explique a sua resposta.
- O cliente possui uma deficiência significativa ou uma deficiência material, dado que o cliente e o auditor concordaram quanto ao enfoque? Explique a sua resposta.

18–42 (Aplicação do valor justo em auditorias, OA 7) O SFAS 157 fornece orientação para que auditores e administradores façam julgamentos sobre valor justo.

Pede-se:

a. Identifique os três níveis de evidência de valor justo e a natureza da evidência de auditoria a ser coletada para cada nível.

b. A *Ford Motor Company* anunciou em 2008 que estava fechando sua unidade de montagem em St. Paul, Minnesota. A planta, com um único piso, ocupava aproximadamente dois hectares em zona comercial próxima a linhas regulares de transporte.
- Que classificação de valor justo é aplicável a essa planta?
- Qual é a responsabilidade da administração pela determinação do valor justo da planta?
- Se a administração não puder chegar a uma boa estimativa do valor justo da planta, pode ser concluído que a *Ford* tem uma deficiência em seus controles internos? Explique a sua resposta.
- Supondo que a administração tenha uma estimativa do valor justo da planta, deve o auditor (a) testar principalmente a metodologia usada pela administração para chegar à estimativa, ou (b) contratar avaliadores externos para fazer uma estimativa do valor justo da planta, ou (c) ambas as coisas?

18–44 (Valores justos, materialidade e o processo de raciocínio do auditor, OA 4, 7, 8) Um tema comum em todo o livro-texto é o de que o auditor deve documentar cuidadosamente o processo de raciocínio a respeito da avaliação do saldo de uma conta ou de uma deficiência de controle interno.

Pede-se:

Um auditor documentou o processo de raciocínio e ele será examinado por um sócio que não está associado à auditoria. Identifique as expectativas quanto ao que o sócio examinador estará procurando em cada uma das seguintes áreas.

a. Materialidade. Quais são os elementos básicos de seu processo de raciocínio a ser documentado quanto a:
- Materialidade de planejamento.
- Incorreções encontradas e não ajustadas.

b. A adequação da estimativa do cliente de reservas para garantias.

c. A adequação da provisão para devedores duvidosos.

Casos

18–46 (Evidência necessária para apoiar uma avaliação da materialidade de uma incorreção, OA 3, 4) A Circular de Cumprimento de Normas de Contabilidade e Auditoria (AAER) da SEC nº 904 descreve a auditoria da *Structural Dynamics Research Corporation* (SDRC) pela KPMG em 1993. O AAER descreve a SDRC como um cliente que inflava receitas e lucros reconhecendo receitas prematuras e fictícias. O seguinte trecho do AAER descreve o trabalho da equipe de auditoria na área de contas a receber:

> Durante a auditoria de 1993 a equipe gastou tempo considerável auditando as contas a receber, uma área crítica de auditoria. Ênfase especial foi colocada na auditoria de contas a receber nas operações da SDRC no Extremo Oriente ("FEO"), que representavam aproximadamente 50% das contas a receber consolidadas no final de 1993. O FEO também era responsável por aproximadamente 35% das receitas contabilizadas pela SDRC em 1993. A equipe de auditoria concluiu incorretamente que certas receitas relacionadas a essas contas a receber haviam sido adequadamente reconhecidas e concentrou sua atenção na possibilidade de pagamento.
>
> Com base principalmente na proporção de contas a receber do final de 1992 que foram baixadas como perdidas em 1993, a equipe de auditoria calculou um ajuste proposto de auditoria de US$ 5,8 milhões para elevar a provisão para devedores duvidosos em contas a receber do FEO. Em termos agregados, as diferenças de auditoria consideradas pelos auditores totalizaram aproximadamente US$ 3,1 milhões, que representavam aproximadamente 22% do lucro líquido originalmente divulgado pela SDRC.
>
> A despeito da análise efetuada pela equipe de auditoria, tanto o sócio envolvido no trabalho quanto o sócio endossante concluíram que a diferença líquida de auditoria de US$ 3,1

milhões não era material para as demonstrações financeiras da SDRC. Para chegar a essa conclusão, eles se apoiaram principalmente nas declarações da administração de que a taxa de baixas e reversões em 1993 se baseava em fatores que a administração não esperava que se repetissem em 1994, e que a diferença de auditoria de US$ 5,8 milhões calculada pela equipe, portanto, era excessiva. Os auditores ignoraram a diferença de auditoria e não obrigaram a SDRC a ajustar suas demonstrações financeiras.

Pergunta-se:
a. Que fatores devem os sócios de auditoria ter considerado ao decidir se era apropriado ignorar o ajuste de auditoria?
b. Que evidência foi coletada pelos auditores para fundamentar sua avaliação?
c. É apropriado calcular o valor líquido de várias incorreções ao se tomar uma decisão de materialidade quanto à necessidade ou não de algum ajuste?

Julgamentos complexos de auditoria para a Ford Motor Company e a Toyota Motor Corporation: Julgamentos de materialidade

(www.cengage.com.br)

Fonte e referência	Questão
	1. Localize e leia a orientação dada pela SEC a respeito de julgamentos de materialidade, no Boletim Técnico de Contabilidade nº 99 (sugestão: talvez você ache útil buscar o termo "SAB nº 99" no Google).
Demonstrações financeiras (10-K) da *Ford* *Demonstrações financeiras* (20-F) da *Toyota*	2a. Alguns limiares numéricos usuais para julgamentos de materialidade são 5% do lucro líquido e 1% dos ativos. 2b. Calcule esses limiares numéricos para a *Ford* e a *Toyota*. 2c. Os limiares numéricos diferem entre as duas empresas. Por que isso gera um problema para o auditor? Para usuários externos? 2d. Qual é a posição da SEC a respeito de limiares numéricos? 2e. Que outras características de possíveis incorreções os auditores devem considerar ao avaliarem sua materialidade?
	3a. O que representa a expressão cálculo de valor líquido no contexto de julgamentos de materialidade? 3b. Qual é a orientação da SEC a respeito do cálculo de valores líquidos? 3c. Por que é útil para os usuários de demonstrações financeiras que as empresas evitem calcular valores líquidos?
	4a. À medida que você fosse lendo o balanço da *Ford*, quais são as contas que consideraria serem complexas? O que há nessas contas que lhe leva à conclusão de que são complexas, ou que a auditoria das contas é complexa? 4b. Em 2006, uma conta intitulada "Imposto de Renda Diferido" é apresentada como um ativo no valor de US$ 9,268 bilhões e um passivo de US$ 0,783 bilhões. Qual é a natureza da conta de ativo e que problemas de avaliação são importantes para investigação pelo auditor? 4c. A conta Passivos acumulados e Receita diferida (ver nota explicativa 16) possui valor muito elevado. A respeito dessa conta: Quão elevados são os custos de pensões e outros benefícios de funcionários na *Ford*, em comparação com a *Toyota*? Qual poderia ser a composição da conta de receita diferida? Como um analista deveria interpretar essa conta? 4d. Leia a nota explicativa 18. Qual é o custo para a *Ford* de providências de demissão e dispensa? De que maneira esses custos se relacionam à rentabilidade futura da *Ford* e aos custos gerais com pensões e outros benefícios de funcionários? Quais são os problemas de avaliação com os quais o auditor deve lidar na nota explicativa 18?

Índice remissivo

A

Ace Hardware, 434
acesso a equipamentos/programas, 173-175
ACFE. *Veja* Association of Certified Fraud Examiners (ACFE)
acionistas, responsabilidades de, 38
ações coletivas, 659, 661, 673, 681
ações judiciais pendentes, 255
ações judiciais por prática indevida, 659
ações ordinárias, 554
ações preferenciais, 552
acordos
    contratuais, 641-642
    de empréstimo, 494-495
Addeco, 336
Adelphia, 9-10, 14-15
administração
    afirmações pela, 238-239, 240-241
    ambiente de controle e, 161-162
    certificação de demonstrações financeiras da, 588
    comunicação de resultados à, 8
    consultas, 127
    filosofia e estilo de atuação da, 162, 163, 166
    penalidades à, 42-43
    perguntas para a, 128
    relacionamento entre auditores e, 9-10
    relacionamento problemático com, 357
    responsabilidades da, 6-7, 14, 38, 42-43
adulteração de cheques, 330
Advanced Marketing Services (MAS), 447
afastamento justificado dos GAAP, 619-620
aferição/mensuração de risco, 17, 157, 159, 192
    avaliação da, 214
    com caixa, 481-483, 486-487
    compreender o processo da, pela administração, 181
    de saldos incorretos de contas, 129-130
    evolução dos padrões de, 211
    na tomada de decisões, 74
    para ativos de longo prazo, 521-522
    para fraude, 339-344, 350-352
    para o ciclo de compra e pagamento, 438-439
    preliminar, 184-185
afirmação de existência, 396, 404, 406, 456
afirmações, 6-7, 28
    administração, 239, 240-241
    avaliação das, 404-405
    avaliação de, 7-8
    enfoques à coleta de evidências para, 276-277
    existência/ocorrência de, 396, 404-405, 406
    procedimento de auditoria e, 254
    relacionadas a caixa, 479
    relevantes, 181-191, 192, 376, 419
    testes substantivos e, 403-404
Ahold, 389
AICPA. *Veja* Instituto Americano de Contadores Externos Credenciados (AICPA)
ajuste
    de auditoria, 264
    do valor contábil ao inventário físico, 458-459
    incremental por erro de amostragem, 302, 316
ajustes, 220, 589-591, 592, 713-715
alterações de programas, 173
alterações na linha de produtos, 522-523
ambiente de controle, 157, 158, 160-164, 192
    administração e, 162-163, 166
    avaliação, 164, 213-215
    conselho de administração e, 162, 166
    deficiências no, 703
    elementos do, 165-167
    entendimento do, 161-162, 181, 385-386
    estrutura organizacional e, 163
    integridade e valores éticos no, 162, 165
    para caixa e aplicações financeiras, 485
    recursos humanos e, 164, 167
ambiente legal/conceitos, 658-664. *Veja também* Lei *Sarbanes-Oxley*
    ações coletivas, 659, 661, 681
    avaliação da possibilidade de reforma judicial, 680-681
    causas de ação legal, 662-663
    delitos, 662, 681
    direito comum, 662-663, 664-668, 681
    direito de contratos, 662, 681
    direito estatutário, 662, 664, 668-673, 681
    doutrinas de responsabilidade, 660
    fraude construtiva, 663
    fraude, 663, 681
    internet, 673-674
    Lei de Negociação de Valores Mobiliários de 1934, 670-671
    Lei de Valores Mobiliários de 1933, 670
    negligência, 663, 665, 666, 669, 671, 681
    negligência flagrante, 663, 671, 681
    partes que podem mover ações, 663-664
    precedentes, 664-675
    previsibilidade, 666
    quebra de contrato, 663, 664-665
    remuneração condicionada, 661
    responsabilidade de terceiros, 666-668
    usuário identificado, 667, 682
    usuário previsível, 668, 669, 682-683

usuário previsto, 668, 669, 683
ambiente regulatório, 10
amostragem, 274-276
    ao acaso, 297
    atributo, 317
    atributos múltiplos, 288
    avaliação dos resultados de, 290-293, 297-298, 302
    avaliação qualitativa em, 292
    avaliação quantitativa em, 290-292
    de auditoria, 277-282, 316
    de unidades monetárias, 298-308, 317
    documentação, 293, 297
    em blocos, 290
    enfoque de, 280-282
    escolha de um enfoque para, 280-282
    estatística, 280-282, 317
    estratificação com, 295, 317
    incorreção esperada com, 296-297, 317
    incorreção tolerável com, 296, 317
    incorreções em, 297, 303-306
    método de seleção da, 288-290, 296, 302
    não estatística, 280, 293, 297
    nenhuma incorreção na, 303
    objetivo de, 275-276
    objetivo de auditoria com, 283-293, 294, 296
    para a estimação de atributos, 282-293
    para testar informações incorretas em saldos de contas, 293-308
    período coberto por, 284-285
    população para, 284, 285, 294, 317
    probabilidade proporcional ao tamanho, 296, 462
    procedimentos de controle e, 279
    resultados inaceitáveis de, 306-307
    risco de não amostragem, 278, 317
    seleção ao acaso para, 289, 318
    seleção não planejada para, 290, 317
    taxa esperada de falha com, 283, 288, 318
    taxa tolerável de falha com, 283, 288, 318
    teste de eficácia de controles com, 282-293
    testes substantivos com, 279-280, 292, 293-297
    trabalhando de volta de um tamanho predeterminado da amostra, 287
    visão geral de, 277-280
amostragem de probabilidade proporcional ao tamanho (PPT), 296, 317. *Veja também* Amostragem de Unidades Monetárias (AUM)
Amostragem de Unidades Monetárias (AUM), 295-296, 298-308, 317
    avaliação da, 302
    fator de confiabilidade, 299, 300
    fator de expansão de erro, 299, 300
    inexistência de incorreção em, 303
    limite superior de incorreção com, 302-303
    pontos fortes e pontos fracos, 307-308
    resultados inaceitáveis de, 306-307
    risco de detecção com, 299
    saldos nulos e negativos em, 302
    tamanho e seleção de, 299-302
    terminologia de avaliação de erros em, 302-303
    visão geral do projeto de, 298-300
amostragens clássicas de variáveis, 295
análise
    de eventos subsequentes, 602-606, 607
    de índices, 136-137, 314, 393-394
    de regressão, 256, 314, 395
    de risco, 212
        e condução da auditoria, 132
        efeito sobre o plano de
auditoria, 131
    de séries temporais, 395
    de tendências, 135-136, 314, 394-395
    em corte transversal, 385, 439
análise financeira
    de índices em, 136-137
    de tendências em, 135-136
    preliminar, 212
    premissas subjacentes, 133-134
    processo de execução, 134-135
    tipos de procedimentos, 135-138
análises numéricas, 311-312
analistas de investimento, 37
AOL/Time-Warner, 558, 559, 713
aplicações disponíveis para negociação, 477-478
apresentação/divulgação, 264-265
apropriação
    indébita, 329, 414
    indébita de ativos, 329, 364
    indébita de caixa, 329
aprovação de crédito, 379-380, 396
aquisições. *Veja* fusões e aquisições
arcabouço de tomada de decisões com ética, 76-80
arrendamentos, 538-540
Arthur Andersen, 10, 13, 73, 80, 523, 658, 698
ASB. *Veja* Conselho de Padrões de Auditoria (ASB)
assinatura de relatório de auditora, 52
assistência a idosos, 17
Associação Americana de Contabilidade, 155
Associação Nacional de Dirigentes de Empresas (NACD), 132, 133
Association of Certified Fraud Examiners (ACFE), 328
atividades de controle, 157, 158, 165-168, 192. *Veja também* controle(s) interno(s)
    comuns, 169-171
    conciliações, 171
    conhecimento das, 182-183
    controles físicos, 171
    documentação, 170-171
    procedimentos de autorização, 170
    segregação de tarefas, 170
ativos
    aquisições de, 529, 531
    arrendamentos de, 538-540
    auditoria integrada de, 520-536
    classificação incorreta de despesas como, 531-532
    contas significativas e afirmações relevantes em, 519

controles internos para, 523-526
custos de desmontagem de, 532-533
de longo prazo, 517-540
depreciação de, 535
depreciados, 532
identificação de possíveis
incorreções em, 522-523
imobilizados, 254-255, 520, 540.
intangíveis, 536-537
    avaliação de, 560
    controles de, 525
operações encerradas com, 534-535
questões de avaliação na aquisição de, 558-560
recursos naturais, 537-538
relações entre contas, 519
riscos relacionados a, 521-522
Subavaliação de, 250
tangíveis, 524-525, 560
    avaliação de, 560
    controles de, 524-525
testes substantivos de, 526-536
valores correntes de mercado de, 7
vendas e, 532
ativos líquidos, 475-516. *Veja também* caixa
atos ilícitos, 361, 364
atributo, 282-283, 317
atributos múltiplos, 288
atualização, 628, 646
auditor
    anterior, 112
    avaliação de controles internos pelo, 179-188
    comunicação ao comitê de auditoria pelo, 44-45
    exigências do, 19-20
    expectativas do, 315
    expectativas do público em relação ao, 16
    falta de independência, 628, 636
    independência, 15, 39, 42, 50, 72, 81, 87, 93-98, 675-676
    níveis de garantia fornecidos pelo, 615
    papel do, 5
    processo de raciocínio do, 222
    qualidades necessárias do, 7

responsabilidade pela detecção de fraude, 327-337
auditores
    externos, responsabilidades de, 14, 39
    internos, responsabilidades de, 39
auditoria, 6, 28. *Veja também* auditoria integrada, auditoria interna
    ajustes resultantes de, 589-591, 591
    anos anteriores, 112-113, 183
    avaliação de eventos subsequentes para, 602-606
    caixa, 479-499
    certificação versus, 17-18
    como apólice de seguro, 661
    como função especial, 8-9
    comunicação de, 8, 600-601
    conclusão, 61
    consciência de fraude na condução de, 337-362
    de contas a receber, 407-417
    defensiva, 678-681
    de *hedges* financeiros, 505-508
    de notas promissórias mercantis, 500
    de títulos negociáveis, 499-508
    defensiva, 678-681
    deficiências de controle e, 355
    definição, 6-8
    encerramento da, 581-604
    enfoque baseado em padrões a, 57-61
    enfoque de risco a, 20, 124-132
    estoques, 451-464
    financeira, 6, 28
    fixação de padrões, 15, 46-56
    globalização da, 4-5
    governança corporativa e, 34-46
    honorários, 96
    interna versus externa, 706-707
    modelo de afirmação para, 240-241
    objetivo de, 283-293, 294, 296
    operacional, 22-23, 28
    planejamento, 57, 58-59, 123-132, 258-259, 383
    preliminar, 58-59
    premissa de entidade em funcionamento, 583-588, 614

primeira auditoria, 536
procedimentos, 249-256, 603
qualidade, 583
realização de exame analítica da, 598
revisão por pares, 677-678
revisões internas à firma, 97-98
visão geral do processo, 57-61
auditoria de aplicações em títulos de renda variável e renda fixa, 500-503
auditoria externa, *versus* interna, 706-707
auditoria integrada, 19-20, 179, 192, 203-228
    ambiente de controle na, 213-214
    arcabouço de, 210
    avaliação de risco na, 213-215
    controle interno sobre a divulgação financeira na, 206-208, 209
    custos de realização, 205
    de ativos de longo prazo, 520-536
    de caixa, 479-499
    de passivos de longo prazo, 554-558
    de receita, 381-387
    do ciclo de compra e pagamento, 436-451
    do ciclo de receita, 388-419
    do patrimônio líquido, 554-558
    enfoque baseado no risco à, 211-213
    Etapas de uma, 208-213, 381-382
    exemplo, 224-228
    implantação dentro do processo de elaboração do parecer de auditoria, 210-224
    incorreções de contas na, 212, 219-222
    informação e comunicação na, 214
    monitoramento na, 213-215
    padrões de condução, 204-206
    parecer sem ressalvas de, 617
    processos administrativos na, 215-216
    risco empresarial em, 211
    saldos de contas incorretos na, 219-222
    teste de atividades de controle na, 216-218

auditoria interna, 14, 22-23, 28. *Veja também* auditoria
   avaliação, 706-710
      efeito da, sobre auditoria externa, 709-710
      montagem de uma área de, 707-708
      padrões de, 709
      versus auditoria externa, 706-707
AUM. *Veja* Amostragem de unidades monetárias (AUM)
autenticação, 174, 192
autorização, 170, 192
avaliação, 396-398, 404, 406, 462-463, 554
   preliminar, 184-185
   qualitativa, 292
   quantitativa, 290-291
avaliação/alocação, 265
avaliações separadas, 168-169

B

baixas, 220, 419
balancete, 407
   por idades, 407
bases de dados, acesso restrito a, 445
Bear Stearns, 14-15, 114, 160
beneficiário terceiro, 667, 681
benefícios após a aposentadoria, 552
Bily v. Arthur Young & Co., 667
Birkert, Susan, 72, 76
boletins de prática profissional, 126
Bolsa de Valores de Nova York (NYSE), 39
Breeden, Richard, 160-161
Bristol-Myers, 389
Burger, Warren, 8-9
Burton, John, 671
buscas on-line, 126

C

caixa
   afirmações relevantes de demonstrações financeiras para, 479
   ambiente de controle para, 485
   auditoria integrada de, 479-499
   autorização com, 489-490
   avaliação de risco com, 481-483, 486-487
   cofres para, 482-483, 490
   conciliações de, 488, 494-498
   confirmação bancária para, 494-495, 496, 497
   controles internos sobre, 484-491
   documentação com, 490
   extrato bancário de corte para, 495
   fraude com, 481
   gestão de curto prazo de, 478
   identificação de incorreções em, 483
   informações para corte no final do ano, 494
   kiting com, 498
   quadro de transferências bancárias com, 485
   segregação de tarefas e, 484-487
   teste de controles de, 491
   teste substantivo de saldos de, 491-502
   transferências eletrônicas de fundos para, 483
   visão geral das contas de, 477
Canada Border Services Agency, 476
   à administração, 600, 606
carta
   à administração, 600, 606
   complementar, 419
   de consulta de auditoria, 593-594, 595, 606
   de envolvimento, 116-117, 139, 678
   de responsabilidade da administração, 588-589, 590-591, 606
casos de remuneração condicional, 661, 681
Cattani, Diann, 328
centros de processamento de dados, 128
certificação
   cumprimento de normas, 645
   de informações fornecidas pela administração, 643-645
   garantia *versus*, 17-18
   padrões, 47, 54, 55
ceticismo, 347-350, 364
ceticismo profissional, 345-346, 347-350, 364
Charter Communications, 331, 389, 664
Chrysler Corp., 456
ciclo, 375-376, 419-420
ciclo de compra e pagamento, 433-451
   análise de incorreções com, 439
   aprovação de itens para pagamento, 443-445
   auditoria integrada de, 436-451
   avaliação de risco para, 438-439
   compras, 441-442
   contas importantes e afirmações relevantes no, 435-436
   controles internos no, 440-446
   desembolsos de caixa, 445, 447
   recebimento de bens e serviços, 442-443
   requisição de bens e serviços, 440-441
   teste de controles no, 446
ciclo de gestão de caixa, 381
ciclo de pagamento. *Veja* ciclo de compra e pagamento
   aprovação de, 443-445
   recebimento, 381
ciclo de receita, 375-377
   auditoria integrada de, 388-419
   consultas para, 633
   documentação para, 377-378, 379
   fatores de risco de fraude no, 417
   procedimentos analíticos para, 633
   processo de venda, 78, 379-381
   risco de incorreção em, 382-385
   sistema contábil e controles relacionados para, 377-381
   testes substantivos do, 403-419
   visão geral do, 376-381
ciclos contábeis, 375-376
ciência, 663, 681
Citizens State Bank v. Timm, Schmidt & Co., 668
cláusulas de "boa fé", 559
cláusulas de títulos de endividamento, 128, 139, 339, 364, 482, 494-495
clientes
   análise do orçamento dos, 127

conhecimento dos, 57-59
de alto risco, 115-116
de auditoria de alto risco, 115-116
de má reputação, 679
familiaridade com, 94
responsabilidade sob direito comum com, 664-665
seleção de, 2, 96-97, 111-117, 679-680
CMH, 460
cobertura de seguro, 680
Coca-Cola, 389
códigos
de barra, 442-443
de conduta, 96
códigos de ética, 83-93
AICPA, 83-91
IESBA, 84
cofres, 482-483, 490, 509
coleta de informações, 128
comércio eletrônico (e-commerce), 17, 20
Comissão de Valores e Bolsas (SEC), 4, 5, 24-25, 28, 39, 40
diretrizes para divulgação financeira, 189-190
divulgação exigida pela, 636, 636
orientação sobre materialidade, 118
Programa de Submissão Voluntária XBRL, 643-644
regras de independência da, 91-93
Comissão Treadway, 15, 25-26
comissões condicionais, 90, 99
comitê
de nomeação e governança, 162
de remuneração, 162
comitê de auditoria, 14, 43, 62, 94
ambiente de controle e, 162
comunicação com 600-601
comunicação exigida entre a empresa e o, 44-45
independência e competência do, 113-114
papel ampliado do, 43-44
responsabilidades do, 38, 43-44, 83, 98
Comitê de Organizações Patrocinadoras (COSO), 5, 25-26

arcabouço de controle interno, 156-178
estudos sobre fraude pelo, 335
Internal Control, Integrated Framework (Coso), 193
orientação para o monitoramento de controles do, 397
princípios de ambiente de controle do, 161-162
Comitê Especial do AICPA para Serviços de Garantia, 16
companhias abertas, questões especiais para, 601
companhias fechadas
compilações para, 634-636
exames de, 629-634
relatório de auditoria para, 619
relatórios para, 629-636
compilação e revisão de padrões, 47
compilações, 630, 634-636, 645, 646
completude, 265, 396, 406, 461
complexidade, de transações empresariais, 13
compra de novas instalações, 529
compras, 442
comunicação
com a administração, 600
com o comitê de auditoria 600-601
de baixo para cima, 168
privilegiada, 89-90, 99
concessões, 398
conciliações, 168, 171
bancárias, 488, 494-498
condições econômicas, 440
conferência
automatizada, 444-445, 464
em três direções, 443, 464
confiabilidade
de sistema de informação, 17
de evidência de auditoria, 244-247
confiança do público, 76
confirmação bancária, 494, 496, 497, 509
confirmações, 252
como evidência de auditoria, 411
confiabilidade de respostas de, 412
de contas a receber, 407-417
não entregues, 412-413
negativas, 409-411, 413, 414, 420

positivas, 409-410, 413, 420
seguimento de não respondentes, 413
vendas, 416-417
conflitos de interesse, 81
conhecimento do negócio, 20, 126-130, 358-359
conluio, 349
conselho de administração, 14
ambiente de controle e, 160-162
atas de reuniões do, 128
independência e competência do, 113-114
ineficaz, 160
responsabilidades do, 38
Conselho de Padrões de Auditoria (ASB), 49, 244-245
Conselho de Padrões de Auditoria Interna (IASB), 55, 56, 62
Conselho de Padrões de Contabilidade Financeira (FASB), 4, 26, 38
Conselho de Padrões de Contabilidade Governamental (GASB), 4, 26
Conselho de Padrões Internacionais de Auditoria e Garantia (AASB), 25, 28, 47, 62
Padrões de, 49-54, 56
Conselho de Padrões Internacionais de Contabilidade (IASB), 4, 16, 26, 28
Conselho de Supervisão Contábil de Companhias Abertas (PCAOB), 4-5, 15, 24, 28, 41-42, 62, 80-81
inspeções pelo, 677, 705
padrão de revisão por sócio endossante, 97, 600
padrões do, 48-49, 56, 138
regras de independência do, 91-93
sobre auditorias de ativos de longo prazo, 534
sobre avaliação da condição de entidade em
Conselho de Supervisão de Companhias Abertas (POB), 40
Conselho Internacional de Ética para Contadores (IESBA), 84
conselhos estaduais de contabilidade, 26
consistência, 52
Consolidata Services v. Alexander Grant, 90

conta bancária de fundo de caixa, 477, 509
contabilidade
    baseada em princípios, 10, 132
    enfoque baseado em princípios, 10, 132
    externa, 9
    forense, 362-363, 364
    globalização da, 4-5
contadores Credenciados (CAs), 6
Contadores Públicos Credenciados (CPAs), 6, 87, 91, 615
contagem cíclica, 459, 464
contas
    de ativo, 519
    de gestão de caixa, 477
    e divulgações significativas, 181-182, 192
    gerais de movimento, 477
    incobráveis, 220
contas a pagar, testes substantivos de, 447-449
contas a receber
    afirmações relevantes para, 376
    avaliação incorreta de, 388
    confirmação, 407-416
    idades, 407
    não circulantes, 416
    partes relacionadas, 416
    procedimentos de auditoria de, 309, 407-418
    processos afetando, 220
    provisão para devedores duvidosos, 418-419
    risco intrínseco em, 384-385
    securitizadas, 504
    sobreposição, 414, 415
    testes substantivos de, 406-407
    vendidas, descontadas e dadas em garantia, 416
contas bancárias, 477
contas de despesa
    lançamentos incomuns em, 451
    revisão analítica de, 447
    testes substantivos de, 449-451
Continental Vending, 672-673
contingências, 255, 592-594, 690, 691-692
continuidade das operações, 175
contratos
    de compromisso de compra, 448-449
    de entrega, 442
controle da transmissão de dados, 175
controle de qualidade, 464
controles
    automatizados, 445, 465, 481
    de acesso, 173-175
    de aplicação, 173, 175-178
    de computação, 172-178, 489
    de detecção, 168
    de entrada de dados, 175-177, 192
    de fim do ano, 187
    de lançamentos de ajuste, 187-188
    de processamento, 177, 182
    de saída, 177-178
    de TI, 172-178
    físicos, 171
    gerais de computadores, 172
    manuais de transações, 187
    preventivos, 168
controle(s) interno(s), 51, 192. *Veja também* ambiente de controle
    arcabouço do COSO para, 155-178
    atividades comuns de, 169
    auditoria, 381-387
    automatizados, 444-445, 465, 481
    avaliação da qualidade dos, 129, 702
    avaliação de risco e, 159-160
    avaliação dos, pela administração, 178, 226-227
    avaliação pelo auditor, 179-188, 227-228
    avaliação, 396-398
    completude, 396, 406
    componentes de, 156-159
    computadorizados, 489
    conhecimento de, 19-20
    conhecimento dos controles da administração, 130-131
    conhecimento dos controles do cliente, 179, 185, 212-213, 385-386
    controles de TI e, 172-178
    de estoques, 437-438
    deficiências de, 190
    deficiências materiais em, 702-705
    definição, 155
    desempenho e, 154
    documentação de, 399, 400
    documentação do entendimento e da avaliação do auditor, 188-189
    evidência de auditoria nos, 210
    fraude e, 353, 355
    identificação para fins de teste, 213, 386
    impacto da Lei *Sarbanes-Oxley* sobre, 178
    importância do, para auditorias de demonstrações financeiras, 155
    incorreções e, 591
    informação e comunicação para, 168
    monitoramento, 159, 168-169, 397
    no ciclo de compra e pagamento, 440-446
    para ativos de longo prazo, 523-526
    para receitas, 395-403
    parecer desfavorável sobre, 208-209, 229
    preventivos e de detecção, 168
    relacionados a devoluções, concessões e garantias, 398
    relatórios de auditoria de, 207, 208, 209, 615-617
    relatórios gerenciais sobre o, 189-191
    relatórios sobre, 14-15, 43
    sobre divulgação financeira, 155-178
    testes, 185-188, 216-218, 282-293, 386-387, 399-403, 446
    típicos sobre o caixa, 484-491
Cooper, Cynthia, 88
corrupção, 329, 364
corte
    de devoluções de vendas, 406
    de vendas, 405-406
COSO. *Veja* Comitê de Organizações Patrocinadoras
Credit Alliance Corp. v. Arthur Andersen & Co., 667
Crise
    das hipotecas *subprime*, 12, 108
    financeira, 108, 115, 440, 505
    no setor de habitação, 4

CSK Auto Corp., 437, 438
Cuidado
    devido, 662-663
    profissional devido, 50, 62
cultura corporativa, 72-73
cumprimento das normas da Seção 404, 23
custo dos produtos vendidos, 452-464
custos de desmontagem, 532-533

D

dados
    acesso, 173-175
    de anos anteriores, 138
    recálculo de, 252, 265
    setoriais, 138
data de vigência, 602, 606
datação dupla, 604
    de Companhias Abertas do AICPA (CPCAF PRP), 98, 677
decisões de retenção, 111-116
declaração de omissão de parecer, 625-628
declarações da administração, 588-589
deficiência material, 190, 702-703
    critérios de avaliação, 703-706
    em controles internos, 192, 719
    natureza de, em controles internos, 702-703
deficiência significativa, 702-703, 719
    de controle interno, 190, 192-193
deficiências de controle, 191, 355-356
delito, 662, 681
Deloitte Touche Tohmatsu (DTT), 673
Delphi Corp., 95, 552, 553
Demonstração
    de fluxos de caixa, 701
    de resultado analisada
verticalmente, 439
demonstrações
    comparativas, 628-629
    mensais, 380
demonstrações financeiras
    afirmações, 181-182, 395-399
    auditoria, 6-8
    certificação de, da administração, 588

    com a inclusão de itens extraordinários, 645
    detecção de fraude em, 337-362
    efeito da dúvida sobre a condição de entidade em funcionamento nas, 586-587
    elementos especificados em, 641
    enganadoras, 666
    escolhas contábeis para, 133
    exame analítico das, 598
    exame de estimativas significativas em, 594-596
    exame de, preliminares, 132-138
    importância do controle interno para as auditorias de, 155
    modelo de afirmação para auditorias de, 240-241
    OCBOA, 638-641
    para a conta de receita, 395-399
    parciais, 636-638
    parecer sobre, 618
    passadas, 615
    projetadas, 643
    relatórios de auditoria sobre, 615-617
    resultados incomuns em, 392-393
    revisadas, 13
    usuários de, 12
Departamento de Justiça dos Estados Unidos, 659
Departamento de Prestação de Contas do Governo (GAO), 23, 26-27, 28, 56, 525-526
Departamento de Transportes de Michigan (MDOT), 518, 524, 526
departamentos de recebimento, 442-443
depreciação, 523
    acumulada, 535-536
    despesa de, 535-536
derivativos financeiros, 479
desembolsos de caixa, 445, 447, 475-516
desempenho
    da assistência médica, 17
    organizacional, 72-73
desenvolvimento de aplicativos, 173
desfalques, 329-330, 333, 360, 364, 414
despesa

    de imposto de renda, 449-450
    de juros, 553
    de reparos e manutenção, 449-450
despesas
    classificação incorreta como ativo, 531-532
    com viagens e entretenimento, 450
    de reestruturação, 547, 561-562
    exame analítico de, 598
    exaustão, 537-538
    legais, 449-450
    recuperação, 538, 540
devedores duvidosos, provisão para, 418-419
devoluções de mercadorias, 383-384, 398, 462
devoluções, 383-384, 398, 453-454, 461
devoluções por clientes, 453-454
dias de vendas em estoques, 137
diferenças
    de data, 415, 420
    subjetivas, 700
dígitos de autoverificação, 177, 193
dilema ético, 76, 90, 99
direito
    comum, 662, 663, 664-668, 681
    de contratos, 662, 681
    estatutário, 662, 664, 668-673, 681
direitos/obrigações, 265
discussão exploratória, 346-347, 348-349, 364, 482
distanciamento, 12
dívida protegida contra risco de evento, 503
divulgação, 52, 463, 554, 572. *Veja também* divulgação financeira
    avaliação da adequação de, 596-598
    em compilações, 635
    imparcial, 11
    inadequadas, 624, 625
    internacional, 5, 631
    internet, 673-674
    padrões, 51-52, 62, 613-615
    responsabilidade corporativa, 36
    sobre controle interno, 43
    tripla de resultado, 35, 36
    via internet, 5

divulgação financeira
    autoridade e responsabilidade por, 164, 167
    comprometimento com competências de, 163, 166
    controle interno da, 14-15, 19-23
    desempenho e, 154
    exigências, 114
    fraude, 14, 330-332, 335-337, 364-365
    imparcial, 11
    internacional, 631
    objetivos, 157
    padrões, 631
    relatórios de auditoria do controle interno sobre a, 206-208, 615-617
    relatórios gerenciais sobre o controle interno da, 189-191
    responsabilidade corporativa pela, 42-43
    risco à, 158
    risco de, 109, 110, 139
    trimestral, 670
divulgações financeiras, 81
documentação, 170-171
    amostragem e, 293, 369
    características de uma boa, 259-261
    cópias de, 259
    da auditoria de anos anteriores, 183
    de auditoria, 257-263, 265
    de controles, 399
    de embalagem, 380
    de faturamento, 406
    de fraude, 362-363
    de planejamento de auditoria, 258-259
    de remessa, 380, 406
    de retorno, 490
    de um exame de qualidade do trabalho de auditoria, 599
    do conhecimento e da avaliação dos controles internos pelo auditor, 188-189
    do programa de auditoria, 259
    em papel *vs.* eletrônica, 247
    exame de, 252
    externa, 245-247
    interna, 245
    memorandos produzidos pelo auditor, 259
    precisa e completa, 680
    pré-numerada, 490
    preparada pelo cliente, 183
    receita e, 377-378
    revisões e retenção de, 258
documentos
    de embalagem, 380
    de faturamento, 406
    de remessa, 380, 402
    de retorno, 490, 509
    eletrônicos, 377-378
    pré-numerados, 490
doutrinas de responsabilidade, 660
dúvida sobre condição de entidade em funcionamento, 621, 622, 627

E

E. F. Hutton, 498, 499
Eagle Broadband Inc., 587
Eaton Corporation, 440-441, 443
economia, situação corrente da, 115
educação continuada, 678
emitentes privados estrangeiros, 631
empresas de contabilidade
    exames de, 98
    organização e tamanho de, 20-22
    empresas de contabilidade externa, organização e porte de, 21-22
empréstimos, 88
endosso de cheques, 488
endossos restritivos, 488
ênfase em um assunto, 621
enfoque
    com base em risco, 125, 131, 139, 185, 211
    dual, 701, 719
Enron, 9-10, 14-15, 72-73, 80, 336, 344-346
    ambiente de controle, 160-161
    entidades de finalidades específicas, 569
    honorários advocatícios na ação contra a, 661
entidade/unidade divulgadora, 563, 564, 573
entidades de participação variável, 570-572, 573
entrega, 390
entupimento de canal, 391
Ernst & Ernst v. Hochfelder, 671
erro de amostragem, 302-303, 317
escore Z de Altman, 584, 585, 606
escrituras de emissão de títulos, 553-554
esquemas
    de faturamento, 330
    de folha de pagamento, 330
    de pagamento de gorjetas, sinais de alerta de, 329
    de reembolso de despesas, 330
    de remuneração, 93-94, 96
estatísticas econômicas, 126
estimativas, 594-596, 600-601
    contábeis, 167-168, 594, 596
    de clientes, 315-316
estimativas de valor justo, 713-714, 719
    ajustes de auditoria a, 713-715
    auditoria, 710-711
    modelo contábil de, 711-713
estoques, 451-464, 465
    análise de obsolescência, 456
    avaliação, 462-464
    contagem cíclica, 459
    controles de, 437-438
    controles internos para, 452-453
    devoluções por clientes e, 453-454
    direitos sobre, 462
    em locais de clientes, 460
    em locais múltiplos, 459
    encolhimento, 459, 465
    fraude, 460
    incorreções de, 434
    manipulação de, 452
    processos de controle de qualidade para, 454
    provisão para devoluções, 461
    sistema contábil para, 453
    sistema de contabilidade de custos para, 454
    sistema de inventário periódico, 458, 465

sistema de inventário perpétuo, 454-456, 465
status do, 379
testes de obsolescência de, 463
testes de, 261-263
testes substantivos de, 456-464
estratificação, 295, 317
estrato
inferior, 295, 303-305
superior, 295, 301, 303, 317
estrutura organizacional, 163, 166
ética, 72-73
códigos de, 83-93
ética profissional, códigos de, 83-90
eventos subsequentes
de tipo I, 602-603
de tipo II, 603
evidência, 249, 265. *Veja também* evidência de auditoria
evidência de auditoria, 51, 238, 265
a respeito de contingências, 593-594
amostragem, 274-276, 277-282
amplitude dos procedimentos e, 256
arcabouço para, 210, 237-264
ausente, 357
avaliação de, 357-359
coleta de, 6, 242-247, 274-276
confiabilidade de, 124, 244-247
confirmações como, 411
custo e força da, 243
deixar de coletar evidência suficiente, 238
documentação de, 257-261
enfoques alternativos a, 276-277
ferramentas de coleta, 273-316
fontes de, 240
informação confirmatória como, 248
insuficiência de, 604-605
necessidade de, 239
obtenção de, 59-61
registros contábeis como, 248-249
síntese da, 61
suficiência de, 244
teste de afirmações e, 240-241
tipos de, 248-249
usada na auditoria de estimativas da administração, 264
exame

da qualidade de um trabalho de auditoria, 599, 606, 677-678, 682
passo a passo, 182, 193, 251
por sócio endossante, 599, 606, 677-678, 682
Exame Uniforme de CPAs, 25
exames, 644, 646
exaustão, 537, 540
exceções, 414, 420
exigências regulatórias, 114, 641-642
existência/ocorrência, 265
expectativas
de analistas, 392
de usuários, 325, 364
setoriais, 128, 134
extensão, 253
extrato bancário de corte, 494, 509
extratos de fornecedores, 448

F

falhas de controle, 282-283, 292
falsificação de cheques, 489
Fannie Mae, 505, 666
FASB. *Veja* Conselho de Padrões de Contabilidade Financeira (FASB)
fator de confiabilidade, 299, 300, 317
fator de expansão de erro, 299, 300, 317
fatores
pessoais, 339
qualitativos, afetando materialidade, 696-697
fatura de fornecedor, 245-247
faturas, 380
Fazio, James, 238, 244
Financial Executives International, 155
firmas de auditoria
limitações de, 680
seleção de clientes por, 2
firmas multinacionais, questões de responsabilidade de 673
fluxo de caixa, 393
fontes de informação
eletrônicas, 126-127
independentes, 113
para processos empresariais, 127-128

Ford Motor Company, 67-69, 241, 551
análise de risco, 148-152
certificação pela administração, 588
contas de balanço, 691-693
estoques, 465
julgamentos éticos, 104-105
parecer de auditoria sobre controle interno, 208
procedimentos analíticos, 324
relatório da administração sobre controle interno, 191
Ford Motor Credit, 263
formulário 10-Q, 636
fornecedores autorizados, 445
fraude, 158, 253, 325-371, 663, 681
Addeco, 336
análise computadorizada de, 352
apropriação indébita de ativos como, 329, 364
atos ilícitos como, 361, 364
auditoria de demonstrações financeiras para detecção de, 338-362
avaliação de evidência de, 357-360
avaliação de risco de, 340-343, 350-354
bom senso e detecção de, 358-359
capacidade para cometer, 344
características de, 335-337
ceticismo em relação a, 345-346, 347-350, 364
classificação de, 329
com caixa, 481
comunicação da existência de, 360-361
conhecimento da empresa e detecção de, 357-358
construtiva, 663, 681
contabilidade forense para, 362-363
controles internos com, 353-354, 355
custos de, 325
definição, 328-329
desfalques como, 329-330, 333, 360, 364
discussão exploratória sobre, 346-347, 348-349
divulgação financeira, 330-332, 335-337, 364

documentação de, 361-362
enfoque pró-ativo à detecção de, 337-338
Enron, 336, 344-346
Equity Funding, 333-335, 673
estoques, 461
evolução da, 332-335
falsificação como, 489
fatores de risco, 337, 351, 354-357, 364, 391-392, 417-418
fatores pessoais conducentes a, 339
HealthSouth, 336
incentivos ou pressões para cometer, 339
indicadores analíticos de, 351
Lucent, 336
magnitude de, 327-328
motivações para cometer, 339, 344-345
no ciclo de compra e pagamento, 438-439
omissão de receita, 326
oportunidades para cometer, 339-341, 346
Parmalat, 252, 336, 487
pequenas empresas, 328, 331-332
plano de auditoria para, 354-357
racionalização de, 344
reconhecimento de receita, 374-375, 388-393
responsabilidade do auditor e, 327-337
SGA e detecção de, 309
sinais vermelhos, 329
WorldCom, 336
fraude na Equity Funding, 333-335, 673
Freddie Mac, 505
função
de auditoria, 6
de processamento de dados, 172-173
funcionamento, 588
sobre fraude, 327, 347
sobre revisões, 97
sobre transações com entidades relacionadas, 570
funcionários, 171
Fund of Funds, Ltd. v. Arthur Andersen & Co., 89

furto, 330
fusões e aquisições, 558-567
despesas de reestruturação em, 561-562
determinação do custo para, 558-560
goodwill/impairment de *goodwill* com, 561-564
questões de avaliação de ativos em, 558-561

G

GAAP. *Veja* Princípios Contábeis Aceitos em Geral (GAAP)
GAAS. *Veja* Princípios contábeis aceitos em geral (GAAS)
GAO. *Veja* Departamento de Prestação de Contas do Governo (GAO)
garantia, 706
(negativa) limitada, 615, 629, 633-634, 642, 646
auditoria *versus*, 17-18
certificação *versus*, 17-18
definição, 16-19
fornecida por auditores, 615
limitada (negativa), 615, 630, 633-634, 642, 646
necessidade de, 11-13
negativa, 615, 632, 633, 637, 642, 646
padrões, 46, 54-55
positiva, 615
garantias, 398
reais, 494, 509
GASB. *Veja* Conselho de Padrões de Contabilidade Governamental (GASB)
Gateway Computer, 380
General Electric Co., 95
General Motors Acceptance Corp. (GMAC), 263, 440-441
General Motors, 440-441, 443, 551, 617
gestão da cadeia de suprimento, 436, 440-441, 465
gestão de risco, 3, 13
conhecimento de gestão e controle de, da administração, 130-131

qualidade dos controles e processos de, pela administração, 114
giro
de contas a receber, 137
do estoque, 439
globalização, 4-5
goodwill, 549, 560-561, 573
governança corporativa, 14, 28, 62
auditoria e, 34-46
definição, 34
desempenho e, 35, 72-73
importância de boa governança, 45-46
métricas, 35
responsabilidades e falhas, 37-40
visão geral de, 36
Governance Metrics International (GMI), 35
grande truque do óleo de salada, 332
Grant Thornton, 21, 622
grupos de interesses, 36, 77, 99, 114

H

Halliburton Corporation, 329
Harlow, Philip, 698
HBOC, 374-375
HealthSouth, 161, 163, 336, 389, 481, 482
hedges, 504
hedges financeiros, auditoria de, 505-508
Herzfeld v. Laventhol Kerkstein, Horwath & Horwath, 671
hiato de expectativas, 365
histórico de auditoria, 175-176, 193
histórico eletrônico de auditoria, 175-176

I

IAASB. *Veja* Conselho de Padrões Internacionaisde Auditoria e Garantia (AASB)
IASB. *Veja* Conselho de Padrões Internacionais de Contabilidade (IASB)
identificação física, 175
IESBA. *Veja* Conselho Internacional de Ética para Contadores (IESBA)

IFRS. *Veja* Padrões Internacionais de Divulgação Financeira (IFRS)
impairment de ativos, 533-534, 540
impairment de goodwill, 561-562, 573
    ajustes de auditoria para, 715-717
    avaliação de, 567, 713
    considerações de auditoria para, 564-567
    fatores de risco para, 564-567
    fatores que afetam a avaliação de, 716
    testes de, 562-564
impairments, 715-717. *Veja também impairment de goodwill*
incertezas, 621, 646
incorreção
    esperada, 296-297, 317
    mais provável (IMP), 302, 306, 317
    projetada, 295
    tolerável, 279, 296, 317
incorreções, 317
    agregação e cálculo de incorreções líquidas, 699
    amostragem para testar a existência de, 293-308
    análise de padrão das, 307
    avaliação da materialidade de, 699-700
    avaliação de não corrigidas, 699-700
    conhecidas *versus* projetadas, 701-702
    correção de, 306
    definição, 294
    em amostra, 303-306
    em ativos de longo prazo, 522-523
    em estoques, 434
    esperadas, 296-297, 317
    inexistência de, 303
    intencionais, 701
    limite superior de, 302, 306, 317
    mais prováveis, 302, 306, 317
    materiais, 120, 121, 131, 699-701
    na demonstração de fluxos de caixa, 701
    nas contas de caixa, 483
    no ciclo de compra e pagamento, 440
    no ciclo de receita, 382-385
    projetadas, 295

    síntese e esclarecimento de possíveis ajustes em, 589-591
    toleráveis, 296, 317
independência, 39, 62, 85, 99
    ameaças a, 93-96
    auditor, 15, 42, 50, 72, 81, 87-88
    considerações adicionais a respeito de, 93-98
    do comitê de auditoria, 14, 113-114
    do conselho de administração, 113-114
    falta de, 628, 636
    gestão de ameaças a, 96-98
    Regras da SEC e do PCAOB, 91-93
indicadores básicos de desempenho, 129
índice(s)
    de contas a receber, 137
    de endividamento, 137
    de estoques, 137-138
    de giro do capital, 137
    de liquidez corrente, 137
    de liquidez seca, 137
    de margem bruta, 137
    de passivo circulante em relação a ativos, 137
    de passivos sobre ativos, 137
    de patrimônio líquido sobre vendas, 137
    de rentabilidade, 138
    de vendas sobre ativo, 137
    financeiros, 137-138
informação confirmatória, 249
informação e comunicação, 159, 168, 193, 213-215
informação, viés potencial em, 12
informações financeiras
    com a inclusão de itens extraordinários, 645
    disseminação pela Internet, 673-674
    parciais, 636-638
inspeção física, 251
instituições financeiras, gestão de caixa por, 483, 490
Instituto Americano de Contadores Externos Credenciados (AICPA), 15, 25, 27, 38
    código de conduta profissional, 83-91, 676

    padrões do, 48-49, 55, 56
Instituto de Auditores Internos (IIA), 18, 26, 155, 709
Instituto de Contadores Gerenciais, 155
instrumentos derivativos
    auditorias de, 503-505
    fatores de risco associados a, 506
instrumentos financeiros, 477-479, 510
    auditoria de, 499-508
    exemplos de instrumentos sofisticados, 503-504
integridade, 84, 88, 99, 162, 165
    da administração, 112-113, 139
interesse financeiro indireto, 87, 99
internet, 12, 673-674
inventário físico no final do ano, 456, 458-459
investigações, 392
investimentos mantidos para negociação, 478

J

J. P. Morgan Chase & Co., 95
Jaillet v. Cashman, 674
Joint ventures, 570-571
julgamento de auditoria, 1-4, 689-718
    a respeito de materialidade, 693-698
    complexos, 691-693
    de deficiências materiais de controle interno, 702-706
    sobre a área de auditoria interna, 706-710
    sobre estimativas de valor justo, 710-711
    sobre incorreções, 699-702
julgamento profissional, 692. *Veja também* julgamento de auditoria
julgamentos subjetivos, 548-549
junk bonds, 504

K

Kahne Company, 488
kiting, 498, 499
Kmart, 389
Kozlowski, Dennis, 569
KPMG, 666, 680, 694

L

lançamentos de diário, exame de, 350
Lee, Brian, 326
Lehman Brothers, 160
lei de Benford, 312
Lei de Negociação de Valores Mobiliários de 1934, 668-669, 670-671
Lei de Reforma de Litígio com Títulos Privados (PSLRA), 660
Lei de Valores Mobiliários de 1933, 668, 669-670
Lei *Sarbanes-Oxley*, 13, 14, 15, 23, 40-44, 62, 668-669
   como reação a falhas de ética, 80, 83
   dispositivos da, 41, 80-83
   dispositivos quanto à independência dos auditores, 42, 81
   exigências de revezamento, 94
   impacto sobre controles internos, 178
   normas de divulgação financeira, 82
   papel do comitê de auditoria, 43-44
   PCAOB na, 41-42, 80-81
   responsabilidade corporativa, 81
   responsabilidade pela divulgação financeira, 42-43
   sanções disponíveis, 669
leitura automatizada, 443
Levitt, Arthur, 37, 40
limitação de escopo, 625-627
limite superior atingido, 290-291, 317
Limite Superior de Incorreção (LSI), 302, 305, 317
Lincoln Savings and Loan, 123-126
linguagem explanatória, 642
liquidez, 481
   de ativos, 137
locais múltiplos, 459, 697-698
Lowe's, 168
Lucent Technologies, 9-10, 25, 336, 389, 391
lucro líquido, 393

M

Madoff, Bernie, 10, 24
margem líquida de lucro, 137
materialidade, 57-58, 62, 139, 223, 693, 719
   caixa e, 481-482
   de deficiências de controle, 703-706
   de locais múltiplos, 697-699
   definição de, 117-118
   de lançamento, 696, 719
   de planejamento, 695, 719
   fatores qualitativos afetando, 696-697
   informação que altera a avaliação de, 696
   julgamentos de, 693-698
   lançamento, 696, 719
   mudanças regulatórias referentes a, 700-701
   orientação sobre, 118
   planejamento e, 695, 719
   risco de auditoria e, 119
Maxim Pharmaceuticals, 564, 565
McKesson and Robbins, 408-409
membro coberto, 87, 99
memorandos produzidos pelo auditor, 259
mensuração de desempenho empresarial, 17
mercados de capitais, 1, 9, 11, 14
Merrill Lynch, 14-15, 715
método
   da cortina de ferro, 701, 719
   de rolagem, 701, 719
Milacron, 154, 209
MiniScribe, 383-384
modelo de afirmação, para auditorias de demonstrações financeiras, 240-241
modelo de auditoria, visão geral de, 238-240
modelo de risco de auditoria, 118-132
   controle interno e, 155-156
   entendimento do, 118-123
   ilustração do, 121-122
   limitações do, 123
   planejamento da auditoria usando, 123-132
   risco de detecção e, 299
monitoramento, 159, 168-169, 183-184, 193
   auditoria integrada e, 213-215
   avaliação da eficácia de, 215
   contínuo, 168-169, 399
   orientação para, 397
Moore Stephens, 21
Motorola, Inc. 95

N

NASA, 525-526
NASDAQ, 39
negligência, 663, 664, 665, 666, 667, 669, 681
   flagrante, 663, 671, 681
Nicolaisen, Don, 15
nível de confiança, 299
Nortel Networks, 389
Northwest Airlines, 582
nota
   com taxa flutuante, 504
   de embarque, 380, 420
notas promissórias mercantis, 510
   auditorias de, 500
   definição, 500
número de dias de venda em estoque, 439
números ao acaso, 289

O

objetividade, 88, 99
obrigação
   com cupom igual a zero, 504
   lastreada em empréstimos hipotecários (CMO), 504
obrigações
   com garantias, 547
   lastreada em dívidas (CDO), 479, 503
   legais, 128
observação, 251
obsolescência, 456, 463
omissão de receita, 326
opção de compra, 503
opções, 503
   de compra de ações, 10, 40, 110, 331, 339, 392
   de venda, 503, 504

operações encerradas, 534-535, 540
orçamentos de caixa, 481
ordem para atendimento futuro, 379
organismos autorreguladores, 38, 39
organização, saúde financeira da, 115
organizações
    profissionais, 23-26
    reguladoras, 23-27, 38
Osborne Computer Company, 667
outro regime abrangente de contabilidade (OCBOA), 639-641, 646

P

padrões. *Veja também* padrões de auditoria
    da auditoria interna, 709
    de auditoria, 46-55
    de certificação, 48, 54, 55
    de compilação e exame, 47, 630
    de contabilidade governamental, 26-27
    de contabilidade nos Estados Unidos, 4
    de contabilidade, 4, 26
    de divulgação financeira, 631
    de garantia, 46, 54-55
    de referência, para materialidade, 693-696
    de relato, 51-52, 56, 62, 614-615
    de trabalho de campo, 50-51, 56, 62
    futuro dos, 55
    gerais, 49-50, 62
    para auditorias integradas, 211
padrões de auditoria, 46-56. *Veja também* padrões
    aceitos em geral (GAAS), 49-52
    aspectos comuns e diferenças entre, 48-49
    detecção de fraude e, 337-362
    futuro dos, 55, 56
    para auditorias integradas, 208-209
    princípios fundamentais do IAASB, 53-54
    relatórios, 613-615
padrões de contabilidade, 4-5, 25.
    Veja também Princípios Contábeis Aceitos em Geral (GAAP)
Padrões Internacionais de Auditoria (ISAs), 53, 62
Padrões Internacionais de Divulgação Financeira (IFRS), 4, 631
parceiros comerciais, controle interno de, 158
parecer, 52
    com ressalvas, 624, 625, 626
    de auditoria, 52
    de auditoria sem ressalvas, 8, 9, 28, 61, 207-208, 618-628
    desfavorável, 208, 209, 624, 625
parecer padrão de auditoria sem ressalvas, 618-628
    modificações do, 619-628
Parmalat, 252, 336, 487, 622, 673
passivos
    subavaliação de, 250
    valores correntes de mercado de, 7
passivos de longo prazo, 547, 550-558
    benefícios após a aposentadoria, 552
    julgamentos subjetivos com, 550-552
    pensões, 551
    reservas para garantias, 550-551
    títulos de dívida, 552-554
patentes, 536-537
patrimônio dos acionistas, 547-556
PCAOB. *Veja* Conselho de Supervisão Contábil de Companhias Abertas (PCAOB)
pedido de compra, 378-379, 442, 444-445
penalidades por crimes do colarinho branco, 83
pensões, 547, 548, 551
Pepsico UK and Ireland, 36
pequenas empresas
    fraude, 328, 331-332
    transações com entidades relacionadas e, 568
perguntas, 183, 251-252
período
    coberto pelos testes em amostragem, 284
    de corte, 405, 420
    de rolagem, 415, 420
pessoal do cliente, entrevistas com, 251-252
Phar-Mor, 439, 459
planilhas, 453
poder, abusos de, 80
políticas de crédito, 398-399
população, 277-278, 284, 285, 294-295, 317
porcentagem de distorção, 303-304, 317
precisão básica, 302, 317
prejuízo líquido, 695
premissa de entidade em funcionamento, 583-588, 614
pressões
    de honorários, 660-661
    de tempo/prazo, 94-95, 660-661
prestação de contas
    ampliada, 4
    demanda por, 14-16
    governança corporativa e, 36-37
previsibilidade, 666
PricewaterhouseCoopers (PwC), 111
primeiras auditorias, 536
Princípios Contábeis Aceitos em Geral (GAAP), 5, 7-8, 28, 52
    afastamento justificado de, 619-620
    afastamentos injustificados de, 623-624
    aplicação inconsistente de, 620-621
    implantação, 312-313
    regime contábil abrangente que não GAAP, 639-641
princípios contábeis, qualidade de, 132
problema ético, 76, 99
procedimentos
    alternativos, 413, 421
    de autorização, 170
    de rolagem, 415, 421
    mensais de controles, 187
procedimentos analíticos, 254, 265
    como teste substantivo, 313-316
    eficácia de, 314-315
    na etapa de revisão final, 598
    não são estimativas de clientes, 315-316
    para ciclo de receita, 633
    para contas de despesa, 449

para depreciação, 535-536
preliminares, 385, 393-395, 439
premissas subjacentes, 313-314
rigor de, 314
processo, 374-375
    de elaboração do parecer de auditoria, 2, 210-224
    de produção, 440-441
    de requisição, 440
    de venda, 378-381
processos
    de controle de qualidade, 454
    de controle interno, 5
processos empresariais
    entendimento de processos-chave, 127
    fontes de informação para, 127-128
profissão de auditoria, 5
    desafios da, 10-11
    exigências para ingresso na, 19-20
    falhas da, 9-10
    governamental, 23
    mudanças na, 13-16
profissão de contabilidade externa, 19-22
programa de auditoria, 51, 62, 240
    desenvolvimento de, 256-257
    documentação, 258
    exemplo de, 261-263
    Programa de Revisão por Pares do Centro de Empresas de Auditoria, 677
programa preliminar de auditoria, 58-59
programa/função de denúncia, 41, 72, 168, 214
programação dos procedimentos, 255
programas
    de computação, 172
    de controle de qualidade, 676-677
    de revisão, 677-678
prospecto, 670, 681-682
provisão
    para devedores duvidosos, 418-419
    para devoluções, 461
Putnam, Robert A., 374-375

Q

quadros de transferências bancárias, 498, 499, 510
quebra de contrato, 663, 664-665, 682
quebras
    de associações de poupança e empréstimo, 123
    de empresas, 584-585
questionário
    de avaliação de risco, 160
    sobre procedimentos de controle, 189
questões significativas em constatações de auditoria, 257-258
Qwest, 389

R

racionalização de comportamento, 95
Random House Inc., 552
reapresentações, 605
recálculos, 253, 265
recebimento de bens e serviços, 442-443
recebimentos de caixa, 220, 488
recebíveis securitizados, 504
receita, 220
    afirmações relevantes com, 376
    análise de índices com, 393-394
    análise de regressão, 395
    análise de tendências com, 394-395
    análise de, 598
    auditoria integrada da, 381-387
    comparação de fluxos de caixa com, 484393
    comparação de tendência do setor e de, 393
    controles internos com, 395-403
    enfoque de ciclo a, 375-376
    inflacionada, 388-390
    políticas de crédito autorizando vendas, 398
    risco intrínseco de vendas com, 382-384
    riscos intrínsecos de contas a receber com, 384-385
    sobrevalorizada, 391-392
    testes de razoabilidade com, 395
    testes substantivos de, 387, 403-406

reconhecimento de receita
    critérios de, 390-391
    fatores de risco de fraude, 391-392
    fraude, 374-375
    impróprio, 389
    riscos relacionados ao, 388-393
reconstrução, 251, 254, 265
recursos
    humanos, 162, 164, 167
    naturais, 536-538
reembolso de despesas, 446
reemissão, 628-629, 646
reformulação (Segunda) de Delitos, 668
registro de transações, 378-379
registros contábeis, 248-249, 357
regra de decisão, 75
regras de Conduta, 85, 86, 99
regulamentação governamental, 128
relações
    com fornecedores, 158
    de parentesco, 87-88
relatório
    compartilhado, 623, 646
    de responsabilidade corporativa, 36
    de risco, 5
    integrado de auditoria, 9
    padrão de exame, 633-634
relatórios. *Veja também* relatórios de auditoria
    8-Ks, 670
    anuais, 670
    compilações de, 634-636, 645
    de analistas de ações, 127
    de cumprimento de normas e políticas, 641-642, 643
    de exame, 645
    de exame, 677
    especiais, 638-643, 646
    exames, 629-634, 645, 646
    financeiros trimestrais, 670
    para companhias fechadas, 629-636
    sobre acordos contratuais ou exigências regulatórias, 641-642
    sobre procedimentos de comum acordo, 644-645
relatórios de auditoria, 613-646
    adequação de divulgações e, 596-598
    atualização de, 628, 646

com ressalvas, 623-624, 625-626
companhias fechadas, 619
compartilhados, 621-623, 646
declaração de omissão de parecer, 624-628
divulgações inadequadas para, 624, 625
efeito da contingência sobre, 594
especiais, 638-643, 646
limitação de escopo, 625-627
modificações de, 619-628, 630
padrões para, 613-615
parecer desfavorável, 208, 209
parecer em, 618-619
parecer padrão sem ressalvas, 618-628
reemissão de, 628-629, 646
sem ressalvas, 8, 9, 28, 61, 207-208, 617
sobre controle interno, 208, 209
sobre demonstrações comparativas, 628-629
sobre demonstrações financeiras, 615-617
tipos de, 618
remuneração de executivos, 10, 37, 392
reprocessamento de transações, 251, 253, 265
requisição, 465
reservas
    comprovadas, 331
    para garantias, 550-551
responsabilidade
    com terceiros, 666-668
    conjunta e múltipla, 659, 660, 682
    corporativa, 81
    criminal, 671-673
    por fraude corporativa, 83
    proporcional, 660, 682
responsabilidade profissional, 657-682
    ambiente legal e, 658-662
    auditoria defensiva para, 678-681
    conceitos legais com, 662-664
    criminal, 671-673
    direito comum, 664-668
    doutrinas de responsabilidade, 660
    estatutária, 668-673

exigência de educação continuada e, 678
minimização da exposição a, 675-681
mudanças em termos de, 67
para firmas multinacionais, 673
programas de controle de qualidade e, 676-677
programas de revisão e, 677-678
responsabilidade conjunta e múltipla, 659, 660, 661, 682
responsabilidade proporcional, 660, 682
revisões por pares e, 677-678
resumo de diferenças de auditoria não ajustadas (SUAD), 694, 719
retorno sobre o patrimônio líquido, 137
reunião de planejamento, 57
reversões de despesas efetivas, 449
revezamento de sócios, 94, 95, 599, 675
revisão
    entre unidades, 678, 682
    interna por pares, 677-678
    por pares externos, 677, 682
revisão/exame, 55, 63, 629-634, 646
    de informações financeiras parciais, 636-638
    padrões para, 630
    procedimentos para, 631-633
    relatório padrão, 633-634
revisões
    orçamentárias, 127
    por pares, 677-678
risco, 107, 139
    com derivativos, 504-505
    de aceitação incorreta, 279-280
    de amostragem, 278-280, 317
    de auditoria, 109-111, 118-123, 139
    de controle, 120, 121, 122, 139, 179, 184-185
    de detecção, 120, 121, 122, 139, 299
    de detecção, 120, 121, 139, 299, 300
    de divulgação financeira, 109, 110, 139
    de envolvimento, 109, 110, 111-117, 119, 139
    de gestão, 111-113
    de não amostragem, 278, 317

de não amostragem, 278, 317
de rejeição incorreta, 279-280, 317
empresarial, 109-111, 126-130, 139, 211
empresarial, 109-111, 126-130, 139, 211, 548-549
intrínseco, 120, 121, 123, 139, 382-385, 482
intrínseco, 120, 122, 123, 139, 382-385
natureza do, 109-111
residual, 219, 221-222, 229
risco de amostragem, 282-283, 317
definição, 278-279
relacionado a testes de
procedimentos de controle, 279
relacionado a testes substantivos, 279-280
risco de auditoria, 109-111, 139
definição, 118-119
envolvimento e, 119
exemplo quantitativo de, 122
gestão de, 117-123, 130
materialidade e, 117-118
risco de controle, 120, 121, 122, 139, 179
avaliação preliminar de, 184-185
moderado, 185
risco de envolvimento, 109-110, 111, 139
de auditoria e, 119
de gestão do, 111-116
Rite-Aid, 389, 449, 459
Rosenblum, Inc. v. Adler, 668
Rusch Factors, Inc. v. Levin, 668

S

saldos
    de contas afetados por estimativas da administração, 263
    negativos, com AUM, 302
    nulos, com AUM, 302
saldos de contas
    auditoria, 381-387
    estimativas da administração, 263
    incorretos, 130, 131, 212, 219-222, 293-308

ligação com testes de, 132
processos afetando, 219-221
testes de, 251-256, 293-308
testes substantivos de, 447-451
saúde financeira, 115
SC Johnson, 437, 572
Scholastic Inc. 535
SEC. *Veja* Comissão de Valores e Bolsas (SEC)
segregação de tarefas, 170, 340, 414, 484-487
seleção
  ao acaso, 289, 317
  de amostra com intervalo fixo, 301
  não planejada, 290, 317
  sistemática, 289-290
senhas, 174
serviços
  de certificação, 17-18, 28
  de consultoria, 97, 706, 719
  de gestão de risco empresarial, 16
  proibidos, 675-676
serviços de garantia, 16-19, 28, 63, 239, 706-707
  atributos necessários para, 19
  características de, 18
  natureza de, 17
  prestadores de, 20-23
  tipos de, 18
serviços fora da área de auditoria, 88, 92, 95, 96
  honorários de, 96
  restrições a, 675
SGA. *Veja* Software Genérico de Auditoria (SGA)
Shell Oil Company, 331
Signature Leisure, Inc., 95
sistema
  automatizado de compra, 435, 465
  de contabilidade de custos, 454
  de inventário periódico, 458, 465
  de inventário perpétuo, 454-456, 465
  de recebimento, 444
  judiciário, 27
sistemas contábeis
  compreensão de, 20
  custo, 454
  estoques, 454

sistemas
  de gestão de conhecimento, 126
  eletrônicos de recebimento, 444-445
sobreposição, 414, 421
sociedades de propósitos específicos (SPEs), 548-549, 569
sociedades limitadas, 20, 21
sociedades por responsabilidade limitada (LLPs), 680
Société Génerale, 3, 174
sócio-chefe (endossante), 94, 97, 99
software ACL de auditoria, 309, 399
  cálculos de estoques usando, 439
  com contas de ativo imobilizado, 523
  identificação de lacunas de numeração ou duplicação de faturas com, 406
  procedimentos analíticos substantivos com, 536
  testes de corte com, 405
  testes de corte de vendas com, 405
software de auditoria. *Veja* software ACL de auditoria
Software Genérico de Auditoria (SGA), 309-313, 318, 528
  como parte de uma auditoria, 313
  tarefas executadas pelo, 309-312
  testes substantivos com, 308-313
soma cruzada, 253
Spectrum Brands, 549
Sprint Corp., 95
Standard & Poor's, 5
Stoneridge Investment v. Scientific-Atlanta, 664
subavaliações, 305-306
submissão de documentos à SEC, 126
suborno, sinais de alerta de, 329
suficiência, de evidência de auditoria, 244
Sunbeam, 698
swaps de taxas de juros, 504
swaps, 479

T

tabela de autorização, 174
tamanho de amostra, 279, 281, 283, 293
  aumentar o, 307
  determinação de, 285, 296, 297

  na AUM, 299-302
  para testes de controles, 186-188
  trabalhando do, para trás, 285-288
taxa
  esperada de falha, 283, 287, 318
  tolerável de falha, 283, 285, 318
técnicas de gestão de caixa, 482-483, 490
tendências do setor, 392, 394, 522
teoria
  de direitos, 77, 99
  dos bolsos cheios, 659-682
  utilitarista, 77, 99
teorias de ética, 76-77
terceiros
  confirmações com, 252
  responsabilidade estatutária com, 668-673
testes. *Veja também* testes substantivos
  de contas, 184
  de controle, 185-188, 216-218, 293
  de controles de ativos de longo prazo, 526-529
  de controles de caixa, 491
  de controles internos, 185-188, 216-219, 386-387, 446
  de corte, 405, 421, 448, 461
  de custos de produtos, 462-463
  de edição, 176
  de estoques, 261-263
  de extensões, 253
  de *impairment* de *goodwill*, 562-564
  de obsolescência de estoques, 462
  de razoabilidade, 314, 395
  de validação de entradas, 175-177
  de valor realizável líquido, 463
  direcionais, 250, 265
  identificação de controles para, 211, 386
  natureza do, 247-249
  período coberto pelos, 284
  risco de amostragem e, 279-280
  substantivos, 222-224, 292-293
  tamanho da amostra para, 186-188
  tipos de, 248
  transações, 186-188
teste de auditoria, 184-188, 221-222, 247-249. *Veja também* testes

teste de controles, 185-188, 216-218, 280-293
    análise de resultados de, 219
    ligação com testes substantivos, 223
    risco de amostragem e, 279
testes substantivos, 122, 222-224
    afirmações de auditoria e, 404
    com software genérico de auditoria, 308-313
    de contas a pagar, 447-449
    de contas a receber, 406-407
    de contas de despesa, 449-451
    de estoques, 456-464
    de receitas, 388
    de saldos de caixa, 491-499
    de saldos de contas, 293-297
    do ciclo de compra e pagamento, 447-451
    do custo dos produtos vendidos, 456-464
    dos ativos de longo prazo, 526-536
    ligação da amostragem com, 292-293
    ligação entre teste de controles e, 223
    no ciclo de receita, 403-419
    procedimentos analíticos com, 313-316
    risco de amostragem e, 279-280
títulos
    de dívida, 552-554
    de dívida e patrimônio líquido, 552-558
    de renda variável, auditoria de, 500-503
títulos negociáveis, 477-479, 510
    auditoria de, 499-508
    com opção de venda, 503
Toffler, Barbara Ley, 73
tomada de decisões, 72-73
    profissionais, arcabouço para, 73-76
    com ética, 76-80
Toyota Motor Corporation, 67-69
    análise de risco, 148-152
    procedimentos analíticos para, 324
trabalhos
    de garantia limitada, 54
    de garantia razoável, 54
transações. *Veja também* transações de venda
    autorização de, 489-490
    com partes relacionadas, 114, 340
    complexas, 392, 396
    de negócios, complexidade de, 13
    histórico de, 378-379
    reconstrução de, 251, 254
    registro de, 376
    reprocessamento de, 251, 253, 265
    teste de, 186-187, 251-255
transações com entidades relacionadas, 567-572
    contabilização de, 568
    divulgação de relações para, 572
    empresas pequenas e, 568
    enfoque de auditoria para, 568-570
    entidades de participação variável e, 570-572
transações de venda, 373, 375-377
    avaliação de, 396-398
    com devoluções anormais, 383-384
    complexas, 384
    existência/ocorrência, 396
    momento de registro, 391
    políticas de crédito autorizando, 398-399
    questões de corte, 405
    risco intrínseco em 382-384
transferência eletrônica de fundos (TEF), 481, 483, 490
transmissão eletrônica de dados (TED), 17
treinamento técnico e proficiência, 49-50
tripla divulgação de resultados, 35, 36
Troubled Assets Relief Program (TARP), 131
Tyco, 160, 569

U

Ultramares Corp. v. Touche, 667
unidades amostrais, 278, 284-285, 295, 318, 412
United Health, 25
United States v. Arthur Young & Co. et al, 9
United States v. Simon (Continental Vending), 672
Usuário
    identificado, 667, 682
    previsível, 668, 682-683
    previsto, 668, 683
usuários terceiros, 664

V

valores de mercado, 7
valores éticos, 162, 165
viés
    divulgação necessária sem, 11
    potencial, 12
visita às instalações e operações, 127, 183

W

Wal-Mart, 442, 572
Waste Management, 523
w*ebsite* da empresa, 126
WorldCom, 14-15, 72-83, 80, 88, 160-161, 163, 331, 336, 389
    despesas com linhas, 439, 451
    reconhecimento impróprio de receitas pela, 389
    reservas de depreciação usadas pela, 522
    reservas de reestruturação da, 561
    teste de aquisições na, 531
Wyatt, Arthur, 39

X

XBRL (eXtensible Business Reporting Language), 5, 643-644
Xerox, 25, 389
XL Leisure Group, 614

Y

Yale Express, 605

Z

zebras, 479

Índice de casos

Análise de decisões e avaliação da competência da administração, 200-201
Análise de decisões em grupo, 270, 653-654
Análise de decisões relacionadas a *impairment* de *goodwill*, 579
Aplicação do arcabouço de análise de decisões a observações de inventário, 473
Avaliação da materialidade de uma incorreções, 722-723
Carta de consulta de auditoria, 610-611
Caso CMH – deficiências alegadas pela SEC, 472-473
Caso de ética – reconhecimento de receita e conduta profissional, 430
Caso de Normas da SEC, 686
Caso Lincoln Federal Savings and Loan, 146-147
Caso Waste Management, 200
Código de conduta do AICPA, 103-104
Comitês de auditoria, 67
Controles de aplicação, 515-516
Deficiências de controle, 200
Decisões com ética em transações de arrendamento, 578-579
Decisões éticas a respeito do resumo de possíveis ajustes, 611-612
Decisões éticas e pressão de prazo, 686-687
Departamento de Prestação de Contas do Governo (GAO), 31
Estimativas contábeis, 269-270
Fatores de risco a saldos de contas, 270
GAO. *Veja* Departamento de Prestação de Contas do Governo (GAO)
General Motors, controles contábeis, 234-235
Identificação de deficiências de controle, 200
Impairment de ativos, 545
Informações eletrônica na realização de análise de risco, 146
Inspeções e controles do PCAOB, 211-234
Mead, CPA, Auditoria da Jiffy Co., 322-323
Perspectiva histórica, 427-429
Problemas com confirmações de saldos de caixa, 516
Projeto Husky-ACL, 471-472
Qualidade da contabilidade, 370
Reconhecimento de receita e deficiências de controle interno, 429-430
Teste de obsolescência de estoques, 471-472

Este livro foi impresso na
LIS GRÁFICA E EDITORA LTDA.
Rua Felício Antônio Alves, 370 – Bonsucesso
CEP 07175-450 – Guarulhos – SP
Fone: (11) 3382-0777 – Fax: (11) 3382-0778
lisgrafica@lisgrafica.com.br – www.lisgrafica.com.br